Hauser / Schweri / Lieber
Kommentar zum zürcherischen Gerichtsorganisationsgesetz

GOG

Kommentar zum zürcherischen Gesetz über die Gerichts- und Behördenorganisation im Zivil- und Strafprozess

vom 10. Mai 2010

Überarbeitete und ergänzte Weiterführung des Kommentars Hauser/Schweri zum Gerichtsverfassungsgesetz (GVG)

Robert Hauser †
Dr. iur., ehem. Professor an der Universität Zürich

Erhard Schweri
Dr. iur., ehem. Oberrichter des Kantons Zürich
und ehem. Bundesrichter

Viktor Lieber
Dr. iur., Generalsekretär am Kassationsgericht
des Kantons Zürich

Schulthess § 2012

Zitiervorschlag:

Hauser/Schweri/Lieber, GOG-Kommentar, § … N …

Bibliografische Information der Deutschen Nationalbibliothek
Die Deutsche Nationalbibliothek verzeichnet diese Publikation in der Deutschen Nationalbibliografie; detaillierte bibliografische Daten sind im Internet über http://dnb.d-nb.de abrufbar.

Alle Rechte, auch die des Nachdrucks von Auszügen, vorbehalten. Jede Verwertung ist ohne Zustimmung des Verlages unzulässig. Dies gilt insbesondere für Vervielfältigungen, Übersetzungen, Mikroverfilmungen und die Einspeicherung und Verarbeitung in elektronische Systeme.

© Schulthess Juristische Medien AG, Zürich · Basel · Genf 2012
 ISBN 978-3-7255-6475-0

www.schulthess.com

Vorwort

Auf den 1. Januar 2011 traten die eidgenössischen Prozessgesetze (ZPO, StPO, JStPO) in Kraft, womit alle bisherigen kantonalen Zivil- und Strafprozessordnungen ausser Kraft gesetzt wurden. Die Organisation der kantonalen Gerichts- und Strafverfolgungsbehörden blieb indessen weiterhin den Kantonen überlassen, welche ihre bisherigen diesbezüglichen Regelungen den neuen eidgenössischen Prozessgesetzen anpassen mussten. Der Kanton Zürich hatte die Organisation seiner Gerichts- und Strafverfolgungsbehörden ursprünglich durch das Gerichtsverfassungsgesetz von 1911 und in der Folge durch das gleichnamige Gesetz vom 13. Juni 1976 (GVG, mit seitherigen Änderungen) geregelt. Dessen Anpassung an das neue Recht datiert vom 10. Mai 2010, trat auf den 1. Januar 2011 in Kraft und erhielt den neuen Namen «Gerichtsorganisationsgesetz» (GOG). Dieses regelt dieselbe Materie wie das frühere GVG, übernimmt von diesem auch mehrere Bestimmungen und stellt deshalb trotz des neuen Namens faktisch über weite Teile eine an das neue Recht angepasste Überarbeitung des früheren GVG dar. In diesem Sinne ist auch der vorliegende Kommentar eine Überarbeitung und Ergänzung des früheren GVG-Kommentars HAUSER/SCHWERI. Soweit das GOG Gesetzesbestimmungen des GVG weiterführt, finden sich die entsprechenden Kommentarstellen des GVG (unverändert oder sinngemäss) auch im neuen GOG-Kommentar, ohne dass in jedem übernommenen Abschnitt ausdrücklich auf das frühere Werk verwiesen wird. Sinngemäss dasselbe gilt für alle Ausführungen, welche sich auf die Rechtsgeschichte sowie die Entstehungsgeschichte der verschiedenen Gerichts- und Strafverfolgungsbehörden beziehen.

Der GOG-Kommentar ist inhaltlich weniger umfangreich als sein Vorgänger. Dies einerseits weil das Geschworenen- und das Kassationsgericht aufgehoben wurden und folglich nicht mehr behandelt werden müssen, und andererseits weil verschiedene Rechtsfragen nicht mehr wie bisher im kantonalen, sondern in den eidgenössischen Prozessgesetzen abschliessend geregelt werden; so u.a. insbesondere die Bestimmungen über Ablehnung und Ausstand, Protokollierung, Fristen und deren Berechnung, Wahrung, Erstreckung und Wiederherstellung. Der 5. Abschnitt des GOG (besondere Verfahren gestützt auf das ZGB, §§ 177–198) wird überdies nur summarisch behandelt, weil dessen Bestimmungen als Folge des neuen Kindes- und Erwachsenenschutzrechts (KESR) auf den 1. Januar 2013 bereits wieder aufgehoben werden.

Im Interesse der Lesbarkeit wird im Text stets die männliche Form verwendet; dass die weibliche eingeschlossen ist, gilt als selbstverständlich. Wir danken dem Verlag Schulthess, namentlich Herrn Marco Gianini und Frau Sandra Kutnjak-Klopp, für die grosszügige Unterstützung und Betreuung bei der Vorbereitung dieser neuen Auflage. Für Anregungen und Hinweise auf allfällige Mängel und Fehler sind wir dankbar.

Horgen/Zürich, 1. Dezember 2011 *Erhard Schweri / Viktor Lieber*

Abschluss der redaktionellen Arbeiten: Ende Oktober 2011.

Inhaltsübersicht

Vorwort	V
Inhaltsverzeichnis	IX
Verzeichnis der Abkürzungen	XIX
Allgemeine Literatur	XXVII

Einleitung 1

1. Teil
Allgemeine Bestimmungen 15

2. Teil
Gerichte 19

3. Teil
Schlichtungsbehörden 193

4. Teil
Justizverwaltung sowie Aufsicht über Gerichte, Schlichtungsbehörden und weitere Behörden 213

5. Teil
Strafverfolgungsbehörden 273

6. Teil
Verfahrensbestimmungen 347

7. Teil
Verfahrenskosten, Rechnungswesen 559

8. Teil
Begnadigung 591

9. Teil
Übergangsbestimmungen 615

Sachregister 629

Inhaltsverzeichnis

Vorwort	V
Inhaltsübersicht	VII
Verzeichnis der Abkürzungen	XIX
Allgemeine Literatur	XXVII

Einleitung 1

1. Teil
Allgemeine Bestimmungen 15

§ 1	Gegenstand	17
§ 2	Kantonales Zivil- und Strafrecht	17

2. Teil
Gerichte 19

1. Abschnitt: Allgemeine Bestimmungen 21

§ 3	Gerichte	21
§ 4	Sitz	34
§ 5	Wahl	35
§ 6	Nebenbeschäftigung der Richter	40
§ 7	Offenlegung von Interessenbindungen	43

2. Abschnitt: Die Bezirksgerichte 45

Vorbemerkungen 45

A. Organisation 48

§ 8	Mitglieder	48
§ 9	Vizepräsidien und Einzelrichter	50
§ 10	Präsidium der Arbeits-, Miet- und Jugendgerichte	53
§ 11	Ersatzmitglieder	53
§ 12	Wahl der Beisitzenden der Arbeitsgerichte	55
§ 13	Wahl der Beisitzenden der Mietgerichte	56

Besetzung des Gerichts 57

§ 14	a. Im Allgemeinen	57
§ 15	b. Als Arbeitsgericht	59
§ 16	c. Als Mietgericht	60
§ 17	Juristisches und administratives Personal	60
§ 18	Geschäftsordnung	65

Inhaltsverzeichnis

B. Zuständigkeit des Kollegialgerichts		65
§ 19	Als Zivilgericht a) Im Allgemeinen	65
§ 20	b) Als Arbeitsgericht	69
§ 21	c) Als Mietgericht	75
§ 22	Als Strafgericht a) Im Allgemeinen	77
§ 23	b) Als Jugendgericht	79
Voraussichtlich ab 1.1.2013 geltende neue Bestimmung		82
§ 23a	c) Als Beschwerdeinstanz im Kindes- und Erwachsenenschutz	82
C. Zuständigkeit des Einzelgerichts		82
§ 24	Als Zivilgericht a) Im Allgemeinen	82
§ 25	b) Als Arbeitsgericht	106
§ 26	c) Als Mietgericht	107
§ 27	Als Strafgericht a) Im Allgemeinen	107
§ 28	b) Jugendgerichtspräsident	114
§ 29	c) Zwangsmassnahmengericht	115
Weitere Zuständigkeiten		124
§ 30	a) Fürsorgerische Freiheitsentziehung	124
Voraussichtlich ab 1.1.2013 geltende Fassung		124
§ 31	b) Rechtshilfe	126
§ 32	c) Amtshilfe an Schiedsgerichte	128
§ 33	d) Zwangsmassnahmen des Verwaltungsrechts	130
3. Abschnitt: Das Obergericht		147
A. Organisation		147
Vorbemerkungen zu §§ 34 f.		147
§ 34	Mitglieder	151
§ 35	Ersatzmitglieder	152
§ 36	Handelsrichter	153
§ 37	Präsidien	156
§ 38	Kammern, Handels- und Zwangsmassnahmengericht	157
§ 39	Besetzung	159
§ 40	Lohn der Mitglieder und Entschädigung der Ersatzmitglieder	161
§ 41	Juristisches und administratives Personal	162
§ 42	Verordnung über die Organisation	162

B. Zuständigkeit 163
    § 43   Als einzige Instanz in Zivilsachen 163
           a) Obergericht im Allgemeinen 163
    § 44   b) Handelsgericht 164
    § 45   c) Einzelgericht des Handelsgerichts 179
    § 46   In Schiedssachen 184
    § 47   Als Zwangsmassnahmengericht 185
    § 48   Als Rechtsmittelinstanz
           a) In Zivilsachen 186
    § 49   b) In Strafsachen 187
    § 50   c) In besonderen Verfahren gestützt auf das ZGB 187
    § 51   d) In verwaltungsrechtlichen Verfahren 190

3. Teil
Schlichtungsbehörden 193

1. Abschnitt: Allgemeine Bestimmung 195
    § 52   Schlichtungsbehörden 195

2. Abschnitt: Friedensrichterinnen und Friedensrichter 197
Vorbemerkungen zu § 53 ff. 197
    § 53   Amtskreis 200
    § 54   Wahl 201
    § 55   Stellvertreter 202
    § 56   Lohn 203
    § 57   Zuständigkeit 204

3. Abschnitt: Paritätische Schlichtungsbehörde für Streitigkeiten nach dem
Gleichstellungsgesetz 205
Vorbemerkungen zu §§ 58 ff. 205
    § 58   Amtskreis 206
    § 59   Organisation, Wahl 206
    § 60   Angliederung, Geschäftsführung 207
    § 61   Besetzung 207
    § 62   Zuständigkeit 208

4. Abschnitt: Paritätische Schlichtungsbehörden in Miet- und Pachtsachen 208
Vorbemerkungen zu § 63 ff. 208
    § 63   Amtskreis 209
    § 64   Wahl 209
    § 65   Angliederung, Geschäftsführung 210
    § 66   Zuständigkeit 211

4. Teil
Justizverwaltung sowie Aufsicht über Gerichte, Schlichtungsbehörden und weitere Behörden ... 213

1. Abschnitt: Justizverwaltung ... 215
Vorbemerkungen zu §§ 67 ff. ... 215
A. Wahl- und Abstimmungsverfahren ... 218
    § 67 ... 218
B. Oberste kantonale Gerichte ... 219
    § 68 Allgemeines ... 219
    § 69 Gerichtsübergreifende Justizverwaltungsorgane ... 221
    § 70 Plenarausschuss der Gerichte ... 221
    § 71 Verwaltungskommission der Gerichte ... 222
    § 72 Zuständigkeit der gerichtsübergreifenden Justizverwaltungsorgane
          a) Allgemeines ... 223
    § 73 b) Plenarausschuss ... 224
    § 74 c) Verwaltungskommission ... 228
    § 75 Controlling und Rechnungslegung, Ausgabenbewilligung ... 228
C. Obergericht und Bezirksgerichte ... 231
    § 76 Obergericht ... 231
    § 77 Leitung des Gerichts ... 239
    § 78 Stabsstellen ... 241

2. Abschnitt: Aufsicht
A. Zuständige Aufsichtsbehörden ... 242
    § 79 Oberaufsicht des Kantonsrates ... 242
    § 80 Aufsicht des Obergerichts ... 245
    § 81 Aufsicht der Bezirksgerichte ... 248
B. Aufsichtsbeschwerde ... 255
    § 82 Zulässigkeit und Zuständigkeit ... 255
    § 83 Verfahren ... 266
    § 84 Weiterzug ... 271
    § 85 Anwendung auf andere Verfahren ... 272

5. Teil
Strafverfolgungsbehörden ... 273

1. Abschnitt: Allgemeine Bestimmungen ... 275
Vorbemerkungen zu §§ 86 ff. ... 275
    § 86 Strafverfolgungsbehörden ... 284
    § 87 Vertretung des Kantons ... 299
    § 88 Nebenbeschäftigung ... 299
2. Abschnitt: Verfahren gegen Erwachsene
A. Übertretungsstrafbehörden ... 300

§ 89	Zuständige Behörden	300
§ 90	Überweisung	302
§ 91	Rechtsmittel	303
§ 92	Verwendung der Bussen	303

B. Staatsanwaltschaften 304

§ 93	Organisation	304
§ 94	Ordentliche Staatsanwälte	304
§ 95	Ausserordentliche Staatsanwälte und stellvertretende Staatsanwälte	306
§ 96	Leitende Staatsanwälte	307
§ 97	Wahlfähigkeitszeugnis a) Wahlfähigkeitsvoraussetzungen	307
§ 98	b) Erteilung und Entzug	308
§ 99	c) Gebühren	313
§ 100	d) Ausführungsbestimmungen	313
§ 101	Assistenzstaatsanwälte	313
§ 102	Zuständigkeit a) Staatsanwälte	314
§ 103	b) Leitende Staatsanwälte	320

C. Oberstaatsanwaltschaft 321

§ 104	Organisation	321
§ 105	Ernennung	322
§ 106	Zuständigkeit a) Im Allgemeinen	322
§ 107	b) Vertretung des Kantons	323

3. Abschnitt: Verfahren gegen Jugendliche 326
Vorbemerkungen zu §§ 108 ff. 326
A. Jugendanwaltschaften 327

§ 108	Organisation	327
§ 109	Ernennung	328
§ 110	Zuständigkeit a) Jugendanwälte	328
§ 111	b) Leitende Jugendanwälte	332

B. Oberjugendanwaltschaft

§ 112	Organisation	333
§ 113	Ernennung	333
§ 114	Zuständigkeit	333

4. Abschnitt: Aufsicht 337
Vorbemerkungen vor §§ 115 f. 337

§ 115	Aufsicht über die Oberstaatsanwaltschaft und die Oberjugendanwaltschaft	341
§ 116	Aufsicht über die Staatsanwälte und Jugendanwälte	345

XIII

6. Teil
Verfahrensbestimmungen 347

Vorbemerkungen zu §§ 117 ff. 349
1. Abschnitt: Gemeinsame Bestimmungen 350
 § 117 Ausserordentliche Stellvertretung bei Ausstand 350
Direkter Datenzugriff 352
Vorbemerkungen zu §§ 118 ff. 352
 § 118 a) Auf Steuerdaten 357
 § 119 b) Auf Daten der Einwohnerkontrolle 358
 § 120 c) Schutzmassnahmen 359
 § 121 Zustellung 359
 § 122 Feiertage 369
 § 123 Sachverständige 371
 § 124 Minderheitsmeinung 381
 § 125 Gerichtsberichterstattung 383
2. Abschnitt: Zivilverfahren
A. Allgemeine Bestimmungen 396
Vorbemerkungen zu §§ 126 ff. 396
 § 126 Sachliche Zuständigkeit mehrerer Gerichte 397
 § 127 Entscheid über Ausstandsbegehren 402
 § 128 Unentgeltliche Rechtspflege vor Klageeinreichung 409
 § 129 Unentgeltliche Mediation 410
 § 130 Aktenführung und -aufbewahrung 413
 § 131 Akteneinsicht von Behörden und Dritten 422
 § 132 Bild- und Tonaufnahmen 428
 § 133 Mitwirkung eines Gerichtsschreibers 430
 § 134 Beratung 440
 § 135 Form der Entscheide 447
 § 136 Unterzeichnung 448
B. Besondere Aufgaben des Einzelgerichts 451
Vorbemerkungen zu §§ 137 ff. 451
 § 137 Erbrechtliche Geschäfte
  a) Aufgaben 453
 § 138 b) Beauftragung Dritter 462
 § 139 c) Aufsicht über Beauftragte 463
 § 140 Obligationenrechtliche Geschäfte 464
 § 141 Hinterlegung 466
 § 142 Vorsorgliche Beweisabnahme 468
C. Aufgaben des Gemeindeammanns 470
Vorbemerkungen zu §§ 143 ff. 470

§ 143 Amtlicher Befund 472
§ 144 Amtliche Zustellung von Erklärungen
      a. Zulässigkeit 474
§ 145 b. Verfahren 474
§ 146 c. Annahmepflicht 474
§ 147 Hilfsperson des Gerichts 476

3. Abschnitt: Strafverfahren
A. Grundsätze, Zuständigkeiten 481
   § 148 Strafverfahren gegen Beamte 481
   § 149 Aufgaben in Zuständigkeitsfragen 487
B. Rechtshilfe 490
   § 150 Interkantonale Rechtshilfe 490
   § 151 Mitteilungsrechte und -pflichten 495
C. Allgemeine Vorschriften 496
   § 152 Entscheid über Ausstandsbegehren 496
   § 153 Protokollführung 500
D. Parteien und andere Verfahrensbeteiligte 509
   § 154 Parteirechte von anderen Behörden 509
   § 155 Bestellung der amtlichen Verteidigung und des unentgeltlichen Rechtsbeistands .. 510
   § 156 Mediation im Jugendstrafverfahren 516
E. Beweise 517
   § 157 Delegation von Einvernahmen 517
   § 158 Ausserprozessualer Personenschutz 518
F. Vorladungen, Belohnungen, Zwangsmassnahmen 521
   § 159 Vorladungen 521
   § 160 Belohnungen 522
   § 161 Fesselung als sitzungspolizeiliche Massnahme 522
   § 162 Vorläufige Festnahme bei Übertretungen 524
   § 163 Vollzug der Untersuchungs- und Sicherheitshaft 525
   § 164 Hausdurchsuchung 526
   § 165 Aussonderung zum Schutz von Berufsgeheimnissen 526
   § 166 Stellung von verdeckten Ermittlern 527
G. Vorverfahren 528
   § 167 Anzeigepflichten und -rechte 528
   § 168 Antragsrecht bei Vernachlässigung von Unterhaltspflichten 533
H. Berufungsanmeldung 534
   § 169 534

4. Abschnitt: Ordnungsbussenverfahren
A. Bundesrechtliche Ordnungsbussen im Strassenverkehr 535
   § 170 535

B. Kantonalrechtliche Ordnungsbussen ... 538
§ 171 Anwendbarkeit ... 538
§ 172 Befugnis zur Erhebung ... 539
§ 173 Verfahren ... 539
§ 174 Verzeigung ... 540

C. Gemeinderechtliche Ordnungsbussen ... 542
§ 175 ... 542

5. Abschnitt: Besondere Verfahren gestützt auf das ZGB

A. Ergänzendes Recht ... 543
§ 176 ... 543

Vorbemerkungen zu §§ 177 ff. ... 544

B. Fürsorgerische Freiheitsentziehung ... 545
§ 177 Örtliche Zuständigkeit ... 545
§ 178 Wirkung des Gesuchs auf die Behandlung ... 545
§ 179 Erstinstanzliches Verfahren
    a) Allgemeines ... 546
§ 180 b) Untersuchungsmaxime ... 547
§ 181 c) Persönliche Befragung und Hauptverhandlung ... 547
§ 182 d) Entscheid, Verfahrensbeteiligte ... 548
§ 183 e) Prozessentschädigung ... 548
§ 184 Rechtsmittel
    a) Allgemeines ... 549
§ 185 b) Einreichung ... 549
§ 186 c) Verfahren ... 550

C. Rechtsmittel gegen familienrechtliche Entscheide des Bezirksrates ... 551
§ 187 Zulässigkeit, anwendbares Recht ... 551
§ 188 Frist und Form ... 552
§ 189 Aufschiebende Wirkung ... 553
§ 190 Mündliche Verhandlung ... 554
§ 191 Mitwirkung der Vorinstanzen ... 554
§ 192 Novenrecht ... 554
§ 193 Ergänzung des Sachverhalts ... 555
§ 194 Begutachtung ... 555
§ 195 Schutzmassnahmen ... 556
§ 196 Rückweisung ... 556
§ 197 Mitteilung ... 557

D. Rechtsmittel gegen Entscheide des Regierungsrates in Namensänderungen ... 557
§ 198 ... 557

7. Teil
Verfahrenskosten, Rechnungswesen 559

Vorbemerkungen zu §§ 199 ff. 561
    § 199 Gebührenverordnungen 570
    § 200 Kostenfreiheit 580
    § 201 Rechnungswesen 582

8. Teil
Begnadigung 591

Vorbemerkungen zu §§ 202 ff. 593
    § 202 Gesuch 604
    § 203 Verfahren 605
    § 204 Entscheid 608
    § 205 Rechtsfolgen 614

9. Teil
Übergangsbestimmungen 615

Vorbemerkungen zu §§ 206 ff. 617
    § 206 Erstinstanzliche Zivilverfahren
           a. Im Allgemeinen 617
    § 207 b. Verfahren vor den Arbeitsgerichten 618
    § 208 Wahlfähigkeitszeugnis für Staatsanwälte 618
    § 209 Zuständigkeit der Gemeinden für Übertretungen 619
    § 210 Geschworenengericht 619
    § 211 Kassationsgericht 622
    § 212 Zuständigkeit des Obergerichts für Verfahren des Kassationsgerichts ... 626

Sachregister 629

Verzeichnis der Abkürzungen

a.a.O.	am angegebenen Ort
ABl	Amtsblatt
Abs.	Absatz
a.E.	am Ende
AFG	BG vom 18.3.1994 über die Anlagefonds (Anlagefondsgesetz), SR 951.31, aufgehoben und ersetzt durch KAG
AJP	Aktuelle juristische Praxis (Zürich 1992 ff.)
AK	Aufsichtskommission
a.M.	anderer Meinung
ANAG	BG vom 26.3.1931 über Aufenthalt und Niederlassung der Ausländer, SR 142.20, aufgehoben und ersetzt durch AuG
Anm.	Anmerkung
AnwG	G vom 17.1.2003 über den Rechtsanwaltsberuf (Anwaltsgesetz), LS 215.1
AnwRev	Anwaltsrevue/Revue de l'avocat (Basel 1998 ff.)
ArbR	Mitteilungen des Instituts für schweizerisches Arbeitsrecht
Art.	Artikel
AS	amtliche Sammlung der Bundesgesetze und Verordnungen
AT	Allgemeiner Teil
Aufl.	Auflage
AuG	BG vom 16.12.2005 über die Ausländerinnen und Ausländer (Ausländergesetz), SR 142.20
AVG	BG vom 6.10.1989 über die Arbeitsvermittlung und den Personalverleih (Arbeitsvermittlungsgesetz), SR 823.11
BB	Bundesbeschluss
BBl	Bundesblatt
Bd.	Band
BEHG	BG vom 24.3.1995 über die Börsen und den Effektenhandel (Börsengesetz), SR 954.1
BetmG	BG vom 3.10.1951 über die Betäubungsmittel und die psychotropen Stoffe (Betäubungsmittelgesetz), SR 812.121
betr.	betreffend
BG	Bundesgesetz
BGE	amtliche Sammlung der Entscheide des Schweizerischen Bundesgerichts (1875 ff.)
BGer	unveröffentlichter Entscheid des Bundesgerichts

Abkürzungen

BGFA	BG vom 23.6. 2000 über die Freizügigkeit der Anwältinnen und Anwälte, SR 935.61
BGG	BG vom 17.6.2005 über das Bundesgericht (Bundesgerichtsgesetz), SR 173.110
BGZ	Bezirksgericht Zürich
Bl SchK	Blätter für Schuldbetreibung und Konkurs (1937 ff.)
BRB	Bundesratsbeschluss
BSK	Basler Kommentar
BStP	BG vom 15.6.1934 über die Bundesstrafrechtspflege, SR 312.0, aufgehoben
BÜPF	BG vom 6.10.2000 betreffend die Überwachung des Post- und Fernmeldeverkehrs, SR 780.1
BV	Bundesverfassung der Schweizerischen Eidgenossenschaft vom 18.4.1999, SR 101
BVerfG	(dt.) Bundesverfassungsgericht
BVG	BG vom 25.6.1982 über die berufliche Alters-, Hinterlassenen- und Invalidenvorsorge, SR 831.40
BWIS	BG vom 21.3.1997 über Massnahmen zur Wahrung der inneren Sicherheit, SR 120
bzw.	beziehungsweise
CRG	G vom 9.1.2006 über Controlling und Rechnungslegung, LS 611
DBG	BG vom 14.12.1990 über die direkte Bundessteuer, SR 642.11
ders.	derselbe
DesG	BG vom 5.10.2001 über den Schutz von Design (Designgesetz), SR 232.12
dgl.	dergleichen
d.h.	das heisst
Diss.	Dissertation
dt.	deutsch(e)
E	Entwurf
E.	Erwägung
EG	Einführungsgesetz
EGMR	Europäischer Gerichtshof für Menschenrechte (Strassburg)
EG SchKG	EG vom 26.11.2007 zum BG über Schuldbetreibung und Konkurs, LS 281
EG ZGB	EG vom 2.4.1911 zum Schweizerischen Zivilgesetzbuch, LS 230
EMRK	Konvention vom 4.11.1950 zum Schutze der Menschenrechte und Grundfreiheiten, SR 0.101
ErgBd	Ergänzungsband
Erw.	Erwägung
EuGRZ	Europäische Grundrechte-Zeitschrift (Kehl, 1974 ff.)
event.	eventuell

f. / ff.	folgend / folgende
FamPra.ch	Die Praxis des Familienrechts (Bern 2000 ff.)
FCV	Finanzcontrollingverordnung vom 5.3.2008, LS 611.2
Fn.	Fussnote
fp	forumpoenale (Bern 2008 ff.)
FS	Festschrift
G	Gesetz
GB	Geschäftsbericht
GBV	VO vom 22.2.1910 betreffend das Grundbuch, SR 211.432.1
GebV OG	Gebührenverordnung des Obergerichts vom 8.9.2010, LS 211.11
GebV SchKG	Gebührenverordnung vom 23.9.1996 zum BG über Schuldbetreibung und Konkurs, SR 281.35
GebV StrV	VO vom 24.11.2010 über die Gebühren, Auslagen und Entschädigungen der Strafverfolgungsbehöden, LS 323.1
GesG	Gesundheitsgesetz vom 2.4.2007, LS 810.1
GestG	BG vom 24.3.2000 über den Gerichtsstand in Zivilsachen (Gerichtsstandsgesetz), aufgehoben
GG	G vom 6.6.1926 über das Gemeindewesen (Gemeindegesetz), LS 131.1
GlG	BG vom 24.3.1995 über die Gleichstellung von Frau und Mann (Gleichstellungsgesetz), SR 151.1
gl.M.	gleicher Meinung
GOG	G vom 10.5.2010 über die Gerichts- und Behördenorganisation im Zivil- und Strafprozess, LS 211.1
GPR	G vom 1.9.2003 über die politischen Rechte, LS 161
GSG	Gewaltschutzgesetz vom 19.6.2006, LS 351.1
GVG	Gerichtsverfassungsgesetz vom 13.6.1976, aufgehoben durch GOG
GVG (1911)	Gerichtsverfassungsgesetz vom 29.1.1911, aufgehoben durch GVG
GwG	BG vom 10.10.1997 zur Bekämpfung der Geldwäscherei und der Terrorismusfinanzierung im Finanzsektor (Geldwäschereigesetz), SR 955.0
h.L.	herrschende Lehre
HRegV	Handelsregisterverordnung vom 7.6.1937, SR 221.411
HRRS	Onlinezeitschrift für Höchstrichterliche Rechtsprechung zum Strafrecht (www.hrr-strafrecht.de)
Hrsg.	Herausgeber
IDG	G vom 12.2.2007 über die Information und den Datenschutz, LS 170.4
i.e.S.	im engeren Sinne

XXI

Abkürzungen

IPRG	BG vom 18.12.1987 über das internationale Privatrecht, SR 291
IRSG	BG vom 20.3.1981 über die internationale Rechtshilfe in Strafsachen (Rechtshilfegesetz), SR 351.1
IRSV	VO vom 24.2.1982 über die internationale Rechtshilfe in Strafsachen (Rechtshilfeverordnung), SR 351.11
i.S.	im Sinne
i.V.m.	in Verbindung mit
i.w.S.	im weiteren Sinne
JD	Justizdirektion
JStG	BG vom 20.6.2003 über das Jugendstrafrecht (Jugendstrafgesetz), SR 311.1
JStPO	Schweizerische Jugendstrafprozessordnung vom 20.3.2009, SR 312.1
JStV	VO vom 29.11.2006 über die Jugendstrafrechtspflege, LS 322
JVV	Justizvollzugsverordnung vom 6.12.2006, LS 331.1
JZ	(dt.) Juristenzeitung
KAG	BG vom 23.6.2006 über die kollektiven Kapitalanlagen, SR 951.31
Kap.	Kapitel
KESB	Kindes- und Erwachsenenschutzbehörde
KESR	Kindes- und Erwachsenenschutzrecht
KG	BG vom 6.10.1995 über Kartelle und andere Wettbewerbsbeschränkungen (Kartellgesetz), SR 251
KGZ	Kassationsgericht des Kantons Zürich
KMG	BG vom 13.12.1996 über das Kriegsmaterial (Kriegsmaterialgesetz), SR 514.51
KOV	VO des Bundesgerichts vom 13.7.1911 über die Geschäftsführung der Konkursämter, SR 281.32
KR	Kantonsrat
KRG	Kantonsratsgesetz vom 5.4.1981, LS 171.1
KS	Kreisschreiben
KSG	Konkordat vom 27.3.1969 über die Schiedsgerichtsbarkeit, SR 279 = LS 274 (Beitrittsgesetz, aufgehoben)
KuKo	Kurzkommentar
KV	Verfassung des eidgenössischen Standes Zürich vom 27.2.2005, LS 101
KVG	BG vom 18.3.1994 über die Krankenversicherung, SR 832.10
lit.	Litera
LPG	BG vom 4.10.1985 über die landwirtschaftliche Pacht, SR 221.213.2
LS	Zürcher Loseblattsammlung

LugÜ	Übereinkommen vom 16.9.1988 über die gerichtliche Zuständigkeit und die Vollstreckung gerichtlicher Entscheidungen in Zivil- und Handelssachen, SR 0.275.11
LugÜ II	Übereinkommen vom 30.10.2007 über die gerichtliche Zuständigkeit und die Anerkennung und Vollstreckung von Entscheiden in Zivil- und Handelssachen, SR 0.275.12
m.a.W.	mit anderen Worten
m.H.	mit Hinweisen
mp	Zürcher Mietrechtspraxis, Entscheidungen des Mietgerichtes Zürich und der Schlichtungsbehörde des Bezirkes Zürich (Zürich 1991 ff.)
MSchG	BG vom 28.8.1992 über den Schutz von Marken und Herkunftsangaben (Markenschutzgesetz), SR 232.11
MStG	Militärstrafgesetz vom 13.6.1927, SR 321.0
MStP	Militärstrafprozess vom 23.3.1979, SR 322.1
m.w.H.	mit weiteren Hinweisen
N.	Note
NotG	G vom 9.6.1985 über das Notariatswesen (Notariatsgesetz), LS 242
NR	Nationalrat
Nr.	Nummer
NZZ	Neue Zürcher Zeitung
o.Ä.	oder Ähnliches
OBG	Ordnungsbussengesetz vom 24.6.1970, SR 741.03
OBV	Ordnungsbussenverordnung vom 4.3.1996, SR 741.031
OG	BG vom 16.12.1943 über die Organisation der Bundesrechtspflege (Bundesrechtspflegegesetz), SR 173.110, aufgehoben durch BGG
OGer ZH	Obergericht des Kantons Zürich
OG RR	G vom 6.6.2005 betreffend die Organisation des Regierungsrates und der kantonalen Verwaltung, LS 172.1
OGZ	Obergericht des Kantons Zürich
OHG	BG vom 23.2.2007 über die Hilfe an Opfer von Straftaten (Opferhilfegesetz), SR 312.5
OR	BG vom 30.3.1911 betreffend die Ergänzung des schweizerischen Zivilgesetzbuches, 5. Teil, Obligationenrecht, SR 220
OS	Offizielle Sammlung der Gesetze des Kantons Zürich
OSTA	Oberstaatsanwaltschaft des Kantons Zürich
PartG	BG vom 18.6.2004 über die eingetragene Partnerschaft gleichgeschlechtlicher Paare (Partnerschaftsgesetz), SR 211.231
PatG	BG vom 25.6.1954 über die Erfinderpatente (Patentgesetz), SR 232.14
PatGG	BG vom 20.3.2009 über das Bundespatentgericht, SR 173.41
PersG	G vom 29.9.1998 über das Arbeitsverhältnis des Staatspersonals (Personalgesetz), LS 177.10

Abkürzungen

PG	Postgesetz vom 30.4.1997, SR 783.0
PK	Praxiskommentar
POG	Polizeiorganisationsgesetz vom 29.11.2004, LS 551.1
PolG	Polizeigesetz vom 23.4.2007, LS 550.1
PPGV	VO vom 1./8.9.2010 über psychiatrische und psychologische Gutachten in Straf- und Zivilverfahren, LS 321.4
Pr	Die Praxis (Entscheidungen des Schweizerischen Bundesgerichts und des Europäischen Gerichtshofes für Menschenrechte, Basel 1912 ff.)
Prot.	Protokoll
PVO	Personalverordnung vom 16.12.1998, LS 177.11
RB	Rechenschaftsbericht des Kassationsgerichts
RG	G vom 2. Christmonat 1874 betreffend die zürcherische Rechtspflege, OS 18 S. 57
RLV	Rechnungslegungsverordnung vom 29.8.2007, LS 611.1
RO	Rechenschaftsbericht des Obergerichts
RPW	Recht und Politik des Wettbewerbs (Weko)
RR	Regierungsrat
RRB	Regierungsratsbeschluss
RS	Rechtsprechung in Strafsachen, mitgeteilt durch die Schweizerische kriminalistische Gesellschaft
RTVG	BG vom 24.3.2006 über Radio und Fernsehen, SR 784.40
Rz.	Randziffer
S.	Seite
s.	siehe
SchKG	BG vom 11.4.1889 über Schuldbetreibung und Konkurs, SR 281.1
SchlT	Schlusstitel
SJ	La semaine judiciaire (Genf 1879 ff.)
SJZ	Schweizerische Juristenzeitung (Zürich 1904 ff.)
sog.	sogenannt(e)
SR	Systematische Sammlung des Bundesrechts
StBOG	BG vom 19.3.2010 über die Organisation der Strafbehörden des Bundes, SR 173.71
StG	Steuergesetz vom 8.6.1997, LS 631.1
StGB	Schweizerisches Strafgesetzbuch vom 21.12.1937, SR 311.0
StJVG	Straf- und Justizvollzugsgesetz vom 19.6.2006, LS 331
StPO	Schweizerische Strafprozessordnung vom 5.10.2007, SR 312.0
StPO (ZH)	G vom 4.5.1919 betreffend den Strafprozess (Strafprozessordnung), LS 321; aufgehoben

StR	Ständerat
StVG	G vom 30.6.1974 über das kantonale Strafrecht und den Vollzug von Strafen und Massnahmen, aufgehoben und ersetzt durch StJVG
SUVA	Schweizerische Unfallversicherungsanstalt Luzern
SVG	Strassenverkehrsgesetz vom 19.12.1958, SR 741.01
SZIER	Schweizerische Zeitschrift für internationales und europäisches Recht (Zürich 1991 ff.)
SZN	Schweizerische Zeitschrift für Wirtschafts- und Finanzmarktrecht (Zürich 2007 ff.)
SZW	Schweizerische Zeitschrift für Wirtschafts- und Finanzmarktrecht (Zürich 2007 ff.)
SZZP	Schweizerische Zeitschrift für Zivilprozessrecht (Basel 2005 ff.)
u.a.	unter anderem
u.a.m.	und andere mehr
u.E.	unseres Erachtens
URG	BG vom 9.10.1992 über das Urheberrecht und verwandte Schutzrechte (Urheberrechtsgesetz), SR 231.1
usw.	und so weiter
u.U.	unter Umständen
UWG	BG vom 19.12.1986 gegen den unlauteren Wettbewerb, SR 241
VBG	VO vom 12.5.2010 über die Betreibungs- und Gemeindeammannämter, LS 281.1
VE	Vorentwurf
VEB	Verwaltungsentscheide der Bundesbehörden (Bern 1927 ff., heute VPB)
VG	BG vom 14.3.1958 über die Verantwortlichkeit des Bundes sowie seiner Behördemitglieder und Beamten (Verantwortlichkeitsgesetz), SR 170.32
vgl.	vergleiche
VK	Verwaltungskommission
VMWG	VO vom 9.5.1990 über die Miete und Pacht von Wohn- und Geschäftsräumen, SR 221.213.11
VO	Verordnung
VOG	VO vom 3.11.2010 über die Organisation des Obergerichts, LS 212.51
VOG RR	VO vom 18.7.2007 über die Organisation des Regierungsrates und der kantonalen Verwaltung, LS 172.11
VOSTRA	VO vom 28.9.2006 über das Strafregister, SR 331
VPB	Verwaltungspraxis der Bundesbehörden (Bern 1987 ff.)
VRG	G vom 24.5.1959 über den Rechtsschutz in Verwaltungssachen (Verwaltungsrechtspflegegesetz), LS 175.2
VStrR	BG vom 22.3.1974 über das Verwaltungsstrafrecht, SR 313.0
VVE	VO vom 10.11.2004 betreffend die verdeckte Ermittlung, SR 312.81

Abkürzungen

VVG	BG vom 2.4.1908 über den Versicherungsvertrag, SR 221.229.1
VVO	Vollziehungsverordnung
VwVG	BG vom 20.12.1968 über das Verwaltungsverfahren (Verwaltungsverfahrensgesetz), SR 172.021
VZG	VO des Bundesgerichts vom 23.4.1920 über die Zwangsverwertung von Grundstücken, SR 281.42
WOSTA	Weisungen der Oberstaatsanwaltschaft für das Vorverfahren, Stand 1.1.2011 (abrufbar auf www.staatsanwaltschaften.zh.ch)
z.B.	zum Beispiel
ZBGR	Zeitschrift für Beurkundungs- und Grundbuchrecht (Wädenswil 1920 ff.)
ZBJV	Zeitschrift des bernischen Juristenvereins (Bern 1865 ff.)
ZBl	Schweizerisches Zentralblatt für Staats- und Verwaltungsrecht (ehem. Schweizerisches Zentralblatt für Staats- und Gemeindeverwaltung, Zürich 1900 ff.)
ZertES	BG über Zertifizierungsdienste im Bereich der elektronischen Signatur vom 19.12.2003, SR 943.03
ZG	Zollgesetz vom 18.3.2005, SR 631.0
ZGB	Schweizerisches Zivilgesetzbuch vom 10.12.1907, SR 210
Ziff.	Ziffer
zit.	zitiert
ZK	Zürcher Kommentar
ZPO	Schweizerische Zivilprozessordnung vom 19.12.2008, SR 272
ZPO (ZH)	G vom 13.6.1976 über den Zivilprozess (Zivilprozessordnung), LS 271; aufgehoben
ZR	Blätter für zürcherische Rechtsprechung (Zürich 1902 ff.)
ZSR	Zeitschrift für schweizerisches Recht (Neue Folge Basel 1882 ff.; die Bandnummern beziehen sich stets auf diese neue Folge)
ZStrR	Schweizerische Zeitschrift für Strafrecht (Bern 1888 ff.)

Allgemeine Literatur

Die nachfolgend angeführten Werke werden wie angegeben abgekürzt zitiert. Sonderliteratur wird jeweils bei den einzelnen Abschnitten und Paragrafen angegeben.

P. Diggelmann, Vom GVG zum GOG, SJZ 106 (2010), S. 85 ff.

A. Donatsch/Th. Hansjakob/V. Lieber (Hrsg.), Kommentar zur Schweizerischen Strafprozessordnung (StPO), Zürich 2010 (zit.: Bearbeiter, in: Donatsch/Hansjakob/Lieber, StPO Komm.)

A. Donatsch/N. Schmid, Kommentar zur Strafprozessordnung des Kantons Zürich vom 4. Mai 1919, Loseblatt-Form, Zürich 1996 ff. (zit. Donatsch/Schmid, StPO)

R. Frank, Gerichtswesen und Prozessverlauf z.B. im Kanton Zürich, Zürich 1980 (zit. Frank, Gerichtswesen und Prozessverlauf)

R. Frank/H. Sträuli/G. Messmer, Kommentar zur zürcherischen Zivilprozessordnung (Gesetz über den Zivilprozess vom 13. Juni 1976, mit einem Anhang zu verfahrensrechtlichen Bestimmungen des zürcherischen Gerichtsverfassungsgesetzes), 3. Aufl., Zürich 1997 (zit. Frank/Sträuli/Messmer, ZPO)

dieselben, Kommentar zur zürcherischen Zivilprozessordnung (Ergänzungsband, mit nachgeführtem Text des zürcherischen Gerichtsverfassungsgesetzes und Nachträgen zu seinen verfahrensrechtlichen Bestimmungen), Zürich 2000 (zit. Frank/Sträuli/Messmer, ErgBd zur ZPO)

H. Fritzsche, Schuldbetreibung, Konkurs und Sanierung nach schweizerischem Recht, Bd. I Zürich 1954, Bd II Zürich 1955 (zit. Fritzsche, Schuldbetreibung)

H. Fritzsche/H.U. Walder, Schuldbetreibung und Konkurs nach schweizerischem Recht, 3. Aufl., Zürich Bd. I 1984, Bd. II 1993 (zit. Fritzsche/Walder, Schuldbetreibungs- und Konkursrecht)

Z. Giacometti, Das Staatsrecht der Schweizerischen Kantone, Zürich 1941 (zit. Giacometti, Kantonales Staatsrecht)

M. Guldener, Schweizerisches Zivilprozessrecht, 3. Aufl., Zürich 1979 (zit. Guldener, Schweizerisches Zivilprozessrecht)

derselbe, Das internationale und interkantonale Zivilprozessrecht der Schweiz, Zürich 1951, und Supplement, Zürich 1959 (zit. Guldener, Internationales und interkantonales Zivilprozessrecht)

W.J. Habscheid, Schweizerisches Zivilprozess- und Gerichtsorganisationsrecht (Ein Lehrbuch seiner Grundlagen), 2. Aufl., Basel/Frankfurt a.M. 1990 (zit. Habscheid, Zivilprozessrecht)

U. Häfelin/G. Müller/F. Uhlmann, Allgemeines Verwaltungsrecht, 6. Aufl., Zürich 2010 (zit. Häfelin/Müller/Uhlmann, Verwaltungsrecht)

I. Häner/M. Rüssli/E. Schwarzenbach (Hrsg.), Kommentar zur Zürcher Kantonsverfassung, Zürich 2007

R. Hauser/E. Schweri/K. Hartmann, Schweizerisches Strafprozessrecht, 6. Aufl., Basel/Genf/München 2005 (zit. Hauser/Schweri/Hartmann, Schweizerisches Strafprozessrecht)

W. Hauser/R. Hauser, Gerichtsverfassungsgesetz vom 20. Januar 1911 mit den seitherigen Änderungen, Zürich 1978 (zit. Hauser/Hauser, alt GVG)

H. Honsell/N.P. Vogt/Th. Geiser (Hrsg.), Basler Kommentar ZGB-II, 3. Aufl., Basel 2007 (zit. BSK ZGB II-Bearbeiter/in)

Allgemeine Literatur

D. Hunkeler, Kurzkommentar SchKG, Basel 2009 (zit.: KUKO SchKG-Bearbeiter/In)

C. Jäger/H.U. Walder/Th. Kull/M. Kottmann, Bundesgesetz über Schuldbetreibung und Konkurs (erläutert für den praktischen Gebrauch), 4. Aufl., Bd. I Zürich 1997, Bd. II Zürich 1999, Bd. III Zürich 2001 (zit. Jäger/Walder/Kull/Kottmann, SchKG)

A. Kölz/J. Bosshart/M. Röhl, Kommentar zum Verwaltungsrechtspflegegesetz des Kantons Zürich (Gesetz über den Rechtsschutz in Verwaltungssachen vom 24. Mai 1959), 2. Aufl., Zürich 1999 (zit. Kölz/Bosshart/Röhl, VRG)

G. Leuch/O. Marbach/F. Kellerhals/M. Sterchi, Die Zivilprozessordnung für den Kanton Bern (Kommentar samt einem Anhang und zugehöriger Erlasse), 5. Aufl., Bern 2000 (zit. Leuch/Marbach/Kellerhals/Sterchi, ZPO Bern)

Ch. Leuenberger/B. Uffer-Tobler, Kommentar zur Zivilprozessordnung des Kantons St. Gallen (Zivilprozessgesetz vom 20. Dezember 1990), Bern 1999 (zit. Leuenberger/Uffer-Tobler, ZPO St. Gallen)

I. Meier, Schweizerisches Zivilprozessrecht, eine kritische Darstellung aus der Sicht von Praxis und Lehre, Zürich 2010 (zit. Meier, Zivilprozessrecht)

J.P. Müller/M. Schefer, Grundrechte in der Schweiz, 4. Aufl., Bern 2008 (zit. Müller/Schefer, Grundrechte)

M.A. Niggli/P. Uebersax/H. Wiprächtiger (Hrsg.), Basler Kommentar, Bundesgerichtsgesetz, Basel 2008 (zit.: BSK BGG-Bearbeiter/in)

M.A. Niggli/M. Heer/H. Wiprächtiger (Hrsg.), Basler Kommentar, Schweizerische Strafprozessordnung/Jugendstrafprozessordnung (StPO/JStPO), Basel 2011 (zit.: BSK StPO-Bearbeiter/in)

P. Oberhammer (Hrsg.), Kurzkommentar Schweizerische Zivilprozessordnung, Basel 2010 (zit.: KUKO ZPO-Bearbeiter/In)

G. Piquerez, Procédure pénale suisse (Traité théoretique et pratique), 2. Aufl., Zürich 2007 (zit. Piquerez, Procédure pénale suisse)

F. Riklin, StPO, Kommentar, Zürich 2010 (zit. Riklin, StPO Komm.)

N. Schmid, Strafprozessrecht (Eine Einführung auf der Grundlage des Strafprozessrechtes des Kantons Zürich und des Bundes), 4. Aufl., Zürich/Basel/Genf 2004 (zit. Schmid, Strafprozessrecht)

Derselbe, Handbuch des schweizerischen Strafprozessrechts, Zürich/St. Gallen 2009 (zit. Schmid, Handbuch)

Derselbe, Schweizerische Strafprozessordnung (StPO), Praxiskommentar, Zürich/St. Gallen 2009 (zit. Schmid, Praxiskommentar)

E. Schurter/H. Fritzsche, Das Zivilprozessrecht der Schweiz, Bd. I: Das Recht des Bundes, Zürich 1924; Bd. II, 1. Teil: Die geschichtlichen Grundlagen der kantonalen Rechte, Zürich 1931; 2. Teil: Letzte Wandlungen und heutiger Stand der kantonalen Rechte, Zürich 1933 (zit. Schurter/Fritzsche, Zivilprozessrecht der Schweiz)

K. Spühler, Schuldbetreibungs- und Konkursrecht, Bd. I, 5. Aufl., Zürich 2011

derselbe/A. Dolge, Schuldbetreibungs- und Konkursrecht, Bd. II, 5. Aufl., Zürich 2011

K. Spühler/A. Dolge/M. Gehri, Schweizerisches Zivilprozessrecht und Grundzüge des internationalen Zivilprozessrechts, 9. Aufl. des von O. Vogel begründeten Werks, Bern 2010 (zit. Spühler/Dolge/Gehri, Schweizerisches Zivilprozessrecht)

K. Spühler/L. Tenchio/D. Infanger, (Hrsg.), Basler Kommentar, Schweizerische Zivilprozessordnung (ZPO), Basel 2010 (zit. BSK ZPO-Bearbeiter/In)

K. Spühler/D. Vock, Rechtsmittel in Zivilsachen im Kanton Zürich und im Bund, 2. Aufl., Zürich 2011 (zit. Spühler/Vock, Rechtsmittel)

dieselben, Gerichtsstandsgesetz (GestG), Gesetzesausgabe mit Anmerkungen, Zürich 2000 (zit. Spühler/Vock, GestG)

A. Stähelin/Th. Bauer/D. Stähelin (Hrsg), Kommentar zum Bundesgesetz über Schuldbetreibung und Konkurs (unter Einbeziehung der Nebenerlasse), 3 Bände, Basel 1998 (zit. Bearbeiter, in: Staehelin/Bauer/Staehelin), jetzt neu als BSK, Basel 2010 (2. Aufl.)

A. Staehelin/D. Staehelin/P. Grolimund, Zivilprozessrecht nach dem Entwurf für eine Schweizerische Zivilprozessordnung und weiteren Erlassen – unter Einbezug des internationalen Rechts, Zürich u.a. 2008 (zit. Staehelin/Staehelin/Grolimund, Zivilprozessrecht)

Th. Sutter-Somm/F. Hasenböhler/Ch. Leuenberger (Hrsg.), Kommentar zur Schweizerischen Zivilprozessordnung (ZPO), Zürich u.a. 2010 (zit.: Bearbeiter, in: Sutter-Somm/Hasenböhler/Leuenberger, ZPO Komm.)

St. Trechsel et al., Schweizerisches Strafgesetzbuch, Praxiskommentar, Zürich/St. Gallen 2008 (zit. Bearbeiter, in: PK Trechsel)

H.U. Walder-Richli/B. Grob-Andermacher, Zivilprozessrecht (nach den Gesetzen des Bundes und des Kantons Zürich unter Berücksichtigung weiterer Zivilprozessordnungen und der Schweizerischen Zivilprozessordnung vom 19. Dezember 2008 sowie unter Einschluss internationaler Aspekte), 5. Aufl., Zürich 2009 (zit. Walder-Richli/ Grob-Andermacher, Zivilprozessrecht)

Einleitung

Inhaltsübersicht N.
- I. Die zürcherische Prozessgebung in ihrer Entwicklung ... 1
- II. Das Gerichtsverfassungsrecht ... 13
- III. Vom GVG zum GOG ... 17
- IV. Begriff und Arten der Gerichte ... 19
  1. Begriff ... 19
  2. Ordentliche Gerichte und Sondergerichte ... 23
  3. Einzelrichter- und Kollegialgerichtssystem ... 28
- V. Zuständigkeiten ... 30
  1. Begriff ... 30
  2. Bedeutung der Zuständigkeitsvorschriften ... 31
  3. Arten der Zuständigkeit und Bedeutung derselben ... 32
  4. Bestimmung der sachlichen Zuständigkeit im Zivilprozess ... 39
  5. Bestimmung der sachlichen Zuständigkeit im Strafprozess ... 41
  6. Sachliche Zuständigkeit zur Behandlung von Vorfragen und Einreden ... 42
  7. Prüfung der Zuständigkeit ... 44
  8. Natur der Vorschriften über die sachliche und funktionelle Zuständigkeit ... 48
  9. Folgen der Unzuständigkeit ... 51
     a) Prozessuale Behandlung der Unzuständigkeit, Prozessüberweisung ... 51
     b) Wirkung eines von einem unzuständigen Gericht gefällten Entscheides ... 52
     c) Absolute Nichtigkeit von Entscheiden ... 53
- VI. Kompetenzkonflikte ... 54

I. Die zürcherische Prozessgesetzgebung in ihrer Entwicklung

Literatur

W. BÜHLMANN, Die Entwicklung der zürcherischen Strafrechtspflege seit 1831, Diss. Zürich 1974; P. DIGGELMANN, Vom GVG zum GOG, SJZ 106, S. 85 ff.; H. FRITZSCHE, Begründung und Ausbau der neuzeitlichen Rechtspflege des Kantons Zürich, Zürich 1931; R. HAUSER, Die zürcherische Rechtspflege im Wandel 1831–1981, ZR 80, S. 257 ff.; DERSELBE, Die Entwicklung des zürcherischen Ehescheidungs- und Vaterschaftsprozesses, in: Festschrift für C. Hegnauer, Bern 1986, S. 141 ff.; U. HOFMANN, Einführungen der Schweizerischen Prozessordnungen im Aargau, in: FS 75 Jahre Aargauischer Juristenverein 1936–2011, Zürich 2011, S. 3 ff.; A. KÖLZ, Der demokratische Aufbruch des Zürchervolkes, Zürich 2000, insbes. S. 49 ff.; H.A. MÜLLER, Die Gerichtsorganisation und der neue Zivilprozess, Tagungsunterlagen der Tagung «ZPR! Neuer Zivilprozess» der Stiftung für juristische Weiterbildung v. 26.10.2011; M. PIETH, Schweizerisches Strafprozessrecht, Basel 2009, S. 19 ff.; H.U. WALDER, Johann Georg Finsler und sein «Gesetzesentwurf betreffend das Verfahren in bürgerlichen Streitigkeiten im Kanton Zürich» von 1844, in: Festschrift für J. F. Poudret, Lausanne 1999, S. 287 ff.; H.U. WALDER-RICHLI/B. GROB-ANDERMACHER, Zivilprozessrecht, § 4.

Die Grundlagen für das zürcherische Prozessrecht der Neuzeit finden sich in der Regenerationszeit. Diese hatte die Wiederbelebung der Ideale der Französischen Revolution zum Ziel, nämlich die Gewährung von Freiheitsrechten und Rechtsgleichheit sowie die Forderungen nach Demokratie und Gewaltenteilung. Das Gedankengut fand seine   1 politische Verwirklichung in der Volksversammlung vom 22.11.1830 in Uster mit der Verabschiedung des gleichnamigen Memorials. Zur staatsrechtlichen Durchsetzung gelangte es in der Staatsverfassung vom 20.3.1831. Sofort nach deren Inkrafttreten erliess der Grosse Rat zwei Prozessgesetze, nämlich das Organische Gesetz über das Gerichtswesen im Allgemeinen und die bürgerliche Rechtspflege im Besonderen vom 7. Brachmonat (Juni) 1831 sowie das Gesetz über die Strafrechtspflege vom 10. Brachmonat 1831. Die beiden Gesetze enthielten vor allem Bestimmungen über die Gerichtsorganisation und die Kompetenzen, während das Verfahren noch weitgehend der Praxis überlassen wurde. Von besonderer Bedeutung war die Schaffung des von Regierung unabhängigen und ihr gleichgestellten Obergerichts sowie die Institutionalisierung einer selbständigen Staatsanwaltschaft.

2 In einer weiteren Phase wurden zwei Gesetze erlassen: das Gesetz betr. die organische Rechtspflege vom 29. Herbstmonat (September) 1852 und das Gesetz betr. das Strafverfahren vom 30. Herbstmonat 1852. Die beiden Gesetze sind insbesondere gekennzeichnet durch die Ausführungsbestimmungen für das Schwurgericht, wie es durch eine Verfassungsrevision in einer Volksabstimmung von 1851 beschlossen worden war (s. dazu hinten § 210 N.1).

3 In einer dritten Etappe erging am 30. Weinmonat (Oktober) 1866 eine gemeinsame Kodifikation des Prozessrechts in Form eines Gesetzes über das Gerichtswesen im Allgemeinen, die Zivilprozessordnung und die Strafprozessordnung. Erstmals wurde damit das gesamte Zivilprozessrecht auf eine gesetzliche Grundlage gestellt. Ferner brachte das Gesetz die Einführung des Handelsgerichts. Eine weitere Entwicklung verursachte die Verfassung des eidgenössischen Standes Zürich vom 18.4.1869, deren Entstehen in Zusammenhang stand mit einem mutwillig vom Zaun gerissenen «Justizskandal» mit dem Obergerichtspräsidenten Ulmer. Das Grundgesetz bewirkte eine Überarbeitung der drei Gesetze von 1866, nunmehr zusammengefasst in einem einheitlichen Gesetz betr. die zürcherische Rechtspflege vom 2. Christmonat 1874 (RG). Die bisherigen unter dem Bezirksgericht stehenden Kreisgerichte (früher Zunftgerichte) wurden abgeschafft. Als oberstes kantonales Gericht führte das Gesetz das Kassationsgericht ein (s. dazu hinten § 211 N.1).

4 Auf den 1.1.1875 wurde der Rechtszug auch insofern erweitert, als infolge der neuen Bundesverfassung von 1874 sowie des BG über die Organisation der Bundesrechtspflege vom 7.6.1874 für das Bundeszivilrecht der Weg an das ständig eingerichtete Bundesgericht möglich wurde.

5 Von Wichtigkeit sind das Einführungsgesetz zum SchKG vom 5.7.1891 sowie das Gesetz betr. die gewerblichen Schiedsgerichte vom 22.12.1895. Ersteres brachte neu den Einzelrichter im beschleunigten Verfahren im Rahmen der Zwangsvollstreckung und eine Lockerung der bis anhin rigoros gehandhabten Verhandlungsmaxime. Das gewerbliche Schiedsgericht ist der Vorläufer des heutigen Arbeitsgerichts. In das letzte Jahrzehnt des 19. Jahrhunderts fällt schliesslich noch das BG über die Organisation der Bundesrechtspflege vom 22.3.1893 mit der neu geschaffenen Möglichkeit der eidgenössischen Nichtigkeitsbeschwerde an das Bundesgericht, soweit das letztinstanzliche Urteil sich auf Bundesstrafrecht bezieht.

Einleitung

Eine bedeutsame Totalrevision leitete der Gesetzesentwurf betr. die Rechtspflege vom 21.11.1901 ein. Hervorzuheben sind vor allem die in der Folge (noch) nicht verwirklichte Umgestaltung des Schwurgerichts in ein Geschworenengericht und die geplante Aufhebung des Kassationsgerichts. Letztere wurde damit begründet, es sei im Hinblick auf den erweiterten Zugang zum Bundesgericht entbehrlich geworden und es sei durch seine unberechenbare Rechtsprechung zu einer Oberappellationsbehörde entartet. Gegen das Schwurgericht erhob sich der Einwand, die allein durch Laienrichter getroffene Beurteilung der Schuldfrage sei gelegentlich wenig zuverlässig und führe auch hin und wieder zu aufsehenerregenden Fehlurteilen. Die damals geforderte Korrektur konnte mit Bezug auf das Schwurgericht erst unter dem Druck der bundesgerichtlichen Praxis im Jahre 1967 vollzogen werden; ebenso scheiterte die ins Auge gefasste (und erst 2011 als Folge des Inkrafttretens der eidgenössischen Prozessordnungen Tatsache gewordene) Abschaffung des Kassationsgerichts (hinten § 210 N. 2). 6

Mit Rücksicht auf das Inkrafttreten des ZGB und des revidierten OR wurden zunächst die Arbeiten am GVG vom 29.1.1911 und an der Zivilprozessordnung vom 13.4. 1913 gefördert. Das Gesetz betr. den Strafprozess (Strafprozessordnung) gelangte erst am 4.5.1919 zur Volksabstimmung. Die Zürcher StPO war im Zeitpunkt ihrer Aufhebung die älteste schweizerische Strafprozessordnung. 7

Die StPO (ZH) von 1919 ist insoweit von rechtshistorischer Bedeutung, als sie als eines der ersten Gesetzeswerke eigene Organe der Jugendstrafrechtspflege und ein spezielles Verfahren dazu einführte. Nach vorübergehender «Aussiedlung» im EG StGB vom 6.6.1940 wurden diese Bestimmungen 1974 wieder in die StPO (ZH) eingegliedert. 8

Das GVG von 1911 ist verschiedenen Revisionen unterzogen worden. Von gerichtsorganisatorischer Tragweite waren die Einführung des Einzelrichters in Strafsachen (vorerst nur beim Bezirksgericht Zürich) im Jahr 1935 und die Schaffung des Mietgerichts mit der Teilrevision vom 7.2.1971. Im Jahr 1963 erteilte der Regierungsrat Prof. Max Guldener, Ordinarius für Zivilprozessrecht an der Universität Zürich und Präsident des Kassationsgerichts, den Auftrag zur Ausarbeitung von Entwürfen zu ZPO und GVG. Diese Entwürfe wurden in einer Expertenkommission beraten, die ihre Arbeiten im Frühjahr 1971 abschloss. Nach den Beratungen im Kantonsrat wurden die neuen Gesetze in der Volksabstimmung vom 13.6.1976 angenommen. Das GVG brachte keine grundlegenden Änderungen gegenüber dem früheren Recht und hatte lediglich zum Ziel, das alte Gesetz zu straffen und den Prozessgang unter Wahrung der Arbeitsqualität zu beschleunigen. Diesem Ziel dienten vor allem die Reduktion der Richterzahl in einzelnen Gerichten sowie die Erhöhung einiger Streitwertgrenzen (Weisung des RR vom 19.8.1971). Auch das neue Gesetz wurde in der Folge wiederholten Änderungen unterzogen. Weitere detaillierte historische Angaben finden sich in den Erläuterungen der einzelnen Justizorgane zu den entsprechenden Gesetzesänderungen. 9

Erwähnenswert ist in diesem Zusammenhang auch das G über das Arbeitsverhältnis des Staatspersonals (PersG) vom 27.9.1998, in Kraft seit 1.7.1999, durch welches für das Staatspersonal der mit der Wahl auf eine Amtsdauer verbundene Beamtenstatus generell abgeschafft – die Amtsdauer wurde nur noch für die vom Volk gewählten Beamten beibehalten –, der Unterschied zwischen Beamten und Angestellten aufgehoben und alle Angestellten einem öffentlich-rechtlichen Dienstverhältnis unterstellt wurden. Dieses Ge- 10 setz hatte auch Auswirkungen auf das GVG, indem es diesem den VII. Abschnitt beifügte: «Justizverwaltung der obersten kantonalen Gerichte» (§§ 210–216 GVG).

11 Mit der grundsätzlichen Aufhebung des Beamtenstatus hat das PersG den Begriff «Beamter» in verschiedenen Artikeln der KV und des GVG sowie in verschiedenen anderen Gesetzen ersetzt (dazu die Weisung des RR vom 22.5.1996 zum PersG). In anderen Gesetzesbestimmungen blieb der Begriff aber erhalten (vgl. z.B. §§ 95 ff. GVG: Untersuchungs-, Anklage-, Kanzlei-, Justizbeamter; §§ 1, 3 und 15 EG SchKG: Betreibungs- und Konkursbeamter). Das geschah offenbar deshalb, weil sich diese Begriffe in der Umgangssprache eingebürgert hatten. Sie werden deshalb auch im Text dieses Kommentars gelegentlich noch verwendet.

12 Die verschiedenen Kantone hatten demnach je eigene Prozessgesetze, die teilweise erheblich voneinander abwichen. Dies wurde schon am 9.9.1862 am ersten Schweizerischen Juristentag in Zürich als unbefriedigend empfunden. Bestrebungen zur Vereinheitlichung scheiterten jedoch in der Folge wiederholt, so 1872, 1898, 1961, 1969 und 1988. Erst durch die eidgenössische Volksabstimmung vom 12.3.2000 erhielt der Bund in Art. 122 Abs. 1 und 123 Abs. 1 BV die Kompetenz für eine Prozessrechts-Vereinheitlichung, die dann in der Folge zu tiefgreifenden Änderungen führte. Die eidgenössischen Räte verabschiedeten am 5.10.2007 eine eidgenössische Strafprozessordnung (StPO, BBl 2007 S. 6977 ff.), am 19.12.2008 eine eidgenössische Zivilprozessordnung (ZPO, BBl 2009 S. 21 ff.) und am 20.3.2009 eine eidgenössische Jugendstrafprozessordnung (JStPO, BBl 2009 S. 1993 ff.). Diese Gesetze wurden auf den 1.1.2011 in Kraft gesetzt. Als Folge wurden im Kanton Zürich die kantonale ZPO (LS 271) und die kantonale StPO (LS 321) ausser Kraft gesetzt. Der 1.1.2011 kann wohl als Meilenstein in der schweizerischen Rechtsgeschichte bezeichnet werden, weil an diesem Tag die 26 kantonalen Zivil- und Strafprozessordnungen durch eine einzige eidgenössische Zivil- und Strafprozessordnung ersetzt wurden.

II. Das Gerichtsverfassungsrecht

13 Trotz der Vereinheitlichung der Prozessrechte blieben die Wahl und Organisation der Behörden, ihre Beaufsichtigung sowie die Festlegung ihrer sachlichen Zuständigkeit weiterhin den Kantonen vorbehalten, wobei die kantonalen Behörden jedoch die organisatorischen Vorgaben der eidgenössischen Prozessgesetze sowie den Grundsatz der «doppelten Instanz» zu beachten hatten (s. dazu Art. 75 und 80 BGG, Art. 76 KV). Dies erforderte eine Anpassung des zürcherischen Gerichtsverfassungsrechts, das die organisatorischen Voraussetzungen für die Ausübung der Rechtsprechung in Zivil- und Strafsachen schafft.

14 Unter Gerichtsverfassung versteht man die Gesamtheit der Rechtsvorschriften über den Aufbau und die Besetzung der Gerichte. Darüber hinaus pflegt man oft auch den Aufgabenkreis einzubeziehen, der einem bestimmten Gericht zugewiesen ist: die sachliche Zuständigkeit der Gerichte. Das Prozessrecht dagegen bezieht sich auf Verfahren, nach welchem die Gerichte die ihnen zugewiesenen Streitigkeiten zu behandeln und zu beurteilen haben.

In den Grundzügen ist die Gerichtsorganisation meist verankert in der Verfassung, wogegen die Einzelheiten in besonderen Gerichtsverfassungsgesetzen niedergelegt sind. Das Gerichtsverfassungsrecht bildet insoweit, als es Vorschriften über die Organisation der Gerichte als Staatsorgane enthält, Bestandteil des Staatsrechts; im Übrigen kann es dem Prozessrecht zugerechnet werden. Als Teil des öffentlichen Rechts ist es – ein Grenzgebiet zwischen Verfassungs- und Verfahrensrecht darstellend – im Allgemeinen zwingender Natur. Der Richter hat daher auf die Beobachtung derartiger Vorschriften von Amtes wegen zu achten. Zur Abgrenzung zwischen öffentlichen Recht und Privatrecht s. BGE 128 III 253 E. 2a.

15

Nach Art. 122 Ziff. 1 und 123 Ziff. 3 BV sind die Organisation der Gerichte, das gerichtliche Verfahren und die Rechtsprechung auf dem Gebiet des Zivil- und Strafrechts Sache der Kantone. Diese haben daher ihre Gerichtsorganisation unter Beachtung der bundesrechtlichen Schranken selbst zu ordnen. Bundesrechtliche Schranken ergeben sich vorab aus Art. 8, 9, 29 und 30 BV sowie Art. 6 Ziff. 1 EMRK. Gestützt auf diese Bestimmungen verlangt das Bundesgericht von den Kantonen eine aus gesetzlich bestimmten, unabhängigen und unparteiischen Richtern zusammengesetzte Justiz. Als weitere Einschränkung verlangten die Gesetze für die Zivilstreitigkeiten des Immaterialgüterrechts eine einzige kantonale Instanz (vgl. bisher Art. 64 Abs. 3 URG, Art. 58 Abs. 3 MSchG, Art. 3 DesG, Art. 76 PatG, aufgehoben und jetzt durch Art. 5 ZPO ersetzt). Im Strafverfahren verlangte der (durch Art. 335 Abs. 4 StPO ersetzte) frühere Art. 35 lit. b OHG, dass bei Straftaten gegen die sexuelle Integrität die Untersuchungsbehörden und die Gerichte auf Verlangen des Opfers mit mindestens einer Person des gleichen Geschlechts zu besetzen sind.

16

III. Vom GVG zum GOG

Der Regierungsrat beauftragte am 21.5.2008 die Direktion der Justiz und des Innern mit der Ausarbeitung eines Vorentwurfs für ein neues Gerichtsverfassungsgesetz. Dieser vom September 2008 datierende Vorentwurf fand im anschliessenden Vernehmlassungsverfahren weitgehende Zustimmung. Am 1.7.2009 legte der Regierungsrat den bereinigten Entwurf für ein Gesetz über die Gerichts- und Behördenorganisation im Zivil- und Strafprozess (GOG) dem Kantonsrat vor. Dieser verabschiedete das Gesetz am 10.5.2010. Es trat zusammen mit den eidgenössischen Prozessgesetzen auf den 1.1.2011 in Kraft.

17

Mit der Verabschiedung des neuen Gesetzes wurde das bisherige GVG formell aufgehoben und durch das GOG ersetzt, das sich indessen weitgehend an der bisherigen Regelung orientiert, diese aber verbessert und den neuen Bedürfnissen anpasst. Als Folge der zwingenden Regelung der eidgenössischen Prozessordnungen entfiel die Grundlage für die Weiterführung des Geschworenen- und des Kassationsgerichts. Die im GVG enthaltenen Bestimmungen über den Ausstand der Justizbeamten (§§ 95 ff. GVG) finden sich neu in den Art. 56 ff. StPO und 47 ff. ZPO, die bisherigen Bestimmungen über die Protokollierung (§§ 141 ff. GVG) neu in den Art. 76 ff. StPO und 235 ZPO, die bisherigen Regeln über die Fristen (§§ 189 ff. GVG) in den Art. 89 ff. StPO und 142 ff. ZPO. Von der kantonalen StPO übernahm das GOG in den §§ 170 ff. Bestimmungen über das Ordnungsbussenverfahren sowie in den §§ 202 ff. die Bestimmungen über die Begnadigung, und von der kantonalen ZPO verschiedene Bestimmungen über besondere auf das ZGB

18

gestützte Verfahren (§§ 177 ff. ZPO). In mehreren Belangen ist die bisherige Regelung des GVG inhaltlich praktisch unverändert in das neue GOG übernommen worden.

IV. Begriff und Arten der Gerichte

Literatur

H. BALSIGER, Vom Beruf des Strafrichters, SJZ 49, S. 106 ff.; U. BOSSHARD, Die Sondergerichte des Kantons Zürich, Diss. Zürich 1981; K. EICHENBERGER, Die richterliche Unabhängigkeit als staatsrechtliches Problem, Bern 1960; DERSELBE, Richterstaat und schweizerische Demokratie, ZSR 82 I 1 ff. = Der Staat der Gegenwart, Ausgewählte Schriften, Basel 1980, S. 1 ff.; DERSELBE, Von der Justiz im modernen Staat, in: Staat der Gegenwart, Ausgewählte Schriften, Basel 1980, S. 548 ff.; DERSELBE, Justiz inmitten der Staatsveränderung, in: Festschrift für K. Eichenberger, Aarau 1990, S. 231 ff.; H. FRITZSCHE, Richteramt und Persönlichkeit, in: Juristengenerationen und ihr Zeitgeist, Zürich 1991, S. 381 ff.; DERSELBE, Wie man in der Schweiz Recht spricht, Zürich 1948; DERSELBE, Volkstümliche Rechtspflege, Zürich 1949; H. GAUTSCHI, Der Beruf des Richters, in: Akademische Berufe, Der Jurist, Bern 1956, S. 26 ff.: M. GULDENER, Zivilprozessrecht, S. 2 ff.; W. J. HABSCHEID, Zivilprozess- und Gerichtsverfassungsrecht, §§ 7 und 8; R. HAUSER/E. SCHWERI/K. HARTMANN, Schweizerisches Strafprozessrecht, § 25: P. HONEGGER, Die Amtsentsetzung des Richters, Diss. Zürich 1948; N. SCHMID, Strafprozessrecht, § 21; H. HUBER, Der Standort des Richters in der modernen Gesellschaft, ZBl 63, S. 651 ff.: E. SCHNEIDER, Notizen zur Justiz, Bern 1995, Recht und Richter, S. 11 ff.; J. STREBEL, Vom Richter und seinem Amte, ZBJV 89, S. 137; H.U. WALDER-RICHLI/B. GROB-ANDERMACHER, Zivilprozessrecht; § 5; CH. ZÜND, Kommentar zum Gesetz über das Sozialversicherungsgericht des Kantons Zürich, Diss. Zürich 1999.

1. Begriff

19 Gerichte sind die mit der Ausübung der Rechtspflege, insbesondere mit der Rechtsprechung, betrauten staatlichen Behörden. Rechtsprechung ist autoritative Erledigung von Rechtsstreitigkeiten und Verhängung von Strafen.

20 Kennzeichnend für die Gerichte ist ihre Unabhängigkeit. Die Richter sind in ihrer richterlichen Tätigkeit unabhängig und nur dem Gesetz unterworfen. Dem Einfluss der gesetzgebenden und vollziehenden Gewalt sind sie entzogen. Daher besitzt kein anderes staatliches Organ ein Einmischungsrecht in die Rechtsprechung. Der EGMR fordert, dass das Gericht bei der Beurteilung zivilrechtlicher Ansprüche oder strafrechtlicher Anklagen i.S.v. Art 30 BV bzw. 6 Ziff. 1 EMRK unparteiisch, d.h. frei von Voreingenommenheit und Parteinahme ist (EuGRZ 1985 S. 303 Ziff. 20). Ein von kompetenter Stelle gefälltes gerichtliches Urteil kann weder von der gesetzgebenden noch von der administrativen Gewalt aufgehoben oder abgeändert werden (Art. 73 Abs. 2 Satz 2 KV). Diese Unabhängigkeit gilt indessen nur für die Rechtsprechung, nicht dagegen für die Justizverwaltung gegenüber allen Gerichtsbehörden (Friedensrichter, Bezirksgericht, Obergericht). Gegenüber dem Regierungsrat sind die Gerichte aber in der Justizverwaltung unabhängig. Dasselbe gilt gegenüber dem Kantonsrat, soweit diesem nicht ausdrücklich Aufsichtskompetenzen zustehen (§ 79 GOG).

21 Der Aufrechterhaltung der richterlichen Unabhängigkeit dienen auch die Vorschriften über die Unvereinbarkeit (Art. 42 KV; § 25 ff. GPR; dazu hinten § 5 N. 19). Die vorläufige Einstellung in den Dienstverrichtungen kann während der Hängigkeit einer Straf-

untersuchung angeordnet werden (§ 4 Abs. 2 G betreffend die Ordnungsstrafen, LS 312; ZBl 59 S. 494).

Je nach dem Rechtsgebiet, auf welchem die Gerichte ihre Tätigkeit zu entfalten haben, wird zwischen Zivil-, Straf-, Verwaltungsgerichten und Staatsgerichtshöfen unterschieden; ein und demselben Gericht kann die Rechtspflege auf verschiedenen Gebieten übertragen sein. 22

2. Ordentliche Gerichte und Sondergerichte

a) Die *ordentlichen Gerichte* besitzen eine generelle Kompetenz und haben deshalb grundsätzlich alle Zivil- und Strafprozesse zu erledigen. Jeder Rechtsstreit, der nicht durch Gesetz ausdrücklich einem anderen Gericht zugewiesen ist, muss demzufolge vor die ordentlichen Gerichte gebracht werden können. Es besteht eine Vermutung für deren Zuständigkeit (s. ZR 49 Nr. 200, S. 371 = SJZ 46, S. 41). 23

Sondergerichte sind Gerichte, die auf Gesetz beruhen und nur für eine besondere Personengruppe oder ein besonderes Sachgebiet zuständig sind. Ihr Geschäftskreis ist demzufolge limitiert. Die Einführung der Sondergerichte beruht im Wesentlichen auf dem Gedanken, dass die Rechtspflege in Angelegenheiten, deren Beurteilung besondere Sachkenntnis erfordert, am besten auf einzelne Gerichte konzentriert wird, bei deren Aufbau und Besetzung auf die Besonderheiten ihrer Aufgabe Rücksicht genommen werden kann. 24

Ausnahmegerichte sind demgegenüber Gerichte, die ausserhalb der verfassungsmässigen Gerichtsorganisation ad hoc oder ad personam nur für einen oder mehrere konkrete Fälle gebildet werden (BGE 113 Ia 423 oben, 117 Ia 381 oben). Sie sind verboten (Art. 30 Abs.1 BV, Art. 6 Ziff. 1 EMRK) 25

b) Ordentliche Gerichte sind: der Friedensrichter (§§ 53 ff. GOG), das Einzelgericht (§§ 24 ff. GOG), das Bezirksgericht (§ 8 ff. GOG) und das Obergericht (§§ 34 ff. GOG). 26

Als Sondergerichte fallen in Betracht: das Arbeitsgericht (§§ 15 und 20 GOG), das Mietgericht (§§ 16 und 21 GOG) und das Handelsgericht (§§ 36 ff. GOG). Streitigkeiten über den Wildschaden (§ 46 G über Jagd und Vogelschutz vom 12.5.1929, LS 922.1) entscheidet, wenn sich die Parteien nicht einigen können, die zuständige Direktion. Auf dem Gebiet des Verwaltungsrechts üben richterliche Funktionen aus: das Verwaltungsgericht (§§ 32 ff. VRG), das Landwirtschaftsgericht (§§ 71 ff. LG, LS 910.1; aufgehoben per 31.12.2011), das Sozialversicherungsgericht (G über das Sozialversicherungsgericht vom 7.3.1993, LS 212.81). 27

3. Einzelrichter- und Kollegialgerichtssystem

Das Gericht kann entweder aus einem Kollegium von Richtern oder einem Einzelrichter bestehen. Zugunsten des *Einzelrichtersystems* wird angeführt, dass es das Verantwortungsbewusstsein steigere, den Richter zur äussersten Anspannung seiner Fähigkeiten veranlasse, die Entschlusskraft stärke sowie das Verfahren beschleunige und verbillige (dazu STERN, Prozessökonomie und Prozessbeschleunigung als Ziel der zürcherischen Zivilrechtspflegegesetze, Diss. Zürich 1989, S. 146 ff.). Einzelrichter mit allerdings ver- 28 schiedenen Kompetenzzuweisungen gibt es bei allen Instanzen. Der Gesetzgeber tendiert heute dazu, Kompetenzen vom Kollegialgericht auf den Einzelrichter zu übertragen.

29 Für das *Kollegialgericht* spricht, dass es eine grössere Fülle von Rechtskenntnis und Lebenserfahrung in sich vereinigt, die Entscheidung unpersönlicher und von Zufälligkeiten unabhängiger erscheinen lässt und Einseitigkeiten einzelner Mitglieder abschwächt, was grössere Gewähr für ein richtiges Urteil bildet. Das Kollegialsystem kann jedoch bei grosser Geschäftslast leicht zum sog. «Referentensystem» ausarten, was nicht unbedenklich ist (s. auch §§ 9 N. 6 f. und 27 N. 4 ff.).

V. Zuständigkeiten

Literatur
J.E. DOMENIG, Die Verhütung widersprechender Zivilurteile, insbesondere durch den Gerichtsstand des Sachzusammenhangs, Diss. Zürich 1954; J. DUBS, Die Prozessüberweisung im zürcherischen Zivilprozess unter Berücksichtigung der Regelung anderer Kantone, Diss. Zürich 1981; M. GULDENER, Zivilprozessrecht, S. 78 ff.; W.J. HABSCHEID, Zivilprozess- und Gerichtsverfassungsrecht, §§ 16–20; R. HAUSER/E. SCHWERI/K. HARTMANN, Schweizerisches Strafprozessrecht; N. SCHMID, Strafprozessrecht, §§ 24–27; H.U. WALDER-RICHLI/B. GROB-ANDERMACHER, Zivilprozessrecht, § 7; H.U. WALDER, Zur Bedeutung des Begriffes absolut nichtiger Urteile im Lichte der schweizerischen Gesetzgebung und Rechtsprechung, in: Festschrift für W.J. Habscheid, Bielefeld 1989, S. 325 ff.

1. Begriff

30 Für jeden Rechtsstreit muss im Staat eine bestimmte Behörde als zuständig erklärt werden, damit alle Streitigkeiten ihren Richter finden und keine negativen oder positiven Kompetenzkonflikte entstehen. Jedem Gericht ist ein ganz bestimmter Kreis von Geschäften zugewiesen. Diese Umgrenzung nennt man die *Zuständigkeit* oder *Kompetenz*. Sie bedeutet Recht und Pflicht des Gerichts zur Erledigung des ihm übertragenen Aufgabenkreises. Wird dieser überschritten und in denjenigen eines anderen eingegriffen, liegt Unzuständigkeit vor.

2. Bedeutung der Zuständigkeitsvorschriften

31 Die Vorschriften über örtliche, sachliche und funktionelle Zuständigkeit (nachfolgend N. 32 ff.) zeigen dem Bürger den Zugang zum Gericht auf, bei dem er sein Recht suchen muss. Sie verhindern, dass er das Opfer einer formellen Rechtsverweigerung wird. Zudem garantieren sie zusammen mit der internen Geschäftsverteilungsordnung den gesetzlichen Richter i.S.v. Art. 30 Abs. 1 BV und Art 6 Ziff. 1 EMRK.

3. Arten der Zuständigkeit und Bedeutung derselben

32 Die Verteilung der Aufgaben unter die verschiedenen Gerichte geschieht unter drei Gesichtspunkten. Man unterscheidet die sachliche, die örtliche und die funktionelle Zuständigkeit.

Die *sachliche Zuständigkeit* verteilt die Prozesse unter die verschiedenen Gerichte erster 33
Instanz je nach der Natur des Streitgegenstandes oder des Deliktes.

Die *örtliche Zuständigkeit* ist die Verteilung der Prozesssachen gleicher Art unter räum- 34
lich verschieden gelegene Gerichte gleicher Ordnung nach örtlichen Gesichtspunkten.
Man spricht in diesem Zusammenhang auch von Gerichtsstand.

Die *funktionelle* oder *graduelle Zuständigkeit* bedeutet die Verteilung der verschiedenen 35
Aufgaben, die in ein und demselben Verfahren wahrgenommen werden, unter die verschiedenen in einem Rechtsgang tätigen Organe (s. auch ZR 20 Nr. 43 S. 96, 31 Nr. 150
S. 290, 34 Nr. 42 S. 95, 34 Nr. 181, 40 Nr. 84 S. 217). Hierher gehören die Ausscheidung
der Funktionen, welche dem Gericht, dem Vorsitzenden und dem Instruktionsrichter in
der gleichen Sache zugewiesen sind (§§ 19 ff. GOG), und die Ordnung des Instanzenzuges im Rechtsmittelverfahren. Die KV vom 10.3.1831 bestimmte in Art. 12: «Jede Rechts-
sache soll vor wenigstens zwei Gerichte gebracht werden können». Dieser Grundsatz ist
durch die Art. 76, 77 und 79 Abs. 2 KV bestätigt worden

Die §§ 19 ff. und 43 ff. GOG handeln von der sachlichen und funktionellen Zuständig- 36
keit. Für die örtliche Zuständigkeit gelten die Bestimmungen der §§ 9 ff. ZPO und 31 ff.
StPO sowie Staatsvertragsrecht (insbes. LugÜ). Zu den Anforderungen einer Gerichtsstandsvereinbarung im internationalen Handel i.S.v. Art. 17 Abs. 1 lit. c LugÜ s. ZR 99
Nr. 107 E. 2.4.3.

Die Zuständigkeit bildet notwendige Voraussetzung der Entscheidung in der Sache. Für 37
den Zivilprozess gilt der Grundsatz, dass die Zuständigkeit des Prozessgerichts durch
eine nach eingetretener Rechtshängigkeit erfolgte Veränderung der sie begründenden
Umstände nicht mehr verloren geht (sog. perpetuatio fori; HABSCHEID, Zivilprozessrecht, Nr. 223; WALDER-RICHLI/GROB-ANDERMACHER, Zivilprozessrecht, § 7.73 und 76,
§ 27.40; ZR 88 Nr. 89). Für den Strafprozess ist davon auszugehen, dass die einmal begründete Kompetenz des Gerichts durch Umstände, welche erst nach Beginn der Hauptverhandlung eintreten, nicht mehr berührt wird (vgl. schon ZR 22 Nr. 82 S. 151 E. 4).

Die Kompetenz bezieht sich stets auf das Gericht als Ganzes und nicht auf seine einzelnen 38
Spruchabteilungen. Die Zuteilung bestimmter Prozesse an die Kammern des Obergericht
bzw. an die Abteilungen des Bezirksgerichts ist als interne Geschäftsverteilung anzusehen (ZR 25 Nr. 52). Hingegen ist die Zuständigkeit des Jugendgerichts als einer besonderen Abteilung des Bezirksgerichts (§ 23 GOG) als eine selbständige zu betrachten (ZR 52
Nr. 1, SJZ 55 S. 175).

4. Bestimmung der sachlichen Zuständigkeit im Zivilprozess

Es ist ein unverrückbarer Grundsatz des Zivilprozessrechts, dass die Natur des Rechts- 39
streites sich nach der Klage, nicht aber nach der ihr entgegenstehenden Einrede bestimmt;
denn diese entbehrt der selbständigen Bedeutung. Unter Klage ist die Geltendmachung
des Anspruchs zu verstehen, über den mit Rechtskraftwirkung geurteilt werden soll. Oft
ergibt sich dieser aus dem Rechtsbegehren allein nicht eindeutig; dann ist die Begründung zur Auslegung heranzuziehen und der Gegenstand der Klage dem Rechtsbegehren
in Verbindung mit der Begründung zu entnehmen. Niemals aber darf der Begründung
gegenüber dem Rechtsbegehren der Vorrang gegeben werden (GULDENER, Zivilprozess-

recht, S. 107 ff; BGE 74 II 188; ZR 1 Nr. 48, 4 Nr. 186, 49 Nr. 201, 82 Nr. 52 S. 134 E. 2; ZBJV 95 S. 39; RB 1999 Nr. 45). Ob das Rechtsbegehren materiell gerechtfertigt ist, spielt keine Rolle. Das angerufene Gericht darf aufgrund des von der klägerischen Partei vorgebrachten Sachverhalts von Amtes wegen prüfen, ob der behauptete Anspruch effektiv in demjenigen Rechtsbereich anzusiedeln ist, der seine Zuständigkeit begründet. Gegebenenfalls darf es in Abweichung von der rechtlichen Betrachtungsweise der klägerischen Partei seine sachliche Zuständigkeit verneinen (RB 1999 Nr. 45). Die sachliche Begründetheit ist erst nach der Bejahung der Zuständigkeit zu prüfen (SJZ 68 S. 203 E. 2; ZR 70 Nr. 67 S. 206, 71 Nr. 95 S. 291/292).

40 Sind mehrere Gerichte sachlich zuständig (vgl. §§ 20 Abs. 2, 21 Abs. 2 und 126 GOG), so kann sich der Beklagte auf die vor einem dieser Gerichte erhobene Klage einlassen, oder die Parteien können sich auf einen dieser Gerichtsstände einigen. Ist dies nicht der Fall, so bestimmt das Obergericht das zuständige Gericht (§ 126 GOG). Ist nach Gesetz nur ein einziger zwingender Gerichtsstand gegeben, so ist dieser ausschliesslich, und er kann weder durch Prorogation noch durch vorbehaltlose Einlassung abgeändert werden (dazu SPÜHLER/VOCK, Gerichtsstandsgesetz, Zürich 2000, N 1 zu Art. 2 aGestG). Zum Ganzen s. hinten § 126.

5. Bestimmung der sachlichen Zuständigkeit im Strafprozess

41 Im Strafprozess ist für die Kompetenzbegründung der Tatbestand, wie er in der Anklage umschrieben ist, massgebend (ZR 22 Nr. 65, 27 Nr. 172, 44 Nr. 119 S. 261, 50 Nr. 184; SJZ 49 S. 109; RO 1974 S. 312 Nr. 36). Dabei ist für die Frage, was als eingeklagter Tatbestand zu gelten habe, nicht auf die Formulierung, sondern auf den Sinn der Anklage abzustellen (ZR 53 Nr. 126 S. 275). Der Strafprozess beruht auf dem Anklageprinzip (Art. 9 StPO). Es ist deshalb ausschliesslich Sache der Anklagebehörde, darüber zu bestimmen, welche Anklage sie erheben will. Das Gericht ist nicht befugt, durch Verweigerung der Zulassung einer Anklage, die auf ein geringeres Vergehen lautet, die Anklagebehörde zu zwingen, ein schwereres einzuklagen. Bei der Prüfung der sachlichen Zuständigkeit hat das Gericht deshalb nicht zu untersuchen, welches Deliktes die beschuldigte Person sich nach den Akten schuldig gemacht hat, sondern lediglich, welches Delikt ihr in der Anklage zur Last gelegt wird (ZR 56 Nr. 81 S. 120; SJZ 49 S. 109).

6. Sachliche Zuständigkeit zur Behandlung von Vorfragen und Einreden

42 Als Regel gilt, dass der vom Kläger angerufene Richter auch über Vorfragen und Einreden, die dem Erkenntnisgebiet einer anderen Behörde angehören, zu befinden hat (BGE 63 II 52, 74 II 189, 85 II 103 = Pr 48 Nr. 122; ZR 49 Nr. 201); «le juge de l'action est le juge de l'exception» (BGE 63 II 142, 137 III 8 E. 3.3.1; vgl. auch ausdrücklich Art. 31 BGG). Dazu kann er jedoch lediglich in den Motiven Stellung nehmen, so dass diese Entscheidung der Rechtskraft nicht teilhaftig wird (ZR 49 Nr. 201). Der eingangs angedeutete Grundsatz ist allgemein nur für den Fall anerkannt, dass die präjudizielle Rechtsfrage durch die an sich zuständige Behörde noch nicht entschieden worden ist. Ob der Zivil- und Strafrichter an eine bereits ergangene Entscheidung eines öffentlich-rechtlichen Präjudizialpunktes durch die zuständige Verwaltungsbehörde gebunden sei, ist streitig

(HABSCHEID, Zivilprozessrecht, Nr. 141 und 148–1523; HAUSER/SCHWERI/HARTMANN, Schweizerisches Strafprozessrecht, § 8.22; KÖLZ/BOSSHART/RÖHL, VRG N. 30 ff. zu § 1; dazu BGE 74 I 164 S. 9, 79 I 284 ff.).

Mit Bezug auf die vom Beklagten zur Bestreitung der Klage vorgebrachte *Verrechnung* (Art. 120 ff. OR) ist Folgendes zu berücksichtigen: Nach der bundesgerichtlichen Rechtsprechung (BGE 63 II 141) dürfen die Kantone die Zulässigkeit dieser Einrede nicht davon abhängig machen, dass der für die Beurteilung der Gegenforderung örtlich oder sachlich zuständige Richter derselbe sei wie der mit der Hauptforderung befasste. Nach BGE 76 II 44 = Pr 39 Nr. 84 genügt es, wenn der Richter der Hauptforderung dem Beklagten zur Geltendmachung seines Anspruchs vor dem zuständigen Gericht Frist ansetzt und inzwischen sein Urteil für den Betrag der zur Verrechnung gestellten Forderung als nicht vollstreckbar erklärt. Dieser Entscheid betrifft jedoch einen Fall, wo die örtliche Zuständigkeit des Richters der Gegenforderung mit derjenigen des Richters der Hauptforderung übereinstimmte. Wenn ein Kanton es ablehnt, die Beurteilung der Gegenforderung des Schuldners seinen Sondergerichten zu übertragen, sofern sie nicht in deren sachliche Zuständigkeit fällt, so darf er nicht den Schuldner schlechthin darauf verweisen, beim ordentlichen Richter des Gläubigers der Hauptforderung, d.h. bei dessen Wohnsitzrichter, Klage zu erheben. Der Kanton kann die Beurteilung der Verrechnungseinrede nur einer seiner Instanzen übertragen, die er zu bezeichnen hat (BGE 85 II 108/109 = Pr 48 Nr. 122 S. 350), nicht aber einem ausserkantonalen Richter. Bei konkurrierender sachlicher Zuständigkeit besteht für die Parteien nach den §§ 20 Abs. 2, 21 Abs. 2 und 126 GOG auch die Möglichkeit, die gerichtliche Beurteilung des gesamten Streitkomplexes dem ordentlichen Richter zu übertragen.

43

7. Prüfung der Zuständigkeit

Der erkennende Richter hat seine Zuständigkeit von Amtes wegen zu prüfen. Zur Prüfung gehört u.a. auch der Entscheid über die Frage, ob eine Streitigkeit auf dem Zivil- oder dem Verwaltungsweg nach den §§ 1 und 2 VRG zu beurteilen ist (ZR 82 Nr. 47 E. 1). Bei der Prüfung ist der Richter unter dem Vorbehalt des Grundsatzes von Treu und Glauben (ZR 94 Nr. 68) an keine zeitlichen Schranken gebunden (ZR 27 Nr. 172, 55 Nr. 2). Auch die Rechtsmittelinstanz ist befugt, von sich aus nicht nur über ihre eigene Zuständigkeit zu befinden, sondern auch hinsichtlich derjenigen der Vorinstanz (ZR 36 Nr. 51, 40 Nr. 139 lit. b S. 359 f. für den Zivilprozess sowie SJZ 31 S. 217 = ZR 33 Nr. 172, 57 Nr. 15 für den Strafprozess).

44

Bejaht das Gericht seine Zuständigkeit, ist es nicht verpflichtet, einen formellen Zuständigkeitsentscheid zu fassen, solange nicht der Beklagte die Einrede der Unzuständigkeit erhebt. Gegen einen Beschluss, in dessen Begründung (nicht aber im Dispositiv) die Zuständigkeit bejaht wird, ist eine Beschwerde nicht zulässig. Die beklagte Partei hat zunächst durch Erhebung der Unzuständigkeitseinrede (jetzt § 126 Abs. 2 GOG) einen formellen Zuständigkeitsbeschluss herbeizuführen (ZR 53 Nr. 160).

45

Bei Verneinung der Zuständigkeit bzw. Gutheissung der Unzuständigkeitseinrede ist die Klage durch Verfügung bzw. Beschluss von der Hand zu weisen (dazu auch hinten N. 51 ff.).

46

47 Im Strafprozess führt die Verneinung der Zuständigkeit zur Verweigerung der Anklagezulassung oder zur Aufhebung der erfolgten Zulassung mit nachfolgendem Nichteintretensbeschluss durch das erkennende Gericht (Art. 329 Abs. 4 StPO). Diesfalls ist es Sache der Anklagebehörde, die Anklage bei der zuständigen Instanz einzureichen. Das Gericht, welches sich für unzuständig erklärt, konnte schon bisher nicht ein anderes für zuständig erklären und diesem von sich aus die Akten übermitteln (ZR 49 Nr. 161). Einzig im Verhältnis der verschiedenen Abteilungen eines Gerichts unter sich oder zum Einzelrichter des nämlichen Gerichts wird eine solche direkte Überweisung gehandhabt (ZR 25 Nr. 52; SJZ 55 S. 175).

8. Natur der Vorschriften über die sachliche und funktionelle Zuständigkeit

48 Die Vorschriften über die sachliche und funktionelle Zuständigkeit sind öffentlich-rechtlicher Natur und daher in der Regel zwingend (ZR 97 Nr. 33). Die gesetzlich gegebene Zuständigkeit kann deshalb durch eine Parteivereinbarung (Prorogation oder Einlassung) nicht geändert werden, ausgenommen bei konkurrierender Zuständigkeit von Arbeits-, Miet- und Handelsgericht (§§ 20 Abs. 2, 21 Abs. 2 und 126 GOG). Im Strafverfahren ist es den Parteien ausnahmslos verwehrt, den Prozess vor ein sachlich unzuständiges Gericht zu bringen (ZR 35 Nr. 92, 38 Nr. 46, 81 Nr. 134). Hinsichtlich der funktionellen Zuständigkeit ist der vorgeschriebene Instanzenzug einzuhalten. Das gilt auch für den Zivilprozess, soweit er nicht eine Wahlzuständigkeit vorsieht (ZR 81 Nr. 134). Der Instanzenzug ist im Gesetz (im Gegensatz zu § 124 alt GVG) nicht mehr ausdrücklich erwähnt. Er ergibt sich indessen aus der zwingenden Natur der graduellen Zuständigkeit sowie dem hierarchischen Aufbau der Gerichtsbarkeit und dem damit verbundenen umfassenden Rechtsschutz der Parteien (s. im Einzelnen HAUSER/HAUSER, GVG, S. 423 ff.). Der Anspruch auf den Instanzenzug ist dabei nicht inhaltlich, sondern formal zu verstehen (ZR 108 Nr. 40).

49 Die Vereinbarung einer sachlichen oder funktionellen Zuständigkeit ist auf genau umschriebene Einzelfälle beschränkt. Solche sind enthalten in den §§ 20 Abs. 2, 21 Abs. 2 und 126 GOG. Eine generelle Bestimmung, dass die vorbehaltlose Einlassung auf die Klage auch die Zuständigkeit eines sachlich oder funktionell unzuständigen Gerichts begründe, war schon dem GVG nicht bekannt (ZR 40 Nr. 139 lit. b S. 359, 55 Nr. 2).

50 Prorogation bedeutet nicht, dass der angerufene Richter als Schiedsgericht fungiert, sondern nur, dass an die Stelle des ordentlicherweise zuständigen Gerichts ein anderes, ebenfalls staatliches Organ tritt. Diese Feststellung ist praktisch insofern von Bedeutung, als sich das Verfahren vor dem prorogierten Gericht nach den Bestimmungen über das ordentliche Prozessverfahren richtet.

9. Folgen der Unzuständigkeit

a) Prozessuale Behandlung der Unzuständigkeit, Prozessüberweisung

51 Das Gericht tritt bei Unzuständigkeit materiell auf das Geschäft nicht ein und erlässt einen Erledigungsentscheid (ZR 82 Nr. 47 E. 1). Anders als bisher (§ 112 ZPO ZH) findet keine Überweisung von Amtes wegen mehr statt. Reicht der Kläger innert eines Monats

nach dem Nichteintretensentscheid die Klage neu beim zuständigen Gericht ein, so gilt als Zeitpunkt der Rechtshängigkeit das Datum der ersten Einreichung (Art. 63 Abs. 1 ZPO).

b) Wirkung eines von einem unzuständigen Gericht gefällten Entscheides

Der von einem sachlich unzuständigen Richter ergangene Entscheid ist kein Nicht-Urteil, sondern er unterliegt der Anfechtung. Wie andere Mängel werden jedoch die Nichtigkeitsgründe unbeachtlich, wenn sie nicht rechtzeitig durch Rechtsmittel gerügt werden. An sich hindern sie weder den Eintritt der Rechtskraft noch die Vollstreckbarkeit (GULDENER, Nichtigkeitsbeschwerde S. 21 ff.; WALDER, in: FS Habscheid, S. 338; s. auch BGE 63 III 60). Dieser Grundsatz gilt uneingeschränkt für die ordentlichen Gerichte, weil ihnen an sich die Rechtsprechung im Allgemeinen über Zivil- und Strafprozesse zusteht und die Umgrenzung ihrer Zuständigkeit auf Zweckmässigkeitsüberlegungen beruht. Auf die Sondergerichte trifft indessen diese Erwägung nicht zu, weshalb Entscheidungen einer solchen Instanz über Geschäfte, welche ausschliesslich den ordentlichen Gerichten vorbehalten bleiben, nichtig sind (GULDENER, Zivilprozessrecht, S. 78 Anm. 1; WALDER, a.a.O., S. 335).

52

c) Absolute Nichtigkeit von Entscheiden

Wie vorn erwähnt sind materiell oder verfahrensrechtlich fehlerhafte Gerichtsentscheide nur anfechtbar. Liegen aber einem Entscheid besonders gravierende Mängel zugrunde, so liegt in Ausnahmefällen eine absolute Nichtigkeit vor, die von Amtes wegen zu beachten ist und von jedermann jederzeit geltend gemacht werden kann. Als Beispiele absoluter Nichtigkeit werden in Praxis und Literatur etwa genannt: Entscheide, die den Parteien nicht eröffnet worden sind, oder solche, die ohne Klage, gegen eine nicht existierende Partei, durch ein offensichtlich unzuständiges Gericht (z.B. Ehescheidung durch Arbeitsgericht), ohne Bezeichnung der entscheidenden Behörde oder der Prozessparteien ergangen sind oder eine dem geltenden Recht unbekannte oder eine widerrechtliche Rechtsfolge aussprechen (ZR 106 Nr. 10).

53

VI. Kompetenzkonflikte

Kommt es zwischen dem Obergericht und dem Regierungsrat zu einem positiven oder negativen Kompetenzkonflikt über den Rechts- oder Verwaltungsweg, so entscheidet darüber nach § 12 lit. i KRG der Kantonsrat. Das gleiche Verfahren ist auch einzuschlagen, wenn es zu Konflikten zwischen dem Obergericht und dem Verwaltungs- oder Sozialversicherungsgericht kommen sollte.

54

1. Teil
Allgemeine Bestimmungen

§ 1 Gegenstand

Dieses Gesetz

a. regelt die Organisation der Behörden und deren Zuständigkeit in Zivil- und Strafsachen,
b. enthält die zur Ausführung der Schweizerischen Zivilprozessordnung (ZPO) vom 19. Dezember 2008, der Schweizerischen Strafprozessordnung (StPO) vom 5. Oktober 2007 und der Schweizerischen Jugendstrafprozessordnung (JStPO) vom 20. März 2009 notwendigen Verfahrensvorschriften,
c. bestimmt die zuständigen Gerichte in besonderen Verfahren gestützt auf das ZGB und regelt das von diesen anzuwendende Verfahren,
d. regelt die Zuständigkeit der Gerichte für Anordnungen der freiwilligen Gerichtsbarkeit (Art. 1 lit. b ZPO),
e. bestimmt die zuständigen Gerichte bei Zwangsmassnahmen in bestimmten Bereichen des Verwaltungsrechts,
f. regelt die Justizverwaltung der obersten kantonalen Gerichte.

Nach Art. 122 und 123 BV ist die Gesetzgebung auf dem Gebiet des Zivil- und Strafrechts sowie des Zivil- und Strafprozessrechts Sache des Bundes. Die Kantone sind dagegen zuständig für die Organisation der Gerichte, die Rechtsprechung in Zivil- und Strafsachen sowie für den Straf- und Massnahmenvollzug, soweit der Bund nicht etwas anderes vorsieht. Gestützt auf diese Bestimmungen regelt das GOG die Organisation und die Zuständigkeit der Gerichte und Justizbehörden sowie das anzuwendende Verfahren. Es enthält im Anschluss an das bisherige GVG alle organisatorischen Bestimmungen für die Behörden sowie die Zuständigkeitsbestimmungen im Zivil- und Strafprozess und das kantonale Ausführungsrecht.

§ 2 Kantonales Zivil- und Strafrecht

Die ZPO, die StPO, die JStPO und dieses Gesetz finden unter Vorbehalt besonderer Bestimmungen auch auf das Zivil- und Strafrecht des Kantons sowie auf das Übertretungsstrafrecht der Gemeinden Anwendung.

Die Revision der Prozessgesetze soll bewirken, dass das Prozessrecht im ganzen Gebiet der Eidgenossenschaft einheitlich angewendet wird. Werden ZPO, StPO und JStPO gestützt auf § 2 GOG im Zusammenhang mit kantonalem Zivil- oder Strafrecht angewendet, so erfolgt die Anwendung jedoch nicht als Bundesrecht, sondern als (subsidiäres) *kantonales Recht,* was gegebenenfalls im Zusammenhang mit dem Weiterzug ans Bundesgericht von Bedeutung sein kann (Prüfungsbefugnis nur unter dem Gesichtspunkt des Willkürverbots).

2. Teil
Gerichte

1. Abschnitt: Allgemeine Bestimmungen

§ 3 *Gerichte*

¹ Für Zivil- und Strafverfahren bestehen

a. in jedem Bezirk ein Bezirksgericht mit Arbeits-, Miet- und Jugendgericht,
b. das Obergericht mit Handelsgericht.

² Besteht das Bezirksgericht aus mehreren Abteilungen, überträgt es die Befugnisse des Jugendgerichts einer Abteilung.

³ Die Gerichte entscheiden über weitere Angelegenheiten, soweit dieses oder ein anderes Gesetz es bestimmt.

Inhaltsübersicht

		N.
I.	Bezirksgericht	1
II.	Arbeitsgericht	4
	1. Grundlagen	4
	2. Gerichtsstand	8
	3. Besonderheiten des Verfahrens	9
	a) Streitwert	10
	b) Kostenlosigkeit	11
	c) Offizialmaxime	13
	d) Parteivertretung	14
	e) Vorprozessuale Beratung	15
	4. Sachliche Zuständigkeit	16
	a) Arbeitsvermittlungsvertrag	17
	b) Gleichstellungsgesetz	18
	c) Mitwirkungsgesetz	23
III.	Mietgericht	24
	1. Grundlagen	24
	2. Gerichtsstand	25
	3. Besetzung	28
	4. Örtliche Zuständigkeit	30
	5. Streitgegenstand, Klagehäufung, Widerklage	31
	6. Wohn- und Geschäftsräume	35
	7. Nebensachen	37
	8. Konkurrierende Zuständigkeit	38
	9. Verfahren	39
IV.	Jugendgericht	40
V.	Handelsgericht	41
	1. Entstehung und Wesen	41
	2. Zuständigkeit	46
	3. Bestand	50

I. Bezirksgericht

Literatur
H. Feer, Ein zürcherisches Landgericht, Zürich 1965; R. Frank, Gerichtswesen und Prozessverlauf, S. 46 ff.

1 Schon nach § 26 GVG hatte jeder Bezirk ein Bezirksgericht. Der Kanton Zürich ist in 12 Bezirke eingeteilt (§ 1 G über die Bezirksverwaltung, LS 173.1), wobei – im Unterschied zu anderen Kantonen (Bern, Luzern) – eine Straffung der erstinstanzlichen Gerichtsstruktur nicht zur Debatte stand. Der Präsident und die Richter des Gerichts werden an der Urne gewählt (hinten § 5 N. 10). Die Zahl der Richter wird vom Kantonsrat für jeden Bezirk nach Stellenprozenten festgelegt, worauf das Obergericht für jedes Bezirksgericht die Anzahl der voll- und teilamtlichen Richter bestimmt und deren Beschäftigungsgrade festlegt (hinten § 8 N. 2).

2 Das Bezirksgericht behandelt sowohl Zivil- wie auch Strafprozesse. Ihm sind das Arbeits-, das Miet- und das Jugendgericht angegliedert.

3 Hinsichtlich der Arbeits- und Mietgerichte führte das GOG für den ganzen Kanton eine einheitliche Struktur ein. Die bisherige Sonderregelung der bezirksweisen Organisation für arbeitsrechtliche Streitigkeiten wurde aufgehoben. Die Bezirksgerichte sind die ordentlichen Instanzen für alle Streitigkeiten in Zivil- und Strafsachen, die nicht durch ein Gesetz einer anderen Instanz zugewiesen werden (§ 3 Abs. 3 GOG). Die Spezialgerichte (Arbeits-, Miet- und Jugendgericht) sind keine eigenständigen Gerichte, sondern Teil des Bezirksgerichts. Um deren Spezialisierung zu gewährleisten, müssen in grösseren Gerichten, in denen mehrere Abteilungen bestehen, die Befugnisse dieser Spezialgerichte besonderen Abteilungen zugewiesen werden (§ 3 Abs. 2 GOG).

II. Arbeitsgericht

Literatur
M. Bigler-Eggenberger/C. Kaufmann, Kommentar zum Gleichstellungsgesetz, Basel 1997; U. Bosshard, Die Sondergerichte des Kantons Zürich, Diss. Zürich 1981; R. Frank, Gerichtswesen und Prozessverlauf, S. 57 f.; Derselbe, Das einfache und rasche Verfahren und seine Abarten, SJZ 84 S. 21 f.; M. Guldener, Zivilprozessrecht, S. 119 ff.; W.J. Habscheid, Zivilprozessrecht, N. 198; M. Hasler, Die Zuständigkeit bei arbeitsrechtlichen Streitigkeiten im Kanton Zürich, ArbR 1988, S. 41; N. Oberholzer, Zur Institution der Arbeitsgerichtsbarkeit, ArbR 1984, S. 67 ff.; W. Portmann, Individualarbeitsrecht, Zürich 2000; M. Rehbinder, Kommentar zum Arbeitsvertrag, Art. 331–335 OR, Bern 1992; Derselbe, Schweizerisches Arbeitsrecht, 15. Aufl. Bern 2002, §§ 34 ff.; M.W. Rickenbach, Die Nachwirkungen des Arbeitsverhältnisses, Diss. Zürich 2000; H. Schmid, Zur Offizialmaxime nach Art. 319–355 OR, Zürich 1996; F. Vischer, Der Arbeitsvertrag, 2. Aufl., Basel 1994; Schweizerisches Privatrecht VII/1; H.U. Walder-Richli/B. Grob-Andermacher, Zivilprozessrecht, § 5 N. 29–37.

1. Grundlagen

4 Das Arbeitsgericht (früher Gewerbegericht genannt) ist ein Spezialgericht und beruht auf Forderungen, die zu Beginn der Industrialisierung gegen Ende des 19. Jahrhunderts von den Gewerkschaften erhoben worden sind. Nach der früheren Regelung gab

es Arbeitsgerichte nur in den Städten Zürich und Winterthur, und für deren Besetzung wurden Fachrichter beigezogen. Der Regierungsrat schlug in seinem Entwurf zum GOG vor, auf den Beizug von Fachrichtern zu verzichten, weil es in den meisten vom Arbeitsgericht zu beurteilenden Fällen um juristische Fragen gehe (fristlose Entlassung, Konventionalstrafe, Überstunden, Auslegung von Arbeitsverträgen u.s.w.), für deren Beurteilung kein besonderes Fachwissen erforderlich sei; nötigenfalls könnten Sachverständige beigezogen werden, falls in Ausnahmefällen Fachkenntnisse erwünscht seien. Der Kantonsrat hielt indessen entgegen dem Antrag des Regierungsrats am Beizug von Fachrichtern fest, u.a. mit der Begründung, diese seien wegen ihrer Branchenkenntnisse (z.B. auch hinsichtlich der Anwendung der Gesamtarbeitsverträge) wichtig, und das Arbeitsgericht sollte wie das Mietgericht paritätisch zusammengesetzt sein, um kostengünstig, zeitlich effizient, qualitativ gut und realitätsnahe urteilen zu können. Auch wurde darauf hingewiesen, dass man bisher mit den beiden Arbeitsgerichten von Zürich und Winterthur gute Erfahrungen gemacht habe. Das Arbeitsgericht ist deshalb nach dem GOG nun für alle Bezirke unter Vorbehalt von § 25 GOG (Zuständigkeit des Präsidenten als Einzelgericht) zusammengesetzt aus einem vom Bezirksgericht aus seinen Mitgliedern gewählten Präsidenten (§ 10 lit. a GOG) und zwei Fachrichtern, nämlich je einem Vertreter der Arbeitgeber- und der Arbeitnehmerseite (§ 15 GOG).

Die Vertreter der Sozialpartner (Arbeitgeber und Arbeitnehmer) bringen ihre Erfahrungen und Kenntnisse aus dem Alltag der Arbeitswelt ein und können rechtserhebliche Tatsachen oft aufgrund ihres Wissens ohne ein Beweisverfahren entscheiden (SJZ 67 S. 266 lit. B.b = ZR 79 Nr. 47), während der vorsitzende Bezirksrichter und der Gerichtsschreiber über die erforderlichen Kenntnis in rechtlichen Belangen verfügen.

2. Gerichtsstand

Die landesinterne Zuständigkeit in arbeitsrechtlichen Streitigkeiten ist den Bestimmungen des LugÜ angepasst. Nach Art. 34 ZPO (Art. 24 des aufgehobenen GestG) ist für arbeitsrechtliche Klagen – abweichend vom Wortlaut des durch das GestG aufgehobenen Art. 343 Abs. 1 OR: «...Wohnsitz des Beklagten oder Ort des Betriebs oder des Haushalts ...» – das Gericht am Wohnsitz oder Sitz der beklagten Partei oder am gewöhnlichen Arbeitsort zuständig. Ein Arbeitnehmer oder Stellenbewerber, dessen Klage sich auf das AVG stützt, kann zudem am Ort der Geschäftsniederlassung der Arbeitsvermittlung klagen. Im umgekehrten Fall, d.h. bei Klagen des Stellenvermittlers gegen den Arbeitnehmer oder Stellenbewerber, bestimmt sich der Klageort nach Art. 34 Abs. 1 ZPO (früher Art. 24 Abs. 1 GestG). Gemäss Abs. 2 dieser Bestimmung können vorübergehend entsandte Arbeitnehmer auch am Entsendeort gegen den Personalverleiher klagen, soweit die Klage Ansprüche aus der Zeit der Entsendung betrifft (dazu Art. 12 ff AVG; GEISER/HÄFLIGER, Entwicklungen im Arbeitsrecht, SJZ 96 S. 343; SPÜHLER/VOCK, Gerichtsstandsgesetz, Zürich 2000, zu Art. 24 aGestG). Für grenzüberschreitende Arbeitsverträge s. Art. 115 IPRG und Art. 5 Abs. 1 Ziff. 1 LugÜ.

Von den gesetzlich garantierten Gerichtsständen darf nicht durch Vertrag zuungunsten des Arbeitnehmers abgewichen werden. Der Begriff des Betriebs bzw. des Arbeitsorts ist weit auszulegen. Er umfasst jede Einrichtung, die ein Minimum an Räumlichkeiten und Geschäftstätigkeiten aufweist. Nicht erforderlich ist eine eigentliche Betriebsstätte i.S.v.

Art. 935 OR. Es genügt z.B. eine Servicestelle mit Büroräumlichkeiten und einem ganztägigen Telefonanschluss (ZR 99 Nr. 96). Zum Begriff des «Ortes des Betriebs» s. BGE 127 III 205 E. 3a.

8 Der Gerichtsstand am Wohnsitz des Beklagten oder am Ort der Arbeitsleistung nach Art. 34 ZPO ist nur teilweise zwingend. Der Arbeitgeber kann auf die Einrede der Unzuständigkeit verzichten und sich vor einem Art. 34 ZPO nicht entsprechenden Gericht auf die Klage einlassen (§ 126 GOG). Das Gericht muss ihm dazu Gelegenheit geben und darf sich nicht schon vorher von Amtes wegen für unzuständig erklären (ausgenommen, die Streitsache hätte keinen örtlichen oder sachlichen Bezug zum gewählten Forum). Wird dem Arbeitgeber im erstinstanzlichen Verfahren die Gelegenheit verweigert, sich über eine allfällige Einlassung zu äussern, so kann dieser Mangel im Beschwerdeverfahren behoben werden (vgl. ZR 101 Nr. 79).

3. Besonderheiten des Verfahrens

9 Bei Streitigkeiten im individuellen Arbeitsvertragsrecht gelangen die Parteien in den Genuss von Verfahrensvorteilen, die zum Ziel haben, die Position des schwächeren, dem Arbeitgeber unterlegenen Arbeitnehmers in dem für ihn und seine Familie u.U. lebenswichtigen Prozess zu stärken.

a) Streitwert

10 Bei vermögensrechtlichen Streitigkeiten mit einem Streitwert bis zu Fr. 30 000 gelangt das vereinfachte Verfahren zur Anwendung (Art. 243 Abs. 1 ZPO). Nach Art. 94 ZPO werden «zur Bestimmung der Prozesskosten» die Streitwerte von Klage und Widerklage zusammengezählt. E contrario werden sie also für die Beurteilung der Frage, ob das vereinfachte Verfahren zur Anwendung gelange, nicht zusammengezählt. Andernfalls hätte es der Beklagte in der Hand, durch die Erhebung einer Widerklage das vereinfachte Verfahren auszuschliessen (dazu ZR 84 Nr. 97).

b) Kostenlosigkeit

11 Aus sozialpolitischen Gründen werden bei Prozessen aus dem Arbeitsverhältnis und nach dem AVG mit einem Streitwert bis zu Fr. 30 000 den Parteien keine Kosten auferlegt (Art. 113 Abs. 2 lit. d, 114 lit. c ZPO), ausgenommen bei mutwilliger Prozessführung. Dieser Grundsatz findet in allen Stufen des Prozesses und vor allen Instanzen Anwendung, und zwar auch dann, wenn sich der Streit nur (noch) auf Nebenpunkte bezieht (z.B. die Ausrichtung einer Prozessentschädigung). Der Grundsatz soll sicherstellen, dass sich die Parteien ohne Kostenrisiko für ihr Recht einsetzen können (BGE 104 II 223, 115 II 42 E. b; ZR 71 Nr. 75 S. 238 E. 4 und 5b). Die Kostenfreiheit der unterliegenden Partei schliesst indessen die Ausrichtung einer Prozessentschädigung an die obsiegende Partei nicht aus (BGE 115 II 42 E. c; ZR 71 Nr. 75 S. 237 E. 3).

12 Im Zusammenhang mit der Kostenlosigkeit stellt sich die Frage, ob statt einer Vollklage eine begrenzte *Teilklage* mit einem Streitwert bis maximal Fr. 30 000 erhoben werden dürfe. Die Möglichkeit eines reduzierten Rechtsbegehrens ist zwar im Hinblick auf die Dispositionsmaxime zu bejahen. Beruht das Vorgehen aber nachweisbar auf einer Um-

gehungsabsicht, so führt der Rechtsmissbrauch u.E. zu einer Kostenauflage an den unterliegenden Kläger (a.M. ZR 83 Nr. 104 S. 237 E. c). Zur Berücksichtigung des Streitinteresses anstelle des Streitwerts s. § 199 N. 15 f.

c) Offizialmaxime

In arbeitsrechtlichen Streitigkeiten mit einem Streitwert bis zu Fr. 30 000 stellt das Gericht den Sachverhalt von Amtes wegen fest (Art. 247 Abs. 2 lit. b Ziff. 2 ZPO). Die Offizialmaxime dient hier dazu, für die Parteien die mit der Verhandlungsmaxime verbundene Prozesslast zu mindern (WALDER-RICHLI/GROB-ANDERMACHER, Zivilprozessrecht, § 18 N. 12). 13

d) Parteivertretung

In arbeitsrechtlichen Streitigkeiten mit einem Streitwert bis zu Fr. 30 000, in denen das vereinfachte Verfahren zur Anwendung gelangt, bedarf der Parteivertreter keines Anwaltspatents. Es können in diesen Fällen auch beruflich qualifizierte Vertreter aus Berufsverbänden, denen die Parteien angehören, als Vertreter amten (Art. 68 Abs. 2 lit. d ZPO, § 11 lit. a AnwG). 14

e) Vorprozessuale Beratung

Schon vor der Anhängigmachung der arbeitsrechtlichen Streitsache erteilen die Gerichte üblicherweise Auskünfte, wenn sie von den Privatpersonen darum angegangen werden. Zwar bestehen in vielen Orten unentgeltliche Rechtsauskunftsstellen, bei denen die Rechtsuchenden Rat holen können. Werden sie durch die dort erhaltene Auskunft nicht zufriedengestellt, wenden sie sich oft an die Gerichtskanzlei. Diese darf ihnen Auskünfte, aber keine Ratschläge erteilen. 15

4. Sachliche Zuständigkeit

Die Hauptaufgabe des Arbeitsgerichts besteht in der sozialpartnerschaftlichen Schlichtung von Arbeitsstreitigkeiten, wobei seit Einführung des vorprozessualen Schlichtungsverfahren auch in diesem Bereich die Zahl der Verfahren vor Arbeitsgericht im Bezirk Zürich stark rückläufig ist. Die sachliche Zuständigkeit (dazu § 20 GOG) erstreckt sich sodann nicht nur auf Streitigkeiten aus dem Arbeitsvertrag i.S.v. Art. 319 ff. OR, sondern auch auf arbeitsrechtliche Auseinandersetzungen, die aufgrund anderer Gesetze entstehen können. 16

a) Arbeitsvermittlungsvertrag

Arbeitsrechtliche Klagen können sich auf das AVG stützen (Art. 34 Abs. 2 ZPO), d.h. auf Streitigkeiten zwischen dem Vermittler und dem Arbeitsuchenden bzw. dem Verleiher und dem Arbeitnehmer. 17

b) Gleichstellungsgesetz

Das GlG vom 24.3.1995 (in Kraft seit 1.7.1996) sieht sowohl für die privaten wie auch für die öffentlich-rechtlichen Arbeitsverhältnisse ein allgemein gefasstes Verbot der Dis- 18 kriminierung aufgrund des Geschlechts, des Zivilstands, der familiären Situation sowie wegen Schwangerschaft vor (Art. 2 und 3). Als diskriminierend gilt auch jede Art der sexuellen Belästigung (Art. 4). Art. 5 gewährt der betroffenen Person eine Reihe von Klagemöglichkeiten gegen drohende oder vollzogene Benachteiligung sowie begangene Demütigungen. Bei Diskriminierung im Rahmen eines privatrechtlichen Arbeitsvertrags ist zunächst innert der Klagefrist die Schlichtungsbehörde anzurufen (Art. 197 ff. ZPO). Kommt es vor dieser zu keiner Einigung, so ist innert drei Monaten Klage beim Gericht einzureichen (Art. 209 Abs. 3 ZPO).

19 Der Kanton Zürich hat am 29.10.2001 ein Einführungsgesetz zum eidgenössischen GlG erlassen, das jedoch aufgehoben und durch das Gesetz über das Schlichtungsverfahren für Streitigkeiten nach dem Gleichstellungsgesetz in öffentlich-rechtlichen Arbeitsverhältnissen vom 10.5.2010 ersetzt worden ist (LS 177.12). Danach ist die Paritätische Schlichtungsstelle bei Streitigkeiten nach dem GlG zuständig für Diskriminierungsstreitigkeiten aus öffentlich-rechtlichen Verhältnissen des kantonalen und kommunalen Rechts (§ 1).

20 Die kantonale Schlichtungsstelle setzt sich zusammen aus dem Vorsitzenden, dessen Stellvertreter und je acht Mitgliedern der Arbeitnehmer- und Arbeitgeberseite, die vom Obergericht auf Vorschlag der Arbeitgeber- und Arbeitnehmerorganisationen für eine Amtsdauer von sechs Jahren gewählt werden, wobei auf eine gleichmässige Vertretung von Männern und Frauen zu achten ist (§ 59 GOG). Sie ist administrativ dem Bezirksgericht Zürich angegliedert (§ 60 GOG). Für die Behandlung der einzelnen Fälle wird die Schlichtungsstelle mit dem Vorsitzenden oder seinem Stellvertreter sowie mit je einem Mitglied der Arbeitgeber- und Arbeitnehmerseite besetzt, wobei beide Geschlechter vertreten sein müssen und der Rechtsnatur des Arbeitsverhältnisses Rechnung zu tragen ist (§ 61 GOG).

21 Das Schlichtungsverfahren ist für die Arbeitnehmer freiwillig (§ 3). Es kann durch mündliches oder schriftliches Begehren in Gang gesetzt werden. Bei *öffentlich-rechtlichen Arbeitsverhältnissen* ist das Begehren innerhalb der Rechtsmittelfrist gegen die erstinstanzliche Verfügung anzubringen. Es unterbricht die Rechtsmittelfrist nicht. Zu deren Wahrung ist das Rechtsmittel bei der zuständigen Instanz anzumelden, wobei die Anmeldung weder einen Antrag noch eine Begründung enthalten muss. Wer von einer Diskriminierung betroffen ist, die nicht auf einer Verfügung beruht, kann die Schlichtungsstelle jederzeit anrufen (§ 4). Kommt vor der Schlichtungsstelle keine Einigung zustande, so setzt in den Fällen, in denen die Streitsache auf einer Anordnung beruht, die Rechtsmittelinstanz Frist an, um die Anträge zu stellen und diese zu begründen. Beruht die Streitsache nicht auf einer formellen Anordnung, so hat der Arbeitgeber auf entsprechendes Begehren eine anfechtbare Anordnung zu erlassen (§ 8 Abs. 2).

22 Bei *privatrechtlichen Arbeitsverhältnissen* ist die Schlichtungsbehörde vor der Einreichung der Klage beim Gericht anzurufen. Kommt keine Einigung zustande, so erteilt die Schlichtungsbehörde dem Kläger eine Klagebewilligung, die ihn ermächtigt, innert drei Monaten Klage beim Gericht einzureichen (Art. 209 Abs. 1–3 ZPO), wobei das Schlichtungsverfahren das Sühnverfahren vor dem Friedensrichter ersetzt.

c) Mitwirkungsgesetz

Am 1.5.1994 trat das BG über die Information und Mitsprache der Arbeitnehmerinnen und Arbeitnehmer in den Betrieben vom 17.12.1993 (Mitwirkungsgesetz, SR 822.149) in Kraft. Es vermittelt den Arbeitnehmern in privaten Betrieben (mit und ohne Arbeitnehmervertretung, vgl. Art. 3 und 4) Informations- und Mitwirkungsrechte, namentlich das Recht auf rechtzeitige und umfassende Information über alle Angelegenheiten, deren Kenntnis Voraussetzung für eine ordnungsgemässe Erfüllung der Aufgaben ist. Ferner gewährt es Mitwirkungsrechte in Fragen der Arbeitssicherheit und des Gesundheitsschutzes, bei Betriebsübergängen i.S.v. Art. 333 und 333*a* OR und bei Massenentlassungen. Bei Streitigkeiten, die sich aus diesen Rechten oder aus vertraglichen Mitwirkungsrechten ergeben, entscheiden unter Vorbehalt vertraglicher Schiedsstellen die für Streitigkeiten aus dem Arbeitsverhältnis zuständigen Instanzen (Art. 15 Abs. 1). Klageberechtigt sind die beteiligten Arbeitgeber und Arbeitnehmer sowie deren Verbände (für diese geht der Anspruch aber nur auf Feststellung) (Art. 15 Ab. 2).

III. Mietgericht

Literatur

U. Bosshard, Die Sondergerichte des Kantons Zürich, Diss. Zürich 1981, S. 56 ff.; Ch. Calamo, Die missbräuchliche Kündigung einer Miete von Wohnräumen, Diss. St. Gallen 1993; Frank, Gerichtswesen und Prozessverlauf, S. 59 ff.; B. Giger, Die Erstreckung des Mietverhältnisses (Art. 272–272d OR), Diss. Zürich 1995; Derselbe, Das einfache und rasche Verfahren und seine Abarten, SJZ 84, S. 21 ff.; P. Higi, Die paritätische Schlichtungsbehörde in Miet- und Pachtsachen im Kanton Zürich, in: Mitteilungen aus dem Institut für zivilgerichtliche Verfahren in Zürich, Nr. 12 (1991), S. 1 ff.; Derselbe, Kommentar zu Art. 253 ff. OR, Zürich 1994, und Kommentar zu Art. 275–304 OR, Zürich 2000; A. Reichmuth, Die soziale Untersuchungsmaxime im Mietrecht, ZBJV 132, S. 534 f.; A. Roberti, Institut und Verfahren der Schlichtungsbehörde in Mietsachen, Diss. Zürich 1993, Spühler/Dolge/Gehri, Schweizerisches Zivilprozessrecht, 9. Aufl. Bern 2010, § 51 N. 208 ff.; O. Vogel, Der Mietprozess, recht 1992, S. 31 ff.; Walder-Richli/Grob-Andermacher, Zivilprozessrecht, § 5 N. 38 ff.; P. Zihlmann, Das Mietrecht, 2. Aufl., Zürich 1995.

1. Grundlagen

Im Vordergrund steht der Schutz der Mieter und Pächter bei der für sie lebenswichtigen und existenzsichernden Benutzung von Wohn- und Geschäftsräumen und landwirtschaftlich genutztem Boden. Die Bestimmungen des OR (Art. 274–274g) über die Gestaltung der Streitigkeiten auf dem Gebiet des Miet- und Pachtrechts sind mit Inkrafttreten der ZPO aufgehoben. Massgebend für diese Streitigkeiten ist nun Art. 200 ZPO, allenfalls ergänzt durch VMWG.

2. Gerichtsstand

Für bewegliche Sachen sieht Art. 31 ZPO die Zuständigkeit am Wohnsitz des Beklagten oder am Ort der gelegenen Sache vor. Für unbewegliche Sachen, also namentlich für Wohn- und Geschäftsräume, gilt der Gerichtsstand am Ort der gelegenen Sache (Art. 33 ZPO). Diese Zuständigkeit rechtfertigt sich aus Gründen der «Beweisnähe» und der Vertrautheit der Behörden mit dem Ortsgebrauch, der bei Miet- und Pachtverträgen eine erhebliche Rolle spielen kann (BGE 120 II 117 E. c).

26 Den Parteien steht es grundsätzlich fei, auf den gesetzlich vorgesehenen Gerichtsstand zu verzichten (Art. 17 und 18 ZPO), ausgenommen bei landwirtschaftlichen Pachtverhältnissen, bei denen der Pächter nicht zum Voraus oder durch Einlassung auf den Gerichtsstand verzichten darf (Art. 35 Abs. 1 lit. c ZPO).

27 Für grenzüberschreitende Miet- und Pachtverhältnisse bei unbeweglichen Sachen ist in Art. 16 Ziff. 1 LugÜ die Zuständigkeit im Staat der gelegenen Sache und eventuell am Wohnsitz des Beklagten vorgesehen.

3. Besetzung

28 Der Präsident des Mietgerichts wird vom Bezirksgericht aus seinen Mitgliedern gewählt (§ 10 lit. b GOG). Die Zahl der Beisitzer wird auf Antrag des Obergerichts vom Kantonsrat festgelegt, wobei die Beisitzer je zur Hälfte Mieter und Vermieter bzw. Pächter und Verpächter sein müssen (§ 13 Abs. 2 GOG). Die Beisitzer werden an der Urne gewählt (§ 39 lit. b GPR). Für sie gilt Amtszwang (§ 31 lit. b GPR).

29 Die Beisitzer sollen in der Regel Personen sein, welche mit ihrem spezifischen Fachwissen das Gericht unterstützen können, d.h. in erster Linie Verwalter von Liegenschaften, Vertreter von Fachverbänden, Baumeister, Bauleute oder Architekten, nicht aber Juristen, weil das juristische Fachwissen beim Gericht ohnehin vorhanden ist. Das Bezirksgericht Zürich lehnte es deshalb im Frühjahr 1999 ab, einen von der Mieterseite vorgeschlagenen Rechtsanwalt als Beisitzer zu wählen; dies mit der Begründung, von den zehn Beisitzern der Mieterseite seien bereits sechs praktizierende Rechtsanwälte und damit sei eine Schwelle erreicht, welche das Gericht nicht überschreiten wolle, zumal ein Anwalt ja ohnehin nicht als Beisitzer eingesetzt werden könne, wenn er zu einer Partei in irgendeiner Verbindung stehe (NZZ vom 4.3.1999).

4. Örtliche Zuständigkeit

30 Örtlich zuständig sind die Gerichte am Ort der gelegenen Sache (ZR 94 Nr. 35). Dies gilt auch für Forderungen des Hauptvermieters gegenüber einem Untermieter (BGE 120 II 112 = Pr 84 Nr. 253). Für Klagen aus Miete und Pacht gilt generell Art. 33 ZPO.

5. Streitgegenstand, Klagenhäufung und Widerklage

31 Für die sachliche Zuständigkeit des Gerichts und die davon abhängige Verfahrensform kommt es auf das anhängig gemachte Rechtsbegehren und nicht auf das Prozessergebnis an (ZR 82 Nr. 52, 99 Nr. 30; s. auch Einl. N. 39). Das Gericht kann indessen bei der Prüfung seiner sachlichen Zuständigkeit von der rechtlichen Betrachtungsweise der klagenden Partei abweichen, weil diese sonst die sachliche Zuständigkeit des Gerichts durch eine (bewusst) falsche Qualifikation erzwingen könnte (ZR 102 Nr. 19 E. II.2).

32 Eine miet- oder pachtrechtliche Streitigkeit liegt vor, wenn sich der Klagegegenstand (Anspruch) aus einem Miet- oder Pachtverhältnis herleitet und damit dem entspricht, was unter die Vertragsklage fällt, mit der alle materiell-rechtlichen Ansprüche geltend ge-

macht werden, die aus einer solchen bestehenden Vertragsbeziehung fliessen. Den mietrechtlichen Bestimmungen unterstehen auch gemischte Verträge, sofern das mietrechtliche Element wesentlich ist, d.h., sofern ohne dieses das Vertragsverhältnis nicht zustande gekommen wäre (SJZ 97 S. 129). Das Mietgericht kann jedoch aufgrund der Klageschrift prüfen, ob der dort angerufene Sachverhalt effektiv demjenigen Rechtsbereich zuzuordnen ist, der seine Zuständigkeit begründet. Ist dies nicht der Fall, wie z.B. bei Streitigkeiten über ein im Mietvertrag vorgesehenes Vorkaufsrecht (Art. 681 ff. ZGB), so kann es in Abweichung von der rechtlichen Betrachtungsweise der klägerischen Partei seine sachliche Zuständigkeit verneinen (RB 1999 Nr. 45). Unter die Streitigkeiten auf dem Gebiet der Miete und Pacht von Wohn- und Geschäftsräumen sowie aus landwirtschaftlicher Pacht fallen insbesondere Prozesse über

– Kündigungsschutz (bei Anfechtung der Kündigung und Erstreckung des Vertragsverhältnisses, Art. 271 ff. i.V.m. Art. 257b und 300 OR),
– Miet- und Pachtzinsschulden (namentlich Art. 269 ff. OR),
– das Retentionsrecht (Art. 268, 268b und 299 OR),
– Abrechnungen über Nebenkosten, z.B. Heizungs- und Reparaturkosten,
– Benutzung von Gemeinschaftsanlagen, z.B. Einstellgaragen und Waschraum.

Erfasst werden prozessuale Auseinandersetzungen zwischen Vermieter einerseits und Mieter, Zwischen- und Untermieter andererseits (BGE 102 II 117 E. c) sowie Differenzen zwischen Mietern über den Gebrauch der Mietsache, soweit zu deren Regelung der Vermieter zuständig ist, der als Beklagter ins Recht zu fassen ist (Beispiel: Streitigkeiten zwischen Mietern über den Gebrauch gemeinschaftlicher Räume). Das angerufene Gericht entscheidet auch über zivilrechtliche Vorfragen und kann für die Dauer des Verfahrens vorsorgliche Massnahmen treffen (Art. 261 ZPO). Wird das Begehren eines Mieters betreffend Anfechtbarkeit einer Kündigung (Art. 271 OR) abgewiesen, so prüfen Schlichtungsbehörde und Mietgericht von Amtes wegen, ob das Mietverhältnis erstreckt werden könne (Art. 272 OR). 33

Mehrere Rechtsbegehren, die im Zusammenhang mit dem streitigen Rechtsverhältnis stehen, können vom Kläger kumulativ (Klagenhäufung) oder vom Beklagten widerklageweise geltend gemacht werden. Es können auf diese Weise z.B. Forderungen aus rückständigen Miet- oder Pachtzinsen und aus Reparaturkosten verbunden werden. Fehlt hingegen dieser Zusammenhang (z.B. bei Klage aus Mietvertrag und Widerklage aus Kaufvertrag), so findet eine Trennung der Zuständigkeit zwischen dem Mietgericht und dem ordentlichen Gericht statt. 34

6. Wohn- und Geschäftsräume

Die Prozesse beziehen sich vorab auf Wohn- und Geschäftsräume (vgl. aber die Einschränkungen gemäss Art. 253a Abs. 3 und 253b Abs. 2 OR). Der Begriff der Wohn- und Geschäftsräume deckt sich mit demjenigen des materiellen Bundesrechts gemäss Art. 253a OR. Darnach fallen Streitigkeiten betreffend Miete und Pacht von unbebautem Land (vorbehältlich blosser Nebenbegehren) nicht in die sachliche Zuständigkeit des Mietgerichts (ZR 97 Nr. 47 S. 142 E. b). Zur Interpretation der Begriffe Wohn- und Ge- 35 schäftsräume s. ZK-Higi, zu Art. 253a–253b OR, N. 7 ff.; BGE 118 II 40, 125 III 231 ff.; SJZ 94 S. 141; ZR 97 Nr. 47 E. 5.

36 Entscheidend für ein Mietverhältnis ist die Überlassung des Mietgegenstandes gegen Entgelt. Auch die Überlassung einer relativ kleinen Fläche auf dem Dach eines Gebäudes oder im Gebäudeinnern für die Installation, den Betrieb und den Unterhalt von Telekommunikationsanlagen stellt eine Miete dar. Das Mietgericht ist deshalb auch zuständig für die Beurteilung von Streitigkeiten (z.B. bei Kündigung) aus der Installation einer Mobilfunkantenne auf einem Kirchenturm (ZR 102 Nr. 19 E. II).

7. Nebensachen

37 In Übereinstimmung mit Art. 253a Abs. 1 OR müssen auch Streitigkeiten über Nebensachen, die der Vermieter dem Mieter oder der Verpächter dem Pächter im Rahmen des Vertrags überlässt, vor das Mietgericht gebracht werden. Zu denken ist etwa an Garagen, Autoeinstellräume oder -abstellplätze, Mobiliar, Betriebseinrichtungen u.s.w. (Higi, a.a.O. N. 49 ff.; BGE 125 III 231 ff.).

8. Konkurrierende Zuständigkeit

38 Bilden Miet- oder Pachtverhältnisse den Streitgegenstand, so kann neben den ordentlichen Gerichten auch das Handelsgericht zuständig werden, wenn z.B. eine Brauerei AG ihre Liegenschaft an eine Gastronomie AG verpachtet. Bei typisch miet- oder pachtrechtlichen Streitigkeiten (z.B. über Kündigungsschutz oder Erstreckung des Miet- oder Pachtverhältnisses) drängt sich die Zuständigkeit des Mietgerichts auf. Tritt das Handelsgericht an die Stelle des Mietgerichts, so muss es die für den Miet- und Pachtprozess geltenden Regeln beachten, wozu im Besonderen die vorgängige Anrufung der Schlichtungsbehörde gehört. Stützt sich eine Klage auf miet- und kaufvertragliche Elemente, so beurteilt sich die Zuständigkeit nach dem materiell-rechtlichen Schwerpunkt des Streits (dazu Rechenschaftsbericht des Obergerichts Thurgau 1999, S. 83 Nr. 5). S. dazu auch hinten § 126.

9. Verfahren

39 Für Streitigkeiten vor dem Mietgericht gilt das vereinfachte Verfahren (Art. 243 Abs. 2 lit. c ZPO). Vertretung ist zulässig. Berufsmässige Vertretung ist auch bevollmächtigten Vertretern ohne Anwaltspatent erlaubt, wenn der Streitwert Fr. 30 000 nicht übersteigt (Art. 68 Abs. 2 lit. d ZPO, § 11 Abs. 2 lit. a AnwG). Betreffend das Verhältnis zwischen Erstreckungs- und Ausweisungsverfahren nach Aufhebung von Art. 274g OR s. hinten § 24 N. 79.

IV. Jugendgericht

Literatur

A. Donatsch/N. Schmid, StPO, zu §§ 374 ff.; E. Frey, Die Organisation des Jugendgerichts unter dem Gesichtspunkt der Einheit des Jugendstrafverfahrens, ZStR 54 S. 1 ff.

Das Jugendgericht setzt sich zusammen aus dem Präsidenten und zwei Beisitzern (Art. 7 Abs. 2 JStPO). Der Präsident wird vom Bezirksgericht aus dessen Mitgliedern gewählt (§ 10 lit. c GOG). Als Beisitzer amten Bezirksrichter. Wo in grösseren Gerichten mehrere Abteilungen bestehen, sind die Aufgaben des Jugendgerichts einer dieser Abteilungen zuzuweisen (§ 3 Abs. 2 GOG). Die Zuständigkeit des Jugendgerichts ergibt sich aus den Art. 32 und 33 JStPO. Das Verfahren vor Jugendgericht ist geregelt in Art. 10 ff. JStPO. 40

V. Handelsgericht

Literatur

U. BOSSHARD, Die Sondergerichte des Kantons Zürich, Diss. Zürich 1981; A. BRUNNER, Handelsrichter als Vermittler zwischen Wirtschaft und Recht, SJZ 102, S. 428 ff.; DERSELBE, Zur Auswahl der Handelsrichter nach ihrem Fachwissen, SJZ 105, S. 321 ff.; DERSELBE, Was ist Handelsrecht? AJP 2010, S. 1529 ff.; E. BRUNNER, Die Verwertung von Fachwissen im handelsgerichtlichen Prozess, SJZ 88, S. 22; R. FRANK, Gerichtswesen und Prozess, Zürich 1980, S. 56 ff.; A. KOPP, Das zürcherische Handelsgericht, Diss. Zürich 1940; P. NOBEL, Zur Institution der Handelsgerichte, ZSR 102 I S. 137 ff.; D. SCHWANDER, Das Zürcher Handelsgericht und die branchenspezifische Zusammensetzung seines Spruchkörpers, Berlin 2009; M. SOGO, Widerklage in handelsrechtlichen Streitigkeiten: Kernpunkttheorie und Erfordernis der gleichen Zuständigkeit, ZBJV 2011, S. 937 ff.; S. TEITLER, Zur Frage der im Handelsgericht vertretenen Sachkunde, SJZ 56, S. 220 ff.; P.L. USTERI, Hundert Jahre Zürcher Handelsgericht, SJZ 63, S. 1 ff.; O. VOGEL, 125 Jahre Zürcher Handelsgericht, SJZ 88, S. 17 f.; DERSELBE, Prozessuales Management am Handelsgericht, SJZ 88, S. 18 ff.; H.U. WALDER-RICHLI/B. GROB-ANDERMACHER, Zivilprozessrecht, § 5 N. 45–54; J.J. ZÜRCHER, Der Einzelrichter am Handelsgericht des Kantons Zürich, Diss. Zürich 1998.

1. Entstehung und Wesen

Das Handelsgericht entstand als Spezialgericht für handelsrechtliche Streitigkeiten nach der Annahme des Verfassungsgesetzes vom 29. 8. 1865 (OS 15 S. 514). Durch das Gesetz betreffend das Gerichtswesen im Allgemeinen vom 30.10.1866 (OS 15 S. 13 und 143) wurde es mit Wirkung auf den 1.1.1867 ins Leben gerufen (vgl. dazu FRITZSCHE, Begründung und Aufbau der neuzeitlichen Rechtspflege des Kantons Zürich, S. 70 ff.; HAUSER, Die zürcherische Rechtspflege im Wandel 1831–1981; ZR 80 S. 282). Auf bundesrechtlicher Ebene wird den Kantonen die Möglichkeit für ein Handelsgericht (als einzige kantonale Instanz) in Art. 6 ZPO eingeräumt. 41

Das Handelsgericht war bisher geregelt in den §§ 57 ff. GVG. Diese Regeln haben sich bewährt und wurden deshalb hinsichtlich der Zusammensetzung und Zuständigkeit des Gerichts im Wesentlichen durch die neue Rechtsordnung übernommen (W.RR S. 73). 42

Normalerweise sind die Richter Mitglieder eines Gerichts. Beim Handelsgericht gibt es jedoch zwei Arten von Richtern: einerseits die Mitglieder des Obergerichts, welche an das Handelsgericht delegiert werden, und andererseits nebenamtliche Handelsrichter, die nicht Mitglieder des Obergerichts, aber doch Richter im Sinne der Verfassung sind und dem Spruchkörper angehören. Das Handelsgericht ist ein mit Art. 30 Abs. 1 BV (Art. 58 alt BV) und Art. 6 Ziff. 1 EMRK vereinbares Spezial- bzw. Fachgericht (BGE 136 I 207 E. 3.5, ZR 96 Nr. 20), das sich aus unabhängigen und unparteiischen Berufsrichtern sowie Berufspersonen aus Banken, Gewerbe, Handel, Industrie u.s.w. als Richtern zusammensetzt. Je nach Prozessstoff bildet sich das Gericht im Einzelfall. Es amtet in der Regel als Kollegialgericht. 43

44 In den Beratungen zum GOG wurden einerseits die Einwände erhoben, die Besetzung des Handelsgerichts sei verfassungs- und konventionswidrig, weil das Gericht nicht paritätisch zusammengesetzt sei, da die Handelsrichter nach ihren Fachgebieten einer bestimmten Kammer zugeteilt werden und das Gericht deshalb in einem konkreten Prozess mit Richtern aus der gleichen Branche besetzt sei; zudem seien die drei Fachrichter gegenüber den zwei vollamtlichen Mitgliedern des Obergerichts (dazu § 39 Abs. 2 GOG) in der Mehrheit. Das Bundesgericht hat diese Einwände in BGE 136 I 207 ff. mit eingehender Begründung entkräftet. Anders als das Arbeits- und das Mietgericht muss das Handelsgericht nicht paritätisch mit Vertretern der Interessengruppen beider Parteien zusammengesetzt sein. Der Beizug von Fachrichtern ist allein durch deren Fachkompetenz begründet und gewährleistet eine spezialisierte und fachkundige Justiz, was beiden Prozessparteien gleichermassen zugutekommt. Das gilt nicht nur dann, wenn die beiden Parteien aus dem gleichen Wirtschaftsbereich stammen, sondern auch dann, wenn der Kläger nicht als Firmeninhaber im Handelsregister eingetragen ist, sondern durch die Anrufung des Handelsgerichts von seiner Wahlmöglichkeit gemäss § 126 GOG bzw. Art. 6 Abs. 3 ZPO Gebrauch gemacht hat. Die Handelsrichter entscheiden frei von Weisungen eines allfälligen Arbeitgebers und bringen unabhängig von Interessenbindungen ihre Fachkompetenz ein. Dass das Gericht nicht paritätisch zusammengesetzt ist und die Fachrichter gegenüber den beiden Oberrichtern die Mehrheit bilden, gefährdet nach den Ausführungen dieses bundesgerichtlichen Entscheids die richterliche Unabhängigkeit und Unparteilichkeit nicht (dazu schon ZR 96 Nr. 20 S. 56 E. II).

45 Andererseits wurde in den Beratungen zum GOG der Einwand erhoben, das Handelsgericht werde verfassungswidrig zusammengesetzt, wenn nach § 36 Abs. 3 GOG nur Firmeninhaber oder leitende Angestellte bzw. solche mit mehr als zehnjähriger Berufserfahrung als Handelsrichter gewählt werden dürften. Diese unverändert vom früheren § 59 Abs. 2 GVG übernommene Wählbarkeitsvoraussetzung steht in Widerspruch zu Art. 40 Abs. 1 KV, wonach in die obersten Gerichte jedermann gewählt werden kann, der in kantonalen Angelegenheiten stimmberechtigt ist. Die Verfassung bietet keine Grundlage dafür, dass für Handelsrichter zusätzliche Wählbarkeitsvoraussetzungen geschaffen werden dürfen. Die erforderliche berufliche Qualifikation ist kein Grund für Wahlbeschränkungen beim Handelsgericht, muss sie doch auch bei Mitgliedern anderer Gerichte vorhanden sein (z.B. im Verwaltungs- und Sozialversicherungsgericht). Sie kann sich überdies auch aus anderen als den in § 36 Abs. 3 GOG genannten Kriterien ergeben. Das Bundesgericht hat deshalb in BGE 137 I 77 E. 3 die besonderen Wählbarkeitsvoraussetzungen des § 36 Abs. 3 GOG als *verfassungswidrig* erklärt. Gemäss der EMRK ist es indessen zulässig, Vertreter bestimmter Berufsgruppen wegen ihrer Sachkunde in richterliche Gremien zu berufen; entscheidend ist lediglich, dass sie frei von Weisungen handeln (BGE 136 I 207). Auch wenn deshalb die Wählbarkeitsvoraussetzungen des § 36 Abs. 3 GOG nicht angewendet werden dürfen, so hat der Kantonsrat als Wahlbehörde doch dafür zu sorgen, dass nur Handelsrichter gewählt werden, die den hohen Ansprüchen der Fachkunde in handelsrechtlichen Angelegenheiten genügen. Eine als Folge des bundesgerichtlichen Urteils eingereichte Einzelinitiative betreffend Ergänzung von Art. 74 und 75 KV wurde vom Kantonsrat am 22.8.2011 abgelehnt (Einzelinitiative Alex Brunner, KR-Nr. 50/2011).

2. Zuständigkeit

Das Handelsgericht ist berufen, die ihm unterbreiteten Prozesse mit spezieller Kompetenz und in einer für die Bedürfnisse von Handel, Dienstleistungsbetrieben, Industrie u.s.w. angemessenen Weise zu behandeln (ZR 39 Nr. 8 S. 51, 51 Nr. 141 S. 248, 96 Nr. 20). Der handelsgerichtliche Prozess ist durch seine Wirtschaftlichkeit, seine relative Raschheit und Kostengünstigkeit gekennzeichnet. Das zeigt sich u.a. darin, dass die Mehrzahl der Prozesse gütlich erledig werden kann.

46

Die Sachkunde des Handelsgerichts bezieht sich auf Erfahrungswissen in einem bestimmten Sachgebiet, die Kenntnisse von Verkehrssitten und Usanzen sowie auf die Kenntnis von Regeln der Technik. Diese Fachkenntnisse können schon bei den Vergleichsverhandlungen im Rahmen der Referentenaudienz (jetzt: Instruktionsverhandlung) eingebracht werden, aber auch noch später bei der Beweiserhebung und bei der Urteilsbildung (dazu SJZ 88 S. 22 ff.). Sofern dem Handelsgericht Branchenkenner angehören, kann in gewissen Fällen sogar ohne Beweisverfahren entschieden werden. Der Handelrichter äussert in den Verhandlungen aufgrund seiner Fachkenntnisse seine Meinung, der indessen nicht die Bedeutung eines Gutachtens zukommt (sonst müssten die Parteien zur Stellung von Ergänzungsfragen berechtigt sein). Wenn dem Handelsgericht in einem bestimmten (z.B. medizinischen) Bereich die erforderliche Fachkenntnisse fehlen, kann und muss es ein Gutachten (und, wenn dieses mit triftigen Gründen angefochten wird, u.U. ein Obergutachten) einholen und sein Fachwissen auf diese Weise ergänzen. Verzichtet das Gericht jedoch auf den Beizug eines Sachverständigen und stelle es auf die Äusserung des sachkundigen Handelsrichters ab, so muss es dessen Äusserungen protokollieren und den Parteien vor der Urteilsfällung Gelegenheit geben, sich dazu zu äussern (dazu bisher HAUSER/SCHWERI, GVG, § 145 N. 6, vgl. jetzt Art. 183 Abs. 3 ZPO).

47

Das Handelgericht entscheidet als Kollegialgericht die Streitigkeiten gemäss § 44 GOG und als Einzelgericht diejenigen gemäss § 45 GOG. Was unter handelsrechtlicher Streitigkeit zu verstehen ist, umschreibt Art. 6 Abs. 2 ZPO.

48

Das Handelsgericht entscheidet die ihm zugewiesenen Streitsachen als einzige Instanz (§ 44 GOG, Art. 6 ZPO). Durch die Weiterzugsmöglichkeit ans Bundesgericht ist Art. 76 Abs. 1 KV Genüge getan, wonach für Zivil- und Strafsachen zwei Gerichtsinstanzen gegeben sein müssen.

49

3. Bestand

Das Handelsgericht besteht aus Oberrichtern und Handelsrichtern als Fachrichtern. Das Obergericht bestimmt aus seinen Mitgliedern den Präsidenten, den Vizepräsidenten sowie die delegierten Oberrichter (§ 39 Abs. 2 GOG). Die Zahl der Handelsrichter wird vom Kantonsrat festgelegt (§ 36 Abs. 1 GOG). Gemäss Beschluss des Kantonsrats vom 10.5.2004 (LS 212.61) gibt es 70 Handelsrichter. Diese werden vom Kantonsrat gewählt (Art. 75 KV, § 13 KRG). Die Wahlen erfolgen nach einer öffentlichen Ausschreibung der zu besetzenden Stellen (§ 36 Abs. 2 GOG). Die kantonsrätliche Justizkommission prüft die eingegangenen Bewerbungen und erstellt eine Liste jener Kandidaten, die sie für die Wahl als geeignet hält (§ 49 c Abs. 3 KRG). Diese Liste ist für den Kantonsrat insofern verbindlich ist, als nur die dort aufgeführten Personen als Handelsrichter gewählt wer-

50

den dürfen. Wählbar ist gemäss § 2 lit. b GPR jeder Stimmberechtigte (dazu auch vorn N. 45). Stimmberechtigt ist, wer stimmfähig (mündig und volljährig) ist, im Kanton Zürich wohnt und von der Ausübung der politischen Rechte nicht ausgeschlossen ist (§ 3 GPR). Die Wahl *ausserkantonaler Handelsrichter* ist demnach *nicht zulässig* und führt grundsätzlich zur Anfechtbarkeit entsprechender Entscheide (BGE 136 I 207 E. 5.5), wobei immerhin die Mitwirkung eines Richters, dem vom Kantonsrat in Anwendung von §§ 35 f. GPR die weitere Amtsausübung bis zum Amtsantritt des Nachfolgers bewilligt wird, als rechtmässig qualifiziert wurde (BGer 4A_97/2011 vom 22.3.2011, E. 5.5). Die Wahl der Handelsrichter erfolgt offen, sofern der Kantonsrat nichts anderes beschliesst (§ 13 Abs. 3 KRG).

51 Für die Handelsrichter besteht Amtszwang (§ 31 lit. b GPR). Ihre Amtsdauer beträgt sechs Jahre (§ 32 GPR).

52 Das Handelsgericht besteht aus zehn Kammern mit verschiedenen Fachbereichen. Präsident und Vizepräsident werden aus der Reihe der Oberrichter in einem bestimmten Turnus gewählt. Sie präsidieren die einzelnen Kammern des Gerichts. Die eingehenden Geschäfte werden von der Kanzlei nummeriert. Die ungeraden Nummern gehen an den Präsidenten, die geraden an den Vizepräsidenten. Gehen an einem Tag mehrere Geschäfte ein, so werden diese in alphabetischer Reihenfolge nach dem Namen der Kläger geordnet. Auch die zweiten, vom Obergericht an das Handelsgericht delegierten Oberrichter werden nach einem festen System zugeteilt. Die Handelsrichter werden dagegen nach ihrer Sachkunde eingesetzt, wobei der Vorsitzende aufgrund des Prozessthemas jeweils prüft, welche Handelsrichter die nötigen Fachkenntnisse für das fragliche Thema besitzen. Jedoch besteht kein Anspruch auf Beurteilung durch eine bestimmte Kammer (s. auch § 39 N. 7). In der Regel wird nach einem ersten Schriftenwechsel eine Referentenaudienz (Vergleichsverhandlung) durchgeführt, an der ein Oberrichter und ein Handelsrichter teilnehmen.

§ 4 *Sitz*

Der Sitz der Bezirksgerichte befindet sich am Bezirkshauptort. Das Obergericht hat seinen Sitz in Zürich

1 Die Amtssitze der Gerichte bzw. Behörden bleiben gleich, wie sie im GVG geregelt waren (W.RR S. 92). Zürich ist demnach Amtssitz des Verwaltungsgerichts und der Oberstaatsanwaltschaft (§ 104 ff. GOG). Der Sitz der Oberjugendanwaltschaft (§ 112 ff. GOG) befindet sich faktisch in Winterthur, was allerdings in keinem Erlass festgeschrieben ist.

2 Der Kanton Zürich ist in 12 Bezirke eingeteilt (G über die Bezirksverwaltung vom 10.3.1985, LS 173.1). Am jeweiligen Bezirkshauptort haben auch die Miet-, Arbeits- und Jugendgerichte ihren Amtssitz (§ 3 Abs. 1 lit. a GOG). Zur Verfolgung der Straftaten bestehen fünf allgemeine Staatsanwaltschaften (zwei mit Amtssitz in Zürich und je eine in Uster, Dietikon und Winterthur, Letztere mit einer Zweigstelle beim Flughafen Kloten) sowie vier besondere Staatsanwaltschaften mit Amtssitz in Zürich (§§ 9 und 10 VO über die Organisation der Oberstaatsanwaltschaft und der Staatsanwaltschaften vom

27.10.2004, LS 213.21). Die Jugendanwaltschaften sind aufgeteilt in die fünf Amtsbezirke Limmattal/Albis, See/Oberland, Zürich, Unterland und Winterthur (Beschluss des RR über die Amtskreise der Jugendanwaltschaften, LS 322.2; vgl. dazu hinten § 108.2). Der Amtssitz des Verwaltungsgerichts befindet sich in Zürich, derjenige des Sozialversicherungsgerichts in Winterthur.

§ 5 Wahl

Das Gesetz über die politischen Rechte vom 1. September 2003 (GPR) regelt das Wahlverfahren, die Wählbarkeit, den Amtszwang der Richterinnen und Richter, soweit dieses Gesetz nichts anderes bestimmt.

Literatur

F. Baur, Laienrichter – Heute?, in: Beiträge zum Gerichtsverfassungs- und Zivilprozessrecht, Tübingen 1983, S. 14 ff.; B. Beeler, Persönliche Gewaltentrennung und Unvereinbarkeit im Bund und im Kanton Zürich, Diss. Zürich 1983; W. Bosshart, Die Wählbarkeit zum Richter im Bund und in den Kantonen, Diss. Zürich 1961; A. Bühler, Von der Wahl und Auswahl der Richter, in: Aktuelle Aspekte des Schuld- und Sachenrechts, Festschrift für H. Rey, Zürich 2003; R. Hauser/E. Schweri/K. Hartmann, Schweizerisches Strafprozessrecht, §§ 22 und 23; B. Hürlimann, Umstrittenes (und auslaufendes?) Laienrichtertum im Kanton Zürich, in: «Justice–Justiz–Giustizia», 2007/4; H.H. Jescheck, Das Laienrichtertum in der Strafrechtspflege in der Bundesrepublik Deutschland und in der Schweiz, in: Festgabe für H. Schultz, ZStrR 94, S. 229 ff.; R. Kiener, Richterliche Unabhängigkeit, Bern 2001; dieselbe, Sind Richter trotz Wiederwahl unabhängig? plädoyer 5/01, S. 36 ff.; M. Killias, Richterwahl nach «fachlichen» statt politischen Kriterien?, in: H.R. Schuhmacher, Geschlossene Gesellschaft?, Zürich 1993, S. 171 ff.; M.M. Liefschitz, Die Richterwahl im Kanton Zürich, Zürich 2002; F. Matter, Der Richter und seine Auswahl, Diss. Zürich 1978.

Inhaltsübersicht

		N.
I.	Geltungsbereich	1
II.	Wählbarkeit	2
III.	Folgen der fehlenden Wählbarkeit	7
IV.	Wahlbehörde	10
V.	Wahlverfahren	14
VI.	Amtsdauer	15
VII.	Amtszwang	17
VIII.	Unvereinbarkeiten	19

I. Geltungsbereich

Das GPR regelt nicht nur die Wahl der im GOG erwähnten Gerichte, sondern auch die Wahl der Mitglieder aller andern Gerichte im Kanton (Verwaltungsgericht, Baurekursgericht, Steuerrekursgericht, Sozialversicherungsgericht).

II. Wählbarkeit

Nach Art. 75 KV werden die Mitglieder und Ersatzmitglieder der für das ganze Kantonsgebiet zuständigen Gerichte vom Kantonsrat, die Mitglieder der übrigen Gerichte vom

§ 5

Volk und deren Ersatzmitglieder von den übergeordneten Gerichtsinstanzen gewählt. Hinsichtlich der Begründung des Arbeitsverhältnisses und der Amtsdauer der vom Volk gewählten Bezirksrichter gelten die Bestimmungen des PersG (LS 177.10) und des GPR (LS 161). Für die Mitglieder des Obergerichts, des Verwaltungs- und Sozialversicherungsgerichts gilt das Personalgesetz nicht (§ 1 Abs. 3 PersG).

3 Wählbar in die Gerichtsbehörden sind alle Stimmberechtigten, welche gemäss § 3 GPR über die politischen Rechte verfügen, sofern nicht Unvereinbarkeit (hinten N. 19) vorliegt. Sie müssen das schweizerische Bürgerrecht besitzen und das 18. Altersjahr zurückgelegt haben (§ 3 Abs. 1 lit. a und b GPR). Die Mitglieder der kantonalen Gerichte und der Bezirksgerichte müssen politischen Wohnsitz im Kanton haben (§ 23 Abs. 1 GPR). Diese im Gesetz umschriebene Wohn- oder Residenzpflicht bezweckt die Verbundenheit und Vertrautheit des Justizbeamten mit der Bevölkerung. Sie verstösst nicht gegen die Niederlassungsfreiheit gemäss Art. 24 BV und Art. 8 EMRK (BGE 103 Ia 452, 106 Ia 31, 133 I 1 E. 6.7), dauert für die ganze Zeit der Amtsausübung und gilt auch für die Handelsrichter. Der Wohnsitz richtet sich nach den Bestimmungen von Art. 23 ZGB.

4 Der Friedensrichter muss nur dann in der Gemeinde oder im Kanton wohnen, wenn die Gemeindeordnung dies vorschreibt (§ 23 Abs. 3 GPR). Der Bezirksrichter muss nicht im Bezirk Wohnsitz haben, in dessen Gericht er gewählt wurde.

5 Die Wählbarkeit der Richter ist (im Unterschied zu anderen Kantonen, etwa Luzern, Bern, Aargau) nicht abhängig vom Ausweis einer juristischen Ausbildung. Ein Wahlfähigkeitszeugnis (nach erfolgter Prüfung) wird (anders als für Staatsanwälte, § 97 f. GOG) ebenfalls nicht verlangt. Ein (allerdings als verfassungswidrig aufgehobenes) besonderes Erfordernis gilt in gewissem Masse für die Handelsrichter (§ 36 Abs. 3 GOG; dazu vorn § 3 N. 45 und hinten § 36 N. 2 und 3). Die Beisitzenden des Arbeits- und Mietgerichts werden von Interessengemeinschaften vorgeschlagen (§§ 12 und 13 GOG). Im Übrigen bleibt es dem pflichtgemässen Ermessen der jeweiligen Wahlbehörde überlassen, den ihrer Auffassung nach Tauglichsten zu wählen.

6 Die allgemeine Wählbarkeit bewirkt, dass in der zürcherischen Justiz in den unteren Instanzen das *Laienrichtertum* nach wie vor stark vertreten ist. So sitzen in ländlichen Bezirksgerichten Juristen (meistens als Präsidenten oder Vizepräsidenten) gemeinsam mit nebenamtlichen Richtern, die oft kein rechtswissenschaftliches Studium aufweisen, auf der Richterbank. Es kommt dadurch zu einem oft sinnvollen Zusammenwirken von Fachkenntnissen der Juristen und praktischer Lebens- und Berufserfahrung der Laien. Das Laienelement schafft und erhält sodann das Vertrauen der Bevölkerung in eine lebensnahe Rechtsprechung und scheint zumindest gegenwärtig nicht wegzudenken zu sein (s. HAUSER/SCHWERI/HARTMANN, Schweizerisches Strafprozessrecht, § 22.4). Gleichwohl scheint fraglich, ob in der heutigen hochentwickelten Gesellschaft mit oft komplizierten Rechtsverhältnissen der Laienrichter noch zeitgemäss ist. Seine effektive Mitwirkung sollte jedenfalls auf relativ einfache Prozesse beschränkt bleiben. Auf der Beteiligung des Laienelements beruhen ferner insbesondere auch das Mietgericht (§ 16 GOG) und das Handelsgericht (§ 36 GOG).

III. Folgen der fehlenden Wählbarkeit

Wer (z.B. wegen Wohnsitzverlegung) die Wählbarkeit verliert, hat bei der Wahlbehörde schriftlich um vorzeitige Entlassung aus dem Amt oder um die Erlaubnis zur Weiterführung des Amtes i.S.v. §§ 24 und 35 GPR nachzusuchen (s. dazu ausführlich hinten § 36 N. 6 f.). Dies gilt indessen nur für jenen, der die Wählbarkeit während der Amtsperiode verliert. Wenn die gesetzlichen Wählbarkeitsvoraussetzungen schon im Zeitpunkt der Wahl fehlen, kann nicht um die Bewilligung zur Amtsführung ersucht werden. Die Wahl einer Person, welche die gesetzlichen Wählbarkeitsvoraussetzungen nicht erfüllt, ist rechtlich ausgeschlossen (BGE 128 I 34 E. 1d S. 37, 136 I 207 E. 5.5; BGer 4A_97/2011 vom 22.3.2011 E. 5.2 m.H.).

Ist ein Richter trotz fehlenden Wählbarkeitsvoraussetzungen gewählt worden, so ist seine Wahl zwar ungültig, aber die Entscheide, an denen er mitwirkt, sind aus Gründen der Rechtssicherheit nicht nichtig, sondern nur anfechtbar mit der Begründung, der Anspruch auf ein gesetzmässig bestelltes Gericht i.S.v. Art. 30 Abs. 1 BV und Art. 6 Ziff. 1 EMRK sei verletzt. Dasselbe gilt, wenn ein Richter an einem Entscheid mitwirkt, nachdem er aus dem Amt ausgeschieden ist (BGE 136 I 207 E. 5.6). Der Anfechtungsgrund ist unmittelbar nach seiner Kenntnisnahme geltend zu machen, ansonsten der Anspruch auf dessen Anrufung verwirkt (BGer 4A_97/2011 vom 22.3.2011, E. 4 m.H.). Die Mitwirkung eines Richters, der die Wählbarkeitsvoraussetzung (Wohnsitz) nicht (mehr) erfüllt, dem aber vom Kantonsrat in Anwendung von §§ 35 f. GPR bis zum Amtsantritt des Nachfolgers die weitere Amtsausübung bewilligt wird, wird hingegen vom Bundesgericht als rechtmässig qualifiziert (BGer 4A_97/2011 vom 22.3.2011, E. 5.5).

Die Verletzung der Wohnsitzpflicht ist kein Ausstands- oder Ablehnungsgrund, denn die Ausstands- und Ablehnungsbestimmungen wollen lediglich verhindern, dass der Richter bei der Beurteilung des einzelnen Falles sich von ausserhalb der Sache liegenden Erwägungen leiten lässt. Die Wählbarkeitsbestimmungen regeln dagegen ein Verfahren, das den Richter vor die Wahl stellt zwischen dem fraglichen Amt und seinem bisherigen Beruf bzw. anderen Amt. Ihre Verletzung kann nur disziplinarisch geahndet werden (§ 82 GOG; dazu HAUSER/SCHWERI, GVG, N. 3 zu § 3 und N. 3 zu den Vorbemerkungen zu § 95 GVG).

IV. Wahlbehörde

Obligatorische Urnenwahl ist vorgesehen für die Mitglieder der Bezirksgerichte und deren Präsidenten. Für die Mitglieder des Arbeits- und Mietgerichts sah das Gesetz vom 14.4.2008 (LS 162) Volkwahl vor. Nachdem dieses Gesetz auf den 1.1.2011 aufgehoben worden ist, gilt für sie wie auch für die Friedensrichter ebenfalls Urnenwahl (§§ 31 lit. b, 40 Abs. 1 lit. a Ziff. 5 und 41 Abs. 1 lit. c GPR).

Der Kantonsrat wählt gestützt auf Art. 75 Abs. 1 KV sowie das GPR die Mitglieder des Obergerichts (§ 34 GOG), des Verwaltungsgerichts und des Sozialversicherungsgerichts, die Handelsrichter (§ 36 GOG) und die Ersatzrichter des Obergerichts (§ 35 GOG).

12   Die Plenarversammlung des Obergerichts wählt seinen Präsidenten und seine Vizepräsidenten (37 GOG) sowie die Ersatzrichter der Bezirksgerichte (§ 11 GOG), und für die Hälfte seiner Ersatzrichter kann es dem Kantonsrat einen Vorschlag unterbreiten (§ 35 GOG).

13   Die Bezirksgerichte wählen ihre Vizepräsidenten und Einzelrichter, die Präsidenten des Arbeits-, Miet- und Jugendgerichts (§§ 9 und 10 GOG) und ernennen die Stellvertreter der Friedensrichter (§ 55 Abs. 1 GOG).

V.   Wahlverfahren

14   Das Wahlverfahren richtet sich nach den Bestimmungen der §§ 12 ff. GPR. Die Richterwahlen erfolgen grundsätzlich nach dem Majorzprinzip, doch wird vielfach (vor allem wenn ein qualifizierter Bewerber vorhanden ist) von den politischen Parteien der sog. freiwillige Proporz geübt.

VI.   Amtsdauer

15   Für die Richter und die Friedensrichter beträgt die Amtsdauer sechs, für die übrigen Behördenmitglieder vier Jahre (Art. 41 Abs. 2 KV, § 32 Abs. 1 GPR). Wiederwahl (sog. Bestätigungswahl) ist möglich und bildet die Regel (zur Nicht-Wiederwahl eines Zürcher Gerichtspräsidenten vgl. BGE 117 Ia 452 ff.). Die Wahl der Richter auf Amtszeit und die damit einhergehende Notwendigkeit, sich regelmässig der Wiederwahl stellen zu müssen, mag zwar demokratiepolitisch erwünscht sein; unter dem Aspekt des politisch gefärbten Wahlverfahrens ist sie aber nicht unbedenklich. Im Hinblick auf die Garantie der richterlichen Unabhängigkeit wäre eine einmalige Wahl auf unbestimmte Zeit (mit Altersobergrenze und verbunden mit der Möglichkeit der Abberufung bei schweren Pflichtverletzungen) anzustreben, was auch im Rahmen der Vorberatungen zur Kantonsverfassung thematisiert, letztlich aber nicht weiterverfolgt worden war (s. HALLER, in: Häner/Rüssli/Schwarzenbach, Kommentar zur Zürcher KV, Art. 41 N. 10 f.; R. KIENER, Richterliche Unabhängigkeit, S. 280 f., I. MEIER, Zivilprozessrecht S. 89 f. je m.H.; s. auch N. RASELLI, Richterliche Unabhängigkeit, in: Justice – Justiz – Giustizia 2001/3).

16   Tritt während der Amtsdauer eine Vakanz ein, so wird eine Ersatzwahl durchgeführt (§ 45 Abs. 1 GPR), wobei der neu Gewählte nur für den Rest der ordentlichen Amtsdauer bestellt wird und nach deren Ablauf sich einer Bestätigungswahl unterziehen muss. Ausnahmen von dieser Regel enthalten § 45 Abs. 2 und 3 GPR: Wenn bei einem Organ mit mehreren Mitgliedern (Gericht) innert sechs Monaten nach Eintritt einer Vakanz die ordentliche Erneuerungswahl stattfindet, unterbleibt die Ersatzwahl, sofern die Funktionsfähigkeit des Organs dadurch nicht beeinträchtigt wird. Bei einem Organ mit nur einem Mitglied (Friedensrichter) gilt eine Ersatzwahl dann auch als Erneuerungswahl, wenn diese innert sechs Monaten nach eingetretener Vakanz erfolgt.

VII. Amtszwang

Zur Ausübung des Amtes als Beisitzender des Arbeits- oder des Mietgerichts und Richter des Handelsgerichts ist der Gewählte verpflichtet (§ 31 Abs. 1 lit. b GPR), ausgenommen
- er habe das 60. Altersjahr zurückgelegt,
- er habe das Amt, in das er neu gewählt wurde, schon während zwei Amtsdauern ausgeübt,
- er könne wegen Krankheit oder Gebrechen die Anforderungen des Amtes nicht erfüllen,
- er übe bereits ein von den Stimmberechtigten zu wählendes Amt aus oder
- die Ausübung des Amtes sei ihm aus anderen wichtigen Gründen nicht zumutbar (§ 31 Abs. 3 GPR).

Für die übrigen richterlichen Ämter besteht kein Amtszwang. Wer in ein solches Amt gewählt wird, kann dessen Ausübung ohne Grundangabe verweigern. Die Ablehnung der Wahl muss innert fünf Tagen, von der Mitteilung der Wahl an gerechnet, schriftlich erklärt (und, wenn Amtszwang vorliegt, auch begründet werden, § 46 GPR).

VIII. Unvereinbarkeiten

Nach §§ 25 ff. GPR dürfen
- nicht zwei Vollämter miteinander ausgeübt werden;
- Behördenmitglieder nicht zwei Behörden angehören, die in einem unmittelbaren Aufsichts- oder Unterordnungsverhältnis zueinander stehen;
- Oberrichter nicht das Amt eines Kantonsrats ausüben;
- folgende Ämter nicht gleichzeitig bekleidet werden: Regierungsrat, Oberrichter, vollamtlicher Verwaltungs- und Sozialversicherungsrichter, kantonale Ombudsperson, Staatsanwalt, Statthalter, Bezirksrichter, Notar, Angestellter der kantonalen Verwaltung, einer Staatsanwaltschaft oder eines Gerichts;
- Verwaltungs- und Sozialversicherungsrichter nicht folgende Stellen bekleiden: Mitglied oder Schreiber eines Gemeinderats oder eines Bezirksrats, vollamtliches Mitglied einer Verwaltungsbehörde oder eines andern Gerichts;
- Friedensrichter nicht Mitglied oder juristischer bzw. administrativer Kanzleiangestellter eines Bezirksgerichts oder des Obergerichts sowie nicht Gemeindeammann und Betreibungsbeamter sein;
- Oberrichter, vollamtliche Verwaltungs- und Sozialversicherungsrichter und Bezirksrichter nicht vollamtliche Universitätsprofessoren sein;
- Richter weder das Amt eines Gemeindeammanns noch dasjenige eines Betreibungsbeamten bekleiden;
- die Präsidenten eines Gerichts nicht gleichzeitig als Gerichtsschreiber amten;
- Oberrichter sowie vollamtliche Mitglieder des Verwaltungs- und Sozialversicherungsgerichts nicht Mitglieder der eidgenössischen Räte sein;

- Mitglieder der Schlichtungsbehörde in Miet- und Pachtsachen nicht Mitglied des Mietgerichts sein (§ 64 Abs. 3 GOG).

20 Unvereinbarkeit besteht sodann auch bei Verwandtschaft. So dürfen der gleichen Gerichtsabteilung nicht angehören (§ 28 GPR)
- Ehegatten und eingetragene Partner;
- Eltern, Kinder und ihre Ehegatten oder eingetragenen Partner;
- Geschwister und ihre Ehegatten oder eingetragenen Partner

21 Personen in faktischer Lebensgemeinschaft sind den Ehegatten bzw. eingetragenen Partnern gleichgestellt (§ 28 Abs. 2 GPR).

22 Liegt Unvereinbarkeit bei der Wahl vor oder tritt nachher ein, so hat der Gewählte dies innert fünf Tagen der Wahl- bzw. Aufsichtsbehörde zu melden und gleichzeitig zu erklären, wie er sich entscheidet (§ 30 Abs. 1 GPR). Ohne eine solche Erklärung entscheidet die wahlleitende Behörde nach den Kriterien gemäss § 30 Abs. 2 GPR.

> § 6 *Nebenbeschäftigung der Richter*
>
> [1] Die berufsmässige Vertretung von Parteien ist untersagt:
>
> a. den vollamtlichen Mitgliedern und Ersatzmitgliedern der Bezirksgerichte und des Obergerichts vor allen Gerichten,
> b. den teilamtlichen Mitgliedern der Bezirksgerichte und des Obergerichts vor diesen Gerichten,
> c. den nicht vollamtlichen Ersatzmitgliedern der Bezirksgerichte und des Obergerichts, den Beisitzenden der Arbeits- und Mietgerichte sowie den Handelsrichterinnen und -richtern vor dem Gericht, dem sie angehören.
>
> [2] Die voll- und teilamtlichen Mitglieder des Obergerichts dürfen nur mit Bewilligung des Kantonsrates der Verwaltung oder Geschäftsführung einer Handelsgesellschaft oder Genossenschaft, die wirtschaftliche Zwecke verfolgt, angehören.

Literatur

R. Kiener/G. Medici, Anwälte und andere Richter – Zur Befangenheit von Richtern aufgrund anderer Erwerbstätigkeiten, SJZ 107, S. 373 ff.

Inhaltsübersicht N.
I. Vollamtliche – teilamtliche – nebenamtliche Richter 1
II. Verbot berufsmässiger Vertretung 6
III. Verbot von Nebenbeschäftigungen 12

I. Vollamtliche – teilamtliche – nebenamtliche Richter

§ 6 GOG entspricht im Wesentlichen § 3 GVG. Die Mitglieder der Schlichtungsbehörden werden von dieser Bestimmung nicht erfasst, denn sie sind einem Gericht nur angegliedert, aber nicht dessen Mitglieder (W.RR S. 92).

Der Begriff «Richter» umfasst als Oberbegriff die als Mitglieder eines Gerichts gewählten Richter mit einem Voll- oder Teilamt, dessen Ersatzmitglieder sowie die Beisitzenden der Arbeits- und Mietgerichte und die Fachrichter am Handelsgericht. Der Begriff «Mitglieder des Gerichts» ist enger und umfasst lediglich die als Mitglieder eines Gerichts gewählten Richter mit einem Voll- oder Teilamt (W.RR S. 92).

Vollamtliche Richter sind am Obergericht, am Verwaltungsgericht, am Sozialversicherungsgericht und an den Bezirksgerichten tätig, nebenamtliche namentlich beim Miet-, Arbeits- und Handelsgericht sowie an verschiedenen Bezirksgerichten der Landschaft. Nebenamtliche Richter üben ihr Amt grundsätzlich nicht mit einem fest umschriebenen Beschäftigungsgrad aus, sondern werden je nach Bedarf und Arbeitsanfall eingesetzt.

Im Gesetz über das Sozialversicherungsgericht vom 7.3.1993 (§§ 5 Abs. 2 und 6, LS 212.81) wurde auf die Beschäftigungsform des nebenamtlichen Richters verzichtet und der Begriff des *teilamtlichen* Richters eingeführt. Darunter versteht der Gesetzgeber eine nicht vollamtliche Tätigkeit mit (im Gegensatz zum Nebenamt) fest umschriebenen Beschäftigungsgrad (Jobsharing). Diese Institution wurde durch die Revision vom 8.6.1997 in das VRG übernommen (§§ 32 und 33 VRG). Die Revision vom 28.11.1999 führte die teilamtlichen Richter auch für das Obergericht und die Bezirksgerichte ein, entgegen dem Antrag des Regierungsrats und den Bedenken des Obergerichts. Dieses hatte für die Schaffung von Teilämtern bei den Gerichten keine betriebliche Notwendigkeit gesehen, und der Regierungsrat hatte die Neuerung abgelehnt mit der Begründung, sie kompliziere das Verfahren, erschwere den administrativen und organisatorischen Gerichtsbetrieb und sei überflüssig, weil der Kantonsrat eine solche Regelung durch einfachen Kantonsratsbeschluss einführen könne. Die Schaffung von teilamtlichen Richterstellen hat zum Ziel, die Arbeit an den Gerichten auf mehrere Personen zu verteilen, z.B. aus Rücksichtnahme auf familiäre Aufgaben und Pflichten, zur Arbeitsentlastung in fortgeschrittenem Alter oder um dem Amtsinhaber zu ermöglichen, neben dem Richteramt soziale oder gemeinnützige Aufgaben zu erledigen. In der internen Gerichtsverwaltung haben die teilamtlichen Richter volle Stimmkraft, unabhängig von ihrem Beschäftigungsgrad; es gilt für sie das Kopfstimmrecht, nicht das Stimmrecht nach Beschäftigungsgrad. Zur Problematik der teilamtlichen Richter (organisatorische Erschwerung und Beeinträchtigung des Beschleunigungsgebots) s. FRANK/STRÄULI/MESSMER, ErgBd zur ZPO, Vorbemerkungen N. 25 ff.

Ersatzrichter können voll-, teil- oder nebenamtlich angestellt werden. In der gerichtsinternen Verwaltung haben sie kein Stimmrecht, weil sie nicht Mitglieder des Gerichts sind.

II. Verbot berufsmässiger Vertretung (Abs. 1)

6 § 6 GOG regelt detailliert, in welchen Fällen den Gerichtsmitgliedern und Ersatzrichtern die berufsmässige Vertretung verboten ist. Die Bestimmung ist restriktiver als § 34 Abs. 2 VRG, welcher den teilamtlichen Richtern des Verwaltungsgerichts die berufsmässige Vertretung nur vor dem Verwaltungsgericht selbst untersagt. Sie stellt eine kaskadenartige Ordnung auf: Vollamtlichen Richtern und Ersatzrichtern der Bezirksgerichte und des Obergerichts ist die Vertretung von Parteien vor allen Gerichten untersagt. Teilamtliche Richter dieser Gerichte dürfen vor ihrer eigenen Instanz nicht als Parteivertreter amten (wohl aber vor Spezialgerichten; vgl. dazu die offizielle Information des Kantons- und Regierungsrats zur Abstimmung vom 28.11.1999, S. 13, Spalte 1; dazu auch Frank/Sträuli/Messmer, ErgBd zur ZPO, N. 6 zu § 3 GVG). Teilamtliche Ersatzrichter der Bezirksgerichte und des Obergerichts sowie die Beisitzenden der Arbeits- und Mietgerichte und die Handelsrichter dürfen Parteien nicht vor jenem Gericht vertreten, dem sie angehören (für die Ersatzmitglieder des Verwaltungsgerichts gilt diese Einschränkung nicht). Je näher die Bindung zum Gericht ist, desto weniger darf also der Richter als Anwalt auftreten.

7 Das Verbot der berufsmässigen Vertretung gilt im Übrigen auch für die Mitglieder der zwei im GOG nicht genannten Spezialverwaltungsgerichte, des Baurekursgerichts und des Steuerrekursgerichts (vgl. § 334a PBG, LS 700.1, sowie § 113a StG vom 8.6.1997, LS 631.1). Rekursrichter dürfen weder vollamtliche noch teilamtliche Mitglieder des ihnen übergeordneten Verwaltungsgerichts sein, keinem für Bau- bzw. Finanzsachen zuständigen Gemeindeorgan angehören und Dritte vor dem eigenen Gericht nicht berufsmässig vertreten. Zum Ganzen s. Kiener/Medici, a.a.O., S. 373 ff.

8 Zur Frage, ob und unter welchen Umständen Anwälte als nebenamtliche Richter tätig sein dürfen, s. Kiener/Medici, a.a.O, S. 379.

9 Berufsmässige Vertretung oder Verbeiständung liegt dann vor, wenn sie entgeltlich erfolgt und durch das Lebensziel des Vertreters bedingt ist. Als nicht berufsmässig gilt eine Vertretung, wenn sie nur vereinzelt, im Hinblick z.B. auf freundschaftliche oder verwandtschaftliche Beziehungen zu einer Prozesspartei geschieht (RO 1944 S. 34). § 6 GOG will einerseits verhindern, dass der Richter seine Amtspflichten vernachlässigt, und andererseits vermeiden, dass bei den Rechtsuchenden das Vertrauen in die richterliche Unabhängigkeit schwindet (dazu Pr 85 Nr. 162).

10 Nach der Praxis des Kassationsgerichts war die Einschränkung der anwaltlichen Vertretungsbefugnis vor bestimmten Gerichten (namentlich unter Berücksichtigung der Materialien zur analogen Bestimmung von § 3 GVG) *personen- und nicht kanzleispezifisch* zu verstehen; d.h., sie erstreckt sich nicht auf weitere Angehörige der betreffenden Anwaltskanzlei, und eine entsprechende Mandatsübertragung während eines laufenden Verfahrens wurde nicht als Umgehung qualifiziert (SJZ 99 S. 207).

11 Der gegenüber dem Kassationsgericht kommunizierte Beizug eines amtierenden Kassationsrichters als Parteigutachter im Hinblick auf ein konkretes Kassationsverfahren wurde nach früherem Recht der insoweit unzulässigen Parteivertretung gleichgestellt (RB 2007 Nr. 38).

III. Verbot von Nebenbeschäftigungen (Abs. 2)

§ 6 Abs. 2 GOG begründet keine Unvereinbarkeit, sondern nur eine Bewilligungspflicht. Bei der Erteilung einer Bewilligung zur Ausübung eines solchen Mandats ist Zurückhaltung geboten, denn der Oberrichter soll sich voll seinen amtlichen Obliegenheiten widmen und sich nicht durch andere Aufgaben wesentlich in Anspruch nehmen lassen und möglicherweise einer Interessenkollision aussetzen. Die Bewilligung kann z.B. erteilt werden, wenn ein Mitglied des Obergerichts durch Erbgang, Schenkung oder güterrechtliche Vorgänge an einer Erbengemeinschaft beteiligt ist und zur Wahrung seiner finanziellen Interessen in deren Verwaltungsrat oder Geschäftsführung eintreten muss. Ausnahmen sind auch angezeigt, wo wegen besonderer Umstände die Verweigerung der Ermächtigung eine unbillige Härte bedeuten würde. Den Mitgliedern des Obergerichts, des Verwaltungsgerichts und des Sozialversicherungsgerichts wird die Bewilligung auf Antrag der Justizkommission vom Kantonsrat erteilt.

12

§ 7 *Offenlegung von Interessenbindungen*

¹ Bei Amtsantritt unterrichten alle Mitglieder und Ersatzmitglieder der Bezirksgerichte und des Obergerichts, Beisitzende eines Arbeits- oder Mietgerichts sowie Handelrichterinnen und -richter das Gericht, dem sie angehören, schriftlich über
   a. berufliche Nebenbeschäftigungen oder die berufliche Haupttätigkeit,
   b. die Tätigkeit in Führungs- und Aufsichtsgremien kommunaler, kantonaler, schweizerischer und ausländischer Körperschaften, Anstalten und Stiftungen des privaten und öffentlichen Rechts,
   c. dauernde Leistungs- und Beratungsfunktionen für Interessengruppen,
   d. die Mitwirkung in Kommissionen und anderen Organen des Bundes, des Kantons und der Gemeinden.

² Änderungen sind zu Beginn jedes Kalenderjahres anzugeben. Das Berufsgeheimnis bleibt vorbehalten.

³ Jedes Gericht erstellt und veröffentlicht ein Register über die Angaben gemäss Abs. 1. Es wacht über die Einhaltung der Offenlegungspflichten.

Inhaltsübersicht	N.
I. Allgemeines	1
II. Geltungsbereich	3
III. Verfahren	5

I. Allgemeines

Die Pflicht zur Offenlegung von Interessenbindungen mit Bezug auf Mitglieder des Kantonsrats wurde zunächst durch eine Revision vom 29.11.1998 im Kantonsratsgesetz (§ 5a,

1

LS 171.1) verankert. Durch Gesetz vom 13.6.1999 fand sie Aufnahme in § 3a GVG, von wo sie materiell unverändert, aber mit detaillierter Aufzählung der zur Offenlegung verpflichteten Personen als § 7 ins GOG übernommen wurde. Da die Pflicht zur Offenlegung der Interessenbindungen stark in die Persönlichkeitssphäre des Einzelnen eingreift, bedarf sie einer gesetzlichen Grundlage. Es unterliegen ihr indessen nur Engagements von einer gewissen Dauer und Nachhaltigkeit, die im Zeitpunkt der Aufnahme ins Register noch bestehen, nicht auch Verpflichtungen, die in diesem Zeitpunkt bereits abgeschlossen sind (FRANK/STRÄULI/MESSMER, ErgBd zur ZPO, N. 6 zu § 3a GVG). Worauf sich die Offenlegungspflicht im Einzelnen bezieht, ist in Abs. 1 lit. a–d GOG aufgezählt. Die blosse Mitgliedschaft in Vereinen gehört nicht dazu.

2   Die Ausstandsbestimmungen bleiben vorbehalten, unabhängig davon, ob die Interessenbindungen ins Register eingetragen werden. Sie genügen aber dort nicht, wo bestehende Interessenbindungen nicht offengelegt werden und der Richter nicht von sich aus in den Ausstand tritt. Die Pflicht zur Offenlegung von Interessenbindungen stellt sicher, dass der Richter nicht durch sachfremde Überlegungen eingeschränkt wird. Sie gewährleistet eine unabhängige und unbeeinflusste Arbeit, stärkt das Vertrauen der Bevölkerung in die Justiz und baut Vorurteile ab. Dem Bestreben nach erhöhter Transparenz trägt auch die Publikation des Registers Rechnung.

II. Geltungsbereich

3   Die Pflicht zur Offenlegung der Interessenbindungen erstreckt sich auf alle in Abs. 1 erwähnten Richter, unabhängig davon, ob diese vom Volk gewählt werden und ob sie haupt-, teil- oder nebenamtlich bzw. als Ersatzrichter tätig sind. Entsprechende Bestimmungen finden sich in § 34a VRG und in § 5a G über das Sozialversicherungsgericht (LS 212.81).

4   Die Offenlegungspflicht erstreckt sich dagegen nicht auf die richterliche Tätigkeit der Verwaltungsjustiz (dazu kritisch FRANK/STRÄULI/MESSMER, ErgBd zur ZPO, N. 4 zu § 3a GVG). Für die Wahl in verschiedene Fachgremien mit Richterfunktionen (z.B. Baurekursgericht, Steuerrekursgericht) werden gewisse Interessenbindungen teilweise sogar vorausgesetzt oder zumindest in Kauf genommen. Überdies werden vor der Bestellung dieser Gremien in der Regel von den Kandidaten Angaben über den Hauptberuf und die Nebentätigkeiten eingefordert. Offenbaren sich dabei Interessenkollisionen, so kann die fragliche Person zum Vornherein nicht zur Wahl in ein solches Gremium vorgeschlagen werden.

III. Verfahren

5   Die Interessenbindungen müssen erst bei Amtsantritt offengelegt werden. In den Beratungen zum GOG wurde die Frage diskutiert, ob die Interessenbindungen nicht schon vor der Wahl bekannt zu geben seien, damit die Wahlbehörde in der Lage sei, Personen mit zu starken Bindungen an andere Organisationen die Wahl zu verweigern. Um eine

Stelle bewerben sich aber oft mehrere Personen. Es würde zu weit führen, von allen diesen zu verlangen, dass sie schon vor der Wahl ihre Interessenbindungen offenlegen.

Über die vom Gewählten gemachten Angaben erstellt das Gericht ein Register. Nach § 3a Abs. 3 Satz 2 GVG war dieses «öffentlich», d.h., es konnte auf dem fraglichen Gericht von jedermann eingesehen werden. § 7 Abs. 3 GOG geht indessen weiter und verlangt dessen «Veröffentlichung». Über deren Art und Weise schweigt sich das GOG aus. In den Beratungen der kantonsrätlichen Kommission wurde dazu ausgeführt, dass das Register mindestens einmal im Amtsblatt zu veröffentlichen sei, wobei nicht übersehen wurde, dass der Inhalt damit über das Amtsblatt auch ins Internet kommen kann (Prot. der kantonsrätlichen Kommission vom 3.12.2009, S. 645). Vor einer direkten Veröffentlichung im Internet wurde indessen gewarnt, weil dort die Einträge längere Zeit bestehen bleiben und somit auch nicht mehr zutreffende Informationen über Personen und Personen, die nicht mehr im Amt sind, aufgelistet würden.

Wird die Pflicht zur Offenlegung von Interessenbindungen verletzt, so kann dies im Rahmen der Aufsicht (§§ 82 ff. GOG) disziplinarische Massnahmen nach sich ziehen.

2. Abschnitt: Die Bezirksgerichte

Literatur

H. Feer, Ein zürcherisches Landgericht, Zürich 1965; R. Frank, Gerichtswesen und Prozessverlauf, S. 46 ff.; H.U. Walder-Richli/B. Grob-Andermacher, ZPR, § 5 N. 16 ff.

Vorbemerkungen

Inhaltsübersicht   N.
I.   Geschichtliches 1
II.   Wahl, Rücktritt, Wiederwahl 3
III.   Kollegialsystem 6
IV.   Gerichtliche Zuständigkeiten 7
V.   Justizverwaltung 9
VI.   Aufsichtsbehörde 10
VII.   Personalrecht 12

I. Geschichtliches

Die Errichtung der Bezirksgerichte geht auf die Anfänge der Regeneration von 1831 zurück. Bis zum Rechtspflegegesetz von 1874 teilten die Bezirksgerichte die Rechtsprechung mit den unter ihnen stehenden Zunftgerichten, später mit den Kreisgerichten (R. Hauser, Die zürcherische Rechtspflege im Wandel von 1831 bis 1981, ZR 80 S. 266 ff.).

2 Die Aufgaben der Bezirksgerichte sind in den vergangenen rund 180 Jahren im Wesentlichen die gleichen geblieben. Änderungen erfuhren infolge steigender Geschäftslast und der Kompliziertheit der Fälle die Zahl der Richter und die Zusammensetzung des Kollegiums. Allein das Bezirksgericht Zürich erfuhr zwischen 1946 und 2007 eine zahlenmässige Erhöhung der vollamtlichen Richter von 40 auf 66 (LS 212.22). Parallel dazu verlief die Ablösung der Laienrichter durch Berufsrichter, namentlich bei den städtisch geprägten Bezirksgerichten. Auch bei den übrigen Gerichten stehen Juristen im Vollamt an der Spitze.

II. Wahl, Rücktritt, Wiederwahl

3 Die Stimmberechtigten eines jeden Bezirks wählen auf Vorschlag der politischen Parteien für eine Amtsdauer von sechs Jahren die vollamtlichen und teilamtlichen Mitglieder und den Präsidenten des Gerichts an der Urne (vorn § 5 N. 10). Zu den für die Mitgliedschaft im Bezirksgericht zu beachtenden Unvereinbarkeitsgründen s. vorn § 5 N. 19 ff.

4 Jeder Richter kann jederzeit schriftlich und unter Angabe der Gründe beim Obergericht seinen Rücktritt erklären, worauf nötigenfalls eine Ersatzwahl erfolgt (dazu vorn § 5 N. 16).

5 Nach demokratischer Rechtsauffassung soll der Richter wie jeder andere staatliche Funktionär sich der Wiederwahl stellen können. Der wieder kandidierende Richter wird in der Regel in seinem Amt bestätigt (vgl. dazu HAUSER/SCHWERI/HARTMANN, Schweizerisches Strafprozessrecht, § 23 N. 6). Nur selten wird ein Richter nicht wiedergewählt (vgl. BGE 102 Ia 264 ff., 117 Ia 452 ff.; zur Problematik vorn § 5 N. 15).

III. Kollegialsystem

6 Die Zusammensetzung des Gerichts aus mehreren Richtern verlangt die Wahrung des Kollegialitätsprinzips. Das Urteil muss nach aussen hin (vorbehältlich des Minderheitsvotums, § 124 GOG) als Entscheid des ganzen Richterkollegiums in Erscheinung treten. Dem einzelnen Mitglied ist es deshalb verwehrt, das Urteil nach aussen zu kritisieren bzw. kommentieren. Es muss auch Stillschweigen darüber bewahren, wie die einzelnen Richter votiert und abgestimmt haben (zum Beratungsgeheimnis s. hinten § 134 N. 8).

IV. Gerichtliche Zuständigkeiten

7 Zur Hauptsache obliegt dem Bezirksgericht (Einzel- oder Kollegialgericht) als ordentlichem Gericht die erstinstanzliche Erledigung von Zivil- und Strafsachen (§§ 19 und 22 GOG). Als einzige und damit erste Instanz amten auch das Handelsgericht und in bestimmten Fällen das Obergericht (§§ 43 und 44 GOG).

8 Rechtsmittelinstanz in Zivil- und Strafsachen ist ausschliesslich das Obergericht (§§ 48 und 49 GOG). Das Kassationsgericht als bisherige ausserordentliche Rechtsmittelinstanz ist abgeschafft.

V. Justizverwaltung

Die Bezirksgerichte üben auch die Justizverwaltung aus. Diese äussert sich vor allem in der Selbstkonstituierung durch Wahl des oder der Vizepräsidenten und des juristischen und administrativen Personals (§§ 9 Abs. 2, 10 und 17 GOG) sowie in der Bestimmung der Abteilungen und ihrer personellen Zusammensetzung. Sodann wählt das Gericht die Delegation in das Arbeits- und Mietgericht bzw. in das Einzelrichteramt und die Beisitzenden des Mietgerichts (§ 13 GOG). Schliesslich bestimmt es den Stellvertreter des Friedensrichters (§ 55 Abs. 1 GOG). Der Gemeindeammann und der Betreibungsbeamte werden an der Urne gewählt, sofern die Gemeindeordnung nicht Wahl durch die Gemeindeversammlung vorsieht (§ 40 Abs. 1 lit. b Ziff 3 GPR; dazu auch Vorbemerkungen vor § 143 N. 10). Der Stellvertreter des Betreibungsbeamten wird vom Gemeinderat ernannt (§ 8 EG SchKG).

VI. Aufsichtsbehörde

Das Bezirksgericht ist Aufsichtsbehörde über die in § 81 GOG genannten Instanzen. Es übt seine Aufsicht durch regelmässige Visitationen aus. Erhebliche Belastung kann ihm als Aufsichtsbehörde die Behandlung von Beschwerden aufbürden (s. z.B. Art. 176 ff. SchKG, Art. 956 ZGB, § 33 NotG, § 68 VO des Obergerichts über die Gemeindeammann- und Betreibungsämter vom 9.12.1998, LS 281.1).

Das Obergericht beaufsichtigt die in § 80 GOG, der Kantonsrat die in § 79 GOG genannten Organe und Belange.

VII. Personalrecht

Für die Angestellten des Bezirksgerichts sowie die voll- und teilamtlichen Bezirksrichter gilt – bei Letzteren unter Berücksichtigung ihrer Wahl durch das Volk – das Gesetz über das Arbeitsverhältnis des Staatspersonals (PersG). Dieses ermächtigt in § 56 Abs. 2 den Regierungsrat zum Erlass von (der Genehmigung durch den Kantonsrat unterliegenden) Vollziehungsverordnungen, welche auch für das Personal der Rechtspflege gelten, sofern und so weit die obersten kantonalen Gerichte nicht in gemeinsam erlassenen (und ebenfalls vom Kantonsrat zu genehmigenden) Verordnungen ergänzende oder abweichende Regeln für ihr Personal treffen.

Der Regierungsrat hat von seiner Kompetenz Gebrauch gemacht durch den Erlass der Personalverordnung vom 16.12.1998 (LS 177.11) und der Vollziehungsverordnung zum Personalgesetz vom 19.5.1999 (LS 177.111). Die obersten kantonalen Gerichte haben in Ergänzung dazu die Vollziehungsverordnung der Rechtspflege zum Personalgesetz vom 26.10.1999 erlassen (LS 211.21).

A. Organisation

§ 8 *Mitglieder*

¹ Jedes Bezirksgericht besteht aus einer vollamtlichen Präsidentin oder einem vollamtlichen Präsidenten sowie vollamtlichen und teilamtlichen Mitgliedern.

² Der Kantonsrat legt auf Antrag des Obergerichts für jedes Bezirksgericht die Stellenprozente und die Mindestzahl der Mitglieder fest.

³ Das Obergericht bestimmt jeweils vor den Wahlen für jedes Bezirksgericht nach dessen Anhörung die Zahl der voll- und teilamtlichen Mitglieder und legt die Beschäftigungsgrade für die Teilämter fest. Dies gilt auch bei Ersatzwahlen.

Inhaltsübersicht	N.
I. Zahl der Richter	1
II. Die Präsidien	4
III. Ersatzwahlen	6
IV. Wählbarkeitsvoraussetzungen	7

I. Zahl der Richter

1 § 8 GOG übernimmt die Regelung von § 26 GVG. Zur Terminologie der vollamtlichen und teilamtlichen Richter s. vorn § 6 N. 2 ff.

2 Bis ins Jahr 2000 bestimmte der Kantonsrat für jedes Bezirksgericht die Anzahl der Richter. Mit dem Gesetz über die Wahl von teilamtlichen Mitgliedern der Gerichte (angenommen in der Volksabstimmung vom 28.11.1999 und in Kraft getreten am 1.3.2000; vgl. dazu vorn § 6 N. 4) wurde dieses System geändert. Der Kantonsrat legt die Richterzahl der einzelnen Bezirksgerichte nicht mehr nach Köpfen, sondern nach Stellenprozenten fest. Aufgabe des Obergerichtes ist es, jeweils vor den Wahlen für jedes Bezirksgericht die Anzahl der voll- und teilamtlichen Richter zu bestimmen und die Beschäftigungsgrade der Teilämter festzulegen. Diese neue Regelung brachte dem Obergericht eine grosse Flexibilität bei der Ausschöpfung der vom Kantonsrat festgelegten Stellenprozente. Dies ist vor allem deshalb von Vorteil, weil das Obergericht als Aufsichtsbehörde sowie aufgrund interner Statistiken und seines engen Kontaktes mit den Bezirksgerichten deren Bedarf an Richterpensen und infrastrukturellen Bedürfnissen besonders gut kennt. Eine wesentlich neue Kompetenz wurde ihm damit nicht zugewiesen, hatte es doch schon früher den Beschäftigungsgrad der Bezirksrichter festgelegt. Wäre die frühere Regelung (Bestimmung der Richterzahl nach Köpfen durch den Kantonsrat) beibehalten worden, so müsste jede Änderung in einer Verschiebung zwischen Voll- und Teilämtern innerhalb eines Bezirksgerichts vom Kantonsrat genehmigt werden, was aufwendig und unpraktisch wäre.

Vor den Wahlen muss bekannt gegeben werden, wie viele Stellen vollamtlich und wie viele 3
teilamtlich zu besetzen sind. Damit können die Kandidaten beurteilen, ob und für welche
Stellen sie sich bewerben wollen; die Stimmberechtigten erhalten frühzeitig Kenntnis von
den unterschiedlich zu besetzenden Stellen, was ihnen ermöglicht, entsprechende Wahlvorschläge einzureichen. Die Wahl von juristischen Laien ist mit diesem System weiterhin gewährleistet, deren Ersatz durch Juristen aber nicht behindert.

II. Die Präsidien

Das Präsidium des Bezirksgerichts kann nur von einem vollamtlichen Mitglied ausgeübt 4
werden. In den Vorberatungen zum GOG war der Antrag gestellt worden, auch für die
Präsidien die teilamtliche Ausübung vorzusehen. Dies wurde indessen abgelehnt,

– weil es die Wahl komplizieren würde, wenn z.B. ein Kandidat sich für ein 80- und ein
  anderer sich für ein 100-prozentiges Präsidentenamt bewerben würde;
– weil bei zwei teilamtlichen Gerichtspräsidenten nicht klar wäre, welcher von beiden
  in welchem Moment welchen Entscheid fällen dürfte oder müsste;
– weil der Beschäftigungsumfang der beiden Präsidenten von der eigentlichen Wahl getrennt und irgendwie vom Obergericht festgelegt werden müsste, was zu Schwierigkeiten führen könnte;
– weil die Leitung des Gerichts grundsätzlich nicht geteilt werden sollte, da sie sonst an
  Effizienz verlöre, wenn mehrere Verantwortliche in einzelnen Führungsbelangen unterschiedliche Meinungen verträten.

Die Vizepräsidien dürfen dagegen von teilamtlichen Richtern besetzt werden, da deren 5
Aufgaben im Wesentlichen nicht in Führungsbelangen, sondern vor allem im Vorsitz von
Abteilungen und Kammern liegen (zum Gesamten s. Weisungen des RR vom 26.11.1997
zum G über die Wahl von teilamtlichen Mitgliedern der Gerichte, S. 6).

III. Ersatzwahlen

Auch bei Ersatzwahlen hat das Obergericht die Anzahl der voll- und teilamtlichen Mitglieder zu bestimmen und die Beschäftigungsgrade für die Teilämter festzulegen. Eine 6
Ersatzwahl kann auch notwendig werden, wenn ein Gerichtsmitglied während der Amtsdauer den Beschäftigungsgrad dauernd herabsetzen will und deshalb um Teilentlassung
nachsucht. Die für die Teilentlassung zuständige Behörde muss nach Anhörung des betreffenden Gerichts den Beschäftigungsgrad neu festsetzen, sofern die dienstlichen Verhältnisse es zulassen. Für die frei werdenden Stellenprozente wird eine Ersatzwahl durchgeführt.

IV. Wählbarkeitsvoraussetzungen

7   Zu den Voraussetzungen der Wählbarkeit s. vorn § 5 N. 2 ff. In den Vorberatungen zum GOG war beantragt worden, für die Bezirksrichter als weitere Wählbarkeitsvoraussetzung ein abgeschlossenes juristisches Studium zu verlangen. Dies wurde abgelehnt, weil damit das Laienrichtertum mit seiner langen Tradition, das in der Bevölkerung immer noch über eine grosse Akzeptanz verfügt (dazu auch vorn § 5 N. 6), faktisch abgeschafft worden wäre.

§ 9 *Vizepräsidien und Einzelrichter*

¹ Das Obergericht bestimmt die Zahl der Vizepräsidentinnen und -präsidenten sowie der Einzelrichterinnen und -richter der Bezirksgerichte.

² Das Bezirksgericht wählt nach seiner Gesamterneuerung für den Rest des Kalenderjahres und je am Jahresende für das folgende Jahr aus seinen Mitgliedern in geheimer Wahl die Vizepräsidentinnen und -präsidenten sowie die Einzelrichterinnen und -richter.

Inhaltsübersicht

		N.
I.	Geschichtliche Entwicklung	1
II.	Einzelgericht und Kollegialgericht	6
III.	Stellung des Einzelgerichts	8
IV.	Ersatzrichter als Einzelgericht	11
V.	Zahl und Verteilung der Einzelrichterämter	12
VI.	Vizepräsidenten	13

I. Geschichtliche Entwicklung

1   Nach dem «Organischen Gesetz über das Gerichtswesen im allgemeinen und die bürgerliche Rechtspflege insbesondere» vom 7. Brachmonat 1831 (OS 1 S. 134) erhielt der Bezirksgerichtspräsident die Kompetenz zur Erteilung von Rechtsvorschlägen, von Befehlen und Verboten über privatrechtliche Gegenstände sowie des «schnellen Rechtstriebes». Dies war der Ausgangspunkt für das sog. *Audienzverfahren* (FRITZSCHE, Begründung und Ausbau der neuzeitlichen Rechtspflege des Kantons Zürich, S. 45; SCHURTER/FRITZSCHE, Zivilprozess der Schweiz, Bd. II, 2. Teil, S. 43 ff.).

2   Das Rechtspflegegesetz vom Jahr 1874 führte dann die *Einzelrichterkompetenz* des Gerichtspräsidenten in Zivilsachen von Fr. 50 bis Fr. 200 ein. Das EG zum SchKG vom Jahr 1891 übertrug dem Einzelrichter überdies die Beurteilung von Streitigkeiten des beschleunigten Verfahrens.

3   Mit strafrechtlichen Befugnissen wurde der Einzelrichter durch die Novelle von 1935 ausgestattet. Die Beurteilung leichter Straffälle durch den genannten Richter bezweckte eine Entlastung der Bezirksgerichte. Diese Neuerung blieb aber vorerst beschränkt auf

den Bezirk Zürich (§ 21a GVG in der Fassung vom 7.4.1935; über die erfolglose Anfechtung dieser Regelung durch staatsrechtliche Beschwerde beim Bundesgericht wegen angeblicher Verfassungswidrigkeit s. GB RR 1935 S. 302 Nr. 3 lit a). Eine Erweiterung auf die übrigen Bezirke brachte erst die Teilrevision der kantonalen StPO von 1941, anlässlich der Einführung des StGB.

In der späteren Gesetzgebung machte sich infolge der zunehmenden Geschäftslast der Kollegialgerichte die Tendenz bemerkbar, die Spruchkompetenz des Einzelrichter sukzessive zu erweitern. Der durch Art. 5 und 6 EMRK gebotene richterliche Rechtsschutz bei Freiheitsentziehung erforderte 1995 die Einführung des Einzelrichters für die fürsorgerische Freiheitsentziehung (§ 22a GVG in der Fassung vom 27.3.2000) sowie des Haftrichters nach § 24a GVG. 4

Während mehr als 100 Jahren, d.h. seit dem RG von 1874, bezog sich die Zuständigkeit des Einzelrichters im Zivilverfahren ausschliesslich auf vermögensrechtliche Streitigkeiten. Für die zahlreichen und oft aufwendigen Ehescheidungs- und Ehetrennungsklagen schuf erst die Revision vom 24.9.1995 für das Kollegialgericht insofern eine Entlastung, als in § 31a GVG die Behandlung einverständlicher Ehescheidungen und -trennungen (sog. Konventionalscheidungen) einem Mitglied des Bezirksgerichts als Einzelrichter übertragen wurde (dazu FRANK/STRÄULI/MESSMER, zu § 31a GVG). Mit dem am 1.1.2000 in Kraft getretenen revidierten Scheidungsrecht erfolgte durch die Einführung des neuen Abs. 2 von § 21 GVG ein weiterer erheblicher Ausbau der Kompetenz des Einzelrichters in familienrechtlichen Streitigkeiten, was zur Aufhebung des obsolet gewordenen § 31a GVG führte (vgl. dazu die Bestimmungen des Gesetzes betreffend die Anpassung des Prozessrechts im Personen- und Familienrecht vom 27.3.2000, in Kraft seit 1.1.2001). 5

II. Einzelgericht und Kollegialgericht

Im Gegensatz zum Kollegialgericht, das sich aus mehreren Richtern zusammensetzt, übt der Einzelrichter die Funktion eines Gerichtes selbst aus. Dem System des Einzelgerichts wird vor allem nachgesagt, das es geeignet sei, die Tatkraft und das Pflichtbewusstsein des Richters zu stärken, da dieser für seine Entscheidungen die alleinige Verantwortung trägt. Der Vorteil des Kollegialgerichts liegt dagegen darin, dass es eine grössere Fülle vom Rechtskenntnissen und Lebenserfahrung in sich vereinigt und dass Einseitigkeiten einzelner Mitglieder durch die andern ausgeglichen werden können (GULDENER, Zivilprozessrecht, S. 8; vgl. dazu auch Einleitung N. 28 sowie hinten § 27 N. 4 f.). Heute besteht die Tendenz, dem Einzelgericht mehr Kompetenzen einzuräumen, um damit das Gesamtgericht zu entlasten und das Verfahren zu beschleunigen. 6

Wegen des zwingenden Charakters der Bestimmungen über die sachliche Zuständigkeit kann ein in die Kompetenz des Einzelgerichts fallender Prozess nicht im Einverständnis der Parteien dem Bezirksgericht überwiesen werden (ZR 81 Nr. 134 S. 313 E. 2). 7

III. Stellung des Einzelgerichts

8 § 9 GOG fasst inhaltlich die Bestimmungen der §§ 19 und 28 GVG zusammen und hält fest, dass das Einzelgericht Teil des Bezirksgerichts ist, wie das im Grund schon bisher der Fall war, weil der Einzelrichter stets aus der Reihe der Bezirksrichter gewählt wurde (dazu W. RR S. 93).

9 Die Schaffung von Einzelgerichten ist sowohl für Zivil- wie für Strafsachen vorgesehen (Art. 3 ZPO, Art. 19 StPO) und wird im GOG in den §§ 24 f. und 27 ff. verwirklicht.

10 Das Bezirksgericht darf die einzelrichterliche Funktion nicht von Fall zu Fall einem seiner Mitglieder übertragen und nicht einzelne Geschäfte (je nach ihrer Natur und Schwierigkeit unter Rücksichtnahme auf die beteiligten Parteien) einem beliebigen Bezirksrichter zuteilen (BGE 105 Ia 171; HAUSER/SCHWERI/HARTMANN, Schweizerisches Strafprozessrecht, § 27 N. 19), weil dies die Rechtssicherheit beeinträchtigen und den Anspruch auf den gesetzmässigen Richter nach Art. 30 Ziff. 1 BV verletzen würde. Deshalb sieht Abs. 2 die vorgängige individuelle Bestimmung der Einzelrichter vor.

IV. Ersatzrichter als Einzelgericht

11 Auf Antrag des Bezirksgerichts kann das Obergericht auch einen Ersatzrichter zum Einzelrichter ernennen, wobei es jedoch dessen Befugnisse genau umschreiben muss (§ 11 Abs. 1 Satz 2 GOG). Die Ausübung einzelrichterlicher Funktionen durch einen gewöhnlichen, nicht ausdrücklich zum Ersatzrichter ernannten Einzelrichter ist verfassungswidrig (BGE 105 Ia 166; EuGRZ 1980 S. 275; dazu MÜLLER in ZBJV 117 [1981] S. 214 f.).

V. Zahl und Verteilung der Einzelrichterämter

12 Bei sämtlichen Bezirksgerichten sind teilweise vollamtliche, teilweise nebenamtliche Einzelrichter tätig. Einzelrichter amten insbesondere beim bezirksgerichtlichen Arbeitsgericht, beim Mietgericht, beim Strafgericht, beim Jugendgericht, als Haftrichter und bei der Anordnung von sonstigen Zwangsmassnahmen, bei der fürsorgerischen Freiheitsentziehung sowie bei der Amts- und Rechtshilfe in Zivil- und Strafsachen (im Einzelnen §§ 24–33 GOG).

VI. Vizepräsidenten

13 Wenn der Präsident an seiner Amtsführung verhindert ist, vertritt ihn der Vizepräsident. Fällt dieser ebenfalls aus und ist kein weiterer Vizepräsident bestimmt worden, so übernimmt ein anderes Mitglied des Gerichts oder der Abteilung, meistens das amtsälteste, den Vorsitz.

14 Die Vizepräsidenten amten in der Regel als Vorsitzende einer Abteilung und/oder als Einzelrichter.

§ 10 Präsidium der Arbeits-, Miet- und Jugendgerichte

Das Bezirksgericht wählt nach seiner Gesamterneuerung auf seine Amtsdauer aus seinen Mitgliedern die Präsidentinnen und Präsidenten
a. des Arbeitsgerichts,
b. des Mietgerichts,
c. des Jugendgerichts.

Die Wahl des Präsidenten des Arbeitsgerichts, des Mietgerichts und des Jugendgerichts für die ganze Amtsdauer fördert die gewünschte Spezialisierung und die Einheitlichkeit der Rechtsprechung durch diese Gerichte. Dem Präsidenten des Jugendgerichts werden im Jugendstrafverfahren neu einzelrichterliche Befugnisse zuerkannt (§ 28 GOG). 1

§ 11 Ersatzmitglieder

¹ Das Obergericht kann auf Antrag eines Bezirksgerichts Ersatzmitglieder ernennen. Es bestimmt deren Befugnisse.

² Als Ersatzmitglied kann ernannt werden, wer in der Schweiz politischen Wohnsitz gemäss Art. 3 des Bundesgesetzes über die politischen Rechte vom 17. Dezember 1976 hat.

Seit der Revision von 1935 (des GVG von 1911) waren die Friedensrichter von Gesetzes wegen Ersatzrichter. § 27 GVG dehnte den Kreis der Ersatzrichter aus, indem es das Obergericht ermächtigte, ausser den Friedensrichtern auch andere Personen für bestimmte Zeit oder bestimmte Prozesse als Ersatzrichter zu bestellen. Das GOG sieht davon ab, die Friedensrichter allgemein als Ersatzrichter zu bezeichnen, weil dies Art. 75 Abs. 2 KV widerspräche. 1

Gemäss Art. 75 Abs. 2 KV sind die Ersatzrichter der Bezirksgerichte vom Obergericht zu wählen. Dieses darf dabei natürlich auch Friedensrichter als Ersatzrichter bezeichnen. Zulässig ist ebenfalls, Gerichtsschreiber des Obergerichts oder des Bezirksgerichts selbst für bestimmte Zeit oder bestimmte Prozesse als bezirksrichterliche Ersatzrichter einzusetzen. Die Unabhängigkeit der Ersatzrichter wird dadurch, dass sie von einem Gericht ernannt werden, nicht mehr beeinträchtigt, als wenn sie vom Volk, vom Parlament oder von der Exekutive gewählt würden. Jede dieser Wahlarten hat ihre Vor- und Nachteile (nicht veröffentlichter Bundesgerichtsentscheid, publiziert in GB RR 1935 S. 303 Nr. 3b; BGE 105 Ia 68 E. 3; ZR 86 Nr. 97 S. 242 E. c). 2

In der Ernennung neuer Ersatzrichter durch die Organe der Rechtspflege selbst (Kooptation) liegt auch kein Verstoss gegen das kantonale Wahlrecht; und in der Mitwirkung von Ersatzrichtern liegt selbst dann, wenn diese an einer Gerichtssitzung die Mehrheit bilden, keine Verletzung von Art. 8 Abs. 1 und 30 Abs. 1 BV bzw. Art. 4 und 58 alt BV (BGE 105 Ia 168 E. 3; ZR 86 Nr. 97 E. 3, 87 Nr. 42 E. III). Im Interesse der Kontinuität der Rechtsprechung sowie der Vertrauensbildung für die Prozessparteien und die Öffentlichkeit sollten in einer Gerichtsverhandlung die ordentlichen Mitglieder aber in der Regel 3 die Mehrheit bilden. Die Besetzung der Richterbank (abgesehen vom Präsidenten) ausschliesslich mit Ersatzrichtern wäre nicht üblich und unzweckmässig, weil dadurch bei den Parteien der Eindruck eines für eine bestimmte Sache gebildeten Ausnahmegerichts entstehen könnte, was im Hinblick auf das Ansehen der Rechtspflege vermieden werden soll. Das Bundesgericht hat aber selbst darin weder einen Verstoss gegen Art. 58 alt BV bzw. 30 Abs. 1 BV noch einen solchen gegen die Garantie des verfassungsmässigen Richters i.S.v. Art. 6 EMRK erblickt, sofern das so zusammengesetzte Gericht tatsächlich kein Ausnahmegericht ist (BGE 105 Ia 177 E. 5; dazu kritisch MÜLLER in ZBJV 117 S. 213 ff.).

4 Ausnahmsweise ist es sogar zulässig, das Gericht für einen einzelnen Fall ausschliesslich aus (ordentlichen oder ausserordentlichen, s. § 117 GOG) Ersatzrichtern zusammenzusetzen. Wenn z.B. so viele Mitglieder eines Gerichts in den Ausstand treten müssen, dass kein Spruchkörper mehr gebildet werden kann, darf das Gericht mehrheitlich oder ganz aus Ersatzrichtern gebildet werden (vgl. dazu auch Art. 37 Abs. 3 BGG). Ein in Ausnahmefällen derart zusammengesetztes Gericht ist kein verfassungswidriges Ausnahmegericht (dazu HAUSER/SCHWERI/HARTMANN, Schweizerisches Strafprozessrecht, § 27 N. 26).

5 Der Einsatzbereich eines Ersatzrichters (z.B. als Mitglied des Kollegialgerichts oder als Einzelrichter) muss im Einzelnen bestimmt werden, was durch Abs. 1 Satz 2 ausdrücklich hervorgehoben wird.

6 Die Bezirksrichter müssen ihren Wohnsitz im Kanton Zürich haben (§ 23 Abs. 1 GPR; dazu vorn § 5 N. 3). Die Ersatzrichter müssen in der Schweiz politischen Wohnsitz gemäss Art. 3 des BG über die politischen Rechte (SR 161.1) haben, d.h., sie müssen in der Gemeinde wohnen, in der sie stimmberechtigt sind. Wohnsitz im Kanton Zürich ist demnach nicht zwingend erforderlich (W.RR S. 94).

7 Das Gesetz sagt nicht, unter welchen Voraussetzungen Ersatzrichter ernannt bzw. eingesetzt werden sollen. Ihre Bestellung rechtfertigt sich beim Ausfall, Ausstand oder bei Vakanzen von ordentlichen Richtern, bei starker Geschäftslast eines Bezirksgerichts oder zur Behandlung langwieriger bzw. komplexer Prozesse, die sonst den Geschäftsgang des Gerichts blockieren würden (dazu Weisung des RR vom 19.8.1971 zum GVG S. 201). Die Ersatzrichter können im fraglichen Zeitpunkt vollamtlich oder teilamtlich tätig sein (ZR 87 Nr. 42 S. 101 E. III).

8 Den Ersatzrichtern stehen (ausgenommen die Mitwirkung an Geschäften der Justizverwaltung) die gleichen Rechte und Pflichten zu wie jedem anderen Richter. Es fehlt ihnen jedoch die demokratische Legitimation durch die Volkswahl. Deshalb ist es aus rechtsstaatlichen Gründen problematisch, die Zahl der nicht vom Volk gewählten Ersatzrichter kontinuierlich zu erhöhen. Die Umwandlung in feste Richterstellen ist staatspolitisch vorzuziehen.

§ 12 Wahl der Beisitzenden der Arbeitsgerichte

¹ Nach der Gesamterneuerung des Bezirksgerichts werden die Beisitzenden der Arbeitsgerichte gewählt. Der Kantonsrat legt auf Antrag des Obergerichts deren Zahl für jedes Bezirksgericht fest.

² Je die Hälfte der Beisitzenden sind Vertreterinnen und Vertreter der Arbeitgeber- bzw. der Arbeitnehmerseite. Die Beisitzenden werden nach Möglichkeit gleichmässig aus folgenden Berufsgruppen vorgeschlagen:
a. Baugewerbe und Handwerksbetriebe,
b. Industriebetriebe,
c. Dienstleistungsbetriebe, Handel und Gastgewerbe.

³ Das Bezirksgericht holt Vorschläge entsprechender Verbände ein, die es nach Möglichkeit berücksichtigt. Es reicht dem Bezirksrat je einen vollständigen Wahlvorschlag für die Arbeitgeber- und die Arbeitnehmerseite ein.

⁴ Die Beisitzenden sind in mehreren Bezirken wählbar.

⁵ Das weitere Verfahren richtet sich nach §§ 53 ff. GPR.

Nach der bis Ende 2010 geltenden Regelung gab es nur in in den Städten Zürich und Winterthur Arbeitsgerichte. § 3 GOG schreibt nunmehr für jeden Bezirk ein Arbeitsgericht vor. Für die Wahl der Arbeitsrichter waren früher in Zürich folgende fünf Berufsgruppen gebildet worden: Bau, Immobilienverwaltung, Gärtner; Metall-, Maschinen- und Elektronische Industrie, Optik, Uhrenindustrie und Bijouterie; Textil- und Bekleidungsindustrie, Reinigungsgewerbe, Kosmetik, Lebensmittel, Restauration, Pharma; Transport, Autogewerbe, Touristik, Sport; Handel, Verwaltung, grafisches Gewerbe, EDV (Beschluss des KR vom 27.9.1999 über das Arbeitsgericht Zürich, LS 212.32, aufgehoben auf den 1.1.2011). In Winterthur dagegen bestanden nur drei Berufsgruppen: Baugewerbe und Handwerksbetriebe; Industriebetriebe; Dienstleistungsbetriebe, Handel, Gastgewerbe (Beschluss des KR vom 27.9.1999 über das Arbeitsgericht Winterthur, LS 212.33, aufgehoben am 1.1.2011). Diese drei Berufsgruppen wurden in § 12 Abs. 2 GOG übernommen.

Für jedes Arbeitsgericht legt der Kantonsrat auf Antrag des Obergerichts die Zahl der beisitzenden Fachrichter fest, wobei je die Hälfte davon der Arbeitgeber- und der Arbeitnehmerseite angehören müssen. Durch die oben in N. 1 erwähnten Beschlüsse des Kantonsrats war die Zahl der Arbeitsrichter für Zürich auf 120 und für Winterthur auf 40 festgelegt worden. Am 30. 5. 2011 setzte der Kantonsrat (auf Antrag des Obergerichts vom 17.11.2010) in Anwendung von § 207 Abs. 2 Satz 1 GOG die Zahl der Arbeitsrichter für den Rest der Amtsdauer von 2008 bis 2014 wie folgt fest: Affoltern und Andelfingen je 12, Dielsdorf, Hinwil und Horgen je 18, Meilen 22, Dietikon, Pfäffikon und Uster je 24, Bülach 30 und Winterthur 40, insgesamt also 242 (LS 212.23). Die (60) gewählten Arbeitsrichter am Bezirksgericht Zürich konnten für den Rest der laufenden Amtsdauer weiteramten (§ 207 Abs. 2 GOG), sodass für sie im erwähnten Kantonsratsbeschluss keine neue Regelung getroffen werden musste (s. dazu hinten § 207 N. 3).

3 Aufgrund der ihm zustehenden Anzahl der Beisitzenden des Arbeitsgerichts holt das Bezirksgericht bei den Arbeitgeber- und Arbeitnehmerverbänden Vorschläge ein. Im Gegensatz zum Handelsgericht (dazu vorn § 3 N. 51) wird bei den Arbeitsgerichten auf die Bildung verschiedener, nach den Berufskategorien gebildeter Kammern verzichtet. Gleichwohl sollen die Beisitzenden nach Möglichkeit aus den drei in Abs. 2 genannten Berufsgruppen vorgeschlagen werden. Damit soll ermöglicht werden, dass die Beisitzenden, welche die Verhältnisse in der betreffenden Berufsgruppe kennen, in der Lage sind, rechtlich erhebliche fachtechnische Fragen aus eigenem Wissen und ohne weitere Beweiserhebungen zu entscheiden (ZR 79 Nr. 47 = SJZ 76 S. 265 E. B.b).

4 Aufgrund der eingegangenen Vorschläge reicht das Bezirksgericht dem Bezirksrat einen Wahlvorschlag für die Arbeitgeber- und die Arbeitnehmerseite ein (Abs. 3). Der Bezirksrat prüft, ob dieser den gesetzlichen Vorschriften entspreche. Ist dies nicht der Fall, so setzt er eine Frist von vier Tagen zur Verbesserung an. Enthält der Wahlvorschlag zu viele Namen, so werden die Überzähligen von unten nach oben gestrichen (§ 52 GPR). Daraufhin leitet der Bezirksrat das eigentliche Wahlverfahren ein, das sich nach §§ 53 ff. GPR richtet. In den meisten Fällen erfolgt eine stille Wahl i.S.v. § 54 GPR.

5 Nach Abs. 4 können die Vorgeschlagenen in mehreren Bezirken als Beisitzende amten. Damit wird erreicht, dass sie vermehrt zum Einsatz gelangen. Könnten sie nur in einem Bezirk tätig werden, so kämen sie, wegen der relativ geringen Zahl der arbeitsrechtlichen Streitigkeiten und der Spezialisierung in einer bestimmten Branche, nur selten zum Einsatz, was im Hinblick auf das Sammeln von Erfahrungen nicht wünschenswert wäre.

6 Als Beisitzender des Arbeitsgerichts ist wählbar, wer das 18. Altersjahr zurückgelegt hat, Schweizer Bürger ist und im Kanton Zürich Wohnsitz hat. Voraussetzung ist überdies, dass keine Unvereinbarkeitsgründe i.S.v. §§ 25 ff. GPR vorliegen (s. vorn § 5 N. 2 ff.).

7 Die Beisitzenden des Arbeitsgerichts müssen nicht im Bezirk wohnen, an dessen Gericht sie tätig sind. Dies ergibt sich schon daraus, dass sie in mehreren Bezirksgerichten amten können. Sie müssen aber politischen Wohnsitz im Kanton Zürich haben (§ 23 Abs. 1 GPR).

8 Für die zum Arbeitsrichter gewählten Personen besteht Amtszwang (§ 31 Abs. 1 lit. b GPR). Sie sind verpflichtet, die Wahl anzunehmen und ihr Amt auszuüben, sofern nicht im Einzelfall ein Ausstandsgrund vorliegt.

9 Die Arbeitsrichter gehören nicht zu den teilamtlichen, sondern zu den nebenamtlichen Richtern (dazu vorn § 6 N. 3), weil sie kein fixes Pensum innehaben, sondern von Fall zu Fall beigezogen werden. In den Stellenprozenten, die den einzelnen Bezirksgerichten zugeteilt werden, sind sie nicht berücksichtigt, und in der internen Gerichtsverwaltung haben sie kein Stimmrecht (dazu auch ZR 109 Nr. 45).

§ 13 *Wahl der Beisitzenden der Mietgerichte*

¹ Nach der Gesamterneuerung des Bezirksgerichts werden die Beisitzenden der Mietgerichte gewählt. Der Kantonsrat legt auf Antrag des Obergerichts deren Zahl für jedes Bezirksgericht fest.

² Je die Hälfte der Beisitzenden sind Vertreterinnen und Vertreter der Vermieter- bzw. der Mieterseite. Je zwei Beisitzende sind Verpachtende und Pachtende aus dem Bereich der Landwirtschaft.

³ Das Bezirksgericht holt Vorschläge entsprechender Verbände ein, die es nach Möglichkeit berücksichtigt. Es reicht dem Bezirksrat je einen vollständigen Wahlvorschlag für die Vermieter- und Mieterseite ein.

⁴ Die Beisitzenden sind in mehreren Bezirken wählbar.

⁵ Das weitere Verfahren richtet sich nach §§ 53 ff. GPR.

Im Gegensatz zu den Arbeitsgerichten gab es schon unter der früheren Regelung Mietgerichte in jedem Bezirk. Für die Wahl der Beisitzenden der Mietgerichte gelten sinngemäss dieselben Regeln wie für die Wahl der Beisitzenden der Arbeitsgerichte. § 13 GOG ist denn auch im Wesentlichen gleich formuliert wie § 12 GOG. Die Wahlvorschläge holt das Bezirksgericht bei den Vermieter- und Mieterverbänden ein. Im Übrigen kann auf die Ausführungen zu § 12 GOG verwiesen werden. 1

Zu den Eigenschaften, welche die Beisitzenden des Mietgerichts besitzen sollen, s. vorn § 3 N. 29. Betr. Wohnsitzpflicht § 64 Nr. 8. 2

Besetzung des Gerichts

§ 14   a. Im Allgemeinen

Das Bezirksgericht entscheidet in Dreierbesetzung (Kollegialgericht). Vorbehalten sind die dem Einzelgericht zugewiesenen Geschäfte.

Inhaltsübersicht   N.
I.   Geschichtliche Entwicklung   1
II.   Vorschriften über die Besetzung   3
III. Besetzung bei Delikten gegen die sexuelle Integrität   8

I.   Geschichtliche Entwicklung

Bis zur Revision vom 24.9.1995 schrieb das Gesetz die Besetzung des Spruchkörpers mit fünf Richtern vor, wobei es aber ausnahmsweise erlaubt war, zur Entlastung des Gerichts und Beschleunigung des Verfahrens die Richterbank mit nur drei Richtern zu besetzen. Diese Ausnahmebestimmung setzte sich in der Praxis immer mehr durch, und sie wurde schliesslich zur Regel, die in § 30 Abs. 1 GVG ihren Niederschlag fand und auch in § 14 GOG übernommen wurde. 1

2 Die Reduktion des Gerichts auf drei Mitglieder führte zur Bildung von Abteilungen. Wo an grösseren Gerichten mehrere Abteilungen gebildet werden können, besteht lediglich für das Arbeits-, das Miet- und das Jugendgericht eine Spezialisierung, für die anderen Abteilungen dagegen nicht.

II. Vorschriften über die Besetzung

3 Die Bestimmungen über die Besetzung des Gerichts (wozu auch die Teilnahme des Gerichtsschreibers gehört, § 133 GOG) sind zwingend; die Parteien können darauf nicht verzichten (abweichend BGE 92 I 336 E. 2, allerdings nur unter dem Gesichtspunkt der Willkürprüfung). Nicht gehörige Besetzung kann als Verfahrensmangel gerügt werden (dazu Art. 398 Abs. 3 lit. a StPO, Art. 320 lit. a ZPO). Eine Behörde, die in unzulässiger Besetzung entscheidet, begeht eine formelle Rechtsverweigerung i.S.v. Art. 29 BV (BGE 85 I 273 = Pr 49 Nr. 6) und verletzt den Anspruch auf den gesetzmässigen Richter i.S.v. Art. 30 Abs. 1 BV und 6 Ziff. 1 EMRK. Wenn also z.B. die Hauptverhandlung infolge Krankheit einer Partei in deren Wohnung verlegt werden muss, so hat das Gericht in gesetzmässiger Besetzung daran teilzunehmen, und es darf sich nicht durch eine Abordnung vertreten lassen, auch nicht mit Zustimmung der Parteien. Die Prozesshandlung vor dem ungehörig besetzten Gericht ist nichtig (anfechtbar), und der Mangel kann auch im Berufungsverfahren nicht behoben werden (ZR 64 Nr. 150).

4 Die personelle Zusammensetzung der Abteilung wird im Rahmen der Verfahrensleitung vom Gericht (Art. 124 Abs. 1 ZPO) bzw. vom Präsidenten (Art. 61 lit. c StPO) bestimmt. Der Präsident teilt die eingegangenen Geschäfte den Gerichtsmitgliedern zu und bestimmt für jedes Geschäft einen Referenten. Gemäss Art. 124 Abs. 2 ZPO kann in Zivilsachen die Prozessleitung im Einzelfall an ein Gerichtsmitglied delegiert werden. Die StPO enthält keine entsprechende Delegationsmöglichkeit.

5 Hinsichtlich der Besetzung und der Bezeichnung des Referenten steht dem Gericht bzw. dem Präsidenten ein weiter Ermessensspielraum zu. Zu beachten ist Art. 335 Abs. 4 StPO, wonach bei Straftaten gegen die sexuelle Integrität das Opfer verlangen kann, dass wenigstens *eine* Person seines Geschlechts dem Gericht angehört (dazu hinten N. 9 f).

6 Um Manipulationen bei der Besetzung des Gerichts zu vermeiden und dem Grundsatz des gesetzlichen Richters i.S.v. Art. 30 BV und Art. 6 Ziff. 1 EMRK Rechnung zu tragen, empfiehlt es sich, für längere Zeit zum Voraus jeweils einen Plan aufzustellen, in dem die Besetzung des Gerichts verbindlich festgelegt wird. Ein Zuteilungsplan kann als steuernde Elemente z.B. die Aktennummer, das Eingangsdatum, das Rechtsgebiet oder den lokalen Bereich der Sache enthalten (dazu HAUSER/SCHWERI/HARTMANN, Schweizerisches Strafprozessrecht, § 27 N. 18 und 19; s. auch BGer 2C_710/2010 v. 18.11.2011, E. 2.2.1 m.H.). In der Praxis ist ein solcher Plan allerdings nicht immer einzuhalten. Der Präsident muss im Interesse eines geordneten Geschäftsganges die Möglichkeit haben, ein Gerichtsmitglied, das einen aussergewöhnlich umfangreichen und rechtlich komplizierten Prozess zu behandeln hat, vorübergehend zu entlasten, um zu verhindern, dass bei diesem Mitglied schematisch zugeteilte Fälle unerledigt liegen bleiben. Derartige Verzögerungen liefen dem Beschleunigungsgebot zuwider, was auch dem Ansehen des Gerichts schaden würde; betreffend Zulässigkeit der Änderung des einmal gebildeten

Spruchkörpers während des laufenden Verfahrens BGE 96 I 321 E. 2, 117 Ia 133, Pr 95 Nr. 62, ZBl 108 S. 45; zuletzt Pr 100 Nr. 132 m.H. auf die Praxis (= AnwRev 10/2011 S. 448); s. zum Anspruch auf die Gesetzmässigkeit der Spruchkörperbildung auch §§ 38 N. 3, 127 N. 6, 134 N. 23 f.

Die Spruchkörperbildung unter subjektiven Gesichtspunkten mit dem Ziel, eine Partei zu begünstigen oder zu benachteiligen oder eine Praxisänderung herbeizuführen, ist rechtswidrig. Gelegentlich kann die Zusammensetzung des Gerichts während der Behandlung des Falles wechseln. Nach der Rechtsprechung liegt dabei keine unzulässige Besetzung und keine Verletzung des Anspruchs auf den gesetzmässigen Richter vor, wenn in einer Zivilstreitigkeit an einem Entscheid ein Richter mitwirkt, der nicht an allen vorangegangenen Handlungen bzw. Zwischenentscheiden teilgenommen hat (ZR 91/92 Nr. 89; vgl. auch ZR 109 Nr. 51 E. II.1 sowie hinten § 134 N. 23 f.). Im Strafprozess gilt hinsichtlich des Wechsels auf der Richterbank Art. 335 Abs. 2 StPO (Wiederholung der Hauptverhandlung, sofern kein Verzicht); ferner kann das Gericht ein Ersatzmitglied auf Pikett stellen, das nötigenfalls einspringen kann (Art. 335 Abs. 3 StPO). 7

III. Besetzung des Gerichts bei Delikten gegen die sexuelle Integrität

Mit der Revision vom 3.3.1991 wurde mit § 30 Abs. 2 GVG erstmals eine Bestimmung geschaffen, wonach bei der Beurteilung von Delikten gegen die Sittlichkeit das Gericht zwingend mit Mitgliedern beider Geschlechter zu besetzen war. Diese Regelung galt vor allem dem Schutz weiblicher Opfer bei Delikten gegen die sexuelle Integrität, nachdem Urteile betreffend Notzucht zu heftiger öffentlicher Kritik Anlass gegeben hatten (dazu REHBERG/HOHL, Die Revision des Zürcher Strafprozessrechts, Zürich 1991, S. 6). Die Mitwirkung weiblicher Richter ist ein vertrauensbildendes Element, gewährleistet in Fällen dieser Art ein ausgewogenes Urteil und liegt daher im öffentlichen Interesse. 8

Die Bestimmung von § 30 Abs. 2 GVG ist in dieser Form nicht ins GOG übernommen worden. Nach Art. 335 Abs. 4 StPO muss jedoch bei Straftaten gegen die sexuelle Integrität auf Antrag des Opfers wenigstens eine Person des gleichen Geschlechts wie das Opfer dem Gericht angehören. Bei Einzelgerichten kann von dieser Regel abgewichen werden, wenn am Verfahren Opfer beiderlei Geschlechts beteiligt sind. 9

> **§ 15   b. Als Arbeitsgericht**
>
> ¹ Das Arbeitsgericht wird mit einer Präsidentin oder einem Präsidenten und je einer Beisitzenden oder einem Beisitzenden aus der Gruppe der Arbeitgebenden und der Arbeitnehmenden besetzt. Vorbehalten sind die dem Einzelgericht zugewiesenen Geschäfte.
>
> ² Die Beisitzenden werden unter Berücksichtigung ihrer Sachkunde beigezogen.

§§ 16–17

1 Die Rechtsprechung des Arbeitsgerichts verteilt sich auf den Einzelrichter und das Kollegialgericht. Die Revision vom 24.9.1995 erhöhte die Kompetenz des Einzelrichters auf Fr. 20 000, das GOG auf Fr. 30 000 (§ 25 GOG). Diese Erhöhungen erfolgten im Bestreben, das Verfahren einfacher und rascher zu gestalten. Der Sachverhalt wird überdies von Amtes wegen festgestellt, und den Parteien werden keine Kosten überbunden (s. dazu vorn § 3 N. 11 ff.). Erreicht der Streitwert nicht mindestens Fr. 10 000, ist gegen den Entscheid nur Beschwerde, aber keine Berufung zulässig (Art. 308 Abs. 2 ZPO).

2 Das Kollegialgericht ist paritätisch zusammengesetzt und entscheidet erstinstanzlich bei Streitigkeiten über Fr. 30 000 sowie bei unbestimmten Streitwert (dazu Art. 308 ZPO). Zum Gesamten s. vorn § 3 N. 4 ff.

§ 16 c. Als Mietgericht

¹ Das Mietgericht wird mit einer Präsidentin oder einem Präsidenten und zwei Beisitzenden besetzt. Vorbehalten sind die dem Einzelgericht zugewiesenen Geschäfte.

² Bei Streitigkeiten aus Miet- und Pachtverhältnissen für Wohn- und Geschäftsräume werden je eine Beisitzende oder ein Beisitzender aus der Gruppe der Vermietenden und der Mietenden beigezogen.

³ Bei Streitigkeiten aus landwirtschaftlicher Pacht werden je eine Beisitzende oder ein Beisitzender aus der Gruppe der Verpachtenden und der Pachtenden beigezogen.

Wie beim Arbeitsgericht (vorn § 15), so wurde auch beim Mietgericht die seinerzeit in § 17 GVG vorgesehene einzelrichterliche Kompetenz von Fr. 20 000 auf Fr. 30 000 erhöht (§ 26 GOG), analog Art. 243 ZPO, der für Streitwerte bis Fr. 30 000 das einfache Verfahren vorsieht. Wenn der Streitwert Fr. 15 000 übersteigt, ist der Einzelrichter jedoch verpflichtet, die Streitsache auf Verlangen einer Partei ans Kollegialgericht zu überweisen (§ 26 GOG).

3 Für die Ermittlung des Streitwerts eines Räumungsbegehrens ist ohne Belang, ob sich im Ausweisungsverfahren der Rechtsstreit auf die Ausweisung des Mieters oder nur auf die Fortschaffung der von ihm eingebrachten Gegenstände beziehe. Massgebend ist immer der in der streitigen Periode fällig werdende Mietzins (ZR 78 Nr. 14). Im Übrigen kann auf die Ausführungen vorn § 3 N. 24 ff. verwiesen werden.

§ 17 Juristisches und administratives Personal

¹ Die Bezirksgerichte stellen die leitenden und die übrigen Gerichtsschreiberinnen und -schreiber sowie das administrative Personal an.

² Das Obergericht bestimmt die Zahl dieser Stellen.

§ 17

Inhaltsübersicht	N.
I. Anstellung	1
II. Juristisches Personal	2
1. Begriffe	2
2. Funktion	4
3. Ausstand des Gerichtsschreibers wegen Vorbefassung	5
4. Beratende Stimme der Gerichtsschreibers	6
5. Gerichtsschreiber als Referent	7
6. Verzicht auf den Beizug von Gerichtsschreibern	9
7. Auditoren	10
III. Administratives Personal	14
1. Chef des Rechnungswesens	14
2. Kanzleipersonal	15

I. Anstellung

§ 17 GOG entspricht inhaltlich der Regelung von § 29 GVG. Für die Anstellung des juristischen und administrativen Personals gelten das Personalgesetz (LS 177.10), die Personalverordnung (LS 177.11), die Vollziehungsverordnung zum Personalgesetz (LS 177.111) sowie die Vollziehungsverordnung der Rechtspflege zum Personalgesetz (LS 211.21). Die frühere Amtsdauer (sechs Jahre für juristische Beamte und vier Jahre für Kanzleiangestellte) wurde durch das neue Personalrecht abgeschafft. Das Anstellungsverhältnis wird in der Regel unbefristet begründet, mit der Möglichkeit der Kündigung (§ 13 PersG).

1

II. Juristisches Personal

Literatur

Neben der bei § 133 zitierten Literatur: H. FRITZSCHE, Der Gerichtsschreiber nach schweizerischem Recht, in: H. Reichel, Bestellung und Stellung der Richter in der Schweiz und im zukünftigen Deutschland, Tübingen 1919, S. 64 fff.; CH. LEUENBERGER, Die Zusammenarbeit von Richter und Gerichtsschreiber, ZBl 87, S. 97 ff.

1. Begriffe

Die früher verwendeten Begriffe «juristischer Sekretär – Gerichtssekretär – Gerichtssubstitut – Gerichtsschreiber» bedeuteten im Wesentlichen dasselbe. Der früher bei den Bezirksgerichten geläufige Begriff «Gerichtssubstitut» wurde durch die VO zum Personalgesetz vom 19.5.1999 durch «Juristischer Sekretär am Bezirksgericht» ersetzt (LS 177.111, Einreihungsplan Klassen 17–19). Der Regierungsrat verwendete im VE zum GOG den Begriff «Gerichtssekretär». In den kantonsrätlichen Beratungen entschied man sich jedoch auf Anregung des Obergerichts für den Begriff «Gerichtsschreiber, weil dieser in der deutschsprachigen Schweiz besser verankert ist und auch in den eidgenössischen Prozessgesetzen Verwendung findet. § 41 GOG unterscheidet die leitenden und die übrigen Gerichtsschreiber sowie das übrige juristische Personal. Der Begriff «leitender Gerichtsschreiber» weist auf dessen Führungsaufgabe hin. Der leitende Gerichtsschreiber ist in

2

§ 17

der Regel Leiter der Gerichtskanzlei und damit hierarchisch höher gestellt als das übrige juristische Personal. Die übrigen Gerichtsschreiber unterscheiden sich vom leitenden nur dadurch, dass sie nicht als Vorgesetzte die Kanzleigeschäfte leiten. Die ihnen zugewiesenen Geschäfte behandeln sie indessen in gleicher Weise.

3   Ist der leitende Gerichtsschreiber an der Ausübung seiner Tätigkeit gehindert, so wird er durch den dienstältesten Gerichtsschreiber vertreten.

2. Funktion

4   Die Gerichtsschreiber sind die engsten Mitarbeiter der Richter. Sie nehmen an den Verhandlungen und Urteilsberatungen teil und führen das Protokoll (§ 133 GOG, Art. 335 und 348 Abs. 2 StPO). Ihre Teilnahme an den Verhandlungen und Beratungen ist Amtspflicht, auf die der Gerichtsschreiber nicht verzichten und von der ihn das Gericht nicht dispensieren darf. Sein Fehlen bei der Verhandlung und Beratung ist als nicht gehörige Besetzung des Gerichts im Sinne von Art. 30 Abs. 1 BV und Art. 6 Ziff. 1 EMRK anfechtbar (BGE 125 V 499, ZR 26 Nr. 57, 53 Nr. 24, 54 Nr. 187). Der Anspruch der Parteien auf gesetzmässige Besetzung des Gerichts muss schon im erstinstanzlichen Verfahren gewährleistet sein; der Fehler kann deshalb im Berufungsverfahren nicht geheilt werden. Ist er im erstinstanzlichen Verfahren geschehen, so muss der Prozess zur Behebung des Mangels an jene Instanz zurückgewiesen werden (BGE 125 V 499 ff.; SJZ 64 S. 183 Nr. 110). Die Teilnahme des Gerichtsschreibers ist auch erforderlich, wenn der Einzelrichter als Haftrichter amtet (Urteil des Bundesgerichts vom 22.1.1999, Nr. 1P.8/1999). Dazu auch hinten § 133 N. 4.

3. Ausstand des Gerichtsschreibers wegen Vorbefassung

5   Die bedeutende Stellung des juristischen Personals führte dazu, dass der Gerichtsschreiber, der in der Untersuchung von Ehrverletzungsprozessen tätig war, wegen Vorbefassung für die Teilnahme an der Hauptverhandlung abgelehnt werden konnte (HAUSER/SCHWERI/HARTMANN, Schweizerisches Strafprozessrecht, § 30.6; ZR 100 Nr. 3 S. 10 E. 3, 43 S. 139, BGE 115 Ia 234 = Pr 80 Nr. 56). Dazu auch hinten § 133 N. 4.

4. Beratende Stimme des Gerichtsschreibers

6   Der Gerichtsschreiber redigiert in der Regel die prozessleitenden Verfügungen sowie aufgrund der in der Beratung gefallenen Voten die Beschlüsse und Urteilsbegründungen, in die er auch zusätzliche Erwägungen einfliessen lassen darf. Im Hinblick auf diese wichtige Funktion ist er auch berechtigt, seine Meinung zu äussern, auf diese Weise Einfluss auf die Beratungen zu nehmen und ein Minderheitsvotum zu Protokoll zu geben (vgl. dazu § 138 Abs. 4 GVG). Zum Ganzen auch hinten § 133 N. 20.

5. Gerichtsschreiber als Referent

7   Es macht keinen Unterschied, ob der Gerichtsschreiber seine beratende Stimme in einer mündlichen Verhandlung bzw. Beratung zum Ausdruck bringt oder ob er vorher einen schriftlichen Antrag stellt. Nach zürcherischer Praxis ist es deshalb im schriftlichen Verfahren zulässig, einen Gerichtsschreiber zum Referenten mit dem Recht zur Antragstel-

lung zu bezeichnen, sofern gewährleistet ist, dass die Mitglieder des Gerichts zu einem solchen Antrag Stellung nehmen und ihn durch Abstimmung zum Entscheid erheben können (Beschlüsse des Kassationsgerichts in Sachen S. gegen S. vom 12.2.1943 und in Sachen M. gegen H. vom 20.10.1949). Diese Praxis war dem Gesetzgeber schon beim Erlass des GVG bekannt (RO 1993 S. 340 Nr. 29); sie wurde nicht aufgehoben, sondern hat sich im Lauf der Zeit bewährt. Dazu auch hinten § 133 N. 22.

Der Gerichtsschreiber-Referent konnte in seiner Eigenschaft als Kanzleibeamter schon bisher weder eine persönliche Befragung noch eine Zeugeneinvernahme durchführen (RO 1941 S. 89; ZR 55 Nr. 109), und er darf auch keine Beweisaussagen entgegennehmen (Art. 169 ff. und 192 ff. ZPO, Art. 157 ff. und 177 ff. StPO). Nach einem unveröffentlichten älteren Entscheid durfte er aber z.B. einen unangemeldeten Augenschein im Verfahren betreffend Bewilligung der unentgeltlichen Prozessführung und Rechtsvertretung oder betreffend vorsorgliche Massnahmen für die Dauer des Scheidungsprozesses bzw. in Eheschutzmassnahmen vornehmen, soweit es sich nicht um die förmliche Befragung von Parteien handelte, bei der es auf den persönlichen Eindruck ankommt oder bei der die Parteien Anspruch auf eigentliche Zeugenbefragung haben (Beschluss des Kassationsgerichts in Sachen M. gegen H. vom 20.10.1949). Über seine beim Augenschein gemachten Erhebungen erstattet er einen Bericht (ZR 55 Nr. 109). Nach bisheriger Praxis ist er auch befugt, den von den Parteien schriftlich vorgetragenen Prozessstoff durch formloses Befragen in einer Referentenaudienz zu vervollständigen und zu klären (SJZ 1969 S. 329 Nr. 164; FRANK/STRÄULI/MESSMER, ZPO, § 279 N. 3).

6. Verzicht auf den Beizug von Gerichtsschreibern

Der Verzicht auf den Beizug eines Gerichtsschreibers ist u.a. möglich, wenn aus dem Kanzleipersonal besondere Protokollführer bestellt worden sind, wenn der Richter bei Einvernahmen das Protokoll selbst in Maschinenschrift erstellt oder es einem Kanzlisten in die Maschine diktiert oder wenn er im summarischen Verfahren, in Vergleichsverhandlungen oder Referentenaudienzen das Protokoll unter seiner Aufsicht durch eine Hilfsperson (z.B. einen Auditor) führen lässt (s. dazu §§ 142 und 151 GVG). Der Gerichtsschreiber darf aber stets nur von solchen Verhandlungen, nicht auch von den Urteilsberatungen dispensiert werden. Dazu auch hinten § 133 N. 27.

7. Auditoren

Bei den Bezirksgerichten (ausnahmsweise auch beim Obergericht), beim Verwaltungsgericht und beim Sozialversicherungsgericht können Auditoren beschäftigt werden (vgl. dazu die VO der obersten Gerichte über die Gerichtsauditoren vom 20.6.2000, LS 211.23, nachfolgend N. 13). Als Auditoren werden Juristen nach abgeschlossenem Studium namentlich mit Blick auf den Erwerb des Anwaltspatentes zugelassen. Über den Wert der Ausbildung eines jungen Juristen beim Gericht s. SJZ 59 S. 79.

Die Tätigkeit eines Auditors, den man ebenso gut als Praktikanten bezeichnen könnte, beschränkt sich nicht (wie sein Name anzudeuten scheint) auf blosses Zuhören bei Verhandlungen und Beratungen. Zwar besitzt er nicht die Verantwortung eines Gerichtsschreibers, doch ist ihm Gelegenheit geboten, sich unter der Anleitung des Präsidenten oder des Gerichtsschreibers in die Amtsgeschäfte einzuarbeiten. Seine Tätigkeit besteht hauptsächlich in der Begründung von Urteilen, in der Entgegennahme mündlicher Begehren und deren Redaktion und in der Protokollierung der Verhandlungen neben dem verantwortlichen Kanzleibeamten. Zu den Sitzungen, Referentenaudienzen oder früher in Untersuchungen von Ehrverletzungsprozessen, bei denen die Mitwirkung des Kanzleibeamten nicht gesetzliches Erfordernis ist bzw. war, kann der Auditor als Gehilfe unter Verantwortung des Richters zur Protokollführung herangezogen werden (ZR 54 Nr. 187).

12 Der Auditor ist wie ein Gerichtsbeamter zur Verschwiegenheit verpflichtet. In den Gerichtsverhandlungen hat er indessen kein Recht auf beratende Stimme.

13 Durch den am 1.7.1999 in Kraft getretenen § 215 GVG wurde die Kompetenz zum Erlass einer VO über die Gerichtsauditoren dem Plenarausschuss der obersten kantonalen Gerichte übertragen, der davon am 20.6.2000 Gebrauch machte (LS 211.23; vgl. dazu §§ 69 ff. GOG).

III. Administratives Personal

1. Chef des Rechnungswesens

14 Die Grundzüge des Rechnungswesens sind niedergelegt in der VO des Obergerichts über das Rechnungswesen der Bezirksgerichte und des Obergerichts sowie über das zentrale Inkasso vom 9.4.2003 (LS 211.14). Für das Rechnungswesen sind sodann das Gesetz über Controlling und Rechnungslegung (CRG) vom 9.1.2006 (LS 611) und die Ausführungserlasse des Regierungsrats massgebend (§ 1 der genannten VO sowie § 75 Abs. 1 GOG). An sämtlichen Bezirksgerichten ist heute ein besonderer Chef des Rechnungswesens mit diesen Aufgaben betraut.

2. Kanzleipersonal

15 Zur Wahl, zur Stellung und zu den Aufgaben des Kanzleipersonals siehe
- Personalverordnung vom 16.12.1998 (LS 177.11)
- VVO zum PersG vom 19.5.1999 (LS 177.111)
- VVO der Rechtspflege zum PersG vom 26.10.1999 (LS 211.21).

§ 18 *Geschäftsordnung*

¹ Die Bezirksgerichte erlassen eine Geschäftsordnung. Sie können darin Geschäfte der Justizverwaltung ständigen Kommissionen, einzelnen Mitgliedern oder Angestellten zur Erledigung übertragen.

² Die Geschäftsordnungen sind dem Obergericht zur Genehmigung vorzulegen.

§ 18 GOG entspricht § 37 GVG – mit dem Unterschied, dass im Hinblick auf die notwendige Transparenz des Geschäftsbetriebs der Erlass einer Geschäftsordnung nun für alle Gerichte zwingend vorgeschrieben ist. 1

Als Organe der Justizverwaltung amten das Gesamtgericht (Plenum), die Kanzleikommission als das praktisch wichtigste Kollegium für die Erledigung der Justizverwaltungsgeschäfte und die Vorbereitung der Plenarsitzungen, die Einsprachekommission, die Kommission für die Visitation der Gemeindeammann-, Betreibungs- und Friedensrichterämter, die Rechnungskommission, die Bibliothekskommission, der Gesamtgerichtspräsident sowie die Gerichtsleitung. 2

Die §§ 28 und 29 VOG übertragen den Bezirksgerichten verschiedene Geschäfte der Justizverwaltung zur selbständigen Besorgung. Die Geschäftsordnungen der Bezirksgerichte müssen sich mit diesen Geschäften befassen und erhalten dadurch eine grössere Bedeutung als früher. Sofern sie keine interne Kompetenzregelung enthalten, ist für die Behandlung der fraglichen Geschäfte das Plenum zuständig. 3

B. Zuständigkeit des Kollegialgerichts

§ 19 *Als Zivilgericht*
a) Im Allgemeinen

Das Bezirksgericht entscheidet erstinstanzlich Streitigkeiten, für die das ordentliche Verfahren gilt, sofern nicht ein anderes Gericht zuständig ist.

Literatur s. vorn § 3.

Inhaltsübersicht   N.
I.   Erstinstanzliche Zuständigkeit im Zivilprozess
     1. Allgemeines 1
     2. Vermögensrechtliche Streitigkeiten 5
     3. Nicht vermögensrechtliche Streitigkeiten 8
II. Erstinstanzliche Zuständigkeit im Strafprozess 9
III. Erste Instanz als einzige Instanz 10
IV. Unzuständigkeit des erstinstanzlichen Gerichts 11

§ 19

I. Erstinstanzliche Zuständigkeit im Zivilprozess

1. Allgemeines

1 Die ZPO unterscheidet das ordentliche Verfahren (Art. 219 ff.), das vereinfachte Verfahren (Art. 243 ff.) sowie das summarische Verfahren (Art. 248 ff.) und sieht für gewisse Streitigkeiten (so für Kinderbelange in familienrechtlichen Angelegenheiten, Art. 295, und eingetragene Partnerschaften, Art. 305) besondere Verfahren vor. Art. 3 f. ZPO überlässt es den Kantonen zu bestimmen, welche Behörden für welche Verfahren zuständig sein und wie die entsprechenden Gerichte besetzt werden sollen (Kollegial- oder Einzelgericht). Das GOG weist die Streitigkeiten im vereinfachten und summarischen Verfahren grundsätzlich dem Einzelgericht, jene im ordentlichen Verfahren dem Kollegialgericht zu.

2 Im Zweifel ist für die Zuständigkeit des Kollegialgerichts zu entscheiden (s. dazu ZR 48 Nr. 110, 97 Nr. 33; SJZ 69 S. 160 E. 3). Die Natur der Streitsache wird allein durch das Rechtsbegehren der Klage oder Widerklage, nicht aber durch Vorfragen oder Einreden bestimmt. Das Kollegialgericht wurde daher nach bisherigem Recht als zuständig betrachtet zur Behandlung

- von Klagen, denen z.B. Einreden aus dem Patentrecht entgegengestellt wurden (ZR 49 Nr. 200 = SJZ 46 S. 40);
- einer obligationenrechtlichen Streitigkeit, in welcher patentrechtliche Fragen vorfrageweise entschieden werden mussten (ZR 49 Nr. 201);
- einer Schadenersatzklage wegen ungerechtfertigter Anhebung einer Strafklage wegen Patentverletzung (ZR 28 Nr. 68);
- einer Klage aus Verkauf einer Lizenz und einredeweiser geltend gemachter Patentnichtigkeit (unrichtig ZR 31 Nr. 172);
- einer Klage auf Kraftloserklärung von Beteiligungspapieren i.S.v. Art. 33 BEHG (dazu FRANK/STRÄULI/MESSMER, ErgBd zur ZPO, § 31 N. 1 ff.).

3 Dem Zivilprozessrecht unterstehen Streitigkeiten *privatrechtlicher* Natur sowie Schadenersatzansprüche von Privaten gegen den Staat, die Gemeinden, deren Angestellte sowie gegen Inhaber von Konzessionen, Bewilligungen und Patenten (§§ 1 f. VRG; FRANK/STRÄULI/MESSMER, ZPO, § 17 N. 2, und ErgBd zur ZPO, § 17 N. 2; KÖLZ/BOSSHART/RÖHL, VRG zu §§ 1 und 2; ZK-MARTI, Vorbemerkungen zu Art. 5 und 6 ZGB, N. 50 ff.; DERSELBE, Zusammenlegung von privatrechtlichem und öffentlich-rechtlichem Rechtsschutz bei Justizverwaltungsbehörden und Spezialgerichten, ZBl 101 S. 169 ff.; ZR 82 Nr. 47). Zum Staatshaftungsprozess s. auch § 52 N. 9 und Vor § 126 N. 4.

4 In der Praxis können sich Abgrenzungsfragen stellen zwischen privat- und öffentlich-rechtlichen Streitigkeiten (dazu auch SJZ 98 S. 340). Aus der Rechtsprechung seien diesbezüglich folgende Beispiele angeführt:
- Die Mitgliedschaft eines Privaten in einer Genossenschaft kann selbst dann privatrechtlicher Natur sein, wenn die Genossenschaft öffentlich-rechtliche Funktionen erfüllt (z.B. Erteilung der Milchverkaufsbewilligung oder Vornahme der Quartier-

einteilung). Die aufgrund solcher Mitgliedschaft geschuldeten Beiträge beruhen auf privatem Recht. Sind sie bestritten, so liegt eine zivilrechtliche Streitigkeit vor (ZR 68 Nr. 91).

– Ein Anspruch öffentlich-rechtlicher Natur ist grundsätzlich auf dem Verwaltungs- bzw. auf dem verwaltungsgerichtlichen Weg geltend zu machen; das Bezirksgericht ist nicht zuständig (ZR 68 Nr. 90). Behauptet der Kläger aber, es stehe ihm neben dem öffentlich-rechtlichen Anspruch ein konkurrierender zivilrechtlicher Anspruch (z.B. aus unerlaubter Handlung) zu, hat der Zivilrichter zu entscheiden (ZR 68 Nr. 143).

2. Vermögensrechtliche Streitigkeiten

Die ordentlichen Gerichte sind zuständig bei Streitigkeiten im ordentlichen Verfahren, d.h. mit einem Streitwert über Fr. 30 000 (Art. 243 Abs. 1 ZPO), sofern das Gesetz nicht ein anderes Gericht für zuständig erklärt (§ 19 GOG). So können z.B. Streitigkeiten gemäss Art. 243 Abs. 2 ZPO, die im vereinfachten Verfahren zu erledigen sind, u.U. dem Kollegialgericht zur Behandlung zugewiesen werden (W.RR S. 97).

Ob eine vermögensrechtliche Streitigkeit vorliege, hängt massgebend davon ab, ob der Rechtsgrund des Anspruchs letzten Endes im Vermögensrecht beruhe, d.h., ob mit dem Begehren überwiegend ein *wirtschaftlicher Zweck* verfolgt werde (BGE 108 II 77 E. 1a). Zu den vermögensrechtlichen Streitigkeiten gehören deshalb u.a. die Klage auf Ausstellung eines Arbeitszeugnisses (ZR 82 Nr. 32, Pr 1991 Nr. 46), Streitigkeiten über Mutationen im Verwaltungsrat, den Wechsel der Revisionsstelle, Statutenänderungen einer AG sowie über Organisationsmängel und die erforderlichen Massnahmen i.S.v. Art. 731*b* OR i.V.m. Art. 941*a* OR (ZR 110 Nr. 30 E. 3.2 m.H., Praxisänderung).

Der *Streitwert* berechnet sich nach der eingeklagten Hauptforderung, ohne Rücksicht auf eine Widerklage. Wäre dem nicht so, hätte es der Beklagte in der Hand, durch eine Widerklage die Verfahrensgarantien des Klägers illusorisch zu machen (ZR 84 Nr. 97). Haupt- und Widerklage dürfen daher nicht zusammengezählt werden (BGE 115 II 369). Massgebend ist der im Rechtsbegehren genannte Streitwert, nicht das wirtschaftliche Streitinteresse (ZR 83 Nr. 104). Lautet ein Rechtsbegehren nicht auf einen bestimmten Geldbetrag und können sich die Parteien nicht auf einen Streitwert einigen oder sind ihre diesbezüglichen Angaben offensichtlich unrichtig, so bestimmt das Gericht den Streitwert (Art. 91 Abs. 2 ZPO) nach freiem Ermessen und einem objektiven Massstab. Massgebend sind weder der für die Sache bezahlte Preis noch das Interesse des Klägers, sondern der Verkehrswert im Zeitpunkt der Anhängigmachung der Klage (BGE 31 II 108, 84 II 192, 86 II 421, 87 II 192, 94 II 54; ZR 42 Nr. 20 lit. i, 40 Nr. 142; Frank/Sträuli/Messmer, ZPO, § 22 N. 7). Zum Streitwert bei Hinterlegung eines Konkursverlustscheins s. ZR 79 Nr. 8, bei Gestaltungsklagen s. ZR 54 Nr. 108. In der Regel stellt das Gericht auf den möglichen höheren Streitwert ab.

3. Nicht vermögensrechtliche Streitigkeiten

Es handelt sich hier um Streitigkeiten, die einer Schätzung des Streitwerts nicht zugänglich sind. Darunter fallen vor allem Prozesse persönlichkeits- oder familienrechtlicher Art, die nicht überwiegend auf eine Vermögensleistung abzielen (vgl. dazu Frank/

STRÄULI/MESSMER, ZPO, § 17 N. 13 und 29 f.; LEUENBERGER/UFFER/TOBLER, N. 2 zu Art. 13 ZPO St. Gallen), aber auch Genugtuungsklagen, mit denen eine andere als eine Geldleistung verlangt wird (ZR 88 Nr. 51 E. 2.2). Streitigkeiten, deren finanzieller Wert schwer oder nur annähernd geschätzt werden kann (z.B. Klagen auf Dienstleistungen oder Unterlassung) gehören zu den vermögensrechtlichen Streitigkeiten (BGE 74 II 43, 108 II 77 E. 1a; FRANK/STRÄULI/MESSMER, ZPO, § 17 N. 13). Aus der Praxis sind zu erwähnen:
- Unterlassungs-, Beseitigungs- und Feststellungsklagen nach Art. 28a ZGB, selbst wenn sie mit einem Begehren auf Schadenersatz oder Genugtuung verbunden sind (BGE 106 II 96 E. 1a, 110 II 413 E. 1; ZR 88 Nr. 51);
- Klagen aus Mitgliedschaft ideeller Vereine sind nicht vermögensrechtlicher Natur (BGE 108 II 17), wohl aber Klagen aus Aktienrecht (BGE 120 II 390);
- für die Beurteilung von Einwirkungen aus Grundstücken (Art. 679 und 684 ZGB) öffentlich anerkannter Kirchgemeinden (Glockengeläute, Stundenschlag), die mit der Erfüllung der öffentlich-rechtlichen Aufgaben der betreffenden Gemeinde unvermeidbar verbunden sind, ist der Zivilrichter nicht zuständig. Sind diese Einwirkungen aber ohne Beeinträchtigung des öffentlich-rechtlichen Zweckes vermeidbar (nicht jedes Glockengeläute ist mit der Erfüllung öffentlich-rechtlicher Aufgaben der Kirche unvermeidlich verbunden), so fallen die Streitigkeiten daraus in die Zuständigkeit des Zivilrichters (ZR 67 Nr. 126).

II. Erstinstanzliche Zuständigkeit im Strafprozess

9   Nach Art. 19 StPO beurteilt das erstinstanzliche Gericht alle Strafsachen, die nicht in die Zuständigkeit einer anderen Behörde fallen. Nach Art. 19 Abs. 2 StPO können Straffälle, in denen weniger als zwei Jahre Freiheitsstrafe ausgefällt werden, dem Einzelrichter überwiesen werden (dazu § 27 GOG).

III. Erste Instanz als einzige Instanz

10   Gemäss Art. 7 ZPO können die Kantone für Streitigkeiten aus Zusatzversicherungen zur sozialen Krankenversicherung eine einzige Instanz als zuständig erklären. § 2 Abs. 2 des Gesetzes über das Sozialversicherungsgericht vom 7.3.1993 (LS 212.81) macht von dieser Möglichkeit Gebrauch. Die Beurteilung einer Streitsache durch eine einzige kantonale Instanz ist jedoch systemwidrig und widerspricht dem in Art. 76 KV niedergelegten Grundsatz der doppelten Instanz (dazu auch Einleitung N. 13), wonach dem Bürger bei Streitigkeiten in Zivil- und Strafsachen zwei Instanzen zur Verfügung stehen müssen.

IV. Unzuständigkeit des erstinstanzlichen Gerichts

11   Eine Überweisung vom unzuständigen an das zuständige Gericht findet nicht mehr statt (Art. 63 Abs. 1 ZPO). Erklärt sich das Bezirksgericht zu Unrecht als zuständig, so ver-

letzt es damit einen wesentlichen Verfahrensgrundsatz, was mit Beschwerde oder Berufung bei der oberen Instanz gerügt werden kann (dazu Art. 310 lit. a und 320 lit. a ZPO, Art. 393 Abs. 2 lit. a und 398 Abs. 3 lit. a StPO).

§ 20   b) Als Arbeitsgericht

[1] Das Bezirksgericht entscheidet als Arbeitsgericht erstinstanzlich:
  a. Streitigkeiten aus dem Arbeitsverhältnis zwischen Arbeitgebenden und Arbeitnehmenden,
  b. Streitigkeiten zwischen Verleihenden und Arbeitnehmenden,
  c. Streitigkeiten aus dem Vermittlungsverhältnis zwischen Vermittlerinnen und Vermittlern und Stellensuchenden,
  d. Klagen von Organisationen gemäss Art. 7 des Gleichstellungsgesetzes vom 24. März 1995,
  e. Streitigkeiten nach dem Mitwirkungsgesetz vom 17. Dezember 1993 (Art. 243 Abs. 2 lit. e ZPO).

[2] Ist für eine Streitigkeit auch ein anderes Gericht zuständig, können die Parteien schriftlich dessen Zuständigkeit vereinbaren. Der Ausschluss des Arbeitsgerichts darf nicht im Voraus vereinbart werden.

Literatur s. vorn § 3 vor N. 4.

Inhaltsübersicht N.
I. Entwicklung der Arbeitsgerichte 1
II. Zuständigkeit für arbeitsrechtliche Streitigkeiten 2
   1. Umfang und Begriff 2
   2. Auslegungsfragen 6
   3. Vertragsparteien 13
III. Streitigkeiten aus Arbeitsvermittlung und Arbeitsverleih 17
IV. Streitigkeiten aus dem Gleichstellungs- und Mitwirkungsgesetz 18
V. Fehlende Zuständigkeit... 19
   1. Mangelnder direkter Zusammenhang mit dem Arbeitsrecht 19
   2. Öffentlich-rechtliches Anstellungsverhältnis 20
   3. Vollstreckungsrechtliche Streitigkeiten 22
   4. Personalvorsorge 23
VI. Konkurrierende Zuständigkeit 24
VII. Kein Verzicht auf das Arbeitsgericht 28
VIII. Rechtsmittel 29

I.   Entwicklung der Arbeitsgerichte

Seit der Totalrevision des GVG von 1976 wurden arbeitsrechtliche Streitigkeiten in den Städten Zürich und Winterthur (allerdings nicht zwingend) von speziellen Arbeitsgerichten beurteilt. Das GOG dehnt die Institution des Arbeitsgerichts auf alle Bezirke aus 1

§ 20

und schreibt entgegen dem Antrag des Regierungsrats vor, dass die Arbeitsgerichte wie bisher (und wie die Mietgerichte) mit Fachrichtern als Beisitzenden zu besetzen sind. Zum Gesamten s. vorn § 3 N. 4 ff.

II. Zuständigkeit für arbeitsrechtliche Streitigkeiten

1. Begriff und Umfang

2   Art. 20 GOG zählt die Streitigkeiten auf, für welche das Arbeitsgericht zuständig ist. Die Streitigkeiten gemäss lit. a–d waren schon unter dem früheren Recht dem Arbeitsgericht zugewiesen (§ 13 GVG). Die Streitigkeiten gemäss lit. e mussten besonders erwähnt werden, da sie als solche des vereinfachten Verfahrens andernfalls vom ordentlichen Einzelgericht zu beurteilen wären (W.RR S. 97).

3   Das Arbeitsgericht ist berufen, Streitigkeiten aus dem individuellen Arbeitsvertrag zu entscheiden, d.h. auf dem Gebiet des Einzelvertrags (Art. 319 OR), des Lehrvertrags (Art. 344 OR), des Handelsreisendenvertrags (Art. 347 OR) sowie des Heimarbeitervertrags (Art. 351 OR). Für diese Sonderverträge gelten gemäss Art. 355 OR ebenfalls die Bestimmungen von Art. 344 OR. In die Zuständigkeit des Arbeitsgerichts fallen somit alle Klagen über Ansprüche, die auf Regeln gründen, welche auf das Arbeitsverhältnis anwendbar sind (BGE 137 III 32 E. 2.1). Zum Begriff des «Ortes des Betriebs» s. BGE 127 III 203 E. 3a.

4   Entstehen im Verlauf des Arbeitsverhältnisses Streitigkeiten auf dem Gebiet der Gleichstellung (vorn § 3 N. 18 ff.) oder der Mitwirkung (vorn § 3 N. 23), so obliegt die Entscheidung darüber ebenfalls dem Arbeitsgericht.

5   Ob ein die Zuständigkeit des Arbeitsgerichts begründendes Arbeitsverhältnis vorliege, ist nach dem Inhalt der faktischen und rechtlichen Beziehungen zwischen Arbeitnehmer und Arbeitgeber zu beurteilen. Typische Anzeichen für das Vorliegen eines Arbeitsvertrags über eine entgeltliche Dienstleistung sind die Unterordnung des Arbeitnehmers unter die Organisationsgewalt des Arbeitgebers sowie die zeitliche Dauer des Verhältnisses (Rehbinder, Arbeitsrecht, S. 33; Stäheli/Fischer, Kommentar zum Arbeitsvertrag, Art. 319; SJZ 79 S. 11, ZR 83 Nr. 78 S. 187 E. 2 und Nr. 105 S. 259 E. 1, 89 Nr. 22). Damit eine Streitigkeit aus einem Arbeitsverhältnis vorliegt, genügt nicht schon ein irgendwie gearteter natürlicher Kausalzusammenhang zu einem Arbeitsverhältnis; Voraussetzung ist, dass die Streitigkeit ihren Rechtsgrund im Arbeitsverhältnis hat. Für die Prüfung der Zuständigkeit ist allein auf den Tatsachenvortrag des Klägers abzustellen. Ob der von ihm behauptete Sachverhalt bewiesen ist, ist für die sachliche Zuständigkeit des angerufenen Gerichts nicht erheblich (BGE 137 III 32 E. 2.4.1). Dazu hinten N. 11 und 19.

2. Auslegungsfragen

6   Das Arbeitsgericht entscheidet zunächst vorfrageweise, ob ein Arbeitsvertrag oder ein anderer Dienstleistungsvertrag (z.B. Werkvertrag i.S.v. Art. 363 ff. OR oder Auftrag i.S.v. Art. 394 ff. OR) vorliegt. Sodann beurteilt es die im Zusammenhang mit dem Arbeits-

vertrag stehenden Tat- und Rechtsfragen. Demgemäss steht ihm die Kompetenz zu, eine Entscheidung zu treffen, wenn z.B. geltend gemacht wird;
- es sei nach den Bestimmungen von Art. 319 und 320 OR gar kein Vertrag zustande gekommen,
- der Vertrag sei wegen Widerrechtlichkeit, Unsittlichkeit oder Unmöglichkeit der Leistung i.S.v. Art. 20 OR nichtig,
- der Vertrag sei wegen eines Willensmangels für die anfechtende Partei einseitig unverbindlich (Art. 23 ff. OR).

Macht der Kläger Schadenersatz wegen «culpa in contrahendo» geltend, die im Zusammenhang mit Verhandlungen über den Abschluss eines Arbeitsvertrags steht, so entscheidet hierüber ebenfalls das Arbeitsgericht (SCHÄTTI, Der arbeitsgerichtliche Prozess nach der aargauischen Zivilprozessordnung vom 18.12.1984, Diss. Zürich, S. 23). 7

Bei Anspruchskonkurrenz zwischen vertraglicher und deliktischer Haftung kann sich die geschädigte Partei auf die Verletzung vertraglicher Verpflichtungen und damit auch auf die Zuständigkeit des Arbeitsgerichts berufen. Missachtet z.B. der Arbeitgeber die Persönlichkeit der Arbeitnehmerin nach Art. 328 OR durch sexuelle Diskriminierung, so kann sie ihre Ansprüche vor Arbeitsgericht einklagen (vgl. Art. 4, 5 und 12 GlG). 8

Entschädigungen für die vom Arbeitnehmer dem Unternehmen zugeführte Kundschaft und solche, die für den Einkauf in die Pensionskasse bestimmt sind, bilden Bestandteil arbeitsrechtlicher Abmachungen. Die daraus entstehenden Streitigkeiten sind vom Arbeits- und nicht vom Sozialversicherungsgericht zu entscheiden. Daran ändert sich nichts, wenn der Arbeitnehmer in einem Eventualbegehren die Auszahlung an seine Pensionskasse verlangt (BGE 122 III 59 f.). 9

Arbeitsrechtlicher Natur sind auch die Ansprüche, die sich bei oder nach der Auflösung des Arbeitsverhältnisses ergeben, wie z.B. die Abgangsentschädigung (Art. 339*b* ff. OR), die Rückgabe von Berufswerkzeugen, Kundenkarteien oder Werbematerial (ZR 96 Nr. 111) oder das Konkurrenzverbot (Art. 340 ff. OR). S. dazu SJZ 76 S. 264 Nr. 31 lit. b. 10

Streitigkeiten ausserhab des Arbeitsverhältnisses (z.B. Mietvertrag, Kauf- oder Darlehensvertrag zwischen Arbeitgeber und Arbeitnehmer) fallen nicht in die Zuständigkeit des Arbeitsgerichts (ZR 96 Nr. 111; dazu vorn N. 5 und hinten N. 19). 11

Das Arbeitsgericht bzw. dessen Vorsitzender ist schliesslich zur Anordnung vorsorglicher Massnahmen i.S.v. Art. 261 ZPO berechtigt. 12

3. Vertragsparteien

a) Lehrvertrag

Bei dieser Sonderform ist die lernende Person Vertragspartei, selbst wenn sie noch unmündig ist (REHBINDER, Kommentar N. 1 zu Art. 345 OR). 13

b) Erbgang und Abtretung

14 Es genügt, dass der Vertrag zwischen Arbeitgeber und Arbeitnehmer abgeschlossen worden ist. Ein Wechsel infolge Erbgang oder Abtretung der Forderung (einschliesslich Subrogation) berührt die Zuständigkeit des Arbeitsgerichts nicht (ZR 89 Nr. 21; ZBJV 1996 S. 685 ff.).

c) Keine Differenzierung bei der Arbeitnehmerschaft

15 Da soziale Klassifizierungen den heutigen Vorstellungen nicht mehr entsprechen, ist es entgegen der früheren Praxis angezeigt, alle Arbeitnehmer, unabhängig von ihrer hierarchischen Stellung, der Rechtsprechungsgewalt des Arbeitsgerichts zu unterstellen. Auch Direktoren, Prokuristen sowie unter Aufsichts- und Weisungsgewalt stehende Verwaltungsräte sind als Arbeitnehmer i.S.v. § 20 GOG zu behandeln (SJZ 74 S. 94 Nr. 20, 76 S. 264 Nr. 31 E. e = ZR 76 Nr. 75 und 76, 83 Nr. 78 E. 3, 91/92 Nr. 41 E. 3.3).

16 Konsequent ist es, dass auch das landwirtschaftliche und häusliche Dienstpersonal seine Rechte vor dem Arbeitsgericht geltend machen kann (schon Prot. KR 1974 S. 7706).

III. Streitigkeiten aus Arbeitsvermittlung und Arbeitsverleih

17 Das AVG bezweckt den Schutz der Arbeitnehmer, welche die private oder öffentliche Arbeitsvermittlung (Art. 2 ff.) oder den Personalverleih (Art. 12 ff.) in Anspruch nehmen. Für die aus diesen Vertragsverhältnissen entstehenden Streitigkeiten bis zu einem Streitwert von Fr. 30 000 schreibt Art. 243 Abs. 1 ZPO ein vereinfachtes Verfahren vor. Sachlich zuständig ist das Arbeitsgericht. Streitigkeiten zwischen der Verleihunternehmung und dem Einsatzbetrieb fallen dagegen in die Zuständigkeit der ordentlichen Gerichte, eventuell des Handelsgerichts.

IV. Streitigkeiten aus dem Gleichstellungs- und Mitwirkungsgesetz

18 S. vorn § 3 N. 18 ff.

V. Fehlende Zuständigkeit

1. Mangelnder direkter Zusammenhang mit dem Arbeitsrecht

19 Streitigkeiten ausserhalb des Arbeitsverhältnisses (z.B. Kauf- oder Darlehensvertrag zwischen Arbeitgeber und Arbeitnehmer) werden nicht von der Zuständigkeit des Arbeitsgerichts erfasst (ZR 96 Nr. 111; dazu vorn N. 5 und 11). Das Arbeitsgericht ist auch nicht zuständig für Klagen betreffend die Ausstellung eines Lohnausweises oder einer Arbeitgeberbescheinigung für die Arbeitslosenkasse (ZR 87 Nr. 68) und ebenfalls nicht für Klagen aus dem Vertragsverhältnis eines Fussballklubs mit seinem Trainer (SJZ 79 S. 1).

2. Öffentlich-rechtliches Anstellungsverhältnis

Ein solches Rechtsverhältnis liegt vor, wenn es durch eine Wahl, einen einseitigen Verwaltungsakt auf Anstellung oder durch öffentlich-rechtlichen Vertrag im Dienste des Gemeinwesens begründet wird. Die rechtliche Beurteilung personalrechtlicher Anordnungen gegenüber den Angestellten des Kantons und der Gemeinden obliegt dem Verwaltungsgericht. 20

Haben jedoch Bund, Kanton oder Gemeinde eine Person auf privatrechtlicher Grundlage angestellt, so sind nach ZR 90 Nr. 64 die ordentlichen Gerichte für die Beurteilung von Arbeitsstreitigkeiten zuständig (anders aber ZR 100 Nr. 57, wonach eine vermögensrechtliche Klage aus einem Dienstverhältnis mit einem öffentlich-rechtlichen Arbeitgeber, z.B. einem Zweckverband gemäss § 7 GG, unabhängig von der Natur des Dienstverhältnisses nicht vom Zivilrichter, sondern vom Verwaltungsgericht zu beurteilen ist). Streitigkeiten zwischen Arbeitnehmern und (früher staatlichen, heute) privatisierten Unternehmen sind vor dem Arbeitsgericht auszutragen. 21

3. Vollstreckungsrechtliche Streitigkeiten

Nicht in die Zuständigkeit des Arbeitsgerichts fallen Streitigkeiten gemäss § 24 lit. b GOG, die im Laufe eines Betreibungs-, Konkurs- oder Nachlassverfahrens entstehen, wie z.B. Kollokationsklagen um Lohnforderungen (LEUENBERGER/UFFER/TOBLER, N. 2 zu Art. 10 ZPO St. Gallen; SCHÄTTI [zit. N. 7], N. 2 zu Art. 10). Solche Verfahren fallen in die sachliche Zuständigkeit des Einzelgerichts. 22

4. Personalvorsorge

Das Arbeitsgericht ist für Streitigkeiten aus Personalvorsorge zwischen Arbeitgeber und Fürsorgestiftungen einerseits und Arbeitnehmer andererseits nicht zuständig (SJZ 76 S. 264 Nr. 31 lit. A/d). Wer z.B. behauptet, der Arbeitgeber habe ihm einen Teil des vereinbarten Lohns zu Unrecht nicht ausbezahlt, sondern der Vorsorgeeinrichtung überwiesen, macht eine Verletzung von Art. 66 Abs. 3 BVG geltend. Eine diesbezügliche Klage ist beim Sozialversicherungsgericht anzuheben (ZR Nr. 89 Nr. 84). Auch Klagen aus der öffentlich-rechtlichen Alters-, Hinterbliebenen- und Invalidenversicherung sind vor dem Sozialversicherungsgericht einzuleiten (§ 2 Abs. 1 lit. a und b G über das Sozialversicherungsgericht vom 7.3.1993, LS 212.81). 23

VI. Konkurrierende Zuständigkeit (Abs. 2)

Die Klagenhäufung (Art. 90 und 127 ZPO), die Frage der Schiedsgerichtsbarkeit (Art. 353 ff. ZPO) und die Form der Schiedsvereinbarung (Art. 358 ZPO) werden durch das Bundesrecht abschliessend geregelt. Das GOG eröffnet den Parteien dagegen die Möglichkeit, in Streitigkeiten, die in den Zuständigkeitsbereich mehrerer Gerichte fallen, sich auf eines von ihnen zu einigen (§ 126 Abs. 1 ZPO). Von praktischer Bedeutung sind etwa der Vertrag des Hausverwalters über die Wartung von Immobilien oder 24 der Mietvertrag über eine Dienstwohnung des Arbeitnehmers mit seinem Arbeitgeber; näher dazu auch § 126 N. 6.

25 Das Wahlrecht setzt voraus, dass die Kompetenz gleichermassen für die infrage kommenden Sondergerichte gegeben ist. Ob dies der Fall ist, bestimmt sich nach dem Rechtsbegehren der Klage, unabhängig von der Einrede des Beklagten. Nach bundesgerichtlicher Rechtsprechung darf ein Rechtsbegehren, das auf verschiedene Rechtsgründe gestützt wird, nicht in mehrere Klagen aufgeteilt werden, die zum sachlichen Zuständigkeitsbereich verschiedener Gerichte gehören (FRANK/STRÄULI/MESSMER, ZPO, § 17 N. 15 b; BGE 91 II 66). Die Notwendigkeit der einheitlichen Beurteilung durch ein und dasselbe Gericht führt dazu, dass eine gemeinsame Behandlung selbst bei verschiedenen Verfahrensformen (z.B. in Bezug auf das Sühnverfahren) stattfinden muss.

26 Deckt die sachliche Zuständigkeit den Streitgegenstand einer Widerklage ab, so muss ebenfalls eine gemeinsame Beurteilung erfolgen. Fehlt es an der Kongruenz, so ist die Widerklage in einem besonderen Verfahren zu behandeln. Ungeachtet der (Un-)Zulässigkeit der Widerklage muss jedoch die verrechnungsweise Geltendmachung von Gegenforderungen stets zulässig sein.

27 Eine Einigung der Parteien kann sich in einer schriftlichen Vereinbarung oder in der vorbehaltlosen Einlassung niederschlagen. Können die Parteien sich nicht einigen, so bestimmt das Obergericht die sachliche Zuständigkeit (§ 126 Abs. 1 GOG).

VII. Kein Verzicht auf das Arbeitsgericht

28 Auf die Anrufung des Arbeitsgerichts darf nicht zum Voraus verzichtet werden (Abs. 2 Satz 2). Dessen Zuständigkeit darf also weder in einem Gesamtarbeitsvertrag noch beim Abschluss eines Einzelvertrags wegbedungen werden (ZR 48 Nr. 184, 79 Nr. 43, 100 Nr. 64). Die Parteien dürfen eine vom Arbeitsgericht abweichende Zuständigkeitsregelung erst treffen, wenn der Streit aktuell ist (ZR 85 Nr. 29), denn erst in diesem Zeitpunkt lässt sich beurteilen, welche Gesichtspunkte des Streites überwiegen. Eine *Ausnahme* von dieser Regel besteht aber dort, wo die Parteien eine Schiedsvereinbarung geschlossen haben, denn Art. 354 ZPO lässt die Schiedsvereinbarung für alle Ansprüche zu, über welche die Parteien frei verfügen können, und Art. 357 ZPO erlaubt den Abschluss von Schiedsvereinbarungen nicht nur für bestehende, sondern auch für künftige Streitigkeiten aus einem bestimmten Rechtsverhältnis.

VIII. Rechtsmittel

29 Der Entscheid des Arbeitsgerichts ist ein erstinstanzlicher Entscheid, der gemäss Art. 308 ZPO mit Berufung angefochten werden kann, sofern der Streitwert des Rechtsbegehrens mindestens Fr. 10 000 beträgt. Ist diese Streitwertgrenze nicht erreicht, so steht die Beschwerde gemäss Art. 319 ZPO zur Verfügung. Der Streitwert berechnet sich danach, welcher Vermögensbetrag im Zeitpunkt der Urteilsfällung zwischen den Parteien noch streitig war.

Die Einrede der fehlenden sachlichen Zuständigkeit darf nicht erst im zweitinstanzlichen Verfahren, sondern muss spätestens mit der Klageantwort erhoben werden (§ 126 Abs. 2 GOG). 30

§ 21 c) Als Mietgericht

¹ Das Mietgericht entscheidet erstinstanzlich Streitigkeiten

a. aus Miet- (Art. 253 a OR) und aus Pachtverhältnissen (Art. 276 OR) für Wohn- und Geschäftsräume,
b. aus landwirtschaftlicher Pacht gemäss Art. 17 Abs. 2, 26 und 28 des Bundesgesetzes vom 4. Oktober 1985 über die landwirtschaftliche Pacht.

² Ist für eine Streitigkeit auch ein anderes Gericht zuständig, können die Parteien schriftlich dessen Zuständigkeit vereinbaren. Der Ausschluss des Mietgerichts darf nicht im Voraus vereinbart werden.

Literatur s. vorn § 3 vor N. 24

Inhaltsübersicht   N.
I. Allgemeines 1
II. Zuständigkeit 2
    1. Örtliche Zuständigkeit 2
    2. Streitgegenstand, Klagehäufung und Widerklage 3
    3. Wohn- und Geschäftsräume 4
    4. Nebensachen 5
    5. Landwirtschaftliche Pacht 6
    6. Auslegungsfragen 8
    7. Konkurrierende Zuständigkeit 9
III. Fehlende Zuständigkeit und Nichtigkeit des Entscheids 13
IV. Rechtsmittel 14

I. Allgemeines

§ 21 GOG übernimmt im Wesentlichen die bisherige Regelung und ist sinngemäss gleich formuliert wie § 20 GOG. Abs. 1 entspricht § 18 Abs. 1 und 3 GVG, Abs. 2 entspricht § 18 Abs. 5 GVG. S. dazu auch vorn § 3 N. 24 ff. 1

II. Zuständigkeit

1. Örtliche Zuständigkeit

S. dazu vorn § 3 N. 30. 2

2. Streitgegenstand, Klagenhäufung und Widerklage

3　S. dazu vorn § 3 N. 31 ff.

3. Wohn- und Geschäftsräume

4　S. dazu vorn § 3 N. 35.

4. Nebensachen

5　S. dazu vorn § 3 N. 37.

5. Landwirtschaftliche Pacht

6　Das Mietgericht beurteilt Streitigkeiten, die entstehen,
- wenn eine Partei die pachtvertraglichen Bestimmungen, insbesondere wenn der Pächter (oder Unterpächter, dazu Art. 291 OR) seine Sorgfaltspflichten verletzt (Art. 283 ff. OR),
- bei vorzeitiger Kündigung des Pachtvertrags, wenn die weitere Erfüllung des Vertrags für eine Partei unzumutbar geworden ist (Art. 17 Abs. 2 LPG),
- bei der Erstreckung der Pacht nach erfolgter Kündigung (Art. 26 LPG) und bei der Anrufung des Kündigungsschutzes (Art. 300 OR) sowie
- wenn bei der Erstreckung der Pacht die vertraglichen Bestimmungen den neuen Verhältnissen angepasst werden sollen (Art. 28 LPG).

7　Das Mietgericht ist nicht nur zuständig bei Streitigkeiten über das landwirtschaftliche Gewerbe oder über die zur landwirtschaftlichen Nutzung gehörenden Grundstücke, sondern auch für Streitigkeiten über Sachen, die der Verpächter im Rahmen des Pachtverhältnisses dem Pächter zur Nutzung überlassen hat (Art. 276 OR).

6. Auslegungsfragen

8　Bei miet- und pachtrechtlichen Streitigkeiten stellen sich im Wesentlichen und sinngemäss die gleichen Auslegungsfragen wie bei arbeitsrechtlichen Streitigkeiten. S. dazu vorn § 20 N. 6 ff.

7. Konkurrierende Zuständigkeit (Abs. 2)

9　Die Klagenhäufung (Art. 90 und 127 ZPO), die Frage der Schiedsgerichtsbarkeit (Art. 357 ZPO) und die Form der Schiedsvereinbarung (Art. 358 ZPO) werden durch das Bundesrecht abschliessend geregelt. Sind für die Beurteilung einer Streitigkeit sowohl das Miet- wie das Handelsgericht zuständig (§ 126 Abs. 1 GOG; wenn z.B. eine Brauerei AG ihre Liegenschaft an eine Gastronomie AG verpachtet), so können sich die Parteien auf eines dieser Gerichte einigen.

10　Bei typisch miet- oder pachtrechtlichen Streitigkeiten (z.B. über Kündigungsschutz oder Erstreckung des Miet- oder Pachtverhältnisses) drängt sich die Zuständigkeit des Mietgerichts auf. Tritt das Handelsgericht an die Stelle des Mietgerichts, so muss es die für den Miet- und Pachtprozess geltenden Regeln beachten, wobei jedoch u.E. die vorgängige Anrufung der Schlichtungsbehörde entfällt (Art. 198 lit. f ZPO). Stützt sich eine Klage auf miet- und kaufvertragliche Elemente, so beurteilt sich die Zuständigkeit nach dem materiell-rechtlichen Schwerpunkt des Streits (dazu RB des Obergerichts Thurgau 1999 S. 83 Nr. 5).

Die Einigung der Parteien kann sich in einer schriftlichen Vereinbarung oder in der vorbehaltlosen Einlassung äussern. Können sich die Parteien nicht einigen, so bestimmt das Obergericht die Zuständigkeit (Art. 126 Abs. 1 GOG). 11

Auch auf die Anrufung des Mietgerichts darf nicht im Voraus verzichtet werden. Es gilt diesbezüglich sinngemäss dasselbe wie beim Arbeitsgericht (dazu vorn § 20 N. 28). Zulässig ist es indessen, durch eine Schiedsvereinbarung das Mietgericht auszuschliessen, da nach Art. 354 und 357 ZPO jeder bestehende und künftige Anspruch, über den die Parteien frei verfügen dürfen, einem Schiedsgericht zur Beurteilung übertragen werden kann. Zu beachten ist in diesem Zusammenhang, dass die Parteien bei Streitigkeiten aus Miete oder Pacht von Wohnräumen ausschliesslich die Schiedsbehörde als Schiedsgericht einsetzen können (Art. 361 Abs. 4 ZPO). 12

III. Fehlende Zuständigkeit und Nichtigkeit des Entscheids

S. dazu Einleitung N. 51 ff. 13

IV. Rechtsmittel

Es gilt sinngemäss das beim Arbeitsgericht Ausgeführte, s. dazu vorn § 20 N. 29. 14

§ 22 *Als Strafgericht*
a) Im Allgemeinen

Das Bezirksgericht beurteilt erstinstanzlich alle Straftaten, die nicht in die Zuständigkeit eines anderen Gerichts fallen.

Inhaltsübersicht N.
I. Erstinstanzliche Zuständigkeit 1
II. Weitere Kompetenzen 4
    1. Zuständigkeit betreffend Beurteilung von Einstellungsverfügungen der Staatsanwaltschaft 4
    2. Entscheid über die Entsiegelung 5

I. Erstinstanzliche Zuständigkeit

1 Das Bezirksgericht als Kollegialgericht übt (entsprechend § 32 GVG) in Strafsachen eine Auffangzuständigkeit aus. Nach § 22 GOG ist es erstinstanzlich zuständig für die Beurteilung aller Straftaten, soweit das Gesetz keine abweichenden Bestimmungen und keine Lücken enthält (ZR 56 Nr. 179, 82 Nr. 69 = SJZ 79 S. 361). Es ist nunmehr insbesondere auch zuständig für die Beurteilung der schweren Delikte gegen Leib und Leben, die früher in den Kompetenzbereich des Geschworenengerichts fielen (§ 56 GVG). Seine Urteile unterstehen dem ordentlichen Rechtsmittel der Berufung (Art. 398 StPO) und seine Erledigungsbeschlüsse demjenigen der Beschwerde (Art. 393 StPO).

2 Eingeschränkt wird die Zuständigkeit des Bezirksgerichts durch diejenige des Einzelgerichts (§ 27 GOG), des Jugendgerichts (§ 23 GOG) und des Jugendgerichtspräsidenten (§ 28 GOG). Übertretungen werden grundsätzlich von den Statthalterämtern beurteilt (§ 89 Abs. 1 GOG). Soweit das Gesetz nicht deren ausschliessliche Zuständigkeit vorsieht, kann der Regierungsrat die Behandlung von Übertretungen auch den Gemeinden übertragen, wenn diese fachlich und organisatorisch zur Bewältigung dieser Aufgabe fähig sind. Die Strafbefugnis der Gemeinden beträgt jedoch höchstens Fr. 500 Busse oder 10 Tage Ersatzfreiheitsstrafe bzw. 40 Tage gemeinnützige Arbeit (§ 89 Abs. 2 und 3 GOG).

3 Eingeschränkt wird die Zuständigkeit des Bezirksgerichts ferner durch die OBV, wonach die kantonal- und gemeinderechtlichen Ordnungsbussen durch besondere Organe ausgefällt und eingetrieben werden (§ 171 ff. GOG; betreffend Ordnungsbussen im Strassenverkehr s. § 170 GOG).

II. Weitere Kompetenzen

1. Zuständigkeit betreffend Beurteilung von Einstellungsverfügungen der Staatsanwaltschaft und deren Nebenfolgen

4 Die beschuldigte Person und der Geschädigte können gegen die Einstellungsverfügung der Staatsanwaltschaft, einschliesslich der Kosten- und Entschädigungsregelung wie bisher (§ 402 Ziff. 1 StPO ZH) Beschwerde im Sinne von Art. 393 Abs. 1 lit. a StPO beim Obergericht erheben (§ 49 GOG).

2. Entscheid über die Entsiegelung

5 Sind in einem Strafverfahren Papiere auf Begehren des Gewahrsamsinhabers versiegelt worden, so hat die Strafverfolgungsbehörde innert 20 Tagen ein Entsiegelungsgesuch zu stellen, andernfalls die beschlagnahmten Gegenstände der berechtigten Partei zurückgegeben werden müssen (Art. 248 Abs. 2 StPO). Das Entsiegelungsgesuch ist im Vorverfahren beim Zwangsmassnahmengericht (§ 47 GOG) und in den andern Fällen beim Gericht zu stellen, bei dem das Verfahren hängig ist (Art. 248 Abs. 3 StPO).

6 Für die Behandlung eines Entsiegelungsgesuches im Rahmen der internationalen Rechtshilfe ist stets das Zwangsmassnahmengericht zuständig (Art. 248 Abs. 3 lit. a StPO i.V.m. Art 9 des Rechtshilfegesetzes vom 20.3.1981, SR 351.1; dazu W.RR S. 110). Dieses ent-

scheidet auch über die Entsiegelung in einem Verfahren, das gleichzeitig der internationalen Rechtshilfe in Strafsachen und einem nationalen Strafverfahren dient (BGE 130 II 302 ff.). Der Schutz der Privat- und Geheimsphäre ist in jedem Fall einem neutralen Richter und nicht der beteiligten Strafverfolgungsbehörde überlassen (BGE 101 IV 336, 114 Ib 360).

Der Entscheid über ein Entsiegelungsgesuch ist strafprozessualer Natur. Er ist vom Zwangsmassnahmengericht zu treffen, konkret von einem Mitglied des Obergerichts (§ 47 lit. a i.V.m. § 29 GOG). Dem Inhaber der Papiere oder Datenträger (z.B. dem Anwalt als Geheimnisträger) und einem Dritten (z.B. dem Klienten als Geheimnisherr) ist Gelegenheit zu geben, sich zum Entsiegelungsgesuch zu äussern. Im Entsiegelungsverfahren wird nicht das Vorhandensein der Voraussetzungen zur Rechtshilfeleistung, sondern nur geprüft, ob die beschlagnahmten und versiegelten Papiere von der Rechtshilfebehörde durchsucht werden dürfen, wobei die Wahrung des Geschäfts- oder Privatbereichs und das öffentliche Interesse an der Wahrheitsfindung gegeneinander abzuwägen sind (BGE 101 IV 306 E. 2, 106 IV 417 E. 2). Die Durchsuchung ist zu verweigern, wenn die fraglichen Unterlagen offensichtlich in keiner Weise geeignet sein können, zur Abklärung des Sachverhalts beizutragen. Ist aber anzunehmen, dass sie für die ersuchende Behörde von Bedeutung sein können, so ist das Gesuch zu bewilligen (ZR 95 Nr. 93). 7

Enthält ein beschlagnahmter Datenträger Daten, die einem Berufsgeheimnis unterliegen, so muss der Entsiegelungsrichter jene Daten ausscheiden, die durch das Berufsgeheimnis geschützt sind. Sein diesbezüglicher Entscheid ist ein Zwischenentscheid, der im Rechtshilfeverfahren nur unter den Voraussetzungen von Art. 80e Abs.2 IRSG angefochten werden kann (BGE 126 II 495). Zum Ganzen s. HAUSER/SCHWERI/HARTMANN, Schweizerisches Strafprozessrecht, § 70 N. 21 ff. 8

§ 23 b) Als Jugendgericht

Das Bezirksgericht entscheidet als Jugendgericht gemäss JStPO.

Inhaltsübersicht	N.
I. Wesen des Jugendgerichts	1
II. Zuständigkeit	2
III. Verfahren	3
IV. Rechtsmittel	9

I. Wesen des Jugendgerichts

Die Jugendgerichte sind Sondergerichte (dazu Einleitung N. 24). Ihnen obliegt nicht in erster Linie die Bestrafung, sondern die Erziehung der Jugendlichen und deren Fürsorge (Art. 4 Abs. 1 JStPO). Bei der Wahl der Massnahmen und Strafen ist das Wohl des Jugendlichen massgebend. Um dem Erfordernis der individuellen Behandlung des Täters gerecht zu werden, muss das Gericht umfassend und zuverlässig über die Person des Beschuldigten unterrichtet sein. Dafür sind Spezialkenntnisse und Erfahrungen nicht nur 1 bei der Abklärung, sondern auch bei der Beurteilung wichtig (HAUSER/SCHWERI/HARTMANN, Schweizerisches Strafprozessrecht, § 90 N. 4). Deshalb sind diese Prozesse durch eine besondere Abteilung des Bezirksgerichts (vgl. bisher § 34 Satz 2 GVG) oder (wo in kleineren Gerichten nicht verschiedene Abteilungen bestehen) von besonderen Richtern zu beurteilen (dazu vorn § 3 N. 40). Zur Schonung der Jugendlichen kann die Öffentlichkeit eingeschränkt oder aufgehoben werden (Art. 70 StPO, Art. 14 JStPO), was nicht gegen Art. 6 Ziff. 1 EMRK verstösst (BGE 108 Ia 90). Zulässig ist es auch, auf eine schriftliche Urteilsbegründung zu verzichten und den gerichtlichen Entscheid nur mündlich zu begründen (Art. 82 Abs. 1 StPO).

II. Zuständigkeit

2   Das Jugendstrafrecht ist anwendbar auf Jugendliche, die zwischen dem vollendeten 10. und dem vollendeten 18. Altersjahr delinquiert haben. Kinder sind für Straftaten, die sie vor dem 10. Altersjahr begangen haben, nicht verfolgbar (Art. 4 JStG). Hat ein Jugendlicher sich vor und nach dem 18. Altersjahr strafbar gemacht, so ist hinsichtlich der Strafen und Massnahmen das StGB anzuwenden. Wurde in diesen Fällen das Verfahren gegen den Jugendlichen eingeleitet, bevor die nach Vollendung des 18. Altersjahres begangenen Straftaten bekannt waren, so ist das Jugendstrafverfahren, andernfalls das Verfahren gegen Erwachsene anwendbar (Art. 3 Abs. 2 JStG). Dazu auch hinten § 110 N. 15.

III. Verfahren

3   Um den Jugendlichen die Begegnung mit einem Gericht möglichst zu ersparen, sind die Kompetenzen der Jugendanwaltschaften zum Erlass eines Strafbefehls bzw. einer Erziehungsverfügung weit gezogen (§ 110 Abs. 2 GOG i.V.m. Art. 352 StPO). Ein gerichtliches Verfahren vor Jugendgericht bzw. Jugendgerichtspräsident findet demnach nur statt, wenn die Jugendanwaltschaft eine schwerere Sanktion beantragt oder wenn gegen deren Anordnung Einsprache erhoben wird.

4   Haben Jugendliche zusammen mit Erwachsenen delinquiert, so ist die Untersuchung und Beurteilung der erwachsenen Beschuldigten vom Verfahren gegen die Jugendlichen zu trennen, ausgenommen die Untersuchung würde dadurch erheblich erschwert (Art. 11 JStPO).

5   Zur umfassenden Abklärung der persönlichen Verhältnisse stehen der Jugendanwaltschaft und dem Gericht Hilfskräfte (Fürsorger, Sozialarbeiter) zur Verfügung. Zur Beurteilung der Schuldfähigkeit und Erziehungsmöglichkeit kann ein (kinder)psychiatrisches Gutachten angeordnet werden. Zur Beurteilung der Glaubwürdigkeit von Aussagen eines Jugendlichen kann ein Psychiater oder Psychologe beigezogen werden (RS 2001 Nr. 62). Zu den Anforderungen an ein Glaubwürdigkeitsgutachten s. BGE 128 I 81, 129 I 49 (= Pr 2003 Nr. 98).

6   Der beschuldigte Jugendliche kann in jedem Stadium des Verfahrens eine Vertrauensperson beiziehen (Art 13 JStPO). Aus psychologischen oder pädagogischen Gründen kann

es angezeigt sein, seine Mitwirkungsrechte einzuschränken. Er (nicht aber sein Verteidiger) darf deshalb von der Teilnahme an bestimmten Verfahrenshandlungen ausgeschlossen (Art. 19 Abs. 3 JStPO) und die Einsicht in gewisse Akten darf ihm verwehrt werden (Art. 15 JStPO).

Zu seiner Verteidigung kann der Jugendliche jederzeit einen Verteidiger seiner Wahl beiziehen (Art. 23 JStPO); in den in Art. 24 JStPO aufgezählten Fällen ist ein Verteidiger notwendig. Die in Art. 25 JStPO erwähnte amtliche Verteidigung sollte in grosszügiger Weise gewährt werden, zumal der Jugendliche vielfach nicht in der Lage ist, sich selbst wirksam zu verteidigen. 7

Das Verfahren kann von der Jugendanwaltschaft und vom Gericht unter den in Art. 17 JStPO genannten Voraussetzungen jederzeit sistiert werden, um eine Mediation durchzuführen. Ist diese erfolgreich, so wird das Verfahren eingestellt. Gelingt sie nicht, so läuft das Verfahren weiter und kann abgeschlossen werden 8

– von der Jugendanwaltschaft oder dem Gericht durch Einstellung des Verfahrens oder den Verzicht auf Strafverfolgung (Art. 5 JStPO),
– durch die Jugendanwaltschaft mit dem Erlass eines Strafbefehls (Art. 32 JStPO) oder
– durch das Jugendgericht mit einem Urteil (Art. 34 ff. JStPO).

IV. Rechtsmittel

Gegen einen Strafbefehl kann innert 10 Tagen bei der Jugendanwaltschaft Einsprache erhoben werden (Art. 32 Abs. 5 JStPO), worauf die Jugendanwaltschaft entweder das Verfahren einstellen, einen neuen Strafbefehl erlassen oder an ihrem Strafbefehl festhalten und Anklage beim Jugendgericht erheben muss (Art. 32 Abs. 6 JStPO i.V.m. Art. 355 und 356 StPO). 9

Gegen das Urteil des Jugendgerichts kann Berufung ans Obergericht erhoben werden (Art. 41 JStG, Art. 40 JStPO, § 49 GOG). 10

Gegen die vorsorgliche Anordnung von Schutzmassnahmen, die Anordnung der Beobachtung sowie der Untersuchungs- und Sicherheitshaft, den Entscheid über die Einschränkung des Akteneinsichtsrechts und gegen andere verfahrensrechtliche Entscheide, welche einen nicht wiedergutzumachenden Nachteil zur Folge haben, kann Beschwerde erhoben werden (Art. 39 JStPO). Zuständig zur Behandlung der Beschwerde ist 11

– das Zwangsmassnahmengericht, wenn sich die Beschwerde gegen die Anordnung der Untersuchungs- und Sicherheitshaft richtet (Art. 39 Abs. 3 JStPO),
– in allen anderen Fällen das Obergericht (§ 49 GOG).

Die Legitimation zur Ergreifung von Rechtsmitteln regeln Art. 38 JStPO und Art. 382 StPO. 12

Voraussichtlich ab 1.1.2013 geltende neue Bestimmung

§ 23a c) Als Beschwerdeinstanz im Kindes- und Erwachsenenschutz

Das Bezirksgericht ist das zuständige Gericht bei Beschwerden gegen Entscheide der Kindes- und Erwachsenenschutzbehörde (KESB, Art. 450 Abs. 1 ZGB), die nicht in die Zuständigkeit eines anderen Gerichts fallen.

1 Diese zusammen mit dem KESR in Kraft tretende Bestimmung bezieht sich auf die Regelung des 5. Abschnittes des EG zum KESR und dort insbesondere auf § 70. Danach ist das Bezirksgericht Beschwerdeinstanz i.S.v. Art. 439 Abs. 1 und 450 Abs. 1 ZGB (in der ab 1.1.2013 geltenden Fassung). Zuständig ist das Einzelgericht, wenn sich die Beschwerde gegen einen Entscheid betreffend die fürsorgerische Unterbringung oder eines Mitglieds der KESB richtet (vgl. auch § 30 GOG in der ab 1.1.2013 geltenden Fassung), in allen anderen Fällen das Kollegialgericht.

C. Zuständigkeit des Einzelgerichts

§ 24 Als Zivilgericht
a) Im Allgemeinen

Das Einzelgericht entscheidet erstinstanzlich über:
a. Streitigkeiten im vereinfachten Verfahren gemäss Art. 243 ZPO, die nicht einer anderen Instanz zugewiesen sind,
b. Klagen aus dem SchKG gemäss Art. 198 lit. e Ziff. 2–8 ZPO,
c. Angelegenheiten und Streitigkeiten im summarischen Verfahren (2. Teil, 5. Titel ZPO, Art. 248 ff. ZPO), die keiner anderen Instanz zugewiesen sind,
d. besondere eherechtliche Verfahren, Kinderbelange in familienrechtlichen Angelegenheiten, Verfahren bei eingetragener Partnerschaft (2. Teil 6.–8. Titel ZPO, Art. 271 ff. ZPO) und Klagen aus Verwandtenunterstützung,
e. die Vollstreckung (2. Teil 10. Titel ZPO), insbesondere die Anerkennung, Vollstreckbarerklärung und Vollstreckung ausländischer Entscheide.

Literatur
St. Berti, Besondere Verfahrensarten gemäss dem bundesrätlichen Entwurf für eine schweizerische Zivilprozessordnung, ZZZ 2008, S. 339 ff.; J. Brönnimann, Die neue Schweizerische ZPO – Das ordentliche Verfahren, AnwRev 2008, S. 323 ff.; S. Frei, Sühnverfahren, summarisches, einfaches und ordentliches Verfahren nach der neuen Schweizerischen Zivilprozessordnung, in: K. Spühler (Hrsg.), Die neue schweizerische Zivilprozessordnung, Basel 2003; A. Galli, Veränderungen im erstinstanzlichen Zivilverfahren, ZZZ 2010, S. 81 ff.; D. Gasser, Das ordentliche Verfahren nach der Schweizerischen Zivilprozessordnung, in: Fellmann/Weber (Hrsg.), Haftpflichtprozess 2009 – HAVE, Zürich u.a. 2009, S. 11 ff.; Ch. Leuenberger, Das ordentliche Verfahren, ZZZ 2007, S. 327 ff.; I. Meier, Schweizerisches Zivilpro-

zessrecht, Zürich u.a. 2010, S. 54 ff.; H.A. MÜLLER, Einzelgericht oder Kollegialgericht?, SJZ 105, S. 91 ff.; J.-M. SCHALLER, «Der Audienzrichter» – Herkunft und Bedeutung einer speziellen zürcherischen Richterbezeichnung, in: Justice – Justiz – Giustizia 2006/1; vgl. ferner die Literaturangaben bei den einzelnen Abschnitten.

Inhaltsübersicht

		N.
I.	Zuständigkeit des Einzelgerichts in Zivilsachen	1
	1. Allgemeines	1
	2. Erstinstanzlichkeit	5
II.	Streitigkeiten im vereinfachten Verfahren nach Art. 243 ZPO (lit. a)	6
	1. Allgemein (Umfang); Subsidiarität	6
	2. Vermögensrechtliche Streitigkeiten bis 30 000 Franken (Art. 243 Abs. 1 ZPO)	8
	3. Ohne Rücksicht auf den Streitwert (Art. 243 Abs. 2 ZPO)	13
	4. Zum vereinfachten Verfahren	15
III.	Klagen aus dem SchKG (lit. b)	20
	1. Allgemein	20
	2. Zu den einzelnen Klagen	22
	a) Feststellungsklage (Art. 85a SchKG)	24
	b) Widerspruchsklage (Art. 106–109 SchKG)	25
	aa) Vorverfahren, Natur der Klage	25
	bb) Verfahrensfragen	31
	cc) Prozesse betreffend Lastenverzeichnis (Art. 140 Abs. 2 SchKG)	35
	c) Anschlussklage (Art. 111 SchKG)	39
	d) Aussonderungs- und Admassierungsklage (Art. 242 SchKG)	43
	aa) Gegenstand und Abgrenzung	43
	bb) Verfahrensfragen	47
	e) Kollokationsklage (Art. 148 und 250 SchKG)	50
	aa) Allgemein zur Kollokationsklage, Abgrenzung	50
	bb) Kollokationsklage im Pfändungsverfahren	54
	cc) Kollokationsklage im Konkurs- und Nachlassverfahren	58
	f) Klage auf Feststellung neuen Vermögens (Art. 256a SchKG)	62
	aa) Sachlicher Anwendungsbereich von Art. 198 lit. e Ziff. 7 ZPO	62
	bb) Bewilligung und Feststellungsverfahren	63
	cc) Verhältnis des Feststellungsverfahrens zum Verfahren über Bestand und Umfang der Forderung	66
	dd) Verfahrensfragen	69
	g) Klage auf Rückschaffung von Retentionsgegenständen (Art. 284 SchKG)	74
IV.	Angelegenheiten und Streitigkeiten im summarischen Verfahren (lit. c)	77
	1. Bundesrechtlicher Vorbehalt	77
	2. Anwendungsbereich des summarischen Verfahrens	79
	3. Besonderheiten des summarischen Verfahrens	81
	4. Weiterzug	87
V.	Besondere eherechtliche Verfahren, Kinderbelange usw. (lit. d)	88
VI.	Vollstreckung (lit. e)	92
	1. Allgemein	92
	2. Verfahrensfragen	94
	3. Entscheid	98
	4. Weiterzug	100
	5. Vollstreckung öffentlicher Urkunden	101

I. Zuständigkeit des Einzelgerichts in Zivilsachen

1. Allgemeines

1 Auch das kantonale Recht verwendet nunmehr anstelle des Begriffs des Einzelrichters den geschlechtsneutralen Terminus des «Einzelgerichts» (nicht nur umgangssprachlich hier auch «Audienzrichter» bzw. «Audienzrichteramt» genannt, vgl. SCHALLER a.a.O., s. auch HAUSER/SCHWERI, GVG, Vorbemerkungen zu §§ 19 ff. N. 1). Dabei können die Kantone im Bereich des Zivilprozesses *frei entscheiden,* ob und in welchem Umfang sie richterliche Kompetenzen dem Einzelgericht oder dem Kollegialgericht zuweisen wollen, nachdem der Bundesgesetzgeber in Art. 4 ZPO – anders als im Strafprozess (Art. 19 Abs. 2 StPO) – auf eine entsprechende Begrenzung der Spruchkompetenz verzichtet hat.

2 Wie schon nach bisherigem Recht (§§ 21–23 GVG) werden weiterhin bestimmte Streitigkeiten nicht vom Kollegialgericht, sondern vom Einzelgericht beurteilt (zu den Vor- und Nachteilen des Einzelgerichts im Vergleich zum Kollegialgericht s. § 27 N. 4 f.). Gemäss § 24 erfolgt die Zuweisung an das Einzelgericht einerseits mit Blick auf die besondere *Verfahrensart* (vereinfachtes Verfahren, summarisches Verfahren, Vollstreckungsverfahren), andererseits wegen des spezifischen *Streitgegenstandes* (eherechtliche Verfahren, ferner Klagen aus SchKG, für die bisher nach § 22 GVG das nunmehr abgeschaffte beschleunigte Verfahren galt). Zudem ist das Einzelgericht für Streitigkeiten zuständig, die bisher im einfachen und raschen Verfahren nach § 22a GVG zu beurteilen waren.

3 Hinsichtlich weiterer (besonderer) Aufgaben des Einzelgerichts in Zivilsachen im Bereich der *nichtstreitigen Gerichtsbarkeit* vgl. §§ 137 und 140 ff. (Erbrecht, Obligationenrecht).

4 Zum Grundsatz der *perpetuatio fori* ZR 109 Nr. 63 (und schon ZR 88 Nr. 89). Danach kommt es für die sachliche Zuständigkeit auf die Verhältnisse im Zeitpunkt der Einleitung der Klage an, während z.B. spätere Veränderungen des Streitwertes die Zuständigkeit grundsätzlich nicht infrage stellen (anders, wenn von Anfang an ein unzutreffender Streitwert angenommen wurde, hinten N. 12). Betreffend die örtliche Zuständigkeit s. Art. 64 Abs. 1 lit. b ZPO.

2. Erstinstanzlichkeit

5 Das Einzelgericht gemäss § 24 GOG entscheidet als erste Instanz und insofern nicht endgültig. Der *Weiterzug* richtet sich nach den *Bestimmungen der ZPO* bzw. des BGG. Zulässiges Rechtsmittel gegen End- und Zwischenentscheide sowie Entscheide über vorsorgliche Massnahmen ist (soweit in vermögensrechtlichen Streitigkeiten der Streitwert mindestens 10 000 Franken beträgt und unter Berücksichtigung der Ausnahmen von Art. 309 ZPO) die Berufung (Art. 308 ZPO), andernfalls im Rahmen von Art. 319 ZPO die Beschwerde (zu Fragen des Weiterzugs vgl. auch die nachfolgenden N. 22, 86, 99). Spezielle Weiterzugsmöglichkeiten sind im Rahmen des SchKG im Auge zu behalten (Art. 174, 185, 278 Abs. 3 SchKG; betreffend Fristenlauf in SchKG-Sachen gelten grundsätzlich die Bestimmungen der ZPO, s. Art. 31 SchKG).

II. Streitigkeiten im vereinfachten Verfahren nach Art. 243 ZPO (lit. a)

1. Allgemein (Umfang); Subsidiarität

Gemäss § 24 lit. a ist das Einzelgericht für die Beurteilung von Streitigkeiten im vereinfachten Verfahren im Sinne von Art. 243 ZPO zuständig, es sei denn, diese seien einer anderen Instanz zugewiesen. Unter das vereinfachte Verfahren fallen zum einen vermögensrechtliche Streitigkeiten bis zu einem Streitwert von 30 000 Franken (Art. 243 Abs. 1 ZPO), zum anderen – ohne Rücksicht auf den Streitwert – die in Art. 243 Abs. 2 lit. a bis f ZPO aufgezählten Streitigkeiten. Keine Anwendung findet das vereinfachte Verfahren hingegen gemäss Art. 243 Abs. 3 ZPO auf Streitigkeiten vor einer einzigen kantonalen Instanz nach den Art. 5 und 8 sowie nach Art. 6 ZPO (Handelsgericht).

6

Gewisse dem vereinfachten Verfahren zugewiesene Streitigkeiten fallen in die Zuständigkeit des Bezirksgericht als Arbeitsgericht (§ 20) bzw. als Mietgericht (§ 21), wobei im Falle der einzelrichterlichen Zuständigkeit der jeweilige Präsident als Einzelgericht amtet (§§ 25, 26). Die unter Art. 243 Abs. 2 lit. f ZPO fallenden Streitigkeiten betreffend Zusatzversicherungen zur sozialen Krankenversicherung unterliegen der Zuständigkeit des Sozialversicherungsgerichts (§ 2 Abs. 2 lit. b GSVGer, LS 212.81).

7

2. Vermögensrechtliche Streitigkeiten bis 30 000 Franken (Art. 243 Abs. 1 ZPO)

Nach bisherigem Recht (§ 21 Abs. 1 GVG) war der Einzelrichter als Zivilrichter im ordentlichen Verfahren zuständig bei Streitigkeiten, deren Streitwert 500 Franken, nicht aber 20 000 Franken überstieg. Nunmehr liegt die obere Streitwertgrenze nach arbeitsrechtlichem Vorbild (Art. 343 OR) bei 30 000 Franken. Eine untere Streitwertgrenze besteht insofern, als in Fällen, in denen der Streitwert 2000 Franken nicht übersteigt, die Schlichtungsbehörde entscheiden kann (aber nicht muss), wenn die klagende Partei dies beantragt (Art. 212 Abs. 1 ZPO). Liegt kein solcher Antrag vor oder lehnt die Schlichtungsbehörde es ab, selber zu entscheiden (zumal wenn die Sache nicht spruchreif ist), ist die Zuständigkeit des Einzelgerichts gegeben. Zudem hat die Schlichtungsbehörde neu die Möglichkeit, bis zum Streitwert von 5000 Franken und in bestimmten Miet- und Pachtsachen sowie Gleichstellungsstreitigkeiten einen Urteilsvorschlag zu formulieren, der zum Urteil wird, wenn keine Partei innert Frist widerspricht (Art. 210 und 211 ZPO).

8

Das vereinfachte Verfahren ist auch auf Streitigkeiten gemäss Art. 6 Abs. 2, 3 und 4 lit. b ZPO anwendbar, deren Streitwert 30 000 Franken nicht übersteigt und die demzufolge nicht vom Handelsgericht zu beurteilen sind (vgl. § 44 lit. b GOG).

9

Vermögensrechtlich ist eine Streitigkeit, mit welcher ein wirtschaftlicher Zweck verfolgt wird (BGE 118 II 528 E. 2c). Dazu gehören vorab Klagen auf Leistung einer Geldzahlung; massgeblich ist jedoch nicht, ob der Anspruch in Geld ausgedrückt wird und welchem Rechtsgebiet er enspringt. Vermögensrechtlicher Natur sind namentlich Klagen aus Aktienrecht (BGE 107 II 181, 120 II 393) bzw. allgemein aus gesellschaftsrechtlichen Verhältnissen (vgl. Kasuistik bei BSK ZPO-HAUCK, Art. 243 N. 8; BSK BGG-RUDIN, Art. 51 N. 11 ff.; SEILER/VON WERDT/GÜNGERICH, Bundesgerichtsgesetz, Art. 51 N. 2 ff.; s. auch vorn § 19 N. 5 ff.).

10

11 Hinsichtlich der *Streitwertberechnung* gelten kraft Verweisung die Art. 91 ff. ZPO (Art. 4 Abs. 2 ZPO; bisher §§ 18 ff. ZPO ZH). Danach wird der Streitwert durch das Rechtsbegehren bestimmt; lautet dieses nicht auf eine bestimmte Geldsumme und fehlt es an einer Einigung der Parteien, setzt das Gericht den Streitwert fest (Art. 91 ZPO). Als Wert wiederkehrender Nutzungen oder Leistungen gilt der Kapitalwert; bei ungewisser oder unbeschränkter Dauer gilt als Kapitalwert der zwanzigfache Betrag der einjährigen Nutzung oder Leistung, bei Leibrenten der Barwert (Art. 92 ZPO). Bei einfacher Streitgenossenschaft und Klagenhäufung werden die Ansprüche (unter Beibehaltung der Verfahrensart, Art. 93 Abs. 2 ZPO) zusammengerechnet, soweit sie sich nicht gegenseitig ausschliessen (Art. 93 Abs. 1 ZPO), bei Klage und Widerklage bestimmt sich der Streitwert (anders als bisher nach § 19 Abs. 1 und 2 ZPO ZH) grundsätzlich nach dem höheren Rechtsbegehren (Art. 94 Abs. 1 ZPO; anders für die Bestimmung der Prozesskosten, Art. 94 Abs. 2 ZPO).

12 Wird irrtümlich *von Anfang an* ein zu niedriger Streitwert angenommen und ergibt sich noch vor Abschluss des Hauptverfahrens insofern die Zuständigkeit des Kollegialgerichts, so ist nunmehr nach Art. 63 ZPO vorzugehen (keine Überweisung wie bisher nach § 60 Abs. 1 ZPO ZH bzw. Fristansetzung nach § 112 ZPO ZH; s. auch ZR 109 Nr. 63 a.E.); desgleichen (und entgegen bisher § 22 Abs. 3 ZPO ZH) für den Fall der nachträglich entdeckten Unzuständigkeit des Kollegialgerichts bei Annahme eines zu hohen Streitwerts.

3. Ohne Rücksicht auf den Streitwert (Art. 243 Abs. 2 ZPO)

13 Die hier aufgezählten Streitigkeiten betreffen «besonders sensible Materien des sozialen Privatrechts» (BBl 2006 S. 7346), für die das Bundesrechts schon bisher ein einfaches und rasches Verfahren vorgeschrieben hatte, nämlich:

- Streitigkeiten nach dem Gleichstellungsgesetz (SR 151.1); hier gilt die Zuständigkeit des Arbeitsgerichts (§ 20 Abs. 1 lit. d);
- Streitigkeiten wegen Gewalt, Drohung oder Nachstellungen nach Art. 28*b* ZGB;
- Streitigkeiten aus Miete und Pacht von Wohn- und Geschäftsräumen sowie aus landwirtschaftlicher Pacht, sofern die Hinterlegung von Miet- und Pachtzinsen, der Schutz vor missbräuchlichen Miet- und Pachtzinsen, der Kündigungsschutz oder die Erstreckung des Miet- oder Pachtverhältnisses betroffen sind; hier gilt die Zuständigkeit des Mietgerichts (§ 21 Abs. 1);
- Streitigkeiten zur Durchsetzung des Auskunftsrechts nach dem Datenschutzgesetz (SR 235.1);
- Streitigkeiten nach dem Mitwirkungsgesetz (SR 822.14); hier gilt die Zuständigkeit des Arbeitsgerichts (§ 20 Abs. 1 lit. e);
- Streitigkeiten aus Zusatzversicherungen zur sozialen Krankenversicherung nach dem KVG (SR 832.10); hier gilt die Zuständigkeit des Sozialversicherungsgerichts.

14 Konkret kommt die Zuständigkeit des Einzelgerichts in Zivilsachen somit in den Fällen von Art. 243 Abs. 2 lit. b und d zum Zuge. Soweit das vereinfachte Verfahren vereinzelt in anderem Zusammenhang vorgesehen ist (Art. 295 ZPO, selbständige Klagen betreffend Kinderbelange in familienrechtlichen Angelegenheiten), fällt es nicht in den Anwendungsbereich von § 24.

4. Zum vereinfachten Verfahren

Das vereinfachte Verfahren wird als «eine typische Form für untere kantonale Gerichte», namentlich Einzelgerichte, bezeichnet (BBl 2006 S. 7347). Es ist geprägt durch das *gesetzgeberische Ziel*, die Streitsache wenn möglich *an einem Termin zu erledigen* (vgl. Art. 246 Abs. 1 ZPO).

Auch im vereinfachten Verfahren findet grundsätzlich (vorbehältlich Art. 198, 199 ZPO) ein *Schlichtungsverfahren* statt.

Die vereinfachte Klage kann schriftlich eingereicht oder mündlich zu Protokoll gegeben werden; sie muss die Parteien, das Rechtsbegehren, den Streitgegenstand und, soweit nötig, den Streitwert nennen. Eine Begründung ist in diesem Zeitpunkt fakultativ (Art. 244 Abs. 1 und 2 ZPO). Zur Parteivertretung im vereinfachten Verfahren s. Art. 68 Abs. 2 lit. b ZPO.

Hinsichtlich der Form des Verfahrens bestehen drei Varianten, nämlich ein mündliches Verfahren, ein Schriftenwechsel mit anschliessender mündlicher Verhandlung oder ein schriftliches Verfahren (Art. 246 ZPO). Problematisch ist in allen Varianten die gesetzliche Notwendigkeit einer Beweisverfügung nach Art. 154 ZPO, weil im Idealfall die Beweismittel schon unmittelbar nach den Plädoyers in der mündlichen Verhandlung abgenommen werden sollten.

Mit dem Gesagten steht in Zusammenhang, dass im vereinfachten Verfahren in verstärktem Ausmass die *richterliche Fragepflicht* und die *Untersuchungsmaxime* gelten (Art. 247 ZPO). Danach hat das Gericht neue Tatsachen und Beweismittel bis zur Urteilsberatung zu berücksichtigen (Art. 229 Abs. 3 ZPO), während es ausserhalb der Untersuchungsmaxime Sache der Parteien ist, Tatsachen und Beweismittel grundsätzlich bis zum letzten (mündlichen oder schriftlichen) Parteivortrag zu nennen (zum Ganzen I. MEIER, Schweizerisches Zivilprozessrecht, S. 352).

III. Klagen aus dem SchKG gemäss Art. 198 lit. e Ziff. 2–8 ZPO (lit. b)

Literatur:

D. HUNKELER, Klagen unter ZPO, insbesondere unter Zeitdruck, AnwRev 2011, S. 25 ff.; TH. SPRECHER, Prozessieren zum SchKG unter neuer ZPO, SJZ 107, S. 273 ff.

1. Allgemein

Der bisherigen Zuständigkeitsregelung (§ 22 GVG) entsprechend sind bestimmte betreibungsrechtliche Klagen in jedem Fall vom Einzelgericht zu beurteilen. Von der Einführung einer Streitwertgrenze mit Blick auf die sachliche Zuständigkeit wurde (auch unter dem Kostenaspekt) weiterhin bewusst abgesehen (W.RR S. 100).

Bei den hier infrage stehenden Klagen handelt es sich um *betreibungsrechtliche Streitigkeiten mit materiellrechtlichem Hintergrund*, die bisher im *beschleunigten Verfahren* zu behandeln waren (s. dazu BSK ZPO-MAZAN, Vor Art. 243–247 N. 8 ff.). Diese Verfahrensart wurde mit Inkrafttreten der ZPO aufgehoben (Anhang Ziff. 1 II Nr. 17 zur ZPO; Aufhebung von Art. 25 SchKG und den entsprechenden Bestimmungen), und die genannten Klagen werden somit im ordentlichen Verfahren behandelt, soweit der Streitwert 30 000 Franken übersteigt. Eine Beschleunigung wird dadurch erreicht, dass in allen diesen Fällen das *Schlichtungsverfahren entfällt* (Art. 198 ZPO). Dadurch kann freilich in Fällen, die im ordentlichen Verfahren zu entscheiden sind, angesichts der nicht erstreckbaren (Art. 144 Abs. 1 ZPO) Klagefrist von Art. 250 SchKG ein hoher Fristendruck entstehen (Einreichung einer substanziierten Rechtsschrift, Art. 221 ZPO; näher SPRECHER, S. 280). Zu beachten ist, dass die ZPO gemäss Art. 1 lit. c auf *sämtliche gerichtliche Angelegenheiten* des Schuldbetreibungs- und Konkursrechts (nicht aber z.B. auf das betreibungsrechtliche Beschwerdeverfahren, da von Bundesrechts wegen nicht zwingend einem Gericht zugewiesen) anwendbar ist, und zwar unabhängig von der Natur des Streits oder der anwendbaren Verfahrensart (BBl 2006 S. 7258). *Zur örtlichen Zuständigkeit* s. Art. 46 ZPO, vgl. auch SPRECHER, S. 275 ff.

22 Der *Weiterzug* der hier zu behandelnden Entscheide richtet sich auf kantonaler Ebene nach Art. 308 ff. (Berufung) bzw. Art. 319 ff. (Beschwerde) ZPO. Gegen den Entscheid des Obergerichts ist im Rahmen der massgeblichen Streitwertgrenze (Art. 74 Abs. 1 lit. b BGG) die Beschwerde in Zivilsachen an das Bundesgericht zulässig (Art. 72 Abs. 2 lit. a BGG).

2. Zu den einzelnen Klagen

23 Im Entwurf des Regierungsrates war noch eine gesamthafte Verweisung auf Art. 198 lit. e ZPO vorgesehen gewesen, also auch auf dessen Ziff. 1 (Aberkennungsklage). Im Verlauf der Gesetzgebungsarbeiten wurde dieser Teil der Verweisung gestrichen, womit bei *Aberkennungsklagen* die sachliche Zuständigkeit (Einzel- oder Kollegialgericht) weiterhin vom Streitwert abhängt (s. DIGGELMANN, SJZ 106, S. 87; überholt insofern MEIER, Schweizerisches Zivilprozessrecht, S. 54).

a) Feststellungsklage (Art. 85*a* SchKG)

Literatur

J. BRÖNNIMANN, Zur Klage nach Art. 85a SchKG («Negative Feststellungsklage»), AJP 5 (1996), S. 1394 ff.; B. GRAHAM-SIEGENTHALER/M. BERNHEIM, Die bundesgerichtliche Rechtsprechung zur negativen Feststellungsklage gemäss Art. 85a SchKG – eine kritische Würdigung, SJZ 96, S. 177 ff.; H. SCHMID, Negative Feststellungsklagen, AJP 11 (2002), S. 774 ff.; SPÜHLER/TENCHIO, Feststellungsklagen gemäss Art. 85a Abs. 1 SchKG nach gültig erhobenem Rechtsvorschlag?, AJP 8 (1999), S. 1241 ff.; L. TENCHIO, Feststellungsklagen und Feststellungsprozess nach Art. 85a SchKG, Diss. Zürich 1999.

24 Mit der (materiellrechtlichen) Klage nach Art. 85*a* SchKG kann der Betriebene jederzeit am Gericht des Betreibungsortes auf Feststellung klagen, dass die Schuld nicht (bzw. nicht mehr) besteht oder gestundet ist. Das gutheissende Urteil entfaltet gemäss Abs. 3 auch betreibungsrechtliche Wirkung (Einstellung bzw. Aufhebung der Betreibung; zur Rechtsnatur s. BGE 132 III 89 E. 1, 277; ZR 109 Nr. 6).

§ 24

b) Widerspruchsklage (Art. 106–109 SchKG)

Literatur

F. BOMMER, Die Zuständigkeit für die Widerspruchs- und Anfechtungsklagen im internationalen Verhältnis, Diss. Zürich 2001; A. BRUNNER/M. HOULMANN/M. REUTTER, Kollokation und Widerspruchsklagen nach SchKG, Bern 1994; B. DENZLER, Der Anwendungsbereich des Widerspruchsverfahrens, Diss. Zürich 1986; TH. ROHNER, Das Widerspruchsverfahren gemäss SchKG, Diss. St. Gallen 2002; R. SCHWOB, Ausgewählte Fragen aus dem Bereich des Widerspruchsverfahrens, in: Festschrift 100 Jahre SchKG, Zürich 1989, S. 275 ff.; D. STAEHELIN, Die Aufnahme in das Lastenverzeichnis und die Parteirollenverteilung für den Lastenbereinigungsprozess, in: Schuldbetreibung und Konkurs im Wandel, FS 75 Jahre Konferenz der Betreibungs- und Konkursbeamten der Schweiz, Basel u.a. 2000, S. 287 ff.

aa) *Vorverfahren; Natur der Klage*

Bei der Pfändung von Vermögensgegenständen können Probleme entstehen, wenn Dritte (z.B. als Eigentümer, Pfandgläubiger, Zessionar) ihrerseits Rechte daran geltend machen. Zweck des Widerspruchsverfahrens ist die richterliche Entscheidung darüber, ob ein gepfändeter Vermögensgegenstand in das schuldnerische Vermögen gehört und damit in das Vollstreckungsverfahren einzubeziehen ist oder nicht. Mit anderen Worten wird für die betreffende Betreibung verbindlich entschieden, ob Drittrechte der Zwangsverwertung entgegenstehen und zu berücksichtigen sind. Dabei ist auf die Rechtsverhältnisse im Zeitpunkt der Urteilsfällung abzustellen (BGE 44 III 205 E. 2, 112 III 101 E. 3; Pr 90 Nr. 102). 25

Seiner Bestimmung nach ist der Widerspruchsprozess *betreibungsrechtlicher* Natur; das Urteil entfaltet aber auch Rechtswirkungen auf das *materielle Recht* (nachfolgend N. 29). Zu entscheiden ist, 26

– ob (bei ausschliesslichem Gewahrsam des Schuldners) dem als Kläger auftretenden Ansprecher (Dritter) die von ihm behaupteten besseren Rechte zustehen und bei der Zwangsvollstreckung zu beachten sind (Art. 107 SchKG) oder

– ob (bei Gewahrsam oder Mitgewahrsam des Dritten) der Gläubiger bzw. Betreibungsschuldner die vom Dritten behaupteten Rechte am Pfändungsgegenstand anerkennen kann, d.h., die Vermögenswerte in der Zwangsvollstreckung zu belassen sind (Art. 108 SchKG).

Im *Vorverfahren* zum Widerspruchsprozess werden entsprechend den Regeln des Gewahrsams oder des vermuteten besseren Rechts die *Parteirollen* für den nachfolgenden Prozess vorbereitet. Die Anordnung des Betreibungsamtes (gegebenenfalls der Beschwerdeentscheid der Aufsichtsbehörde, s. N. 30) sind für den Richter im nachfolgenden Prozess verbindlich. 27

Wie die Klagen zu qualifizieren sind, ist teilweise umstritten. Vorwiegend wird angenommen, es handle sich stets um eine *Feststellungsklage* (AMONN/WALTHER, Grundriss, § 24.47 f.; SPÜHLER/GEHRI, Schuldbetreibungs- und Konkursrecht I, S. 143). Eine differenzierte Betrachtungsweise spricht aber eher dafür, die sog. Freigabeklage nach Art. 107 SchKG als *Gestaltungsklage*, die Klage um Belassung in der Pfändung (Widerspruchsklage im engeren Sinn nach Art. 108 SchKG) als *positive Feststellungsklage* zu behandeln (WALDER-RICHLI/GROB-ANDERMACHER, Zivilprozessrecht, § 24.17 und 24.38 Fn. 36). Der Wortlaut des Gesetzes ist wenig hilfreich, weil er nicht dogmatisch konzipiert ist, 28 sondern den Parteien und dem Richter Anweisung geben will, wie das Rechtsbegehren und das Urteilsdispositiv zu formulieren sind.

29 Im Hinblick auf seine betreibungsrechtliche Funktion entwickelt das Urteil *zunächst innerhalb der betreffenden Betreibung materielle Rechtskraft*. Tritt aber der Schuldner gegen den Dritten als Prozesspartei auf, so kommt dem Urteil *volle Rechtskraft* zu (AMONN/WALTHER, Grundriss, § 24.51; JÄGER/WALDER/KULL/KOTTMANN, SchKG, N. 7 ff. zu Art. 109; BGE 107 III 120 f., 116 III 119; ZR 95 Nr. 61 S. 185 E. b).

30 Wird einer Beschwerde wegen der Zuteilung der Parteirolle nach Art. 36 SchKG aufschiebende Wirkung erteilt, so weist die Aufsichtsbehörde das Betreibungsamt an, entsprechend dem Ausgang des Beschwerdeverfahrens die Frist neu anzusetzen. Bei Abweisung oder Nichteintreten auf die Beschwerde wird die Klagefrist erneut gemäss der angefochtenen Verfügung angesetzt. Bei Gutheissung bewirkt die Umkehr der Parteirollen hingegen die Fristansetzung an den Beschwerdegegner. Jedenfalls hat immer eine neue Verfügung des Betreibungsamtes zu erfolgen, damit klare Verhältnisse herrschen (BGE 123 III 330 f.).

bb) Verfahrensfragen

31 Die *örtliche Zuständigkeit* richtet sich nach Art. 109 SchKG (dazu JÄGER/WALDER/KULL/KOTTMANN, SchKG, N. 2 zu Art. 109).

32 Der *Streitwert* besteht bei der Widerspruchsklage zwischen Gläubiger und Dritten im Wert des streitigen Objekts bzw. im Betrag der Forderung des Gläubigers, wobei auf den geringeren Betrag abzustellen ist, zwischen Dritten und Schuldner im Wert des den Widerspruch begründenden Rechts (AMONN/WALTHER, Grundriss, § 24.60; FRITZSCHE/WALDER, Schuldbetreibungs- und Konkursrecht, § 26.37; BGE 89 II 197; ZR 77 Nr. 46 S. 130).

33 Wird ein gepfändeter Gegenstand vom Schuldner als Kompetenzstück und von einem Dritten als Eigentum beansprucht, so ist die Frage der Unpfändbarkeit im Beschwerdeverfahren (Art. 17 ff. SchKG) vor der Durchführung des Widerspruchsverfahrens zu beurteilen (BGE 83 III 20). Wird im Widerspruchsprozess gemäss Art. 106 ff. SchKG der Drittansprecher (eine Gesellschaft) liquidiert, so ist der Prozess als gegenstandslos geworden und nicht als durch Anerkennung erledigt abzuschreiben (ZR 99 Nr. 23).

34 Ein Widerspruchsverfahren muss grundsätzlich auch im Arrestverfahren durchgeführt werden (Art. 275 SchKG). Damit darf nicht bis zur endgültigen Pfändung im Prosequierungsprozess (Art. 279 SchKG) zugewartet werden. Ist der Arrest rechtskräftig und vollzogen, so muss sich der Dritte, der Rechte am Arrestgegenstand reklamiert, beim Betreibungsamt melden, damit allenfalls das Widerspruchsverfahren durchgeführt werden kann (AMONN/WALTHER, Grundriss, § 51.79; BGE 103 III 43, 112 III 62, 114 III 92).

cc) Prozesse betreffend Lastenverzeichnis (Art. 140 Abs. 2 SchKG)

35 Klagen über Lasten auf einer zu versteigernden Liegenschaft werden in Art. 198 lit. e ZPO nicht ausdrücklich erwähnt (anders noch § 22 Abs. 1 Ziff. 3 GVG). Nachdem in diesem Verfahren die Bestimmungen von Art. 106–109 SchKG jedoch analog anwendbar sind

(Art. 140 Abs. 2 Satz 2 SchKG) und an der bisherigen Zuständigkeitsordnung nichts geändert werden sollte, ist auch insoweit die Zuständigkeit des Einzelgerichts weiterhin als gegeben zu betrachten.

Bei der Zwangsvollstreckung von Grundstücken erstellt das Betreibungsamt ein Lastenverzeichnis, in das ohne materielle Prüfung die aus dem Grundbuch ersichtlichen Lasten (dingliche Rechte, Verfügungsbeschränkungen, Vorkaufsrechte usw.) aufgenommen werden (Art. 140 Abs. 1 SchKG, Art. 34 VZG, SR 281.42). Kommt es über diese Rechte zum Streit (z.B. zwischen dem Betreibungsgläubiger und dem Grundpfandgläubiger), so muss darüber der Richter entscheiden (Art. 140 Abs. 2 SchKG, Art. 38–43 VZG). Streitgegenstand bilden Bestand, Umfang, Rang oder Fälligkeit des bestrittenen Rechts. 36

Bei der Verteilung der Parteirollen hat der Grundbucheintrag die gleiche Funktion wie der Gewahrsam bei der Widerspruchsklage nach Art. 107 und 108 SchKG. Der Eintrag begründet nach Art. 9 ZGB die Vermutung der Richtigkeit und damit des besseren Rechts. Das Betreibungsamt teilt somit die Rolle des Beklagten der im Register eingetragenen Partei zu. Der Gegenpartei wird die Klägerrolle zugewiesen mit der Androhung, dass bei nicht fristgemässer Prozesseinleitung der Anspruch des Beklagten für das betreffende Betreibungsverfahren als anerkannt gelte. Die dargestellte Rechtslage bedeutet z.B., dass 37

– der Betreibungsgläubiger gegen den im Grundbuch eingetragenen Grundpfandgläubiger klagen muss, wenn er dessen Streichung im Lastenverzeichnis verlangt;
– oder der nachrangige Pfandgläubiger gegen den vorrangigen Pfandgläubiger klagen muss, wenn er dessen Rang bestreiten will (BGE 112 III 30).

Die Klage ist beim Richter des gelegenen Grundstücks anzubringen (Art. 109 Abs. 3 SchKG). Im Lastenbereinigungsprozess um ein Grundpfand bemisst sich der Streitwert nach dem Betrag, der voraussichtlich in der Pfandverwertung zu erwarten ist (FRANK/STRÄULI/MESSMER, ZPO, § 18 N. 15). 38

c) Anschlussklage (Art. 111 SchKG)

Literatur

I. MEIER, Neues Eherecht und Schuldbetreibung, Zürich 1987; R. REUSSER, Das neue Eherecht und seine Berührungspunkte mit dem SchKG, BlSchK 1987, S. 82 ff.

Die Klage nach Art. 111 SchKG ist auf die Aufrechterhaltung der privilegierten Anschlusspfändung gerichtet. Ihr Erfolg hängt davon ab, ob die Forderung besteht und im geltend gemachten Umfang ausgewiesen oder fällig ist. Zu Sinn und Voraussetzungen der Anschlussklage BGE 127 III 46 E. 3, 4. Nach MEIER, a.a.O., S. 75, ist es auch zulässig, in diesem Verfahren die Berechtigung der nach Ehegüterrecht gewährten Zahlungsfristen gemäss Art. 203 Abs. 2, 218, 235 Abs. 2 und 250 Abs. 2 ZGB zu klären, die einer Anschlusspfändung entgegenstehen können. 39

Im Kollokationsprozess nach Art. 148 SchKG wird strittigenfalls der Rang der Forderung nach Art. 219 SchKG bestimmt (JÄGER/WALDER/KULL/KOTTMANN, SchKG, N. 43 zu Art. 111). Kläger ist, wer die privilegierte Anschlusspfändung verlangt, Beklagter der Pfändungsgläubiger oder der Schuldner, welcher die Anschlusspfändung im Hinblick auf ihre Voraussetzungen oder mit Bezug auf die Forderung bestreitet. 40

41 Örtlich zuständig ist der Richter am Betreibungsort (Art. 111 Abs. 5 SchKG). Der Streitwert entspricht bei voller Deckung dem Betrag bzw. der zu erwartenden Dividende oder eventuell dem geringeren Wert des gepfändeten Objekts (JÄGER/WALDER/KULL/KOTTMANN, SchKG, N. 53 zu Art. 111).

42 Das Urteil wirkt grundsätzlich nur in der laufenden Betreibung, weil es sich um eine betreibungsrechtliche Klage mit Reflexwirkung auf das materielle Recht handelt. Nur im Streit zwischen Anschlussgläubiger und Schuldner entfaltet das Urteil volle materielle Rechtskraft (AMONN/WALTHER, Grundriss, § 25.32; BGE 61 III 80 E. 4).

d) Aussonderungs- und Admassierungsklage (Art. 242 SchKG)

Literatur

B. BARTHOLD, Aussonderung von Treugut im schweizerischen Partikularkonkurs, Zürich 1997; G. GAUTSCHI, Subrogation und Aussonderung von beweglichem Treuhandvermögen, SJZ 72, S. 317; H. HONSELL, Das Aussonderungsrecht des Leasinggebers im Konkurs des Leasingnehmers beim Investitionsgüterleasing, SJZ 95, S. 21 ff.; R. KOCHER-WOLFENSBERGER, Namensaktien mit aufgeschobenem Titeldruck im Vollstreckungsrecht, Diss. Bern 1990.

aa) *Gegenstand und Abgrenzung*

43 Es handelt sich um das konkursrechtliche *Gegenstück zum Widerspruchsverfahren* bei der Pfändung nach Art. 106–109 SchKG. Die Klagen betreffen entweder die Aussonderung (Herausgabe) von Vermögenswerten, die sich im (ausschliesslichen, BGE 122 III 436 E. 2a) Gewahrsam der Konkursmasse befinden (Art. 242 Abs. 1 SchKG), oder richten sich gegen Dritte, die im Besitz von Vermögenswerten des Gemeinschuldners sind, welche zu den Aktiven der Konkursmasse gehören (Admassierung, Art. 242 Abs. 3 SchKG; s. auch Art. 45 ff. KOV; BGE 107 III 86 E. 2). Das Aussonderungsverfahren nach Art. 242 SchKG dient ausschliesslich der Klärung der Frage, ob der strittige Vermögenswert dem Konkursbeschlag unterliegt oder nicht. Auch wenn dabei materiellrechtliche Aspekte zum Tragen kommen, erfolgt keine rechtskräftige Beurteilung der Eigentumsverhältnisse, wie dies bei etwa einer Vindikationsklage nach Art. 641 ZGB der Fall ist (BGE 131 III 596 E. 2.1).

44 Die frühere Terminologie «Eigentumsansprache» (§ 22 Abs. 1 Ziff. 7 GVG) war zwar unpräzis, liess aber eine zweckmässige Auslegung zu. So hat die Zürcher Praxis schon früh entschieden, dass der Streit nicht notwendigerweise dinglicher Natur sein muss. Massgebend ist, ob der richterliche Entscheid zur Folge hat, dass ein Vermögenswert aus der Konkursmasse ausgeschieden oder zu ihr gezogen werden muss (ZR 4 Nr. 206, 5 Nr. 34, 77 Nr. 43 S. 124). Dabei kann es sich auch um die Frage der Subrogation einer Forderung handeln; betreffend Aussonderung einer Mietzinskaution s. BGE 127 III 273 E. 3b.

45 Gegenstand des Verfahrens nach Art. 242 SchKG kann ferner z.B. sein,
– ob ein Gegenstand als Bestandteil (Art. 642 ZGB) oder Zugehör (Art. 644/645 ZGB) zu behandeln und je nach dieser Eigenschaft zur Konkursmasse zu ziehen oder von ihr auszusondern ist (ZR 77 Nr. 43 S. 125);
– ob ein Auftraggeber bzw. Kommittent im Konkurs des Beauftragten bzw. Kommissionärs eine in der Konkursmasse befindliche Sache (separat aufbewahrtes Geld einge-

schlossen) nach Art. 401 Abs. 2 bzw. 425 Abs. 2 OR an sich ziehen kann (KOCHER-WOLFENSBERGER, S. 264 ff.; ZR 75 Nr. 20 E. III);
- ob kraft Legalzession (Subrogation) eine Forderung des Gemeinschuldners gegenüber einem Dritten von der Konkursmasse an den Mandanten oder Kommittenten nach Art. 401 Abs. 1 und 2 und 425 Abs. 2 OR abzutreten ist (KOCHER-WOLFENSBERGER, S. 264 ff.; auch BGE 87 III 16, 105 III 14);
- ob die im Gewahrsam des Gemeinschuldners stehende Sache diesem als Eigentümer, Pfandgläubiger, Retentionsberechtigter oder nur aufgrund eines obligatorischen Rechtsverhältnisses (Miete, Pacht, Hinterlegung) zusteht (ZR 77 Nr. 43 S. 124);
- ob der im Grundbuch als Eigentümer eingetragene Dritte als Treuhänder (Fiduziar) des Konkursiten fungiert.

Ist die Rechtszugehörigkeit eines in der Nachlassvertragsmasse befindlichen oder von dieser beanspruchten Vermögensgegenstandes umstritten, so müssen u.U. die erforderlichen Aussonderungs- und Admassierungsverfahren durchgeführt werden (Art. 319 Abs. 4 SchKG; AMONN/WALTHER, Grundriss, § 55.32; ZR 75 Nr. 20 E. III). 46

bb) *Verfahrensfragen*

Der Gerichtsstand befindet sich am Ort der Konkurseröffnung; wird die Frist nicht eingehalten, ist der Anspruch verwirkt (Art. 242 Abs. 2 SchKG). 47

Prozessparteien sind der Dritte, der die Aussonderung verlangt bzw. gegen den sich die Admassierungsklage richtet, sowie die Konkursmasse oder der Konkursgläubiger, der die Abtretung des Rechtsanspruches nach Art. 260 SchKG erwirkt hat. Die Rollenverteilung richtet sich nach dem Gewahrsam bzw. dem Mitgewahrsam im Zeitpunkt der Konkurseröffnung (Art. 242 Abs. 2 und 3 SchKG; BGE 110 III 87 und 93). Zum auf die Rechte des Klägers beschränkten Beweisthema BGE 131 III 595 E. 2.1, 2.3.3. 48

Wird ein zur Konkursmasse gezogener Gegenstand vom Schuldner als Kompetenzstück und vom Dritten als Eigentum angesprochen, so ist die Frage nach der Kompetenzqualität vor dem Aussonderungsverfahren zu klären (BGE 83 III 20). 49

e) **Kollokationsklage (Art. 148 und 250 SchKG)**

Literatur

A. BRUNNER/M. HOULMANN/M. REUTTER, Kollokations- und Widerspruchsklagen nach SchKG, Bern 1994; V. FURRER, Kollokationsklagen nach schweizerischem Recht, Zürich 1979; D. MILANI, Die Behandlung der konkursrechtlichen Kollokationsklage im vereinfachten Verfahren, Zürich/St. Gallen 2011.

aa) *Allgemein zur Kollokationsklag; Abgrenzung*

Bisher war die Kollokationsklage im Rahmen der Spezialexekution (Art. 148 SchKG) in § 22 Abs. 1 Ziff. 5 GVG und die Kollokationsklage im Konkurs und im Nachlassvertrag mit Vermögensabtretung (Art. 242, 250, 251, 321 SchKG) in § 22 Abs. 1 Ziff. 7 GVG erwähnt. Art. 198 lit. e Ziff. 6 ZPO umfasst beide Arten der Kollokationsklage. 50

51 Der Kollokationsprozess dient der Abklärung, wie weit Gläubigeransprüche aufgrund des Kollokationsplanes bei der Liquidation der Aktiven zu berücksichtigen sind. Je nach dem Rechtsbegehren muss der Richter über Bestand, Höhe, konkursrechtlichen Rang oder pfandrechtliche Sicherstellung einer Forderung entscheiden. Es ergeht ein konkursrechtliches Urteil mit Reflexwirkung auf das materielle Recht (BGE 87 III 95, 114 III 113 E. d, 119 III 85 E. b = Pr 83 Nr. 88; ZR 76 Nr. 33 S. 56 E. 4, 79 Nr. 22).

52 Örtlich zuständig für die Kollokationsklage ist der Richter am Betreibungs- bzw. am Konkursort (Art. 148 Abs. 1, 250 Abs. 1 SchKG).

53 Hinsichtlich der Kollokationsklage können *Abgrenzungsfragen* zum ordentlichen Zivilprozess und zum Verfahren der Aufsichtsbeschwerde entstehen:

– Die *Beschwerde nach Art. 17 ff. SchKG* ist zu ergreifen, wenn der Kollokationsplan unverständlich, mit Formfehlern behaftet oder nicht eindeutig ist (so z.B. wenn im Kollokationsplan die Begründung für die Abweisung einer Forderung fehlt) oder wenn gewisse Verfahrensvorschriften mit materieller Tragweite nicht eingehalten worden sind (z.B. wenn ein Entscheid zugunsten einer Forderung erging, die nicht eingegeben oder nicht hinreichend belegt wurde, oder wenn eine eingegebene oder aus dem Grundbuch ersichtliche Forderung überhaupt nicht behandelt wurde; dazu AMONN/WALTHER, Grundriss, § 46.45 ff.; FURRER, S. 167 ff.; BGE 114 III 25 E. 2, 119 III 84 E. 2 = Pr 83 Nr. 88; ZR 76 Nr. 33 S. 56 E. 4). Als *Grundregel* für die Praxis kann gelten, dass formelle Klagen betreffend den Kollokationsplan mit der Beschwerde, materielle Fragen dagegen mit der Kollokationsklage zu klären sind (vgl. BRUNNER/HOULMANN/REUTTER, S. 34 ff.).

– Ist bereits vor der Kollokation ein Zivilprozess anhängig gemacht worden, so wird die Forderung nach Art. 63 KOV pro memoria im Kollokationsplan aufgeführt. Damit wird im Interesse der Kosten- und Zeitersparnis vermieden, dass für die Anfechtung des Kollokationsplanes ein weiterer Prozess geführt werden muss (BGE 113 III 133 E. 4b, 114 III 122 E. c).

– Die neuere Rechtsprechung geht dahin, im Interesse der Übersichtlichkeit und der Rechtssicherheit streitige öffentlich-rechtliche Forderungen durch den Kollokationsrichter am Konkursort entscheiden zu lassen, sofern nicht abweichende Sondervorschriften bestehen (BGE 120 III 33 ff. und 148 ff.). Die Frage ist allerdings berechtigt, ob damit nicht das Fachwissen des Zivilrichters überfordert wird, wenn der Prozess über die blosse konkursrechtliche Klassifizierung oder die pfandrechtliche Sicherheit der Forderung hinausgeht. Ist bereits ein verwaltungsrechtliches Verfahren über Bestand und Umfang der Forderung im Gang, so muss diesem Verfahren der Vorrang gewährt werden.

– Der Streit über eine während der Frist zur Anfechtung des Kollokationsplanes neu von einem zweiten Ansprecher eingegebene, von der Konkursverwaltung bereits zugunsten eines ersten Ansprechers im Plan aufgenommene Forderung ist nicht im Kollokationsprozess, sondern vor dem ordentlichen Richter auszutragen (ZR 69 Nr. 110).

§ 24

bb)   Kollokationsklage im Pfändungsverfahren

Die Klage nach Art. 148 SchKG bezweckt eine *Abänderung des Kollokationsplanes zulasten des Beklagten,* indem dessen vom Amt zugelassene Forderung gestrichen oder herabgesetzt und/oder das ihm vom Amt zugeschriebene Privileg als nicht bestehend erklärt wird (negative Funktion). Mit ihr rügt ein Gläubiger somit die Falschkollokation einer Forderung eines anderen Gläubigers derselben Pfändungsgruppe (SPÜHLER/GEHRI, Schuldbetreibungs- und Konkursrecht I, S. 179). Die Kollokationsklage ist ebenfalls einzuleiten, wenn der Gläubiger die Forderung eines anderen Gläubigers als nicht fällig bestreiten will (BGE 95 III 36 E. 1). 54

Gemäss ständiger Rechtsprechung kann nur der Gläubiger Klage auf Anfechtung des Kollokationsplans im Sinne von Art. 148 SchKG erheben, der die Kollokation eines anderen Gläubigers beanstandet. Der Schuldner kann zwar den Kollokationsplan und die Verteilungsliste oder nur die Letztere durch Beschwerde anfechten, wenn er geltend macht, dass das Betreibungsamt die Vorschriften des SchKG verletzt habe, ist jedoch zu dieser – derjenigen gemäss Art. 147 f. SchKG nachgebildeten – Klage nicht legitimiert (BGE 114 III 60 E. 2b, 132 III 542 E. 3.2 m.H.). Die Gläubiger einer nachgehenden Gruppe sind dann zur Kollokationsklage legitimiert, wenn ihnen durch eine unrichtige Kollokation in der vorgehenden Gruppe ein Verlust droht (SPÜHLER/GEHRI, Schuldbetreibungs- und Konkursrecht I, S. 179). 55

Verlangt ein Gläubiger eine Änderung im Hinblick auf seine eigene Forderung oder will er Verfahrensmängel rügen, so ist dafür die Beschwerde an die Aufsichtsbehörde gegeben (JÄGER/WALDER/KULL/KOTTMANN, SchKG, N. 9 zu Art. 148; BGE 42 III 383, 81 III 22). 56

Der Streitwert entspricht dem Betrag, der bei Gutheissung der Klage dem Kläger zugewiesen bzw. dem Beklagten weggenommen wird (BGE 37 II 591). 57

cc)   Kollokationsklage im Konkurs- und Nachlassverfahren

Voraussetzung ist stets, dass der Gläubiger seine Forderung auch im Konkurs angemeldet hat. Es spielt (anders als in der Betreibung auf Pfändung) keine Rolle, ob die Anfechtung des Kollokationsplanes die eigene Forderung oder diejenige eines anderen Gläubigers betrifft. Die erste Art der Anfechtung wird als positive (Aufnahme der abgewiesenen Forderung in den Kollokationsplan), die zweite als negative Kollokationsklage (Streichung einer aufgenommenen Forderung aus dem Kollokationsplan) bezeichnet (vgl. BRUNNER/HOULMANN/REUTTER, S. 37 ff. und S. 137 ff.; zur Aktivlegitimation BGE 135 III 548 E. 2.1). 58

Für die konkursrechtliche Verwertung von Liegenschaften gelten die besonderen Bestimmungen der Art. 122–132 VZG. Insbesondere schreibt Art. 125 VZG vor, dass zur Feststellung der auf dem Grundstück haftenden beschränkten dinglichen Rechte ein Lastenverzeichnis zu erstellen ist. Dieses bildet Bestandteil des Kollokationsplanes (BGE 53 III 140, 50 III 77; ZR 60 Nr. 100 S. 230 E. 3). Das Lastenverzeichnis kann also mit der Kollokationsklage nach Art. 250 SchKG angefochten werden. Vorbehalten bleibt Art. 127 VZG, wonach die Gläubiger der dritten Klasse zur Anfechtung nicht legitimiert sind, soweit es sich um den Vorrang eines Pfandgläubigers vor einem anderen Pfandgläubiger handelt (BGE 112 III 34; ZR 40 Nr. 9, 41 Nr. 123). 59

60 Im Nachlassvertrag mit Vermögensabtretung erstellen die Liquidatoren einen Kollokationsplan mit den gleichen Rechtswirkungen wie im Konkurs; d.h. die Art. 250 und 251 SchKG finden entsprechend Anwendung (Art. 321 SchKG; BGE 105 III 31, 115 III 145). Zur Aufsicht über Liquidatoren, Sachwalter und Gläubigerausschuss sowie zur Beschwerde gegen diese s. hinten § 81 N. 5 f.

61 Wird der Bestand der Forderung bestritten, so entspricht der *Streitwert* der Dividende, welche bei Abweisung der Klage auf die Forderung entfällt. Wird nur die Höhe der Forderung angefochten, so entspricht der Streitwert der Differenz zwischen der Dividende, die dem Beklagten bei Abweisung zukommt, und der Dividende, die ihm bei Gutheissung der Klage zukommt. Ist der Rang der Forderung streitig, so bestimmt sich der Streitwert nach der Dividendendifferenz, die dem vom Beklagten beanspruchten und dem vom Kläger beantragten Rang der Forderung entspricht (BGE 106 III 69; ZR 79 Nr. 22, 104 Nr. 37; FRANK/STRÄULI/MESSMER, ZPO, N. 13, 16 zu § 18; JÄGER/WALDER/KULL/KOTTMANN, SchKG, N. 17 zu Art. 148).

f) Klage auf Feststellung neuen Vermögens (Art. 265a SchKG)

Literatur

M. BAUMGARTNER, Die Bildung neuen Vermögens gemäss Art. 265 Abs. 2 und 3 SchKG, Diss. Zürich 1988; B. FÜRSTENBERGER, Einrede des mangelnden und Feststellung des neuen Vermögens nach revidiertem Schuldbetreibungs- und Konkursrecht, unter besonderer Berücksichtigung der Kantone Basel-Stadt und Basel-Landschaft, Basel 1999; B. GUT/F. RAJOWER/B. SONNENMOSER, Rechtsvorschlag mangels neuen Vermögens (unter besonderer Berücksichtigung der zürcherischen Praxis), AJP 7 (1998), S. 529 ff.; M. KUSTER, Begriff und Bedeutung der wirtschaftlichen Berechtigung nach Art. 265 und 265a des revidierten SchKG, SJZ 93, S. 289 ff.; K. MOSER, Die Einrede des mangelnden neuen Vermögens gemäss Art. 265 Abs. 2 und 3 SchKG, Diss. Zürich 1964; H. WÜST, Die Geltendmachung der Konkursverlustforderung, Diss. Zürich 1983.

aa) Sachlicher Anwendungsbereich von Art. 198 lit. e Ziff. 7 ZPO

62 Während gemäss § 22 Ziff. 6 GVG ausdrücklich sowohl Klagen «auf Bestreitung oder Feststellung» neuen Vermögens in den Bereich des beschleunigten Verfahrens und insoweit in den Zuständigkeitsbereich des Einzelrichters fielen, erfasst der Wortlaut von Art. 198 lit. e Ziff. 7 ZPO nur die Klage «auf Feststellung neuen Vermögens». Nachdem mit der Ausnahmebestimmung von Art. 198 ZPO u.a. bezweckt wurde, das Schlichtungsverfahren für alle SchKG-Klagen auszuschliessen, die bisher im beschleunigten Verfahren zu beurteilen waren (BBl 2006 S. 7329), unterliegt jedoch keinem Zweifel, dass alle Verfahren (also sowohl Klagen auf Bestreitung wie auf Feststellung neuen Vermögens) nach Art. 265a Abs. 4 SchKG, die bisher (gemäss Satz 2 dieser Bestimmung) im beschleunigten Verfahren durchzuführen waren, unter Art. 198 lit. e Ziff. 7 ZPO fallen. Insofern umfasst die sachliche Zuständigkeit des Einzelgerichts nach wie vor beide Klagen.

bb) Bewilligung und Feststellungsverfahren

63 Der Gemeinschuldner, der nach Abschluss des Konkurses für eine Verlustscheinsforderung oder eine Forderung betrieben wird, die vor dem Konkurs entstanden, aber vom Gläubiger im Konkurs nicht eingegeben worden war, kann mit Rechtsvorschlag die Einrede mangelnden neuen Vermögens erheben (Art. 72 Abs. 2, 265 Abs. 2 und 265a Abs. 1

SchKG). Das Betreibungsamt legt den Rechtsvorschlag dem Richter des Betreibungsortes zum Entscheid vor.

Es handelt sich um einen Prima-facie-Entscheid, indem es für die Bewilligung des Rechtsvorschlages genügt, wenn der Schuldner (immerhin mit überwiegender Wahrscheinlichkeit und anhand von Urkunden) glaubhaft macht, dass er nicht zu neuem Vermögen (dazu BGE 129 III 385, 135 III 424 E. 2 und 3) gekommen ist (Art. 265a Abs. 2 SchKG). Vor der Ausfällung des Entscheides hört der Richter beide Parteien an. Bis anhin war der Entscheid nach Art. 265a Abs. 1 SchKG «endgültig» (zur altrechtlichen Zulässigkeit der staatsrechtlichen Beschwerde BGE 126 III 110). Nach der seit dem 1.1.2011 geltenden Fassung des Gesetzes ist «kein Rechtsmittel zulässig» (zur Zulässigkeit der Beschwerde in Zivilsachen bis zum Inkrafttreten der neuen Fassung des SchKG BGE 134 III 524).

64

Die unterlegene Partei kann jedoch innert 20 Tagen beim Gericht des Betreibungsortes Klage auf Bestreitung bzw. Feststellung des neuen Vermögens einreichen (Art. 265a Abs. 4 SchKG). In diesem Verfahren ist das Gericht mit voller Kognition ausgestattet und verfügt über alle Beweismittel der ZPO.

65

cc) Verhältnis des Feststellungsverfahrens zum Verfahren über Bestand und Umfang der Forderung

Bestreitet der Schuldner mit seinem Rechtsvorschlag sowohl neues Vermögen als auch die Existenz oder Höhe der Forderung, so ist vorab die Reihenfolge der daraus entstehenden Prozesse zu klären. Besteht ein Titel, der zur definitiven Rechtsöffnung berechtigt (Art. 80 SchKG), so sprechen u.E. die Prozessökonomie und das Beschleunigungsgebot für einen Parallelprozess.

66

Verfügt der Gläubiger über eine Schuldanerkennung nach Art. 82 SchKG, so kann er damit provisorische Rechtsöffnung verlangen. Die Rechtsprechung (einschliesslich die Zürcher Praxis) geht dahin, dem Verfahren um Feststellung neuen Vermögens die Priorität einzuräumen, weil es nicht zweckmässig ist, über Bestand und Umfang der Forderung materiell zu urteilen, bevor die Zulässigkeit der Betreibung richterlich endgültig entschieden ist. Der Schuldner muss sich nicht auf die Rechtsöffnung, die damit in Gang gesetzten Fristen, auf allfällige Rechtsmittel und den Aberkennungsprozess einlassen in einer Betreibung, deren Einleitung sich nachträglich schon mangels neuen Vermögens als unzulässig erweisen kann. Ein Konkursverlustschein berechtigt zum Arrest, sofern tatsächlich pfändbares Vermögen auftaucht (Art. 271 Abs. 1 Ziff. 5 SchKG). Darin liegt ein genügender Schutz des Gläubigers, und es ist nicht nötig, durch die provisorische Rechtsöffnung die Möglichkeit der provisorischen Pfändung oder das Recht zur Aufnahme eines Güterverzeichnisses nach Art. 83 Abs. 1 SchKG in Anspruch zu nehmen (dazu ZR 74 Nr. 3 S. 7 E. 3, 96 Nr. 56; AMONN/WALTHER, Grundriss, § 48.46; GUT/RAJOWER/SONNENMOSER, S. 535 f.; SPÜHLER/GEHRI, Schuldbetreibungs- und Konkursrecht I, S. 121 f.).

67

Fehlt dem Gläubiger ein Rechtsöffnungstitel und hat der Schuldner in einer angehobenen Betreibung sowohl die Forderung bestritten als auch die Einrede des fehlenden neuen Vermögens erhoben, so ist zunächst ebenfalls die Frage des neuen Vermögens zu entscheiden. Bei Gutheissung der Klage auf Feststellung des neuen Vermögens wird die

68

Fortsetzung der (neuen) Betreibung als zulässig erklärt, wobei es sich rechtfertigt, im Dispositiv den Vorbehalt der Beseitigung des Rechtsvorschlages gegen die Forderung aufzunehmen (ZR 74 Nr. 3 S. 7 E. 3).

dd)   Verfahrensfragen

69   Zu beachten ist, dass der Richter, der über die Bewilligung des Rechtsvorschlages entschieden hat, vom Entscheid über die Klage auf Bestreitung oder Feststellung neuen Vermögens *ausgeschlossen* ist (BGE 131 I 24 E. 2; anders etwa betreffend Mitwirkung an einer Rechtsöffnung, BGE 120 Ia 82 E. 6).

70   Als Parteien treten auf:
   - der Verlustscheinsgläubiger und seine allfälligen Rechtsnachfolger,
   - der Gläubiger, der seine Forderung im Konkurs nicht eingegeben hat, bzw. dessen Rechtsnachfolger,
   - der ehemalige Gemeinschuldner; werden dessen Erben, welche die Erbschaft angenommen haben, innerhalb der Jahresfrist von Art. 265 Abs. 2 i.V.m. Art. 149a Abs. 1 SchKG belangt, so steht ihnen die Einrede des mangelnden Vermögens nicht zu (MOSER, S. 43 ff.; WÜST, S. 45; BGE 65 III 60), d.h., sie sind auf dem ordentlichen Prozessweg ins Recht zu fassen.
   - nicht dagegen der Dritte, der in fraudulöser Absicht neues Vermögen besitzt, das wirtschaftlich dem früheren Konkursiten gehört und dessen Gläubigern haftet (Art. 265 Abs. 2 und 265*a* Abs. 3 SchKG; dazu JÄGER/WALDER/KULL/KOTTMANN, SchKG, N. 7 zu Art. 265*a*).

71   Die Einrede mangelnden neuen Vermögens steht dem ehemaligen Konkursiten nicht nur in einer gestützt auf einen Konkursverlustschein gegen ihn erhobenen Betreibung zu, sondern auch dann, wenn einer von ihm geltend gemachten Forderung verrechnungsweise eine auf einem Konkursverlustschein beruhende Forderung entgegengehalten wird (BGE 133 III 620 E. 2–4).

72   Erwirbt der ehemalige Konkursgläubiger einen Arrest gegen den Konkursiten, muss im Arrestprosequierungsverfahren nach Art. 279 SchKG auch die bestrittene Frage des Bestehens neuen Vermögens geklärt werden (BGE 93 III 69 E. 1).

73   Zum Verhältnis der gerichtlichen Feststellung neuen Vermögens gemäss Art. 265*a* SchKG zur nachfolgenden Pfändung BGE 136 III 51 E. 3.

g)   Klage auf Rückschaffung von Retentionsgegenständen (Art. 284 SchKG)

74   Art. 284 SchKG regelt die Rückschaffung von heimlich oder gewaltsam fortgeschafften Gegenständen, an denen dem Vermieter oder Verpächter nach Art. 283 SchKG ein Retentionsrecht zusteht (s. zum Umfang des Retentionsrechts BGE 120 III 55 E. 8 = Pr 84 Nr. 43), schon bevor eine Retentionsurkunde aufgenommen worden ist. Der Gläubiger hat die Rückschaffung innert zehn Tagen beim Betreibungsamt, wo sich die Gegenstände vor der Wegschaffung befanden (BGE 52 III 36), zu verlangen (BGE 42 III 395). Widersetzt sich der Dritte (Besitzer der Sache oder Vermieter der Räume, in denen sich jene befindet), so hat das Betreibungsamt von der Rückschaffung bis auf Weiteres abzusehen

und den Gesuchsteller zu benachrichtigen, dem es nun anheim gestellt ist, Klage zu erheben (SCHNYDER/WIEDE, in: Staehelin/Bauer/Staehelin, SchKG, N. 14 zu Art. 284 SchKG). Dringt dessen Klage auf Duldung der Rückschaffung durch, so ist diese zu vollziehen und in das Retentionsverzeichnis aufzunehmen. An die Stelle der Rückverbringung an den früheren Standort kann Verwahrung durch das Betreibungsamt treten, gegebenenfalls durch ein um Rechtshilfe ersuchtes anderes Betreibungsamt. Auch solche Verwahrung gilt als Rückschaffung; sie ist aber erst möglich nach gerichtlicher Beseitigung des Einspruchs des Dritten, entzieht die Gegenstände dessen Gewaltbereich und bedeutet i.V.m. der Inventarisierung Beschlagnahme für den Gesuchsteller (BGE 68 III 7).

Die Rückschaffungsklage ist auf Feststellung des Retentionsrechts und auf Gestattung der Rückverbringung gerichtet. Sie ist da anzubringen, wo die Retention geltend gemacht wurde bzw. geltend gemacht werden wollte. Das ist der Ort, wo die zu requirierenden Gegenstände liegen (FRITZSCHE/WALDER, Schuldbetreibungs- und Konkursrecht, Bd. II, § 63.45; vgl. dazu Art. 272 SchKG). 75

Der Streitwert richtet sich nach dem Wert der entzogenen Sachen (SCHNYDER/WIEDE, a.a.O., N. 15 zu Art. 284 SchKG). Der Entscheid bezieht sich auf den Bestand des Retentionsrechts. 76

IV. Angelegenheiten und Streitigkeiten im summarischen Verfahren nach Art. 248 ff. ZPO, die keiner anderen Instanz zugewiesen sind (lit. c)

Literatur
ST. BERTI, Besondere Verfahrensarten gemäss dem bundesrätlichen Entwurf für eine schweizerische Zivilprozessordnung, ZZZ 2007, S. 339 ff.; F. BOHNET, Le procédure sommaire selon le Code de procédure civile suisse, Revue jurassienne de Jurisprudence 2008, S. 263 ff.; S. FREI, Sühnverfahren, summarisches, einfaches und ordentliches Verfahren nach der neuen Schweizerischen Zivilprozessordnung, in: K. Spühler (Hrsg.), Die neue schweizerische Zivilprozessordnung, Basel 2003; M. LEUPOLD, Der Rechtsschutz in klaren Fällen und nach der neuen Schweizerischen Zivilprozessordnung, in: FS Bühler, Zürich u.a. 2008, S. 65 ff.; V. LIEBER, Handhabung und Verletzung «klaren Rechts», in: FS Walder, Zürich 1994, S. 213 ff.; R. MABILLARD, Rechtsschutz in klaren Fällen und provisorische Rechtsöffnung, SZZP 2011, S. 435 ff.; I. MEIER, Rechtsschutz im summarischen Verfahren als Alternative zum ordentlichen Zivilprozess im schweizerischen Recht, Köln 1997; H. SCHMID, «Klares Recht» als Prozessvoraussetzung im zürcherischen Befehlsverfahren, in: FS Vogel, S. 109 ff.; M. SCHWEIZER, Vorsorgliche Beweisabnahme nach schweizerischer Zivilprozessordnung und Patentgesetz, ZZZ 2010, S. 3 ff.; M. TANNER, Die Ausweisung des Mieters im Rechtsschutz in klaren Fällen, ZZZ 2010, S. 263 ff.; J.J. ZÜRCHER, Der Einzelrichter am Handelsgericht des Kantons Zürich, Diss. Zürich, 1998.

1. Bundesrechtlicher Vorbehalt der anderweitigen Instanz

Die sachliche Zuständigkeit für Streitigkeiten im summarische Verfahren liegt (wie bisher gemäss § 23 GVG) beim Einzelgericht des Bezirksgerichts. Allerdings weist die ZPO bestimmte Angelegenheiten des summarischen Verfahrens anderen Instanzen zu: Für die Anordnung *vorprozessualer vorsorglicher Massnahmen* hinsichtlich der in Art. 5 Abs. 1 77

§ 24

ZPO *genannten Streitigkeiten* ist die in der Hauptsache von Bundesrechts wegen zuständige einzige kantonale Instanz zuständig (Art. 5 Abs. 2 ZPO), also – mit Ausnahme von Klagen nach Art. 5 Abs. 1 lit. f ZPO gegen den Bund, vgl. § 43 lit. a (Obergericht) – das Einzelgericht des Handelsgerichts, und soweit im Übrigen die *Zuständigkeit des Handelsgerichts* gegeben ist, entscheidet dieses (bzw. dessen Einzelgericht) ebenfalls über vorprozessuale vorsorgliche Massnahmen (Art. 6 Abs. 5 ZPO; ausdrücklich zu beidem § 45 lit. b GOG). Im Übrigen ist – wie bis anhin, § 222 Ziff. 3 ZPO (ZH) – für den Erlass vorsorglicher Massnahmen *vor* Rechtshängigkeit des Prozesses im Sinne von Art. 263 ZPO (also auch, wenn schon ein Schlichtungsverfahren hängig ist) das Einzelgericht gemäss § 24 GOG zuständig. Darüber, ob für den Erlass vorsorglicher Massnahmen *nach* Anhängigmachung des Prozesses (Art. 261 ZPO) wie bisher (§ 110 ZPO [ZH]) das Sachgericht (zumal das Kollegialgericht) oder nach § 24 lit. c GOG ebenfalls das Einzelgericht zuständig ist, weil es sich um ein summarisches Verfahren handelt, besteht Uneinigkeit. U.E. ist mit Blick auf Art. 261 ZPO («das Gericht») das in der Hauptsache zuständige Gericht, also bei Kollegialgeschäften das Kollegium auch für den Erlass vorsorglicher Massnahmen zuständig, wobei in diesem Fall mangels gesetzlicher Grundlage eine Delegation an den Referenten entfällt (anders etwa Art. 104 BGG).

78 Einzelfragen (s. zu diesbezüglichen Abgrenzungsfragen mit Blick auf die sachliche Zuständigkeit des Handelsgerichts auch § 44 N. 65 ff.).:

– Stehen in diesem Zusammenhang aufgrund einer vorläufigen Prüfung *vorherrschend vertragliche Ansprüche* im Raum, ist das Einzelgericht (ohne Rücksicht auf allenfalls *marginale Lauterkeitsansprüche*, die als solche die sachliche Zuständigkeit des Handelsgerichts begründen würden) jedenfalls nicht offensichtlich unzuständig (ZR 110 Nr. 65 E. 2.3).

– Unterschiedliche Auffassungen (im Sinne eines negativen Kompetenzkonflikts) herrschten in verschiedenen Kantonen betreffend die Frage der sachlichen Zuständigkeit zur *vorläufigen Eintragung eines Bauhandwerkerpfandrechts*. Geht man davon aus, es handle sich dabei um eine vorsorgliche Massnahme und ist für die Beurteilung der Prosequierungsklage ausschliesslich das Handelsgericht zuständig, ist dieses gestützt auf Art. 6 Abs. 5 ZPO auch für ein Begehren um vorläufige Eintragung eines Bauhandwerkerpfandrechts zuständig (so Einzelgericht Zürich vom 15.6.2011, Gesch.-Nr. ES110037; ferner OGer ZH LF110065 vom 16.6.2011). Nach gegenteiliger Auffassung handle es sich bei der vorläufigen Eintragung eines Bauhandwerkerpfandrechts jedoch nicht um eine vorsorgliche Massnahme im Sinne der ZPO, sondern um ein «Geschäft aufgrund des Zivilgesetzbuches», weshalb die sachliche Zuständigkeit des Einzelgerichtes des Handelsgerichtes von diesem verneint wird (Einzelgericht am Handelsgericht vom 16.6.2011, Gesch.-Nr. HE110333; beide abrufbar auf der Datenbank des Obergerichts unter LF110065 vom 16.6.2011; zum Ganzen F. WALTHER, Eintragung provisorischer Bauhandwerkerpfandrechte nach neuer ZPO – ein Fall für die Handelsgerichte?, SZZP 2011, S. 447 ff.; M. RAPOLD/R. FERRARI-VISCA, Die vorläufige Eintragung des Bauhandwerkerpfandrechts in den Handelsgerichtskantonen, Jusletter vom 14.11.2011). Mit Urteil vom 9.12.2011 (BGer 5A_453/2011) hat das Bundesgericht entschieden, dass es sich bei der vorläufigen Eintragung des Bauhandwerkerpfandrechtes auch in der Begrifflichkeit von Art. 6 Abs. 5 ZPO um eine vorsorgliche Massnahme handle, weshalb die Handelsgerichte zur Beurteilung entsprechender Gesuche zuständig seien, sofern die Hauptsache (also die definitive Eintragung, allenfalls verbunden mit einer entsprechenden Forderungsklage) handelsrechtlicher Natur ist. Die Kantone hätten im Rahmen von Art. 6 Abs. 5 ZPO keine Möglichkeit, die Zuständigkeit des Handelsgerichts enger zu umschreiben als von Bundesrechts wegen vorgesehen. Massgebend könne auch nicht die (allfällige) räumliche Nähe zwischen unterem Gericht am Ort des betroffenen Grundstückes und dem Grundbuchamt sein, zumal in dringenden Fällen Art. 13 Abs. 4 GBV eine telefonische oder elektronische Anmeldung für Vormerkungen von vorläufigen Eintragungen ermögliche. Verworfen wurde schliesslich auch das Argument fehlender Bürgernähe bzw. der Gefahr, an die falsche Instanz zu gelangen: dabei handle es sich um ein Problem, das jeder Sondergerichtsbarkeit innewohne und vom Gesetzgeber in Kauf genommen worden sei, andernfalls er den Kantonen die Einrichtung von Handelsgerichten nicht gestattet hätte (a.a.O., E. 3.4).

– Zu bejahen ist auch die sachliche Zuständigkeit des Einzelgerichts zur *Bestellung eines Schiedsgutachters* (Art. 189 ZPO), soweit eine Partei ihren diesbezüglichen Pflichten nicht nachkommt und keine andere Regelung vereinbart wurde (BSK ZPO-DOLGE, Art. 189 N. 37 m.H.; abweichend die Zuständigkeitsregelung bei der ersatzweisen Ernennung von Schiedsrichtern, § 46 GOG i.V.m. Art. 362 ZPO).

2. Anwendungsbereich des summarischen Verfahrens

Das summarischen Verfahren findet gemäss Art. 248 ff. ZPO Anwendung

– in den vom Gesetz ausdrücklich genannten Fällen (Art. 248 lit. a ZPO), also insbesondere in den in Art. 249 (ZGB), 250 (OR), Art. 251 (SchKG) erwähnten Angelegenheiten, ferner im Verfahren betreffend Bewilligung der unentgeltlichen Rechtspflege (Art. 119 Abs. 3 ZPO) und in den besonderen eherechlichen Verfahren im Sinne von Art. 271 ZPO (insbesondere Massnahmen zum Schutz der ehelichen Gemeinschaft), bei der Regelung von besonderen Kinderbelangen in familienrechtlichen Angelegenheiten im Sinne von Art. 302 ZPO und bei der Regelung bestimmter Angelegenheiten betreffend die eingetragene Partnerschaft im Sinne von Art. 305 ZPO;

– für den *Rechtsschutz in klaren Fällen* (Art. 248 lit. b ZPO; dazu Art. 257 ZPO). Diese Art des Rechtsschutzes geht sachlich weiter als der bisherige § 222 Ziff. 2 ZPO (ZH) und umfasst neben Realansprüchen auch Ansprüche auf Geld und Sicherheitsleistung sowie Gestaltungs- und Feststellungsklagen (vgl. MEIER, Zivilprozessrecht, S. 372 f.; zum alternativen Verhältnis zwischen den Verfahren nach Art. 79 und 82 SchKG einerseits und dem neurechtlichen Rechtsschutz in klaren Fällen andererseits KUKO ZPO-JENT-SØRENSEN, Art. 257 N. 19); sie ist jedoch ausgeschlossen, soweit die Angelegenheit dem Offizialgrundsatz unterliegt, z.B. beim Streit über die Herausgabe des Kindes (FamPra.ch 2011 S. 777, entgegen bisher ZR 88 Nr. 54);

– für das *gerichtliche Verbot* (Art. 248 lit. c ZPO, dazu Art. 258 ff. ZPO);

– für die *vorsorglichen Massnahmen* (Art. 248 lit. d ZPO, dazu Art. 261 ff. ZPO), einschliesslich der vorsorglichen Beweisführung (Art. 158 Abs. 2 ZPO);

– für die Angelegenheiten der *freiwilligen Gerichtsbarkeit* (Art. 248 lit. e ZPO, dazu §§ 137 ff. GOG).

80 Der bisherige § 18 Abs. 1 GVG enthielt einen Vorbehalt u.a. zugunsten des summarischen Verfahrens, bei welchem die *Ausweisung von Mietern und Pächtern* im Vordergrund stand und der im Zusammenhang mit der bisherigen Bestimmung von Art. 274g OR (Kompetenzattraktion beim Ausweisungsrichter im summarischen Verfahren) zu sehen war. Danach hatte der für die Ausweisung zuständige Richter gemäss § 222 Ziff. 2 ZPO (ZH) – nach Überweisung des parallelen mietgerichtlichen Verfahrens – gegebenenfalls auch über die Ungültigerklärung der (ausserordentlichen) Kündigung bzw. über die allfällige Erstreckung des Miet- oder Pachtverhältnisses zu entscheiden (ZR 96 Nr. 57; s. BGE 122 III 92 und ZR 93 Nr. 2, HAUSER/SCHWERI, GVG, § 18 N. 11; BSK OR I-WEBER, Art. 274g N. 3 f.). Auch nach neuem Prozessrecht kann über die Ausweisung von Mietern und Pächtern bei liquiden Verhältnissen im summarischen Verfahren gemäss Art. 257 i.V.m. Art. 248 lit. b ZPO entschieden werden. Mit Inkraftsetzung der ZPO wurde jedoch Art. 274g OR aufgehoben. Zwar können nunmehr Verfahren betreffend Mietausweisung und Kündigungsanfechtung gestützt auf Art. 125 lit. c ZPO vereinigt werden, sofern die gleiche Verfahrensart gegeben ist (vgl. MEIER, Zivilprozessrecht, S. 373 Fn. 693). Wird jedoch die Kündigungsanfechtung im vereinfachten Verfahren, die Mietausweisung aber auf dem Weg des summarischen Rechtsschutzes in klaren Fällen verlangt, kommt eine Vereinigung nicht in Betracht. Soweit im mietrechtlichen Verfahren noch kein Entscheid ergangen ist, ist es geboten, im Rahmen des Ausweisungsverfahrens *vorfrageweise die Gültigkeit der Kündigung* zu prüfen. Ist jedoch zufolge der beschränkten Kognition des summarischen Richters eine Entscheidung darüber nicht möglich, führt dies zu einem Nichteintreten (im Sinne von Art. 257 Abs. 3 ZPO) auf das Ausweisungsgesuch und zur Weiterführung des parallelen Mietverfahrens, wobei es dann möglich sein wird, in diesem Verfahren (sei es durch Erhebung einer Widerklage, sei es durch Vereinigung) auch über die Ausweisung zu entscheiden. Sind hingegen sowohl die Kündigung wie die Ausweisung im Rahmen von Art. 257 ZPO ausreichend überprüfbar und ist dem Ausweisungsbegehren stattzugeben, so wird die hängige Mietstreitigkeit gegenstandslos (zum Ganzen KUKO ZPO-JENT-SØRENSEN, Art. 257 N. 17 f.; ZR 110 Nr. 54). Zur Frage der Anfechtbarkeit von Ausweisungsentscheiden mit Beschwerde ohne Suspensiveffekt vgl. § 147 N. 13.

3. Besonderheiten des summarischen Verfahrens

81 Das summarische Verfahren wird *ohne Durchführung eines Schlichtungsverfahrens* (Art. 198 lit. a ZPO) direkt durch ein schriftliches (ausnahmsweise mündliches, Art. 252 Abs. 2 ZPO) Gesuch eingeleitet.

82 Der Gegenseite ist in jedem Fall *Gelegenheit zur Stellungnahme einzuräumen*, es sei denn, das Gesuch erweise sich als offensichtlich unzulässig oder unbegründet; gegebenenfalls sind aber auch hier weitere Stellungnahmen einzuholen (zur Geltung des noch weiter gehenden *Replikrechts* gemäss Art. 6 Ziff. 1 EMRK bzw. Art. 29 Abs. 2 BV auch im summarischen Verfahren BGer 5A_42/2011 vom 21.3.2011, E. 2 = SZZP 4/2011 S. 280; unzutreffend insofern wohl CHEVALIER, in: Sutter-Somm/Hasenböhler/Leuenberger, ZPO Komm., Art. 253 N. 12).

83 Wie bisher gemäss § 209 ZPO (ZH) gilt eine gesetzliche *Beschränkung der Beweismittel*: Grundsätzlich sind einzig Urkunden zugelassen, andere Beweismittel nur dann, wenn sie

das Verfahren nicht wesentlich verzögern, es der Verfahrenszweck erfordert oder wenn das Gericht den Sachverhalt von Amtes wegen festzustellen hat (Art. 254 ZPO). Letzteres gilt in Konkurs- und Nachlasssachen sowie bei Anordnungen der freiwilligen Gerichtsbarkeit (Art. 255 ZPO). Kann als Folge der Beweismittelbeschränkung die Sachlage nicht hinreichend geklärt werden (Illiquidität), tritt das Gericht auf das Gesuch nicht ein (Art. 257 Abs. 3 ZPO). Die Klage kann im ordentlichen Verfahren neu eingereicht werden; fraglich erscheint, ob in diesem Fall Art. 63 Abs. 2 ZPO (Rückdatierung der Rechtshängigkeit) nicht gelten soll und damit der Kläger das Risiko einer Klageverwirkung trägt (so SUTTER-SOMM/LÖTSCHER, in: Sutter-Somm/Hasenböhler/Leuenberger, ZPO Komm, Art. 257 N. 32, entgegen BBl 2006 S. 7352).

Soweit das Gesetz nichts anderes bestimmt, kann das Verfahren schriftlich geführt und der Entscheid gestützt auf die Akten gefällt werden (Art. 256 Abs. 1 ZPO). In eherechtlichen (summarischen) Verfahren findet grundsätzlich eine mündliche Verhandlung unter persönlicher Teilnahme der Parteien statt (Art. 273 ZPO). 84

Zur Parteivertretung im summarischen Verfahren s. Art. 68 Abs. 2 lit. b ZPO (und dazu SZZP 2011, S. 284 ff.). 85

Anordnungen der *freiwilligen Gerichtsbarkeit* (dazu §§ 137 ff.) können von Amtes wegen oder auf Antrag *aufgehoben oder abgeändert* werden, wenn sie sich nachträglich als unrichtig erweisen, ausser das Gesetz oder die Rechtssicherheit stünden entgegen (Art. 256 Abs. 2 ZPO, entsprechend bisher § 212 Abs. 4 ZPO [ZH]; dazu auch Vorbemerkungen zu §§ 137 ff. N. 8). Zur nachträglichen Änderung und Aufhebung vorsorglicher Massnahmen Art. 268 ZPO. 86

4. Weiterzug

Gegen die Zwischen- und Endentscheide des Einzelgerichts im Rahmen des summarischen Verfahrens steht nach Massgabe von Art. 308 ff. bzw. Art. 319 ff. ZPO die Berufung bzw. Beschwerde zur Verfügung. Gegen den Entscheid des Rechtsmittelinstanz (Obergericht) ist im Rahmen der Streitwertgrenzen die Beschwerde in Zivilsachen, allenfalls die subsidiäre Verfassungsbeschwerde an das Bundesgericht zulässig (Art. 72 ff., 113 ff. BGG). 87

V. Besondere eherechtliche Verfahren, Kinderbelange in familienrechtlichen Angelegenheiten, Verfahren bei eingetragener Partnerschaft (Art. 271 ff. ZPO) und Klagen aus Verwandtenunterstützung (lit. d)

Literatur
D. FREIBURGHAUS-ARQUINT, Gerichtsstandsgesetz – Bedeutung für das Familienrecht, Fampra.ch 2001, S. 275 ff.; PH. MAIER, Aktuelles zu Eheschutzmassnahmen, Scheidungsgründen und Kinderbelangen, AJP 2008, S. 72 ff.; J. SIX, Eheschutz – Ein Handbuch für die Praxis, Bern 2008; D. STECK/J. SCHWEIGHAUSER, Die Kinderbelange in der Schweizerischen Zivilprozessordnung, FamPra.ch 2010, S. 800 ff.; TH. SUTTER-SOMM, Das familienrechtliche Verfahren nach der Schweizerischen Zivilprozessordnung, FamPra.ch 2008, Band 10 (2008), Dritte/Vierte Familienrechtstage, S. 79 ff.; R. VETTERLI, Das Eheschutzverfahren nach der schweizerischen Zivilprozessordnung, FamPra.ch 2010, S. 785 ff.

88 Grundsätzlich bleibt es bei der bisherigen Regelung nach § 21 Abs. 2 GVG, wonach das Einzelgericht für personenstands- und familienrechtliche Angelegenheiten und Verfahren (Art. 271 ff. ZPO) zuständig ist. Übernommen wird die bisher in § 22a Ziff. 3 GVG geregelte Zuständigkeit für Klagen aus Verwandtenunterstützung (Art. 329 ZGB). Art. 26 ZPO bestimmt die örtliche Zuständigkeit zwingend am Wohnsitz einer der Parteien, doch bleibt die Regelung der sachlichen Zuständigkeit dem Kanton vorbehalten.

89 Bei den besonderen *eherechtlichen* Verfahren handelt es sich (neben den bereits zufolge des summarischen Verfahrens unter lit. c fallenden Verfahren gemäss Art. 271 ZPO) um das Scheidungsverfahren (Scheidung auf gemeinsames Begehren, Art. 285 ff. ZPO und Scheidungsklage, Art. 290 ff. ZPO) sowie um die Eheungültigkeits- und Ehetrennungsklage (Art. 294 ZPO). Die Parteien sind grundsätzlich zum persönlichen Erscheinen verpflichtet (Art. 278 ZPO).

90 Bei den *Kinderbelangen in familienrechtlichen Angelegenheiten* handelt es sich (neben den wiederum bereits zufolge des summarischen Verfahrens unter lit. c fallenden Verfahren gemäss Art. 302 ZPO) um die Unterhalts- und Vaterschaftsklage (Art. 303 ZPO; betr. Zuständigkeit für die Bewilligung zur Hinterlegung usw. Art. 304 ZPO). Zu den besonderen Bestimmungen betreffend die Anhörung von Kindern und deren Protokollierung s. Art. 298 ZPO und § 133 N. 16 f. Betreffend Vertretung des Kindes und Eröffnung des Entscheides s. Art. 299 ff. ZPO.

91 Verfahren bei *eingetragener Partnerschaft* nach Art. 307 ZPO (Auflösung und Ungültigerklärung) fallen ebenfalls unter § 24 lit. d (und richten sich nach den Bestimmungen über das Scheidungsverfahren), während die Verfahren nach Art. 305 ZPO schon unter § 24 lit. c fallen.

VI. Vollstreckung, insbesondere Anerkennung, Vollstreckbarerklärung und Vollstreckung ausländischer Entscheide (lit. e)

Literatur
D. GASSER, Die Vollstreckung nach der Schweizerischen ZPO, AnwRev 2008, S. 340 ff.; DERSELBE, Das neue Vollstreckungsrecht und seine Möglichkeiten, AnwRev 2011, S. 29 ff.; S. KOFMEL EHRENZELLER, Die Realvollstreckung in Zivilsachen: aktuelle Fragen und Ausblick, ZZZ 2004, S. 217 ff.; DIESELBE, Die künftige Zwangsvollstreckung in Zivilsachen: ein Zusammenspiel des SchKG mit der neuen Schweizerischen Zivilprozessordnung, recht 2004, S. 57 ff.; A. MAISSEN, Die Zwangsvollstreckung nach Art. 343 ZPO, ZZZ 2010, S. 37 ff.; D. VOCK, Die Vollstreckung von Entscheiden nach dem Vorentwurf der Schweizerischen Zivilprozessordnung, in: FS Spühler, Zürich 2005, S. 433 ff.; F. WALTHER, Die neue Schweizer ZPO und das SchKG – Zehn praxisrelevante Neuerungen, SZZP 2008, S. 417 ff.; ferner die bei FRANK/STRÄULI/MESSMER, ZPO, vor § 300 zitierte Literatur.

1. Allgemein

92 Soweit nicht bereits das Sachgericht gemäss Art. 236 Abs. 3 ZPO Vollstreckungsanordnungen getroffen hat, welche die direkte Vollstreckung ermöglichen (Art. 337 ZPO),

wird die Vollstreckung von gerichtlichen Entscheiden und öffentlichen Urkunden in den §§ 335 ff. ZPO geregelt. Die sachliche Zuständigkeit dafür obliegt wie bis anhin (§ 23 Abs. 1 GVG i.V.m. § 222 Ziff. 1 ZPO ZH) dem Einzelgericht. Soweit die Vollstreckung im SchKG geregelt ist, weist Art. 251 ZPO gewisse Bereiche dem summarischen Verfahren zu; insoweit greift somit schon § 24 lit. c. Die Vollstreckung von Entscheiden von Verwaltungsbehörden bedarf keiner gerichtlichen Mitwirkung und fällt nicht unter diese Bestimmung (ZR 48 Nr. 3, 84 Nr. 49, RB 1999 Nr. 99).

Bezüglich des anwendbaren Verfahrens bestand eine gewisse Unklarheit bezüglich der *Anerkennung von ausländischen Konkursdekreten, Kollokationsplänen und Nachlassverfahren* (Art. 167 Abs. 1, 168, 173 Abs. 2 und 175 IPRG, SR 291), die bis anhin in § 213 Ziff. 5a, 5b und 12 ZPO (ZH) geregelt war. Das IPRG spricht in diesem Zusammenhang nicht ausdrücklich von Konkursgericht, sondern vom «zuständigen Gericht». Ob die Gerichte dies im Sinne von Konkurs- und Nachlassgericht auslegen und demzufolge das summarische Verfahren anwenden werden, ist offen. Die Regelung von lit. e soll sicherstellen, dass für alle Fälle der Vollstreckung – unabhängig von der anzuwendenden Verfahrensart – das Einzelgericht zuständig ist. Nachdem Art. 335 Abs. 3 ZPO einen Vorbehalt zugunsten abweichender Regelung im IPRG oder in einem Staatsvertrag enthält, hat es der Gesetzgeber zur Vermeidung von Unklarheiten vorgezogen, ausdrücklich die Anerkennung, Vollstreckbarerklärung und Vollstreckung ausländischer Entscheide zu erwähnen (W.RR S. 101). 93

2. Verfahrensfragen

Zuständig für die Anordnung von Vollstreckungsmassnahmen und die Einstellung der Vollstreckung ist nach Wahl der gesuchstellenden Partei gemäss Art. 339 ZPO das Gericht am Wohnsitz oder Sitz der unterlegenen Partei, das Gericht am Ort, wo die Massnahmen zu treffen sind, oder das Gericht am Ort, wo der zu vollstreckende Entscheid gefällt worden ist. 94

Das Gericht entscheidet im summarischen Verfahren (Art. 339 Abs. 2 ZPO). Zur Voraussetzung der Klarheit bzw. Bestimmtheit des zu vollstreckenden Entscheides ZR 90 Nr. 15, 110 Nr. 43; zum Einwand der missbräuchlichen Vollstreckung RB 1995 Nr. 26; zur (ausnahmsweisen) Anhörung des Kindes im Vollstreckungsverfahren betreffend Zuteilung der elterlichen Gewalt ZR 94 Nr. 11 E. 3d. 95

Die unterlegene Partei erhält Gelegenheit zur Stellungnahme. Materiell kann sie einzig (gegebenenfalls unter Vorlegung von Urkunden) einwenden, dass seit der Eröffnung des Entscheides Tatsachen eingetreten sind, welche der Vollstreckung entgegenstehen, wie insbesondere Tilgung, Stundung, Verjährung oder Verwirkung der geschuldeten Leistung (Art. 341 Abs. 2 und 3 ZPO; zur bisherigen Praxis FRANK/STRÄULI/MESSMER, ZPO, § 222 Ziff. 1 N. 7 und §§ 300 ff.; vgl. auch BGer 5A_479/2008 v. 11.8.2009 = SZZP 2010, S. 75). 96

Zur Stellung des *Gemeinde- bzw. Stadtammanns* als Hilfsperson bei der Vollstreckung s. Vorbemerkungen zu §§ 143 ff. sowie § 147 N. 4 ff. 97

3. Entscheid

98 Der Entscheid des Vollstreckungsgerichts besteht in der Verpflichtung des Vollstreckungsbeklagten zu einem Tun, Unterlassen oder Dulden (Art. 343 ZPO). Neben dem indirekten Zwang (Strafdrohung, Androhung von Ordnungsbusse) und der Ersatzvornahme besteht die Möglichkeit der Anordnung direkten Zwangs wie Wegnahme einer beweglichen Sache oder Räumung eines Grundstücks (namentlich Ausweisung von Mietern und Pächtern) nach Art. 343 Abs. 1 lit. d ZPO. Dabei kann das Gericht die Hilfe des Gemeindeammanns in Anspruch nehmen (Art. 343 Abs. 3 ZPO i.V.m. § 147 Abs. 1 lit. b GOG; dazu § 147 N. 4 ff.).

99 Kommt der Vollstreckungsbeklagte (im Falle indirekten Zwangs) den gerichtlichen Anordnungen nicht nach, kann der Vollstreckungskläger beim Vollstreckungsgericht Schadenersatz sowie die Umwandlung der geschuldeten Leistung in eine Geldleistung verlangen (Art. 345 ZPO).

4. Weiterzug

100 Gegen den Vollstreckungsentscheid ist die Berufung ausgeschlossen (Art. 309 lit. a ZPO) und somit die Beschwerde zulässig. Neben der im Vollstreckungsverfahren unterliegenden Partei können Dritte (zu deren Mitwirkungs- und Duldungspflichten Art. 343 Abs. 2 ZPO), die von einem Vollstreckungsentscheid in ihren Rechten betroffen sind, den Entscheid anfechten (Art. 346 ZPO).

5. Vollstreckung öffentlicher Urkunden

101 Die Art. 347 ff. ZPO regeln die Vollstreckung öffentlicher Urkunden. Das Verfahren vor dem Vollstreckungsgericht richtet sich nach Art. 351 ZPO; die verpflichtete Partei kann Einwendungen gegen die Leistungspflicht nur geltend machen, soweit sie sofort beweisbar sind. Ist die Abgabe einer Willenserklärung geschuldet, so wird diese durch den Entscheid des Vollstreckungsgerichts ersetzt (Art. 351 Abs. 2 ZPO). Vorbehalten bleibt in jedem Fall die nachträgliche (ordentliche) gerichtliche Beurteilung (Art. 352 ZPO; zum Ganzen [kritisch] MEIER, Zivilprozessrecht, S. 439 ff.; SPRECHER, Prozessieren zum SchKG unter neuer ZPO, SJZ 107, S. 273 ff., 285).

§ 25 b) Als Arbeitsgericht

> Die Präsidentin oder der Präsident des Arbeitsgerichts entscheidet als Einzelgericht Streitigkeiten gemäss § 20 bis zu einem Streitwert von Fr. 30 000. Sie oder er ist berechtigt und bei Streitwerten von mindestens Fr. 15 000 auf Verlangen einer Partei verpflichtet, die Streitigkeit dem Kollegialgericht zu unterbreiten.

1 Der Präsident des Arbeitsgerichts entscheidet als Einzelgericht Streitigkeiten gemäss § 20, wobei die Spruchkompetenz analog zu § 24 lit. a (vereinfachtes Verfahren) neu bis zu 30 000 Franken (bisher 20 000 Franken) reicht.

Der Präsident kann auch als Einzelgericht für summarische Verfahren bestimmt werden und damit summarische Streitigkeiten mit Bezug zum Arbeitsrecht (Art. 250 lit. b Ziff. 1 und 2 ZPO) entscheiden. Eine entsprechende Geschäftszuweisung steht in der Organisationshoheit der Gerichte (§ 18). 2

Ursprünglich war gemäss Vorlage des RR vorgesehen, dass auch ein vom Präsidenten bezeichnetes Mitglied als Einzelgericht amten könne, was jedoch im Verlauf der Beratungen gestrichen wurde. Stellvertretung mit Blick auf die Einzelrichtergeschäfte ist somit nicht möglich. 3

Weiter ist der Präsident (wie schon bisher gemäss § 12 Abs. 2 Satz 2 GVG) jederzeit berechtigt und bei Streitwerten von mindestens 15 000 Franken (bisher 3000 Franken) auf Verlangen einer Partei verpflichtet, die Streitigkeit dem Kollegialgericht zu unterbreiten (Satz 2). Gemäss Vorlage des RR war noch vorgesehen gewesen, diese Bestimmung nicht zu übernehmen (W.RR S. 101); nachdem jedoch die Besetzung des Kollegiums mit Fachrichtern beibehalten wurde, rechtfertigte sich auch die Weiterführung dieser Zuständigkeitsvariante. 4

§ 26   c) Als Mietgericht

> Die Präsidentin oder der Präsident des Mietgerichts entscheidet als Einzelgericht Streitigkeiten gemäss § 21 bis zu einem Streitwert von Fr. 30 000. Sie oder er ist berechtigt und bei Streitwerten von mindestens Fr. 15 000 auf Verlangen einer Partei verpflichtet, die Streitigkeit dem Kollegialgericht zu unterbreiten.

Die Regelung entspricht wörtlich derjenigen von § 25 GOG betreffend das Einzelgericht als Arbeitsgericht und orientiert sich an der Zuständigkeit für das vereinfachte Verfahren (Art. 243 ZPO). 1

In Angleichung an Art. 74 BGG und im Bestreben der Vermeidung unterschiedlicher Regelungen wurde der Streitwert für das Verlangen der kollegialen Besetzung von bisher (§ 17 Abs. 2 GVG) 3000 Franken auf neu 15 000 Franken erhöht. 2

§ 27   Als Strafgericht
a) Im Allgemeinen

> Das Einzelgericht beurteilt erstinstanzlich:
> a. Übertretungen,
> b. Verbrechen und Vergehen, ausser die Staatsanwaltschaft beantragt:
>   1. eine Freiheitsstrafe von mehr als einem Jahr,
>   2. eine Verwahrung nach Art. 64 StGB,
>   3. eine Behandlung von psychischen Störungen nach Art. 59 StGB,
>   4. eine Massnahme für junge Erwachsene nach Art. 61 StGB oder
>   5. einen Freiheitsentzug von mehr als einem Jahr bei gleichzeitig zu widerrufenden bedingten Sanktionen,

> c. Einsprachen gegen Straf- und Einziehungsbefehle.
> Hält das Einzelgericht eine Strafe oder Massnahme für angezeigt, welche die Staatsanwaltschaft bei ihm nicht hätte beantragen können, so überweist es die Akten entsprechend Art. 334 StPO dem Kollegialgericht. Eine Rückweisung findet nicht statt.

Literatur

H.A. Müller, Einzelgericht oder Kollegialgericht? SJZ 105, S. 91 ff.; N. Schmid, Möglichkeiten und Grenzen der Kantone bei der Organisation ihrer Strafbehörden nach der künftigen Schweizerischen Strafprozessordnung, AJP 16 (2007), S. 699 ff.

Inhaltsübersicht   N.

I.   Allgemeines 1
    1. Bundesrechtliche Vorgabe 1
    2. Geschichtliche Entwicklung 3
    3. Vor- und Nachteile des Einzelgerichts 4
II. Sachliche Zuständigkeit 6
    1. Übertretungen (Abs. 1 lit. a) 6
       a) Erstinstanzlichkeit 6
       b) Zuständigkeitsbereich 6
          aa) Nach Art der Übertretung 7
          bb) Spruchkompetenz 11
       c) Verfahrensfragen 13
          aa) Anklagegrundsatz 13
          bb) Verteidigung 15
          cc) Zwangsmassnahmen 16
       d) Rechtsmittel 17
          aa) Beschränkte Berufung 17
          bb) Weiterzug ans Bundesgericht 19
    2. Verbrechen und Vergehen (Abs. 1 lit. b) 21
       a) Freiheitsstrafe (Ziff. 1) 23
       b) Massnahmen (Ziff. 2 bis 4) 24
       c) Widerruf bedingter Sanktionen (Ziff. 5) 25
    3. Einsprachen gegen Straf- und Einziehungsbefehle (Abs. 1 lit. c) 26
III. Überweisung an das Kollegialgericht (Abs. 2) 29
    1. Allgemein 29
    2. Nachträgliche richterliche Entscheide 33
    3. Keine Rückweisung 34

I. Allgemeines

1. Bundesrechtliche Vorgabe

1 Nach 19 Abs. 2 StPO können Bund und Kantone als erstinstanzliches Gericht ein Einzelgericht für die Beurteilung von Übertretungen sowie von Verbrechen und Vergehen vorsehen, sofern die Staatsanwaltschaft nicht eine mehr als zweijährige Freiheitsstrafe (bzw. bei gleichzeitig zu widerrufenden bedingten Sanktionen nicht mehr als einen Freiheits-

entzug von zwei Jahren), keine Verwahrung nach Art. 64 StGB und keine Behandlung nach Art. 59 Abs. 3 StGB beantragt. Nachdem sich im Kanton Zürich schon bisher die Beurteilung von Strafsachen von geringerer Bedeutung durch Einzelgerichte bewährte (§ 24 GVG), hat der Gesetzgeber auch unter neuem Recht von dieser Möglichkeit Gebrauch gemacht; für die Beibehaltung wurden auch Kostenüberlegungen genannt (W.RR S. 102 und schon ABl 2005 S. 1514).

Beizupflichten ist der Auffassung, dass der kantonale Gesetzgeber Einzelgerichte auch mit einer *geringeren Spruchkompetenz* als derjenigen von Art. 19 Abs. 2 lit. b StPO ausstatten kann (Keller, in: Donatsch/Hansjakob/Lieber, StPO Komm., Art. 19 N. 6 m.H., entgegen BBl 2006 S. 1139 und noch Schmid, a.a.O., S. 706). Es wäre nicht einzusehen, weshalb die Kantone die Befugnisse des Einzelgericht gegenüber dem bundesrechtlichen Rahmen nicht sollten enger fassen dürfen, wenn sie umgekehrt auf ein Einzelgericht sogar gänzlich verzichten dürfen (so BSK StPO-Kipfer, Art. 19 N. 4). Die im Kanton Zürich geltende Regelung mit einer Spruchkompetenz von nur bis zu einem Jahr Freiheitsentzug ist daher als bundesrechtskonform zu betrachten (ebenso Riklin, StPO Komm., Art. 19 N. 2 und Schmid, Praxiskommentar, Art. 19 N. 5).

2. Geschichtliche Entwicklung

Die Bestimmungen über die Zuständigkeit des Einzelrichters erfuhren im Verlauf der Entwicklung mehrfach Änderungen, welche die zunehmende Bedeutung dieser Instanz widerspiegeln. Seit der Einführung im Jahre 1935 beurteilte der Einzelrichter zunächst nur Fälle der Kleinkriminalität mit einer Kompetenz von höchstens einem Monat Gefängnis. Eine grosse Aufwertung brachte die Revision vom 30.6.1974. Der Einzelrichter wurde neben den Übertretungen für alle Verbrechen und Vergehen und einer Spruchkompetenz von bis drei Monaten Freiheitsstrafe zuständig erklärt. Die bisherige Voraussetzung, dass der Angeschuldigte sich geständig erklärte, entfiel. Mit der Revision des GVG vom 24.9.1995 wurde die Spruchkompetenz auf sechs Monate Freiheitsstrafe erhöht.

3. Vor- und Nachteile des Einzelgerichts

Der Einzelrichter kann rascher und flexibler als das Kollegialgericht arbeiten. Damit tritt ein erheblicher Zeitgewinn ein, und gleichzeitig erfährt das Kollegialgericht eine wesentliche Entlastung. Durch die Abkürzung des Verfahrens vermindert sich zudem der Druck, den jedes Strafverfahren ausübt.

Gegen eine übermässige Kompetenz des Einzelgerichts wird umgekehrt ins Feld geführt, dass in Landgerichten häufig *Laienrichter* als Einzelrichter berufen werden (Müller, a.a.O., S. 92 m.H.), was bedeutet, dass in der Folge Studienabgänger, die nach kurzer Tätigkeit am Gericht als Gerichtsschreiber eingesetzt werden, quasirichterliche Funktionen ausüben (zum Thema der Unterstützung von Laienrichtern durch juristisch ausgebildete Gerichtsschreiber BGE 134 I 16 und dazu KUKO ZPO-Oberhammer, Art. 57 N. 6; s. auch Einl. N. 28 f.).

II. Sachliche Zuständigkeit

1. Übertretungen (Abs. 1 lit. a)

a) Erstinstanzlichkeit

6 Für die Verfolgung und Beurteilung von Übertretungen sind – vorbehältlich der Übertragung der Zuständigkeit an die Gemeinden nach Massgabe von § 89 Abs. 2 und 3 GOG sowie des Verwaltungsstrafrechts des Bundes (N. 8 hinten) – zunächst die *Statthalterämter als Verwaltungsbehörden* zuständig (vgl. Art. 17, 357 Abs. 1 StPO). Der Entscheid des Statthalteramtes kann analog Art. 354 StPO (Einsprache gegen den Strafbefehl der Staatsanwaltschaft) an das Einzelgericht weitergezogen werden (Art. 357 Abs. 2 StPO), welches in der Folge gestützt auf § 27 GOG als erstinstanzliches Gericht entscheidet.

b) Zuständigkeitsbereich

aa) Nach Art der Übertretung

7 Die Zuständigkeit des Einzelgerichts umfasst Übertretungen sowohl des *eidgenössischen* Rechts (Art. 103 und 333 Abs. 3 StGB) wie auch des *kantonalen und kommunalen* Übertretungsstrafrechts (Art. 335 StGB; §§ 1, 4 ff. StJVG).

8 Das zürcherische Einzelgericht ist (soweit die örtliche Zuständigkeit gegeben ist) auch zuständig für die gerichtliche Beurteilung von *Strafverfügungen eidgenössischer Verwaltungsbehörden*, mit welchen eine Übertretungsbusse ausgefällt wurde (Art. 21 Abs. 2 und Art. 72 VStrR). In diesem Verfahren sind die Bestimmungen von Art. 73–82 VStrR zu beachten.

9 Abweichende Bestimmungen gelten für die Ahndung von *Übertretungen der Strassenverkehrsvorschriften des Bundes* gemäss OBG (Ordnungsbussenverfahren bis zu Fr. 300; dazu §§ 170 ff. GOG) sowie im *Steuerstrafverfahren* (Art. 190 ff. DBG), ferner für Ordnungsbussen des kantonalen und kommunalen Rechts (§§ 171 ff., 175 GOG; dazu VO über das kantonalrechtliche Ordnungsbussenverfahren vom 14.10.1992, LS 321.2).

10 Verfahren gegen *Unternehmen* (Art. 112 StPO) betreffen nach ausdrücklicher Gesetzesbestimmung (Art. 102 Abs. 1 StGB) *keine Übertretungen* und fallen somit nicht unter die Bestimmung von lit. a, obwohl auch hier nur Busse möglich ist (SCHWARZENEGGER, in: Donatsch/Hansjakob/Lieber, StPO Komm., Art. 357 N. 5 m.H.).

bb) Spruchkompetenz

11 Abweichend von § 24 Abs. 1 Ziff. 1 GVG bezieht sich die *Spruchkompetenz* des Einzelgerichts nicht mehr nur auf die Ausfällung von Bussen, sondern *ist umfassend*. Es kann also insbesondere auch über die Anordnung gemeinnütziger Arbeit bis zu 360 Stunden (Art. 107 StGB) sowie über eine Einziehung nach Art. 69 ff. StGB befinden.

12 Neben dem Strafpunkt beurteilt das Einzelgericht im Falle eines Schuldspruchs ungeachtet des Streitwertes auch allfällige *Zivilansprüche* der Privatklägerschaft, welche im Zusammenhang mit der Straftat stehen (Art. 124 StPO).

c) Verfahrensfragen

aa) Anklagegrundsatz

Nach bisherigem Recht gelangte der Anklagegrundsatz im Lichte von § 344 Abs. 2 StPO (ZH) *nicht in seiner strikten Tragweite* zur Anwendung, was als verfassungs- bzw. konventionskonform erachtet wurde (RB 1997 Nr. 117; BGer 1P.587/2003 v. 29.1.2004, E. 4.2; DONATSCH/SCHMID, StPO, § 344 N. 4 ff.).

13

Nach Art. 9 Abs. 2 StPO bleiben mit Bezug auf den Anklagegrundsatz das Strafbefehls- und das Übertretungsstrafverfahren *vorbehalten*. Gleichzeitig bestimmt aber die StPO, dass im Übertretungsstrafverfahren im Falle der *Durchführung des gerichtlichen Verfahrens* die Strafverfügung als Anklageschrift gilt (Art. 357 Abs. 2 i.V.m. Art. 356 Abs. 1 Satz 2 StPO). Somit bezieht sich der Vorbehalt von Art. 9 Abs. 2 StPO allein auf das Verfahren vor der Verwaltungsbehörde. Im Verfahren vor dem Einzelgericht kommt hingegen das in Art. 9 Abs. 1 und Art. 325 StPO verankerte Anklageprinzip *in vollem Umfang zum Tragen*, was namentlich bedeutet, dass der Sachverhalt im Sinne von Art. 325 Abs. 1 lit. f StPO in der Bussenverfügung selbst genügend präzis geschildert werden muss und sich nicht lediglich aus den Akten ergeben darf (SCHMID, Handbuch, N. 1366 a.E.).

14

bb) Verteidigung

Nach Art. 127 Abs. 5, 2. Satzteil StPO können die Kantone hinsichtlich der *Verteidigung der beschuldigten Person* im Übertretungsstrafverfahren von den allgemeinen Zulassungsvoraussetzungen abweichende Bestimmungen erlassen. Davon hat der Kanton Zürich jedoch keinen Gebrauch gemacht. Die Verteidigung bleibt somit auch hier den nach BGFA zugelassenen Anwälten vorbehalten (Art. 127 Abs. 5, 1. Satzteil StPO). Im Übrigen wird im Übertretungsstrafverfahren eine allfällige *amtliche Verteidigung* – abweichend von § 155 GOG – von der Übertretungsstrafbehörde bestellt (OGer ZH UH110067 vom 27.7.2011).

15

cc) Zwangsmassnahmen

Zwangsmassnahmen sind dem Grundsatz nach auch im Übertretungsstrafverfahren möglich, doch ergeben sich aus dem Verhältnismässigkeitsgrundsatz und den Bestimmungen über die einzelnen Zwangsmassnahmen Einschränkungen (SCHWARZENEGGER, in: Donatsch/Hansjakob/Lieber, StPO Komm., Art. 357 N. 11 m.w.H.). Betr. vorläufige Festnahme s. Art. 217 Abs. 3 StPO und § 162 GOG.

16

d) Rechtsmittel

aa) Beschränkte Berufung

Nach § 24 Abs. 1 Ziff. 1 GVG entschied der Einzelrichter im Bereich des Übertretungsstrafrechts *endgültig*, d.h., gegen sein Urteil war kein ordentliches Rechtsmittel (Berufung), sondern einzig die kantonale Nichtigkeitsbeschwerde zulässig. Demgegenüber ist nach Art. 398 Abs. 1 StPO nunmehr zwar die *Berufung* gegen sämtliche Urteile erstinstanzlicher Gerichte zulässig, mit denen das Verfahren ganz oder teilweise abgeschlossen wird, also auch in Übertretungsstrafsachen. Dabei ist aber – ähnlich der altrechtlichen Nichtigkeitsbeschwerde – die *Kognition der Berufungsinstanz* gemäss Art. 398 Abs. 4 StPO weiterhin auf die Behebung von Rechtsfehlern (einschliesslich offensichtlich unrichtiger Feststellung des Sachverhaltes) *beschränkt*.

17

18 Von dem in 381 Abs. 3 StPO eingeräumten Recht hat der Gesetzgeber in § 91 GOG Gebrauch gemacht; danach kann die *Übertretungsstrafbehörde*, die im betreffenden Fall entschieden hat (also das Statthalteramt oder die betreffende Gemeindebehörde), vor den *kantonalen Instanzen* Rechtsmittel erheben. Abweichend von § 395 Abs. 1 Ziff. 1 StPO (ZH) wird hingegen die Staatsanwaltschaft hier nicht mehr erwähnt.

bb)   Weiterzug ans Bundesgericht

19 Der Berufungsentscheid des Obergerichts unterliegt der Beschwerde in Strafsachen nach Art. 78 ff. BGG, was mit Bezug auf die beschuldigte Person zu keinen Bemerkungen Anlass gibt.

20 Ferner konnte bisher (anstelle des insoweit nicht beschwerdelegitimierten Statthalteramtes) die *Oberstaatsanwaltschaft* als *mittelbar* am kantonalen Verfahren teilnehmende Partei stets Beschwerde führen (BGE 134 IV 36 E. 1.3.2). Nunmehr scheint die Beschwerdelegitimation der Staatsanwaltschaft im Übertretungsstrafverfahren auf kantonaler Ebene insofern fraglich, als sie, wie erwähnt, in § 91 GOG nicht erwähnt wird. Damit ist fraglich, ob weiterhin auf eine (mittelbare) Verfahrensteilnahme im Sinne von Art. 81 Abs. 1 lit. a BGG und insofern noch auf eine Beschwerdelegitimation vor Bundesgericht geschlossen werden kann.

2.   Verbrechen und Vergehen (Abs. 1 lit. b)

21 Eine Anpassung der einzelrichterlichen Kompetenzen an das Sanktionensystem des geänderten allgemeinen Teils des StGB war bereits mit G vom 19.6.2006 (OS 61 S. 391 ff.) vorgenommen worden, wobei damals noch am System der positiven (abschliessenden) Umschreibung der einzelnen Zuständigkeiten festgehalten wurde, während in der aktuellen Formulierung die generelle Zuständigkeit mit Vorbehalten gewählt wurde.

22 Aus der Aufzählung in lit. b folgt, dass das Einzelgericht zunächst (unter Vorbehalt von Art. 352 StPO) zur Ausfällung von *Geldstrafen* bis zum gesetzlichen Maximum von 360 Tagessätzen sowie zur Anordnung *gemeinnütziger Arbeit,* allenfalls verbunden mit einer Busse, zuständig ist.

a)   Freiheitsstrafe (Ziff. 1)

23 Die Spruchkompetenz des Einzelgerichts gemäss lit. b Ziff. 1 geht nunmehr bis zu einem Jahr Freiheitsentzug. Sie deckt somit den Strafrahmen zwischen sechs Monaten bis und mit einem Jahr Freiheitsstrafe ab: Art. 352 StPO legt die Strafbefehlskompetenz der Staatsanwaltschaft zwingend auf Freiheitsstrafen bis zu sechs Monate (bzw. Geldstrafen oder gemeinnützige Arbeit in entsprechendem Umfang) fest; beantragt die Staatsanwaltschaft eine Freiheitsstrafe von mehr als einem Jahr oder hält das Einzelgericht seinerseits eine überjährige Strafe für angezeigt (Abs. 2), ist das Kollegialgericht zuständig (§ 22 GOG). Wird mit einer Freiheitsstrafe zusätzlich eine Geldstrafe nach Tagessätzen beantragt bzw. verbunden oder steht der Widerruf von früheren, bedingt ausgesprochenen Sanktionen zur Debatte, bleibt nach hier vertretener Auffassung in Analogie zu Art. 352 Abs. 3 Satz 2 StPO (Strafbefehlsverfahren) die Zuständigkeit des Einzelgerichts bestehen, soweit damit insgesamt der zeitliche Rahmen von einem Jahr nicht überschritten wird; die zusätz-

liche Ausfällung einer Busse durch das Einzelgericht fällt für die Berechnung des Strafmaximums ausser Betracht (vgl. SCHMID, Praxiskommentar, N. 11 zu Art. 19 StPO).

b) Massnahmen (Ziff. 2 bis 4)

Im Bereich des Massnahmenrechts konnte der Einzelrichter schon bisher keine Massnahme im Sinne von Art. 59 Abs. 3, Art. 61 (Massnahmen für junge Erwachsene) und Art. 64 StGB (Verwahrung) anordnen. Dieser Ausnahmekatalog wird insoweit erweitert, als nunmehr der gesamte Anwendungsbereich von Art. 59 StGB (Behandlung von psychischen Störungen durch Anordnung einer stationären Massnahme) von der einzelrichterlichen Zuständigkeit ausgeschlossen wird (Ziff. 3). Für die Anordnung von ambulanten Massnahmen nach Art. 63 StGB ist hingegen (im Einklang mit Art. 19 Abs. 2 lit. b StPO) stets, also auch im Verfahren nach Art. 374 ff. StPO, und wie schon bis anhin das Einzelgericht zuständig (zur bisherigen Regelung § 24 Abs. 2 GVG, wobei allerdings bei Verfahren gegen Schuldunfähige eine Diskrepanz zu §§ 285b ff. StPO [ZH] bestand). Zum Verhältnis zwischen «kleiner Verwahrung» gemäss Art. 59 Abs. 3 StGB und Verwahrung gemäss Art. 64 StGB mit Blick auf die sachliche Zuständigkeit U. WEDER, Die «kleine Verwahrung», ZSR 130 (2011) I, S. 588 f.

c) Widerruf bedingter Sanktionen (Ziff. 5)

Im Falle des gleichzeitigen Widerrufs bedingt ausgesprochener Sanktionen endet die sachliche Zuständigkeit des Einzelgerichts wie bis anhin, wenn die zu fällende Gesamtstrafe im Sinne von Art. 46 StGB zu einem Freiheitsentzug von mehr als einem Jahr führt.

3. Einsprachen gegen Straf- und Einziehungsbefehle (Abs. 1 lit. c)

Wird gegen einen Strafbefehl Einsprache erhoben (Art. 354 StPO), so handelt es sich notwendigerweise um ein Geschäft, das in die Kompetenz des Einzelgerichts fällt, weil die Spruchkompetenz der Staatsanwaltschaft auf Busse, Geldstrafe, gemeinnützige Arbeit oder Freiheitsstrafe von höchstens sechs Monaten beschränkt ist und auch keine Massnahmen im Sinne von Abs. 1 Ziff. 2 bis 4 zur Diskussion stehen (Art. 352 Abs. 1 und 2 StPO).

Das *Einspracheverfahren* wird in Art. 356 StPO geregelt. Im Einzelnen ist auf Folgendes hinzuweisen:

– Die *Legitimation der Privatklägerschaft* zur Einsprache wurde in Art. 354 StPO gestrichen (entgegen noch Art. 358 E-StPO und abweichend von Art. 32 Abs. 5 lit. b JStPO [Legitimation im Zivilpunkt]), was jedoch zu Recht auf Kritik gestossen ist (SCHWARZENEGGER, in: Donatsch/Hansjakob/Lieber, StPO Komm., Art. 354 N. 5; RIEDO/FIOLKA, fp 2011, S. 159, je m.H.); denkbar erscheint eine Subsumierung unter die «weiteren Betroffenen» gemäss Art. 354 Abs. 1 lit. b StPO (einlässlich BSK StPO-RIKLIN, Art. 354 N. 9 ff.);

– das *Verbot der reformatio in peius* (Art. 391 Abs. 2 StPO) findet keine Anwendung, wobei eine strengere Sanktionierung als gemäss Strafbefehl nur zulässig sein dürfte, wenn neue sachliche Anhaltspunkte oder eine Änderung der Rechtslage dies rechtfertigen (SCHMID, Praxiskommentar, Art. 355 N. 11);

– hinsichtlich der Geltung des *Anklageprinzips* kann auf N. 14 vorne verwiesen werden.

28 Das Verfahren betr. *Einziehungsbefehle* (bisher §§ 106a und 106b StPO [ZH]) richtet sich nach den Art. 376 ff. StPO. Zuständig ist die Staatsanwaltschaft (Art. 377 Abs. 2 StPO); das Einspracheverfahren ist analog dem Strafbefehlsverfahren geregelt (Art. 377 Abs. 4 StPO).

III. Überweisung an das Kollegialgericht (Abs. 2)

1. Allgemein

29 Abs. 2 folgt Art. 344 StPO und entspricht im Wesentlichen der Regelung von § 24 Abs. 3 GVG. Zudem wird klar gestellt, dass die in Abs. 1 angeführten Sanktionen als Obergrenze für die Zuständigkeit des Einzelgerichts aufzufassen sind.

30 Nach dem Wortlaut von Art. 344 Abs. 1 Satz 1 StPO hat die Überweisung spätestens nach Abschluss der Parteivorträge zu erfolgen. Richtigerweise muss aber gelten, dass eine Überweisung *auch noch später* zulässig ist, namentlich dann, wenn sich erst bei der Urteilsberatung ergibt, dass die Spruchkompetenz überschritten würde (GRIESSER, in: Donatsch/Hansjakob/Lieber, StPO Komm., Art. 334 N. 1 m.H.).

31 Zu einer Überweisung müssen die Parteien nicht angehört werden.

32 Gegen die Überweisung an das Kollegialgericht war schon nach bisherigem Recht ein Rekurs mangels Beschwer nicht zulässig (ZR 87 Nr. 40). Gemäss Art. 344 Abs. 2 StPO ist auch nach neuem Recht eine *Beschwerde nach StPO unzulässig* (Art. 380 StPO).

2. Nachträgliche richterliche Entscheide

33 Grundsätzlich ist gemäss Art. 363 Abs. 1 StPO das Einzelgericht für selbständige nachträgliche Entscheide (dazu SCHWARZENEGGER, in Donatsch/Hansjakob/Lieber, StPO Komm., Art. 363 N 2) zuständig, wenn es das erstinstanzliche Urteil gefällt hat. Diese Befugnis stösst freilich dann an die Grenzen von Art. 19 Abs. 2 StPO, wenn es um nachträglich anzuordnende Massnahmen geht (vgl. SCHMID, Handbuch, N 1391). Entsprechend sieht Art. 363 Abs. 3 StPO für diesen Fall vor, dass Bund und Kantone die zuständigen Behörden bezeichnen. In diesem Sinn ist nach Abs. 2 vorzugehen.

3. Keine Rückweisung (Abs. 2 Satz 2)

34 Wie schon bisher (§ 24 Abs. 3 Satz 2 GVG) bleibt es nach erfolgter Überweisung an das Kollegialgericht auch dann bei dessen sachlicher Zuständigkeit, wenn dieses in der Folge eine Sanktion verhängt, die noch in die Spruchkompetenz des Einzelgerichts fiele.

---

§ 28 **b) Jugendgerichtspräsident**

Die Präsidentin oder der Präsident des Jugendgerichts beurteilt als Einzelgericht Einsprachen gegen Strafbefehle, die Übertretungen zum Gegenstand haben.

Art. 34 Abs. 3 JStPO ermöglicht den Kantonen mit Jugendanwaltsmodell, die Kompetenz zur Beurteilung von Einsprachen gegen Strafbefehle dem Präsidenten des Jugendgerichts zu übertragen. Von dieser Möglichkeit hat der zürcherische Gesetzgeber Gebrauch gemacht. Da auf Einsprache gegen den Strafbefehl hin grundsätzlich ein erstinstanzliches Verfahren vor dem (Jugend-)Gericht stattfindet (Art. 34 Abs. 2 JStPO), ist diese Kompetenzzuweisung *auf Übertretungen beschränkt*.

Zu beachten ist in diesem Zusammenhang, dass zwecks Effizienzsteigerung im Jugendstrafverfahren kantonsweit sämtliche *Übertretungen* von der Jugendanwaltschaft Winterthur verfolgt und geahndet werden.

Zum Strafbefehlsverfahren im Jugendstrafrecht s. Art. 32 JStPO.

Zum gerichtlichen Verfahren vgl. § 27 N. 26; abweichend vom Erwachsenenverfahren ist die *Privatklägerschaft* hinsichtlich des Zivilpunktes und der Nebenfolgen einsprachelegitimiert (Art. 32 Abs. 5 lit. b JStPO; kritisch zum Ausschluss im Schuldpunkt JOSITSCH et al., JStPO Kommentar, Zürich/St. Gallen 2010, Art. 32 Anm. 20 zu Abs. 5).

§ 29 c) Zwangsmassnahmengericht

¹ Das Einzelgericht eines Bezirksgerichts im örtlichen Zuständigkeitsbereich der Staatsanwaltschaft oder der Jugendanwaltschaft ist Zwangsmassnahmengericht gemäss StPO und JStPO

a. in Haftverfahren,
b. im Anwendungsbereich von Art. 186 StPO (stationäre Begutachtung), Art. 235 Abs. 4 StPO (Verkehr zwischen Verteidigung und inhaftierter Person) und Art. 373 StPO (Friedensbürgschaft).

² Die Mitglieder der Bezirksgerichte sind für diese Funktion im ganzen Kantonsgebiet einsetzbar. Das Obergericht kann für dieselbe Funktion Ersatzmitglieder für das ganze Kantonsgebiet einsetzen.

³ Das Obergericht regelt den Einsatz in einer Verordnung.

Literatur

D. VON DÄNIKEN/B. SOMMERHALDER, Zwangsmassnahmengericht (ZMG) und neues Haftverfahren im Kanton Aargau, in: 75 Jahre Aargauischer Juristenverein 1936–2011, Zürich 2011, S. 255 ff.; A. DONATSCH/N. SCHMID, Kommentar, N. 60–66 zu § 388 StPO; S. EISNAR, Ersatzanordnung für Untersuchungshaft und Sicherheitshaft im zürcherischen Strafprozess, Diss. Zürich 1997; B. FÄSSLER, Die Anordnung der Untersuchungshaft im Kanton Zürich, Diss. Zürich 1992; F. FISCHER, Die materiellen Voraussetzungen der ordentlichen Untersuchungshaft im rechtsstaatlichen Strafprozess, Diss. Zürich 1995; M. FORSTER, Rechtsschutz bei strafprozessualer Haft, SJZ 94, S. 2 ff. und 35 ff.; DERSELBE, Anspruch auf rechtliches Gehör im Haftprüfungsverfahren, ZBJV 135, S. 232 ff.; P. GOLDSCHMID, Das Zwangsmassnahmengericht, fp 2011, S. 37 ff.; T. HANSJAKOB, Zwangsmassnahmen in der neuen Eidgen. StPO, ZStrR 126, S. 90 ff.; J. REHBERG/M. HOHL, Revision des Zürcher Strafprozessrechts von 1991, Zürich 1992, S. 4, 35 ff. und 75; N. SCHMID, Zwangsmassnahmen der StPO, besonders aus zürcherischer Sicht, in: B. Tag/B. Hauri (Hrsg.), Schweizerische Strafprozessordnung, Zürich 2010, S. 65 ff.

§ 29

Inhaltsübersicht   N.

I.   Vom Haftrichter zum Zwangsmassnahmengericht 1
     1. Zur bisherigen Stellung des zürcherischen Haftrichters 1
     2. Zwangsmassnahmengericht nach StPO 3
II. Sachliche Zuständigkeit 7
     1. Zwangsmassnahmengericht als Haftrichter (Abs. 1 lit. a) 7
         a) Strafverfahren gegen Erwachsene 7
             aa) Haft und Ersatzmassnahmen 7
             bb) Verfahren vor dem Zwangsmassnahmengericht 9
             cc) Entscheid 12
             dd) Rechtsmittel 15
             ee) Ausschluss des Haftrichters als Sachrichter 17
         b) Strafverfahren gegen Jugendliche 18
     2. Weitere strafprozessuale Bereiche (Abs. 1 lit. b) 20
         a) Stationäre Begutachtung 22
         b) Einschränkung des Verteidigerverkehrs 23
         c) Friedensbürgschaft 24
III. Örtliche Zuständigkeit 25
     1. Allgemeine Regelung 25
         a) Regelung nach § 24a GVG 25
         b) Heutige Regelung 26
     2. Pikettdienst (Abs. 2 und 3) 29

I. Vom Haftrichter zum Zwangsmassnahmengericht

1. Zur bisherigen Stellung des zürcherischen Haftrichters

1   Nach Art. 5 Ziff. 1 EMRK bildet die Untersuchungs- und Sicherheitshaft einen zulässigen Eingriff in die persönliche Freiheit. Jedoch muss die in Haft zu setzende Person unverzüglich einem Richter oder einem anderen gesetzlich zur Ausübung richterlicher Funktionen ermächtigten Beamten zugeführt werden (Art. 5 Ziff. 3 EMRK, Art. 31 Abs. 3 BV). Der Untersuchungsbeamte genügte nach der höchstrichterlichen Rechtsprechung diesen Anforderungen nicht mehr, wenn er später als Ankläger in der gleichen Sache dem Beschuldigten entgegentrat (EuGRZ 1990 S. 503 Ziff. 40–43 = VPB 1990 Nr. 54; BGE 118 Ia 96 ff.).

2   Weil durch diese Rechtsprechung dem (seinerzeitigen) Bezirksanwalt die Kompetenz zur Anordnung von Untersuchungshaft praktisch entzogen wurde, wurde im Zuge der Revision vom 3.3.1991 durch § 24a GVG das Institut des Haftrichters geschaffen. Diese Regelung wurde, obschon nach damaligem Recht kein kantonales Rechtsmittel gegeben war (§ 62 Abs. 4 StPO [ZH]), vom Bundesgericht trotz grosser Bedenken als noch verfassungs- und konventionskonform erachtet (EuGRZ 1992 S. 553 f.; zu den Anforderungen an die Gewährung des rechtlichen Gehörs BGE 125 I 113 E. 2d). Gleichzeitig wurde dabei dem Haftrichter am Bezirksgericht Zürich die Überprüfung ausländerrechtlicher Zwangsmassnahmen übertragen. Durch die Revision vom 24.9.1995 wurde die Stellvertretung des Haftrichters im Pikettdienst geregelt. Weitere Änderungen erfuhr die Bestimmung bei der Einführung des Gewaltschutzgesetzes vom 19.6.2006 (GSG) auf den 1.4.2007 (neuer Abs. 1 von § 24a GVG) sowie mit dem G über den Beitritt zum Kon-

kordat über Massnahmen gegen die Gewalt anlässlich von Sportveranstaltungen vom 18.5.2009 auf den 1.1.2010 (neuer Abs. 5 von § 24a GVG).

2. Zwangsmassnahmengericht nach StPO

§ 29 GOG tritt an die Stelle des bisherigen § 24a GVG. Dabei wird jedoch einerseits der Zuständigkeitsbereich (entsprechend den Vorgaben der eidgenössischen Prozessgesetze) erweitert. Umgekehrt sind die verwaltungsrechtlichen Bereiche (ausländerrechtliche Zwangsmassnahmen, zuletzt § 24a Abs. 4 GVG, sowie Massnahmen gemäss GSG, zuletzt § 24a Abs. 1 GVG) ausgegliedert und modifiziert worden (§ 33 GOG).

Das Zwangsmassnahmengericht hat seine Grundlage in Art. 18 StPO. Es ist wie erwähnt bedingt durch die Anforderungen von Art. 5 Ziff. 3 lit. d EMRK sowie Art. 31 Abs. 3 BV. Danach ist für die *Anordnung bzw. Aufrechterhaltung von freiheitsentziehenden Massnahmen* zwingend ein Gericht oder mindestens ein zur Ausübung gerichtlicher Funktionen ermächtigter Beamter zuständig. Die Mitglieder der Staatsanwaltschaft erfüllen als Mitglieder einer Verwaltungsbehörde diese Voraussetzungen nicht. Das Zwangsmassnahmengericht gilt auch als ein Korrektiv zur Konzentration der Ermittlung, Untersuchung und Anklage in der Hand des Staatsanwalts (KELLER, in: Donatsch/Hansjakob/Lieber, StPO Komm., Art. 18 N. 1).

Von Bundesrechts wegen kann das Zwangsmassnahmengericht entweder einem erstinstanzlichen Gericht oder aber einem Gericht zweiter Instanz zugeordnet werden, wobei in diesem Fall das Problem der personellen Trennung von der Beschwerdeinstanz zu beachten ist. Typischerweise handelt es sich allerdings um ein Gericht, welches bei einem erstinstanzlichen Gericht (und in der Regel als Einzelgericht) angesiedelt wird. Dass dem Zwangsmassnahmengericht zusätzlich auch Zwangsmassnahmen aus dem *Polizei- oder Ausländerrecht* zugewiesen werden, ist zulässig und sinnvoll (zum Ganzen KELLER, in: Donatsch/Hansjakob/Lieber, StPO Komm., Art. 18 N. 5).

Im Kanton Zürich werden die Aufgaben des Zwangsmassnahmengerichts nach StPO *dezentral* von zwei Instanzen wahrgenommen: Einerseits (vor allem im Bereich Haft und damit zusammenhängende Massnahmen) vom Einzelgericht beim Bezirksgericht im Sinne von § 29 GOG, zum anderen von einem Mitglied des Obergerichts gemäss § 47 GOG in all denjenigen Fällen, die nicht in den Zuständigkeitsbereich des bezirksgerichtlichen Einzelgerichts fallen (sog. Auffangzuständigkeit).

II. Sachliche Zuständigkeit

1. Zwangsmassnahmengericht als Haftrichter (Abs. 1 lit. a)

a) Strafverfahren gegen Erwachsene

aa) Haft und Ersatzmassnahmen

In erster Linie umfasst die Zuständigkeit gemäss Abs. 1 lit. a die Anordnung bzw. Verlängerung von Untersuchungs- und Sicherheitshaft (Art. 224 ff. StPO). Im Rahmen seiner Zuständigkeit ist das Zwangsmassnahmengericht auch für die Sicherstellung der notwen-

8 Nach Art. 237 Abs. 1 StPO ordnet sodann «das zuständige Gericht» anstelle der Untersuchungs- oder Sicherheitshaft eine oder mehrere mildere Massnahmen (Ersatzmassnahmen, wie Sicherheitsleistung, Ausweis- und Schriftensperre, Rayonverbot [Ein- bzw. Ausgrenzung], Meldepflicht, Kontaktverbot usw.) an, wenn sie den gleichen Zweck wie die Haft erfüllen. Somit entscheidet auch in diesen Fällen das für Haftentscheide zuständige Zwangsmassnahmengericht.

bb) Verfahren vor dem Zwangsmassnahmengericht

9 Das Verfahren vor dem Zwangsmassnahmengericht betreffend Anordnung bzw. Verlängerung von Untersuchungs- und Sicherheitshaft (oder Ersatzmassnahmen) wird durch die *Art. 225 f. StPO abschliessend geregelt.* Danach setzt das Zwangsmassnahmengericht unverzüglich eine nicht öffentliche kontradiktorische *Verhandlung* (mit der Möglichkeit, stattdessen schriftliche Anträge zu stellen) an; der (zulässige [s. Art. 225 Abs. 5 StPO]) Verzicht des Beschuldigten auf mündliche Anhörung durch den Haftrichter lässt den grundrechtlichen Gehörsanspruch als solchen nicht dahinfallen, insbesondere nicht mit Bezug auf ein allfälliges Haftverlängerungsgesuch der Untersuchungsbehörde nach Art. 227 StPO (vgl. BGE 125 I 113 E. 2c–d).

10 Der Beschuldigte und die Verteidigung haben Anspruch auf *Akteneinsicht* (Art. 225 Abs. 2 StPO), wobei das Gericht verpflichtet sein kann, dem nicht anwaltlich verbeiständeten Beschuldigten die wichtigsten Beweismittel vorzuhalten, soweit dies nicht schon die Staatsanwaltschaft getan hat. Sodann erhebt das Gericht die sofort verfügbaren Beweise (Art. 225 Abs. 4 StPO). Da sich der Entscheid des Gerichts u.a. auf die (wesentlichen) Akten der Staatsanwaltschaft stützt (vgl. Art. 224 Abs. 2 Satz 2 StPO), ist es – zumal im Hinblick auf eine allfällige Überprüfung durch die Beschwerdeinstanz – unabdingbar, dass die Staatsanwaltschaft oder das Gericht insoweit ein Aktenverzeichnis erstellt oder das Gericht zumindest die von ihm zur Begründung der Haftverfügung berücksichtigten Akten konkret bezeichnet (ZR 110 Nr. 72 E. II.4.1). Wesentlich ist in diesem Zusammenhang, dass die Staatsanwaltschaft dem Zwangsmassnahmengericht *sämtliche wesentlichen, d.h. haftrelevanten (Original-)Akten* einreicht, also auch solche, die allenfalls *gegen* eine Inhaftierung sprechen (vgl. Art. 225 Abs. 4 StPO, ferner BSK StPO-Forster, Art. 225 N. 4; einlässlich ZR 110 Nr. 72 E. II.4.3).

11 Die Mitwirkung eines *Gerichtsschreibers* im haftrichterlichen Verfahren war nach kantonalem Recht unerlässlich (Urteil des Bundesgerichts vom 22.1.1999, Nr. 1 P.8/1999); die StPO äussert sich in diesem Zusammenhang nicht (anders für das Sachgericht, Art. 335 Abs. 1 StPO), doch ist angesichts des in der Regel mündlichen Verfahrens mit entsprechenden Befragungen (Art. 225 StPO) u.E. davon auszugehen, dass auch hier die Mitwirkung eines Gerichtsschreibers erforderlich ist.

cc) Entscheid

12 Das Zwangsmassnahmengericht entscheidet *spätestens innert 48 Stunden* nach Eingang des Antrags der Staatsanwaltschaft und spätestens innert 96 Stunden nach Festnahme des Beschuldigten (Art. 224 Abs. 2, 226 Abs. 1 StPO; zur Kompensation einer allfälli-

gen Säumnis der Staatsanwaltschaft BGE 137 IV 92). Es kann in seinem Entscheid eine Höchstdauer der Haft festlegen, der Staatsanwaltschaft Weisungen erteilen und anstelle der Untersuchungshaft Ersatzmassnahmen anordnen (Art. 226 Abs. 1 und 4 StPO). Wird keine Haft angeordnet, ist der Beschuldigte unverzüglich freizulassen (Art. 226 Abs. 5 StPO). Im Falle rechtswidrig angewandter Zwangsmassnahmen stellt sich des weiteren die Frage nach einer Entschädigung bzw. Genugtuung (Art. 431 StPO).

Der Entscheid ist in jedem Fall kurz schriftlich zu *begründen* (Art. 226 Abs. 2 Satz 2 StPO); die Begründung soll wenn möglich innert höchstens drei bis vier Arbeitstagen bei den Parteien eintreffen (SCHMID, Praxiskommentar, Art. 226 N. 5). Hinsichtlich des Inhalts der Begründung kann grundsätzlich zwar auf den Haftantrag verwiesen werden, doch muss gleichzeitig daraus hervorgehen, dass dieser kritisch überprüft wurde. Erhebliche Parteivorbringen müssen in jedem Fall gewürdigt werden, während der blosse Hinweis «auf die Haftakten» nicht genügt (BGE 133 I 270 E. 3.1, 3.4; BGer 1B_161/2010 vom 12.7.2010, E. 3.2.1). Sodann wird es als zulässig erachtet, dass das Zwangsmassnahmengericht bei der Begründung nicht dem von der Staatsanwaltschaft geltend gemachten Haftgrund folgt, sondern an dessen Stelle die Haft *aus einem anderen Haftgrund* bestätigt, wobei jedoch in diesem Fall dem Beschuldigten vorgängig Gelegenheit zur Stellungnahme einzuräumen ist (SCHMID, Handbuch N. 1034; dazu schon SJZ 91 S. 314 E. 3 [betr. ausländerrechtliche Zwangsmassnahmen]).

13

Wird keine Untersuchungshaft (oder lediglich eine Ersatzmassnahme) angeordnet, ist gemäss Art. 226 Abs. 5 StPO der Beschuldigte unverzüglich auf freien Fuss zu setzen (s. dazu nachfolgend N. 15).

14

dd) Rechtsmittel

Gemäss Art. 222 StPO (in der nachträglichen Fassung gemäss StBOG) kann die *verhaftete* Person (unabhängig von der Dauer der Untersuchungs- oder Sicherheitshaft) Entscheide über die Anordnung, Verlängerung und Aufhebung der Untersuchungs- und Sicherheitshaft in jedem Fall mit Beschwerde anfechten. Nach dem Wortlaut des Gesetzes ist somit *die Staatsanwaltschaft ihrerseits* gegen derartige (haftaufhebende) Entscheide nicht beschwerdelegitimiert. Schon kurz nach Inkrafttreten der StPO hat jedoch das Bundesgericht entschieden, dass die Staatsanwaltschaft zur Anfechtung eines Haftentlassungsentscheides des Zwangsmassnahmengerichts bei der Beschwerdeinstanz in gleicher Weise wie die verhaftete Person legitimiert sei (BGE 137 IV 22 E. 1 = Pr 100 Nr. 100; ebenso BGE 137 IV 87; s. dazu kritisch Bemerkungen GOLDSCHMID und THOMMEN in fp 2011, S. 142 f. sowie RUCKSTUHL, AnwRev 2011, S. 322 f. Zu den sich in diesem Zusammenhang aus dem Anspruch der beschuldigten Person auf *unverzügliche Freilassung* (Art. 226 Abs. 5 StPO) einerseits und dem Interesse der Staatsanwaltschaft an einer *wirksamen Ausübung ihres Beschwerderechts* (einstweilige Aufrechterhaltung der Untersuchungshaft bis zum Entscheid der Beschwerdeinstanz) andererseits ergebenden verfahrenstechnischen Problemen (konkret «superprovisorische» Haftanordnung durch die Beschwerdeinstanz bzw. deren Verfahrensleitung gemäss Art. 388 lit. b StPO) s. BGE 137 IV 230 E. 2.2. Eine anschliessende Rückweisung der Sache durch die Beschwerdeinstanz an das Zwangsmassnahmengericht zu neuer Entscheidung in Fällen, in denen nicht davon ausgegangen werden kann, dass klarerweise keine Haftgründe vorliegen, verletzt das Beschleunigungsgebot noch nicht (BGE 137 IV 92 E. 3.2.4, OGer ZH UB110061 vom 21.7.2011, E. II.5).

15

16 Gegen den Entscheid der Beschwerdeinstanz ist die Strafrechtsbeschwerde nach Art. 78 ff. BGG an das Bundesgericht zulässig.

ee) Ausschluss des Haftrichters als Sachrichter

17 Der Richter, der als Mitglied des Zwangsmassnahmengericht mitgewirkt hat, ist von Gesetzes wegen als Sachrichter in der gleichen Sache ausgeschlossen (Art. 18 Abs. 2 StPO). Dies galt bis anhin nicht für den Vorsitzenden der Rechtsmittelinstanz, der über die Sicherheitshaft entschieden hatte (BGE 117 Ia 182 E. 3b). Im Lichte der Art. 18 Abs. 2 StPO zugrunde liegenden Auffassung dürfte nunmehr aber auch in dieser Konstellation ein Ausschlussgrund vorliegen, zumal vor dem Hintergrund eines erstinstanzlichen Freispruchs die Bejahung eines dringenden Tatverdachts (Art. 221 Abs. 1 StPO) durch die zweitinstanzliche Verfahrensleitung (vgl. Art. 231 Abs. 2 Satz 3 StPO) in aller Regel eine eingehende Befassung mit der Sache selbst voraussetzt.

b) Strafverfahren gegen Jugendliche

18 Im Strafverfahren gegen Jugendliche ist (anders als im Erwachsenenstrafverfahren) für die Anordnung von Untersuchungshaft und allfällige Ersatzmassnahmen nicht das Zwangsmassnahmengericht, sondern die Untersuchungsbehörde, also die Jugendanwaltschaft, zuständig (Art. 26 Abs. 1 lit. b JStPO; zur Kontroverse betreffend die Konventionsmässigkeit dieser Zuständigkeit vgl. schon BGE 121 I 208, ZR 91/92 Nr. 80 und HAUSER/SCHWERI, GVG, § 24a N. 8). Soll jedoch die Untersuchungshaft länger als sieben Tage dauern, hat die Untersuchungsbehörde einen entsprechenden Antrag an das Zwangsmassnahmengericht zu stellen (Art. 27 Abs. 2 JStPO).

19 Zu beachten ist in diesem Zusammenhang, dass nach Art. 26 Abs. 3 JStPO dann, wenn der Straffall beim Gericht hängig ist, dieses auch für die Anordnung der gesetzlichen Zwangsmassnahmen zuständig ist (anders etwa § 229 StPO, Anordnung von Sicherheitshaft im Erwachsenenverfahren). Ferner setzt Art. 29 Abs. 2 JStPO die stationäre Beobachtung – entgegen dem Vorschlag des Bundesrates – der Untersuchungshaft nicht gleich. In diesem Bereich besteht daher kein Raum für die Zuständigkeit des Zwangsmassnahmengerichts (W.RR S. 103 f.).

2. Weitere strafprozessuale Bereiche (Abs. 1 lit. b)

20 In Abs. 1 lit. b werden die weiteren Zuständigkeitsbereiche genannt. Dabei handelt es sich um eine abschliessende Aufzählung, was bedeutet, dass (entgegen dem Antrag des Obergerichts im Vernehmlassungsverfahren) die *Auffangzuständigkeit* für Zwangsmassnahmen beim Zwangsmassnahmengericht des Obergerichts liegt (§ 47 GOG; s. oben N. 6).

21 Der Vollständigkeit halber ist darauf hinzuweisen, dass im Verlauf der Beratungen vor der vorberatenden Kommission an dieser Stelle zunächst auch die Zuständigkeit für die Entsiegelung im Vorverfahren aufgenommen worden war. Im Kantonsrat wurde diese Zuständigkeit jedoch mit Blick auf die Zuständigkeitsregelung bei der Entsiegelung im Rahmen der internationalen Rechtshilfe wieder gestrichen (Prot. KR 2007–2011, S. 10796 f.), womit die Zuständigkeit für die Entsiegelung in sämtlichen Verfahren beim Zwangsmassnahmengericht des Obergerichts liegt.

a) Stationäre Begutachtung

Das bezirksgerichtliche Zwangsmassnahmengericht ist zuständig für die Anordnung einer stationären Begutachtung nach Art. 186 StPO, d.h. zur Einweisung einer beschuldigten Person in ein Spital zwecks Ausarbeitung eines ärztlichen Gutachtens, soweit sich die beschuldigte Person nicht schon in Untersuchungshaft befindet; in diesem Fall ist die Staatsanwaltschaft zur Einweisung berechtigt, weil der beschuldigten Person bereits die Freiheit entzogen wurde. Das Verfahren ist schriftlich. Gegen den Entscheid des Zwangsmassnahmengerichts ist (anders als nach Art. 222 StPO) keine Beschwerde nach StPO gegeben (Art. 186 Abs. 2 Satz 2 StPO), hingegen Strafrechtsbeschwerde an das Bundesgericht (kritisch zu dieser und den nachfolgenden Abweichungen vom Grundsatz des doppelten Instanzenzugs KELLER, in: Donatsch/Hansjakob/Lieber, StPO Komm., Art. 397 N. 12 ff. und DERSELBE, ZStrR 2011, S. 256).

22

b) Einschränkung des Verteidigerverkehrs

Grundsätzlich kann die inhaftierte Person mit der Verteidigung frei und ohne inhaltliche Kontrolle verkehren (Art. 235 Abs. 4 Satz 1 StPO). Bei begründetem Verdacht auf Missbrauch (z.B. Kassiber) kann jedoch die Verfahrensleitung mit Genehmigung des Zwangsmassnahmengerichts den freien Verkehr befristet einschränken (Art. 235 Abs. 4 Satz 2 StPO; zur zulässigen Einschränkung insbesondere des telefonischen Verkehrs mit der Verteidigung ZR 110 Nr. 46). Die Unterbreitung der Einschränkung zur Genehmigung durch das Zwangsmassnahmengericht hat unverzüglich (spätestens am nächsten Arbeitstag) zu erfolgen (HUG, in: Donatsch/Hansjakob/Lieber, StPO Komm., Art. 235 N. 16). Auch dieser Entscheid ist der Beschwerde nach StPO entzogen (Art. 393 Abs. 1 lit. c StPO), unterliegt aber der Strafrechtsbeschwerde an das Bundesgericht, da ein nicht leicht wiedergutzumachender Nachteil droht (Art. 93 Abs. 1 lit. c BGG).

23

c) Friedensbürgschaft

Schliesslich ist das bezirksgerichtliche Zwangsmassnahmengericht zuständig für die Anordnung der in Art. 66 StGB genannten Massnahmen, d.h. Anordnung von Sicherheitsleistung oder Sicherheitshaft. Im Falle unmittelbarer Gefahr kann die Staatsanwaltschaft die betreffende Person vorläufig in Haft setzen und unverzüglich dem Zwangsmassnahmengericht zuführen (Art. 373 Abs. 5 StPO). Ordnet das Gericht Haft an, kann die betroffene Person dagegen Beschwerde führen (Art. 373 Abs. 1 Satz 2 StPO).

24

III. Örtliche Zuständigkeit

1. Allgemeine Regelung

a) Regelung nach § 24a GVG

Gestützt auf eine Vorlage des Regierungsrates vom 21.9.2005 (ABl 2005 S. 1067 ff.) trat auf den 1.4.2007 eine Regelung in Kraft, die hinsichtlich der örtlichen Zuständigkeit des Haftrichters gegenüber dem früheren Zustand eine *Flexibilisierung* anstrebte (zu den Grenzen der ersatzweisen Einsetzung bezirksfremder Haftrichter BGE 123 I 49). Danach

25

amtete als Haftrichter der Einzelrichter eines Bezirksgerichtes im örtlichen Zuständigkeitsbereich der Staatsanwaltschaft oder der Jugendanwaltschaft, wobei das Obergericht den Einsatz der Haftrichter in einer Verordnung generell-abstrakt zu regeln hatte. Ziel war eine Beschleunigung des Haftverfahrens durch Verkürzung der Aktenwege zwischen Staatsanwaltschaft und Haftrichter sowie die die Senkung von Transportkosten. In seiner Haftrichterverordnung vom 6.12.2006 (LS 321.3) legte das Obergericht in der Folge fest, dass vor Anklageerhebung der Einzelrichter des für die Anklage zuständigen Bezirksgerichts als Haftrichter amte, sofern dieses im örtlichen Zuständigkeitsbereich der untersuchungsführenden Allgemeinen Staatsanwaltschaft lag (§ 1 Abs. 1 der genannten VO). Lag dieses Gericht nicht im örtlichen Zuständigkeitsbereich dieser Staatsanwaltschaft, amtete vor Anklageerhebung der Einzelrichter desjenigen Bezirksgerichts als Haftrichter, welches am nächsten beim Sitz der untersuchungsführenden Allgemeinen Staatsanwaltschaft lag (§ 1 Abs. 2 der genannten VO). Für die Besonderen Staatsanwaltschaften, die im ganzen Kantonsgebiet zuständig sind, amtete ein Einzelrichter des Bezirksgerichts Zürich als Haftrichter (§ 2 der genannten VO).

b) Heutige Regelung

26 Auch nach § 29 Abs. 1 GOG ist das Einzelgericht «eines Bezirksgerichtes im örtlichen Zuständigkeitsbereich der Staatsanwaltschaft oder Jugendanwaltschaft» das zuständige Zwangsmassnahmengericht, was vom Wortlaut her der bisherigen Formulierung von § 24a GVG entspricht. Indessen vertrat die Oberstaatsanwaltschaft (u.a. mit Berufung auf die in Art. 14 Abs. 4 StPO den Kantonen vorbehaltene Organisationsautonomie) die Auffassung, die Staatsanwaltschaften könnten aufgrund der gesetzlichen Bestimmung wählen, an welchem Bezirksgericht innerhalb ihres Zuständigkeitsbereiches sie ihre Anträge betreffend Untersuchungshaft usw. stellen wollten, hätten aber zwecks Einhaltung des bei Haftgeschäften besonders bedeutsamen Beschleunigungsgebotes an Wochentagen jeweils an das Einzelgericht des an ihrem Amtssitz zuständigen Gerichts zu gelangen (WOSTA Ziff. 11.7.2).

27 In einem kurz nach Inkrafttreten des GOG zu beurteilenden Fall trat das Zwangsmassnahmengericht des Bezirks Winterthur auf einen bei ihm gestellten Antrag der Staatsanwaltschaft Winterthur/Unterland (mit Sitz in Winterthur) betreffend Fortsetzung der Untersuchungshaft mangels örtlicher Zuständigkeit nicht ein und überwies den Antrag dem Zwangsmassnahmengericht des Bezirks Bülach, welches in der Sache, d.h. für eine allfällige Anklage zuständig war. Im Rahmen eines dagegen eingeleiteten Beschwerdeverfahrens (welches das Gericht als Verfahren nach Art. 40 StPO behandelte) erwog die III. Strafkammer des Obergerichts mit Beschluss vom 22.2.2011 (Geschäfts-Nr. UH110004) Folgendes:

> «Am 1. Januar 2011 trat das neue GOG in Kraft und löste das GVG ab. Zu § 29 GOG hielt der Regierungsrat im Antrag vom 1. Juli 2009 unter anderem fest, es dränge sich auf, für Haftentscheide weiterhin eine dezentrale Organisation zu wählen und das Einzelgericht eines Bezirksgerichts im örtlichen Zuständigkeitsbereich der Staatsanwaltschaft als zuständig zu bezeichnen (ABl 2009 1572 f.). Hinweise darauf, dass der Staatsanwaltschaft neu eine Wahlmöglichkeit zugestanden werden soll, bestehen nicht. Vielmehr ist davon auszugehen, dass die Aufmerksamkeit darauf gerichtet war, für Haftverfahren und weitere einzeln aufgezählte Aufgaben dezentrale Zwangsmass-

nahmengerichte auf Stufe der Bezirksgerichte einzuführen, wohingegen die übrigen Aufgaben, welche die Strafprozessordnung dem Zwangsmassnahmengericht zuweist, einem vom Obergericht zu bestimmenden Mitglied des Obergerichts übertragen wurden (§ 47 lit. a GOG). Aufgrund der Systematik von § 29 GOG hat das Obergericht – im Gegensatz zur früheren Regelung – aber nicht mehr die Kompetenz, die konkrete Zuständigkeit in einer Verordnung zu regeln, sondern kann nur noch über den Einsatz der einzelnen Mitglieder der Bezirksgerichte im ganzen Kantonsgebiet entscheiden (§ 29 Abs. 2 und 3 GOG). In der Vorberatung des GOG in der Kommission für Justiz und Sicherheit wurde Bedeutung und Inhalt des heutigen § 29 GOG kontrovers diskutiert und man war sich zum Schluss einig, dass an der bisherigen Zuständigkeitsregelung gemäss Haftrichterverordnung vom 6. Dezember 2006 nichts geändert werden soll. Nachdem im Kantonsrat selber eine Diskussion darüber nicht mehr stattgefunden hat, ist deshalb davon auszugehen, dass der Gesetzgeber von der bis am 31. Dezember 2010 bestehenden Regelung nicht abweichen wollte, weshalb § 29 GOG – auch mit Blick auf die auch innerkantonal geltende Gerichtsstandbestimmung von Art. 31 StPO – dahingehend auszulegen ist, dass vor der Anklageerhebung das Einzelgericht des (aufgrund der Aktenlage zum Zeitpunkt des Haftverfahrens) für die Anklage zuständigen Bezirksgerichts als Zwangsmassnahmengericht amtet, sofern dieses im örtlichen Zuständigkeitsbereich der untersuchungsführenden Allgemeinen Staatsanwaltschaft liegt. Befindet sich dieses Gericht aufgrund der Aktenlage zum Zeitpunkt des Haftverfahrens nicht im Zuständigkeitsbereich der Allgemeinen Staatsanwaltschaft, ist das Einzelgericht desjenigen Bezirksgerichts, das am nächsten beim Sitz der Allgemeinen Staatsanwaltschaft liegt, örtlich zuständig. Für die Besonderen Staatsanwaltschaften amtet in Haftverfahren vor Anklageerhebung das Einzelgericht des Bezirksgerichts Zürich als Zwangsmassnahmengericht. Nach Anklageerhebung beim Bezirksgericht amtet sowohl in Haftverfahren der Allgemeinen als auch der Besonderen Staatsanwaltschaft das Einzelgericht dieses Bezirksgerichts als Zwangsmassnahmengericht (vgl. die entsprechende Regelung in den §§ 1 bis 3 der aufgehobenen Haftrichterverordnung vom 6. Dezember 2006).

Die massgeblichen Tatorte liegen im vorliegenden Fall im Bezirk Bülach. Somit hat das Zwangsmassnahmengericht des Bezirkes Winterthur zu Recht das Zwangsmassnahmengericht des Bezirkes Bülach für zuständig erachtet und seine eigene Zuständigkeit verneint.»

Aufgrund dieses (in Rechtskraft erwachsenen) Entscheides besteht somit die vor dem 1.1.2011 geltende Ordnung unverändert weiter. Ob die von der Staatsanwaltschaft vertretene Auslegung von § 29 GOG im Weiteren bundesrechtskonform sei, liess das Obergericht in seinem Entscheid ausdrücklich offen.

2. Pikettdienst (Abs. 2 und 3)

Das Gesetz hält ausdrücklich fest (Abs. 2), dass die Mitglieder der Bezirksgerichte für die Funktion des Zwangsmassnahmengerichts im ganzen Kanton einsetzbar sind. Gleichzeitig sieht es vor, dass das Obergericht für diese Funktion auch Ersatzmitglieder einsetzen kann. Einzelheiten sind gemäss Abs. 3 vom Obergericht auf dem Verordnungsweg zu regeln.

30 Gestützt auf Abs. 3 hat das Obergericht am 8.9.2010 (unter gleichzeitiger Aufhebung der früheren VO vom 6.12.2006) die *VO über den Einsatz des Einzelgerichts als Zwangsmassnahmengericht in Haftsachen* (Haftrichterverordnung, LS 321.3) erlassen. Diese Verordnung regelt die örtliche Zuständigkeit für *Wochenenden und allgemeine Feiertage* und bestimmt in § 1, dass an diesen Tagen das Einzelgericht des Bezirksgerichts Zürich die Aufgaben der Zwangsmassnahmengerichte auch der übrigen Gerichte übernimmt. Gemäss § 2 VO leisten die Mitglieder der anderen Bezirksgerichte an diesen Tagen Pikettdienst beim Zwangsmassnahmengericht des Bezirksgerichts Zürich, und zwar aufgrund eines vom Obergerichtspräsidenten zu genehmigenden Einsatzplans. Der Einsatz von Ersatzmitgliedern bleibt vorbehalten. Eine solche von der ordentlichen Zuständigkeit abweichende Pikettregelung ist auch unter verfassungsrechtlichen Gesichtspunkten nicht zu beanstanden (BGE 123 I 49 E. 3b).

Weitere Zuständigkeiten

§ 30 *a) Fürsorgerische Freiheitsentziehung*

Das Einzelgericht entscheidet im Rahmen der fürsorgerischen Freiheitsentziehung über Begehren um gerichtliche Beurteilung der Einweisung, der Ablehnung des Entlassungsgesuches, der Zurückbehaltung oder der Rückversetzung in die Anstalt (Art. 314 a, 397 a–397 f, 405 a, 406 ZGB und § 117 i EG zum ZGB).

Voraussichtlich ab 1.1.2013 geltende Fassung

§ 30 Das Einzelgericht entscheidet gemäss § 70 Abs. 2 lit. a Einführungsgesetz zum Kindes- und Erwachsenenschutzrecht vom ... Beschwerden gegen Entscheide

a. betreffend eine fürsorgerische Unterbringung,
b. eines einzelnen Mitglieds der KESB.

Literatur

H.M. RIEMER, Grundriss des Vormundschaftsrechts, 2. Aufl., Bern 1997; B. SCHNYDER, Die fürsorgerische Freiheitsentziehung, in: Das ZGB lehren, Freiburg 2000; E. SPIRIG, Fürsorgerische Freiheitsentziehung und Drogenmissbrauch im Kanton Zürich, SJZ 90, S. 321 ff.; DERSELBE, Die fürsorgerische Freiheitsentziehung, Kommentar zu Art. 397a–f ZGB, Zürich 1995; DERSELBE, Das neue Verfahren bei fürsorgerischer Freiheitsentziehung, ZR 94 Nr. 93; CH. SUHR-BRUNNER, Fürsorgerische Freiheitsentziehung und Suchterkrankungen, insbesondere Drogensucht, Diss. Zürich 1994; WALDER-RICHLI/GROB-ANDERMACHER, Zivilprozessrecht, §§ 35a und 37a.

§ 30

Inhaltsübersicht N.
I. Regelungsbedarf, Hinweis auf kommendes Recht 1
II. Fürsorgerische Freiheitsentziehung 3
   1. Bundesrecht 3
   2. Kantonales Recht 5

I. Regelungsbedarf, Hinweis auf kommendes Recht

Die ZPO enthält keine Vorschriften betreffend die sachliche Zuständigkeit im Zusammenhang mit der fürsorgerischen Freiheitsentziehung. Diese wird vom GOG entsprechend dem bisherigen § 22a Ziff. 1 GVG geregelt. In diesem Zusammenhang ist zudem auf § 27 Abs. 4 des *Patientinnen- und Patientengesetzes vom 5.4.2004* (LS 813.13) hinzuweisen, der bestimmt, dass für das Verfahren bei Anordnung von Zwangsmassnahmen die Bestimmungen betreffend fürsorgerische Freiheitsentziehung analog anwendbar sind. 1

Zu beachten ist, dass mit dem *Inkrafttreten des neuen Kindes- und Erwachsenenschutzrechts* (KESR) voraussichtlich auf den 1.1.2013 das Institut der füsorgerischen Freiheitsentziehung künftig durch die *fürsorgerische Unterbringung* (Art. 426–439 ZGB) ersetzt werden wird. Zuständig für die Anordnung der Unterbringung und die Entlassung wird dannzumal die Erwachsenenschutzbehörde sein (Art. 428 Abs. 1 ZGB); die Anrufung des Gerichts ist in Art. 439 ZGB geregelt. Gemäss § 70 VE zum EG zum KESR vom 8.11.2010 soll insoweit dem Bezirksgericht die sachliche Zuständigkeit übertragen werden, wobei das Einzelgericht zuständig sein soll, wenn sich die Beschwerde gegen einen Entscheid betreffend die fürsorgerische Unterbringung oder gegen einen (anderen) Entscheid eines Einzelmitglieds der KESB richtet, während in den anderen Fällen (d.h. wenn die KESB als Kollegialbehörde entschieden hat) das Kollegialgericht zuständig sein soll. Für Beschwerden gegen Entscheide des Bezirksgerichts wird das Obergericht zuständig sein (§ 71 VE zum EG KESR). 2

II. Fürsorgerische Freiheitsentziehung

1. Bundesrecht

Das Inkrafttreten der EMRK im Jahre 1974 mit ihrer in Art. 5 Ziff. 1 lit. e und Ziff. 4 aufgestellten Verfahrensgarantie bei Freiheitsentziehung erforderte auch eine völlige Neubearbeitung der bei einer zwangsweisen stationären Behandlung in einer Anstalt geltenden Regeln. Diese sind zumal im Hinblick auf die relativ hohe Zahl von Drogenabhängigen von grosser Aktualität. Durch die Revision vom 6.10.1978 (in Kraft seit 1.1.1981) wurden die Art. 397a–f ins ZGB eingefügt. Zur Hauptsache enthält das Gesetz folgende Vorschriften: 3

- Art. 397a Abs. 1 ZGB nennt abschliessend die Voraussetzungen, unter denen eine freiheitsentziehende Massnahme gerechtfertigt ist;
- Art. 397a Abs. 3 ZGB garantiert die Entlassung, sobald der Zustand des Kranken dies erlaubt;

- Art. 397b ZGB überträgt die Entscheidungen auf dem Gebiet der Freiheitsentziehung den vormundschaftlichen Behörden (im Kanton Zürich der Vormundschaftsbehörde der Gemeinde), wobei in besonders dringenden Fällen die Kantone auch andere geeignete Stellen als kompetent bezeichnen können;
- Art. 397d ZGB ermächtigt die betroffene Person, die über sie verhängte Entscheidung binnen zehn Tagen gerichtlich anzufechten. Weil vom Freiheitsentzug oft auch nahestehende Personen berührt werden, steht auch diesen ein Anfechtungsrecht zu;
- Art. 397e ZGB regelt das Verfahren vor der Vormundschaftsbehörde und dem Gericht;
- Art. 397f ZGB verlangt, dass das gerichtliche Verfahren einfach und rasch zu gestalten ist.

4 Bei fürsorgerischer Freiheitsentziehung unmündiger Personen unter elterlicher Gewalt oder Vormundschaft gilt Art. 314a ZGB, der zur Ergänzung auf die sinngemässe Anwendung der Art. 397a–f ZGB verweist; s. dazu auch Art. 405 ZGB.

2. Kantonales Recht

5 Das kantonale Recht regelt das Verfahren der fürsorgerischen Freiheitsentziehung, soweit nicht die Art. 397b ff. ZGB Bestimmungen enthalten. Die kantonalen Vorschriften zum Verfahren finden sich nunmehr (bis zum Inkrafttreten des EG zum KESR) in den §§ 177 ff. GOG.

§ 31   b) *Rechtshilfe*

¹ Das Einzelgericht behandelt Rechtshilfebegehren in Zivilsachen.

² Zuständig ist das Einzelgericht am Ort, an dem die Verfahrenshandlung durchgeführt werden soll.

³ Die Rechtshilfe in Strafsachen richtet sich nach § 150.

Inhaltsübersicht   N.
I.   Rechtshilfe in Zivilsachen 1
     1. Allgemein (Abs. 1) 1
     2. Örtliche Zuständigkeit (Abs. 2) 5
II. Rechtshilfe in Strafsachen (Abs. 3) 6

I. Rechtshilfe in Zivilsachen

1. Allgemein (Abs. 1)

1 Gestützt auf Art. 194 ff. ZPO sind die *schweizerischen* Gerichte zu gegenseitiger Rechtshilfe verpflichtet. Dabei ist nebst Zustellungen namentlich an Beweiserhebungen zu denken. Da die Gerichte direkt miteinander verkehren (Art. 194 Abs. 2 ZPO), entfällt die

Voraussetzung der Bewilligung der Rechtshilfe durch das Obergericht, wie dies bisher § 114 GVG vorsah. Das ersuchte Gericht kann für seine Auslagen Ersatz verlangen (Art. 196 Abs. 3 ZPO).

Zu beachten ist, dass nach Art. 195 ZPO ein ausserkantonales Gericht im Kanton Zürich Prozesshandlungen auch *direkt und ohne Wissen der hiesigen Behörden* selber vornehmen kann; es kann danach insbesondere Sitzungen abhalten und Beweis erheben. In diesem Fall liegt auch keine Rechtshilfe vor (BREITENMOSER/WEYENETH, in: Sutter-Somm/Hasenböhler/Leuenberger, ZPO Komm., Art. 194 N. 26). Die (beschränkte) Souveränität der Kantone wird insoweit ignoriert; immerhin wird zu Recht die Auffassung vertreten, dass für die Vornahme von Vollstreckungsmassnahmen vor Ort die lokalen Vollstreckungsbehörden in Anspruch zu nehmen sind (MEIER, Zivilprozessrecht, S. 430, m.H.a. STAEHELIN/STAEHELIN/GROLIMUND, Zivilprozessrecht, § 28 Rz. 44).

In den Fällen *internationaler* Rechtshilfe sind die Art. 11 ff. IPRG (in der durch die ZPO revidierten Fassung) anwendbar, welche für die Rechtshilfe bei Zustellung und Beweiserhebung im Ausland auf die Haager Übereinkunft vom 1.3.1954 betreffend Zivilprozessrecht (SR 0.274.12) verweisen (Art. 11a Abs. 4 IPRG). Die Vermittlung erfolgt durch das Bundesamt für Justiz (Art. 11 IPRG).

Entscheide des Einzelgerichts über die Zulässigkeit internationaler Rechtshilfe in Zivilsachen betreffen nicht die Justizverwaltung (entgegen ZR 88 Nr. 95; zur Rechtsnatur auch BGE 118 Ib 440, 121 II 95). *Rechtsschutz* für Parteien und Dritte gilt nach Massgabe der ZPO; konkret ist dabei (allein) die Beschwerde zulässig, die innert zehn Tagen (Art. 321 Abs. 2 ZPO) zu erheben ist (ZR 110 Nr. 73). Theoretisch ist denkbar, dass die Weigerung der Gewährung von Rechtshilfe zu einem Streit zwischen den beteiligten Kantonen führt, zu dessen Beurteilung das Bundesgericht zuständig wäre (Art. 120 Abs. 1 lit. b BGG; s. auch BREITENMOSER/WEYENETH, in: Sutter-Somm/Hasenböhler/Leuenberger, ZPO Komm., Art. 194 N. 42).

2. Örtliche Zuständigkeit (Abs. 2)

In Anlehnung an die Zuständigkeit betreffend vorsorgliche Massnahmen (Art. 12 ZPO) ist das Einzelgericht am Ort, wo die Verfahrenshandlung durchgeführt werden soll, zuständig. Diese Zuständigkeit gilt auch dann, wenn Verwaltungsbehörden zivilrechtliche Aspekte behandeln oder beurteilen (W.RR S. 104).

II. Rechtshilfe in Strafsachen (Abs. 3)

In Strafsachen wird die Rechtshilfe, soweit sie kantonale Straftatbestände betrifft, in § 150 GOG geregelt. Die Rechtshilfe betreffend Straftaten des Bundesrechts richtet sich nach Art. 43 ff. StPO.

> **§ 32   c) Amtshilfe an Schiedsgerichte**
>
> Dem Einzelgericht obliegen die Amtshilfe gemäss Art. 183 Abs. 2, Art. 184 Abs. 2 und Art. 185 des Bundesgesetzes vom 18. Dezember 1987 über das Internationale Privatrecht (IPRG) sowie die Unterstützung des Schiedsgerichts bei den Verfahrenshandlungen (Art. 356 Abs. 2 lit. c ZPO).

Literatur
Lit. zu Art. 356, 375 ZPO und Art. 183 ff. IPRG; ferner I. MEIER, Zivilprozessrecht, S. 620 f.

Inhaltsübersicht   N.
I.   Allgemein 1
II. Einzelne Verfahrenshandlungen 7
     1. Übersicht 6
     2. Mitwirkung des Einzelgerichts 8

I. Allgemein

1   Das IPRG sieht in Art. 183 ff. und die ZPO in Art. 356 Abs. 2 lit. c bzw. Art. 375 Abs. 2 (diese Bestimmung entspricht dem früheren Art. 27 KSG) vor, dass der staatliche Richter dem Schiedsgericht bei Verfahrenshandlungen nötigenfalls Amtshilfe bzw. Unterstützung leistet. Örtlich zuständig ist von Bundesrechts wegen das Gericht am Sitz des Schiedsgerichtes (Art. 356 ZPO, Art. 184 Abs. 2, 185 IPRG). Das kantonale Recht bestimmt die sachliche Zuständigkeit (bisher § 239 ZPO [ZH]).

2   Die Notwendigkeit zur Leistung von Amtshilfe ergibt sich daraus, dass *Schiedsgerichte als Privatgerichte keinerlei Zwang* gegenüber Parteien, Zeugen, Parteivertretern, Sachverständigen oder sonst am Verfahren beteiligten Personen ausüben dürfen. Sobald das Schiedsgericht das Verfahren ohne Ausübung von Zwang nicht mehr fördern kann, hat es daher die Amtshilfe des staatlichen Richters anzurufen; dieser erlässt die notwendigen Zwangsandrohungen und führt gegebenenfalls den Vollzug durch (vgl. FRANK/STRÄULI/MESSMER, ZPO, § 239 N. 8; NETZLE, in: Sutter-Somm/Hasenböhler/Leuenberger, ZPO Komm., Art. 375 N. 18).

3   Grundsätzlich hat das Schiedsgericht um Mitwirkung des staatlichen Gerichts zu ersuchen; die Parteien sind nun aber mit Zustimmung des Schiedsgerichts ebenfalls dazu befugt (Art. 375 Abs. 2 Satz 2 ZPO). Wird das Gesuch beim Obergericht gestellt, hat es dieses an das zuständige Einzelgericht weiterzuleiten. Das Einzelgericht, in dessen Bezirk das Schiedsgericht seinen Sitz hat, ist zur Gewährung der Amtshilfe verpflichtet. Es steht dem Einzelgericht auch nicht zu, die richtige Bestellung des Schiedsgerichts, die Gültigkeit der Schiedsabrede oder die Zulässigkeit der Beweisanordnung zu überprüfen (FRANK/STRÄULI/MESSMER, ZPO, § 239 N. 10 f.).

4   Nach bisherigem Recht konnte der Einzelrichter die Amtshilfe an Schiedsgerichte von der Leistung eines *Kostenvorschusses* abhängig machen, wobei dieser dem Schiedsgericht als Antragsteller aufzuerlegen war (so FRANK/STRÄULI/MESSMER, ZPO, § 239 N. 12

u.H.a. auf § 115 Abs. 2 GVG; allerdings bezog sich diese Bestimmung dem Wortlaut nach auf die Rechtshilfe gegenüber staatlichen Gerichten). Heute besteht in diesem Zusammenhang keine Rechtsgrundlage für die Auferlegung eines Kostenvorschusses an das Schiedsgericht (vgl. Art. 98 ZPO); sinngemäss kommt bezüglich Kostenregelung wohl Art. 196 Abs. 3 ZPO zum Zuge (nachträglicher Auslagenersatz durch das Schiedsgericht).

An den Verfahrenshandlungen des staatlichen Gerichts können nunmehr auch die Mitglieder des Schiedsgerichts teilnehmen und Fragen stellen (Art. 375 Abs. 3 ZPO). 5

II. Einzelne Verfahrenshandlungen

1. Übersicht

Konkret spielt die Amtshilfe bei folgenden Verfahrenshandlungen eine Rolle: 6
- Durchsetzung vorsorglicher und sichernder Massnahmen (Art. 183 Abs. 2 IPRG, Art. 374 Abs. 2 ZPO);
- Mitwirkung bei der Beweisaufnahme (Art. 184 Abs. 2 IPRG, Art. 375 Abs. 2 ZPO);
- weitere Mitwirkung (Art. 185 IPRG). Dabei geht es etwa um die Verlängerung der von den Parteien vereinbarten Amtsdauer des Schiedsgerichts, Rechtsverzögerungsbeschwerden oder die Konsolidierung zweier oder mehrerer Schiedsverfahren durch den gemeinsamen *juge d'appui* (NETZLE, in: Sutter-Somm/Hasenböhler/Leuenberger, ZPO Komm., Art. 375 N. 22 m.H.).

Für die Aufgaben gemäss Art. 356 Abs. 1 und 2 lit. a und ZPO betreffend die Konstituierung (Ernennung, Ablehnung, Abberufung, Ersetzung) ist weiterhin das Obergericht zuständig (§ 46 GOG). 7

2. Mitwirkung des Einzelgerichts

Zeugen dürfen vom Schiedsgericht nur eingeladen, nicht aber unter Androhung von Säumnisfolgen vorgeladen werden. Erscheint der Zeuge nicht freiwillig, gelangt das Schiedsgericht an das Einzelgericht zwecks Vorladung desselben. Erschienene Zeugen sind vom Schiedsgericht zur Wahrheit zu ermahnen und auf die Folgen falschen Zeugnisses hinzuweisen; verweigern sie die Aussage, erfolgt Antrag an das Einzelgericht wie bei Nichterscheinen. Die Parteibefragung erfolgt durch das Schiedsgericht; disziplinarische Ahndung (Ordnungsbusse, Art. 191 ZPO) ist Sache des staatlichen Gerichts. Bei Weigerung des Drittinhabers zur Urkundenedition erfolgt Antrag an das Einzelgericht (vgl. FRANK/STRÄULI/MESSMER, ZPO, § 239 N. 9). 8

Die einzelnen Verfahrenshandlungen werden nach den Bestimmungen der ZPO durchgeführt. 9

§ 33 d) Zwangsmassnahmen des Verwaltungsrechts

[1] Das Einzelgericht ist Haftrichterin oder -richter gemäss Gewaltschutzgesetz vom 19. Juni 2006 und gemäss Polizeigesetz vom 23. April 2007.

[2] Die Mitglieder der Bezirksgerichte sind für die Funktion als Haftrichterin und -richter im ganzen Kantonsgebiet einsetzbar. Das Obergericht kann für dieselbe Funktion Ersatzmitglieder für das ganze Kantonsgebiet einsetzen.

[3] Das Einzelgericht am Bezirksgericht Zürich
a. entscheidet, wenn das Bundesrecht die richterliche Anordnung oder Überprüfung ausländerrechtlicher Zwangsmassnahmen vorsieht,
b. ist Haftrichterin oder -richter gemäss Gesetz über den Beitritt zum Konkordat über Massnahmen gegen Gewalt anlässlich von Sportveranstaltungen vom 18. Mai 2009.

Literatur

A. EQUEY, Änderungen im Bereich der Zwangsmassnahmen im Ausländerrecht aufgrund der Übernahme der EG-Rückführungsrichtlinie durch die Schweiz, AJP 2011, S. 924 ff.; T. GÖKSU, in: Caroni/Gächter/Thurnherr (Hrsg.), Handkommentar Ausländergesetz, Bern 2010, zu Art. 73 ff.; P. GUTZWILLER/U. BAUMGARTNER, Schweizerisches Ausländerrecht, 2. Aufl., München und Basel 1997, S. 45 ff.; TH. HUGI YAR, Zwangsmassnahmen im Ausländerrecht, in: Uebersax et al. (Hrsg.), Ausländerrecht, Handbücher für die Anwaltspraxis Band VIII, 2. Aufl., Basel 2009, S. 417 ff.; DERS., Das Urteil El Didri, die EU-Rückführungsrichtlinie und der Schengen-Besitzstand, in: Jusletter 11. Juli 2011; W. KÄLIN, Zwangsmassnahmen im Ausländerrecht: Materielles Recht, AJP 1995, S. 835 ff.; C. KRANICH SCHNEITER/E. VONTOBEL-LAREIDA, Das neue Zürcher Gewaltschutzgesetz, FamPra.ch 2008, S. 90 ff.; P. MÖSCH PAYOT, Die aktuelle rechtliche Situation im Umgang mit häuslicher Gewalt in der Schweiz, FamPra.ch 2008, S. 561 ff.; ST. TRECHSEL, Zwangsmassnahmen im Ausländerrecht, AJP 1994, S. 43 ff.; P. UEBERSAX, Menschenrechtlicher Schutz bei fremdenpolizeilichen Einsperrungen, recht 1995, S. 53 ff.; DERSELBE, Ausschaffungshaft (Art. 13b Abs. 1 ANAG und Art. 13c Abs. 5 lit. a ANAG): Zulässigkeit der Ausschaffungshaft bei straffälligen abgewiesenen Asylsuchenden aus dem Kosovo trotz grundsätzlichem Ausschaffungsstopp, ZBJV 135, S. 40 ff.; W. WOHLERS/M. TRUNZ, Hooliganismus-Bekämpfung: Kann die Schweiz von England lernen? Causa Sport 2011, S. 176 ff.; A. WURZBURGER, La jurisprudence récente du Tribunal fédéral en matière de police des étrangers, RDAF 1997 I, S. 267 ff.; F. ZILTENER, Neues aus der Praxis zur Ausschaffungshaft, AJP 2001, S. 499 ff.; A. ZÜND, Zwangsmassnahmen im Ausländerrecht; Verfahrensfragen und Rechtsschutz, AJP 1995, S. 854 ff.; DERSELBE, Rechtsprechung des Bundesgerichts zu den Zwangsmassnahmen im Ausländerrecht, ZBJV 132, S. 72 ff.; DERSELBE, Art. 73–82 AuG, in: Spescha/Thür/Zünd/Bolzli, Kommentar Migrationsrecht, 2. Aufl., Zürich 2008.

Inhaltsübersicht

		N.
I.	Das Einzelgericht als Haftrichter gemäss Gewaltschutzgesetz und Polizeigesetz (Abs. 1)	1
	1. Gewaltschutzgesetz	1
	a) Massnahmen	2
	b) Gesuch um gerichtliche Beurteilung	5
	c) Örtliche Zuständigkeit	7
	d) Verfahren vor dem Haftrichter	8
	e) Kosten	12
	f) Rechtsmittel	13

	2.	Polizeigesetz		14
		a) Massnahmen		14
			aa) Polizeigewahrsam	14
			bb) Wegweisung und Fernhaltung	16
		b) Gerichtliche Beurteilung, Verfahren vor dem Haftrichter		17
		c) Rechtsmittel		20
	3.	Pikettdienst (Abs. 2)		22
II.	Ausländerrechtliche Zwangsmassnahmen (Abs. 3 lit. a)			23
	1.	Örtliche Zuständigkeit		23
	2.	Rechtsquellen		25
		a) Bundesrecht		25
			aa) Vom ANAG zum AuG	25
			bb) Zwangsanwendungsgesetz	30
			cc) EU-Rückführungsrichtlinie	31
		b) Kantonales Recht		32
	3.	Haftbedingungen		34
		a) Grundlagen		34
		b) Minimalgrundsätze		36
		c) Folgen ungenügender Haftbedingungen		37
	4.	Verfahren vor dem Haftrichter		38
		a) Natur und Gegenstand des Verfahrens, Kognition des Haftrichters		38
		b) Überprüfung von Amtes wegen bzw. auf Gesuch (Beschwerde) hin		41
	5.	Einzelne Verfahrensfragen		43
		a) Fristen für die Haftprüfung, Haftverlängerung und Haftentlassung		43
		b) Rechtsbeistand		46
		c) Kontradiktorische Verhandlung		49
		d) Beweisverfahren		53
		e) Öffentlichkeit der Verhandlung?		55
		f) Entscheid des Haftrichters		56
	6.	Rechtsmittel		60
		a) Kanton		60
		b) Bund		61
III.	Zwangsmassnahmen gemäss G über den Beitritt zum Konkordat über Massnahmen gegen Gewalt anlässlich von Sportveranstaltungen (Abs. 3 lit. b)			62
	1.	Einleitung, Konkordat		62
	2.	Kantonales Recht		63
	3.	Polizeiliche Massnahmen		65
	4.	Richterliche Überprüfung		66
	5.	Rechtsmittel		68
IV.	Künftiges Recht (Abs. 3 lit. c)			70

I. Das Einzelgericht als Haftrichter gemäss Gewaltschutzgesetz und Polizeigesetz (Abs. 1)

1. Gewaltschutzgesetz

Das Gewaltschutzgesetz vom 19.6.2006 (GSG, LS 351), das auf den 1.1.2007 in Kraft trat, bezweckt den Schutz, die Sicherheit und die Unterstützung von Personen, die durch häusliche Gewalt betroffen sind (§ 1 GSG; zu Sinn und Zwecks des GSG s. Pr 97 Nr. 12 E. 1). Zu diesem Zweck sieht es die Möglichkeit der (alternativen oder kumulativen) An

1

ordnung verschiedener Massnahmen durch die Polizei vor (§ 3 Abs. 2 GSG), die in jedem Fall 14 Tage andauern (§ 3 Abs. 3 GSG). In der Praxis hat das Gewaltschutzgesetz innert kurzer Zeit eine beachtliche Bedeutung erlangt; so kam es im Jahre 2010 in 883 Fällen zur Anordnung einer Massnahme (NZZ vom 22.7.2011, S. 13).

a) Massnahmen

2   Bei den gesetzlich vorgesehenen *Schutzmassnahmen* handelt es sich um
– die Wegweisung der gefährdenden Person aus der Wohnung oder dem Haus,
– das Verbot, ein von der Polizei bezeichnetes, eng umgrenztes Gebiet zu betreten (Rayonverbot; dazu BGE 134 I 140 E. 6 = FamPra.ch 2008 S. 602 ff.),
– das Verbot der Kontaktaufnahme mit den gefährdeten und diesen nahestehenden Personen. Betreffend Kontaktverbot eines Elternteils mit den Kindern s. Pr 97 Nr. 12 E. 2 (= FamPra.ch 2008 S. 172), wo eine Verletzung des Grundsatzes der Verhältnismässigkeit (unterbliebene Prüfung einer milderen Massnahme) bejaht wurde. Zur Problematik der Ausübung der Elternrechte s. KRANICH SCHNEITER/VONTOBEL-LAREIDA, S. 97 f.

3   Nebst der Anordnung von Schutzmassnahmen kann die Polizei in schweren Fällen die gefährdende Person für längstens 24 Stunden in *Gewahrsam* nehmen (§ 13 GSG).

4   Die Anordnung von Gewaltschutzmassnahmen, wie sie das GSG vorsieht, fällt zwar nicht in jedem Fall unter den Begriff der Freiheitsentziehung im Sinne von Art. 5 EMRK und Art. 31 BV (z.B. nicht bei Rayon- und Kontaktverboten) und auch nicht unter den Begriff der strafrechtlichen Anklage, auf jeden Fall aber in den Schutzbereich von Art. 6 Ziff. 1 EMRK sowie allenfalls weiterer Grundrechte (BGE 134 I 140 E. 3.2–5.2; KRANICH SCHNEITER/VONTOBEL-LAREIDA, S. 92).

b) Gesuch um gerichtliche Beurteilung

5   Innert fünf Tagen nach Geltungsbeginn der Schutzmassnahme kann die gefährdende Person das Gesuch um gerichtliche Beurteilung stellen; dem Begehren kommt keine aufschiebende Wirkung zu (§ 5 GSG). Umgekehrt kann die gefährdete Person ihrerseits innert acht Tagen nach Geltungsbeginn der Schutzmassnahmen beim Gericht um deren Verlängerung ersuchen. Der Haftrichter hat zu prüfen, ob im Zeitpunkt der Anordnung der Massnahme die Voraussetzungen dafür vorlagen oder nicht. Dabei ist er nicht an Parteianträge gebunden, d.h., dass auch eine inzwischen eingetretene Aussöhnung als solche nicht zur Aufhebung der Schutzmassnahme führt. Während der 14-tägigen Sperrfrist ist eine Aufhebung nicht möglich (KRANICH SCHNEITER/VONTOBEL-LAREIDA, S. 96).

6   Bei Änderung der Verhältnisse (z.B. Aufnahme einer Therapie, Schulwechsel der Kinder) können gefährdete wie auch gefährdende Person nach Ablauf der Sperrfrist jederzeit um Aufhebung, Änderung oder Verlängerung der Schutzmassnahmen ersuchen; diese dürfen jedoch insgesamt drei Monate nicht übersteigen (§ 6 GSG). Auch im Fall des Gewahrsams wird dessen Rechtmässigkeit auf Gesuch hin gerichtlich überprüft (§ 13 GSG). Gegebenenfalls stellt die Polizei einen begründeten Antrag auf Verlängerung des Gewahrsams für längstens vier Tage. Die Art 224 ff. StPO betreffend das strafprozessuale Haftrichterverfahren sind sinngemäss anwendbar (§ 14 GSG).

§ 33

c) Örtliche Zuständigkeit

Zuständig ist der Haftrichter am Ort der Begehung der häuslichen Gewalt (§ 8 Abs. 2 GSG). 7

d) Verfahren vor dem Haftrichter

Das Gesuch um gerichtliche Beurteilung muss gemäss § 8 GSG schriftlich begründet werden, was eine zulässige (insbesondere nicht formell überspitzte) *Gültigkeitsvoraussetzung* für die materielle Beurteilung darstellt, und zwar selbst dann, wenn in der polizeilichen Verfügung nicht auf die Pflicht zur schriftlichen Begründung hingewiesen wurde (ZR 107 Nr. 4). An die Begründung sind zwar keine strengen Anforderungen zu stellen, doch muss sie immerhin erkennen lasse, in welchen Punkten und weshalb die Verfügung beanstandet wird. 8

Das Gericht entscheidet innert innert vier (im Falle von Gewahrsam zwei, § 14 Abs. 2 GSG) Arbeitstagen. Es stellt den Sachverhalt von Amtes wegen fest und fordert die polizeilichen sowie die Akten einer allfälligen Strafuntersuchung an. Das Gericht hört den Gesuchsgegner nach Möglichkeit an; es kann auch eine Anhörung des Gesuchstellers anordnen (§ 9 GSG). Anhörungen haben in der Regel mündlich zu erfolgen (BGE 134 I 140 E. 5.5), wobei auf Ersuchen dafür zu sorgen ist, dass sich die Parteien vor Gericht nicht beggnen. Weitere Beweise können abgenommen werden, soweit sie das Verfahren nicht verzögern (§ 9 GSG); insbesondere darf in willkürfreier antizipierte Beweiswürdigung von einer Beweisabnahme abgesehen werden (BGE 134 I 140 E. 5.6–5.7). Für die Anordnung bzw. Verlängerung der Massnahme bedarf es der Glaubhaftmachung des Fortbestandes der Gefährdung, und es kann dabei eine andere als die von der Polizei angeordnete Massnahme angeordnet werden (§ 10 Abs. 1 GSG). 9

Wurde der Gesuchsgegner nicht angehört (wofür im Entscheid nachvollziehbare Gründe zu nennen sind, BGE 134 I 140 E. 5.5, S. 150), hat das Gericht vorläufig zu entscheiden (§ 10 Abs. 2 GSG); in diesem Fall wird der unterliegenden Seite Frist zur Erhebung einer Einsprache angesetzt. Die Einsprache ist wiederum schriftlich zu begründen, und es kommt ihr keine aufschiebende Wirkung zu (§ 11 GSG). 10

Allfällige parallele strafprozessuale Zwangsmassnahmen berühren den Bestand von Schutzmassnahmen nach GSG nicht. Hingegen fallen (sowohl polizeiliche wie haftrichterliche) Schutzmassnahmen von Gesetzes wegen insoweit dahin, als entsprechende zivilrechtliche Massnahmen rechtskräftig angeordnet und vollzogen sind (§ 7 GSG; zum Verhältnis der Gewaltschutzmassnahmen zu den privatrechtlichen Klagemöglichkeiten nach Art. 28b ZGB und zum Strafrecht s. KRANICH SCHNEITER/VONTOBEL-LAREIDA, S. 105 f.). 11

e) Kosten

Im Gegensatz zum polizeilichen Verfahren betreffend Schutzmassnahmen werden die Parteien im Verfahren vor dem Haftrichter entsprechend dem Ausgang des Verfahrens kosten- und allenfalls entschädigungspflichtig (§ 12 GSG), wobei unter den Voraussetzungen von Art. 29 Abs. 3 BV bzw. § 16 VRG die Bewilligung der unentgeltlichen Pro- 12 zessführung und Rechtsvertretung möglich ist (KRANICH SCHNEITER/VONTOBEL-LAREIDA, S. 100; VGer vom 20.8.2009, VB.2009.00159, E. 5).

f) Rechtsmittel

13 Gegen den Entscheid des Haftrichters kann innert fünf Tagen Beschwerde beim Verwaltungsgericht erhoben werden (§ 11a GSG; § 43 Abs. 1 lit. a VRG in der Fassung gemäss G über die Anpassung des kantonalen Verwaltungsverfahrensrechts vom 22.3.2010). Gegen dessen Entscheid ist Beschwerde in öffentlich-rechtlichen Angelegenheiten an das Bundesgericht zulässig (BGE 134 I 140 E. 2; Pr 97 Nr. 12 E. 1; BGer in ZR 107 Nr. 4 E. 1.1).

2. Polizeigesetz

a) Massnahmen

aa) Polizeigewahrsam

14 Das Polizeigesetz vom 23.4.2007 (PolG, LS 550.1) regelt in den §§ 25 und 26 Voraussetzungen und Durchführung des polizeilichen Gewahrsams. Der Gewahrsam dauert bis zum Wegfall seines Grundes, längstens jedoch 24 Stunden. Die Rechtmässigkeit des Gewahrsams wird auf Gesuch der betreffenden Person hin nachträglich durch den Haftrichter überprüft (§ 27 Abs. 1 PolG in der seit 1.1.2011 geltenden Fassung; zur ursprünglichen Fassung BGE 136 I 87 E. 6.5).

15 Die Polizei kann sodann innert 24 Stunden ab Beginn des Gewahrsams Antrag auf Verlängerung stellen, worüber zwingend der Haftrichter entscheidet. Eine Verlängerung kann dann in Betracht fallen, wenn andere zuständige bzw. involvierte Behörden, wie z.B. Fürsorge- oder Vormundschaftsbehörden, nicht innert 24 Stunden erreicht werden können.

bb) Wegweisung und Fernhaltung

16 Gemäss § 33 PolG darf die Polizei eine Person unter bestimmten Voraussetzungen von einem Ort wegweisen oder für längstens 24 Stunden fernhalten (Rayonverbot). Namentlich im Wiederholungsfall darf sie das Verbot mit der Androhung der Straffolgen von Art. 292 StGB für höchstens 14 Tage verbinden (§ 34 Abs. 2 PolG; Voraussetzungen dafür verneint in VGer vom 3.12.2009, VB.2009.00523 E. 4.3). In diesem Fall kann die Verfügung innert fünf Tagen beim Haftrichter angefochten werden (§ 34 Abs. 4 PolG).

b) Gerichtliche Beurteilung, Verfahren vor dem Haftrichter

17 § 27 PolG regelt das Verfahren der gerichtlichen Überprüfung nur rudimentär. Danach wird die Rechtmässigkeit des Gewahrsams auf Gesuch hin durch den Haftrichter überprüft; dem Begehren kommt keine aufschiebende Wirkung zu. Soll der Gewahrsam über 24 Stunden hinaus verlängert werden, stellt die zuständige Stelle innert 24 Stunden ab Beginn des Gewahrsams einen entsprechenden begründeten Antrag auf Verlängerung an den Haftrichter. Für dieses Verfahren sind die Bestimmungen der StPO (Art. 225 ff., 227) sinngemäss anwendbar (§ 27 Abs. 2 Satz 2 PolG), nicht jedoch für das Verfahren im Falle eines Rayonverbotes (N. 16).

Analog § 226 Abs. 5 StPO hat der die Verlängerung des Gewahrsams ablehnende richterliche Entscheid die sofortige Entlassung des Festgenommenen zur Folge.

Im Falle der Wegweisung bzw. Fernhaltung nach § 34 Abs. 2 PolG kann die Verfügung innert fünf Tagen beim Haftrichter angefochten werden; auch hier hat der Weiterzug keine aufschiebende Wirkung. Für dieses Verfahren gelten sinngemäss die Bestimmungen des GSG (§ 34 Abs. 4 PolG). Im haftrichterlichen Verfahren besteht Anspruch auf Gewährung des rechtlichen Gehörs im Sinne eines umfassenden Replikrechts, d.h., der Haftrichter hat den Beteiligten hinsichtlich allfälliger Eingaben der Gegenseite – allenfalls anlässlich der mündlichen Anhörung – Gelegenheit zur Stellungnahme einzuräumen (VGer vom 3.12.2009, VB.2009.00523, E. 3.4).

c) Rechtsmittel

Im Fall der Anfechtung einer Wegweisung bzw. Fernhaltung (Rayonverbot) unterliegt der Entscheid des Haftrichters kraft Verweisung auf das GSG (§ 34 Abs. 4 PolG) dem Weiterzug an das Verwaltungsgericht (VGer vom 3.12.2009, VB.2009.00523 E. 1.1). Dessen Entscheid kann mittels Beschwerde in öffentlich-rechtlichen Angelegenheiten an das Bundesgericht weitergezogen werden. Das Verwaltungsgericht tritt trotz Wegfalls eines aktuellen Rechtschutzinteresses (zufolge Ablaufs der Massnahme) auf eine Beschwerde ein, wenn die damit aufgeworfenen Fragen (kumulativ) sich jederzeit unter gleichen oder ähnlichen Umständen wieder stellen könnten, wegen ihrer grundsätzlichen Bedeutung an ihrer Beantwortung ein hinreichendes öffentliches Interesse besteht und wenn sie im Einzelfall kaum je rechtzeitig überprüft werden könnten (oben zit. Entscheid E. 1.2.1 m.H.).

Nachdem § 27 Abs. 2 PolG für das Verfahren auf die Bestimmungen der StPO verweist, ist davon auszugehen, dass im Falle der Überprüfung des polizeilichen Gewahrsams der Entscheid des Haftrichters analog der Beschwerde gemäss StPO (an das Obergericht) unterliegt. Dieser Entscheid kann ebenfalls an das Bundesgericht weitergezogen werden.

3. Pikettdienst (Abs. 2)

Abs. 2 entspricht § 29 Abs. 2. Es kann insoweit auf die dortige Kommentierung verwiesen werden.

II. Ausländerrechtliche Zwangsmassnahmen (Abs. 3 lit. a)

1. Örtliche Zuständigkeit

Entsprechend der bisherigen Regelung (§ 24a Abs. 4 GVG) liegt die örtliche Zuständigkeit für die richterliche Anordnung bzw. Überprüfung ausländerrechtlicher Zwangsmassnahmen ausschliesslich beim Einzelgericht am Bezirksgericht Zürich.

Da sich Abs. 2 von § 33 GOG auf die Fälle von Abs. 1 bezieht, kommt insoweit die Möglichkeit des pikettweisen Einsatzes von Mitgliedern anderer Bezirksgerichte nicht zum Zuge.

2. Rechtsquellen

a) Bundesrecht

aa) Vom ANAG zum Ausländergesetz

25 Unter dem Eindruck zunehmender grenzüberschreitender Kriminalität (vor allem auf dem Gebiete des internationalen Drogenhandels) und dem Ansteigen der (teilweise offensichtlich unbegründeten) Asylgesuche sowie damit verbundener Vollzugsprobleme beschlossen die eidgenössischen Räte am 18.3.1994 das BG über die Zwangsmassnahmen im Ausländerrecht, welches in der Volksabstimmung vom 4.12.1994 angenommen wurde und am 1.2.1995 in Kraft trat (AS 1995 S. 146 ff.). Inhaltlich handelte es sich vorwiegend um eine Änderung des damaligen BG über Aufenthalt und Niederlassung von Ausländern vom 26.3.1931 (ANAG), welches bereits seit 1986 das Institut der Ausschaffungshaft kannte.

26 In den folgenden Jahren wurden die Zwangsmassnahmen im Ausländerrecht weiter (teilweise massiv) verschärft (BG vom 19.12.2003 über das Entlastungsprogramm 2003 [Schaffung neuer Haftgründe] sowie Änderung des Asylgesetzes vom 16.12.2005 [zeitliche Ausdehnung von Ausschaffungs- und Vorbereitungshaft, Einführung der Durchsetzungshaft], bis schliesslich das gesamte Ausländerrecht mit dem neuen *BG über die Ausländerinnen und Ausländer vom 16.12.2005* (Ausländergesetz, AuG; SR 142.2) auf den 1.1.2008 hin auf eine neue gesetzliche Grundlage gestellt wurde.

27 Das Ausländergesetz regelt in seinem 5. Abschnitt (Art. 73 ff.) die Zwangsmassnahmen; dieser Teil des Gesetzes trat zu einem wesentlichen Teil bereits auf den 1.1.2007 in Kraft. Heute sind folgende Zwangsmassnahmen vorgesehen:

- kurzfristige Festhaltung (Art. 73 AuG),
- Ein- und Ausgrenzung (Art. 74 AuG),
- Vorbereitungshaft (Art. 75 AuG),
- allgemeine Ausschaffungshaft (Art. 76 AuG),
- Ausschaffungshaft wegen fehlender Mitwirkung bei der Beschaffung der Reisepapiere (Art. 77 AuG),
- Durchsetzungshaft (Art. 78 AuG).

28 Das Ausländergesetz regelt im Einzelnen die Voraussetzungen der Anordnung sowie die Modalitäten (insbesondere Dauer bzw. mögliche Verlängerung, Haftbedingungen) der genannten Zwangsmassnahmen sowie deren richterliche Überprüfung. Die von der zuständigen Behörde (im Kanton Zürich entweder die Kantonspolizei oder das Migrationsamt, s. § 1 der VO über den Vollzug der Zwangsmassnahmen im Ausländerrecht, LS 211.56, hinten N. 32) angeordnete Haft darf danach insgesamt sechs Monate nicht überschreiten, kann aber mit Zustimmung der richterlichen Behörde höchstens um zwölf Monate (für Minderjährige zwischen 15 und 18 Jahren höchstens um sechs Monate) verlängert werden (Art. 79 AuG; betr. Ausschaffungshaft bei Minderjährigen s. auch SJZ 91 S. 314 E. 4c). Je länger eine ausländerrechtlich motivierte Festhaltung dauert und je weniger die Ausschaffung absehbar erscheint, desto kritischer ist die jeweilige Haftverlängerung zu hinterfragen. Bei der (ursprünglich) in Art. 79 AuG vorgesehenen Maximaldauer

von insgesamt 24 (seit 1.1.2011: 18) Monaten Haft handelt es sich um eine Maximalfrist, die nur im Rahmen des konventions- und verfassungsmässig Zulässigen ausgeschöpft werden darf (BGE 135 II 105 E. 2.3.3).

Soweit es sich dabei um einen Freiheitsentzug und nicht bloss um eine untergeordnete Freiheitsbeschränkung handelt (kurzfristige Festhaltung, Ein- und Ausgrenzung), kommen dabei insbesondere die Garantien von Art. 5 Ziff. 1 lit. f EMRK zum Tragen (dazu HUGI YAR, a.a.O., Ziff. 10.7 ff.).

bb) Zwangsanwendungsgesetz

Das BG über die Anwendung polizeilichen Zwangs und polizeilicher Massnahmen im Zuständigkeitsbereich des Bundes vom 20.3.2008 (ZAG, SR 364; in Kraft seit dem 1.1.2009) umschreibt die einzuhaltenden Grundsätze bei der Anwendung polizeilichen Zwangs und polizeilicher Massnahmen generell, also auch im Bereich ausländerrechtlicher Zwangsmassnahmen. Namentlich enthält es Vorschriften über die medizinische Versorgung und den Einsatz von Arzneimitteln sowie den Transport von Personen, die Freiheitsbeschränkungen unterstehen (Art. 22 ff. ZAG). Es richtet sich ausdrücklich auch an kantonale Behörden, die im Bereich der Ausländer- und Asylgesetzgebung polizeilichen Zwang oder polizeiliche Massnahmen anwenden (Art. 2 Abs. 1 lit. b ZAG).

cc) EU-Rückführungsrichtlinie

Die Schweiz hat mit BB vom 18.6.2010 (BBl 2009 S. 8881) die Richtlinie des EU-Parlamentes und des Rates über gemeinsame Normen und Verfahren in den Mitgliedstaaten zur Rückführung illegal aufhältiger Drittstaatsangehöriger vom 16.12.2008 (Richtlinie 2008/115/EG) auf den 1.1.2011 übernommen, durch welche u.a. die bisherige Maximaldauer für ausländerrechtliche Haft von 24 auf 18 Monate herabgesetzt wurde (näher HUGI YAR, a.a.O., Ziff. 10.5 S. 423 f.; EQUEY, S. 931 ff.).

b) Kantonales Recht

Gemäss Art. 124 Abs. 2 AuG erlassen die Kantone die für den Vollzug des Gesetzes notwendigen Bestimmungen. Im Kanton Zürich ist neben § 33 Abs. 3 lit. a GOG die *VO über den Vollzug der Zwangsmassnahmen im Ausländerrecht vom 4.12.1996* (LS 211.56) massgebend. § 1 VO bestimmt die zuständigen Behörden, die §§ 3 ff. enthalten die allgemeinen Verfahrensgrundsätze. Daneben enthalten die *§§ 137 ff. JVV* besondere Bestimmungen über die Durchführung von Vorbereitungs-, Ausschaffungs- und Durchsetzungshaft gemäss AuG.

Mit dem Verweis in § 3 VO über den Vollzug der Zwangsmassnahmen im Ausländerrecht auf das VRG wird zum Ausdruck gebracht, dass (unter dem Vorbehalt abweichender Bestimmungen des Bundesrechts) die allgemeinen Verfahrensgrundsätze des formellen Verwaltungsrechts massgebend sind. Es betrifft dies vor allem
- die Justizförmigkeit und die Fairness des Verfahrens,
- die Geltung der Untersuchungsmaxime,
- die Beachtung des Verhältnismässigkeitsprinzips (s. auch hinten N. 37; einlässlich HUGI YAR, a.a.O., Ziff. 10.114 ff.),

- das Fehlen der Beweisführungspflicht des Ausländers (betreffend Mitwirkungsobliegenheiten vgl. immerhin § 7 Abs. 2 und 3 VRG),
- die Geltung des rechtlichen Gehörs (einschliesslich Recht auf Akteneinsicht, § 8 f. VRG) mit allen seinen Auswirkungen (§ 4 der genannten VO).

3. Haftbedingungen

a) Grundlagen

34 Die – vom Richter bei seiner Entscheidung zu berücksichtigenden (Art. 80 Abs. 4 AuG) – Rahmenbedingungen für den Vollzug der Haft finden sich in Art. 81 AuG. Sie gehen insbesondere davon aus, dass der inhaftierte Ausländer von den Untersuchungs- und Strafgefangenen zu trennen ist; nach Möglichkeit soll ihm eine geeignete Beschäftigung angeboten werden. Den Bedürfnissen von Schutzbedürftigen, unbegleiteten Minderjährigen und Familien mit Minderjährigen ist Rechnung zu tragen; namentlich richtet sich die Ausgestaltung der Haft als Folge der erwähnten *Übernahme der EG-Rückführungsrichtlinien* nach den entsprechenden Grundsätzen (Art. 81 Abs. 3 AuG). Im Übrigen ist es Sache der Kantone, die Haftbedingungen nötigenfalls anzupassen.

35 Das Haftregime ergibt sich im Kanton Zürich aus der VO über kantonale Polizeigefängnisse vom 25.6.1975 mit seitherigen Änderungen (LS 551.5) und der Justizvollzugsverordnung vom 6.12.2006 (JVV, LS 333.1), insbesondere deren §§ 137 ff. Der übergangsweise Aufenthalt von Ausschaffungshäftlingen während einiger Tage im Polizeigefängnis Zürich bis zur Durchführung der Haftrichterverhandlung entspricht der Praxis und wird als zulässig erachtet (VGer vom 4.11.2009, VB.2009.00588). Anschliessend erfolgt eine Versetzung in einen besonders dafür geschaffenen Trakt des Flughafengefängnisses Zürich-Kloten. Hinsichtlich der Haftbedingungen im Flughafengefängnis hat das Bundesgericht diese für die erste Hälfte der maximal zulässigen Haftdauer von 18 Monaten grundsätzlich als bundes- und konventionsrechtskonform beurteilt; für längere Aufenthalte im Flughafengefängnis empfahl es mit Blick auf künftige Verfahren jedoch, objektive Grundlagen für eine definitive Beurteilung der Lärm- und Luftsituation zu schaffen (BGer, 18.3.2008, 2C_169/2008, E. 4.3; 24.6.2008, 2C_413/2008, E. 2.2.1). Das Verwaltungsgericht gelangte gestützt auf ein Gutachten der EMPA zum Schluss, die Lärmbelastung im Flughafengefängnis erscheine keineswegs als gesundheitsschädigend und komme auch nicht einer unmenschlichen Behandlung gleich (VGer vom 25.3.2009, VB.2009.00084, E. 2.2.4; zu den Haftbedingungen einlässlich schon BGE 122 I 222, 122 II 299, 125 I 104 ff. sowie SJZ 91 S. 314 E. 4; zu den [prekären] Haftbedingungen im nach wir vor bestehenden provisorischen Polizeigefängnis s. SJZ 91 S. 314 E. 4).

b) Minimalgrundsätze

36 Da der Inhaftierte keiner Straftat verdächtigt ist und sein Freiheitsentzug nicht denselben Zwecken dient wie die Untersuchungshaft, muss die Behandlung des inhaftierten Ausländers freiheitlicher gestaltet sein als diejenige eines Untersuchungsgefangenen. Zu beachten sind im Sinne eines Mindeststandards (nebst der ohnehin zu gewährleistenden ärztlichen Betreuung, s. §§ 109 ff. JVV) in diesem Zusammenhang die folgenden Aspekte (s. im Einzelnen HUGI YAR, a.a.O., Ziff. 10.129 m.w.H. auf die bundesgerichtliche Rechtsprechung):

- das bereits erwähnte Trennungsgebot (Art. 81 Abs. 2 AuG, § 139 JVV),
- der Anspruch auf geeignete Beschäftigung (BGE 123 I 238 E. II/3f/aa; §§ 142 f. JVV),
- der Anspruch Aufenthalt im Freien, d.h. täglich mindestens eine Stunde Spaziergang oder geeignete Bewegung (BGE 122 I 230 E. 4b; § 107 JVV),
- der Anspruch auf soziale Kontakte, insbesondere grundsätzlich unbeschränkter Post- und Telefonverkehr, Kontaktnahme mit Mitgefangenen und Benützung von Gemeinschaftsräumen usw. sowie Möglichkeit des – wenn auch begrenzten – Empfangs von Besuchen (s. §§ 141, 148 ff. JVV);
- die angemessene Berücksichtigung von Wünschen betreffend Verpflegung (z.B. vegetarische Ernährung oder religiös bedingte Sonderkost, vgl. BGE 118 Ia 64 E. 3h; § 106 Abs. 1 JVV).

c) Folgen ungenügender Haftbedingungen

Wie erwähnt muss der Richter bei der Überprüfung der Rechtmässigkeit und Angemessenheit der Haft die Umstände des Haftvollzugs mitberücksichtigen (Art. 80 Abs. 4 AuG). Ungenügende Haftbedingungen können daher zur Haftentlassung führen (s. EuGRZ 1995 S. 609 ff. und MÜLLER/SCHEFER, Staatsrechtliche Rechtsprechung des Bundesgerichts im Jahre 1996, ZBJV 133, S. 681). Lässt sich jedoch kurzfristig für Abhilfe sorgen, kann es mit einer entsprechenden Anweisung sein Bewenden haben (HUGI YAR, a.a.O., Ziff. 10.143 m.H.). Immerhin handelt es sich um eine Gesamtschau mit Blick auf die Zumutbarkeit der Haft, ohne dass im Haftprüfungsverfahren insofern sämtliche Details zu hinterfragen sind. Lediglich untergeordnete Mängel des Vollzugs bilden daher nicht Gegenstand dieses Verfahrens, sondern sind gegebenenfalls auf dem Weg des Verwaltungsbeschwerde- oder Aufsichtsverfahrens vorzubringen (BGE 122 II 305 E. 3d).

4. Verfahren vor dem Haftrichter

a) Natur und Gegenstand des Verfahrens, Kognition des Haftrichters

Die ausländerrechtlichen Zwangsmassnahmen weisen keinen strafrechtlichen Charakter auf, sondern dienen der Sicherstellung des Vollzugs (d.h. der Ausschaffung) ausländerrechtlicher Anordnungen (Wegweisung, Ausweisung). Der Haftrichter amtet somit nicht als Strafrichter, sondern als Glied verwaltungsrechtlicher Tätigkeit. Seine zentrale Aufgabe besteht in der Beurteilung der Frage, ob die Voraussetzungen für die Anordnung der betreffenden Massnahme gegeben sind (SJZ 91 S. 314 E. 3).

Gegenstand des Haftprüfungsverfahrens bildet somit die Rechtmässigkeit und Angemessenheit des Freiheitsentzuges, nicht aber die Asyl-, Wegweisungs oder Bewilligungsfrage. Über die Zulässigkeit der Wegweisung entscheidet die Ausländer- bzw. Asylbehörde. Der Haftrichter ist grundsätzlich *an den administrativen Entscheid gebunden* (128 II 193 E. 2.2; s. auch VGer vom 2.12.2009, VB 2009.00629; zur ausnahmsweisen Verweigerung der Haftbestätigung bei offensichtlicher Unzulässigkeit des Wegweisungsentscheides BGE 121 II 61 E. 2; ferner HUGI YAR, a.a.O., Ziff. 10.28).

Bei *Unmöglichkeit* der Ausschaffung infolge lange dauernder kriegerischer Wirren ist selbst bei straffällig gewordenen Ausländern von einer Inhaftierung abzusehen oder diese aufzuheben. Eine Haft erweist sich jedoch nach der bundesgerichtlichen Rechtsprechung lediglich dann als unverhältnismässig und damit unzulässig, wenn triftige Gründe für die Undurchführbarkeit des Vollzugs sprechen oder praktisch feststeht, dass er sich innert vernünftiger Frist kaum wird realisieren lassen (z.B. bei einer länger dauernden Transportunfähigkeit aus gesundheitlichen Gründen oder einer ausdrücklichen oder zumindest klar erkennbaren und konsequent gehandhabten Weigerung eines Staates, gewisse Staatsangehörige zurückzunehmen). Weiter wird vom Bundesgericht festgehalten, eine Haft sei nur aufzuheben, «falls keine oder bloss eine höchst unwahrscheinliche, rein theoretische Möglichkeit besteht, die Wegweisung zu vollziehen» (BGE 127 II 168 E. 2c, 130 II 56 E. 4.1.3; s. auch EQUEY, a.a.O., S. 935).

b) Überprüfung von Amtes wegen bzw. auf Gesuch (Beschwerde) hin

41 Art. 80 Abs. 2–5 AuG sieht für alle Arten von ausländerrechtlicher Haft (Vorbereitungs-, Ausschaffungs- und Durchsetzungshaft) die *obligatorische Überprüfung* durch den Richter vor. Danach wird die Rechtmässigkeit und Angemessenheit der Haft (einschliesslich der Haftbedingungen, s. vorn N. 34 f.) spätestens nach 96 Stunden aufgrund einer mündlichen Verhandlung (im Falle der Ausschaffungshaft nach Art. 77 AuG auf dem schriftlichen Weg) überprüft. Auf eine mündliche Verhandlung kann im Falle von Ausschaffungshaft verzichtet werden, wenn die Ausschaffung voraussichtlich innerhalb von acht Tagen nach der Haftanordnung erfolgen wird (andernfalls ist die mündliche Verhandlung nachzuholen) und die betroffene Person sich damit schriftlich einverstanden erklärt hat (Art. 80 Abs. 3 AuG).

42 Neben der (zwingend vorgeschriebenen) richterlichen Überprüfung von Haftanordnungen der zuständigen Verwaltungsbehörde sieht das Gesetz in zwei Fällen die richterliche Überprüfung *auf entsprechendes Gesuch* des betroffenen Ausländers hin vor:
– im Falle der kurzfristigen Festhaltung für höchstens drei Tage hat der Haftrichter die Rechtmässigkeit der Festhaltung auf Gesuch hin nachträglich zu überprüfen (Art. 73 Abs. 5 AuG), und
– im Falle der Ein- und Ausgrenzung kann die betroffene Person beim Haftrichter Beschwerde führen (Art. 74 Abs. 3 AuG).

5. Einzelne Verfahrensfragen

a) Fristen für die Haftprüfung, Haftverlängerung und Haftentlassung

43 Art. 80 Abs. 2 AuG sieht für die obligatorische richterliche Haftprüfung eine Frist von 96 Stunden vor (Wochenende sowie Feiertage eingeschlossen). Die Frist beginnt mit der *ausländerrechtlich motivierten* Festhaltung des Ausländers (HUGI YAR, Ziff. 10.21; BGE 127 II 175 E. 2b/aa). Dem Gesetz lässt sich sodann nicht deutlich entnehmen, ob der Verhaftete innert 96 Stunden nur dem Richter vorgeführt werden oder ob in dieser Zeitspanne auch schon der Entscheid vorliegen muss. § 10 Abs. 2 der genannten VO vom 4.12.1996 (LS 211.56) bekennt sich insofern zur zweiten Auslegung, als er bestimmt, die Haftüberprüfung erfolge bis spätestens 96 Stunden nach der polizeilichen Festnahme, der Ablösung einer vorangegangenen strafrechtlichen durch eine fremdenrechtliche Haft oder dem Wechsel zwischen zwei verschiedenen ausländerrechtlichen Haftarten. Art. 80

Abs. 2 AuG stellt eine zentrale prozessuale Garantie auf, welche vor willkürlichem Entzug der Freiheit schützen soll (BGE 121 II 105 E. 2c). Diese Garantie wird bei einer Überschreitung der erwähnten Frist verletzt, was grundsätzlich zur Entlassung aus der Haft führt. Eine Verlängerung der Frist ist aber auf begründetes Gesuch des inhaftierten Ausländers hin (etwa bei Unabkömmlichkeit des Rechtsbeistandes) zulässig (HUGI YAR, a.a.O., Ziff. 10.22 m.H.). In früheren Urteilen wurde angenommen, eine Überschreitung der Frist könne höchstens bei einer Fristversäumnis von wenigen Stunden hingenommen werden, andernfalls müsse die unverzügliche Freilassung angeordnet werden, ausser es bestünden wichtige Indizien dafür, dass der Inhaftierte die öffentliche Ordnung und Sicherheit gefährdet (Urteile der II. öffentlich-rechtlichen Abteilung des Bundesgerichts vom 4.10. und 27.11.1995).

Erachtet die zuständige Behörde die Voraussetzungen für eine Verlängerung der ursprünglichen Haftdauer als gegeben (Art. 79 Abs. 2 AuG), überweist sie den Antrag auf Zustimmung zur Haftverlängerung samt Akten in der Regel bis spätestens acht Kalendertage vor Fristablauf dem Haftrichter (§ 11 VO über den Vollzug der Zwangsmassnahmen). Die Zustimmung muss bis zum Ablauf der ursprünglichen Frist vorliegen. 44

Jede inhaftierte Person kann nach Ablauf eines Monats ab Haftüberprüfung ein Haftentlassungsgesuch einreichen; darüber hat der Richter innert acht Arbeitstagen (zur Frage, ob auf die Einhaltung dieser Frist verzichtet werden kann, BGE 128 II 241 E. 2 und 3) aufgrund einer mündlichen Verhandlung zu entscheiden. Ein weiteres Haftentlassungsgesuch kann nach (weiteren) zwei Monaten gestellt werden (Art. 80 Abs. 5 AuG). 45

b) Rechtsbeistand

Neben dem Anspruch auf Orientierung einer Vertrauensperson (§ 5 VO über den Vollzug der Zwangsmassnahmen) steht der inhaftierten Person jederzeit das Recht zu, einen Rechtsbeistand bzw. Rechtsvertreter zu bezeichnen und mit diesem (wie auch mit Familienangehörigen und Konsularbehörden) mündlich oder schriftlich zu verkehren (Art. 81 Abs. 1 Satz 2 AuG). Zur Vertretung oder Verbeiständung ist jede bevollmächtigte handlungsfähige Person zugelassen (§ 6 Abs. 1 und 2 der genannten VO). Auf diese Rechte ist betroffene Person hinzuweisen (§ 7 VO). 46

Gemäss Art. 29 Abs. 3 BV hat eine Person, der die nötigen finanziellen Mittel fehlen und deren Begehren nicht offensichtlich aussichtslos erscheint, einen allgemeinen grundrechtlichen Anspruch darauf, dass einem Gesuch um unentgeltliche Rechtsverbeiständung entsprochen wird, wenn ihre Interessen in schwerwiegender Weise betroffen sind und der Fall in tatsächlicher oder rechtlicher Hinsicht Schwierigkeiten bereitet, die den Beizug eines Rechtsvertreters erfordern. Voraussetzung ist überdies, dass die fragliche Person nicht in der Lage ist, ihre Rechte im Verfahren selbst wahrzunehmen. Im Haftverlängerungsverfahren darf jedenfalls (losgelöst von allen konkreten Umständen) nach drei Monaten einem Bedürftigen der unentgeltliche Rechtsbeistand nicht mehr verweigert werden; dies auch im Lichte des von Art. 5 Ziff. 4 EMRK garantierten *fairen* richterlichen Prüfungsverfahrens (einlässlich BGer 2C_548/2011 vom 26.7.2011 E. 4 = AnwRev 2011 S. 385). Schliesst sich eine Durchsetzungshaft an eine bereits länger dauernde Ausschaffungshaft an, ist dem Gesuch des Betroffenen mit Blick auf die Besonderheiten dieser Haftart bereits im erstmaligen mündlichen Haftprüfungsverfahren zu entsprechen, 47 danach nur noch, wenn besondere Schwierigkeiten rechtlicher oder tatsächlicher Natur bestehen (BGE 122 I 276 E. 3a, 134 I 92 E. 3 und 4; zum Ganzen HUGI YAR, a.a.O., Ziff. 10.41). Zum Anspruch auf unentgeltliche Rechtsverbeiständung im Haftverlängerungsverfahren s. auch BGE 126 II 441 E. 4c).

48 Hinsichtlich der Bestellung eines unentgeltlichen Rechtsbeistandes von Amtes wegen besteht eine gefestigte Zürcher Praxis. Minderjährige werden generell, d.h. bereits im Haftbestätigungsverfahren, verbeiständet. Anderen Personen wird im Verfahren betreffend Verlängerung der Haft oder bei einem Gesuch um Haftüberprüfung regelmässig von Amtes wegen ein Rechtsbeistand bestellt. Der Entscheid über die Bestellung eines unentgeltlichen Rechtsbeistandes liegt je nach dem Verfahrensstand beim Migrationsamt oder beim Haftrichter am Bezirksgericht Zürich.

c) Kontradiktorische Verhandlung

49 Der Richter hat grundsätzlich aufgrund einer mündlichen Verhandlung über die Genehmigung bzw. Fortdauer der Inhaftierung oder das Haftentlassungsgesuch zu entscheiden (Art. 80 Abs. 2 und 5 AuG). Der Zweck dieser Anhörung besteht nicht nur in der Gewährung des rechtlichen Gehörs; der Richter soll vom Betroffenen auch einen persönlichen Eindruck erhalten. Es kann dabei angebracht sein, einen Vertreter der Ausländer- bzw. Migrationsbehörde zur Verhandlung beizuziehen (ZÜND, AJP 1995, S. 868; s auch SJZ 91 S. 314 E. 2b). Bloss ein schriftliches Verfahren findet bei Ausschaffungshaft nach Art. 77 AuG statt (Art. 80 Abs. 2 Satz 2 AuG).

50 Abweichend von der früheren Praxis, wonach es nicht zulässig war, den Ausländer zu einem Verzicht auf eine mündliche Verhandlung zu veranlassen (BGE 122 II 154 E. 2c), sieht das Gesetz heute die Möglichkeit vor, auf eine mündliche Verhandlung zu verzichten, sofern die betroffene Person sich damit schriftlich einverstanden erklärt und die Ausschaffung voraussichtlich innerhalb von acht Tagen nach der Haftanordnung erfolgen wird; bei Verzögerung der Ausschaffung ist die mündliche Verhandlung jedoch nachzuholen (Art. 80 Abs. 3 AuG).

51 Das Ergebnis der Haftverhandlung ist zu protokollieren (BGE 125 II 377 E. 1; HUGI YAR, a.a.O., Ziff. 10.24 m.H.; s. auch BGer 2A.337/2005 v. 10.6.2005).

52 Im Falle einer mündlichen Verhandlung besteht gegebenenfalls ein (verfassungsrechtlicher) Anspruch auf Beizug eines Übersetzers.

d) Beweisverfahren

53 Nach der Untersuchungsmaxime muss der Haftrichter die für seinen Entscheid erheblichen Tatsachen von Amtes wegen abklären (§ 7 Abs. 1 VRG). Unklar ist, ob ihm als «Verwaltungsrichter» die vollständigen Beweismittel der ZPO i.S.v. § 60 VRG oder als «Verwaltungsbehörde» nur die beschränkten, in § 7 Abs. 1 VRG angeführten Beweismittel zur Verfügung stehen. Die kurz bemessene Entscheidungsfrist spricht jedenfalls für ein abgekürztes Beweisverfahren; d.h., der Haftrichter kann nur Auskunftspersonen (ohne Aussage- und Wahrheitspflicht) befragen, Amtsberichte einholen, Urkunden beiziehen, einen Augenschein vornehmen und im äussersten Fall einen Sachverständigen konsultieren. Das Recht, Zeugen einzuvernehmen, besitzt er nicht (vgl. im Einzelnen KÖLZ/BOSS-

HART/RÖHL, VRG, N. 14 ff. zu § 7). Eine dadurch verbleibende Beweislosigkeit geht zulasten der Verwaltung.

Der Richter berücksichtigt bei der Überprüfung des Haftentscheides auch die familiären Verhältnisse der inhaftierten Person und die Umstände des Haftvollzugs; gegenüber Personen, die das 15. Altersjahr noch nicht zurückgelegt haben, ist die Anordnung von Vorbereitungs- oder Ausschaffungshaft ausgeschlossen (Art. 80 Abs. 4 AuG). 54

e) Öffentlichkeit der Verhandlung?

Die Unsicherheit über die Bedeutung der Verweisung auf das VRG in § 3 der erwähnten kantonalen VO (LS 211.56) wiederholt sich bei der Frage, ob die Verhandlungen vor dem Haftrichter *öffentlich* sind. Folgt man dem für das Verwaltungsgericht massgebenden § 62 VRG, so wäre dies zu bejahen, womit auch einem allfälligen Bedürfnis der Allgemeinheit auf Information und Kontrolle Rechnung getragen wäre. Indessen trägt eine analoge Anwendung von Art. 225 Abs. 1 StPO, wonach die Verhandlung vor dem Haftrichter nicht öffentlich ist, den Bedürfnissen des Verfahrens wohl besser Rechnung. Ein Anspruch der Öffentlichkeit auf Anwesenheit lässt sich auch nicht aus Art. 6 Ziff. 1 EMRK herleiten (ZÜND, AJP 1995 S. 858). 55

f) Entscheid des Haftrichters

Das Erkenntnis des Haftrichters ergeht in Form einer Verfügung als Prozessentscheid (z.B. bei Rückzug des Begehrens oder Gegenstandslosigkeit des Verfahrens) oder als Entscheid in der Sache (Bestätigung der Inhaftierung, Bewilligung der Haftverlängerung, Abweisung des Begehrens des Migrationsamtes unter gleichzeitiger Entlassung; Abweisung des Haftentlassungsgesuches des Inhaftierten). 56

Bei der Beurteilung muss der Richter (wie schon die Verwaltungsbehörde) das Prinzip der Verhältnismässigkeit beachten (vgl. auch § 9 Abs. 2 der VO über den Vollzug der Zwangsmassnahmen). Die Zwangsmassnahme muss erstens als solche geeignet sein, das im öffentlichen Interesse angestrebte Ziel herbeizuführen; sie muss zweitens in sachlicher, räumlicher, zeitlicher und persönlicher Hinsicht erforderlich sein, um den angestrebten Zweck zu erreichen; und sie muss drittens eine vernünftige Zweck-Mittel-Relation gewährleisten. Es ist demnach in jedem Fall die mildest mögliche taugliche Massnahme anzuordnen. So kann der Richter die Inhaftierung zeitlich begrenzen oder in eine Ein- oder Ausgrenzung i.S. von 74 AuG umwandeln. In Erwägung zu ziehen sind u.E. auch Ersatzmassnahmen nach Art. 237 ff. StPO, soweit sie gegenüber Personen ausländischer Nationalität möglich und sinnvoll sind. 57

Der Haftrichter hat seinen Entscheid zu begründen (§ 10 VRG; HUGI YAR, a.a.O., Ziff. 10.25 f.). Der Ausländer, der mit dem schweizerischen Recht und namentlich mit den gesetzlichen Haftgründen nicht vertraut ist, kann nur dann gültig auf eine schriftliche Entscheidbegründung verzichten, wenn er durch einen qualifizierten Vertreter verbeiständet ist (zu Begründungspflicht und Verzicht auf Begründung vgl. § 10a und 28 VRG). Verzichtet der Haftrichter zwar im Einverständnis mit dem Betroffenen, aber doch zu Unrecht (weil dieser auf die schriftliche Begründung gar nicht rechtsgültig verzichten konnte) auf eine schriftliche Begründung, so kann der Verfahrensmangel noch im 58

Rechtsmittelverfahren behoben werden, indem der Haftrichter die fehlende Begründung in der Vernehmlassung nachliefert und dem Betroffenen Gelegenheit geboten wird, dazu Stellung zu nehmen. Der erwähnte Verfahrensmangel führt deshalb nicht automatisch zur Haftentlassung (vgl. BGE 125 II 372 E. c–e).

59 Der Haftrichter kann im Geltungsbereich der Offizialmaxime die Zulässigkeit der Haft auch mit Blick auf einen anderen als den von der Ausländerbehörde geltend gemachten Haftgrund bejahen (so SJZ 91 S. 314 E. 3; ebenso für die strafprozessuale Haftüberprüfung, s. § 29 N. 13).

6. Rechtsmittel

a) Kanton

60 Während ursprünglich gegen den Entscheid des Haftrichters unmittelbar die Verwaltungsgerichtsbeschwerde an das Bundesgericht nach Art. 98 lit. g OG zulässig war (BGE 119 Ib 196 E. b, 125 II 371 E. b), mussten die Kantone als Folge des Inkrafttretens des Bundesgerichtsgesetzes ihre Gerichtsorganisation im Anwendungsbereich der Beschwerde in öffentlich-rechtlichen Angelegenheiten – also auch für das Haftprüfungsverfahren nach AuG – den Anforderungen des BGG anpassen; insbesondere musste ein oberes kantonales Gericht als unmittelbare Vorinstanz des Bundesgerichts eingesetzt werden (Art. 86 Abs. 2 BGG). Dementsprechend wurde mit dem G über die Anpassung des kantonalen Verwaltungsverfahrensrechts vom 22.3.2010 (ABl 2009 S. 801) § 43 VRG auf den 1.7.2010 in dem Sinne angepasst, dass gegen erstinstanzliche richterliche Entscheide nach Art. 73–78 AuG nunmehr die Beschwerde an das Verwaltungsgericht zulässig ist.

b) Bund

61 Gegen den Entscheid des Verwaltungsgerichts ist wie erwähnt die Beschwerde in öffentlich-rechtlichen Angelegenheiten gemäss Art. 82 ff. BGG an das Bundesgericht zulässig (HUGI YAR, a.a.O., Ziff. 10.181 ff.). Dabei führt nach neuerer Rechtsprechung eine allfällige Haftentlassung dann nicht zur Gegenstandslosigkeit des Rechtsmittels, wenn bezüglich der beendeten Festhaltung eine Missachtung von Garantien der EMRK geltend gemacht wird. Die entsprechenden Rügen sind zu prüfen und führen gegebenenfalls zu einem richterlichen Feststellungsentscheid (BGer 2C_745/2010 vom 31.5.2011 E. 4.3.4 u.H. auf BGE 136 I 274 ff. und das Urteil des EGMR i.S. Jusic gegen die Schweiz vom 2.12.2010 [4691/06]). Dies muss dem Grundsatz nach auch schon für die Beschwerde gegen den Entscheid des Haftrichters gelten.

III. Zwangsmassnahmen gemäss G über den Beitritt zum Konkordat über Massnahmen gegen Gewalt anlässlich von Sportveranstaltungen vom 18. Mai 2009 (Abs. 3 lit. b)

1. Einleitung, Konkordat

Namentlich im Hinblick auf die Fussball-Europameisterschaft 2008 hatte der Bund schon im Rahmen einer Anpassung des BG über Massnahmen zur Wahrung der inneren Sicherheit vom 21.3.1997 (BWIS, SR 120) präventive Massnahmen zur Bekämpfung von Gewalt anlässlich von Sportveranstaltungen erlassen, wobei die Verfassungskonformität einzelner Massnahmen (namentlich Rayonverbot) von Anfang an umstritten war. Die Regelung wurde deshalb bis Ende 2009 befristet. Auf den 1.1.2010 trat an deren Stelle das Konkordat über Massnahmen gegen Gewalt anlässlich von Sportveranstaltungen vom 15.11.2007 (Anhang zum G vom 18.5.2009, LS 551.19) in Kraft, welches die Regelung gemäss BWIS im Wesentlichen übernahm (zur Verfassungs- und Konventionskonformität des Konkordates namentlich unter den Aspekten der Unschuldsvermutung sowie der Zulässigkeit von Eingriffen in die persönliche Freiheit und die Versammlungsfreiheit BGE 137 I 31 = EuGRZ 2011 S. 386 ff.; kritisch TSCHENTSCHER in ZBJV 2011, S. 774 f.). Zurzeit läuft ein Vernehmlassungsverfahren betreffend die Anpassung des Konkordates an neuere Entwicklungen, wobei u.a. Rayonverbote für die ganze Schweiz erlassen werden könnten und deren Höchstdauer auf zwei Jahre heraufgesetzt werden soll.

62

2. Kantonales Recht

Mit Gesetz vom 18.5.2009 ist der Kanton Zürich dem erwähnten Konkordat beigetreten (Beitrittsgesetz, LS 551.19). In § 2 Abs. 2 Beitrittsgesetz wurde der Haftrichter des Bezirksgerichtes Zürich gemäss (damals) GVG für die Überprüfung von Massnahmen nach Art. 4–9 des Konkordates zuständig erklärt worden, nachdem zuvor als Folge der bundesgerichtlichen Rechtsprechung eine Anpassung von § 24a GVG gestützt auf Art. 37 KV im Dringlichkeitsverfahren hatte vorgenommen werden müssen (Änderung des GVG vom 26.5.2008, OS 63 S. 195). Materiell entspricht das GOG insofern der Fassung von § 24a Abs. 5 GVG.

63

Sodann hat der Regierungsrat gestützt auf § 2 Abs. 1 Beitrittsgesetz mit VO zum Vollzug der Massnahmen gegen Gewalt anlässlich von Sportveranstaltungen vom 2.12.2009 (LS 551.191) die *Stadtpolizeien Zürich und Winterthur* auf ihrem Stadtgebiet als primär *zuständige Behörden* zur Anordnung der infrage kommenden Massnahmen bezeichnet. Ausserhalb des Zuständigkeitsbereiches der beiden Stadtpolizeien ist die Kantonspolizei zuständig, wobei diese mit Ausnahme der Festlegung des Umfangs eines Rayonverbotes auch im Zuständigkeitsbereich der Stadtpolizeien handeln kann (§ 1 Abs. 2 VO).

64

3. Polizeiliche Massnahmen

Das Konkordat kennt drei Arten von polizeilichen Massnahmen, nämlich

65

- Rayonverbot (Art. 4–5 Konkordat), insbesondere im Falle nachweislicher Beteiligung an Gewalttätigkeiten gegen Personen oder Sachen (zum Verhältnis zwischen Rayonverbot und strafrechtlicher Verfolgung bzw. Einstellung des Verfahrens vgl. VGer vom 3.9.2009, VB.2009.00368 und vom 14.2.2011, VB.2010.00734 E. 3.1),
- Meldeauflage (Art. 6–7 Konkordat) und
- Polizeigewahrsam (Art. 8–9 Konkordat).

4. Richterliche Überprüfung

66 Art. 8 Abs. 5 Konkordat sieht vor, dass im Falle von Polizeigewahrsam die Rechtmässigkeit des Freiheitsentzuges auf Antrag der betroffenen Person richterlich zu überprüfen ist; nach Art. 9 Abs. 4 Konkordat bezeichnet der Kanton diese richterliche Instanz. Für die Massnahmen des Rayonverbotes und der Meldeauflage sieht das Konkordat zwar nicht ausdrücklich die richterliche Überprüfung vor, doch ist in Art. 12 allgemein von der Beschwerdemöglichkeit gegen Verfügungen nach Art. 4-9 Konkordat die Rede, womit es den Kantonen freisteht, diese Möglichkeit vorzusehen. Dies hat der Kanton Zürich getan.

67 Weder das Konkordat noch das Beitrittsgesetz enthalten Bestimmungen betreffend die Ausgestaltung des Verfahrens vor dem Zwangsmassnahmengericht. Sinngemäss gelangen auch insoweit die Grundsätze des VRG zu Anwendung.

5. Rechtsmittel

68 Das Verwaltungsgericht hatte sich bereits im Grundsatzentscheid betreffend Rayonverbot vom 19.6.2008 (VB.2008.00237) als zur Behandlung von Rechtsmitteln gegen Entscheide des Haftrichters betreffend Massnahmen nach BWIS zuständig erklärt. In diesem Sinne sieht nunmehr auch § 2 Abs. 2 Satz 2 Beitrittsgesetz gegen den Entscheid des Zwangsmassnahmengerichts ausdrücklich die Beschwerde an das Verwaltungsgericht vor (s. auch § 43 Abs. 1 lit. c VRG).

69 Gegen das Urteil des Verwaltungsgerichts ist die Beschwerde in öffentlich-rechtlichen Angelegenheiten an das Bundesgericht zulässig.

IV. Künftiges Recht (Abs. 3 lit. c)

70 Im Zusammenhang mit der Verlängerung von Löschungsfristen gemäss Art. 13 Abs. 1 lit. b *ViCLAS-Konkordat* vom 2.4.2009 (LS 551.104) ist die Einfügung einer lit. c vorgesehen, durch welche als hierfür zuständige richterliche Behörde ebenfalls das Einzelgericht am Bezirksgericht Zürich bestimmt werden soll.

3. Abschnitt: Das Obergericht
A. Organisation

Literatur

H. AEPPLI, Die staatsrechtliche Stellung des Obergerichtes und des Regierungsrates in Justizverwaltungssachen nach zürcherischem Recht, ZBl 24, S. 121 ff. und 129 ff.; U. BRODER, Besonderheiten im Verfahren gegen Magistratspersonen, Parlamentarier und Beamte nach zürcherischem Recht, in: FS für J. Rehberg, Zürich 1995, S. 71 ff.; R. FRANK, Gerichtswesen und Prozessverlauf, S. 49 ff.; Z. GIACOMETTI, Das Staatsrecht der schweizerischen Kantone, Zürich 1941; G. MÜLLER, Gesetz und Verordnung in der Justizgesetzgebung, in: 50 Jahre aargauischer Juristenverein 1936–1986, Aarau 1986, S. 19 ff.; H. U. WALDER-RICHLI/B. GROB-ANDERMACHER, ZPR, § 5 N. 24 ff.

Vorbemerkungen

Inhaltsübersicht

		N.
I.	Stellung des Obergerichts und Entwicklung seiner Aufgaben	1
	1. Stellung des Obergerichts	1
	2. Entwicklung seiner Aufgaben	4
II.	Wahl, Unvereinbarkeit und Rücktritt	5
III.	Stellung der Richter	8
	1. Oberrichter als Magistratspersonen	8
	2. Disziplinarische Verantwortlichkeit	9
	3. Verfolgungsprivileg	11
IV.	Kollegial- und Einzelrichtersystem	13
V.	Erst- und zweitinstanzliche Zuständigkeit	15
VI.	Justizverwaltung und Budgetrecht	16
VII.	Rechtsetzende Kompetenzen	18
VIII.	Personalrecht	20

I. Stellung des Obergerichts und Entwicklung seiner Aufgaben

1. Stellung des Obergerichts

Die Verfassung der Regeneration vom 10.3.1831 vermittelte dem Obergericht eine möglichst unabhängige Stellung und betonte seine Bedeutung. Art. 66 brachte dies anschaulich zum Ausdruck, indem er in den beiden ersten Absätzen festlegte: «*Das Obergericht ist die höchste Behörde für Rechtssachen, sowohl in formeller als materieller Beziehung. An dasselbe gehen die Appellationen und Rekurse von dem Kriminalgericht und den Bezirksgerichten. Alle diese Gerichtsstellen sind ihm für ihre Verrichtungen verantwortlich und stehen unter seiner Aufsicht. Dem Obergericht steht die Aufsicht über die Friedensrichter und die unteren Gerichte, über das gesamte Notariats- und Advokaturwesen sowie über den Rechtstrieb zu. Das Obergericht ist dem Grossen Rat für seine Verrichtungen verantwortlich. All* 1

Vorbemerkungen zu §§ 34 f.

jährlich erstattet es demselben einen Bericht über den Zustand des Gerichtswesens und die Geschäftsführung sämtlicher Gerichtsstellen.»

2   Die besondere Bedeutung, welche dem Obergericht im neuen Staatswesen zukam, trat nicht nur in sachlicher, sondern auch in personeller Hinsicht zutage, als der geniale Friedrich Ludwig Keller zum ersten Präsidenten ernannt wurde (FRITZSCHE, Begründung und Ausbau der neuzeitlichen Rechtspflege des Kantons Zürich, Zürich 1931, S. 42, 46, 81 und 84).

3   Durch die Kantonsverfassung vom 18.4.1869 wurde an der Stellung des Obergerichts grundsätzlich nichts geändert. Die Nichtaufnahme einer dem früheren (oben zitierten) Art. 66 entsprechenden Bestimmung bedeutete keine Absage an die dort verkündeten Grundsätze. Nach wie vor war das Obergericht das höchste ordentliche Aufsichtsorgan über die Rechtspflege, dessen Wirkungskreis das ganze Kantonsgebiet umfasste. Die Schaffung des Kassationsgerichts durch das Gesetz betreffend die zürcherische Rechtspflege vom 2.12.1874 änderte an dieser hierarchischen Ordnung insofern nichts, als das Obergericht oberstes Organ auf dem weitläufigen Gebiet der Justiz blieb (§ 42 GVG) und auch nicht unter der Aufsicht des Kassationsgerichts stand (RO 1991 S. 347 Nr. 78).

2. Entwicklung der Aufgaben

4   Die Kompetenzen des Obergerichts sind seit 1831 im Wesentlichen die gleichen geblieben. Sie erfuhren allerdings durch die spätere Schaffung des Verwaltungs- (LS 175.2), des Landwirtschafts- (LS 910.71) und Sozialversicherungsgerichts (LS 212.81) eine Reduktion. Die genannten Gerichte entlasteten das Obergericht von der Beurteilung der Expropriationsentschädigungen, der Behandlung von Beschwerden gegen das landwirtschaftliche Schiedsgericht (HAUSER/HAUSER, zu § 48 alt GVG, Anm. 9) sowie von Prozessen auf dem Gebiet der Sozialversicherung (HAUSER/HAUSER, a.a.O., Anm. 11). Neu hinzukamen 1993 und 2000 die Aufgaben als Rekursbehörde gegen Entscheide i.S.v. § 44a GVG (jetzt § 50 lit. a und c GOG). Heute ist das Obergericht gemäss §§ 48 und 49 GOG einzige kantonale Berufungs- und Beschwerdeinstanz in Zivil- und Strafsachen, was in beiden Bereichen als Folge der Verlagerung einzelner bisher in die Kompetenz unterer Instanzen fallender Geschäfte eine erhebliche Mehrbelastung mit sich bringt.

II.   Wahl, Unvereinbarkeit und Rücktritt

5   Die Mitglieder und Ersatzmitglieder des Obergerichts werden vom Kantonsrat gewählt, wobei die Wahl der vollamtlichen Mitglieder geheim erfolgt (Art. 75 KV und § 13 Abs. 1 lit. b KRG).

6   Im Interesse der klaren Gewaltentrennung dürfen als Folge der Volksabstimmung vom 27.9.1981 Oberrichter nicht mehr gleichzeitig dem Kantonsrat angehören (§ 25 Abs. 2 lit. a GPR). Weitere Unvereinbarkeitsgründe ergeben sich aus den §§ 26 ff. GPR, wodurch eine Vermischung der staatlichen Funktionen vermieden werden soll (s. dazu auch vorn § 5 N. 19 ff.).

Wer gewählte ist, kann jederzeit ohne Angabe von Gründen beim Kantonsrat um seine Entlassung nachsuchen (§ 35 Abs. 2 GPR).

III. Stellung der Richter

1. Oberrichter als Magistratspersonen

Im Unterschied zu den Bezirksrichtern, welche zu den Angestellten zählen, werden die Oberrichter (wie auch die Regierungsräte, die Sozialversicherungs- und Verwaltungsrichter) als Magistratspersonen bezeichnet. Als solche unterstehen sie nicht dem Personalgesetz (§ 1 Abs. 3 PersG). Ihre Rechtsstellung wird durch die Kantonsverfassung und die einschlägigen Gesetze geregelt (s. nachfolgend).

2. Disziplinarische Verantwortlichkeit

Aus der Oberaufsicht des Kantonsrats über die Rechtspflege (dazu Art. 57 Abs. 1 KV und §§ 34a ff. KRG) sowie aus § 79 GOG folgt, dass dieser die Befugnis besitzt, gegen Amtspflichtverletzungen der erwähnten Magistratspersonen einzuschreiten. Ein Mitglied des Kantonsrats kann den Rat mit einer Interpellation veranlassen, gegen ein Mitglied (oder Ersatzmitglied) des Obergerichts, des Verwaltungs- oder Sozialversicherungsgerichts wegen einer Verfassungs-, Gesetzes- oder Amtspflichtverletzung eine Mahnung auszusprechen (§ 36 KRG).

Auf dem Weg der Interpellation kann der Rat auch veranlasst werden, gegen einen Oberrichter (oder Ersatzrichter), einen Verwaltungs- oder Sozialversicherungsrichter Schadenersatz- oder Rückgriffsansprüche geltend zu machen. Hält der Rat die Haftungs- oder Regressansprüche für begründet, so beschliesst er, gegen wen Klage zu erheben sei, und er bestellt für die Klageerhebung einen besonderen Beauftragten (§ 35 Abs. 4 KRG).

3. Verfolgungsprivileg

Wegen anderer Handlungen, die ein Mitglied des Obergerichts, des Verwaltungs- oder Sozialversicherungsgerichts in Ausübung seines Amts begangen hat, kann eine Strafuntersuchung oder ein Zivilprozess nur eingeleitet werden, wenn auf Antrag der Justizkommission der Kantonsrat die Ermächtigung dazu erteilt (§ 38 Abs. 1 und 2 KRG; dazu auch BRODER, a.a.O., S. 70 ff.; ZR 77 Nr. 111). Bewilligt der Kantonsrat die Einleitung einer Strafuntersuchung, so ernennt er zu deren Durchführung und zur allfälligen Erhebung der Anklage einen besonderen Staatsanwalt (§ 38 KRG; vgl. aber § 148 N. 25). Die Zulassung der Anklage und die Urteilsfällung obliegt den ordentlichen Gerichten, im Gegensatz zur früheren Regelung nach alt GVG, wonach in derartigen Fällen der Kantonsrat als Gerichtshof amtete (dazu HAUSER/HAUSER, zu § 450 alt GVG, Anm. III).

Das Verfolgungsprivileg (Art. 7 Abs. 2 StPO) schützt die Unabhängigkeit und Freiheit der Magistratspersonen vor unbegründeten Strafklagen und Vorwürfen Privater oder politischer Kreise und gewährleistet das ungestörte Funktionieren der Justiz (ZR 61 Nr. 172 S. 369). Seinen Entscheid kann der Kantonsrat auch auf ausserstrafrechtliche, politische Gründe stützen (näher Bemerkungen zu § 148). Der Entscheid des Kantonsrats über die

Ermächtigung zur Eröffnung einer Strafuntersuchung unterliegt sodann der subsidiären Verfassungsbeschwerde gemäss Art. 113 ff. BGG (BGE 135 I 113 E. 1).

IV. Kollegial- und Einzelrichtersystem

13 Bis zum GVG von 1976 galt beim Obergericht in Zivilsachen ausschliesslich das Kollegialprinzip. Erst durch § 43 Abs. 2 GVG wurde in beschränktem Umfang das Institut des Einzelrichters eingeführt. Die Tendenz der neueren Zeit geht dahin, dem Einzelrichter immer mehr Kompetenzen einzuräumen, um dadurch das Gesamtgericht zu entlasten und das Verfahren zu beschleunigen. Zum Einzelrichter am Handelsgericht § 61 Abs. 2 GVG bzw. jetzt § 45 GOG.

14 Älter als die einzelrichterliche Funktion war jene des Präsidenten der Anklagekammer, der allerdings nicht als erkennender, sondern nur als prozessleitender Richter amtete. Mit Inkrafttreten der StPO ist die Grundlage für die Anklagekammer entfallen.

V. Erst- und zweitinstanzliche Zuständigkeit

15 Zur Hauptsache ist das Obergericht als Rechtsmittelinstanz tätig; es beurteilt Berufungen und Beschwerden in Zivil- und Strafsachen sowie Revisionsgesuche (dazu Art. 328 ff. ZPO, 410 ff. StPO sowie §§ 48 und 49 GOG). Als einzige Instanz amtet es in Zivilsachen nach den §§ 43 GOG.

VI. Justizverwaltung und Budgetrecht

16 Das Obergericht ist oberste Instanz für die Justizverwaltung (§§ 68 ff. GOG), die es direkt oder auf dem Weg der Aufsicht ausübt.

17 Im Rahmen von § 75 GOG steht dem Obergericht ein selbständiges, von der Regierung unabhängiges Antragsrecht für den jährlichen Voranschlag zu. Damit erhält es ein Mitspracherecht über die zu budgetierenden Einnahmen und Ausgaben, die vom Kantonsrat zu genehmigen sind (GIACOMETTI, a.a.O., S. 328 f.; JAAG, Verwaltungsrecht des Kantons Zürich, 2. Aufl. Zürich 1999, S. 206 N. 2224 f.).

VII. Rechtsetzende Kompetenzen

18 § 73 GOG überträgt dem Plenarausschuss der obersten kantonalen Gerichte die Kompetenz zum Erlass einer Verordnung i.S.v. § 56 Abs. 3 PersG sowie für Verordnungen über die Entschädigung von Zeugen, Auskunftspersonen und Sachverständigen (VO vom 11.6.2002, LS 211.12), die Gerichtsauditoren (VO vom 20.6.2000, LS 211.23) und die Information über Gerichtsverfahren und die Akteneinsicht durch Dritte (VO vom 16.3.2001, LS 211.15). Darüber hinaus kann das Obergericht gemäss § 76 Abs. 2 GOG weitere Verordnungen über die Justizverwaltung in eigener Kompetenz erlassen;

es ist befugt, in Form von internen Anweisungen Ausführungs- oder Verwaltungsverordnungen zu dekretieren (GIACOMETTI, a.a.O. S. 495). Als Beispiele seien unter anderen angeführt: VOG vom 3.11.2010 (LS 212.51), VO über die Gemeindeammann- und Betreibungsämter vom 9.12.1998 (LS 281.1), VO über die Geschäftsführung der Konkursämter vom 9.12.1998 (LS 281.2), VO über die Geschäftsführung der Notariate vom 23.11.1960 (LS 242.2), VO über die Notariatsverwaltung vom 8.12.1999 (LS 242.25), VO über die Organisation und Geschäftsführung der Obergerichtskanzlei vom 3.11.2010 (LS 212.511), VO über das Rechnungswesen der Gerichte und das zentrale Inkasso vom 9.4.2003 (LS 211.14), VO über die Verwaltung von Depositen, Kautionen und Effekten vom 23.11.1960 (LS 211.13), VO über die Archivierung von Verfahrensakten vom 16.3.2001 (LS 211.16), Akturierungsverordnung vom 12.5.2010 (LS 212.513).

Die Verordnungen des Obergerichts betreffen meistens Detailfragen oder rasch sich wandelnde Verhältnisse, die zweckmässigerweise nicht in einem formellen Gesetz geregelt werden. Mit der Überlassung der Rechtsetzungsbefugnis an die Justiz wird Rücksicht genommen einerseits auf die ausgewiesene Sachkunde des Gerichts und andererseits auf die richterliche Unabhängigkeit bei der Regelung der die Rechtspflege betreffenden Materien (MÜLLER, a.a.O. S. 23 ff.). 19

VIII. Personalrecht

Für die Angestellten des Obergerichts gelten sinngemäss die entsprechenden Ausführungen zum Bezirksgericht, s. Vorbemerkungen zu § 8 N. 12 f. 20

§ 34 *Mitglieder*

¹ Das Obergericht besteht aus einer vollamtlichen Präsidentin oder einem vollamtlichen Präsidenten sowie vollamtlichen und teilamtlichen Mitgliedern. Diese bilden die Plenarversammlung.

² Der Kantonsrat legt nach Anhörung des Obergerichts die gesamten Stellenprozente der Mitglieder fest.

³ Mit der Wahl setzt er den Beschäftigungsgrad fest.

Die Oberrichter werden vom Kantonsrat gewählt (Art. 75 KV), wobei dieser bei der Wahl auch den Beschäftigungsgrad der Richter festlegt (Abs. 3). Gemäss Beschluss des Kantonsrats vom 10.5.2004 (LS 212.521) beträgt für die voll- und teilamtlichen Oberrichter die Summe der Stellenprozente 3500. Diese Zahl wird vom Kantonsrat nach Rücksprache mit dem Obergericht festgelegt, wobei zu beachten ist, dass die Ersatzmitglieder in diesen Stellenprozenten nicht inbegriffen sind. Zum Begriff der vollamtlichen und teilamtlichen Richter s. vorn § 6 N. 1 ff. 1

Nach der regierungsrätlichen Vorlage («Das Obergericht besteht aus einer Präsidentin und einem Präsidenten ...») wäre, im Gegensatz zur Regelung beim Bezirksgericht (dazu vorn § 8 GOG), beim Obergericht die teilamtliche Ausübung des Präsidentenamtes 2 möglich gewesen. Zur Begründung dafür wurde vorgebracht, man solle hier nicht in die Autonomie des Gerichts eingreifen; der Vergleich mit dem Bezirksgericht sei nicht zulässig, weil die Bezirksrichter im Gegensatz zu den Oberrichtern vom Volk gewählt werden; das Obergericht solle selbst entscheiden können, wer von seinen Mitgliedern als Präsident infrage komme und ob dieser sein Amt vollamtlich ausüben müsse oder auch teilamtlich ausüben könne. In den kantonsrätlichen Beratungen setzt sich jedoch der Antrag durch, dass das Obergericht gleich wie das Bezirksgericht von einem vollamtlichen Präsidenten geleitet werden müsse (s. dazu auch hinten § 37 N. 3).

3   Die Amtsdauer der Oberrichter beträgt sechs Jahre und beginnt mit der Konstituierung des Obergerichts nach der Gesamterneuerung (Art. 41 KV, § 32 Abs. 1 und 2 GPR). Die Wahl gilt bis zum Ablauf der jeweiligen Amtsdauer. Nach der geltenden Übung dürfen vollamtliche Oberrichter bis zur Vollendung des 67. Altersjahres und Ersatzmitglieder bis zur Vollendung des 70. Altersjahres tätig sein, und auf diesen Zeitpunkt hin sollten sie ihren Rücktritt erklären. Gesetzlich geregelt ist dies allerdings nicht (vgl. dazu auch hinten § 94 N. 6).

4   Nach § 8 Abs. 3 GOG werden bei den Bezirksgerichten jeweils schon vor den Wahlen für jedes Gericht die Zahl der voll- und teilamtlichen Richter sowie der Beschäftigungsgrad der teilamtlichen Richter festgelegt. Abweichend von dieser Regelung wird beim Obergericht der Beschäftigungsgrad der Gerichtsmitglieder nicht zum Voraus festgelegt, sondern es muss in jedem einzelnen Fall entschieden werden, ob der Richter für ein Voll- oder ein Teilamt zu wählen sei (Abs. 3).

5   Bis zur Revision von 2011 war das Obergericht wie folgt zusammengesetzt: drei Zivilkammern, die Anklagekammer, drei Strafkammern sowie die Revisionskammer. Die einzelnen Spruchkörper waren nach dem GVG von 1911 in der Regel mit fünf, ausnahmsweise mit drei Richtern besetzt. Durch das GVG von 1976 wurde die ordentliche Besetzung zum Zweck der Rationalisierung auf drei Richter herabgesetzt. Mit dem Inkrafttreten des GOG am 1.1.2011 konstituierte sich das Obergericht in zwei Zivil- und drei Strafkammern sowie das Handels- und das Zwangsmassnahmengericht. Neben der Verwaltungskommission bestehen namentlich die Kommissionen für die Prüfung der Rechtsanwalts- und der Notariatskandidaten sowie die Aufsichtskommission über die Rechtsanwälte. Überdies besteht heute eine Rekurskommission (§ 19 VOG).

§ 35 *Ersatzmitglieder*

Der Kantonsrat legt die Zahl der Ersatzmitglieder fest. Für die Wahl der Hälfte der Ersatzmitglieder steht dem Obergericht ein Vorschlagsrecht zu.

1   Die Ersatzmitglieder des Obergerichts wurden ursprünglich vom Kantonsrat gewählt. Durch die Novelle von 1935 zum GVG erhielt das Obergericht die Kompetenz, auch selber Ersatzrichter zu ernennen (ebenso noch § 38a GVG). Diese Kooptation war mit dem damals geltenden Recht vereinbar (GB RR 1935 S. 303 Nr. 3 b, RB 2003 Nr. 40), wurde durch das GOG im Lichte von Art. 75 KV aber aufgehoben.

Die Ersatzrichter des Obergerichts werden vom Kantonsrat in geheimer Abstimmung für eine Amtsdauer von sechs Jahren gewählt (Art. 75 KV, § 13 Abs. 1 lit. b KRG, § 32 Abs. 1 GPR). Gemäss Beschluss des Kantonsrats vom 10.5.2004 werden für das Obergericht 30 Ersatzmitglieder bestellt (LS 212.521). Neu steht dem Obergericht für die Hälfte der Ersatzrichter ein Vorschlagsrecht zu. Damit soll erreicht werden, dass auch geeignete Juristen ohne Parteizugehörigkeit Ersatzrichter am Obergericht werden können. Auch ein Obergerichtssekretär (heute: Gerichtsschreiber) kann zum Ersatzrichter gewählt werden (RB 2003 Nr. 40).

Ein Ersatzrichter übt bei der Rechtsprechung dieselben Funktionen aus wie ein ordentlicher Richter. Bei der Wahl der Präsidien, der Zusammensetzung der einzelnen Kammern und beim Erlass von Verordnungen durch die Plenarversammlung darf er indessen nicht mitwirken (§ 34 Abs. 1 Satz 2 GOG).

Über den Einsatz von Ersatzrichtern im Einzelfall bestimmt der Präsident. Denkbar ist, dass an einer Verhandlung neben dem Vorsitzenden zwei Ersatzrichter teilnehmen, die damit die Mehrheit bilden. Das ist zwar nicht üblich, verstösst aber weder gegen das Gebot des gesetzmässigen Richters (Art. 30 Abs. 1 BV) noch gegen kantonales Recht, soweit sachliche Gründe (z.B. anhaltend hohe Geschäftslast) dafür vorliegen (ZR 86 Nr. 97 E. b; RB 2001 S. 27; dazu auch vorn § 11 N. 3 sowie BGE 105 Ia 172 = Pr 68 Nr. 266; kritisch MÜLLER in ZBJV 1981 S. 213 f.).

§ 36 *Handelsrichter*

¹ Der Kantonsrat legt die Zahl der Handelsrichterinnen und -richter fest.

² Die Kantonsratskommission gemäss Art. 75 Abs. 1 Satz 2 KV schreibt die Stellen öffentlich aus und prüft die Kandidaturen.

³ Wählbar ist, wer in einem Unternehmen als Inhaberin oder Inhaber oder in leitender Stellung tätig ist oder während mindestens zehn Jahren eine solche Stellung bekleidet hat.

Literatur:

A. BRUNNER, Zur Auswahl der Handelsrichter nach ihrem Fachwissen, SJZ 105, S. 321 ff.

Inhaltsübersicht N.
I. Entstehung und Wesen des Handelsgerichts 1
II. Der verfassungswidrige Abs. 3 2
III. Wahlverfahren 3
IV. Stellung der Handelsrichter 5
V. Verletzung der Wohnsitzpflicht 6

I. Entstehung und Wesen des Handelsgerichts

1 Zur Entstehung sowie zum Wesen und Bestand des Handelsgerichts s. vorn § 3 N. 41 ff. Gemäss Beschluss des Kantonsrats vom 10.5.2004 werden 70 Handelrichter gewählt (LS 212.61).

II. Der verfassungswidrige Abs. 3

2 Die in Abs. 3 umschriebene Wahlfähigkeitsbeschränkung verstösst gegen Art. 40 Abs. 1 KV (dazu ausführlich vorne § 3 N. 45). Wählbar ist danach jedermann, der in kantonalen Angelegenheiten stimmberechtigt ist. Stimmberechtigt ist, wer stimmfähig (mündig und volljährig) ist, im Kanton Zürich wohnt und von der Ausübung der politischen Rechte auf Bundesebene nicht ausgeschlossen ist (§ 3 GPR, dazu vorne § 3 N. 50). Die Wahl eines ausserkantonalen Handelsrichters ist demnach nach wie vor nicht zulässig.

III. Wahlverfahren

3 Das Wahlverfahren für die Handelsrichter gab in den Beratungen zum GOG zu Diskussionen Anlass. Der Regierungsrat schlug vor, die dem Generalsekretariat der Volkswirtschaftsdirektion angegliederte Kommission für das Handelswesen müsse wie bisher der interfraktionellen Konferenz des Kantonsrats (§ 56 KRG) aus dem in Abs. 3 umschriebenen Personenkreis eine Liste von Kandidaten unterbreiten, worauf eine kantonsrätliche Kommission die Eignung der vorgeschlagenen Kandidaten zu prüfen und dem Kantonsrat einen entsprechenden Wahlvorschlag zu unterbreiten habe. Die kantonsrätliche Kommission und der Kantonsrat wären bei der Prüfung insofern frei, als sie einen Vorschlag zurückweisen oder einen Vorgeschlagenen nicht wählen dürften (W.RR S. 106). Die eingereichte Liste wäre nur insofern verbindlich, als nur die dort aufgeführten Personen gewählt werden dürften. Diesem Vorschlag erwuchs jedoch in den kantonsrätlichen Beratungen Opposition mit der Begründung, die Kommission für das Handelswesen habe ihre Kompetenz zur Aufstellung einer Liste von Kandidaten an die Zürcher Handelskammer delegiert und die fragliche Liste werde in Wirklichkeit von deren Sekretär zusammengestellt; das Auswahlverfahren sei demnach undurchsichtig und undemokratisch. Es wurde deshalb die Forderung erhoben, dass die frei werdenden Handelsrichterstellen jeweils öffentlich ausgeschrieben und die sich meldenden Kandidaten von der Justizkommission des Kantonsrats auf ihre Eignung überprüft werden. Mit der öffentlichen Ausschreibung sollte die Transparenz und die demokratische Legitimation des Wahlverfahrens erhöht werden. Die Branchenverbände werden durch dieses Vorgehen vom Wahlverfahren nicht ausgeschlossen, da es ihnen freisteht, auch ihrerseits der kantonsrätlichen Justizkommission für einzelne Kandidaten Empfehlungen abzugeben. Diese Ansicht obsiegte in den Beratungen und fand Eingang in § 36 Abs. 2 GOG. Sie ist auch verfassungsgemäss, weil auf die öffentliche Ausschreibung hin sich jedermann melden kann und die Bewerber sich nicht auf den in Abs. 3 verfassungswidrig umschriebenen Personenkreis beschränken müssen. Nach dieser Regelung gibt vor Wahlen das Handelsgericht der Justizkommission auf deren Ersuchen hin bekannt, welche fachlichen und persönli-

chen Anforderungen die Inhaber der zu besetzenden Stellen erfüllen müssen. Die Justizkommission schreibt daraufhin die neu zu besetzenden Stellen aus und prüft hernach die sich meldenden Kandidaten. Die als geeignet erscheinenden Kandidaten übermittelt sie der Interfraktionellen Konferenz des Kantonsrats, auf deren Vorschlag die Wahl durch den Kantonsrat erfolgt.

Die Wahl der Handelsrichter durch den Kantonsrat erfolgt offen (§ 13 Abs. 3 KRG). Für die Handelsrichter besteht Amtszwang (§ 31 Abs. 1 lit. b GPR). Ihre Amtsdauer beträgt sechs Jahre (§ 32 GPR).

IV. Stellung der Handelsrichter

Die Handelsrichter nehmen im Handelsgericht bei der Beurteilung der Fälle dieselbe Stellung ein wie die Berufsrichter. Für ihre Tätigkeit erhalten sie ein Sitzungsgeld sowie Vergütung für ihre Reiseauslagen. Bei der Wahl der Präsidien, der Zusammensetzung der Kammern und beim Erlass von Verordnungen können sie indessen nicht mitwirken (§ 34 Abs. 1 Satz 2 GOG).

V. Verletzung der Wohnsitzpflicht

Zur Frage, welche Folgen es nach sich zieht, wenn ein Handelsrichter amtet, der seinen Wohnsitz nicht bzw. nicht mehr im Kanton Zürich hat, s. vorn § 5 N. 7 ff. Kannte der Handelsrichter seine Residenzpflicht nicht und wurde er von der oben N. 2 erwähnten Kommission auch nicht darauf hingewiesen und trotzdem gewählt, so trifft ihn kein Vorwurf. Dies gilt auch, wenn auch das Obergericht nicht über seinen ausserkantonalen Wohnsitz informiert war und ihn deshalb amten lässt. Kennt das Obergericht indessen seinen ausserkantonalen Wohnsitz, so hat es den Gewählten im Rahmen seiner Aufsichtspflicht (§ 80 Abs. 1 lit. a GOG) auf seine Wohnsitzpflicht hinzuweisen und dafür zu sorgen, dass er als Richter nicht eingesetzt wird, solange er seinen ausserkantonalen Wohnsitz beibehält. Wirkt ein Handelrichter mit ausserkantonalem Wohnsitz am Handelsgericht mit (z.B. weil er im Kanton Zürich zwar arbeitet, seinen ausserkantonalen Wohnsitz gegenüber der Wahlbehörde und dem Obergericht aber verschwiegen hat), so ist das unter seiner Mitwirkung gefällte Urteil aus Gründen der Rechtssicherheit nicht nichtig, sondern nur anfechtbar wegen Verletzung des Anspruchs auf ein gesetzmässig bestelltes Gericht. Der Anfechtungsgrund ist unmittelbar nach dessen Kenntnisnahme geltend zu machen, sonst wird der Anspruch auf dessen Anrufung verwirkt (s. dazu vorn § 5 N. 8). Wenn der Handelrichter aber die Wahlbehörde über seinen Wohnsitz durch Schweigen oder Verheimlichen bewusst getäuscht hat, kann gegen ihn disziplinarisch vorgegangen werden. Da er dem Personalgesetz untersteht (§ 2 Abs. 1 lit. d Personalverordnung, LS 177.11), kommen gemäss § 29 PersG als disziplinarische Massnahmen ein Verweis oder die vorsorgliche Amtseinstellung infrage. Nach Bekanntwerden des Sachverhalts darf der fragliche Richter nicht mehr eingesetzt und auch nicht wiedergewählt werden, sofern und solange er seinen ausserkantonalen Wohnsitz beibehält und die Wahlbehörde ihm nicht die weitere Amtsführung bewilligt hat.

7   Nach § 35 Abs. 1 GPR kann die Wahlbehörde (Kantonsrat) dem Handelrichter die Weiterführung des Amtes trotz Fehlens oder Verlusts der Wählbarkeit bewilligen. Sie kann ihn auch vorzeitig aus dem Amt entlassen. Macht sie von dieser Möglichkeit Gebrauch, so kann der Handelrichter nach § 36 Abs. 2 GPR bis zum Amtsantritt seines Nachfolgers im Amt bleiben, sofern sein Ausscheiden nicht auf einen früheren Zeitpunkt angesetzt worden ist (BGE 136 I 207). Der Handelrichter ist in einem solchen Fall bis zum Ausscheiden aus dem Amt als gültig gewählt zu betrachten (BGer 4A_97/2011 vom 23.3.2011, E. 5.5), mit der Folge, dass er für diese Zeit nicht wegen Wahlunfähigkeit abgelehnt und dass das unter seiner Mitwirkung ergangene Urteil nicht wegen mangelhafter Besetzung der Richterbank angefochten werden kann.

§ 37 *Präsidien*

Die Plenarversammlung wählt nach der Gesamterneuerung für den Rest des Kalenderjahres und je am Jahresende für das folgende Jahr eines seiner Mitglieder als Präsidentin oder Präsidenten sowie die erforderlichen Vizepräsidentinnen und -präsidenten.

1   Im Unterschied zum Bezirksgericht wählt das Obergericht seinen Präsidenten durch sein Plenum selbst (§ 3 lit. a VOG). Damit wird ein Turnus unter den Mitgliedern erreicht. Die Aufgaben des Präsidenten sind gemäss § 20 VOG und ergänzenden Bestimmungen im Wesentlichen die folgenden: er leitet die Geschäfte des Gesamtgerichts und der Verwaltungskommission (welche Justizverwaltungsgeschäfte behandelt und zuhanden des Plenums vorbereitet), präsidiert die Revisionskammer und kann den Vorsitz in einer Zivil- oder Strafkammer oder in einem dem Obergericht angegliederten Gericht übernehmen. Er vertritt das Gericht nach aussen, vor allem gegenüber dem Regierungsrat und dem Kantonsrat (an dessen Sitzungen über die Beratung der Gerichtsangelegenheiten er teilnimmt), soweit die fraglichen Geschäfte nicht gemäss den §§ 3 ff. VOG dem Gesamtgericht vorbehalten sind. Er überwacht (unter Vorbehalt der Aufgaben der Kammerpräsidenten) die Pflichterfüllung der Mitglieder, der Ersatzmitglieder und des Kanzleipersonals und sorgt für die beförderliche Erledigung der Geschäfte. Als Vorsitzender einer Abteilung verfügt er über die für die Aufrechterhaltung der Ordnung und die Sicherstellung eines geordneten Verfahrensablaufes erforderliche Disziplinargewalt (z.B. Ermahnung, Wegweisung aus dem Verhandlungssaal, Ab- oder Unterbruch der Verhandlung).

2   Die Vizepräsidenten führen den Vorsitz in den verschiedenen Kammern. Einer von ihnen amtet als erster Vizepräsident und Stellvertreter des Obergerichtspräsidenten (§ 3 lit. b VOG). Die Vorsitzenden der Zivil- und Strafkammern üben in ihren Abteilungen die Aufgaben des Gerichtspräsidenten aus und besitzen auch dessen Befugnisse. Ist ein Vizepräsident an der Ausübung seines Amtes als Kammerpräsident verhindert, so wird er durch ein Mitglied des Obergerichts (in der Regel durch das amtsälteste Mitglied der Kammer) ersetzt (§ 12 VOG; ZR 86 Nr. 98 S. 241 E. 3a).

3   Der Präsident des Gesamtgerichts muss gemäss § 34 Abs. 1 GOG ein vollamtliches Gerichtsmitglied sein; würde die Führung des Gesamtgerichts aufgeteilt, könnten Schwierig-

keiten entstehen, wenn mehrere Verantwortliche in einzelnen Teilbereichen verschiedener Meinung wären. Die Vizepräsidien und Präsidien der Abteilungen dürfen dagegen mit teilamtlichen Richtern besetzt werden (dazu auch vorn § 8 N. 4). Das Gericht entscheidet frei, ob und welche Präsidien es mit voll- oder teilamtlichen Richtern besetzen wolle.

§ 37 GOG gilt sinngemäss auch für den Präsidenten und Vizepräsidenten des Handelsgerichts (§ 38 Abs. 2 lit. b GOG). 4

§ 38   Kammern, Handels- und Zwangsmassnahmengericht

¹ Das Obergericht bildet zur Behandlung der einzelnen Rechtsstreitigkeiten Kammern und das Handelsgericht. Das Handelsgericht besteht aus Mitgliedern des Obergerichts sowie den Handelsrichterinnen und -richtern.

² Das Obergericht bestimmt zu den Zeitpunkten gemäss § 37
   a. die Mitglieder der Kammern,
   b. die Mitglieder des Handelsgerichts sowie dessen Präsidentin oder Präsidenten und dessen Vizepräsidentin oder Vizepräsidenten,
   c. ein Mitglied, das die Aufgaben gemäss § 47 (Zwangsmassnahmengericht) erfüllt, und dessen Stellvertretung.

Inhaltsübersicht   N.
I.   Die einzelnen Kammern   1
II. Die Zuteilung der Richter und der gesetzmässige Richter   2
III. Die rechtliche Stellung der Kammern   4
IV. Das Handelsgericht im Besonderen   6
V.   Das Zwangsmassnahmengericht   8

I. Die einzelnen Kammern

Das Obergericht besteht aus Zivil- und Strafkammern, dem Zwangsmassnahmen- und dem Handelsgericht. Die Zuweisung der Aufgaben an die zwei letztgenannten Gerichte ist durch die ZPO und die StPO gesetzlich vorgegeben. Die Verteilung der Aufgabenbereiche an die anderen Kammern wird durch die VOG geregelt. Vgl. ferner Plenarbeschluss des OGZ betreffend die Geschäftsverteilung unter den Kammern des Obergerichts 2012 (Geschäfts-Nr. OP110012). 1

II. Die Zuteilung der Richter und der gesetzmässige Richter

Das Gesamtgericht beschliesst bei seiner Konstituierung über die Zuteilung seiner Mitglieder an die einzelnen Kammern und Kommissionen (§ 4 VOG). Diesen werden jeweils mehr als drei Richter zugeteilt, sodass in den Gerichtssitzungen ein Turnus stattfinden kann. Die Zuteilung an die einzelnen Kammern erfolgt jeweils für ein Jahr, kann aber selbstverständlich verlängert werden. 2

3   Welche Richter an einem Geschäft mitwirken bzw. wie der Spruchkörper gebildet wird, bestimmt der Vorsitzende. Dabei steht ihm ein grosser Spielraum zu, der aber begrenzt wird durch das Willkürverbot und das Gebot des gesetzmässigen Richters (Art. 30 Abs. 1 BV). Eine Zuteilung unter subjektiven Gesichtspunkten, um eine Partei zu begünstigen oder zu benachteiligen oder um eine Praxisänderung zu erwirken oder zu verhindern, wäre demnach eine krasse Rechtsverletzung (HAUSER/SCHWERI/HARTMANN, Schweizerisches Strafprozessrecht, § 27.27). Eine individuelle Zuteilung auch nach Gründen der Zweckmässigkeit (z.B. mit Rücksicht auf Eignung, spezielle Kenntnisse oder Arbeitsbelastung) ist dagegen nach schweizerischem Rechtsverständnis zulässig. Nicht vorgeschrieben ist danach eine starre Zuteilung nach Geschäftsnummern (Kehrordnung). In neuerer Zeit wird jedoch vermehrt eine starre bzw. computergesteuerte Zuteilung gefordert, wie sie bei einzelnen Gerichten (z.B. Bundesverwaltungsgericht) auch bereits praktiziert wird. Betreffend (Un-)Zulässigkeit der Änderung des einmal gebildeten Spruchkörpers während des laufenden Verfahrens BGE 96 I 321 E. 2, 117 Ia 133, Pra 95 Nr. 62, ZBl 108 S. 45; zuletzt BGer 5A_429/2011 vom 9.8.2011 E. 3 m.H. auf die Praxis (= AnwRev 10/2011 S. 448); zum Ganzen auch § 14 N. 6, § 127 N. 6, 134 N. 23 f.

III. Die rechtliche Stellung der Kammern

4   Die Kammern fällen ihre Urteile und fassen ihre Beschlüsse im Namen des Obergerichts. Gegen den Entscheid einer Kammer oder die Verfügung eines Kammerpräsidenten (Vorsitzenden) ist daher kein Rechtsmittel an das Obergericht gegeben, denn jede Gerichtsstelle ist selbst Repräsentant des Obergerichts (vgl. für den Strafprozess aber Art. 65 Abs. 2 StPO betreffend die Änderung oder Aufhebung von Anordnungen der Verfahrensleitung durch das Gericht, dies analog der bisherigen Einsprache gemäss § 122 Abs. 4 GVG). Daran ändert nichts, dass das Gesamtgericht nach § 8 Abs. 1 lit. d VOG die Aufsicht über die Kammern ausübt. Denkbar ist in diesen Belangen höchstens eine Beschwerde i.S.v. § 82 GOG.

5   Die Kammern sind in ihrer Rechtsprechung selbständig. Der noch in § 51 Abs. 2 alt GVG vorgeschriebene Zwang, die Meinung des Gesamtgerichts einzuholen, wenn eine Kammer von einem früheren Entscheid einer andern Kammer über eine Rechtsfrage abweichend entscheiden wollte, wurde schon im GVG und erst recht im GOG nicht mehr übernommen. Das schliesst aber nicht aus, dass in einem solchen Fall die einzelnen Kammern einen inoffiziellen Meinungsaustausch führen.

IV. Das Handelsgericht im Besonderen

6   Für die fachliche Zuteilung bestehen folgende Kammern des Handelsgerichts (RO 2010 S. 188 ff., s. auch § 3 N. 41 ff.):
  – Banken und Versicherungen,
  – Revisions- und Treuhandwesen,
  – Baugewerbe und Architektur,

- Chemie, Pharmazeutik, Drogerie,
- Lebens- und Genussmittelindustrie und -handel,
- Maschinen- und Elektroindustrie,
- Erfindungspatente,
- Übersee- und Grosshandel und Spedition,
- Textilindustrie und -handel,
- verschiedene Branchen.

Die Wahl des Präsidenten und des Vizepräsidenten sowie die Zuteilung der Oberrichter zum Handelsgericht erfolgt jeweils für ein Jahr. 7

V. Das Zwangsmassnahmengericht

Die Aufgaben des Zwangsmassnahmengerichts übernimmt gemäss § 47 GOG ein Mitglied des Obergerichts. Damit dieses und sein Stellvertreter nicht in den Verdacht der Vorbefassung geraten, sollten sie nicht den Strafkammern, sondern einer Zivilkammer angehören. 8

§ 39 *Besetzung*

¹ Die Kammern des Obergerichts entscheiden in Dreierbesetzung, soweit nicht dieses oder ein anderes Gesetz Fünferbesetzung vorschreibt.

² Das Handelsgericht wird, unter Vorbehalt von § 45, für die Behandlung der einzelnen Rechtsstreitigkeiten mit zwei Mitgliedern des Obergerichts und mit drei Handelsrichterinnen oder -richtern besetzt, die unter Berücksichtigung ihrer Sachkunde bezeichnet werden.

Literatur
E. Mazurczak, Bestellung des Spruchkörpers am Zürcher Handelsgericht, in: Justice – Justiz – Giustizia 2010/1; D. Schwander, Das Zürcher Handelsgericht und die branchenspezifische Zusammensetzung seines Spruchkörpers, Berlin 2009.

Inhaltsübersicht	N.
I. Gesamtgericht und Kammern des Obergerichts	1
II. Handelsgericht	3

I. Gesamtgericht und Kammern des Obergerichts

Bezüglich der Besetzung des Gesamtgerichts wurde die bisherige Regelung von § 41 Abs. 2 GVG nicht übernommen, weil sich bereits aus § 67 i.V.m. § 66 GG ergibt, dass die Mehrheit der Mitglieder anwesend sein muss und Stimmzwang herrscht (W.RR S. 119). 1

§ 39

2   Die Kammern des Obergerichts entscheiden in der Regel in Dreier-, nur ausnahmsweise in Fünferbesetzung. Die Besetzung wird durch § 39 GOG (vgl. dazu § 212 Abs. 3 GOG, Fünferbesetzung) oder ein anderes Gesetz vorgeschrieben. Zu beachten ist, dass gemäss Art. 395 StPO in bestimmten Fällen anstelle des Kollegialgerichts (Kammer) deren Verfahrensleitung zur alleinigen Beurteilung der Beschwerde zuständig ist. In diesem Fall entscheidet das Obergericht durch Einzelrichterentscheid.

II. Handelsgericht

3   § 39 Abs. 2 GOG übernimmt die frühere Regelung von § 60 Abs. 2 GVG. In den Vorberatungen zum GOG war allerdings beantragt worden, das Zahlenverhältnis von Berufs- und Fachrichtern umzukehren und das Handelsgericht mit drei Oberrichtern und zwei Fachrichtern zu besetzen. Zur Begründung wurde angeführt, durch eine Mehrheit der Oberrichter werde auch der blosse Anschein der Befangenheit vermieden, der entstehen könne, wenn eine Mehrheit des aus Handelsrichtern derselben Branche zusammengesetzten Spruchkörpers über eine branchenfremde oder nicht im Handelsregister eingetragene Partei entscheide; die Aufgabe der Fachrichter bestehe vor allem darin, ihr Fachwissen in den Prozess einfliessen zu lassen, und diese Aufgabe könne durch zwei Fachrichter in hinreichendem Masse erfüllt werden. Die Mehrheit des Kantonsrats lehnte diesen Antrag jedoch ab, weil sie keinen Anlass sah, die bisherige bewährte Regelung zu ändern. § 39 Abs. 2 GOG erlaubt im Übrigen hinsichtlich der Besetzung Ausnahmen, weil nicht für alle Entscheide handelsrichterliche Sachkunde erforderlich ist (z.B. Kaution, formelle Erledigung usw.). Zur Verfassungsmässigkeit der Zusammensetzung BGE 136 I 207.

4   Wenn an einem Urteil des Handelsgerichts ein (Handels-)Richter mitwirkt, der nicht an allen vorangegangenen Verfahrenshandlungen und Zwischenentscheiden beteiligt war, liegt darin noch keine unzulässige Besetzung des Gerichts und keine Verletzung des Anspruchs auf den verfassungs- bzw. gesetzmässigen Richter (ZR 91/92 Nr. 89 = SJZ 90 S. 313 Nr. 40; zum Wechsel auf der Richterbank s. auch § 14 N. 7). Der Umstand, dass ein Handelsrichter Angestellter einer Grossbank ist, hindert seine Mitwirkung am Prozess einer andern Grossbank nicht (ZR 69 Nr. 16).

5   In der Regel amtet der Präsident oder Vizepräsident des Handelsgerichts als Vorsitzender. Das zweite Mitglied des Obergerichts (bzw. allenfalls ein Ersatzrichter) wird Instruktionsrichter genannt. Dieser leitet die Verhandlungen, in welchen nur eine Delegation des Handelsgerichts anwesend ist (Referentenaudienz/Instruktionsverhandlung und Vergleichsverhandlung, eventuell Beweisverhandlung nach Absprache mit den Parteien). Zur Delegation gehört neben dem Gerichtsschreiber ein Handelsrichter (Referent). Bei voller Besetzung wirken zwei weitere Handelsrichter als Beisitzer bzw. Korreferenten mit.

6   Die Regeln über die Besetzung des Handelsgerichts gelten nicht nur unter dem Vorbehalt von § 45 GOG, sondern auch unter dem Vorbehalt der Zuständigkeit eines Mitglieds des Obergerichts als Zwangsmassnahmengericht (W.RR S. 107).

7   Zur Bildung des Spruchkörpers im Einzelfall: Die Handelsrichter werden unter Berücksichtigung ihrer Sachkunde bezeichnet. Diesem Erfordernis trägt das Handelsgericht Rechnung, indem es die vom Kantonsrat gewählten Handelsrichter auf zehn branchen-

spezifische Kammern verteilt (s. § 38 N. 6). Diese Kammern haben jedoch nicht den Charakter fester Spruchkörper entsprechend den Kammern des Obergerichts und den Abteilungen der Bezirksgerichte. Entscheide in handelsgerichtlichen Sachen erfolgen denn auch nicht im Namen einer bestimmten Kammer, sondern immer im Namen des Handelsgerichts selbst. Die Kammerbildung stellt somit eine sachgerechte, nicht bloss alphabetische Auflistung der Handelsrichter zur Erleichterung der Zuteilung der Richter zu den einzelnen Prozessen dar. Ein Anspruch darauf, von den Richtern einer bestimmten Kammer oder durch eine gemischte Besetzung aus Richtern verschiedener Kammern mit ausgeprägten fallspezifischen Sachkenntnissen beurteilt zu werden, bestand daher schon nach § 60 Abs. 2 GVG nicht. Indem ein Rechtsstreit durch eine Besetzung mit Handelsrichtern, welche der gleichen Branche wie die Parteien oder zumindest einer verwandten Branche angehören, beurteilt wird, wird dem Erfordernis der Berücksichtigung der Sachkunde hinreichend Rechnung getragen (KassG vom 11.10.2011, Kass.-Nr. AA100030, E. II/19).

§ 40 *Lohn der Mitglieder und Entschädigung der Ersatzmitglieder*

Der Kantonsrat regelt die Entlöhnung der Mitglieder und die Entschädigung der Ersatzmitglieder des Obergerichts.

Diese Bestimmung ist erforderlich, weil die Mitglieder und Ersatzmitglieder des Obergerichts nicht dem Personalgesetz unterstehen (§ 1 Abs. 3 PersG). Die Besoldung der Oberrichter und die Entschädigungen der Ersatzrichter sind geregelt im Beschluss des Kantonsrats über die Festsetzung der Besoldungen der Mitglieder des Obergerichts vom 28.2.2011 (LS 212.53). Weil die Besoldung der Oberrichter an die Lohnklasse 29 des Staatspersonals gebunden ist, wirkt sich die Ausrichtung einer Reallohnerhöhung an das Staatspersonal auch für die Oberrichter aus.

Hinsichtlich der Versicherung und des Ruhegehalts der Oberrichter gelten die Statuten der Versicherungskasse für das Staatspersonal (BVK) vom 22.5.1996 (§ 1 Abs.1; LS 177.21). Insofern gelten auch die Vollziehungsbestimmungen über die Ausrichtung von Teuerungszulagen an die Bezüger staatlicher Renten vom 22.3.1972 (§ 1 Ziff. 1; LS 177.22) sowie der Beschluss des Kantonsrats über die Ausrichtung von Teuerungszulagen an die Bezüger staatlicher Renten vom 1.12.1975 (LS 177.23) und die Vollziehungsbestimmungen dazu vom 7.1.1976 (LS 177.231).

§ 41 Juristisches und administratives Personal

Das Obergericht stellt die Generalsekretärin oder den Generalsekretär, die stellvertretenden Generalsekretärinnen oder -sekretäre, die leitenden und die übrigen Gerichtsschreiberinnen oder -schreiber sowie das administrative Personal an.

1 § 41 GOG übernimmt das bisher geltende Recht (§ 40 GVG) und entspricht inhaltlich § 17 GOG, sodass im Wesentlichen auf die dortigen Ausführungen verwiesen werden kann.

2 Die Aufgaben des Generalsekretärs, seines Stellvertreters und der Gerichtsschreiber umschreiben die §§ 21–24 VOG. Die Gerichtsschreiber (ehemals juristische Sekretäre) der Kammern des Obergerichts und des Handelsgerichts üben die Funktion einer Urkundsperson aus (Protokollführer) und sind in der Regel auch Antragsteller für die auf dem Zirkularweg zu treffenden Entscheide. In den Verhandlungen und Beratungen des Gerichts haben sie beratende Stimme (dazu näher §§ 124 und 133 GOG). Die leitenden Gerichtsschreiber der einzelnen Kammern sind verantwortlich für den Kanzleibetrieb.

3 Das administrative Personal des Obergerichts umfasst namentlich die Fachstelle für Aus- und Weiterbildung, die Personaldienste, die Informatik der Gerichte, die Logistik, die Finanzen und das Controlling, die zentralen Dienste (Bibliothek usw.) sowie das Dolmetscherwesen.

§ 42 Verordnung über die Organisation

¹ Die Plenarversammlung erlässt eine Verordnung über die Organisation des Obergerichts.

² Geschäfte der Justizverwaltung können ständigen Kommissionen, einzelnen Mitgliedern oder Angestellten zur Erledigung übertragen werden.

1 Es gilt die VO über die Organisation des Obergerichts vom 3.11.2010, in Kraft seit 1.1.2011 (VOG, LS 212.51). Entgegen dem früheren Recht (§ 49 GVG) ist in § 42 GOG nicht mehr vorgesehen, dass die VOG vom Kantonsrat genehmigt werden müsse.

2 Die VOG regelt, ähnlich wie die Geschäftsordnungen der Bezirksgerichte (§ 18 GOG), lediglich die Organisation des Obergerichts. Die Justizverwaltung der obersten kantonalen Gerichte sowie die Aufsicht des Obergerichts über seine Kammern, das Handelsgericht, die ihm unterstellten Gerichte und die Schlichtungsbehörden sind in den §§ 68, 76 und 80 GOG geregelt.

3 Von der Möglichkeit, Geschäfte der Justizverwaltung ständigen Kommissionen oder einzelnen Mitgliedern oder Angestellten des Obergerichts zur Erledigung zu übertragen, hat die VOG in den §§ 19 ff. (Rekurskommission, Obergerichtspräsidium, Generalsekretariat und übrige Gerichtsschreiber) Gebrauch gemacht; s. auch § 76 N. 3 ff.

B. Zuständigkeit

§ 43 *Als einzige Instanz in Zivilsachen*
a) Obergericht im Allgemeinen

Das Obergericht entscheidet als einzige Instanz:
a. Streitigkeiten gemäss Art. 5 Abs. 1 lit. f ZPO,
b. Streitigkeiten gemäss Art. 8 ZPO,
c. Streitigkeiten, in denen ein Bundesgesetz eine einzige kantonale Instanz vorschreibt und das kantonale Recht keine andere Zuständigkeit bestimmt.

Art. 5 Abs. 1 ZPO schreibt für verschiedene Streitigkeiten eine einzige kantonale Instanz vor. Von diesen verschiedenen Streitigkeiten sind die Klagen gegen den Bund vom Obergericht als einziger Instanz zu beurteilen (§ 43 lit a GOG; in den übrigen Fällen von Abs. 5 Abs. 1 ZPO ist das Handelsgericht einzige kantonale Instanz, § 44 lit. a GOG). Das Obergericht ist in diesen Fällen auch dafür zuständig, vor Eintritt der Rechtshängigkeit vorsorgliche Massnahmen anzuordnen (Art. 5 Abs. 2 ZPO). Die Kompetenz dazu kann gemäss Art. 124 Abs. 2 ZPO an ein Mitglied des Gerichts delegiert werden. 1

Nach Art. 8 ZPO kann die klagende Partei mit Zustimmung der beklagten Partei vermögensrechtliche Streitigkeiten mit einem Streitwert von mindestens Fr. 100 000 direkt beim Obergericht einreichen, welches dann als einzige Instanz entscheidet (§ 43 lit. b GOG). Solche Direktklagen dienen der Beschleunigung des Verfahrens. Sie setzen indessen eine Vereinbarung der Parteien voraus, welche noch im Schlichtungsverfahren getroffen werden kann, aber jedenfalls vor der Einreichung der Klage beim Gericht geschlossen werden muss. Die Prorogationsvereinbarung muss schriftlich erfolgen. Sie kann dem Gericht elektronisch übermittelt werden, wobei das Gericht allerdings verlangen kann, dass die Eingabe und die Beilagen in Papierform nachgereicht werden (Art. 130 Abs. 3 ZPO, dazu auch Art. 17 Abs. 2 ZPO). Hinsichtlich der Berechnung des Streitwerts gelten die Art. 91 ff. ZPO (s. Art. 4 Abs. 2 ZPO). 2

Bei Streitigkeiten, die gemäss § 44 GOG vom Handelsgericht als einziger Instanz zu beurteilen sind, ist eine Prorogation ans Obergericht u.E. nicht statthaft (so die bisherige Regelung; s. HAUSER/SCHWERI, Kommentar GVG, § 43 N. 19). 3

Das Obergericht prüft von Amtes wegen, ob die Prozessvoraussetzungen gegeben sind (so insbesondere die Berechtigung der Parteien und ihrer Vertreter zur Prozessführung und die ordnungsmässe Einleitung des Prozesses; s. dazu Art. 60 ZPO). 4

§ 43 lit. c GOG ist eine Auffangzuständigkeit für Streitigkeiten, für welche ein Bundesgesetz eine einzige kantonale Instanz vorschreibt und das kantonale Recht keine besondere Zuständigkeit bestimmt. So ist z.B. nach Art. 7 Abs. 1 des BG über internationale Kindesentführung und die Haager Übereinkommen zum Schutz von Kindern und Erwachsenen vom 21.12.2007 (SR 211.222.32) das obere kantonale Gericht einzige Instanz für die Beurteilung von Rückführungsgesuchen, einschliesslich der Massnahmen zum Schutz der Kinder. 5

6 Gestützt auf Art. 5 Abs. 2 ZPO ist das Obergericht in diesen Fällen auch zum Erlass vorsorglicher Massnahmen vor Eintritt der Rechtshängigkeit zuständig. Diese können gestützt auf Art. 124 ZPO an ein Mitglied des Gerichts delegiert werden. Eine gesetzliche Festlegung der Zuständigkeit des Einzelgerichts wie beim Handelsgericht (§ 45 GOG) wurde als nicht notwendig erachtet (W.RR S. 109).

§ 44 b) Handelsgericht

Das Handelsgericht entscheidet als einzige Instanz Streitigkeiten gemäss
a. Art. 5 Abs. 1 lit. a–e und h ZPO,
b. Art. 6 Abs. 2, 3 und 4 lit. b ZPO, deren Streitwert mindestens Fr. 30 000 beträgt.

Literatur: s. vorn § 3 vor N. 41

Inhaltsübersicht   N.

I.   Allgemeines 1
II.   Streitigkeiten im Zusammenhang mit geistigem Eigentum (Art. 5 Abs. 1 lit. a ZPO) 4
      1. Zuständigkeit 4
      2. Fehlende Zuständigkeit bei Vertragsklagen 7
      3. Widerklagen 8
      4. Klagenhäufung 11
      5. Verfahrensvorschriften 13
      6. Rechtsmittel 14
III. Kartellrechtliche Streitigkeiten (Art. 5 Abs. 1 lit. b ZPO) 15
      1. Allgemeines 15
      2. Sachliche Zuständigkeit 16
      3. Örtliche Zuständigkeit 20
      4. Verfahrensvorschriften 21
         a. Unterlassungs- und Beseitigungsklagen 21
         b. Beurteilung durch die Wettbewerbskommission 22
         c. Fabrikations- und Geschäftsgeheimnisse 27
         d. Vollstreckung 28
      5. Rechtsmittel 30
IV.   Streitigkeiten über den Gebrauch einer Firma (Art. 5 Abs. 1 lit. c ZPO) 31
V.   Streitigkeiten über unlauteren Wettbewerb (Art. 5 Abs. 1 lit. d ZPO) 36
VI.   Streitigkeiten nach dem Kernenergiehaftpflichtgesetz (Art. 5 Abs. 1 lit. e ZPO) 37
VII. Streitigkeiten nach dem BG über Kapitalanlagen und dem Börsengesetz
      (Art. 5 Abs. 1 lit. h ZPO) 38
VII. Streitigkeiten gemäss Art. 6 ZPO 44
      1. Allgemeines 44
      2. Eintrag im Handelsregister 46
      3. Geschäftliche Tätigkeit 54
         a. Allgemeines 54
         b. Rechtsbeziehungen aus geschäftlicher Tätigkeit 58
         c. Kasuistik 65
      4. Streitwert 72
      5. Widerklagen 73

I. Allgemeines

Das Handelsgericht war schon unter dem früheren Recht aus Mitgliedern des Obergerichts und fachlich ausgewählten Handelsrichtern zusammengesetzt und hatte sich bewährt, sodass es nach dem Inkrafttreten des GOG zwar mit neuen Rahmenbedingungen, aber im Wesentlichen mit denselben Aufgaben weitergeführt werden konnte (W.RR S. 109). Im Rahmen der zwingenden Bestimmungen der ZPO entscheidet es stets als einzige kantonale Instanz. Hinsichtlich seiner Entstehung, seines Wesens, seiner Zuständigkeit und seines Bestandes kann auf die Ausführungen vorn § 3 N. 41 ff. verwiesen werden.

Das Handelsgericht als einzige kantonale Instanz entscheidet mit voller Kognition, und gegen seine Urteile ist heute kein kantonales Rechtsmittel mehr gegeben. Obwohl es u.a. mit Mitgliedern und Gerichtsschreibern des Obergerichts besetzt ist, weist es weitgehend den Charakter eines selbständigen Gerichts auf. Dem trug schon das Prozessrecht aus dem Jahre 1976 Rechnung, das dem Obergericht die Stellung einer Rechtsmittelinstanz gegenüber dem Handelsgericht absprach (zum alten Recht s. HAUSER/HAUSER, Vorbemerkungen III, § 228 alt GVG). Immerhin besteht zwischen beiden Gerichten insofern ein hierarchischer Zusammenhang, als das Handelsgericht der Aufsicht des Obergerichts untersteht (§ 80 Abs 1 lit. a GOG).

Zuständig ist das Handelsgericht für Personen oder Streitsachen, für welche der Gerichtsstand des Kantons Zürich nach den Art. 10 ff. und 40 ff. ZPO, Art. 2 ff. IPRG sowie LugÜ gegeben ist. Zu beachten ist indessen, dass auf den 1.1.2012 das neue *Bundespatentgericht* seine Tätigkeit aufnahm (Inkraftsetzung von Art. 26 ff. PatGG, SR 173.41). Als Folge davon fallen von diesem Zeitpunkt an bestimmte patentrechtliche Verfahren in die *ausschliessliche sachliche Zuständigkeit* dieses neuen Gerichts, namentlich Bestandes- und Verletzungsklagen bzw. Klagen auf Erteilung einer Lizenz betreffend Patente, während bei anderen Klagen, die in Sachzusammenhang mit Patenten stehen, eine *alternative* Zuständigkeit besteht (Art. 26 Abs. 1 und 2 PatGG). Eine ursprünglich ins Auge gefasste Anpassung von Art. 5 ZPO (vgl. Botschaft zur ZPO, BBl 2006 S. 7260) steht zurzeit nicht zur Debatte und ist insofern auch nicht unabdingbar, als es sich beim PatGG um ein neueres Spezialgesetz handelt, welches der ZPO vorgeht (vgl. dazu P.-Y. BOSSHARD, Le nouveau Tribunal fédéral des brevets et les juridictions cantonales, SZZP 2010, S. 191 ff.).

II. Streitigkeiten im Zusammenhang mit dem geistigen Eigentum (Art. 5 Abs. 1 lit. a ZPO)

Literatur

Ausser den in § 3 N. 24 zitierten: E. BRUNNER, Der Patentverletzungsprozess, Schweizerische Mitteilungen über Immaterialgüterrecht, 1994, S. 61 ff.; DERSELBE, Der Patentnichtigkeitsprozess im schweizerischen Recht, Schweizerische Mitteilungen über Immaterialgüterrecht, 1995, S. 7 ff.; L. DAVID, Der Rechtsschutz im Immaterialgüterrecht, in: Schweizerisches Immaterialgüter- und Wettbewerbsrecht, Bd. I/2, 2. Aufl., Basel 1998; DERSELBE, Kommentar zum Markenschutzgesetz, Muster- und Modellgesetz, 2. Aufl., Basel 1999: P. DIGGELMANN, Unterlassungsbegehren im Immaterialgüterrecht, SJZ 88, S. 26 ff.; D. LENGAUER, Zivilprozessuale Probleme bei der gerichtlichen Verfolgung bei publikumswirksamen Wettbewerbsverstössen, Diss. Zürich 1995, bes. § 9; M.M. PEDRAZZINI/R. VON BÜREN/E. MAR-

BACH, Immaterialgüter- und Wettbewerbsrecht, Bern 1998; M. und F. PEDRAZZINI, Unlauterer Wettbewerb (UWG), Bern 2000; K. TROLLER, Grundzüge des schweizerischen Immaterialgüterrechts, Basel 2001; O. VOGEL, Besonderheiten des Immaterialgüterrechtsprozesses im Lichte der neueren Rechtsprechung, Schweizerische Mitteilungen über Immaterialgüterrecht, 1993, S. 26 ff.

1. Zuständigkeit

4   Art. 5 Abs. 1 lit. a ZPO schreibt für Streitigkeiten im Zusammenhang mit dem geistigen Eigentum (einschliesslich Streitigkeiten betreffend Nichtigkeit, Inhaberschaft, Lizenzierung, Übertragung und Verletzung solcher Rechte) eine einzige für den ganzen Kanton zuständige Instanz vor (zur geschichtlichen Entwicklung s. ZR 49 Nr. 200 S. 370 sowie nach früherem Recht Art. 76 PatG, Art. 37 DesG und Art. 58 Abs. 3 MSchG). Die Bestimmung soll zu einer Prozessbeschleunigung und zu einer einheitlichen Rechtsprechung beitragen (DAVID, Rechtsschutz im Immaterialgüterrecht, S. 13 f.; ZR 49 Nr. 200 S. 371, 95 Nr. 88 S. 274 E. III).

5   In Übereinstimmung mit der bisherigen Praxis und der herrschenden Lehre ist davon auszugehen, dass sich die Zuständigkeit des Handelsgerichts im Immaterialgüterrecht nur auf Streitigkeiten bezieht, die sich als spezifische Bestandes- oder Abwehrklagen des gewerblichen Rechtsschutzes erweisen (DAVID, Rechtsschutz im Immaterialgüterrecht, S. 15 f.; GULDENER, Zivilprozessrecht, S. 116 Fn. 51; ZBJV 89 S. 86, 95 S. 39 ff.; ZR 95 Nr. 88 E. II und III). Dessen Kompetenz erstreckt sich mit andern Worten auf Prozesse um die Existenz eines gewerblichen Rechtsschutzobjektes oder die sich aus dessen Gefährdung oder Verletzung ergebenden Ansprüche; namentlich also auf die Nichtigkeit des Exklusivrechts, die Unterlassung oder Beseitigung von Störungen, die Entrichtung von Schadenersatz oder Genugtuung und die Herausgabe des widerrechtlich erlangten Gewinns (vgl. dazu MARBACH, in: Pedrazzini/von Büren/Marbach, a.a.O. S. 175 ff.).

6   Die erwähnte Regelung ist sowohl unter dem Gesichtspunkt der Erleichterung der Durchsetzung des materiellen Rechts als auch unter demjenigen der Prozessökonomie und der Beurteilung durch ein sachkundiges Kollegium dahin zu interpretieren, dass sie die Zuständigkeit des Handelsgerichts ohne Rücksicht auf die Nationalität des im Streit liegenden Exklusivrechts verlangt (ZR 95 Nr. 88 S. 275).

2. Fehlende Zuständigkeit bei Vertragsklagen

7   Die sachliche Zuständigkeit bestimmt sich nach dem eingeklagten Anspruch und nicht nach dem präjudiziellen Rechtsverhältnis oder den Verteidigungsmitteln des Beklagten (dazu GULDENER, Zivilprozessrecht, S. 107 ff., bes. 110 Fn. 51). Demgemäss sind Vertragsklagen, die sich auf eine Nicht- oder Schlechterfüllung von Abtretungs- oder Lizenzverträgen über Immaterialgüterrechte beziehen, nicht beim Handelsgericht, sondern beim Bezirksgericht einzubringen. Dies gilt selbst dann, wenn bei der Beurteilung einer Vertragsklage vorfrage- oder einredeweise die Gültigkeit des den Vertragsgegenstand bildenden Schutzrechts abgeklärt werden muss (DAVID, Rechtsschutz im Immaterialgüterrecht, S. 17; BGE 74 II 187 ff.; SJZ 46 S. 409 = ZR 49 Nr. 200 und 201; ZBJV 85 S. 39). Kollokationsprozesse, mit welchen patentrechtliche oder andere Vorfragen verbunden sind, gehören vor das Einzelgericht (§ 24 lit. b GOG i.V.m. Art. 198 lit. e Ziff. 6 ZPO).

3. Widerklagen

Eine Widerklage vor Handelsgericht ist möglich, wenn sie sich wie die Hauptklage auf einen immaterialgüterrechtlichen Streitgegenstand bezieht (ZR 89 Nr. 70 E. 2). 8

Will der Beklagte in einem obligationenrechtlichen Forderungsprozess (vorn N. 7) die Nichtigkeit eines Exklusivrechts nicht nur einredeweise geltend machen, sondern die Nichtigkeiterklärung erlangen, so muss dies mit einer Klage vor Handelsgericht geschehen. Seine Widerklage kann wegen ihrer immaterialgüterrechtlichen Natur nicht von den ordentlichen Gerichten behandelt werden (FRANK/STRÄULI/MESSMER, ZPO, N. 9a zu § 60 ZPO; BGE 74 II 190; ZR 53 Nr. 26). 9

Bei einer Trennung der Prozesse kann das ordentliche Gericht das Verfahren bis zur Erledigung des Streitfalles durch das Handelsgericht einstellen. 10

4. Klagenhäufung

Immaterialgüterrechtliche Streitigkeiten beziehen sich vielfach nicht nur auf einen einzigen Schutzbereich. Die Verletzung eines Immaterialgüterrechts erfüllt oft auch den Tatbestand des unlauteren Wettbewerbs i.S.v. Art. 3 UWG. Bei dieser Konnexität sind die beiden Streitgegenstände gemeinsam durch das Handelsgericht zu beurteilen, und die Beschwerde an das Bundesgericht ist ohne Rücksicht auf den Streitwert zulässig (objektive Klagenhäufung; zur subjektiven Klagenhäufung s. BGE 125 III 95). 11

Werden aus demselben Sachverhalt Ansprüche aus Muster- und Modellrecht, Wettbewerbsrecht und Urheberrecht geltend gemacht, so ist das Handelsgericht auch für die Beurteilung der Letztgenannten zuständig. Das Sondergericht muss auch die Rechtsbehelfe des Bundesrechts prüfen, die neben dem Sonderrecht angerufen werden, das eine besondere Zuständigkeit begründet. Dies bewirkt eine Konzentration der Zuständigkeit. Denkbar ist, dass eine Wortmarke mit einer Geschäftsfirma übereinstimmt oder eine Bildmarke gleichzeitig ein urheberrechtlich geschütztes Werk darstellt. Eine Trennung der Verfahren ist in derartigen Fällen zu vermeiden. Nach einem allgemeinen Rechtsgrundsatz sind die kantonalen Gerichte verpflichtet, das Bundesrecht in vollem Umfange von Amtes wegen anzuwenden. Dadurch wird die kantonale Gerichtshoheit insoweit eingeschränkt, als die sich aus dem gleichen Sachverhalt ergebenden Rechtsfolgen nicht durch zwei verschiedene Instanzen beurteilt werden sollen (DAVID, Rechtsschutz im Immaterialgüterrecht, S. 18; BGE 82 II 312; ZR 69 Nr. 15). Vermögen sich die Parteien nicht auf das zuständige Gericht zu einigen, so ist es angebracht, die Entscheidung durch das Obergericht treffen zu lassen (vgl. dazu auch § 126 GOG). Die Kompetenzattraktion wird in der Regel zur Zuständigkeit des Handelsgerichts führen. 12

5. Verfahrensvorschriften

Im Prozess um gewerblichen Rechtsschutz kann die Beweisaufnahme mit der Wahrung von Fabrikations- oder Geschäftsgeheimnissen in Konflikt geraten. Diese Kollision wird auf bundesrechtlicher Ebene durch Art. 68 PatG geregelt. In anderen Prozessen kann ebenfalls das Bedürfnis nach Geheimnisschutz bestehen, hierfür gilt Art. 156 ZPO. Der Richter muss sich einerseits um die Interessenabwägung zwischen der Geheimsphäre 13 und der Wahrheitsfindung bemühen und andererseits Rücksicht auf das rechtliche Gehör der in der Beweisführung beeinträchtigten Partei nehmen (BGE 100 Ia 103 E. c; ZR 87 Nr. 60; vgl. dazu DAVID, Rechtsschutz im Immaterialgüterrecht, S. 160 f.; HABSCHEID, Schweizerisches Zivilprozessrecht, N. 659; MARBACH, in: Pedrazzini/von Büren/Marbach, a.a.O., S. 188 N. 795).

6. Rechtsmittel

14 Da für Streitigkeiten im Zusammenhang mit dem geistigen Eigentum nur eine einzige kantonale Instanz besteht, kann gemäss Art. 74 Abs. 2 lit. b BGG das Bundesgericht ohne Rücksicht auf den Streitwert mit Beschwerde angerufen werden. Die bundesgerichtliche Kognition beschränkt sich aber auf die Überprüfung der richtigen Anwendung von Bundesrecht, Völkerrecht und kantonalem Verfassungsrecht (Art. 95 BGG). Die unrichtige Feststellung des Sachverhalts kann gemäss Art. 97 BGG nur beschränkt gerügt werden, nämlich auf offensichtliche Unrichtigkeit oder auf eine Rechtsverletzung im Sinne von Art. 95 BGG, wenn die Behebung des Mangels für den Ausgang des Verfahrens entscheidend sein kann.

III. Kartellrechtliche Streitigkeiten (Art. 5 Abs. 1 lit. b ZPO)

Literatur
R. VON BÜREN, Kartellrecht, in: M.M. Pedrazzini/R. von Büren/E. Marbach, Immaterialgüter- und Wettbewerbsrecht, Bern 1998, 9. Kapitel; W.R. SCHLUEP, Verfahrensrechtliche Anmerkungen zum BG über Kartelle und ähnliche Organisationen und zu deren Weiterentwicklung, in: Festschrift für H.U. Walder, Zürich 1994, S. 95 ff.; W. A. STOFFEL, Das neue Kartell-Zivilrecht, in R. Zäch (Hrsg.), Das neue schweizerische Kartellgesetz, Zürich 1996, S. 87 ff.; R. WALTER, Zivilrechtliches Verfahren nach dem revidierten KG – unauffällige Revision mit Knacknüssen, AJP 1996, S. 893 ff.; DERSELBE, in: E. Homburger/B. Schmidhauser/F.Hoffet/P. Ducrey, Kommentar zum schweizerischen Kartellgesetz, Zürich 1997, zu Art. 12–16; R. ZÄCH, Schweizerisches Kartellrecht, 2. Aufl., Bern 2005.

1. Allgemeines

15 Das Kartellrecht will volkswirtschaftliche oder sozial schädliche Auswirkungen von Kartellen und anderen Wettbewerbsbeschränkungen verhindern und damit den Wettbewerb im Interesse einer freiheitlichen marktwirtschaftlichen Ordnung fördern (Art. 1 KG). Das Schwergewicht der Abwehr- und Schutzmassnahmen liegt auf der Ebene des Verwaltungsrechts; die entsprechenden Aufgaben werden von der Wettbewerbskommission (WEKO) erledigt, die administrativ dem Eidgenössischen Volkswirtschaftsdepartement zugeordnet, im Übrigen aber von den Verwaltungsbehörden unabhängig ist (Art. 19 KG, Geschäftsreglement der Wettbewerbskommission vom 1.7.1996, SR 251.1). Dem zivilrechtlichen Verfahren kommt eher zweitrangige Bedeutung zu (Art. 12, 13 und 15 KG): Behandlung der zivilrechtlichen Folgen des Eingriffs in die Wirtschaftsfreiheit und Regelung der vorsorglichen Massnahmen.

2. Sachliche Zuständigkeit

Art. 5 Abs. 1 lit. b ZPO verlangt für kartellrechtliche Streitigkeiten eine einzige kantonale Instanz. Es handelt sich hier um eine ausschliessliche und zwingende Zuständigkeit. Die genannte bundesrechtliche Vorschrift gilt an sich nur für das ordentliche Zivilverfahren. Der Kanton hat denn auch richtigerweise in § 45 lit. b GOG für die Anordnung vorsorglicher Massnahmen vor Eintritt der Rechtshängigkeit einer Klage (Art. 5 Abs. 2 ZPO) den Einzelrichter des Handelsgerichts für den ganzen Kanton als einzige Instanz zuständig erklärt.

Dem Handelsgericht stehen nach Art. 12 und 13 KG sowie nach herrschender Meinung zu:

- die Beurteilung der Frage, ob eine unzulässige Wettbewerbsbeschränkung vorliegt (Feststellungsklage);
- die Ungültigerklärung wettbewerbswidriger Absprachen oder die Verpflichtung des Beklagten zum Abschluss markt- oder branchenüblicher Verträge mit dem Kläger (Unterlassungs- und Beseitigungsklage);
- die Beurteilung vermögensrechtlicher Forderungen, die infolge einer Boykotthandlung geltend gemacht werden (Schadenersatz, Genugtuung, Gewinnherausgabe);
- die Anordnung der Urteilspublikation.

Das Handelsgericht ist auch für andere zivilrechtliche Ansprüche zuständig, sofern diese zusammen mit der Klage aus Kartellrecht geltend gemacht werden und mit ihr sachlich zusammenhängen. Die Kumulation ist möglich, wenn der zweite Anspruch sich auf den gleichen Sachverhalt wie die Wettbewerbsbeschränkung stützt und mit diesem in einem materiellen Konnex steht. So kann zu kartellrechtlichen Verletzungshandlungen nach Art. 12 KG eine Verletzung der Persönlichkeitsrechte i.s.v. Art. 28 ff. ZGB hinzutreten, was zu einer Erhöhung der Genugtuung führen kann.

Das Handelsgericht ist auch zur Behandlung von Widerklagen berufen, sofern die Widerklage gleicher Art ist wie die Klage selbst. Untersteht jedoch die Klage dem Handelsgericht und die Widerklage der ordentlichen Gerichtsbarkeit, so sind die beiden Verfahren selbst bei Konnexität oder Verrechenbarkeit der Ansprüche getrennt zu behandeln (FRANK/STRÄULI/MESSMER, N. 9a zu § 60 ZPO; WALTER, Kommentar, N. 9 zu Art. 14 KG).

3. Örtliche Zuständigkeit

Der Gerichtsstand richtet sich im innerschweizerischen Verhältnis nach den Regeln der unerlaubten Handlung i.S.v. Art. 36 ZPO (früher Art. 25 GestG bzw. 14 Abs. 2 KG) und im zwischenstaatlichen nach Art. 129 IPRG bzw. Art. 5 Ziff. 3 LugÜ (Gerichtsstand der unerlaubten Handlung).

4. Verfahrensvorschriften

a) Unterlassungs- und Beseitigungsklagen

Das Rechtsbegehren ist so zu formulieren, dass es bei vollständiger Gutheissung der Klage zum Urteilsspruch gemacht und ohne weitere Verdeutlichung auch vollstreckt werden kann (vgl. FRANK/STRÄULI/MESSMER, ZPO, N. 6 zu § 100; s. Art. 221 Abs. 1 lit. b ZPO). Hierzu gibt Art. 13 KG eine Wegleitung zur Durchsetzung des Beseitigungs- und Unterlassungsanspruchs. Mit dem ersten *petitum* verlangt der Kläger die Ungültigkeitserklärung der getroffenen Abmachungen, deren ungültig zu erklärende Teile genau zu bezeichnen sind. Das zweite Begehren ist darauf gerichtet, dass der Beklagte verpflichtet wird, mit dem Kläger marktgerechte oder branchenübliche Verträge abzuschliessen, wozu auch die Aufnahme in eine Vereinigung zählen kann (Kontrahierungspflicht). Die Vertragsbedingungen sind im Klagebegehren genau zu umschreiben (vgl. zum Ganzen: WALTER, Kommentar zu Art. 13 KG).

b)   Beurteilung durch die Wettbewerbskommission

22 Um eine wirksame und gesamtschweizerisch einheitliche Anwendung des Kartellrechts sicherzustellen, verpflichtet Art. 15 Abs. 1 KG das Zivilgericht, die Zulässigkeit der Wettbewerbsbeschränkung durch die Wettbewerbskommission beurteilen zu lassen (sofern nicht geltend gemacht wird, eine an sich unzulässige Wettbewerbsbeschränkung sei aus überwiegendem öffentlichem Interesse notwendig; dazu hinten N. 26). Die Vorlagepflicht besteht bei vorsorglichen Massnahmen nicht, weil hier rasches Handeln geboten ist.

23 Die Vorlagepflicht im ordentlichen Verfahren ist nicht schon dann zu beachten, wenn die Wettbewerbsbeschränkung unter den Parteien streitig ist, sondern nur dann, wenn unter Berücksichtigung von Lehre und Praxis unklar ist, ob die Wettbewerbsbeschränkung als erlaubt zu gelten habe (WALTER, Kommentar, N. 10 zu Art. 15 KG; ZÄCH, a.a.O. S. 173).

24 Die Wettbewerbskommission erwartet von den Gerichten eine bereinigte Darstellung des Sachverhalts und klar formulierte Fragen (RPW 1997 S. 593 ff.). Ihre Meinungsäusserung ist kein Gutachten i.S. der ZPO, sondern ein vom Bundesrecht vorgeschriebenes Beweismittel *sui generis*. Dieses untersteht der freien Beweiswürdigung. Das Gericht trifft seine Entscheidung in der Sache in eigener Verantwortung (WALTER, Kommentar, N. 85 ff. zu Art. 15 KG). Von der Beurteilung durch die Wettbewerbskommission darf der Richter aber nicht ohne zureichende Gründe abweichen.

25 Das Zivilgericht ist nach Art. 47 KG auch berechtigt, von der Wettbewerbskommission ein förmliches Gutachten zu Wettbewerbsfragen von grundsätzlicher Bedeutung anzufordern.

26 Wenn eine Partei vorbringt, eine an sich unzulässige Wettbewerbsbeschränkung rechtfertige sich infolge überwiegender öffentlicher Interessen i.S.v. Art. 8 KG, so ist der Fall dem Bundesrat zum Entscheid über die Zulässigkeit der Wettbewerbsbeschränkung vorzulegen (Art. 15 Abs. 2 KG). Der Entscheid der Landesregierung ist für den Zivilrichter von verbindlicher präjudizieller Bedeutung. Bis er ergeht, ist es angezeigt, das Verfahren vorübergehend einzustellen.

c)   Fabrikations- und Geschäftsgeheimnisse

27 Im Kartellprozess ist nach Art. 156 ZPO auf die Wahrung der Fabrikations- oder Geschäftsgeheimnisse Rücksicht zu nehmen. Es kann diesbezüglich auf die Ausführungen vorn (N. 13) verwiesen werden.

d) Vollstreckung

Die Vollstreckung des Unterlassungs- und Beseitigungsurteils (vorn N. 21) wird durch die Art. 335 ff. ZPO geregelt. 28

Ist der Beklagte zur Abgabe einer Willenserklärung oder zum Abschluss eines Vertrags verpflichtet und verweigert er seine Mitwirkung, so kontrahiert an seiner Stelle der Richter i.S.v. Art. 344 ZPO. 29

5. Rechtsmittel

Da das Handelsgericht von Bundesrechts wegen als einzige Instanz amtet, können seine Entscheide gemäss Art. 74 Abs. 2 lit. b BGG ohne Rücksicht auf den Streitwert beim Bundesgericht angefochten werden (dazu auch WALTER, Kommentar, Vorbemerkungen zu Art. 12–17 KG, N. 45 ff.). 30

IV. Streitigkeiten über den Gebrauch einer Firma (Art. 5 Abs. 1 lit. c ZPO)

Die Firma ist eine im Handelsregister eingetragene Namensbezeichnung, die der Kennzeichnung eines Unternehmens dient (PEDRAZZINI/VON BÜREN/MARBACH, a.a.O. N. 618). Der Gebrauch einer Geschäftsfirma ist damit Teil der Immaterialgüterrechte und geniesst deshalb den Charakter eines einklagbaren Ausschliesslichkeitsrechts (Art. 946, 951 und 956 OR). Unter Klagen betreffend den Gebrauch einer Geschäftsfirma sind ausschliesslich Klagen gemäss Art. 956 Abs. 2 OR zu verstehen (ZR 95 Nr. 49). Im Hinblick auf die Natur der Sache und mit Rücksicht auf die nötigen Branchenkenntnisse ist es angezeigt, die Beurteilung von Streitigkeiten dieser Art dem Handelgericht zu übertragen. 31

Die nicht firmenmässige Verwendung einer Firma (z.B. als Werbeslogan) kann als Nebenbegehren zusammen mit dem Hauptbegehren auf Schutz einer Firma eingeklagt werden (unveröffentlichtes Urteil des Handelsgerichts vom 29.9.1989). 32

Nach den vorn N. 8 ff. dargelegten Grundsätzen beurteilt sich auch die Zulässigkeit einer Widerklage. 33

Die Beschwerde an das Bundesgericht ist ohne Rücksicht auf den Streitwert möglich (Art. 74 Abs. 2 lit. b BGG). Dies gilt auch für die mit der Klage verbundenen Ansprüche aus unlauterem Wettbewerb sowie für firmenrechtliche Ansprüche, die auf das Lauterkeitsrecht abgestützt werden. 34

Im innerstaatlichen Verhältnis gilt der Gerichtsstand der unerlaubten Handlung (Art. 36 ZPO; dazu vorn N. 20). Bei internationalen Verflechtungen sind u.E. für die örtliche Zuständigkeit die Bestimmungen über die unerlaubte Handlung i.S.v. Art. 129 IPRG sowie Art. 5 Ziff. 3 LugÜ massgebend. 35

V. Streitigkeiten über unlauteren Wettbewerb (Art. 5 Abs. 1 lit. d ZPO)

36 Im Gegensatz zum früheren Recht (dazu HAUSER/SCHWERI, GVG, § 61 N. 76) weist das Gesetz die Beurteilung von Streitigkeiten über den unlauteren Wettbewerb nunmehr dem Handelsgericht zu, sofern der Streitwert mehr als Fr. 30 000 beträgt oder der Bund sein Klagerecht ausübt. Steht ein zivilrechtlicher Anspruch wegen unlauteren Wettbewerbs im Zusammenhang mit einer zivilrechtlichen Streitigkeit, für welche das Bundesgesetz eine einzige kantonale Instanz vorsieht, so kann die Klage aus unlauterem Wettbewerb ohne Rücksicht auf den Streitwert beim Handelsgericht erhoben werden (dazu auch FRANK/STRÄULI/MESSMER, ErgBd zur ZPO, N. 4 zu § 61 GVG).

VI. Streitigkeiten nach dem Kernenergiehaftpflichtgesetz (Art. 5 Abs. 1 lit. e ZPO)

37 Nach Art. 5 Abs. 1 lit. e ZPO bezeichnet der Kanton ein Gericht, welches für das ganze Gebiet des Kantons als einzige kantonale Instanz über Klagen entscheidet, die wegen eines Nuklearschadens erhoben werden. Das Handelsgericht ist zuständig, wenn der Gerichtsstand für die unerlaubte Handlung gemäss Art. 36 ZPO im Kanton Zürich liegt. Der Entscheid kann ohne Rücksicht auf den Streitwert ans Bundesgericht weitergezogen werden (Art. 5 Abs. 1 lit. e ZPO i.V.m. Art. 74 Abs. 2 lit. b BGG).

VII. Streitigkeiten nach dem BG über Kapitalanlagen und dem Börsengesetz (Art. 5 Abs. 1 lit. h ZPO)

38 Massgebend für die dem Handelsgericht übertragene Rechtsprechung sind in diesem Zusammenhang
   - das BG vom 23.6.2006 über die kollektiven Kapitalanlagen (KAG, SR 951.31),
   - die VO vom 22.11.2006 dazu (KKV, SR 951.311),
   - das BG vom 24.3.1995 über die Börsen und den Effektenhandel (BEHG, SR 954.1),
   - die VO dazu vom 2.12.1996 (BEHV, SR 954.11).

39 Die Verfahren dieser Art verlangen besondere kaufmännische Kenntnisse sowie Branchenkenntnisse auf dem Gebiet des Bankenwesens, und sie können für einen grösseren Personenkreis von erheblicher Tragweite sein, sodass sich ihre Zuweisung ans Handelsgericht rechtfertigt (dazu auch WALDER-RICHLI/GROB-ANDERMACHER, Zivilprozessrecht, § 5 N. 45 Fn. 131).

40 Das Handelsgericht ist zuständig für Zivilklagen, die sich aus den verschiedenen Bestimmungen der genannten Gesetze ergeben können, soweit sich der Sitz des betroffenen Bewilligungsträgers im Kanton Zürich befindet (Art. 45 ZPO). Das gilt auch für Regressklagen der verantwortlichen Fondsleitung (dazu FORSTMOSER, Kommentar zum AFG, Zürich 1997, N. 56 zu Art. 8).

Der Richter beurteilt die Rechtmässigkeit der Klagebegehren und nach pflichtgemässem 41
Ermessen auch die Angemessenheit der beantragten Änderungen, wobei die Anleger-
interessen als wichtiges Kriterium mit zu berücksichtigen sind (dazu FORSTMOSER, N. 63
zu Art. 8 AFG). Wer als Anleger am Prozess interessiert ist, kann sich daran als Neben-
intervenient beteiligen (Art. 74 ff. ZPO).

Ein Gerichtsentscheid über eine Reglementsänderung oder den Wechsel in der Fondslei- 42
tung bzw. Bank ist ein Gestaltungsurteil, das nicht nur unter den Parteien, sondern auch
gegenüber allen anderen Anlegern wirkt.

Gegen das Urteil des Handelsgerichts ist die Beschwerde ans Bundesgericht bei Streitig- 43
keiten nicht vermögensrechtlicher Natur stets möglich. Streitigkeiten vermögensrechtlicher Natur können beim Bundesgericht auch dann angefochten werden, wenn der Streitwert weniger als Fr. 30 000 beträgt, weil Art. 5 Abs. 1 lit. h ZPO eine einzige kantonale
Instanz vorschreibt (Art. 72 und 74 BGG). Der Streitwert bestimmt sich unter Berücksichtigung aller rechtlichen Auswirkungen, welche die Gutheissung der Klage insgesamt
nach sich zieht (dazu FORSTMOSER, N. 58 zu Art. 8 AFG).

VIII. Streitigkeiten gemäss Art. 6 ZPO

Literatur
Ausser den in § 3 vor N. 24 zitierten: A. BÜHLER, Kommentar zur aargauischen Zivilprozessordnung,
Aarau 1998, zu § 404; W. DE CAPITANI, Der Eintrag der Parteien im Handelsregister als Voraussetzung
der sachlichen Zuständigkeit des Handelsgerichts, SJZ 56, S. 306 ff.; A. KILLER, Die Zuständigkeit des
Handelsgerichts, in: Festschrift 50 Jahre aargauischer Juristenverein 1936–1986, Aarau 1986, S. 123 ff.;
G. LEUCH/O. MARBACH/F. KELLERHALS/M. STERCHI, ZPO Bern, zu Art. 5; CH. LEUENBERGER/B. UFFER-
TOBLER, Kommentar zur Zivilprozessordnung des Kantons St. Gallen, Bern 1999, zu Art. 14; R. LEVI,
Zur sachlichen Zuständigkeit des zürcherischen Handelsgerichts, SJZ 46 S. 135 ff.; P. NOBEL, Börsen-
gesetz: Zur Kraftloserklärung von Rechtstiteln aus früheren öffentlichen Kaufangeboten, SZW 1998,
S. 37 ff.

1. Allgemeines

Diese Streitigkeiten werden vom Handelsgericht nur dann als einzige kantonale Instanz 44
beurteilt, wenn der Streitwert mindestens Fr. 30 000 beträgt. Der doppelte Instanzenzug
ist indessen gewahrt. Bei Streitigkeiten mit geringerem Streitwert stehen zwei kantonale,
bei Streitigkeiten mit höherem Streitwert eine kantonale und eine eidgenössische Instanz
zur Verfügung.

Für die Zuständigkeit des Handelsgerichts gemäss dieser Bestimmung sind drei Voraus- 45
setzungen erforderlich, die kumulativ erfüllt sein müssen: eine persönliche (Eintrag im
Handelsregister, Art. 6 Abs. 2 lit. c ZPO, dazu nachfolgend N. 46 ff.) und zwei sachliche
(geschäftliche Tätigkeit, Art. 6 Abs. 2 lit. a ZPO, dazu nachfolgend N. 54 ff., sowie Er-
reichung eines bestimmten Streitwerts, dazu nachfolgend N. 72). Fehlt es an einem dieser Erfordernisse, so hat das Handelsgericht (sofern seine Zuständigkeit nicht durch eine
andere Bestimmung gegeben ist; vgl. vorn § 3 N. 38) die Klage wegen sachlicher Unzuständigkeit von der Hand zu weisen. Ist nur der Beklagte im Handelsregister eingetra-

gen, so hat der Kläger die Wahl zwischen dem Handelsgericht und dem ordentlichen Gericht (Art. 6 Abs. 3 ZPO). Richtet sich die Klage gegen mehrere Streitgenossen, so ist das für einen Beklagten zuständige Gericht auch für die andern zuständig, wenn diese Zuständigkeit nicht nur auf einer Gerichtsstandsvereinbarung beruht (Art. 15 Abs. 1 ZPO).

2. Eintrag im Handelsregister

46 Zu unterscheiden ist zwischen der Pflicht und dem Recht zur Eintragung. Der Registereintrag ist stets ein konstitutives Element. Eine gesetzliche, aber nicht vollzogene Pflicht zur Eintragung reicht für die Begründung der Zuständigkeit nicht aus.

47 Ein Obligatorium zur Eintragung besteht bei
   - Vereinen, die i.S.v. Art. 61 Abs. 2 ZGB für ihre Zwecke ein nach kaufmännischer Art geführtes Gewerbe betreiben (RO 1990 S. 342 Nr. 30);
   - Stiftungen nach Art. 81 Abs. 2 ZGB (ZR 86 Nr. 95), ausgenommen kirchliche Stiftungen und Familienstiftungen (Art. 52 Abs. 2 ZGB);
   - den nach kaufmännischen Grundsätzen geführten Kollektiv- und Kommanditgesellschaften (Art. 552 Abs. 2 und 594 Abs. 3 OR);
   - Kapitalgesellschaften (Art. 640, 764 Abs. 2 und 780 OR);
   - Genossenschaften (Art. 830 OR);
   - Einzelpersonen, die ein Handels-, Fabrikations- oder ein anderes nach kaufmännischer Art geführtes Gewerbe i.S.v. Art. 934 Abs. 1 OR und Art. 52 ff. HRegV betreiben; gemäss RO 1990 S. 342 Nr. 30 setzt ihre Tätigkeit nicht die Verfolgung wirtschaftlicher Ziele voraus.;
   - schweizerischen Zweigstellen in- und ausländischer Firmen nach Art. 935 OR.

48 Nicht verpflichtet, sondern nur berechtigt, sich ins Handelsregister eintragen zu lassen, sind Vereine nach Art. 61 Abs. 1 ZGB und der Einzelkaufmann nach Art. 934 Abs. 2 OR.

49 Seit der GVG-Revision von 1976 kam es nicht mehr auf die Parteistellung an. In aller Regel wird sich der Streitgegenstand auf das vom Beklagten betriebene Gewerbe konzentrieren, wie dies im alten Recht stets angenommen wurde. Das neue Recht nimmt jedoch Rücksicht auf die im Aberkennungsprozess nach Art. 83 Abs. 2 SchKG bzw. im Rückforderungsprozess nach Art. 86 SchKG vorgesehenen Wechsel der Parteirollen von Schuldner und Gläubiger (dazu LEVI, SJZ 46 S. 137).

50 Für die Zuständigkeit des Handelsgerichts kommt es nicht auf den Grund des Handelsregistereintrags an. Unerheblich ist demnach, ob die Aufnahme ins Register freiwillig, obligatorisch oder sogar zwangsweise erfolgte. Der Eintrag ist für die Prozessparteien und das Gericht wegen seine konstitutiven Wirkung verbindlich.

51 Auch im Handelsregister eingetragene juristische Personen zur Erfüllung öffentlicher Aufgaben (wie z.B. die Schweizerische Nationalbank, die Schweizerischen Bundesbahnen AG, die Swisscom AG oder Elektrizitätsgesellschaften) können bei zivilrechtlichen Streitigkeiten (z.B. aus Haftung) vor dem Handelsgericht als Parteien auftreten. Entscheidend ist, dass die Eintragung im Zeitpunkt der Rechtshängigkeit besteht (ZR 51 Nr. 148). Wird die Firma nachher gelöscht oder übertragen, so bleibt die ursprünglich begründete

§ 44

Zuständigkeit erhalten. Die Zuständigkeit fehlt jedoch, wenn die Firma zwar im Zeitpunkt der Entstehung des Klagegrundes im Handelsregister eingetragen war, dagegen nicht mehr beim Eintritt der Rechtshängigkeit. Tritt eine Firma in Liquidation, so gilt sie weiterhin als eingetragen. Das Gleiche gilt für die Anmeldung des Nachlassvertrages mit Vermögensabtretung und für den Konkurs (KILLER, a.a.O., S. 127).

Durch die Forderungsabtretung (Art. 164 OR), die Schuldübernahme (Art. 175 OR), die Geschäftsübernahme (Art. 181 OR), die Erbfolge eines verstorbenen Einzelkaufmanns (Art. 560 ZGB) und die Forderungsabtretung nach Art. 260 SchKG wird zwar die Herkunft aus geschäftlicher Tätigkeit nicht berührt, doch kann davon das formelle Erfordernis des Eintrags im Handelsregister betroffen sein, indem z.B. der Zessionar oder der neue Schuldner im Gegensatz zu seinem Rechtsvorgänger nicht im Handelsregister figuriert. Diesfalls fehlt es an der ausschliesslichen primären Zuständigkeit des Handelsgerichts. Ist umgekehrt im Zeitpunkt der Klageeinleitung der Zessionar im Handelsregister eingetragen, nicht aber der frühere Gläubiger im Zeitpunkt des klagebegründenden Rechtsverhältnisses, so gilt die Zuständigkeit nach § 44 GOG (LEUENBERGER/UFFER-TOBLER, a.a.O., N. 3d zu Art. 14). 52

Ist von mehreren klagenden Streitgenossen nur einer im Handelsregister eingetragen, so konnte bisher das Handelsgericht als Sondergericht urteilen, wenn auch der Beklagte als Firma im Handelsregister eingetragen ist (FRANK/STRÄULI/MESMER, ZPO, N. 23a zu § 39). Nach einem Entscheid des Handelsgerichts (ZR 89 Nr. 73) ist dessen Kompetenz immer dann begründet, wenn einer von mehreren Streitgenossen und der Beklagte im Handelsregister eingetragen sind. Richtet sich die Klage gegen mehrere Streitgenossen und ist das Handelsgericht grundsätzlich nur für einen davon zuständig, so dehnt sich seine Zuständigkeit auch auf die andern aus (Art. 15 Abs. 1 ZPO; s. vorn N. 45). 53

3. Geschäftliche Tätigkeit

a) Allgemeines

Eine weitere Voraussetzung für die Zuständigkeit des Handelsgerichts besteht darin, dass das Prozessverhältnis sich aus der Tätigkeit der im Handelsregister eingetragenen Firma ergeben muss (ZR 85 Nr. 127 S. 317 E. 2). Vor Handelsgericht sollen nur Streitigkeiten gelangen, die kaufmännischer, technischer oder ähnlicher Natur sind. In diesem Zusammenhang ist zu beachten, dass mit Inkrafttreten der ZPO der (bisher kantonalrechtliche) Begriff der handelsrechtlichen Streitigkeit ein bundesrechtlicher Begriff geworden ist. 54

Ist die Beziehung zu einer Geschäftstätigkeit nicht gegeben, so fehlt die handelsgerichtliche Zuständigkeit. Das trifft u.a. zu für private (auch grössere) Geschäfts des Einzelkaufmanns (z.B. für den Haushalt). Es spricht einiges für die Annahme, dass derartige private Geschäfte bei Personengesellschaften, Aktiengesellschaften u.s.w. nicht vorkommen (LEVI, a.a.O., S. 136; dazu auch ZR 93 Nr. 28 E. II.2). Einzelne Autoren vertreten dagegen die Meinung, dass auch die Anschaffung von Luxusgütern (z.B. von Kunstwerken) für die Ausschmückung von Arbeitsräumen als typischer Liebhaberkauf nicht den Betrieb betrifft (KILLER, a.a.O., S. 130). Die Grenze lässt sich allerdings nicht scharf ziehen. Es muss aus den konkreten Umständen geschlossen werden, ob eine Beziehung zum Betrieb besteht oder ein Privatgeschäft vorliegt. So kann z.B. der Kauf eines Autos sowohl 55 geschäftlichen wie auch privaten Zwecken dienen. Das Handelsgericht ist immer anzurufen, wenn keine erkennbaren und schlüssigen Anhaltspunkte für ein Privatgeschäft gegeben sind (WALDER-RICHLI/GROB-ANDERMACHER, Zivilprozessrecht, § 5 S. 78 Fn. 133).

56 Der Hinschied eines selbständigen Einzelkaufmanns führt zur Auflösung seines Geschäfts. Der die Erbenhaftung auslösende Vorgang führt zu einer entsprechenden Änderung i.S.v. Art. 937 OR. Bis zur Liquidation sind die Erben vom Handelsregistereintrag betroffen (gegen die Zuständigkeit des Handelsgerichts LEUCH/MARBACH/KELLERHALS/STERCHI, a.a.O., S. 49 lit. cc zu Art. 5).

57 Bei einem selbständigen Einzelkaufmann sind Widerklagen ausgeschlossen, die reine Privatgeschäfte zum Gegenstand haben (FRANK/STRÄULI/MESSMER, ZPO, § 60 N. 9a und b; KILLER, a.a.O., S. 136).

b) Rechtsbeziehungen aus geschäftlicher Tätigkeit

58 Unter diesem Gesichtspunkt erfasst die Zuständigkeit des Handelsgerichts Geschäfte, die sich aus den Aussenbeziehungen des Gewerbebetriebs mit Kunden, Zulieferern u.s.w. ergeben. Unter dem allgemeinen Begriff des Gewerbes sind alle berufs- und gewerbsmässig betriebenen Geschäfte einer im Handelsregister eingetragenen Person zu verstehen (ZR 93 Nr. 28 E. 2). Unterschieden wird zwischen den Grund- und den Hilfs- oder Nebengeschäften, die beide die Kompetenz des Handelsgerichts begründen.

59 – *Grundgeschäfte* sind darauf angelegt, durch Verkauf von selbst fabrizierten oder erworbenen Gütern oder durch Dienstleistungen ein Erwerbseinkommen zu erzielen (GULDENER, Zivilprozessrecht, S. 117; KILLER, a.a.O., S. 130; LEUCH/MARBACH/KELLERHALS/STERCHI, a.a.O., S. 50 lit. c.bb zu Art. 5). Sie beziehen sich auf ein Geflecht von Kaufverträgen, Werkverträgen, Aufträgen usw.

60 – *Hilfs-* oder *Nebengeschäfte* sind dazu bestimmt, die Geschäftstätigkeit zu fördern oder zu sichern (GULDENER, Zivilprozessrecht, S. 117; KILLER, a.a.O., S. 130; LEUCH/MARBACH/KELLERHALS/STERCHI, a.a.O., S. 50 lit. c.bb zu Art. 5 ZPO). Hierher gehören vor allem die Werbung, das Personalwesen, der Beizug von Unternehmensberatern, der Kauf von Maschinen oder Informatikanlagen, ferner der Abschluss von Werkverträgen oder Mietverträgen für Fabrikations- und Büroräume, die Speditionsverträge, die Absicherung durch Versicherungsverträge u.s.w. (KILLER, a.a.O., S. 130 f.).

61 Weil beide Geschäftsarten die Zuständigkeit des Handelsgerichts begründen, kommt es nach der Rechtsprechung nicht darauf an, ob sich der Streitfall gerade auf das Gewerbe einer Partei beziehe, das im Handelsregister eingetragen ist, sondern nur darauf, ob er sich überhaupt auf eine gewerbsmässige Tätigkeit einer Partei beziehe. Ein auch nur loser Zusammenhang zwischen dem Streitgegenstand und dem Gewerbe des Beklagten genügt. Der Zusammenhang mit dem Gewerbe fehlt nur bei den vorn in N. 55 erwähnten rein privaten Geschäften, die der Gewerbetreibende im Hinblick auf seinen Haushalt, um seiner Liebhabereien willen oder aus ähnlichen Gründen tätigt (LEVI, a..a.O., S. 137; ZR 93 Nr. 28 E.2).

62 Nicht erforderlich ist, dass ein zwischen den Parteien abgeschlossener Vertrag vorliegt (SJZ 54 S. 222 Nr. 134 = ZR 57 Nr. 59), und unerheblich ist, ob das zum Streit führende

Verhalten ein erlaubtes oder ein unerlaubtes war. Es genügt, wenn der Streit sich auf die von einer Partei betriebene geschäftliche Tätigkeit bezieht. Das kann auch für Schadenersatzklagen aus unerlaubter Handlung (z.B. Hehlerei) zutreffen (SJZ 58 S. 173 Nr. 124).

Nach früherem Recht (§ 78 alt GVG 1911) fielen in die Zuständigkeit des Handelsgerichts alle Zivilprozesse zwischen Personen, welche im schweizerischen Handelsregister eingetragen waren, sofern sich der Streit auf das «von dem Beklagten» betriebene Gewerbe oder auf Handelsverhältnisse überhaupt bezog. Das neue Recht verlangt lediglich, dass der Streit einen Bezug zum Gewerbe einer «Partei» hat. Das kann auch der Kläger sein. Der Streit muss sich also nicht auf die Gewerbe beider Parteien beziehen, auch wenn dies regelmässig der Fall sein dürfte. Es genügt ein Bezug zum Gewerbebetrieb einer Partei (LEUCH/MARBACH/KELLERHALS/STERCHI, a.a.O., N. 2c.aa zu Art. 5 ZPO). 63

Die geschäftliche Tätigkeit beschränkt sich nicht auf die eigentliche Erwerbstätigkeit. Sie kann sich auch auf die *interne Willensbildung* innerhalb der Handelsgesellschaften und Genossenschaften beziehen; z.B. Anfechtung von Beschlüssen der Kollektivgesellschafter oder Aktionäre, Anfechtung von Generalversammlungsbeschlüssen einer AG und Beurteilung von paulianischen Anfechtungsklagen, sofern die übrigen Voraussetzungen erfüllt sind (dazu SJZ 63 S. 313 Nr. 169, 64 S. 188 Nr. 114), die Rechte und Pflichten der Aktionäre oder Genossenschafter, die Geschäftsführung und Verantwortung der Direktoren, Verwaltungsräte und Kontrollstellen u.s.w. Auch die Frage der Organisation einer AG sowie des aktienrechtlichen Verhältnisses des Aktionärs zur Gesellschaft (ZR 88 Nr. 106) sind in diesem Zusammenhang zu betrachten. Lehre und Rechtsprechung bejahen für solche Fälle die Zuständigkeit des Handelsgerichts, weil hier Tat- und Rechtsfragen zu beurteilen sind, die zweckmässigerweise von Spezialrichtern behandelt werden sollen (GULDENER, Zivilprozessrecht, S. 118; LEVI, a.a.O., S. 138; SJZ 64 S. 188 Nr. 114; ZR 85 Nr. 127; zur bisherigen bernischen Praxis vgl. LEUCH/MARBACH/KELLERHALS/STERCHI, a.a.O., S. 51 lit. cc zu Art. 5 ZPO). Es genügt, wenn sich das Handelsverhältnis auf eine Partei bezieht. Die obigen Ausführungen unter N. 63 gelten hier sinngemäss. 64

c) **Kasuistik**

Die Zuständigkeit des Handelsgerichts ist weit gefächert. Im Vordergrund stehen naturgemäss die *Vertragsverhältnisse*. Im Hinblick auf die Hilfsgeschäfte (vorn N. 60) müssten darunter wohl auch Arbeitsverträge mit dem Personal fallen (dazu SJZ 74 S. 96 E. 3.2 = ZR 76 Nr. 76 E. 3.2). Die neuere Praxis vertritt indessen eine gegenteilige Meinung. Danach sind arbeitsrechtliche Streitigkeiten im eigentlichen Sinn, d.h. Klagen zwischen Arbeitgeber und Arbeitnehmer aus Arbeitsverhältnissen, dem privaten bzw. innerbetrieblichen Bereich der am Arbeitsverhältnis Beteiligten zuzuweisen, womit die Zuständigkeit des Handelsgerichts ausgeschlossen ist. Für die Beurteilung von Streitigkeiten zwischen Arbeitgebern und Arbeitnehmern aus dem Arbeitsverhältnis ist deshalb das Handelsgericht nicht zuständig (ZR 103 Nr. 16). Dies gilt auch für leitende Angestellte (im Gegensatz zur früheren Praxis, wonach das Arbeitsverhältnis der leitenden Angestellten als Handelssache galt; dazu ZR 91/92 Nr. 41 E. 4.2, 97 Nr. 107). Das Handelsgericht ist auch nicht zuständig für Klagen, mit denen die Parteien eines allgemein verbindlichen Gesamtarbeitsvertrags gegen einen Aussenseiter vorgehen, um gemeinsam die normierten Bestimmungen des von ihnen abgeschlossenen allgemeinverbindlich erklärten Gesamtarbeitsvertrags durchzusetzen (ZR 97 Nr. 107). 65

66 Das Handelsgericht ist sodann berufen, Ansprüche aus *ausservertraglicher Haftung* zu beurteilen, wie z.B. aus

- widerrechtlichem Konkurrenzkampf (unlauterer Wettbewerb, Kreditschädigung, Ehrverletzung);
- Verursachung eines Verkehrsunfalls anlässlich einer Geschäftsfahrt mit einem fabrikeigenen Fahrzeug (SJZ 54 S. 222 = ZR 57 Nr. 59);
- Unfall bei einem zu Reklamezwecken durchgeführten Heissluftballonwettbewerb (ZR 93 Nr. 28);
- hehlerischem Erwerb von Handelsware für das vom Beklagten betriebene Geschäft (s. vorn N. 24).

67 Zunehmend an Bedeutung gewinnt die *Produktehaftung* (KILLER, a.a.O., S. 131). Auch Klagen aus *ungerechtfertigter Bereicherung* gehören vor das Handelsgericht, sofern sie durch Vorgänge begründet werden, die mit dem Geschäftsbetrieb einer Partei zusammenhängen.

68 Mit Bezug auf *Handelsverhältnisse überhaupt* bejaht das Handelsgericht seine Zuständigkeit bei

- Streitigkeiten unter Kollektiv- und Kommanditgesellschaften sowie aus Anfechtung von Generalversammlungsbeschlüssen einer AG (SJZ 64 S. 188 Nr. 114);
- Verantwortlichkeitsklagen (Art. 754 OR) gegen Verwaltungsräte, die als selbständige Kaufleute im Handelsregister eingetragen sind. Streitgegenstand bilden hier nur Sachverhalte, die ihrer Natur nach als Handelsverhältnisse zu betrachten sind (ZR 85 Nr. 127). Gleiches gilt für eine Revisionsgesellschaft, die als Kontrollstelle fungiert.

69 Gemäss Art. 33 BEHG kann bei einer *Fusion* der Anbieter, sofern er nach Ablauf der Angebotsfrist über mehr als 98 Prozent der Stimmrechte der Zielgesellschaft verfügt, binnen einer Frist von drei Monaten beim Richter die Kraftloserklärung der restlichen Beteiligungspapiere verlangen. Das Verfahren ist von Bundesgesetzes wegen als Zweiparteienverfahren ausgestaltet (ZR 97 Nr. 33). Der prozessualen Natur nach handelt es sich um einen Prozess zischen der übernehmenden und der übernommenen Aktiengesellschaft, also um eine geschäftliche Tätigkeit, woraus sich die Zuständigkeit des Handelsgerichts ergibt. Zur örtlichen Zuständigkeit s. Art. 42 ZPO.

70 Bei Prozessen auf dem Gebiet des *SchKG* ist zu beachten, dass die Klagen auf Aberkennung (Art. 83 Abs. 2 SchKG) und Rückforderung (Art. 86 und 187 SchKG), die Arrestprosequierungsklage (Art. 279 SchKG), die Anfechtungsklage (Art. 285 SchKG) wie auch die Klage des Gläubigers auf Beteiligung seiner abgewiesenen Forderung am ordentlichen Nachlassvertrag (Art. 315 SchKG) reine Zivilrechtsstreitigkeiten darstellen, die (wenn die übrigen Voraussetzungen erfüllt sind) vor das Handelsgericht gehören. Reine betreibungs- und konkursrechtliche Prozesse mit materiell-rechtlicher Reflexwirkung fallen hingegen nicht in die Zuständigkeit des Handelsgerichts.

71 *Konsumentenschutzstreitigkeiten* zwischen Handelsgesellschaften (z.B. Reparaturauftrag einer AG für den Geschäftswagen einer Handelsgesellschaft), d.h. zwischen einem betrieblichen Anbieter und nicht einem privaten, sondern einem betrieblichen Abnehmer

(Konsument), bilden Handelsgeschäfte, auf welche das gewöhnliche Zivilverfahren und nicht das Konsumentenschutzverfahren Anwendung findet (SJZ 87 S. 263).

4. Streitwert

Als einzige Instanz soll das Handelsgericht nicht mit Bagatellfällen belastet werden. Der Streitwert wurde daher von anfangs Fr. 500 (dazu HAUSER/SCHWERI, GVG, N. 33 zu § 62) in Berücksichtigung der Geldentwertung nach und nach auf Fr. 30 000 erhöht. Er berechnet sich nach den Bestimmungen der Art. 91 ff. ZPO (Art. 4 Abs. ZPO). Haupt- und Widerklage dürfen nicht zusammengezählt werden. Der Streitwert bestimmt sich diesfalls nach dem höheren Rechtsbegehren (Art. 94 Abs. 1 ZPO). 72

5. Widerklagen

Nach Art. 14 ZPO kann beim Gericht, das für die Hauptsache örtlich zuständig ist, Widerklage erhoben werden, wenn diese mit der Hauptklage in einem sachlichen Zusammenhang steht. Daraus ist abzuleiten, dass auch die Widerklage eines Unternehmers gegen einen Privaten, der vor Handelsgericht geklagt hat, zulässig ist. Wenn also ein Privater für den von ihm anzustrengenden Prozess das Handelsgericht wählt, muss er mit einer Widerklage rechnen, sofern das Gesetz nichts anderes vorsieht. 73

§ 45 c) Einzelgericht des Handelsgerichts

Die Präsidentin oder der Präsident des Handelsgerichts oder ein von dieser oder diesem bezeichnetes Mitglied des Handelsgerichts entscheidet als einzige Instanz und Einzelgericht

a. Streitigkeiten gemäss Art. 5 Abs. 1 lit. g ZPO,
b. über Anordnungen gemäss Art. 5 Abs. 2 und Art. 6 Abs. 5 ZPO,
c. Streitigkeiten gemäss Art. 250 lit. c ZPO, deren Streitwert mindestens Fr. 30 000 beträgt,
d. über den Rechtsschutz in klaren Fällen (Art. 257 ZPO) im Zuständigkeitsbereich des Handelsgerichts.

Literatur

D. ALDER, Der einstweilige Rechtsschutz im Immaterialgüterrecht, Diss. Bern 1993; ST. BERTI, Vorsorgliche Massnahmen im schweizerischen Zivilprozessrecht, ZSR 116 (1997) II, S. 123 ff.; E. BRUNNER, Voraussetzungen für den Erlass vorsorglicher Massnahmen im gewerblichen Rechtsschutz, Schweizerische Mitteilungen über Immaterialgüterrecht, 1989, S. 9 ff.; L. DAVID, Schweizerisches Immaterial- und Wettbewerbsrecht, Basel 1998, S. 162 ff.; R. ERNST, Die vorsorglichen Massnahmen im Wettbewerbs- und Immaterialgüterrecht, Diss. Zürich 1992; E. MARBACH, in: M. Pedrazzini/R. von Büren/E. Marbach, Immaterialgüter- und Wettbewerbsrecht, Bern 1998, S. 189 ff.; I. MEIER, Grundlagen des einstweiligen Rechtsschutzes, Zürich 1983; H.P. MING, Die vorsorglichen Massnahmen im gewerblichen Rechtsschutz und Urheberrecht, Diss. Zürich 1969; M.M. PEDRAZZINI, Vorsorgliche Massnahmen im Immaterialgüterrecht, SJZ 79, S. 166 ff.; DERSELBE/N. OBERHOLZER, Grundriss des Personenrechts, 4. Aufl., Bern 1993, S. 172 ff.; U. SCHENKER, Die vorsorgliche Massnahme im Lauterkeits- und Kartellrecht, Diss. Zürich 1985; O. VOGEL, Probleme des vorsorglichen Rechtsschutzes, SJZ 76, S. 89 ff.; J.J. ZÜRCHER, Der

§ 45

Einzelrichter am Handelsgericht des Kantons Zürich, einstweiliger und definitiver Rechtsschutz für Immaterialgüter- und wettbewerbsrechtliche Ansprüche im summarischen Verfahren, Diss. Zürich 1998.

Inhaltsübersicht N.
I. Vorsorgliche Massnahmen gemäss Art. 5 Abs. 2 und Art. 6 Abs. 5 ZPO (lit. b) 1
    1. Funktion und Bedeutung der vorsorglichen Massnahmen 1
    2. Sachliche Zuständigkeit 3
    3. Inhalt der vorsorglichen Massnahmen 6
    4. Verfahrensbestimmungen 11
    5. Rechtsmittel 16
II. Streitigkeiten gemäss Art. 250 lit. c ZPO (lit. c) 17
III. Streitigkeiten gemäss Art. 5 Abs. 1 lit. g ZPO (lit. a) 18
IV. Rechtsschutz in klaren Fällen (lit. d) 19
V. Delegation der Entscheidungsbefugnisse 20

I. Vorsorgliche Massnahmen gemäss Art. 5 Abs. 2 und 6 Abs. 5 ZPO (lit. b)

1. Funktion und Bedeutung der vorsorglichen Massnahmen

1 Bei den Anordnungen gemäss Art. 5 Abs. 2 und Art. 6 Abs. 5 ZPO handelt es sich um vorprozessuale vorsorgliche Massnahmen. Diese dienen dem Schutz verletzter oder gefährdeter Ansprüche aus Exklusivrechten oder aus unbehindertem Wettbewerb. Wenn nicht leicht wiedergutzumachende Nachteile zu befürchten sind, kann die bedrohte oder geschädigte Partei schon vor oder während der Durchführung des Prozesses Abwehrmassnahmen verlangen, sofern sie die (drohende) Verletzung ihrer Rechte und schädigende Folgen glaubhaft macht sowie gegebenenfalls für allfälligen Schaden aus ungerechtfertigten vorsorglichen Massnahmen Sicherheit leistet (Art. 264 ZPO). Die vorläufige Massnahme führt häufig eine endgültige Regelung unter Vermeidung des Hauptverfahrens herbei, womit der Schaden in Grenzen gehalten wird und Kosten vermieden werden können.

2 Das Bundesrecht regelt vorsorgliche Massnahmen auch in Spezialgesetzen, so durch:
– Art. 77 PatG,
– Art. 38 DesG,
– Art. 59 MSchG,
– Art. 43 Sortenschutzgesetz (SR 232.16).

2. Sachliche Zuständigkeit

3 Die Zuständigkeit des Einzelrichters nach Art. 5 Abs. 2 und Art. 6 Abs. 5 ZPO erstreckt sich auf vorsorgliche Massnahmen *vor* Einleitung der Klage (Art. 263 ZPO). Nach Eintritt der Rechtshängigkeit sind derartige Begehren an das Kollegium des Handelsgerichts zu richten (Art. 265 ZPO). In dringenden Fällen konnte der Präsident bisher eine vorläufige Verfügung treffen (§ 123 Abs. 1 GVG; vgl. zum Ganzen WALDER-RICHLI/GROB-ANDERMACHER, Zivilprozessrecht, § 32 N. 19 ff. sowie § 24 N. 77).

Zu den vorläufigen Massnahmen gehört auch die Abnahme gefährdeter Beweise, wie dies ausdrücklich in Art. 38 lit. a DesG und Art. 59 lit. a MSchG vorgesehen ist (vgl. nachfolgend N. 8; dazu auch ZR 95 Nr. 88 S. 175 E. 2). Betreffend sachliche Zuständigkeit hinsichtlich der vorläufigen Eintragung eines Bauhandwerkerpfandrechts § 24 N. 78 m.H. auf BGer 5A_453/2011 v. 9.12.2011 (sachliche Zuständigkeit des handelsgerichtlichen Einzelgerichts bejaht, soweit die Hauptsache handelsrechtlicher Natur ist).   4

Wird während des Verfahrens zur Anordnung vorsorglicher Massnahmen der Hauptprozess beim Handelsgericht anhängig gemacht, so entfällt die Zuständigkeit des Einzelrichters. Die Entscheidung ist dann vom Handelsgericht zu treffen. Mit dem Dahinfallen der einzelrichterlichen Zuständigkeit endete nach bisherigem Recht auch die Zuständigkeit der Rechtsmittelinstanz für die Beurteilung der vom Einzelrichter getroffenen Anordnungen. Nur ausnahmsweise blieb die Rechtsmittelinstanz noch zuständig für die Beurteilung von Massnahmen, die in die Zeit vor der Anhängigmachung des Prozesses zurückwirken und sich auf jene Periode beschränken, sowie für die Beurteilung der Nebenfolgen des vorprozessualen Massnahmenverfahrens (BERTI, a.a.O., 224; WALDER-RICHLI/GROB-ANDERMACHER, Zivilprozessrecht, § 32.19 Fn. 10a; ZR 84 Nr. 71 S. 172).   5

3. Inhalt der vorsorglichen Massnahmen

Die Inhalte der vorsorglichen Massnahmen sind gesetzlich nicht abschliessend aufgezählt (dazu Art. 262 ZPO und MARBACH, a.a.O., S. 190 f.). Hauptanwendungsfall bildet die Unterlassung bzw. Beseitigung der drohenden oder in Ausführung stehenden Verletzungshandlung. Zu denken ist an Verbote zur Herstellung oder zum Betrieb von Produkten, die den Schutz von Mustern, Modellen oder Marken geniessen, oder auf dem Gebiet des Kartellrechts an die Aufforderung, einen Boykott aufzugeben. Zur Durchsetzung wird dem Gesuchsgegner weiterhin namentlich Ordnungsbusse oder Bestrafung wegen Ungehorsams i.S.v. Art. 292 StGB anzudrohen sein (Art. 267 ZPO).   6

Eine weitere Massnahme besteht in der Ermittlung der Herkunft widerrechtlich hergestellter oder in Verkehr gebrachter Gegenstände durch Beschaffung von Verträgen, Rechnungen, Lieferscheinen, Plänen usw. Hiefür dient die prozessuale Editionspflicht nach Art. 160 Abs. 1 lit. b ZPO.   7

Bei gefährdeten Beweisen kann eine Sicherung in Form vorläufiger Beweisaufnahme (Art. 158 ZPO, § 142 GOG) angeordnet werden, z.B. durch ein Verbot, über gewisse Unterlagen (Verträge, Buchhaltung) zu verfügen, oder durch die Feststellung der durch die Verletzung eines Exklusivrechts oder durch Wettbewerbsbehinderung allenfalls entstandenen schädigenden Folgen (a.M. ZR 99 Nr. 52). Verweigert der Gesuchsgegner die Mitwirkung, so kann dies nach Art. 164 ZPO im Hauptprozess zu seinen Ungunsten gewürdigt werden.   8

Beim Geschäftsfirmenschutz kann das Handelsregisteramt angewiesen werden, die beantragte Eintragung vorläufig auszusetzen.   9

Verschiedene Massnahmen können kombiniert werden, doch ist stets der Grundsatz der Verhältnismässigkeit zu wahren. Generell hat eine Abwägung zwischen den Interessen des Gesuchstellers und jenen des Gesuchsgegners stattzufinden. Die Anordnungen dürfen den Hauptprozess nicht präjudizieren, d.h., sie dürfen nicht umkehrbare Tatsachen   10 schaffen. Schliesslich ist das Fabrikations- und Geschäftsgeheimnis zu wahren (dazu vorn § 44 N. 13 und 27).

4. Verfahrensbestimmungen

11 Für das Verfahren gelten die Vorschriften über das summarische Verfahren (Art. 248 lit. d ZPO). Das kontradiktorische Verhandlungsprinzip nach Art. 253 und 273 ZPO ist grundsätzlich vor Erlass der Verfügung zu beachten, doch besteht die Möglichkeit, ohne Anhörung der Gegenpartei eine *superprovisorische* Anordnung zu treffen (Art. 265 ZPO). Der Gesuchsteller muss dabei glaubhaft machen, dass aus zeitlichen oder sachlichen Gründen (z.B. zur sofortigen Verhinderung laufenden Schadens oder zur Abwehr einer Massnahmenverhinderung) ein unverzüglicher Massnahmenvollzug unumgänglich ist.

12 Dem Betroffenen steht das Recht zu, sich mit Bezug auf die getroffene Anordnung zu verteidigen und deren Aufhebung oder Änderung zu beantragen. Zur Wahrung seines Gehörsanspruchs stehen zwei Wege offen:

– Durch die Praxis der kantonalen Handelsgerichte (vgl. ZR 108 Nr. 46) bereits eingeführt, besteht das Institut der *Schutzschrift* (jetzt Art. 270 ZPO). Eine solche kann unter Mitteilung an die Gegenpartei entgegengenommen werden, wenn die beklagte Partei in Erwartung eines gegen sie gerichteten Antrags einer superprovisorischen Verfügung dem Richter Gründe darlegt, die einer solchen Verfügung oder zumindest einem Verzicht auf Anhörung entgegenstehen, oder wenn sie darauf verweist, sie sei bereit, innert kurzer Frist zur Verhandlung zu erscheinen (ZÜRCHER, a.a.O., S. 327; FRANK/STRÄULI/MESSMER, ErgBd zur ZPO, § 56 N. 8 ff.; dazu aber auch ErgBd, a.a.O., N. 8 ff. zu § 61 GVG; ZR 96 Nr. 46).

– Schon bisher wurde in der Praxis meistens mit der richterlichen Verfügung kurzfristig zur Verhandlung vorgeladen oder Frist zur schriftlichen Beantwortung angesetzt, was nunmehr ausdrücklich gemäss Art. 265 Abs. 2 ZPO gilt. Nach Anhörung der Gegenseite entscheidet das Gericht unverzüglich; in der Zwischenzeit gilt die superprovisorische Anordnung (zum bisherigen Recht WALDER-RICHLI/GROB-ANDERMACHER, Zivilprozessrecht, § 32.22 und 23; ZÜRCHER, a.a.O., S. 93 ff.).

13 Beweise kann der Richter im Rahmen von Art. 254 ZPO erheben. Nach früheren Recht (§ 292 alt ZPO) erachtete es das Kassationsgericht für zulässig und zweckmässig, dass der Richter über das Vorliegen sowohl einer Patentverletzung wie auch einer behaupteten Patentnichtigkeit ein Kurzgutachten einholte (RO 1974 S. 310 Nr. 20). Heute richtet sich die Pflicht zur Erhebung von Beweisen abschliessend nach Art. 254 ZPO.

14 Um den durch die einstweilige Massnahme geschaffenen Schwebezustand zu beenden, muss der Richter dem Gesuchsteller Frist zur direkten Klageeinreichung beim Handelsgericht ansetzen, damit dieses definitiv entscheiden kann. Die Fristansetzung wird mit der Androhung verbunden, dass sonst die Massnahme dahinfalle (Art. 263 ZPO). Das Gesetz überlässt die Bemessung der peremptorischen Frist (Not- oder Verwirkungsfrist) dem Richter; sie ist mit dem Eintritt der Rechtshängigkeit der Klage gewahrt. Die im Einzelfall angesetzte Frist ist eine richterliche Frist und daher nach Art. 144 Abs. 2 ZPO bei Vorliegen zureichender Gründe erstreckbar. Bei Fristen, die nach Art. 263 ZPO ange-

setzt werden, ist bei Säumnis Wiederherstellung nach Art. 148 ZPO möglich. Die durch das Bundesrecht vorgeschriebenen Verwirkungsfristen sind unter den Voraussetzungen von Art. 50 BGG bei unverschuldetem Hindernis restitutionsfähig (s. auch Art. 32 Abs. 4 SchKG). Zuständig für eine allfällige Wiederherstellung ist das Handelsgericht (ZR 85 Nr. 25).

Vorsorgliche Massnahme erwachsen nicht in formelle Rechtskraft und können deshalb geändert oder aufgehoben werden (Art. 268 ZPO). Der Richter des Hauptverfahrens ist sodann nicht an den Massnahmenentscheid des Einzelrichters gebunden. Dieser darf auch im Hauptverfahren mitwirken; seine summarische und unpräjudizielle Tätigkeit im vorsorglichen Massnahmenverfahren begründet keine Vorbefassung und Befangenheit i.S.v. Art. 47 Abs. 1 lit. b ZPO (dazu Art. 47 Abs. 2 lit. d ZPO). 15

5. Rechtsmittel

Der Entscheid über vorsorgliche Massnahmen gemäss § 45 lit. b GOG ist kein erstinstanzlicher Entscheid im Sinne von Art. 308 und 319 ZPO, sodass die kantonalen Rechtsmittel der Berufung und Beschwerde nicht gegeben sind. Zulässig ist die Beschwerde ans Bundesgericht gemäss Art. 72 BGG i.V.m. Art. 74 Abs. 2 lit. b und 75 Abs. 2 lit. b BGG, wobei jedoch einzig die Verletzung verfassungsmässiger Rechte (und nicht von einfachem Gesetzesrecht) gerügt werden kann (Art. 98 BGG). 16

II. Streitigkeiten gemäss Art. 250 lit. c ZPO (lit. c)

§ 45 lit. c GOG über überträgt dem Einzelrichter des Handelsgerichts auch den Entscheid in 13 in Art. 250 lit. c ZPO detailliert aufgezählten Fällen des Gesellschaftsrechts. Voraussetzung für die Zuständigkeit des Einzelrichters ist indessen, dass der Streitwert mindestens Fr. 30 000. beträgt. Besondere Bedeutung haben in diesem Zusammenhang seit Inkrafttreten der ZPO Klagen des Kantons (vertreten durch das Handelsregisteramt) auf Auflösung von Aktiengesellschaften wegen *Organisationsmängel* im Sinne von Art. 731b OR erlangt, für welche (neu) das Handelsgericht bzw. dessen Einzelrichter zuständig ist. Bereits im ersten Halbjahr 2011 wurden mehrere hundert derartiger Fälle anhängig gemacht (s. dazu auch ZR 110 Nr. 30). 17

III. Streitigkeiten gemäss Art. 5 Abs. 1 lit. g ZPO (lit. a)

Der Einzelrichter des Handelsgerichts entscheidet auch über den Einsatz eines Sonderprüfers gemäss Art. 697 lit. b OR. Es fällt allerdings auf, dass der Sonderprüfer bei der AG gemäss Art. 697 lit. b OR bereits in der oben N. 17 zitierten Aufzählung von Art. 250 lit. c ZPO (Ziff. 8) genannt ist. Wenn das GOG ihn in § 45 lit. a nochmals eigens und ohne Streitwertbegrenzung erwähnt, ist daraus wohl abzuleiten, dass in diesem Fall die Streitwertgrenze von Fr. 30 000 nicht gilt. 18

IV. Rechtsschutz in klaren Fällen (lit. d)

19 Der Einzelrichter am Handelsgericht gewährt gestützt auf § 45 lit. d GOG im Zuständigkeitsbereich des Handelsgerichts Rechtsschutz gemäss Art. 257 ZPO, wenn der Sachverhalt unbestritten oder sofort beweisbar und die Rechtslage klar ist. Schon unter der Herrschaft des GVG von 1911 wurde die Praxis begründet, das abgekürzte Erkenntnisverfahren (zur schnellen Handhabung klaren Rechts bei nicht streitigen oder sofort beweisbaren tatsächlichen Verhältnissen) im Interesse der sachgerechten Beurteilung im Immaterialgüterrecht vom Handelsgericht als Kollegialgericht durchführen zu lassen (ZR 54 Nr. 90). Das GVG übertrug diese Kompetenz dem Einzelrichter, um ein möglichst rasches Verfahren zu gewährleisten, und das GOG übernimmt diese Regelung. Wegen der Kompliziertheit des Prozessstoffes und der eingeschränkten Kognition ist der Anwendungsbereich dieser Bestimmung indessen eher gering.

V. Delegation der Entscheidungsbefugnisse

20 Der Präsident des Handelsgerichts kann die ihm zustehende einzelrichterliche Befugnis an ein von ihm zu bezeichnendes Mitglied des Handelsgerichts delegieren. Eine Delegation an den Gerichtsschreiber ist indessen entgegen der früheren Praxis nicht zulässig, ausgenommen der fragliche Gerichtsschreiber wäre vom Kantonsrat als Ersatzrichter gewählt worden.

---

§ 46 *In Schiedssachen*

Das Obergericht ist das zuständige Gericht gemäss Art. 356 Abs. 1 und 2 lit. a und b ZPO.

---

1 In Schiedssachen ist das Obergericht gemäss Art. 356 ZPO
   - einerseits zuständig für Beschwerden (Art. 390 ZPO) und Revisionsgesuche (Art. 396 ZPO) sowie für die Entgegennahme des Schiedsspruchs zur Hinterlegung und für die Bescheinigung der Vollstreckbarkeit (Abs. 1) und
   - andererseits als einzige Instanz zuständig für die Ernennung, Ablehnung, Abberufung und Ersetzung von Schiedsrichtern sowie für die Verlängerung der Amtsdauer des Schiedsgerichts (Abs. 2; Art. 367 ff. ZPO).

2 Diese beiden Sachbereiche sind von Gesetzes wegen (Art. 356 ZPO) zwei verschiedenen Gerichten bzw. Spruchkörpern zuzuweisen. Gemäss Konstituierungsbeschluss des Obergerichts für das Jahr 2011 behandeln daher einerseits die I. und II. Zivilkammer Beschwerden und Revisionsgesuche in Schiedsgerichtssachen, andererseits die Verwaltungskommission die sonstigen Schiedsgerichtssachen.

3 Für die Amtshilfe an Schiedsgerichte i.S.v. Art. 183 Abs. 2, 184 Abs. 2 und 185 IPRG sowie für die Unterstützung der Schiedsgerichte bei den Verfahrenshandlungen i.S.v. Art. 356 Abs. 2 lit. c ZPO ist nicht das Obergericht, sondern das Einzelgericht des Bezirksgerichts am Sitz des Schiedsgerichts zuständig (§ 32 GOG).

§ 47 Als Zwangsmassnahmengericht

Ein Mitglied des Obergerichts

a. ist unter Vorbehalt der Zuständigkeit gemäss § 29 Zwangsmassnahmengericht gemäss StPO und JStPO,
b. entscheidet ausserhalb von Strafverfahren über die invasive Probenahme und die Analyse der Probe zur Erstellung eines DNA-Profils gemäss Art. 7 Abs. 3 lit. b des DNA-Profil-Gesetzes vom 20. Juni 2003,
c. ist Genehmigungsbehörde gemäss Art. 3 Abs. 4 des Bundesgesetzes betreffend die Überwachung des Post- und Fernmeldeverkehrs vom 6. Oktober 2000 (BÜPF).

Ein Mitglied des Obergerichts übt als Zwangsmassnahmengericht im Sinne der StPO und der JStPO im Rahmen eines Strafverfahrens diejenigen Funktionen aus, die nicht gemäss § 29 GOG dem Zwangsmassnahmengericht auf bezirksgerichtlicher Stufe zugeteilt sind. Das Zwangsmassnahmengericht gemäss § 29 GOG ist zuständig für Haftsachen und damit im Zusammenhang stehende Angelegenheiten (§ 29 Abs. 1 lit. b GOG); alle anderen Bereiche fallen somit in die Zuständigkeit des obergerichtlichen Zwangsmassnahmengerichts (lit. a). Dazu kommen die in den lit. b und erwähnten weiteren (ausserprozessualen) Massnahmen.

Für geheime Überwachungsmassnahmen ausserhalb eines Strafverfahrens müssen eine Genehmigungsbehörde und eine Beschwerdeinstanz gegeben sein. Nach früherem Recht war der Präsident der Anklagekammer Genehmigungsbehörde und das Obergericht Beschwerdeinstanz, wobei kein Unterschied gemacht wurde zwischen der Anordnung einer Überwachungsmassnahme innerhalb und ausserhalb eines Strafverfahrens. Durch § 47 lit. a GOG werden die diesbezüglichen Aufgaben der früheren Anklagekammer einem Mitglied des Obergerichts als Zwangsmassnahmengericht übertragen, während das Obergericht weiterhin Beschwerdeinstanz bleibt (vgl. N. 8). Im Rahmen der *Revision von PolG und POG* ist sodann eine *Ergänzung von lit. a* vorgesehen, wonach das obergerichtliche Zwangsmassnahmengericht künftig unter Vorbehalt von §§ 29 und 33 auch für die Bewilligung polizeirechtlicher Ermittlungsmassnahmen zuständig sein soll.

Damit keine Vorbefassungsprobleme entstehen können (vgl. Art. 18 Abs. StPO), sollte das Mitglied des Obergerichts, welches die fraglichen Massnahmen genehmigt oder anordnet, nicht den Strafkammern, sondern einer Zivilkammer angehören.

Im Erwachsenenstrafrecht stehen als Zwangsmassnahmen die Genehmigung von Überwachungsmassnahmen (lit. c; Art. 272 ff. StPO), die verdeckte Ermittlung (Art. 289 StPO) sowie die Anordnung invasiver Probenahmen und deren Analysen zur Erstellung von DNA-Profilen (lit. b; um z.B. eine Person zu identifizieren oder zu überführen) im Vordergrund.

Im Jugendstrafprozess ist für die Anordnung von Zwangsmassnahmen i.S.v. Art. 26 Abs. 1 lit. a–d JStPO der Jugendanwalt zuständig. Gemäss Art. 26 Abs. 2 JStPO ist das Zwangsmassnahmengericht des Obergerichts nur zuständig für die Anordnung und Genehmigung der übrigen Massnahmen. Ist die Sache aber bereits beim Gericht hängig, so liegt die Kompetenz zur Anordnung derartiger Massnahmen bei diesem.

6 Zum Entscheid über die Entsiegelung s. vorn § 22 N. 5 ff.

7 Der nach § 47 GOG zuständige Richter ist auch für Zwangsmassnahmen nach Art. 271 Abs. 1 StPO (Aussonderung zum Schutz von Berufsgeheimnissen) zuständig (§ 165 GOG).

8 Gegen den Entscheid des Zwangsmassnahmengerichts kann in den von der StPO vorgesehenen Fällen (Art. 18 StPO) Beschwerde geführt werden (Art. 393 Abs. 1 lit. a StPO). Beschwerdeinstanz ist das Obergericht (§ 49 GOG).

§ 48 Als Rechtsmittelinstanz
a) In Zivilsachen

Das Obergericht ist Berufungs- und Beschwerdeinstanz gemäss ZPO.

Literatur:
K. SPÜHLER/D. VOCK, Rechtsmittel in Zivilsachen im Kanton Zürich und im Bund, 2. Aufl., Zürich 2011.

1 Mit dem Inkrafttreten des GOG wurde das Obergericht einziges oberes kantonales Gericht in Zivilsachen. Es beurteilt
   – Berufungen über erstinstanzliche End- und Zwischenentscheide und erstinstanzliche Entscheide über vorsorgliche Massnahmen, in vermögensrechtlichen Streitigkeiten jedoch nur dann, wenn der Streitwert der zuletzt aufrechterhaltenen Rechtsbegehren mindestens Fr. 10 000 beträgt (Art. 308 ZPO);

2 – Beschwerden gegen nicht berufungsfähige erstinstanzliche End- und Zwischenentscheide (auch von Schlichtungsbehörden, § 52 N. 6), nicht berufungsfähige erstinstanzliche Entscheide über vorsorgliche Massnahmen, andere gesetzlich vorgesehene erstinstanzliche Entscheide und prozessleitende Verfügungen, durch die ein nicht leicht wiedergutzumachender Nachteil droht, sowie Fälle von Rechtsverzögerungen (Art. 319 ZPO);

3 – Beschwerden gegen Schiedssprüche i.S.v. 381 ff. ZPO, sofern diese Beschwerdemöglichkeit in der Schiedsvereinbarung oder in einer späteren Übereinkunft ausdrücklich vorgesehen wurde (Art. 390 ZPO);

4 – Revisionsgesuche gegen einen Schiedsspruch (dazu vorn § 46 N. 1). Revisionsgesuche im Zivilprozess werden dagegen von jenem Gericht beurteilt, das als letzte Instanz entschieden hat (Art. 328 ZPO).

§ 49 b) In Strafsachen

Das Obergericht ist Berufungsgericht und Beschwerdeinstanz gemäss StPO und JStPO.

Vgl. Literatur zu den entsprechenden Bestimmungen der Prozessordnungen

In Strafsachen beurteilt das Obergericht 1

- Berufungen gegen erstinstanzliche Urteile im Erwachsenenstrafrecht, mit denen ein Verfahren ganz oder teilweise abgeschlossen wurde (Art. 398 StPO), sowie Berufungen gegen erstinstanzliche Urteile des Jugendgerichts und die Aussetzung vorsorglich angeordneter Jugendschutzmassnahmen (Art. 40 JStPO);
- Beschwerden gegen Verfügungen und Verfahrenshandlungen der Polizei, Staatsanwaltschaft und der Übertretungsstrafbehörden, Beschwerden gegen Verfügungen, Beschlüsse und Verfahrenshandlungen der erstinstanzlichen Gerichte (ausgenommen verfahrensleitende Entscheide) sowie gegen die im GOG (§§ 29 und 47) vorgesehenen Entscheide des Zwangsmassnahmengerichts (Art. 393 Abs. 1 lit. c StPO); 2
- Beschwerden gegen Verfügungen, Beschlüsse und Verfahrenshandlungen des Jugendgerichts sowie gegen die in Art. 39 Abs. 2 JStPO angeführten Anordnungen und Entscheide, wobei unter Schutzmassnahmen i.S.v. 39 Abs. 2 lit. a JStPO alle Massnahmen gemäss Art. 12–15 i.V.m. Art. 5 JStG zu verstehen sind (W.RR S. 111); 3
- Revisionsgesuche im Erwachsenenstrafrecht (Art. 411 StPO), während Revisionsgesuche im Jugendstrafverfahren vom Jugendgericht zu beurteilen sind (Art. 41 JStPO). 4

§ 50 c) In besonderen Verfahren gestützt auf das ZGB

Das Obergericht entscheidet Rechtsmittel gegen

    a. familienrechtliche Entscheide der Bezirksräte (§ 56 b EG zum ZGB),
    b. Entscheide des Einzelgerichts gemäss § 30 (fürsorgerische Freiheitsentziehung),
    c. Entscheide der zuständigen Direktion des Regierungsrates über Namensänderungen (§ 45 EG zum ZGB).

Inhaltsübersicht N.

I. Allgemeines	1
II. Familienrechtliche Entscheide (lit. a)	3
1. Geschichtliche Entwicklung	3
2. Anwendungsgebiet	4
3. Verfahren vor Bezirksrat	8
4. Anfechtung des bezirksrätlichen Entscheids	9
5. Abgrenzung zwischen Rechtsmittel und Aufsichtsbeschwerde	10
III. Entscheide betreffend fürsorgerische Freiheitsentziehung (lit. b)	12
IV. Entscheide über Namensänderungen (lit. c)	13
V. Gerichtliches Verfahren bei fürsorgerischer Freiheitsentziehung und familienrechtlichen Entscheiden des Bezirksrates	14

I. Allgemeines

1 Durch diese Bestimmung wird das Obergericht Rechtsmittelinstanz in verschiedenen Bereichen, die grundsätzlich dem Verwaltungsrecht angehören, aber einen engen Zusammenhang mit dem Zivilrecht aufweisen. § 50 lit. a und c GOG übernehmen die bisherige Regelung von § 44a GVG.

2 Die Anwendung des Familienrechts war ursprünglich (von wenigen Ausnahmen abgesehen) im Wesentlichen Aufgabe der Verwaltungsbehörden, d.h. des Gemeinderats (in grösseren Gemeinden einer separaten Vormundschaftsbehörde), des Bezirksrats, der Justizdirektion und des Regierungsrats. Diese Zuständigkeitsordnung ergab sich aus der ursprünglichen Fassung des EG zum ZGB von 1911. Mit dem Beitritt zur EMRK im Jahre 1974 trat für die Schweiz Art. 6 Ziff. 1 EMRK in Kraft, wonach «zivilrechtliche Ansprüche und Verpflichtungen» von einem unabhängigen Gericht beurteilt werden müssen. Zu diesen zivilrechtlichen Ansprüchen und Verpflichtungen gehören auch die familienrechtlichen Angelegenheiten, für deren Beurteilung demnach ein unabhängiges Gericht und eine obere gerichtliche Instanz vorhanden sein müssen (BGE 118 Ia 478; ZR 96 Nr. 34).

II. Familienrechtliche Entscheide (lit. a)

1. Geschichtliche Entwicklung

3 1993 wurde durch § 44a GVG das Obergericht als zweite Aufsichtsbehörde (neben dem Bezirksrat) eingeführt, was indessen nicht zu befriedigen vermochte (dazu FRANK/STRÄULI/MESSMER, ErgBd zur ZPO, vor § 280a N. 2). Durch das Gesetz betreffend die Anpassung des Prozessrechts im Personen- und Familienrecht vom 27.3.2000 wurde die obergerichtliche Beurteilung als Aufsichtsbehörde durch den Begriff «Rekurs» und dieser gemäss § 50 GOG durch «Rechtsmittel» ersetzt.

2. Anwendungsgebiet

4 Die wichtigsten Entscheide des Bezirksrats, die der Anfechtung unterliegen, sind:
   – Entziehung der elterlichen Obhut oder Sorge und Entscheidung bei veränderten Verhältnissen (Art. 311, 313 und 314 ZGB; §§ 40 und 70 EG ZGB), wozu auch die Bewilligung zur Aufnahme eines Pflegekinds zwecks späterer Adoption gehört (ZR 101 Nr. 15);

5 – Entmündigung (Bevormundung oder Stellung unter die elterliche Sorge) und Verbeiständung sowie deren Aufhebung (Art. 368–374, 395, 433 und 434 ZGB; §§ 40 und 83 EG ZGB), nicht aber Entscheide des Bezirksrats über die Bevorschussung von Kinderalimenten, die ihre Rechtsgrundlage im kantonalen öffentlichen Recht haben und deshalb mit Beschwerde gemäss den §§ 41 ff. VRG beim Verwaltungsgericht anzufechten sind (ZR 100 Nr. 61);

6 – Zustimmung zu den in Art. 422 ZGB genannten Rechtsgeschäften der erstinstanzlichen Aufsichtsbehörde (§ 41 EG ZGB);

– Behandlung von Beschwerden i.S.v. Art. 420 Abs. 2 ZGB (§§ 41 und 75 EG ZGB). Den Beschwerden i.S.v. Art. 420 Abs. 2 ZGB unterliegen nicht nur Anordnungen in vormundschaftlichen Angelegenheiten, sondern auch Beschlüsse, welche die Vormundschaftsbehörde im Interesse des Kindesschutzes trifft (Art. 307 ff. ZGB). Das Obergericht behält sich in diesem Zusammenhang vor, bei festgestellten Mängeln oder Missständen von Amtes wegen einzugreifen (ZR 110 Nr. 81).

7

3. Verfahren vor dem Bezirksrat

Der Entscheid des Bezirksrats muss auf einem umfassend abgeklärten Sachverhalt beruhen. Zur Ermittlung dieses Sachverhalts stehen dem Bezirksrat die Mittel gemäss § 7 VRG zur Verfügung: Befragung von Beteiligten und Auskunftspersonen, Beizug von Amtsberichten, Urkunden und Sachverständigen sowie Augenschein. Nach § 56a EG ZGB ist der Bezirksrat auch berechtigt, Zeugen einzuvernehmen. Bezüglich der Zeugeneinvernahmen finden Art. 169 ff. ZPO sinngemäss Anwendung. Die Zeugen haben Anspruch auf Entschädigung gemäss der Entschädigungsverordnung des Obergerichts vom 11.6.2002 (LS 211.12).

8

4. Anfechtung des bezirksrätlichen Entscheids

Nach § 56b EG ZGB können Entscheide des Bezirksrats in Familienrechtssachen beim Obergericht angefochten werden. Als Rechtsmittel stehen die Berufung (Art. 308 ZPO) und die Beschwerde (Art. 319 ZPO) zur Verfügung. Der obergerichtliche Entscheid kann mit Beschwerde gemäss Art. 72 BGG (vgl. insbesondere Abs. 2 lit. b Ziff. 3 und 5–7) oder allenfalls wegen Verletzung verfassungsmässiger Rechte gemäss Art. 116 BGG beim Bundesgericht angefochten werden.

9

5. Abgrenzung zwischen Rechtsmittel und Aufsichtsbeschwerde

Das Nebeneinander von Rechtsmittel an das Obergericht und Aufsicht durch die Direktion der Justiz und des Innern bedingt eine nicht immer leicht zu findende Abgrenzung. Die Direktion übt die Aufsicht über den äusseren Geschäftsgang aus. Sie erteilt allgemeine Weisungen an die ihr unterstellten vormundschaftlichen Instanzen und kann bei Feststellung von Verstössen eingreifen und allfällig notwendige Massnahmen treffen (z.B. Verweis oder vorläufige Einstellung im Amt gemäss §§ 29 und 30 PersG). Sie entscheidet auch über streitige Ausstandsbegehren, welche Verwaltungsbehörden betreffen. Dazu auch hinten Vorbemerkungen zu § 115 N. 8.

10

Eine wesentliche Auswirkung der Aufsichtsgewalt bildet die Beschwerde wegen Rechtsverweigerung oder Rechtsverzögerung sowie wegen anderer Verletzungen von Amtspflichten. Sie ist ein unvollkommener und subsidiärer Rechtsbehelf. Diesem geht indessen das in Art. 420 ZGB geregelte echte Rechtsmittel der Vormundschaftsbeschwerde vor. Deren Anwendungsbereich ist weit gezogen und erstreckt sich auf Handlungen und Unterlassungen wie auch auf rechtliche und tatsächliche Fragen (BSK ZGB I-Geiser, N. 7 zu Art. 420; Schwarz, Die Vormundschaftsbeschwerde, Art. 420 ZGB, Diss. Zürich 1968, S. 47). Beschwerden in der Form und mit den Wirkungen einer Vormundschaftsbeschwerde sind bei der Direktion der Justiz und des Innern zu erheben.

11

III. Entscheide betreffend fürsorgerische Freiheitsentziehung (lit. b)

12 S. dazu die Ausführungen vorn § 30 GOG. Die Bestimmungen betreffend die fürsorgerische Freiheitsentziehung sind analog anwendbar auf die Anordnung von Zwangsmassnahmen gegen Patienten (§ 27 Abs. 4 Patientinnen- und Patientengesetz vom 5.4.2004, LS 813.13).

IV. Entscheide über Namensänderungen (lit. c)

13 Über ein Gesuch um Namensänderung entscheidet das Gemeindeamt. Die Direktion der Justiz und des Innern ist gemäss § 44 Abs. 2 Ziff. 15 EG zum ZGB zuständige Rechtsmittelinstanz (W.RR S. 111). Ihre Entscheide können beim Obergericht angefochten werden, womit der Rechtsmittelzug gemäss Art. 76 KV gewährleistet ist. Die Anfechtung richtet sich nach den Bestimmungen der Art. 308 und 319 ZPO. Der obergerichtliche Entscheid kann gemäss Art. 72 Abs. 2 lit. b Ziff. 3 BGG oder allenfalls wegen Verletzung verfassungsmässiger Rechte gemäss Art. 116 BGG beim Bundesgericht angefochten werden.

V. Gerichtliches Verfahren bei fürsorgerischer Freiheitsentziehung und familienrechtlichen Entscheiden des Bezirksrates

14 S. Bemerkungen zu §§ 177 ff. GOG.

---

§ 51 *d. In verwaltungsrechtlichen Verfahren*

¹ Das Obergericht entscheidet Rechtsmittel gegen Entscheide der Bezirksgerichte gestützt auf materielles Verwaltungsrecht, sofern dieses oder ein anderes Gesetz nichts anderes bestimmen.

² Entscheide gemäss § 47 lit. b können beim Obergericht mit Beschwerde nach den Bestimmungen des VRG angefochten werden.

³ Das Obergericht ist Beschwerdeinstanz gemäss Art. 3 Abs. 4 BÜPF. Auf das Verfahren finden die Bestimmungen des VRG ergänzend Anwendung.

---

1 Während § 50 GOG sich auf verwaltungsrechtliche Verfahren bezieht, welche eine besondere Nähe zum Zivilrecht aufweisen, ist § 51 Abs. 1 GOG anwendbar bei anderen verwaltungsrechtlichen Verfahren, sofern keine spezielle Regelung für deren Weiterzug getroffen wurde (z.B. ausländerrechtliche Zwangsmassnahmen, § 33 Abs. 3 lit. a GOG). Das Verwaltungsgericht ist nur dann Rechtsmittelinstanz gegen Entscheide der Zivil- und Strafgerichte, wenn dies durch das Spezialgesetz vorgeschrieben ist. Fehlt eine solche Vor-

schrift, kommt § 51 GOG als Auffangzuständigkeit zur Anwendung. Diese verhindert, dass in solchen Fällen negative Kompetenzkonflikte entstehen können (W.RR S. 111 f.).

Abs. 2 stellt sicher, dass auch gegen die gemäss § 47 lit. b GOG ausserhalb des Strafverfahrens getroffene Anordnung einer invasiven Probenahme und deren Analyse zur Erstellung eines DNA-Profils ein Rechtsmittel gegeben ist. Das Rechtsmittelverfahren richtet sich diesfalls nach § 41 ff. VRG. Das Gleiche gilt sinngemäss hinsichtlich der Überwachung des Post- und Fernmeldeverkehrs (Abs. 3), wobei im Rechtsmittelverfahren die erwähnten Bestimmungen des VRG ergänzend Anwendung finden. Die fraglichen Entscheidungen des Zwangsmassnahmengerichts können demnach mittels Beschwerde an das Obergericht weitergezogen werden.

3. Teil
Schlichtungsbehörden

1. Abschnitt: Allgemeine Bestimmung

§ 52 *Schlichtungsbehörden*

Schlichtungsbehörden gemäss ZPO sind:
a. die Friedensrichterinnen und -richter,
b. die Paritätische Schlichtungsbehörde für Streitigkeiten nach dem Gleichstellungsgesetz,
c. die Paritätischen Schlichtungsbehörden in Miet- und Pachtsachen.

Literatur

A. Dolge/D. Infanger, Schlichtungsverfahren, Zürich 2011; M. Heinzmann/W. Egloff, Das zukünftige arbeitsgerichtliche Verfahren im Kanton Bern, ZBJV 146 (2010), S. 1049 ff.; E. Mertens Senn, Vermittlung im Sühneverfahren vor dem Hintergrund der Mediation, Zürich u.a. 2007; Staehelin/Staehelin/Grolimund, Zivilprozessrecht, § 20.

Inhaltsübersicht N.
I. Zum Schlichtungsverfahren gemäss ZPO 1
II. Schlichtungsverfahren in arbeitsrechtlichen Streitigkeiten 7
III. Kantonaler Staatshaftungsprozess als Sonderfall 9

I. Zum Schlichtungsverfahren gemäss ZPO

Gemäss Art. 197 ZPO geht jedem Entscheidverfahren *in der Regel ein Schlichtungsverfahren voraus;* ausgenommen davon sind namentlich das summarische Verfahren, Klagen über den Personenstand, das Scheidungsverfahren sowie Prozesse vor Handelsgericht (Art. 198 ZPO). Ein Verzicht der Parteien auf Schlichtung ist ab einem Streitwert von 100 000 Franken möglich (Art. 199 Abs. 1 ZPO); zudem kann die klagende Partei in bestimmten Fällen einseitig auf das Schlichtungsverfahren verzichten (Art. 199 Abs. 2 ZPO). 1

Die *Organisation und Bezeichnung* der Schlichtungsbehörde obliegt den Kantonen, soweit die ZPO darüber nichts bestimmt (Art. 3 ZPO). Somit steht es diesen frei, unter Vorbehalt der Zuständigkeiten der in Art. 200 ZPO zwingend vorgesehenen paritätischen Schlichtungsstellen (für miet- und pachtrechtliche Streitigkeiten sowie Streitigkeiten nach dem Gleichstellungsgesetz) *verschiedene Schlichtungsbehörden* einzusetzen. Von dieser Möglichkeit hat der Kanton Zürich in den §§ 52 ff. GOG Gebrauch gemacht. 2

Aufgabe der Schlichtungsbehörde ist der Versuch, in formloser Verhandlung die Parteien zu versöhnen (Art. 201 Abs. 1 Satz 1 ZPO). In einem vor der Schlichtungsbehörde geschlossenen Vergleich können auch ausserhalb des Verfahrens liegende Streitfragen zwischen den Parteien einbezogen werden (Art. 201 Abs. 1 Satz 2 ZPO). Darüber hinaus kann die Schlichtungsbehörde bis zu gewissen Streitwertgrenzen und unter bestimmten Voraussetzungen selbst entscheiden (Art. 212 ZPO) oder einen Urteilsvorschlag unterbreiten (Art. 210 ZPO). 3

4 Die Mitwirkung beim Schlichtungsverfahren bildet nach Art. 47 Abs. 2 lit. b ZPO *keinen Ausstandsgrund* mit Blick auf das gerichtliche Verfahren. Bundesrechtlich wäre es damit zulässig, dass ein Mitglied des Gerichts die Schlichtung durchführt, was aber im Kanton Zürich nach der vorliegenden Organisation des Schlichtungsbehörden ausgeschlossen ist (vgl. ausdrücklich § 64 Abs. 3 GOG betreffend Schlichtung in Mietsachen sowie § 54 N. 3; ferner schon ZR 55 Nr. 62). Auch im Schlichtungsverfahren besteht im Übrigen Anspruch auf einen unparteilichen bzw. unbefangenen Schlichter (HONEGGER, in: Sutter-Somm/Hasenböhler/Leuenberger, ZPO Komm., Art. 197 N. 14; ZBl 109 [2008] S. 280).

5 Zum *Ablauf des Schlichtungsverfahrens* vgl. im Einzelnen Art. 202 ff. ZPO. Anstelle des Schlichtungsverfahrens tritt auf Antrag sämtlicher Parteien das *Mediationsverfahren* nach Art. 213 ff. ZPO (dazu STAEHELIN/STAEHELIN/GROLIMUND, Zivilprozessrecht, S. 333 ff.).

6 Der Entscheid der Schlichtungsbehörde gemäss Art. 212 ZPO ist *nicht berufungsfähig* (Art. 308 Abs. 2 ZPO), kann aber mit *Beschwerde* (Art. 319 ff. ZPO) angefochten werden. Beschwerdeinstanz ist im Hinblick auf Art. 75 Abs. 2 BGG das Obergericht (§ 48 GOG).

II. Schlichtungsverfahren in arbeitsrechtlichen Streitigkeiten

7 Nach bisherigem Recht konnte in den Städten Zürich und Winterthur ohne vorgängiges Schlichtungsverfahren beim Arbeitsgericht geklagt werden (§ 105 Ziff. 1 ZPO [ZH]), während in den übrigen Gemeinden bzw. Bezirken das Sühnverfahren vor dem Friedensrichter stattfand. Nach zwingender Vorgabe des Bundesrechts ist nunmehr ausnahmslos ein Schlichtungsverfahren durchzuführen. Umstritten war im Gesetzgebungsverfahren die Frage, ob dem Verfahren vor Arbeitsgericht ein Schlichtungsverfahren *vor Friedensrichter* oder vor einer *besonderen Schlichtungsbehörde für arbeitsrechtliche Streitigkeiten* vorangehen solle.

8 Der regierungsrätlichen Entwurf sah eine besondere Schlichtungsbehörde vor, deren Mitglieder vom Bezirksgericht aus dem Kreis der juristischen Sekretärinnen und Sekretäre gewählt worden wären (E GOG §§ 56 ff.). In der vorberatenden Kommission fand dieser Vorschlag keine Zustimmung. Die Kommissionsmehrheit stimmte für die Zuweisung des Schlichtungsverfahrens an die Friedensrichter, wogegen eine Minderheit beantragte, in den Städten Zürich und Winterthur eine besondere Schlichtungsbehörde einzusetzen. Nach eingehender Debatte (Prot. KR vom 12.4.2010, S. 10822 ff.) schloss sich der Kantonsrat der *einheitlichen Zuweisung sämtlicher arbeitsrechtlicher Streitigkeiten an die Friedensrichter* als Schlichtungsbehörde an.

III. Kantonaler Staatshaftungsprozess als Sonderfall

9 Gemäss § 22 des kantonalen Haftungsgesetzes (HG, LS 170.1) sind Begehren auf Feststellung, Schadenersatz und Genugtuung gegen den Kanton, eine Gemeinde oder eine Organisation des kantonalen öffentlichen Rechts zunächst bei der betreffenden Stelle des Kantons oder der Gemeinde (bzw. der betreffenden Organisation) einzureichen (sog. ad-

ministratives Vorverfahren); die Klage kann in der Folge gemäss § 23 HG direkt beim Gericht erhoben werden, wenn die zuständige Behörde zum Anspruch innert dreier Monaten nicht oder ablehnend Stellung nimmt. Diese Regelung steht an sich in Widerspruch zu den Bestimmungen der ZPO, wonach mit Ausnahme der in Art. 198 ZPO genannten Fällen dem Entscheidverfahren vor Gericht stets ein förmlicher Schlichtungsversuch vor der Schlichtungsbehörde vorangehen muss (Art. 197 ZPO).

In diesem Zusammenhang ist zu berücksichtigen, dass es sich bei Klagen nach Haftungsgesetz um die *Geltendmachung öffentlich-rechtlicher Ansprüche* handelt, deren Behandlung im Kanton Zürich seit jeher den Zivilgerichten übertragen ist (§ 19 Abs. 1 HG; T. JAAG, Staats- und Verwaltungsrecht des Kantons Zürich, 3. Aufl., Zürich 2005, Rz. 2137; H.R. SCHWARZENBACH, Die Staats- und Beamtenhaftung in der Schweiz mit Kommentar zum zürcherischen Haftungsgesetz, 2. Aufl., Zürich 1985, S. 12 ff. und N. 1 zu § 19). Insoweit galt schon bis anhin, dass das GVG und die kantonale ZPO anwendbar waren, soweit das Haftungsgesetz keine besonderen Vorschriften aufstellt (SCHWARZENBACH, a.a.O., § 19 N. 5). Übereinstimmend damit hält auch § 2 Abs. 1 VRG ausdrücklich fest, dass über Schadenersatzansprüche Privater gegen Staat und Gemeinde sowie deren Beamte und Angestellte die Zivilgerichte entscheiden. Mit dem Gesetz über die Anpassung des kantonalen Verwaltungsverfahrensrechts vom 22.3.2010 sollte an dieser Ordnung ausdrücklich nichts geändert werden (Weisung des RR vom 29.4.2009, ABl 2009 S. 881 f., 949).

10

Handelt es sich bei Staatshaftungsklagen um Ansprüche des öffentlichen Rechts, kommt die ZPO gemäss Art. 1 lit. a ZPO indessen nicht (bzw. nicht unmittelbar) zur Anwendung. Hingegen können die Kantone (kraft kantonalen Rechts) die analoge Anwendung der ZPO für die Behandlung kantonalrechtlicher Haftungsansprüche des öffentlichen Rechts vorsehen. Dies hat der Kanton Zürich zwar nicht formell getan, doch ergibt sich ein solcher Schluss aus den bisherigen gesetzlichen Regelungen, an denen nichts geändert werden sollte. Konkret bedeutet dies, dass im Kanton Zürich Staatshaftungsklagen nach den Bestimmungen der eidgenössischen ZPO (allerdings hier als subsidiäres kantonales Recht) abgewickelt werden, soweit der kantonale Gesetzgeber nichts anderes vorsieht. Mit Bezug auf das Vor- bzw. Schlichtungsverfahren enthalten §§ 22 f. HG eine Sonderregelung, die an die Stelle des Schlichtungsverfahrens gemäss ZPO tritt (so jetzt auch ZR 110 Nr. 98).

11

2. Abschnitt: Friedensrichterinnen und Friedensrichter

Vorbemerkungen

Literatur

P.M. ALBORN, Der Friedensrichter im thurgauischen Prozessrecht, ein Vergleich mit dem Kanton Zürich, Diss. Basel 1977; R. FRANK, Gerichtswesen und Prozessverlauf, S. 30, 39 und 42; GULDENER, Schweizerisches Zivilprozessrecht, S. 391 ff.; I. MEIER, Schweizerisches Zivilprozessrecht, S. 47 ff.; P. SCHNYDER, Der Friedensrichter im schweizerischen Zivilprozessrecht, Diss. Zürich 1985.

Vorbemerkungen zu § 53 ff.

Inhaltsübersicht	N.
I. Geschichtliches	1
II. Stellung des Friedensrichters	3
1. Prozessrechtlich	3
2. Aufsichts- und personalrechtlich	5
III. Praktische Bedeutung	10

I. Geschichtliches

1 Die Institution des Friedensrichters wurde im Kanton Zürich durch das Gesetz betreffend die Organisation der Friedensrichter und Zunftgerichte vom 3.6.1803 eingeführt. Jede Kirchgemeinde erhielt einen Friedensrichter, der von der Gemeinde selbst gewählt wurde und die Aufgabe besass, in allen Streitsachen «die Parteien miteinander freundlich auszusöhnen». Wie in manchen anderen Kantonen hielt damit das Friedensrichteramt nach französischem Muster Einzug. Die rasche Einbürgerung ist damit zu erklären, dass schon in der Alten Eidgenossenschaft in anderer Organisation Sühnversuche vor Einleitung des Prozesses sehr verbreitet waren. Im Jahr 1874 erhielt der Friedensrichter die Funktion als erkennender Richter mit Spruchkompetenz bis zu Fr. 50 (FRITZSCHE, Begründung und Ausbau der neuzeitlichen Rechtspflege des Kantons Zürich, Zürich 1931, S. 24, 44 und 83).

2 Nach bisherigem GVG (§§ 6, 7) entschied der Friedensrichter endgültig (d.h. unter Vorbehalt der altrechtlichen Nichtigkeitsbeschwerde an das Bezirksgericht) zivilrechtliche Streitigkeiten, deren Streitwert Fr. 500 nicht überstieg. Darüber hinaus sowie im Ehrverletzungsprozess (§ 309 StPO [ZH]) handelte er als Sühnbeamter. Die Spruchkompetenz in Zivilsachen ist nunmehr in Art. 210 f. ZPO geregelt. Das Ehrverletzungsverfahren ist nach neuem Recht nicht mehr als Privatstrafklageverfahren ausgestaltet.

II. Stellung des Friedensrichters

1. Prozessrechtlich

3 Der Friedensrichter ist ein Organ der Rechtspflege. Gerichtsbarkeit im engeren Sinne, d.h. die Fähigkeit zur autoritativen Entscheidung von Rechtsstreitigkeiten, steht ihm jedoch nur so weit zu, als das Gesetz ihm richterliche Funktionen zuweist (Art. 212 ZPO); soweit er als Schlichter handelt, ist er Vermittler und besitzt als solcher keine Entscheidungsbefugnis (ZR 46 Nr. 169).

4 In Nachachtung von Art. 75 Abs. 2 KV wurde die bisherige Regelung (§ 27 GVG), wonach der Friedensrichter von Gesetzes wegen Ersatzmitglied des Bezirksgerichts seines Bezirks war, aufgegeben.

2. Aufsichts- und personalrechtlich

5 Obwohl der Friedensrichter Gemeindebeamter (in öffentlich-rechtlichem Arbeitsverhältnis) ist, untersteht er nicht der Aufsicht der Gemeindebehörde bzw. des Bezirksrates

(§ 141 f. GG), sondern derjenigen des Bezirksgerichts (§ 81 Abs. 1 lit. a GOG) und des Obergerichts (§ 80 Abs. 2 Satz 1 GOG; vgl. schon ZR 39 Nr. 92, 46 Nr. 170, 86 Nr. 78; ferner Kreisschreiben des Obergerichts an die Friedensrichterämter und die Bezirksgerichte über die Amtseinführung und Beaufsichtigung der Friedensrichter und Friedensrichterinnen vom 25.9.2002).

In den Städten Zürich und Winterthur üben die Friedensrichter ihre Funktion im Vollamt aus, sonst im Nebenamt. Das vom Obergericht letztmals 2009 herausgegebene «Handbuch für die Friedensrichter des Kantons Zürich» ist eine Wegleitung, die den Amtsträger über seine Amtspflichten und Befugnisse aufklären und über das Verfahren belehren soll, das er bei der Ausübung seiner Amtstätigkeit zu beachten hat.

6

Kraft ihres Aufsichtsrechtes sind die Gerichte befugt, *Dienstanweisungen* zu erlassen. Das Obergericht ist berechtigt, auf Beschwerde des Friedensrichters (§ 84 GOG; ZR 47 Nr. 2) solche Anordnungen eines Bezirksgerichts auf Recht- und Zweckmässigkeit zu prüfen und gegebenenfalls aufzuheben, um den geordneten Gang der Rechtspflege zu sichern und Störungen, Rechtsverweigerungen und -verzögerungen zu beheben (ZR 45 Nr. 160).

7

Die *Amtsenthebung* eines Friedensrichters im Falle schwerer Verfehlungen ist Sache des Obergerichts als der obersten Justizverwaltungsbehörde. Nur wenn diese direkt handeln kann, ist die im Interesse des Friedensrichteramtes gebotene Beschleunigung gewährleistet, was nicht der Fall wäre, wenn das Obergericht zuerst den Entscheid des Bezirksgerichtes abwarten und dann auf Rekurs hin oder von Amtes wegen eingreifen müsste. In Justizverwaltungssachen gilt danach nicht der strenge Instanzenweg wie im Prozessverfahren, sondern die oberste und eigentliche Verwaltungsbehörde in Rechtspflegesachen kann und muss von sich aus handeln, wo ihr Eingreifen erforderlich ist (ZR 39 Nr. 92).

8

Analog anwendbare Rechtsnormen für die vorsorgliche Einstellung im Amt und die fristlose Auflösung des Anstellungsverhältnisses aus wichtigen Gründen bieten die §§ 22 und 29 PersG (vgl. § 72 Abs. 2 GG). Nach dem oben zitierten älteren Entscheid des Obergerichts sei nicht anzunehmen, dass die von den Stimmberechtigten gewählten Gemeindebeamten hiervon ausgenommen seien und bei Amts- und Dienstpflichtverletzungen nicht aus ihren Stellungen entfernt werden könnten, solange das nicht durch Strafurteil (heute Art. 67 StGB) geschehen ist; anstatt der Wahlbehörde habe bei diesen Beamten die Aufsichtsbehörde (Obergericht) einzuschreiten (ZR 39 Nr. 92). Zuständig zur Bewilligung der vorzeitigen Entlassung von Friedensrichtern ist heute nicht mehr (wie nach Wahlgesetz vom 4.9.1983) der Bezirksrat, sondern die Aufsichtsbehörde, also das Bezirksgericht (§ 36 Abs. 1 lit. c GPR; siehe auch § 54 GOG).

9

III. Praktische Bedeutung

Wie schon unter kantonalem Prozessrecht kommt den Friedensrichtern insbesondere als Schlichter im Gesamtgefüge der Zivilrechtspflege grosse Bedeutung zu. Sie betreuen ca. 9000 Fälle pro Jahr. Dabei kommt es etwa in der Stadt Zürich in annähernd 50% aller Fälle zu einer Erledigung der Streitsache durch Vergleich, Anerkennung oder Rückzug (vgl. Statistik des Obergerichts für die Jahre 2004 bis 2008, in: I. MEIER, Schweizerisches Zivilprozessrecht, S. 49; FRANK/STRÄULI/MESSMER, ZPO, § 31 N. 1).

10

Ob die Anzahl der sog. *Kompetenzfälle* (Erledigung durch Urteil) sich angesichts der Erhöhung der Streitwertgrenze in vergleichbarem Rahmen wie bisher (zwischen 600 und 800 Fälle pro Jahr) bewegen wird, bleibt abzuwarten, nachdem nunmehr eine Entscheidung nur auf Antrag der klagenden Partei möglich ist (Art. 212 ZPO). Im Auge zu behalten ist auch der Umstand, dass abweichend vom bisherigem Recht (§ 31 ZPO [ZH]; vgl. ZR 86 Nr. 78, 108 Nr. 36) die Parteien sich in der Schlichtungsverhandlung nunmehr anwaltlich begleiten lassen können (Art. 204 Abs. 2 ZPO).

§ 53 *Amtskreis*

[1] Jede politische Gemeinde hat mindestens eine Friedensrichterin oder einen Friedensrichter. Mehrere Gemeinden desselben Bezirks können die Aufgaben der Friedensrichterin oder des Friedensrichters gemeinsam besorgen lassen.

[2] Schliessen sich mehrere Gemeinden zu einem Friedensrichterkreis (Zweckverband) zusammen, holt der Regierungsrat vor der Genehmigung einen Bericht des Obergerichts ein.

Inhaltsübersicht

I.	Friedensrichterkreise	1
II.	Zweckverbände	3

I. Friedensrichterkreise

1 An der bisherigen Regelung (§ 4 GVG), wonach jede politische Gemeinde mindestens einen Friedensrichter oder eine Friedensrichterin stellt, wurde festgehalten. Ob ein oder mehrere Friedensrichter bestimmt werden, entscheidet sich nach der Gemeindeordnung, die der Genehmigung durch den Regierungsrat bedarf. Dabei bestehen in der Stadt Zürich heute sechs Friedensrichterkreise (vgl. dazu LS 212.126 und 212.127); die Stadt Winterthur bildet seit 2004 einen einzigen Friedensrichterkreis mit einem zentralen Friedensrichteramt, bestehend aus drei gewählten Friedensrichtern oder Friedensrichterinnen.

2 Bestehen in einer politischen Gemeinde mehrere Friedensrichterämter, kommt es nicht darauf an, bei welchem derselben die Klage rechtzeitig eingereicht wurde (ZR 67 Nr. 60; FRANK/STRÄULI/MESSMER, ZPO, § 94 N. 4).

II. Zweckverbände

3 Schliessen sich mehrere Gemeinden zu einem Friedensrichterkreis zusammen, so gründen sie einen Zweckverband gemäss § 7 GG, welcher der Genehmigung seitens des Regierungsrates bedarf (§ 7 Abs. 1 Satz 2 GG). Zwecks möglichst einfacher Durchführung

der Volkswahl (§ 54 N. 1) wird diese Form der Zusammenlegung der Amtskreise ausdrücklich vorgeschrieben. Der RR muss vor der Genehmigung das Obergericht anhören.

Die betreffenden Gemeinden müssen nicht benachbart sein (Prot. KR, 1974, S. 7699), aber im selben Bezirk liegen (Weisung des RR vom 19.8.1971, S. 198). 4

> **§ 54 Wahl**
>
> Das GPR regelt das Wahlverfahren, die Wählbarkeit, den Amtszwang und die Amtsdauer der Friedensrichterinnen und -richter, soweit dieses Gesetz nichts anderes bestimmt.

Inhaltsübersicht   N.
I.   Verweisung auf das GPR 1
II.   Wahlverfahren 2
III. Wählbarkeit, Amtszwang 3
IV.   Amtsdauer 6
V.   Abweichende Bestimmungen des GOG 7

I. Verweisung auf das GPR

Analog zu § 5 GOG (Wahl der Richter) verweist § 54 GOG hinsichtlich der Wahl und ihrer Modalitäten auf das GPR (LS 161). Dieses wurde durch G vom 14.9.2009 (OS 64 693; ABl 2008 S. 2069) geändert (in Kraft seit 1.1.2010). 1

II. Wahlverfahren

Schon nach bisherigem Recht wurden die Friedensrichter in Versammlungsgemeinden an der Urne gewählt, sofern die Gemeindeordnung keine Wahl in der Gemeindeversammlung vorsah; in Parlamentsgemeinden erfolgte die Wahl durch den Grossen Gemeinderat, sofern keine Urnenwahl vorgeschrieben war. Im Hinblick auf Bedeutung des Amtes sowie darauf, dass das Friedensrichteramt als Gericht im Sinne von Art. 75 KV zu betrachten ist, wurde mit der Änderung des GPR vom 14.9.2009 (OS 64 S. 693; ABl 2008 S. 2069) bestimmt, dass die Wahl *stets an der Urne* stattzufinden hat (Art. § 40 Abs. 1 lit. a [1] sowie § 41 Abs. 1 lit. c GPR). 2

III. Wählbarkeit, Amtszwang

Es besteht von Gesetzes wegen *keine Wohnsitzpflicht* in der Gemeinde, doch kann die Gemeindeordnung den politischen Wohnsitz in der Gemeinde oder im Kanton vorschreiben (§ 23 Abs. 3 GPR). 3

4 *Unvereinbarkeit* besteht zwischen dem Amt des Friedensrichters und der Mitgliedschaft im Gemeinderat, dem Amt des Gemeindeammanns sowie des Betreibungsbeamten innerhalb derselben Gemeinde (§ 25 Abs. 2 lit. d GPR); ferner kann als Folge von § 26 Abs. 1 und § 27 lit. a GPR der Friedensrichter nicht Mitglied des betreffenden Bezirksgerichts sowie des Obergerichts sein. Die Festlegung weiterer Unvereinbarkeiten durch die Gemeindeordnung bleibt vorbehalten (§ 29 Abs. 3 GPR).

5 Es besteht *kein Amtszwang* (§ 31 GPR).

IV. Amtsdauer

6 Die Amtsdauer beträgt sechs Jahre (§ 32 Abs. 1 GPR).

V. Abweichende Bestimmungen des GOG

7 Hinsichtlich der Entschädigung kommt nicht § 38 GPR, sondern § 56 GOG zum Zuge.

---

§ 55 *Stellvertreter*

¹ Das Bezirksgericht ernennt für jede Friedensrichterin und jeden Friedensrichter eine Friedensrichterin oder einen Friedensrichter aus dem Bezirk als Stellvertretung.

² Ausnahmsweise kann das Bezirksgericht aus den stimmberechtigten Kantonseinwohnerinnen und -einwohnern für eine bestimmte Zeit eine ausserordentliche Stellvertretung bestellen.

Inhaltsübersicht	N.
I. Ordentliche Stellvertretung	1
II. Ausserordentliche Stellvertretung	3

I. Ordentliche Stellvertretung

1 Wie bisher (§ 5 GVG) hat jedes Bezirksgericht für sämtliche Gemeinden seines Bezirks eine Stellvertretung zu bezeichnen.

2 Befindet sich der zuständige Friedensrichter im Ausstand oder ist er sonst verhindert (Krankheit, Abwesenheit und dgl.), hat er seinen Stellvertreter zu berufen. Vertritt dabei der Friedensrichter von X denjenigen von Y, so muss dies in Y geschehen. Alle Einträge sind in die Protokollhefte und Spruchbücher von Y vorzunehmen und nicht in diejenigen von X, und zwar durch den Stellvertreter selber.

II. Ausserordentliche Stellvertretung

Abs. 2 wurde seinerzeit auf Anregung der Friedensrichter anlässlich der Revision von 1953 eingeführt. Nach wie vor bleibt ordentlicherweise ein benachbarter Friedensrichter Stellvertreter seines Kollegen. Dauert die Aushilfe jedoch längere Zeit an, so ist der stellvertretende Friedensrichter durch die Amtsfunktionen zweier Kreise zu stark belastet. Für solche Fälle sollen andere, geeignete Kantonseinwohner als ausserordentliche Stellvertreter für den verhinderten Amtsinhaber bezeichnet werden können. Der ordentliche Stellvertreter tritt also bei Krankheit oder Ferienabwesenheit des Amtsinhabers dessen Vertretung an; der ausserordentliche Stellvertreter ist dagegen jener, der den plötzlich und für einige (längere) Zeit ausfallenden Friedensrichter zu ersetzen hat (Prot. KR 1974, S. 7699). 3

Wahlvoraussetzung ist die Stimmberechtigung im Kanton; der ausserordentliche Stellvertreter muss aber nicht Bezirkseinwohner sein (Weisung des RR vom 19.8.1971, S. 199). 4

Die Bestellung durch das Bezirksgericht entspricht den Anforderungen von Art. 75 Abs. 2 KV (Wahl von Ersatzleuten durch die übergeordnete Gerichtsinstanz). 5

§ 56 *Lohn*

> Die Gemeinden entlöhnen die Friedensrichterinnen und -richter und vergüten ihnen die Auslagen für Räumlichkeiten, Büromaterialien und dergleichen. Die Einnahmen der Friedensrichterinnen und -richter fallen in die Gemeindekasse.

Inhaltsübersicht N.
I. Bisheriges Recht 1
II. Neues Recht 2
   1. Besoldung 2
   2. Kostentragung bei unentgeltlicher Prozessführung 4

I. Bisheriges Recht

Nach bisherigem Recht (§ 209 Abs. 1 GVG) galt grundsätzlich das *Sportelnsystem*, wonach die Friedensrichter einerseits durch die von den Parteien bezahlten Gebühren (so genannte Sporteln) und anderseits durch Auslagenentschädigungen der Gemeinde entlöhnt wurden. Daneben bestand aber schon bisher die Möglichkeit der festen Besoldung durch die Gemeinde (§ 209 Abs. 2 GVG); in diesem Fall bezog der Friedensrichter die Gebühren nicht für sich, sondern zuhanden der Gemeindekassen. 1

II. Neues Recht

1. Besoldung

2 Das Sportelnsystem erschwert die finanzielle Kontrolle des Friedensrichters und entspricht nicht mehr zeitgemässer Vorstellung von Entlöhnung für öffentliche Tätigkeit. Es wurde (wie schon zuvor bei den Betreibungsbeamten, vgl. §§ 5, 10 EG SchKG, LS 281; ABl 2006 S. 1219 f.) mit dem GOG ohne nennenswerten Widerstand aufgegeben. Die vom Friedensrichter erhobenen Gebühren fallen somit in die Gemeindekasse.

3 Die Entlöhnung der Friedensrichter durch die Gemeinde erfolgt nach den entsprechenden kommunalen Ansätzen; vorgesehen ist zusätzlich die Vergütung von Barauslagen, wie Räumlichkeiten, Büromaterialien und dgl. Als Richtschnur kann § 38 GPR dienen, wonach die Mitglieder kommunaler Organe Anspruch auf Ersatz der Auslagen und *angemessene* Entschädigung haben.

2. Kostentragung bei unentgeltlicher Prozessführung

4 Das GOG legt nicht fest, wer den Ausfall der Gebühren bei unentgeltlicher Prozessführung trägt. Gemäss Art. 122 Abs. 1 lit. b ZPO gehen die Gerichtskosten bei Unterliegen der unentgeltlich prozessierenden Partei zulasten des Kantons, wobei das Obergericht davon ausgeht, im Kanton Zürich treffe diese Pflicht wie bis anhin (§ 209 Abs. 1 GVG) die Gemeinden; wer die tatsächlich bezahlten Gebühren einkassiere, habe auch den Ausfall zu tragen, wenn diese nicht erhältlich seien bzw. nicht auferlegt werden könnten (ZR 110 Nr. 83). Mit Blick auf Art. 207 Abs. 2 ZPO belasten die Kosten des Schlichtungsverfahrens dabei die Gemeinde nur dann definitiv, wenn die klagende Partei im nachfolgenden gerichtlichen Verfahren nicht obsiegt oder die ihr zugesprochene Entschädigung nicht erhältlich ist. Zur Frage, wie die Gemeinde zu den erforderlichen Informationen über den Ausgang des gerichtlichen Verfahrens kommt, vgl. Hinweis auf die bisherige Praxis in ZR 110 Nr. 83 a.E.

---

§ 57 *Zuständigkeit*

Die Friedensrichterin oder der Friedensrichter ist Schlichtungsbehörde gemäss ZPO, soweit nichts anderes bestimmt ist.

---

1 Die Friedensrichter sind die allgemein zuständige Schlichtungsbehörde im Sinne von Art. 210 ff. ZPO.

2 Vorbehalten bleibt die sachliche Zuständigkeit der beiden besonderen Schlichtungsbehörden nach dem Gleichstellungsgesetz sowie in Miet- und Pachtsachen (§§ 58 ff., 63 ff. GOG).

3. Abschnitt: Paritätische Schlichtungsbehörde für Streitigkeiten nach dem Gleichstellungsgesetz

Vorbemerkungen

Literatur

S. STAUBER-MOSER, in: C. KAUFMANN/S. STEIGER-SACKMANN (Hrsg.), Kommentar zum Gleichstellungsgesetz, 2.Aufl., Basel 2009, zu Art. 11 GlG

Inhaltsübersicht

		N.
I.	Bisheriges Recht	1
II.	Neues Recht	2

I. Bisheriges Recht

Nach dem Bundesgesetz über die Gleichstellung von Frau und Mann (Gleichstellungsgesetz, GlG; SR 151.1) vom 24. März 1995, welches am 1. Juli 1996 in Kraft getreten ist, dürfen Arbeitnehmerinnen und Arbeitnehmer aufgrund ihres Geschlechts weder direkt noch indirekt benachteiligt werden, namentlich nicht unter Berufung auf den Zivilstand, auf die familiäre Situation oder auf eine Schwangerschaft. In Ausführung von Art. 11 GlG wurde im Kanton Zürich 1997 eine zentrale paritätische Schlichtungsstelle geschaffen (§§ 2 ff. EG GlG vom 29.10.2001, aufgehoben auf den 1.1.2011). 1

II. Neues Recht

Mit dem Inkrafttreten der ZPO wurden die bisherigen verfahrensrechtlichen Vorschriften des GlG (Art. 11, 12) aufgehoben. Das Schlichtungsverfahren richtet sich nunmehr nach den Bestimmungen der ZPO. 2

Art. 200 Abs. 2 ZPO bestimmt, dass die Schlichtungsbehörde für Streitigkeiten nach dem Gleichstellungsgesetz aus einer vorsitzenden Person und einer *paritätischen Vertretung* der Arbeitgeber- und Arbeitnehmerseite des öffentlichen und privaten Bereichs besteht; zudem müssen die Geschlechter paritätisch vertreten sein. Insofern gilt also eine *doppelte Parität*, nämlich nach Sozialpartnerschaft wie nach Geschlecht. 3

Nach Art. 199 Abs. 2 lit. c ZPO kann allein die klagende Partei auf das Schlichtungsverfahren verzichten, während die beklagte Partei sich dem Verfahren nicht entziehen kann (anders bisher das Freiwilligkeitsprinzip, Art. 11 Abs. 2 Satz 1 GlG bzw. § 7 EG GlG). 4

Bei den nachfolgenden kantonalen Bestimmungen, welche – im Rahmen der bundesrechtlichen Vorgaben – Wahl und Organisation der Schlichtungsbehörde regeln, handelt es sich weitgehend um solche, die im bisherigen EG GlG (LS 151) enthalten waren. Die bisherigen Verfahrensbestimmungen (§§ 7 ff. EG GlG) wurden mit Inkrafttreten der ZPO allerdings hinfällig. 5

6　Die Schlichtungsbehörde für Streitigkeiten nach dem Gleichstellungsgesetz ist im Kanton Zürich weiterhin auch für die Beurteilung von öffentlich-rechtlichen Arbeitsverhältnissen zuständig, vgl. dazu G über das Schlichtungsverfahren für Streitigkeiten nach Gleichstellungsgesetz in öffentlich-rechtlichen Arbeitsverhältnissen vom 10.5.2010 (LS 177.12).

> **§ 58　*Amtskreis***
>
> Im Kanton besteht eine Paritätische Schlichtungsbehörde für Streitigkeiten nach dem Gleichstellungsgesetz vom 24. März 1995.

1　Für den Kanton besteht wie bisher eine einzige Schlichtungsbehörde. Angesichts der durchschnittlichen Zahlen von ca. 10–20 Fällen pro Jahr (2009: 17 Fälle, 2010: 13 Fälle) entspricht dies dem aktuellen Bedarf.

2　Der Name der Schlichtungsbehörde (bisher: Paritätische Schlichtungsstelle für Streitigkeiten über Diskriminierungen im Erwerbsleben, § 2 EG GlG) wurde angepasst.

> **§ 59　*Organisation, Wahl***
>
> ¹ Die Schlichtungsbehörde besteht aus der oder dem Vorsitzenden, der Stellvertretung und weiteren 16 Mitgliedern, und zwar gleich vielen Vertreterinnen und Vertretern der privaten oder öffentlichen Arbeitgebenden und deren Verbände sowie der Verbände der Arbeitnehmenden.
>
> ² Das Obergericht wählt auf die Amtsdauer seiner Mitglieder die Mitglieder der Schlichtungsbehörde. Die privaten und öffentlichen Arbeitgebenden und die Verbände unterbreiten dem Obergericht Wahlvorschläge. Sie achten dabei auf eine gleichmässige Vertretung von Frauen und Männern.

Inhaltsübersicht	N.
I.　Allgemein	1
II.　Besoldung	6

I.　Allgemein

1　Die Organisation entspricht den Vorgaben von Art. 200 Abs. 2 ZPO. Wie bereits erwähnt besteht doppelte Parität, sowohl nach Sozialpartnerschaft wie nach Geschlecht.

2　Abweichend von der bisherigen Regelung (§ 4 EG GlG) ist Wahlbehörde nicht mehr der Regierungsrat, sondern das Obergericht. Diese Änderung erfolgt im Hinblick auf die administrative Angliederung der Schlichtungsbehörde an das Bezirksgericht Zürich (§ 60 GOG; bisher Angliederung an die Verwaltung). Die Wahl erfolgt auf die Amtsdauer der Mitglieder des Obergerichts, also für sechs (bisher vier) Jahre.

Die Wahl der Mitglieder erfolgt durch die VK des Obergerichts (§ 18 lit. l Ziff. 2 VOG). Nach Abs. 2 Satz 3 wird auf gleichmässige Vertretung von Frauen und Männern geachtet. Es müssen nicht notwendigerweise acht Männer und acht Frauen gewählt werden; der formellen Parität im konkreten Schlichtungsfall wird durch § 61 Satz 2 GOG Rechnung getragen.

Betreffend Unvereinbarkeit mit der Mitgliedschaft im Mietgericht vgl. § 64 Abs. 3 GOG.

Die Schlichtungsbehörde ist aufsichtsrechtlich dem Obergericht unterstellt, § 80 Abs. 1 lit. c GOG.

II. Besoldung

Gemäss § 39 Abs. 2 PVO erhalten die Mitglieder der Schlichtungsbehörde ein Taggeld gemäss Lohnklasse 23. Für die Vorsitzenden und deren Stellvertretung gelten die Ansätze für Ersatzmitglieder der Bezirksgerichte; für die Beanspruchung ausserhalb von Sitzungen werden nach Massgabe der geleisteten Arbeit zusätzliche halbe oder ganze Taggelder ausgerichtet.

§ 60 *Angliederung, Geschäftsführung*

¹ Die Schlichtungsbehörde ist administrativ dem Bezirksgericht Zürich angegliedert.

² Die oder der Vorsitzende führt die Schlichtungsbehörde.

Die Schlichtungsbehörde soll für alle Einwohner des Kantons möglichst einfach erreichbar sein, was mit der administrativen Angliederung an das Bezirksgericht Zürich gewährleistet wird (entsprechend bisher § 4 Abs. 2 und § 5 EG GlG).

Zur Berichterstattungspflicht an das Obergericht § 80 Abs. 3 GOG.

§ 61 *Besetzung*

Die Schlichtungsbehörde wird für jede Verhandlung mit der oder dem Vorsitzenden oder der Stellvertretung sowie je einem Mitglied aus Kreisen der Arbeitgebenden und der Arbeitnehmenden besetzt. Beide Geschlechter sind vertreten. Bei der Besetzung ist der rechtlichen Natur des Arbeitsverhältnisses Rechnung zu tragen.

Die Schlichtungsbehörde entscheidet wie bisher (§ 6 EG GlG) in Dreierbesetzung. Dies steht mit den bundesrechtlichen Vorgaben im Einklang, da sich aus Art. 200 Abs. 2 ZPO trotz der unklaren Formulierung jedenfalls keine Pflicht zur Fünferbesetzung herleiten lässt (W.RR S. 115; vgl. auch HONEGGER, in: Sutter-Somm/Hasenböhler/Leuenberger, ZPO Komm., Art. 200 N. 5).

2   Die ZPO kann bei Streitigkeiten im öffentlichen Bereich nicht ohne entsprechende Verweisung des öffentlichen Rechts (so jetzt § 2 G über das Schlichtungsverfahren für Streitigkeiten nach Gleichstellungsgesetz in öffentlich-rechtlichen Arbeitsverhältnissen vom 10.5.2010, LS 177.12) Anwendung finden. Die insoweit missverständliche Formulierung der ZPO wurde nicht wörtlich übernommen. Im Sinne einer Klärung wurde der letzte Satz (entsprechend bisher § 6 Satz 3 EG GlG) beibehalten.

> **§ 62** *Zuständigkeit*
>
> **Die Schlichtungsbehörde ist zuständig für Streitigkeiten nach dem Gleichstellungsgesetz vom 24. März 1995.**

1   Die Aufgabe der Schlichtungsbehörde gemäss Art. 201 ZPO entspricht dem aufgehobenen Art. 11 Abs. 1 Satz 2 GlG und besteht im Versuch, eine Einigung zwischen den Parteien zu erzielen.

2   Wie der Friedensrichter kann die Schlichtungsbehörde darüber hinaus bis zu einem Streitwert von 2000 Franken einen *Entscheid fällen,* sofern die klägerische Partei dies beantragt. Eine Besonderheit gegenüber anderen Streitigkeiten besteht insofern, als sie (gleich wie die Schlichtungsbehörde in Miet- und Pachtsachen) *unabhängig vom Streitwert* einen *Urteilsvorschlag* unterbreiten kann (Art. 210 Abs. 1 lit. a ZPO).

4. Abschnitt: Paritätische Schlichtungsbehörden in Miet- und Pachtsachen

Vorbemerkungen

Literatur
F. BOHNET, Das mietrechtliche Schlichtungsverfahren im Schweizerischen Zivilprozessrecht, SZZP 2010, S. 419 ff.; P. HIGI, Die Paritätische Schlichtungsbehörde in Miet- und Pachtsachen im Kanton Zürich, Mitteilungen aus dem Institut für zivilgerichtliches Verfahren, Heft 12, S. 1 ff.; DERSELBE, Der Umfang der sachlichen und funktionellen Zuständigkeit der Schlichtungsbehörde von Bundesrechts wegen, mp 1/92, S. 1 ff.; A. ROBERTI, Institut und Verfahren der Schlichtungsbehörde in Mietsachen, Zürich 1993.

1   Bis anhin waren die Einzelheiten der bundesrechtlich vorgeschriebenen Paritätischen Schlichtungsbehörden in Miet- und Pachtsachen (Art. 273 OR) in der VO über die Paritätischen Schlichtungsbehörden in Miet- und Pachtsachen vom 27.6.1990 (LS 211.3; aufgehoben auf den 1.1.2011) geregelt. Nachdem Art. 38 Abs. 1 lit. c KV heute dafür ein Gesetz in formellem Sinn voraussetzt, wurden die bisher geltenden Bestimmungen in den §§ 63 ff. GOG im Wesentlichen übernommen.

2   Gegenstandslos wurden die kantonalrechtlichen Bestimmungen insoweit, als der Ablauf des Verfahrens vor der Schlichtungsbehörde nunmehr durch die ZPO vorgegeben ist (vgl.

Art. 273 Abs. 4, 301 OR; Art. 202 ff. ZPO und vorne § 52 N. 1 ff.). Die Verfahrensbestimmungen gemäss Art. 274–274g OR wurden mit Inkrafttreten der ZPO aufgehoben.

Ob für den Fall von Mängeln des Schlichtungsverfahrens eine *Rückweisung der Sache* durch das Gericht an die Schlichtungsbehörde stattfindet, beurteilt sich nach den (insoweit auslegungsbedürftigen) Bestimmungen der ZPO. Nach bisherigem (kantonalem) Recht war dies zu verneinen, und es bestand zwischen Schlichtungsbehörde und Gericht auch nicht das Verhältnis einer unteren zu einer oberen gerichtlichen Instanz (RB 2009 Nr. 94). 3

§ 63 *Amtskreis*

Jeder Bezirk hat eine Paritätische Schlichtungsbehörde in Miet- und Pachtsachen.

§ 63 GOG entspricht inhaltlich § 1 Satz 1 der bisherigen VO (oben N. 1). 1

Die Schlichtungsbehörden in Miet- und Pachtsachen haben seit jeher eine grosse Bedeutung. In den letzten Jahren sind im Kanton jeweils über 4500 Fälle erledigt worden (vgl. I. MEIER, Zivilprozessrecht, 50). Anders als bei der Schlichtungsbehörde für Streitigkeiten aus dem Gleichstellungsgesetz entspricht deshalb jeder einzelne Bezirk einem Amtskreis. 2

§ 64 *Wahl*

¹ Das Bezirksgericht wählt auf die Amtsdauer seiner Mitglieder
a. aus seinen Gerichtsschreiberinnen oder -schreibern die Vorsitzenden,
b. die weiteren Mitglieder.

² Die Verbände unterbreiten Wahlvorschläge für die weiteren Mitglieder.

³ Das Amt eines Mitglieds der Schlichtungsbehörde ist unvereinbar mit demjenigen eines Mitglieds des Mietgerichts.

Inhaltsübersicht   N.
I.   Allgemein 1
II. Besoldung 7
III. Wohnsitzpflicht 8

I. Allgemein

Wahlbehörde ist wie bisher (§ 2 VO) das Bezirksgericht. Die Wahl erfolgt auf die Amtsdauer der Mitglieder des Bezirksgerichts, also auf vier Jahre (Abs. 1). 1

2 Die Vorsitzenden werden aus dem Kreis der Gerichtsschreiber (d.h. der bisherigen juristischen Sekretäre) gewählt. In der Regel wird ein Vorsitzender und ein Stellvertreter gewählt.

3 Für die Wahl der weiteren Mitglieder (deren Anzahl gesetzlich nicht geregelt ist) unterbreiten die Verbände (Mieter- und Hauseigentümerverband) Vorschläge (Abs. 2; bisher § 2 Abs. 1 VO). Aus Art. 200 Abs. 1 ZPO folgt, dass es sich um eine paritätische Behörde handelt; es müssen also gleich viel Vermieter- wie Mietervertreter gewählt werden.

4 Gemäss Art. 22 VMWG (SR 221.213.11; in der seit 1.1.2011 geltenden Fassung) sind die Kantone verpflichtet, die Zusammensetzung der Schlichtungsbehörde und deren Zuständigkeit periodisch zu veröffentlichen.

5 Die Schlichtungsbehörde tagt mit einem Vorsitzenden und je einem Vertreter der Mieter und der Vermieter in Dreierbesetzung, was sich allerdings aus dem Gesetz nicht klar ergibt.

6 Das Amt eines Mitglieds der Schlichtungskommission bleibt mit demjenigen eines Mitglieds des (betreffenden) Mietgerichts weiterhin unvereinbar (Abs. 2; bisher § 2 Abs. 3 VO).

II. Besoldung

7 Die Mitglieder der Paritätischen Schlichtungsbehörden erhalten gemäss § 39 Abs. 1 PVO ein Taggeld gemäss Lohnklasse 23.

III. Wohnsitzpflicht

8 Für Mitglieder der Schlichtungsbehörde besteht gemäss § 23 Abs. 1 GPR Wohnsitzpflicht im Kanton, da es sich um eine Organtätigkeit handelt (§ 31 Abs. 1 lit. b GPR).

> **§ 65 Angliederung, Geschäftsführung**
>
> ¹ **Die Schlichtungsbehörde ist administrativ dem Bezirksgericht angegliedert.**
>
> ² **Das Bezirksgericht regelt die Geschäftsführung der Schlichtungsbehörde.**

1 Die Schlichtungsbehörde ist administrativ dem jeweiligen Bezirksgericht angegliedert. Dieses regelt die Geschäftsführung (bisher § 1 Abs. 1 Satz 1 und Abs. 2 VO).

§ 66 *Zuständigkeit*

¹ Die Schlichtungsbehörde ist zuständig für Streitigkeiten aus Miete und Pacht von Wohn- und Geschäftsräumen.

² Sie behandelt Gesuche um Hinterlegung von Miet- und Pachtzinsen gestützt auf Art. 259 g und 288 OR. Hinterlegungsstelle ist die Kasse des Bezirksgerichts.

Inhaltsübersicht	N.
I. Streitigkeiten aus Miete und Pacht (Abs. 1)	1
II. Hinterlegung von Miet- und Pachtzinsen (Abs. 2)	2

I. Streitigkeiten aus Miete und Pacht (Abs. 1)

Die sachliche Zuständigkeit der Schlichtungsstelle bezieht sich auf *Streitigkeiten aus Miete und Pacht von Wohn- und Geschäftsräumen* (Art. 200 Abs. 1 ZPO). *Keine Anwendung* findet das besondere Schlichtungsverfahren wie schon bisher (vgl. HAUSER/SCHWERI, GVG, Vorbemerkungen zu §§ 14 ff. N. 24) auf die *landwirtschaftliche Pacht* (vgl. HONEGGER, in: Sutter-Somm/Hasenböhler/Leuenberger, ZPO Komm., Art. 200 N. 3). Hingegen wird der Begriff von Miete und Pacht von Wohn- und Geschäftsräumen ausdehnend verstanden und umfasst sämtliche Immobilien, etwa auch Einstellhallen oder unbewohnte Grundstücke (HONEGGER, in: Sutter-Somm/Hasenböhler/Leuenberger, ZPO Komm., Art. 200 N. 4). Zum Begriff der Wohn- und Geschäftsräume s. vorn § 3 N. 35 und § 21 N. 4 und 8.   1

II. Hinterlegung von Miet- und Pachtzinsen (Abs. 2)

Darüber hinaus behandelt die Schlichtungsbehörde nach Abs. 2 Gesuche um *Hinterlegung* von Miet- und Pachtzinsen; dies entspricht dem bisherigen § 15 VO. Abs. 2 stellt eine *lex specialis* zu § 141 GOG dar. Hinterlegungsstelle ist die Kasse des Bezirksgerichts, vgl. dazu *VO des Obergerichts über die Verwahrung von Depositen, Kautionen und Effekten* vom 23.11.1960, LS 211.13.   2

Die Mietzinshinterlegung vermag ein Ausweisungsverfahren nur abzuwenden, wenn sie auf gesetzlicher Vorschrift beruht oder vertraglich vorgesehen ist, namentlich bei Verrechnung mit Gegenforderungen (BGE 103 II 247 E. 3, ZR 78 Nr. 104 Erw. 2 [zu Art. 265 aOR]; zum Ganzen FRANK/STRÄULI/MESSMER, ZPO, § 220 N. 8 m.H.).   3

4. Teil
Justizverwaltung sowie Aufsicht über Gerichte, Schlichtungsbehörden und weitere Behörden

1. Abschnitt: Justizverwaltung

Vorbemerkungen zu §§ 67 ff.

Literatur

H. AEPPLI, Die staatsrechtliche Stellung des Obergerichts und des Regierungsrates in Justizverwaltungssachen nach zürcherischem Recht, ZBl 24, S. 121 ff. und 129 ff.; A. BAUHOFER, Die Justizverwaltung im Kanton Zürich, SJZ 42, S. 281 ff. und 297 ff.; K. EICHENBERGER, Justizverwaltung, in: Festschrift für den aargauischen Juristenverein 1936–1986, Aargau 1986, S. 31 ff.; TH. GROSS, Selbstverwaltung der Gerichte als Voraussetzung ihrer Unabhängigkeit, in: Justice – Justiz – Giustizia, 2007/2; W. HALLER, Stellung der Gerichte in Bausachen im Kanton Zürich, ZBl 2010, S. 185 ff.; T. JAAG, Staats- und Verwaltungsrecht des Kantons Zürich, 3. Aufl., Zürich 2005; A. LIENHARD, Controllingverfahren des Bundesgerichts, in: Justice – Justiz – Giustizia, 2007/2; E. POLTIER, L'organisation et le fonctionnement interne de l'ordre judiciaire et des tribunaux, AJP 2011, S. 1018 ff.; N. RASELLI, Richterliche Unabhängigkeit, in: Justice – Justiz – Giustizia, 2011/3; H. WIPFLI, Justizielle Selbstverwaltung, in: B. Schindler/P. Sutter, Akteure der Gerichtsbarkeit, Zürich/St. Gallen 2007, S. 115 ff.

Inhaltsübersicht N.

I	Geschichtlicher Überblick	1
II.	Begriff der Justizverwaltung	3
III.	Für die Justizverwaltung geltende Verfahrensgrundsätze	5
IV.	Gegenstand der Justizverwaltung	9
	1. Personalgeschäfte	10
	2. Organisation der Gerichte	11
	3. Verwaltungstätigkeit im eigentlichen Sinn	12
	4. Bauliche Massnahmen	15
	5. Disziplinarische Massnahmen	16

I. Geschichtlicher Überblick

Art. 59 KV vom 10.3.1831 bestimmte, dass die Gerichte vom Regierungsrat unabhängig sind und dass diesem keinerlei Einwirkungen auf Rechtssachen zustehen. Art. 66 bezeichnete das Obergericht als höchste Behörde für Rechtssachen sowohl in formeller wie in materieller Beziehung, die nur dem Grossen Rat für ihre Verrichtungen verantwortlich ist. Die damaligen Schöpfer der Verfassung erachteten die strenge Trennung der Justiz von der Exekutive als «unerlässliche Bedingung wahrer Freiheit» (TH. WEIBEL, Friedrich Ludwig Keller und das Obergericht des Kantons Zürich, herausgegeben aus Anlass des Jubiläums 175 Jahre Obergericht des Kantons Zürich, 2006, S. 53). Die KV vom 18.4.1869, die bis Ende 2005 in Kraft blieb, überliess die Regelung der Gerichtsorganisation und -verwaltung weitgehend der Gesetzgebung. Eine ausdrückliche Garantie der Unabhängigkeit der Gerichte vom Regierungsrat fehlte, was indessen keine Abkehr von der bisherigen Regelung bedeutete, die sich gefestigt hatte und von niemandem geändert werden wollte. Die Stellung des Obergerichts blieb dieselbe wie unter der KV von 1831. Nach der KV vom 27.2.2005 verwalten sich die Gerichte unter der Leitung der obersten kantonalen Gerichte selbst (Art. 73 Abs. 3).

1

2   Das GVG vom 13.6.1976 bestimmte in § 47, dass dem Obergericht die gesamte Justizverwaltung untersteht, soweit sie nicht anderen Behörden vorbehalten ist. Am 27.9.1998 wurde ein neuer Abschnitt über die Justizverwaltung der obersten kantonalen Gerichte ins GVG eingefügt (§§ 210–216, ergänzt 2008 durch § 217 GVG), der die gerichtsüberschreitende Justizverwaltung regelte. Diese wurde durch den Plenarausschuss der obersten kantonalen Gerichte und dessen Verwaltungskommission ausgeübt. Die für die einzelnen Gerichte spezifischen Verwaltungsaufgaben wurden weiterhin von diesen selbst erledigt (vom Obergericht gemäss § 42 GVG, vom Verwaltungsgericht gemäss § 40 VRG und vom Sozialversicherungsgericht gemäss § 7 des Sozialversicherungsgesetzes). S. zum Ganzen HALLER, a.a.O.

II. Begriff der Justizverwaltung

3   Im engeren, materiellen Sinn ist Justizverwaltung die durch die Gerichte selbst wahrgenommene, der Geschäftsführung dienende Tätigkeit (EICHENBERGER, a.a.O., S. 35). Durch diese Autonomie wird die richterliche Unabhängigkeit vor Einflüssen der exekutiven Gewalt geschützt und wird auf die Kenntnisse und Bedürfnisse der Gerichte Rücksicht genommen.

4   In einem weiteren, funktionellen Sinn umfasst die Justiz- und Gerichtsverwaltung alle Tätigkeiten, welche die sachlichen und personellen Voraussetzungen für das Funktionieren des Gerichtswesens sicherstellen. Zu dieser verwaltenden Aufgabe gehört auch die Dienstaufsicht, die sich auf die Überwachung der ordnungsgemässen Erfüllung der Dienstpflichten bezieht (WOLF, Gerichtsverfassungsrecht, 6. Aufl. 1987, S. 54 ff.).

III. Für die Justizverwaltung geltende Verfahrensgrundsätze

5   Im Hinblick auf ihre Rechtsnatur ist die Justizverwaltung primär von den Regeln des Verwaltungsverfahrens geprägt, sofern nicht Sondernormen bestehen. Daraus ergibt sich eine Reihe von Konsequenzen:

6   Nach der Offizial- oder Instruktionsmaxime ist der Sachverhalt von Amtes wegen mit den in § 7 VRG genannten Beweismitteln zu ermitteln: Befragung der Betroffenen und von Auskunftspersonen, Beizug von Amtsberichten, Urkunden und Sachverständigen oder Augenschein, nicht aber Befragung von Zeugen (ZR 43 Nr. 78).

7   Im Verwaltungsverfahren sieht § 39 Abs. 2 VRG Stimmzwang für die Wahlgeschäfte vor. Für Sachgeschäfte besteht gemäss § 1 Abs. 5 VO über die Organisation und Geschäftsführung des Verwaltungsgerichts vom 23.8.2010 (LS 175.21) ebenfalls Stimmzwang. Auch in den Gerichten herrscht Stimmzwang, sowohl bei Akten der Rechtspflege (134 Abs. 4 GOG, Art. 351 Abs. 2 Satz 2 StPO) wie auch bei Akten der Justizverwaltung (§ 67 GOG i.V.m. § 66 GG; dazu W.RR S. 119 zu § 78).

Den Behörden steht ein breiter Entscheidungsspielraum zu, und sie können daher auch 8
Zweckmässigkeitsüberlegungen einfliessen lassen (SJZ 75 S. 300 Nr 75 = ZR 78 Nr. 13).
Der Entscheid selber ergeht als Verwaltungsakt, der unter den Voraussetzungen des Verwaltungsrechts in Wiedererwägung gezogen und abgeändert werden kann (HÄFELIN/
MÜLLER, Grundriss des allgemeinen Verwaltungsrechts, N. 804 f.). Die Rechtsmittel von
ZPO und StPO sind nicht gegeben.

IV. Gegenstand der Justizverwaltung

Die der Justizverwaltung zustehenden Geschäfte können wie folgt geordnet werden: 9

1. Personalgeschäfte

Diese sind für die Qualität der Rechtsprechung von grosser Bedeutung. Zu ihnen zählen: 10
– Wahlen bzw. Anstellungen, Beförderungen, Besoldungen, Entlassungen von Richtern, Ersatzrichtern, Gerichtsschreibern und Angestellten (§ 6 und 7 VOG; §§ 17 und 41 GOG);
– die Regelung des Dienstverhältnisses nach dem Personalgesetz und den dazu gehörenden Verordnungen;
– das Verfahren und die Anordnung bei Disziplinar- und ähnlichen Massnahmen (dazu hinten N. 16).

2. Organisation der Gerichte

Dazu gehören: 11
– die Bestimmung der Anzahl Abteilungen bzw. Kammern beim Bezirks- und Obergericht sowie die unter ihnen vorzunehmende Geschäftsverteilung;
– die Zuweisung der Richter und Gerichtsschreiber an die einzelnen Gerichtsstellen;
– die Abordnungen an Einzel-, Arbeits-, Miet-, Handels- und Zwangsmassnahmengericht sowie in die Aufsichtskommission über Rechtsanwälte und die Prüfungskommissionen für Rechtsanwälte und Notare.

3. Verwaltungstätigkeit im eigentlichen Sinn

Dieser Bereich erstreckt sich auf alle Geschäfte, die das Funktionieren der Rechtspflege 12
nach innen und aussen sicherstellen. Hervorzuheben sind insbesondere:
– die Anschaffung von Mobiliar, Büromaterial, Schreibgeräten, elektronischer Datenverarbeitung (EDV);
– die Ausstattung der Bibliothek (§ 27 VOG);
– das Archivwesen (VO der obersten kantonalen Gerichte über die Archivierung von Verfahrensakten vom 16.3.2001, LS 211.16, dazu § 130 N. 38 f.); zur Archivierung in den Gemeindeammann- und Betreibungsämtern vgl. §§ 60 ff. VO über die Gemeindeammann- und Betreibungsämter vom 9.12.1998 (LS 281.1);

§ 67

- Erlass einer Haus- und Parkordnung sowie deren Anwendung;
- die Akkreditierung von Gerichtsberichterstattern und die Regelung des Akteneinsichtsrechts Dritter (dazu VO der obersten kantonalen Gerichte über die Information über Gerichtsverfahren und die Akteneinsicht bei Gerichten durch Dritte vom 16.3.2001, LS 211.15, dazu § 131);

13
- die Prüfung und der Entscheid über die Zulässigkeit der Rechtshilfe, während der eigentliche Vollzug eines Gesuches Rechtspflege darstellt (ZR 88 Nr. 95);
- die Rechtsstatistik und der Rechenschaftsbericht an den Kantonsrat (§ 79 Abs. 2 GOG);
- die Rechnungsführung mit Einschluss des Kostenbezugs (§ 75 Abs. 2 GOG);
- die Aufgaben gemäss Art. 356 Abs. 2 lit. a ZPO betreffend die Konstituierung (Ernennung, Ablehnung, Abberufung, Ersetzung) bei Schiedsgerichten, wofür weiterhin das Obergericht zuständig ist (§ 46 GOG; dazu WIGET, in: Frank/Sträuli/Messmer, ZPO, Vorbemerkungen zu §§ 238–258, N. 47 ff.).

14   Die Einnahmen und Ausgaben aus der Verwaltungstätigkeit im eigentlichen Sinn bilden zusammen mit den Personalkosten die wichtigsten Positionen des vom Obergericht vorzulegenden jährlichen Voranschlags. Die einzelnen obersten kantonalen Gerichte stellen den Entwurf ihres Voranschlags, ihre Nachtragskreditbegehren und ihre Jahresrechnung jeweils direkt dem Kantonsrat zu (§ 75 Abs. 2 GOG), und die kantonsrätliche Justizkommission verkehrt in Budgetfragen mit den einzelnen obersten kantonalen Gerichten direkt.

15   **4.   Bauliche Massnahmen** s. hinten § 68 Abs. 2 GOG.

5.   Disziplinarische Massnahmen

16   Aus dem Beamtenverhältnis ergibt sich die Disziplinargewalt, mit der alle Gerichtsstellen ausgestattet sind (vgl. §§ 29 und 30 PersG). Disziplinarische Massnahmen sind die Sanktion für die Verletzung von Dienstpflichten, und sie bezwecken die Sicherung dieser Pflichten.

A.   Wahl- und Abstimmungsverfahren

§ 67   Soweit gesetzlich nichts anderes vorgesehen ist, richtet sich das Verfahren für Wahlen und Abstimmungen bei Geschäften der Justizverwaltung nach den entsprechenden Bestimmungen für die Gemeindebehörden.

1   § 67 GOG entspricht § 3b GVG, der durch das GPR auf den 1.1.2005 in Kraft gesetzt worden war (dazu OS 58 S. 289; ABl 2002 S. 1507). Der Verweis auf die Bestimmungen für die Gemeindebehörden (konkret das Gemeindegesetz, vgl. hier insbesondere §§ 55 ff., LS 131.1) gilt für alle Organe, die Justizverwaltung ausüben.

B. Oberste kantonale Gerichte

§ 68 *Allgemeines*

¹ **Die obersten kantonalen Gerichte sind in ihrer Justizverwaltung unabhängig.**

² **Sie arbeiten bei der Planung, dem Bau und dem Unterhalt von Liegenschaften mit der für das Bauwesen zuständigen Direktion zusammen. Die obersten kantonalen Gerichte und der Regierungsrat regeln die Einzelheiten durch eine gemeinsame Verordnung.**

Inhaltsübersicht N.
I. Geschichtliche Entwicklung 1
II. Unabhängigkeit der obersten kantonalen Gerichte (Abs. 1) 4
III. Bauliche Massnahmen insbesondere (Abs. 2) 6

I. Geschichtliche Entwicklung

Bis Ende des letzten Jahrhunderts bestand keine gemeinsame Organisationsstruktur der obersten kantonalen Gerichte (damals Kassationsgericht, Obergericht, Sozialversicherungsgericht, Verwaltungsgericht), die es diesen erlaubt hätte, in effizienter Weise gemeinsame Beratungen und Willensbildungen durchzuführen, um einheitliche Stellungnahmen zu erarbeiten und gemeinsame Rechtsnormen zu erlassen. Es fehlte auch ein gemeinsames Organ, das für alle Gerichte handeln und z.B. den Regierungsrat vor dem Erlass subsidiärer Ausführungsbestimmungen zum Personalrecht zur Stellungnahme einladen oder am Verfahren des Kantonsrats zur Genehmigung solcher Bestimmungen mitwirken konnte. Damit bestanden vier selbständige Bereiche der Rechtspflege: Obergericht mit (damals) elf Bezirksgerichten und 44 Notariaten, Kassationsgericht, Verwaltungsgericht und Sozialversicherungsgericht. Der Verkehr zwischen den Gerichten und Kantonsrat, Regierungsrat und kantonaler Verwaltung war daher erschwert, eine einheitliche Willensbildung war kompliziert, und übereinstimmende Beschlüsse (z.B. im Personalwesen) konnten oft nur mühsam erarbeitet werden. Ein auf den 1.7.1999 eingefügter neuer VII. Abschnitt des GVG behob diese Mängel, indem er für die gesamte Rechtspflege eine Dachorganisation errichtete, welche einerseits die gemeinsame Willensbildung (vor allem auf dem Gebiet des Personalrechts) vereinfachte und andererseits eine gemeinsame Vertretung aller vier Gerichte nach aussen schuf, die zur Ansprechpartnerin für Kantonsrat, Regierungsrat und Verwaltung wurde (dazu Weisung des RR vom 22.5.1996 zum PersG, S. 84). Darüber hinaus blieb die Justizverwaltung jedoch wie bisher bei den einzelnen Gerichten. 1

Die Dachorganisation war ein zweistufiges Organ: Der Plenarausschuss, der verbindlich für alle vier Gerichte Verordnungen in bestimmten Sachbereichen erlassen konnte (§ 215 GVG), bildete die verordnunggebende Behörde, während die aus den vier Gerichtsprä- 2 sidenten bestehende Verwaltungskommission (§ 216 GVG) als Exekutive amtete (s. jetzt § 71 N. 1). Diese Organisation erlaubte den Gerichten eine engere und effizientere Zusammenarbeit, eine Harmonisierung ihrer Bestrebungen und ein gemeinschaftliches Auftreten gegenüber Kantonsrat, Regierungsrat und Verwaltung. Plenarausschuss und Verwaltungskommission waren aber weder Aufsichtsbehörde noch Rechtsmittelinstanz, noch konnten sie Kompetenzkonflikte oder Divergenzen bei der Auslegung allgemeiner Verfahrensvorschriften (z.B. über den Ausstand) behandeln.

3   Das GOG übernahm diese Regelung des GVG. Die §§ 69–75 GOG stimmen teils wörtlich und teils mit leichten redaktionellen Änderungen mit den §§ 211 ff. GVG überein.

II. Unabhängigkeit der obersten kantonalen Gerichte (Abs. 1)

4   Die obersten kantonalen Gerichte sind heute das Obergericht, das Verwaltungsgericht und das Sozialversicherungsgericht. Das im GVG noch erwähnte Kassationsgericht ist als Folge des Inkrafttretens der eidgenössischen Prozessordnungen aufgehoben worden.

5   In ihrer Justizverwaltung waren die obersten kantonalen Gerichte schon bisher unabhängig (vgl. dazu auch §§ 35–37 VRG, §§ 7 und 8 G über das Sozialversicherungsgericht, LS 212.81). Unabhängig sind die Gerichte einerseits gegenüber der Regierung, der Verwaltung und (unter Vorbehalt der Aufsicht) dem Kantonsrat sowie andererseits auch in ihrem Verhältnis untereinander, soweit ihre Unabhängigkeit nicht durch die Kompetenzen des Plenarausschusses und der Verwaltungskommission (§§ 73 und 74 GOG) eingeschränkt oder aufgehoben wird. Gemäss Art. 57 KV unterstehen die Gerichte jedoch der parlamentarischen Kontrolle durch den Kantonsrat (dazu § 79 GOG).

III. Bauliche Massnahmen im Besonderen (Abs. 2)

6   Hinsichtlich der Frage, ob bauliche Massnahmen zur Justizverwaltung gehören, gingen in der Vergangenheit die Meinungen auseinander. Nach EICHENBERGER (Verfassung des Kantons Aargau, Aarau/Frankfurt a.M./Salzburg 1986, § 96 N. 2) benötigen die Gerichte keine eigene Bauverwaltung, während der Zürcher Oberrichter BAUHOFER (Die Justizverwaltung des Kantons Zürich, SJZ 42, S. 281 und 300) die Meinung vertrat, jedes Gericht habe Anrecht «auf ein Dach über dem Kopf und auf eine Sitzgelegenheit unter sich», deren Beschaffung wie der Unterhalt und die Einrichtung der Amtsräume zur Justizverwaltung der Gerichte gehörten. HAUSER/SCHWERI vertraten demgegenüber in ihrem Kommentar zum GVG (§ 42 N. 17) die Meinung, dass die Aufwendungen für den Bau und den Unterhalt der Gebäude nicht zur Justizverwaltung zu zählen seien. Der Regierungsrat schloss sich dem an und schlug für das GOG eine Bestimmung vor, welche kurz und bündig festhielt, dass Bau und Unterhalt von Liegenschaften nicht unter die Justizverwaltung fallen und dass in diesen Fragen die für die kantonale Verwaltung geltenden Bestimmungen zur Anwendung gelangen sollten (W.RR S. 117, E zum GOG, § 70 Abs. 2).

7   Art. 73 Abs. 3 der KV vom 27.1.2005 gewährleistet den Gerichten ausdrücklich das Selbstverwaltungsrecht. Daraus wird nunmehr abgeleitet, dass dieses auch die Beschaf-

fung sowie den Bau und Unterhalt der Liegenschaften umfassen müsse, soweit diese für die Justiz benötigt werden (N. Schmid, in: Häner/Rüssli/Schwarzenbach, Kommentar zur Zürcher Kantonsverfassung, Zürich 2007, Art. 73 N. 11). In der Praxis hatte sich bisher eine Lösung entwickelt, die zwischen den zwei genannten gegenteiligen Meinungen liegt. Den Gerichten werden beim Bau und Unterhalt von Gebäuden, die von ihnen genutzt werden, wesentliche Entscheidungskompetenzen zugestanden, wobei sie sich aber bei der Planung und Abwicklung ihrer baulichen Projekte durch eine enge Zusammenarbeit mit der Verwaltung (insbesondere der Baudirektion und dem Hochbauamt) unterstützen lassen müssen. In diesem Sinne erstrecken sich nach heutiger Auffassung das Selbstverwaltungsrecht der Gerichte gemäss Art. 73 Abs. 3 KV und damit die Justizverwaltung auch auf die Behandlung der baulichen Angelegenheiten. Diese Lösung wurde schliesslich in den kantonsrätlichen Beratungen entgegen dem Antrag des Regierungsrats zum Gesetz (§ 68 Abs. 2 GOG) erhoben, wobei die Einzelheiten durch eine zu erlassende gemeinsame Verordnung der obersten kantonalen Gerichte und des Regierungsrats zu regeln sein werden. Zum Ganzen s. W. Haller, Stellung der Gerichte in Bausachen im Kanton Zürich, ZBl 2010, S. 185 ff.

§ 69 *Gerichtsübergreifende Justizverwaltungsorgane*

Gerichtsübergreifende Justizverwaltungsorgane sind
a. **der Plenarausschuss der Gerichte,**
b. **die Verwaltungskommission der Gerichte.**

Die Dachorganisation der obersten Gerichte ist der Organisation der einzelnen Gerichte nachgebildet. Die handelnden Organe sind das Plenum und die Verwaltungskommission (vgl. dazu §§ 2 ff., 15 ff. VOG, LS 212.51; §§ 1 und 6 VO über die Organisation und den Geschäftsgang des Verwaltungsgerichts, LS 175.21; §§ 1 und 4 VO über die Organisation und den Geschäftsgang des Sozialversicherungsgerichts, LS 212.811). Vgl. sodann zu Einzelheiten § 68 N. 1 und 2.

§ 70 *Plenarausschuss der Gerichte*

¹ **Mitglieder des Plenarausschusses sind:**
a. **die Mitglieder der Verwaltungskommission der Gerichte oder deren Stellvertreterinnen und Stellvertreter,**
b. **sechs von der Plenarversammlung delegierte Mitglieder des Obergerichts,**
c. **vier von der Plenarversammlung delegierte Mitglieder des Verwaltungsgerichts,**
d. **vier von der Plenarversammlung delegierte Mitglieder des Sozialversicherungsgerichts.**

² **Die Einberufung des Plenarausschusses erfolgt auf Beschluss der Verwaltungskommission durch deren Präsidentin oder Präsidenten.**

§ 71

> ³ Der Plenarausschuss verhandelt und beschliesst unter dem Vorsitz der Präsidentin, des Präsidenten, der Vizepräsidentin oder des Vizepräsidenten der Verwaltungskommission. Jedes oberste kantonale Gericht muss mit mindestens einem Mitglied vertreten sein. Die Sekretärin oder der Sekretär der Verwaltungskommission führt das Protokoll.
>
> ⁴ Die Generalsekretärinnen und -sekretäre der obersten kantonalen Gerichte nehmen an den Sitzungen mit beratender Stimme teil.
>
> ⁵ Wahlen und Beschlüsse des Plenarausschusses bedürfen der Zustimmung von mindestens neun seiner Mitglieder.

1 Die Versammlung sämtlicher Mitglieder aller drei obersten Gerichte wäre wegen ihrer Grösse unbeweglich und nicht praktikabel. § 70 GOG führt deshalb den Plenarausschuss gemäss bisherigem Recht weiter. Die Vertretung der einzelnen Gerichte in diesem Plenarausschuss wird nicht nach der Anzahl der Richter oder der Gesamtzahl der Mitarbeiter errechnet. Der Gesetzgeber geht grundsätzlich von der Gleichberechtigung der Gerichte aus, wobei dem Obergericht aber zwei zusätzliche Sitze eingeräumt werden, um der unterschiedlichen Grösse der einzelnen Gerichte Rechnung zu tragen.

2 Unter Mitglieder des Gerichts sind die gewählten Richter mit Voll- oder Teilamt zu verstehen (vgl. § 34 GOG).

3 Nach der früheren Rechtsordnung (§ 212 Abs. 3 GVG) bedurften Wahlen und Beschlüsse des Plenarausschusses der Zustimmung von mindestens 13 Mitgliedern, wobei dem Plenarausschuss jedoch auch vier weitere Delegierte des Kassationsgerichts sowie dessen Präsident angehörten. Damit wurde verhindert, dass zwei Gerichte die anderen überstimmen konnten (dazu HAUSER/SCHWERI, GVG, § 212 N. 7). Mit § 70 Abs. 5 GOG wird nunmehr verhindert, dass ein Gericht die andern zwei majorisieren kann. Bei Teilnahme aller Mitglieder muss eine Mehrheit von 17 erreicht werden (W.RR S. 118). Nehmen nicht alle Mitglieder an der Sitzung teil, braucht es gemäss Abs. 5 für das Zustandekommen von Beschlüssen eine Mehrheit von mindestens neun Mitgliedern.

4 Der Plenarausschuss kann bei Einstimmigkeit Beschlüsse auf dem Zirkularweg fassen.

§ 71 *Verwaltungskommission der Gerichte*

> ¹ Die Verwaltungskommission der Gerichte setzt sich zusammen aus den Präsidentinnen und Präsidenten der obersten kantonalen Gerichte. Die Präsidentinnen und Präsidenten können sich bei Verhinderung durch ein anderes Mitglied des Gerichts an den Kommissionssitzungen vertreten lassen.
>
> ² Die Kommission wählt die Präsidentin oder den Präsidenten sowie die Vizepräsidentin oder den Vizepräsidenten.

> ³ Die Generalsekretärinnen und -sekretäre der obersten kantonalen Gerichte nehmen an den Kommissionssitzungen mit beratender Stimme teil. Die Generalsekretärin oder der Generalsekretär des Gerichts, dem die Präsidentin oder der Präsident angehört, ist Kommissionssekretärin oder Kommissionssekretär und führt das Protokoll. Bei Verhinderung der Kommissionssekretärin oder des Kommissionssekretärs bestimmt die Präsidentin oder der Präsident die Stellvertretung.
>
> ⁴ Die Kommission ist verhandlungs- und beschlussfähig, wenn alle obersten kantonalen Gerichte vertreten sind. Wahlen und Beschlüsse der Kommission bedürfen der Zustimmung der Mehrheit ihrer Mitglieder
>
> ⁵ Die Präsidentin oder der Präsident versammelt die Kommission, so oft die Geschäfte es erfordern und wenn ein anderes Mitglied es verlangt.

Die Verwaltungskommission ist einerseits vorberatendes Gremium des Plenarausschusses (§ 74 Abs. 1) und andererseits Ansprechpartnerin und Schnittstelle im Verkehr mit dem Kantonsrat, dem Regierungsrat und der Verwaltung (§ 74 Abs. 2). Ihr obliegt namentlich die Ausarbeitung von Vernehmlassungen und Stellungnahmen zu Geschäften, welche die obersten Gerichte insgesamt betreffen (§ 74 Abs. 3). 1

Die Wahl des Präsidenten gemäss Abs. 2 findet jeweils auf ein Jahr (per Jahresmitte) statt. 2

Sitzungen der Kommission finden je nach Geschäftslast drei bis viermal jährlich statt. Von den Sitzungen wird ein Beschlussprotokoll geführt. Bei Einstimmigkeit können Beschlüsse auf dem Zirkularweg getroffen werden. 3

§ 72 *Zuständigkeit der gerichtsübergreifenden Justizverwaltungsorgane a) Allgemeines*

> Die gerichtsübergreifenden Justizverwaltungsorgane sind für die Justizverwaltung aller Gerichte des Kantons und der ihnen unterstellten Behörden und Amtsstellen zuständig, soweit dieses oder ein anderes Gesetz es vorsieht.

Die Zuständigkeit der gerichtsübergreifenden Justizverwaltungsorgane ist im Gesetz (§§ 73 und 74 GOG) abschliessend geregelt und relativ eng umschrieben. Auf allen Gebieten der Justizverwaltung, die nicht in die Zuständigkeit des Plenarausschusses und der Verwaltungskommission fallen, bleibt die Zuständigkeit der einzelnen Gerichte bestehen, so insbesondere 4

– für den Erlass von Verordnungen und Weisungen, soweit diese nicht von § 73 GOG erfasst werden (§§ 18 und 42 GOG, §§ 39 und 40 VRG, § 7 G über das Sozialversicherungsgericht, LS 212.81);
– für Entscheidungen als Aufsichtsbehörde (§§ 80 und 81 GOG);
– für Entscheide über die Zulässigkeit der Rechtshilfe (§§ 31 und 150 GOG, Art. 194 ff. ZPO, Art. 43 ff. StPO);

§ 73

- für die Anstellung des Kanzleipersonals (§§ 17 und 41 GOG, § 36 Abs. 2 VRG, § 8 Abs. 2 VO über das Sozialversicherungsgericht, LS 212.81);
- für Probleme im Zusammenhang mit der Editionspflicht von Amtsstellen (§ 131 GOG, Art. 180 und 190 ZPO, Art. 194 Abs. 3 StPO).

§ 73 **b) Plenarausschuss**

¹ Der Plenarausschuss erlässt Verordnungen
  a. gemäss § 56 Abs. 3 des Personalgesetzes vom 27. September 1998,
  b. über die Entschädigung der Zeuginnen, Zeugen, Auskunftspersonen und Sachverständigen,
  c. über die Gerichtsauditorinnen und -auditoren,
  d. betreffend die Information über Gerichtsverfahren und die Akteneinsicht Dritter.

² Der Plenarausschuss und der Regierungsrat können über das Dolmetscherwesen eine Verordnung erlassen.

Inhaltsübersicht	N.
I. Verordnungen zum Personalrecht (Abs. 1 lit. a)	1
II. Entschädigungsverordnung (Abs. 1 lit. b)	3
III. Verordnung über Gerichtsauditoren (Abs. 1 lit. c)	6
IV. Akteneinsichtsverordnung (Abs. 1 lit. d)	7
V. Dolmetscherverordnung (Abs. 2)	15

I. Verordnungen zum Personalrecht (Abs. 1 lit. a)

1 § 73 Abs. 1 lit. a GOG vermittelt dem Plenarausschuss ein subsidiäres Verordnungsrecht. Nach § 56 Abs. 3 PersG gelten die vom Regierungsrat erlassenen Verordnungen auch für das Personal der Rechtspflege. Die obersten kantonalen Gerichte dürfen jedoch in diesem Bereich durch gemeinsam erlassene Verordnungen für ihr Personal ergänzende oder abweichende Regelungen treffen. Vor deren Erlass hat der Plenarausschuss dem Regierungsrat Gelegenheit zu geben, zu den geplanten Verordnungen Stellung zu nehmen. Die Verordnungen müssen sodann vom Kantonsrat genehmigt werden.

2 Von den regierungsrätlichen Verordnungen abweichende Regelungen der Gerichte sind insbesondere denkbar bei der Bezeichnung der Anstellungsbehörde, der Umschreibung der höheren Kader, den Besoldungen und Abgangsentschädigungen sowie bezüglich des Erfordernisses des Schweizer Bürgerrechts für die Ausübung hoheitlicher Funktionen (dazu Prot. der kantonsrätlichen Kommission zur Beratung des PersG vom 15.11.1996, Vorlage Nr. 3505, S. 11). Daneben behält das Personalgesetz den Gerichten weitere Kompetenzen vor, so z.B. Aufsichtskompetenzen (§ 4), Abschluss von Gesamtarbeitsverträgen (zusammen mit dem Regierungsrat) für das Personal der Rechtspflege (§ 6), Bezeichnung der Instanzen für die Festlegung der Stellenpläne (§ 8), Regelung der Personalausschüsse (§ 48 Abs. 4).

II. Entschädigungsverordnung (Abs. 1 lit. b)

Nach § 73 Abs. 1 lit b GOG kann der Plenarausschuss Verordnungen über die Entschädigung von Zeugen, Auskunftspersonen und Sachverständigen erlassen. Er hat von diesem Recht Gebrauch gemacht durch die VO der obersten kantonalen Gerichte über die Entschädigung von Zeugen, Auskunftspersonen und Sachverständigen (Entschädigungsverordnung der obersten kantonalen Gerichte) vom 11.6.2002 (LS 211.12). Diese ersetzt jene Verordnungen, welche die einzelnen Gerichte auf diesem Gebiet zuvor erlassen hatten. 3

Die genannte VO findet Anwendung in Verfahren vor den obersten kantonalen Gerichten, den dem Obergericht angegliederten Kommissionen, den Bezirksgerichten, den Arbeitsgerichten, den Mietgerichten, den Schlichtungsbehörden sowie dem Bau- und Steuerrekursgericht (§ 1 VO). Sie gilt auch bei Zeugeneinvernahmen von Ärzten, denn diese dürfen für derartige Auskünfte kein Honorar verlangen (FRANK/STRÄULI/MESSMER, ZPO, N. 19 zu § 157 und N. 22 zu § 159). Im Verfahren vor den Untersuchungs- und Anklagebehörden richtet sich die Entschädigung nach der VO des Regierungsrats über die Gebühren und Entschädigungsansätze der Strafverfolgungsbehörden vom 18.1.1978 (LS 323.1), welche indessen auf die VO der obersten kantonalen Gerichte verweist. Hinsichtlich der Entschädigung für psychiatrische und psychologische Sachverständige verweist § 28 PPGV (LS 321.4) ebenfalls auf die VO der obersten Gerichte; dazu hinten § 123 N. 31 f. 4

Der Richter bestimmt nach Anhörung des Sachverständigen die diesem zustehende Entschädigung. Erledigt der Experte seinen Auftrag schriftlich, so hat er für seinen Aufwand und seine Auslagen Rechnung zu stellen, die vom Richter zu prüfen und zu genehmigen ist. Übersetzte Forderungen hat der Richter von Amtes wegen oder auf Antrag eines Beteiligten zu ermässigen. Bei der Erteilung eines Gutachtensauftrags an einen Sachverständigen hat der Richter stets auch das Kostenproblem im Auge zu behalten und allenfalls einen Kostenvoranschlag einzuholen oder eine Kostenlimite zu setzen, damit der Expertenauftrag in einem vernünftigen Rahmen bleibt und die entsprechenden Kosten nicht ausufern (vgl. § 11 Abs. 3 der VO des Regierungsrates, zit. N. 4; dazu RS 1999 Nr. 615). 5

III. Verordnung über Gerichtsauditoren (Abs. 1 lit. c)

Von der ihm durch Abs. 1 lit. c übertragenen Befugnis hat der Plenarausschuss Gebrauch gemacht durch die VO der obersten kantonalen Gerichte über die Gerichtsauditoren vom 20.6.2000 (LS 211.23). Vgl. dazu auch vorn § 17 N. 10 ff. 6

IV. Akteneinsichtsverordnung (Abs. 1 lit. d)

Gestützt auf die Ermächtigung gemäss Abs. 1 lit. d erliess der Plenarausschuss die VO der obersten kantonalen Gerichte über die Information über Gerichtsverfahren und die Akteneinsicht bei Gerichten durch Dritte (Akteneinsichtsverordnung) vom 16.3.2001 (LS 211.15). S. dazu auch hinten § 130. 7

§ 73

8 Die VO beschränkt das Akteneinsichtsrecht nicht auf bestimmte Prozessgebiete und gilt deshalb für alle Verfahrensarten vor zürcherischen Zivil- und Strafgerichten sowie beim Verwaltungs- und Sozialversicherungsgericht wie auch vor dem Bau- und Steuerrekursgericht (§ 1 der VO). Sie regelt die Information der Medien, die Publikation der Gerichtsurteile sowie die Akteneinsicht durch Gerichte, Behörden und Private. Gerichtsberichterstattern von Presse, Radio und Fernsehen wird die Akteneinsicht nur gewährt, wenn sie gemäss § 10 VO zugelassen (akkreditiert) sind.

9 Privatpersonen wird in der Regel keine Akteneinsicht gewährt in Verfahren, in denen das Urteil nach einer mündlichen Verhandlung mündlich eröffnet oder in denen die Öffentlichkeit von den Verhandlungen ausgeschlossen worden ist (§ 21 der VO).

10 Damit Dritten die Akten geöffnet werden, müssen sie glaubhaft machen, dass die Aktenkenntnis der Erhaltung, Verteidigung oder Förderung schutzwürdiger oder wissenschaftlicher Interessen dient. Ein bloss tatsächliches oder wirtschaftliches Interesse (bestehend z.B. darin, gewisse Unsicherheiten zu beseitigen, sich für weitere Vorkehren Klarheit zu verschaffen oder Stoff für die Begründung einer Klage zu finden, dazu BGE 83 I 157) genügt nicht. Auch bei einer an sich geheimen Untersuchung kann ein Interesse an der Aktenöffnung bestehen (ZR 46 Nr. 65).

11 Der zur Akteneinsicht Berechtigte darf sein Recht entweder selbst oder durch seinen Anwalt ausüben. Er ist zur Herstellung von Fotokopien oder Abschriften berechtigt, aber verpflichtet, die Akten, Abschriften und Kopien ausschliesslich für den angegebenen Zweck zu verwenden. Unrechtmässiger Gebrauch zieht disziplinarische Folgen nach sich (ZR 65 Nr. 29).

12 Während der Anwalt angesichts seiner besonderen beruflichen Stellung die Akten in der Regel zur Einsicht mit nach Hause nehmen darf (BGE 108 Ia 5 E. 2c, 116 Ia 327 E. d.aa; dazu auch FRANK/STRÄULI/MESSMER, ZPO, N. 19 zu § 56), müssen Dritte die Akten beim Prozessgericht, in dessen Amtsräumen und nötigenfalls unter Aufsicht, einsehen (ZR 65 Nr. 29). Sofern der Dritte nicht im Amtssprengel wohnt, können die Akten ausnahmsweise dem Gericht seines Wohnsitzes übermittelt werden, damit er sie dort einsehen kann.

13 Der Entscheid, mit dem einem Dritten Einsicht in die Akten gewährt oder verweigert wird, gehört zur Justizverwaltung, sodass für Streitigkeiten darüber der Weg der Aufsichtsbeschwerde (§ 82 GOG), nicht derjenige des Rechtsmittelverfahrens zu beschreiten ist (GULDENER, Nichtigkeitsbeschwerde, S. 28; Eidgenössisches Versicherungsgericht in SJZ 62 S. 97 f.; ZR 40 Nr. 88, 46 Nr. 65).

14 Kasuistik:
– Einem Dritten, über den in einem Prozess ehrverletzende Äusserungen gemacht wurden, ist zur Feststellung derselben und zu seiner Verteidigung Akteneinsicht zu gewähren (ZR 45 Nr. 16 S. 28, 46 Nr. 65).
– Durch die blosse Einwilligung eines Betroffenen kann das Amtsgeheimnis der Gerichte nicht aufgehoben werden. Über die Akteneinsicht entscheidet immer der Präsident des Gerichts (§ 6 der Akteneinsichtsverordnung; ZR 98 Nr. 6).

- Psychiatrische Sachverständige können Einsicht in die Urteile jener Prozesse verlangen, in denen sie als Gutachter geamtet haben (ehem. Kreisschreiben der Verwaltungskommission des Obergerichts vom 24.1.1944).
- Zur Akteneinsicht für eine wissenschaftliche Arbeit und zur Publikation von Gerichtsakten in einem wissenschaftlichen Werk s. ZBl 103, 2002, S. 654; ferner Art. 101 Abs. 3 StPO.
- Zum Anspruch auf Einsicht in die Akten eines abgeschlossenen Verfahrens s. BGE 129 I 249 E. 3.
- Zum Akteneinsichtsrecht des Liquidators einer AG s. ZR 103 Nr. 70.
- Zum Akteneinsichtsrecht der SUVA und der Versicherungen s. HAUSER/SCHWERI/HARTMANN, Schweizerisches Strafprozessrecht, § 66 N. 14.
- Zum Umfang des Akteneinsichtsrechts des Gemeinschuldners im Konkursverfahren s. BJM 1981 S. 201.
- Einer Universität, die gegen einen Studenten ein Disziplinarverfahren führt, kann Einsicht gewährt werden in Strafakten, die früher in einer anderen Sache gegen den Studenten ergangen sind (AGVE 2001 Nr. 11).
- In begründeten Fällen kann Dritten auf deren Gesuch hin auch Einsicht gewährt werden in strafprozessuale Entscheide (insbesondere Einstellungsverfügungen), die eine nicht-gerichtliche Verfahrenserledigung ohne Straffolgen nach sich gezogen haben. Voraussetzung ist indessen, dass der Gesuchsteller ein schutzwürdiges Informationsinteresse nachweisen kann und dass der beantragten Einsicht keine überwiegenden öffentlichen oder privaten Interessen entgegenstehen (BGE 134 I 286).

V. Dolmetscherverordnung (Abs. 2)

In Anwendung von § 73 Abs. 2 GOG erging die Dolmetscherverordnung vom 26./27.11.2003 (LS 211.17). Der Dolmetscher wird nach Art und Umfang seiner Bemühungen entschädigt (§ 18 der VO). Erscheint dem Gericht bzw. der betreffenden Behörde die Rechnung des Dolmetschers als übersetzt, so hat es dem Dolmetscher und den Parteien Gelegenheit zur Stellungnahme zu geben und hernach über die Genehmigung oder Herabsetzung der Rechnung zu befinden. Unnötige Mehrkosten (z.B. wegen auswärtigen Wohnsitzes des Dolmetschers) können auf die Gerichtskasse genommen werden (ZR 84 Nr. 56). Im Strafprozess dürfen die Dolmetscherkosten gemäss Art. 6 Ziff. 3 lit. e EMRK nicht dem Angeschuldigten auferlegt werden. Der dazu seinerzeit von der Schweiz gemachte Vorbehalt zur EMRK war ungültig (HAUSER/SCHWERI/HARTMANN, Schweizerisches Strafprozessrecht, § 5 N. 1; ZR 97 Nr. 100) und wurde formell zurückgezogen (s. BGE 127 I 141 E. 2a).

Eine gegen § 18 (samt Anhang) der Dolmetscher-VO erhobene staatsrechtliche Beschwerde, mit welcher geltend gemacht wurde, der hier festgelegte Stundenansatz (im Regelfall Fr. 70, heute Fr. 75) verstosse gegen die Wirtschaftsfreiheit, das Vertrauensprinzip (Verschlechterung der zuvor geltenden Ansätze), das Rechtsgleichheitsgebot und das

Willkürverbot (tiefere Ansätze als bei Sachverständigen) wies das Bundesgericht mit Urteil vom 15.11.2004 unter allen Titeln ab (BGer 1P.58/2004).

§ 74 c) Verwaltungskommission

¹ Die Verwaltungskommission der Gerichte bereitet die Geschäfte des Plenarausschusses vor und stellt diesem Antrag.

² Sie besorgt den Verkehr mit dem Kantonsrat und dem Regierungsrat in Geschäften, welche die kantonale Justiz als Ganzes betreffen.

³ Sie kann bei Einstimmigkeit zu Geschäften, namentlich zu Gesetzesentwürfen, die für die kantonale Justiz als Ganzes bedeutsam sind, Stellung nehmen.

1   Abs. 2 will gewährleisten, dass Kantonsrat und Regierungsrat in Geschäften, welche die kantonale Justiz als Ganzes betreffen, einen einzigen Ansprechpartner haben. Die Verwaltungskommission ist demzufolge z.B. befugt, den Regierungsrat anzuhören, wenn der Plenarausschuss von seinem Verordnungsrecht gemäss § 73 GOG Gebrauch macht und vor dem Erlass der fraglichen Verordnungen die Stellungnahme des Regierungsrats einholen muss (§ 56 Abs. 3 PersG).

2   Das Erfordernis der Einstimmigkeit i.S.v. Abs. 3 verhindert, dass zu Vorlagen (namentlich Entwürfen zu Gesetzen und Verordnungen), welche für die kantonale Justiz als Ganzes von Bedeutung sind, im Namen aller drei Gerichte eine Vernehmlassung ergeht, auch wenn eines der Gerichte, das durch die fragliche Vorlage (vielleicht in existenziellen Fragen) betroffen ist, mit der abgegebenen Stellungnahme nicht einverstanden ist.

§ 75 Controlling und Rechnungslegung, Ausgabenbewilligung

¹ Die Gerichte sind dem Gesetz über Controlling und Rechnungslegung (CRT) vom 9. Januar 2006 und den Ausführungserlassen des Regierungsrats zu diesem Gesetz unterstellt.

² Das Obergericht, das Verwaltungsgericht und das Sozialversicherungsgericht führen je eine eigene Rechnung. Sie unterbreiten dem Kantonsrat jährlich einen Überblick über die Entwicklung der Leistungen und Finanzen, einen Budgetentwurf sowie einen Bericht über ihre Tätigkeit mit Einschluss der Rechnung.

³ Sie sind bezüglich Ausgabenkompetenzen dem Regierungsrat gleichgestellt. §§ 19–25 CRG gelten sinngemäss.

1   Nach dem früheren § 216 GVG war die Verwaltungskommission der obersten kantonalen Gerichte Ansprechpartnerin für den Kantonsrat und den Regierungsrat nicht nur hinsichtlich der Geschäfte, welche die kantonale Justiz als Ganzes betrafen, sondern auch

«im Zusammenhang mit dem Voranschlag». Die Finanzkommission des Kantonsrats hatte anlässlich der Beratungen zum Personalgesetz den Wunsch geäussert, dass der Verwaltungskommission der obersten Gerichte die Kompetenz übertragen werde, ein gemeinsames Budget für alle Gerichte zu erstellen. Das Obergericht und das Kassationsgericht widersetzten sich mit der Begründung, die einzelnen Gerichte müssten unabhängig sein; die Erstellung eines gemeinsamen Budgets schaffe indessen Abhängigkeiten und verursache Schwierigkeiten, weil nicht jedes Gericht die organisatorischen und finanziellen Belange der anderen Gerichte im Detail kenne, und es sich im Übrigen nur positiv auswirke, wenn der Kantonsrat bei der Budgetberatung sich mit den Problemen jedes Gerichts gesondert vertraut machen könne und müsse. Das Verwaltungsgericht befürwortete dagegen ein gemeinsames Budget für alle Gerichte. Es erachtete die Unabhängigkeit der einzelnen Gerichte dadurch nicht als tangiert und wies überdies darauf hin, dass auch der Regierungsrat ein gemeinsames Budget vorlege und der Kantonsrat in Budgetfragen nur mit dem Gesamtregierungsrat und nicht mit jedem Direktionsvorsteher verhandle (dazu Protokoll der kantonsrätlichen Kommission vom 15.11.1996, Vorlage Nr. 3505 S. 12 f.). Die Meinung des Verwaltungsgerichts setzte sich durch und fand in § 216 GVG ihren Niederschlag, indem die Verwaltungskommission der obersten Gerichte ermächtigt wurde, den Verkehr mit dem Kantonsrat auch «im Zusammenhang mit dem Voranschlag» zu besorgen. Zur Begründung wurde ausgeführt, die Anliegen der einzelnen Gerichte könnten auf diese Weise ebenfalls in die Beratungen eingebracht werden, weil ja die Präsidenten aller Gerichte von Gesetzes wegen der Verwaltungskommission angehörten.

Mit dem Gesetz über Controlling und Rechnungslegung (CRG) vom 9.1.2006 (LS 611) änderte sich die Rechtslage. Dieses Gesetz fügte dem GVG neu den § 217 bei, welcher die Gerichte dem CRG unterstellte und bestimmte, dass das Obergericht, das Verwaltungsgericht, das Sozialversicherungsgericht und das Kassationsgericht je eine eigene Rechnung führen und dem Kantonsrat jährlich eine Übersicht über die Entwicklung der Leistungen und Finanzen, einen Budgetentwurf sowie einen Tätigkeitsbericht mit Einschluss der Rechnung unterbreiten. § 75 GOG übernahm diese Regelung im vollen Wortlaut (unter Ausklammerung des inzwischen aufgehobenen Kassationsgerichts).

2

Das CRG regelt die Steuerung der staatlichen Leistungen und Finanzen, die Ausgaben und ihre Bewilligung sowie die Rechnungslegung der einzelnen Instanzen (§ 1), die sich stets nach den Grundsätzen der Sparsamkeit und Wirtschaftlichkeit richten müssen (§ 2 Abs. 1). Der dem Kantonsrat jährlich zu erstattende Tätigkeitsbericht gemäss § 75 GOG umfasst

3

– einen Bericht über die Tätigkeit der Gerichte im vergangenen Jahr, insbesondere auch über besondere Vorkommnisse und allfällige Probleme, welche sich bei der Gesetzesanwendung ergeben können (mit allfälligen Anträgen auf Gesetzesänderungen, vgl. dazu § 27 CRG sowie hinten § 81 N. 6),
– einen Bericht über die Entwicklung der Finanzen (mit Einschluss der Rechnung) und
– einen Budgetentwurf für die Finanzierung im kommenden Jahr (§ 14 CRG), der gemäss § 18 CRG unter den in dieser Bestimmung genannten Voraussetzungen jeweils bis 15. November durch Nachträge ergänzt werden kann und vom Kantonsrat bis 31. Dezember genehmigt werden muss. Wird das Budget nicht fristgemäss genehmigt, so ist das Gericht gleichwohl berechtigt, die für die ordentliche und wirtschaft-

§ 75

liche Verwaltungstätigkeit unerlässlichen Ausgaben zu tätigen (§ 19 CRG). Für Nachtragskredite, Kreditüberschreitungen, Rücklagen und Kostenüberschreitungen gelten die §§ 20–25 CRG.

4 Zu den in § 75 Abs. 1 GOG erwähnten Ausführungserlassen des Regierungsrats gehören insbesondere
– die Rechnungslegungsverordnung (RLV) vom 29.8.2007 (LS 611.1), welche die in § 44 ff. CRG umschriebene Rechnungslegung sowie die Rechnungsführung und die interne Kontrolle regelt, und
– die Finanzcontrollingverordnung (FCV) vom 5.3.2008 (LS 611.2), welche die Finanzkontrolle und die Bewilligung von Ausgaben regelt.

5 Der Plenarausschuss der obersten kantonalen Gerichte und der Regierungsrat erliessen am 6.2./14.3.2007 eine VO über das Inkasso von Gebühren und Kosten (LS 211.112), durch welche die obersten Gerichte berechtigt werden, das Inkasso von fälligen Ausständen für Gebühren, Kosten und Parteientschädigungen der Kasse des Obergerichts zu übertragen (§ 1 Abs. 1 VO). Dieselbe Befugnis steht den kantonalen Verwaltungsstellen zu für das Inkasso der von ihnen festgelegten Gebühren und Kosten. Gestützt auf diese Bestimmungen besorgt die Obergerichtskasse (bzw. das Zentrale Inkasso) für alle angeschlossenen Stellen die Rechnungstellung und das Inkasso (s. auch § 201 Abs. 5).

6 Als oberstes Finanzaufsichtsorgan des Kantons amtet die Finanzkontrolle, welche den Kantonsrat bei der Ausübung seiner Oberaufsicht über die Verwaltung und die Rechtspflege unterstützt (Finanzkontrollgesetz vom 30.10.2000, LS 614). Im Begleitenden Ausschuss dieses Organs haben auch die obersten kantonalen Gerichte eine Vertretung (§ 4 Abs. 1 lit. d des genannten Gesetzes).

7 Gestützt auf das CRG und die FCV wurde am 1.7.2007 für die Bezirksgerichte und das Obergericht eine Arbeitszeit- und Leistungserfassung (ALERF) eingeführt, um die Kosten der von den Mitarbeitenden dieser Gerichte erbrachten Leistungen transparent zu machen. Der grösste finanzielle Ausgabenposten entsteht bei den Gerichten im Personalbereich. Durch die erwähnte Regelung soll der zeitliche Arbeitsaufwand verschiedenen Kostenträgern und Kostenstellen zugeordnet werden. Die Mitarbeitenden der Gerichte haben deshalb anhand eines vom Obergericht erstellten besonderen Leistungskataloges (in Einheiten von 15 Minuten) täglich anzugeben, wie viele Stunden ihrer Arbeitszeit sie für welche Leistungen aufgewendet haben. Die Auswertung dieser Daten dient als interne Führungsinformation und u.a. zur Optimierung des Personaleinsatzes. Zum Ganzen s. A. NIDO, Arbeitszeit- und Leistungserfassung an den Bezirksgerichten und am Obergericht des Kantons Zürich, SJZ 107, S. 317.

C. Obergericht und Bezirksgerichte

§ 76 *Obergericht*

¹ Dem Obergericht untersteht die gesamte Justizverwaltung, soweit sie nicht anderen Behörden vorbehalten ist.

² Es erlässt die dazu erforderlichen Verordnungen und Anweisungen

Literatur

H. BACHTLER, Das Moderationsverfahren nach § 34 des zürcherischen Anwaltsgesetzes, SJZ 73, S. 313 ff.; A. BAUHOFER, zit. Vorbemerkungen zu §§ 67 ff. GOG; BSK ZGB II-SCHMID, zu Art. 956/957; H. DESCHENAUX, Das Grundbuch, Schweizerisches Privatrecht, Bd. V/3, Basel 1988; M. DIETH, Beschwerde in Schuldbetreibungs- und Konkurssachen gemäss Art. 17 ff. SchKG, Zürich 1999; H. HUBER, Das zürcherische Notariats- und Grundbuchwesen, SJZ 57, S. 277 ff.; C.JÄGER/U.WALDER/TH.KULL/M.KOTTMANN, Bundesgesetz über Schuldbetreibung und Konkurs, 4. Aufl., Bd. I, Zürich 1997, zu Art. 17 ff.; G. PFISTER, Aus der Praxis der Aufsichtskommission über die Rechtsanwältinnen und Rechtsanwälte des Kantons Zürich zu Art. 12 BGFA, SJZ 105, S. 285 ff.; K. SAUTER, Die Aufsichtsbeschwerde im Zivilprozess nach zürcherischem Recht, Diss. Zürich 1936; H. SORG, Das Beschwerdeverfahren in Schuldbetreibungs- und Konkurssachen im Kanton Zürich, Diss. Zürich 1954; K.F. SPÄH, Aus der neueren Rechtsprechung der Aufsichtskommission über Rechtsanwälte, SJZ 91, S. 307 ff.; T. WIPF, Das Anwaltsmonopol und dessen Umschreibung, SJZ 97, S. 89 ff.; D. ZOBL, Grundbuchrecht, Zürich 1999, § 23.

Inhaltsübersicht

		N.
I.	Justizverwaltung durch das Obergericht	1
II.	Justizverwaltung durch die Kommissionen des Obergerichts	3
III.	Gegenstand der Justizverwaltung	8
	1. Allgemein	8
	2. Advokatur und Notariate	9
	3. Dienstaufsicht	13
	a. Gerichte	13
	b. Ämter der Vollstreckung und Sanierung	16
	c. Notariat	19
	d. Stellung und Obliegenheiten der Aufsichtsbehörde	20
	4. Disziplinarische und ähnliche Massnahmen	29
	a. Juristisches und administratives Personal	29
	b. Notare	30
	c. Rechtsanwälte	31
	aa. Disziplinarrecht	31
	bb. Verlust, Widerruf und Wiedererteilung des Rechts auf Berufsausübung	34

I. Justizverwaltung durch das Obergericht

Entsprechend dem bisherigen § 42 GVG untersteht dem Obergericht grundsätzlich die gesamte Justizverwaltung. Abgesehen von den dem Kantonsrat übertragenen Kompetenzen ist das Obergericht von seiner Grösse und finanziellen Bedeutung her der wichtigste

1

§ 76

Träger der Justizverwaltung, aber nicht der einzige, weil die gleichen Prärogativen auch dem Verwaltungs- und dem Sozialversicherungsgericht in den ihnen zugewiesenen Bereichen der Rechtspflege zukommen.

2   Als oberste Instanz verkehrt das Obergericht (vorbehältlich der Kompetenzen der Verwaltungskommission der obersten kantonalen Gerichte gemäss § 74 Abs. 2 GOG) direkt mit dem Kantonsrat in Angelegenheiten der Rechtspflege, mit denen sich das kantonale Parlament zu befassen hat. Durch diesen unmittelbaren Verkehr kommt zum Ausdruck, dass das Obergericht mit Bezug auf die Verwaltung der Rechtspflege zum Kantonsrat grundsätzlich im gleichen Rechtsverhältnis steht wie der Regierungsrat mit Bezug auf die allgemeine Verwaltung. Indessen wird diese Gleichstellung in der Kantonsverfassung nicht mit strenger Folgerichtigkeit durchgeführt; namentlich entbehrt das Obergericht *de iure* des dem Regierungsrat gemäss Art. 64 KV zustehenden Rechts, seine Anträge im Kantonsrat selbst zu vertreten und den Sitzungen des Rates mit beratender Stimme beizuwohnen (BAUHOFER, a.a.O. S. 302). Ein Postulat, gerichtet auf Einführung einer Vertretung des Obergerichts im Kantonsrat (RO 1955 S. 19 ff.), wurde seinerzeit gestützt auf den ablehnenden Antrag des Obergerichts vom Kantonsrat abgeschrieben (RO 1956 S. 15; ABl 1955 S. 556 und 1956 S. 26). Seit den 1970er Jahren nimmt jedoch der Obergerichtspräsident (gleich wie seine Kollegen vom Verwaltungs- und Sozialversicherungsgericht) gewohnheitsmässig an den Sitzungen teil, soweit diese sich auf Geschäfte des Gerichts beziehen. Soweit administrative Geschäfte die kantonale Justiz als Ganzes betreffen, wird der Verkehr mit dem Kantonsrat und dem Regierungsrat von der Verwaltungskommission der obersten kantonalen Gerichte besorgt (§ 74 Abs. 2 GOG). Neben ihrem Verordnungsrecht (§ 73 GOG) haben die obersten kantonalen Gerichte jedoch kein Vorschlagsrecht vor dem Kantonsrat für Gesetze und Beschlüsse. Ihr Recht und ihre Pflicht, Budget und Jahresrechnung direkt dem Kantonsrat zu unterbreiten, ergibt sich aus § 75 Abs. 2 GOG.

II. Justizverwaltung durch die Kommissionen des Obergerichts

3   Nach § 42 Abs. 2 GOG kann das Obergericht einzelne Geschäfte der Justizverwaltung ständigen Kommissionen, einzelnen Mitgliedern oder Angestellten übertragen. In diesem Sinne amten im Rahmen des Obergerichts

– das Notariats- und Betreibungsinspektorat (§§ 25 und 26 VOG); s. dazu VO über die Notariatsverwaltung (Notariatsverwaltungsverordnung) vom 8.12.1999 (LS 242.25), VO des Obergerichts über die Gemeindeammann- und Betreibungsämter vom 12.5.2010 (LS 281.1);

– die Bibliothekkommission (§ 27 VOG).

4   Dem Obergericht sind angegliedert und der Aufsicht durch das Gesamtobergericht unterstehen:

– die Anwaltsprüfungskommission (§ 4 AnwG; VO über die Fähigkeitsprüfung für den Anwaltsberuf vom 21.6.2006, LS 215.11; § 8 lit. d VOG);

– die Aufsichtskommission über die Rechtsanwältinnen und Rechtsanwälte (§§ 18 ff. AnwG, VO des Obergericht über die Aufsichtskommission über die Rechtsanwältinnen und Rechtsanwälte vom 15.12.2004, LS 215.2);
– die Kommission zur Prüfung der Notariatskandidaten (§ 7 NotG; VO über den Erwerb des Wahlfähigkeitszeugnisses für Notare, Notariatsprüfungsverordnung vom 25. 6. 2003, LS 242.1).

Diese drei Kommissionen sind gemischt zusammengesetzt; sie bestehen aus Mitgliedern des Obergerichts (wovon eines den Vorsitz führt), der Anwaltschaft, Universitätsdozenten oder Personen mit Notariatspatent. Die *Anwaltsprüfungskommission* besteht aus 9 Mitgliedern und der erforderlichen Zahl von Ersatzleuten. Für die Abnahme der schriftlichen Prüfungen ist sie in der Regel mit 5, für die Abnahme der mündlichen Prüfungen mit 4 oder 5 Mitgliedern besetzt, aber schon mit 3 Mitgliedern beschlussfähig (§ 3 Abs. 2 VO über die Fähigkeitsprüfung für den Rechtsanwaltberuf). Über ihre Zusammensetzung im Einzelfall bestehen keine zwingenden Vorschriften (ZR 70 Nr. 17 E. 7; zur Frage, wann ihre Mitglieder in den Ausstand zu treten haben, vgl. BGer 2D_29/2009 vom 12.4.2011 E. 3). Die *Aufsichtskommission über die Rechtsanwälte* besteht aus je 7 Mitgliedern und 7 Ersatzmitgliedern, von denen je 4 Mitglieder und Ersatzmitglieder durch das Obergericht und je 3 Mitglieder und Ersatzmitglieder durch die Anwaltschaft gewählt werden (§ 19 Abs. 1 AnwG). Sie ist beschlussfähig, wenn sie mit 4 vom Obergericht und 3 von der Anwaltschaft gewählten Mitgliedern oder Ersatzmitgliedern besetzt ist (§ 2 VO). An die Stelle eines vom Obergericht ernannten Mitglieds kann ein von ihm ernannter Suppleant treten (SJZ 38 S. 321). Die *Notariatsprüfungskommission* besteht aus 3 Mitgliedern und der erforderlichen Zahl vom Ersatzleuten, die alle vom Obergericht gewählt werden und Mitglieder des Obergerichts, Hochschullehrer, Notare oder Notariatsinspektoren sein müssen. Das Obergericht wählt den Kommissionspräsidenten, der seinerseits die Examinatoren für die erforderlichen schriftlichen und mündlichen Prüfungen bezeichnet, während die diesen Prüfungen sich anschliessende (längstens einen Monat dauernde) praktische Prüfung auf einem Notariat von einem Notar oder dessen Stellvertreter abgenommen wird (§§ 1–4 und 21 ff. Notariatsprüfungsverordnung).

Dass in der Prüfungs- und Aufsichtskommission praktizierende Anwälte mitwirken, spricht für sich nicht gegen die Objektivität dieses Gremiums (BGE 113 Ia 289 E. 3). Zu beachten sind aber die Bestimmungen über den Ausstand der Justizbeamten. Daher kann ein vor Aufsichtskommission beschuldigter Rechtsanwalt, sofern die Verzeigung vom Berufsverband der Anwälte ausgeht, diejenigen Mitglieder und Ersatzmitglieder ablehnen, welche dem genannten Verband angehören. Kann deswegen die Aufsichtskommission nicht mehr vorschriftsgemäss besetzt werden, so hat das Gesamtobergericht aus der Anwaltschaft ausserordentliche Ersatzmitglieder beizuziehen (ZR 44 Nr. 12 = RO 1944 S. 31).

Das Verfahren vor der Aufsichtskommission ist schriftlich; es finden keine mündlichen Parteiverhandlungen statt (§ 4 VO).

III. Gegenstand der Justizverwaltung

1. Allgemeines

8 Unter die Justizverwaltung fallen zunächst alle in den Vorbemerkungen zu §§ 67 GOG angeführten Geschäfte. Daneben übt das Obergericht Justizverwaltung auf den folgenden Gebieten aus:

2. Advokatur und Notariate

9 Die vom Obergericht bestellten Kommissionen (N. 3 ff.) nehmen die Prüfungen ab für die Erteilung des Fähigkeitsausweises an Rechtsanwälte und des Wahlfähigkeitszeugnisses für Notare. Gestützt darauf entscheidet das Obergericht über die Patentierung oder die Verweigerung. Es ist dabei an den Prüfungsbericht der Kommission gebunden. Das rechtliche Gehör gebietet nicht, dem Betroffenen vor Erlass eines negativen Entscheids Gelegenheit zur Stellungnahme zu geben (BGE 113 Ia 288 E. b; ZR 70 Nr. 17 E. e).

10 Nach Anhörung der Prüfungskommission kann das Obergericht einem qualifizierten Bewerber die Anwaltsprüfung teilweise erlassen (§ 3 Abs. 2 AnwG), wogegen das frühere sog. Schenkpatent mit dem neuen Anwaltsgesetz abgeschafft wurde (vgl. dazu H. Schmid, 101 Jahre zürcherisches «Schenkpatent», in: FS 125 Jahre Kassationsgericht des Kantons Zürich, Zürich 2000, S. 537 ff.; ZR 89 Nr. 43 und 117). Einem Anwaltskandidaten kann es eine befristete *venia advocandi* erteilen (§ 5 AnwG). Es ist auch zuständig dafür, das Recht zur Ausübung des Anwaltsberufs zu entziehen bzw. dessen Wiedererteilung anzuordnen (§§ 6 und 8 AnwG). Desgleichen kann es den Fähigkeitsausweis oder das Wahlfähigkeitszeugnis für Notare vorübergehend oder dauernd entziehen (§ 9 NotG).

11 Nach § 34 AnwG von 1938 konnten die Prozessparteien und Anwälte Anwaltsrechnungen durch das Prozessgericht auf ihre Angemessenheit und Übereinstimmung mit dem Gebührentarif überprüfen und den Betrag festsetzen lassen; dagegen konnte Beschwerde an die Aufsichtskommission geführt werden (sog. Moderationsverfahren). Dabei handelte es sich ebenfalls um eine Form von Justizverwaltung (SJZ 73 S. 315 ff.; ZR 80 Nr. 53). Das geltende Recht kennt diese Form der Überprüfung von Anwaltsrechnungen nicht mehr. Ebenso wenig fällt nach der Konzeption der geltenden Prozessordnungen (Art. 122 Abs. 1 lit. a und 319 f. ZPO, Art. 135 Abs. 3 und 138 StPO) die Festsetzung der Entschädigungen von amtlicher Verteidigung und unentgeltlicher Rechtsvertretung (§ 17 Abs. 2 AnwG) unter die Justizverwaltung, sondern sie unterliegt der prozessualen Beschwerde an die kantonale Beschwerdeinstanz bzw. der Beschwerde an das Bundesgericht bzw. Bundesstrafgericht (Art. 135 Abs. 3 lit. b StPO).

12 Die Aufsichtskommission befindet über Gesuche um Entbindung vom Berufsgeheimnis i.S.v. Art. 321 Ziff. 2 StGB (vgl. § 33 f. AnwG).

3. Dienstaufsicht

a) Gerichte

Mit Ausnahme des Verwaltungs- und des Sozialversicherungsgerichts unterstehen alle im GOG erwähnten kantonalen Gerichte der Aufsicht des Obergerichts, und zwar (mit Ausnahme der Aufsicht über Friedensrichter) erstinstanzlich (§ 80 GOG). Die Aufsicht erstreckt sich auch auf die Prüfungskommissionen für Rechtsanwälte und Notare sowie auf die Aufsichtskommission über Rechtsanwälte.

Auch nach Art. 390 ZPO (bisher Art. 17 KSG; dazu WIGET, in: Frank/Sträuli/Messmer, ZPO, Vorbemerkungen zu §§ 238–258, N. 93 und 94) kann gegebenenfalls gegen den Schiedsspruch eines Schiedsgerichts mit Sitz im Kanton Zürich Beschwerde wegen Rechtsverzögerung an das Obergericht geführt werden (Art. 390 Abs. 2 i.V.m. 319 lit. c ZPO). Dabei handelt es sich um ein prozessuales Rechtsmittel, weshalb es insoweit um Rechtsprechung und nicht um die Ausübung einer Aufsichtstätigkeit geht.

Die Aufsicht übt das Obergericht als Plenum aus bzw. durch die von ihm bestimmten Visitationsdelegationen, die Verwaltungskommission, den Obergerichtspräsidenten, den Generalsekretär bzw. dessen Stellvertreter und den Notariats- oder Betreibungsinspektor.

b) Ämter der Vollstreckung und Sanierung

Das Obergericht übt in zweiter Instanz die Aufsicht über die Gemeindeammann- und Stadtammannämter nach § 87 GG (LS 131.1) sowie über die Betreibungs- und Konkursämter (§ 11 Abs. 1 EG SchKG, §§ 70 ff. VO des Obergerichts über die Gemeindeammann- und Betreibungsämter vom 12.5.2010, LS 281.1) aus.

Nach dem Einzelgericht am Bezirksgericht ist das Obergericht zweite Instanz im Nachlassverfahren (§ 20 Abs. 1 EG SchKG).

Gläubigerversammlungsbeschlüsse bei Anleihensobligationen (mit Ausnahme derjenigen von Eisenbahn- und Schifffahrtsunternehmungen, für welche bundesrechtliche Kompetenz gegeben ist, Art. 1185 OR), die einen Eingriff in die Gläubigerrechte enthalten, bedürfen zu ihrer Wirksamkeit und Verbindlichkeit der Genehmigung durch das Obergericht als der oberen kantonalen Nachlassbehörde (Art. 1176 OR). Stellt sich nachträglich heraus, dass der Beschluss der Gläubigerversammlung auf unredliche Weise zustande gekommen ist, so kann das Obergericht auf Begehren eines Anleihensgläubigers die Genehmigung ganz oder teilweise widerrufen (Art. 1179 OR). Solche Entscheide über Erteilung oder Verweigerung der Genehmigung von Anleihensgläubigerbeschlüssen sind nicht endgültig, sondern können mit einem besonders geschaffenen und eigenartig ausgestalteten (der Beschwerde gegen Entscheidungen der kantonalen Behörde für Schuldbetreibung und Konkurs i.S.v. Art. 19 SchKG weitgehend angeglichenen) Rechtsmittel beim Bundesgericht angefochten werden (Art. 1179 Abs. 3 OR).

c) Notariate

Die Aufgaben der Notariate sind detailliert umschrieben in § 1 NotG. Die Aufsicht über die Amtsführung übt in erster Instanz das Bezirksgericht (§ 33 NotG) und in zweiter Instanz das Obergericht aus, das sie hauptsächlich durch das Notariatsinspektorat vornehmen lässt (§§ 34 und 35 NotG, § 25 VOG und Notariatsverwaltungs-VO, LS 242.25).

d) Stellung und Obliegenheiten der Aufsichtsbehörde

20 Das Obergericht ist vielfach oberste Instanz, allerdings mit zwei Ausnahmen. Auf dem Gebiet des Schuldbetreibungs- und Konkursrechts führt der Bundesrat die eidgenössische Oberaufsicht durch (Art. 15 SchKG). Bei dem vom Notariat geführten Grundbuch übernimmt das eidgenössische Amt für Grundbuch- und Bodenrecht die Oberaufsicht (Art. 104*a* GBV, SR 211.432.1).

21 Durch die Prüfung der periodisch zu erstattenden Berichte sowie durch Inspektionen (Visitationen) im Amt verschafft sich die vorgesetzte Behörde Einblick in den Geschäftsgang der untergeordneten Instanz. Sie kann damit kontrollieren, ob die Amtsstelle ordnungsgemäss und zeitgerecht arbeitet.

22 Bei festgestellten Säumnissen im Geschäftsgang oder bei Pflichtverletzungen ordnet die Aufsichtsbehörde die nötigen Massnahmen an. In schwerwiegenden Fällen kann sie eine Untersuchung zur Abklärung und Behebung von Missständen durchführen.

23 Bei der Überwachung beschränkt sich das Obergericht auf die äussere Amtsführung. Die richterliche Unabhängigkeit gemäss Art. 73 Abs. 2 KV verbietet ihm Weisungen auf dem Gebiet der Rechtsprechung. Auf dem Gebiet der Verwaltungstätigkeit dagegen (dazu Vorbemerkungen zu §§ 67 ff. N. 9 ff.) sowie bei Behörden ohne richterliche Unabhängigkeit kann es bzw. das Notariats- oder Betreibungsinspektorat kraft Aufsichtsgewalt in eine rechtswidrige Amtsführung eingreifen und mit Auflagen den gesetzlich gebotenen Zustand herstellen (JÄGER/WALDER/KULL/KOTTMANN, N. 1 zu Art. 13 SchKG; dazu auch VO des Obergerichts über die Notariatsverwaltung vom 8.12.1999, insbes. § 30, sowie VO des Obergerichts über die Gemeindeammann- und Betreibungsämter vom 12.5.2010, LS 281.1).

24 Leidet eine Verfügung an einem Mangel, so stellt die vorgesetzte Behörde dies fest und erlässt im Fall von Art. 22 SchKG eine korrigierte gültige Verfügung. Analoges galt für das (frühere) kantonale Vollstreckungsrecht (ZR 78 Nr. 72 S. 95 E. a).

25 Soweit die richterliche Unabhängigkeit nicht berührt, nicht in Fragen der Rechtsprechung eingegriffen wird und der Plenarausschuss der obersten kantonalen Gerichte nicht bereits sachbezügliche Anordnungen erlassen hat, kann das Obergericht gemäss § 76 Abs. 2 GOG Verordnungen und Anweisungen erlassen, in deren Rahmen die ihm unterstellten Organe ihre Justizverwaltungsaufgaben selbständig erledigen. Die Anweisungen ergehen in erster Linie in Form von Kreisschreiben, die entweder vom Gesamtgericht oder von der Verwaltungskommission erlassen werden.

26 Auf dem Gebiet des SchKG besitzen die kantonalen Aufsichtsbehörden und insbesondere der Bundesrat als Oberaufsichtsbehörde die Befugnis, zu den ihnen von einer unteren Instanz oder einem Privaten vorgelegten Fragen (sog. Einfragen) ausserhalb eines Beschwerdeverfahrens Stellung zu nehmen bzw. (im Falle des Bundesrats) entsprechende Weisungen (in Form von Empfehlungen, Mustervorlagen usw.) zu erlassen (Art. 15 Abs. 3 SchKG; dazu VO betreffend die Oberaufsicht über Schuldbetreibung und Konkurs vom 22.11.2006, SR 281.11). Diese Möglichkeit hatte zuvor schon das Bundesgericht (als bis Ende 2006 zuständige Oberaufsichtsbehörde) in Form von sog. «Bescheiden» in Anspruch genommen (BGE 98 III 14, 99 III 62, 103 III 77 E. 1, 106 III 51 E. 3).

Die Aufsichtsbehörden stellen überdies gestützt auf Art. 22 Abs. 1 SchKG gegebenenfalls von Amtes wegen und unabhängig davon, ob Beschwerde geführt worden ist, die Nichtigkeit einer Verfügung fest.

Für das Obergericht bildet die Behandlung von Beschwerden i.S.v. § 82 GOG den Hauptteil der Aufsichtstätigkeit. Stellt es hierbei Missstände fest, so kann dies Anlass zum Einschreiten und Ergreifen von Massnahmen bieten (ZR 78 Nr. 47 E. 2). 27

Neben den genannten Beschwerden i.S.v. § 82 GOG gibt es Beschwerden nach den bundesrechtlichen Bestimmungen der Art. 17–19 SchKG, Art. 956 ZGB und Art. 102–104 GBV. Soweit der Notar oder sein Angestellter nicht als Konkurs- oder Grundbuchbeamter tätig ist (z.B. bei der Behandlung einer öffentlichen Beurkundung), richtet sich die Beschwerde nach § 33 Abs. 2 NotG. 28

4. Disziplinarische und ähnliche Massnahmen

a) Juristisches und administratives Personal

S. dazu Bemerkungen zu § 82 GOG, insbesondere N. 29 ff., 43 ff. 29

b) Notare

Das Obergericht bzw. dessen Verwaltungskommission entzieht den Fähigkeitsausweis für das Amt eines Notarstellvertreters oder das Wahlfähigkeitszeugnis für das Amt eines Notars vorübergehend oder dauernd, wenn der Inhaber die Handlungsfähigkeit oder die Vertrauenswürdigkeit verliert (§ 9 NotG). Ebenso befindet es über eine allfällige Wiedereinsetzung. Beim Entzug des Wahlfähigkeitszeugnisses und bei der Verweigerung der Wiedereinsetzung in die Wahlfähigkeit ist die Beschwerde an das Verwaltungsgericht zulässig, dessen Entscheid mittels Beschwerde in öffentlich-rechtlichen Angelegenheiten an das Bundesgericht weitergezogen werden kann (BGer 2C_655/2009 vom 23.3.2009). 30

c) Rechtsanwälte

aa) Disziplinarrecht

Art. 12 BGFA umschreibt die Berufspflichten des Anwalts. Ob diese verletzt wurden, beurteilt die Aufsichtskommission über die Rechtsanwälte als unabhängiges Disziplinargericht in einem kontradiktorischen justizmässigen Verfahren, das zwar weitgehend nach den Grundsätzen des Strafprozesses ausgerichtet, aber seiner Natur nach dem Verwaltungsrecht zuzuordnen ist (§§ 22 ff. AnwG; § 4 VO des Obergerichts über die Aufsichtskommission vom 15.12.2004, LS 215.2; ZR 49 Nr. 44, 55 Nr. 182, 70 Nr. 99). Nach der bundesgerichtlichen Rechtsprechung gelten Disziplinarstreitigkeiten, die zur vorübergehenden Einstellung in der Berufsausübung oder zum Entzug der entsprechenden Bewilligung führen, als zivilrechtliche Streitigkeiten i.S.v. Art. 6 EMRK, die von einem unabhängigen und unparteiischen Gericht entschieden werden müssen. Die Ausfällung einer Disziplinarbusse wegen Verletzung von Berufspflichten ist dagegen weder zivil- noch strafrechtlicher Natur, sodass die EMRK auf dieses Verfahren keine Anwendung findet. Die Aufsichtskommission über die Rechtsanwälte wahrt das öffentliche Interesse an der ordnungsgemässen Ausübung des Anwaltsberufs. Wenn es um die Disziplinierung 31 des Anwalts geht, kann sie nicht als richterliche Behörde i.S.v. Art. 6 Ziff. 1 EMRK bzw. Art. 30 Abs. 1 BV betrachtet werden, weshalb eine von ihr durchgeführte öffentliche Verhandlung eine solche vor dem Obergericht nicht zu ersetzen vermag, sofern eine solche beantragt worden ist (BGE 126 I 228 ff. E. 2a/aa und 3a).

32 Die sachliche Zuständigkeit umfasst nicht nur die Beurteilung der Anwaltstätigkeit i.e.S., sondern auch die übrigen Geschäfte, welche ein Anwalt mit den Aufgaben seines Berufs verbindet, z.B. als Rechtsberater, Willensvollstrecker, Verwaltungsrat oder Vormund (SPÄH, a.a.O., S. 398; ZR 70 Nr. 101).

33 Zur örtlichen Zuständigkeit s. ZR 70 Nr. 98. Zum Disziplinarrecht des Anwalts vgl. auch HAUSER/HAUSER, Kommentar zum alten GVG, S. 178 ff. Zu den disziplinarischen Massnahmen s. § 17 BGFA.

bb)   Verlust, Widerruf und Wiedererteilung des Rechts auf Berufsausübung

34 Es ist zu unterscheiden zwischen der Verhängung eines richterlichen Berufsverbots nach Art. 67 StGB einerseits und dem Entzug des Rechts zur Berufsausübung (§ 6 AnwG) bzw. Disziplinarmassnahmen (wie namentlich befristetes oder dauerndes Berufsausübungsverbot) nach Art. 17 BGFA und §§ 30 ff. AnwG andererseits. Konkurrenz ist weiterhin möglich; für die Dauer eines richterlichen Berufsverbots erlischt immerhin faktisch das Recht zur Berufsausübung *eo ipso* und es bedarf insoweit keines förmlichen Entzugsverfahrens (zum Verhältnis des disziplinarrechtlichen zum strafrechtlichen Berufsverbot s. BGE 71 I 369 E. 3; s. BSK StGB I-HAFFENMEYER, Art. 67a N. 7). Im Falle des Patententzugs ist die Wiedererteilung ausgeschlossen, solange ein strafrechtliches Berufsverbot andauert (§ 8 Abs. 2 AnwG).

35 Verliert ein Rechtsanwalt die Handlungsfähigkeit oder Vertrauenswürdigkeit (dazu RO 1938 S. 106; ZR 47 Nr. 83 und 84, 52 Nr. 73), so ist ihm nach § 6 AnwG als *ultima ratio* das Recht zur Berufsausübung zu entziehen. Für die Prüfung der Frage der Vertrauenswürdigkeit können auch Tatsachen in Betracht gezogen werden, die ausserhalb des Kantons Zürich eingetreten sind (ZR 42 Nr. 89). Es gibt keine Verjährung (ZR 47 Nr. 83 S. 172, Nr. 84 S. 179 und 182 ff., 53 Nr. 181; a.M. Bundesgericht, ZR 47 Nr. 83 S. 174). Der Entscheid erfolgt durch die Aufsichtskommission, wogegen Beschwerde an das Verwaltungsgericht zulässig ist (§ 38 AnwG).

36 Das Entzugsverfahren wird nicht ohne Weiteres dadurch gegenstandslos, dass der Patentinhaber vor Abschluss der Disziplinaruntersuchung auf den Fähigkeitsausweis verzichtet. Vielmehr kann gemäss § 7 Abs. 2 AnwG das Obergericht die Entgegennahme des Verzichts verweigern, wenn der Entzug wegen einer strafrechtlichen Verurteilung bevorsteht.

37 Wird das Patent entzogen, so ist im Dispositiv festzuhalten, es werde dem Patentinhaber das Recht zur Ausübung des Rechtsanwaltsberufs entzogen, und sein Fähigkeitsausweis wird als erloschen erklärt. Das Berufsverbot gilt für das ganze Gebiet der Schweiz und ist den Aufsichtsbehörden der übrigen Kantone mitzuteilen (Art. 18 BGFA).

38 § 8 AnwG sieht die Möglichkeit der Wiedererteilung eines entzogenen Anwaltpatents vor. Auch wenn der Entzug wegen einer strafrechtlichen Verurteilung erfolgt ist, kann das

Recht zur Berufsausübung nach fünf Jahren wieder erteilt werden, sofern der Bewerber die Vertrauenswürdigkeit zurückgewonnen hat, nicht jedoch, solange ein strafrechtliches Berufsverbot andauert. Bei der Prüfung der Vertrauenswürdigkeit ist die Sicherung der Rechtsuchenden von entscheidender Bedeutung (ZR 42 Nr. 12 = RO 1945 S. 28).

§ 77 Leitung des Gerichts

¹ Die Präsidentin oder der Präsident des Gerichts besorgt die Geschäftsleitung.

² Sie oder er überwacht die Pflichterfüllung der Mitglieder des Gerichts und der Gerichtskanzlei und sorgt für beförderliche Erledigung der Geschäfte.

Literatur

D. Proff HAUSER, Die Bedeutung des Beschleunigungsgebots im Sinne von Art. 6 Ziff. 1 EMRK für das zürcherische Strafverfahren, Basel 1998; CH. LEUENBERGER, Die Zusammenarbeit von Richter und Gerichtsschreiber, ZBl 1986, S. 97 ff.; E. SPIRIG, Prozessleitung, Zürich 1985; M.PH. STERN, Prozessökonomie und Prozessbeschleunigung als Ziel der zürcherischen Zivilrechtspflege, Diss. Zürich 1989, insbes. S. 66 ff. und 97 ff.; B.A. SUTER, Grundsätze der prozessleitenden Entscheidung im Zivilprozess, unter besonderer Berücksichtigung des basel-städtischen Rechts, Basel 1992; W. TAPPOLET, Die formelle richterliche Prozessleitung im zürcherischen Zivilprozess, Diss. Zürich 1941; WALDER-RICHLI/GROB-ANDERMACHER, Zivilprozessrecht, § 22 N. 1 ff.

§ 77 GOG bezieht sich auf die Leitung des Gerichts und übernimmt § 121 GVG. Die Regeln über die Leitung des Verfahrens (früher enthalten in § 122 GVG) finden sich neu in den eidgenössischen Prozessordnungen (Art. 124 ff. ZPO, Art. 61 ff. StPO, s. auch Vorbemerkungen vor §§ 126 ff. N. 1 f.), während die Funktionsweisen in den Geschäftsordnungen der einzelnen Gerichte geregelt werden. 1

Der Präsident des Gesamtgerichts leitet die mit dem Geschäftsbetrieb zusammenhängenden administrativen Geschäfte. Der Vorsitzende einer Abteilung, der Einzelrichter oder (sofern er die Verhandlungen leitet) der Referent leitet das eigentliche Prozessverfahren. Ihnen können auch die Befugnisse der Sitzungspolizei übertragen werden. Dies kann durch ein Reglement geschehen, erfolgt in der Praxis aber meist formlos. 2

Unter Sitzungspolizei versteht man jene prozessuale Tätigkeit, welche der Aufrechterhaltung von Ruhe und Ordnung in den (öffentlichen oder nicht öffentlichen) Verhandlungen und der Fernhaltung störender Einflüsse dient. Sie ist nicht Justizverwaltung, sondern eine die Rechtspflegetätigkeit der Gerichte unterstützende Funktion (M. WOLF, Gerichtsverfassungsrecht, 6. Aufl., 1987, § 26; BGHSt 17 S. 204). Als solche kann sie unter den Begriff der Prozessleitung subsumiert werden (E. SCHMIDT, Lehrkommentar zur StPO und zum GVG, Göttingen 1952, Teil I, S. 103 Anm. 234). Diese wird in Art. 124 ff. ZPO und Art. 63 ff. StPO geregelt. 3

Von den Mitgliedern des Gerichts wird gewissenhafte Erfüllung der ihnen übertragenen Aufgaben verlangt. Sie haben sich den ihnen vorgelegten Rechtsstreitigkeiten nach 4

§ 77

bestem Wissen und Gewissen, dem Gesetz gemäss und ohne Ansehen der Person anzunehmen und sich strenger Unparteilichkeit zu befleissigen. Daraus ergibt sich auch die Pflicht, Klagen und Rechtsmittel im Rahmen eines odnungsgemässen Geschäftsganges ohne Verzögerung, sorgfältig und speditiv zu behandeln und die Parteien nach Massgabe des Gesetzes anzuhören (Anspruch auf rechtliches Gehör). Der Richter muss dem Gang der Verhandlungen mit grosser Aufmerksamkeit folgen, darf während den Verhandlungen nicht schlafen und sich nicht durch die Lektüre von Akten oder durch Gespräche mit anderen Richtern ablenken lassen. Es ist ihm untersagt, Amtsgeheimnisse zu offenbaren (Art. 320 StGB), für künftige Amtshandlungen einen nicht gebührenden Vorteil anzunehmen oder sich versprechen zu lassen (Art. 322^{quater} StGB), von den Parteien Bericht anzunehmen oder sich in anderer Weise beeinflussen zu lassen.

5   Zu den Richterpflichten im Einzelnen: GULDENER, Schweizerisches Zivilprozessrecht, S. 16 f. Anm. 101; JÄGER, Standesfragen des Richters, Vereinsbericht des zürcherischen Juristenvereins 1941/1943, S. 40; HAUSER/SCHWERI/HARTMANN, Schweizerische Strafprozessrecht, § 27 N. 2; STREBEL, Vom Richter und seinem Amt, ZBJV 89, S. 137 ff. Der Richter muss sich auch im Privatleben als Ehrenmann verhalten. Er hat die Gesetze zu achten, sonst verliert er seine Glaubwürdigkeit, wenn er von den Parteien Gesetzestreue verlangt. In politischen Tagesstreitigkeiten soll er sich Zurückhaltung auferlegen. Der Anschein der Befangenheit und die Gefahr der Voreingenommenheit entstehen indessen nicht schon dann, wenn sich der Richter in einer bestimmten Sachfrage eine Meinung gebildet hat. Auch die Meinungsäusserung eines Richters ausserhalb des Gerichts zu Rechtsfragen erweckt bei objektiver Betrachtungsweise noch nicht den Anschein der Voreingenommenheit für den Entscheid eines konkreten Streitfalles, selbst wenn sie für die Entscheidung erheblich ist. Hingegen können etwa konkrete Äusserungen Zweifel an der Unbefangenheit wecken, wenn sie über das Notwendige hinausgehen und wenigstens indirekt auf eine bestimmte abschliessende Meinungsbildung schliessen lassen, weil ihnen z.B. die notwendige Distanz fehlt (dazu BGE 133 I 89 E. 3.3 m.H.; vgl. dazu auch BVerfG in EuGRZ 2011, S. 650 ff. E. 2.2).

6   Wenn § 77 Abs. 2 GOG dem Präsidenten die Überwachung der Pflichterfüllung der Gerichtsmitglieder überträgt, so zeichnet er ihn gegenüber den Mitgliedern der Kammer in besonderer Weise aus. Seine Befugnisse sind indessen nur Ordnungsbefugnisse, die ihm weder eine Vorgesetzteneigenschaft noch eine Befehlsgewalt über die Richter vermitteln.

7   Die Befugnisse gemäss § 77 Abs. 2 GOG dürfen weder einem Abteilungspräsidenten noch einem Referenten übertragen werden, weil deren Verhältnis zu den andern Mitgliedern der Abteilung wohl zu kollegial ist. Nur der Gesamtgerichtspräsident oder sein Stellvertreter dürfen die entsprechenden Massnahmen anordnen (vgl. Weisung des Regierungsrats vom 22.5.1996 zum PersG, S. 83).

8   Die Richter unterstehen nicht nur der Überwachung durch den Präsidenten, sondern auch derjenigen durch ihre Aufsichtsbehörde (§ 79 GOG). Ob ein Richter mit hinreichender Aufmerksamkeit den Verhandlungen gefolgt sei und ob der Präsident sein Aufsichtsrecht über die Gerichtsmitglieder hinsichtlich der Erfüllung der diesen obliegenden Pflichten hinreichend ausgeübt habe, kann die Aufsichtsinstanz in der Regel allerdings nicht kontrollieren (Beschlüsse des Kassationsgerichts in Sachen S. gegen die Staatsanwaltschaft vom 31.10.1940 und in Sachen H. gegen die Staatsanwaltschaft vom 30.9.1950).

Der Präsident hat auch die Gerichtskanzlei zu überwachen und für beförderliche Erledigung der Geschäfte zu sorgen. Er hat also z.B. zu prüfen, ob die Geschäftskontrollen von der Kanzlei richtig und zuverlässig geführt werden. Durch eine eigene Geschäfts- und Terminkontrolle muss er auch darüber wachen, dass die einzelnen Geschäfte in der Kanzlei, bei den Richtern, beim Gerichtsschreiber und bei der Kanzlei (Ausfertigung, Versand) nicht über Gebühr lange liegen bleiben. Zur beförderlichen Prozesserledigung s. FRANK/STÄULI/MESSMER, ZPO § 53 und ErgBd zur ZPO § 53. 9

Indem das Gesetz dem Präsidenten die Pflicht auferlegt, «für beförderliche Erledigung der Geschäfte» zu sorgen, überbindet es ihm die Einhaltung und Überwachung des Beschleunigungsgebots (dazu Art. 29 Abs. 1 BV) und des Konzentrationsgrundsatzes (dazu HAUSER/SCHWERI/HARTMANN, Schweizerisches Strafprozessrecht, § 58; ZR 99 Nr. 32). 10

Bei Arbeitspflichtverletzungen der dem Personalgesetz unterstehenden Richter (dazu § 1 Abs. 2 PersG) sowie des Kanzleipersonals stehen dem Präsidenten die Möglichkeiten des Verweises (§ 30 PersG) und in besonders schweren Fällen (namentlich bei Einleitung eines Strafverfahrens wegen eines Verbrechens oder Vergehens) der vorsorglichen Einstellung im Amt (§ 29 PersG) zur Verfügung. Der Weiterzug dieser personalrechtlichen Entscheide richtet sich nach dem VRG (§ 33 PersG). Zur Ahndung von Amtspflichtverletzungen der dem Personalgesetz nicht unterstellten Ober-, Verwaltungs- und Sozialversicherungsrichter s. vorn Vorbemerkungen zu §§ 34 ff. N. 34. 11

§ 78 *Stabsstellen*

Die Generalsekretärin oder der Generalsekretär des Obergerichts sowie die leitenden Gerichtsschreiberinnen oder -schreiber sind Stabsstellen des jeweiligen Gerichts. Sie leiten die juristische und die administrative Kanzlei.

§ 78 GOG übernimmt inhaltlich die Regelung des früheren § 126 GVG. Der Begriff «leitende» Gerichtsschreiber weist auf ihre Führungsaufgaben hin. Die Bezeichnung des Generalsekretärs und der leitenden Gerichtssekretäre als «Stabsstelle» betont ihre Verwaltungsfunktion. Zu ihrer Funktion im Rahmen der Rechtsprechung s. vorn § 17 N. 2 ff. 1

Grössere Gerichte können einen «ersten» leitenden Gerichtsschreiber einsetzen, auch wenn dies im Gesetz nicht ausdrücklich vorgesehen ist (W.RR S. 120). 2

Nach wie vor sind die Gerichte befugt, einen für das Rechnungswesen verantwortlichen Rechnungsführer (Chef Rechnungswesen) zu ernennen, auch wenn dies (im Gegensatz zum früheren § 126 GVG) im GOG hier nicht mehr ausdrücklich erwähnt wird (W.RR S. 1209; dazu vorn § 17 N. 14). Dies haben sämtliche Gerichte getan. 3

2. Abschnitt: Aufsicht
A. Zuständige Aufsichtsbehörden

§ 79 *Oberaufsicht des Kantonsrates*

¹ Der Kantonsrat übt die Oberaufsicht über die Verwaltung der Zivil- und Strafrechtspflege aus. Das Obergericht erstattet ihm jährlich Bericht.

² Der Rechenschaftsbericht des Obergerichts umfasst
    a. seine Tätigkeit und diejenige der angegliederten Kommissionen,
    b. die Tätigkeit aller unter seiner unmittelbaren und mittelbaren Aufsicht stehenden Behörden und Ämter,
    c. den Gang der Zivil- und Strafrechtspflege im Allgemeinen.

Literatur

Ausser den vor §§ 67 ff. Genannten: E. BOSSHART, Die parlamentarische Kontrolle nach schweizerischem Staatsrecht, Diss. Zürich 1926; F. FLEINER, Die Überwachung der Landesverwaltung durch den Kantonsrat, ZBl 19, S. 157 ff.; Z. GIACOMETTI, Staatsrecht der schweizerischen Kantone, S. 330; M. GULDENER, Schweizerisches Zivilprozessrecht, S. 3; M. HAUSER, in: Häner/Rüssli/Schwarzenbach, Kommentar KV, zu Art. 57; R. KIENER, Richterliche Unabhängigkeit, Bern 2001, S. 294 ff.; A.KÖLZ/J.BOSSHARD/M.RÖHL, VRG, Vorbemerkungen zu §§ 32–40, N. 5 ff.; K. SAUTER, Die Aufsichtsbeschwerde im Zivilprozess nach zürcherischem Recht, Diss. Zürich 1936, S. 64 ff.; H.J. SEILER, Praktische Fragen der parlamentarischen Oberaufsicht über die Justiz, ZBl 2000, S. 281 ff.

Inhaltsübersicht

		N.
I.	Oberaufsicht des Kantonsrats	1
II.	Verwaltung der Rechtspflege	3
III.	Rechenschaftsbericht	6

I. Oberaufsicht des Kantonsrats

1 § 79 GOG übernimmt im Wesentlichen § 105 GVG. Nach Art. 57 Abs. 1 KV übt der Kantonsrat die Kontrolle über den Geschäftsgang der obersten kantonalen Gerichte aus. Denselben Gedanken brachte § 105 GVG zum Ausdruck, wenn er statuierte, dass «die Verwaltung der Rechtspflege unter der Oberaufsicht des Kantonsrats steht». Noch prägnanter lautet § 34 a Abs. 1 KRG: «Dem Kantonsrat und seinen Organen steht, gestützt auf die Kantonsverfassung und nach Massgabe der gesetzlichen Bestimmungen über die Gewaltentrennung, die Oberaufsicht über die Verwaltung und die Rechtspflege zu.» Eine ähnliche Regelung enthält das Bundesrecht für die eidgenössischen Gerichte; Art. 169 Abs. 1 BV und Art. 3 BGG.

2 Die parlamentarische Oberaufsicht bezweckt, die Verwaltung und die Justiz in Übereinstimmung mit dem Volkswillen zu halten, den zu interpretieren der Kantonsrat beauftragt und ermächtigt ist. Aufgabe der parlamentarischen Kontrolle ist es insbeson-

dere, den in Verfassung und Gesetz niedergelegten Volkswillen im gesamten Bereich von Verwaltung und Rechtspflege zu sichern. Die Aufsichtskompetenz des Parlaments über Verwaltung und Justiz unterscheidet sich aber deutlich von anderen Arten des Aufsichtsrechts, namentlich von der sogenannten Dienstaufsicht der höheren Verwaltungsinstanzen über die ihr unterstellten Ämter und Beamte. Dieses Aufsichtsrecht gibt dem zur Ausübung der Aufsicht kompetenten Organ eine stärkere Befugnis in die Hand, als der Kantonsrat sie aufgrund der parlamentarischen Oberaufsicht über die Rechtspflege besitzt. Die Oberaufsicht des Kantonsrats beschränkt sich auf das Mittel der parlamentarischen Kontrolle, wie sie in § 34 a KRG umschrieben ist. Es handelt sich hierbei lediglich um eine Überwachung der Justizverwaltung, d.h. des äusseren Ganges der Rechtspflege, nicht aber um eine Kontrolle der Rechtsprechung selbst (so ausdrücklich § 34 a Abs. 3 KRG; s. auch BAUHOFER, a.a.O., S. 301 ff.). Unzulässig wäre demnach kantonsrätliche materielle Kritik an der Rechtsprechung (z.B. das Begehren, die Gerichte müssten in vermehrtem Masse zugunsten der Opfer entscheiden und die Täter härter bestrafen). Das Obergericht bemerkte dazu richtig, dass mit derartigen Einflussnahmen an der richterlichen Unabhängigkeit als Fundament des Rechtsstaates gerüttelt werde (RO 1996 S. 11 f.; vgl. auch KIENER, a.a.O., S. 240 f. mit Beispielen). Der Kantonsrat darf auch nicht unter Berufung auf sein Oberaufsichtsrecht von den Gerichten verlangen, dass sie ihm in einem gegen einen Kantonsrat hängigen Verfahren Akten zur Einsicht herausgeben.

II. Verwaltung der Rechtspflege

Der Begriff «Verwaltung der Rechtspflege» hat einen weiteren Sinn als Justizverwaltung. Justizverwaltung ist die vom Kantonsrat ausgeübte Verwaltungstätigkeit, die den für die Ausübung der Rechtspflege erforderlichen Apparat schafft, überwacht und in Gang hält. Die vom Kantonsrat ausgeübte «Verwaltung der Rechtspflege» umfasst dagegen die gesamte Tätigkeit der Gerichte, sowohl den äusseren Gang, d.h. die Rechtspflege im engeren Sinn (z.B. Dauer der Prozesse), als auch die erwähnte Justizverwaltung. Mit Bezug auf die Rechtsprechung ist das Aufsichtsrecht (parlamentarische Kontrolle) des Kantonsrats jedoch beschränkt durch die richterliche Unabhängigkeit (Art. 191c BV und Art. 73 Abs. 2 KV), die vom Parlament nicht angetastet werden darf. Bei der «Verwaltung der Rechtspflege» handelt es sich nur um die Nachprüfung der Funktionen der Rechtspflege in ihrer Gesamtheit, nicht um die Kontrolle oder gar Korrektur der sachlichen Richtigkeit einer einzelnen Entscheidung. Bei den Sitzungen der Justizkommission betreffend die Ausübung der Oberaufsicht über die Rechtspflege werden in der Regel die durch ihre Präsidenten und Generalsekretäre vertretenen obersten Gerichte im Rahmen der §§ 34 a und 49 c KRG angehört. Dem Kantonsrat steht es indessen nicht zu, im Einzelfall ein richterliches Urteil zu überprüfen oder gar aufzuheben (§ 34 Abs. 3 KRG) oder auf ein schwebendes Verfahren Einfluss zu nehmen.

Hauptgegenstand der vom Kantonsrat auszuübenden Oberaufsicht bildet die Überwachung des äussern Standes und Ganges der Rechtspflege (Gebiet der eigentlichen Justizverwaltung). Über die Formen des Verkehrs zwischen Obergericht und Kantonsrat in Justizverwaltungssachen s. §§ 34 d und e KRG. Gegenüber dem Kantonsrat und der Regierung wird das Obergericht durch den Obergerichtspräsidenten vertreten.

§ 79

5   Bevor die Justizverwaltungsgeschäfte im Kantonsrat zur Sprache kommen, werden sie durch die Justizkommission vorberaten. Diese Kommission wird zu Beginn jeder Amtsdauer vom Kantonsrat gewählt (§ 49 KRG); sie ist zuständig für die Prüfung der Geschäftsführung des Obergerichts, der ihm beigeordneten und unterstellten Gerichte und Amtsstellen sowie der Strafverfolgungsbehörden, die der Justizdirektion unterstehen, ferner für die Prüfung der Geschäftsführung des Sozialversicherungs- und des Verwaltungsgerichts (§ 49 c KRG). Im Rahmen ihrer Prüfungsbefugnis ist sie auch ermächtigt, Einsicht in die mit der Beurteilung der Geschäftsführung zusammenhängenden Amtsakten zu nehmen.

III. Rechenschaftsbericht

6   Grundlage für die Ausübung des allgemeinen politischen Aufsichtsrechts durch den Kantonsrat bildet der jährlich vom Obergericht zu erstattende Rechenschaftsbericht. Darin gibt das Obergericht indessen nur allgemein über den Rahmen seiner Rechtsprechung Auskunft, nicht auch über deren Inhalt im Einzelnen.

7   Einen wesentlichen Bestandteil des Rechenschaftsberichts bildet seit 1885 auch die Rechtsstatistik. Statistische Angaben enthielten die Rechenschaftsberichte zwar schon früher, aber nur sehr dürftige. Anstoss zur Begründung einer eigentlichen Rechtsstatistik gaben die Rechtspflegegesetze von 1866 (dazu BAUHOFER, a.a.O., S. 302).

8   Die Justizkommission des Kantonsrats beschränkt sich nicht auf die Prüfung des Geschäftsberichts, sondern ist allgemein vorberatendes und antragstellendes Organ des Kantonsrats in allen Angelegenheiten der Rechtspflege. Nach eingehender Prüfung des Rechenschaftsberichts durch die vorberatende Kommission erfolgt dessen Behandlung im Plenum und die Verabschiedung durch den Rat, wobei zuhanden des Obergerichts Wünsche und Anregungen geäussert werden können.

9   Nach § 30 KRG dürfen die Mitglieder des Kantonsrats mit Interpellationen und Anfragen Aufschluss über Angelegenheiten der staatlichen Verwaltung verlangen. Zur kantonalen Verwaltung gehören auch die Angelegenheiten der Justizverwaltung. Kantonsrätliche Interpellationen, Motionen, Postulate und Kleine Anfragen in Justizverwaltungssachen, die das Obergericht als oberste Aufsichtsbehörde betreffen, sind unmittelbar an dieses zu richten, das sie dem Kantonsrat direkt beantwortet. Über das Anfragerecht des Obergerichts und des Regierungsrats in dieser Materie s. BAUHOFER, a.a.O., S. 303 ff. Handelt es sich um Geschäfte, welche die kantonale Justizverwaltung als Ganzes betreffen, so erfolgt der Verkehr zwischen dem Kantonsrat und den Gerichten über das gerichtsüberschreitende Justizverwaltungsorgan, d.h. über die Verwaltungskommission der obersten Gerichte (§ 74 Abs. 2 GOG).

10 In Fragen der Rechtsprechung sind wegen des Grundsatzes der Gewaltentrennung Interpellationen, Motionen, Postulate und Kleine Anfragen nicht zulässig. Dagegen kann der Kantonsrat in diesem Bereich von aussen her auf dem Wege der Petition oder der individuellen Beschwerde angegangen werden, wenn das Obergericht oder die ihm angegliederten Gerichte einen Fall verschleppen (Rechtsverweigerung oder Rechtsverzögerung). In diesem Fall ist die Aufsichtsbeschwerde gemäss § 82 GOG zulässig; der Kantonsrat

ist diesbezüglich Beschwerdeinstanz über das Obergericht. Vgl. aber in diesem Zusammenhang jetzt Art. 319 lit. c ZPO und Art. 393 Abs. 2 lit. a sowie 397 Abs. 4 StPO, wonach auch Rechtsverweigerung und Rechtsverzögerung mit prozessualer Beschwerde gerügt werden können.

Neben den jährlichen Rechenschaftsberichten kann der Kantonsrat aufgrund seines parlamentarischen Aufsichtsrechts jederzeit vom Obegericht eine ausserordentliche Berichterstattung oder einen Spezialbericht anfordern, auch wenn dies nicht ausdrücklich in Verfassung und Gesetz gesagt wird (s. FLEINER, a.a.O., S. 159 f.). 11

Nach § 79 Abs. 2 lit. a GOG umfasst der Rechenschaftsbericht des Obergerichts nicht nur seine Tätigkeit, sondern auch diejenige der ihm angegliederten Gerichte und der Bezirksgerichte sowie der Paritätischen Schlichtungsbehörde für Streitigkeiten aus dem Gleichstellungsgesetz (vgl. dazu nachfolgend § 80 GOG) und der angegliederten Kommissionen. Das Handelsgericht ist gemäss § 3 Abs. 1 lit. b GOG nicht mehr ein dem Obergericht angegliedertes Gericht, sondern Teil des Obergerichts. Der Bericht über seine Tätigkeit ist demnach im Rechenschaftsbericht des Obergerichts enthalten. 12

§ 80 *Aufsicht des Obergerichts*

¹ Das Obergericht beaufsichtigt

a. seine Kammern und das Handelsgericht sowie die angegliederten Kommissionen,
b. die ihm unterstellten Gerichte,
c. die Paritätische Schlichtungsbehörde für Streitigkeiten nach dem Gleichstellungsgesetz.

² Es beaufsichtigt mittelbar oder unmittelbar die der Aufsicht der Bezirksgerichte unterstellten Behörden und Ämter. Es schafft besondere Inspektorate für die Aufsicht über die Notariate, die Grundbuch- und Konkursämter sowie die Gemeindeammann- und Betreibungsämter.

³ Die Paritätische Schlichtungsbehörde für Streitigkeiten aus dem Gleichstellungsgesetz erstattet dem Obergericht jährlich Bericht über ihre Tätigkeit.

Inhaltsübersicht N.
I. Aufsicht.. 1
II. Recht des Obergerichts zu Anweisungen und Verordnungen 12

I. Aufsicht

Das Obergericht beaufsichtigt als oberstes Organ der Justizverwaltung seine Kammern und das Handelsgericht sowie die ihm angegliederten oder unterstellten Gerichte und Kommissionen (dazu § 76 N. 13; §§ 8d, 10 ff. und 28 ff. VOG). Seiner *unmittelbaren* 1

§ 80

Aufsicht unterstehen seine Kammern, das Handelsgericht, die Bezirksgerichte mit Einschluss der Einzelgerichte, die Arbeitsgerichte, die Mietgerichte, die Aufsichtskommission über die Rechtsanwälte sowie die Anwalts- und Notariatsprüfungskommission und das Notariats- und das Betreibungsinspektorat. Als zweite Instanz (*mittelbare* Aufsicht) übt es seine Kontrollfunktionen gegenüber den der direkten Aufsicht der Bezirksgerichte unterstellten, in § 81 GOG aufgezählten Behörden und Ämtern sowie gegenüber den der direkten Aufsicht des Einzelrichters als Nachlassrichter unterstellten Liquidatoren, Sachwaltern und Gläubigerausschüssen aus (dazu hinten § 81 N. 19). Intern hat es diese Kontrollfunktion der Verwaltungskommission übertragen (§§ 18 ff. VOG).

2   Bei den in § 80 Abs. 2 GOG erwähnten *Inspektoraten* handelt es sich um das Notariats- und das Betreibungsinspektorat. Das Erste hat seine gesetzliche Grundlage in § 35 NotG, das Zweite beruht auf §§ 72 ff. VO des Obergerichts vom 12.5.2010 über die Gemeindeammann- und Betreibungsämter (LS 281.1).

3   Das Sozialversicherungsgericht untersteht nicht der Aufsicht des Obergerichts, denn es ist ein selbständiges Gericht, das seine Rechenschaftsberichte dem Kantonsrat direkt erstattet und dessen Verordnungen nicht vom Obergericht, sondern vom Kantonsrat genehmigt werden (§§ 1 und 7 Abs. 2 G über das Sozialversicherungsgericht, LS 212.81). Es übt die Aufsicht über das Schiedsgericht in Sozialversicherungsstreitigkeiten aus (§ 36 Abs. 1 des erwähnten Gesetzes).

4   Die Paritätische Schlichtungsstelle für Streitigkeiten nach dem Gleichstellungsgesetz ist dem Bezirksgericht Zürich angegliedert (§ 60 GOG), untersteht aber nicht dessen Aufsicht, sondern als einzige Schlichtungsbehörde direkt der Aufsicht durch das Obergericht (§ 80 Abs. 1 lit. c GOG) und muss daher ihren jährlichen Tätigkeitsbericht direkt dem Obergericht erstatten (§ 80 Abs. 3 GOG).

5   Das Obergericht seinerseits unterliegt ausschliesslich der Aufsicht des Kantonsrats (§ 79 GOG).

6   Das Aufsichtsrecht erstreckt sich nicht nur auf die einzelnen Amtsstellen als solche, sondern auch auf deren Mitglieder und Angestellte. Das Obergericht kann als Aufsichtsbehörde einen Verweis erteilen (§ 30 PersG) oder Angestellte jederzeit vorsorglich im Amt einstellen, sofern die Voraussetzungen von § 29 PersG gegeben sind. Als Anstellungsbehörde kann es einem Angestellten im Rahmen der §§ 17 ff. PersG kündigen. Behördenmitglieder, die dem Personalgesetz unterstehen (z.B. Bezirksrichter), können also gemäss § 29 PersG vorsorglich im Amt eingestellt werden. Oberrichter, die dem Personalgesetz nicht unterstellt sind, können nötigenfalls gemäss § 4 Abs. 2 Ordnungsstrafengesetz (LS 312) von ihrer Wahlbehörde als Aufsichtsbehörde (Kantonsrat) in ihren dienstlichen Verrichtungen eingestellt werden, sofern gegen sie eine Strafuntersuchung wegen eines Verbrechens oder Vergehens eröffnet worden ist (vgl. dazu Vorbemerkungen zu §§ 34 N. 9).

7   Das Aufsichtsrecht des Obergerichts findet seine Schranke in der richterlichen Unabhängigkeit (Art. 73 Abs. 2 KV). In deren rechtsprechende Tätigkeit darf sich das Obergericht als Aufsichtsbehörde nicht einmischen. Das gilt insbesondere auch für die rechtsprechende Tätigkeit der einzelnen obergerichtlichen Zivil- und Strafkammern (ZR 21 Nr. 68, 52 Nr. 1). Zur Bedeutung der Aufsicht des Obergerichts über die Bezirksgerichte und zum Einschreiten bei Säumnis s. BGE 117 Ia 458 f.

Ein *Recht zur Beschwerde gegen aufsichtsrechtliche Massnahmen* der Gerichte ist nirgends ausdrücklich statuiert. Es ergibt sich aber aus der Bestimmung, wonach dem Obergericht die Aufsicht über die Justizverwaltung aller anderen Gerichtsstellen übertragen wird (ZR 51 Nr. 47, 58 Nr. 119), sowie aus den allgemeinen Grundsätzen des Verwaltungsrechts (ZR 17 Nr. 169; BAUHOFER, Die Justizverwaltung im Kanton Zürich, SJZ 42, S. 301), nicht aber aus § 82 GOG, der sich auf die Prozessführung, also nicht auf Justizverwaltungssachen bezieht.

Von einer Prozesspartei kann daher bei der oberen Instanz z.B. dann Beschwerde erhoben werden, wenn die Gerichtskasse nicht ordnungsgemäss abrechnet (ZR 17 Nr. 169, 37 Nr. 152) oder das Gericht nach rechtskräftiger Erledigung des Prozesses die Rückgabe der Akten verweigert. Gegen Entscheide der Verwaltungskommission über personalrechtliche Angelegenheiten kann beim Verwaltungsgericht Beschwerde gemäss § 74 VRG geführt werden (dazu im Einzelnen KÖLZ/BOSSHART/RÖHL, N. 5 ff. zu § 74 VRG).

Einer unteren Gerichtsinstanz stehen in Justizverwaltungssachen an sich keine prozessualen Rechtsmittel gegen den Entscheid einer oberen Instanz zu, ausgenommen, deren Entscheid stelle eine dienstliche Anordnung der Aufsichtsbehörde im Rahmen eines verwaltungsrechtlichen Verfahrens dar. In diesem Fall kann sich z.B. ein Friedensrichter über Verwaltungsanweisungen des Bezirksgerichts beim Obergericht beschweren (ZR 45 Nr. 160).

War bisher nach kantonalem Recht für einzelne Streitgenossen das Handelsgericht und für andere das Bezirksgericht zuständig, so erfolgte die Bezeichnung des für alle Streitgenossen zuständigen Gerichts gemäss § 65 GVG durch das Obergericht in einem Akt der Justizverwaltung (vgl. ZR 78 Nr. 13 = SJZ 75 S. 300). Nach geltendem Prozessrecht bestimmt sich in diesem Fall die Zuständigkeit analog nach Art. 6 Abs. 3 ZPO (RUETSCHI, in: Sutter-Somm/Hasenböhler/Leuenberger, ZPO Komm., N. 42 zu Art. 6).

II. Recht des Obergerichts zu Anweisungen und Verordnungen

Gestützt auf seine Aufsichtsgewalt darf das Obergericht *Dienstanweisungen und Verwaltungsverordnungen* erlassen (z.B. VO über die Organisation und Geschäftsführung der Obergerichtskanzlei vom 3.11.2010, LS 212.511; VO über die Fähigkeitsprüfung für den Rechtsanwaltsberuf vom 21. 6. 2006, LS 215.11). Solche Verordnungen bedürfen im Gegensatz zu den *Rechtsverordnungen* keiner besonderen Ermächtigung durch das Gesetz (AEPPLI, Die staatsrechtliche Stellung des Obergerichtes und des Regierungsrates in Justizverwaltungssachen nach zürcherischem Recht, ZBl 24 Nr. 123; BAUHOFER, a.a.O., S. 301 Anm. 24).

Rechtsverordnungen darf das Obergericht nur aufgrund einer besonderen Ermächtigung (Delegation) erlassen (vgl. dazu die Vorbemerkungen zu § 34 N. 18 f.). Wenn es für eine Rechtsverordnung an einer entsprechenden gesetzlichen Ermächtigung fehlt, so muss sie vom Obergericht selbst aufgehoben werden (ZR 57 Nr. 81).

§ 81 *Aufsicht der Bezirksgerichte*

¹ Die Bezirksgerichte beaufsichtigen in erster Instanz
   a. die Friedensrichterämter,
   b. die Paritätischen Schlichtungsbehörden in Miet- und Pachtsachen,
   c. die Gemeindeammann- und Betreibungsämter,
   d. die Notariate,
   e. die Grundbuch- und Konkursämter.

² Sie erstatten dem Obergericht jährlich Bericht über ihre Tätigkeit und diejenige der Behörden und Ämter gemäss Abs. 1 lit. a–c.

Literatur

K. Amonn/D. Gasser, Grundriss des Schuldbetreibungs- und Konkursrechts, § 4 N. 35 ff und § 6; H. Deschenaux, Das Grundbuch, in: Schweizerisches Privatrecht, Bd. V/3, Basel 1988, S. 178 ff.; M. Dieth, Beschwerde in Schuldbetreibungs- und Konkurssachen, Art. 17 ff. SchKG, unter besonderer Berücksichtigung des Beschwerdeverfahrens im Kanton Aargau, Diss. Zürich 1999; F. Emmel, in: A. Staehelin (Hrsg.), zu Art. 13 f. SchKG; H. Fritzsche/U. Walder, Schuldbetreibung und Konkurs, Bd. I, § 8; C. Jäger/H.U. Walder/T.M. Kull/M. Kottmannn, zu Art. 13 f. SchKG; J. Meier, Das Verwaltungsverfahren vor den Schuldbetreibungs- und Konkursbehörden, Zürich 2002; P. Nötzli, Die analoge Anwendung zivilprozessualer Normen auf das Beschwerdeverfahren nach SchKG, unter besonderer Berücksichtigung des Kantons Zürich, Diss. Zürich 1980; J. Schmid, in: B.Schnyder/J.Schmid, Kommentar zu Art. 956 f. ZGB, Basel 1998; H. Sorg, Beschwerdeverfahren in Schuldbetreibungs- und Konkurssachen im Kanton Zürich, Diss. Zürich 1954; D. Zobl, Grundbuchrecht, 2. Aufl., Zürich 2004, N. 570 ff.

Inhaltsübersicht

		N.
I.	Friedensrichterämter	1
II.	Notariate, Grundbuch- und Konkursämter	3
III.	Betreibungsämter – Gemeindeammann	7
IV.	Weitere Institutionen	13
V.	Umfang des Aufsichtsrechts	15
VI.	Obliegenheiten der Aufsichtsbehörde	16
	1. Aufsicht im technischen Sinn	17
	2. Disziplinargewalt	20
	3. Beschwerdeverfahren und Entscheid	24
VII.	Rechenschaftsbericht	33

I. Friedensrichterämter

1   Der Friedensrichter (§ 53 ff. GOG) ist ein Organ der Rechtspflege (ZR 46 Nr. 170). Seine rechtliche Stellung richtet sich, da er Gemeindebeamter ist, nach den Vorschriften der betreffenden Gemeinde, soweit nicht besondere kantonale oder bundesrechtliche Bestimmungen vorgehen. Lassen mehrere Gemeinde die Aufgaben des Friedensrichters gemeinsam besorgen (§ 53 Abs. 1 Satz 2 GOG), so müssen sie bestimmen, welches Gemeinderecht auf seine rechtliche Stellung Anwendung findet.

Der Friedensrichter untersteht der Aufsicht des Bezirksgerichts (ZR 39 Nr. 92, 46 Nr. 170). 2
Dieses ernennt seinen Stellvertreter (§ 55 GOG).

II. Notariate, Grundbuch- und Konkursämter

Der Notar ist Urkundsbeamter, Grundbuchführer und Konkursbeamter (§ 1 NotG; § 236 3
EG ZGB). Als solcher ist er auch gehalten, dem Sachwalter im Nachlassverfahren für die
Inventaraufnahme über die ausserhalb des Sprengels der Nachlassbehörde liegenden Vermögensbestandteile des Schuldners Rechtshilfe zu leisten.

Gemäss Beschluss des Regierungsrats betreffend Schuldbetreibung gegen Körperschaften des öffentlichen Rechts vom 11.6.2003 (LS 281.6) ist der Notar ausserdem besonderer Betreibungsbeamter bei Schuldbetreibungen gegen Gemeinden. Die Verrichtungen bei Schuldbetreibungen gegen andere Körperschaften des kantonalen öffentlichen Rechts werden den Betreibungsämtern übertragen. Für Betreibungen gegen die Stadtgemeinde Zürich ist der Notar des Kreises Zürich-Altstadt, für Betreibungen gegen die Stadt Winterthur das Notariat Winterthur-Altstadt zuständig. Die Stellvertretung in diesen Betreibungen richtet sich nach § 3 NotG. Über Amtshandlungen des Notars ausserhalb seines Kreises s. ZR 50 Nr. 29 E. I. 4

Die im Gesetz erwähnte Aufsicht über Konkursämter bedarf einer Verdeutlichung. Das 5
bezirksgerichtliche Aufsichtsrecht erstreckt sich insbesondere auch auf die ausseramtliche private Konkursverwaltung (Art. 241 SchKG), die Gläubigerversammlung und den Gläubigerausschuss (Art. 235, 237 und 252 ff. SchKG), den Sachwalter im Nachlassvertrag (Art. 295 SchKG) und die Liquidatoren im Nachlassvertrag mit Vermögensabtretung (Art. 317 SchKG; dazu Vorbemerkungen zu § 8 N. 10 f.; JÄGER/WALDER/KULL/KOTTMANN, N. 5 zu Art. 13 SchKG). Das ist u.E. systemwidrig. Das EG SchKG schweigt sich darüber aus, wer untere Aufsichtsbehörde ist gegen den Sachwalter (Art. 295 SchKG), die Liquidatoren und den Gläubigerausschuss im Nachlassverfahren (Art. 317 ff. SchKG). Wohl sind nach § 17 EG SchKG die Bezirksgerichte untere Aufsichtsbehörde über die Betreibungs- und Konkursämter. Sachwalter, Liquidatoren und Gläubigerausschuss werden in dieser Bestimmung aber nicht erwähnt. Da nach Art. 25 Ziff. 2 lit. a SchKG und § 24 GOG der Einzelrichter am Bezirksgericht Nachlassrichter ist, sprechen beachtliche Gründe dafür, ihm auch die Aufsicht über die genannten Nachlassorgane und die Behandlung der Beschwerden gegen diese zu übertragen.

Der Notar ist kantonaler Angestellter. Das Obergericht bestimmt die Stellvertretung und 6
bewilligt die Anstellung von Substituten (§§ 3 und 12 NotG).

III. Betreibungsämter – Gemeindeammann

Das Betreibungsamt wird durch den *Betreibungsbeamten* geleitet (Art. 2 Abs. 1 SchKG; 7
§ 3 EG SchKG). Dieser besitzt keine Kompetenzen zur Entscheidung materiell-rechtlicher (zivil- oder öffentlich-rechtlicher) Streitigkeiten; ihm obliegt nur die Vollstreckung. Ob er Gemeinde- oder Staatsangestellter sei, war früher streitig; im ersten Sinn argumen-

tierte das Obergericht in ZR 39 Nr. 114 und 46 Nr. 170; im zweiten Sinn Fehr, Der Gemeindeammann/Stadtammann und Betreibungsbeamte im Kanton Zürich, BlSchKG 23, S. 38. Da heute § 10 EG SchKG vom 26.11.2007 (LS 281) bestimmt, dass der Gemeinderat das Arbeitsverhältnis regelt und dass die Betreibungsbeamten dem Personalrecht der Gemeinde unterstehen und von dieser entlöhnt werden, ist die Frage vom Gesetzgeber geklärt.

8   Der Betreibungsbeamte führt auch das Protokoll für die Viehverschreibung und den Eigentumsvorbehalt (Art. 4 ff. VO betreffend die Viehverpfändung vom 30.10.1917, SR 211.423.1; § 25 EG ZGB; Art. 1 VO betreffend die Eintragung der Eigentumsvorbehalte vom 19.12.1910, SR 211.413.1).

9   Dem Betreibungsbeamten ist ein Stellvertreter beigeordnet, der ihn ersetzt, wenn er sich im Ausstand befindet oder an der Leitung des Amtes verhindert ist (Art. 2 Abs. 3 SchKG). Das Bezirksgericht als erstinstanzliche Aufsichtsbehörde bezeichnet den Stellvertreter. Mit der Zustimmung der genannten Behörde kann der Betreibungsbeamte einzelne Obliegenheiten unter seiner Verantwortung durch Angestellte besorgen lassen (§ 5 EG SchKG). Deren Ernennung ist, unter Vorbehalt der Genehmigung durch das Bezirksgericht, Sache des Betreibungsbeamten (ZR 46 Nr. 170; Fehr, a.a.O., BlSchKG 23, S. 38).

10 Der Betreibungsbeamte bekleidet zugleich das Amt des *Gemeindeammanns* (ZR 46 Nr. 170). Er ist Vollstreckungsorgan, aber nur für richterliche Entscheidungen, soweit ihm die Prozessgesetzgebung diese Aufgabe zuweist, nicht auch für Verfügungen der Verwaltungsbehörden (ZR 48 Nr. 3 = RO 1949 S. 26). In der Regel darf er einen richterlichen Befehl erst vollstrecken, wenn er vom Richter dazu eigens einen Vollstreckungsbefehl erhalten hat. Ein solcher kann z.B. auf Herausgabe beweglicher Sachen, auf die Wegnahme einer unbeweglichen Sache oder auf Ausschaffung eines Mieters lauten (ZR 58 Nr. 100; näher § 143 ff. GOG).

11 Der Gemeindeammann ist an den vom Richter erlassenen Vollstreckungsbefehl gebunden; er muss der richterlichen Anordnung nachkommen. Es steht ihm nicht zu, sie hinsichtlich ihrer formellen oder materiellen Voraussetzungen auf ihre Richtigkeit hin zu prüfen (ZR 58 Nr. 100). Streitig ist, ob richterliche Vollstreckungsbefehle nur an die Gemeindeammänner des eigenen oder auch an solche eines andern Bezirks gerichtet werden dürfen. Die Verwaltungskommission des Obergerichts vertrat die einschränkendere Ansicht (ZR 46 Nr. 160), die von der II. Zivilkammer des Obergerichts als Rekursinstanz jedoch abgelehnt wurde (Beschluss der II. ZK des Obergerichts vom 3.11.1959 in Sachen Genossenschaft L. gegen Z. und Beteiligte).

12 Die Gemeindeammänner unterstanden früher für zivilprozessuale Verrichtungen dem Bezirksgericht, für strafprozessuale Verrichtungen der Strafuntersuchungsbehörde und im Übrigen dem Statthalteramt. Durch § 107 GVG und jetzt § 81 GOG wurden sie voll dem Bezirksgericht unterstellt. Diese Bestimmung bezieht sich indessen nur auf Fälle, in denen nach der gesetzlichen Ordnung der Gemeindeammann zuständig ist, nicht auch auf andere Fälle, z.B. auf freiwillige Versteigerungen, die nach § 223 EG ZGB grundsätzlich Sache des Gemeinderats sind.

IV. Weitere Institutionen

Nach § 81 sind auch die Paritätischen Schlichtungsbehörden in Miet- und Pachtsachen der Aufsicht durch das Bezirksgericht unterstellt. 13

Die oben N. 13 erwähnte Schlichtungsbehörde in Miet- und Pachtsachen ist wie die Schlichtungsbehörde nach dem Gleichstellungsgesetz (§ 60 GOG) administrativ dem Bezirksgericht angegliedert. Ist dieses für die erste Schlichtungsbehörde Aufsichtsinstanz, so liegt die Annahme nahe, dass es auch für die zweite als Aufsichtsinstanz zu amten hat, selbst wenn dies in § 81 GOG nicht ausdrücklich gesagt wird. 14

V. Umfang des Aufsichtsrechts

Die *Betreibungsämter* unterstehen nicht nur hinsichtlich der ihnen durch das SchKG zugewiesenen Funktionen der Beaufsichtigung durch die Bezirksgerichte, sondern auch bezüglich aller Aufgaben, welche ihnen als *Gemeindeammännern* durch die Zivilprozessordnung und das GOG zugewiesen sind (§ 87 GG). 15

VI. Obliegenheiten der Aufsichtsbehörde

Soweit die Bezirksgerichte die unmittelbare Aufsicht über die ihnen unterstellten Amtsträger ausüben, handelt es sich um Justizverwaltung. Im Rahmen des Aufsichtsrecht gilt der Grundsatz der richterlichen Unabhängigkeit (Art. 30, 191*c* BV, Art. 73 KV) nicht. Die Entscheide der Bezirksgerichte in Justizverwaltungssachen können mittels Aufsichtsbeschwerde an das Obergericht weitergezogen werden (§ 84 GOG). Die Obliegenheiten der Aufsichtsbehörde sind im Wesentlichen die Folgenden: 16

1. Aufsicht im technischen Sinn

Die Aufsichtsbehörde übt die Aufsicht im technischen Sinne aus und überwacht periodisch und von Amtes wegen den Geschäftsgang durch Inspektionen, Visitationen, Berichterstattungen u.s.w. Für Einzelheiten sei verwiesen auf §§ 28 ff. der VO des Obergerichts über die Gemeindeammann- und Betreibungsämter vom 12.5.2010 (LS 281.1). 17

Kraft ihres Aufsichtsrechts sind die Aufsichtsbehörden befugt, Dienstanweisungen zu erlassen und gegen vorschriftswidrige Amtsführung im Einzelfall einzuschreiten. Allgemeine Dienstanweisungen ergehen in der Form von Kreisschreiben; diese sind in der Regel Verwaltungsverordnungen (s. dazu vorn § 80 N. 12). 18

Ob auf dem Gebiet des Schuldbetreibungsrechts nach Ablauf der Beschwerdefrist die Aufsichtsbehörde von Amtes wegen in eine pendente Zwangsvollstreckung eingreifen dürfe, ist kontrovers (vgl. GULDENER, Freiwillige Gerichtsbarkeit, Zürich 1954, S. 54 Anm. 168; JÄGER/WALDER/KULL/KOTTMANN, N. 2 zu Art. 13 SchKG; SORG, Beschwerdeverfahren in SchKG-Sachen, S. 11 ff.). Nach ständiger Rechtsprechung verleihen Art. 13 und 22 SchKG den kantonalen Aufsichtsbehörden die Befugnis, von Amtes wegen Verfügungen der Betreibungs- und Konkursämter aufzuheben, die gegen zwingende Vor- 19 schriften verstossen oder Interessen Dritter oder der Öffentlichkeit gefährden (EMMEL, in: Staehelin/Bauer/ Staehelin, N. 9 zu Art. 13 SchKG). Dass ein zur Beschwerde Legitimierter die Verfügung rechtzeitig angefochten habe, ist nicht erforderlich (BGE 79 III 5 f. und 9, 84 III 100).

2. Disziplinargewalt

20 Die Aufsichtsbehörden sind mit Disziplinargewalt ausgestattet und daher befugt, entsprechende Sanktionen zu verhängen. Bestimmungen über Disziplinarstrafen enthalten z.B.
- Art. 14 SchKG: Disziplinarmassnahmen für Beamte und Angestellte der Betreibungs- und Konkursämter sowie den Sachwalter: Rüge, Geldbusse bis zu Fr. 1000 sowie Amtseinstellung für die Dauer von höchstens sechs Monaten oder Amtsentsetzung;
- Art. 957 ZGB: Ordnungsstrafen für Amtspflichtverletzungen der Beamten und Angestellten der Grundbuchverwaltung: Verweis, Busse bis zu Fr. 1000, und in schweren Fällen Amtsentsetzung;
- § 22 NotG: Ordnungsstrafen gemäss Art. 14 Abs. 2 SchKG und Art. 957 Abs. 2 ZGB;
- § 4 Ordnungsstrafengesetz vom 30.10.1866 (LS 312): Ordnungsstrafen für Disziplinarfehler jener Angestellten, die nicht dem Personalgesetz unterstehen (vor allem Angestellte auf Gemeindestufen; dazu Weisung des Regierungsrats vom 22.5.1996 zum PersG, S. 87): Verweis, Geldbusse, Einstellung in den dienstlichen Verrichtungen für höchstens zwei Monate bzw. für die Dauer einer eingeleiteten Strafuntersuchung;
- 30 PersG: Verweis bei Amtspflichtverletzungen sowie Amtseinstellung als vorsorgliche Massnahme gemäss § 29 PersG.

21 Das Bezirksgericht übt seine Disziplinarbefugnisse auf verschiedenen Stufen aus: *Erstinstanzlich* ahndet es Verstösse der Friedensrichter, der Betreibungs- und Konkursbeamten, der Notare sowie ihrer Angestellten. Es kann indessen lediglich einen Verweis aussprechen oder eine Busse ausfällen; die Anwendung einschneidender Disziplinarmassnahmen (Amtseinstellung, Amtsentsetzung) ist ausschliesslich Sache des Obergerichts (§§ 11 Abs. 3, 19 EG SchKG, § 22 NotG).

22 Die nicht ausdrücklich vorgesehene Möglichkeit der Amtsenthebung eines Friedensrichters fällt in die Zuständigkeit des Obergerichts als der obersten Justizverwaltungsbehörde; § 72 GG ist diesbezüglich analog anwendbar (vgl. ZR 39 Nr. 92). Aus wichtigen Gründen ist auch die Entlassung eines Betreibungsbeamten statthaft; kompetent dazu ist mangels einer abweichenden Vorschrift die kantonale Aufsichtsbehörde (ZR 35 Nr. 143). Der Notar oder sein Substitut kann wegen Vertrauensunwürdigkeit seines Amtes enthoben werden, wobei nichts entgegensteht, ihm anschliessend das Wahlfähigkeitszeugnis zu entziehen (RO 1943 S. 28). Diese zuletzt genannte Sanktion ist indessen nicht zulässig gegenüber Notaren und Substituten, die noch im Amt stehen.

23 *Zweitinstanzlich* hat sich das Bezirksgericht in Disziplinarsachen mit Rekursen von Angestellten der Gemeindeammänner und Betreibungsbeamten zu befassen, denn deren Disziplinierung erfolgt durch den Amtsinhaber. Dieser kann die Angestellten während der Anstellungsdauer unter Umständen auch entlassen (ZR 39 Nr. 114). Eine solche Verfü-

gung unterliegt dem Weiterzug auf dem Rekursweg an das Bezirksgericht als Aufsichtsbehörde. Gegen vorübergehende Amtseinstellung oder Amtsentzug erklärt die Praxis einen weiteren Rekurs an das Obergericht als zulässig (ZR 39 Nr. 114). Entscheide des Obergerichts, welche die einschneidenderen Disziplinarmassnahmen zum Gegenstand haben, können mit Beschwerde vor das Verwaltungsgericht gebracht werden (§§ 41 ff. VRG).

3. Beschwerdeverfahren und Entscheidung

Die Aufsichtsbehörde hat in allen Angelegenheiten, in denen eine Beschwerde eingereicht wird, eine umfassende Prüfungspflicht. 24

Beim Bezirksgericht kann gegen die seiner Aufsicht unterstellten Behörde Beschwerde wegen *Rechtsverweigerung* oder *-verzögerung* geführt werden (§ 82 GOG). Die (altrechtliche) Kostenbeschwerde (§ 206 GVG), mit der die Kostenansätze, d.h. die Höhe der Gerichtsgebühr, und die den Parteien auferlegten Kosten angefochten werden konnten, ist ein Sonderfall des aus dem Aufsichtsrecht abgeleiteten allgemeinen Beschwerderechts. 25

Für Beschwerden in *Schuldbetreibungs-* und *Konkurssachen* gelten hinsichtlich der Beschwerdegründe, des Instanzenzuges, der Fristen und der Wirkungen des Verfahrens die Art. 17–21 und 239 SchKG. Für Einzelheiten sei auf das eingangs erwähnte Schrifttum verwiesen; ferner § 83 N. 26 f. 26

Das betreibungsrechtliche Beschwerdeverfahren vor Bundesgericht ist erschöpfend normiert (Art. 72 ff. BGG). Die Ausgestaltung des Verfahrens vor den kantonalen Aufsichtsbehörden ist dagegen Sache der Kantone. Diese dürfen dabei die vom Bundesgesetzgeber aufgestellte Richtlinie für das Beschwerdeverfahren, das seinem Zweck nach ein möglichst rasches und einfaches sein soll, nicht missachten. Der Kanton Zürich regelt das Verfahren in § 85 GOG, unter Verweisung auf die §§ 83 und 84 GOG (vgl. auch § 18 EG SchKG). 27

Die zur Feststellung des Sachverhalts erforderlichen Beweise werden nach den entsprechenden Bestimmungen der ZPO (Art. 150 ff.) erhoben (ZR 20 Nr. 79, 25 Nr. 89, 49 Nr. 113; SJZ 22 S. 331). Für Beweismassnahmen ist der Schuldner grundsätzlich nicht vorschusspflichtig (ZR 29 Nr. 10), wohl aber der Gläubiger, wenn er als Beschwerdeführer auftritt; hier kann die Beweisabnahme, wenn sie sich nicht als unumgänglich aufdrängt, von der Leistung eines Barvorschusses abhängig gemacht werden, und für den Fall der Nichtleistung kann von der Beweisabnahme abgesehen werden (ZR 41 Nr. 79). 28

Da das Beschwerdeverfahren unentgeltlich ist (Art. 61 Abs. 2 lit. a GebV SchKG), kommen insoweit weder die Gewährung des Armenrechts, noch die Bestellung eines Armenanwalts, noch die Zusprechung einer Umtriebsentschädigung infrage (ZR 49 Nr. 119; BGE 76 III 83 E. 1, 83 III 30 E. 2, 85 I 140, 85 III 61). Es dürfen in der Regel weder Kosten auferlegt noch Kautionen verlangt werden, zumal Letzteres dem Beschleunigungsgebot zuwiderliefe. Das gilt auch bei allfälliger Bös- oder Mutwilligkeit (Pr 2000 Nr. 34). In analoger Anwendung von Art. 328 ZPO ist die Zulässigkeit der Revision gegen Beschwerdeentscheide zu bejahen (vgl. dazu ZR 18 Nr. 51). 29

Für *Grundbuchsachen* stehen zwei Beschwerdearten an die kantonalen Aufsichtsbehörden zur Verfügung: 30

- die spezielle Rechtsbeschwerde nach Art. 956 Abs. 2 ZGB gegen die Abweisung der Anmeldung von Eintragungen (Art. 958 ZGB) und Vormerkungen (Art. 959 ff. ZGB) sowie deren Abänderung oder Löschung (Art. 61 und 103 GBV) und
- die allgemeine Aufsichtsbeschwerde nach Art. 104 GBV, gerichtet gegen Verfügungen des Grundbuchverwalters, die mit der speziellen Beschwerde nicht angefochten werden können. Für Einzelheiten sei verwiesen auf DESCHENAUX, a.a.O., S. 179 ff.; SCHMID, a.a.O., zu Art. 956 ZGB; ZOBL, a.a.O., N. 574 ff. Die beiden Beschwerdearten können weder miteinander verbunden noch nebeneinander geltend gemacht werden (BGE 85 I 167).

31 Die GBV enthält über das kantonale Beschwerdeverfahren keine näheren Bestimmungen, abgesehen von der in Art. 102 Abs. 1 aufgestellten Beschwerdefrist von 30 Tagen und der in Abs. 3 enthaltenen Weisung an die kantonalen Aufsichtsbehörden, solche Beschwerden in kürzester Frist zu beurteilen; die nähere Ordnung des Verfahrens wird in Art. 115 GBV ausdrücklich zur Sache der Kantone erklärt. Von dieser Ermächtigung zur Normierung hat der Kanton Zürich insofern Gebrauch gemacht, als er in § 85 GOG auf die Anwendung der §§ 83 und 84 GOG verwies. Die Grundbuchbeschwerde ist als Angelegenheit der freiwilligen Gerichtsbarkeit anzusehen, die sich nach den Regeln über das summarische Verfahren abwickelt (dazu bisher FRANK/STRÄULI/MESSMER, ZPO, Vorbemerkungen zu §§ 104 ff. N. 1). Für die Bemessung der Gebühren kommt deshalb die VO über die Gerichtsgebühren (LS 211.11) zur Anwendung (ZBGR 2 S. 142). Zur Möglichkeit, gegen den letztinstanzlichen kantonalen Entscheid Beschwerde an das Bundesgericht zu führen, s. BSK ZGB II-SCHMID, N. 30 ff. zu Art. 956. Auch der Betreibungsbeamte ist zum Weiterzug von Entscheiden über die Anwendung der Gebührenverordnung legitimiert (Art. 2 GebV SchKG; dazu Pr 2000 Nr. 15).

32 Hinsichtlich der kantonalrechtlichen Tätigkeit der *Notare* sieht § 31 NotG vor, dass gegen Verfügungen, die sich auf die Notariats- und Grundbuchgebühren beziehen, gemäss VRG bei der Finanzdirektion Rekurs erhoben und dass deren Entscheid beim Verwaltungsgericht mit Beschwerde angefochten werden kann. Gegen andere Verfügungen der Notare steht die Beschwerde an die Aufsichtsbehörde zur Verfügung. Im Übrigen gelten für das Verfahren gemäss § 85 GOG die §§ 83 und 84 GOG.

VII. Rechenschaftsbericht

33 Wie das Obergericht dem Kantonsrat (§ 79 GOG), so hat auch das Bezirksgericht dem Obergericht jährlich einen Rechenschaftsbericht zu erstatten. Dieser darf sich nicht nur auf die eigentliche Tätigkeit des Gerichts, sondern er muss sich auch auf diejenige der Friedensrichter, der Paritätischen Schlichtungsbehörde in Miet- und Pachtsachen sowie auf die Gemeindeammann- und Betreibungsämter erstrecken, nicht dagegen auf die Notare und die Grundbuch- und Konkursämter. Diese haben schon bisher über das Notariatsinspektorat dem Obergericht direkt Bericht erstattet, und diese Regelung wird nach § 83 GOG weitergeführt.

34 Neben diesen jährlichen Berichten des Gesamtgerichts hat auch der einzelne Richter zuhanden des Obergerichts einen speziellen Bericht zu erstatten, wenn ein von ihm als

Referent behandelter Prozess einen gewissen Zeitrahmen überschreitet. In seinem Bericht hat er den Prozessablauf darzulegen und genau anzugeben, welche Verfügungen und Massnahmen er getroffen hat. Sein Bericht wird einem Oberrichter als Referenten zugestellt, der ihn prüft und mit seinen Bemerkungen an das Obergericht weiterleitet. In besonders krassen und lange dauernden Fällen kann das Obergericht eine Sonderberichterstattungspflicht anordnen und dem Richter z.B. vorschreiben, halb- oder vierteljährlich über den fraglichen Prozess Bericht zu erstatten.

B. Aufsichtsbeschwerde

§ 82 *Zulässigkeit und Zuständigkeit*

¹ Verletzen Mitglieder von Gerichts- und Schlichtungsbehörden sowie von angegliederten Kommissionen Amtspflichten, kann bei der unmittelbaren Aufsichtsbehörde Aufsichtsbeschwerde erhoben werden.

² Die Aufsichtsbehörde verfügt die notwendigen Massnahmen.

Literatur

Ausser den vor §§ 67 ff. und in § 81 Genannten: F. BAUR, Richterliche Verstösse gegen die Prozessförderungspflicht, in: Festschrift für K.H. Schwab, München 1990, S. 53 ff.; H. GLAUSER, Die Zivilprozessbeschwerde im bernischen Recht, Diss. Bern 1943; M. GULDENER, Schweizerisches Zivilprozessrecht, S. 538; A. HAEFLIGER, Alle Schweizer sind vor dem Gesetz gleich, Bern 1985, S. 117 ff.; F. J. HUNZIKER, Die Anzeige an die Aufsichtsbehörde (Aufsichtsbeschwerde), Diss. Zürich 1978; E. KLAUS, Kommentar zum Gesetz betreffend die Ordnungsstrafen, Zürich 1937; G. LEUCH/O. MARBACH/F. KELLERHALS/M. STERCHI, ZPO Bern, Art. 374 ff.; C. LEUENBERGER/B. UFFER-TOBLER, ZPO St. Gallen, zu § 254 ff.; K. SAUTER, Die Aufsichtsbeschwerde im Zivilprozess nach zürcherischem Recht, Diss. Zürich 1936; K. SPÜHLER/D. VOCK, Rechtsmittel in Zivilsachen im Kanton Zürich und im Bund, 2. Aufl., Zürich 2011, S. 100; M.PH. STERN, Prozessökonomie und Prozessbeschleunigung als Ziele der Zürcher Zivilrechtspflegegesetze, Diss. Zürich 1989, S. 122; H.U. VETSCH, Die Rechtsverweigerungsbeschwerde des st. gallischen Zivilprozessgesetzes, Diss. Zürich 1958; WALDER-RICHLI/GROB-ANDERMACHER, Zivilprozessrecht, § 39 N. 27 und 28.

Inhaltsübersicht

		N.
I.	Allgemeines	1
II.	Rechtliche Grundlagen der Aufsichtsbeschwerde	4
III.	Begriff der Aufsichtsbeschwerde	6
IV.	Abgrenzung der Aufsichtsbeschwerde gegenüber der Kostenbeschwerde und den Rechtsmitteln	7
V.	Ausgestaltung der Aufsichtsbeschwerde	12
	1. Gerichtsbehörden	12
	2. Allgemeines Beschwerderecht	14
	3. Die Beschwerdegründe der Rechtsverweigerung und Rechtsverzögerung im Besonderen	15
	4. Arten der Aufsichtsbeschwerde	20
	a) Sachliche Beschwerde	22

		aa) Begriff	22
		bb) Anwendungsgebiet	25
		cc) Überprüfungsbefugnis	29
		dd) Einstellung (Sistierung) des Verfahrens im Besonderen	32
	b)	Administrative Beschwerde	36
		aa) Begriff	36
		bb) Rechtliche Grundlagen	37
		cc) Wesen der administrativen Beschwerde	43
		dd) Verfahren	46
VI.	Einschreiten der Aufsichtsbehörde von Amtes wegen		47
VII.	Befugnisse des Ombudsmanns		48

I. Allgemeines

1 § 82 Abs. 1 GOG übernimmt die Bestimmung von § 108 GVG mit gewissen Änderungen. Die im GVG angeführten Beschwerdegründe der Rechtsverweigerung und Rechtsverzögerung werden im GOG nicht mehr ausdrücklich erwähnt, weil deren Behandlung heute durch die Art. 310 und 319 ZPO und 393 Abs. 2 StPO geregelt wird. Die Bestimmungen der ZPO finden indessen nur Anwendung auf streitige Zivilsachen, die gerichtliche Anordnung der freiwilligen Gerichtsbarkeit, gerichtliche Anordnungen des Schuldbetreibungs- und Konkursrechts und die Schiedsgerichtsbarkeit (Art. 1 ZPO), und die StPO bezieht sich nur auf Strafsachen des Bundesrechts, die durch die Strafbehörden des Bundes oder der Kantone beurteilt werden (Art. 1 StPO). In anderen Rechtsgebieten richtet sich die Beschwerde wegen Rechtsverweigerung und Rechtsverzögerung nach § 82 GOG.

2 Nach § 108 GVG konnten die Aufsichtsbehörden als Massnahme anordnen, dass der Prozess einem anderen Einzelrichter, einem anderen Referenten oder einer anderen Abteilung zugewiesen werde. Diese Massnahme hängt indessen mit einem im Prozess zu rügenden bestimmten Sachverhalt zusammen (Ausstand, Rechtsverweigerung usw.) und ist deshalb in diesem Verfahren zu rügen, sodass sie in § 82 GOG nicht auch noch als Beispiel angeführt werden musste.

3 § 108 GVG hielt schliesslich fest, dass die Aufsichtsbehörde gegen Missstände von Amtes wegen einschreiten kann. Dieses Einschreiten ist jedoch Ausfluss der Aufsicht und deshalb in der allgemeinen Aufsichtsbeschwerde gemäss § 82 GOG bereits enthalten, sodass es nicht mehr eigens erwähnt werden musste.

II. Rechtliche Grundlagen der Aufsichtsbeschwerde

4 Jedes Gericht übt nicht nur Rechtsprechung aus, sondern besorgt auch Geschäfte der Justizverwaltung; es ist also zugleich Rechtsprechungs- und Verwaltungsorgan. Soweit es die erste Funktion ausübt, ist es von jeder anderen Instanz unabhängig (Art. 30 Abs. 1, 191c BV, Art. 73 KV). Soweit es als Justizverwaltungsorgan handelt, steht es zu den anderen Organen des selben Organkomplexes im Verhältnis der Über- und Unterordnung (Giacometti, Allgemeine Lehren des staatlichen Verwaltungsrechts, Bd. I, S. 51). Seine rechtliche Stellung entspricht diesfalls derjenigen einer Verwaltungsbehörde; seine in diesem

Rahmen ergangenen Beschlüsse und Verfügungen sind nicht Urteile, sondern Verwaltungsakte.

Die Aufsichtsbeschwerde stützt sich auf die Aufsichtskompetenz der oberen über die unteren Gerichte. Diese ist ein Ausfluss des Subordinationsverhältnisses, in welchem die Gerichte ausserhalb ihrer rechtsprechenden Tätigkeit zueinander stehen. Als Folge davon und des besonderen Gewaltverhältnisses über die einzelnen richterlichen Funktionäre besitzt das obere Gericht zur Durchsetzung des Staatswillens ein Aufsichtsrecht und eine entsprechende Weisungskompetenz über die nachgeordneten Gerichte (dazu vorn §§ 80 N. 12 und 81 N. 18). Dem besonderen Gewaltverhältnis entspringt auch die Disziplinargewalt, mit der das Aufsichtsrecht und die Weisungskompetenz praktisch durchgesetzt werden können (SAUTER, a.a.O., S. 14). Zur Disziplinarbeschwerde im Verwaltungsverfahren s. §§ 41 ff. VRG (dazu ZBl 101 S. 485).

III. Begriff der Aufsichtsbeschwerde

Die Aufsichtsbeschwerde ist das Mittel, mit dem die Aufsichtsbehörde veranlasst wird, von ihrer Aufsichts- und Disziplinargewalt Gebrauch zu machen (GULDENER, Zivilprozessrecht, S. 538; ZR 25 Nr. 192 S. 308). Der Antrag geht auf die Behebung eines Missstandes, eventuell auf administrative Ahndung, nicht aber auf Korrektur einer getroffenen materiellen Entscheidung. Gegenstand der Aufsichtsbeschwerde können Akte der Justizverwaltung sowie Rechtsverweigerung, Rechtsverzögerung (im noch verbleibenden Umfang, s. vorn N. 1) und Verletzung von Amtspflichten sein.

IV. Abgrenzung der Aufsichtsbeschwerde gegenüber der Kostenbeschwerde und den Rechtsmitteln

Nach dem früheren kantonalen Verfahrensrecht mussten Kostenentscheide (d.h. die den Parteien auferlegten Gebühren und Kosten) mit der Aufsichtsbeschwerde i.S.v. § 206 i.V.m. §§ 108 ff. GVG angefochten werden, sofern sie allein beanstandet wurden. Wurden sie zusammen mit einem ordentlichen Rechtsmittel weitergezogen, so waren sie zusammen mit diesem anzufechten (ZR 93 Nr. 44, HAUSER/SCHWERI, GVG, § 108 N. 24 und § 206 N. 11). Dem eidgenössischen Prozessrecht ist diese Aufteilung des Rechtsmittelweges je nach Anfechtungsgegenstand fremd, und es sieht auch für Beschwerden, die sich allein gegen die Festsetzung (Bemessung) von Kosten und Entschädigungen richten, die Zuständigkeit der ordentlichen Beschwerdeinstanz (Obergericht) vor. Eine Beschwerde gemäss Art. 110 und 319 ff. ZPO gegen einen Entscheid eines oberen kantonalen Gerichts gibt es nicht. Somit steht gegen einen Beschluss einer obergerichtlichen Kammer über die Festsetzung von Kosten und Entschädigungen kein kantonales Rechtsmittel zur Verfügung (Beschluss der VK des Obergerichts vom 13.4.2011, VB 110009). Gleiches gilt für die Beschwerde nach Art. 393 StPO.

Die Beschwerde gemäss Art. 393 StPO ist auch zulässig gegen die von den Untersuchungsbehörden auferlegten Gebühren und Kosten (vgl. bisher ZR 93 Nr. 44). Gegenüber der Kostenfestsetzung durch ein Schiedsgericht ist die Beschwerde gemäss Art. 393 lit. f ZPO gegeben. Sie ist bei dem vom Sitzkanton des Schiedsgerichts bezeichneten Gericht einzureichen, sofern die Parteien in der Schiedsvereinbarung diese kantonale Beschwerdemöglichkeit ausdrücklich vereinbart haben (Art. 356 und 390 ZPO). Fehlt eine solche Vereinbarung, so ist die Beschwerde an das Bundesgericht möglich (Art. 389 ZPO).

9   Die Aufsichtsbeschwerde ist im Kanton Zürich kein Rechtsmittel. Das ergibt sich einerseits schon daraus, dass sie nicht das Prozessrechtsverhältnis der Zivil- oder Strafprozessparteien betrifft, sondern das Verhältnis zwischen einer Partei und dem Richter (ZBJV 71 S. 723); und anderseits daraus, dass sie auch ergriffen werden kann, wenn keine förmliche Entscheidung eines Gerichts ergangen ist (ZR 43 Nr. 32, 57 Nr. 19). Wenn eine materielle Entscheidung eines Richters (in der Hauptsache oder in einem Nebenpunkt) angefochten werden soll, haben die Betroffenen die ihnen hierfür zu Gebote stehenden Rechtsmittel zu ergreifen; die Aufsichtsbeschwerde ist in diesem Fall ausgeschlossen (ZR 59 Nr. 109; auch RO 1955 S. 30 Nr. 4).

10 Die Abgrenzung der Aufsichtsbeschwerde gegen prozessuale Rechtsmittel ist oft nicht einfach. Massnahmen der Prozessführung (auch Sistierungen) unterliegen in der Regel den prozessualen Rechtsmitteln. Sind diese ausgeschlossen, so ist in der Regel auch keine Aufsichtsbeschwerde gegeben. § 82 GOG nennt die Beschwerde gegen Amtspflichtverletzungen, also vor allem gegen Anordnungen, welche das Unterordnungsverhältnis des Bürgers gegenüber dem Gericht berühren, nicht aber bezüglich der Prozessführung als solcher.

11 Der Aufsichtsbehörde steht es nicht zu, die Gesetzmässigkeit der Rechtsprechung durchzusetzen. Rechtsprechungsakte dürfen grundsätzlich nur durch die rechtsprechende Gewalt im Rahmen der Rechtsmittel kontrolliert und korrigiert werden. Nur bei erwiesener Rechtsverweigerung und bei offensichtlich fehlerhafter Amtsausübung ist ein Eingreifen der Aufsichtsbehörde in die rechtsprechende Tätigkeit zulässig, sofern diese mit prozessualen Rechtsmitteln nicht anfechtbar ist (ZR 64 Nr. 18, 89 Nr. 44 E. 4). In solchen Fällen erhält die Aufsichtsbeschwerde den Charakter eines subsidiären Rechtsmittels, das es ermöglicht, materielle Entscheide anzufechten. Beispiel: Wenn ein amtlicher Befund zur Beweissicherung (vgl. Art. 153 und 158 Abs. 1 lit. b ZPO, Art. 195 Abs. 1 StPO) Feststellungen enthält, die mit den Tatsachen in offenkundigem Widerspruch stehen (ZR 79 Nr. 96). Dazu auch hinten Vorbemerkungen zu § 115 N. 8 und § 143 N. 9.

V. Ausgestaltung der Aufsichtsbeschwerde

1. Gerichtsbehörden

12 § 82 GOG bezieht sich ausschliesslich auf das Beschwerderecht gegenüber Organen der Rechtspflege. Auch Anordnung eines Einzelnen können zum Gegenstand der Aufsichtsbeschwerde gemacht werden.

13 Zum Beschwerderecht über Gemeindeammänner (zugleich Betreibungs- und Viehverschreibungsbeamte) und Notare (zugleich Konkursbeamte und Grundbuchführer)

s. vorn § 81 N. 3 ff. Zum Beschwerderecht der Kantonspolizei wegen Verweigerung der Rechtshilfe durch eine andere Behörde s. ZR 98 Nr. 23 E. II/3a.

2. Allgemeines Beschwerderecht

§ 132 alt GVG gewährte nach seinem Wortlaut die Beschwerde nur wegen Verweigerung oder Verzögerung der Rechtspflege. Schon unter dem damaligen Recht war aber anerkannt, dass diese Bestimmung sinngemäss ein allgemeines Beschwerderecht begründete (BAUHOFER, a.a.O., S. 31; GULDENER, Nichtigkeitsbeschwerde, S. 25; DERSELBE, Zivilprozessrecht, S. 538; HAUSER/HAUSER, Anm. II/2 zu § 132 alt GVG). Das GOG bringt (wie auch schon § 108 GVG) dieses allgemeine Beschwerderecht dadurch deutlich zum Ausdruck, dass es die Beschwerde allgemein zulässt wegen Verletzungen von Amtspflichten. Die Beschwerde ist damit gegen alle Pflichtwidrigkeiten von Organen der Rechtspflege gegeben, wenn diese gegen Parteien, Kollegen oder Mitarbeiter ein Verhalten an den Tag legen, das die guten Sitten oder den Anstand verletzt.

3. Die Beschwerdebegründung der Rechtsverweigerung und Rechtsverzögerung im Besonderen

Herkömmlicherweise wird zwischen formeller und materieller Rechtsverweigerung unterschieden. *Materielle Rechtsverweigerung* ist willkürliche Sachentscheidung; sie ist mit den Rechtsmitteln der ZPO und der StPO anzufechten. *Formelle Rechtsverweigerung* ist die Weigerung eines Gerichts oder Justizbeamten, eine ihm nach Gesetz obliegende Amtshandlung vorzunehmen, bzw. die ausdrückliche oder stillschweigende Ablehnung der Behandlung einer in seine Kompetenz fallenden Sache (BGE 81 I 118, 85 I 209, 86 I 10, 87 I 9, 107 Ib 164, 117 Ia 116 E. 3a). § 82 GOG bezieht sich nur auf die formelle Rechtsverweigerung.

Die Rechtsverzögerung ist die abgeschwächte Form der Rechtsverweigerung (BGE 119 Ia 237). Bei ihr besteht das gerügte Verhalten nicht in einer manifesten Weigerung, sondern in einem ungerechtfertigten Aufschub einer Amtshandlung. Sie ist gegeben, wenn das Gericht die Behandlung einer Sache über Gebühr verschleppt, d.h. ohne stichhaltigen Grund während längerer Zeit keine Prozesshandlung vornimmt. Ob ein Prozess innert angemessener Frist behandelt und erledigt wird, bemisst sich nach den Umständen des einzelnen Falles, insbesondere nach seiner Kompliziertheit, dem Verhalten der Parteien sowie der Bedeutung des Prozesses für die Betroffenen (HAEFLIGER, a.a.O., S. 117; EGMR in EuGRZ 1983 S. 482 ff. = SJZ 79 S. 327 f.). Ob das Beschleunigungsgebot verletzt worden ist, entscheidet sich aufgrund einer Gesamtwürdigung. Zeiten, in denen das Verfahren stillsteht, sind unumgänglich. Solange keine einzelne dieser Zeitspannen stossend wirkt, greift die Gesamtbetrachtung. Dass einzelne Verfahrenshandlungen hätten vorgezogen werden können, verletzt das Beschleunigungsgebot noch nicht (BGE 124 I 139). Beharrliche Verweigerung oder Verzögerung der Rechtspflege stellte bisher auch einen Ablehnungsgrund i.S.v. § 96 GVG dar.

Die Beschwerde wegen Rechtsverweigerung ist z.B.
- zulässig in einem Rechtshilfeverfahren, wenn der Richter die Zustellung des Arrestbefehls eines zuständigen deutschen Richters über ausschliesslich in Deutschland lie-

gende Vermögenswerte an den im Kanton Zürich wohnenden Arrestschuldner ohne zutreffenden Grund ablehnt (ZR 62 Nr. 71);
- nicht zulässig, wenn damit nur vorgebracht wird, der Vertreter der Gegenpartei besitze keine Zulassung als Anwalt und der Richter hätte ihn deshalb mit einer rekursfähigen Verfügung aus dem Prozess weisen müssen; es war Sache des Richters oder der zuständigen Untersuchungsbehörde, darüber zu wachen, dass § 10 aAnwG angewendet wurde; die Parteien konnten nur auf die Verletzung dieser Bestimmung aufmerksam machen, aber darüber keine rechtskräftige Verfügung verlangen (ZR 62 Nr. 70).

18 Lässt das Gericht einen Fall einfach liegen, ohne etwas vorzukehren, so ist dies (vorbehältlich des heute zulässigen prozessualen Rechtsmittels) mit der Rechtsverweigerungsbeschwerde zu rügen. Weigert es sich, auf den Fall einzutreten, und teilt es dies dem Betroffenen formlos (telefonisch oder mit gewöhnlichem Brief) mit, so ist dagegen ebenfalls die Rechtsverweigerungsbeschwerde gegeben. Erlässt es jedoch einen formellen Nichteintretensentscheid, so war dieser seit jeher mit einem prozessualen Rechtsmittel anzufechten (SJZ 63 S. 125 Nr. 59 = ZR 66 Nr. 37).

19 Zur Frage der Haftung des Gemeinwesens für Rechtsverzögerungen im Scheidungsprozess s. BGE 107 Ib 155 und 160.

4. Arten der Aufsichtsbeschwerde

20 Hinsichtlich der Rechtsnatur lassen sich zwei Arten der Aufsichtsbechwerde unterscheiden, je nachdem ob diese sich auf das Subordinationsverhältnis oder das besondere Gewaltverhältnis stützt. Im ersten Fall wird Beschwerde erhoben über das Verhalten einer Gerichtsbehörde oder eines Justizbeamten (Geschäftsführung), im zweiten gegenüber der Person des Amtsträgers. Die Erste wird im Schrifttum als sachliche Beschwerde, die Zweite als Disziplinarbeschwerde bezeichnet (GLAUSER, a.a.O., S 45 ff.; SAUTER, a.a.O., S. 16; VETSCH, a.a.O., S 27 ff.).

21 § 82 GOG nimmt auf diese Differenzierung nicht ausdrücklich Bezug, doch ist diese Einteilungsmethode auch für die zürcherische Aufsichtsbeschwerde wegleitend. Die früher gelegentlich verwendete Charakterisierung der Disziplinarbeschwerde als «Disziplinarklage gegenüber Pflichtwidrigkeiten des Beamten» (STRÄULI, 2. Aufl., Anm. 1 zu § 132 GVG; ZR 59 Nr. 109 S. 238) vermochte der Natur der Sache nicht völlig gerecht zu werden (ZR 42 Nr. 95 S. 268 a.E., 51 Nr. 51 S. 79). Nachdem das Personalgesetz das Disziplinarrecht mit Ausnahme des Verweises abgeschafft hatte (dazu Weisung des Regierungsrats vom 22.5.1996 zum Personalgesetz, S. 52), wird die bisherige Disziplinarbeschwerde als Gegensatz zur sachlichen Beschwerde wohl eher als administrative Beschwerde bezeichnet.

a) Sachliche Beschwerde

aa) *Begriff*

22 Mit der sachlichen Beschwerde wird von der zuständigen Aufsichtsbehörde die Aufhebung oder Abänderung einer tatsächlich oder vermeintlich unrechtmässigen oder unzweckmässigen Anordnung verlangt. Aus dem subjektiven Anspruch der Parteien auf

Rechtmässigkeit der staatlichen Verrichtungen folgt für die angegangene Aufsichtsinstanz die Verpflichtung, dem Beschwerdeführer zu antworten.

Die Sachbeschwerde bezieht sich auf eine Fehlbeurteilung durch den Justizbeamten. Diesbezüglich steht der Aufsichtsbehörde nur in einzelnen, keinem Rechtsmittel unterliegenden Fällen von offenbar unhaltbaren prozessleitenden Anordnungen oder Unterlassungen, namentlich in Bezug auf die formelle Einstellung des Verfahrens, eine Überprüfung gemäss § 82 GOG zu. Ist jedoch gegen den fraglichen Entscheid ein Rechtsmittel gegeben, so ist dieser der Überprüfung durch die Aufsichtsbehörde grundsätzlich entzogen (ZR 73 Nr. 6). 23

Die Sachbeschwerde hat wesentliche Züge eines Rechtsmittels im Justizverwaltungsrecht. Der Beschwerdeführer hat Anspruch auf einen begründeten Entscheid und dessen Mitteilung (Urteil der I. öffentlich-rechtlichen Abteilung des Bundesgerichts vom 13.5.1981, Nr. P 49/81). 24

bb) Anwendungsgebiet

Die sachliche Beschwerde kann grundsätzlich gegen alle Erlasse der unteren Gerichte ergriffen werden, welche diese in ihrer Eigenschaft als Justizverwaltungsbehörden in einem konkreten Streitfall gegenüber einer Prozesspartei getroffen haben und die mit keinem Rechtsmittel anfechtbar sind, nicht aber gegen Anordnungen genereller Natur und Akte der gerichtsinternen Organisation (SAUTER, a.a.O., S 30). 25

Für Beispiele des sachlichen Anwendungsgebietes der Aufsichtsbeschwerde nach früherem Recht s. HAUSER/SCHWERI, GVG, § 108 N. 22 ff. In vielen Bereichen übernimmt nunmehr die ordentliche (prozessrechtliche) Beschwerde gemäss ZPO bzw. StPO (z.B. Art. 135 Abs. 3 StPO) diese Funktion. 26

Während nach früherem Recht umstritten war, ob bzw. inwieweit die Tätigkeit des Friedensrichters mittels Aufsichts- bzw. Justizverwaltungsbeschwerde anfechtbar sei (näher dazu HAUSER/SCHWERI, GVG, § 108 N. 27), ist heute jedenfalls gegen End- und Zwischenentscheide des Schlichtungsbeamten die Beschwerde nach Art. 391 ZPO (an das Obergericht) zulässig. 27

Eine Ordnungsbusse, die von einer Kammer des Obergerichts im Rahmen sitzungspolizeilicher Massnahmen verhängt wurde, kann nicht mit Aufsichtsbeschwerde gemäss § 82 GOG beim Gesamtobergericht angefochten werden. Allgemein unterliegen Ordnungsbussenentscheide, die in einem Gerichtsverfahren ergehen, den besonderen Rechtsmittelvorschriften der fraglichen Gesetze (Art. 128 Abs. 4 ZPO, Art. 64 Abs. 2 StPO, dazu auch ZR 81 Nr. 70). 28

cc) Überprüfungsbefugnis

Durch das Aufsichtsrecht der Oberbehörde in Justizverwaltungssachen wird die durch Art. 73 KV gewährleistete Unabhängigkeit der unteren Gerichtsstellen hinsichtlich der Rechtsprechung nicht eingeschränkt. Dies gilt auch für die dem erstinstanzlichen Richter zustehende Prozessleitung. Die Prozessleitungsgewalt ist grundsätzlich der Überprüfung durch die Aufsichtsbehörde entzogen (ZR 46 Nr. 100). Auch eine Verweigerung oder Ver- 29 zögerung der Rechtspflege als Folge einer vom Richter als notwendig erachteten prozessleitenden Massnahme ist nur auf dem Rechtsmittelweg anfechtbar (SAUTER, a.a.O., S. 29 und 36; Beschluss der VK des Obergerichts des Kantons Zürich vom 26.6.1950 in Sachen B.G. gegen Bezirksgericht Z. und S.G.).

30 Auch wenn die Praxis des Obergerichts bei einzelnen prozessleitenden Verfügungen und Beschlüssen, die mit keinem Rechtsmittel anfechtbar waren, die Aufsichtsbeschwerde zuliess, so prüfte das Obergericht in allen diesen Fallen nicht die materielle Richtigkeit des angefochtenen Entscheids, sondern nur die Frage, ob die Auffassung des erstinstanzlichen Richters sich nicht als offensichtlich haltlos erweise (ZR 47 Nr. 102, 57 Nr. 19 S. 50 a.E.). Nur bei Bejahung dieser Frage greift somit das Obergericht aufgrund seiner Aufsichtsgewalt in die Prozessleitungsbefugnis des erstinstanzlichen Richters ein (s. auch ZR 46 Nr. 100 und 101), wobei es das Verbot der *reformatio in peius* zu beachten hat (ZR 78 Nr. 47).

31 Aus diesen Grundsätzen folgt, dass die Überprüfungsbefugnis der Aufsichtsbehörde nach § 82 GOG eine weit engere ist als diejenige der Rechtsmittelinstanzen und dass eine auf dem Rechtsmittelweg erfolglos angefochtene prozessleitende Massnahme grundsätzlich nicht mehr mit Beschwerde i.S.v. § 82 GOG angefochten werden kann. Wenn die Rechtsmittelinstanz einmal festgestellt hat, dass die angefochtene Massnahme richtig sei, liegt kein Grund zum Einschreiten der Aufsichtsbehörde mehr vor.

dd) Einstellung (Sistierung) des Verfahrens im Besonderen

32 Ein Verfahren kann eingestellt werden, wenn die in einem anderen Verfahren zu treffenden urteilsmässigen Feststellungen für die Entscheidung im eingestellten Verfahren von wesentlicher Bedeutung sein können (Art. 126 ZPO). Es bestand lange Zeit Unsicherheit darüber, ob gegen die Einstellung eines *Zivilprozesses* die Aufsichtsbeschwerde wegen Rechtsverzögerung oder die prozessualen Rechtsmittel zu ergreifen seien. Nach einem Entscheid des Kassationsgerichts (SJZ 63 S. 125 Nr. 59 = ZR 66 Nr. 37) und einem Meinungsaustausch mit den drei Zivilkammern sowie der Verwaltungskommission des Obergerichts legte sich die Praxis dahin fest, dass gegen die Verfügung oder den Beschluss einer Einstellung ein prozessuales Rechtsmittel zu erheben sei (ZR 66 Nr. 38).

33 Diese Rechtsprechung ist im Wesentlichen in die ZPO übernommen worden, wobei die Anordnung der Sistierung unabhängig vom Streitwert stets der Beschwerde unterliegt (Art. 126 Abs. 2 ZPO).

34 Raum für die Beschwerde nach § 82 GOG bleibt in Zivilsachen nur insofern, als Rechtsverweigerung oder Rechtsverzögerung zufolge Untätigkeit behauptet wird und nicht mittels Beschwerde nach ZPO gerügt werden kann (vgl. Art. 319 lit. c und 327 Abs. 4 ZPO).

35 Für die zeitweilige Einstellung des *Strafverfahrens* gelten sinngemäss dieselben Grundsätze (s. auch Art. 329 Abs. 2–4 StPO). Die Einstellung des Strafverfahrens bis zur Erledigung eines anderen Verfahrens stellt deshalb nur dann eine Verzögerung der Rechtspflege dar, wenn die Annahme, der eine Prozess sei für den anderen präjudiziell, offensichtlich haltlos ist (ZR 57 Nr. 19 und 138). Gemäss Art. 322 Abs. 2 StPO ist gegen erstinstanzliche Einstellungsentscheide die Beschwerde an das Obergericht zulässig (Art. 393 StPO).

b) Administrative Beschwerde

aa) Begriff

Die administrative Beschwerde steht hier für den früheren Begriff der Disziplinarbeschwerde. Diese beruhte auf der Disziplinargewalt, welche sich aus dem Beamtenverhältnis ergab. Alle Gerichtsstellen (wie auch die Verwaltungsbehörden) waren mit Disziplinarbefugnissen ausgestattet. Die Disziplinarstrafe war die Sanktion für die Verletzung von Dienstpflichten, und sie bezweckte die Sicherung dieser Pflichten. Das materielle Disziplinarstrafrecht des Kantons ist vor allem geregelt im Gesetz betreffend die Ordnungsstrafen vom 30.10.1866 (LS 312) sowie in verschiedenen anderen Gesetzen (s. die Zusammenstellung bei BOSSHART, Kommentar 1960, Anm. 3 zu § 74 VRG).

bb) Rechtliche Grundlagen

Durch das Personalgesetz vom 27.9.1998 wurde das frühere Disziplinarrecht (mit Ausnahme des Verweises nach §§ 30 PersG) abgeschafft, weil es entbehrlich wurde, nachdem die Staatsangestellten einem öffentlich-rechtlichen Dienstverhältnis unterstellt worden waren. Die Rechtsverweigerungs- und die Rechtsverzögerungsbeschwerden müssen als Rechtsbehelfe aber weiterhin bestehen bleiben.

Versetzung und *Verweis* sowie *finanzielle Sanktionen* (Lohnkürzung) sind ohne Disziplinarverfahren im Rahmen der Mitarbeiterbeurteilung möglich (§§ 29 Abs. 2 und 30 PersG). Als präventive Massnahme kann der Angestellte gemäss § 29 Abs. 1 PersG *vorsorglich im Amt eingestellt* werden. Rechtfertigte nach früherem Recht ein bestimmtes Verhalten die disziplinarische Entlassung (dazu ZR 39 Nr. 94; BAUHOFER, a.a.O., S. 31), so genügt dieses Verhalten heute für eine *fristlose Entlassung* oder eine *Kündigung* (Weisung des Regierungsrats vom 22.5.1996 zum Personalgesetz, S. 52). Für strafrechtlich relevantes Verhalten der Angestellten steht schliesslich das *Strafverfahren* zur Verfügung, das ein parallel verlaufendes Disziplinarverfahren überflüssig machen kann. Der Rechtsschutz des Angestellten ist hinreichend gewährleistet durch sein Anhörungsrecht (§ 31 PersG), den Kündigungsschutz (§§ 18 ff. PersG), die Entschädigungsregelung (§ 18 Ab. 3 PersG) und die Möglichkeit des Weiterzugs personalrechtlicher Entscheide an das Verwaltungsgericht (§ 33 PersG, §§ 41 ff. VRG). Muss ein Staatsangestellter sich gegen ungerechtfertigte Vorwürfe wegen Dienstpflichtverletzungen zur Wehr setzen, so gewährt ihm § 32 PersG ein Recht auf Schutz vor ungerechtfertigten Angriffen (von aussen wie auch von innen, z.B. Mobbing), wobei dieses Recht auch den Anspruch auf Durchführung einer Administrativuntersuchung einschliesst. Der Schutz vor sexuellen Belästigungen wird durch § 135 VVO zum Personalgesetz vom 19.5.1999 (LS 177.111) gewährleistet.

Verweis und Ermahnung sollen nach der neuen Regelung im Rahmen der Führung und Mitarbeitergespräche erfolgen; besondere gesetzliche Bestimmungen sind hierfür nicht erforderlich (Weisung des Regierungsrats vom 22.5.1996 zum Personalgesetz, S. 55). Die Zuweisung des Prozesses an einen anderen Referenten oder eine andere Gerichtsabteilung, d.h. die Befreiung eines Richters von einem bestimmten Fall, kann sich dahin auswirken, dass sie zu einer erhöhten Belastung eines Kollegen bzw. eines Kollegiums und zu einer Verzögerung des Verfahrens führen kann. Von einer Umteilung ist deshalb nur bei Vorliegen schwerwiegender Umstände Gebrauch zu machen.

40 Zum Teil wurden durch das Personalgesetz disziplinarische Bestimmungen anderer Gesetze aufgehoben (§ 57 PersG). Dabei muss indessen beachtet werden, dass es den Gemeinden und anderen Körperschaften freigestellt bleibt, ob sie für sich ihr Disziplinarrecht beibehalten wollen oder nicht, was für Friedensrichter und Gemeindeammänner von Bedeutung ist. Es braucht daher weiterhin disziplinarrechtliche Bestimmungen in verschiedenen Gesetzen, namentlich im Ordnungsstrafengesetz (LS 312) und im VRG (Weisung des Regierungsrats vom 22.5.1996 zum Personalgesetz, S. 55).

41 Andererseits bleiben auch ausserhalb des Geltungsbereichs des Personalgesetzes disziplinarrechtliche Bestimmungen des Bundes in Kraft, insbesondere auf dem Gebiet des Betreibungs- und Konkursrechts (Art. 14 Abs. 2 SchKG) sowie für die vom Notariat besorgte Grundbuchverwaltung (Art. 957 ZGB). Bei der Anwendung von Art. 14 SchKG ist jedoch zu beachten, dass diese Bestimmung einzig das Disziplinarrecht der Angestellten der Betreibungs- und Konkursverwaltung betrifft.

42 Die Mitglieder des Regierungsrats, des Obergerichts, des Sozialversicherungs- und des Verwaltungsgerichts unterstehen nicht dem Personalgesetz (§ 1 Abs. 3 PersG); *e contrario* unterstehen ihm die Bezirksrichter. Die nebenamtlichen Mitglieder der Gerichtsbehörden unterstehen dem Personalgesetz nur, soweit der Regierungsrat dies durch Verordnung bestimmt (§ 2 PersG). Das Ordnungsstrafengesetz ist nicht anwendbar auf Personen, die dem Personalgesetz unterstehen (§ 1 Abs. 2 Ordnungsstrafengesetz). Daraus folgt, dass die (dem Personalgesetz unterstehenden) Bezirksrichter nicht nach Ordnungsstrafengesetz zur Verantwortung gezogen werden können, wohl aber die (dem Personalgesetz nicht unterstehenden) Oberrichter. Als Sanktionen gemäss Ordnungsstrafengesetz fallen Verweis und Busse in Betracht. Die nicht vom Volk gewählten Beamten und Angestellten können überdies in ihren dienstlichen Verrichtungen für die Dauer von höchstens zwei Monaten eingestellt werden (§ 4 Ziff. 3 Ordnungsstrafengesetz). Behördenmitglieder und Angestellte, gegen die wegen eines Vergehens eine Strafuntersuchung eröffnet wird, können bis zur Erledigung des Strafverfahrens von ihrer Wahlbehörde oder, wenn sie vom Volk gewählt sind, von ihrer Aufsichtsbehörde in ihren dienstlichen Verrichtungen eingestellt werden (§ 4 Abs. 2 Ordnungsstrafengesetz). Für Massnahmen der geschilderten Art gegenüber Oberrichtern ist der Kantonsrat (als Wahlbehörde) Aufsichtsbehörde (§ 79 GOG).

cc) *Wesen der administrativen Beschwerde*

43 Die administrative Beschwerde bezweckt weder die Aufhebung noch die Abänderung einer unrechtmässigen oder unzweckmässigen Anordnung, sondern sie zielt auf die Person des Amtsträgers ab. Ihrem Wesen nach ist sie nichts anderes als eine Anzeige (ZR 35 Nr. 31 a.E.), mit der auf ein ordnungs- oder rechtswidriges Verhalten eines Justizfunktionärs hingewiesen wird, das eine Pflichtverletzung darstellt (ZR 73 Nr. 74, 86 Nr. 78 E. III). Diese kann entweder eine Saumseligkeit (d.h. eine Unterlassung pflichtgemäss beförderlichen Handelns und somit ein schuldhafterweise zu geringer persönlicher Einsatz) oder ein ungehöriges (vorwiegend subjektiv betontes und somit zu weit gehendes persönlich bestimmtes) Handeln sein. Die Anzeige verpflichtet die angerufene Aufsichtsbehörde nicht zum Eingreifen, kann sie aber dazu veranlassen (ZR 35 Nr. 143, 44 Nr. 17; GB RR 1960 S. 358 Nr. 4; ZBl 63 S. 467). Berechtigt zur Anzeige ist jedermann, der daran

ein rechtlich geschütztes Interesse hat (ZR 35 Nr. 31, auch 27 Nr. 171). Zur Beschwerde gegen Friedensrichter s. ZR 86 Nr. 78.

Die Ahndung von Ordnungsfehlern ist Sache des pflichtgemässen Ermessens der Aufsichtsbehörde. Das Verfahren wird weitgehend nicht vom Legalitäts-, sondern vom Opportunitätsprinzip beherrscht; die notwendige Massnahme wird nach dem Grundsatz der Zweckmässigkeit angeordnet, muss aber in einem angemessenen Verhältnis zur Art und Schwere der begangenen Dienstpflichtverletzung stehen (Verhältnismässigkeit im weiteren Sinn) und sich auch an der Zumutbarkeit für den Betroffenen orientieren (Verhältnismässigkeit im engeren Sinn). Im Rahmen dieser Grundsätze steht der Behörde bei der Festsetzung der Massnahme ein weiter Ermessensspielraum zu. Sie hat dabei vor allem zu berücksichtigen: 44

– in objektiver Hinsicht: die Schwere der begangenen Dienstpflichtverletzung und
– in subjektiver Hinsicht: das Verschulden des Fehlbaren, seine Stellung, seine persönlichen Verhältnisse, seine Massnahmenempfindlichkeit, sein bisheriges Verhalten und seine Beweggründe.

Dem Anzeigeerstatter steht kein subjektives Recht auf Bestrafung des Verzeigten zu. Er hat nach Lehre und Rechtsprechung auch kein Beschwerderecht, wenn die Aufsichtsbehörde von einer Massnahme absieht. Eine Beschwerde kann allein vom Betroffenen ergriffen werden (ZR 44 Nr. 17 und 88, 45 Nr. 15, 73 Nr. 6, 86 Nr. 89 E. III). 45

dd) *Verfahren*

Es gelten die Bestimmungen des § 83 GOG. 46

VI. Einschreiten der Aufsichtsbehörde von Amtes wegen

Erfährt die Aufsichtsbehörde auf irgendeinem Wege von einer Amtspflichtverletzung einer ihr unterstellten Behörde, so ist sie berechtigt und verpflichtet, von Amtes wegen einzuschreiten. Ein blosses Gerücht oder eine vage Vermutung über eine begangene Amtspflichtverletzung muss sie noch nicht zum Einschreiten bewegen, wohl aber ein dringender Verdacht, dass eine Amtspflichtverletzung begangen worden sei. Je schwerwiegender die vermutete Amtspflichtverletzung ist, umso eher muss von der Aufsichtsbehörde ein Einschreiten von Amtes wegen verlangt werden. 47

VII. Befugnisse des Ombudsmanns

Der Ombudsmann prüft, ob die Behörden nach Recht und Billigkeit verfahren (§ 89 VRG). Seiner Überprüfung unterliegen die Gerichte aber nur insoweit, als sie sich im Bereich der Justizverwaltung bewegen, nicht auch hinsichtlich der Rechtsprechung (§ 90 lit. b VRG). Zum Verfahren vor dem Ombudsmann s. §§ 87 ff. VRG. 48

§ 83 *Verfahren*

¹ Die Aufsichtsbeschwerde ist innert zehn Tagen seit Kenntnisnahme der Amtspflichtverletzung schriftlich einzureichen. Sie hat einen Antrag und eine Begründung zu enthalten.

² Die Aufsichtsbehörde stellt die Aufsichtsbeschwerde, wenn sie sich nicht sofort als unbegründet erweist, den Betroffenen zur schriftlichen Vernehmlassung und weiteren beteiligten Personen zur schriftlichen Beantwortung zu.

³ Die Aufsichtsbehörde untersucht den Sachverhalt von Amtes wegen. Die Vorschriften der Zivilprozessordnung, insbesondere über das Beweisverfahren, sind sinngemäss anwendbar.

Inhaltsübersicht	N.
I. Vorbemerkungen	1
II. Gegenstand der Aufsichtsbeschwerde	3
III. Funktionelle Zuständigkeit der Aufsichtsbehörden	4
IV. Legitimation	5
V. Verfahrensbestimmungen	8
1. Fristen	8
2. Schriftlichkeit	12
3. Vernehmlassung	17
4. Aufschiebende Wirkung	19
5. Beweisverfahren	20
6. Anwendbares Recht	21
7. Kosten- und Entschädigungsfolgen	22
VI. Erledigung des Verfahrens, Folgen	24
VII. Zum betreibungsrechtlichen Beschwerdeverfahren	27

I. Vorbemerkungen

1 Das Beschwerdeverfahren ermangelt einer eingehenden Regelung. § 83 GOG begnügt sich mit der Aufstellung weniger Grundsätze, die er im Wesentlichen von § 109 GVG übernommen hat, und überlässt die weitere Ausgestaltung der Praxis.

2 Die Aufsichtsbeschwerde richtet sich nicht gegen eine am Rechtsstreit beteiligte Person, sondern gegen die Geschäftsführung eines Gerichts oder einer Behörde. Sie führt deshalb zu einem Verfahren, in dem sich der Beschwerdeführer und der Amtsträger (Justizbeamter oder Gerichtsabteilung als Beschwerdebeklagte oder Beschwerdegegner) gegenüberstehen. Der Prozessgegner besitzt (wenn überhaupt) nur die Stellung eines Beigeladenen (GULDENER, Zivilprozessrecht, S. 538; DERSELBE, Die Beiladung, insbesondere im Bundeszivilprozess, in: Festschrift für H. Fritzsche, Zürich 1952, S. 25 ff.).

II. Gegenstand der Aufsichtsbeschwerde

Gegenstand der Beschwerde sind Rechtsverweigerungen und Rechtsverzögerungen (soweit nicht von der Beschwerde gemäss ZPO und StPO erfasst; s. § 82 N. 7 ff.) sowie andere Verletzungen von Amtspflichten. Gegen eine briefliche Mitteilung einer Gerichtsbehörde ist ein Rekurs nicht statthaft, doch kann in einer solchen Mitteilung eine Rechtsverweigerung liegen, gegen welche Beschwerde geführt werden kann (ZR 43 Nr. 32, 57 Nr. 19). 3

III. Funktionelle Zuständigkeit der Aufsichtsbehörden

Zuständig zur Behandlung von Aufsichtsbeschwerden ist die dem Gericht bzw. dem Angestellten unmittelbar übergeordnete Instanz (§ 82 GOG). Wer Aufsichtsbehörde ist, ergibt sich aus den §§ 79–81 GOG. 4

IV. Legitimation zur Aufsichtsbeschwerde

Zur Einreichung einer Beschwerde sind in erster Linie die Parteien selbst sowie ihre gesetzlichen Vertreter legitimiert. Voraussetzung ist eine Beschwerung bzw. ein rechtlich geschütztes Interesse an der Beschwerdeführung. 5

Die Beschwerdelegitimation steht auch Dritten zu, welche am Prozess zwar nicht als Parteien teilnehmen, aber in diesem involviert sind und durch eine Amtshandlung des Richters (z.B. durch ungehörige Behandlung oder verletzende Äusserungen) in ihren Rechten verletzt wurden, wie z.B. Zeugen, Sachverständige, Nebenintervenienten, disziplinarisch Bestrafte u.s.w. (BAUHOFER, a.a.O., S. 301). Enthält ein Urteil beleidigende Äusserungen über einen Dritten, so steht diesem die Beschwerde gegen diejenigen Gerichtsmitglieder zu, welche für die Äusserungen verantwortlich sind (ZR 27 Nr. 171 S. 337 a.E., 30 Nr. 111 S. 214). Behauptet ein Dritter zwar ein Interesse an einem rechtlichen Verfahren, ist er an diesem aber nicht beteiligt, so steht ihm die Rechtsverweigerungsbeschwerde nicht zu, wenn ihm die betreffenden Entscheide nicht zugestellt werden (ZR 52 Nr. 95). 6

Justizbeamte haben keine Beschwerdemöglichkeit gegen einen Beschluss der Aufsichtsbehörde, durch den ihnen Anweisungen erteilt wurden (RO 1890 Nr. 65, 1891 Nr. 46). 7

V. Verfahrensbestimmungen

1. Fristen

Die im Gesetz erwähnte zehntägige Beschwerdefrist gilt nur, wenn ein bestimmter Entscheid oder eine bestimmte Amtspflichtverletzung angefochten werden soll. Beschwerden wegen Rechtsverweigerung oder Rechtsverzögerung gehören nicht dazu (s. auch Art. 396 StPO und Art. 17 Abs. 3 SchKG), weil in solchen Fällen nicht genau festgelegt werden kann, wann die Rechtsverweigerung oder Rechtsverzögerung beginnt. Wenn die Beschwerdeerhebung in solchen Fällen nicht an eine Frist gebunden ist, so heisst dies an- 8 dererseits nicht, dass sie zeitlich unbegrenzt zulässig sei. Sie ist nur so lange gegeben, als ein rechtliches Interesse daran besteht (vgl. § 109 Abs. 1 Satz 2 GVG). Der Beschwerdeführer muss im Zeitpunkt der Beschwerdeerhebung also noch ein schützenswertes Interesse besitzen.

9 Holt das Gericht nachträglich während des Beschwerdeverfahrens die seinerzeit versäumte und jetzt gerügte Handlung nach, so entfällt das schützenswerte Interesse mit der Folge, dass das Verfahren insoweit gegenstandslos wird (BGE 125 V 374 E. 1). Subsidiär bleibt die Möglichkeit, dem Verantwortlichen einen Verweis nach § 30 PersG zu erteilen.

10 Die Fristberechnung erfolgt nach Art. 142 ZPO bzw. Art. 90 StPO. Die zehntägige Frist ist eine gesetzliche Frist. Wird sie versäumt, so begibt sich der Beschwerdeführer seines Beschwerderechts (vorbehältlich der Wiederherstellung der Frist i.S.v. Art. 148 ZPO bzw. Art. 94 StPO). Ob die Beschwerde rechtzeitig eingereicht worden sei, prüft die Aufsichtsbehörde von Amtes wegen.

11 Nach Art. 145 ZPO stehen die gesetzlichen und richterlichen Fristen während der Gerichtsferien still, ausgenommen im Schlichtungsverfahren und im summarischen Verfahren. Nach einem Entscheid des Obergerichts vom 30.6.2011 (NF 110028-O) haben die Gerichtsferien auch keine Geltung für die Rechtsmittel gegen familienrechtliche Entscheide der Bezirksräte (§§ 187 ff. GOG) und für das Verfahren der fürsorgerischen Freiheitsentziehung. Dasselbe gilt für das SchKG-Verfahren vor den kantonalen Behörden (Art. 20a Abs. 3 SchKG; ZR 110 Nr. 78; dazu auch hinten N. 27).

2. Schriftlichkeit

12 Als Formerfordernis der Aufsichtsbeschwerde nennt § 83 GOG die Schriftlichkeit. Nach der früheren zürcherischen Praxis (SJZ 52 S. 364) musste die Beschwerdeschrift vom Beschwerdeführer oder dessen Vertreter handschriftlich unterzeichnet sein. § 83 Abs. 3 GOG erklärt indessen die Vorschriften der ZPO als sinngemäss anwendbar. Nach Art. 130 ZPO können die Parteien ihre Eingaben dem Gericht nicht nur in Papierform, sondern auch elektronisch übermitteln, wobei die elektronische Übermittlung vom Absender mit einer anerkannten elektronischen Signatur versehen werden muss und das Gericht verlangen kann, dass die Eingabe in Papierform nachgereicht werde. Das Fehlen der (handschriftlichen oder elektronischen) Unterschrift ist ein heilbarer Mangel, zu dessen Verbesserung der Vorsitzende eine kurze Frist anzusetzen hat, jedenfalls dann, wenn die Unterschrift noch innerhalb der Frist zur Einreichung der Rechtsschrift nachgebracht werden kann (Art. 132 ZPO; ZR 60 Nr. 81 = SJZ 56 S. 161).

13 Die Beschwerde muss einen Antrag und dessen Begründung enthalten. Nach der Praxis genügt die Beschwerdeschrift den Formerfordernissen auch dann, wenn ein ausdrücklicher und präziser Antrag fehlt, ein solcher sich aber durch die Auslegung der Beschwerdebegründung gewinnen lässt (ZR 47 Nr. 72).

14 Einzureichen ist die Beschwerde bei der zuständigen Aufsichtsbehörde. Beschwerden, die irrtümlich (aber rechtzeitig) an eine andere zürcherische Gerichts- oder Verwaltungsstelle gerichtet werden, gelten als rechtzeitig und sind von Amtes wegen (zumal die ZPO und deren Art. 63 ZPO bloss sinngemäss gelten) an die zuständige Stelle weiterzuleiten (so bisher § 194 GVG).

Die Beschwerde muss nicht ausdrücklich als solche bezeichnet werden. Eine irrtümliche oder unzutreffende Benennung (z.B. als Rekurs oder Appellation) schadet nicht. Eine objektiv unrichtige Rechtsmittelbelehrung gereicht einer Partei, die den ihr zugestellten Entscheid zum Ausgangspunkt für ein Rechtsmittel nehmen durfte, nicht zum Nachteil. Sofern die Eingabe die Formerfordernisse von § 83 GOG erfüllt, ist ein ursprünglich als Berufung entgegengenommenes Geschäft als Beschwerde weiterzubehandeln (ZR 46 Nr. 169 S. 340 f.). 15

Zweckmässigerweise ist die Beschwerde im Doppel einzureichen. Richtet sie sich gegen einen schriftlich mitgeteilten Entscheid, soll dieser im Original beigelegt werden; andernfalls ist genau anzugeben, gegen welche Handlung sich die Beschwerde richtet. 16

3. Vernehmlassung

Erweist sich die Beschwerde als offensichtlich unbegründet oder unzulässig, so kann sie sofort durch Abweisung bzw. Nichteintreten erledigt werden. Erweist sie sich nicht als offensichtlich unbegründet, so wird sie den «Betroffenen» zur schriftlichen Vernehmlassung zugestellt. Der Begriff «Betroffene» umfasst einzelne Justizpersonen wie auch Behörden (W.RR S. 121). Den Beschwerdebeklagten wird damit die Möglichkeit zur Stellungnahme und Rechtfertigung gegeben. Mit der Vernehmlassung sind der Aufsichtsbehörde die vollständigen Akten (einschliesslich Empfangsscheine) einzusenden. 17

Das Gesetz sieht nicht vor, dass auch dem Prozessgegner Gelegenheit zur Vernehmlassung gegeben werden muss. Auf dessen Gegenbemerkungen kann verzichtet werden, wenn das gerügte Verhalten eines Gerichts oder einer Justizperson für den Prozessgegner ohne Bedeutung ist. Sofern ihn der Entscheid aber in seinen Interessen beeinträchtigen kann, ist die Beschwerdeschrift auch ihm zur freigestellten Beantwortung zuzustellen. 18

4. Aufschiebende Wirkung

Die Aufsichtsbeschwerde besitzt Devolutiveffekt, aber keinen Suspensiveffekt. Auf ausdrückliches Gesuch hin kann ihr aufschiebende Wirkung zuerkannt werden, sofern die Anfechtung nicht von vornherein als unbegründet erscheint und der Gesuchsteller an der Erteilung der aufschiebenden Wirkung ein wesentliches Interesse nachzuweisen vermag. 19

5. Beweisverfahren

Nach § 83 Abs. 3 GOG finden auf das Beschwerdeverfahren die Vorschriften der ZPO, insbesondere jene über das Beweisverfahren (Art. 150 ff. ZPO), sinngemäss Anwendung. Zeugeneinvernahmen sind deshalb (im Gegensatz zum Verfahren vor den Verwaltungsbehörden nach § 7 Abs. 1 VRG) zulässig. Der der Beschwerde zugrunde liegende Sachverhalt ist von Amtes wegen abzuklären (BGE 112 III 79 = Pr 76 Nr. 192). Nach einem Entscheid des Obergerichts vom 24.11.2011 (OGer ZH LF110100) handelt es sich beim Verfahren der Aufsichtsbeschwerde (namentlich in erbrechtlichen Angelegenheiten) um ein dem *summarischen Verfahren* nahestehendes Verfahren; dem steht die Geltung der Untersuchungsmaxime nicht entgegen. Der Grundsatz des rechtlichen Gehörs ist in jedem Fall zu beachten (Art. 53 ZPO; dazu BGE 76 I 180). 20

6. Anwendbares Recht

21 Nach § 83 Abs. 3 GOG finden die Vorschriften der ZPO (als subsidiäres kantonales Recht) nur «sinngemäss», d.h. nicht in jedem Fall und nicht wörtlich, Anwendung. Welche anderen Maximen als subsidiäre Rechtsquelle herangezogen werden sollen, bestimmt sich nach dem Sinn und Zweck der Beschwerde. Wenn sich z.B. zwei Amtsstellen in einem Streit um die Rechtshilfe in Strafsachen gegenüberstehen, so handelt es sich vorab um eine Angelegenheit des öffentlichen Rechts, in der im Beschwerdeverfahren nicht die Bestimmungen der ZPO, sondern jene des VRG analog anzuwenden sind (ZR 98 Nr. 23 E. II/2). Zuständig ist in diesem Fall die strafrechtliche Aufsichtsbehörde.

7. Kosten- und Entschädigungsfolgen

22 Wenn gemäss § 83 Abs. 2 GOG die Bestimmungen der ZPO sinngemäss Anwendung finden, ist auch Art. 106 ZPO zu beachten, wonach die unterliegende Partei in der Regel kosten- und entschädigungspflichtig wird. Das gilt auch im Grundbuchbeschwerdeverfahren (ZR 84 Nr. 47).

23 Den Justizpersonen, gegen deren amtliche Tätigkeit eine Beschwerde erhoben wurde, dürfen indessen weder Gebühren noch Auslagen auferlegt werden (Art. 116 ZPO i.V.m. § 200 lit. b GOG).

VI. Erledigung des Verfahrens, Folgen

24 Der Beschwerdeentscheid ergeht in der Form eines Beschlusses, aufgrund der ergangenen Schriftsätze, der Akten und eines allfälligen Beweisverfahrens. Wird die Beschwerde ganz oder teilweise als begründet erklärt, so sind die Rechtsfolgen festzulegen. Die Beschwerdeinstanz kann z.B.

- den Prozess einem andern Einzelrichter, einem andern Referenten oder einer andern Abteilung zuweisen oder
- die fehlbare untere Instanz bzw. deren Beamten zur Pflichterfüllung ermahnen, ihm einen Verweis erteilen oder personalrechtliche Massnahmen nach den §§ 22–24 und 29 PersG ergreifen oder
- die angefochtene Amtshandlung aufheben oder berichtigen oder
- den Vollzug von Handlungen anordnen, deren Vornahme die beschwerdebeklagte Amtsstelle oder deren Beamte unbegründeterweise verweigert oder verzögert haben (s. Art. 21 SchKG).

25 Die Aufsichtsbeschwerde kann nur gutgeheissen werden, wenn der mit ihr beantragte Zustand durch die Amtsgewalt, die der beschwerdebeklagten Amtsstelle zur Verfügung steht, hergestellt werden kann. Kann die angefochtene Entscheidung auf dem Beschwerdeweg nicht rückgängig gemacht werden, ist die Beschwerde ausgeschlossen (ZR 25 Nr. 192).

Im Rahmen der Beschwerde nach Art. 319 lit. c ZPO kann das Gericht der unteren Instanz eine Frist zur Behandlung der Sache ansetzen (Art. 327 Abs. 4 ZPO; s. auch Art. 397 Abs. 4 StPO). 26

VII. Zum betreibungsrechtliches Beschwerdeverfahren

Die Aufsicht über die Betreibungs- und Konkursämter liegt im Kanton Zürich seit jeher bei den Gerichten (Bezirksgerichte und Obergericht, § 17 EG SchKG). Gemäss § 18 EG SchKG richten sich das Verfahren und der Weiterzug bei der Beschwerde gemäss Art. 17 SchKG nach den §§ 83 f. GOG. Weil die gerichtliche Zuständigkeit nicht von Bundesrechts wegen vorgeschrieben wird, ist die ZPO auf dieses Verfahren nicht unmittelbar anwendbar (Art. 1 lit. c ZPO; anders, wo das SchKG die Gerichtsbarkeit vorschreibt). Immerhin sieht Art. 20a SchKG für das Verfahren vor den Aufsichtsbehörden einige prozessuale Grundsätze vor. So ist der Sachverhalt von Amtes wegen festzustellen (Abs. 2 Ziff. 2, ebenso § 83 Abs. 3 Satz 1 GOG), und grundsätzlich darf die Aufsichtsbehörde nicht über die Anträge der Parteien hinausgehen (Abs. 2 Ziff. 3). Das Verfahren ist ferner unter Vorbehalt böswilliger oder mutwilliger Prozessführung kostenlos (Abs. 2 Ziff. 5). 27

Mit dem Inkrafttreten des GOG wurde § 18 EG SchKG angepasst, und es wird auf §§ 83 ff. GOG verwiesen, womit insofern die Bestimmungen der ZPO über das Beweisverfahren und das zivilprozessuale Beschwerdeverfahren (Art. 319 ff.) gleichwohl sinngemäss (und als kantonales Recht) anwendbar sind (§§ 83 Abs. 3 a.E., § 84 Satz 2 GOG; s. auch § 81 N. 26 ff. und ZR 110 Nr. 78). Ebenfalls anwendbar sind insofern die übergangsrechtlichen Bestimmungen (Art. 404 f. ZPO, OGer ZH PS110019 vom 21.2.2011, E. 2). 28

Die Frist von zehn Tagen zur allfälligen Beschwerdeantwort vor unterer wie auch oberer Aufsichtsbehörde ist eine gesetzliche und somit nicht erstreckbar (ZR 110 Nr. 92). 29

> **§ 84 *Weiterzug***
>
> **Gegen Beschwerdeentscheide der Bezirksgerichte kann innert zehn Tagen seit der Mitteilung Aufsichtsbeschwerde beim Obergericht erhoben werden. Art. 319 ff. ZPO sind sinngemäss anwendbar.**

Gemäss § 84 GOG, der im Wesentlichen § 110 GVG übernimmt, können Beschwerdeentscheide der Bezirksgerichte innert 10 Tagen mit der Aufsichtsbeschwerde an das Obergericht weitergezogen werden. Dieses übt die ihm auf dem Gebiet der Justizverwaltung übertragenen Funktionen letztinstanzlich aus (vorbehalten bleibt § 41 VRG, s. nachfolgend N. 3). Intern hat es seine Kontrollfunktionen an die Verwaltungskommission übertragen (§ 18 VOG; ZR 64 Nr. 16). Nur ausnahmsweise können deren Entscheide mit Beschwerde angefochten werden (ZBl 63 S. 467). Immerhin können die von der Verwaltungskommission im Rahmen ihrer Zuständigkeit gefassten erstinstanzlichen Beschlüsse mit Rekurs an die obergerichtliche Rekurskommission weitergezogen werden (§ 19 Abs. 1 VOG, LS 212.51). Nach Art. 93 Abs. 1 lit. a BGG können letztinstanzliche 1

§ 85

Vor- und Zwischenentscheide beim Bundesgericht angefochten werden, wenn sie für den Betroffenen einen nicht wiedergutzumachenden Nachteil zur Folge haben.

2 Eine Ordnungsbusse, die von einer Kammer des Obergerichts im Rahmen ihrer sitzungspolizeilichen Massnahmen verhängt worden ist, kann nicht mit Aufsichtsbeschwerde beim Gesamtgericht angefochten werden. Allgemein unterliegen Ordnungsbussenentscheide, die in einem gerichtlichen Verfahren aufgrund der ZPO oder der StPO ergehen, den besonderen Rechtsmittelvorschriften dieser Gesetze (vgl. ZR 81 Nr. 70). Werden indessen in einem solchen Fall nur Gebühren und Kosten angefochten, so kann dies mit Beschwerde nach § 82 GOG geschehen (vgl. ZR 64 Nr. 16).

3 Vom Grundsatz, dass Beschwerdeentscheide des Obergerichts in der Regel nicht weiterziehbar sind, gibt es eine Ausnahme. Soweit diese Entscheide die eingreifendsten Massnahmen zum Gegenstand haben (vorzeitige Entlassung, Einstellung im Amt und Versetzung ins provisorische Dienstverhältnis), können sie mit Beschwerde beim Verwaltungsgericht angefochten werden (§ 33 PersG und §§ 41 ff. VRG).

4 Gilt im Beschwerdeverfahren das *Verbot der reformatio in peius?* Die Beantwortung dieser Frage hängt davon ab, ob das Gericht kraft Aufsichtsrecht von Amtes wegen gegen Missstände eingreifen darf und muss oder ob es auf Antrag von privater Seite über Parteiinteressen zu entscheiden hat. Im ersten Fall gilt das erwähnte Verbot nicht, im zweiten (z.B. in einem kantonalen Beschwerdeverfahren, wenn es um die zwangsweise Durchsetzung eines richterlichen Ausweisungsbegehrens geht) muss es beachtet werden (ZR 78 Nr. 47).

§ 85 *Anwendung auf andere Verfahren*

Die §§ 83 und 84 sind auf Beschwerdeverfahren anwendbar, die auf anderen kantonalen oder auf eidgenössischen Erlassen beruhen, soweit diese eine Aufsicht durch richterliche Behörden vorsehen und nicht eigene Verfahrensvorschriften enthalten.

1 § 85 GOG übernimmt § 111 GVG. Die Beschwerdeverfahren, auf die hier verwiesen wird, sind fast durchwegs solche, bei denen die Amtsführung der handelnden Instanz gleichzeitig mit deren Entscheid zur Sache angefochten wird, was insbesondere bei SchKG- und Grundbuchbeschwerden zutrifft (dazu Art. 17 SchKG und vorn § 81 N. 27, 31 und 32).

2 Zur Beschwerdelegitimation s. BGE 112 III 75 (bei Abweisung einer Grundbuchanmeldung s. insbesondere ZR 80 Nr. 26).

5. Teil
Strafverfolgungsbehörden

1. Abschnitt: Allgemeine Bestimmungen

Vorbemerkungen

Literatur

ARN/KUHN, Inkrafttreten der Strafprozessordnung: auf dem Weg zu einer Vereinheitlichung der Organisation der Strafbehörden? AnwRev 2011, S. 55, 103 ff.; ARN/SAURER/KUHN (Hrsg.), Organisation der kantonalen und eidgenössischen Strafbehörden, Basel 2011; F.H. COMTESSE, Das Verhältnis des Bundesstrafrechts zum kantonalen Strafprozessrecht, ZSR 65, S. 68a ff.; J. DRIENDL/D. MARTY, Staatsanwaltschaft und Strafverfolgung in der Schweiz, in. H.H. Jeschek (Hrsg.), Funktion und Tätigkeit der Anklagebehörde im ausländischen Recht, Baden-Baden 1979, S. 330 ff.; R. FRANK, Gerichtswesen und Prozessverlauf, S. 155 ff.; HAUSER/SCHWERI/HARTMANN, Schweizerisches Strafprozessrecht, § 26; G. PIQUEREZ, Procédure pénale suisse, § 50; N. SCHMID, Strafprozessrecht, § 20; DERSELBE, Handbuch, §§ 19 ff.; PH. UMBRICHT, Die innerkantonalen Zuständigkeitsregeln im Einführungsgesetz zur Schweizerischen StPO, in: FS 75 Jahre Aargauischer Juristenverein 1936–2011, Zürich 2011, S. 239 ff.

Inhaltsübersicht   N.

I.   Geschichtliche Entwicklung 1
      1.   Schweiz 1
      2.   Kanton Zürich 3
II.   Vereinheitlichung des Strafprozessrechts 11
III. Die Gerichtsorganisation 14
IV.   Systematische Gliederung der Verfahrensarten 16
V.   Rechtliche Stellung 17
      1.   Verwaltungsbehörde 17
      2.   Weisungsrecht der vorgesetzten Behörde 18
      3.   Organ der Rechtspflege 20
      4.   Struktureller Aufbau 22
      5.   Anwendung der Justizgesetzgebung 26
VI.   Wahl, Anstellung und Unvereinbarkeiten 27
VII. Arbeitsverhältnis 33
VIII. Weiterbildung und Sammlung der Weisungen 34

I. Geschichtliche Entwicklung

1. Schweiz

Nach der Vereinheitlichung des materiellen Strafrechts durch das schweizerische Strafgesetzbuch vom 21.12.1937, in Kraft seit 1.1.1942 (mit seitherigen Änderungen), behielten die 26 schweizerischen Kantone (infolge ihrer kulturellen und politischen Vielfalt, des föderativen Staatsaufbaus und ihrer wirtschaftlichen Verschiedenheiten) ihre eigenen Gerichtsorganisationen und Verfahrensordnungen bei, was mit der Zeit, vor allem mit der Zunahme komplexer und verzweigter Kriminalfälle, zu erheblichen Schwierigkeiten in der Strafverfolgung führte. Das Aufkommen des organisierten und international täti-   1

Vorbemerkungen zu §§ 86 ff.

gen Verbrechens bewirkte erste Massnahmen zur Konzentration der Kräfte bei der Strafverfolgung. Es sei diesbezüglich verwiesen u.a. auf
- BG über die kriminalpolizeilichen Zentralstellen des Bundes vom 7.10.1944 (SR 360),
- VO über das nationale Zentralpolizeibüro Interpol Bern vom 1.12.1986 (Interpol-VO, SR 351.21),
- VO über das DNA-Profil-Informationssystem vom 31.5.2000 (EDNA-VO), ersetzt durch das BG über die Verwendung von DNA-Profilen im Strafverfahren und zur Identifizierung von unbekannten oder vermissten Personen vom 20.6.2003 (DNA-Profil-Gesetz, SR 363), mit der dazu gehörenden DNA-Profil-VO vom 3.12.2004 (SR 363.1),
- VO über das Informationssystem der Bundeskriminalpolizei vom 15.10.2008 (JANUS-VO, SR 360.2),
- BG über das polizeiliche Informationssystem des Bundes vom 13.6.2008 (SR 361),
- VO über das automatisierte Polizeifahndungssystem vom 15.10.2008 (RIPOL-VO, SR 361.0),
- vgl. in diesem Zusammenhang auch die sog. Effizienzvorlage (Inkraftsetzung auf den 1.1.2002), mit welcher das organisierte Verbrechen und die Wirtschaftskriminalität in bestimmten Fällen der Bundesgerichtsbarkeit unterstellt wurden (näher dazu HAUSER/SCHWERI/HARTMANN, Schweizerisches Strafprozessrecht, § 9 N. 7).

2 Die Strafprozessordnungen der einzelnen Kantone beruhten entweder auf dem Untersuchungsrichter- oder auf dem Staatsanwaltschaftsmodell, wobei jedes dieser beiden Modelle in zwei Untergruppen unterschieden werden konnte:
- Untersuchungsrichtermodell I: Der Untersuchungsrichter ist von der Staatsanwaltschaft unabhängig. Er kann die Untersuchung von sich aus eröffnen, und er leitet diese mithilfe der ihm unterstellten Kriminalpolizei. Nach deren Abschluss wird die Anklage vom Staatsanwalt erhoben (eingliedriges Modell).
- Untersuchungsrichtermodell II: Der Untersuchungsrichter ist an die Weisungen der Staatsanwaltschaft gebunden. In einzelnen Kantonen war er nur zur Untersuchungsführung, in anderen auch zur Einstellung des Verfahrens und wieder in anderen auch zur Anklageerhebung vor Gericht befugt.
- Staatsanwaltschaftsmodell I: Die Kriminalpolizei führt unter Leitung der Staatsanwaltschaft die Ermittlungen durch, und nach deren Abschluss erteilt der Staatsanwalt dem unabhängigen Untersuchungsrichter den Auftrag zur Durchführung der Untersuchung (zweigliedriges Modell).
- Staatsanwaltschaftsmodell II: Der Untersuchungsrichter fehlt. Der Staatsanwalt führt (mithilfe der Kriminalpolizei, der gegenüber er weisungsberechtigt ist) die Untersuchung, erhebt Anklage und vertritt diese auch vor Gericht.

2. Kanton Zürich

3 Im Kanton Zürich galt bisher eine Mischform. In bezirksgerichtlicher Kompetenz führte der damalige Bezirksanwalt die Untersuchung, und er vertrat die Anklage auch vor Gericht, während der Staatsanwalt für das Rechtsmittelverfahren zuständig war. In Verfah-

ren geschworengerichtlicher Kompetenz amtete der Bezirksanwalt als Untersuchungsbehörde, während der Staatsanwalt den Fall vor Gericht vertrat. Im Jugendstrafverfahren handelte der Jugendanwalt, und der Jugendstaatsanwalt trat nur im Rechtsmittelverfahren vor Gericht auf. Übertretungen wurden vom Gemeinderat, vom Statthalteramt oder von der Bezirksanwaltschaft verfolgt und zur Anklage gebracht, während der Staatsanwalt im Rechtsmittelverfahren amtete. Wurden Übertretungen zusammen mit einem Verbrechen oder Vergehen begangen, so wurden sie zusammen mit diesem verfolgt.

Durch das Gesetz vom 2. Christmonat 1874 betreffend die zürcherische Rechtspflege (OS 18 S. 57) war die Leitung der Strafverfahren dem Statthalteramt übertragen worden. Die Zunahme der Kriminalität erforderte indessen bald eine Neustrukturierung der Strafverfolgung. Das geschah zunächst durch die Novelle vom 5.5.1889 (OS 22 S. 122), welche in § 68 Abs. 2 bestimmte: «Die strafrechtlichen Verrichtungen, soweit sie sich auf Verbrechen und Vergehen beziehen, werden in den Bezirken Zürich und Winterthur durch Bezirksanwaltschaften, in den übrigen Bezirken durch die Statthalterämter ausgeführt.» Damit wurden die Strafuntersuchungsämter in den Bezirken Zürich und Winterthur erstmals vom Statthalteramt getrennt und verselbständigt. Am 12.3.1906 errichtete der Kantonsrat auch eine selbständige Bezirksanwaltschaft in Horgen, und mit der weiteren Zunahme der Geschäftslasten entstanden weitere Bezirksanwaltschaften: am 3.10.1960 in Meilen, Hinwil, Uster und Bülach sowie am 15.12.1969 in Affoltern, Pfäffikon und Dielsdorf. Auf den 1.10.2001 wurde im Flughafen Kloten eine Filialabteilung der Bezirksanwaltschaft Bülach eingesetzt. Der durch das Gesetz über die Bezirksverwaltung vom 10.3.1985 (LS 173.1) gegründete Bezirk Dietikon besass anfänglich noch keine eigene Bezirksanwaltschaft; die Straffälle aus diesem Bezirk wurden während dieser Zeit von der Bezirksanwaltschaft und vom Bezirksgericht Zürich verfolgt und beurteilt.

Mit Beschluss des Regierungsrats vom 11.12.1991 und § 2 der VO betreffend die Bezirksanwaltschaften vom 15.6.1994 / 25.10.2000 wurden sodann zusätzlich auf den 1.7.1994 vier für das ganze Kantonsgebiet zuständige besondere Bezirksanwaltschaften geschaffen:
– Bezirksanwaltschaft I (besondere Untersuchungen),
– Bezirksanwaltschaft II (Betäubungsmittel und organisierte Kriminalität),
– Bezirksanwaltschaft III (Wirtschaftsdelikte),
– Bezirksanwaltschaft IV (Rechtshilfe und Geldwäscherei);
– seit dem 1.1.2001 amtet überdies eine besondere Bezirksanwaltschaft V (Gewaltdelikte).

Diese besonderen Bezirksanwaltschaften waren in rechtlicher Hinsicht ausserordentliche Bezirksanwaltschaften und als solche Amtsstellen der Zentral-, nicht der Bezirksverwaltung. Der Erste Staatsanwalt konnte die Funktionäre den einzelnen Bezirksanwaltschaften zuteilen und je nach Geschäftsgang auch umteilen.

Die Zuteilung von Strafuntersuchungen und anderen Geschäften erfolgte grundsätzlich durch die Staatsanwaltschaft, wobei diese aber die ausserordentlichen Bezirksanwaltschaften ermächtigen konnte, sich diesbezüglich mit den örtlichen Bezirksanwaltschaften direkt ins Einvernehmen zu setzen. Alle Arbeitsplätze der ausserordentlichen Bezirksanwaltschaften I–V waren über das gleiche EDV-System vernetzt, an welches auch die Staatsanwaltschaft und die örtlichen Bezirksanwaltschaften angeschlossen waren. Damit war die Koordination der Zuteilungen gewährleistet (Beschluss des Regierungsrats vom 11.12.1991, S. 3).

8 Durch die VO über die Organisation der Oberstaatsanwaltschaft und der Staatsanwaltschaften vom 27.10.2004 (LS 213,21) wurde das Strafverfahren im Kanton Zürich neu geregelt. Die Bezirksanwälte wurden zu Staatsanwälten, die Staatsanwaltschaft zur Oberstaatsanwaltschaft. Die Bezirksstruktur der Strafverfolgungsbehörden wurde aufgehoben, und es wurden fünf allgemeine Staatsanwaltschaften geschaffen:

- Staatsanwaltschaft Zürich-Limmat mit Amtsitz in Zürich für die Stadtkreise 1 (Quartier Rathaus und Hochschulen), 5–8, 10–12 und den Zürichsee,
- Staatsanwaltschaft Zürich-Sihl mit Amtsitz in Zürich für die Stadtkreise 1 (Quartiere Lindenhof und City), 2–4 und 9,
- Staatsanwaltschaft Winterthur/Unterland mit Amtssitz in Winterthur (und einer Zweigstelle auf dem Flughafen Kloten) für die Bezirke Andelfingen, Bülach, Dielsdorf und Winterthur,
- Staatsanwaltschaft See/Oberland mit Amtssitz in Uster für die Bezirke Hinwil, Meilen, Pfäffikon und Uster,
- Staatsanwaltschaft Limmattal/Albis mit Amtssitz in Dietikon für die Bezirke Affoltern, Dietikon und Horgen.

9 Überdies wurden vier für das ganze Kantonsgebiet zuständige besondere Staatsanwaltschaften geschaffen:

- Staatsanwaltschaft I (Besondere Untersuchungen und Rechtshilfe),
- Staatsanwaltschaft II (Betäubungsmitteldelikte und organisierte Kriminalität),
- Staatsanwaltschaft III (Wirtschaftsdelikte),
- Staatsanwaltschaft IV (Gewaltdelikte).

10 Jeder dieser Staatsanwaltschaften gehören mehrere Staatsanwälte an, welche je einem Leitenden Staatsanwalt unterstellt sind.

II. Vereinheitlichung des Strafprozessrechts

11 Auf den 1.1.2011 wurden die Strafprozessordnungen der einzelnen Kantone aufgehoben, und die Strafverfolgung wurde durch die schweizerische Strafprozessordnung (StPO) und die Jugendstrafprozessordnung (JStPO) landesweit vereinheitlicht, wobei die neue Regelung weitgehend dem Staatsanwaltschaftsmodell II folgt. Die Staatsanwaltschaft führt das Vorverfahren (wobei sie für die ersten Ermittlungen die Polizei beiziehen und dieser Weisungen erteilen kann). Sofern sie nicht einen Strafbefehl erlässt, stellt sie nach Abschluss der Untersuchung das Verfahren entweder ein oder erhebt Anklage und vertritt diese vor Gericht. Der Gesetzgeber entschied sich für dieses Modell, weil durch die Einheitlichkeit von Ermittlung, Untersuchung und Anklageerhebung die Effizienz gewährleistet und Doppelspurigkeiten vermieden werden. Um das deswegen befürchtete Übergewicht der Staatsanwaltschaft auszugleichen, wurden die Verteidigungsrechte der beschuldigten Person verstärkt. Diese muss zu Beginn der Untersuchung auf ihre Rechte hingewiesen

werden (Art. 143 Abs. 1 lit. c und 158 StPO), kann in jedem Stadium des Verfahrens (also schon bei der polizeilichen Befragung) einen Anwalt beiziehen (Art. 129 StPO) und hat überdies Anspruch darauf, dass der Verteidiger schon bei den polizeilichen Einvernahmen anwesend ist und Fragen stellen kann (Art. 159 Abs. 1 StPO). Für die Anordnung bzw. Bewilligung der einschneidensten Zwangsmassnahmen (wie Untersuchungshaft) ist ein Zwangsmassnahmengericht vorgesehen (Art. 18 StPO). Auf Antrag der beschuldigten Person oder des Staatsanwalts kann die Hauptverhandlung aufgeteilt werden: in eine erste Verhandlung, in welcher nur die Tat- und die Schuldfrage, und in eine zweite Verhandlung, in welcher die Folgen des Schuld- oder Freispruchs beurteilt werden, oder in eine erste Verhandlung, in welcher nur die Tatfrage, und in eine zweite Verhandlung, in welcher die Schuldfrage und deren Folgen beurteilt werden (Art. 342 StPO). Bei Antragsdelikten kann die Staatsanwaltschaft die Parteien vorladen, um einen Vergleich zu erzielen. Wenn eine Strafbefreiung wegen Wiedergutmachung nach Art. 53 StGB infrage kommt, kann die Staatsanwaltschaft die beschuldigte Person und den Geschädigten vorladen, um eine Wiedergutmachung zu erreichen (Art. 316 StPO), womit ein Schritt in Richtung Mediation getan wird.

Die aus dem angloamerikanischen Recht bekannte Einrichtung des *plea bargaining* (Möglichkeit, dass zwischen dem Beschuldigten und den Strafverfolgungsbehörden zur Abkürzung des Verfahrens hinsichtlich Schuldspruch und Strafe gewisse Abmachungen getroffen werden) wurde unter dem Titel «Abgekürztes Verfahren» (Art. 358 StPO) in abgewandelter Form in das neue Recht übernommen. Das Rechtsmittelsystem wurde vereinfacht, indem es auf kantonaler Ebene neben der Revision nur noch die Beschwerde und die Berufung gibt.

Die neue schweizerische Strafprozessordnung verzichtete auf das Privatstrafklageverfahren, womit im Kanton Zürich nunmehr auch der Ehrverletzungsprozess (entgegen den bisherigen §§ 286 ff. StPO [ZH]) im ordentlichen Verfahren geführt werden muss. Die aus dem angloamerikanischen Recht stammende Kronzeugenregelung (der an einer Tat Beteiligte sagt als Zeuge gegen seine Mittäter aus, nachdem ihm als Gegenleistung Straffreiheit oder andere prozessuale Vorteile zugesichert worden sind) wurde hingegen nicht in das neue Recht übernommen.

III. Die Gerichtsorganisation

Die Vereinheitlichung des Prozessrechts bedeutete nicht auch die Vereinheitlichung der Gerichtsorganisation. Deren Regelung bleibt (unter Vorbehalt abweichender gesetzlicher Bestimmungen) nach wie vor den Kantonen überlassen (vgl. Art. 123 Abs. 2 BV) und wird von diesen unterschiedlich gestaltet. Die Vereinheitlichung des Prozessrechts verlangt indessen ein Mindestmass an Übereinstimmung der kantonalen Behördenorganisationen, weil das Verfahrensrecht sich mindestens teilweise an den vorgegebenen Behörden orientieren muss. In diesem Sinne schreibt die schweizerische Strafprozessordnung den Kantonen vor, welche Strafverfolgungsbehörden sie schaffen müssen (Polizei, Staatsanwaltschaft, erstinstanzliches Gericht, Zwangsmassnahmengericht, Rechtsmittelinstanzen). Wie die Kantone diese Behörden aber bezeichnen und zusammensetzen und welche sachlichen Zuständigkeiten sie ihnen zuweisen, ist ihnen überlassen. In kleinen und vorwiegend ländlich geprägten Kantonen ist die Behördenorganisation anders geregelt als in einem bevölkerungsreichen und von schweren Deliktsformen (Wirtschafts- und Drogendelikte) betroffenen Kanton. Kleinere Kantone kommen mit einem oder mehreren Staatsanwälten aus, während in grösseren Kantonen Ober- oder Generalstaatsanwälte eingesetzt werden können, die gegenüber den untergeordneten Staatsanwälten weisungsberechtigt sind.

15 Im Kanton Zürich gibt es neben den oben (N. 8 und 9) erwähnten allgemeinen und besonderen Staatsanwaltschaften eine Oberstaatsanwaltschaft, bestehend aus einem leitenden Oberstaatsanwalt, zwei Oberstaatsanwälten und einem Staatsanwalt für die Leitung des Büros für amtliche Mandate (§ 1 VO über die Organisation der Oberstaatsanwaltschaft und der Staatsanwaltschaften, LS 213.21). Diese sind beauftragt, die Erwachsenenstrafverfolgung im Kanton zu planen, zu führen und zu steuern (§ 106 GOG). Zur detaillierten und ausführlichen Aufzählung der Aufgaben s. § 6 der erwähnten Organisationsverordnung.

IV. Systematische Gliederung der Verfahrensarten

16 Die Systematisierung der Strafverfolgung im Kanton Zürich nach den zuständigen Behörden, dem Gegenstand des Verfahrens und der beschuldigten Person führt zu folgenden Gruppierungen:
– Ordentliches Verfahren (§§ 148 ff. GOG, Art. 299 ff. StPO),
– Strafbefehlsverfahren (Art. 352 ff. StPO),
– Abgekürztes Verfahren (Art. 358 ff. StPO),
– Ordnungsbussenverfahren (§§ 170 ff. GOG),
– Übertretungsstrafverfahren (Art. 357 ff. StPO),
– Verfahren gegen Jugendliche (§ 108 ff. GOG, Art. 1 ff. JStPO),
– Verfahren gegen Mitglieder des Regierungsrats, des Obergerichts sowie des Verwaltungs- und Sozialversicherungsgerichts (§ 38 KRG, Art. 7 Abs. 2 StPO).

V. Rechtliche Stellung

1. Verwaltungsbehörde

17 Die mit der Untersuchung und Anklage betrauten Organe sind Verwaltungsbehörden. Das ergibt sich schon daraus, dass sie im GOG nicht im 2. Teil («Gerichte»), sondern im 5. Teil («Strafverfolgungsbehörden») aufgeführt und dass die ordentlichen Staatsanwälte im Gegensatz zu den Richtern auf vier und nicht auf sechs Jahre gewählt werden (§ 32 GPR). Sodann steht nach Art. 73 Abs. 2 KV die richterliche Unabhängigkeit nur den Gerichten zu (DONATSCH/SCHMNID, Kommentar StPO, N 1 zu § 27; SJZ 55 S. 191 = ZR 57 Nr. 115, 62 Nr. 63, 66 Nr. 162, vgl. aber hinten N. 21).

2. Weisungsrecht der vorgesetzten Behörde

Der administrative Charakter der Untersuchungs- und Anklagebehörden kommt besonders deutlich zum Ausdruck in dem die Verwaltungsbehörde kennzeichnenden hierarchischen Aufbau. Als Ausfluss dieses Subordinationsverhältnisses besitzt die obere Behörde über die ihr nachgeordnete ein Aufsichtsrecht und eine diesem entsprechende Weisungsbefugnis (§ 106 GOG). Darnach kann die obere Instanz der unteren verbindliche Weisungen erteilen, und zwar allgemein hinsichtlich der Art und Weise ihrer Tätigkeit wie auch mit Bezug auf den einzelnen Straffall. Der Einflussnahme auf das konkrete Untersuchungs- und Anklageverfahren sind indessen Grenzen gesetzt. Nach zutreffender Auffassung kann sich im Einzelfall das Weisungsrecht nur auf Ermessensfragen, die technische Durchführung der Untersuchung, ihre Gesetzmässigkeit sowie die Rechtsauslegung erstrecken. Weisungen sind aber dort ausgeschlossen, wo sie dem Gebot der Justizförmigkeit zuwiderlaufen. Unzulässig sind demnach Weisungen, welche die staatliche Verfolgungspflicht missachten, das Erfordernis der Erforschung der materiellen Wahrheit verletzen oder auf politischen Zweckmässigkeitsüberlegungen beruhen (COMTESSE, a.a.O., S. 75a; DONATSCH/SCHMID, a.a.O., N. 2 ff. zu § 27 StPO; HAUSER/SCHWERI/HARTMANN, a.a.O., § 26 N. 13 und 14). Ausdrücklich sieht denn auch § 115 Abs. 3 GOG vor, dass der Regierungsrat und die zuständige Direktion keine Weisung erteilen dürfen, wonach eine Strafverfolgung zu unterlassen sei.

18

Weisungen allgemeiner Art in Form von Dienstanweisungen hat die (Ober-)Staatsanwaltschaft erstmals vor Jahrzehnten erlassen und seither laufend nachgetragen (heute WOSTA, hinten N. 35). Die politischen Behörden (Regierungsrat, Direktion der Justiz und des Innern) machen im Einzelfall von ihrem Weisungsrecht nur äusserst selten Gebrauch. Auch die Oberstaatsanwaltschaft legt sich in der Erteilung förmlicher, den Einzelfall betreffender Weisungen grosse Zurückhaltung auf. In der Regel werden Probleme durch eine gegenseitige Aussprache zwischen Oberstaatsanwaltschaft und Staatsanwaltschaft gelöst.

19

3. Organ der Rechtspflege

Trotz ihrer Eigenschaft als Verwaltungsbehörde üben die Untersuchungs- und Anklagebehörden nicht eine rein administrative Tätigkeit aus. Für sie ist das Recht nicht nur der Rahmen ihrer Tätigkeit, sondern ihre Funktion ist auf die Verwirklichung bzw. Konkretisierung des Rechts ausgerichtet. Insoweit ist den Untersuchungs- und Anklagebehörden (ähnlich wie dem Richter) Rechtspflege anvertraut und sind sie Organe der Rechtspflege (HAUSER/SCHWERI/HARTMANN, a.a.O., § 26.11 und 12; EGMR, EuGRZ 1986 S. 202 ff.; BGE 102 Ia 183 E. b; SJZ 55 S. 191 = ZR 57 Nr. 115). Als Justizbehörden obliegt ihnen die Erforschung der materiellen Wahrheit. Sie sind zur Objektivität verpflichtet, welche sie nicht nur bei der Durchsetzung des staatlichen Strafanspruchs, sondern auch im Verfahren zu respektieren haben.

20

Bekräftigt wird die rechtsprechende Stellung durch die der Staatsanwaltschaft sowie der Jugendanwaltschaft in den Art. 319, 352 ff. und 357 StPO, Art. 5, 26 und 32 ff. JStPO zugeordnete Rechtsprechungskompetenz. Bei der Ausübung solcher richterlichen Aufgaben ist dem Funktionär auch die richterliche Unabhängigkeit i.S.v. Art. 30 Abs. 1 BV,

21

Art. 6 Ziff. 1 EMRK und Art. 73 Abs. 2 KV zuzugestehen (DONATSCH/SCHMID, N. 4 zu § 27 StPO; BGE 117 Ia 144). Das Gleiche gilt beim Entscheid darüber, ob das Verfahren einzustellen sei (BGE 112 Ia 146 f.). Keine richterlichen Funktionen im Sinne der zitierten Bestimmungen übt die Untersuchungs- und Anklagebehörde aber mit Bezug auf ihre untersuchende und anklagende Tätigkeit aus (BGE 112 Ia 146 f.). Ein weisungsgebundener Untersuchungsrichter kann auch nicht Haftrichter sein (BGE 131 I 36 ff.).

4. Struktureller Aufbau

22 Staats- und Jugendanwaltschaft wie auch das Statthalteramt sind monokratisch aufgebaut. Ihre Funktionäre handeln selbständig nach eigener Überzeugung, jedoch im Rahmen der allgemeinen wie auch der einzelfallbezogenen Weisungen der Oberstaatsanwaltschaft und des Leitenden Staatsanwalts (§ 19 VO über die Organisation der Oberstaatsanwaltschaft und der Staatsanwaltschaften). Bei der Untersuchungs- und Anklagetätigkeit kommt es weitgehend auf die Tatkraft, die fachliche Kompetenz und die Entschlussfähigkeit des Einzelnen an. Jede von einem Untersuchungs- oder Anklagebeamten vorgenommene Amtshandlung ist jedoch für die ganze Behörde verbindlich und als von ihr ausgehend zu betrachten.

23 Der Staats- und der Jugendanwaltschaft, die aus mehreren Funktionären zusammengesetzt sind, steht je ein Leitender Staatsanwalt bzw. Jugendanwalt vor. Dieser hat die Geschäftsleitung inne und vertritt das Amt nach aussen (§§ 103 und 111 GOG). Er kann auch einzelfallbezogene Weisungen, namentlich betreffend die Untersuchungsführung, erlassen (§ 14 lit. n der genannten VO) und ist dementsprechend auch befugt, Anordnungen seiner Kollegen zu überprüfen. Ferner verfügt er im Rahmen von § 116 Abs. 1 GOG als Aufsichtsinstanz über Disziplinargewalt gegenüber den Mitgliedern und Mitarbeitern seiner Behörde.

24 Die einzelnen Staatsanwälte bearbeiten die ihnen zugeteilten Geschäfte selbständig (§ 19 der genannten VO). Beim Erlass eines Strafbefehls sind sie hinsichtlich der Würdigung des festgestellten Sachverhalts unabhängig. Sie erstatten der Amtsleitung periodisch Bericht über ihre Tätigkeit (§ 19 Abs. 3 der genannten VO).

25 Bei der Oberstaatsanwaltschaft amten neben dem Leitenden Oberstaatsanwalt zwei Oberstaatsanwälte und ein Staatsanwalt für die Leitung des Büros für amtliche Mandate (§ 1 der genannten VO). Der Oberstaatsanwalt ruft die Oberstaatsanwälte und die Amtsleiter der Staatsanwaltschaften regelmässig zu einer Konferenz zusammen, welche zu anstehenden Entscheiden über grundsätzliche Belange, zum Erlass allgemeiner Weisungen und zu Anträgen für die Ernennung Leitender Staatsanwälte und von deren Stellvertretern Stellung nehmen kann (§ 3 der genannten VO). Diese Konferenz befasst sich nicht mit der Rechtsprechung, sondern nur mit der administrativen Tätigkeit; die abschliessende Kompetenz und Verantwortung liegt beim Leitenden Oberstaatsanwalt.

5. Anwendung der Justizgesetzgebung

26 In Anbetracht der besonderen Stellung und Aufgaben der Untersuchungs- und Anklagebehörden finden auf deren Tätigkeiten nicht die Bestimmungen des VRG (§ 4 VRG), son-

dern die in der StPO und im GOG enthaltenen Bestimmungen der Justizgesetzgebung Anwendung (ZR 62 Nr. 63; vgl. dazu auch § 199 Abs. 2 GOG betr. GebVO).

VI. Wahl, Anstellung und Unvereinbarkeiten

Für die Volkswahl zum *Statthalter* sind (wie für die Bekleidung des Richteramts) weder ein abgeschlossenes juristisches Studium noch das Anwaltspatent erforderlich. Die Wahl erfolgt durch die Stimmberechtigten an der Urne (§ 39 lit. b GPR). Stille Wahl ist möglich (§ 54 GPR) und kommt häufig vor. Die Wahl wird in der Regel von einem aus den politischen Parteien zusammengesetzten Gremium vorbereitet. Wohnsitz des Amtsinhabers im betreffenden Bezirk ist nicht erforderlich, wohl aber Wohnsitz im Kanton (§ 23 GPR). 27

Zum ordentlichen, ausserordentlichen und stellvertretenden *Staatsanwalt* kann nur gewählt werden, wer über ein von der Oberstaatsanwaltschaft ausgestelltes Wahlfähigkeitszeugnis verfügt. Voraussetzung für dessen Erteilung sind ein abgeschlossenes juristisches Studium und mehrjährige Berufstätigkeit in der Rechtspflege oder Advokatur (hinten §§ 97 f.). Die Wahl erfolgt ebenfalls an der Urne (§ 39 lit. b GPR). 28

Der Jugendanwalt und der Leitende Jugendanwalt werden von der Justizdirektion (§ 109 GOG), der Oberstaatsanwalt, der Leitende Oberstaatsanwalt, der Oberjugendanwalt und der Leitende Oberjugendanwalt werden vom Regierungsrat ernannt (§§ 105 und 113 GOG). 29

Das Arbeitsverhältnis ist in der Regel unbefristet mit der Möglichkeit der Kündigung. Im Bedarfsfall kann eine auf höchstens ein Jahr befristete Anstellung erfolgen (§ 13 PersG). 30

Bei den Stellenbesetzungen, die vom Regierungsrat vorzunehmen sind, kommt der Konferenz der Staatsanwälte wegen ihres Vorschlagsrechts erhebliche Bedeutung zu (§ 3 Abs. 3 lit. c der genanten Organisationsverordnung). Da der Oberstaatsanwalt in der Regel aus dem Kreis der Staatsanwälte gewählt wird, ist die Konferenz in besonderem Masse für kompetente Vorschläge berufen. Parteipolitische Rücksichten spielen dabei keine oder höchstens insofern eine Rolle, als im Interesse der öffentlichen Vertrauensbildung auf die Vertretung verschiedener politischer Gruppierungen geachtet wird. 31

Oberstaatsanwälte und Oberjugendanwälte können weder dem Kantonsrat angehören noch voll- oder teilamtliches Mitglied eines obersten Gerichts sein. Unvereinbar sind sodann die Ämter des Staatsanwalts, des Jugendanwalts und des Statthalters mit dem Amt des Regierungsrats, des Staatsschreibers, des Oberrichters und des Verwaltungsrichters. Ein Staatsanwalt kann indessen zum Ersatzrichter am Bezirks- oder Obergericht gewählt werden (§ 26 Abs. 3 GPR), wobei in diesem Fall eine Mitwirkung in Strafprozessen nach Möglichkeit zu vermeiden ist (zum Gesamten s. §§ 25 ff. GPR). 32

VII. Arbeitsverhältnis

Das Arbeitsverhältnis wird geregelt durch das Gesetz über das Arbeitsverhältnis des Staatspersonals vom 27.9.1998 (PersG, LS 177.10) sowie durch die Personalverordnung vom 16.12.1999 (PVO, LS 177.11). 33

VIII. Weiterbildung und Sammlung der Weisungen

34 Ins Pflichtenheft der Oberstaatsanwaltschaft gehört u.a. die Förderung der Fortbildung der Staatsanwälte (§ 6 lit. i der genannten VO). Diese geschieht vor allem im Rahmen des Kriminalistischen Instituts, das von einer Kommission geleitet wird, der Aufsicht der Justizdirektion untersteht, eine Fachbibliothek unterhält und Kurse und Vorträge über Strafrecht, Strafprozessrecht, Kriminalistik, Kriminaltechnik, Rechtsmedizin, Kriminalpsychologie, Verbrechensverhütung, Strafvollzug und dergleichen durchführt (vgl. Reglement des Kriminalistischen Instituts vom 16.3.1961, LS 326).

35 In diesem Zusammenhang ist auch auf die vorn N. 19 erwähnte (ursprüngliche Loseblatt-)Sammlung der Weisungen der Oberstaatsanwaltschaft für das Vorverfahren (WOSTA, Stand 1.1.2011) hinzuweisen; massgebend ist die elektronische Fassung (abrufbar auf www.staatsanwaltschaften.zh.ch). Sie bildet ein unentbehrliches Handwerkzeug für die Funktionäre der Strafrechtspflege.

---

§ 86 *Strafverfolgungsbehörden*

[1] Die Strafverfolgungsbehörden sind
  a. die Polizei,
  b. im Verfahren gegen Erwachsene:
    1. die Statthalterämter und die vom Regierungsrat bezeichneten Gemeinden,
    2. die Staatsanwaltschaften,
    3. die Oberstaatsanwaltschaft,
  c. im Verfahren gegen Jugendliche:
    1. die Jugendanwaltschaften,
    2. die Oberjugendanwaltschaft.

[2] Im Ordnungsbussenverfahren richtet sich die Zuständigkeit nach den §§ 170 ff.

[3] Der Regierungsrat regelt ergänzend zu den Bestimmungen dieses Gesetzes die Organisation und Geschäftsführung der Staatsanwaltschaften, der Oberstaatsanwaltschaft, der Jugendanwaltschaften und der Oberjugendanwaltschaft.

Literatur

Ausser den in den Vorbemerkungen zu §§ 86 ff. Genannten: G. ALBERTINI, Das Verfahren vor der Eröffnung der Untersuchung – aus der Sicht der Polizei, ZStrR 2010, S. 333 ff.; DERSELBE/P. RÜEGGER, Zur Zusammenarbeit von Polizei und Staatsanwaltschaft, fp 2010, S. 360 ff.; ST. BLÄTTLER, Die Stellung der Polizei im neuen schweizerischen Strafverfahren, ZStrR 2007, S. 242 ff.; H. CAMENZIND/I. IMKAMP, Delegation von Untersuchungshandlungen an die Polizei, dargestellt am Beispiel der Strafprozessordnung des Kantons Zürich, ZStrR 117, S. 197 ff.; A. CATTANI, Licht und Schatten, 150 Jahre Kantonspolizei Zürich, Zürich 1954; A. DONATSCH/N. SCHMID, StPO, zu den §§ 22, 23 und 26; HAUSER/SCHWERI/HARTMANN, Schweizerisches Strafprozessrecht, §§ 25 und 75; J. HUGGENBERGER, Das polizeiliche Ermittlungsverfahren im schweizerischen Strafprozessrecht, Diss. Zürich 1947; G. PIQUEREZ, Procédure pénale suisse, §§ 54 und 55, 129 und 130; N. Schmid, Strafprozessrecht, § 19; derselbe, Handbuch, § 20; A. Schütz, Die Kantonspolizei im Kanton Zürich (ihre Eingriffe in die Freiheitsrechte und Rechte der Bürger durch zwangsrechtliche Fahndungs- und Erforschungsmittel), Diss. Zürich 1955; O. Strasser, Polizeiliche Zwangsmassnahmen, Diss. Zürich 1981; HP. Uster, Polizei und Staatsanwaltschaft im Vorverfahren – Schnittstelle oder Nahtstelle? fp 2010, S. 353 ff.

Inhaltsübersicht N.
I. Allgemeines 1
II. Polizei 2
    1. Geschichtliche Entwicklung 2
    2. Bedeutung der Kriminalpolizei im modernen Strafprozess 4
    3. Kantonspolizei 7
    4. Gemeindepolizei 8
    5. Stadtpolizei von Zürich und Winterthur 9
        a) Allgemeines 9
        b) Stadtpolizei Zürich 10
        c) Stadtpolizei Winterthur 12
        d) Zusammenarbeit der Polizeikorps 13
III. Statthalterämter 17
    1. Funktion und Stellung 17
    2. Sachliche Zuständigkeit 21
IV. Gemeindebehörden 24
    1. Organisation und Stellung 24
    2. Sachliche Zuständigkeit 27
V. Staatsanwaltschaften 30
    1. Geschichtliche Entwicklung 30
    2. Organisation und Stellung 31
    3. Aufgaben der Staatsanwaltschaft 35
    4. Aufgaben des Leitenden Staatsanwalts 36
VI. Oberstaatsanwaltschaft 37
    1. Geschichtliche Entwicklung 37
    2. Aufgaben der Oberstaatsanwaltschaft 45
VII. Jugendanwaltschaft 49
    1. Geschichtliche Entwicklung 49
    2. Sachliche Zuständigkeit 54
    3. Aufteilung der Jugendanwaltschaften 58
    4. Ernennung der Jugendanwälte 59
    5. Zusammensetzung und Aufgaben der Jugendanwaltschaft 60
VIII. Oberjugendanwaltschaft 64
IX. Zuständigkeit im Ordnungsbussenverfahren 65
X. Ergänzende Bestimmungen 66

I. Allgemeines

§ 86 Abs. 1 GOG vermittelt einen Überblick über die Strafverfolgungsbehörden, die in der StPO, in der JStPO und im kantonalen Strafrecht vorgesehen sind. Die bisher in § 72 GVG geregelte Organisation der Strafverfolgungsbehörden wurde durch das GOG nur hinsichtlich der Verfolgung der Übertretungen geändert: 1

- im Verfahren gegen Erwachsene sind für die Verfolgung und Beurteilung von Übertretungen grundsätzlich die Statthalterämter zuständig, die Gemeinden nur dann, wenn sie vom Regierungsrat dazu ermächtigt worden sind (§ 89 GOG);
- Im Verfahren gegen Jugendliche sieht Art. 3 Abs. 2 lit. a JStPO keine besonderen Übertretungsstrafbehörden vor. Zuständig sind in diesem Bereich die Jugendanwälte (im Gegensatz zu § 94 Abs. 2 GVG, wonach auch die Gemeinden und die Statthalterämter zuständig waren), wobei die Verfolgung aller Übertretungen auf Kantonsgebiet zentral bei der Jugendanwaltschaft Winterthur angesiedelt ist. Art. 8 Abs. 3 JStPO überlässt es sodann den Kantonen, ob sie die Kompetenz zur Strafverfolgung Jugendlicher aufteilen und neben der Jugendanwaltschaft eine Oberjugendanwaltschaft schaffen wollen. Der Kanton Zürich hat von dieser Möglichkeit Gebrauch gemacht.

II. Polizei

1. Geschichtliche Entwicklung

2   Die Ermittlungstätigkeit der Kriminalpolizei des Kantons Zürich wirkt sich vor allem aus im Bereich der Straftaten, deren Verfolgung und Beurteilung dem Kanton übertragen ist (Art. 22 StPO). Im Unterschied zum früheren Bundesstrafprozess (Art. 100 ff. aBStP) enthielt das zürcherische Prozessrecht keine rechtliche Trennung mehr zwischen dem Ermittlungs- und dem Untersuchungsverfahren (ZR 38 Nr. 104 S. 244, 39 Nr. 167, 54 Nr. 147). Das Gesetz über die Strafrechtspflege vom 10. Brachmonat (Juli) 1831 (OS 1 S. 177 ff.), welches das Strafverfahren erstmals kodifizierte, unterschied noch zwischen dem sog. Präkognitionsverfahren (Ermittlungsverfahren) einerseits und der eigentlichen Untersuchung andererseits. Ersteres unterstand je nach der sachlichen Kompetenz dem Gemeindeammann oder dem Statthalter und musste sich auf die dringend notwendigen Massnahmen beschränken. Die eigentliche Untersuchung hingegen wurde vom erkennenden Gericht bzw. von dem dazu bezeichneten Mitglied geführt. An der Trennung von Präkognitionsverfahren und eigentlicher Untersuchung hielt auch noch das Gesetz betreffend die Strafrechtspflege vom 30. Herbstmonat (September) 1852 fest (OS 9 S. 67 ff.); dessen § 4 bestimmte: «Die Polizeibehörden, die Gemeindeammänner und die Statthalter sind verpflichtet, die ersten Spuren zu erheben und alle diejenigen Massnahmen zu treffen, welche ohne Gefahr nicht verschoben werden können. Der zuständige Beamte wird zu diesem Behufe, so oft es zweckmässig erscheint, sich an diesen Ort hinbegeben, an welchem das Verbrechen verübt worden ist. Sobald der objektive Tatbestand genügend festgestellt worden ist und mit Bezug auf den subjektiven Tatbestand die nötigen sichernden Verfügungen getroffen sind, sollen die Akten dem kompetenten Gericht zur Durchführung der Untersuchung überwiesen werden.»

3   Eine grundlegende Änderung führte das Gesetz vom 2. Christmonat 1874 betreffend die zürcherische Rechtspflege (OS 18 S. 57) herbei, indem es als wesentliche Neuerung die vollständige Durchführung der Untersuchung den Statthalterämtern übertrug (§ 760). Seither war die Untersuchung eine sog. eingliedrige Untersuchung (HAUSER/SCHWERI/HARTMANN, a.a.O., § 75.7; HUGGENBERGER, a.a.O., S. 39 ff.), bei welcher der Untersuchungsbeamte die Verfolgung direkt und unabhängig von einem anderen Organ aufneh-

men konnte. Mit dieser Lösung verband sich der Vorteil, dass das Verfahren von Anfang an unter einer einheitlichen Leitung stand, wodurch nicht nur eine Konzentration, sondern auch eine grössere Garantie sachgemässer Führung gewährleistet war.

2. Bedeutung der Kriminalpolizei im modernen Strafprozess

Trotz der vom Gesetz vorgesehenen Rechtslage vermögen die effektiven Gegebenheiten nicht darüber hinwegzutäuschen, dass die Tätigkeit der Kriminalpolizei in Bezug auf die Sachverhaltsfeststellung und die Spurensicherung in der praktischen Verbrechensbekämpfung eine Bedeutung erlangt hat, welche offensichtlich weit über das hinausgewachsen ist, was sich der Gesetzgeber vorgestellt haben mag. Infolge ihrer Untersuchungs- und Anklagetätigkeiten finden die Staatsanwälte kaum die erforderliche Zeit, um sich mit den Einzelheiten der Ermittlung befassen zu können. Andererseits verfügt die Kriminalpolizei dank ihrer Beweglichkeit, ihrer kriminaltechnischen Methoden (Erkennungsdienst, elektronische Datenverarbeitung, Wissenschaftlicher Dienst der Stadtpolizei Zürich, Fahndungsdienst u.s.w.) und ihrer Beobachtungsmöglichkeiten über wirksame Mittel für eine erfolgreiche Strafverfolgung. Deshalb liegt de facto das Ermittlungsverfahren in der Mehrzahl der Fälle in der Hand der Kantonspolizei. Nur bei den sog. Brandtourfällen, bei denen der Staatsanwalt zusammen mit der Polizei an den Tatort ausrückt, kommt es zu einer Überschneidung polizeilicher und untersuchungsrichterlicher Tätigkeit. Es ist deshalb hier ganz besonders auf eine vertrauensvolle Zusammenarbeit zu achten. Eine solche wird am ehesten dadurch gefördert, dass Kriminalpolizei und Staatsanwaltschaft ihre beidseitigen Kenntnisse und rechtlichen Möglichkeiten in gemeinsamem Zusammenwirken zur Geltung bringen (Art. 307 StPO).

Im Übrigen kann sich die Untersuchungsbehörde auch insoweit der Hilfe der Polizei bedienen, als sie dieser nach erfolgter Eröffnung der Untersuchung die Vornahme ergänzender Feststellungen oder kriminaltechnischer Erhebungen überträgt (Art. 312 Abs. 1 StPO). Dabei hat die Kriminalpolizei die ihr erteilten Weisungen genau zu beachten.

Bei der Delegation von Untersuchungshandlungen sind die im Gesetz verankerten Grundsätze zu befolgen (ZR 57 Nr. 12). So dürfen z.B. durch die Einschaltung der Polizei die dem Angeschuldigten und der Verteidigung zustehenden Teilnahme- und Mitwirkungsrechte nicht umgangen werden (vgl. jetzt Art. 312 Abs. 2 StPO).

3. Kantonspolizei

Die Kriminalpolizei wird in erster Linie von der Kantonspolizei besorgt. Deren Organisation und Aufgaben sind umschrieben im Polizeiorganisationsgesetz vom 29.11.2004 (POG, LS 551.1) und der Kantonspolizei-VO vom 28.4.1999 (LS 551.11). Die Abteilungen für die Dienstverrichtungen sind in dem vom Regierungsrat erlassenen Reglement vom 8.3.1951 (LS 551.111) und in der VO über die erkennungsdienstliche Behandlung von Personen vom 9.11.2005 (LS 551.112) enthalten.

4. Gemeindepolizei

Die Gemeindepolizei ist nach § 74 des Gemeindegesetzes vom 6.6.1926 (LS 131.1) als Sicherheitspolizei für die Aufrechterhaltung der öffentlichen Ruhe und Ordnung sowie für die Sicherheit von Personen und Eigentum besorgt; vgl. dazu §§ 17 ff. POG. Im Kriminalpolizeidienst ist die Gemeindepolizei auf die Vornahme unaufschiebbarer Massnahmen beschränkt, die bis zum Eintreffen der Kantonspolizei notwendig werden.

5. Stadtpolizei von Zürich und Winterthur

a) Allgemeines

9   Jede der beiden Städte verfügt über ein stark ausgebautes und gut ausgebildetes Polizeikorps. Der Regierungsrat hat den Zuständigkeitsbereich der beiden Stadtpolizeien ausführlich geregelt in der VO über die kriminalpolizeiliche Aufgabenteilung vom 6.7.2005 (LS 551.101). Darnach ist für die Bearbeitung der (in den §§ 1–3 der VO detailliert umschriebenen) komplexen Straffälle die Kantonspolizei zuständig (§ 5 Abs. 1 der VO), die aber auch im Zuständigkeitsbereich der kommunalen Polizeien zum Handeln befugt ist (§ 5 Abs. 3 der VO).

b) Stadtpolizei Zürich

10 Bei der Stadtpolizei Zürich besteht seit 1868 eine vom Kanton subventionierte eigene Kriminalpolizei, die auf dem Gebiet der Stadt selbstständig tätig ist und ihre Aufgaben neben der Kantonspolizei erfüllt (sog. Dualismus). Seit 1970 waren die kantonale und die städtische Kriminalpolizei örtlich zusammengelegt, was eine vereinfachte und kostensparende Zusammenarbeit ermöglichte.

11 Im Laufe des Jahres 2000 vereinbarten der Kanton und die Stadt Zürich, ihre Kriminalpolizeien weitgehend zusammenzuführen. Darnach übernahm vom 1.1.2001 an die Kantonspolizei jene Kader- und Sachbearbeiterstellen der städtischen Kriminalpolizei, die mit der Bearbeitung komplexer Fälle betraut waren, sowie die Stellen der gemischten Dienste der städtischen kriminaltechnischen Abteilungen und der Kriminal-Innenabteilung. An die Kantonspolizei gingen somit jene spezialisierten Ermittlungsdienste der Stadtpolizei über, welche sich mit den komplexen kriminalpolizeilichen Ermittlungen befassten, d.h. diejenigen, die einen besonderen Ermittlungsbedarf aufwiesen und z.B. überregional oder deliktsübergreifend waren, Seriendelikte zum Inhalt hatten oder besondere Fachkenntnisse erforderten. § 6 der genannten VO umschreibt nun detailliert, für welche Delikte die Stadtpolizei Zürich noch zuständig ist.

c) Stadtpolizei Winterthur

12 Die Vereinbarung zwischen dem Regierungsrat und dem Stadtrat von Winterthur über die Ausübung der Kriminalpolizei und der politischen Polizei auf dem Gebiet der Stadt Winterthur vom 11./30.12.1943 legte fest, dass die Kriminalpolizei durch die Kantonspolizei ausgeübt wird. Ausgenommen waren nur die Verkehrsunfälle, bei denen Motorfahrzeuge oder Fahrräder beteiligt waren. Diese Fälle wurden ausschliesslich durch die Organe der Stadtpolizei behandelt. Heute ist der Zuständigkeitsbereich der Stadtpolizei Winterthur detailliert umschrieben in § 7 der genannten VO vom 6.7.2005. Wenn Anhaltspunkte auf eine Deliktserie hinweisen, deren Verfolgung besondere Fachkenntnisse oder überörtliche Ermittlungsarbeit erfordert, hat die Stadtpolizei die Kantonspolizei beizuziehen (§ 8 der genannten VO).

§ 86

d) Zusammenarbeit der Polizeikorps

Die Polizeikorps haben sich bei der Erfüllung ihrer Aufgaben gegenseitig zu unterstützen. Sie müssen partnerschaftlich zusammenarbeiten und regelmässig Informationen austauschen sowie gemeinsame Lagebeurteilungen vornehmen (§ 12 der genannten VO). 13

Nach dem Bekanntwerden einer auf dem Stadtgebiet begangenen Straftat trifft die Stadtpolizei die nötigen Massnahmen zur Sicherung und Gefahrenabwehr (Feststellung des Sachverhalts, Ermittlung und Befragung von Augenzeugen, Festnahme des bei einer Tat ertappten mutmasslichen Täters usw.), soweit das Verfahren nicht schon von der Kantonspolizei übernommen worden ist, und sie erstellt den ersten Tatbestandsrapport (§ 9 der genannten VO). Sie nimmt nach wie vor auch Strafanzeigen entgegen und bearbeitet diese in eigener Verantwortung, sofern der fragliche Tatbestand in ihre Kompetenz fällt. Andernfalls leitet sie die Anzeige an die Kantonspolizei weiter. 14

Ergeben die ersten Ermittlungen der Stadtpolizei, dass für das Verfahren die Kantonspolizei zuständig ist, so tritt sie das Verfahren an diese ab. Dies ist in der Regel der Fall bei Brandtourgeschäften, ausgenommen jene ungewöhnlichen Todesfälle, die sich nach ersten Erhebungen als natürlicher Tod, Unfall oder Suizid erweisen. Bei der Verfolgung mehrerer Straftaten richtet sich die Frage der Zuständigkeit nach der Straftat mit der höchsten Strafandrohung oder (bei gleichen Strafandrohungen) nach dem örtlichen Schwerpunkt (§ 10 der genannten VO). Mehrere Verdächtige sind von der Kantonspolizei zu verfolgen, sofern wenigstens einer von ihnen eine Straftat begangen hat, deren Verfolgung in die Kompetenz der Kantonspolizei fällt (§ 10 Abs. 3 der genannten VO). 15

Die Stadtpolizei ist im Rahmen ihres Zuständigkeitsbereichs auch befugt, von anderen Amtsstellen der Kantone oder des Bundes direkt Amts- und Rechtshilfe zu verlangen. In allen Fällen ist jedoch zu beachten, dass die Staatsanwaltschaft gegenüber der Polizei ein Weisungsrecht besitzt (Art. 307 Abs. 2, 312 StPO). 16

III. Statthalterämter

1. Funktion und Stellung

Jeder der zwölf Bezirke verfügt über ein Statthalteramt. Nach Art. 80 KV kommt dem Amt u.a. die Handhabung der ihm durch die Strafgesetzgebung und die Polizeigesetze übertragenen Befugnisse zu. § 12 Abs. 1 des Gesetzes über die Bezirksverwaltung vom 10.3.1985 (LS 173.1) enthält insofern eine Einschränkung, als nur noch das Übertretungsstrafrecht erwähnt wird, weil die Funktionen der Untersuchungsbehörde an die Staatsanwaltschaften übergegangen sind. § 3 des genannten Gesetzes statuiert, dass der Statthalter im rechtsprechenden Aufgabenbereich an keine Weisungen gebunden ist (ausgenommen die Rückweisungsbeschlüsse); er geniesst mithin weitgehend richterliche Unabhängigkeit i.S.v. Art. 73 Abs. 2 KV. 17

Der Statthalter bestimmt mit Zustimmung des Regierungsrats einen oder mehrere Stellvertreter und umschreibt deren Aufgabenbereich (§ 11 des erwähnten Gesetzes). Er ist demnach befugt, unter seiner Aufsicht die Behandlung des Übertretungsstrafrechts einem juristischen Mitarbeiter zu übertragen. 18

19 Im gerichtlichen Verfahren ist der Statthalter zur Ergreifung der kantonalen Rechtsmittel befugt (§ 91 GOG). Zur Ergreifung der Beschwerde in Strafsachen gemäss BGG war unter früherem Recht anstelle des Statthalteramts in jedem Fall die Oberstaatsanwaltschaft legitimiert (BGE 134 IV 36 E. 1.3). Ob dies im Lichte der Regelung von § 91 GOG immer noch der Fall sei, erscheint fraglich; s. dazu vorn § 27 N. 20.

20 Zur Bestellung des Statthalters s. Vorbemerkungen zu §§ 86 ff., N. 27.

2. Sachliche Zuständigkeit

21 Die sachliche Zuständigkeit ist in verschiedenen Erlassen geregelt und hängt nicht von der Höhe der in Betracht fallenden Busse ab. S. insbesondere
   - § 22 VO über das Lotteriewesen, die Glücksspiele und die gewerbsmässigen Wetten vom 18.6.1932 (kantonale Lotterieverordnung, LS 553.1);
   - § 42 AnwG;
   - § 216 EG ZGB: Verletzung der Vorschriften über die Geschäftsführung als Pfandleiher, Kreditgeber oder Kreditvermittler (LS 230);
   - § 9 Gesetz über die Geschäftsagenten, Liegenschaftenvermittler und Privatdetektive vom 16.5.1943 (LS 935.41);
   - § 40 Gesetz über die Zusatzleistungen zur eidgenössischen Alters-, Hinterlassenen- und Invalidenversicherung vom 7.2.1971 (LS 831.3);
   - §§ 174–176 Gesetz über die Förderung der Landwirtschaft vom 2.9.1979 (Landwirtschaftsgesetz, LS 910.1);
   - § 35 Abs. 2 kantonales Waldgesetz vom 7.6.1998 (LS 921.1);
   - § 39 Abs. 3 Gesetz über die Abfallwirtschaft vom 25.9.1994 (Abfallgesetz, LS 712.1);
   - §§ 1 ff. VO über die Zuständigkeit der Gemeinden im Übertretungsstrafrecht vom 3.11.2010 (LS 321.1);
   - § 24 EG zum BG über Familienzulagen vom 19.1.2009 (LS 836.1).

22 Hält eine Gemeinde eine Strafe für angemessen, die ihre Bussenkompetenz von Fr. 500 übersteigt (dazu nachfolgend N. 24), so überweist sie die Akten zur weiteren Behandlung dem Statthalteramt (§ 4 VO über die Zuständigkeit der Gemeinden im Übertretungsstrafrecht, LS 321.1). Verzeigungen, welche (statt richtigerweise bei der Gemeindekanzlei) beim Statthalteramt erfolgen, darf dieses nicht an die Hand nehmen. Es hat vielmehr die Akten der Gemeindebehörde zuzustellen, welche den Fall überprüfen muss und ihn nur dann an das Statthalteramt zurücksenden darf, wenn sie eine Fr. 500 übersteigende Busse für angezeigt hält. Dieses Vorgehen hat für den Verzeigten insofern eine Schutzfunktion, als eine Busse von mehr als Fr. 500 nur ausgefällt werden darf, wenn von beiden Amtsstellen eine solche Sanktion als angemessen erachtet wird (ZR 39 Nr. 62, 40 Nr. 60 S. 154).

23 Der Statthalter ist weder an die in der Überweisung vertretene Rechtsauffassung noch an die von der Gemeindeinstanz als richtig erachtete Bussenhöhe gebunden. Er kann also das Verfahren einstellen oder eine Fr. 500 nicht übersteigende Busse ausfällen, ohne den Fall an die Gemeinde zurückweisen zu müssen (DONATSCH/SCHMID, StPO, N. 2 zu § 334).

IV. Gemeindebehörden

1. Organisation und Stellung

Der Gemeindebehörde steht eine Bussenkompetenz von höchstens Fr. 500 zu, und sie darf höchstens eine Ersatzfreiheitsstrafe von 10 Tagen oder bis zu 40 Stunden gemeinnützige Arbeit anordnen (§ 89 Abs. 3 GOG). Sie übt ihre Strafkompetenz durch den Gemeinderat als Exekutivbehörde aus. Durch die Gemeindeordnung können indessen die Behandlung besonderer Geschäfte und die damit verbundenen Strafbefugnisse an einzelne oder mehrere Mitglieder der Gesamtbehörde oder an besondere Kommissionen mit selbständigen Verwaltungsbefugnissen übertragen werden (§§ 56, 57 und 115 a GG, LS 131.1).

Gemäss § 88 Abs. 2 Gemeindegesetz können die Städte Zürich und Winterthur ihre Organisation und Aufgaben durch ihre Gemeindeordnung selbständig regeln. Gestützt auf diese Autonomie verfügen beide Städte über ein Polizei- bzw. Stadtrichteramt, die Stadt Zürich seit 1908, die Stadt Winterthur infolge von § 34 Abs. 4 der Gemeindeordnung vom 4.3.1973 bzw. § 42 Abs. 4 der Gemeindeordnung vom 26.11.1989.

Den Gemeindebehörden obliegt auch die gesundheitspolizeiliche Aufsicht über die Säuglings- und Kinderheime sowie über die Erziehungs-, Erholungs- und Behindertenheime (§ 37 Abs. 3 Gesundheitsgesetz, LS 810.1). Sie gewährleisten überdies das Krankentransport- und das Rettungswesen, soweit sie diese Aufgaben nicht Dritten übertragen (§ 44 Gesundheitsgesetz). Die Behandlung von Übertretungen im Gesundheitswesen kann die kommunale Exekutive einer Gesundheitskommission übertragen.

2. Sachliche Zuständigkeit

Die Gemeindebehörden verfolgen und beurteilen die Übertretungen des kommunalen, kantonalen und eidgenössischen Rechts. Für das materielle Übertretungsstrafrecht der Gemeinde ist auf § 74 GG zu verweisen. Darnach ist der Gemeinderat verpflichtet, zur Aufrechterhaltung der öffentlichen Ruhe und Ordnung sowie zum Schutz von Personen und Sachen eine Gemeindepolizeiverordnung zu erlassen.

Die Zuständigkeitsordnung für die Übertretungen des Bundesrechts findet sich in der VO über die Zuständigkeit der Gemeinden im Übertretungsstrafrecht vom 3.11.2010 (LS 321.1). Die Kompetenzen der Stadt- bzw. Polizeirichterämter von Zürich und Winterthur sind im Vergleich zu denen der ländlichen Gemeindebehörden (wegen der fachlichen Eignung und Erfahrung) wesentlich ausgedehnter, was sich besonders deutlich bei den Übertretungen auf dem Gebiet des Strassenverkehrsrechts zeigt.

Hinsichtlich der Behandlung der einzelnen Fälle steht den Gemeindebehörden dieselbe Weisungsfreiheit und Unabhängigkeit zu wie den Statthaltern (dazu vorn N. 17). Wie diese sind auch sie auf kantonaler Ebene zur Ergreifung von Rechtsmitteln befugt (§ 91 GOG).

V. Staatsanwaltschaften

Literatur

N. BURGER-MITTNER/S. BURGER, Das Primat der Staatsanwaltschaft auf dem Prüfstand, fp 2011, S. 165 ff.; M. KNECHT, Die Staatsanwaltschaft nach zürcherischem Recht, Diss. Zürich 1914; CH. METTLER, Staatsanwaltschaft, Position innerhalb der Gewaltentrias, Funktion im Strafprozess und aufsichtsrechtliche Situation sowie ein Vorschlag zur Neuordnung, Diss. Freiburg 2000, Basel 2000; G. STRASSER, Eigenständigkeit der Staatsanwaltschaft aus europäischer Sicht, OeRZ 79, 2001, S. 130.

1. Geschichtliche Entwicklung

30   S. Vorbemerkungen zu §§ 86 ff. N. 4 ff.

2. Organisation und Stellung

31   Zur Wahl der Staatsanwälte s. Vorbemerkungen zu §§ 86 ff. N. 28. Für die interne Geschäftsorganisation der Staatsanwaltschaften und der Oberstaatsanwaltschaft hat der Regierungsrat die VO über die Organisation der Oberstaatsanwaltschaft und der Staatsanwaltschaften vom 27.10.2004 erlassen und auf den 1.1.2011 angepasst (Organisations-V, LS 213.21).

32   Jede der fünf allgemeinen und der vier besonderen Staatsanwaltschaften (dazu Vorbemerkungen zu §§ 86 ff. N. 8 und 9) besteht aus mehreren Staatsanwälten und dem erforderlichen Kanzleipersonal und wird von einem Leitenden Staatsanwalt geführt (§§ 11 ff. Organisations-V).

33   Grundsätzlich ist die Staatsanwaltschaft zuständig für die Untersuchung von Verbrechen und Vergehen (Art. 10 StGB) beschuldigter, über 18 Jahre alter Personen.

34   Bestandteil des heutigen Vorverfahrens bildet nach Art. 306 f. StPO auch das primär der Polizei obliegende polizeiliche Ermittlungsverfahren. Demgemäss obliegt der Staatsanwaltschaft auch die Leitung des Ermittlungsverfahrens, in das sie jederzeit eingreifen kann (Art. 307 Abs. 2 StPO). Sobald sie in das Verfahren eingreift, trägt sie für die von ihr in Auftrag gegebenen polizeilichen Ermittlungen die Verantwortung. Sie hat darauf zu achten, dass sich die Ermittlungshandlungen, bei welchen Beschuldigte und Geschädigte ihre Parteirechte nicht in vollem Umfang ausüben können, auf das für die Feststellung des Sachverhalts Notwendige beschränken; im Rahmen der polizeilichen Einvernahmen *nach* formeller Eröffnung der Untersuchung haben die Verfahrensbeteiligten jedoch alle ihnen auch sonst zustehenden Verfahrensrechte (Art. 312 Abs. 2 StPO). Im Falle schwerer Straftaten hat die Staatsanwaltschaft unmittelbar nach Einleitung des Verfahrens die erforderlichen Befragungen nach Möglichkeit persönlich vorzunehmen (Art. 307 Abs. 2 Satz 2 StPO; s. auch WOSTA Ziff. 12.7.3.3).

3. Aufgabe der Staatsanwaltschaft

35   Die Staatsanwaltschaft führt die ihr zugeteilten Strafuntersuchungen, leitet das Vorverfahren, entscheidet über seinen Abschluss (allenfalls durch Strafbefehl) und vertritt gegebenenfalls die Anklage vor Bezirksgericht (Art. 16 Abs. 2 StPO, § 19 Organisations-V).

Sie erledigt die weiteren ihr übertragenen Geschäfte und Aufgaben; insbesondere stellt sie beim Zwangsmassnahmengericht Antrag auf Anordnung bzw. Verlängerung oder Genehmigung von erforderlichen Zwangsmassnahmen (Art. 224 Abs. 2, 227 Abs. 2, 272 und 289 StPO), soweit sie diese nicht selbst anordnen kann. Verschiedene Aufgaben werden ihr ferner im Rahmen des Straf- und Massnahmenvollzugs übertragen (§ 20 JVV, Bewilligung des vorzeitigen Straf- und Massnahmenvollzugs; § 130 JVV, Anordnung der Einzelhaft; § 133 JVV, Veranlassung der Sozialberatung; § 134 JVV, Kontrolle des Brief- und Telefonverkehrs und von Besuchen).

4. Aufgaben des Leitenden Staatsanwalts

Der Leitende Staatsanwalt besorgt die Geschäftsleitung und vertritt die Staatsanwaltschaft nach aussen. Er führt in der Regel keine Untersuchungen. Seine weiteren Aufgaben (nebst den in § 103 GOG festgelegten) umschreibt detailliert § 14 Organisations-V. 36

VI. Oberstaatsanwaltschaft

1. Geschichtliche Entwicklung

Die zürcherische Staatsanwaltschaft (heute Oberstaatsanwaltschaft) ist aus der Stelle des «öffentlichen Anklägers» hervorgegangen, dessen Funktionen lediglich strafrechtlicher Natur waren (vgl. Reglement eines öffentlichen Anklägers vom 24.3.1812). Dieser Charakter des öffentlichen Anklägers blieb der Beamtung auch erhalten, nachdem sie durch die Verfassung vom 10.3.1831 nach französischem Vorbild als «Staatsanwaltschaft» (ministère public oder parquet) bezeichnet worden war. Das Institut der Staatsanwaltschaft entspricht im Gegensatz zum Inquisitionsprozess dem Grundsatz der Gewaltentrennung zwischen Ankläger und Richter. 37

Nach Art. 58 der Verfassung von 1831 oblag die Wahl des Staatsanwalts dem Regierungsrat, unter Bestätigung durch den Grossen Rat. Art. 51 der KV vom 18.4.1869 legte (in Ablehnung von Anträgen, die Wahl dem Volk oder dem Kantonsrat zu übertragen) fest, dass der Regierungsrat die Wahl ohne nachträgliche Genehmigung durch die Volksvertretung vorzunehmen hat. 38

Nach dem Gesetz vom 2. Christmonat 1874 betreffend die zürcherische Rechtspflege (OS 18 S. 57) bestand die Staatsanwaltschaft aus einem ersten und einem zweiten Staatsanwalt; im Bedarfsfall konnten auch Stellvertreter ernannt werden (§§ 73 und 74). Nach § 106 alt GVG von 1911 amteten drei Staatsanwälte, wobei der Kantonsrat die Kompetenz besass, die Zahl zu erhöhen. 1918 wurde sie auf fünf, 1946 auf sechs (OS 37 S. 612) und mit Beschluss vom 21.4.1986 auf acht erhöht (LS 213.222). 39

Eine neue strukturelle und personelle Erweiterung brachte § 14 VO über die Staatsanwaltschaft vom 12.12.1990, womit die gesetzliche Grundlage für die Anstellung juristischer Sekretäre geschaffen wurde. Diese waren zuständig für die Bearbeitung von Rechtsfragen zur Entlastung einzelner Staatsanwälte, für die Betreuung der Bibliothek sowie für die Protokollführung in der Konferenz der Staatsanwälte, in Kommissionen und Ausschüssen. Sie wurden auf Antrag der Geschäftsleitung vom Regierungsrat angestellt. 40

§ 86

41 Als oberste kantonale Strafverfolgungsbehörde behielt zwar die Staatsanwaltschaft ihre Bedeutung und ihren Einfluss, doch büsste sie im Laufe der Jahre (teilweise mit internen Aufgabenverschiebungen) Kompetenzen ein. Der Vollzug von Strafen, Massnahmen, bedingter Entlassung und Schutzaufsicht ging auf die Direktion der Justiz und des Innern (Abteilung Justizvollzug) bzw. auf die seit 1.8.1999 als Amt für Justizvollzug bezeichnete Abteilung über (vgl. dazu aufgehobener § 16 StVG vom 30.6.1974, § 23 Ziff. 3 und 5 G betreffend die Organisation und Geschäftsführung des Regierungsrats und seiner Direktionen vom 26.1.1999 sowie § 14 StJVG, LS 331).

42 Wegen der 1991 erfolgten starken Reduktion des Zuständigkeitskataloges des Geschworenengerichts (§ 56 GVG) ging die aufwendige Anklage- und Sistierungstätigkeit der Staatsanwaltschaft zurück; sie verschob sich zum Teil auf die Genehmigungspflicht von Sistierungen der Bezirksanwaltschaften.

43 Bis zum EG OHG vom 25.6.1995 (LS 341) entschied eine Kommission von drei Staatsanwälten über Rekurse gegen Einstellungsverfügungen. Art. 8 Abs. 1 lit. b OHG veranlasste jedoch den Kanton, die Beurteilung von Anfechtungen einer Nichtanhandnahme- oder Einstellungsverfügung dem Richter zu übertragen, auf den 1.1.1996 zunächst dem Einzelrichter des Bezirksgerichts, auf den 1.1.2007 schliesslich dem Obergericht (G vom 19.6.2006, OS 61 S. 421).

44 Durch die VO über die Organisation der Oberstaatsanwaltschaft und der Staatsanwaltschaften vom 27.10.2004 wurde die Organisation der Strafuntersuchungsbehörden im Kanton Zürich neu geregelt. Der Bezirksanwalt wurde neu Staatsanwalt, und die bisherige Staatsanwaltschaft wurde Oberstaatsanwaltschaft (dazu Vorbemerkungen zu §§ 88 ff. N. 8). Die Oberstaatsanwaltschaft besteht nun aus dem Leitenden Oberstaatsanwalt, zwei Oberstaatsanwälten und einem Staatsanwalt für die Leitung des Büros für amtliche Mandate. Ihr gehören neben dem juristischen und dem administrativen Personal auch die zentralen Dienste an (§ 1 der erwähnten Organisations-V).

2. Aufgaben der Oberstaatsanwaltschaft

45 Die mannigfachen Aufgaben der Oberstaatsanwaltschaft sind aufgelistet in den §§ 3–7 Organisations-V. Als Aufsichtsbehörde (§ 6 lit. e Organisations-V) ist die Oberstaatsanwaltschaft berechtigt, den Staatsanwaltschaften Weisungen zu erteilen. Zur Durchführung einer Strafuntersuchung und zur Erhebung einer Anklage gegen Mitglieder des Regierungsrats, des Obergerichts, des Verwaltungs- und Sozialversicherungsgerichts kann der Kantonsrat die Ermächtigung zur Strafverfolgung erteilen und dazu einen besonderen Staatsanwalt ernennen (§ 38 KRG). Dasselbe gilt sinngemäss für die Strafverfolgung von Kantonsräten wegen Äusserungen in den Ratsverhandlungen, in der Geschäftsleitung oder in einer Kommission (§ 37 KRG). Für die Strafverfolgung ausserparlamentarischen strafbaren Verhaltens von Kantonsräten sind dagegen die ordentlichen Untersuchungsbehörden zuständig (ZR 61 Nr. 172).

46 Die Oberstaatsanwaltschaft plant, führt und steuert die Erwachsenenstrafverfolgung im Kanton Zürich. Sie stellt die Koordination der beteiligten Behörden innerhalb und ausserhalb des Kantons sicher und sorgt für eine einheitliche Rechtsanwendung (§ 4 Abs. 1 und 3 Organisations-V). Sie beaufsichtigt die Staatsanwaltschaften (§ 6 lit. e Organisa-

tions-V), kann Einsprachen erheben gegen einen Strafbefehl (Art. 354 Abs. 1 lit. c StPO), entscheidet bei innerkantonalen Gerichtsstandskonflikten und vertritt den Kanton im Rechtsmittelverfahren vor Bundesstrafgericht und Bundesgericht sowie bei interkantonalen Gerichtsstandsstreitigkeiten vor Bundesstrafgericht (§ 107 GOG). Kann ein Staatsanwalt auf dem Wege des direkten Meinungsaustausches mit einer ausserkantonalen Behörde keine Einigung über den Gerichtsstand erzielen, so hat er die Akten mit der ergangenen Korrespondenz der Oberstaatsanwaltschaft zu überweisen, die ihrerseits entweder die Gerichtsstandsverhandlungen weiterführt oder in Anwendung von Art. 39 ff. StPO die Beschwerdekammer des Bundesstrafgerichts anruft (dazu E. SCHWERI/F. BÄNZIGER, Interkantonale Gerichtsstandsbestimmung in Strafsachen, 2. Aufl., Bern 2004, Nr. 584). Analoges gilt, wenn interkantonale Konflikte zwischen den Kantonen über die Gewährung der Rechtshilfe entstehen, die nach Art. 48 Abs. 2 StPO ebenfalls von der Beschwerdekammer des Bundesstrafgerichts zu entscheiden sind.

Gegen die Verweigerung der Ermächtigung zur Strafverfolgung von Bundesbeamten wegen strafbarer Handlungen, die sich auf ihre amtliche Tätigkeit oder Stellung beziehen, kann die Oberstaatsanwaltschaft Beschwerde an das Bundesverwaltungsgericht führen (Art. 15 Abs. 5 und 5bis BG über die Verantwortlichkeit des Bundes sowie seiner Behördenmitglieder und Beamten vom 14.3.1958, SR 170.32; F. HAUENSTEIN, Die Ermächtigung in Beamtenstrafsachen des Bundes, Diss. Bern 1996).

47

Auch in zivilprozessualer Hinsicht fallen der Oberstaatsanwaltschaft Aufgaben (allerdings von untergeordneter Bedeutung) zu. Nach § 43 Ziff. 2 und 3 EG ZGB (LS 230) obliegt ihr die Anhebung von Klagen auf Auflösung eines Vereins wegen widerrechtlicher oder unsittlicher Zwecke sowie auf Ungültigerklärung einer Ehe oder eingetragenen Partnerschaft (§ 87 GOG).

48

VII. Jugendanwaltschaft

Literatur

P. BEGLINGER, Das Jugendstrafverfahren im Kanton Zürich, Diss. Zürich 1972; DONATSCH/SCHMID, StPO, zu §§ 374 ff.; HAUSER/SCHWERI/HARTMANN, Schweizerisches Strafprozessrecht, § 90; G. PIQUEREZ, Procédure pénale suisse, § 147 S. 692; N. SCHMID, Strafprozessrecht, N. 323 und 936 ff.

1. Entwicklung

Das Jugendstrafrechtsverfahren in besonderer Gestalt fand im Kanton Zürich erstmals unter dem Einfluss der Vorarbeiten zum StGB in den §§ 366 ff. StPO (ZH) von 1919 Eingang. Ziel des Verfahrens war schon damals die individuelle Behandlung des Täters zum Zweck der Fürsorge und Besserung. Dieses Bestreben fand in § 370 StPO (ZH) Ausdruck. Der Regierungsrat erhielt die Befugnis, eine Jugendanwaltschaft zu errichten, was zunächst für die Bezirke Zürich, Horgen und Winterthur geschah. In den übrigen Bezirken betraute das Bezirksgericht eines seiner Mitglieder mit der Führung von Untersuchungen gegen Jugendliche.

49

50 Eine weitgehend gleich lautende Organisationsbestimmung enthielt § 32 EG StGB vom 6.7.1941 (OS 36 S. 380). Sie führte in der Folge zur schrittweisen Einführung selbständiger Jugendanwaltschaften. Neu regelte § 37 EG StGB die Schaffung des kantonalen Jugendamtes mit der Funktion als Jugendstaatsanwaltschaft.

51 Eine entscheidende Neuerung brachte das Gesetz über die Änderung des GVG, der StPO und des EB zum schweizerischen Strafgesetzbuch vom 30.6.1974 (OS 45 S. 115). In Bezug auf die Jugendstrafrechtspflege wurden die organisatorischen Bestimmungen ins GVG aufgenommen (ursprünglich §§ 111 a–c alt GVG, dann §§ 92–94 GVG). Die Verfolgung von Verbrechen und Vergehen Jugendlicher wurde ausschliesslich der Jugendanwaltschaft übertragen. Die seit Anfang der 1970er-Jahre funktionell vom kantonalen Jugendamt losgelöste Jugendanwaltschaft erhielt in § 111 b alt GVG eine gesetzliche Regelung. Im Zuge der Revision von 1974 kehrten die Bestimmungen über das Verfahren gegen Kinder und Jugendliche in die StPO zurück (§§ 367 ff. StPO [ZH]).

52 Das BG über das Jugendstrafrecht vom 20.6.2003, in Kraft seit 1.1.2007 (Jugendstrafgesetz, JStG, SR 311.1), regelte das Strafverfahren gegen Jugendliche neu. Das kantonale Straf- und Justizvollzugsgesetz vom 19.6.2006 (StJVG, LS 331) nahm in den §§ 33 ff. besondere Bestimmungen über den Vollzug jugendstrafrechtlicher Massnahmen auf. Die VO über die Jugendstrafrechtspflege vom 29.11.2006 (JStV, LS 322) umschrieb neu die Organisation und Aufgaben der Jugendanwaltschaft und der Oberjugendanwaltschaft (Jugendstaatsanwaltschaft). Schliesslich wurde die Verfolgung und Beurteilung jugendlicher Straftäter in der JStPO vom 29.3.2009, in Kraft seit 1.1.2011, auf eidgenössischer Ebene geregelt.

53 Parallel zur Umbenennung der Bezirksanwälte in Staatsanwälte und der Staatsanwälte in Oberstaatsanwälte (dazu Vorbemerkungen zu §§ 86 ff. N. 8) wurden die Jugendanwälte zu Jugendstaatsanwälten und die Jugendstaatsanwälte zu Oberjugendstaatsanwälten. Nach dem Inkrafttreten des GOG wurden die Jugendstaatsanwälte wieder zu Jugendanwälten und die Oberjugendstaatsanwaltschaft zu Oberjugendanwaltschaft (§ 86 Abs. 1 lit. c GOG).

2. Sachliche Zuständigkeit

54 Wird eine Straftat von einem Kind unter 10 Jahren begangen, wird kein Strafverfahren eingeleitet, sondern die zuständige Behörde informiert lediglich die gesetzlichen Vertreter des Kindes und, sofern das Kind besondere Hilfe benötigt, die Vormundschaftsbehörde oder die Fachstelle für Jugendfragen (Art. 4 JStG). Das JStG findet nur auf Personen Anwendung, welche zwischen dem vollendeten 10. und dem vollendeten 18. Altersjahr delinquiert haben (Art. 1 Abs. 1 lit a und Art. 4 JStG). Als massgebend gilt der Zeitpunkt der Ausführungshandlung. Von dieser allgemeinen Regel gibt es jedoch (vor allem bei Übertritt des Täters in eine andere Altersstufe) Ausnahmen:

55 – Delinquiert der Täter teils vor und teils nach der Vollendung des 18. Altersjahres, so ist hinsichtlich der Strafe das StGB anzuwenden. Das gilt auch für eine Zusatzstrafe, welche für eine Tat auszufällen ist, die der Täter vor Vollendung des 18. Altersjahres begangen hat. Bedarf der Täter einer Massnahme, so kann je nach den Umständen eine solche des StGB oder des JStG angeordnet werden (Art. 3 JStG).

- Hat der Täter vor der Vollendung des 18. Altersjahres delinquiert, wurde die Tat aber erst nach seinem 18. Altersjahr bekannt, so bleibt das Jugendstrafverfahrensrecht anwendbar (Art. 3 JStG).
- Hat der Jugendliche zusammen mit Erwachsenen delinquiert, so werden die beiden Verfahren gegen Erwachsene und Jugendliche getrennt, sofern die Untersuchung dadurch nicht erheblich erschwert wird (Art. 11 JStPO).

3. Aufteilung der Jugendanwaltschaften

Bis 31.12.2000 gab es im Kanton neun Jugendanwaltschaften. Auf den 1.1.2001 wurde deren Zahl auf sieben und auf den 1.6.2007 auf fünf reduziert, um den Einsatz der Jugendanwälte zu rationalisieren und flexibler zu gestalten. Die Jugendanwaltschaften gliedern sich nun wie folgt (LS 322.2):

- Jugendanwaltschaft Limmattal/Albis, mit Amtskreis der Bezirke Dietikon, Affoltern und Horgen,
- Jugendanwaltschaft See/Oberland, mit Amtskreis der Bezirke Uster, Meilen, Hinwil und Pfäffikon,
- Jugendanwaltschaft Zürich, mit Amtskreis des Bezirks Zürich,
- Jugendanwaltschaft Winterthur, mit Amtskreis der Bezirke Winterthur und Andelfingen.

4. Ernennung der Jugendanwälte

Die Jugendanwälte werden von der Justizdirektion ernannt (§ 109 GOG, § 11 JStV, LS 322), in der Regel für unbestimmte Zeit mit der Möglichkeit der Kündigung (§ 13 PersG). Voraussetzung für die Ernennung ist die fachliche und persönliche Eignung für die Bekleidung des Amtes (§ 11 PersG), wozu in der Regel eine abgeschlossene juristische Hochschulbildung sowie Kenntnisse und Erfahrung in der Jugendhilfe zählen. Dazu auch hinten § 109.

5. Zusammensetzung und Aufgaben der Jugendanwaltschaft

Die Jugendanwaltschaft besteht aus dem Leitenden Jugendanwalt, gewöhnlichen Jugendanwälten, den Sachbearbeitern und dem Kanzleipersonal. Bei Bedarf kann die Oberjugendanwaltschaft den Jugendanwaltschaften juristische Sekretäre, Auditoren, Praktikanten, Sozialarbeiter und weiteres Personal zuteilen (§ 10 Abs. 3 JStV). Dazu auch hinten § 108 N. 3.

Die Aufgaben der Leitung, der Jugendanwälte, der Sozialarbeiter, der juristischen Sekretäre, des Kanzleipersonals, der Auditoren und Praktikanten sind detailliert umschrieben in den §§ 14–20 JStV.

Der Jugendanwalt führt die Untersuchung und erhebt Anklage beim Jugendgericht mit Antrag und Begründung über Strafe und Massnahme, sofern er den Fall nicht in richterlicher Funktion selbst durch Strafbefehl erledigt (Art. 32 JStPO). Nach Art. 42 JStPO ist er auch für den Vollzug zuständig. Dazu auch hinten § 110.

63 Die Sozialarbeiter der einzelnen Amtsstellen werden vom Regierungsrat ernannt. Ihnen obliegen wesentliche Aufgaben bei der Abklärung der persönlichen Verhältnisse der Jugendlichen sowie bei deren Betreuung von der Einleitung der Strafuntersuchung an bis zum Abschluss des Vollzugs von Strafe und Massnahme (§ 16 JStV).

VIII. Oberjugendanwaltschaft

64 Die Oberjugendanwaltschaft besteht aus einer vom Regierungsrat zu bestimmenden Zahl von Oberjugendanwälten (zurzeit zwei), von denen der Regierungsrat einen zum Leitenden Oberjugendanwalt ernennt (§§ 112 und 113 GOG). Ihre Aufgaben werden in § 114 GOG und §§ 5 ff. JStV umschrieben. Ihr Sitz befindet sich in Winterthur.

IX. Zuständigkeit im Ordnungsbussenverfahren

65 Für die bundesrechtlichen Ordnungsbussen im Strassenverkehr gelten die besonderen Zuständigkeitsregeln des § 170 GOG. Das OBG ist *lex specialis* zur StPO bzw. JStPO und gelangt deshalb neben diesen zur Anwendung. Die für das Ordnungsbussenverfahren zuständigen Behörden können somit Jugendlichen schon ab deren 15. Altersjahr für Übertretungen der Strassenverkehrsvorschriften Ordnungsbussen bis zu Fr. 300 auferlegen (Art. 1 und 2 lit. c OBG).

X. Ergänzende Bestimmungen

66 Als ergänzende Bestimmungen des Regierungsrats fallen in diesem Zusammenhang in Betracht:
   – Beschluss über die Verteilung der Wahlstellen der ordentlichen Staatsanwälte auf die Bezirke (Amtsdauer 2009–2013) vom 3.9.2008 (LS 213.121),
   – VO über die Organisation der Oberstaatsanwaltschaft und der Staatsanwaltschaften vom 27.10.2004 (LS 213.21)
   – VO über das Wahlfähigkeitszeugnis für Staatsanwälte vom 22.6. 2005 (LS 213.23),
   – Reglement der Direktion der Justiz und des Innern über die Organisation und die Tätigkeit der Prüfungskommission für die Staatsanwälte vom 6.1.2006 (LS 213.231),
   – VO über die Jugendstrafrechtspflege vom 29.11.2006 (JStV; LS 322),
   – Beschluss über die Amtskreise der Jugendanwaltschaften vom 23.5.2007 (LS 322.2),
   – VO über die Gebühren, Auslagen und Entschädigungen der Strafverfolgungsbehörden vom 24.11.2010 (LS 323.1).

§ 87 Vertretung des Kantons

Der Kanton kann die Staatsanwältinnen und -anwälte sowie die Oberstaatsanwältinnen und -anwälte mit seiner Vertretung in Zivil- und Verwaltungssachen beauftragen.

§ 87 GOG übernimmt die Regelung des früheren § 76 GVG. 1

Nach der früheren Fassung des § 36 EG ZGB konnte der Gemeinderat mit Bewilligung 2
der Justizdirektion die Staatsanwaltschaft mit der Erhebung von Klagen auf Auflösung eines Vereins, Untersagung des Eheabschlusses und Nichtigerklärung einer Ehe beauftragen. Diese Bestimmung wurde durch das Gesetz betreffend Anpassung des Prozessrechts im Personen- und Familienrecht vom 27.3.2000 aufgehoben. Nach der heutigen Fassung des § 43 Ziff. 2 und 3 EG ZGB ist die Staatsanwaltschaft die zuständige Behörde für Klagen auf Auflösung eines Vereins wegen widerrechtlicher oder unsittlicher Zwecke (Art. 78 ZGB) sowie für Klagen auf Ungültigerklärung einer Ehe (Art. 106 Abs. 1 ZGB) und Ungültigerklärung einer eingetragenen Partnerschaft (Art. 9 PartG). Eine Mitwirkung des Staatsanwalts in den übrigen Zivilsachen als offizielle Nebenpartei (partie jointe) kennt das zürcherische Recht nicht.

§ 88 Nebenbeschäftigung

Oberstaatsanwältinnen und -anwälten, Oberjugendanwältinnen und -anwälten, Staatsanwältinnen und -anwälten sowie Jugendanwältinnen und -anwälten ist die berufsmässige Vertretung von Parteien vor Strafverfolgungsbehörden und Gerichten untersagt.

Nach § 77 GVG war die Stellung eines Staatsanwalts oder Oberstaatsanwalts unvereinbar 1
mit jeder anderen besoldeten Stelle und mit der berufsmässigen Vertretung Dritter vor Gericht. Das GOG übernimmt diese absolute Formulierung nicht. Für die Staatsanwälte und Oberstaatsanwälte gilt somit § 53 Abs. 1 PersG, wonach die Ausübung einer Nebenbeschäftigung nur zulässig ist, wenn sie die amtliche Aufgabenerfüllung nicht beeinträchtigt und mit der dienstlichen Stellung vereinbar ist. Eine Bewilligung für eine allfällige Nebenbeschäftigung ist nicht erforderlich, sofern durch diese die Arbeitszeit nicht beeinträchtigt wird. Andernfalls muss von der zuständigen Aufsichtsbehörde eine Bewilligung eingeholt werden, welche mit der Auflage verbunden werden kann, dass die beanspruchte Arbeitszeit kompensiert oder Nebeneinnahmen abgegeben werden (§ 53 Abs. 2 PersG).

Die Vertretung Dritter vor Strafbehörden oder Gerichten ist den Staatsanwälten und 2
Oberstaatsanwälten nur untersagt, wenn sie berufsmässig erfolgt. Berufsmässig handelt, wer in einer unbestimmten oder unbegrenzten Zahl von Fällen für andere Personen Prozesse führt oder zu führen bereit ist. Ob dies gegen Entgelt geschehe, ist von untergeordneter Bedeutung (BGE 103 Ia 430, ZR 61 Nr. 1 = SJZ 58 S. 119). Als nicht berufsmässig ist eine Vertretung anzusehen, wenn sie nur vereinzelt im Hinblick auf freundschaftliche oder verwandtschaftliche Beziehungen zu einer Prozesspartei erfolgt (vgl. RO 1944 S. 34).

3 Im Übrigen gelten hinsichtlich der Nebenbeschäftigungen auch die Bestimmungen über die Unvereinbarkeit (s. dazu Vorbemerkungen zu §§ 86 ff. N. 32).

4 Der in § 88 GOG verwendete Begriff «Staatsanwalt» ist im weiten Sinne zu verstehen und umfasst auch die stellvertretenden Staatsanwälte und die Assistenzstaatsanwälte (W.RR S. 123).

2. Abschnitt: Verfahren gegen Erwachsene
A. Übertretungsstrafbehörden

§ 89 *Zuständige Behörden*

¹ Die Verfolgung und Beurteilung von Übertretungen steht den Statthalterämtern zu.

² Der Regierungsrat kann die Verfolgung und Beurteilung von Übertretungen auf Gesuch hin einer Gemeinde übertragen, wenn diese sicherstellt, dass sie dazu fachlich und organisatorisch in der Lage ist. Vorbehalten bleiben besondere gesetzliche Regelungen, welche die ausschliessliche Zuständigkeit der Statthalterämter vorsehen.

³ Die Strafbefugnis der Gemeinde beträgt höchstens Fr. 500 Busse. Die anzuordnende Ersatzfreiheitsstrafe darf zehn Tage und allenfalls angeordnete gemeinnützige Arbeit 40 Stunden nicht übersteigen.

Inhaltsübersicht	N.
I. Allgemeines	1
II. Zuständigkeit der Statthalterämter	5
III. Zuständigkeit der Gemeinden	6

I. Allgemeines

1 Nach § 89 GOG (bisher § 74 GVG) sind die Übertretungen des eidgenössischen, kantonalen und kommunalen Rechts im Erwachsenenstrafrecht von den Statthalterämtern und den Gemeinden zu verfolgen und zu beurteilen. Von diesem Grundsatz gibt es indessen Ausnahmen:

2 Übertretungen, die mit einem Verbrechen oder Vergehen im Zusammenhang stehen, werden von den für diese Verbrechen oder Vergehen zuständigen Anklage- und Gerichtsbehörden verfolgt und beurteilt (bisher § 74 Abs. 2 GVG). Begeht ein Täter Übertretungen sowie Verbrechen oder Vergehen, die in keinem sachlichen Zusammenhang stehen, so können diese getrennt beurteilt werden, doch hat er im Umfang von Art. 29 StPO Anspruch auf eine gemeinsame Verfolgung und Beurteilung.

§ 89

Verletzung von Verfahrenspflichten und Steuerhinterziehung i.S.v. §§ 234 ff. StG (LS 631.1) werden grundsätzlich durch das kantonale Steueramt geahndet (§ 243 StG). 3

Bei Widerhandlungen i.S. des Verwaltungsstrafrechts des Bundes ist die beteiligte Verwaltung für die Untersuchung zuständig (Art. 20 VStR). Konkurrieren Übertretungen des Bundesverwaltungsstrafrechts mit solchen des kantonalen oder kommunalen Rechts, so sind die Verfahren getrennt zu führen. Um Doppelspurigkeiten in der Untersuchungsführung zu vermeiden, hat man sich in der Praxis damit beholfen, dass das eine Verfahren (in der Regel das kantonale) sistiert wird, bis die Ergebnisse des anderen Verfahrens feststehen und diese Ergebnisse dann auch im sistierten Verfahren verwendet werden können (DONATSCH/SCHMID, StPO, N. 11 zu §§ 332–333). 4

II. Zuständigkeit der Statthalterämter

Zuständig ist der Statthalter einerseits für die Fälle, die ihm ausschliesslich zur Verfolgung zugewiesen sind (vgl. dazu vorn § 86 N. 21), und andererseits für jene Fälle, in denen der Gemeinderat eine Busse von über Fr. 500 für angemessen hält. In diesem Fall überweist der Gemeinderat die Akten dem Statthalter, wobei dieser weder hinsichtlich der rechtlichen Würdigung noch hinsichtlich der Bussenhöhe an die vom Gemeinderat vertretene Auffassung gebunden ist. Er darf auch eine Busse unter Fr. 500 ausfällen, ohne dass er den Fall an den Gemeinderat zurückweisen muss. Bei Übertretungen, die mit Haft oder Busse geahndet werden können, kann der Statthalter entweder selbst eine Busse ausfällen oder den Fall mit dem Antrag auf Ausfällung einer Haftstrafe an die Staatsanwaltschaft überweisen. 5

III. Zuständigkeit der Gemeinden

Nach § 89 Abs. 2 GOG kann der Regierungsrat die Verfolgung und Beurteilung von Übertretungen auf Gesuch hin einer Gemeinde übertragen, wenn diese fachlich und organisatorisch dazu in der Lage ist. Erfolgt diese Übertragung, so ist auf Gemeindeebene der Gemeinderat als Exekutive zuständig (§§ 73 ff. GG). Von dieser Regelung gibt es indessen Ausnahmen: 6

Wo von Gesetzes wegen die ausschliessliche Zuständigkeit des Statthalters gegeben ist, ist eine Übertragung an den Gemeinderat nicht zulässig (s. z.B. §§ 40 ff. AnwG; s. auch § 86 N. 21). 7

In den Städten Zürich und Winterthur sind die Kompetenzen zur Verfolgung und Beurteilung den Stadt- bzw. Polizeirichterämtern übertragen (dazu vorn § 86 N. 9 ff.). Deren Zuständigkeit ist weiter als diejenige der Gemeinderäte, da sie alle Übertretungen mit Busse bis zu Fr. 500 beurteilen können, ausgenommen die in § 1 VO über die Zuständigkeit der Gemeinden im Übertretungsstrafrecht (LS 321.1) angeführten Fälle (Lotterie, Spiel, Wetten, Mietwesen, Jagd- und Vogelschutz, Tierschutz und Tierseuchenbekämpfung, Zivilschutz sowie Strassenverkehr im Bereich der Autobahnen, Autostrassen sowie deren Nebenanlagen und signalisierten Anschlüssen). Gemäss § 3 VO über die Ge- 8 bühren der Gemeindebehörden vom 8.12.1966 (LS 681) können die Gemeinden für die Amtstätigkeit ihrer Behörden eigene Gebührenansätze erlassen. Von dieser Kompetenz hat der Stadtrat von Zürich mit Beschluss Nr. 2823 vom 29.11.1995 Gebrauch gemacht. Die vom Stadtrichteramt festzusetzenden Gebühren richten sich diesfalls nach diesen Bestimmungen und nicht nach der Gebührenordnung für Verwaltungsbehörden vom 30.6.1966 (LS 682).

9 Bei der Prüfung der Frage, ob die Gemeinde fachlich und organisatorisch in der Lage ist, die Übertretungen zu verfolgen und zu beurteilen, ist insbesondere auch zu berücksichtigen, ob die in Art. 4 StPO zwingend vorgeschriebene Unabhängigkeit der urteilenden Behörde gegeben ist.

10 Im Bereich der bundesrechtlichen Übertretungen beschränkt sich die Zuständigkeit der Gemeinden auf die in § 2 VO über die Zuständigkeit der Gemeinden im Übertretungsstrafrecht (LS 321.1) aufgezählten Widerhandlungen.

11 Nach § 89 Abs. 3 GOG beträgt die Strafkompetenz der Gemeinden höchstens Fr. 500 bzw. eine Ersatzfreiheitsstrafe von höchstens 10 Tagen oder die Anordnung gemeinnütziger Arbeit von höchstens 40 Stunden. Den Gemeinden sind deshalb (unter Vorbehalt der Übertretungen, in denen die ausschliessliche Zuständigkeit des Statthalters gegeben ist, dazu vorn § 86 N. 21) alle Übertretungen zu überweisen, in denen das gesetzlich angedrohte Bussenminimum unter Fr. 500 liegt. Erachtet die Gemeinde eine höhere Busse oder eine Haftstrafe für angemessen, so hat sie den Fall dem Statthalteramt zu überweisen.

12 Auf kommunaler Ebene können die Gemeinden im Rahmen ihrer Gemeindeautonomie eine Polizeiverordnung erlassen (§ 74 Abs. 2 GG) und darin für Übertretungen Bussen bis zu Fr. 500 androhen, sofern das anzuwendende Recht keine andere Strafe vorsieht (§ 63 lit. a GG).

§ 90 *Überweisung*

Die Staatsanwaltschaft kann die Akten einer Strafuntersuchung, die wegen eines Verbrechens oder Vergehens eingeleitet wurde, an die zuständige Übertretungsstrafbehörde überweisen, wenn nur eine Übertretung vorliegt.

1 Es stellte sich die Frage, wie vorzugehen ist, wenn ein wegen eines Verbrechens oder Vergehens eingeleitetes Verfahren eingestellt wird und nur eine Übertretung übrig bleibt. Durch Kreisschreiben der Direktionen der Justiz und Polizei vom 3.10.1946 (ABl 1946 S. 843 ff.) wurden die Staatsanwaltschaft und die Bezirksanwaltschaften seinerzeit angewiesen, die Akten der zuständigen Übertretungsstrafbehörde zu überweisen, wenn bei Verkehrsunfällen die Strafuntersuchung wegen fahrlässiger Körperverletzung eingestellt werden musste, aber wahrscheinlich eine Übertretung vorlag. Diese Regelung wurde in § 74 Abs. 3 GVG verallgemeinert und in § 90 GOG übernommen.

2 Gelangt die Übertretungsstrafbehörde zum Schluss, es komme für den Täter eine Massnahme infrage, zu deren Anordnung sie nicht kompetent sei (zu den möglichen Mass-

nahmen s. Art. 105 Abs. 3 StGB), so hat sie den Fall wieder an die Staatsanwaltschaft zu überweisen (sinngemässe Anwendung von Art. 334 StPO i.V.m. Art. 357 und 374 Abs. 4 StPO). Die Überweisung ist nicht anfechtbar (Art. 334 Abs. 2 StPO).

Gelangt erst das Gericht zur Auffassung, es liege entgegen der Anklage zwar kein Verbrechen oder Vergehen, sondern (im Rahmen des Anklagesachverhalts) nur eine Übertretung vor (z.B. Tätlichkeit statt der eingeklagten einfachen Körperverletzung), so hat es den Beschuldigten vom eingeklagten Verbrechen oder Vergehen freizusprechen, jedoch darauf zu achten, dass die verbleibende Übertretung nicht ungesühnt bleibt. Es muss deshalb entweder selbst darüber befinden oder – was indessen kaum prozessökonomisch wäre – den Fall der an sich zuständigen Übertretungsstrafbehörde überweisen (s. zum früheren Recht ZR 46 Nr. 88). Urteilt es selbst in der Sache, so unterliegt sein Urteil der uneingeschränkten Berufung nach Art. 398 Abs. 3 StPO und nicht bloss der beschränkten Berufung im Sinne von Art. 398 Abs. 4 StPO (HUG, in: Donatsch/Hansjakob/Lieber, StPO Kommentar, Art. 398 N. 21, m.H.; vgl. auch ZR 49 Nr. 93). 3

§ 91 Rechtsmittel

Die Übertretungsstrafbehörde, die im betreffenden Fall entschieden hat, kann vor den kantonalen Instanzen Rechtsmittel erheben.

Die Übertretungsstrafbehörde kann nur vor den kantonalen Instanzen Rechtsmittel erheben. Zur Einreichung eines Rechtsmittels vor Bundesgericht ist sie nicht legitimiert (dazu Art. 81 BGG; W.RR S. 125). 1

Zur Frage, ob weiterhin auf eine (mittelbare) Verfahrensteilnahme der (Ober-)Staatsanwalt am kantonalen Verfahren und insofern noch auf deren Beschwerdelegitimation vor Bundesgericht geschlossen werden kann, s. § 27 N. 20. 2

§ 92 Verwendung der Bussen

Bussen, die von einer Gemeindebehörde ausgefällt und eingetrieben werden, fallen dieser zu.

§ 92 GOG übernimmt im Wesentlichen die bisherige Bestimmung von § 352 StPO (ZH). Die Gemeinden haben nur Anspruch auf jene Bussen, die von ihnen ausgefällt und eingetrieben werden (vgl. dazu auch § 170 Abs. 4 GOG). Das gilt auch für Bussen, die in einem nachfolgenden gerichtlichen Verfahren ausgesprochen werden, sowie für Bussen für Übertretungen, die im Laufe eines gerichtlichen Verfahrens begangen und dann in diesem gerichtlichen Verfahren mitberücksichtigt und geahndet werden (DONATSCH/SCHMID, StPO, zu § 352 StPO). Wird jedoch eine Busse wegen Nichtbezahlung in eine Ersatzfreiheitsstrafe umgewandelt und nachträglich bezahlt, um den Vollzug der Freiheitsstrafe abzuwenden, so fällt sie in die Staatskasse. 1

Alle übrigen Bussen, die nicht den Gemeinden zukommen, fallen in die Staatskasse, unabhängig davon, von welcher Behörde sie ausgesprochen worden sind. Das gilt auch für 2 eine Busse unter Fr. 500, welche das Statthalteramt ausgesprochen hat, weil der Fall ihm von der Gemeinde überwiesen worden ist (dazu vorn § 86 N. 22 f.).

3   Die Zuständigkeit für den Bezug von Bussen und Geldstrafen, welche in die Staatskasse fallen, wird in §§ 24 ff. JVV geregelt.

B. Staatsanwaltschaften

§ 93 *Organisation*

¹ Die Staatsanwaltschaften bestehen aus
a. Allgemeinen Staatsanwaltschaften,
b. Besonderen Staatsanwaltschaften, die im ganzen Kantonsgebiet für bestimmte Delikte zuständig sind.

² Der Regierungsrat legt den Amtskreis der Allgemeinen Staatsanwaltschaften und die Zuständigkeit der Besonderen Staatsanwaltschaften fest und bestimmt die Sitze.

1   Der Regierungsrat hat mit seiner VO über die Organisation der Oberstaatsanwaltschaft und der Staatsanwaltschaften vom 27.10.2004 (LS 213.21)
– in § 9 fünf Allgemeine Staatsanwaltschaften geschaffen und deren Amtskreise umschrieben (s. dazu Vorbemerkungen zu §§ 86 ff. N. 8),
– in § 10 vier für das ganze Kantonsgebiet zuständige Besondere Staatsanwaltschaften geschaffen und deren sachliche Zuständigkeit umschrieben (vgl. dazu Vorbemerkungen zu §§ 86 ff. N. 9).

Zur geschichtlichen Entwicklung der Staatsanwaltschaften und zu deren grundsätzlicher Zuständigkeit s. Vorbemerkungen zu §§ 86 ff. N. 4 ff sowie § 86 N. 31 ff.

Die §§ 93 ff. GOG schaffen eine Differenzierung der Staatsanwaltschaften je nach Aufgaben und Kompetenzen. Die ordentlichen und die ausserordentlichen Staatsanwälte haben dieselben Aufgaben und Kompetenzen. Ihre Mitarbeiter, die Assistenzstaatsanwälte, dürfen in relativ einfachen Routinefällen einfachere Untersuchungshandlungen vornehmen (Vorberatungen der kantonsrätlichen Kommission vom 28.1.2010, S. 718). Die Kompetenzen der stellvertretenden Staatsanwälte sind eingeschränkt (§ 102 Abs. 2 GOG).

§ 94 *Ordentliche Staatsanwälte*

¹ Die Stimmberechtigten des Bezirks wählen die Staatsanwältinnen und -anwälte auf Amtsdauer. Diese können im ganzen Kanton eingesetzt werden.

² Der Kantonsrat setzt die Zahl der Staatsanwältinnen und -anwälte im Kanton fest. Bei der Festlegung der Zahl der in den Bezirken zu wählenden Staatsanwältinnen und -anwälte berücksichtigt er insbesondere

> a. die Verteilung der erfassten Straftaten auf die Bezirke,
> b. den Einwohnerbestand und die Bevölkerungsentwicklung in den Bezirken.
>
> ³ Das Gesetz über die politischen Rechte regelt das Wahlverfahren, die Wählbarkeit, den Amtszwang und die Amtsdauer der ordentlichen Staatsanwältinnen und -anwälte

Inhaltsübersicht	N.
I. Wahl und Stellung	1
II. Amtsdauer und Pensionierung	6

I. Wahl und Stellung

Nach § 39 lit. b GPR werden die ordentlichen Staatsanwälte an der Urne gewählt. Ihre Amtsdauer beträgt vier Jahre (§ 32 Abs. 1 GPR). 1

Mit Beschluss vom 3.9.2008 über die Verteilung der Wahlstellen auf die Bezirke (LS 213.121) hat der Regierungsrat die Zahl der ordentlichen Staatsanwälte für die Amtsdauer 2009–2013 auf insgesamt 66 festgelegt. Er hat diese Staatsanwälte zahlenmässig nicht auf die fünf allgemeinen Staatsanwaltschaften, sondern auf die Bezirke verteilt, da die Staatsanwälte in den Bezirken gewählt werden müssen. Da die Staatsanwaltschaften Winterthur/Unterland, See/Oberland und Limmattal/Albis je mehrere Bezirke umfassen, ergibt sich für die Allgemeinen Staatsanwaltschaften folgende Aufteilung: 2

– Zürich: Staatsanwaltschaften Zürich-Limmat und Zürich-Sihl: 39 Staatsanwälte;
– Staatsanwaltschaft Winterthur/Unterland: 12 Staatsanwälte (Winterthur 6, Bülach 4, Dielsdorf 2);
– Staatsanwaltschaft See/Oberland: 8 Staatsanwälte (Uster und Hinwil je 3, Meilen und Pfäffikon je 1);
– Staatsanwaltschaft Limmattal/Albis: 7 Staatsanwälte (Dietikon und Horgen je 3, Affoltern 1).

Für die Wahl der Staatsanwälte in den einzelnen Bezirken ist der Bezirksrat wahlleitende Behörde (12 lit.b GPR). Das Wahlverfahren wird durch das GPR (§§ 12 ff.) geregelt. 3

Für die Staatsanwälte besteht kein Amtszwang (s. dazu § 31 GPR). Ihr Anstellungsverhältnis richtet sich nach den Bestimmungen des Personalgesetzes und der dazu gehörenden VVO (177.10 und 177.11), welche die Rechte und Pflichten der Staatsangestellten und auch die möglichen Disziplinarmassnahmen (§§ 28 ff. PersG) umschreiben. Aufsichtsbehörde über die Staatsanwaltschaften ist die Oberstaatsanwaltschaft (§ 116 GOG, § 6 lit. e VO über die Organisation der Oberstaatsanwaltschaft und der Staatsanwaltschaften, LS 213.21). 4

Der Regierungsrat regelt auch den Einsatzort und den Beschäftigungsgrad der ordentlichen Staatsanwälte, sofern er diese Befugnis nicht delegiert hat (§ 4 Personalverordnung, 5

LS 177.11; § 12 Vollzugsverordnung zum PersG, 177.111). Das Amt des Staatsanwalts kann demnach auch teilzeitlich ausgeübt werden (W.RR S. 125).

II. Amtsdauer und Pensionierung

6 Nach § 25 Abs.1 PersG endet das Amtsverhältnis der auf Amtsdauer gewählten Angestellten mit dem Ablauf der Amtsdauer. Gemäss § 10 Abs. 4 der Statuten der Beamtenversicherungskasse (BVK, LS 177.21) sind versicherte Personen auf das Ende des Monats, in welchem sie das 65. Altersjahr vollenden, altershalber aus der BVK zu entlassen. Nach der Rechtsprechung findet indessen diese Verpflichtung zum Rücktritt (bzw. zur Entlassung altershalber) mit dem vollendeten 65. Altersjahr auf die vom Volk gewählten Angestellten keine Anwendung. Diese dürfen deshalb auch nach Vollendung des 65. Altersjahres bis zum Ablauf der Amtsdauer im Amte bleiben (Urteil des Verwaltungsgerichts vom 26.1.2011 = ZBl 2011 S. 664; vgl. dazu auch § 34 N. 3).

§ 95 *Ausserordentliche Staatsanwälte und stellvertretende Staatsanwälte*

Der Regierungsrat kann ausserordentliche Staatsanwältinnen und -anwälte und die für das Justizwesen zuständige Direktion stellvertretende Staatsanwältinnen und -anwälte ernennen.

1 Ausserordentliche Staatsanwälte können vom Regierungsrat entweder für die Behandlung einzelner Fälle oder auf bestimmte oder unbestimmte Zeit ernannt werden. Sie besitzen dieselben Befugnisse wie die ordentlichen Staatsanwälte.

2 Stellvertretende Staatsanwälte werden eingesetzt, um die ordentlichen und die ausserordentlichen Staatsanwälte zu entlasten. Sie werden von der Justizdirektion im Rahmen des Personalgesetzes und der dazu gehörenden Verordnung (LS 177.10 und 177.11) ernannt (§ 27 VO über die Organisation der Oberstaatsanwaltschaft und der Staatsanwaltschaften, LS 213.21). Auch sie sind grundsätzlich für die Untersuchung von Verbrechen und Vergehen zuständig (dazu § 86 N. 33), dürfen aber weder Strafuntersuchungen eröffnen noch Zwangsmassnahmen anordnen noch die Anklage vor Gericht vertreten (§ 102 Abs. 2 GOG).

3 Neben den ordentlichen, den ausserordentlichen und den stellvertretenden Staatsanwälten gibt es noch Assistenzstaatsanwälte (§ 101 GOG), eine Bezeichnung, welche die früheren «Adjunkte» ersetzt, die nicht über eine akademische Ausbildung verfügen mussten (Vorberatungen der kantonsrätlichen Kommission vom 28.1.2010, S. 718 f.). Die Assistenzstaatsanwälte werden von der Oberstaatsanwaltschaft aus den Mitarbeitenden der Staatsanwälte ernannt und besitzen dieselben Befugnisse wie die stellvertretenden Staatsanwälte, dürfen aber (im Gegensatz zu diesen) keine Strafbefehle erlassen, sofern eine vollziehbare Freiheitsstrafe anzuordnen ist (§ 102 Abs. 3 GOG).

Staatsanwälte mit Spezialfunktionen werden ebenfalls von der Direktion der Justiz und des Innern ernannt (§ 27 Abs. 2 lit. d VO über die Organisation der Oberstaatsanwaltschaft und der Staatsanwaltschaften). 4

§ 96 Leitende Staatsanwälte

Der Regierungsrat ernennt aus dem Kreis der ordentlichen und ausserordentlichen Staatsanwältinnen und -anwälte die Leitenden Staatsanwältinnen und -anwälte.

§ 96 GOG übernimmt die Regelung von § 83 GVG. Die Bestimmung bringt klar zum Ausdruck, dass der Regierungsrat nur ordentliche und ausserordentliche, nicht aber stellvertretende Staatsanwälte oder Assistenzstaatsanwälte zu Leitenden Staatsanwälten ernennen darf. 1

Der Begriff «Leitend» ist organisatorischer Natur. Der Leitende Staatsanwalt ist als Geschäftsleiter (§ 103 GOG) Vorgesetzter des juristischen und des Kanzleipersonals und nimmt als solcher Mitarbeiterbeurteilungen vor. Beanstandungen mit Bezug zur Amtsstelle treffen in erster Linie ihn. Seine Befugnisse im Bereich der Strafverfolgung (Genehmigung von Verfügungen, Erhebung von Einsprachen und Rechtsmitteln) werden in § 103 Abs. 2 GOG geregelt. Seine administrativen Aufgaben werden im Übrigen detailliert umschrieben in § 14 VO der Organisations-V. Insbesondere beaufsichtigt er durch seine periodischen Inspektionen (§ 14 lit. e der genannten VO) die Staatsanwälte seiner Abteilung. Er selbst untersteht samt seiner Abteilung der Aufsicht durch die Oberstaatsanwaltschaft (§ 6 lit. e der genannten VO). Diese ist gegenüber den Staatsanwaltschaften und gegenüber denjenigen Staatsanwälten, welche sie der Oberstaatsanwaltschaft direkt unterstellt hat, weisungsberechtigt (§§ 6 lit. g und 17 Abs. 1 der genannten VO). 2

§ 97 Wahlfähigkeitszeugnis
a) Wahlfähigkeitsvoraussetzungen

¹ Als ordentliche, ausserordentliche und stellvertretende Staatsanwältinnen und -anwälte können nur Personen gewählt oder ernannt werden, die über ein Wahlfähigkeitszeugnis verfügen. Vorbehalten bleibt die Ernennung einer ausserordentlichen Staatsanwältin oder eines ausserordentlichen Staatsanwaltes zur Durchführung einer einzelnen Strafuntersuchung.

² Das Wahlfähigkeitszeugnis darf im Zeitpunkt einer erstmaligen Bewerbung nicht älter als acht Jahre sein. Bei Wiederbewerbungen ist ein neues Wahlfähigkeitszeugnis notwendig, wenn die Aufgabe der Tätigkeit länger als acht Jahre zurückliegt.

§ 98 b) Erteilung und Entzug

¹ Die Oberstaatsanwaltschaft erteilt das Wahlfähigkeitszeugnis an Bewerberinnen und Bewerber, die
- a. ein juristisches Studium gemäss Art. 7 Abs. 1 lit. a des Anwaltsgesetzes vom 23. Juni 2000 (BGFA) abgeschlossen haben,
- b. über mehrjährige Berufstätigkeit in Rechtspflege oder Advokatur in der Schweiz verfügen und
- c. sich während einer einjährigen Kandidatur bei einer Staatsanwaltschaft bewährt oder eine Fähigkeitsprüfung bestanden haben.

² Sie entscheidet auf Bericht und Antrag einer Prüfungskommission. Die für das Justizwesen zuständige Direktion ernennt die Mitglieder der Prüfungskommission.

³ In besonderen Fällen kann die Oberstaatsanwaltschaft der Bewerberin oder dem Bewerber die Kandidatur oder die Fähigkeitsprüfung ganz oder teilweise erlassen, wenn diese oder dieser auf gleichwertige andere Weise den Nachweis für die Fähigkeit und Eignung zur pflichtgemässen Amtsführung erbringt.

⁴ Die für das Justizwesen zuständige Direktion entzieht einer Staatsanwältin oder einem Staatsanwalt das Wahlfähigkeitszeugnis vorübergehend oder dauernd, wenn diese oder dieser gestützt auf §§ 19 oder 22 des Personalgesetzes entlassen wird. Eine Wiedererteilung ist möglich.

Vorbemerkung zum offiziellen Gesetzestext

Als Folge der Streichung und Wiedereinführung von § 98 Abs. 1 lit. c in der zweiten Lesung des Kantonsrats (dazu hinten N. 3) wurde übersehen, dass nach lit. a das «und» sowie nach lit. b der Punkt durch ein Komma hätten ersetzt werden müssen. Abs. 1 von § 98 wurde in der Folge formlos berichtigt. Der neue Text wurde in der elektronischen Fassung publiziert und in die folgenden Auflagen des Sonderdruckes aufgenommen. Er unterscheidet sich vom ursprünglichen Text nur dadurch, dass in lit. a das «und» durch ein Komma und in lit. b der Punkt durch ein «und» ersetzt wurden.

Inhaltsübersicht

		N.
I.	Rechtliche Grundlagen	1
II.	Voraussetzungen für das Amt des Staatsanwalts	2
III.	Die zwei Prüfungsarten	5
	1. Interne Kandidatur	5
	2. Externe Fähigkeitsprüfung	6
IV.	Erteilung des Wahlfähigkeitszeugnisses	7
V.	Widerruf der Zulassung und Entzug des Wahlfähigkeitszeugnisses	10
VI.	Geltungsdauer des Wahlfähigkeitszeugnisses	12
VII.	Die Wahlprüfungskommission	15

I. Rechtliche Grundlagen

Nach § 81 Abs. 2 GVG war als Staatsanwalt nur wählbar, wer über ein abgeschlossenes juristisches Studium (Lizenziat einer schweizerischen Hochschule oder gleichwertiges Hochschuldiplom eines andern Staates, mit dem die Schweiz die gegenseitige Anerkennung vereinbart hatte) und über eine mehrjährige erfolgreiche Berufstätigkeit in der Rechtspflege oder Advokatur verfügte. Der Regierungsrat hat diese Wählbarkeitsvoraussetzungen konkretisiert durch die VO über das Wahlfähigkeitszeugnis für Staatsanwälte vom 22.6.2005 (LS 213.23) und das Reglement der Direktion der Justiz und des Innern über die Organisation und Tätigkeit der Prüfungskommission für die Staatsanwaltschaften vom 6.1.2006 (LS 213.231). Heute findet sie ihre gesetzliche Grundlage in den §§ 97 und 98 GOG.

II. Voraussetzungen für das Amt des Staatsanwalts

Zum Staatsanwalt kann nur gewählt oder ernannt werden, wer ein juristisches Studium gemäss Art. 7 Abs. 1 lit. a BGFA abgeschlossen hat (§ 98 Abs. 1 lit. a GOG). Damit verlangt das Gesetz für die Zulassung zum Amt eines Staatsanwalts denselben Studiumsabschluss wie für die Zulassung zur Anwaltsprüfung, d.h. ein Hochschulstudium, das mit einem Lizenziat oder Master einer schweizerischen Hochschule oder einem gleichwertigen Hochschuldiplom eines Staates abgeschlossen wurde, der mit der Schweiz die gegenseitige Anerkennung vereinbart hat.

Voraussetzung für die Wahl oder Ernennung zum Staatsanwalt ist sodann der Besitz eines Wahlfähigkeitszeugnisses und in diesem Zusammenhang eine besondere Fachprüfung. Diese Voraussetzung war in § 81 GVG noch nicht vorgesehen, und ihre Einführung war in den Vorberatungen zum GOG umstritten. Der Antrag des Regierungsrats vom 1.7.2009 schlug diese Neuerung vor, und die vorberatende kantonsrätliche Kommission folgte diesem Antrag. In der ersten Lesung des Kantonsrats wurde § 98 Abs. 1 lit. c GOG jedoch mit 81 zu 65 Stimmen gestrichen, u.a. mit der Begründung, wenn für die vom Volk gewählten Richter nicht einmal ein juristisches Studium verlangt werde, sei nicht einzusehen, weshalb die ebenfalls vom Volk gewählten Staatsanwälte neben dem erforderlichen juristischen Studium sich durch die Oberstaatsanwaltschaft, deren Mitglieder nicht der Volkswahl unterstehen, prüfen lassen müssten. Im Rahmen der zweiten Lesung kam der Kantonsrat indessen auf seinen Entscheid zurück und schloss sich nach längeren Beratungen mit 86 zu 83 Stimmen der ursprünglichen regierungsrätlichen Vorlage an, u.a. mit dem Hinweis darauf, dass auch für die Notare, die Betreibungsbeamten und die Rechtsanwälte ein Fähigkeitszeugnis erforderlich sei (Protokoll des Kantonsrats vom 10.5.2010, S. 10991 ff.). Mit der Einführung des Wahlfähigkeitszeugnisses bzw. der damit verbundenen Fähigkeitsprüfung soll erreicht werden, dass jene Personen, die sich für das Amt eines Staatsanwalts interessieren, vermehrt Weiterbildungskurse an Fachinstituten besuchen und dass sie nach Erhalt eines Zeugnisses rasch eingesetzt werden können (dazu Protokoll der vorberatenden kantonsrätlichen Kommission vom 28.1.2010, S. 721).

Für die Erlangung des Wahlfähigkeitszeugnisses sieht das Gesetz zunächst in jedem Fall und wie schon bisher (§ 81 Abs. 2 GVG in der seit 1.1.2006 geltenden Fassung) ein abgeschlossenes juristisches Studium gemäss Art. 7 Abs. 1 lit. a BGFA sowie eine mehrjährige Berufstätigkeit in Rechtspflege oder Advokatur in der Schweiz (dazu § 2 der genannten VO) vor (§ 98 Abs. 1 lit. a und b GOG). Dazu kommt nunmehr auf Gesetzesstufe ein formelles Prüfungsverfahren, dies vor dem Hintergrund, dass die VO über das Wahlfähigkeitszeugnis für Staatsanwältinnen und Staatsanwälte vom 22.6.2005 (LS 213.23) mit Urteil des Verwaltungsgerichts vom 20.8.2008 (VB 2007.00479; RB VGer 2008 Nr. 42) unter der Herrschaft des GVG mangels gesetzlicher Grundlage insoweit als gesetzwidrig erklärt worden war. Je nach bisheriger Tätigkeit des Bewerbers sind dabei zwei verschiedene Prüfungsverfahren vorgesehen: Bewerber, die bereits als Mitarbeiter (Assistenzstaatsanwälte) an einer zürcherischen Staatsanwaltschaft tätig sind, können während ihrer beruflichen Tätigkeit («on the job») ausgebildet und beurteilt werden. Andere, d.h. externe Bewerber müssen ihre Kenntnisse durch eine besondere Fähigkeitsprüfung unter Beweis stellen (§ 98 Abs. 1 lit. c GOG).

III. Die zwei Prüfungsarten

1. Interne Kandidatur

5 Ein Assistenzstaatsanwalt, der seit mindestens sechs Monaten bei einer Staatsanwaltschaft tätig ist, kann auf sein Gesuch und auf Antrag der Leitung der Staatsanwaltschaft hin von der Oberstaatsanwaltschaft als Kandidat für das Amt eines Staatsanwaltes zugelassen werden. Es wird ihm ein Mitglied der Prüfungskommission als Begleit- und Ansprechperson zugeteilt, das an ausgewählten Untersuchungshandlungen des Kandidaten teilnimmt und periodisch Gespräche mit ihm sowie mit seinem Vorgesetzten führt (§ 4 der genannten VO und § 23 Reglement). Der Kandidat hat der Begleitperson nach deren Anweisungen die von ihm erstellten Einvernahmeprotokolle und seine Verfügungen betreffend Zwangsmassnahmen sowie seine Haftanträge, Einstellungsverfügungen, Strafbefehle, Anklageschriften und Berufungsanregungen vorzulegen (§ 22 Reglement). Nach Ablauf des Kandidatenjahres erstattet die Begleitperson der Prüfungskommission ihren Bericht. Diese nimmt eine Gesamtbeurteilung vor und erstattet der Oberstaatsanwaltschaft einen Kurzbericht mit Antrag auf Erteilung oder Nichterteilung des Wahlfähigkeitszeugnisses. Erachtet die Prüfungskommission die Dauer der Kandidatur als zu kurz, um eine schlüssige Beurteilung vorzunehmen, so kann sie der Oberstaatsanwaltschaft die Verlängerung der Kandidatur um höchstens sechs Monate beantragen (§ 27 Reglement).

2. Externe Fähigkeitsprüfung

6 Die Fähigkeitsprüfung setzt sich aus drei Teilen zusammen (§§ 13–15 der genannten VO):
– eine schriftliche Prüfung, die in der Regel nicht länger als drei Stunden dauern soll und in der eine oder mehrere Rechtsfragen aus dem Gebiet des Strafrechts, des Strafprozessrechts, des Verfassungs-, Anwalts- oder Polizeirechts und der Behördenorganisation behandelt werden müssen,
– eine an die schriftliche Prüfung anschliessende mündliche Prüfung, die nicht länger als eine Stunde dauern soll, und

– innert drei Monaten nach den vorgenannten beiden Prüfungen eine praktische Prüfung, die höchstens acht Stunden dauern soll und in der für mehrere in Dossiers vorgelegte Fälle darzulegen ist, welche Untersuchungshandlungen vorzunehmen und welche Verfügungen zu treffen sind.

Jede dieser Prüfungen kann innert drei Monaten seit Kenntnisnahme des Ergebnisses (§ 17 Reglement) einmal wiederholt werden. Die Fähigkeitsprüfung ist bestanden, wenn jede Teilprüfung bestanden ist (§ 5 der genannten VO). Wer die Prüfung nicht besteht oder seine Anmeldung nach Beginn der Prüfung zurückzieht, kann sich frühestens drei Jahre nach der rechtskräftigen Nichterteilung des Wahlfähigkeitszeugnisses für eine neue Prüfung anmelden (§ 20 Reglement).

IV. Erteilung des Wahlfähigkeitszeugnisses

Das Wahlfähigkeitszeugnis wird von der Oberstaatsanwaltschaft erteilt (§ 6 VO, § 28 Reglement). Diese ist bei ihrem Entscheid über die Erteilung in fachlicher Hinsicht an die Bewertung der Prüfungskommission gebunden. Erklärt diese den Nachweis der erfolgreichen beruflichen Tätigkeit und der erfolgreich abgeschlossenen Prüfung als erbracht, so kann die Oberstaatsanwaltschaft die Erteilung des Wahlfähigkeitszeugnisses nur noch aus anderen Gründen verweigern, z.B., wenn sie nachträglich feststellt, dass der Bewerber erheblich straffällig geworden ist (W.RR S. 128) oder sich bei der Prüfung unerlaubter Hilfsmittel bedient hat (§ 19 Reglement). 7

In besonderen Fällen kann die Oberstaatsanwaltschaft dem Bewerber die Kandidatur oder die Fähigkeitsprüfung ganz oder teilweise erlassen, wenn der Nachweis der Fähigkeit und Eignung für pflichtgemässe Amtsführung in gleichwertiger anderer Weise erbracht werden kann (insbesondere ausserkantonaler Staatsanwalt mit langjähriger Berufserfahrung oder sonstige langjährige erfolgreiche Tätigkeit in der Strafverfolgung oder Strafjustiz eines Kantons oder des Bundes, vgl. dazu § 98 Abs. 3 GOG, § 7 Abs. 2 Reglement). 8

Gegen den Entscheid der Oberstaatsanwaltschaft über die Erteilung oder Nichterteilung des Wahlfähigkeitszeugnisses kann bei der Direktion der Justiz und des Innern Rekurs eingelegt werden (§ 9 VO). Das Rekursverfahren richtet sich nach den §§ 20 ff. VRG. 9

V. Widerruf der Zulassung und Entzug des Wahlfähigkeitszeugnisses

Die Prüfungskommission kann die Zulassung zur Kandidatur oder zur Prüfung widerrufen, wenn die Voraussetzungen für die Zulassung entfallen oder Tatsachen bekannt werden, welche die Zutrauenswürdigkeit des Bewerbers grundlegend infrage stellen (§ 9 Reglement). 10

Wird das Arbeitsverhältnis eines Staatsanwalts wegen mangelnder Leistungen oder ungenügenden Verhaltens gekündigt oder aus wichtigen Gründen aufgelöst (§§ 19 und 22 PersG), so kann die Direktion der Justiz und des Innern das Wahlfähigkeitszeugnis vor- 11 übergehend oder dauernd entziehen (§ 98 Abs. 4 GOG, § 9 Reglement). Die Voraussetzungen für die pflichtgemässe Ausübung des Amtes entfallen auch, wenn der Staatsanwalt in gewichtiger Weise straffällig wird oder zufolge Sucht- oder andere Krankheiten in der Ausübung seines Amtes erheblich beeinträchtigt ist (W.RR S. 128). Wird der Hinderungsgrund dauernd beseitigt, so kann das Wahlfähigkeitszeugnis wieder erteilt werden.

VI. Geltungsdauer des Wahlfähigkeitszeugnisses

12 Das Wahlfähigkeitszeugnis ist grundsätzlich unbeschränkt gültig. Für Bestätigungswahlen muss es deshalb nicht erneuert werden.

13 Das Wahlfähigkeitszeugnis ist Voraussetzung für eine Wahl oder Ernennung zum ordentlichen, ausserordentlichen und stellvertretenden Staatsanwalt. Wer sich um ein solches Amt bewirbt, hat der zuständigen Behörde unaufgefordert das Wahlfähigkeitszeugnis einzureichen, das im Zeitpunkt der erstmaligen Bewerbung aber nicht älter als acht Jahre sein darf (§ 97 Abs. 2 GOG, § 12 der genannten VO). Setzt indessen der Kantonsrat (dazu § 33 Abs. 4 KRG) oder der Regierungsrat für die Durchführung einer bestimmten Untersuchung einen ausserordentlichen Staatsanwalt ein, so muss dieser nicht zwingend über ein Wahlfähigkeitszeugnis verfügen (§ 97 Abs. 1 Satz 2 GOG; dazu W.RR S. 127).

14 Wenn § 97 Abs. 2 GOG vorschreibt, das Wahlfähigkeitszeugnis dürfe bei einer erstmaligen Bewerbung nicht älter als acht Jahre sein und bei einer Wiederbewerbung dürfe die Aufgabe der staatsanwaltschaftlichen Tätigkeit nicht länger als acht Jahre zurückliegen, so will das Gesetz sicherstellen, dass die staatsanwaltschaftliche Tätigkeit nur von Personen ausgeübt wird, die mit dieser Tätigkeit und der Praxis noch hinreichend vertraut sind. Wird die genannte Frist überschritten, so hat der Bewerber sich einer neuen Fähigkeitsprüfung zu unterziehen, sofern ihm diese nicht gestützt auf § 98 Abs. 3 GOG ganz oder teilweise erlassen wird.

VII. Die Wahlprüfungskommission

15 Die genannte VO und das Reglement regeln die Zusammensetzung und Tätigkeit der Wahlprüfungskommission. Diese besteht aus mindestens fünf Mitgliedern und der erforderlichen Zahl von Ersatzmitgliedern, die alle von der Direktion der Justiz und des Innern ernannt werden (§ 98 Abs. 2 Satz 2 GOG), welche auch den Präsidenten der Kommission bestimmt. In der Prüfungskommission sollen vor allem aktive Staatsanwälte, aber auch Richter und Hochschulprofessoren mit vertieften Kenntnissen in der Strafrechtspflege vertreten sein (W.RR S. 128).

16 Für die Abnahme der Prüfungen und die Beurteilung der Kandidaten werden Subkommissionen gebildet, die in der Regel aus drei Mitgliedern bestehen (§ 10 VO, § 2 Reglement).

17 Die Oberstaatsanwaltschaft führt das Sekretariat der Prüfungskommission und stellt dieser die notwendige Infrastruktur sowie die erforderlichen Räumlichkeiten zur Verfügung (§ 5 Reglement).

Die Mitglieder der Prüfungskommission, welche nicht der Staatsanwaltschaft angehören, erhalten für ihre Tätigkeit eine Entschädigung. Staatsanwälten, welche der Prüfungskommission angehören, werden lediglich die Spesen vergütet (§§ 29 und 30 Reglement).

§ 99 c) Gebühren

¹ Für die Durchführung des Verfahrens zur Erteilung oder zum Entzug des Wahlfähigkeitszeugnisses wird eine Gebühr von Fr. 500–1000 erhoben.

² Die Gebühr kann bei besonders hohem Aufwand bis auf das Doppelte erhöht und bei geringem Aufwand bis auf einen Fünftel herabgesetzt werden.

Ein besonders hoher Aufwand, der die Erhöhung der Höchstgebühr bis auf das Doppelte rechtfertigt, kann z.B. vorliegen, wenn die Prüfung wiederholt werden muss. Ein geringer Aufwand, der die Herabsetzung der Gebühr auf einen Fünftel des Minimalansatzes erlaubt, kann gegeben sein, wenn ein Bewerber sein Gesuch um Erteilung des Wahlfähigkeitszeugnisses zurückzieht.

Bei der Wiederholung einer vom Bewerber nicht bestandenen Teilprüfung muss eine zusätzliche Gebühr erhoben werden (§ 17 des genannten Reglements).

§ 100 d) Ausführungsbestimmungen

Der Regierungsrat regelt durch Verordnungen folgende Bereiche näher:
a. Erteilung und Entzug des Wahlfähigkeitszeugnisses, insbesondere hinsichtlich Kandidatur und Fähigkeitsprüfung sowie der Verfahren,
b. Zusammensetzung, Organisation und Besetzung der Prüfungskommission.

Im Sinne dieser Bestimmung bestehen
– VO über die Organisation der Staatsanwaltschaften und der Oberstaatsanwaltschaft vom 22.10.2004 (LS 213.21), insbesondere § 6 lit. j,
– VO über das Wahlfähigkeitszeugnis für Staatsanwälte vom 22.6.2005 (LS 213.23),
– Reglement der Direktion der Justiz und des Innern über die Organisation und Tätigkeit der Prüfungskommission für die Staatsanwälte vom 6.1.2006 (LS 213.231).

§ 101 Assistenzstaatsanwälte

Die Oberstaatsanwaltschaft kann Mitarbeiter der Staatsanwaltschaft als Assistenzstaatsanwältinnen oder -anwälte ernennen.

§ 101 GOG ist eine Kann-Vorschrift und erlaubt der Oberstaatsanwaltschaft, Mitarbeiter einer Staatsanwaltschaft (juristische Sekretäre, Sachbearbeiter, Adjunkten, Sachbearbeiter mit besonderen Aufgaben) als Assistenzstaatsanwälte zu bezeichnen. Damit wird eine Praxis ins Gesetz aufgenommen, die schon vor dem Inkrafttreten des GOG teilweise gehandhabt wurde und sich bewährt hatte.

2 Der Assistenzstaatsanwalt soll die ordentlichen, ausserordentlichen und stellvertretenden Staatsanwälte in weniger bedeutenden Fällen entlasten. Seine beschränkten Kompetenzen werden im nachfolgenden § 102 Abs. 3 GOG umschrieben.

> **§ 102 Zuständigkeit**
> **a) Staatsanwälte**
>
> [1] Die Staatsanwältinnen und -anwälte üben die durch die StPO der Staatsanwaltschaft übertragenen Aufgaben aus.
>
> [2] Die stellvertretenden Staatsanwältinnen und -anwälte können keine
>   a. Strafuntersuchungen eröffnen,
>   b. Zwangsmassnahmen anordnen,
>   c. Anklagen erheben und vertreten.
>
> [3] Den Assistenzstaatsanwältinnen und -anwälten ist zusätzlich zu den Aufgaben gemäss Abs. 2 die Befugnis zum Erlass von Strafbefehlen entzogen, sofern eine vollziehbare Freiheitsstrafe anzuordnen ist.

Inhaltsübersicht   N.
I. Zuständigkeit der ordentlichen und ausserordentlichen Staatsanwälte (Abs. 1) 1
   1. Bedeutung und Stadien der Untersuchung 1
   2. Vorabklärungsverfahren 4
   3. Polizeiliches Ermittlungsverfahren 12
   4. Untersuchungsverfahren 16
II. Zuständigkeit der stellvertretenden Staatsanwälte und der Assistenzstaatsanwälte
    (Abs. 2 und 3) 26

I. Zuständigkeit der ordentlichen und ausserordentlichen Staatsanwälte (Abs. 1)

1. Bedeutung und Stadien der Untersuchung

1 Die Hauptaufgabe der Staatsanwaltschaft (neben administrativen Aufgaben) besteht in der Durchsetzung des staatlichen Strafanspruchs. Der Staatsanwalt verfolgt im Rahmen der Strafuntersuchung die Straftaten, leitet das Verfahren, erhebt Anklage und vertritt diese vor Gericht (Art. 16 StPO).

2 Der Strafuntersuchung kommt im Rahmen eines Strafverfahrens grosse Bedeutung zu. Sie dient der Erforschung der materiellen Wahrheit und der Sicherung jener Beweise, die dem Richter ermöglichen, über den Schuldpunkt zu entscheiden. Überdies müssen in ihrem Verlauf die persönlichen Verhältnisse des Beschuldigten abgeklärt werden, die im gerichtlichen Verfahren gegebenenfalls für die Bemessung der Strafe von Bedeutung sind.

Die Strafuntersuchung (Vorverfahren) gliedert sich in das Ermittlungsverfahren der Polizei und die eigentliche Untersuchung durch den Staatsanwalt (Art. 299 StPO). Voraussetzung dafür, dass ein Strafverfahren überhaupt eröffnet wird, ist ein hinreichender Tatverdacht. Bestehen diesbezüglich Zweifel, so sind diese in einem Vorabklärungsverfahren zu beheben.

2. Vorabklärungsverfahren

Literatur

Ausser den vor und in § 86 Genannten: H. BAUMGARTNER, Das Vorabklärungsverfahren in Wirtschaftssachen, in: Aktuelle Probleme der Kriminalitätsbekämpfung, ZStrR 110, 1992, S. 150 ff.; R. HAUSER, Probleme der Voruntersuchung, Mitteilungen des schweizerischen Anwaltsverbandes, Heft 31, Bern 1970; DERSELBE, Zur Teilnahme der Parteien in der Voruntersuchung, SJZ 71, 1975, S. 341 ff.; HAUSER/SCHWERI/HARTMANN, Schweizerisches Strafprozessrecht, § 74; G. MORGER, Die Rolle der Polizei im Untersuchungsverfahren, ZStrR 102, 1985, S. 129; H. WALDER, Strafverfolgungspflicht und Anfangsverdacht, recht 8, 1990, S. 1 ff.

Das Institut des Vorabklärungsverfahrens ist aus der Praxis entwickelt worden und hat auf diesem Weg Eingang ins schweizerische Strafprozessrecht gefunden. Im VE für eine schweizerische StPO war vorgeschlagen worden, das Vorabklärungsverfahren gesetzlich zu regeln (Art. 340 des VE). Eine solche Regelung wurde indessen nicht in die eidgenössische StPO aufgenommen, offenbar deshalb nicht, weil in den meisten Fällen der hinreichende Tatverdacht von Anfang an gegeben und ein Vorabklärungsverfahren deshalb überflüssig ist (näher dazu N. LANDSHUT, in: Donatsch/Hansjakob/Lieber, StPO Komm., Art. 299 N. 18 ff.).

Es kommt indessen immer wieder vor, dass in der Öffentlichkeit (durch Massenmedien, Jahresberichte von Gesellschaften, Börsennotierungen, Gerüchte usw.) Vorgänge und Vorfälle geschildert werden, die einen gewissen Verdacht aufkommen lassen, es könnten strafbare Handlungen (Wirtschafts- oder Insiderdelikte, organisiertes Verbrechen usw.) begangen worden sein. Die frühere Praxis der Untersuchungsbehörden, in solchen Fällen erst auf Anzeige hin tätig zu werden, genügte nicht mehr. Es drängte sich deshalb ein Verfahren auf, in dem abzuklären ist, ob hinreichende Verdachtsgründe für eine Straftat bestehen, und in dem u.U. auch Beweismaterial gesichert werden kann und allenfalls informelle Befragungen gut unterrichteter Personen mit frischem und deshalb noch gutem Erinnerungsvermögen durchgeführt werden können. Derartige Prüfungen und Abklärungen in einem der eigentlichen Untersuchung vorgelagerten Vorabklärungsverfahren vorzunehmen, ist vertretbar, auch wenn dieses Verfahren gesetzlich nicht ausdrücklich vorgesehen war bzw. ist (HAUSER/SCHWERI/HARTMANN, § 74 N. 1).

Die Staatsanwaltschaft des Kantons Zürich erliess am 13.3.1991 «Richtlinien betreffend das Vorabklärungsverfahren in Strafsachen». Danach konnten Vorabklärungen vor allem in komplexen Fällen (Wirtschaftskriminalität, organisiertes Verbrechen, Geldwäscherei usw.) durchgeführt werden, wenn nach den Wahrnehmungen der Strafverfolgungsbehörde oder nach Verlautbarungen glaubwürdiger Personen das Vorliegen einer strafbaren Handlung möglich erschien.

7   Das Verfahren ist weitgehend formlos und soll in einer noch unsicheren Sachlage ohne grossen Aufwand jene Kenntnisse vermitteln, welche den Entscheid über die Eröffnung oder Nichteröffnung einer Strafuntersuchung ermöglichen. Die nötigen Informationen können beschafft werden durch informelle Befragungen (Kontakte mit Personen, welche über den Sachverhalt zuverlässige Angaben machen können oder branchenspezifische Kenntnisse besitzen), Erkundigungen bei Amtsstellen, Anforderungen von Unterlagen und Augenscheine. Förmliche prozessuale Massnahmen (Zwangsmittel, Zeugeneinvernahmen, Beschlagnahme) dürfen indessen in diesem Verfahren nicht vorgenommen oder angeordnet werden. Die befragten Personen müssen darauf hingewiesen werden, das noch keine Untersuchung angehoben, sondern nur ein Vorabklärungsverfahren eingeleitet worden ist, dass ihre Auskünfte und die allfällige Herausgabe von Unterlagen freiwillig erfolgen und dass je nach Ergebnis der Befragungen in der Folge eine Untersuchung eröffnet werden kann oder nicht. Heikle Fragen können entstehen, wenn ein (später) Beschuldigter im Verlauf der Vorabklärungen selbstbelastende Aussagen gemacht hat, ohne schon auf sein Aussageverweigerungsrecht (Art. 113 StPO) hingewiesen worden zu sein. Solche Aussagen dürfen in der Folge nicht verwendet werden.

8   Wird nach Abschluss des Vorabklärungsverfahrens eine Untersuchung eröffnet, so muss das Ergebnis den Betroffenen nicht mitgeteilt werden, weil die Akten des Vorabklärungsverfahrens in die Untersuchung miteinbezogen werden müssen und dort eingesehen werden können. Wird von der Eröffnung einer Untersuchung abgesehen, so unterbleibt eine Mitteilung an die Betroffenen dann, wenn lediglich allgemein zugängliche Unterlagen beigezogen wurden und die Ermittlungstätigkeit sich nicht auf eine bestimmte Person oder einen bestimmten Personenkreis bezogen hat. Die konkret Betroffenen haben indessen das Recht auf Einsicht in jene Akten, die über sie Angaben enthalten (HAUSER/SCHWERI/HARTMANN, § 75 N. 4 und 6).

9   Die Staatsanwaltschaft kann das Vorabklärungsverfahren formlos oder durch eine formelle Einstellungsverfügung abschliessen, dies jedoch nur dann, wenn feststeht, dass kein Straftatbestand vorliegt. Ist zweifelhaft, ob eine Straftat begangen worden sei oder ob eine solche bewiesen werden könne, so ist die Untersuchung einzuleiten.

10 Auch im Vorabklärungsverfahren ist das Amtsgeheimnis zu wahren und sind die Persönlichkeitsrechte der Betroffenen zu achten. Mitteilungen an die Öffentlichkeit sind nur zulässig, wenn das öffentliche Interesse es gebietet (z.B. in Wirtschaftssachen, bei denen viele Personen Verluste erlitten oder das Ansehen einer Institution auf dem Spiel steht).

11 Gegen den Entscheid betreffend die Eröffnung eines Vorabklärungsverfahrens gibt es kein Rechtsmittel. Dasselbe gilt für den Verzicht auf die Eröffnung eines solchen Verfahrens. Ein Geschädigter kann in diesem Fall jedoch durch Einreichen eines Strafantrags die Eröffnung einer Untersuchung (bzw. eines Vorverfahrens) verlangen. Wird dieses Begehren abgelehnt, so kann er dagegen Beschwerde erheben. Lehnt der Staatsanwalt gestützt auf die Ergebnisse des Vorabklärungsverfahrens die Eröffnung einer Untersuchung formell (durch Nichtanhandnahmeverfügung) ab, so ist dagegen ebenfalls die Beschwerde zulässig (HAUSER/SCHWERI/HARTMANN, § 75 N. 8; s. jetzt Art. 310 Abs. 2 i.V.m. Art. 322 Abs. 2 StPO).

3. Polizeiliche Ermittlungsverfahren

Literatur

L. DEL GIUDICI, Wann beginnt das polizeiliche Ermittlungsverfahren? Wann beginnt das staatsanwaltschaftliche Untersuchungsverfahren?, ZStrR 2010, S. 116 ff.; A. DONATSCH, Täteridentifizierung, Streiflichter aus den Anfängen der Kriminalistik, in: Festschrift für C. Soliva, Zürich 1994, S. 67 ff.; K. EBNÖTHER, Das polizeiliche Ermittlungsverfahren bei Antragsdelikten, Kriminalistik 1956, S. 139 ff.; R. HAUSER, Zur Teilnahme der Parteien in der Voruntersuchung, SJZ 71, 1975, S. 341 ff.; HAUSER/SCHWERI/HARTMANN, Schweizerisches Strafprozessrecht, § 75; P. HUBER, Einige Probleme aus dem Bereich des gerichtspolizeilichen Ermittlungsverfahrens im Bundesstrafprozess, ZStrR 101, 1984, S. 381 ff.; J. HUGGENBERGER, Das polizeiliche Ermittlungsverfahren bei Verbrechen und Vergehen im schweizerischen Strafprozessrecht, Diss. Zürich 1947; N. OBERHOLZER, Datenschutz und Polizei, in: Festschrift für M. Pedrazzini, Bern 1990, S. 447 ff.; A. SCHÜTZ, Die Kantonspolizei im Kanton Zürich (ihre Eingriffe in die Freiheiten und Rechte der Bürger durch zwangsrechtliche Fahndungs- und Erforschungsmittel), Diss. Zürich 1955; E. SPÖRRI, Publizitätsfragen im Strafverfahren: die Ansicht der Polizei, ZStR 103, 1986, S. 55 ff.; H. STALDER, Persönlichkeitsschutz im Ermittlungsverfahren des Bundes und im präventiven Staatsschutz, ZStrR 113, 1995, S. 113 ff.; HANS WALDER, Grenzen der Ermittlungstätigkeit, ZStW 95, 1983, S. 862 ff.; U. WEDER, Zum Problem der Teilnahme der Verteidigung im polizeilichen Ermittlungsverfahren des Kantons Zürich, in: Festschrift 125 Jahre Kassationsgericht des Kantons Zürich, Zürich 2000, S. 445 ff.; TH. WÜRTENBERGER/R.P. SCHENKE, Der Schutz von Amts- und Berufsgeheimnissen im Recht der polizeilichen Informationserhebung, JZ 54, 1999, S. 548 ff.

Das polizeiliche Ermittlungsverfahren dient dazu, aufgrund von Anzeigen, eigenen Feststellungen oder Anweisungen der Staatsanwaltschaft den objektiven Tatbestand zu ermitteln, der es erlaubt festzustellen, ob hinreichende Gründe für die Eröffnung einer förmlichen Untersuchung bestehen. Die Polizei ist die klassische Ermittlungsbehörde und hat immer einzugreifen, wenn ein hinreichender Verdacht dafür besteht, dass eine Straftat begangen sein könnte. Als hinreichender Verdacht genügt ein einfacher Verdacht. Im Laufe ihrer Ermittlungen hat die Polizei auch alle Vorkehrungen zu treffen, welche bestehende Gefahren abwenden und Störungen beseitigen. Da das polizeiliche Ermittlungsverfahren rasch durchgeführt werden soll, ist es nur durch wenige Formvorschriften eingeengt (Art. 306 und 307 StPO; s. auch WOStA, Ziff. 12.3).

Die Aufgaben der Polizei und die ihr zur Verfügung stehenden Mittel, sind vielfältig:

- sie hat die ihr bekannt gewordenen Delikte anzuzeigen, und zwar auch in jenen Fällen, in denen das Opportunitätsprinzip zur Anwendung gelangen kann (Art. 7 StPO, Art. 52–54 StGB);
- sie hat Strafanzeigen entgegenzunehmen und bei Antragsdelikten festzustellen, ob der Strafantrag rechtzeitig gestellt worden sei;
- sie hat Beweismittel und Spuren festzustellen und zu sichern (Finger- und Fussabdrücke, Alkoholtest, DNA-Analyse usw.),
- sie kann persönliche Befragungen vornehmen und Einvernahmen durchführen, wobei sie aber Personen, die als Täter infrage kommen, auf ihr Aussageverweigerungsrecht und weitere Rechte, Personen, die als Zeugen infrage kommen, auf ihr Zeugnisverweigerungsrecht und Opfer auf ihre Rechte hinweisen muss. Tatverdächtige Personen kann sie nötigenfalls anhalten;

– sie hat nach Personen zu fahnden, die mit einer Straftat im Zusammenhang stehen können (Ausschreibungen, Pass-, Hotel-, Passantenkontrollen, Benachrichtigung von Fachgeschäften nach Diebstahl von Kunstgegenständen oder wertvollem Schmuck, Information der Bevölkerung bei Kapitalverbrechen, verdeckte Ermittlungen usw.).

14 Nach Art. 129 StPO ist der Beschuldigte befugt, «auf jeder Verfahrensstufe», also schon im polizeilichen Ermittlungsverfahren, einen Verteidiger beizuziehen (Anwalt der ersten Stunde, dazu auch Art. 159 StPO), worauf er hingewiesen werden muss. Das Gebot der Justizförmigkeit gilt auch im polizeilichen Ermittlungsverfahren: kein Aussage- bzw. Mitwirkungszwang (Art. 113 StPO), Zeugnisverweigerungsrechte (Art. 168 ff. StPO), Beschlagnahmeverbot (Art. 264 f. StPO).

15 Nach Abschluss ihrer Ermittlungen übermittelt die Polizei der Staatsanwaltschaft einen Schlussbericht mit den Akten (Art. 307 Abs. 3 StPO). Von dieser Überweisung kann indessen abgesehen werden, wenn die Staatsanwaltschaft keine weiteren Handlungen vornehmen kann, z.B., wenn der Täter nicht bekannt ist oder trotz eingeleiteter Fahndung nicht ermittelt werden kann. In solchen Fällen können die Akten bei der Polizei archiviert und erst dann an die Staatsanwaltschaft weitergeleitet werden, wenn der Täter ermittelt wurde oder die Verjährungsfrist abgelaufen ist (Art. 307 Abs. 4 StPO).

4. Untersuchungsverfahren

Literatur

H. CAMENZIND /J. IMKAMP, Delegation von Untersuchungshandlungen an die Polizei, dargestellt am Beispiel der Strafprozessordnung des Kantons Zürich, ZStrR 117, 1999, S. 197 ff.; L. DEL GIUDICI, Wann beginnt das polizeiliche Ermittlungsverfahren? Wann beginnt das staatsanwaltschaftliche Untersuchungsverfahren? ZStrR 2010 S. 116 ff.; V. DELNON/B. RÜDY, Untersuchungsführung und Strafverteidigung, ZStrR 106,1984, 43 ff.; H. FRITZSCHE, Zweck der Strafuntersuchung nach Gesetz und Praxis des Strafprozessrechts des Kantons Zürich, in: Festschrift für H.F. Pfenninger, Zürich 1956, S. 57 ff.; R. HAUSER, Der Begriff der Untersuchungshandlung im zürcherischen Strafprozess, SJZ 62, S. 281 ff.; HAUSER/SCHWERI/HARTMANN, Schweizerisches Strafprozessrecht, § 76; P. HUBER, Die Stellung des Beschuldigten – insbesondere seine Rechte – in der Strafuntersuchung (unter besonderer Berücksichtigung des Kantons Zürich), Diss. Zürich 1974; G. MORGER, Die Rolle der Polizei im Untersuchungsverfahren, ZStR 102, 1985, S. 129 ff.; W. NAEGELI, Einleitung der Strafuntersuchung und Zusammenarbeit mit der Polizei, Kriminalistik 1970, S. 155, 201, 257, 315, 363, 413; R. RIEDER, Das Untersuchungsverfahren nach zürcherischem Strafprozessrecht, Diss. Zürich 1965; M. ROHRER, Polizei und Untersuchungsrichter, AJP 1997, S. 406 ff.; HANS WALDER, Die Technik und Taktik der Untersuchung in Strafsachen, dargestellt anhand von Beispielen aus der Praxis, Kriminalistik 1978, S. 264 ff. und 318 ff.

16 Zweck des Untersuchungsverfahrens ist die Ermittlung des objektiven Sachverhalts durch Beweiserhebungen, mit denen abgeklärt werden soll, ob das Verfahren einzustellen oder Anklage zu erheben sei mit dem Antrag auf Verurteilung und Ausfällung einer Strafe oder Massnahme (s. dazu WOStA Ziff. 12.7).

17 Die Staatsanwaltschaft hat zunächst zu prüfen, ob die vorliegenden Akten die Eröffnung einer Untersuchung rechtfertigen, d.h., ob ein hinreichender Verdacht auf eine Straftat vorliege. An dieses Erfordernis sind keine hohen Anforderungen zu stellen. Grundsätzlich ist jeder Anzeige, die sich nicht von vornherein eindeutig als grundlos erweist, Folge zu geben. Sogenannte «Ausforschungsbeweise», d.h. Beweiserhebungen, die lediglich

der Begründung eines zunächst nicht konkretisierten Tatverdachts dienen, sind indessen nicht zulässig (DONATSCH/SCHMID, StPO, § 25 N. 6).

Die Staatsanwaltschaft prüft sodann auch, ob alle Prozessvoraussetzungen vorliegen und Prozesshindernisse fehlen (eidgenössische oder kantonale Gerichtsbarkeit, Verhandlungsfähigkeit, Verjährung, rechtzeitiger Strafantrag, Aufhebung der Immunität und Ermächtigung zur Strafverfolgung bei Magistratspersonen usw.). 18

Sind alle Voraussetzungen zur Strafverfolgung gegeben, so eröffnet die Staatsanwaltschaft die Untersuchung durch eine (nicht anfechtbare) Verfügung (Art. 309 Abs. 3 StPO). Steht umgekehrt aufgrund der Akten fest, dass keine Straftat gegeben ist, Prozessvoraussetzungen fehlen, Prozesshindernisse vorliegen oder gestützt auf Art. 52–54 StGB auf ein Strafverfahren verzichtet wird, so erlässt die Staatsanwaltschaft eine Nichtanhandnahmeverfügung (Art. 310 StPO). 19

Nach der Eröffnung der Untersuchung führt die Staatsanwaltschaft die erforderlichen Beweiserhebungen durch (Art. 311 StPO), wobei sie nicht nur den belastenden, sondern auch den entlastenden Momenten nachgehen muss; denn Ziel der Untersuchung ist die Ermittlung der materiellen Wahrheit. Die Staatsanwaltschaft kann auch die Polizei mit ergänzenden Ermittlungen beauftragen (Art. 312 StPO), was häufig der Fall ist, weil die Kriminalpolizei mit ihren gut ausgebildeten und ausgerüsteten Spezialdiensten die Details oft besser abklären kann als die Staatsanwaltschaft. Die Beweismittel, die der Staatsanwaltschaft zur Verfügung stehen, sind detailliert aufgezählt in den §§ 139 ff. StPO. In erster Linie dient das Strafverfahren der Durchsetzung des staatlichen Strafanspruchs. Die Staatsanwaltschaft kann indessen auch Beweise erheben im Zusammenhang mit einer adhäsionsweise geltend gemachten Zivilforderung, sofern das Verfahren dadurch nicht wesentlich erweitert und erschwert wird (Art. 313 StPO). 20

Die Art. 5 Ziff. 3 und 6 Ziff. 1 EMRK und Art. 29 BV schreiben vor, dass jedes Verfahren beförderlich behandelt und innert angemessener Frist erledigt werden muss. Daraus ergibt sich das Beschleunigungsgebot, das auch von den Strafverfolgungsbehörden zu beachten ist. Wird es von der Staatsanwaltschaft verletzt, so hat sie mit disziplinarischen Massnahmen zu rechnen. 21

Leitet der Staatsanwalt einen Strafprozess ein, dem erhebliche politische Bedeutung zukommt, so hat er den Regierungsrat rechtzeitig zu informieren. Aus politischen Gründen auf eine Strafverfolgung zu verzichten, ist indessen nicht zulässig. Die Anklageerhebung darf auch nicht von der Zustimmung des Regierungsrats abhängig gemacht werden (§ 115 Abs. 3 GOG; s. DONATSCH/SCHMID, StPO, § 29 N. 2). 22

Während des Verfahrens hat der Staatsanwalt insbesondere die Rechte des Beschuldigten peinlich genau zu beachten, vor allem die Rechte auf jederzeitigen Beizug eines Verteidigers, Einsichtnahme in die Untersuchungsakten, Stellung von Beweisanträgen und Teilnahme an allen Untersuchungshandlungen. Unter den Voraussetzungen von Art. 314 StPO kann er das Verfahren sistieren und später wieder aufnehmen, wenn der Grund für die Sistierung weggefallen ist (Art. 315 StPO). 23

Bei Antragsdelikten kann die Staatsanwaltschaft zu Vergleichsverhandlungen vorladen (Art. 316 Abs. 1 StPO). In Fällen, in denen eine Strafbefreiung wegen Wiedergutma- 24 chung i.S.v. Art. 53 StGB möglich ist, kann sie die Parteien vorladen, um eine Wiedergutmachung zu erzielen (Art. 316 Abs. 2 StPO). In komplizierten und umfangreichen Verfahren führt sie mit dem Beschuldigten eine Schlusseinvernahme durch (Art. 317 StPO).

25 Erachtet die Staatsanwaltschaft die Untersuchung als abgeschlossen, so kann sie
– das Verfahren unter den Voraussetzungen von Art. 319 StPO einstellen,
– einen Strafbefehl erlassen (Art. 352 ff. StPO) oder
– beim Gericht Anklage erheben (Art. 324 ff. StPO).

II. Zuständigkeit der stellvertretenden Staatsanwälte und der Assistenzstaatsanwälte (Abs. 2 und 3)

26 Die stellvertretenden Staatsanwälte dürfen weder eine Strafuntersuchung eröffnen noch Zwangsmassnahmen anordnen noch Anklagen erheben und vor Gericht vertreten. Im Übrigen haben sie dieselben Untersuchungs- und Erledigungskompetenzen wie die ordentlichen und die ausserordentlichen Staatsanwälte; sie dürfen also auch Strafbefehle erlassen.

27 Den Assistenzstaatsanwälten fehlt dagegen die Kompetenz, Strafbefehle zu erlassen, wenn diese vollziehbare Freiheitsstrafen nach sich ziehen. Sie dürfen also keinen Strafbefehl erlassen, der zwar eine bedingte Strafe vorsieht, aber den Widerruf einer früheren bedingten Strafe oder bedingten Entlassung zur Folge hat. Im Übrigen haben sie dieselben Kompetenzen wie die stellvertretenden Staatsanwälte

§ 103 *b) Leitende Staatsanwälte*

¹ Die Leitende Staatsanwältin oder der Leitende Staatsanwalt besorgt die Geschäftsführung der Staatsanwaltschaft und vertritt diese nach aussen.

² Die Leitende Staatsanwältin oder der Leitende Staatsanwalt
   a. genehmigt Einstellungs-, Nichtanhandnahme- und Sistierungsverfügungen der Staatsanwaltschaft,
   b. kann Einsprachen gegen Straf- und Einziehungsbefehle der Staatsanwaltschaft erheben,
   c. kann vor den kantonalen Instanzen Rechtsmittel erheben.

³ Sie oder er kann die Befugnis gemäss Abs. 2 lit. c im Einzelfall Staatsanwältinnen oder -anwälten ihrer oder seiner Amtsstelle übertragen, denen die Oberstaatsanwaltschaft allgemein die Befähigung dazu zuerkannt hat.

1 *Zu Abs. 1:* § 103 GOG übernimmt im Wesentlichen die bisherige Regelung von § 84 Abs. 2 GVG. Die Aufgaben der Leitenden Staatsanwälte werden umfassend umschrieben in den §§ 14 ff. VO über die Organisation der Oberstaatsanwaltschaft und der Staatsanwaltschaften (Organisations-VO, LS 213.21).

Zu Abs. 2 lit. a: Art. 322 StPO ermächtigt die Kantone zu bestimmen, dass Einstellungsverfügungen durch die Oberstaatsanwaltschaft zu genehmigen sind. Zu den Einstellungsverfügungen in diesem Sinne gehören auch Nichtanhandnahmeverfügungen (Art. 310 Abs. 2 StPO) und Sistierungen (Art. 314 Abs. 5 StPO). Nach der früheren Regelung (§ 39 StPO [ZH]) waren diese Einstellungsverfügungen dem Leitenden Staatsanwalt zur Genehmigung vorzulegen. § 103 GOG hat diese Regelung beibehalten und insofern von der Ermächtigung gemäss Art. 322 StPO nur beschränkten Gebrauch gemacht (W.RR S. 130).

Zu Abs. 2 lit. b: Art. 354 Abs. 1 lit. c StPO ermächtigt in eidgenössischen und kantonalen Strafverfahren die Oberstaatsanwaltschaft, Einsprache gegen Strafbefehle zu erheben. Nach der früheren Regelung (§ 321 Abs. 1 StPO [ZH]) lag diese Kompetenz indessen beim Leitenden Staatsanwalt. Diese Regelung wurde vom GOG übernommen.

Zu Abs. 2 lit. c: Wo eine Oberstaatsanwaltschaft besteht, kann nach Art. 381 Abs. 2 StPO der Kanton bestimmen, welche Staatsanwaltschaft zur Erhebung von Rechtsmitteln zuständig ist. Nach der früheren Regelung lag die Berufungskompetenz beim Leitenden Staatsanwalt (§ 15 Organisations-VO). § 103 GOG hat für das kantonale Rechtsmittelverfahren auch diese Regelung übernommen. Für die Erhebung von Rechtsmitteln an das Bundesgericht und das Bundesstrafgericht ist die Oberstaatsanwaltschaft zuständig (§ 107 Abs. 1 lit. a GOG).

Zu Abs. 3: Nach § 6 lit. k Organisations-VO ist die Oberstaatsanwaltschaft befugt, besondere Anklage- und Berufungskompetenzen auf Abteilungsleiter und besonders qualifizierte Staatsanwälte zu übertragen. Nach § 15 Organisations-VO können auch die Leitenden Staatsanwälte die Anklage- und Berufungskompetenz auf jene Staatsanwälte übertragen, denen von der Oberstaatsanwaltschaft gestützt auf den erwähnten § 6 lit. k Organisations-VO besondere Befugnisse übertragen worden sind. Auch diese Regelung fand Eingang in § 103 GOG.

C. Oberstaatsanwaltschaft

§ 104 Organisation

Die Oberstaatsanwaltschaft besteht aus einer vom Regierungsrat zu bestimmenden Zahl von Oberstaatsanwältinnen und -anwälten.

Zur geschichtlichen Entwicklung der Oberstaatsanwaltschaft s. § 86 N. 37 ff.

Nach der VO des Regierungsrats über die Organisation der Oberstaatsanwaltschaft und der Staatsanwaltschaften vom 27.10.2004 (LS 213.21) besteht die Oberstaatsanwaltschaft aus dem Leitenden Oberstaatsanwalt, zwei Oberstaatsanwälten und einem Staatsanwalt für die Leitung des Büros für amtliche Mandate. Ihr gehören auch die zentralen Dienste sowie das juristische und administrative Sekretariat an. Sitz der Oberstaatsanwaltschaft ist Zürich (vgl. dazu § 87 Abs. 2 GVG, der durch das GOG inhaltlich übernommen wird).

§ 105 *Ernennung*

¹ **Der Regierungsrat ernennt die Oberstaatsanwältinnen und -anwälte und die Leitende Oberstaatsanwältin oder den Leitenden Oberstaatsanwalt .**

² **Der Regierungsrat kann ausserordentliche Oberstaatsanwältinnen und -anwälte einsetzen.**

1   Der Regierungsrat ernennt (entsprechend bisher § 88 GVG) die ordentlichen und die ausserordentlichen Oberstaatsanwälte. Zu den Wählbarkeitsvoraussetzungen s. Vorbemerkungen zu §§ 86 ff. N. 28. Zur Unvereinbarkeit des Amts eines Oberstaatsanwalts mir andern Ämtern s. Vorbemerkungen zu §§ 86 ff. N. 32.

2   Das Arbeitsverhältnis der Oberstaatsanwälte ist in der Regel unbefristet mit der Möglichkeit der Kündigung. Es wird im Einzelnen geregelt durch das PersG und die VO zum PersG.

§ 106 *Zuständigkeit*
a) Im Allgemeinen

¹ **Die Oberstaatsanwalt plant, führt und steuert die Erwachsenenstrafverfolgung im Kanton.**

² **Die Leitende Oberstaatsanwältin oder der Leitende Oberstaatsanwalt besorgt die Geschäftsleitung. Sie oder er vertritt die Oberstaatsanwaltschaft als oberste Strafverfolgungsbehörde nach aussen.**

1   Abs. 1 umschreibt allgemein die wichtigsten strategischen Aufgaben der Oberstaatsanwaltschaft, übernimmt damit die Formulierung von § 4 Abs. 1 der VO über die Organisation der Oberstaatsanwaltschaft und der Staatsanwaltschaften (LS 213.21) und hebt diese auf Gesetzesstufe. Im Einzelnen sind die Aufgaben der Oberstaatsanwaltschaft aufgelistet in den §§ 4 ff. der genannten Organisations-VO (s. dazu auch § 86 N. 45 ff.).

2   Der Leitende Oberstaatsanwalt besorgt die Geschäftsleitung und regelt die interne Verteilung der Aufgaben und Befugnisse. In gewissen Bereichen kann er indessen nur zusammen mit den andern Oberstaatsanwälten gemeinsam entscheiden; so z.B. bei der Budget- und Finanzplanung, der Ressourcen- und Stellenplanung, der Bearbeitung von Projekten zur Gesetzgebung, der Rechtsanwendung und Organisation im Bereich der Erwachsenenstrafverfolgung, der Beurteilung der Wählbarkeitsvoraussetzungen, dem Erlass von allgemeinen oder einzelfallbezogenen Weisungen namentlich betreffend Voruntersuchungs-, Haupt- und Rechtsmittelverfahren und bei der Mitwirkung bei Personalentscheiden des Regierungsrats (§ 7 der genannten Organsations-VO).

3   Der Leitende Oberstaatsanwalt vertritt die Oberstaatsanwaltschaft nach aussen, vor allem in administrativen Belangen gegenüber dem Regierungsrat, der Verwaltung und dem Parlament.

§ 107 b) Vertretung des Kantons

¹ Die Oberstaatsanwaltschaft vertritt den Kanton
a. in Rechtsmittelverfahren vor dem Bundesgericht und vor dem Bundesstrafgericht,
b. gegenüber den Bundesbehörden bei der Festlegung der sachlichen Zuständigkeit sowie in Gerichtsstandskonflikten vor dem Bundesstrafgericht.

² Sie kann die Aufgaben gemäss Abs. 1 lit. a einer Leitenden Staatsanwältin oder einem Leitenden Staatsanwalt übertragen. Die Aufgaben gemäss Abs. 1 lit. b kann sie im Einzelfall einer Staatsanwältin oder einem Staatsanwalt übertragen.

Inhaltsübersicht	N.
I. Vertretung im Rechtsmittelverfahren	1
II. Vertretung bei Festlegung der sachlichen Zuständigkeit	2
III. Vertretung bei interkantonalen Gerichtsstandskonflikten	3
IV. Delegation der Vertretungsbefugnisse	14

I. Vertretung im Rechtsmittelverfahren

§ 107 Abs. 1 lit. a GOG übernimmt die Regelung von § 6 lit. l VO über die Organisation der Oberstaatsanwaltschaft und der Staatsanwaltschaften (LS 213.21) und erhebt diese auf Gesetzesstufe. Das Verfahren vor Bundesgericht ist ausführlich geregelt in den Art. 29 ff., 72 ff. und 90 ff. BGG. Das Verfahren vor Bundesstrafgericht richtet sich nach den Bestimmungen des StBOG (insbesondere Art. 39 ff.).

II. Vertretung bei Festlegung der sachlichen Zuständigkeit

Ist in einer Strafsache sowohl Bundesgerichtsbarkeit wie auch kantonale Gerichtsbarkeit gegeben, so kann die Staatsanwaltschaft des Bundes die Vereinigung der Verfahren in der Hand der Bundesbehörden oder der kantonalen Behörden anordnen (Art. 26 Abs. 2 StPO). Vor ihrem Entscheid stellen sich die beiden Behörden ihre Akten gegenseitig zur Verfügung (Art. 26 Abs. 4 StPO). Beim Meinungsaustausch über die sachliche Zuständigkeit wird der Kanton durch die Oberstaatsanwaltschaft vertreten. Betr. Fristenlauf vgl. Bundesstrafgericht vom 17.6.2011, BG.2011.7 = fp 2011 S. 334.

III. Vertretung bei interkantonalen Gerichtsstandskonflikten

Die Zuständigkeit der Oberstaatsanwaltschaft bei interkantonalen Gerichtsstandskonflikten war schon in § 6 der Organisations-VO (früher lit. m, jetzt lit. l) enthalten und

§ 107

wurde ins GOG übernommen. Über das Verfahren zur Regelung dieser Konflikte enthalten die StPO bzw. das StBOG keine detaillierten Regelungen.

4   Die Oberstaatsanwaltschaft kann in einem interkantonalen Gerichtsstandskonflikt erst dann einen Entscheid der Beschwerdekammer des Bundesstrafgerichts verlangen, wenn vorher zwischen den Kantonen ein Meinungsaustausch stattgefunden hat (Art. 39 Abs. 2 StPO). In der Regel fragt jener Kanton, der das Verfahren zuerst eingeleitet hat und sich dann für unzuständig hält, die Behörden desjenigen Kantons, den er für zuständig hält, unter Angabe der Gründe an, ob er zur Übernahme des Verfahrens bereit sei. Kommen für die Durchführung eines Strafverfahrens mehrere Kantone in Betracht, so sind alle in den Meinungsaustausch über die Zuständigkeit einzubeziehen (Art. 39 Abs. 2 StPO), wobei die Leitung der Verhandlungen in der Regel jener Kanton übernimmt, in dem sich der (allenfalls inhaftierte) Beschuldigte befindet.

5   Kommt im Rahmen des Meinungsaustausches keine Einigung zustande, so entsteht (wenn kein Kanton sich für zuständig hält) ein negativer Kompetenzkonflikt oder (wenn zwei oder mehrere Kantone sich für zuständig halten) ein positiver Kompetenzkonflikt. In diesem Falle ist diejenige Strafverfolgungsbehörde, welche sich zuerst mit dem Fall befasst hat, berechtigt und verpflichtet, die Beschwerdekammer des Bundesstrafgerichts um einen Entscheid zu ersuchen (Art. 40 Abs. 2 StPO). Und zwar kann dies unabhängig davon geschehen, ob ein Kanton seine Zuständigkeit formlos oder durch einen Entscheid abgelehnt habe. Ein vorausgegangener Nichtanhandnahmeentscheid ist nicht Voraussetzung für die Anrufung des Bundesstrafgerichts (vgl. BGE 78 IV 246 E. 1).

6   Für die Anrufung des Bundesstrafgerichts bestehen keine gesetzlich definierten Fristen. Das Erfordernis der raschen Abwicklung des Strafprozesses und das Bescheunigungsgebot verbieten aber Verzögerungen. Das Gesuch ist deshalb einzureichen, sobald es der Strafverfolgungsbehörde nach den Umständen des Falles zugemutet werden kann. In der Regel gilt die zehntägige Frist von Art. 396 Abs. 1 StPO (vgl. BG.2011.15 = fp 2011 S. 335). Wird ein Gesuch erst kurz vor Abschluss der Untersuchung oder kurz vor der Aburteilung des Beschuldigten gestellt, so wird ihm in der Regel nicht mehr entsprochen (vgl. Art. 40 Abs. 2 StPO; dazu auch BGE 107 IV 158, 94 IV 44, 86 IV 65 E. 1, 85 IV 208 E. 2). Auch nach der Ausfällung des erstinstanzlichen Urteils über den Schuld- und Strafpunkt kann der Kanton seine Zuständigkeit nicht mehr bestreiten (BGE 106 IV 158 E. b, 111 IV 45 E. 2, 127 IV 135 E. 2).

7   Haben die Kantone die Gerichtsstandsfrage rechtzeitig ordnungsgemäss abgeklärt und erlangt eine kantonale Strafverfolgungsbehörde Kenntnis von weiteren Straftaten des Beschuldigten, so kann sie u.U. verlangen, dass der Gerichtsstand neu beurteilt wird, damit dem Grundsatz der Art. 49 StGB bzw. 34 StPO Rechnung getragen werden kann und alle strafbaren Handlungen durch dasselbe Gericht beurteilt werden können.

8   Das Gesuch der Oberstaatsanwaltschaft an das Bundesstrafgericht ist an keine Form gebunden. Es muss aber einen materiellen Antrag enthalten, den als zuständig betrachteten Kanton bezeichnen und inhaltlich so abgefasst sein, dass das Gericht ihm ohne Durchsicht der Akten die für die Bestimmung des Gerichtsstandes notwendigen und wesentlichen Tatsachen entnehmen kann (BGE 116 IV 175 E. 1, 121 IV 224 E. 1). An die Begründung sind besonders hohe Anforderungen zu stellen, wenn dem Verfahren um-

fangreiche Akten zugrunde liegen oder ein Abweichen vom ordentlichen Gerichtsstand verlangt wird.

Haben sich die Kantone über den Gerichtsstand geeinigt oder bestimmen sie einen solchen innert nützlicher Frist nicht, so kann die betroffene Partei ihrerseits die Beschwerdekammer des Bundesstrafgerichts anrufen (Art. 41 StPO). In diesem Verfahren wird der Kanton ebenfalls von der Oberstaatsanwaltschaft vertreten. 9

Wenn der Präsident der Beschwerdekammer des Bundesstrafgerichts dem Gesuch keine aufschiebende Wirkung zuerkennt, hat es keinen Suspensiveffekt. Eine Vernehmlassung wird in der Regel nur eingeholt, wenn sich das Gesuch nicht zum Vornherein als unbegründet erweist. Ein zweiter Schriftenwechsel unterbleibt in der Regel. 10

Das Bundesstrafgericht prüft frei, wie die Gegenstand der Untersuchung bildenden Tatsachen rechtlich zu würdigen sind. Die Kantone können den Gerichtsstand nicht dadurch beeinflussen, dass sie die von ihnen in die Untersuchung einbezogenen Handlungen rechtlich unrichtig würdigen. Wo es zweckmässig erscheint, kann das Bundesstrafgericht von der gesetzlichen Gerichtsstandsregelung abweichen und einen anderen als den nach Art. 31 ff. StPO zuständigen Kanton mit der Strafverfolgung beauftragen (Art. 40 Abs. 3 StPO; s. auch Art. 38 Abs. 2 StPO). 11

Der Entscheid der Beschwerdekammer setzt den Gerichtsstand *ex tunc* fest und ist grundsätzlich endgültig. Wenn jedoch nachträglich neue Tatsachen bekannt werden, die eine Änderung des Gerichtsstandes erfordern, so kann auf dem Wege der Revision ein neuer Gerichtsstand festgelegt werden (Art. 42 Abs. 3 StPO). 12

Bis zum Entscheid des Bundesstrafgerichts über den Gerichtsstand ist jene Behörde, die sich zuerst mit dem Fall befasst hat, verpflichtet, die erforderlichen und unaufschiebbaren Massnahmen zu treffen (Art. 42 Abs. 1 StPO; zum Ganzen SCHWERI/BÄNZIGER, Interkantonale Gerichtsstandsbestimmung in Strafsachen, 2. Aufl., Bern 2004, insbesondere S. 192 ff.). 13

IV. Delegation der Vertretungsbefugnisse (Abs. 2)

Die Befugnis zur Vertretung im Rechtsmittelverfahren gemäss Abs. 1 lit. a kann gemäss dem Wortlaut des Gesetzestextes nur einem Leitenden Staatsanwalt übertragen werden. Wird davon Gebrauch gemacht, so ist nach der sinngemässen Auslegung auch der Stellvertreter des Leitenden Staatsanwalts zur Vertretung im Rechtsmittelverfahren befugt (W.RR S. 131). 14

Gestützt auf die Ermächtigung von Abs. 2 kann die Oberstaatsanwaltschaft z.B. in einem Verfahren betreffend internationale Rechtshilfe einen (einfachen) Staatsanwalt mit der Vertretung des Kantons beauftragen (s. dazu Vorbemerkungen zu §§ 86 ff. N. 9). Damit ist gewährleistet, dass die in diesen Verfahren sich stellenden, oft komplizierten Rechtsfragen von einem darauf besonders spezialisierten Gremium behandelt werden. 15

3. Abschnitt: Verfahren gegen Jugendliche

Vorbemerkungen zu §§ 108 ff.

Literatur:

P. BEGLINGER, Das Jugendstrafverfahren im Kanton Zürich, Diss. Zürich 1972; S. BERNARD/S. BLUM, Die Verteidigung nach der neuen Jugendstrafprozessordnung (JStPO), fp 2011, S. 113 ff.; DONATSCH/SCHMID, StPO, zu §§ 367 ff.; D. JOSITSCH/M. RIESEN-KUPPER/C.V. BRUNNER/A. MURER MIKOLÁSEK, Schweizerische Jugendstrafprozessordnung, Kommentar, Zürich 2010.

Inhaltsübersicht N.
I. Strafverfolgungsmodell 1
II. Zuständigkeit bei Übertretungen 2

I. Strafverfolgungsmodell

1 Anders als die StPO überlässt die JStPO die Wahl des Strafverfolgungsmodells den Kantonen (Art. 6 Abs. 2 JStPO). Damit kann der Kanton Zürich das *Jugendanwaltsmodell* einschliesslich Bezeichnung der Untersuchungsbehörde (Jugendanwalt) beibehalten. Aufgrund von Art. 22 JStPO kann die bisherige Jugendstaatsanwaltschaft ihre Befugnisse beibehalten; um Verwechslungen mit der Jugendstaatsanwaltschaft gemäss Jugendrichtermodell (Art. 6 Abs. 1 lit. c und 21 JStPO) zu vermeiden, wurde sie jedoch in Oberjugendanwaltschaft umbenannt. In diesem Sinne nimmt die Oberjugendanwaltschaft die Aufgaben der Ober- bzw. Generaljugendanwaltschaft gemäss Art. 8 Abs. 3 JStPO wahr (vgl. noch VE § 115 Abs. 3).

II. Zuständigkeit bei Übertretungen

2 Während im Verfahren gegen Erwachsene hinsichtlich der Verfolgung und Beurteilung von Übertretungen die StPO Sonderbestimmungen enthält und es insbesondere den Kantonen freistellt, Verwaltungsbehörden für zuständig zu erklären (Art. 17 Abs. 1, 357 StPO), erklärt Art. 3 Abs. 2 lit. a JStPO diese Sonderregelung für das Jugendstrafverfahren ausdrücklich für nicht anwendbar. Somit sind nach neuem Recht die Jugendanwälte für die *Verfolgung sämtlicher strafbarer Handlungen* (vorbehältlich des Verfahrens bei Ordnungsbussen, §§ 170 ff.) *von Jugendlichen zuständig*. Der bisherige § 94 GVG, wonach bei Jugendlichen ab dem vollendeten 15. Altersjahr die Verfolgung und Beurteilung von Übertretungen primär in die Kompetenz des Statthalteramtes und der Gemeindebehörden fielen, wurde ersatzlos gestrichen.

A. Jugendanwaltschaften

§ 108 *Organisation*

> Der Regierungsrat legt den Amtskreis der Jugendanwaltschaften fest und bestimmt ihre Sitze.

Inhaltsübersicht	N.
I. Territoriale Gliederung	1
II. Organisation	3

I. Territoriale Gliederung

Hinsichtlich der territorialen Gliederung der Jugendanwaltschaften übernimmt § 108 im Wesentlichen den bisherigen § 92 Abs. 1 GVG, wonach der Regierungsrat den Amtskreis der Jugendanwaltschaft bestimmt. Grundsätzlich hätte der Regierungsrat damit auch die Möglichkeit, besondere Jugendanwaltschaften zu errichten, die im gesamten Kantonsgebiet für bestimmte Straftaten zuständig sind; in diesem Fall würde sich der Amtskreis der betreffenden Jugendanwaltschaft auf das ganze Kantonsgebiet erstrecken. 1

Bis Ende 2000 waren die zwölf Bezirke auf neun Jugendanwaltschaften verteilt. Auf den 1.1.2001 wurde deren Zahl auf sieben reduziert, um den Einsatz der Jugendanwälte zu rationalisieren und flexibler zu gestalten. Gemäss heute geltendem Beschluss des Regierungsrates über die Amtskreise der Jugendanwaltschaften vom 23.5.2007 (LS 322.2) gliedern sich die Jugendanwaltschaften in folgende fünf Amtskreise (vgl. dazu vorn § 4 N. 2): 2

– Limmattal/Albis (mit Amtskreis Bezirke Dietikon, Affoltern und Horgen; Amtsstelle in Dietikon),
– See/Oberland (mit Amtskreis Bezirke Uster, Meilen, Hinwil und Pfäffikon; Amtsstelle in Uster),
– Stadt Zürich (mit Amtskreis Bezirk Zürich; Amtsstelle in Zürich),
– Unterland (mit Amtskreis Bezirke Bülach und Dielsdorf; Amtsstelle in Bülach),
– Winterthur (mit Amtskreis Bezirke Winterthur und Andelfingen; Amtsstelle in Winterthur).

II. Organisation

Die (einzelne) Jugendanwaltschaft besteht aus dem Leitenden Jugendanwalt, den Jugendanwälten, den Sozialarbeitern sowie dem Kanzleipersonal (§ 10 Abs. 1 lit. a JStV). Die Oberjugendanwaltschaft bestimmt einen Stellvertreter des Leitenden Jugendanwalts (§ 10 Abs. 2 JStV; vgl. dazu auch vorn § 86 N. 60). 3

4   Des Weiteren kann die Oberjugendanwaltschaft den Jugendanwaltschaften stellvertretende Jugendanwälte, juristische Auditoren, Praktikanten der Sozialarbeit sowie weiteres Personal zuteilen (§ 10 Abs. 3 JStV).

5   Den Sozialarbeitern obliegen wichtige Aufgaben bei der Abklärung der persönlichen Verhältnisse des beschuldigten Jugendlichen sowie bei der persönlichen Betreuung von der Einleitung des Strafverfahrens bis zum Beschluss des Vollzugs von Strafen und Massnahmen (näher § 16 JStV).

§ 109 *Ernennung*

¹ **Die für das Justizwesen zuständige Direktion ernennt**
a. **die Jugendanwältinnen und -anwälte,**
b. **die Leitenden Jugendanwältinnen und -anwälte.**

² **Die Oberjugendanwaltschaft ernennt die stellvertretenden Jugendanwältinnen und -anwälte.**

1   § 109 Abs. 1 entspricht im Wesentlichen dem bisherigen § 11 Abs. 1 JStV. Danach ernennt die Justizdirektion die Jugendanwälte und die Leitenden Jugendanwälte.

2   Anders als bei der Wahl bzw. Ernennung von ordentlichen, ausserordentlichen und stellvertretenden Staatsanwälten ist der Erwerb des *Wahlfähigkeitszeugnisses* (§§ 97 ff. GOG) für Jugendanwälte und Leitende Jugendanwälte *nicht Ernennungsvoraussetzung*. Auch hier wird aber die fachliche sowie persönliche Eignung für die Bekleidung des Amtes vorausgesetzt (§ 11 PersG), wozu in der Regel eine abgeschlossene juristische Hochschulbildung sowie Kenntnisse und Erfahrungen in der Jugendhilfe zählen.

3   Die *stellvertretenden Jugendanwälte* (gemäss Vorlage des Regierungsrates noch als Assistenzjugendanwälte bezeichnet) werden gemäss Abs. 2 von der Oberjugendanwaltschaft ernannt. Sie sind wie die stellvertretenden Staatsanwälte Mitarbeitende mit einer juristischen Ausbildung, stehen hinsichtlich der Kompetenzen aber eine Stufe unter den Jugendanwälten. Die allgemeinen Kompetenzen der stellvertretenden Jugendanwälte werden in § 17 JStV erwähnt (zu den Einschränkungen vgl. § 110 Abs. 3 GOG). Eine den Assistenzstaatsanwälten (§ 101) entsprechende Stufe ist nicht vorgesehen.

4   Mit Rücksicht auf die Regelung des Pikettdienstes und die flexiblen Zuteilungen zwischen den einzelnen Amtskreisen kommt den Jugendanwälten und stellvertretenden Jugendanwälten *Amtsbefugnis im ganzen Kantonsgebiet* zu (§ 12 Abs. 2 JStV).

§ 110 *Zuständigkeit*
a) *Jugendanwälte*

¹ **Die Jugendanwältinnen und -anwälte üben die durch die JStPO und Art. 3 Abs. 2 des Jugendstrafgesetzes (JStG) der Untersuchungsbehörde übertragenen Aufgaben aus.**

² Führt die Jugendanwältin oder der Jugendanwalt ein Verfahren gemäss Art. 3 Abs. 2 JStG, richten sich die Kompetenzen nach Art. 352 StPO.

³ Die stellvertretenden Jugendanwältinnen und -anwälte können keine
a. Zwangsmassnahmen anordnen,
b. Anklagen erheben und vertreten,
c. Strafbefehle erlassen, sofern anzuordnen ist:
   1. eine persönliche Leistung von mehr als einem Monat,
   2. eine vollziehbare Freiheitsstrafe oder
   3. eine Schutzmassnahme.

Inhaltsübersicht N.
I. Zuständigkeit im Allgemeinen (Abs. 1) 1
   1. Untersuchung 3
      a) Allgemein 3
      b) Zwangsmassnahmen im Besonderen 5
   2. Anklage, Teilnahme an gerichtlicher Verhandlung, Erhebung von Rechtsmitteln 7
   3. Richterliche Funktionen 8
   4. Vollzug 11
   5. Rechtshilfe 12
   6. Kosten 13
II. Übergangstäter im Sinne von Art. 3 Abs. 2 JStG (Abs. 2) 15
III. Beschränkte Kompetenz der stellvertretenden Jugendanwälte (Abs. 3) 18

I. Zuständigkeit im Allgemeinen (Abs. 1)

Abs. 1 überträgt die Aufgaben der Untersuchungsbehörden im Sinne von Art. 6 JStPO den Jugendanwälten. Nach § 13 Satz 2 JStV beachten sie im Rahmen der Erfüllung ihres Auftrags Schutz und Erziehung der Jugendlichen im Sinne von Art. 2 Abs. 1 JStG, die Grundsätze von Art. 4 JStPO sowie die Vollzugsziele gemäss § 32 JStV und wahren die öffentliche Sicherheit.

Konkret kommen den Jugendanwälten im Verlauf des Strafverfahrens folgende Aufgaben zu (vgl. dazu auch vorn § 86 N. 54):

1. Untersuchung

a) Allgemein

Gemäss § 15 Abs. 1 lit. a JStV führt und erledigt der Jugendanwalt die Strafuntersuchung im Sinne von Art. 3 Abs. 1 JStG gegen Jugendliche, d.h. gegen «Personen, die zwischen dem vollendeten 10. und dem vollendeten 18. Altersjahr eine mit Strafe bedrohte Tat begangen haben» (sollen). Er nimmt dabei alle zur Wahrheitsfindung notwendigen Untersuchungshandlungen vor. Insoweit kommen ihm während der Untersuchung dieselben Befugnisse und Aufgaben zu wie der Staatsanwaltschaft im Verfahren gegen Erwachsene (Art. 30 JStPO). Er arbeitet mit allen Instanzen der Straf- und Zivilrechtspflege, mit Verwaltungsbehörden, mit öffentlichen und privaten Einrichtungen und mit Personen aus

§ 110

dem medizinischen und sozialen Bereich zusammen und holt deren Auskünfte ein, soweit dies für die Abklärung der persönlichen Verhältnisse des beschuldigten Jugendlichen erforderlich ist. Die genannten Stellen sind (vorbehältlich des Berufsgeheimnisses) zur Auskunfterteilung verpflichtet (Art. 31 JStPO). Der Jugendanwalt informiert die Öffentlichkeit in geeigneter Weise über den Stand des Verfahrens (Art. 14 Abs. 1 JStPO).

4   Des Weiteren kann der Jugendanwalt während der Untersuchung versuchen, einen Vergleich zu erreichen bzw. eine Wiedergutmachung mit Verzicht auf Strafverfolgung bzw. Strafbefreiung zu erzielen, soweit eine solche Regelung zulässig ist (Art. 5, 16 JStPO i.V.m. Art. 21 JStG); überdies kann er ein Mediationsverfahren veranlassen, wobei das Verfahren während der Dauer der Mediation sistiert bleibt und im Falle des Gelingens der Mediation endgültig eingestellt wird (Art. 17 JStPO). Das Mediationsverfahren ist der Oberjugendanwaltschaft unterstellt (dazu § 156 GOG und § 31 JStV, Stelle für Mediation im Jugendstrafverfahren).

b) Zwangsmassnahmen im Besonderen

5   Der Jugendanwalt (nicht aber der stellvertretende Jugendanwalt, Abs. 3 lit. a) ist weiter zuständig für die Anordnung folgender Zwangsmassnahmen (Art. 26 Abs. 1 JStPO; zum Begriff der Zwangsmassnahmen Art. 196 StPO):

- Zwangsmassnahmen, die gemäss StPO durch die Staatsanwaltschaft angeordnet werden können, d.h. Vorführung, Hausdurchsuchung, Beschlagnahme, Untersuchung von Personen und Gegenständen, DNA-Analyse;
- Untersuchungshaft bis zu sieben Tagen (Art. 26 Abs. 1 lit. b JStPO; für die Bewilligung der Verlängerung auf Antrag der Untersuchungsbehörde ist das Zwangsmassnahmengericht zuständig, Art. 27 Abs. 2 JStPO);
- vorsorgliche Schutzmassnahmen nach den Art. 12–15 JStG (Aufsicht, persönliche Betreuung, ambulante Behandlung, Unterbringung);
- Beobachtung im Sinne von Art. 9 JStG.

6   Zur Anordnung bzw. Genehmigung der übrigen Zwangsmassnahmen (geheime Überwachungsmassnahmen wie Überwachung des Post- und Fernmeldeverkehrs, Einsatz technischer Überwachungsgeräte, Observation und verdeckte Ermittlung) ist das Zwangsmassnahmengericht zuständig (Art. 26 Abs. 2 JStPO).

2. Anklage, Teilnahme an gerichtlicher Verhandlung, Erhebung von Rechtsmitteln

7   Der Jugendanwalt erhebt und vertritt die Anklage vor dem Jugendgericht, wenn er den Sachverhalt und die persönlichen Verhältnisse für genügend geklärt erachtet (Art. 6 Abs. 4, 33 JStPO; § 15 Abs. 1 lit. b JStV). Soweit er nicht vom Gericht dazu aufgefordert wird, kann er (fakultativ) an der Hauptverhandlung vor dem Jugendgericht und vor der Berufungsinstanz teilnehmen (Art. 21 lit. b JStPO); ebenso kann er Berufung einlegen und vertritt damit die Anklage vor der Berufungsinstanz (Art. 21 lit. c, 38 Abs. 2 JStPO). Stellvertretende Jugendanwälte können keine Anklagen erheben bzw. vertreten (Abs. 3 lit. b).

3. Richterliche Funktionen

Der Jugendanwalt erlässt einen Strafbefehl, wenn die Beurteilung der Straftat nicht in die Zuständigkeit des Jugendgerichts fällt (Art. 32 Abs. 1 JStPO); das Jugendgericht ist zuständig zum Entscheid über Unterbringung, Busse von mehr als 1000 Franken sowie Freiheitsentzug von mehr als drei Monaten (Art. 34 Abs. 1 JStPO). Ist der Jugendanwalt zum Erlass eines Strafbefehls zuständig, kann er auch über liquide Zivilforderungen entscheiden (Art. 32 Abs. 3 JStPO).

Gegen den Strafbefehl kann Einsprache erhoben werden, worauf das Jugendgericht den Strafbefehl als Anklage beurteilt (Art. 34 Abs. 2 JStPO; vgl. Art. 32 Abs. 5 und 6 i.V.m. Art. 356 StPO).

Die Strafbefehlskompetenz des *stellvertretenden* Jugendanwalts wird in Abs. 3 lit. c eingeschränkt. Danach kann er keine persönliche Leistung (Art. 23 JStG: Leistungen zugunsten von sozialen Einrichtungen usw., Teilnahme an Kursen oder ähnlichen Veranstaltungen) von mehr als einem Monat, keine vollziehbare Freiheitsstrafe und keine Schutzmassnahme anordnen.

4. Vollzug

Der Vollzug von Strafen und Schutzmassnahmen obliegt dem Jugendanwalt (§ 15 Abs. 1 lit. c JStV); er kann dabei öffentliche und private Einrichtungen und Privatpersonen beiziehen (Art. 42 Abs. 2 JStPO sowie § 26 JStV).

5. Rechtshilfe

Gemäss Art. 3 JStPO gelangen hinsichtlich der nationalen Rechtshilfe die Bestimmungen von Art. 43 ff. StPO zur Anwendung. Danach sind die Behörden des Bundes und der Kantone zur gegenseitigen Rechtshilfe und Unterstützung verpflichtet, soweit es um die Verfolgung und Beurteilung von Straftaten nach Bundesrecht geht (Art. 44, 45 StPO). Es herrscht der direkte Geschäftsverkehr zwischen den Behörden (Art. 46 StPO). Die Rechtshilfe wird unentgeltlich geleistet (Art. 47 StPO). Über Konflikte entscheidet innerkantonal die kantonale Beschwerdeinstanz, interkantonal und zwischen Behörden des Bundes und der Kantone das Bundesstrafgericht (Art. 48 StPO).

6. Kosten

Das Kostenwesen (Verfahrenskosten einerseits, Vollzugskosten andererseits) ist in den §§ 35 ff. JStV geregelt. Insbesondere obliegt es der Jugendanwaltschaft, Weisungen zur einheitlichen Bemessung der Gebühren zu erlassen, während der Kostenbezug (einschliesslich Ordnungsbussen) der zentralen Inkassostelle der Gerichte obliegt.

Die Gebühren- und Kostenansätze richten sich nach der VO vom 24.11.2010 über die Gebühren, Auslagen und Entschädigungen der Strafverfolgungsbehörden (GebV StrV, LS 323.1; vgl. § 1 lit. b der VO).

II. Übergangstäter im Sinne von Art. 3 Abs. 2 JStG (Abs. 2)

15 Art. 3 Abs. 2 JStG regelt die Frage der anwendbaren Sanktion für diejenigen Fälle, in denen gleichzeitig vor und nach Vollendung des 18. Altersjahres begangene Taten zu beurteilen sind (Satz 1 bis 3). Dabei bleiben die Bestimmungen über das jugendstrafrechtliche Verfahren anwendbar, sofern es eingeleitet wurde, bevor die nach Vollendung des 18. Altersjahres begangene Tat bekannt wurde; andernfalls ist das Verfahren gegen Erwachsene anwendbar (Satz 4 und 5). Vgl. dazu auch vorn § 23 N. 2 und § 86 N. 54 ff.

16 Abs. 2 stellt in diesem Zusammenhang klar, dass die Strafkompetenz der Jugendanwälte bei Verfahren gegen Übergangstäter gemäss Art. 3 Abs. 2 JStG derjenigen der Staatsanwaltschaft im Verfahren gegen Erwachsene entspricht. Danach kann der Jugendanwalt in solchen Fällen unter den in Art. 352 Abs. 1 StPO genannten Voraussetzungen einen Strafbefehl erlassen und dabei (weitergehend als in jugendrechtlichen Verfahren, vorne N. 8) die hier in lit. a–d aufgezählten Sanktionen (verbunden mit den Kombinationsmöglichkeiten nach Art. 352 Abs. 2 und 3 StPO) anordnen.

17 Betreffend Besonderheiten bei Verfahren hinsichtlich Taten vor dem vollendeten 10. Altersjahr sowie Übertretungen im Strassenverkehr vor dem vollendeten 15. Altersjahr vgl. §§ 28 f. JStV.

III. Beschränkte Kompetenz der stellvertretenden Jugendanwälte (Abs. 3)

18 Dazu kann auf das vorstehend Ausgeführte (N. 10) verwiesen werden.

---

§ 111 b) Leitende Jugendanwälte

Die Leitende Jugendanwältin oder der Leitende Jugendanwalt leitet neben der Tätigkeit als Jugendanwältin oder Jugendanwalt ihre oder seine Jugendanwaltschaft.

---

1 Die Bestimmung übernimmt im Wesentlichen § 14 Abs. 1 JStV.

2 Entsprechend § 14 Abs. 2 JStV sind mit der Leitung der Jugendanwaltschaft folgende Aufgaben verbunden:
- Gewährleistung für die Auftragserfüllung der Jugendanwaltschaft;
- Organisation der Jugendanwaltschaft;
- Zuteilung der Untersuchungs- und Vollzugsgeschäfte an die Jugendanwälte sowie an die Sozialarbeiter;
- Erlass allgemeiner und einzelfallbezogener Weisungen;
- Personalführung, soweit nicht die Jugendanwaltschaft selbst diese Aufgabe wahrnimmt;
- Erfüllung der von der Oberjugendanwaltschaft delegierten Aufgaben.

B. Oberjugendanwaltschaft

§ 112 *Organisation*

> Die Oberjugendanwaltschaft besteht aus einer vom Regierungsrat zu bestimmenden Zahl von Oberjugendanwältinnen und -anwälten.

Die Oberjugendanwaltschaft (bisher Jugendstaatsanwaltschaft, § 93 GVG) besteht aus einer vom Regierungsrat zu bestimmenden Zahl von Oberjugendanwälten. Dabei handelt es sich zurzeit um einen Leitenden Oberjugendanwalt und einen Oberjugendanwalt (§ 4 JStV). 1

Der (gesetzlich nicht bestimmte) Sitz der Oberjugendanwaltschaft befindet sich seit dem Bestehen der früheren Jugendstaatsanwaltschaft nach wie vor in Winterthur. 2

§ 113 *Ernennung*

> Der Regierungsrat ernennt die Oberjugendanwältinnen und -anwälte sowie die Leitende Oberjugendanwältin oder den Leitenden Oberjugendanwalt. Er kann ausserordentliche Oberjugendanwältinnen und -anwälte einsetzen.

Die Ernennung der Oberjugendanwälte sowie des Leitenden Oberjugendanwalts obliegt dem Regierungsrat (bisher § 93 Abs. 2 GVG). 1

Gemäss § 4 Abs. 2 JStV obliegt die Bezeichnung von ausserordentlichen Oberjugendanwälten der Direktion der Justiz und des Innern. 2

§ 114 *Zuständigkeit*

> ¹ Die Oberjugendanwaltschaft plant, führt und steuert die Jugendstrafverfolgung im Kanton sowie die damit verbundenen Vollzugsaufgaben.
>
> ² Sie sorgt dafür, dass Jugendanwaltschaften und die Organe der Jugendhilfe zusammenarbeiten.
>
> ³ Sie übt im Jugendstrafverfahren diejenigen Befugnisse aus, die im Verfahren gegen Erwachsene die Oberstaatsanwaltschaft und die Leitenden Staatsanwältinnen und -anwälte ausüben. Dazu gehören namentlich
> a. die Vertretung des Kantons gegenüber den Bundesbehörden bei der Festlegung der sachlichen Zuständigkeit sowie in Gerichtsstandskonflikten vor dem Bundesstrafgericht,
> b. die Genehmigung der Nichtanhandnahme-, Sistierungs- und Einstellungsverfügungen der Jugendanwaltschaften,
> c. die Erhebung von Einsprache gegen Straf- und Einziehungsbefehle,
> d. die Erhebung von Rechtsmitteln vor den kantonalen und eidgenössischen Instanzen.
>
> ⁴ Die Oberjugendanwaltschaft kann die Befugnisse gemäss Abs. 3 lit. b–d an Leitende Jugendanwältinnen oder -anwälte übertragen.

§ 114

Inhaltsübersicht	N.
I. Stellung und Aufgaben	1
1. Stellung im Allgemeinen	1
2. Funktionelle Zuständigkeit für einzelne Prozesshandlungen	5
a. Streitigkeiten betreffend die Zuständigkeit	6
b. Genehmigung von verfahrenserledigenden Verfügungen	7
c. Einsprachelegitimation	9
d. Rechtsmittellegitimation	10
3. Delegationsbefugnis	12
II. Jugendhilfe im Besonderen	13

I. Stellung und Aufgaben

1. Stellung im Allgemeinen

1 § 114 umschreibt die Stellung der Oberjugendanwaltschaft. Diese entspricht im Wesentlichen derjenigen der Oberstaatsanwaltschaft bzw. der Leitenden Staatsanwälte im Verfahren gegen Erwachsene (§ 114 Abs. 3 Satz 1 GOG).

2 Abs. 1 nennt die wichtigsten *strategischen Aufgaben*, konkret die Planung, Führung und Steuerung der Jugendstrafverfolgung im Kanton sowie der damit verbundenen Vollzugsaufgaben. Die Oberjugendanwaltschaft sorgt namentlich für eine einheitliche Rechtsanwendung und sichert die Qualität der Leistungen im Bereich der Jugendstrafrechtspflege (vgl. § 6 Abs. 2 JStV).

3 In Fortführung der bisherigen Regelung (§ 93 Abs. 1 letzter Satz GVG) sorgt die Oberjugendanwaltschaft gemäss Abs. 2 dafür, dass die Jugendanwaltschaften und die *Organe der Jugendhilfe* zusammenarbeiten (hinten N. 13 ff.).

4 Gemäss § 7 Abs. 1 JStV hat die Oberjugendanwaltschaft sodann folgende Aufgaben:
- Bestimmung über den Einsatz der finanziellen und personellen Ressourcen;
- Festlegung der Grundsätze für die Organisation der Jugendanwaltschaften und den Einsatz der Jugendanwältinnen und Jugendanwälte, der Sozialarbeiterinnen und Sozialarbeiter sowie des übrigen Personals;
- Erlass allgemeiner und einzelfallbezogener Weisungen;
- Förderung der Personalentwicklung;
- Zusammenarbeit mit den an der Jugendstrafrechtspflege beteiligten Behörden im Kanton sowie mit anderen Amtsstellen der Kantone und des Bundes;
- Gewährleistung der öffentlichen und internen Information;
- Erfüllung weiterer ihr zugewiesener Aufgaben, u.a Führung von Mediationen im Jugendstrafverfahren.

2. Funktionelle Zuständigkeit für einzelne Prozesshandlungen

5 Abs. 3 nennt – nicht abschliessend – diejenigen *Prozesshandlungen*, für welche die Oberjugendanwaltschaft *funktionell zuständig* ist. Dieser Kompetenzbereich deckt sich weit-

gehend mit demjenigen der bisherigen Jugendstaatsanwaltschaft (vgl. §§ 373, 383, 384 StPO [ZH]).

a) Streitigkeiten betreffend die Zuständigkeit

Die Oberjugendanwaltschaft vertritt (analog § 107 Abs. 1 lit. b GOG) den Kanton gegenüber den Bundesbehörden in Streitigkeiten betreffend die sachliche Zuständigkeit (Art. 22 ff. StPO) sowie in Gerichtsstandskonflikten vor dem Bundesstrafgericht (Art. 10 Abs. 7 JStPO). 6

b) Genehmigung von verfahrenserledigenden Verfügungen

Hinsichtlich der *Genehmigung von Nichtanhandnahme-, Sistierungs- und Einstellungsverfügungen* der Jugendanwaltschaften galt bisher § 383 Abs. 2 StPO (ZH). Die Genehmigungspflicht stützt sich nunmehr auf Art. 322 StPO. Derartige Verfügungen sind vom Jugendanwalt zu begründen (Art. 320 i.V.m. 80 f. StPO) und in der Folge mit den Verfahrensakten der Oberjugendanwaltschaft zu unterbreiten. Diese hat wie die Oberstaatsanwaltschaft die Möglichkeit, die Genehmigung zu verweigern und dem Jugendanwalt Weisungen über das weitere Verfahren zu erteilen. 7

Die Einstellungsverfügung kann mit Beschwerde beim Obergericht angefochten werden (Art. 322 Abs. 2 StPO). 8

c) Einsprachelegitimation

Die Oberjugendanwaltschaft ist zur *Einsprache* gegen Straf- und Einziehungsbefehle (dazu Art. 377 StPO) des Jugendanwalts an das Jugendgericht legitimiert (vgl. dazu Art. 32 Abs. 5 lit. d JStPO). Dies setzt voraus, dass ihr der Strafbefehl der Jugendanwaltschaft eröffnet wird; in lit. c ist die gemäss Art. 32 Abs. 4 lit. c JStPO dem kantonalen Recht vorbehaltene Bestimmung zu erblicken. Die Einsprache hat innert 10 Tagen schriftlich zu erfolgen (Art. 32 Abs. 5 JStPO). Die Oberjugendanwaltschaft kann gemäss Art. 381 Abs. 1 StPO i.V.m. Art. 3 Abs. 1 JStPO auch zugunsten des beschuldigten Jugendlichen Einsprache erheben. 9

d) Rechtsmittellegitimation

Schliesslich ist die Jugendanwaltschaft zur *Einlegung von Rechtsmitteln* vor kantonalen und eidgenössischen Instanzen legitimiert. Diese Bestimmung widerspricht freilich Art. 38 Abs. 2 JStPO insofern, als danach das Recht zur Berufung jener Behörde zusteht, die vor dem Jugendgericht die Anklage vertreten hat, hier also dem Jugendanwalt. Immerhin sieht Abs. 4 vor, dass die Oberjugendanwaltschaft ihre Befugnisse nach Abs. 3 an Leitende Jugendanwälte übertragen kann. 10

Die Berufung (Art. 40 JStPO) richtet sich gegen erstinstanzliche Urteile des Jugendgerichts sowie die Aussetzung einer vorsorglich angeordneten Schutzmassnahme (Art. 40 Abs. 1 JStPO). Als weitere Rechtsmittel gemäss StPO bzw. JStPO kommen die Beschwerde (Art. 39 JStPO) und die Revision (Art. 41 JStPO) in Betracht. 11

3. Delegationsbefugnis

12 Die Oberjugendanwaltschaft kann gemäss Abs. 4 sämtliche ihr in Abs. 3 übertragenen Befugnisse an Leitende Jugendanwälte übertragen.

II. Jugendhilfe im Besonderen

13 Gemäss Abs. 2 sorgt die Oberjugendanwaltschaft für die Zusammenarbeit zwischen Jugendanwaltschaften und Organen der Jugendhilfe. Organe der Jugendhilfe sind alle Behörden, Ämter sowie Dienststellen und Vereinigungen, die sich aufgrund öffentlich-rechtlicher Bestimmungen oder ihrer Statuten erzieherischen und jugendfürsorgerischen Aufgaben oder dem Jugendschutz widmen (§ 25 JStV). Solche Organe sind namentlich:

- *das kantonale Jugendamt*. Es unterstützt und koordiniert die Bestrebungen zur Hilfe an Kinder und Jugendliche, berät und unterstützt die übrigen privaten und öffentlichen Organisationen der Jugend- und Familienhilfe und sichert i.S.v. Art. 317 ZGB die Zusammenarbeit auf dem Gebiet des zivilrechtlichen Kinderschutzes, des Jugendstrafrechts und der übrigen Jugendhilfe (§ 4 des Jugendhilfegesetzes, LS 852.1; §§ 1–2 VO zum Jugendhilfegesetz, LS 852.11);
- *die Bezirksjugendkommissionen*, die in ihrem Bezirk die Hilfe an Kinder und Jugendliche sowie an deren Familien koordinieren (§§ 3–6 VO zum Jugendhilfegesetz);
- *die Bezirksjugendsekretariate* als ausführende Organe für die Erfüllung der generellen und individuellen Hilfe an Kinder und Jugendliche sowie an deren Familien. Sie beraten und helfen auf Ersuchen im Einzelfall, betreuen im Auftrag von Behörden Kinder und Jugendliche, unterstützen vorbeugende Massnahmen, fördern Selbsthilfe und private Initiative, informieren und beraten Behörden und Private in Fragen der Jugend- und Familienhilfe und übernehmen weitere ihnen übertragene (z.B. vormundschaftliche) Aufgaben sowie die Führung der Jugendanwaltschaft in Personalunion mit dem Jugendsekretariat (§§ 9–14 des Jugendhilfegesetzes; §§ 7–13 VO zum Jugendhilfegesetz);
- *die Gemeinden*. Sie ergänzen die Hilfsangebote der Jugendsekretariate, können Einrichtungen und Veranstaltungen verbieten, welche die Kinder und Jugendlichen ernstlich gefährden, und sie können Jugendlichen den Zutritt zu Veranstaltungen untersagen, welche ausschliesslich für Erwachsene bestimmt sind (§§ 15–18 des Jugendhilfegesetzes; §§ 14–15a VO zum Jugendhilfegesetz);
- *die Jugendheime*, die dazu bestimmt sind, mehr als fünf Kinder, Jugendliche und junge Erwachsene bis zum vollendeten 22. Altersjahr zur Erziehung und Betreuung aufzunehmen (§§ 1 ff. des Gesetzes über Jugendheime und Pflegekinderfürsorge, LS 852.2; VO über Jugendheime, LS 852.21);
- *die Pflegekinderfürsorge*, die Kinder bis zum zurückgelegten 15. Altersjahr, welche nicht in einem Jugendheim untergebracht sind, für längere Zeit anderen Personen als den Eltern zur Pflege und Erziehung anvertraut (§ 10 Gesetz über Jugendheime und Pflegekinderfürsorge; VO über Pflegekinderfürsorge, LS 852.22).

Die Oberjugendanwaltschaft kann die Organe der öffentlichen und privaten Jugendhilfe mit der Abklärung der persönlichen Verhältnisse von Jugendlichen beauftragen und sie beim Vollzug von Schutzmassnahmen und Strafen beiziehen (§ 25 Abs. 2 JStV). 14

4. Abschnitt: Aufsicht

Vorbemerkungen vor §§ 115 f.

Literatur

D. KETTIGER, Zur Unabhängigkeit der Staatsanwaltschaft in der Justizorganisation, in: Justice – Justiz – Giustizia 2010/4; CH. METTLER, Staatsanwaltschaft – Position innerhalb der Gewaltentrias, Funktion im Strafprozess und aufsichtsrechtliche Situation sowie ein Vorschlag zur Neuordnung, Diss. Freiburg i.Ü., Basel/Genf/München 2000; F. RIKLIN/F. SCHÜRMANN/M. PETER, Die Zusammenhänge zwischen Gerichtsverfassung und Strafverfahren (Landesbericht Schweiz), ZStrR 106 (1989), S. 113 ff., insbesondere S. 152 ff.; N. SCHMID, Stellungnahme zur Frage der Unterstellung der Bundesanwaltschaft, Gutachten vom 28.10.2007, VPB 2009.9 (zit. SCHMID, Gutachten); DERSELBE, Möglichkeiten und Grenzen der Kantone bei der Organisation ihrer Strafbehörden nach der künftigen Schweizerischen Strafprozessordnung, AJP 16 (2007), S. 699 ff.

Vgl. ferner die Kommentierung der §§ 79 ff.

Inhaltsübersicht

		N.
I.	Weiterführung bisherigen Rechts	1
II.	Zur staatsrechtlichen Stellung der Staatsanwaltschaft, insbesondere zur Frage nach deren Unabhängigkeit	2
	1. Unterstellung unter die Aufsichtsgewalt der Exekutive oder einer anderen Staatsgewalt?	2
	2. Zulässiger Umfang der Weisungsbefugnis übergeordneter Behörden	5
	a. Interne Weisungsbefugnis	5
	b. Externe Weisungsbefugnis	6
III.	Zur Abgrenzung der Aufsichtsbeschwerde von der strafprozessualen Beschwerde	8

I. Weiterführung bisherigen Rechts

Der vierte Abschnitt übernimmt im Wesentlichen die bisherigen §§ 86, 91 und 93 Abs. 1 GVG, ergänzt durch die Regelung des Jugendstrafrechtsbereichs. Die in § 91 Abs. 1 GVG und auch noch VE § 116 Abs. 1 GOG erwähnte Oberaufsicht des Regierungsrates und die damit verbundene Berichterstattungspflicht werden hingegen nicht mehr ausdrücklich erwähnt (zur Oberaufsicht des Regierungsrates vgl. Art. 70 KV sowie § 8 Gesetz über die Organisation des Regierungsrates und der kantonalen Verwaltung [LS 172.1]). Zur Weisungsgewalt des Regierungsrates vgl. § 115 N. 9 ff. 1

II. Zur staatsrechtlichen Stellung der Staatsanwaltschaft, insbesondere zur Frage nach deren Unabhängigkeit

1. Unterstellung unter die Aufsichtsgewalt der Exekutive oder einer anderen Staatsgewalt?

2 Bei der Staatsanwaltschaft handelt es sich um ein Justizorgan, d.h. eine Strafbehörde (Art. 12 StPO), wobei Einigkeit darüber besteht, dass ihre Funktion mit Blick auf die traditionellen Umschreibung staatlicher Tätigkeiten eher zur Exekutive und (vorbehältlich quasirichterlicher Funktionen) jedenfalls nicht zur Judikative gehört (näher zum Ganzen und mit zahlreichen Hinweisen SCHMID, Gutachten Ziff. 2 ff.). Aus der in Art. 14 StPO (insbesondere Abs. 5: Aufsicht über die Strafbehörden) garantierten Organisationsfreiheit von Bund und Kantonen folgt aber, dass die Staatsanwaltschaft *nicht zwingend der Exekutive zu unterstellen* ist. Es steht vielmehr (auch) dem kantonalen Gesetzgeber weiterhin frei, im Rahmen der Einführungsgesetzgebung zur StPO die hierarchische Unterstellung und damit die Aufsicht über die Staatsanwaltschaft anders zu definieren. Schon bisher existierten in den einzelnen Kantonen fünf unterschiedliche Modelle, so die Ernennung und Unterstellung der Staatsanwaltschaft unter die Exekutive, unter ein oberes kantonales Gericht (vgl. dazu BGer 1B_320/2009 vom 5.7.2010), unter eine geteilte Aufsicht (Fachaufsicht durch eine richterliche Behörde, administrative Aufsicht durch die Exekutive), unter das Kantonsparlament oder unter einen besonderen Justizrat (näher SCHMID, Gutachten Ziff. 3).

3 Für die Stellung der Staatsanwaltschaft und ihr Verhältnis zu den anderen Gewalten im Staat bestehen auch im übergeordneten Recht, namentlich in der Bundesverfassung und der EMRK, keine Vorgaben. Insbesondere ist – anders als bei den Gerichten (Art. 30 Abs. 1 BV, Art. 6 Ziff. 1 EMRK) – deren *Unabhängigkeit nicht garantiert*. Modelle mit mehr oder weniger ausgeprägter Einbindung der Staatsanwaltschaft in die Exekutive stehen damit nicht im Widerspruch zu übergeordnetem Recht. Daraus folgt, dass das Weisungsrecht der Exekutive gegenüber der Staatsanwaltschaft grundsätzlich mit einem rechtsstaatlichen Strafverfahren vereinbar ist. Gleichwohl geht die *Rechtsentwicklung* schon seit längerer Zeit eindeutig in die Richtung der Unabhängigkeit der Staatsanwaltschaft bzw. einer *Beschränkung der Weisungsmöglichkeiten übergeordneter Behörden* (vgl. RIKLIN/SCHÜRMANN/PETER, S. 156). Insbesondere wird die einzelfallbezogene Weisungsgewalt als unzulässig erachtet. Ausdruck dieser Tendenz ist u.a. die Einschränkung der ursprünglichen Weisungsgewalt des zürcherischen Regierungsrates anlässlich der Aufhebung der §§ 28 und 29 der zürcherischen StPO (vgl. § 115 N. 4). Zudem ist in diesem Zusammenhang auf die *Empfehlungen Rec (2000) 10 des Ministerkomitees des Europarates vom 6.10.2000* zur Rolle der Staatsanwaltschaft hinzuweisen; auch diese folgen dem Bestreben, die Unabhängigkeit der Staatsanwaltschaft zumindest in der Behandlung konkreter Fälle zu verstärken. Bedeutsam für die schweizerische Rechtsentwicklung ist heute vor allem Art. 4 Abs. 1 StPO, der bestimmt, dass die Strafbehörden im Bereiche der Rechtsanwendung unabhängig und nur dem Recht verpflichtet sind, nach Abs. 2 allerdings unter Vorbehalt der gesetzlichen Weisungsbefugnisse. Soweit solche Weisungsbefugnisse nicht in einem Gesetz ausdrücklich vorgesehen sind, geniesst also die Staatsanwaltschaft in ihrer Rechtsanwendung Unabhängigkeit, ohne dass es dazu einer weiteren gesetzlichen Vorschrift bedürfte (SCHMID, Gutachten Ziff. 2.3).

In diesem Zusammenhang ist daran zu erinnern, dass die *Staatsanwaltschaft des Bundes* nach langer politischer Debatte im Jahre 2010 einer verwaltungsexternen Aufsichtsbehörde unterstellt worden ist (Art. 23 ff. StBOG). Diese kann gegenüber der Bundesanwaltschaft generelle Weisungen über die Wahrnehmung ihrer Aufgaben erlassen. Ausgeschlossen sind hingegen Weisungen im Einzelfall betreffend Einleitung, Durchführung und Abschluss eines Verfahrens, die Vertretung der Anklage vor Gericht und die Ergreifung von Rechtsmitteln (Art. 29 Abs. 2 StBOG).

2. Zulässiger Umfang der Weisungsbefugnis übergeordneter Behörden

a) Interne Weisungsbefugnis

Unproblematisch sind zunächst die Weisungsbefugnisse *innerhalb hierarchisch geordneter Behörden* wie Polizei oder Staatsanwaltschaft. Die Weisungsbefugnis der *Staatsanwaltschaft gegenüber der Polizei* wird ausdrücklich in Art. 15 Abs. 2 StPO bestätigt. Ebenso unproblematisch ist etwa die Weisungsbefugnis der Oberstaatsanwaltschaft gegenüber den Staatsanwaltschaften (§ 116 GOG und § 6 lit. g VO über die Organisation der Oberstaatsanwaltschaft und die Staatsanwaltschaften vom 27.10.2004, LS 213.21; s. auch Vorbemerkungen zu §§ 86 ff. N. 22 f.).

b) Externe Weisungsbefugnis

Problematischer sind die Weisungsbefugnisse von externen Aufsichtsbehörden, namentlich der Exekutive (oder Teilen derselben). Wie bereits erwähnt entspricht es heutzutage gefestigter Auffassung, dass die Möglichkeiten der Aufsichtsbehörde, der Staatsanwaltschaft Weisungen zu erteilen, *jedenfalls zu beschränken sind.* Gelegentlich wird die Ansicht vertreten, die Staatsanwaltschaften müssten abgesehen von administrativen Belangen sogar völlige Unabhängigkeit geniessen. Eine derartige Unabhängigkeit ist aber nicht zwingend, und Art. 4 Abs. 1 StPO besagt denn auch lediglich, dass die Staatsanwaltschaften in der *Rechtsanwendung*, d.h. in der Bearbeitung konkreter Fälle, unabhängig sein müssen. In diesem Bereich dürfen sie daher keiner Weisungsgewalt der Aufsichtsbehörde unterstellt werden. Die Botschaft zur StPO bringt dies wie folgt zum Ausdruck: «*Die Bestimmung stellt klar, dass es um die Unabhängigkeit der Rechtsanwendung geht. Damit sind Eingriffe politischer Behörden in die konkrete Strafverfolgungstätigkeit der Staatsanwaltschaft unbedingt ausgeschlossen (...)*» (BBl 2006 S. 1129).

Abgesehen von der Behandlung der einzelnen anstehenden Fälle ist hingegen anerkannt, dass die Aufsichtsbehörde – insbesondere auch die Exekutive in dieser Funktion – in allgemeinen Fragen und mit der notwendigen Zurückhaltung der Staatsanwaltschaft Weisungen erteilen darf, soweit dafür eine gesetzliche Basis vorhanden ist. Dies folgt daraus, dass die Staatsanwaltschaft insbesondere im Lichte des Staatsanwaltschaftsmodells teilweise «*verlängerter Arm*» der Exekutive ist, der in allgemeiner Weise die *Verbrechensbekämpfung obliegt und die damit auch Einfluss auf die Kriminalpolitik zu nehmen, ja diese letztlich zu definieren hat.* Die Exekutive ist dafür insoweit verantwortlich, als sie zusammen mit der Legislative die für die Verbrechensbekämpfung und damit auch die Dotierung der Strafverfolgungsbehörden erforderlichen finanziellen bzw. persönlichen Mittel bereitzustellen hat. Es herrscht insoweit Einigkeit darüber, dass es – bei Unterstellung der Staatsanwaltschaft unter die Exekutive – der Letzteren zusteht, den Strafverfolgungsbehörden *kriminalpolitische Ziele* und dabei zu beachtende Prioritäten (Schwerpunkte; s. auch § 115 Abs. 2) vorzugeben (zum Vorstehenden SCHMID, Gutachten Ziff. 2.4.2 f.).

III. Zur Abgrenzung der Aufsichtsbeschwerde von der strafprozessualen Beschwerde

8 Die Aufsichtsbeschwerde ist das Korrelat zur Weisungsgewalt der Aufsichtsbehörde; sie dient dem Bürger dazu, die übergeordnete Behörde zu veranlassen, von ihrer Aufsichts- und Disziplinargewalt gegenüber der ihr unterstellten Behörde Gebrauch zu machen, also *gegen Missstände im weiteren Sinn* (Verletzung von Amtspflichten, vgl. § 82) *einzuschreiten*. Dabei können sich (wie schon bisher) heikle Abgrenzungsfragen zwischen der Aufsichtsbeschwerde (auch Disziplinarbeschwerde) und dem Rechtsmittel der (in der StPO abschliessend geregelten) strafprozessualen Beschwerde, insbesondere gegen Rechtsverweigerung und Rechtsverzögerung (Art. 393 Abs. 2 lit. a StPO) ergeben. Es wird denn auch die Auffassung vertreten, dass die strafprozessuale Beschwerde hier die Funktion einer Aufsichtsbeschwerde übernimmt bzw. diese in einem beachtlichen Ausmass verdrängt (SCHMID, Gutachten Ziff. 2.5 m.H. auf den Begleitbericht zum VE StPO; vgl. auch WOSTA Ziff. 7.2 Fn. 72).

9 Bei der Aufsichtsbeschwerde handelt es sich *nicht um ein Rechtsmittel* im technischen Sinn, sondern um einen *Rechtsbehelf*. Demgegenüber dient das Rechtsmittel der Beschwerde im Sinne von Art. 393 ff. StPO der Korrektur einerseits fehlerhafter, andererseits unterlassener, verweigerter oder verzögerter Verfahrenshandlungen im Einzelfall (vgl. SCHMID, Handbuch, N. 1500). Wegen der abschliessenden Aufzählung der Beschwerdegründe in der StPO bzw. dem Vorrang des Bundesrechts können aber der Beschwerde entzogene Fragen (insbesondere Ablehnung von Beweisanträgen, Art. 394 lit. b StPO) auch nicht auf dem Umweg über die kantonalrechtliche Aufsichtsbeschwerde einer Überprüfung zugänglich gemacht werden (KELLER, in: Donatsch/Hansjakob/Lieber, StPO Komm., Art. 393 N 4).

10 Sodann greift die Regelungskompetenz nach Art. 14 Abs. 5 StPO mit Bezug auf die eigentliche *Disziplinarbeschwerde*, wenn z.B. einem Amtsträger beleidigendes oder unbotmässiges Verhalten in persönlicher Hinsicht vorgeworfen wird, also eine Verhaltensweise, die nicht in unmittelbarem Zusammenhang mit der Verfahrensführung steht, ferner etwa bei Missachtung von Weisungen der Beschwerdeinstanz nach Art. 397 Abs. 4 StPO.

11 Angesichts des weiten Anwendungsbereiches von Art. 393 ff. StPO *geht die Beschwerde grundsätzlich vor*, d.h. ist die Aufsichtsbeschwerde nur subsidiärer Natur (SCHMID, Handbuch, N. 1501; DERSELBE, Praxiskommentar, Art. 393 N. 4). Unberührt vom kantonalen Aufsichtsverfahren bleibt die Geltendmachung von Ausstandsgründen, die sich abschliessend nach Art. 56 ff. StPO richtet (zum Ganzen auch vorn § 50 N. 10 und § 82 N. 11).

12 Vgl. zu Grundlagen und Begriff der Aufsichtsbeschwerde sowie zu deren Abgrenzung von den Rechtsmitteln auch § 82 N. 4, 7 ff.

§ 115 Aufsicht über die Oberstaatsanwaltschaft und die Oberjugendanwaltschaft

¹ Die Oberstaatsanwaltschaft und die Oberjugendanwaltschaft stehen unter der Aufsicht der für das Justizwesen zuständigen Direktion.

² Der Regierungsrat kann für die Oberstaatsanwaltschaft, die Oberjugendanwaltschaft und die Polizei Schwerpunkte der Strafverfolgung festlegen.

³ Der Regierungsrat und die Direktion können der Oberstaatsanwaltschaft und der Oberjugendanwaltschaft die Weisung erteilen, eine Strafverfolgung an die Hand zu nehmen, nicht aber sie zu unterlassen.

Literatur

G. ALBERTINI/P. RÜEGGER, Zur Zusammenarbeit von Polizei und Staatsanwaltschaft, fp 2010, S. 360 ff.;
H. USTER, Polizei und Staatsanwaltschaft im Vorverfahren – Schnittstelle oder Nahtstelle?, fp 2010, S. 353 ff.

Inhaltsübersicht   N.

I.   Die Direktion der Justiz und des Inneren als Aufsichtsbehörde über Oberstaatsanwaltschaft und Oberjugendanwaltschaft (Abs. 1) 1
II. Schwerpunktbildung in der Strafverfolgung und Weisungsbefugnis von Regierungsrat und Justizdirektion (Abs. 2 und 3) 3
   1. Bisherige Rechtslage 3
   2. Schwerpunktbildung 5
      a. Allgemein 5
      b. Praxis des Regierungsrates 6
   3. Weisungsbefugnis von Regierungsrat und Justizdirektion 9
   4. Unzulässige Weisungen 12

I. Die Direktion der Justiz und des Innern als Aufsichtsbehörde über Oberstaatsanwaltschaft und Oberjugendanwaltschaft (Abs. 1)

Aufsichtsbehörde über die Oberstaatsanwaltschaft und die Oberjugendanwaltschaft ist in Übereinstimmung mit § 59 der VO über die Organisation des Regierungsrates und der kantonalen Verwaltung vom 18.7.2007 (LS 172.11, vgl. auch Anhang 2 Ziff. 1.1b) heute die *Direktion der Justiz und des Innern*. 1

Schon bisher standen die Oberstaatsanwaltschaft (ehemals Staatsanwaltschaft) und die Oberjugendanwaltschaft (ehemals Jugendstaatsanwaltschaft) unter der Aufsicht der Direktion der Justiz und des Innern (ursprünglich Justizdirektion) und unter der Oberaufsicht des Regierungsrates (§§ 91, 93 Abs. 3 GVG bzw. § 111 GVG [1911]). Zum Verhältnis zwischen Aufsichtsbeschwerde und dem Rechtsmittel der strafprozessualen Beschwerde s. Vorbemerkungen zu §§ 115 ff., N. 8 ff. Nach geltendem Recht ist aus- 2 schliessliche Beschwerdeinstanz in allen der StPO und JStPO unterliegenden Fragen das Obergericht (§ 49 GOG); der Direktion kommen insoweit keine Kompetenzen mehr zu (zur früheren Rechtslage vgl. HAUSER/SCHWERI, GVG, § 91 N. 5 ff.). Direktion und Regierungsrat nehmen hingegen im Rahmen ihrer aufsichtsrechtlichen Kompetenz weiterhin die hier vorgesehenen Funktionen wahr.

II. Schwerpunktbildung in der Strafverfolgung und Weisungsbefugnis von Regierungsrat und Justizdirektion (Abs. 2 und 3)

1. Bisherige Rechtslage

3   Wie bereits erwähnt, übt der Regierungsrat die Oberaufsicht über die gesamte Verwaltung aus (Art. 70 Abs. 1 KV; § 8 G vom 6.6.2005 über die Organisation des Regierungsrates und der kantonalen Verwaltung; OG RR, LS 172.1). Nach § 28 StPO (ZH) in der Fassung vom 4.5.1919 waren der Regierungsrat bzw. die Justizdirektion bei Einleitung von Strafprozessen mit politischer Bedeutung zu informieren und konnten der (damaligen) Staatsanwaltschaft (heute: Oberstaatsanwaltschaft) Weisungen und Aufträge erteilen. Schon damals war jedoch darauf zu achten, dass das Strafverfahren nicht von politischen Erwägungen berührt wurde; Weisungen galten als ausgeschlossen, wo sie dem Gebot der Justizförmigkeit zuwiderliefen, d.h., wo sie die staatliche Verfolgungspflicht missachteten, das Erfordernis der Erforschung der materiellen Wahrheit verletzten oder auf politischen Zweckmässigkeitsüberlegungen beruhten (vgl. DONATSCH/SCHMID, StPO, § 27 N. 2 ff.). *Praktisch* spielte das Weisungsrecht von Regierungsrat und Justizdirektion in der jüngeren und jüngsten Vergangenheit allerdings *keine Rolle mehr* (DONATSCH/SCHMID, StPO, § 28 N. 2). Auch von dem in § 29 StPO (ZH) formell verankerten Einflussrecht der Exekutive bei Prozessen mit politischer Bedeutung wurde bereits seit Jahrzehnten kein Gebrauch mehr gemacht, sodass die Staatsanwaltschaft in der praktischen Tätigkeit faktisch unabhängig war (DONATSCH/SCHMID, StPO, § 29 N. 1 und 2; vgl. auch RIKLIN/SCHÜRMANN/PETER, S. 154).

4   Mit der Revision der zürcherischen StPO vom 27. Januar 2003 wurden die «mit den Grundsätzen einer unabhängigen Justiz in Widerspruch stehenden» (ABl 2001 S. 590) §§ 28 und 29 StPO (ZH) auf den 1.1.2005 formell *aufgehoben*; gleichzeitig wurde § 91 GVG um die Absätze 2 und 3 ergänzt, welche (vermehrt um den Hinweis auf die Oberjugendanwaltschaft) wörtlich den vorliegenden Absätzen 2 und 3 entsprechen.

2. Schwerpunktbildung

a) Allgemein

5   Auch nach Abschaffung des allgemeinen Weisungsrechts ist der Regierungsrat berechtigt, für die Oberstaatsanwaltschaft, die Oberjugendanwaltschaft und die Polizei Schwerpunkte der Strafverfolgung zu bestimmen (Abs. 2; zum Mitwirkungsrecht der Oberstaatsanwaltschaft § 5 lit. a der VO vom 27.10.2004 über die Organisation der Oberstaatsanwaltschaft und der Staatsanwaltschaften, LS 213.21). Solche kriminalpolitische

Vorgaben sollen zunächst zu einer verbesserten Zusammenarbeit zwischen Polizei und Untersuchungsbehörden beitragen (Antrag RR vom 4.4.2001, ABl 2001, S. 590); es geht dabei ausdrücklich um Schwerpunkte und nicht um konkrete Vorgaben, wonach gewisse Delikte überhaupt nicht oder umgekehrt in jedem Fall zu verfolgen sind. Ziel der Schwerpunktbildung ist es im Weiteren, die beschränkten zur Verfügung stehenden Ressourcen dort für die Bekämpfung und Ahndung von Straftaten zu bündeln und einzusetzen, wo es angesichts der Kriminalitätsentwicklung und dem Sicherheitsbedürfnis der Bevölkerung am vordringlichsten erscheint. Schwerpunktbildung kann auch darin bestehen, dass hinsichtlich bestimmter Deliktskategorien (z.B. Krawalldelikte, Hooliganismus usw.) eine *beschleunigte Führung* der Verfahren vorgegeben wird (DONATSCH/WEDER/HÜRLIMANN, Die Revision des Zürcher Strafverfahrensrechts vom 27. Januar 2003, Zürich 2005, S. 38 f.), was nicht mit den Grundsätzen einer unabhängigen Justiz in Widerspruch steht (vgl. BGE 107 Ia 253 E. 3c).

b) **Praxis des Regierungsrates**

Der Regierungsrat erachtete mit Beschluss im Jahre 2009 die Festlegung von kriminalpolitischen Schwerpunkten als sinnvoll, wenn die folgenden Voraussetzungen gegeben sind (RRB Nr. 1068/2009 vom 1.7.2009, lit. E):

– Es handelt sich um eine neue Aufgabe oder um eine Aufgabe, die auf neuen Wegen angegangen oder (erstmals) konsolidiert werden soll;
– es handelt sich um eine Aufgabe, für deren Bewältigung in der Regel eine enge Zusammenarbeit zwischen Polizei und Untersuchungsbehörden sowie allenfalls weiteren Stellen unabdingbar erscheint;
– für die Bewältigung der neuen Aufgaben ist das Bereitstellen zusätzlicher Mittel notwendig. Bestehende Schwerpunkte weiterzuführen ist dann sinnvoll, wenn diese zu modifizieren sind oder noch nicht die gewünschte Wirkung erzielt werden konnte.

Bisherige Schwerpunkte sind dagegen, wenn möglich, nicht mehr als solche weiterzuführen, auch wenn der entsprechende Bereich als wichtige Aufgabe mit unvermindertem Engagement professionell fortgeführt wird. Einen Schwerpunkt nicht mehr aufzuführen bedeutet demnach, dass das, was bisher unter dem Gesichtspunkt der Schwerpunktbildung erreicht wurde, künftig als «courant normal» weitergeführt wird.

Gemäss dem genannten RRB Nr. 1068/2009 hat der Regierungsrat (hier noch gestützt auf § 91 Abs. 3 GVG) die *Schwerpunkte der Strafverfolgung für die Jahre 2009–2012* auf die Bereiche Wirtschaftskriminalität, Vermögenseinziehung, Urbane Kriminalität (d.h. Kampf gegen Verslummung zufolge Gewaltdelikten, Drogendelikten, Menschenhandel, Prostitution, Verstössen gegen das Ausländergesetz, alles mit dem Ziel der Erhaltung und Rückgewinnung von Lebensqualität für die betroffene städtische Bevölkerung), Internetkriminalität und Jugendgewalt gelegt. Bereits seit dem Jahre 2007 läuft sodann ein Projekt zur Bekämpfung des Sozialversicherungsbetruges. Gegenüber der vorangehenden Periode 2006–2009 wurden die Schwerpunkte Betäubungsmittelkriminalität, Auswüchse im Strassenverkehr, Einbruchskriminalität und Hooliganismus nicht als solche weitergeführt.

3. Weisungsbefugnis von Regierungsrat und Justizdirektion

9 Heikler als die Schwerpunktbildung der Exekutive ist die Weisungsbefugnis von Regierungsrat bzw. Justizdirektion gegenüber Oberstaatsanwaltschaft und Oberjugendanwaltschaft gemäss Abs. 3, soweit es dabei nicht um bloss administrative Belange (Justizverwaltung) geht. Rechtsdogmatisch qualifiziert sich die hier verankerte Weisungsbefugnis der politischen Behörden als *externes Weisungsrecht* (zum *internen* Weisungsrecht der Staatsanwaltschaft § 116; vgl. auch Vorbemerkungen vor §§ 115 f. N. 5).

10 Ein solches Weisungsrecht der Exekutive gegenüber den (obersten) Strafverfolgungsbehörden bedarf unter dem Aspekt der Gewaltenteilung bzw. der Unabhängigkeit (Art. 4 StPO) und des Legalitätsprinzips (Art. 7 StPO) in jedem Fall der Einschränkung bzw. Konkretisierung. Eine Einschränkung nimmt das Gesetz (in Übereinstimmung mit dem bisherigen § 91 Abs. 2 GVG) dadurch vor, dass lediglich eine «positive» Weisungsbefugnis besteht, wonach die vorgesetzte Behörde anordnen kann, dass eine bestimmte Strafverfolgung an die Hand zu nehmen ist. Unzulässig ist demgegenüber jegliche Einflussnahme in dem Sinne, dass eine Strafverfolgung im konkreten Fall zu *unterlassen* sei (Niederschlagung eines Verfahrens).

11 Immerhin stösst auch die solchermassen beschränkte Weisungsbefugnis der Exekutive teilweise auf Kritik. Zu denken ist in erster Linie an die *quasirichterlichen Funktionen der Staatsanwaltschaft beim Erlass von Strafbefehlen nach Art. 352 StPO* (WOHLERS, in: Donatsch/Hansjakob/Lieber, StPO Komm., Art. 4 N. 25 f.; BSK StPO-RIKLIN, vor Art. 352 N. 4 f.). Ferner kann die Unterstellung der Staatsanwaltschaft unter die Weisungsbefugnis des Justizministeriums gegen das Gebot der richterlichen Unabhängigkeit im Sinne von Art. 5 Ziff. 3 EMRK (haftanordnende Behörde) verstossen (Urteil des EGMR vom 23.11.2010 in Sachen *Moulin c./Frankreich*, Nr. 37104/06), was hier allerdings angesichts der ausschliesslichen Zuständigkeit des Zwangsmassnahmengerichts zur Anordnung von Untersuchungshaft obsolet ist.

4. Unzulässige Weisungen

12 Weisungen der Exekutive, die klar verfassungs- oder gesetzeswidrig sind, kommt keine Bindungswirkung zu; solche Weisungen dürfen nicht befolgt werden (WOHLERS, in: Donatsch/Hansjakob/Lieber, StPO Komm., Art. 4 N. 26; HAUSER/SCHWERI/HARTMANN, Schweizerisches Strafprozessrecht, § 26.14). Unzulässig und unbeachtlich wären auch Weisungen, welche die Art der Führung einzelner Verfahren und namentlich deren materiellen Abschluss zum Gegenstand haben; anders die konkrete Weisung, ein Verfahren innert einer bestimmten Frist abzuschliessen (s. N. SCHMID, Möglichkeiten und Grenzen der Kantone bei der Organisation ihrer Strafbehörden nach der künftigen Schweizerischen Strafprozessordnung, ZStrR 2007, S. 703).

§ 116 *Aufsicht über die Staatsanwälte und Jugendanwälte*

¹ Die Staatsanwältinnen und -anwälte stehen unter der Aufsicht einer Leitenden Staatsanwältin oder eines Leitenden Staatsanwaltes.

² Die Leitenden Staatsanwältinnen und -anwälte stehen unter der Aufsicht der Oberstaatsanwaltschaft.

³ Die Jugendanwältinnen und -anwälte stehen unter der Aufsicht der Oberjugendanwaltschaft.

Inhaltsübersicht	N.
I. Allgemein	1
II. Aufsichtsbeschwerde	5

I. Allgemein

Die Bestimmung fasst die bisher in den §§ 86 und 93 Abs. 1, erster Satz GVG enthaltenen Regelungen zusammen. Abs. 1 wird sodann in § 11 der VO vom 27.10.2004 über die Organisation der Oberstaatsanwaltschaft und der Staatsanwaltschaften (LS 213.21) wiederholt. 1

Zum (internen) Weisungsrecht siehe Vorbemerkungen vor §§ 115 f., N. 5. 2

Zwar sind die Strafverfolgungsbehörden nach Art. 4 Abs. 1 StPO ebenso wie die Gerichte unabhängig und allein dem Recht verpflichtet; umgekehrt sind sie (anders als die Gerichte) staatsorganisatorisch betrachtet und als hierarchisch strukturierte Verwaltungseinheiten *Teil der Exekutive*. Aus dieser Struktur folgt, dass der einzelne Amtsträger keine richterliche Unabhängigkeit geniesst, sondern einem Weisungsrecht unterliegt. Dieses umfasst nebst der Befugnis zum Erlass generell-abstrakter Dienstanweisungen *auch die Kompetenz zur Weisung bezüglich der Behandlung konkreter Einzelfälle*; dabei müssen sich aber derartige Weisungen an die Rechtsordnung halten (z.B. Weisung zur prioritären Behandlung eines Falls; s. auch § 19 der VO über die Organisation der Oberstaatsanwaltschaft und der Staatsanwaltschaften vom 27.10.2004, LS 213.21). Bestehen Zweifel an der Rechtmässigkeit der Weisung, hat der untergeordnete Staatsanwalt dem weisungserteilenden Vorgesetzten seine Bedenken mitzuteilen (zum Ganzen auch WOHLERS, in: Donatsch/Hansjakob/Lieber, StPO Komm., Art. 4 N. 17 ff.). 3

Betreffend unzulässige Weisungen siehe § 115 N. 10. 4

II. Aufsichtsbeschwerde

Über Aufsichtsbeschwerde gegen Staatsanwälte entscheidet die Leitung der Staatsanwaltschaft; ebenso bei Aufsichtsbeschwerden gegen übrige Mitarbeitende der Staats- 5

§ 116

anwaltschaft (WOSTA Ziff. 7.2). Aufsichtsbeschwerden gegen Angehörige der Polizei sind durch die zuständigen Instanzen der Polizei zu behandeln.

6 Für Aufsichtsbeschwerden gegen die Leitung einer Staatsanwaltschaft ist die Oberstaatsanwaltschaft zuständig.

6. Teil
Verfahrensbestimmungen

Vorbemerkungen zu §§ 117 ff.

Inhaltsübersicht	N.
I. Abschliessende Regelung des Zivil- und Strafverfahrens durch die eidgenössische ZPO und StPO/JStPO	1
II. Nicht mehr der kantonalen Gesetzgebungskompetenz unterliegende Bereiche aus dem GVG	3

I. Abschliessende Regelung des Zivil- und Strafverfahrens durch die eidgenössische ZPO und StPO/JStPO

Gemäss Art. 122 Abs. 1 und 123 Abs. 1 BV ist die Gesetzgebung auf dem Gebiet des Zivilprozessrechts und des Strafprozessrechts seit dem 1.4.2003 bzw. 1.1.2007 Sache des Bundes. Mit dem Erlass der neuen Prozessgesetze (ZPO und StPO/JStPO) hat der Bundesgesetzgeber von dieser Kompetenz *umfassend Gebrauch* gemacht. Damit sind grundsätzlich seit dem Inkrafttreten dieser Gesetze das Zivil- und das Strafverfahrensrecht abschliessend durch Bundesrecht geregelt (Kodifikationsprinzip). Vorbehalten bleiben den Kantonen nach Art. 122 Abs. 2 und 123 Abs. 2 BV (bzw. Art. 3 ZPO und Art. 14 StPO) die Gerichts- und die Behördenorganisation, soweit das Gesetz nichts anderes vorsieht.

Aus dem Gesagten folgt, dass abweichende (Art. 49 Abs. 1 BV) oder ergänzende kantonale Regelungen in den von der ZPO und der StPO/JStPO erfassten Bereichen unzulässig bzw. nichtig sind, es sei denn, der Bundesgesetzgeber habe seine Gesetzgebungskompetenz in einzelnen Bereichen bewusst nicht ausgeschöpft und die Kantone insoweit zur Gesetzgebung ermächtigt (sog. echter Vorbehalt; vgl. BSK ZPO-Karlen, Art. 122 BV N. 9). Hingegen sind allfällige Lücken, Unklarheiten oder Widersprüche in den eidgenössischen Prozessgesetzen auch nach der vom Regierungsrat zu Recht vertretenen Auffassung *nicht auf dem Weg kantonaler Legiferierung*, sondern gegebenenfalls durch die (kantonale und bundesgerichtliche) *Gerichtspraxis* zu füllen bzw. zu klären (W.RR S. 72). Bei der Lückenfüllung dürfte auch in Betracht fallen, dass die StPO in manchen Bereichen eine grössere Regelungsdichte als die ZPO aufweist und insofern eine Orientierungshilfe für die Auslegung der ZPO darstellen kann.

II. Nicht mehr der kantonalen Gesetzgebungskompetenz unterliegende Bereiche aus dem GVG

In diesem Zusammenhang ist festzuhalten, dass insbesondere diejenigen Bereiche, die bisher im V. Abschnitt des GVG (§§ 121 ff.) geregelten waren, grundsätzlich nicht mehr der kantonalen Gesetzgebungshoheit unterliegen. Dies sind die Bestimmungen über die Verfahrensleitung (dazu Vorbemerkungen zu §§ 126 ff. N. 1 ff.) und den Sitzungsbetrieb, die Protokollierung (vorbehältlich § 153 GOG), die Form und den Inhalt der Entscheide sowie deren Mitteilung (vorbehältlich §§ 121 und 135 f. GOG), die Akten (vorbehältlich § 130 GOG), die Vorladungen sowie die Fristen (vorbehältlich § 122 GOG). Ferner entfällt der bisherige III. Abschnitt des GVG betreffend Ausstand der Justizbeamten, nachdem heute die Art. 47 ff. ZPO und Art. 56 ff. StPO diese Materie regeln (dazu immerhin §§ 117 und 127 GOG). Sodann verbleibt nach dem Gesagten dem kantonalen Gesetzgeber in einzelnen Bereichen des Verfahrensrechts eine Restkompetenz, soweit der eidgenössische Gesetzgeber einen entsprechenden Vorbehalt angebracht hat (vorn N. 2).

4   Vgl. zu einigen zivilprozessualen Sonderfragen Vorbemerkungen zu §§ 126 ff.

1. Abschnitt: Gemeinsame Bestimmungen

§ 117 *Ausserordentliche Stellvertretung bei Ausstand*

Die Aufsichtsbehörde bezeichnet ausserordentliche Stellvertreterinnen oder Stellvertreter oder überweist die Streitsache einem anderen Gericht gleicher sachlicher und funktionaler Zuständigkeit, wenn infolge Ausstands
a. ein Gericht auch durch den Beizug von Ersatzmitgliedern nicht besetzt werden kann, oder
b. der Beizug von Ersatzmitgliedern nicht angebracht ist.

Inhaltsübersicht   N.
I.   Regelungsbedarf   1
II. Gesetzliche Regelung im Einzelnen   2
     1. Zuständigkeit der Aufsichtsbehörde   2
     2. Bezeichnung von Stellvertretern bzw. Überweisung an ein anderes Gericht
        gleicher Zuständigkeit   5
     3. Anwendungsfälle   7
     4. Rechtsmittel   9

I. Regelungsbedarf

1   Die Art. 47 ff. ZPO und Art. 56 ff. StPO regeln den Ausstand von Gerichtspersonen im Zivil- und Strafverfahren. Beide Prozessordnungen enthalten jedoch keine Bestimmungen darüber, wie vorzugehen ist, wenn infolge Ausstands ein Gericht auch durch den Beizug von Ersatzmitgliedern nicht mehr besetzt werden kann. Es liesse sich die Auffassung vertreten, dass es sich dabei um einen (vom Bundesgesetzgeber zu regelnden) Teil des Ausstandsverfahrens handelt. Im Strafprozess spricht für diese Betrachtungsweise namentlich, dass die StPO jedenfalls im Ansatz eine Regelung enthält: Art. 38 Abs. 2 StPO bestimmt, dass zur Wahrung der Verfahrensrechte einer Partei die *kantonale Beschwerdeinstanz* auf Antrag oder von Amtes wegen die Beurteilung einer Sache in Abweichung von den Gerichtsstandsvorschriften *einem anderen sachlich zuständigen erstinstanzlichem Gericht im Kanton überweisen* könne; dabei handelt es sich der Sache nach um eine Regelung der Folgen des Ausstands (FINGERHUTH/LIEBER, in Donatsch/Hansjakob/Lieber, StPO Komm., Art. 38 N. 10; ähnlich BSK StPO-MOSER, Art. 38 N. 16). Der kantonale Gesetzgeber geht demgegenüber davon aus, dass es sich um eine Frage der Gerichtsorganisation handelt, zu deren Regelung er zuständig sei.

II. Gesetzliche Regelung im Einzelnen

1. Zuständigkeit der Aufsichtsbehörde

Die Bestimmung übernimmt im Wesentlichen den bisherigen § 103 GVG und weist die Zuständigkeit zur Bezeichnung der ausserordentlichen Stellvertretung der Aufsichtsbehörde zu.

Aufsichtsbehörde ist, soweit es um die hier angesprochenen *gerichtlichen* Instanzen geht:
- *das Bezirksgericht* über die Friedensrichterämter (zur ordentlichen Stellvertretung der Friedensrichter § 55) sowie über die Paritätischen Schlichtungsbehörden in Miet- und Pachtsachen (§ 81 GOG),
- *das Obergericht* über seine Kammern und das Handelsgericht, über die ihm unterstellten Gerichte, d.h. die Bezirksgerichte, sowie über die Paritätische Schlichtungsbehörde für Streitigkeiten nach dem Gleichstellungsgesetz (§ 80 GOG), innerhalb des Obergerichts dessen VK (§ 18 lit. k Ziff. 1 VOG, LS 212.51).

Ausstandsbegehren gegen die *Staatsanwaltschaft* und die Übertretungsstrafbehörde behandelt die Beschwerdeinstanz, d.h. das Obergericht (Art. 59 Abs. 1 lit. b StPO); zum Verfahren bei der Staatsanwaltschaft, wenn die Polizei betroffen ist (Art. 59 Abs. 1 lit. a StPO), vgl. WOSTA Ziff. 7.1.

2. Bezeichnung von Stellvertretern bzw. Überweisung an ein anderes Gericht gleicher Zuständigkeit

Das Gesetz differenziert zwischen Bezeichnung eines ausserordentlichen Stellvertreters und Überweisung an ein anderes Gericht gleicher Zuständigkeit. Die Bezeichnung eines ausserordentlichen Stellvertreters kommt im Falle des Ausstands des Einzelgerichts an einem Bezirksgericht infrage. Überweisung an ein anderes Gericht gleicher sachlicher und funktioneller Zuständigkeit ist aktuell, wenn ein Ausstandsgrund hinsichtlich sämtlicher Mitglieder und Ersatzmitglieder eines Bezirksgerichts geltend gemacht wird bzw. gegeben ist.

Zur analogen Anwendung von § 117 GOG auf die Aufsichtskommission über die Rechtsanwälte vgl. ZR 44 Nr. 12.

3. Anwendungsfälle

Nach § 117 GOG ist gemäss lit. a dann vorzugehen, wenn das abgelehnte Gericht auch durch den Beizug seiner Ersatzmitglieder (§§ 11, 35 GOG) nicht mehr ordnungsgemäss besetzt werden kann, d.h., wenn sich kein Spruchkörper mehr bilden lässt und das Gericht damit entscheidungsunfähig ist. Dies kann nach ständiger Praxis der VK des Obergerichts namentlich dann zutreffen, wenn wegen der Verfahrensbeteiligung von Amtsträgern, die gemäss § 81 GOG der Aufsicht der Bezirksgerichte unterstellt sind, die Gefahr des Anscheins von Befangenheit sowohl aus dem Blickwinkel des beteiligten Amtsträgers als auch aus Sicht der Öffentlichkeit besteht. Die Voraussetzungen von § 117 sind jedoch nicht erfüllt, wenn noch genügend ordentliche (nicht in die Aufsichtstätigkeit eingebundene) Ersatzmitglieder zur Bildung eines Spruchkörpers einberufen werden können.

8   Ausserordentliche Stellvertretung ist nach lit. b auch dann vorgesehen, wenn der Beizug von Ersatzmitgliedern «nicht angebracht» ist. Das Gesetz und die Materialien schweigen sich zur Bedeutung dieser Variante aus; inhaltlich lehnt sich die Formulierung an diejenige von § 103 GVG («oder ist dieser Zuzug nicht tunlich») an. Der Anwendungsbereich dieser Variante hält sich jedenfalls in engen Grenzen, da ein Abweichen von der gesetzlichen Zuständigkeitsordnung ausserhalb des Bereichs der Ablehnung kaum als zulässig erscheint (vgl. dazu auch vorn § 11 N. 4).

4. Rechtsmittel

9   Die Bezeichnung eines ausserordentlichen Stellvertreters oder die Überweisung an ein anderes Gericht stellt einen Akt der Justizverwaltung dar. Dagegen ist Beschwerde bei der Verwaltungskommission des Obergerichts (gegen Entscheide der Bezirksgerichte; § 18 lit. a VOG) bzw. bei der Rekurskommission des Obergerichts (gegen Entscheide der Verwaltungskommission des Obergerichts; § 19 VOG) zulässig.

Direkter Datenzugriff

Vorbemerkungen zu §§ 118 ff.

Inhaltsübersicht   N.

I.   Direkter elektronischer Datenzugriff von Gerichten und Strafverfolgungsbehörden 1
     1. Ziel des direkten Datenzugriffs 1
     2. Online-Zugriff bzw. Abrufverfahren 2
II. Bisherige Regelung 5
     1. Daten der Einwohnerkontrolle 5
     2. Daten der Steuerämter 6
III. Vorgaben gemäss eidgenössischem Prozessrecht 7
IV. Gesetzliche Regelung 9
     1. Personendaten 10
     2. Steuerdaten 11
V.   Auskunfterteilung durch Sozialhilfeorgane 12

I. Direkter elektronischer Datenzugriff von Gerichten und Strafverfolgungsbehörden

1. Ziel des direkten Datenzugriffs

1   Das Ziel des direkten Datenzugriffs besteht darin, Strafverfolgungsbehörden und Gerichten *im Interesse einer effizienten Verfahrensabwicklung* den unmittelbare elektronische Zugriff auf bestimmte Datenbanken kommunaler Amtsstellen zu ermöglichen bzw. zu erleichtern. Insbesondere geht es darum, die Erhebung der *Personalien* der an einem Verfahren beteiligten Parteien sowie allfällige Abklärungen der *Einkommens- und Vermögensverhältnisse* effizienter zu gestalten. Dafür bedarf es einer gesetzlichen Grundlage,

wobei diese aber keine Verpflichtung der Gemeinden begründet, entsprechende Informatiksysteme bereitzustellen (W.RR S. 134).

2. Online-Zugriff bzw. Abrufverfahren

Beim direkten Datenzugriff geht es um die Einrichtung von Online-Zugriffen auf Daten eines anderen öffentlichen Organs. Datenschutzrechtlich handelt es sich bei dieser Art von Datenbekanntgabe um ein «Abrufverfahren» (vgl. Art. 19 Abs. 3 BG über den Datenschutz, SR 235.1). Konkret geht es um ein *automatisiertes Verfahren,* welches es einem Dritten ermöglicht, über die Daten ohne Intervention des bekanntgebenden Organs zu verfügen. Die Bekanntgabe erfolgt, sobald der Empfänger in die Daten Einsicht nimmt oder sie abruft. Das Informationsbegehren muss somit nicht begründet werden und das bekanntgebende Organ untersucht die Zulässigkeit der Bekanntgabe nicht in jedem Fall, sondern allenfalls stichprobenweise im Nachhinein. Das bekanntgebende und gleichzeitig als Dateninhaber für den Datenschutz verantwortliche Organ verliert damit die Herrschaft über die Bekanntgabe im Rahmen der eingeräumten Zugriffsrechte. Eine fallweise Beurteilung der Notwendigkeit des Datenbezugs entfällt bzw. muss im Voraus im Rahmen des Verfahrens der Einräumung der Zugriffsrechte erfolgen; ebenso wenig bleibt insoweit Raum für eine Interessenabwägung, die grundsätzlich einer Datenbekanntgabe vorauszugehen hat.

2

Beim automatisierten Abrufverfahren bestehen naturgemäss *erhöhte Risiken für Datenmissbrauch* in dem Sinne, dass auf nicht benötigte Daten zugegriffen wird oder dass neue Datensammlungen angelegt werden, die nicht dem ursprünglichen Erhebungszweck entsprechen. Da der Zugriff von aussen erfolgt, können sich ferner unbefugte Personen Zutritt verschaffen. Diesen Risiken hat der Gesetzgeber durch Prüfung der Notwendigkeit und Abwägung der gegenseitigen Interessen sowie organisatorische und technische Sicherheitsvorkehren Rechnung zu tragen. Abrufverfahren haben in diesem Sinn einen *Ausnahmecharakter.* Das kommt unter anderem darin zum Ausdruck, dass sie als Bearbeitung von Personendaten mit besonderen Risiken für die Rechte und Freiheiten der betroffenen Personen gelten, die gemäss Gesetz über die Information und den Datenschutz (IDG, LS 170.4) vor ihrer Einrichtung dem Datenschutzbeauftragten zur Prüfung zu unterbreiten sind (§ 10 IDG i.V.m. § 24 Abs. 1 lit. a Verordnung über die Information und den Datenschutz [IDV, LS 170.41]).

3

Die im aufgehobenen Datenschutzgesetz vom 6.6.1993 enthaltenen Vorschriften über die Bekanntgabe von Daten der Einwohnerkontrolle sind mit dem Inkrafttreten des IDG und der IDV am 1.10.2008 in das Gemeindegesetz übertragen worden. Dabei wurde zusätzlich die Möglichkeit geschaffen, einem öffentlichen Organ Zugriff auf die Registerdaten zu gewähren, sofern eine rechtliche Bestimmung dies vorsieht und Inhalt, Umfang und Modalitäten der Bekanntgabe regelt (§ 38a GG). Das Steuergesetz (StG, LS 631.1) erwähnt die Möglichkeit der Einrichtung eines Abrufverfahrens demgegenüber nicht ausdrücklich.

4

II. Bisherige Regelung

1. Daten der Einwohnerkontrolle

5   Gemäss § 157 lit. a Ziff. 3 GVG enthielten die Endentscheide in Zivilsachen die Bezeichnung der Parteien mit Namen oder Firma und Adresse, bei natürlichen Personen ferner mit Vornamen, Geburtsdatum, Heimatort und Beruf. Endentscheide in Strafsachen enthielten gemäss § 160 lit. a Ziff. 3 GVG bezüglich der Angeklagten unter anderem deren vollständige Personalien und Adresse, militärische Verhältnisse sowie gegebenenfalls Angaben über den Vormund oder Beistand. Die kantonale Strafprozessordnung gab den Strafuntersuchungsbehörden in § 34b (in Kraft gesetzt auf 1.1.2007) schon seit einigen Jahren die Möglichkeit, mittels Abrufverfahren auf bestimmte Daten der Einwohnerregister zuzugreifen. Die kantonale ZPO kannte keine entsprechende Regelung.

2. Daten der Steuerämter

6   Ein Interesse an der Information über Einkommens- und Vermögensverhältnisse von Prozessparteien besteht für die Zivilgerichte im Hinblick auf die Festsetzung der Gebühren in nicht streitigen Erbschaftssachen, für die Strafgerichte bei der Ermittlung der Grundlagen für die Bemessung eines Tagessatzes bei der Ausfällung von Geldstrafen. Gemäss Art. 34 Abs. 2 StGB bestimmt das Gericht eine Geldstrafe nach Tagessätzen, wobei es deren Höhe unter anderem nach den persönlichen und wirtschaftlichen Verhältnissen des Täters, namentlich nach Einkommen und Vermögen, bestimmt. Die Behörden des Bundes, der Kantone und der Gemeinden haben dabei nach Art. 34 Abs. 3 StGB die für die Bestimmung des Tagessatzes erforderlichen Auskünfte zu geben. Eine gesetzliche Bestimmung, wonach es den Gerichten gestattet gewesen wäre, direkt auf Daten von Gemeindesteuerämtern zuzugreifen, bestand jedoch bis anhin nicht.

III. Vorgaben gemäss eidgenössischem Prozessrecht

7   Nach Art. 81 Abs. 2 lit. c StPO enthalten Urteile und andere verfahrenserledigende Entscheide in Strafsachen eine genügende Bezeichnung der Parteien und ihrer Rechtsbeistände, und nach Art. 238 lit. c ZPO enthalten die Entscheide in Zivilsachen die Bezeichnung der Parteien und ihrer Vertretung.

8   Nach Art. 95 Abs. 1 StPO sind Personendaten grundsätzlich «bei der betroffenen Person oder für diese erkennbar» zu beschaffen. Darüber hinaus enthalten die eidgenössischen Prozessordnungen keine Bestimmungen über den elektronischen Datenzugriff. Dass ein solcher aber jedenfalls mit der StPO vereinbar ist, folgt indirekt aus Art. 95 Abs. 2 StPO, wonach ein Informationsanspruch der Parteien besteht, wenn die Beschaffung der Personendaten für die betreffende Person nicht erkennbar war, was beim direkten Datenzugriff der Fall ist. Sodann regeln die Art. 96–99 StPO Bekanntgabe und Verwendung, Auskunfterteilung, Berichtigung während hängiger Verfahren sowie Bearbeitung und Aufbewahrung von Personendaten nach Verfahrensabschluss.

IV. Gesetzliche Regelung

Bereits im Jahre 2006 war im Kantonsrat durch zwei Postulate die Schaffung der gesetzlichen Grundlagen für den direkten Datenzugriff im Rahmen von Zivil- und Strafverfahren angeregt worden, und zwar einerseits mit Bezug auf die kommunalen Personalmeldeämter, andererseits mit Bezug auf die kommunalen Steuerämter. Der Regierungsrat wies in seinem Bericht vom 9.12.2008 (ABl 2008, S. 2351 ff.) auf die damalige Rechtslage hin und gelangte zum Schluss, dass sich mit einem Abrufsverfahren mittel- bis langfristig der Aufwand der betroffenen Behörden werde vermindern lassen, weshalb er beabsichtige, das Anliegen der Postulanten im GOG aufzunehmen.

1. Personendaten

Im Einzelnen führt der Regierungsrat in seinem Bericht vom 9.12.2008 dazu Folgendes aus (ABl 2008, S. 2355 ff.):

«Im Rahmen des zum vorliegenden Postulat durchgeführten Vernehmlassungsverfahrens wurde die Einrichtung eines Abrufverfahrens zugunsten der Gerichte für die gesetzlich notwendigen Personendaten mehrheitlich gutgeheissen. Gemäss § 39 Abs. 1 des Gemeindegesetzes bilden Name, Vorname, Adresse und Datum von Zu- und Wegzug als im Einwohnerregister geführte Personendaten schon heute sozusagen Allgemeingut, sind sie doch – allerdings nur auf Einzelanfrage hin – schon einer Privatperson voraussetzungslos bekanntzugeben. Auch die Bekanntgabe von Zuzugs- und Wegzugsort, Geburtsdatum, Geschlecht, Zivilstand und Heimatort ist lediglich an ein berechtigtes Interesse gebunden. Es handelt sich jedenfalls nicht um besondere Personendaten nach der Definition des IDG, die erhöhten Schutzes bedürfen.

Als Beispiel für einen funktionierenden Online-Zugriff wird auf das Bezirksgericht Zürich hingewiesen, das monatlich rund 3600 Abfragen von Personenmeldeamtsdaten der Stadt Zürich vornimmt. Dabei handelt es sich um eine Teilnahme des Bezirksgerichts an einer Datenbank namens ALPHA, die von der Organisation und Informatik der Stadt Zürich (OIZ) betrieben wird und neben reinen Einwohnerkontrolldaten eine Vielzahl von Daten anderer Behörden wie z.B. des Steueramts und der Gesundheitsdienste enthält. Aus ALPHA werden den Benutzerinnen und Benutzern massgeschneidert die benötigten Daten zur Verfügung gestellt. Solche Datendrehscheiben bilden jedoch die Ausnahme. Wegen unterschiedlicher Bedürfnisse der Datenbezügerinnen und -bezüger, der Anwendung verschiedener IT-Systeme auf beiden Seiten und deren mangelnder Vernetzung sowie wegen der Dynamik der technischen Entwicklung in der Informatik ist davon auszugehen, dass, abgesehen von der Lösung in der Stadt Zürich, jedes Gericht mit den in seinem Zuständigkeitsbereich bestehenden Einwohnerkontrollen besondere Vereinbarungen über die benötigten und möglichen Datenzugriffe treffen muss.

Kritische Stellungnahmen zum Postulat merken an, dass eine einheitliche Lösung wegen der bestehenden Vielfalt der elektronischen Systeme und Anwendungen der Einwohnerkontrollen zumindest vorläufig nicht geschaffen werden könne. Dies mag zutreffen. Es ist jedoch kein Argument, um nicht vorausschauend die gesetzlichen Grundlagen für Online-Abfragen zu schaffen. Soweit im Übrigen das Abfragesystem nicht mit dem bekanntgebenden System direkt zusammenarbeiten kann, verbleibt der Aufwand der Datenübertragung vom einen in das andere System beim Abfrageorgan. Im Zusammenhang mit den nötigen Sicherheitsvorkehren zu Zugriffsberechtigungen, -einschränkungen sowie -kontrollen (Abrufprotokollierung) und Übermittlungswegen hat sodann das Abfrageorgan abzuklären, ob überhaupt Einsparungen zu erzielen sind.

Die gegen ein Abrufverfahren angemeldeten Bedenken sprechen somit nicht gegen die Möglichkeit, auf Gesetzesstufe eine Kann-Vorschrift zu erlassen, die ähnlich wie § 34b StPO (ZH) den Gerichten den Zugriff unter bestimmten Voraussetzungen erlaubt. Diese Voraussetzungen sind im Wesentlichen die Nen-

Vorbemerkungen zu §§ 118 ff.

nung des Zwecks und Umfangs der Datenerhebung unter Bezugnahme auf die gesetzlichen Grundlagen (heute die im GVG genannten Personendaten), die Bezeichnung der beteiligten Behörden und der Zugriffsberechtigten, die Beschränkung auf hängige Verfahren und die Einrichtung von Sicherheits- und Kontrollmassnahmen wie Passwortschutz und Zugriffskontrolle (Protokollierung). Solche Bearbeitungen sind nach dem IDG vorab (d.h. vor der Einführung) dem oder der Datenschutzbeauftragten zur Prüfung zu unterbreiten (§ 10 IDG i.V.m. § 24 IDV, vgl. vorne Ziffer 2.2).»

2. Steuerdaten

11 Mit Bezug den Datenzugriff im Bereich der Steuerämter führte der Regierungsrat aus (ABl 2008, S. 2357 ff.):

«Auch die Postulatsforderung nach einem Online-Zugriff der Gerichte und der Strafverfolgungsbehörden auf die Datenbanken der Steuerämter fand im Rahmen der Vernehmlassung mehrheitlich Zustimmung. Bedenken sind vor allem mit datenschutzrechtlichen Risiken eines Abrufverfahrens allgemein sowie mit Kosten-Nutzen-Argumenten begründet worden. Vorab zu prüfen ist der Einwand, ein solches Abrufverfahren lasse sich kaum mit dem Steuergesetz vereinbaren.

§ 120 Abs. 2 des Steuergesetzes lässt eine Auskunft nur zu, wenn hierfür eine ausdrückliche gesetzliche Grundlage im Recht des Bundes oder des Kantons gegeben ist. Fehlt eine solche Grundlage, ist eine Auskunft nur zulässig, soweit sie im öffentlichen Interesse geboten ist. Über entsprechende Begehren entscheidet die Finanzdirektion. § 120 StG ist Ausdruck der Bemühungen um die Wahrung des Steuergeheimnisses. Dieses ist ein Teil der verfassungsmässig in Art. 13 der Bundesverfassung, Art. 10 der Kantonsverfassung wie auch in Art. 8 der Europäischen Menschenrechtskonvention (EMRK) geschützten Privatsphäre. Dem Steuergeheimnis selbst wird allerdings nicht der Rang eines verfassungsmässigen Rechts zugesprochen, sondern nur einfach-gesetzlicher Geltungsrang. Es wird denn auch durch § 122 StG, der die Abgabe von Steuerausweisen ermöglicht und auf gleicher Normstufe steht, durchbrochen. Die Praxis der Bekanntgabe von Steuerdaten auch an Privatpersonen ist im Kanton Zürich (wie auch in anderen Kantonen) eine langjährige Tradition, der ursprünglich sogar in Form einer öffentlichen Auflage oder Veröffentlichung des Steuerregisters durch die Gemeinden nachgekommen wurde. Gemäss § 122 Abs. 2 StG bleiben die Bestimmungen des Gesetzes über die Information und den Datenschutz zwar vorbehalten und dieses sieht in § 20 die Möglichkeit der Sperrung einer Bekanntgabe von Personendaten vor, doch besteht dieses Sperrrecht nur bei der Bekanntgabe an Private (vgl. § 122 Abs. 3 StG), nicht gegenüber öffentlichen Organen, die sich auf eine gesetzliche Grundlage stützen können.

Da finanzielle Angaben wie steuerbares Einkommen und Vermögen nicht sogenannte besondere Personendaten darstellen, die beim Bearbeiten wegen der besonderen Gefahr einer Persönlichkeitsverletzung eines erhöhten Schutzes bedürfen (§ 3 IDG), ist ihre Bekanntgabe im bereits heute gesetzlich vorgesehenen Rahmen jedenfalls zulässig. § 122 StG geht allerdings, wie übrigens auch § 120 StG, von Einzelauskünften aus. Zugriffe im Rahmen eines Abrufverfahrens sind damit noch nicht gemeint. Auch § 201 Ziffer 1 GVG i.V.m. § 11 Abs. 2 der Verordnung des Obergerichts über die Gerichtsgebühren bilden ebenso wie Art. 34 Abs. 3 StGB eine ausdrückliche gesetzliche Grundlage für Steuerauskünfte an die Erbschaftsrichterämter und Strafgerichte sowie Strafverfolgungsbehörden.

Die Ermöglichung eines Abrufverfahrens ist somit auch für Steuerdaten zulässig und angebracht, sofern eine gesetzliche Grundlage vorhanden ist, welche die notwendigen Voraussetzungen zum Schutz vor Missbrauch eines automatischen Zugriffs beachtet. Als Voraussetzungen sind dabei der Zweck und der Umfang der Datenerhebung im Zusammenhang mit den gesetzlichen Grundlagen, die Bezeichnung und möglichst weitgehende Beschränkung der beteiligten Behörden und der Zugriffsberechtigten, die Beschränkung auf hängige Verfahren und die Einrichtung von Sicherheits- und Kontrollmassnahmen wie Passwortschutz und Zugriffskontrolle zu nennen.

Die aus technischer Sicht gegen die Forderungen des Postulats vorgebrachten Gründe sprechen nicht von vornherein dagegen, im Gesetz eine Ermächtigungsnorm im Sinne einer Kann-Vorschrift für

Lösungen zu erlassen, die sich nach einer Abklärung als durchführbar erweisen. Zwar wenden die Gemeindesteuerämter unterschiedliche, nicht vorab auf Online-Zugriffe ausgerichtete IT-Applikationen an und verfügt auch das kantonale Steueramt nicht über ein elektronisches Steuerregister, das einen Online-Zugriff von aussen zuliesse. Denkbar sind aber auch hier einzelne Vereinbarungen zwischen Gerichten und kommunalen Steuerämtern in der Art, wie sie zwischen dem Bezirksgericht Zürich und der Stadt Zürich für den Zugriff auf bestimmte Einwohnerdaten und in eingeschränkterem Mass auch auf Steuerdaten bestehen (...). Auch hier ist im Hinblick auf das Verhältnismässigkeitsprinzip (Datenbekanntgabe nur soweit geeignet und erforderlich; § 8 IDG) sowohl der Zugriff als auch der Kreis der zugriffsberechtigten Personen einzuschränken. Dies bedeutet, dass z.B. nur zwei oder drei Angestellte der erwähnten Gerichte oder Staatsanwaltschaften als Berechtigte bezeichnet werden dürften. Ob sich der Aufwand für technische Sicherungsmassnahmen wie Protokollierung und stichprobenmässige Prüfung von Zugriffen, Übermittlungs- und Passwortschutz sowie Systemwartung gemessen am Ertrag lohnt, ist vom Abfrageorgan zu beurteilen. Wie zum Postulat KR-Nr. 270/2006 ausgeführt, ist auch diese gesetzliche Ermächtigung gestützt auf § 10 IDG i.V.m. § 24 IDV der oder dem Datenschutzbeauftragten zur Vorabkontrolle zu unterbreiten.»

V. Auskunfterteilung durch Sozialhilfeorgane

Gemäss § 48 Sozialhilfegesetz vom 14.6.1981 in der Fassung vom 4.9.2011 (SHG, LS 851.1) erteilen die Sozialhilfeorgane Gerichten des Bundes und des Kantons im Einzelfall und auf Ersuchen sowie unter Vorbehalt bundesrechtlicher Schweigepflichten mündlich oder schriftliche Auskunft, soweit dies für die Erfüllung von deren Aufgaben geeignet und erforderlich ist.

12

---

§ 118 *a) Auf Steuerdaten*

Die Strafverfolgungsbehörden gemäss § 86 Abs. 1 lit. b und c, die Strafgerichte und das Einzelgericht in Geschäften gemäss § 137 können in hängigen Verfahren Daten über das steuerbare Einkommen und Vermögen durch direkten elektronischen Zugriff von den Gemeindesteuerämtern erheben.

Inhaltsübersicht	N.
I. Zugriffsberechtigte Behörden und Gerichte	1
II. Voraussetzungen und Gegenstand des Zugriffs	4
III. Verwertbarkeit der Daten	7

I. Zugriffsberechtigte Behörden und Gerichte

Zugriffberechtigung auf Steuerdaten haben zunächst die Strafverfolgungsbehörden gemäss § 86 Abs. 1 lit. b und c GOG, also im Verfahren gegen Erwachsene die Übertretungsstrafbehörden (Statthalterämter und die vom Regierungsrat bezeichneten Gemeinden), die Staatsanwaltschaften und die Oberstaatsanwaltschaft, ferner im Verfahren gegen Jugendliche die Jugendanwaltschaften und die Oberjugendanwaltschaft. Nicht zugriffsberechtigt ist die *Polizei*.

1

2 Ferner sind die Strafgerichte zugriffsberechtigt, also die Bezirksgerichte und deren Einzelgerichte, soweit sie als Strafgerichte tätig sind (§§ 22, 23, 27, 28 und 29 GOG), und das Obergericht als Rechtsmittelinstanz in Strafsachen (§ 49 GOG) sowie als Zwangsmassnahmengericht im Sinne von § 47 GOG.

3 Ebenfalls zugriffsberechtigt ist das Einzelgericht in Zivilsachen in Geschäften gemäss § 137 GOG, also in erbrechtlichen Angelegenheiten, wo sich der Streitwert und damit die Gerichtsgebühr nach den vermögensrechtlichen Verhältnissen bemessen.

II. Voraussetzungen und Gegenstand des Zugriffs

4 Voraussetzung für den direkten Datenzugriff ist ein hängiges Verfahren. Ausserhalb eines hängigen Verfahrens bzw. nach Abschluss desselben besteht für die betreffende Instanz kein Zugriffsrecht. Massgeblich ist somit die Verfahrensherrschaft, was bedeutet, dass nach Ergreifung eines Rechtsmittels das Zugriffsrecht auf die Rechtsmittelinstanz übergeht.

5 Das Zugriffsrecht bezieht sich auf das steuerbare Einkommen und Vermögen. Dies bedeutet, dass lediglich die Gesamtzahlen vom Zugriffsrecht erfasst sind, nicht aber die Teilpositionen, aus denen sie sich zusammensetzen.

6 Wie bereits erwähnt, besteht aufgrund dieser Bestimmungen keine Verpflichtung der Gemeinden, entsprechende Informatiksysteme bereitzustellen.

III. Verwertbarkeit der Daten

7 Ob die mittels direkten Zugriffs gewonnenen Daten im gerichtlichen Verfahren verwertbar sind, beurteilt sich grundsätzlich nach den diesbezüglichen Bestimmungen der eidgenössischen Prozessgesetze. Soweit sie allerdings Grundlage für die Bemessung der (kantonalrechtlichen) Gerichtsgebühr in Erbschaftssachen bilden, handelt es sich um eine Frage des kantonalen Rechts. Im Hinblick auf die Frage der Verwertbarkeit ist den betroffenen Parteien das rechtliche Gehör einzuräumen (vgl. auch Art. 95 Abs. 2 StPO). Zwecks Überprüfbarkeit ist der Zugriff zu protokollieren (§ 120 Abs. 2), d.h., es ist zu dokumentieren, wer zu welchem Zeitpunkt Zugriff auf die Daten genommen hat.

> **§ 119 *b) Auf Daten der Einwohnerkontrolle***
>
> Die Strafverfolgungsbehörden gemäss § 86 Abs. 1 lit. b und c und die Gerichte können in hängigen Verfahren durch direkten elektronischen Zugriff folgende Personendaten von den kommunalen Einwohnerregistern erheben: Name, Vorname, Geburtsdatum, Heimatort, Geschlecht, Zivilstand, Adresse, Beruf, Datum und Herkunftsort bei Zuzug sowie Datum und Zielort bei Wegzug.

Inhaltsübersicht

		N.
I.	Zugriffsberechtigte Behörden und Gerichte	1
II.	Voraussetzungen und Gegenstand des Zugriffs	2

I. Zugriffsberechtigte Behörden und Gerichte

Die Berechtigung zum Zugriff auf Personendaten nach § 119 deckt sich hinsichtlich der Strafverfolgungsbehörden mit § 118. Dazu kommen die Gerichte in Zivilsachen, also die Bezirksgerichte sowohl als Kollegial- wie als Einzelgericht, insbesondere auch Miet- und Arbeitsgericht (§§ 19 ff., 24 ff. GOG), ferner das Obergericht hinsichtlich sämtlicher Zuständigkeitsbereiche, insbesondere auch das Handelsgericht (§ 44 GOG). 1

II. Voraussetzungen und Gegenstand des Zugriffs

Auch bei den Personendaten kommt ein elektronischer Zugriff nur während eines laufenden Verfahrens infrage. Das Gesetz regelt den Umfang der abrufbaren Personendaten abschliessend. 2

§ 120 *c) Schutzmassnahmen*

> Die zugriffsberechtigte Behörde beschränkt die Zahl der Zugriffsberechtigten.
>
> Sie schützt den Zugriff und sorgt für dessen Protokollierung.

Die zugriffsberechtigten Behörden und Gerichte haben die Zahl der zugriffsberechtigten Personen zu begrenzen. Laut Bericht des Regierungsrates vom 9.12.2008 sollen pro Behörde (Staatsanwaltschaft) bzw. Gericht nur zwei bis drei Personen als zugriffsberechtigt bezeichnet werden (ABl 2008, S. 2358). 1

§ 121 *Zustellung*

> Die Zustellung auf andere Weise als durch eingeschriebene Postsendung erfolgt gegen Empfangsbestätigung. Sie kann insbesondere durch Angehörige des Gerichts, den Gemeindeammann oder die Polizei vorgenommen werden.
>
> Die Zustellung durch Veröffentlichung erfolgt im Amtsblatt des Kantons Zürich.

Literatur

K. AMONN/F. WALTER, Schuldbetreibungs- und Konkursrecht, 8. Aufl., Bern 2008, § 12 N. 10 ff.; TH. BISCHOF, Die Zustellung im internationalen Rechtsverkehr in Zivil- oder Handelssachen, Zürich 1997; N. BRÜGGER, La notification électronique en procédure civile suisse, SZZP 2010, S. 323 ff.; M. GULDENER,

Schweizerisches Zivilprozessrecht, S. 250 ff.; P. Guyan/L. Huber, Elektronischer Rechtsverkehr nach VeÜ-ZSSchK, AJP 20 (2011), S. 74 ff.; Hauser/Schweri/Hartmann, Schweizerisches Strafprozessrecht, § 44 N. 12 ff.; Jäger/Walder/Kull/Kottmann, zu Art. 64–66 SchKG; R. Jeanprêtre, L'expédition et la réception des actes de procédure et des actes juridiques, SJZ 69 S. 349 ff.; R. Kamber, Das Zustellungswesen im schweizerischen Zivilprozess, Diss. Zürich 1957, § 173; N. Schmid, Handbuch, N. 600 f.; M. Schöll, Postlagersendung und Rückbehalteauftrag, SJZ 97, S. 419 ff.; K. Spühler/A. Dolge/M. Gehri, Schweizerisches Zivilprozessrecht, 9. Kap. N. 23 ff.; Staehelin/Staehelin/Grolimund, Zivilprozessrecht, S. 248 ff.; Walder-Richli/Grob-Andermacher, Zivilprozessrecht, § 33 N.12 ff.

Inhaltsübersicht N.

I. Zustellung im Allgemeinen 1
   1. Begriff und Arten der Zustellung 1
   2. Bedeutung der Zustellung 3
   3. Mängel der Zustellung und deren Heilung; Beweislast 5
II. Regelung der Zustellung nach eidgenössischem Prozessrecht 8
   1. Grundsätzlich abschliessende Regelung 8
   2. Gegenstand der Zustellung 10
   3. Zustellungsempfänger 11
   4. Form der Zustellung 13
      a) Regelfall der eingeschriebenen Sendung 13
      b) Elektronische Zustellung 14
      c) Öffentliche Bekanntmachung 16
   5. Zeitpunkt der rechtsgültigen Zustellung 18
      a) Tatsächliche Zustellung 18
      b) Zustellungsfiktion 19
   6. Ort der Zustellung 22
   7. Internationale Zustellung 25
III. Zustellungsvarianten 26
   1. Zustellung durch Gerichtsangehörige, Gemeindeammann oder Polizei (Abs. 1) 26
      a) Allgemein 26
      b) Zustellung durch die Polizei im Besonderen 30
   2. Veröffentlichung im Amtsblatt (Abs. 2) 33

I. Zustellung im Allgemeinen

1. Begriff und Arten der Zustellung

1 Die Zustellung ist der formelle Akt der Gerichtsbarkeit, durch den Parteien oder Dritten (z.B. Zeugen) Gelegenheit geboten wird, von einer prozessual relevanten Urkunde Kenntnis zu nehmen. Als Akt der gerichtlichen Gewalt ist die Zustellung ein Ausfluss staatlicher Hoheit. Eine gesetzeskonforme Zustellung bildet grundsätzlich Voraussetzung für die Anerkennung und Vollstreckung von Entscheiden sowie für die Auslösung allfälliger im Entscheid genannter Rechtsfolgen, namentlich Fristen.

2 Hinsichtlich der Arten der Zustellung wird zwischen tatsächlicher und fiktiver Zustellung unterschieden: Bei der *tatsächlichen* Zustellung wird das Schriftstück dem Empfänger persönlich ausgehändigt. Bei der *fiktiven* Zustellung kommt es zu keiner Übergabe, sondern es wird aufgrund eines bestimmten Vorganges angenommen (unterstellt), die Sendung sei tatsächlich zur Kenntnis des Adressaten gelangt. Damit soll verhindert wer-

den, dass sich der Adressat *der Zustellung entziehen* und dadurch den *Eintritt bestimmter Rechtsfolgen behindern oder sogar verunmöglichen* kann. Die tatsächliche Zustellung (durch eingeschriebene Postsendung) wird in Art. 138 Abs. 2 ZPO sowie Art. 85 Abs. 3 StPO geregelt, die fiktive Zustellung in Art. 138 Abs. 3 ZPO sowie Art. 85 Abs. 4 StPO. Massgebend für den Beginn von Fristen, die durch die tatsächliche Zustellung ausgelöst werden, ist der Zeitpunkt des Eintreffens der Urkunde im Machtbereich des Adressaten; ob sie dieser in der Folge tatsächlich zur Kenntnis nimmt, ist für die Gültigkeit des Zustellungsakts unerheblich (BGE 122 I 139 E. 1, 122 III 316 E. 4b m.H.).

2. Bedeutung der Zustellung

Die Vorschriften über die Zustellung bezwecken, die Übermittlung von verfahrensrelevanten Urkunden (Verfügungen, Entscheide, Vorladungen, Parteieingaben, vgl. Art. 136 ZPO) sicherzustellen und damit für den Adressaten die entsprechenden Rechtsfolgen auszulösen. Darüber hinaus erlangt ein Gerichtsentscheid nach bundesgerichtlicher Rechtsprechung überhaupt erst mit der förmlichen Mitteilung an die Parteien rechtliche Existenz. Solange er nicht mitgeteilt wurde, existiert er nicht, und seine Unwirksamkeit muss von Amtes wegen beachtet werden (BGE 122 I 97 E. 3 = Pr 85 Nr. 209; BSK ZPO-OBERHAMMER, vor Art. 236–242 N. 4 m.w.H.). Umgekehrt ist ein irrtümlich ausgefertigter, durch einen zuständigen Kanzleibeamten unterzeichneter und den Parteien durch das Gericht formgerecht zugestellter blosser Beschlussentwurf, der nach aussen den Anschein eines rechtsgültig gefällten Entscheides erweckt, nicht (absolut) nichtig, sondern entfaltet die gleichen Rechtswirkungen wie ein ordnungsgemäss gefällter Entscheid und kann demnach nicht mehr zurückgenommen werden (BGer 4P.250/1998 vom 22.1.1999 E. 3, zu ZR 99 Nr. 19 [Mehrheitsmeinung]).

Die Bestimmungen über die Zustellung sind grundsätzlich *zwingender Natur* (vgl. immerhin das vorausgesetzte Einverständnis der Partei zur elektronischen Zustellung, hinten N. 14) und können nicht durch Parteivereinbarung abgeändert werden. Ihre Missachtung beeinträchtigt die Partei in ihrem Anspruch auf rechtliches Gehör und macht die Zustellung grundsätzlich ungültig. Die ordnungsgemässe Zustellung ist Voraussetzung für den Beginn des Fristenlaufs (Art. 142 Abs. 1 ZPO; Art. 90 Abs. 1 StPO) und damit verbundener Säumnisfolgen, die ordnungsgemässe Zustellung einer Vorladung Voraussetzung für den Eintritt der Säumnisfolgen einer Tagfahrt, welcher der Vorgeladene fernbleibt (ZR 45 Nr. 91, 47 Nr. 2, 54 Nr. 158).

3. Mängel der Zustellung und deren Heilung; Beweislast

Eine vorschriftswidrige Zustellung oder eine Zustellung an eine zur Entgegennahme nicht berechtigte Person zeitigt keine rechtlichen Wirkungen und muss, um Gültigkeit zu erlangen, wiederholt werden (BGE 54 III 252 f., 61 III 158). Das auf einer nicht ordnungsgemässen Vorladung beruhende Säumnisurteil ist nichtig und entfaltet keine Rechtswirkung (BGE 122 I 97 E. 3, 129 I 361). Im internationalen Verhältnis wird die Anerkennung und Vollstreckung eines ausländischen Entscheids verweigert, wenn eine Partei weder nach dem Recht ihres Wohnorts noch nach demjenigen ihres Aufenthaltsorts gehörig vorgeladen wurde und sie sich nicht vorbehaltlos auf das Verfahren einliess (Art. 27 Abs. 2 lit. a IPRG; Art. 34 Ziff. 2 LugÜ II).

6 Die *Beweislast* für die ordnungsgemässe Zustellung liegt gemäss konstanter bundesgerichtlicher Praxis bei der Behörde, die daraus eine Rechtsfolge herleiten will (BGE 122 I 97 E. 3b, 129 I 8 E. 2.2; Pr 89 Nr. 2 E. 3b m.H.). Sie trägt somit die Folgen der Beweislosigkeit in dem Sinne, dass auf die Angaben des Empfängers abzustellen ist, wenn die Zustellung oder ihr Zeitpunkt bestritten sind und diesbezüglich keine Sicherheit herrscht (BGE 103 V 63 E. 2a; BGer 5D_88/2011 vom 14.9.2011, E. 3). Aus diesem Grund sind die Belege (Empfangsscheine), aus denen der Vollzug der ordnungsgemässen Zustellung und ihr Zeitpunkt hervorgehen, zu den Prozessakten zu nehmen (vgl. § 130 N. 8). Wird indessen eine Sendung per Einschreiben bzw. als Gerichtsurkunde an eine Partei gerichtet und kommt es wegen Abwesenheit zu keiner Übergabe, obliegt es nach neuerer Rechtsprechung im Sinne einer *Umkehr der Beweislast* dieser Partei, die Vermutung zu widerlegen, wonach die Abholungseinladung tatsächlich in den Briefkasten gelegt wurde (BGer 9C_753/2007 v. 29.8.2008 = SZZP 2009 S. 24 Nr. 703 m.H.; zur früheren zürcherischen Regelung gemäss § 179 Abs. 1 GVG, Wiederholung der Zustellung: ZR 76 Nr. 9, 98 Nrn. 26 und 43, 104 Nr. 5, 108 Nr. 57 und noch weitergehend ZR 95 Nr. 1; zum [fehlenden] Beweis der Hinterlegung einer Abholungseinladung gemäss dem «Track & Trace»-System s. BGer 2C_780/2010 vom 21.3.2011 = SZZP 2011 S. 303 Nr. 1036; zum Ganzen auch hinten N. 19).

7 Eine nicht ordnungsgemässe Zustellung kann *geheilt* werden, wenn der Empfänger nachgewiesenermassen auf andere Weise Kenntnis von der betreffenden Urkunde erhalten hat und somit in der Wahrung seiner Rechte nicht beeinträchtigt ist; die Berufung auf Formmängel ist in diesem Fall rechtsmissbräuchlich (BGE 90 IV 55 E. 3, 132 I 249 E. 6 = Pr 96 Nr. 64; BGer 4P.143/2006 vom 11.9.2006 = SZZP 2007 S. 30 Nr. 354; BGer 5P.24/2007 vom 19.3.2007 = SZZP 2007 S. 265 Nr. 456; KAMBER, a.a.O., S. 104 und 106; BSK ZPO-BORNATICO, Art. 138 N. 27). Die Wirkungen der Zustellung treten in diesem Fall in jenem Zeitpunkt ein, in dem das Schriftstück dem Berechtigten tatsächlich zugegangen ist (BGE 112 III 81 E. 2). Unbeachtlich sind ferner untergeordnete formelle Mängel, wie etwa die unrichtige Schreibweise des Vornamens in der Abholungseinladung (RB 2005 Nr. 48).

II. Regelung der Zustellung nach eidgenössischem Prozessrecht

1. Grundsätzlich abschliessende Regelung

8 Die Art bzw. Form der Zustellung von gerichtlichen Sendungen im Zivil- und Strafprozess wird seit Inkrafttreten der eidgenössischen Prozessgesetze durch Bundesrecht bestimmt, womit insoweit dem kantonalen Gesetzgeber grundsätzlich keine Rechtsetzungskompetenz verbleibt. Indessen lassen Art. 138 Abs. 1 ZPO wie Art. 85 Abs. 2 StPO *hinsichtlich der Form* gerichtlicher Zustellungen ausdrücklich die Möglichkeit offen, neben der für gerichtliche Entscheide im Regelfall vorgesehenen Zustellung durch eingeschriebene Postsendung die Zustellung *auf andere Weise* (namentlich durch die Polizei, vgl. Art. 85 Abs. 2 StPO) zu regeln, und der Kanton Zürich sieht im Sinne einer Weiterführung des bisherigen § 177 i.V.m. § 187 GVG verschiedene Varianten der Zustellungsform vor.

Nachdem das Bundesrecht den Kreis der Personen, durch welche eine anderweitige Zu- 9
stellung vorgenommen werden kann, nicht einschränkt, wäre eine solche Einschränkung
auch nicht durch kantonales Recht zulässig. Richtigerweise enthält § 121 GOG denn auch
lediglich eine *nicht abschliessende Aufzählung* («insbesondere») der am ehesten in Betracht fallenden weiteren Varianten. Es wird damit klargestellt, dass die Zustellungswege
über Gemeindeammann und Polizei weiterhin offenstehen und die betreffenden Behörden kraft kantonalen Rechts zur Erbringung dieser Dienstleistung verpflichtet sind. Zulässig sind aber auch weitere Formen der Zustellung, beispielsweise durch Mitarbeitende
sozialer Dienste oder durch private (Post-)Unternehmen. Obsolet geworden ist mit Inkrafttreten der ZPO das Konkordat über die Gewährung der gegenseitigen Rechtshilfe in
Zivilsachen vom 26.4.1974 bzw. 8./9.11.1974 (LS 273); gemäss Art. 195 ZPO kann jedes
schweizerische Gericht ausserkantonale Zustellungen direkt vornehmen.

2. Gegenstand der Zustellung

Gegenstand der Zustellung sind insbesondere Vorladungen, Verfügungen und Ent- 10
scheide sowie Eingaben der Gegenpartei (Art. 136 ZPO; keine ausdrückliche Bestimmung in der StPO). Da diese Aufzählung die Zustellung weiterer Urkunden offenlässt,
können die Kantone auch insoweit keine einschränkenden Bestimmungen erlassen.

3. Zustellungsempfänger

Adressat ist entweder die Partei oder ein vom Gegenstand der Zustellung betroffener 11
Dritter (z.B. Vorladung eines Zeugen; betreffend Eröffnung von Entscheiden über Kinderbelange Art. 301 ZPO). Ist die Partei vertreten bzw. verbeiständet, erfolgt die Zustellung an die *Vertretung bzw. an die Verbeiständung* (Art. 137 ZPO; Art. 87 Abs. 3 StPO).
Mitteilungen, namentlich Vorladungen im Strafprozess, gehen gegebenenfalls an die Partei und zusätzlich an den Rechtsbeistand in Kopie (Art. 87 Abs. 4 StPO; für den Zivilprozess dürfte es sich empfehlen, bei Vorladungen gleich zu verfahren, wenn die Partei
persönlich zu erscheinen hat). Unabhängig von der Prozessbevollmächtigung kann die
Partei einen *Zustellungsbevollmächtigen* bezeichnen. Wer es ständig duldet, dass Sendungen von einem Dritten oder Angestellten entgegengenommen werden, schafft den *Anschein einer Vollmacht* und kann sich in der Folge nicht auf die Ungültigkeit der Zustellung berufen (Pr 87 Nr. 7).

Im Sinne einer *Ersatzzustellung* sehen daneben sowohl Art. 138 Abs. 2 ZPO wie Art. 85 12
Abs. 3 StPO die rechtswirksame Entgegennahme der Sendung durch eine angestellte oder
im gleichen Haushalt lebende (dazu ZR 97 Nr. 1, langjährige Hausangestellte), mindestens 16 Jahre alte Person vor, soweit nicht (insbesondere in familienrechtlichen Verfahren) ausdrücklich die persönliche Zustellung angeordnet wird. Im Unterschied zur früheren Regelung, welche den Kreis der Empfangsberechtigten durch einen Verweis auf
das Bundesrecht (§ 177 Abs. 2 GVG: «… oder an eine nach Bundesrecht zum Emp-
fang von Gerichtsurkunden befugte Person») umschrieb, was die aufwendige Abklärung
der jeweils aktuellen Postgesetzgebung bedingte (dazu HAUSER/SCHWERI, GVG, § 177
N. 9 ff.), bestimmen somit beide Prozessordnungen den Kreis weiterer Adressaten (wenn
auch in Anlehnung an die aktuelle Postgesetzgebung) nunmehr autonom und abschliessend. Bei Aufenthalt in einem Heim, Spital oder Gefängnis ist der Inhaber oder Leiter

§ 121

bzw. dessen Bevollmächtigter zur Entgegennahme berechtigt (vgl. BGE 117 III 5 E. 1 = Pr 81 Nr. 166; vgl. zur Ersatzzustellung nach altem Recht BGE 68 III 152, 72 III 74, 92 I 216, ZR 51 Nrn. 45 und 64, 52 Nrn. 42 und 143, 54 Nrn. 158 und 159, 55 Nr. 99, 81 Nr. 4, SJZ 60 S. 59).

4. Form der Zustellung

a) Regelfall der eingeschriebenen Sendung

13 Beide Prozessordnungen sehen als Regelfall die Zustellung von Vorladungen und Entscheiden durch eingeschriebene Postsendung vor, lassen aber andere Formen der Zustellung gegen Empfangsbestätigung ausdrücklich offen (Art. 138 Abs. 1 ZPO; Art. 85 Abs. 2 StPO). Andere gerichtliche Sendungen, namentlich solche, die keine Fristen auslösen und keinen Zustellungsnachweis erfordern, können mit gewöhnlicher Post versandt werden (Art. 138 Abs. 4 ZPO).

b) Elektronische Zustellung

14 Vorgesehen ist in beiden Prozessordnungen im Einverständnis der betroffenen Person sodann die elektronische Zustellung (Art. 139 ZPO; Art. 86 StPO), wobei der Bundesrat die Einzelheiten bestimmt (vgl. dazu VO vom 18.6.2010 über die elektronische Übermittlung im Rahmen von Zivil- und Strafprozessen sowie von Schuldbetreibungs- und Konkursverfahren, SR 272.1). Unzulässig bzw. unwirksam wäre der Versand gerichtlicher Urkunden mit gewöhnlicher E-Mail.

15 Nachdem beim Bundesgericht die entsprechenden Vorkehren bereits seit einiger Zeit getroffen wurden (vgl. Reglement über den elektronischen Rechtsverkehr mit Parteien und Vorinstanzen vom 5.12.2006; SR 173.110.29), stehen nunmehr auch die kantonalen Behörden und Gerichte in der Pflicht, diese Möglichkeit einzurichten (vgl. umgekehrt zur Einreichung von Eingaben auf elektronischem Weg Art. 130 Abs. 2 ZPO, Art. 110 Abs. 2 StPO).

c) Öffentliche Bekanntmachung

16 Die Zustellung kann schliesslich bei unbekanntem Aufenthaltsort des Adressaten ersatzweise durch öffentliche Bekanntmachung im kantonalen Amtsblatt oder im Schweizerischen Handelsamtsblatt erfolgen (Art. 141 Abs. 1 ZPO; Art. 88 Abs. 1 StPO; zu unterscheiden von der öffentlichen Bekanntmachung nach Art. 444 StPO).

17 Eine Publikation ist zulässig,
– wenn der Aufenthaltsort des Adressaten unbekannt ist und trotz zumutbarer Nachforschungen nicht ermittelt werden kann (näher BGE 129 I 361 E. 2.2; SZZP 7 [2011], S. 54 Nr. 979);
– wenn eine Zustellung unmöglich ist oder mit ausserordentlichen Umtrieben verbunden wäre, was jedoch nicht leichthin angenommen werden darf; namentlich dürfen gegenüber Personen im Ausland die Anforderungen an die Bemühungen um eine ordnungsgemässe Zustellung nicht herabgesetzt werden (ZR 109 Nr. 19);

– wenn bei bestehendem Prozessrechtsverhältnis eine Partei mit Wohnsitz oder Sitz im Ausland kein Zustellungsdomizil in der Schweiz bezeichnet hat (s. hinten N. 23).

5. Zeitpunkt der rechtsgültigen Zustellung

a) Tatsächliche Zustellung

Die Zustellung ist erfolgt, wenn die Sendung vom Adressaten tatsächlich entgegengenommen wurde (Art. 138 Abs. 2 Satz 1 ZPO; Art. 85 Abs. 3 Satz 1 StPO). Erforderlich ist dabei allein, dass die Sendung in den Machtbereich des Adressaten gelangt ist, nicht aber die Kenntnisnahme von deren Inhalt (BGE 122 III 316 E. 4; vorn N. 2). Kann die Sendung nicht ausgehändigt werden, hinterlegt die Post im Briefkasten des Adressaten eine Abholungseinladung mit einer Frist von sieben Tagen. Wird die Sendung innert dieser Frist abgeholt, ist die Zustellung im Zeitpunkt der Entgegennahme am Postschalter erfolgt.

b) Zustellungsfiktion

Verweigert der Adressat bei persönlicher Zustellung die Annahme, gilt die Zustellung am Tag der Weigerung als erfolgt (Art. 138 Abs. 3 ZPO; Art. 85 Abs. 4 StPO); anders etwa, wenn die Zustellung unzulässigerweise gegen Nachnahme erfolgt (BGE 50 II 66, 83 I 336; ZR 21 Nr. 62, 25 Nr. 191). Darüber hinaus gilt – auch bei Zustellung an Postfachinhaber oder bei Zurückbehaltungsaufträgen – die Zustellung einer eingeschriebenen Postsendung am siebten Tag nach dem ersten erfolglosen Zustellungsversuch als erfolgt, wenn der Adressat *aufgrund eines bereits bestehenden Prozessrechts- bzw. Verfahrensverhältnisses* mit Zustellungen rechnen muss, nicht aber, wenn es sich um die erste, das Verfahren einleitende Zustellung handelt; ob dabei Beginn oder Ablauf der Frist auf einen Samstag oder Sonntag bzw. einen Feiertag fallen, ist ohne Belang (zum Ganzen BGE 123 III 492, 130 III 396 E. 1.2.3, 132 III 492, 134 V 49 E. 5; Pr 99 Nr. 76; ZR 104 Nr. 43; vgl. auch Art. 44 Abs. 2 BGG). Wie oben erwähnt (N. 6), besteht hinsichtlich des Empfangs der Abholungseinladung durch den Adressaten nach neuerer bundesgerichtlicher Rechtsprechung eine widerlegbare Vermutung. Schon bisher wurden an den Nachweis, dass die Abholungseinladung ordnungsgemäss zugestellt wurde, strenge Anforderungen gestellt, besteht doch die Möglichkeit, dass sie in eine Drucksache oder Zeitung gerät und deshalb übersehen wird oder dass sie in einen falschen Briefkasten gelegt oder aber aus Versehen überhaupt nicht zugestellt wird (vgl. SJZ 86 S. 402; kritisch BSK ZPO-BORNATICO, Art. 138 N. 18). Aus zürcherischer Sicht ist zu beachten, dass es für die Annahme der Zustellungsfiktion keiner Wiederholung der Zustellung mehr bedarf (anders bisher § 179 Abs. 1 GVG).

Allerdings kann auch bei Bestehen eines Prozessrechtsverhältnisses die Zustellungsfiktion *nicht beliebig lange* aufrechterhalten werden. Liegt der letzte Kontakt mit der Behörde länger als ein Jahr zurück, kann nur noch von einer Empfangspflicht der Partei in dem Sinne die Rede sein, dass sie für die Behörde *erreichbar sein* muss (BGer 2P.120/2005 v. 23.3.2006 = SJZ 102, S. 311; STAEHELIN, in: Sutter-Somm/Hasenböhler/Leuenberger, ZPO Komm., Art. 138 N. 9; zur Pflicht, Adressänderungen während des Verfahrens mitzuteilen bzw. für die Nachsendung besorgt zu sein, BGE 119 V 89 E. 4b/aa). Bestehen Anhaltspunkte, dass die Zustellung nicht ordnungsgemäss (z.B. an eine nicht berechtigte Person oder an eine unrichtige Adresse) erfolgt ist, ist sie zu wiederholen (BGE 119

V 89 E. 4b/aa,130 III 396 E. 1.2.3; ZR 98 Nr. 43 E. 6.5). Setzt die Post eine längere als die siebentägige Abholfrist an, gilt für den Zustellungszeitpunkt grundsätzlich gleichwohl diese Frist (BGE 127 I 31 E. 2b = Pr 90 Nr. 21; s. auch SZZP 2010 S. 390 [im Hinblick auf Art. 49 BGG] und 2011 S. 110 Nr. 992 [Vertrauensschutz einer nicht anwaltlich vertretenen Partei]).

21 Bei öffentlicher Bekanntmachung gilt die Zustellung am Tag der Publikation als erfolgt (Art. 141 Abs. 2 ZPO; Art. 88 Abs. 2 StPO; s. auch N. 35).

6. Ort der Zustellung

22 In der Regel erfolgt die Zustellung am schweizerischen Wohnsitz bzw. Sitz oder am gewöhnlichen Aufenthaltsort des Adressaten (vgl. Art. 87 Abs. 1 StPO; keine ausdrückliche Bestimmung in der ZPO); die Parteien können aber auch ein abweichendes Zustellungsdomizil verzeigen. Die Zustellung am Sitz bzw. Wohnsitz ist für die Behörde jedoch nicht zwingend: Wird die Sendung durch einen Gerichtsangehörigen bei Antreffen des Adressaten anlässlich einer Gerichtsverhandlung in einem anderen Verfahren übergeben, stellte dies nach bisheriger Praxis eine ordnungsgemässe Zustellung dar; Verweigerung der Annahme kam in diesem Fall einer Zustellungsvereitelung gleich (KGZ vom 23.12.1993 i.S. B. AG, E. II.1c).

23 Parteien mit Wohnsitz oder Sitz im Ausland können angewiesen werden, vorbehältlich allfälliger staatsvertraglicher Vereinbarungen ein Zustellungsdomizil in der Schweiz zu bezeichnen (Art. 140 ZPO) bzw. haben von Gesetzes wegen ein solches Domizil zu bezeichnen (Art. 87 Abs. 2 StPO). Unterbleibt eine Bezeichnung, kann die Zustellung durch öffentliche Bekanntmachung im Amtsblatt erfolgen (Art. 141 Abs. 1 lit. a ZPO; Art. 88 Abs. 1 lit. c StPO).

24 Infrage kommt bei ausländischem Wohnsitz oder Sitz auch die rechtshilfeweise bzw. requisitorische Zustellung nach Massgabe einschlägiger Staatsverträge. Im Zivilprozess gilt insbesondere das Haager Übereinkommen über die Zustellung gerichtlicher und aussergerichtlicher Schriftstücke im Ausland in Zivil- und Handelssachen vom 15.11.1965 (SR 0.274.131).

7. Internationale Zustellung

25 Diese wird durch § 121 GOG nicht berührt; vgl. dazu Übersicht bei BSK ZPO-BORNATICO, Art. 138 N. 28 ff.; STAEHELIN, in: Sutter-Somm/Hasenböhler/Leuenberger, ZPO Komm., Art. 138 N. 13.

III. Zustellungsvarianten

1. Zustellung durch Gerichtsangehörige, Gemeindeammann oder Polizei (Abs. 1)

a) Allgemein

Grundsätzlich steht es der Behörde bzw. dem Gericht frei, die Zustellung statt auf dem Weg der eingeschriebenen Postsendung auf eine andere, also *insbesondere* eine der hier genannten Weisen vorzunehmen. Zulässig ist somit auch nach wie vor die uneingeschriebene Postsendung an Anwälte sowie Amtsstellen gegen Empfangsschein. Wann bzw. unter welchen Voraussetzungen dabei die Zustellung tatsächlich erfolgt oder als erfolgt zu betrachten ist, regelt aber auch in diesem Fall das eidgenössische Recht abschliessend (Art. 138 Abs. 2 und 3 sowie Art. 141 ZPO, Art. 85 Abs. 3 und 4 sowie Art. 88 StPO).

In sämtlichen nicht vom Regelfall der eingeschriebenen Postsendung erfassten Varianten muss der *Nachweis der Zustellung* durch eine vom Empfänger unterzeichnete Empfangsbestätigung (Empfangsschein) erbracht werden. Dabei handelt es sich bloss um eine (deklaratorische) Wiederholung der bundesrechtlichen Vorgabe.

Eine ordnungsgemässe Zustellung durch Angehörige des Gerichts (Weibel), Gemeindeammann oder Polizei galt schon bisher als erfolgt, wenn der Adressat diesen gegenüber die Annahme verweigerte (vgl. in diesem Sinn jetzt Art. 138 Abs. 3 lit. b ZPO, Art. 85 Abs. 4 lit. b StPO). Im Falle der Bestreitung der Annahmeverweigerung ist die Person, die den Zustellungsversuch unternahm, als Zeuge zu befragen (ZR 65 Nr. 30).

Wird ein Schriftstück durch den Weibel, den Gemeindeammann oder die Polizei zugestellt, ist dieses dem jeweiligen Zustellungsbeamten *verschlossen* zu übergeben, damit das Amtsgeheimnis gewahrt bleibt (vgl. SJZ 58 S. 384). Zu den übrigen Zuständigkeitsbereichen des Gemeindeammanns §§ 143 ff. GOG.

b) Zustellung durch die Polizei im Besonderen

Schon vor Inkrafttreten des GVG galt, dass die polizeiliche Zustellung nur anzuordnen ist, wenn alle anderen Wege der Zustellung versagten oder aus zwingenden Gründen nicht beschritten werden konnten (ZR 72 Nr. 4). § 177 Abs. 1 GVG führte diese Art der Zustellung formell ein, sah aber gleichfalls vor, dass die Zustellung nur «ausnahmsweise durch die Polizei» erfolgen sollte. Grundsätzlich wird auch unter der Herrschaft des GOG eine polizeiliche Zustellung nur in Ausnahmefällen in Betracht zu ziehen sein.

Im *innerkantonalen* Verhältnis erfolgt die Zustellung in Zivil- und Betreibungssachen durch die Gemeindepolizei und in Strafsachen durch die Kantonspolizei. Für den *interkantonalen* Verkehr bestimmte bis anhin das Konkordat über die Rechtshilfe und die interkantonale Zusammenarbeit in Strafsachen vom 5.11.1992 (LS 325) in Art. 22, dass Gerichtsurkunden, die nicht durch die Post zugestellt werden können, «direkt durch die Polizei» jenes Kantons zuzustellen sind, in dem die Zustellung erfolgen soll. Die Polizei durfte deshalb das Stadt- oder Gemeindeammannamt nicht mit der Zustellung von Gerichtsurkunden beauftragen, sondern musste die Zustellung selbst vornehmen, wobei es Sache des Polizeikommandos war, innerhalb seiner Organisation zu bestimmen, durch wen die Zustellung zu vollziehen ist (ZR 98 Nr. 23 E. 3). Seit Inkrafttreten der eidgenössischen Prozessordnungen richtet sich die interkantonale Zustellung nach den hier anwendbaren Bestimmungen (Art. 194 ff. ZPO, vgl. vorne N. 9, sowie Art. 43 ff. StPO).

32 Im *internationalen* Verkehr sind für die *Zustellung ausländischer Schriftstücke im Kanton Zürich* nicht die Bestimmungen des GVG bzw. der eidgenössischen Prozessordnungen, sondern das IRSG und die IRSV massgebend, soweit internationale Übereinkommen keine abweichenden Regeln enthalten. Die Zustellung ausländischer Schriftstücke ist eine Rechtshilfemassnahme (Art. 63 Abs. 2 lit. a IRSG). Auf Zustellungen, die nicht durch die Post erfolgen können (Art. 30 IRSV), war bisher das Konkordat über die Rechtshilfe und die interkantonale Zusammenarbeit in Strafsachen (LS 325) analog anzuwenden; die ausländische Urkunde war deshalb durch die Polizei direkt zuzustellen (ZR 99 Nr. 53). Betreffend interkantonale Rechtshilfe in Strafsachen s. jetzt Art. 43 ff. StPO.

2. Veröffentlichung im Amtsblatt (Abs. 2)

33 Publikationsorgan ist das Amtsblatt des Kantons Zürich (was im Hinblick auf Art. 88 Abs. 1 StPO so festgehalten wird). Die rechtswirksame Zustellung durch Publikation in anderen Blättern ist nicht möglich (anders noch Art. 133 Abs. 2 VE ZPO).

34 Die Voraussetzungen für eine Zustellung durch Veröffentlichung sind *abschliessend* in Art. 141 Abs. 1 ZPO bzw. Art. 88 Abs. 1 StPO geregelt (vgl. vorne N. 17).

35 Die Zustellung gilt am Tag der Publikation als erfolgt (Art. 141 Abs. 2 ZPO; Art. 88 Abs. 2 StPO). Massgebend ist dabei der Tag, an welchem das Presseerzeugnis die Abonnenten bzw. die Leser erreicht und es dem Adressaten möglich wird, von der Publikation Kenntnis zu nehmen (BSK ZPO-BORNATICO, Art. 141 N. 10 m.H.).

36 Im Strafverfahren gilt nach Art. 88 Abs. 3 StPO, dass von Endentscheiden nur das Dispositiv veröffentlicht wird. Es ist davon auszugehen, dass dies auch im Zivilprozess der Fall ist.

37 Einstellungsverfügungen und Strafbefehle gelten auch ohne Veröffentlichung als zugestellt, wenn die Voraussetzungen für eine öffentliche Bekanntmachung vorliegen (Art. 88 Abs. 4 StPO). Soweit es um Strafbefehle geht, dürfte diese Regelung allerdings nur schwerlich mit Verfassung und EMRK vereinbar sein (vgl. SCHMID, Praxiskommentar, Art. 88 N. 9; BSK StPO-ARQUINT, Art. 88 N. 11; BSK StPO-RIKLIN, Art. 353 N. 11).

§ 122 *Feiertage*

Als Feiertage gelten Neujahrstag, Berchtoldstag (2. Januar), Karfreitag, Ostermontag, 1. Mai, Auffahrtstag, Pfingstmontag, 1. August, Weihnachtstag und Stephanstag (26. Dezember).

Inhaltsübersicht   N.

I.	Regelungsbedarf	1
II.	Allgemein	2
III.	Anwendbares Recht: *lex fori* oder Recht des Wohnsitzkantons?	6
	1. Bisherige Rechtslage	6
	2. Geltende Rechtslage	7
	a) Zivilprozess	7
	b) Strafprozess	8
	c) Problematik	10

I. Regelungsbedarf

Sowohl ZPO wie StPO verweisen im Zusammenhang mit dem (bundesrechtlich geregelten) Fristenwesen auf «vom Bundesrecht oder vom kantonalen Recht anerkannte Feiertage» (Art. 142 Abs. 3 ZPO, Art. 90 Abs. 2 Satz 1 StPO). Bundesrechtlich ist einzig der 1. August als Feiertag definiert (Art. 110 Abs. 3 BV). Im Übrigen haben die Kantone zu bestimmen, welche Tage als Feiertage gelten (vgl. dazu die Übersicht im Verzeichnis des Bundesamtes für Justiz, Stand 1.1.2012, abrufbar auf www.bfm.admin.ch/content/dam/data/staat_buerger/zivilprozessrecht/kant-feiertage.pdf).   1

II. Allgemein

§ 192 GVG sprach bis anhin von «Ruhetagen»; massgebend war insoweit das kantonale Ruhetags- und Ladenöffnungsgesetz vom 26.6.2000 (LS 822.4). Dabei gab es jedoch – insbesondere im Lichte des *Europäischen Übereinkommens über die Berechnung von Fristen vom 16.5.1972* (SR 0.221.122.3) – Unsicherheiten, namentlich mit Bezug auf den Berchtoldstag (2. Januar; ZR 61 Nr. 73, 83 Nr. 99, 103 Nr. 13; vgl. auch Pr 85 Nr. 217; BGer 1P.456/2006 vom 24.10.2006) und das Zürcher Sechseläuten (ZR 107 Nr. 69).   2

Die Regelung richtet sich wiederum an § 1 Abs. 1 lit. b des Ruhetags- und Ladenöffnungsgesetzes aus, nennt nun aber zusätzlich den 2. Januar und bestimmt damit für den Kanton abschliessend, welche Tage als Feiertage gelten. Der 31. Dezember ist wie schon bisher kein Feiertag. Ebenso wenig gibt es halbe oder regionale Feiertage (Nachmittag des Sechseläutens oder Knabenschiessens in der Stadt Zürich) im Sinne dieser Bestimmung.   3

Hinsichtlich der hier genannten Feiertage gilt gleich wie bei Samstagen und Sonntagen, dass sie bei der Berechnung einer Frist mitzuzählen sind (ausdrücklich noch § 192 Satz 2 GVG); fällt aber der letzte Tag einer (gesetzlichen oder richterlichen) Frist auf einen Feiertag, verlängert sich diese von Gesetzes wegen auf den nächsten Werktag. Dies gilt   4 ungeachtet des Umstandes, dass es gemäss Art. 89 Abs. 2 StPO im Strafverfahren keine Gerichtsferien gibt, sowohl für Zivil- wie Strafverfahren.

5   Zu beachten bleibt, dass nach Art. 5 des vorne (N. 2) erwähnten Übereinkommens über die Berechnung von Fristen eine Verlängerung der Frist auch vorgesehen ist, wenn sie an einem Tag endet, der zwar kein anerkannter Feiertag ist, aber wie ein gesetzlicher Feiertag behandelt wird (Pr 87 Nr. 150).

III. Anwendbares Recht: *lex fori* oder Recht des Wohnsitzkantons?

1. Bisherige Rechtslage

6   Nach bisheriger Rechtsprechung (zu § 192 GVG) war für die Frage, ob ein Tag als Ruhetag zu betrachten war, ausschliesslich das kantonalzürcherische Recht und nicht das Recht am ausserkantonalen Wohnsitz (oder Sitz) der Partei oder ihres Vertreters massgebend. Zur Begründung wurde ausgeführt, die mit dieser Regelung allenfalls verbundene faktische Fristverkürzung habe eine Partei in Kauf zu nehmen, die einen ausserkantonalen Rechtsvertreter mit der Wahrung ihrer Interessen betraue, zumal trotz eines ausserkantonalen Feiertags die Möglichkeit zur Aufgabe einer Postsendung, wenn auch mit gewissen Erschwernissen, gegeben sei (ZR 82 Nr. 50 E. 2 m.H.). Umgekehrt hatte das Bundesgericht bereits früher mit Bezug auf Art. 32 Abs. 2 OG entschieden, dass das die Feiertage bestimmende «kantonale Recht» grundsätzlich jenes des Wohnsitzkantons der betreffenden Partei sei, wenn diese selber handelt, sonst jenes ihres Vertreters, wenigstens wenn ein Zustellungsdomizil bei diesem verzeigt wurde (BGE 98 V 62; vgl. auch BGE 124 II 527); diese Praxis erging aber vor dem Hintergrund der Fristwahrung vor einem eidgenössischen Gericht, womit sich insofern die Konstellation wie hier vor einem kantonalen Gericht nicht stellte (vgl. dazu die heutige Regelung von Art. 45 Abs. 2 BGG).

2. Geltende Rechtslage

a) Zivilprozess

7   Die ZPO spricht sich zur Frage des für die Feiertagsregelung anwendbaren kantonalen Rechts in Art. 142 Abs. 3 nicht näher aus. Dazu wird die Auffassung vertreten, es sei das kantonale Recht des Gerichtsortes (lex fori) und nicht etwa die Ansässigkeit der Partei und/oder ihres Vertreters massgebend (BSK ZPO-BENN, Art. 142 N. 23; A. STAEHELIN, in: Sutter-Somm/Hasenböhler/Leuenberger, ZPO Komm., Art. 142 N. 12).

b) Strafprozess

8   Gemäss Art. 90 Abs. 2 Satz 2 StPO ist für die fristenrechtlichen Berücksichtigung von Feiertagen demgegenüber das Recht des Kantons massgebend, in dem die Partei oder ihr Rechtsbeistand den Wohnsitz oder Sitz hat. Dies bedeutet zunächst, dass abweichend von der bisherigen Rechtslage (und abweichend von der ZPO) in einem vor den zürcherischen Instanzen geführten Strafverfahren die jeweilige ausserkantonale Feiertagsregelung zur Anwendung gelangt, sofern eine Partei bzw. ihre Vertretung nicht im Kanton

Zürich ansässig ist. Umgekehrt gilt, dass die zürcherische Feiertagsregelung auch in anderen Kantonen Berücksichtigung findet, wenn eine hiesige Partei bzw. Rechtsvertretung dort in ein Verfahren involviert ist. Insoweit entfalten die jeweiligen kantonalen Regelungen (vgl. dazu eine aktuelle Übersicht bei BSK ZPO-BENN, Art. 142 N. 26) *grenzüberschreitende Wirkung*. Darüber hinaus wird die Auffassung vertreten, dass sich die ausserkantonale Partei wahlweise auf die für sie günstigere Regelung berufen könne (SCHMID, Handbuch, N. 607 Fn. 460).

Unklarheit besteht in diesem Zusammenhang hinsichtlich der Frage, wie es sich verhält, wenn Partei und Rechtsbeistand Wohnsitz bzw. Sitz in verschiedenen Kantonen mit unterschiedlicher Feiertagsregelung haben. Nach hier vertretener Auffassung ist in diesem Fall das Recht am Wohnsitz der Parteivertretung massgebend, geht es doch darum, der durch ihre Vertretung bzw. Verbeiständung agierenden Partei das Recht auf ungestörte Ausschöpfung der Frist zu gewährleisten (so auch SCHMID, Praxiskommentar, Art. 90 N. 5 sowie BRÜSCHWEILER, in: Donatsch/Hansjakob/Lieber, StPO Komm., Art. 90 N. 4).

c) Problematik

Eine für das Zivil- und Strafverfahren im Falle ausserkantonaler Beziehungen je unterschiedliche Feiertagsregelung vermag offensichtlich nicht zu befriedigen und schafft Rechtsunsicherheit. Sollte sich in der künftigen Praxis nicht eine Annäherung (im Sinne einer Übernahme der ausdrücklichen strafprozessualen Regelung auch im Bereich des Zivilprozesses) entwickeln, wäre zumindest eine wohlwollende Prüfung allfälliger diesbezüglicher Fristwiederherstellungsgesuche in Betracht zu ziehen.

§ 123 *Sachverständige*

¹ Der Regierungsrat und das Obergericht können einzeln oder gemeinsam durch Verordnung je in ihrem Zuständigkeitsbereich Regelungen über die Bestellung von Sachverständigen erlassen.

² Die Verordnung regelt insbesondere
   a. die Voraussetzungen, die von den Sachverständigen zu erfüllen sind,
   b. die Zuständigkeit und das Verfahren der Zulassung als Sachverständige,
   c. die Auftragserteilung und -erfüllung,
   d. die Entschädigung der Sachverständigen.

Literatur:

A. BÜHLER, Gerichtsgutachter und -gutachten im Zivilprozess, in: M. Heer/Ch. Schöbi (Hrsg.), Gericht und Expertise, SWR Band 6, Bern 2005, S. 11 ff.; A. DONATSCH, Der amtliche Sachverständige und der Privatgutachter im Zürcher Strafprozess, in: Festschrift 125 Jahre Kassationsgericht des Kantons Zürich, Zürich 2000, S. 363 ff.; DERSELBE/S. ZUBERBÜHLER, Die Nutzung von Expertenwissen im Strafverfahren – am Beispiel des Strafprozessrechts des Kantons Zürich sowie des Entwurfs für eine eidgenössische Strafprozessordnung, in: Festschrift für Franz Riklin, Zürich 2007, S. 337 ff.; V. KLING, Gutachten im Familienrecht: Sind Standards notwendig? FamPra.ch 10 (2009), S. 612 ff.; K. LAEMMEL, Der psychiatrische Gutachter im Spannungsfeld zwischen Richter, Anklage und Verteidigung, SJZ 90, S. 245 ff.;

G. Lanfranconi, Die Zertifizierung von Gerichtsexperten – eine schweizerische Neuheit, in: M. Heer/ Ch. Schöbi (Hrsg.), Gericht und Expertise, SWR Band 6, Bern 2005, S. 133 ff.; H.W. Leibundgut, Der Stellenwert des psychiatrischen Gutachtens im Strafverfahren und seine kriminalprognostischen Möglichkeiten, ZStrR 1982, S. 159 ff.; N. Nedopil/V. Dittmann/M. Kiesewetter, Qualitätsanforderungen an psychiatrische Gutachten, ZStrR 123 (2005), S. 127 ff.

Inhaltsübersicht N.

I. Bisherige Rechtslage nach kantonalem Recht 1
   1. Gesetz 1
      a) Rechtslage vor 2005 1
      b) § 110 Abs. 2 StPO (ZH) in der ab 1.1.2005 geltenden Fassung 3
   2. VO des Regierungsrates vom 10.2.1999 5
II. Ausgangslage im Lichte von ZPO und StPO 6
   1. Sachverständigengutachten als Beweismittel nach ZPO bzw. StPO/StGB ... 6
   2. Kantonaler Zuständigkeitsbereich 7
   3. Zuständigkeit zum Erlass einer Verordnung 10
III. VO über psychiatrische und psychologische Gutachten in Straf- und Zivilverfahren vom 1./8.9.2010 (PPGV) 11
   1. Allgemein 11
      a) Vorarbeiten 11
      b) Geltungsbereich und Zweck 15
   2. Einzelne Regelungsbereiche 18
      a) Voraussetzungen für die Sachverständigentätigkeit; Fachkommission ... 18
         aa) Fachkommission 18
         bb) Sachverständigenverzeichnis 19
      b) Zuständigkeit und Verfahren betreffend Zulassung und Löschung ... 24
      c) Auftragserteilung und -erfüllung 27
      d) Entschädigung 31
         aa) Bemessung 31
         bb) Rechtsschutz 35
   3. Rechtmässigkeit der PPGV 38

I. Bisherige Rechtslage nach kantonalem Recht

1. Gesetz

a) Rechtslage vor 2005

1 Gemäss § 110 Abs. 2 StPO (ZH) in der bis Ende 2004 geltenden Fassung waren die Bezirksärzte und ihre Adjunkten von Gesetzes wegen die bleibend bestellten gerichtsärztlichen Sachverständigen. Als solche galten ferner die ärztlichen Direktoren und Oberärzte der kantonalen Spitäler und psychiatrischen Kliniken und des gerichtlich-medizinischen Instituts sowie der Leiter der kantonalen Familienpflege. Für Fälle der Verhinderung oder Befangenheit oder bei besonderen Umständen konnte die Untersuchungsbehörde ausnahmsweise andere Sachverständige bezeichnen (Abs. 3). Ferner bezeichnete der Regierungsrat die für die Untersuchung weiblicher Personen zuständigen Ärztinnen (Abs. 4).

2 Der Grund für diese Art von «bleibender Bestellung» lag ursprünglich in der Annahme, Personen, die die betreffenden Ämter ausübten, böten zufolge ihrer Stellung besondere

Gewähr für Tüchtigkeit und fachliche Befähigung (DONATSCH/SCHMID, StPO-Kommentar, § 110 N. 16). Neben den im Gesetz genannten Personen zählten auch die «Mitarbeiter der kriminaltechnischen und wissenschaftlichen Dienste der Kriminalpolizei von Stadt- und Kantonspolizei» faktisch zu den bleibend bestellten gerichtlichen Sachverständigen (ZR 95 Nr. 37; DONATSCH/SCHMID, StPO, § 110 N. 23).

b) **§ 110 Abs. 2 StPO (ZH) in der ab 1.1.2005 geltenden Fassung**

Der Annahme funktionsbedingter Sachverständigenbefähigung trat der Gesetzgeber im Rahmen der StPO-Revision von 2003 entgegen; danach sei nicht einzusehen, warum Ärzte, die wegen ihrer therapeutischen Fachkunde und ihrer Führungseigenschaften in leitende Funktionen gewählt werden, ohne über forensische und gutachterliche Erfahrung zu verfügen, plötzlich auch über die Qualitäten verfügen sollten, die bei selbständigen Psychiatern, die als Gutachter amteten, nachzuweisen und zu überprüfen seien (ABl 2001, S. 601 f.). 3

Mit der Gesetzesrevision vom 27.1.2003 wurde (nachträglich) die gesetzliche Grundlage für eine Neufassung des Sachverständigenwesens im Bereich ärztlicher und psychologischer Gutachten geschaffen. Nach § 110 Abs. 2 StPO (ZH) regelte der Regierungsrat auf dem Verordnungsweg die Voraussetzungen, die von den durch die Untersuchungsbehörde beauftragten ärztlichen und psychologischen Sachverständigen zu erfüllen waren. Damit wurde eine formelle gesetzliche Grundlage für die bereits im Jahre 1999 erlassene VO geschaffen. 4

2.   VO des Regierungsrates vom 10.2.1999

Die VO über psychiatrische Gutachten im Strafverfahren vom 10.2.1999 regelte die grundsätzliche Berechtigung zur Gutachtertätigkeit im Strafverfahren, wobei sie formell auf das Untersuchungsverfahren beschränkt war. Die VO sah eine vom Regierungsrat gewählte Fachkommission vor, welcher die Überprüfung der Eignung und die Erstellung entsprechender Wahlvorschläge zuhanden der Ernennungsinstanz übertragen war. Die Fachkommission stellte auch die Überprüfung beanstandeter Gutachten und die nötige Fortbildung der Sachverständigen sicher. 5

II.   Ausgangslage im Lichte von ZPO und StPO

1.   Sachverständigengutachten als Beweismittel nach ZPO bzw. StPO/StGB

Sowohl ZPO (Art. 183 ff.) wie StPO (Art. 182 ff.) sehen das Beweismittel des von einem amtlich bestellten Sachverständigen erstatten Gutachtens für Fragen vor, in denen dem Gericht oder der Staatsanwaltschaft die erforderlichen Kenntnisse oder Fähigkeiten zur Beurteilung eines Sachverhaltes fehlen. Überdies sieht das StGB bei zweifelhafter Schuldfähigkeit (Art. 20) und im Bereich des Massnahmenrechts (Art. 56 Abs. 4, 64b Abs. 2 lit. b) zwingend die psychiatrische Begutachtung vor. Die eidgenössischen Prozessordnungen normieren abschliessend die Rechtsfolgen einer im konkreten Einzelfall als man- 6 gelhaft erachteten Gutachtertätigkeit (Art. 188 Abs. 2 ZPO, Art. 189 StPO: Anspruch der Parteien auf Ergänzung, Erläuterung, Verbesserung oder Neubegutachtung im Falle von Unvollständigkeit, Unklarheit oder ungenügender Begründung bzw. Zweifel an der Richtigkeit des Gutachtens); sie regeln jedoch die allgemeinen *Voraussetzungen für die Zulassung* einer Person als gerichtlicher Sachverständiger *nicht*.

2. Kantonaler Zuständigkeitsbereich

7 So wie die Regelung der materiellen Voraussetzungen wie auch des Wahlverfahrens von Staatsanwälten und Richtern Sache der Kantone ist, kann das kantonale Recht auch die allgemeinen Voraussetzungen und das Verfahren für die dauernde Bestellung von Sachverständigen regeln, denn damit wird nicht in den Gang des einzelnen Verfahrens eingegriffen. Für den Bereich des Strafverfahrens folgt diese Zuständigkeit zudem ausdrücklich aus Art. 183 Abs. 2 StPO, wonach Bund und Kantone für bestimmte Gebiete dauernd bestellte oder amtliche Sachverständige vorsehen können. Der kantonalen Legiferierung entzogen sind hingegen die prozessualen Folgen für den Fall, dass im konkreten Verfahren die Sachverständigenleistung als ungenügend oder fehlerhaft erachtet wird; damit versteht sich auch, dass die generelle Zulassung als Sachverständiger keine Bindungswirkung für die im konkreten Verfahren mit der Würdigung eines Gutachtens befasste Behörde entfaltet, mithin *deren Verfahrenshoheit nicht berührt wird*. Ferner legen die Prozessordnungen abschliessend fest, unter welchen Voraussetzungen im Einzelfall ein Sachverständiger wegen Befangenheit abgelehnt werden kann (Art. 183 Abs. 2 i.V.m. Art. 47 ff. ZPO; Art. 183 Abs. 3 i.V.m. Art. 56 StPO).

8 Nach Art. 183 Abs. 1 StPO können ausschliesslich natürliche Personen als Sachverständige bezeichnet werden; Analoges gilt für den Zivilprozess (BSK ZPO-WEIBEL, Art. 183 N. 30 f.).

9 § 123 GOG schafft die Basis für eine Regelung des Sachverständigenwesens auf dem Verordnungsweg. Im Bereich des ohnehin den Kantonen vorbehaltenen Straf- und Massnahmenvollzugs (Art. 123 Abs. 2 BV) ergibt sich diese Kompetenz aus dem revidierten § 31 Abs. 2 StJVG.

3. Zuständigkeit zum Erlass einer Verordnung

10 Zuständig zum Erlass einer Verordnung sind nach Abs. 1 der Regierungsrat bzw. das Obergericht je einzeln oder aber beide gemeinsam; von dieser zweiten Variante wurde mit der Verordnung vom 1./8.9.2010 Gebrauch gemacht, womit eine umfassende Normierungskompetenz für Zivil- und Strafverfahren erreicht wurde. Sachlich beschränkt sich die Verordnung auf den Bereich des medizinisch-psychiatrischen sowie des psychologischen Gutachtens; in anderen Bereichen besteht in diesem Sinn keine staatliche Sachverständigenzertifizierung.

III. VO über psychiatrische und psychologische Gutachten in Straf- und Zivilverfahren vom 1./8.9.2010 (PPGV, LS 321.4)

1. Allgemein

a) Vorarbeiten

Im Vorfeld der Inkraftsetzung der eidgenössischen Prozessordnungen hielt der Regierungsrat fest, dass sich Menge und Bedeutung der Gutachten weiterentwickelt hätten und dass sich auch die einschlägigen Rechtsgrundlagen im Umbruch befänden. Die Regelungen der bestehenden Verordnung aus dem Jahre 1999 hätten sich sodann im Einzelfall als lückenhaft oder unflexibel erwiesen. Es fehlten klare Verfahrensvorgaben und Kompetenzregelungen für die Fachkommission. Weiter habe die Praxis gezeigt, dass zwischen verschiedenen Schwierigkeitsgraden von Gutachtensaufträgen unterschieden werden müsse (ABl 2010, S. 1886 ff., Weisung des RR zur PPGV).

11

Mit Blick auf einen Ausgleich zwischen der genügenden Verfügbarkeit geeigneter Sachverständiger und der Sicherstellung der erforderlichen Qualität der Gutachten erachtete es der Regierungsrat für prüfenswert, differenzierte Anforderungsprofile einzuführen und eine Ausdehnung der zulassungsberechtigten Berufsgruppen in Erwägung zu ziehen; dies auch im Hinblick auf neue Weiterbildungsmöglichkeiten in der forensischen Psychiatrie und Psychologie, die es Sachverständigen inzwischen erlaubten, sich auch auf andere als die in der bestehenden Verordnung vorgesehenen Weise über ihre Eignung auszuweisen. Schliesslich wurde die Frage aufgeworfen, ob – wie ursprünglich bereits für die Verordnung 1999 vorgesehen – der Geltungsbereich auch auf Gerichtsverfahren ausgedehnt werden sollte; dies insbesondere vor dem Hintergrund der mit dem revidierten StGB erfolgten Ausdehnung der gerichtlichen Zuständigkeiten im Bereich des Justizvollzuges (Nachverfahren) sowie aufgrund besonderer Vorkommnisse in der jüngeren Vergangenheit, wie etwa des Tötungsdelikts an einem Taxifahrer in Wetzikon.

12

Die solchermassen festgestellten Defizite der bisherigen Regelung nahm die bestehende Fachkommission zum Anlass, eine grundlegende Revision der Verordnung vorzuschlagen. Sie beauftragte deshalb einen Ausschuss mit der Erarbeitung eines entsprechenden Entwurfs. Mit Blick auf eine mögliche Ausdehnung des Geltungsbereiches der Verordnung auf gerichtliche Erkenntnisverfahren beteiligte sich auch eine Vertretung des Obergerichts an den Entwurfsarbeiten. Die Arbeitsgruppe kam zum Schluss, dass Ausgangspunkt der Revision die Erhaltung bewährter Elemente der bisherigen Praxis der Fachkommission sein solle. Mit Blick auf den Einbezug der Gerichte und die hängige Revision des kantonalen Verwaltungsverfahrens- und Organisationsrechts seien aber die Kompetenzen und das Instrumentarium der Fachkommission detaillierter zu regeln. Erwogen werden solle auch eine Abkehr vom System der Wahl der Bezirksarztadjunktinnen und -adjunkten. Es sei wünschenswert, für bestimmte – festzulegende – Gutachtenkategorien auf einen weiteren Kreis von qualifizierten Sachverständigen, wie psychologische Psychotherapeutinnen oder Psychotherapeuten, zurückgreifen zu können. Die Fachkommission habe ein Verzeichnis derjenigen sachverständigen Personen zu führen, welche die Voraussetzungen zur Erstellung bestimmter Arten von Gutachten erfüllen. Ihr

13

§ 123

solle auch der Entscheid über die Eintragungen zukommen, wobei sich die Verfahrensvorgaben an den Vorschriften der im Dolmetscherwesen tätigen behördenübergreifenden Fachgruppe des Obergerichts gemäss der 2003 erlassenen Dolmetscherverordnung (LS 211.17) orientieren. In Berücksichtigung des Einbezugs der Gerichte solle die Fachkommission neu beim Obergericht angesiedelt werden.

14 Die Arbeitsgruppe arbeitete den Text einer entsprechenden Verordnung aus; im Vernehmlassungsverfahren stiess der Entwurf, insbesondere der vorgesehene Miteinbezug der Gerichte und die Zulassung von Psychologinnen und Psychologen zur Sachverständigentätigkeit für gewisse Arten von Gutachten, auf weitgehende Zustimmung. In der Folge wurde der Verordnungstext leicht überarbeitet. Neu wurden Bestimmungen zu den Kostenfolgen des Verfahrens vor der Fachkommission und zur Entschädigung der Sachverständigen aufgenommen. Detaillierter geregelt wurde die Einsetzung bzw. Wahl der Fachkommission. Aufgrund entsprechender Einwendungen des Datenschutzbeauftragten wurden einzelne Bestimmungen, wie die Einsichtnahme in das Sachverständigenverzeichnis, bestimmter abgefasst. Auch wurde die Regelung zum Amtsgeheimnis, die bisher auf Reglementsstufe verankert war, neu auf Verordnungsstufe festgehalten. Ausdrücklich geregelt wurde schliesslich in § 20 Abs. 4 PPGV, dass Abklärungen bzw. Massnahmen der Fachkommission in Zusammenhang mit der Überprüfung von beanstandeten Gutachten die Verfahrenshoheit der zuständigen Straf-, Erkenntnis- oder Vollzugsorgane im Einzelfall nicht beeinträchtigen dürfen (zum Ganzen ABl 2010 S. 1887 ff.).

b) Geltungsbereich und Zweck

15 Abweichend von der VO von 1999 ist der Anwendungsbereich der heutigen VO gemäss § 2 PPGV nicht mehr auf Strafverfahren beschränkt, sondern erfasst auch Glaubhaftigkeitsgutachten im Zivilverfahren und Gutachtensaufträge im Verfahren der gerichtlichen Beurteilung fürsorgerischer Freiheitsentziehungen bei schwerwiegenden Fremdgefährdungen; ferner, wie bereits erwähnt, die Gutachtertätigkeit im Justizvollzug im Hinblick auf Vollzugsentscheide. Zum andern sind auch psychologische Gutachten zu erwähnen, weil neu psychologische Psychotherapeutinnen und -therapeuten ebenfalls als Sachverständige berücksichtigt werden können. Der Begriff «psychologisch» ist in diesem Kontext als untechnischer Oberbegriff in Abgrenzung zum ärztlichen psychiatrischen Gutachten zu verstehen (ABl 2010, S. 1889).

16 Im Ingress entfällt die bisherige Erwähnung des Gesundheitsgesetzes, weil die Anknüpfung an das System der ausserordentlichen Bezirksarztadjunktinnen und -adjunkten aufgegeben wird. Die Verordnung stützt sich deshalb auf die einschlägigen, von den auftraggebenden Behörden zu beachtenden Verfahrens- und Organisationsgesetze. Damit verbunden ist eine entsprechende Ergänzung von § 31 des Straf- und Justizvollzugsgesetzes (StJVG; LS 331).

17 Die Zweckbestimmung (§ 1 PPGV) übernimmt das *Ziel der Qualitätssicherung* bei der Gutachtenserstellung. Mit Blick auf die nachfolgenden Detailbestimmungen fasst sie die diesem Ziel dienenden Regelungen und Massnahmen wie folgt zusammen:
   a. Regelung der Zuständigkeit und des Verfahrens zur Eintragung von Personen in das Sachverständigenverzeichnis,

b. Regelung der Voraussetzungen für die Erteilung von Sachverständigenaufträgen,
c. Regelung der Modalitäten bei der Auftragserteilung und Erfüllung, und
d. Regelung der Entschädigung der Sachverständigen.

2. Einzelne Regelungsbereiche

a) Voraussetzungen für die Sachverständigentätigkeit; Fachkommission

aa) Fachkommission

§§ 3 und 4 PPGV umschreiben die Zusammensetzung bzw. Wahl und die Aufgaben der Fachkommission. Die Kommission besteht danach aus 12 Mitgliedern von Vertretern aus Behörden bzw. Institutionen (Gerichte, Justizdirektion, Strafverfolgungsbehörden, Kantonsarzt, Chefarzt des Psychiatrisch-Psychologischen Dienstes des Amtes für Justizvollzug, Institut für Rechtsmedizin der Universität Zürich, ärztliche Leitung der forensisch-psychiatrischen Dienste der kantonalen psychiatrischen Kliniken, Ärzteschaft, Therapeutenschaft sowie Anwaltschaft). Wahlbehörde sind der Regierungsrat und das Obergericht, die Wahl erfolgt auf die Amtsdauer des Regierungsrates (vier Jahre). Die Fachkommission sorgt für die Qualität der Gutachtenserstellung; dazu führt sie insbesondere das Sachverständigenverzeichnis und erlässt Richtlinien zur Erteilung von Sachverständigenaufträgen und Erstellung von Gutachten (§ 4 Abs. 1 lit. a und b PPGV).

bb) Sachverständigenverzeichnis

Gemäss § 10 PPGV besteht ein Sachverständigenverzeichnis, welches von der Fachkommission geführt wird. Wer die fachlichen und persönlichen Voraussetzungen für die Sachverständigentätigkeit erfüllt, wird in das Verzeichnis eingetragen (Abs. 1). Dabei wird zwischen drei Arten von Gutachten bzw. Gutachtertätigkeiten unterschieden:

– Gutachten zur Beurteilung *komplexer Problemstellungen oder Risiken,* namentlich bei schweren Gewalt- und Sexualstraftaten, bei der Anordnung oder Überprüfung einer Verwahrung oder stationären Massnahme (im Sinne von Art. 64 bzw. 59 Abs. 3 StGB) oder wenn aufgrund der Aktenlage oder sonstiger Kriterien Anzeichen für besondere oder erhöhte Gemeingefährlichkeit der zu begutachtenden Person bestehen (Abs. 2 lit. a). Die Aufzählung hat nicht abschliessenden Charakter; es obliegt den betreffenden Stellen zu prüfen, ob aufgrund der genannten Anzeichen ein qualifizierter Auftrag zu erteilen ist. In Zweifelsfällen ist die Wahl eines Gutachters, der den Anforderungen für die schwierigsten Arten von Risiken genügt, immer möglich (ABl 2010, S. 1895);
– Gutachten zur Beurteilung der *Glaubhaftigkeit von Aussagen* im Straf- und Zivilverfahren (Abs. 2 lit. b);
– schliesslich, im Sinne einer Sammelkategorie, *andere Gutachten* (Abs. 2 lit. c).

Hinsichtlich der Eintragungsvoraussetzungen nennt § 11 PPGV die *allgemeinen,* für alle Arten von Gutachten vorausgesetzten *Fähigkeiten und Eigenschaften* (Facharzttitel sowie Bewilligung zur Berufsausübung; guter Leumund, persönliche Eignung und ausreichende Erfahrung in der gutachterlichen Tätigkeit).

21 Die eben erwähnten allgemeinen Voraussetzungen genügen für die Erstellung von «anderen Gutachten» im Sinne von § 10 Abs. 2 lit. c PPGV. Hinsichtlich der beiden ersten Kategorien nennt § 12 PPGV zusätzliche Voraussetzungen. Detailliert umschrieben werden die Voraussetzungen für die Erstellung von Gutachten im Sinne von § 10 Abs. 2 lit. a PPGV (§ 12 Abs. 1 und 2 PPGV). Für die Erstellung aussagepsychologischer Gutachten wird zusätzlich zu den allgemeinen Voraussetzungen eine abgeschlossene anerkannte Zusatzausbildung auf diesem Gebiet verlangt (§ 12 Abs. 3 PPGV; dazu unten N. 38). Weiter können bestimmte *ärztliche Kaderangehörige* (Chefärzte, leitende Ärzte und sonstige hauptamtlich im forensisch-psychiatrischen Bereich tätige Oberärzte kantonaler Kliniken und Polikliniken usw.) *unabhängig von den genannten Voraussetzungen* in das Verzeichnis eingetragen werden, wenn sie sich zur Übernahme entsprechender Aufträge bereit erklären (§ 15 PPGV). Unabhängig von der Eintragung im Sachverständigenverzeichnis können schliesslich den leitenden Fachkräften des Instituts für Rechtsmedizin der Universität Zürich Aufträge für Gutachten im Sinne § 10 Abs. 2 lit. c PPGV erteilt werden (§ 29 PPGV).

22 Vorgesehen ist ferner die Eintragung im Sinne einer *Kandidatur* für längstens fünf Jahre, wenn die betreffende Person die erforderliche Anzahl von Gutachten für die definitive Eintragung noch nicht vorweisen kann; allfällige Gutachtensaufträge sind in diesem Fall unter Aufsicht auszuführen (§ 13 PPGV).

23 Einsicht in das Sachverständigenverzeichnis haben nebst den öffentlichen Organen die eingetragenen Personen mit Bezug auf ihren Eintrag, Verfahrensparteien sowie im Kanton tätige Rechtsanwälte im Rahmen ihres Mandats und bei der für das Verfahren zuständigen Behörde sowie die Mitglieder der Fachkommission (§ 24 PPGV).

b)   Zuständigkeit und Verfahren betreffend Zulassung und Löschung

24 Das Eintragungsverfahren wird in den §§ 14 ff. PPGV geregelt. Der Antrag ist an die Fachkommission zu stellen; das Verfahren ist kostenlos.

25 Geregelt werden weiter die Voraussetzungen für die Löschung der Eintragung (§ 18 PPGV); wegen fehlender Erfüllung der Voraussetzungen kann der Eintrag gelöscht werden, wenn die betreffende Person wiederholt mangelhafte Gutachten oder Gutachtensaufträge nicht zu den vereinbarten Bedingungen erstellt hat (§ 18 Abs. 1 lit. d i.V.m. Abs. 2 PPGV).

26 Bei Zweifeln an der fachlichen oder persönlichen Eignung meldet das öffentliche Organ (Strafverfolgungsbehörde, Gericht) dies der Fachkommission; diese veranlasst die erforderlichen Abklärungen oder nimmt sie selber vor, wobei die Verfahrenshoheit der im hängigen Fall zuständigen öffentlichen Organe gewahrt bleibt. Gegebenenfalls kann eine vorsorgliche (auch partielle) Sperrung angeordnet werden. Gestützt auf das Ergebnis der Abklärungen wird die Berechtigung zur Sachverständigentätigkeit von der Fachkommission dauerhaft eingeschränkt oder mit Auflagen versehen. Dagegen ist Rekurs nach §§ 19 ff. VRG an die Verwaltungskommission des Obergerichts zulässig (§§ 19 ff. PPGV).

c) **Auftragserteilung und -erfüllung**

Die Aufnahme in das Verzeichnis begründet weder einen Anspruch auf Erteilung noch eine Pflicht zur Übernahme von Sachverständigenaufträgen (§ 17 Abs. 4 PPGV). Hingegen werden Sachverständigenaufträge von den öffentlichen Organen grundsätzlich nur an eingetragene Personen erteilt (§ 17 Abs. 1 PPGV); ausnahmsweise können Aufträge an nicht eingetragene Personen erteilt werden, wobei in diesem Fall die Auftragserteilung der Fachkommission zu melden ist (§ 17 Abs. 2 und 3 PPGV). Privaten Verfahrensbeteiligten steht es selbstverständlich frei, nicht eingetragene Personen mit der Erstellung eines privaten (nichtamtlichen) Gutachtens zu beauftragen (zur Bedeutung von Privat- bzw. Parteigutachten BGE 132 III 83 E. 3.4; DONATSCH, in: Donatsch/Hansjakob/Lieber, StPO Komm., Art. 182 N. 15; F. MÜLLER/S. ZINGG, Der Beizug von Sachverständigen im Zivilprozess aus anwaltlicher Sicht, ZBJV 145 [2009], S. 619 ff., 648).

Die Auftragserteilung erfolgt schriftlich (vgl. schon Art. 184 Abs. 2 StPO) und bestimmt den Abgabetermin, die Entschädigungsbedingungen sowie ein allfälliges Kostendach (§ 26 PPGV; zum weiteren Inhalt des Sachverständigenauftrags im Strafverfahren Art. 184 Abs. 2 StPO).

Hinsichtlich der *Rechte und Pflichten des Sachverständigen* bei der Erfüllung des Auftrags gelten in erster Linie die einschlägigen Bestimmungen der Prozessordnungen (Art. 184 ff. ZPO; Art. 185, 187 StPO). Insofern als bereits hier die alleinige persönliche Verantwortlichkeit des Sachverständigen erwähnt wird (Art. 185 Abs. 1 StPO), erscheint die in § 27 Abs. 1 Satz 1 PPGV vorgenommene Ergänzung obsolet (ebenso wohl § 27 Abs. 2 PPGV).

Voraussehbare Verzögerungen bei der Gutachtenerstellung oder Kostenüberschreitungen sind frühzeitig zu melden (§ 27 Abs. 4 PPGV; vgl. BGE 134 I 159 E. 4.4).

d) **Entschädigung**

aa) Bemessung

Nach Art. 184 Abs. 3 ZPO und Art. 190 StPO hat der Sachverständige Anspruch auf Entschädigung bzw. angemessene Entschädigung.

Bei dem von einer kantonalen Behörde oder einem kantonalen Gericht erteilten Gutachtenauftrag handelt es sich um ein Rechtsverhältnis des kantonalen öffentlichen Rechts (BGE 134 I 159 E. 3). Ob sich damit die Honorarbemessung auch noch heute unmittelbar auf kantonales Recht (so – vor Inkrafttreten von ZPO und StPO – das Bundesgericht, a.a.O.) oder aber auf Bundesrecht stützt (sei es ZPO bzw. StPO oder Art. 394 Abs. 3 OR, vgl. BSK ZPO-WEIBEL, Art. 184 N. 9), kann offenbleiben; so oder anders ist mangels präziser Bestimmungen im kantonalen und eidgenössischen Prozessrecht subsidiär auch *Bundesprivatrecht als Ersatzrecht* anwendbar (BGE 134 I 159 E. 3 a.E.).

§ 28 PPGV verweist für die Entschädigung des Sachverständigen auf die VO der obersten Gerichte vom 11.6.2002 über die Entschädigung der Zeuginnen und Zeugen, Auskunftspersonen und Sachverständigen (Entschädigungs-VO; LS 211.12). Diese enthält in den §§ 9 ff. einen Entschädigungsansatz für Sachverständige im Erkenntnisverfahren vor den Gerichten. Der Regierungsrat erklärte die Entschädigungs-VO der Gerichte in § 11 Abs. 2 seiner VO vom 24.11.2010 über die Gebühren- und Entschädigungsansätze der

Strafverfolgungsbehörden (GebV StrV, LS 323.1) hinsichtlich der Entschädigung für Barauslagen ebenfalls für anwendbar. In diesem Sinne wird für die Entschädigung der Sachverständigen im Anwendungsbereich dieser Verordnung allgemein (auch für den Justizvollzug) auf die Entschädigungs-VO der obersten Gerichte verwiesen.

34 Der Sachverständige wird nach *Zeitaufwand* entschädigt, wobei sich der Ansatz nach den erforderlichen Fachkenntnissen und der Schwierigkeit der Leistung, bei freiberuflich tätigen Sachverständigen in der Regel nach den Ansätzen des jeweiligen Berufsverbandes richtet (§ 9 Abs. 1 Entschädigungs-VO; vgl. ZR 91/92 Nr. 47; BÜHLER, S. 78 f.). Der verrechnete Aufwand ist im Einzelnen zu belegen; nicht jeder in Rechnung gestellte Aufwand ist aber ohne Weiteres zu entschädigen, sondern nur der objektiv gerechtfertigte, der bei sorgfältigem und zweckmässigem Vorgehen genügt hätte (BGE 134 I 159 E. 4.4 m.H.). Im Zusammenhang mit der Prüfung der Kostennote hat das Gericht auch die Interessen der Prozesspartei, der die Entschädigung als Barauslage belastet wird, zu berücksichtigen (SJZ 106, S. 549).

bb) Rechtsschutz

35 Gemäss ausdrücklicher Bestimmung von Art. 184 Abs. 3 Satz 2 ZPO ist der gerichtliche Entscheid über die Entschädigung des Sachverständigen mit Beschwerde anfechtbar. Somit können sowohl der Sachverständige wie auch die (mit Kosten belasteten) Parteien Beschwerde nach Art. 319 ff. ZPO führen (BSK ZPO-WEIBEL, Art. 184 N. 10 f.); Beschwerdeinstanz ist die VK des Obergerichts (§ 18 lit. a VOG).

36 Demgegenüber sieht die StPO kein ausdrückliches Beschwerderecht vor; da jedoch der Entscheid nach Art. 190 StPO nicht als endgültig oder unanfechtbar bezeichnet wird (Art. 380 StPO), ist die Beschwerde im Sinne von Art. 393 Abs. 1 lit. b i.V.m. Art. 382 StPO ebenfalls zulässig (vgl. auch LIEBER, in: Donatsch/Hansjakob/Lieber, StPO Komm., Art. 382 N. 2).

37 Der Sachverständige ist gegen den letztinstanzlichen kantonalen Entscheid betreffend seine Entschädigung (insbesondere gegen eine damit verbundene Kürzung des Honorars) zur Beschwerde an das Bundesgericht legitimiert (BGE 134 I 159).

3. Rechtmässigkeit der PPGV

38 Gegen den Erlass der PPGV (konkret deren §§ 11 und 12) erhoben psychologische Fachverbände Beschwerde an das Verwaltungsgericht, welche diese abwies. Die dagegen unter Hinweis auf die derogatorische Kraft des Bundesrechts (Art. 56 StGB) bzw. die Gesetzgebung betreffend den Binnenmarkt, die Wirtschaftsfreiheit sowie das Rechtsgleichheitsgebot und den Grundsatz der Verhältnismässigkeit erhobene Beschwerde in öffentlich-rechtlichen Angelegenheiten wies das Bundesgericht ab (BGer 2C_121/2011 vom 9.8.2011 = SJZ 107 S. 499 f. = fp 2011 S. 341 f.). Namentlich hielt das Bundesgericht fest, die Wirtschaftsfreiheit (Art. 27 BV) gebe keinen Anspruch darauf, zu einer hoheitlichen oder amtlichen Tätigkeit (zu welcher die forensische Begutachtung zu zählen ist) zugelassen zu werden (so schon BGE 133 I 259 E. 2.2), und es sei auch nicht zu beanstanden, dass nur Mediziner mit psychiatrisch-forensischer Fachausbildung (nicht aber nichtärztliche Psychotherapeuten) zugelassen werden.

§ 124 *Minderheitsmeinung*

> Entscheidet das Gericht nicht einstimmig, können die Minderheit sowie die Gerichtsschreiberin oder der Gerichtsschreiber ihre abweichende Meinung mit Begründung ins Protokoll aufnehmen lassen. Diese wird den Parteien mitgeteilt.

Literatur:

C. BAUDENBACHER, Anmerkung zum Minderheitsvotum des überstimmten Richters in der Zürcher Gerichtsverfassung, SJZ 79, S. 153 ff.; P. EGLI, Dissenting Opinions – Abweichende Richtermeinung im Schweizer Recht, in: FS für I. Schwander, Zürich 2011, S. 849 ff.; M. GULDENER, SCHWEIZERISCHES ZIVILPROZESSRECHT, S. 244 ff.; HAUSER/SCHWERI/HARTMANN, Schweizerisches Strafprozessrecht, § 82 N. 18 ff.; D. HOMBERGER-STÄHELI, Das Minderheitsvotum des überstimmten Richters, Diss. Zürich 1973; P. PICHONNAZ/P. SCYBOZ, Les *dissenting opinions* dans les jugements: une innovation à craindre? SJZ 98, S. 377 ff.; R. SCHWEIZER/P. SUTTER, Das Institut der abweichenden oder zustimmenden Richtermeinung im System der EMRK, in: Strafrecht, Strafprozessrecht und Menschenrechte, FS für St. Trechsel, Zürich u.a. 2002, S. 107 ff.

Inhaltsübersicht   N.
I.   Regelungsbedarf   1
II. Inhalt und Tragweite   3
III. Mitteilungspflicht   7

I. Regelungsbedarf

Sowohl ZPO (Art. 236 Abs. 2) wie StPO (Art. 351 Abs. 2) statuieren im Zusammenhang mit der Urteilsfällung das Mehrheitsprinzip, äussern sich jedoch nicht zur Frage, ob eine Minderheit des Gerichts oder der Gerichtsschreiber eine abweichende Meinung nach aussen verkünden dürfen (anders noch Art. 92 Abs. 3 lit. b VE StPO). 1

Mit der vorliegenden Bestimmung (die inhaltlich § 138 Abs. 4 GVG entspricht) hat der kantonale Gesetzgeber das Recht auf Kundgabe von Minderheitsmeinungen auf kantonaler Ebene festgeschrieben. Dabei stellt sich immerhin die Frage, ob der kantonale Gesetzgeber nicht in einen dem eidgenössischen Gesetzgeber vorbehaltenen Bereich eingreift. Dass insoweit jedenfalls kein Vorbehalt zugunsten kantonalen Rechts anzunehmen ist, belegt etwa Art. 54 Abs. 2 ZPO *e contrario*, indem hier ausdrücklich der Entscheid über die Öffentlichkeit der Urteilsberatung dem kantonalen Recht vorbehalten wird, was beim Minderheitsvotum nicht der Fall ist. Immerhin wird (hinsichtlich des Strafverfahrens) die Auffassung vertreten, eine überstimmte Minderheit solle (gemeint wohl von Bundesrechts wegen) berechtigt sein, ihre abweichende Ansicht ohne Rücksicht auf das Beratungsgeheimnis (Art. 348 Abs. 1 StPO) mit Begründung zu Protokoll zu geben (SCHMID, Handbuch, N. 1345). Insoweit käme der Bestimmung bloss deklaratorische Bedeutung zu. 2

II. Inhalt und Tragweite

3 Die überstimmte Minderheit und der Gerichtsschreiber sind berechtigt, ihre abweichende Auffassung (wie schon nach bisheriger Praxis sowohl hinsichtlich der Begründung wie auch des Urteilsergebnisses) im Protokoll festzuhalten, wenn sie dem Mehrheitsentscheid nicht beizupflichten vermögen.

4 Minderheitsanträge werden in der Praxis eher selten zu Protokoll gegeben, in der Regel dann, wenn die überstimmte Minderheit (bzw. der Gerichtsschreiber) der Meinung ist, der Mehrheitsantrag sei völlig unhaltbar, oder wenn es sich um eine Frage von grundsätzlicher Bedeutung handelt. Nachdem die bisherige öffentliche Urteilsberatung vor Obergericht (§ 135 Abs. 1 GVG) sowohl im Zivil- wie im Strafprozess entfällt (Art. 348 Abs. 1 StPO; § 134 Abs. 1 GOG), wäre eine vermehrte Veröffentlichung von Minderheitsmeinungen durchaus zu begrüssen. Die Parteien haben ein grosses Interesse daran, allfällige Minderheitsanträge zu kennen, weil dies für sie bei der Beurteilung der Frage eines Weiterzugs an eine Rechtsmittelinstanz von Bedeutung ist. Nebst dem Aspekt der Offenlegung justizieller Tätigkeit kann ein Minderheitsvotum in der Regel auch einen wichtigen Beitrag zur Rechtsentwicklung bzw. zu allfällig notwendigen Praxisänderungen leisten (vgl. SCHWEIZER/SUTTER, a.a.O., S. 115).

5 Neben der überstimmten Minderheit des Gerichts kann auch der Gerichtsschreiber (im Rahmen seiner beratenden Funktion) seine abweichende Meinung zu Protokoll geben (näher § 133 N. 20).

6 Die Möglichkeit, ein Minderheitsvotum zu Protokoll zu geben, besteht auch bei Geschäften der Justizverwaltung und Gesetzgebung. Ausdrücklich ist dies etwa vorgesehen in § 16 Abs. 4 G über die Organisation des Regierungsrates und der kantonalen Verwaltung (OG RR) vom 6. Juni 2005 (LS 172.1).

III. Mitteilungspflicht

7 Die Tatsache, dass eine Minderheitsmeinung formell zu Protokoll gegeben wurde, ist, wie auch deren Inhalt samt Begründung, den Parteien mitzuteilen (Satz 2). Die Mitteilung erfolgt in der Regel durch einen entsprechenden Hinweis im Entscheid unter gleichzeitiger Zustellung des schriftlich ausgefertigten Minderheitsantrags. Die unterbliebene bzw. verspätete Zustellung des Minderheitsantrages hat zur Folge, dass die Entscheidzustellung im Hinblick auf den Lauf von (Rechtsmittel-)Fristen mangelhaft ist, und führt zur Wiederholung derselben (KGZ v. 14.1.2002, Kass.-Nr. 2001/241, u.H.a. BAUDENBACHER, S. 159).

8 Im Sinne der bereits erwähnten Funktionen des Minderheitsvotums im Hinblick auf die Rechtsfortbildung und Transparenz versteht es sich von selbst, dass im Falle einer Publikation eines Mehrheitsentscheides mit formellem Minderheitsvotum in amtlichen Organen und/oder Fachzeitschriften (ebenso wie bei der Zugänglichmachung über eine Internet-Datenbank) das Minderheitsvotum ebenfalls zu erfassen ist (ebenso VOGEL, in: Häner/Rüssli/Schwarzenbach, Kommentar zur Zürcher Kantonsverfassung, Zürich 2007, Art. 78 N. 34).

§ 125 Gerichtsberichterstattung

Die Medien sind verpflichtet, eine vom Gericht angeordnete und formulierte Berichtigung zu ihrer Gerichtsberichterstattung zu veröffentlichen.

Literatur

H. AEMISEGGER, Öffentlichkeit der Justiz, in: P. Tschannen (Hrsg.), Neue Bundesrechtspflege: Auswirkungen der Totalrevision auf den kantonalen und eidgenössischen Rechtsschutz, BTJP 2006, Bern 2007, S. 375 ff.; P. AMSTUTZ, Publizitätsfragen im Strafrecht: Die Ansicht des Journalisten, ZStrR 103 S. 82; R. BERNHARD, Gerichtsberichterstattung, Zweck und Probleme aus der Sicht der Medien, ZBJV 131 (1995), S. 199 ff.; F. BOMMER, Öffentlichkeit der Hauptverhandlung zwischen Individualgrundrechten und rechtsstaatlich-demokratischem Strukturprinzip, in: FS für St. Trechsel, Zürich/Basel/Genf 2002, S. 671 ff.; DERSELBE, Einstellungsverfügung und Öffentlichkeit, fp 2011, S. 245 ff.; B. BRÜHLMEIER, Spannungsfeld Polizei, Justiz, Medien (Vademecum für Berichterstattung), Basel 1993; S. BRUNNER, Persönlichkeitsschutz bei der behördlichen Information der Öffentlichkeit von Amtes wegen: Ein Leitfaden, ZBl 2010, S. 595 ff.; DERSELBE, Einsichtnahme in Einstellungs- und Nichtanhandnahmeverfügungen bei Strafverfahren, medialex 2008, S. 144 ff.; N. CAPUS, Strafrecht und Kommunikation, in: FS für H. Wiprächtiger, Basel 2011, S. 355 ff.; A. DONATSCH, Die öffentliche Verkündung des Strafurteils gemäss Konventionsrecht, in: FS für J. Rehberg, Zürich 1996, S. 123 ff.; M. FELBER, Der Journalist als Mittler und Wächter, in: M. Heer/A. Urwyler (Hrsg.), Justiz und Öffentlichkeit, SWR Band 7, Bern 2007, S. 125 ff.; F.B. GROB, Die Autonomie von Radio und Fernsehen in der Schweiz, Diss. Zürich 1994; F. GULLOTTI/R. BINZ, Im Gerichtssaal der Öffentlichkeit, AnwRev 2010, S. 359 ff.; R. HAUSER, Das Prinzip der Öffentlichkeit der Gerichtsverhandlung und der Schutz der Persönlichkeit, in: FS für H.U. Walder, Zürich 1994, S. 165 ff.; R. JÄGER, Strafuntersuchung und Medien im Spannungsfeld der Interessen, Zürich 2010; R. KÄGI-DIENER, Persönlichkeitsschutz im Verhältnis von Medien und Justiz, AJP 3 (1994), S. 1102 ff.; M. KAYSER, Die öffentliche Urteilsverkündung in der künftigen Schweizer Zivil- bzw. Strafprozessordnung, in: B. Schindler/R. Schlauri (Hrsg.), Auf dem Weg zu einem einheitlichen Verfahren, Zürich 2001, S. 47 ff.; E. LÜTHY, Zivilrechtliche Probleme der identifizierenden Berichterstattung am Beispiel der Presse, Diss. Zürich 1981; A. MEILI, Die Akkreditierung von Journalisten im öffentlichen Recht des Bundes und der Kantone, Diss. Zürich 1990; G. MÜLLER, Justiz, Politik und Medien, in: FS für Thomas Fleiner, Freiburg 2003, S. 545 ff.; DERSELBE/M. THOMMEN, Unabhängigkeit versus Öffentlichkeit der Justiz, in: M. Heer/A. Urwyler (Hrsg.), Justiz und Öffentlichkeit, SWR Band 7, Bern 2007, S. 23 ff.; H.A. MÜLLER, Videoübertragung von Strafprozessen an einen Ort ausserhalb des Gerichtssaals, SJZ 106, S. 98 ff.; P. NOBEL/R.H. WEBER, Medienrecht, Bern, 3. Aufl., S. 655 ff.; P. NOBEL/S. RITTER, Fair trial – ein Plädoyer für Waffengleichheit in prozessualer und medialer Wirklichkeit, in: H. Baumgartner/R. Schuhmacher (Hrsg.), Ungeliebte Diener des Rechts, Baden-Baden und Zürich 1999, S. 141 ff.; F. RIKLIN, Schweizerisches Presserecht, Bern 1996; DERSELBE, Vorverurteilung durch die Medien, recht 9, S. 65 ff.; DERSELBE, Schutz der Unschuldsvermutung – Medien im Graubereich, medialex 2006, S. 28 ff.; M. ROHNER, Presse und Strafjustiz, ZStrR 88 S. 145 ff.; U. SAXER, Von Öffentlichkeitsprinzip zur Justizkommunikation – Rechtsstaatliche Determinanten einer verstärkten Öffentlichkeitsarbeit der Gerichte, ZSR 125 I (2006), S. 459 ff.; DERSELBE, Behördliche Informationen im Spannungsfeld von Informationsbedürfnis und (strafrechtlichem) Vertraulichkeitsschutz, ZSR 123 I (2004), S. 233 ff.; DERSELBE, Justizkommunikation im Rechtsstaat, in: M. Heer/A. Urwyler (Hrsg.), Justiz und Öffentlichkeit, SWR Band 7, Bern 2007, S. 49 ff. (zit. Justizkommunikation); DERSELBE, BSK StPO, zu Art. 72; DERSELBE/A. MANNHART, Medial bedingte Befangenheit staatlicher Akteure und *rule of law*, in: FS für H. Wiprächtiger, Basel 2011, S. 427 ff.; N. SCHMID, Handbuch, N. 246 ff.; K. SPÜHLER, Gefährdung der richterlichen Unabhängigkeit und Unparteilichkeit durch Massenmedien, SJZ 86, S. 349 ff.; E. STREBEL, Grenzen medialer Öffentlichkeitsarbeit der Staatsanwaltschaft, Bern u.a. 2011; P. STUDER, Was dürfen Richter und Journalisten voneinander erwarten? AJP 14 (2005), S. 1443 ff.; DERSELBE, Medien, Gerichte und Kritik an Gerichten, in: Schindler/Sutter (Hrsg.), Akteure der Gerichtsbarkeit, Zürich/St. Gallen 2007, S. 339 ff. (zit: Medien); D. THÜRER, Justiz und Medien, in: FS für J.F. Aubert, Basel 1996, S. 419 ff.; P. TSCHÜMPERLIN,

Öffentlichkeit der Entscheidungen und Publikationspraxis des Schweizerischen Bundesgerichts, SJZ 99, S. 265 ff.; M. VILLIGER, Geltungsbereich der Garantien der Europäischen Menschenrechtskonvention – Bemerkungen im Anschluss an das Urteil des Bundesgerichts in Sachen Proksch (BGE 116 IV 31 ff.) betreffend Auswirkungen der Unschuldsvermutung auf Presseberichterstattungen über hängige Strafverfahren, ZBl 92, S. 333 ff.; S. VOGEL, in: Häner/Rüssli/Schwarzenbach (Hrsg.), Kommentar zur Zürcher Kantonsverfassung, Zürich 2007, zu § 78; H. WIPRÄCHTIGER, Der Strafrichter und die Massenmedien, plädoyer 3/2000, S. 28 ff.; DERSELBE, Bundesgericht und Öffentlichkeit – zugleich ein Beitrag zum Verhältnis von Medien und Justiz, Anwaltsrevue 1/2003, 7 ff.; DERSELBE, Kontrolle der Strafjustiz durch Medien und Öffentlichkeit – eine Illusion? medialex 2004, S. 38 ff.; DERSELBE, Justiz und Medien – Erwartungen des Richters, in: M. Heer/A. Urwyler (Hrsg.), Justiz und Öffentlichkeit, SWR Band 7, Bern 2007, S. 39 ff. (zit.: Wiprächtiger, Justiz und Medien); M. WYSS, Öffentlichkeit von Gerichtsverfahren und Fernsehberichterstattung, EuGRZ 23, S. 1 ff.; F. ZELLER, Zwischen Vorverurteilung und Justizkritik, Bern 1998; DERSELBE, Gerichtsöffentlichkeit als Quelle der Medienberichterstattung, medialex 2003, S. 15 ff. (zit.: Gerichtsöffentlichkeit)

Inhaltsübersicht   N.

I.   Gerichtsberichterstattung im Lichte des Öffentlichkeitsgrundsatzes 1
     1. Grundsatz; Umfang und Zweck 1
     2. Ausnahmen 5
II. Inhalt der Bestimmung 8
     1. Berichtigungspflicht 8
        a) Zulässigkeit; Adressat 8
        b) Zuständigkeit, Verfahren 10
        c) Inhalt der Berichtigung 11
     2. Sanktionen 12
III. Stellung der akkreditierten Medienschaffenden im Gerichtsverfahren 13
     1. Akkreditierung als dem Kanton vorbehaltene Regelungsmaterie 13
        a) Grundlage im kantonalen Recht 13
        b) Verhältnis zu den eidgenössischen Prozessgesetzen 14
     2. Akkreditierung gemäss Akteneinsichts-VO der obersten Gerichte 16
        a) Verfahren 16
        b) Rechtsstellung 17
           aa) Allgemein 17
           bb) Unschuldsvermutung und Persönlichkeitsschutz im Besonderen 18
           cc) Bild- und Tonaufnahmen 24
     3. Auskunfterteilung und Akteneinsicht 25
     4. Sanktionen 29
IV. Öffentlichkeitsgrundsatz in der Strafuntersuchung sowie im Straf- und Massnahmenvollzug 31
     1. Während des Vorverfahrens 31
     2. Nach Abschluss des Vorverfahrens ohne Anklageerhebung 37
     3. Während des Straf- bzw. Massnahmenvollzugs 39

I. Gerichtsberichterstattung im Lichte des Öffentlichkeitsgrundsatzes

1. Grundsatz; Umfang und Zweck

1   Die Öffentlichkeit der gerichtlichen Hauptverhandlung bildet eine der wesentlichen, heutzutage unbestrittenen Errungenschaften des modernen freiheitlich-demokratischen

Strafverfahrensrechts und gilt dem Grundsatz nach auch für Zivilverfahren; sie findet ihren umfassenden Ausdruck u.a. schon in Art. 6 Ziff. 1 EMRK und Art. 30 Abs. 3 BV (SCHMID, Handbuch, N. 248). Der allgemeine Zugang zu den Verhandlungen bildet Teil der *Justizöffentlichkeit* und stellt eine Absage an jede Form geheimer Kabinettsjustiz dar. Er dient dem Schutz der Parteien vor willkürlicher Behandlung, indem er den Richter im Wissen um eine öffentliche Kontrolle zur Einhaltung der Verfahrensvorschriften zwingt (BGE 119 Ia 99 E. 4a, 134 I 286 E. 6.1; ZELLER, Gerichtsöffentlichkeit, S. 14; HAUSER, S. 167). Zwar mag der private Prozessbeteiligte mitunter eher an Diskretion als an Öffentlichkeit interessiert sein, zumal ihm anderweitige Kontrollmöglichkeiten (v.a. Rechtsmittel) zur Verfügung stehen; ungeachtet der Tatsache, dass das Öffentlichkeitsprinzip zwangsläufig die Persönlichkeitsrechte der betroffenen Privaten tangiert, überwiegt jedoch in der Regel das Interesse der Öffentlichkeit an der Information über den Gang der Justiz. Da indessen nicht jedermann jederzeit beliebigen Gerichtsverhandlungen beiwohnen kann, kommt der Berichterstattung durch die Medien eine wichtige Funktion im Sinne eines Bindeglieds zwischen Justiz und Bevölkerung zu, und die Berichterstattung dient insofern der *mittelbaren Gerichtsöffentlichkeit* (vgl. BGE 129 III 529 E. 3.2, 137 I 16 E. 2.2 a.E.; Pr 98 Nr. 96 E. 2.2; BSK StPO-SAXER, Art. 72 N. 1; WIPRÄCHTIGER, Justiz und Medien, S. 43; G. STEINMANN, in: BV-Kommentar St. Gallen, 2. Aufl. 2008, Art. 30 N. 37).

Neben der Öffentlichkeit der Hauptverhandlung bildet die öffentliche *Verkündung von Entscheiden* (Entscheidöffentlichkeit) einen weiteren Bereich der Justizöffentlichkeit, und zwar zum einen schon nach Art. 30 Abs. 3 BV und auf kantonaler Ebene nach Art. 17 und 78 KV, ferner gemäss Art. 54 Abs. 1 ZPO und Art. 69 Abs. 1 StPO; dazu gehört auch das Recht der Öffentlichkeit auf Einsicht in rechtskräftige *Einstellungsverfügungen ohne Straffolgen*, insbesondere solche nach Art. 53 StGB (BGE 136 I 80, 137 I 16 E. 2.2; siehe auch hinten N. 37). Hier geht es vor allem um die Schaffung von Transparenz hinsichtlich Präjudizien und Rechtsfortbildung (VOGEL, a.a.O., N. 9 ff.). Entsprechende Richtlinien finden sich im Kreisschreiben der VK des Obergerichts Nr. VU060013 vom 1.7.2009 über das Vorgehen bei der öffentlichen Verkündung von Entscheiden. Das G über die Information und den Datenschutz (IDG; LS 170.4) gilt gemäss seinem § 2 Abs. 1 für die Gerichte nur, soweit sie Verwaltungsaufgaben erfüllen; es ist hingegen anwendbar, soweit es um die Einsichtnahme in staatsanwaltschaftliche Entscheidungen geht (BGE 136 I 80 E. 2.2 a.E.).

2

Durch wahrheitsgetreue und ausgewogene Berichterstattung soll die Öffentlichkeit über die Tätigkeit der Gerichte in sachlicher Weise unterrichtet und das Vertrauen der Bevölkerung in die Justiz erhalten und gestärkt werden (BGE 64 I 180, 128 IV 97 E. 3b). Gleichzeitig muss die Justiz – zumal im Lichte der Medien- und Meinungsfreiheit (Art. 16 und 17 BV) – hinnehmen, dass ihre Entscheide, sei es fallbezogen, sei es im Hinblick auf einen generellen (gesetzgeberischen) Reformbedarf, der *Kritik* unterzogen werden; auch muss sachliche Kritik an Magistratspersonen zulässig sein (BSK StPO-SAXER, Art. 72 N. 15). Zwischen Gerichten und Berichterstattung über Gerichtsverfahren herrscht insofern ein quasisymbiotisches Verhältnis; die Medien können und sollen nicht Sprachrohr der Gerichte sein, was notwendigerweise ein Spannungsverhältnis entstehen lässt (näher SAXER, Justizkommunikation, S. 53). Der näheren Regelung dieser Interessenkonstellation dienen auch die Bestimmungen über den *Sonderstatus der akkreditierten Medienschaffenden* (hinten N. 13 ff.).

3

§ 125

4   Die Gerichtsberichterstattung spielt im Kanton Zürich vor allem in den Strafverfahren eine grosse Rolle. Über Zivilprozesse berichten die Medien verhältnismässig selten und in der Regel nur, wenn Entscheide von grundsätzlicher Bedeutung oder in Verfahren gefällt werden, die in der Öffentlichkeit bereits im Vorfeld besondere Aufmerksamkeit erfahren haben.

2. Ausnahmen

5   Während Strafgerichtsverhandlungen gegen Erwachsene vom Grundsatz der Öffentlichkeit beherrscht sind, gilt im *Jugendstrafverfahren* gemäss Art. 14 JStPO (und in Übereinstimmung mit Art. 6 Ziff. 1 EMRK, vgl. BGE 108 Ia 90 E. 3) der Grundsatz der Nichtöffentlichkeit. Die Behörden können die Öffentlichkeit immerhin in geeigneter Weise über den Stand bzw. Ausgang des Verfahrens informieren, und die Jugendgerichte können eine öffentliche Verhandlung anordnen, wenn dies der (urteilsfähige) Jugendliche oder die gesetzliche Vertretung verlangt oder das öffentliche Interesse es gebietet und die Öffentlichkeit seinen Interessen nicht zuwiderläuft.

6   Weitere Ausnahmen vom Grundsatz der Öffentlichkeit finden sich in Art. 54 Abs. 3 ZPO und Art. 70 Abs. 1 lit. a StPO (entgegenstehende überwiegende öffentliche oder private Interessen) und Art. 54 Abs. 4 ZPO (familienrechtliche Verfahren), ferner Art. 69 Abs. 3, 225 Abs. 1 StPO (Ausschluss bestimmter Verfahrensarten bzw. Verfahrensstadien, insbes. Vorverfahren; hinten N. 31 ff.). Vorbehalten bleibt in nichtöffentlichen Verhandlungen bzw. Verfahren die Orientierung der Öffentlichkeit durch die Strafbehörden (Art. 74 StPO) bzw. die Zulassung von Gerichtsberichterstattern (Art. 70 Abs. 3 StPO). Nicht der Öffentlichkeit unterliegen gerichtliche Interna wie etwa Angaben darüber, wie viele Stunden ein Richter für die Bearbeitung eines Falles aufwendet (bzw. wieviele Taggelder ausgerichtet wurden), weil dadurch der Ausgang eines Verfahrens durch prozessfremde Elemente beeinflusst und die Unabhängigkeit des Gerichts infrage gestellt werden könnte (BGE 137 I 1).

7   Eine faktische Einschränkung erfährt die Öffentlichkeit heute im Zuge des durch die StPO eingeführten *abgekürzten Verfahrens* (Art. 358 ff. StPO), indem an der Hauptverhandlung lediglich abzuklären bleibt, ob die beschuldigte Person den eingeklagten Sachverhalt anerkennt und ob diese Erklärung mit der Aktenlage übereinstimmt (Art. 361 Abs. 2 StPO).

II. Inhalt der Bestimmung

1. Berichtigungspflicht

a) Zulässigkeit, Adressat

8   Die Medien sind verpflichtet, eine vom Gericht angeordnete und formulierte Berichtigung zu ihrer Gerichtsberichterstattung zu veröffentlichen. Die Berichtigungspflicht trifft somit nicht den einzelnen Gerichtsberichterstatter persönlich, *sondern das Medienunternehmen;* letztlich liegt es denn auch im Zuständigkeits- bzw. Verantwortlichkeitsbereich des Unternehmens, ob die Berichtigung veröffentlicht wird. Damit steht freilich in Wi-

derspruch, dass gemäss § 12 Abs. 2 der Akteneinsichts-VO (hinten N. 16 ff.) die Nichtbefolgung der Berichtigungsanordnung durch einen akkreditierten Gerichtsberichterstatter mit den hier vorgesehenen spezifischen Sanktionen gegen diesen geahndet werden kann (näher N. 12).

Die Berichtigungspflicht wurde eingeführt, um unzutreffenden oder irreführenden Gerichtsberichterstattungen entgegenzutreten, welche auf die Befriedigung von Sensationsbedürfnissen oder die Aufpeitschung von Leidenschaften gerichtet und daher geeignet sind, das Vertrauen der Bevölkerung in die Justiz zu untergraben (dazu HAUSER, a.a.O., S. 187). So muss insbesondere bei der Berichterstattung über hängige Strafprozesse stets auf die *Unschuldsvermutung* Rücksicht genommen werden. Der Berichtigungszwang gegenüber der Presse verletzt die Meinungsäusserungs- und Pressefreiheit nicht (BGE 113 Ia 309 E. 4 und 5 = Pr 78 Nr. 256; HAUSER, a.a.O., S. 187; krit. MÜLLER/SCHEFER, Grundrechte, S. 469); die Bestimmung ist jedoch eng auszulegen, und es wäre nicht zulässig, auf diesem Weg einer kritischen, aber auf Fakten beruhenden Würdigung entgegenzutreten (BGE 112 Ia 398 E. 4e = Pr 76 Nr. 255). Weder geht es um eine Bevormundung der Presse noch darum, eine sachliche Kritik an der Justiz zu verunmöglichen, sondern um die Richtigstellung falscher oder irreführender Meldungen. Als *verfassungswidrig* gilt jedoch *die Unterstellung von Radio und Fernsehen* unter das kantonale Berichtigungsrecht, indem dies einer Aufsicht über diese Medien gleichkommt und die betreffende Materie abschliessend durch Bundesrecht (heute Art. 93 Abs. 5 BV; Art. 86 ff. RTVG [SR 784.40]) geregelt ist (BGE 112 Ia 398 E. 5 = Pr 76 Nr. 255). In der zürcherischen Praxis wurde von der Möglichkeit des Berichtigungszwangs seit jeher nur vereinzelt Gebrauch gemacht (Prot. der Expertenkommission 1976, S. 474; STUDER, Medien, S. 359).

9

b) Zuständigkeit, Verfahren

Zuständig zur Anordnung einer Berichtigung ist das von der Berichterstattung konkret betroffene Gericht. Bevor eine entsprechende Anordnung ergeht, ist dem Medienunternehmen Gelegenheit zur Äusserung einzuräumen. Die Berichtigungspflicht beruht *nicht auf eidgenössischem Prozessrecht* (SCHMID, Praxiskommentar, Art. 72 N. 2), sondern auf *kantonalem öffentlichem Recht*. Bei deren Anordnung handelt es sich somit um einen Akt der Justizverwaltung; insofern unterliegt der Entscheid der Beschwerde an die VK des Obergerichts (§ 18 lit. a VOG) und in der Folge der Beschwerde in öffentlich-rechtlichen Angelegenheiten an das Bundesgericht.

10

c) Inhalt der Berichtigung

Es ist Sache des zuständigen Gerichts, den Inhalt der Berichtigung festzulegen. Die Presseorgane können darauf keinen Einfluss nehmen. Die Berichtigung muss vollständig und (entgegen § 147a GVG [1911]) nicht nur ihrem wesentlichen Gehalt nach publiziert werden, und zwar umgehend, an der gleichen Stelle und in der gleichen Druckgestaltung wie die zu berichtigende Publikation. Insoweit besteht eine Parallele zum privatrechtlichen Institut der Gegendarstellung nach Art. 28g ff. ZGB (zum Verhältnis zwischen öffentlichrechtlichem und zivilrechtlichem Persönlichkeitsschutz HAUSER, a.a.O., S. 171, 187 f.).

11

2. Sanktionen

12 Wie erwähnt handelt es bei der Anordnung einer Berichtigung um einen Akt der Justizverwaltung. Als schwerste Sanktion wird der Entzug der mit der Akkreditierung verbundenen Sonderrechte bezeichnet, was jedoch nur im Falle schwerwiegender oder wiederholter Verstösse gegen die Berufspflicht infrage kommt (HAUSER, S. 188). Darüber hinaus kommen Verwarnung oder Suspendierung der Akkreditierung gemäss Akteneinsichts-VO infrage. Wie bereits vorne (N. 8) aufgezeigt, scheitern indessen diese Sanktionsformen allenfalls schon daran, dass die Berichtigungspflicht das Medienunternehmen und nicht den (akkreditierten) Berichterstatter persönlich trifft. Zwar erfolgt die gerichtliche Akkreditierung immer im Hinblick auf ein bestimmtes Medienunternehmen (vgl. § 10 Abs. 2 Akteneinsichts-VO), doch wird es kaum angehen, die Verweigerung der Berichtigung seitens des betreffenden Unternehmens ohne Weiteres dem Medienschaffenden persönlich zuzurechen, ausser es liesse sich insoweit eine persönliche Verantwortung des Berichterstatters an der unterbliebenen Berichtigung nachweisen. Im Übrigen kann gegenüber dem Unternehmen Verwaltungszwang (§§ 29 ff. VRG) eingesetzt werden.

III. Stellung der akkreditierten Medienschaffenden im Gerichtsverfahren

1. Akkreditierung als dem Kanton vorbehaltene Regelungsmaterie

a) Grundlage im kantonalen Recht

13 Durch den am 1.7.1999 in Kraft getretenen § 215 Abs. 2 Ziff. 3 GVG war dem Plenarausschuss der obersten kantonalen Gerichte die Befugnis übertragen worden, eine VO über die Akteneinsicht durch Gerichtsberichterstatter und andere Dritte zu erlassen; heute findet sich diese Kompetenznorm in § 73 Abs. 1 lit. d GOG (zur gesetzlichen Grundlage der Akkreditierung von Medienschaffenden vgl. auch § 15 Abs. 2 IDG). Die in der Folge erlassene VO vom 16.3.2001 (LS 211.15) ersetzte die frühere VO des Obergerichts über die Akteneinsicht durch Gerichtsberichterstatter und andere Dritte vom 5.12.1941. Ihr sachlicher Anwendungsbereich erstreckt sich auf sämtliche Verfahren vor zürcherischen Zivil- und Strafgerichten wie vor dem Verwaltungs- und dem Sozialversicherungsgericht, seit dem 1.1.2011 auch vor dem Baurekurs- und dem Steuerrekursgericht (§ 1 Abs. 1 VO).

b) Verhältnis zu den eidgenössischen Prozessgesetzen

14 Gemäss Art. 72 StPO können Bund (für den Tätigkeitsbereich der Bundesgerichte, hinten N. 15) und Kantone die Zulassung sowie die Rechte und Pflichten der Gerichtsberichterstatter regeln. In diesem Zusammenhang bestimmt zudem Art. 70 Abs. 3 StPO, das Gericht könne den Berichterstattern unter bestimmten Auflagen den Zutritt zu nicht öffentlichen Verhandlungen gestatten (so auch § 13a Akteneinsichts-VO; hinten N. 23). Die ZPO enthält hinsichtlich der Regelung der Gerichtsberichterstatter keinen Vorbehalt, doch wird auch hier eine Normierung durch den kantonalen Gesetzgeber als zulässig erachtet (W.RR S. 136), was schon insofern naheliegt, als es sich dabei nicht um eine Frage des Verfahrensrechts im engeren Sinn handelt.

Die *Bundesgerichte* betreffend gelten folgende Regelungen: Richtlinien betreffend die Gerichtsberichterstattung am Bundesgericht vom 6.11.2006 (SR 173.110.133), Reglement über die Grundsätze der Information und die Akkreditierung für die Gerichtsberichterstattung am Bundesstrafgericht vom 29.8.2006 (SR 173.711.33) sowie Informationsreglement des Bundesverwaltungsgerichts vom 21.2.2008 (SR 173.320.4).

2. Akkreditierung gemäss Akteneinsichts-VO der obersten Gerichte vom 16.3.2001

a) Verfahren

Auf schriftliches Gesuch hin werden bei den zürcherischen Gerichten Medienschaffende als ständige Gerichtsberichterstatter zugelassen (akkreditiert), sofern sie als «zutrauenswürdig» (recte: vertrauenswürdig) erscheinen; dabei handelt es sich um einen Akt der Justizverwaltung. Für die generelle Zulassung ist (stellvertretend für alle kantonalen Gerichte) die Verwaltungskommission des Obergerichts zuständig; in dringenden Fällen oder im Hinblick auf ein einzelnes Verfahren kann über die einstweilige oder vorübergehende Zulassung auch der Präsident oder eine andere zu bestimmende Person des betreffenden Gerichts entscheiden (§ 10 Akteneinsichts-VO). Gegen die Verweigerung der Zulassung ist Beschwerde an das Gesamtobergericht zulässig (§ 13 VO).

b) Rechtsstellung

aa) Allgemein

Mit der Zulassung hat der Medienschaffende über die allgemeinen Rechte hinaus namentlich Anspruch auf die in den §§ 14 ff. der Akteneinsichts-VO genannten Vergünstigungen (Auskunfterteilung, Akteneinsicht; hinten N. 25 ff.). Umgekehrt ist er verpflichtet, in sachlicher und angemessener Weise zu berichten und auf die schutzwürdigen Interessen der Prozessparteien gebührend Rücksicht zu nehmen. Jede Art von Vorverurteilung, unnötiger Blossstellung oder suggestiver Berichterstattung ist zu vermeiden (§ 11 Abs. 2 Akteneinsichts-VO); ein während der Beratung des GOG gestellter Antrag, diesen Passus der VO in allgemeiner Form in das Gesetz zu übernehmen, fand im Rat keine Mehrheit (Prot. KR vom 12.4.2010, S. 10869 ff.).

bb) Unschuldsvermutung und Persönlichkeitsschutz im Besonderen

Art. 74 Abs. 3 StPO verpflichtet die Gerichte, bei der Orientierung der Öffentlichkeit den Grundsatz der Unschuldsvermutung und die Persönlichkeitsrechte der Betroffenen zu beachten. Auch die Berichterstattung durch die Medien hat sich an diesen Leitlinien auszurichten. Konkreten Niederschlag haben diese Anforderungen hinsichtlich der akkreditierten Medienschaffenden in § 11 Abs. 2 Satz 2 Akteneinsichts-VO gefunden.

Im Lichte der Unschuldsvermutung (Art. 6 Ziff. 2 EMRK; Art. 10 Abs. 1 StPO) ist im Vorfeld von Strafprozessen insbesondere jeder Anschein von Beeinflussung des Gerichts im Sinne einer Steigerung des «öffentlichen Erwartungsdrucks» zu vermeiden, indem etwa von einer «erdrückenden Beweislage gegen den Angeklagten» gesprochen wird (vgl. BGE 116 Ia 14 E. 7 = Pr 80 Nr. 4; HAUSER, S. 182 f.; STUDER, Medien, S. 343 f.).

§ 125

20 Zu Diskussionen Anlass gibt im Lichte des Persönlichkeitsschutzes regelmässig die Frage der *Anonymisierung*, konkret vor allem die Frage, inwieweit die *Namen von Prozessparteien* in den Gerichtsberichterstattungen genannt werden dürfen. Das Gericht konnte bisher nach § 135 Abs. 4 Satz 2 GVG den Gerichtsberichterstattern die Nennung des Namens von *Opfern* verbieten. Heute enthält Art. 74 Abs. 4 StPO das ausdrückliche Verbot für Private, den Namen von Opfern ausserhalb eines öffentlichen Verfahrens ohne dessen Einwilligung zu nennen. Grundsätzlich soll der verantwortungsbewusste Gerichtsberichterstatter seinen Entscheid in jedem einzelnen Fall nach allgemeinen Grundsätzen des Persönlichkeitsschutzes und in Abwägung aller öffentlichen und privaten Interessen fällen. Im Auge zu behalten ist insbesondere, dass die mit der Preisgabe des Namens in den Medien verbundene Blossstellung und allfällige soziale Benachteiligungen wesentlich schwerer wiegen als das einmalige Auftreten vor einem beschränkten Kreis im Gerichtssaal, zumal im Zeitalter des Internets mit seiner zeitlich und technisch unvergleichlich grösseren Multiplikationswirkung (vgl. zu den Richtlinien des Presserates STUDER, Medien, S. 354 ff.; JÄGER, a.a.O., S. 255 f., 259 f.; VOGEL, a.a.O., N. 23 in Fn. 42; zur Interessenabwägung im Hinblick auf den Opferschutz ZBl 106 S. 212 ff. E. cc; STUDER, Medien, S. 353 f.).

21 In Zivilsachen dürfen die Namen der Parteien in der Regel nur bekannt gegeben werden, wenn ein grosser Kreis der Öffentlichkeit vom Streit der Parteien bereits Kenntnis hat und an dessen Ausgang interessiert ist. In Strafsachen empfiehlt sich Zurückhaltung bei der Namensnennung vor allem in den leichteren Fällen, während bei schweren Verbrechen oder Vergehen, die eine hohe Freiheitsstrafe nach sich ziehen, der Verurteilte eher mit vollem Namen genannt werden darf (dazu HAUSER, a.a.O., S. 183 ff.; BGE 64 I 180 ff.). Personen, die wegen ihrer beruflichen Tätigkeit in besonderem Mass dem Licht der Öffentlichkeit ausgesetzt sind und an deren Verhalten die Öffentlichkeit besonders interessiert ist (Personen der Zeitgeschichte), müssen sich eine Namensnennung eher gefallen lassen als andere (dazu Amtsbericht des Obergerichts Thurgau 1999, S. 184 ff. lit. d; zum Begriff [relative und absolute] «Personen der Zeitgeschichte» s. SJZ 97 S. 500 Nr. 3).

22 Was die Namensnennung von *Richtern und Anwälten* betrifft, findet seit einiger Zeit insoweit ein Paradigmenwechsel statt, als jedenfalls in den Datenbanken höherer Gerichte die Namen der mitwirkenden Richter wie (tendenziell) auch von Parteivertretern regelmässig Eingang finden (s. dazu BGer 1B_235/2011 v. 24.5.2011, E. 4.3). Folglich ist auch hinzunehmen, dass damit in der Medienberichterstattung eine gewisse Personalisierung einhergeht (vgl. auch VOGEL, a.a.O., N. 27). Unzulässig und zu verurteilen sind jedoch mediale Angriffe, die weniger eine kritische Urteilswürdigung als vielmehr kampagnenartige persönliche Attacken und auch eine Verletzung der Persönlichkeitsrechte der betroffenen Personen darstellen (näher SAXER, Justizkommunikation, S. 75).

23 Das Gericht kann sodann gemäss § 13a Akteneinsichts-VO zugelassenen Gerichtberichterstattern unter bestimmten Auflagen den Zutritt zu Verhandlungen gestatten, bei welchen die Öffentlichkeit eingeschränkt oder ausgeschlossen ist; dies gilt schon nach Art. 70 Abs. 3 StPO, während für das Zivilverfahren keine entsprechende bundesrechtliche Bestimmung existiert (zur Interessenabwägung vgl. § 5 Abs. 3 Akteneinsichts-VO). Zum zulässigen Ausschluss eines Gerichtsberichterstatters von einer strafgerichtlichen Hauptverhandlung BGE 137 I 209; s. auch ZBJV 2011, S. 785 f.

cc)   Bild- und Tonaufnahmen

Bild- und Tonaufnahmen sind im Strafverfahren schon von Bundesrechts wegen generell untersagt (Art. 71 StPO; für das Zivilverfahren jetzt § 132 GOG, bisher § 135 Abs. 1 Satz 2 GVG und HAUSER, a.a.O., S. 180 f. m.H.), was sich auf sämtliche technischen Aufnahmemethoden bezieht. Widerrechtlich aufgenommene Bild- und Tonaufnahmen können beschlagnahmt bzw. vernichtet werden (vgl. BSK StPO-SAXER, Art. 71 N. 9). Zulässig ist hingegen das Anfertigen von Zeichnungen (vgl. § 132 N. 8).

3.   Auskunfterteilung und Akteneinsicht

Jedes Gericht bestimmt einen *Medienbeauftragten,* der für den allgemeinen Kontakt und die Information über laufende Verfahren zuständig ist. Gegebenenfalls nimmt der Gerichtspräsident die entsprechende Aufgaben selber wahr. Wesentlich ist in diesem Zusammenhang, dass Gerichtsentscheide selbsterklärend sein und vom Gericht inhaltlich nicht kommentiert werden sollten (§§ 14, 15 Akteneinsichts-VO); insbesondere ist von persönlichen Erklärungen, Erläuterungen und Interviews Abstand zu nehmen, tragen solche Äusserungen doch die Risiken der Fehlinterpretation durch den Adressaten, der Amtsgeheimnisverletzung (durch Nachbringung neuer Details), der Akzentverschiebung hinsichtlich der Begründung, der Lieferung von Material für Rechtsmittelverfahren und der Schaffung von Ablehnungsgründen in sich (so Ziff. 4 des Kreisschreibens der VK des OG vom 12.3.1997, VU 960136). Immerhin kann ausnahmsweise das Bedürfnis nach Erläuterung komplexer, schwer verständlicher Entscheide für die Medien in zuvor abgesprochener Form und durch dafür geschulte Personen angebracht sein. In diesem Zusammenhang ist auch auf den monatlichen *Presse- bzw. Medienstamm* des Obergerichts hinzuweisen; hier werden akkreditierte Gerichtsberichterstatter namentlich in bevorstehende Prozesse eingeführt (näher Ziff. 2 des zit. Kreisschreibens; STUDER, Medien, S. 347).

Im Einzelnen umschreibt § 16 Akteneinsichts-VO den *Umfang der Akteneinsicht* in Zivil-, Straf- sowie Verfahren vor dem Verwaltungs- (und den diesem unterstellten Gerichten) und Sozialversicherungsgericht, in denen eine öffentliche Verhandlung stattfindet. Insbesondere wird Einsicht gewährt

- in *Zivilsachen:* sofern alle Parteien zustimmen und keine Rechte oder wichtigen Interessen Dritter entgegenstehen;
- in *Strafsachen:* vorab in die Anklageschrift (oder diese ersetzende Entscheide, wie Straf- oder Einziehungsbefehl) sowie in die in der betreffenden Sache bereits ergangenen Entscheide (etwa betreffend Haft); dies ermöglicht es den Medienschaffenden, sich seriös auf die Hauptverhandlung vorzubereiten und dieser sachgerecht zu folgen, was vor allem in komplexen Fällen mit einem umfangreichen Sachverhalt und einer Vielzahl beteiligter Personen sinnvoll erscheint (vgl. Pr 98 Nr. 96 E. 2.4). In weitere Akten wird nur Einsicht gewährt, soweit keine überwiegenden öffentlichen oder privaten Interessen entgegenstehen (zur Bedienung von Medienschaffenden mit weiteren Unterlagen vgl. auch BGE 132 III 641 E. 3.2);
- zur Akteneinsicht in *bei der Staatsanwaltschaft hängige Verfahren* siehe WOSTA Ziff. 8.2.7.2 ff., zur Auflage von Strafbefehlen zur Einsichtnahme siehe WOSTA Ziff. 8.4.

§ 125

27 Soweit keine öffentliche Verhandlung stattfindet, entscheidet das Gericht im Einzelfall, ob und in welchem Umfang die Berichterstattung zugelassen wird, wobei dem Anspruch der Öffentlichkeit auf Information einerseits und den Rechten der Beteiligten sowie Dritter auf Geheimhaltung andererseits Rechnung zu tragen ist (§ 17 i.V.m. § 5 Abs. 3 Akteneinsichts-VO). In Entscheiden, die in der Öffentlichkeit auf besonderes Interesse stossen, kann der begründete Entscheid ganz oder auszugsweise den Medien, namentlich den lokalen Tageszeitungen und Presseagenturen, bekannt gegeben werden (§§ 18, 19 Akteneinsichts-VO). In diesem Zusammenhang ist überdies Art. 78 Abs. 2 KV zu beachten, wonach die Entscheidungspraxis der Rechtspflege veröffentlicht wird (zum Grundsatz der Entscheidöffentlichkeit vorn N. 2). Auch die Einsichtnahme in bzw. Auskunfterteilung über bereits archivierte (aber noch nicht dem Staatsarchiv zugeleitete) Akten richtet sich nach den Grundsätzen der Akteneinsichts-VO (§ 17 Archiv-VO der obersten Gerichte, LS 211.16; allgemein zum Recht Dritter auf Akteneinsicht § 131 N. 16 ff.).

28 Seit einigen Jahren existiert eine *Internet-Datenbank* der zürcherischen Gerichte (www.gerichte-zh.ch/entscheide). Seit dem 1. Oktober 2011 werden hier grundsätzlich sämtliche Sach- bzw. Endentscheide des Obergerichts (wie auch vereinzelt Entscheide unterer Gerichte) in anonymisierter Form der Öffentlichkeit zugänglich gemacht. Eine wichtige Rolle für die Rechtsentwicklung spielt daneben nach wie vor die Publikation von wegweisenden Präjudizien in Fachzeitschriften, wie namentlich den Blättern für Zürcherische Rechtsprechung (vgl. zum Ganzen § 20 Akteneinsichts-VO sowie Reglement der VK des Obergerichts über die Publikation von Entscheiden des Obergerichts des Kantons Zürich vom 28.9.2011).

4. Sanktionen

29 Verstösse gegen die Pflichten als zugelassene Medienschaffende werden vom betreffenden Gericht dem Obergericht gemeldet. Bei schwerer oder wiederholter schuldhafter Pflichtverletzung oder bei Missachtung der Berichtigungspflicht gemäss § 125 GOG kann die Zulassungsbehörde, also die VK des Obergerichts, gemäss § 12 Abs. 2 Akteneinsichts-VO folgende Sanktionen ergreifen: (i) Verwarnung; (ii) Suspendierung für längstens drei Monate; (iii) Entzug der Zulassung. Vor Erlass der Sanktion ist der Medienschaffende anzuhören (Abs. 3). Im Falle des Zulassungsentzuges kann bestimmt werden, dass während eines Jahres, bei wiederholtem Entzug während bis zu drei Jahren, keine Zulassung mehr möglich ist (Abs. 4). Diese Sanktionen sind definitionsgemäss nur gegenüber akkreditierten Gerichtsberichterstattern möglich. Es handelt sich insofern lediglich um indirekte Zwangsmittel, als das betreffende Medienunternehmen in der Folge einen anderen akkreditierten Berichterstatter zu den öffentlichen Verhandlungen entsenden kann; denkbar wäre auch eine Regelung, bei welcher das entsendende Medienunternehmen unmittelbar ins Recht gefasst wird (vgl. ZBl 106 S. 210 E. 4a, Kt. Schaffhausen). Der Entzug bewirkt den Verlust der besonderen Rechte des Medienschaffenden, die mit der Akkreditierung verbunden sind; wie jeder andere Bürger kann er aber nach wie vor einer öffentlichen Gerichtsverhandlung beiwohnen und darüber berichten. Der Ausschluss von einer öffentlichen Gerichtsverhandlung wäre gemäss StPO nicht zulässig (BSK StPO-SAXER, Art. 72 N. 19; anders wohl unter altem Recht BGE 113 Ia 309 E. 5c), wohl aber die sitzungspolizeiliche Wegweisung nach Art. 63 Abs. 2 StPO wegen Störung der Verhandlung.

Gegen die Suspendierung und den Entzug der Zulassung ist *Beschwerde* an das Gesamtobergericht zulässig (§ 13 Akteneinsichts-VO); es handelt sich ebenfalls um Akte der Justizverwaltung (vgl. ZBl 106, S. 201 ff.).

IV. Öffentlichkeitsgrundsatz in der Strafuntersuchung sowie im Straf- und Massnahmenvollzug

1. Während des Vorverfahrens

Anders als das gerichtliche Verfahren (Art. 30 Abs. 3 BV) ist das *strafprozessuale Vorverfahren* von Bundesrechts wegen *nicht öffentlich* (Art. 69 Abs. 3 lit. a StPO; vgl. auch Art. 73 Abs. 1 StPO, Geheimhaltungspflicht für Mitglieder und Mitarbeiter von Strafbehörden); vorbehalten bleiben Mitteilungen der Strafbehörden an die Öffentlichkeit. Diesbezügliche Grundsätze für Staatsanwaltschaft (und Gerichte) nennt Art. 74 StPO. Soweit es um die Einsichtnahme in staatsanwaltschaftliche Akten geht, ist das G über die Information und den Datenschutz (IDG; LS 170.4) anwendbar (BGE 136 I 80 E. 2.2 a.E.; s. auch ZBJV 2011, S. 829 f.); dabei gilt das Amtsgeheimnis seiner besonderen Natur nach auch für Strafuntersuchungen und damit für die Mitarbeiter von Staatsanwaltschaften und Polizei (JÄGER, a.a.O., S. 155; zur Information der Öffentlichkeit im Interesse der Untersuchung [Fahndung, Zeugenaufrufe usw.] JÄGER, a.a.O., S. 157 ff., 173 ff.).

Die Medienarbeit der Staatsanwaltschaft wird in Ziff. 15 WOSTA umschrieben. Danach betreibt die Oberstaatsanwaltschaft (OSTA) eine *Zentrale Medienstelle*, der im Wesentlichen folgende Aufgaben obliegen (WOSTA Ziff. 15.2; näher JÄGER, a.a.O., S. 203 ff.):

– Medienarbeit in Schlüsselfällen und Medienschlüsselfällen;
– interne Beratung und Unterstützung als Stabsdienst;
– Redigieren von Medienmitteilungen der Verfahrensleitung der Staatsanwaltschaft, Aufschaltung der Mitteilungen auf der Website www.staatsanwaltschaften.zh.ch sowie Verbreitung der Medienmitteilungen;
– Entlastung der Verfahrensleitung der Staatsanwaltschaft von Koordinationsaufgaben bei der Medienarbeit;
– Schnittstelle zwischen der Verfahrensleitung der Staatsanwaltschaft und der Direktion der Justiz und des Innern bzw. anderen involvierten Direktionen und Ämtern aus Bund, Kanton und Gemeinden sowie der Kommunikationsabteilung des Regierungsrats;
– Koordination und Organisation von Medienkonferenzen in Zusammenwirken mit der Verfahrensleitung der Staatsanwaltschaft;
– Beantwortung grundsätzlicher Fragen zur Strafverfolgung und deren Schwerpunkte;
– Triage und Weiterleitung allgemeiner Medienanfragen an die zuständigen Stellen;
– Ansprechpartner für die Mediendienste der Polizei.

Daneben bestehen Richtlinien über die fallbezogene Medienarbeit durch die Polizei (dazu auch Art. 74 Abs. 2 StPO) und die Staatsanwaltschaften (WOSTA Ziff. 15.3). Was die Medienarbeit in sog. (Medien-)Schlüsselfällen betrifft, liegt diese in der Verantwortung der Medienstelle der OSTA, die sie insbesondere an die zuständige Leitung der Staatsanwaltschaft delegieren kann. Bei den *(Medien)schlüsselfällen* handelt es sich gemäss Ziff. 15.3.1.3 WOSTA um

- für die Wirtschaft und den Finanzplatz Zürich besonders massgebende Verfahren, in welchen ein hoher volkswirtschaftlicher Schaden angerichtet wurde oder die sonst von aussergewöhnlicher Dimension sind;
- in der Bevölkerung und in den Medien ganz besonderes Aufsehen erregende Kapitalverbrechen, Unfälle oder Katastrophen;
- politisch und gesellschaftlich ganz besonders relevante Verfahren (z.B. Organisierte Kriminalität, Korruption);
- Verfahren von ganz besonderer juristischer Tragweite (materiell- oder prozessrechtliche Leitentscheide);
- Straftaten gegen oder durch Personen, die in der Öffentlichkeit stehen;
- Schusswaffengebrauch durch die Polizei mit Verletzungs- und/oder Todesfolge;
- gravierende Straftaten, die eine Koordination mit anderen Behörden erfordern, insbesondere bei
  - Straftaten, welche mutmasslich von staatlichen Angestellten (insbesondere auch von Angehörigen der Justizbehörden) begangen worden sind und allenfalls personalrechtliche Massnahmen und/oder ein Administrativverfahren nach sich ziehen können;
  - Straftaten/Ereignisse in Vollzugseinrichtungen, Spitälern, Alters- oder Pflegeheimen, Schulen usw.;
  - Straftaten, die von sich im Straf- oder Massnahmenvollzug befindenden Personen begangen wurden.

34 Als *Kommunikationsmittel* nennt WOSTA Ziff. 15.3.4.2 die Beantwortung mündlicher, schriftlicher oder telefonischer Anfragen von Journalisten, die schriftliche (durch die Medienstelle der OSTAZ zu redigierende) Medienmitteilung und die Medienkonferenz. Ein Akkreditierungswesen wie bei den Gerichten ist nicht vorgesehen (JÄGER, a.a.O., S. 218, 226 ff.).

35 Ziff. 15.3.5 WOSTA hebt schliesslich als *Grundsätze der Medienarbeit* namentlich die Gleichbehandlung der Medien (dazu VOGEL, a.a.O., N. 30), die Gleichbehandlung der Parteien, die Grenzen der Namensnennung und Veröffentlichung identifizierender Merkmale, die Informationspflicht und deren Inhalt hervor.

36 Vgl. ferner zur Regelung der Aussenkontakte und der Medienarbeit der Justizdirektion §§ 41 ff. der Organisations-VO der Direktion der Justiz und des Inneren vom 16.9.2009 (JIOV; LS 172.110.1).

2. Nach Abschluss des Vorverfahrens ohne Anklageerhebung

37 Grundsätzlich besteht ein Recht der Öffentlichkeit auf Einsicht in rechtskräftige *Einstellungsverfügungen ohne Straffolgen,* insbesondere solche nach Art. 53 StGB (BGE 137 I 16 E. 2.2; vorne N. 2). Ebenso sind rechtskräftige *Strafbefehle* in geeigneter Form der Öffent-

lichkeit zugänglich zu machen (Art. 69 Abs. 2 StPO; vgl. BGE 124 IV 234), was allerdings in der praktischen Umsetzung mangels Kenntnis solcher Entscheide auf Probleme stösst (BSK StPO-RIKLIN, Art. 343 N. 16).

Die Geltendmachung des Anspruchs auf Einsichtnahme in verfahrenserledigende Entscheide der Staatsanwaltschaft erfolgt im Rahmen des IDG; der Rechtsschutz richtet sich nach den Bestimmungen des VRG, womit gegen den die Einsichtnahme verweigernden Entscheid die Beschwerde an das Verwaltungsgericht zulässig ist (BGE 136 I 80 E. 2.3 und VGer vom 19.5.2010, VB.2010.00025 mit abweichender Minderheitsmeinung). Gegen dessen Entscheid steht die Beschwerde in öffentlich-rechtlichen Angelegenheiten an das Bundesgericht offen (BGE 136 I 80 E. 1.1, vgl. auch Entscheid des Kantonsgerichts St. Gallen vom 25.5.2011 = fp 2011, S. 338).

3. Während des Straf- bzw. Massnahmenvollzugs

Während des Straf- und Massnahmenvollzugs kommt der Öffentlichkeitsgrundsatz im Sinne von Art. 30 Abs. 3 BV nicht mehr zum Tragen. Hingegen bedeutet die Abweisung eines Gesuchs eines Medienunternehmens (im konkreten Fall des Schweizer Fernsehens) um Zugang zu einer Strafvollzugsanstalt zwecks Durchführung eines Interviews mit einem Anstaltsinsassen einen Eingriff in die durch Art. 17 BV geschützte *Medienfreiheit*. Geschützt ist danach die Recherchetätigkeit der Medienschaffenden zur Herstellung und Verbreitung von Medienerzeugnissen, wobei dem ungehinderten Fluss von Informationen und Meinungen in einem demokratischen Rechtsstaat eine wichtige gesellschaftliche und politische Bedeutung zukommt. Im Hinblick auf die wirksame Ausübung der Kontrollfunktion der Medien betreffend behördliche Tätigkeiten bedürfen daher Beschränkungen der journalistischen Freiheit in der Phase der Informationsbeschaffung der Rechtfertigung in dem Sinne, dass die Eingriffsvoraussetzungen von Art. 36 BV zu prüfen sind. Im Rahmen dieser Prüfung ist zu klären ob – und falls ja weshalb – der Eingriff in die Medienfreiheit durch ein überwiegendes öffentliches Interesse bzw. durch den Schutz von Grundrechten Dritter gerechtfertigt ist und den Verhältnismässigkeitsgrundsatz wahrt. Dabei sind namentlich die Interessen an einem sicheren und geordneten Strafvollzug bzw. an der Gewährleistung des Haftzwecks wie auch allfällige Beeinträchtigungen von Rechten Dritter – wie der Anstaltsinsassen, des Personals, aber auch von Opfern und deren Angehörigen – gegen das entgegenstehende Interesse des Medienschaffenden abzuwägen. Bei der Verhältnismässigkeitsprüfung ist insbesondere zu klären, ob allfälligen Sicherheitsbedenken dadurch hinreichend Rechnung getragen werden kann, dass das Interview unter Aufsicht durchgeführt wird und die erstellten Aufnahmen von der Anstaltsleitung vor der Ausstrahlung vorvisioniert werden können (BGE 137 I 8).

Neben der Medienfreiheit kommt der *Informationsfreiheit* (Art. 16 Abs. 1 und 3 BV) im gegebenen Kontext ebenfalls Bedeutung zu, nämlich dann, wenn es um das Gesuch einer Privatperson um Zutritt zu einer Strafanstalt geht (BGE 137 I 8 E. 2.7. m.w.H.).

2. Abschnitt: Zivilverfahren
A. Allgemeine Bestimmungen

Vorbemerkungen zu §§ 126 ff.

Inhaltsübersicht	N.
I. Verfahrensleitung	1
II. Kantonaler Staatshaftungsprozess	4

I. Verfahrensleitung

1 Die Vernehmlassungsvorlage zum GOG enthielt noch in § 119 eine Bestimmung betreffend die Verfahrensleitung, wonach der Präsident das Verfahren leitet und die Verfahrensleitung einem anderen Mitglied des Gerichts übertragen kann. Ferner war darin vorgesehen, dass die Verfahrensleitung die Aufgaben gemäss (damals) Art. 122 ZPO erfüllt und über superprovisorische Massnahmen, Leistung von Sicherheit für die Parteientschädigung sowie vorsorgliche Beweisführung entscheidet.

2 Im Vernehmlassungsverfahren wurde vonseiten des Obergerichts beanstandet, dass eine derartige Bestimmung gegen Art. 124 ZPO verstosse, wonach das Gericht den Prozess leitet und wonach gemäss Abs. 2 die Prozessleitung an eines der Gerichtsmitglieder delegiert werden kann. In der vorberatenden Kommission wurde in diesem Sinne die Auffassung vertreten, dass beim Kollegialgericht dieses (und nicht der Präsident allein) entscheidet, ob es die Verfahrensleitung an ein Mitglied abtreten will. In der Folge wurde die vorgesehene Bestimmung gestrichen. Insoweit ist für Fragen der Verfahrensleitung ausschliesslich Art. 124 ZPO massgebend (vgl. dazu auch Einleitung N. 39). Dies kommt nunmehr auch in § 31 VOG zum Ausdruck: Danach kann beim Obergericht und Handelsgericht die Prozessleitung im Einzelfall (mit Ausnahme von Entscheiden über [nicht besonders dringliche] vorsorgliche Massnahmen, Gewährung und Entzug der unentgeltlichen Rechtspflege sowie Erlass von Beweisverfügungen) an ein Mitglied der Kammer delegiert werden.

3 Zur (administrativen) Geschäftsleitung des Gerichts durch den Präsidenten s. § 77 GOG.

II. Kantonaler Staatshaftungsprozess

4 Der Staatshaftungsprozess nach den Bestimmungen des Haftungsgesetzes (HG, LS 170.1) betrifft Ansprüche des kantonalen öffentlichen Rechts und fällt daher nicht (unmittelbar) unter die ZPO (Art. 1 lit. a ZPO). Diese gelangt aber mittelbar bzw. sinngemäss als kantonales Recht zur Anwendung (näher dazu § 52 N. 9 ff.).

§ 126 *Sachliche Zuständigkeit mehrerer Gerichte*

¹ Sind für die Beurteilung einer Streitigkeit sowohl das Arbeitsgericht, das Mietgericht als auch das Handelsgericht sachlich zuständig, bestimmt das Obergericht das zuständige Gericht, sofern sich die Parteien nicht auf eines der zuständigen Gerichte geeinigt haben oder die beklagte Partei sich nicht bereits vorbehaltlos auf die Klage eingelassen hat.

² Die beklagte Partei muss die Einrede der fehlenden sachlichen Zuständigkeit spätestens mit der Klageantwort erheben. Das Gericht entscheidet nach Anhörung der Gegenpartei sofort über seine Zuständigkeit.

Literatur

A. BRUNNER, Das Doppelinstanzprinzip und seine scheinbar unbegrenzten Umgehungsmöglichkeiten nach Art. 6 Abs. 3 ZPO, SJZ 108 S. 25 ff.; C. GÖTZ, Der Gerichtsstand der rügelosen Einlassung im Zivilprozessrecht der Schweiz, Basel u.a. 2004

Inhaltsübersicht N.
I. Gerichtsstandsanweisung bei konkurrierender sachlicher Zuständigkeit (Abs. 1) 1
   1. Ausgangslage 1
   2. Zeitpunkt der Anrufung des Obergerichts 3
   3. Verfahren und Entscheid 4
   4. Kriterien für die Zuweisung der sachlichen Zuständigkeit 8
   5. Rechtsmittel 9
II. Einrede der fehlenden sachlichen Zuständigkeit (Abs. 2) 10
   1. Regelungsbedarf 10
   2. Einzelheiten 11
      a) Verfahren 11
      b) Zum Begriff der Einlassung 16
      c) Geltung der Eventualmaxime? 18
   3. Rechtsmittel 19

I. Gerichtsstandsanweisung bei konkurrierender sachlicher Zuständigkeit (Abs. 1)

1. Ausgangslage

Die Kantone sind von Bundesrechts wegen (Art. 4 Abs. 1 ZPO) berechtigt, für verschiedene Sachgebiete im Bereich des Zivilrechts Sonder- bzw. Fachgerichte zu schaffen, wovon der Kanton Zürich Gebrauch gemacht (Handelsgericht, Arbeitsgericht, Mietgericht). Damit ist es denkbar, dass Streitigkeiten – und zwar auch solche, die nicht gemischte Rechtsverhältnisse betreffen (vgl. ZR 81 Nr. 43 E. 7 S. 114) – in die sachliche Zuständigkeit mehrerer Spezialgerichte fallen. Entsprechend bisher § 17 Abs. 2 ZPO (ZH) regelt Absatz 1 das Verfahren zur Bestimmung des im konkreten Fall sachlich zuständigen Gerichts (näher zur Entstehungsgeschichte der altrechtlichen Bestimmung ZR 81 Nr. 43 E. 3 [Obergericht] und E. 4–7 [Kassationsgericht]). Danach geht es darum zu verhindern,

1

dass in Fällen gleichrangiger sachlichen Zuständigkeit mehrerer Sondergerichte der Kläger das für die Beurteilung zuständige Gericht allein bestimmen kann.

2   Immerhin scheint die Institution der formellen Gerichtsstandsanweisung durch das Obergericht bei konkurrierender sachlicher Zuständigkeit mehrerer erstinstanzlicher Gerichte eine *Besonderheit des zürcherischen Rechts* zu sein. Denkbar wäre es auch, für Fälle, in denen mehrere Spezialgerichte die sachliche Zuständigkeit beanspruchen können, den Entscheid zunächst dem von der klagenden Partei angerufenen Gericht zu überlassen; dessen (positiver oder negativer) Zuständigkeitsentscheid konnte nach bisherigem Recht mittels Rekurs an das Obergericht weitergezogen werden, welches dann als Rechtsmittelinstanz ebenfalls in Anwendung von § 17 Abs. 2 ZPO (ZH) über die Zuständigkeit zu entscheiden hatte (FRANK/STRÄULI/MESSMER, ZPO, § 17 N. 25). In der Praxis hat § 17 Abs. 2 ZPO (ZH) soweit ersichtlich denn auch keine bedeutende Rolle gespielt (vgl. im Übrigen zur konkurrierenden Zuständigkeit bei Arbeits- und Mietgericht auch § 3 N. 38, § 20 N. 24 f. und § 21 N. 8 f.).

2. Zeitpunkt der Anrufung des Obergerichts

3   Das Obergericht kann vor Anhängigmachung der Klage angerufen werden. Entsprechend der bisherigen Rechtslage (vgl. FRANK/STRÄULI/MESSMER, ZPO, § 17 N. 22) ist davon auszugehen, dass die Bestimmung auch noch *nach Anhängigmachung der Klage* anwendbar ist, nachdem der Ausschlussgrund der vorbehaltlosen Einlassung, der die Rechtshängigkeit voraussetzt, nach wie vor gilt. Zudem ergibt sich dies aus der Tatsache, dass auch das angerufene Gericht selbst an das Obergericht gelangen kann (hinten N. 4).

3. Verfahren und Entscheid

4   Das Verfahren nach § 126 GOG wird in der Regel von einer *Prozesspartei* eingeleitet werden; andererseits konnte nach bisherigem Recht die Frage auch *vom angerufenen Gericht selbst,* unter einstweiliger Sistierung des Verfahrens in der Hauptsache, dem Obergericht zum Entscheid vorgelegt werden (so ZR 80 Nr. 57, Überweisung bzw. Vorlegung durch das Handelsgericht).

5   Wird das Verfahren von einer Prozesspartei eingeleitet, ist der anderen Seite Gelegenheit zur *Stellungnahme* einzuräumen. Es dürfte sich empfehlen, auch die infrage kommenden Gerichte anzuhören. Wird das Verfahren durch das bereits angerufene Gericht eingeleitet, ist den Prozessparteien Gelegenheit zur Stellungnahme zu geben.

6   Voraussetzung für die *materielle Behandlung* des Gesuchs ist in jedem Fall, dass keine Prorogation vorliegt (vgl. dazu §§ 20 Abs. 2 und 21 Abs. 2 GOG) und dass sich die beklagte Partei nicht bereits vorbehaltlos auf die Sache eingelassen hat. Sodann muss die sachliche Zuständigkeit *gleichermassen* für (mindestens) zwei Gerichte gegeben sein. Konkurrierenden Zuständigkeit zwischen Handels- und Mietgericht liegt etwa vor, wenn es um eine Streitigkeit aus Mietverhältnissen zwischen einer Firma, deren Gewerbe in der Liegenschaftenverwaltung liegt, und einer anderen Firma geht und der Streitwert (§ 44 lit. b GOG) erreicht wird (ZR 81 Nr. 43 E. 3 [OG]). Konkurrenz zwischen Arbeitsgericht und Handelsgericht kann vorliegen, wenn ein leitender Angestellter seine Beteiligung am Unternehmensgewinn nach Art. 322a OR geltend machen will (ferner SJZ 74 S. 94 Nr. 20

und S. 95 Nr. 21; betreffend konkurrierende Zuständigkeit von Miet- und Arbeitsgericht FRANK/STRÄULI/MESSMER, ZPO, § 17 N. 25a).

Erachtet das Obergericht die Voraussetzungen für eine Gerichtsstandsanweisung als gegeben, tritt es auf das Gesuch ein und bestimmt das zuständige Gericht; andernfalls ergeht ein Nichteintretensentscheid. 7

4. Kriterien für die Zuweisung der sachlichen Zuständigkeit

Die Bestimmung des sachlich zuständigen Gerichts hat aufgrund einer Abwägung der Eignung der infrage stehenden Gerichte zu erfolgen (ZR 81 Nr. 43 E. 4 [OG]). Dabei kommt dem Obergericht ein weitgehend freies Ermessen zu, wobei auch rein administrative Gesichtspunkte, wie die aktuelle Geschäftslast der infrage kommenden Gerichte, berücksichtigt werden dürfen (ZR 78 Nr. 13). In einem Fall stellte das Obergericht darauf ab, dass beim Handelsgericht – anders als beim Mietgericht – vollamtlich tätige Richter zur Verfügung stehen, die als Referenten bestimmt werden können, was dann für die Zuständigkeit des Handelsgerichts spreche, wenn in einem schriftlichen Verfahren umfangreiche Akten zu sichten und verschiedene Rechtsfragen zu entscheiden seien (ZR 81 Nr. 43 E. 4 [OG]; vgl. ferner die bei FRANK/STRÄULI/MESSMER, ZPO, § 17 N. 24 erwähnten Konstellationen). Für rein arbeitsrechtliche Streitigkeiten erachtet sich das Handelsgericht als nicht zuständig (ZR 107 Nr. 16). 8

5. Rechtsmittel

Nach der Praxis des Kassationsgerichtes war der Entscheid des Obergerichts darüber, ob die Voraussetzungen zur Gerichtsstandsanweisung gegeben seien, bisher als Akt der Rechtsprechung mit (altrechtlicher) Nichtigkeitsbeschwerde (heute somit Beschwerde gemäss ZPO) anfechtbar, während die gegebenenfalls daran anschliessende Bestimmung des zuständigen Gerichts selbst als (nicht mittels prozessrechtlicher Rechtsmittel anfechtbarer) *Akt der Justizverwaltung* verstanden wurde (vgl. ZR 78 Nr. 13, 81 Nr. 43 E. 2; s. auch HAUSER/SCHWERI, GVG, § 65 N. 10). 9

II. Einrede der fehlenden sachlichen Zuständigkeit (Abs. 2)

1. Regelungsbedarf

Schon bisher sah § 111 Abs. 1 ZPO (ZH) vor, dass der Beklagte die Einrede der örtlichen wie auch sachlichen Zuständigkeit vor der Verhandlung über die Sache selbst zu erheben hatte und damit nach der Klageantwort ausgeschlossen war. Nunmehr regelt Art. 18 ZPO die Einlassungszuständigkeit, jedoch – wie sich aus der Gesetzessystematik ergibt – allein mit Bezug auf die *örtliche* Zuständigkeit (BSK ZPO-INFANGER, Art. 18 N. 3). Ob und unter welchen Voraussetzungen Einlassung vor einem *sachlich* unzuständigen Gericht die Zuständigkeit begründet, bestimmt sich hingegen nach kantonalem Recht (Art. 4 Abs. 1 ZPO; zur Problematik der Begründung der sachlichen Zuständigkeit durch Einlassung GÖTZ, S. 39 m.H.). 10

2. Einzelheiten

a) Verfahren

11 Abs. 2 regelt die Einlassung bei fehlender sachlicher Zuständigkeit analog zur örtlichen Zuständigkeit (Art. 18 ZPO). Danach hat die beklagte Partei die Unzuständigkeit *spätestens mit der Klageantwort* geltend zu machen und ist später damit ausgeschlossen. Dabei liegt kein Rechtsmissbrauch vor, wenn der Beklagte seine zunächst abweichende vorprozessual (etwa im Schlichtungsverfahren) geäusserte Meinung bezüglich der Zuständigkeit revidiert, denn es kann einer Partei nicht verwehrt sein, sich erst nach genauer Kenntnis des Prozessstoffes zu entscheiden, ob sie sich vor dem unzuständigen Richter auf den Prozess einlassen will; massgebend ist somit ausschliesslich das Verhalten im *gerichtlichen* Verfahren (ZR 90 Nr. 65 E. 6; vgl. auch SUTTER-SOMM/HEDINGER, in: Sutter-Somm/Hasenböhler/Leuenberger, ZPO Komm., Art. 18 N. 10 m.H.).

12 In der Folge entscheidet das Gericht nach *Anhörung der Gegenpartei* sofort über seine Zuständigkeit (Satz 2). «Sofortige Entscheidung» bedeutet, dass vor der Fortsetzung des Hauptverfahrens, insbesondere vor der Ansetzung einer Frist zur einlässlichen Klageantwort, zu entscheiden ist. Soll seine Unzuständigkeitseinrede abgewiesen werden, so hat der Beklagte im Lichte der Praxis zum verfassungs- und konventionsrechtlichen Gehörs- bzw. Äusserungsanspruch (zuletzt BGE 133 I 98 E. 2.1, 133 I 100 E. 4.3, 133 I 270 E. 3.1, ZR 110 Nr. 20) in jedem Fall, d.h. unabhängig davon, ob vonseiten des Klägers neue Vorbringen gemacht werden oder nicht, Anspruch darauf, sich zur gegnerischen Stellungnahme zu äussern (anders noch ZR 95 Nr. 47 E. II.).

13 Über die Einrede wird im Falle der Gutheissung mittels Endentscheid (Nichteintreten) im Sinne von Art. 236 Abs. 1 ZPO entschieden, andernfalls durch Zwischenentscheid im Sinne von Art. 237 ZPO. Ein Zuwarten und allenfalls sinngemässes Entscheiden erst zusammen mit dem Endentscheid wäre im Hinblick auf das Gebot des «sofortigen» Entscheides unzulässig.

14 Hängt die Zuständigkeit des angerufenen Gerichts von der *rechtlichen Natur des eingeklagten Anspruchs* ab (was bei der sachlichen Sonderzuständigkeit regelmässig der Fall ist), so ist auf den eingeklagten Anspruch abzustellen: Die vom Kläger behaupteten Tatsachen, die sowohl für die Frage der sachlichen Zuständigkeit des angerufenen Gerichts wie auch für die Beurteilung der Klage erheblich sind (sog. doppelrelevante Tatsachen), sind somit *für die Beurteilung der Zuständigkeit als wahr zu unterstellen* und werden erst im Zeitpunkt der (allfälligen) materiellen Prüfung des eingeklagten Anspruchs beweismässig abgeklärt. Hingegen ist es Sache des angerufenen Gerichts, im Rahmen der Zuständigkeitsfrage die Sachverhaltsdarstellung daraufhin zu überprüfen, ob sich aus ihr auf das Bestehen des für die Zuständigkeit vorausgesetzten Rechtsbeziehung (z.B. arbeits- oder mietrechtliche Streitigkeit, §§ 20, 21 GOG) schliessen lässt (BGE 134 III 27 E. 6, 137 III 32 E. 2.4; ebenso bei der örtlichen Zuständigkeit, BGE 136 III 486 E. 4, 5 = Pr 100 Nr. 32, ZR 99 Nr. 107 E. 2.4.1 m.H.).

15 Anders als bisher (§ 112 Abs. 1 ZPO ZH) findet im Falle der Unzuständigerklärung des angerufenen Gerichts aufgrund von Art. 63 ZPO zwar *keine Überweisung* durch das unzuständige Gericht an das vom Kläger als zuständig bezeichnete Gericht statt (eine solche Überweisung kennt nur Art. 224 Abs. 2 ZPO für den Fall, dass das Gericht seine sachliche

Zuständigkeit zufolge Erhebung einer Widerklage und damit verbundener Streitwerterhöhung einbüsst); jedoch gilt auch unter neuem Recht bei Neueinreichung der Klage durch den Kläger innert eines Monats beim zuständigen Gericht das Datum der ersten Einreichung als Zeitpunkt des Eintritts der Rechtshängigkeit (Art. 63 Abs. 1 ZPO).

b)   Zum Begriff der Einlassung

Eine Einlassung liegt vor, wenn der Beklagte *dem Gericht gegenüber* (vorne N. 11) den Willen bekundet, vorbehaltlos zur Sache zu verhandeln, ohne zuvor die (hier sachliche) Zuständigkeit des Gerichts bestritten zu haben (BGE 87 I 131; vgl. SUTTER-SOMM/ HEDINGER, in: Sutter-Somm/Hasenböhler/Leuenberger, ZPO Komm., Art. 18 N. 9 m.H.). Ohne Bedeutung ist, ob sich der Beklagte der Unzuständigkeit des angerufenen Gerichts bewusst ist; eine Anfechtung wegen Willensmängeln ist grundsätzlich ausgeschlossen. Nach dem Wortlaut ist die Unzuständigkeitseinrede spätestens «mit» der Klageantwort zu erheben; somit kann der Beklagte zwar zur Sache plädieren, muss aber vorgängig oder zumindest gleichzeitig die sachliche Unzuständigkeit geltend machen. Die Unzuständigkeitseinrede muss *hauptsächlich und unbedingt* erfolgen, wobei sie sich auch aus den Umständen (konkludent) ergeben kann. Eine lediglich *subsidiär bzw. eventualiter* erhobene Unzuständigkeitseinrede *genügt hingegen nicht* (zum Ganzen – unter dem Aspekt der örtlichen Unzuständigkeit – SUTTER-SOMM/HEDINGER, in: Sutter-Somm/Hasenböhler/ Leuenberger, ZPO Komm., Art. 18 N. 11). 16

Keine Einlassung liegt bei *reiner Passivität* (Säumnis) vor. Der nicht vor Gericht erscheinende oder nicht auf die Klagebegründung antwortende Beklagte kann bei Ergehen eines Säumnisurteils die Unzuständigkeit noch im Rechtsmittelverfahren geltend machen. Ebenso wenig gelten *prozessuale Anträge* (etwa Fristerstreckung, Ausstandsbegehren) als Einlassung (SUTTER-SOMM/HEDINGER, in: Sutter-Somm/Hasenböhler/ Leuenberger, ZPO Komm., Art. 18 N. 13 f.; vgl. auch Kasuistik bei BSK ZPO-INFANGER, Art. 18 N. 10 f.). 17

c)   Geltung der Eventualmaxime?

Nach bisherigem Recht herrschte grundsätzlich Klarheit darüber, dass im Falle der Erhebung der Unzuständigkeitseinrede der Beklagte nicht gehalten war, sich damit eventualiter – für den Fall der Verwerfung der Einrede – auch schon zur Sache zu äussern, *sog. uneinlässliche oder hilfsweise Klageantwort* (§ 111 Abs. 2 ZPO [ZH], wonach nach rechtskräftiger Verwerfung der Einrede Gelegenheit zur Äusserung in der Sache zu geben war; ZR 50 Nr. 6). Die Eventualmaxime fand insoweit keine Anwendung, wobei dies auch dann galt, wenn sich die Frage der sachlichen Zuständigkeit des Gerichts erst als Folge einer nach Abschluss des Hauptverfahrens von der klägerischen Partei neu in den Prozess eingeführten Tatsache bzw. einer neu geltend gemachten Anspruchsgrundlage stellte (BGer 4A_4/2008 v. 18.3.2008 E. 3). Demgegenüber enthält der Wortlaut von § 126 Abs. 2 GOG keinen Hinweis darauf, dass das Gericht dem Beklagten nach rechtskräftiger Verwerfung der Unzuständigkeitseinrede Gelegenheit zur Äusserung in der Sache einzuräumen hat. Es liegen jedoch keine Anhaltspunkte dafür vor, dass insofern an der bisherigen Rechtslage etwas geändert werden sollte; im Gegenteil sollte «eine § 111 ZH-ZPO entsprechende Regelung» aufgenommen werden (W.RR S. 137). Somit gilt weiterhin, dass 18 sich der Beklagte im Falle der Erhebung der Unzuständigkeitseinrede einstweilen nicht zur Sache äussern muss (s. auch vorne N. 12).

3. Rechtsmittel

19 Der die Zuständigkeit verneinende Endentscheid unterliegt der Berufung (Art. 308 ZPO), allenfalls Beschwerde (Art. 319 lit. a i.V.m. Art. 308 Abs. 2 ZPO), im Falle des Handelsgerichts der Beschwerde nach Art. 72 ff. BGG. Im Falle der Verwerfung der Unzuständigkeitseinrede unterliegt der Zwischenentscheid der selbständigen Anfechtung mittels Berufung oder Beschwerde; eine spätere Anfechtung zusammen mit dem Endentscheid ist ausgeschlossen (Art. 237 Abs. 2 ZPO).

20 Bleibt der Zuständigkeitsentscheid unangefochten, ist ein späteres Rückkommen auf die Zuständigkeitsfrage grundsätzlich ausgeschlossen (ZR 83 Nr. 114), es sei denn, die Zuständigkeit wäre zwingend geregelt und daher von Amtes wegen zu beachten (ZR 85 Nr. 121; vgl. – für die örtliche Zuständigkeit – Art. 9 ZPO).

---

§ 127 *Entscheid über Ausstandsbegehren*

Über streitige Ausstandsbegehren gemäss Art. 50 ZPO entscheidet
a. das Gericht, dem die betroffene Person angehört, wenn eine Gerichtsschreiberin oder ein Gerichtsschreiber betroffen ist,
b. das Obergericht, wenn Mitglieder der Paritätischen Schlichtungsbehörde für Streitigkeiten nach dem Gleichstellungsgesetz betroffen sind,
c. das Bezirksgericht, wenn Friedensrichterinnen, Friedensrichter oder Mitglieder der Paritätischen Schlichtungsbehörde in Miet- und Pachtsachen betroffen sind,
d. das Obergericht, wenn Mitglieder oder Ersatzmitglieder des Bezirksgerichts, Beisitzende des Arbeits- oder des Mietgerichts, einzelne Mitglieder oder Ersatzmitglieder des Obergerichts, Handelsrichterinnen oder Handelsrichter betroffen sind,
e. das Verwaltungsgericht, wenn das Obergericht für den Entscheid gemäss lit. d auch durch Zuzug der Ersatzmitglieder nicht mehr gehörig besetzt werden kann.

Inhaltsübersicht N.

I. Regelungsbedarf 1
   1. Problematik 1
   2. Divergierende Zuständigkeitsregelung gemäss GOG einerseits sowie Kreisschreiben des OG anderseits 2
   3. Würdigung 3
II. Regelung der sachlichen Zuständigkeit im Einzelnen 5
   1. Streitiges Ausstandsbegehren 5
   2. Entscheidende Behörde 7
      a) Bezirksgericht 7
      b) Obergericht 12
      c) Verwaltungsgericht bzw. Bundesstrafgericht 15

3. Einzelne Verfahrensfragen 17
   a) Parteirechte, insbes. Recht auf Replik 17
   b) Zeitpunkt des Entscheides 19
   c) Form und Rechtsnatur des Entscheides 20
   d) Kostenfolgen 22
   e) Rechtsmittel 24
      aa) Zivilsachen 24
      bb) Strafsachen 26
   f) Verletzung der Ausstandsvorschriften 27

I. Regelungsbedarf

1. Problematik

Wie im Strafverfahren ist auch im Zivilprozess der Ausstand und das Ausstandsverfahren in der eidgenössischen Prozessordnung geregelt (Art. 47 ff. ZPO). Anders als Art. 59 StPO, der eine eingehende Umschreibung der sachlichen Zuständigkeit enthält, beschränkt sich Art. 50 Abs. 1 ZPO jedoch auf die Aussage, «das Gericht» entscheide über streitige Ausstandsbegehren. Nachdem in der Botschaft zur ZPO auf die Zuständigkeit der Kantone zur Regelung der sachlichen Zuständigkeit verwiesen wird (BBl 2006 S. 7273), geht der zürcherische Gesetzgeber davon aus, dass insoweit lediglich das Prinzip der gerichtlichen Beurteilung statuiert werde, die Regelung der sachliche Zuständigkeit im Einzelnen jedoch dem kantonalen Recht vorbehalten sei (ebenso SUTTER-SOMM/KLINGLER, in: Sutter-Somm/Hasenböhler/Leuenberger, ZPO Komm., Art. 3 N. 4 a.E.; WULLSCHLEGER, ebenda, Art. 50 N. 1; KUKO ZPO-KIENER, Art. 50 N. 1; vgl. aber hinten N. 3).

1

2. Divergierende Zuständigkeitsregelung gemäss GOG einerseits sowie Kreisschreiben des Obergerichts vom 6.10.2010 andererseits

In diesem Sinne regelt § 127 GOG die sachliche Zuständigkeit für die Beurteilung von streitigen Ausstandsbegehren in Zivilsachen. Mit Kreisschreiben vom 6.10.2010 hat indessen das Obergericht mit Bezug auf die Beurteilung von *Ausstandsbegehren gegen Mitglieder und Ersatzmitglieder des Bezirksgerichts und Beisitzende des Arbeits- oder Mietgerichts* eine vom Gesetz (§ 127 lit. d GOG) *abweichende* Regelung vorgesehen, dies mit der Begründung, die kantonale Regelung widerspreche in diesem Punkt Art. 50 ZPO (Kreisschreiben Ziff. 9 lit. c). Danach ist insoweit nicht das Obergericht, sondern das Bezirksgericht zuständig (entsprechend denn auch die Formulierung von § 32 VOG, wo – unter Bezugnahme auch auf § 127 lit. d GOG – die Mitglieder und Ersatzmitglieder der Bezirksgerichte nicht erwähnt werden).

2

3. Würdigung

Art. 50 Abs. 1 ZPO ist vom Wortlaut her so zu verstehen, dass stets dasjenige Gericht, welchem die abgelehnte Gerichtsperson angehört, über das (streitige) Ausstandsbegehren (freilich in anderer Besetzung) entscheidet. Was die Zuständigkeit mit Bezug auf die Friedensrichter und die Mitglieder der Schlichtungsbehörde in Miet- und Pachtsachen betrifft, liegt die Auffassung nahe, dass insoweit das örtlich zuständige Bezirksgericht und

3

bezüglich der für den ganzen Kanton zuständigen Schlichtungsbehörde für Streitigkeiten nach dem GlG das Obergericht zuständig ist (wovon denn auch lit. b und c von § 127 ausgehen). Damit enthält nach hier vertretener Auffassung bereits die ZPO eine Regelung der sachlichen Zuständigkeit, die (abgesehen von § 127 lit. e GOG) eine zusätzliche Bestimmung auf kantonaler Ebene *erübrigt*. Erst recht erweist sich eine kantonale Regelung, die die Zuständigkeit einem *anderen* Gericht zuweist, als *bundesrechtswidrig*. Regelungsbedürftig bleibt im Lichte der ZPO insoweit allein die Frage, wer innerhalb des infrage stehenden Gerichts für den Entscheid über das Ausstandsbegehren zuständig ist (interne bzw. funktionelle Zuständigkeit, s. hinten N. 11, 13, 14).

4   Dies bedeutet, dass § 127 GOG jedenfalls insofern nicht zur Anwendung zu gelangen hat, als in lit. d ein anderes Gericht (nämlich das Obergericht) als dasjenige, welchem die abgelehnte Justizperson angehört (nämlich das Bezirksgericht), für zuständig erklärt wird. Indem das obergerichtliche *Kreisschreiben*, dem zwar keine Gesetzeskraft zukommt, solches vorsieht, *bringt es die tatsächlich geltende Rechtslage* (im Sinne von Art. 50 Abs. 1 ZPO bzw. dem Grundsatz der derogatorischen Kraft des Bundesrechts) zum Ausdruck; zu fordern bleibt insoweit eine Korrektur auf dem Weg der Gesetzgebung.

II. Regelung der sachlichen Zuständigkeit im Einzelnen

1. Streitiges Ausstandsbegehren

5   § 127 GOG bezieht sich, wie schon bisher § 101 GVG, nur auf streitige Ausstandsbegehren; in nichtstreitigen Fällen ergeht kein formeller Ausstandsentscheid. Anders verhält es sich im Strafprozess, wo nach Massgabe von Art. 59 Abs. 1 lit. a und f StPO stets (also auch in nichtstreitigen Fällen) ein formeller Entscheid zu fällen ist (näher BSK StPO-BOOG, Art. 59 N. 1).

6   Jede Gerichtsperson im Sinne von Art. 47 ZPO (also Personen, die an der Willensbildung des Gerichts mitentscheidend oder beratend beteiligt sind, BGE 119 Ia 81 E. 3, 124 I 255 E. 4c; vgl. auch Pr 96 Nr. 14 E. 2.3) hat zunächst selber darüber zu befinden, ob ihr gegenüber ein Ausstandsgrund im Sinne von Art. 47 ZPO vorliegt. Bejaht sie dies, tritt sie von sich aus in den Ausstand (Art. 48 ZPO). Bestreitet sie entgegen den Vorbringen einer Partei das Vorliegen eines Ausstandsgrundes, liegt ein streitiges Ausstandsbegehren vor, worüber förmlich zu entscheiden ist. Ein streitiger Fall liegt aber auch dann vor, wenn eine Prozesspartei geltend macht, eine Gerichtsperson sei zu Unrecht, d.h. ohne Vorliegen eines gesetzlichen Grundes, von sich aus in den Ausstand getreten. Dieser Fall wird freilich schon deshalb nur selten aktuell werden, weil in der Regel die Fallzuteilung bzw. die Spruchkörperbildung vor Einleitung des Verfahrens mangels regelhafter Kehrordnung nicht vorausbestimmt ist (näher BSK ZPO-WULLSCHLEGER, Art. 48 N. 6; H. SCHMID, Zuteilungskriterien – Regeln und Ausnahmen, SJZ 106, S. 544 ff. m.H.; I. MEIER, Zivilprozessrecht, S. 78 f.; zum Gebot der Regelhaftigkeit der Spruchkörperbildung BGE 137 I 227 E. 2.6.3 sowie BGer 1C_9/2010, SZZP 2011 S. 187 f.; vgl. auch SJZ 107 S. 389 f. und BSK BGG-KOLLER, Art. 2 N. 32 ff.).

2. Entscheidende Behörde

a) Bezirksgericht

Das Bezirksgericht entscheidet über streitige Ablehnungsbegehren gegen seine Gerichtsschreiber (lit. a); dies gilt auch für Fälle, in denen diese als Gerichtsschreiber des Miet- oder Arbeitsgerichtes wirken. Über den Wortlaut des Gesetzes hinaus muss nach hier vertretener Auffassung ein Ablehnungsbegehren auch gegen einem Auditor zulässig sein, soweit dieser – wenn auch nicht formell, so doch faktisch – bei der Willensbildung des Gerichts in irgendeiner Weise mitwirkt. Dies ist namentlich der Fall, wenn in Anwendung von § 133 Abs. 3 GOG auf den Beizug eines Gerichtsschreibers verzichtet und dessen Aufgabe teilweise vom Auditor übernommen wird (§ 8 Abs. 2 und 3 Auditoren-VO, LS 211.23), gilt aber auch in anderen Fällen, in denen der Auditor an der Beratung anwesend ist (was regelmässig zutrifft) und ihm dabei die Möglichkeit zur Äusserung gegeben wird (gl.M. WULLSCHLEGER, in: Sutter-Somm/Hasenböhler/Leuenberger, ZPO Komm., Art. 47 N. 1; ähnlich für «Hilfspersonen» aller Art KELLER, in: Donatsch/Hansjakob/Lieber, StPO Komm., Art. 56 N. 9).

7

Weiter entscheidet das Bezirksgericht über streitige Ablehnungsbegehren betreffend Friedensrichter und Mitglieder der Paritätischen Schlichtungsbehörde in Miet- und Pachtsachen (lit. b).

8

Wie vorne (N. 2) erwähnt, entscheidet entgegen § 127 lit. d GOG richtigerweise das Bezirksgericht selber auch über den Ausstand seiner Mitglieder und Ersatzmitglieder sowie von Beisitzenden des Arbeit- und Mietgerichts. Insoweit bleibt auch die von Art. 50 Abs. 2 ZPO vorgesehene Beschwerdemöglichkeit (hinten N. 24) gewahrt, was im Falle der Zuständigkeit des Obergerichts nicht der Fall wäre (DIGGELMANN, DIKE-Kommentar ZPO, Art. 50 N. 8). Selbstverständlich muss dabei das Gericht unter Ausschluss der abgelehnten Richter und Gerichtsschreiber entscheiden, es sei denn, es handle sich um ein geradezu rechtsmissbräuchliches (querulatorisches) Begehren, welches durch Nichteintreten zu erledigen ist (BGE 111 Ia 149 E. 2, 114 Ia 278 E. 1; ZR 91/92 Nr. 54; RB 2009 Nr. 28). Hingegen lässt sich die Mitwirkung abgelehnter Richter mangels Alternativen dann nicht vermeiden, wenn gleichzeitig sämtliche Angehörigen der zürcherischen Justiz in nicht rechtsmissbräuchlicher Weise (hier: Zugehörigkeit sämtlicher Richter zur BVK) abgelehnt werden (OGer ZH RU110052 vom 3.1.2012).

9

Zu beachten bleibt demgegenüber, dass *in Strafsachen* sowohl betreffend Mitglieder und Ersatzmitglieder des Bezirksgerichts wie auch betreffend Gerichtsschreiber des Bezirksgerichts das Obergericht (als Beschwerdeinstanz) zuständig ist (Art. 59 Abs. 1 lit. b StPO).

10

Am Bezirksgericht Zürich entscheidet beispielsweise über Ausstandsbegehren gegen Friedensrichter die Visitationskommission (§ 23 Abs. 2 lit. b der Geschäftsordnung vom 3.12.2010); ansonsten entscheidet gemäss § 55 Geschäftsordnung das Gericht bzw. die Behörde, welchem bzw. welcher die betroffene Gerichtsperson angehört (Abteilung, Einzelgericht, Schlichtungsbehörde).

11

b) Obergericht

Das Obergericht entscheidet (zusätzlich zu den ihm nach Art. 59 Abs. 1 lit. b StPO zugewiesenen Kompetenzen im Strafverfahren, vorn N. 10) gemäss lit. a über Ausstandsbe-

12

§ 127

gehren gegen die bei ihm tätigen Gerichtsschreiber. Weiter entscheidet es über Ausstandsbegehren betreffend Mitglieder der Paritätischen Schlichtungsbehörde für Streitigkeiten nach dem GlG (lit. b), und schliesslich obliegt ihm der Entscheid, soweit Mitglieder oder Ersatzmitglieder des Obergerichts oder Handelsrichter betroffen sind (lit. d).

13 Innerhalb des Obergerichts entscheidet über Ausstandsbegehren gegen ein Mitglied bzw. Ersatzmitglied eine Kammer bzw. das Handelsgericht. Entsprechend bisheriger Praxis erfolgt die Beurteilung von Ausstandsbegehren gegen Mitglieder einer Kammer jeweils durch Mitglieder einer anderen Kammer des gleichen Sachgebietes (Zivil- oder Strafrecht), was vom Bundesgericht als zulässig erachtet wird (BGer 1B_344/2010 vom 21.12.2010 E. 2.3). Betreffend die interne Zuständigkeit für übergangsrechtliche Ausstandsbegehren s. Beschluss OGZ betreffend die Geschäftsverteilung unter den Kammern des Obergerichts 2012 (Gesch.-Nr. OP110012) a.E.

14 Gemäss § 32 VOG entscheidet im Übrigen die VK des Obergerichts, soweit Mitglieder der Paritätischen Schlichtungsbehörde für Streitigkeiten nach dem GlG oder Mitglieder oder Ersatzmitglieder der dem Obergericht angegliederten Kommissionen (Kommission für die Prüfung der Rechtsanwaltskandidaten, Kommission für die Prüfung der Notariatskandidaten, Aufsichtskommission über die Anwältinnen und Anwälte) abgelehnt werden.

c) Verwaltungsgericht bzw. Bundesstrafgericht

15 Kann das Obergericht für den Entscheid gemäss lit. d auch durch den Zuzug seiner Ersatzmitglieder nicht mehr gehörig besetzt werden, entscheidet in Zivilsachen das Verwaltungsgericht (lit. e). Diese Bestimmung ersetzt § 101 Abs. 2 Satz 2 GVG; um den Vorgaben von Art. 92 i.V.m. Art. 75 BGG zu genügen, wurde an die Stelle des Kantonsrates neu das Verwaltungsgericht mit der sachlichen Zuständigkeit betraut. In sinngemässer Anwendung von § 21 lit. a der Organisationsverordnung des Verwaltungsgerichts vom 23.8.2010 (LS 175.21) ist davon auszugehen, dass das Verwaltungsgericht in diesem Fall als Gesamtgericht entscheidet.

16 In Strafsachen entscheidet bei Ablehnung des gesamten Obergerichts das Bundesstrafgericht (Art. 59 Abs. 1 lit. d StPO).

3. Einzelne Verfahrensfragen

a) Parteirechte, insbesondere Recht auf Replik

17 Das Ausstandsverfahren richtet sich grundsätzlich nach Bundesrecht. Nach Art. 59 Abs. 1 StPO wird ohne Durchführung eines Beweisverfahrens entschieden. Art. 49 Abs. 1 Satz 2 ZPO sieht vor, dass die Tatsachen, mit denen der Ausstand begründet wird, glaubhaft zu machen sind; insoweit dürfte es ebenfalls kaum je zu einem förmlichen Beweisverfahren kommen. Der Sache nach handelt es sich um ein *summarisches Verfahren* über eine prozessuale Vorfrage, weshalb (auch im Lichte von Art. 6 Ziff. 1 EMRK) eine mündliche bzw. (partei-)öffentliche Verhandlung nicht vorgesehen und nicht erforderlich ist (WULLSCHLEGER, in: Sutter-Somm/Hasenböhler/Leuenberger, ZPO Komm., Art. 50 N. 5). Entsprechend dem bisherigen Einholen von gewissenhaften Erklärungen (§ 100 Abs. 1 Satz 2 GVG) ist das Recht auf Stellungnahme der abgelehnten Gerichtsperson zum Gesuch vorgesehen (Art. 49 Abs. 2 ZPO, Art. 58 Abs. 2 StPO).

Auch die Gegenpartei ist zur Stellungnahme zum Gesuch berechtigt, insbesondere weil ihr Anspruch auf den gesetzlichen Richter (Art. 30 Abs. 1 BV) berührt sein kann. Im Lichte von Art. 6 Ziff. 1 EMRK und Art. 29 Abs. 2 BV sind die eingegangenen Stellungnahmen der abgelehnten Gerichtsperson wie auch der Gegenseite vor Entscheidfällung mit der Möglichkeit zur Replik zuzustellen (Pr 95 Nr. 126; BGer 1B_344/2010 vom 21.12.2010 E. 4.2; allgemein zu Zustellungspflicht BGE 137 I 195).

b) Zeitpunkt des Entscheides

Die Prozessordnungen äussern sich nicht dazu, wann der Entscheid über das Ausstandsbegehren zu ergehen hat. Angesichts der Tatsache, dass Ausstandsbegehren unter Gefahr der Verwirkung unverzüglich nach Kenntnisnahme vom (behaupteten) Ausstandsgrund zu stellen sind (Art. 49 Abs. 1 ZPO, Art. 58 Abs. 1 StPO), wäre es stossend, wenn mit dem Entscheid über ein solches Gesuch bis zur Fällung des Endentscheides zugewartet werden dürfte (anders teilweise nach früherem Recht, vgl. HAUSER/SCHWERI, GVG, § 101 N. 9). Immerhin sieht Art. 59 Abs. 3 StPO ausdrücklich vor, dass die betroffene Person bis zum Vorliegen des Entscheides ihr Amt weiter ausübt, was die Möglichkeit einer gewissen zeitlichen Verzögerung des Entscheids in Kauf nimmt.

c) Form und Rechtsnatur des Entscheides

Die Entscheidung erfolgt durch (prozessleitenden) Beschluss (vgl. § 135 Abs. 2 GOG bzw. Art. 80 Abs. 1 Satz 1 StPO) bzw. (in der Terminologie von Art. 92 Abs. 1 BGG) durch Zwischenentscheid. Erweist sich das Ausstandsbegehren als unsubstanziiert oder richtet es sich unzulässigerweise in pauschaler Art gegen eine Vielzahl von mit der Sache nicht befassten Personen, ergeht ein Nichteintretensentscheid (vgl. RB 2009 Nr. 28).

Als prozessleitender Entscheid erwächst der (negative) Entscheid über ein Ausstandsbegehren *nicht in materielle Rechtskraft*. Dies bedeutet, dass in ein und derselben Sache mehrere Ausstandsbegehren mit jeweils neuer Begründung gegen die gleiche Person gestellt werden können. Insbesondere ist denkbar, dass zwar nicht ein einzelnes Vorkommnis, wohl aber eine Reihe von (zeitlich gestaffelt eintretenden) Umständen erst in ihrer Gesamtheit den Anschein von Befangenheit zu begründen vermag (ZR 98 Nr. 21 E. 3c; RB 2010 Nr. 13).

d) Kostenfolgen

Im Strafverfahren wird der Gesuchsteller bei negativem Ausgang (ebenso bei offensichtlicher Verspätung oder Mutwilligkeit des Gesuchs, vgl. bisher § 99 GVG) schon von Bundesrechts wegen *kostenpflichtig* (Art. 59 Abs. 4 Satz 2 StPO). Die ZPO äussert sich nicht ausdrücklich zu den Kostenfolgen, doch wird die Auffassung vertreten, dass gestützt auf Art. 108 ZPO (Auferlegung unnötiger Kosten) im Falle des Unterliegens die Kosten der gesuchstellenden Partei aufzuerlegen sind (WULLSCHLEGER, in: Sutter-Somm/Hasenböhler/Leuenberger, ZPO Komm., Art. 50 N. 13). Bei Gutheissung des Ausstandsbegehrens gehen die Kosten zulasten der Staatskasse.

Hinsichtlich der *Bemessung* der Kosten des Ausstandsverfahrens bestand unter früherem Recht eine Kontroverse, indem das Kassationsgericht davon ausging, die Bemessung von Gebühren und Entschädigung richte sich (in Zivilsachen) grundsätzlich nach dem Streitwert der Hauptsache (RB 2009 Nr. 51), während das Obergericht eine streitwertunabhängige Staatsgebühr in Rechnung stellte. Gemäss § 9 Abs. 2 GebV OG (211.11) be-

§ 127

trägt nunmehr die Gebühr für Entscheide über Ausstandsgesuche in Zivilsachen Fr. 100 bis Fr. 7000, gemäss § 15 lit. c GebV OG in Strafsachen Fr. 150 bis Fr. 4500.

e) **Rechtsmittel**

aa) Zivilsachen

24 In Zivilsachen ist nach Art. 50 Abs. 2 ZPO gegen den Ausstandsentscheid die Beschwerde (Art. 319 ZPO) zulässig; sie ist selbstständig (d.h. nicht erst im Zusammenhang mit der Anfechtung des Endentscheides) und innert zehn Tagen (Art. 321 Abs. 2 ZPO) zu erheben. Soweit indessen das Obergericht im Zuge eines bei ihm hängigen Rechtsmittelverfahrens selbst über ein Ausstandsbegehren zu entscheiden hat (vorne N. 12 ff.), steht dagegen ausschliesslich die Beschwerde in Zivilsachen gemäss BGG zur Verfügung (Art. 92 Abs. 1 BGG). Ein vorangehender gerichtsinterner Weiterzug (Rekurs) an die (neu geschaffene) Rekurskommission ist nicht vorgesehen (vgl. § 19 VOG) und bundesrechtlich ungeachtet Art. 50 Abs. 2 ZPO auch nicht geboten, weil insofern das Gebot des kantonalen Rechtsmittelzuges nicht zur Anwendung gelangt (BBl 2006, S. 7377; BGE 137 III 424 E. 2.2 m.H; WULLSCHLEGER, in: Sutter-Somm/Hasenböhler/Leuenberger, ZPO Komm., Art. 50 N. 15). Dem unmittelbaren Weiterzug an das Bundesgericht steht Art. 75 Abs. 2 BGG, d.h. die Tatsache, dass das Obergericht in diesem Fall nicht als Rechtsmittelinstanz entscheidet, nicht entgegen (BBl. 2006, S. 7377; BGE 137 III 424 E. 2.2 m.H.).

25 Mit Bezug auf *altrechtliche Ablehnungsverfahren* hat das Bundesgericht entschieden, dass auf Beschwerden gegen (nach dem 1.1.2011 ergangene) Entscheide der VK des Obergerichts (§ 101 GVG) nicht einzutreten sei, weil es sich insofern um ein erstinstanzliches Gericht handle (BGE 137 III 424 E. 2.3, ebenso BGer 4A_342/2011 vom 20.9.2011). Dementsprechend ist ein solcher Entscheid nicht an das Bundesgericht, sondern an die obergerichtliche Rekurskommission weiterzuziehen (§ 19 VOG), gegen deren Entscheid Beschwerde gemäss BGG zulässig ist.

bb) Strafsachen

26 Gemäss Art. 59 Abs. 1 StPO entscheidet die zuständige Behörde endgültig über das Ausstandsgesuch. Insofern steht kein Rechtsmittel nach der StPO (Art. 380 StPO), sondern einzig der Weiterzug mittels Strafrechtsbeschwerde nach Art. 78 ff., 92 Abs. 1 BGG an das Bundesgericht zur Verfügung (ausgenommen gegen Entscheide der Staatsanwaltschaft nach Art. 59 lit. a StPO, weil insofern eine gerichtliche Vorinstanz fehlt, Art. 80 Abs. 2 BGG).

f) **Verletzung der Ausstandsvorschriften**

27 Die Folgen der Verletzung von Ausstandsvorschriften richten sich nach Bundesrecht (Art. 51 ZPO bzw. Art. 60 StPO). Dabei ist zu beachten, dass die Feststellung eines Ausstandsgrundes (bzw. in nichtstreitigen Fällen der Selbstaustritt) zwar bewirkt, dass die betreffende Gerichtsperson von der künftigen Mitwirkung im Verfahren ausgeschlossen ist; hingegen werden frühere Amtshandlungen, an denen sie trotz Vorliegens eines Ausstandsgrundes mitgewirkt hat, nach beiden Prozessordnungen nicht von Amtes wegen unwirksam, sondern sind nur dann aufzuheben und zu wiederholen, wenn die betreffende Partei dies innert 10 (ZPO) bzw. 5 (StPO) Tagen nach Kenntnisnahme vom Entscheid über das Austandsbegehren verlangt. Die Parteien sind im Entscheid gegebenenfalls auf den Fristenlauf hinzuweisen (SCHMID, Handbuch, N. 530; BSK StPO-BOOG, Art. 60 N. 3).

§ 128 Unentgeltliche Rechtspflege vor Klageeinreichung

Die Präsidentin oder der Präsident des Obergerichts entscheidet über Gesuche um unentgeltliche Rechtspflege vor Einreichung der Klage beim Gericht.

Inhaltsübersicht	N.
I. Funktionelle Zuständigkeit	1
II. Voraussetzungen und Umfang	3
III. Rechtsmittel	7

I. Funktionelle Zuständigkeit

Gemäss § 119 Abs. 1 ZPO kann ein Gesuch um unentgeltliche Rechtspflege vor oder nach Eintritt der Rechtshängigkeit gestellt werden; nach Art. 118 Abs. 1 lit. c ZPO kann im Rahmen der unentgeltlichen Rechtspflege dementsprechend auch bereits zur Vorbereitung des Prozesses ein unentgeltlicher Rechtsbeistand bestellt werden. Über das Gesuch entscheidet das Gericht (Art. 119 Abs. 3 ZPO). 1

Da der Eintritt der Rechtshängigkeit neu mit dem Schlichtungsbegehren erfolgt (Art. 62 Abs. 1 ZPO) und die Schlichtungsbehörden keine Gerichte sind, bedarf es der Bestimmung der funktionellen Zuständigkeit, d.h. der Instanz, die vor Einreichung der Klage (auch dann, wenn das Schlichtungsbegehren bereits eingereicht wurde) über derartige Gesuche entscheidet. Insoweit in Übereinstimmung mit der bisherigen Regelung in § 88 ZPO (ZH) ist dies der Obergerichtspräsident. Dass damit der Obergerichtspräsident auch für die Bewilligung der unentgeltlichen Rechtspflege für das Schlichtungsverfahren zuständig ist, muss indessen als gesetzgeberisches Versehen bezeichnet werden. Hingegen entscheidet über die Bewilligung der unentgeltlichen Rechtspflege in einem Beschwerdeverfahren gegen einen Entscheid des Schlichtungsbehörde (entgegen dem Wortlaut von § 128) nicht der Obergerichtspräsident, sondern die mit der Beschwerde befasste Kammer (OGer ZH PD110010 v. 31.10.2011). 2

II. Voraussetzungen und Umfang

Die Bewilligung der unentgeltlichen Rechtspflege vor Klageeinreichung setzt zunächst voraus, dass das Schlichtungsverfahren bzw. der Prozess später mit hinreichender Wahrscheinlichkeit tatsächlich anhängig gemacht und der Verbeiständete als Partei (Kläger) auftreten wird. Es muss sich insoweit um ein genau umschriebenes Prozessverfahren, nicht um eine unbestimmte Zahl erst noch zu bestimmender prozessualer oder ausserprozessualer Schritte handeln (ZR 67 Nr. 52, 110 Nr. 100 E. 2.2). 3

Die Prozessvorbereitung umfasst die Beurteilung der Prozessaussichten, die vorläufige Klärung von Fakten und Beweisen, das Sammeln und Bewerten der Dokumentation und die Formulierung der Rechtsbegehren (vgl. EMMEL, in: Sutter-Somm/Hasenböhler/Leuenberger, ZPO Kom., Art. 118 N. 12). Die Bewilligung wurde schon bisher nur für 4

Fälle erteilt, in denen schwierige Fragen in rechtlicher und/oder tatsächlicher Hinsicht abzuklären waren (ZR 97 Nr. 21). Nach neuerer Praxis bedarf es besonderer Umstände und es wird – neben Mittellosigkeit – vorausgesetzt, dass die Interessen der gesuchstellenden Person in schwerwiegender Weise betroffen sind (ZR 110 Nr. 99 sowie Nrn. 101 bis 105).

5 Die Bewilligung der unentgeltlichen Rechtspflege bzw. des unentgeltlichen Rechtsbeistandes kann wie bisher auf bestimmte Aufgaben beschränkt werden, z.B. Prüfung der Aussichten einer Klage, Ergänzung des Beweismaterials, Abklärung der Zuständigkeit usw., um hernach dem Obergerichtspräsidenten Bericht zu erstatten, worauf zu entscheiden ist, ob der Auftrag auch für die Einleitung des Prozesses zu erteilen ist (ZR 50 Nr. 21). Der Entscheid des Obergerichtspräsidenten entfaltet in der Sache keine Bindungswirkung für den Sachrichter (KGZ vom 24.12.2002 i.S. T., E. II.7).

6 Wird die Klage nicht eingeleitet, so geht der Aufwand des vorprozessual bestellten Rechtsbeistandes zulasten der Obergerichtskasse, ansonsten zulasten des in der Folge erkennenden Gerichts. Darüber hinaus kann der vorprozessuale Aufwand des unentgeltlichen Rechtsbeistandes vom erkennenden Gericht auch dann entschädigt werden, wenn vor Prozessbeginn keine Bestellung gemäss Art. 128 GOG erfolgte (vgl. ZR 97 Nr. 21).

III. Rechtsmittel

7 Gegen den die vorprozessuale unentgeltliche Rechtspflege ganz oder teilweise verweigernden Entscheid des Obergerichtspräsidenten ist Beschwerde gemäss Art. 121 ZPO an das Obergericht zulässig (ZR 110 Nr. 99 E. 5.2).

> **§ 129** *Unentgeltliche Mediation*
>
> [1] Das mit dem Verfahren befasste Gericht entscheidet über ein Gesuch um unentgeltliche Mediation.
>
> [2] Der Regierungsrat kann in einer Verordnung die Voraussetzungen für eine unentgeltliche Mediation in Familienrechtssachen festlegen.

Literatur

C. BONO-HÖRLER, Familienmediation im Bereiche von Ehetrennung und Ehescheidung, Diss. Zürich 1998; U. GLOOR, Die Mediationskosten im Schweizer Ehescheidungsverfahren – Vor der Einführung der unentgeltlichen Mediation? Zeitschrift für Konfliktmanagement 6/2000, S. 262 ff.; P. KREPPER, Unentgeltliche Meditatoren für geldwerte Konfliktlösungen, AJP 9 (2000), S. 803 ff.; I. MEIER/D. MÜRNER, Meditation und Möglichkeiten ihrer Förderung durch den Gesetzgeber – u.b.B. der neuen eidgenössischen Zivilprozessordnung, recht 2004, S. 1 ff.; TH. PFISTERER, Unterwegs zur Einigung mit Mediation in der schweizerischen ZPO? SJZ 103, S. 541 ff.; DERSELBE, Einigung und Mediation – Übersicht über die aktuelle Bundesgesetzgebung, AJP 17 (2008), S. 3 ff.; B. UMBRICHT LUKAS/U. GLOOR, Die Mediation in der Zivilprozessordnung, FamPra.ch 11 (2010), S. 818 ff.; H.U. ZISWILER, Inhalt und Bedeutung von Regeln zur Mediation in der Schweizerischen Zivilprozessordnung, in FS A. Bühler, Zürich u.a. 2008, S. 267 ff.

§ 129

Inhaltsübersicht   N.

I. Unentgeltliche Mediation (Abs. 1) 1
    1. Bundesrechtliche Vorgaben 1
    2. Gesuchstellung und Verfahren 3
II. Verordnungskompetenz für unentgeltliche Mediation in Familienrechtssachen (Abs. 2) ... 7
    1. Gesetzesnovelle von 2000 7
    2. Konzeptpapier vom August 2004 8
    3. Aktueller Stand 11

I. Unentgeltliche Mediation (Abs. 1)

1. Bundesrechtliche Vorgaben

Die ZPO sieht in den Art. 213 ff. die Möglichkeit vor, dass anstelle eines Schlichtungsverfahrens oder auch noch während des gerichtlichen Verfahrens (Art. 214 ZPO) eine aussergerichtliche Mediation stattfindet, sei es auf Antrag der Parteien oder auf Empfehlung des Gerichts. Die Mediation findet unabhängig von der Schlichtungsbehörde und dem Gericht statt und ist vertraulich; Organisation und Durchführung ist Sache der Parteien, und deren Aussagen in der Mediation unterliegen im gerichtlichen Verfahren einem Verwertungsverbot (Art. 215, 216 ZPO). Die Kosten des Mediationsverfahrens gehen in der Regel zulasten der Parteien (Art. 218 Abs. 1 ZPO); *in kindesrechtlichen Angelegenheiten nicht vermögensrechtlicher Natur* legt das Bundesrecht fest, unter welchen Voraussetzungen Anspruch auf unentgeltliche Mediation besteht (Art. 218 Abs. 2 ZPO). Gemäss Art. 218 Abs. 3 ZPO kann das kantonale Recht überdies weitere Kostenerleichterungen vorsehen.   1

Da die ZPO die Möglichkeit der unentgeltlichen Mediation einzig für kindesrechtliche Angelegenheiten nicht vermögensrechtlicher Art (also insbesondere Zuteilung der elterlichen Sorge, Regelung des Besuchsrechts, Anordnung von Kindesschutzmassnahmen) vorsieht und eine Ausdehnung der Kostenlosigkeit ausdrücklich dem kantonalen Recht vorbehält, von welcher Möglichkeit der Kanton Zürich indessen bis anhin keinen Gebrauch gemacht hat (hinten N. 11), ist davon auszugehen, dass in anderen als den in Art. 218 Abs. 2 ZPO genannten Fällen (einstweilen) kein Anspruch auf unentgeltliche Mediation besteht.   2

2. Gesuchstellung und Verfahren

Abs. 1 bestimmt, dass über ein Gesuch um unentgeltliche Mediation das mit der Sache befasste Gericht entscheidet. Das Gesuch kann von den Parteien jederzeit gemeinsam gestellt werden (Art. 214 Abs. 2 ZPO).   3

Hinsichtlich der *Voraussetzungen* für die unentgeltliche Mediation in kindesrechtlichen Angelegenheiten nicht vermögensrechtlicher Art nennt Art. 218 Abs. 2 ZPO einerseits Mittellosigkeit und andererseits die gerichtliche Empfehlung bzw. Aufforderung zur Mediation (vgl. Art. 297 Abs. 2 ZPO). Ob die Voraussetzung der Mittellosigkeit gegeben ist, prüft das Gericht nach den bei der unentgeltlichen Rechtspflege geltenden Kriterien.   4

5 Der Entscheid hat *vor Beginn* des Mediationsverfahrens zu ergehen, wobei es sich rechtfertigt, ein vorläufiges Kostendach zu bestimmen. Zeigt sich im Verlaufe des Mediationsverfahrens, dass diese Grenze nicht eingehalten werden kann, muss die Bewilligung der Überschreitung dieser Obergrenze eingeholt werden. Bei sich abzeichnendem Misserfolg ist der Entzug der weiteren Unentgeltlichkeit zu prüfen und gegebenenfalls zu verfügen.

6 Wie bei der unentgeltlichen Rechtspflege (Art. 123 ZPO) ist die Kostenbefreiung nicht endgültig, sondern steht unter dem *Vorbehalt der Nachforderung* (BBl 2006 S. 7338).

II. Verordnungskompetenz für unentgeltliche Mediation in Familienrechtssachen (Abs. 2)

1. Gesetzesnovelle von 2000 (§ 89a ZPO [ZH])

7 Abs. 2 entspricht wörtlich § 89a ZPO (ZH). Diese Bestimmung war durch das G betreffend Anpassung des Prozessrechts im Personen- und Familienrecht vom 27.3.2000 auf den 1.1.2001 in die zürcherische ZPO eingefügt worden. Im Antrag des Regierungsrates wurde darauf hingewiesen, es liege im Interesse des Staates, dass die Ehegatten die Probleme, die sich bei einer Scheidung stellen, in einer auch innerlich akzeptierten Weise lösten. In diese Richtung stosse die Mediation, die somit grundsätzlich staatliche Unterstützung verdiene, was in der Weise zu verwirklichen sei, dass die rechtlichen Bedingungen für die Bewilligung einer unentgeltlichen Mediation geschaffen würden. Massgeblich seien dabei zum einen die wirtschaftlichen Verhältnisse der Parteien; grössere Schwierigkeiten stellten sich bei der Umschreibung der Voraussetzungen, die der Mediationsprozess als solcher erfüllen müsse, ferner der fachlichen Voraussetzungen an den Mediator. Diese Voraussetzungen seien jedoch nicht auf Gesetzesstufe, sondern durch Verordnung zu regeln, weil es darum gehe, flexibel auf die Entwicklungen im noch relativ jungen Bereich der Mediation reagieren zu können (ABl 1999 S. 1257 ff.)

2. Konzeptpapier vom August 2004

8 Im Jahre 2004 eröffnete die Direktion der Justiz und des Innern ein Vernehmlassungsverfahren über ein Konzept für eine Verordnung betreffend die unentgeltliche Mediation. Im Konzeptpapier werden zunächst der Begriff und das Verfahren der Mediation erläutert und ein Vergleich der Mediation mit dem gerichtlichen Verfahren gezogen; als Vorteil der Mediation wird auf die angestrebte Nachhaltigkeit der Konfliktlösung hingewiesen, als möglicher Nachteil wird die Offenheit bzw. Ungewissheit des Ausgangs erwähnt, indem es letztlich den Parteien freistehe, den begonnenen Prozess auch einseitig zu beenden.

9 Als *Voraussetzungen* für die Bewilligung der unentgeltlichen Mediation werden im Konzeptpapier genannt:
– Art der Streitigkeit: gemäss Gesetzesbestimmung fallen ausschliesslich familienrechtliche Streitigkeiten in Betracht; es wird insoweit eine (zusätzliche) Beschränkung auf Scheidungsverfahren und diesem nahestehende Verfahren (Ehetrennung, Eheschutz, Abänderung Scheidungsurteil) vorgesehen;
– fachliche Qualifikation der Mediatoren: die Bewilligung der unentgeltlichen Mediation setzt voraus, dass der Mediator (der, anders als der unentgeltliche Rechtsbei-

stand, nicht gerichtlich eingesetzt, sondern durch die Parteien frei gewählt wird) die Anerkennungsvoraussetzungen des Schweizerischen Vereins für Mediation oder des Schweizerischen Anwaltsverbandes erfüllt und in einem öffentlich einsehbaren Verzeichnis aufgeführt ist;
- wirtschaftliche Verhältnisse der Parteien: unentgeltliche Mediation setzt Mittellosigkeit im Sinne von § 84 ZPO (ZH) (heute: Art. 117 lit. a ZPO) voraus;
- eine Prüfung der Aussichten der Mediation wird nicht vorausgesetzt.

Im Weiteren sieht das Konzeptpapier die Regulierung des Mediationsverfahrens, insbesondere eine Fairnesskontrolle (konkret insbesondere vorgängige Aufklärung der Parteien über die rechtlichen Gesichtspunkte) vor und äussert sich zum Verfahren betreffend Bewilligung der unentgeltlichen Mediation. Der diesbezügliche Entscheid soll vom Gericht grundsätzlich (erst) mit dem Entscheid in der Sache ergehen, wobei die Bewilligung rückwirkend ab Einreichung des Gesuchs gilt. Hinsichtlich der Finanzierung werden Obergrenzen für den Aufwand des Mediators festgesetzt; ist absehbar, dass diese Limiten nicht eingehalten werden können, muss die Bewilligung zur Überschreitung dieser Obergrenzen eingeholt werden.

3. Aktueller Stand

Im Konzeptpapier 2004 wurde die vorläufige Einführung einer dreijährigen Versuchsphase angeregt, verbunden mit einer parallelen Überprüfung der damit entstehenden Auslagen für den Kanton. Eine Umsetzung des Konzepts hat in der Folge nicht stattgefunden und steht dem Vernehmen nach bis auf Weiteres nicht zur Diskussion.

> **§ 130** *Aktenführung und -aufbewahrung*
>
> **¹ Das Gericht sorgt für die systematische Ablage der Akten und deren fortlaufende Erfassung in einem Verzeichnis. Es kann in einfachen Fällen von einem Verzeichnis absehen.**
>
> **² Originaldokumente sind den berechtigten Personen gegen Empfangsbestätigung zurückzugeben, sobald die Sache rechtskräftig entschieden ist.**
>
> **³ Das Obergericht regelt das Weitere in einer Verordnung.**

Literatur

L. Droese, Die Akteneinsicht des Geschädigten in der Strafuntersuchung vor dem Hintergrund zivilprozessualer Informationsinteressen, Diss. Luzern 2008; D. Krauss, Der Umfang der Strafakte, BJM 1983, S. 49 ff.

Inhaltsübersicht N.

I. Regelungsbedarf 1
II. Ausführungsbestimmungen (Abs. 3) 2
III. Aktenführungspflicht (Abs. 1) 3

§ 130

1.	Rechtsgrundlagen	3
2.	Grundrechtlicher Aspekt der Aktenführungspflicht	4
3.	Aktenbegriff und Aktenführung	7
	a) Aktenbegriff	7
	b) Aktenführung	13
4.	Aktenordnung	14
	a) Allgemein	14
	b) Rechtsmittelverfahren und Rückweisung	17
	c) Verfahren vor Mietgericht	20
	d) Strafverfahren	21
5.	Aktenverzeichnis	23
	a) Hauptakten	23
	b) Einlegerakten	25
	c) Beizugsakten	26
	d) Verzicht auf Aktenverzeichnis	27
	e) Verlorene Akten	28
6.	Depositen, Kautionen und Effekten	30
	a) Aufführung im Aktenverzeichnis	30
	b) Einzelheiten	31
IV. Rückgabe von Akten (Abs. 2)		35
1.	Allgemein	35
2.	Rückgabe von Kautionen und Effekten	37
V. Zur Archivierung von Verfahrensakten		38
1.	Allgemein	38
2.	Strafakten	43
3.	Betreibungs- und Konkursakten	44

I. Regelungsbedarf

1 Während die StPO Vorschriften zur Aktenführung und Aktenaufbewahrung enthält (Art. 100 ff. StPO; vgl. auch Art. 266 StPO betr. Beschlagnahme), fehlen entsprechende Bestimmungen in der ZPO. Für den Zivilprozess ist die Aufbewahrung der Akten daher – nach dem Willen des Bundesgesetzgebers (BBl 2006, S. 7259) – kantonalrechtlich zu regeln.

II. Ausführungsbestimmungen (Abs. 3)

2 Gestützt auf die Ermächtigung von Abs. 3 hat das Obergericht die Akturierungsverordnung vom 12.5.2010 (Akturierungs-VO, LS 212.513) erlassen. Weiter sind in diesem Zusammenhang die Verordnung der obersten Gerichte vom 16.3.2001 über die Information über Gerichtsverfahren und die Akteneinsicht bei Gerichten durch Dritte (Akteneinsichts-VO, LS 211.15) sowie die Verordnung der obersten Gerichte über die Archivierung von Verfahrensakten vom 16.3.2001 (Archiv-VO, LS 211.16) von Bedeutung (näher N. 38 f.), und schliesslich ist auch die VO des Obergerichts über Verwaltung von Depositen, Kautionen und Effekten vom 23.11.1960 (LS 211.13) angesprochen (dazu N. 31 ff.).

III. Aktenführungspflicht (Abs. 1)

1. Rechtsgrundlagen

Abs. 1 lehnt sich praktisch wörtlich an die Parallelbestimmung von Art. 100 Abs. 2 StPO an, wonach die Verfahrensleitung für die systematische Ablage der Akten und deren fortlaufende Erfassung in einem Verzeichnis sorgt und wonach in einfachen Fällen von einem Verzeichnis abgesehen werden kann. Abweichend von den bisherigen §§ 167 ff. GVG verzichtet das Gesetz in diesem Zusammenhang auf eine detaillierte Regelung. Eine solche findet sich in der erwähnten Akturierungs-VO des Obergerichts.

3

2. Grundrechtlicher Aspekt der Aktenführungspflicht

Aus dem aus Art. 29 Abs. 2 BV fliessenden Gehörsanspruch, der das *Recht der Parteien auf Akteneinsicht* (dazu auch vorn § 73 N. 12 und § 125 N. 26) umfasst, folgt als Vorbedingung die Pflicht der Behörde bzw. des Gerichts auf (vollständige) Aktenführung (Dokumentation). Dieser zunächst für das Strafverfahren entwickelte Grundsatz gilt heute *für sämtliche Verfahrensarten*. Das Parteirecht auf Akteneinsicht entfaltet nur dann volle Wirksamkeit, wenn Gewähr dafür besteht, dass tatsächlich *alle prozessrelevanten Vorgänge* aktenkundig gemacht, also in der Regel schriftlich, allenfalls in sonst wie geeigneter Form (fotografisch, magnetofonisch, elektronisch) festgehalten werden und Bestandteil des Dossiers bilden. Insofern lässt sich sagen, dass spiegelbildlich zum Akteneinsichtsrecht der Parteien eine Aktenführungspflicht der Behörde besteht (BGE 115 Ia 97, 124 V 372 E. 3b, 130 II 473 E. 4.1 und 4.3, je m.H.; betr. aktenmässige Nachvollziehbarkeit der Produktion von Beweismitteln BGE 129 I 85 E. 4.1). Eine Verletzung der Dokumentationspflicht beinhaltet u.U. eine Verletzung von Partei- bzw. Verteidigungsrechten (ZR 106 Nr. 31). Aus der Aktenführungspflicht folgt aber keine Pflicht zur Erhebung oder Erlangung von Beweismitteln; es kann daraus auch nicht hergeleitet werden, dass bestimmte Akten aus anderen Verfahren beigezogen werden müssen (vgl. ZR 106 Nr. 31 E. II.5.3a).

4

Konsequenz des Grundsatzes der Vollständigkeit des Dossiers ist, dass (wie dies Art. 141 Abs. 5 StPO ausdrücklich vorsieht) auch nach Auffassung des Gerichts *unverwertbare oder unbeachtliche* (z.B. verspätete oder prozessual unzulässige) *Eingaben* physisch – allenfalls separat bzw. unter Verschluss – im Dossier zu belassen sind, schon damit die Möglichkeit der späteren Überprüfung durch die Rechtsmittelinstanz gewahrt bleibt (ZR 107 Nr. 22 E. III.1; RB 1989 Nr. 61, 2003 Nrn. 94, 95, vgl. auch RB 2010 Nr. 4; abweichend ZR 74 Nr. 78 E. 5, S. 238).

5

Uneinigkeit herrscht hinsichtlich der Frage, ob bzw. inwieweit *Unterlagen eines psychiatrischen Gutachters* (namentlich über explorative Untersuchungsgespräche) der Dokumentationspflicht unterliegen (verneinend BGer 6B_92/2010 vom 30.3.2010, E. 3.3, entgegen RB 2005 Nr. 98; einlässlich St. BERNARD/A.M. BINDER, Neue StPO: Nach wie vor keine Kontrolle der sogenannten Erhebung bei [psychiatrischen] Begutachtungen? AnwRev 1/2011 S. 9, 12 ff. m.H.).

6

§ 130

3. Aktenbegriff und Aktenführung

a) Aktenbegriff

7 Gemäss § 1 der Akturierungs-VO sind Akten im Sinne dieser Verordnung «schriftliche, elektronische und andere Aufzeichnungen, Augenscheinobjekte und andere Gegenstände oder Werte, die in einem Verfahren vom Gericht entgegengenommen, beigezogen oder erstellt worden sind». Diese Umschreibung deckt sich wörtlich mit derjenigen in § 3 der Akteneinsichts-VO sowie § 3 der Archiv-VO.

8 Gemeinhin wird zwischen *Haupt- und Nebenakten* unterschieden. Hauptakten sind Aktenstücke, die für die (materielle) Entscheidung des Prozesses notwendig sind; dazu gehören insbesondere das Protokoll, die Klagebewilligung, Familienscheine, Rechtsschriften und Gutachten. Nebenakten sind Urkunden, die sich aus dem Gang des Verfahrens ergeben und sich auf dieses beziehen, wie z.B. Vollmachten, Fristerstreckungs- und Verschiebungsgesuche, Rückfragen und Auskünfte, Briefwechsel über Aktenzustellungen, Empfangsscheine, Kautionsrapporte, Kopien von Vorladungen und ausgehenden Briefen usw. Nebenakten werden in der Regel separat geführt.

9 Zu den (Neben-)Akten gehören insbesondere auch *Briefumschläge* bei fristgebundenen Eingaben; nimmt eine Behörde den Briefumschlag einer fristgebundenen Eingabe nicht zu den Akten, kann sie dem Absender nicht entgegenhalten, er könne den Nachweis der Rechtzeitigkeit nicht erbringen (Umkehr der Beweislast, ZR 107 Nr. 1 E. 4; SJZ 95 S. 148; vgl. BGE 124 V 372 E. 3b).

10 *Einlegerakten* sind Akten, die nicht an das Gericht selbst gerichtet sind, sondern als Beilagen zu Eingaben (Hauptakten) eingereicht werden, z.B. vorprozessuale Korrespondenzen zwischen den Parteien oder mit Dritten, Rechnungen, Pläne, Fotos usw.

11 *Beizugsakten* sind Akten(dossiers), die das Gericht von einem anderen Gericht oder einer Amtsstelle beizieht. Als Beweisurkunden sind sie zu den Hauptakten zu legen. Die Frage, ob Akten beigezogen werden müssen, beurteilt sich nach allgemeinen prozessualen Grundsätzen (Anspruch auf rechtliches Gehör; Sachaufklärungspflicht, Offizialmaxime); wie erwähnt (vorn N. 4), kann aus der Aktenführungspflicht nicht hergeleitet werden, dass bestimmte Akten beigezogen werden müssen.

12 Grundsätzlich stellen *interne, von Gerichtsmitgliedern zum persönlichen Gebrauch erstellte Dokumente keine Akten* im Sinne des Gesetzes dar (was indirekt auch aus § 11 Archiv-VO folgt) und unterliegen damit nicht der Einsichtnahme der Parteien, auch wenn sie einen Bezug zu einem konkreten Verfahren haben. Namentlich kommt dem Urteilsantrag des Referenten keine Aktenqualität zu (vgl. BGE 103 Ia 492, 113 Ia 1 E. 4c/cc sowie BGer 5P.91/1989 i.S. P., E. 2; RB 1987 Nr. 21; kritisch MÜLLER/SCHEFER, Grundrechte, S. 875 m.H.; s. auch hinten § 134 N. 13).

b) Aktenführung

13 Gemäss § 2 Akturierungs-VO wird für jede Zivil- und Strafsache ein *Aktendossier* angelegt. Dieses enthält im Sinne des Ausgeführten das Verfahrensprotokoll und die Einvernahmeprotokolle (bisher §§ 143 ff. GVG, jetzt Art. 176, 193, 235 ZPO und Art. 76 ff. StPO), alle vom Gericht erstellten oder beigezogenen Akten, die von den Parteien oder

§ 130

Dritten eingereichten Akten (Einlegerakten) sowie die Briefumschläge von fristgebundenen Eingaben oder Fristerstreckungsgesuchen, die nach Ablauf der Frist beim Gericht eingehen.

4. Aktenordnung

a) Allgemein

Eingaben und andere Akten werden im Aktendossier systematisch abgelegt und in der Regel *chronologisch,* d.h. in der Reihenfolge ihres Eingangs, in ein Aktenverzeichnis (N. 23 ff.) eingetragen. *Elektronisch* übermittelte Akten werden in der Regel ausgedruckt (vgl. zum elektronischen Verkehr Art. 130 Abs. 2 und 139 ZPO bzw. Art. 110 Abs. 2 StPO; ferner VO vom 18.6.2010 über die elektronische Übermittlung im Rahmen von Zivil- und Strafprozessen sowie von Schuldbetreibungs- und Konkursverfahren, SR 272.1). Mehrere Aktenstücke, die am gleichen Tag eingehen, sind in einer Reihenfolge nach sachlichen Gesichtspunkten einzutragen (§ 3 Abs. 1 Akturierungs-VO). Die Klagebewilligung (Art. 209 ZPO) wird in der Regel unmittelbar nach dem Verfahrensprotokoll eingeordnet; Vollmachten werden gesondert akturiert (§ 3 Abs. 3 und 4 Akturierungs-VO).

14

Alle Akten werden laufend mit einer Ordnungsnummer versehen und im *Aktenverzeichnis fortlaufend erfasst.* Die Ordnungsnummer wird in der Regel in der rechten oberen Ecke des Aktenstücks angebracht, bei den Bezirksgerichten in blauer, beim Obergericht in roter Farbe (§ 3 Abs. 2 Akturierungs-VO). Alle Eingaben werden datiert (Tag der Postaufgabe gemäss Stempel sowie des Eingangs, § 3 Abs. 5 Akturierungs-VO), womit die Möglichkeit der jederzeitigen Überprüfung der Vollständigkeit des Dossiers und der zuverlässigen Zitierung einzelner Aktenstücke gewährleistet wird. Nachträgliche Änderungen des Aktenverzeichnisses sind zu unterlassen (ZR 109 Nr. 21 E. 4.1).

15

Schliesslich wird von allen *Entscheiden* eine vollständige Ausfertigung zu den Akten genommen. Die Endentscheide werden zudem chronologisch geordnet in besonderen Spruchbüchern gesammelt (§ 3 Abs. 6 Akturierungs-VO; früher § 170 GVG, aufgehoben auf den 1.1.1999 durch § 120 Archivgesetz vom 24.9.1995).

16

b) Rechtsmittelverfahren und Rückweisung

Wird ein Zwischenentscheid angefochten, beginnt das obergerichtliche Dossier neu bei der Ordnungsnummer 1; das vorinstanzlichen Dossier erhält als Beizugsakte eine eigene Aktennummer, entsprechend dem Zeitpunkt des Eingangs beim Obergericht (§ 7 Abs. 1 Akturierungs-VO). Bei Anfechtung eines Endentscheides schliesst hingegen die erste Aktennummer des obergerichtlichen Dossiers an die letzte Nummer des bezirksgerichtlichen Verfahrens an (§ 7 Abs. 2 Akturierungs-VO).

17

Wird ein Endentscheid vom Obergericht aufgehoben und die Sache an die untere Instanz zurückgewiesen, schliesst die erste Ordnungsnummer des neuen Verfahrens der unteren Instanz an die letzte Ordnungsnummer des obergerichtlichen Verfahrens an (§ 7 Abs. 3 Akturierungs-VO). Bei Aufhebung eines Zwischenentscheides und Rückweisung an die untere Instanz (in der Akturierungs-VO nicht geregelt) läuft dort die begonnene Nummerierung weiter.

18

§ 130

19 Bei Aufhebung eines obergerichtlichen Endentscheides und Rückweisung durch das Bundesgericht schliesst die erste Ordnungsnummer im neuen obergerichtlichen Verfahren an die letzte Ordnungsnummer des vorherigen Verfahrens an (§ 7 Abs. 4 Akturierungs-VO).

c) Verfahren vor Mietgericht

20 Entsprechend der Regelung für das Strafverfahren (N. 21) schliesst die erste Ordnungsnummer im Dossier des Mietgerichts an die letzte Ordnungsnummer des Verfahrens vor der Paritätischen Schlichtungsbehörde in Miet- und Pachtsachen an (§ 9 Akturierungs-VO).

d) Strafverfahren

21 Im gerichtlichen Verfahren schliesst die erste Ordnungsnummer im Aktendossier des Bezirksgerichts oder Einzelgerichts an die letzte Ordnungsnummer des Verfahrens vor der Staatsanwaltschaft (in der Regel die Anklageschrift) an (Art. 8 Akturierungs-VO).

22 Zur Aktenführung der *Staatsanwaltschaft* im Vorverfahren siehe Art. 100 StPO und WOSTA Ziff. 8.2.5; zur Aktenführung bzw. Aktenverzeichnis im richterlichen Haftprüfungsverfahren s. § 29 N. 10.

5. Aktenverzeichnis

a) Hauptakten

23 Das Aktenverzeichnis wird elektronisch geführt; es wird periodisch ausgedruckt und mit dem Datum des Ausdrucks versehen zu den Akten gelegt (§ 4 Abs. 1 Akturierungs-VO).

24 Das Aktenverzeichnis gliedert sich wie folgt (§ 4 Abs. 2–5 Akturierungs-VO):
– die erste Spalte enthält die Ordnungsnummer;
– die zweite Spalte enthält eine verständliche und möglichst detaillierte Beschreibung des Aktenstücks, wobei gerichtsübliche Abkürzungen verwendet werden können;
– in der dritten Spalte wird das Datum des Aktenstücks eingetragen, wobei offensichtliche Verschriebe (falscher Monat oder falsches Jahr) berichtigt werden können; trägt es kein Datum, ist der Vermerk «o.D.» (ohne Datum) einzutragen;
– in der vierten Spalte wird der allfällige Einleger aufgeführt.

b) Einlegerakten

25 Hinsichtlich der Einlegerakten (vorne N. 10) bestimmt § 5 Akturierungs-VO, dass diese in einem selbstständigen Aktenverzeichnis aufgeführt und mit den Primär- und Sekundäraktennummern akturiert werden. Die vom Einleger vorgenommene Nummerierung ist beizubehalten. Im Hauptaktenverzeichnis wird auf das Einlegeraktenverzeichnis verwiesen.

c) Beizugsakten

26 Akten anderer Behörden oder aus früheren Verfahren werden als Beizugsakten behandelt (§ 10 Abs. 1 Akturierungs-VO; vorne N. 11). Sie werden im Aktenverzeichnis un-

ter Angabe der Primär- und Sekundärnummern sowie einer allfälligen Geschäftsnummer, ferner des Datums der Geschäftserledigung und der Behörde, von welcher die Akten beigezogen wurden, eingetragen (§ 10 Abs. 2 Akturierungs-VO). Akten eines durch Vereinigung erledigten Verfahrens werden als Beizugsakten im fortgeführten Verfahren behandelt (§ 10 Abs. 3 Akturierungs-VO).

d) Verzicht auf Aktenverzeichnis

In Übereinstimmung mit § 130 Abs. 1 Satz 2 GOG sieht § 6 Akturierungs-VO vor, dass in einfachen Fällen, insbesondere im summarischen Verfahren, von einem Aktenverzeichnis abgesehen werden oder bloss ein handschriftliches Aktenverzeichnis geführt werden kann. Sofern jedoch in solchen Fällen ein Rechtsmittel erhoben oder die Akten von Dritten beigezogen werden, ist nachträglich ein Aktenverzeichnis im Sinne von § 4 f. Akturierungs-VO zu erstellen. 27

e) Verlorene Akten

Verlorene Akten werden soweit möglich nach den Handakten des Gerichts und der Parteien *wiederhergestellt*. Die Parteien sind verpflichtet, zu diesem Zweck alle Unterlagen auszuhändigen, welche das Aktendossier betreffen (§ 13 Akturierungs-VO; bisher § 171 GVG). Wenn die Wiederherstellung des vollständigen Dossiers nicht möglich ist, sind die betreffenden Prozesshandlungen soweit möglich zu wiederholen; andernfalls ist nach den prozessualen Grundsätzen über die *Unerreichbarkeit von Beweismitteln* zu verfahren (vgl. dazu ZR 105 Nr. 52 E. 5c). 28

Die bisherige Bestimmung (§ 171 Abs. 2 GVG), wonach die Kosten der Wiederherstellung zulasten desjenigen geht, der den Verlust verschuldet hat, entfällt. Diese Frage entscheidet sich nunmehr nach Art. 108 ZPO bzw. Art. 417 StPO (Verursachung unnötiger Prozesskosten). 29

6. Depositen, Kautionen und Effekten

a) Aufführung im Aktenverzeichnis

Eingereichte Augenscheinsobjekte sowie andere Gegenstände und Werte, wie namentlich Depositen, Kautionen und Effekten, werden im Aktenverzeichnis aufgeführt (§ 11 Akturierungs-VO; bisher § 168 GVG), was sich im Strafverfahren bezüglich beschlagnahmter Gegenstände und Vermögenswerte schon aus Art. 266 Abs. 2 StPO ergibt (vgl. auch N. 32). 30

b) Einzelheiten

Einzelheiten regelt die *VO des Obergerichts über die Verwaltung von Depositen, Kautionen und Effekten vom 23.11.1960*, in der Fassung vom 3.11.2010 (LS 211.13). 31

– Depositen sind Gegenstände und Werte, die einem Gericht gestützt auf kantonales oder eidgenössisches Recht als Hinterlegung (dazu namentlich §§ 66 Abs. 2, 140 und 141 GOG) oder Sicherstellung zugunsten Dritter übergeben werden (§ 1 der genannten VO);

§ 130

- Kautionen sind Werte, die den Gerichten zu gesetzlich vorgeschriebenen Sicherstellungszwecken übergeben werden (§ 5 der genannten VO);
- Effekten sind alle in einem gerichtlichen Verfahren erhobenen Gegenstände und Werte, die weder als Depositen noch als Kautionen betrachtet werden können (§ 8 der genannten VO), namentlich die in Prozessen eingelegten Gegenstände sowie solche, die in Strafprozessen beschlagnahmt und von den Untersuchungs- und Verwaltungsbehörden den Gerichten übergeben werden.

32 Die Verwaltung und Verwahrung dieser Werte und Gegenstände ist in der Regel Sache der Gerichtskasse oder der Gerichtskanzlei (§ 13 der genannten VO). Diese hat für sichere Aufbewahrung und möglichste Werterhaltung zu sorgen. Für die daraus erwachsenden Barauslagen gelten bezüglich der Vorschusspflicht die einschlägigen gesetzlichen Bestimmungen (§ 14 der genannten VO).

33 Wertschriften, Wertsachen, Bürgschaftsverpflichtungen, Geld in ausländischer Währung sowie die aus Beweisgründen gesondert aufzubewahrenden Banknoten und Münzen sind von der Gerichtskasse in ein offenes Depot bei der Zürcher Kantonalbank zu legen (§§ 3, 6 und 9 der genannten VO); für Kautionen wird kein Zins vergütet (§ 7 Abs. 1 der genannten VO). Die Staatsanwaltschaft hat Wertpapiere, Goldmünzen oder andere Gegenstände, die einen realisierbaren Wert besitzen, in Kopie oder als Abbildung zu den Akten zu nehmen und die Originale der Kasse gegen Quittung als Sachkaution zur sicheren Aufbewahrung zu übergeben und im Effektenverzeichnis einzutragen (WOSTA Ziff. 8.2.5.5).

34 Mit der Entgegennahme und Aufbewahrung der Depositen, Kautionen und Effekten entsteht eine im öffentlichen Recht begründete Pflicht zur sorgfältigen Behandlung und sachgemässen Rückgabe an den Berechtigten (BGE 77 I 260 ff.). Über die aus dieser Haftung allenfalls hergeleiteten Schadenersatzansprüche Privater gegen den Staat entscheiden die Zivilgerichte (§ 2 Abs. 1 VRG).

IV. Rückgabe von Akten (Abs. 2)

1. Allgemein

35 Gemäss Art. 103 Abs. 2 StPO sind im Strafverfahren von den Verfahrensbeteiligten eingereichte Originaldokumente den berechtigten Personen nach rechtskräftiger Entscheidung der Strafsache gegen Empfangsbestätigung zurückzugeben. Entsprechendes gilt in Zivilsachen nach § 130 Abs. 2 GOG.

36 § 12 Abs. 1 und 2 Akturierungs-VO erweitert den Anwendungsbereich dieser Norm auf Einlegerakten und Effekten, verbunden mit dem Vorbehalt einer abweichenden gerichtlichen Anordnung. Umgekehrt sieht § 12 Abs. 3 Akturierungs-VO ausnahmsweise die vorzeitige Aktenherausgabe aus zureichenden Gründen vor. Klagebewilligung und Vollmachten werden nicht zurückgegeben (§ 12 Abs. 4 Akturierungs-VO). Im Strafprozess beschliesst das Gericht ferner über Rückgabe, Vernichtung, Verwendung zu Lehrzwecken oder sonstige Aufbewahrung der Einlegerakten und Effekten (§ 12 Abs. 5 Akturierungs-VO).

2. Rückgabe von Kautionen und Effekten

Gemäss § 17 Abs. 2 der VO des Obergerichts über die Verwaltung von Depositen, Kautionen und Effekten (LS 211.13) gilt nach wie vor, dass Kautionen und Effekten von der Gerichtskasse beziehungsweise der Gerichtskanzlei nach rechtskräftiger Erledigung des Verfahrens «unter Einschluss der Nichtigkeitsbeschwerde und der staatsrechtlichen Beschwerde» und unter Beachtung der richterlichen Anordnungen insbesondere über die Kosten- und Entschädigungsfolgen der berechtigten Person ausgehändigt werden. Dies bedeutet übertragen auf den heutigen Rechtsmittelzug, dass die Hängigkeit einer Beschwerde in Zivilsachen vor Bundesgericht der vorzeitigen Rückerstattung der Kaution (bzw. eines verbleibenden Überschusses) entgegensteht, zumal dieses Rechtsmittel den Eintritt der Rechtskraft grundsätzlich hemmt.

V. Zur Archivierung von Verfahrensakten

1. Allgemein

§ 130 GOG regelt die Aufbewahrung der (Zivil-)Akten *während der Dauer* des Verfahrens bis zu dessen rechtskräftiger Erledigung. Demgegenüber wird die Archivierung der Spruchbücher sowie der sonstigen Verfahrensakten *nach rechtskräftigem Verfahrensabschluss* generell (für Zivil- und Strafakten) durch die VO über die Archivierung von Verfahrensakten der obersten Gerichte vom 16.3.2011 (Archiv-VO, LS 211.16) geregelt. Deren Geltungsbereich erstreckt sich, soweit hier von Interesse, auf die obersten Gerichte, die dem Obergericht angegliederten Kommissionen, die Bezirks-, Arbeits- und Mietgerichte, die Schlichtungsbehörden sowie auf die Schiedsgerichte mit Sitz im Kanton Zürich (§ 1 Abs. 1 Archiv-VO).

Das jeweilige Archiv dient der weiteren Benützung der Akten und der Spruchbücher durch Verfahrensbeteiligte und Amtsstellen sowie Dritte (§ 2 Archiv-VO). Die Gerichte sind zur zweckmässigen, d.h. vor Schädigung und Zerstörung gesicherten und gut erschliessbaren Aufbewahrung ihrer Akten und Spruchbücher verpflichtet (§ 5, 13 ff. Archiv-VO).

Die Archivierung gliedert sich in *zwei Phasen*, nämlich

- in eine ersten Phase (nach rechtskräftigem Abschluss des Verfahrens) der *Aufbewahrung in den Gerichtsarchiven*, dies während einer Dauer von (grundsätzlich) 15, in Scheidungsverfahren 20 Jahren; in Strafsachen richtet sich die Dauer der Aufbewahrung nach Art. 103 StPO. Spruchbücher sowie Akten des Einzelrichters in Erbschaftssachen werden 50 Jahre aufbewahrt (§ 20 f. Archiv-VO); sowie
- in eine zweite Phase (nach Ablauf der gerichtlichen Aufbewahrungsfrist), in der die Akten dem *Staatsarchiv* zur weiteren Aufbewahrung anzubieten sind. Dieses bestimmt in Absprache mit dem betreffenden Gericht, welche Akten abzuliefern und welche nach Ablauf der Aufbewahrungsfristen zu vernichten sind (§ 22 Archiv-VO). Spruchbücher sind in jedem Fall aufzubewahren.

Die *Einsichtnahme* in noch nicht beim Staatsarchiv archivierte Akten richtet sich nach den §§ 16 ff. Archiv-VO, wobei die Grundsätze der Akteneinsichts-VO Anwendung finden (§ 17 Archiv-VO; zur Archivierung von bzw. Einsichtnahme in Tonaufzeichnungen einer Gerichtsverhandlung ZR 102 Nr. 33). Die Einsichtnahme in beim Staatsarchiv archivierte Akten richtet sich gemäss § 10 Archivgesetz (LS 432.11) nach §§ 20 ff. IDG (LS 170.4).

42 Amtsgeheimnis und Datenschutz gelten für Akten in den Gerichtsarchiven und im Staatsarchiv grundsätzlich während einer Schutzfrist von 30 Jahren ab Archivierung bzw. ab Tod der betroffenen Person (§ 12 Archiv-VO).

2. Strafakten

43 Gemäss Art. 103 StPO sind Strafakten mindestens *bis zum Ablauf der Verfolgungs- und Vollstreckungsverjährung* aufzubewahren. Ausgenommen sind Originaldokumente, die den berechtigten Personen nach rechtskräftiger Entscheidung der Strafsache zurückzugeben sind. Ferner sind gemäss Art. 78 Abs. 7 Satz 2 StPO *Notizen und andere Aufzeichnungen im Zusammenhang mit Einvernahmen* von Parteien, Zeugen, Auskunftspersonen und Sachverständigen bis zum Abschluss des Verfahrens aufzubewahren.

3. Betreibungs- und Konkursakten

44 Vgl. dazu VO über die Aufbewahrung der Betreibungs- und Konkursakten vom 5.6.1996 (VABK, SR 281.33).

---

§ 131 *Akteneinsicht von Behörden und Dritten*

[1] Andere Behörden können die Akten einsehen, wenn
   a. sie diese für die Bearbeitung hängiger Zivil-, Straf- oder Verwaltungsverfahren benötigen und
   b. der Einsichtnahme keine überwiegenden öffentlichen oder privaten Interessen entgegenstehen.

[2] Dritten steht kein Recht auf Einsicht in Gerichtsakten zu.

[3] Das Gericht kann ihnen Akteneinsicht gewähren, wenn
   a. sie ein wissenschaftliches oder ein anderes schützenswertes Interesse geltend machen und
   b. der Einsichtnahme keine überwiegenden öffentlichen oder privaten Interessen entgegenstehen.

Literatur:

ST. C. BRUNNER, Persönlichkeitsschutz bei der behördlichen Information der Öffentlichkeit von Amtes wegen, ZBl 111 (2010), S. 593 ff.; A. DUBACH, Das Recht auf Akteneinsicht, Zürich 1990; R. KEHL-ZELLER, Die gegenseitige Akten-Editionspflicht der Verwaltungsbehörden und der Zivilgerichte im schweizerischen Recht, Zürich 1955; O. MARBACH, Gerichtsakten bernischer Zivilgerichte und Datenschutz, ZBJV, Sonderband 132bis (1996), S. 127 ff.; P. SUTTER, Der Zugang zu gerichtlichen Informationen aus anwaltlicher Sicht, in: Schindler/Sutter (Hrsg.), Akteure der Gerichtsbarkeit, Zürich/St. Gallen 2007, S. 209 ff.

Inhaltsübersicht N.

- I. Regelungsbedarf 1
- II. Ausführungsbestimmungen 2
- III. Akteneinsicht von Behörden (Abs. 1) 3
    1. Behörde 3
    2. Voraussetzungen der Akteneinsicht 5
    3. Verfahrensfragen, insbesondere Zuständigkeit 9
    4. Verwandte Institute 13
        a) Beizug von Verwaltungsakten 13
        b) Amts- und Rechtshilfe 14
        c) Mitteilung rechtskräftiger Strafentscheide 15
- IV. Akteneinsicht durch Dritte (Abs. 2 und 3) 16
    1. Begriff des Dritten 16
    2. Anspruch auf Einsicht in das Entscheiddispositiv 17
    3. Anspruch auf weitergehende Akteneinsicht? 18
        a) Allgemein; Verhältnis zum datenschutzrechtlichen Auskunftsrecht 18
        b) Kasuistik 20
    4. Verfahrensfragen 25
    5. Kosten 27

I. Regelungsbedarf

Anders als Art. 101 Abs. 2 und 3 sowie Art. 194 StPO und Art. 15 JStPO für das Strafverfahren enthält die ZPO keine Bestimmungen betreffend Akteneinsicht von Behörden und weiteren Dritten, sondern regelt allein das Akteneinsichtsrecht der Parteien (Art. 53 ZPO) sowie die Mitwirkungspflichten bzw. Verweigerungsrechte Dritter (Art. 165 f. ZPO). Da Bestimmungen über das Akteneinsichtsrecht Dritter insbesondere den Datenschutz beschlagen (s. auch N. 18), wird eine Regelung im kantonalen Recht als zulässig erachtet (W.RR S. 138; vgl. im Übrigen für das Strafverfahren § 151 GOG betreffend Mitteilungsrechte und -pflichten der Strafbehörden gegenüber anderen Behörden).

1

II. Ausführungsbestimmungen

Gestützt auf § 215 Abs. 2 Ziff. 3 GVG (heute: § 73 Abs. 1 lit. d GOG) haben die obersten Gerichte die *VO über die Information über Gerichtsverfahren und die Akteneinsicht bei Gerichten durch Dritte vom 16.3.2001* (Akteneinsichts-VO; LS 211.15) erlassen.

2

III. Akteneinsicht von Behörden (Abs. 1)

1. Behörde

Aus der Umschreibung von § 131 Abs. 1 lit. a GOG folgt zunächst, dass es sich bei den ersuchenden Behörden entweder um Zivil-, Straf- oder Verwaltungsgerichte oder sonstige Behörden (Amtsstellen) handeln kann, die mit derartigen Verfahren befasst sind. Aus § 8 Abs. 1 Akteneinsichts-VO folgt, dass es sich um eine *inländische* Behörde handeln muss.

3

§ 131

4   Gesuche *ausländischer* Gerichte und Behörden um Überlassung von Akten, Akteneinsicht oder Erteilung von Auskünften betreffend gerichtliche Verfahren sind gemäss den bundesrechtlichen Vorschriften bzw. den anwendbaren staatsvertraglichen Bestimmungen über die *internationale Rechtshilfe* zu behandeln und in dem hierfür vorgesehenen Verfahren zu erledigen; im Strafverfahren sind insbesondere die Art. 54 ff. StPO anwendbar (§ 9 Akteneinsichts-VO).

2.   Voraussetzungen der Akteneinsicht

5   Die gesetzliche Regelung (zur Praxis vor Inkrafttreten der Akteneinsichts-VO s. ZR 75 Nr. 4, 88 Nr. 69) knüpft (kumulativ) an zwei Voraussetzungen für die behördliche Einsichtnahme an:
   - die Akteneinsicht muss im Hinblick auf ein hängiges Zivil-, Straf- oder Verwaltungsverfahren *notwendig* sein, und
   - es dürfen der Einsichtnahme *keine überwiegenden öffentlichen oder privaten Interessen entgegenstehen*.

6   Gemäss § 8 Abs. 1 Akteneinsichts-VO wird in Zivilverfahren Akteneinsicht zusätzlich zu den im Gesetz erwähnten Fällen dann gewährt, wenn eine *gesetzliche Bestimmung* dies vorsieht (z.B. § 121 StG, LS 631.1). In Strafverfahren richtet sich die Einsichtnahme nach den erwähnten Bestimmungen der eidgenössischen Prozessgesetze (§ 8 Abs. 2 Akteneinsichts-VO), konkret Art. 101 Abs. 3 StPO.

7   Diese Regelung korrespondiert mit der Auffassung, wonach grundsätzlich Akten von Gericht zu Gericht innerkantonal und interkantonal immer dann herausgegeben werden, wenn ein schutzwürdiges rechtliches Interesse glaubhaft gemacht wird, das mit der Amtsfunktion der ersuchenden Behörde im Zusammenhang steht (s. ZR 88 Nr. 69 betreffend Akteneinsicht in psychiatrische Gutachten eines gerichtlichen Verfahrens durch die Vormundschaftsbehörde mit Blick auf das Verfahren betreffend Entzug der elterlichen Sorge). Was die Herausgabe von Akten *hängiger Verfahren* betrifft, ist jedoch insbesondere bei *familienrechtlichen Streitigkeiten* die Bewilligung zur Einsichtnahme mit Blick auf den Schutz der Geheim- bzw. Privatsphäre nur mit gebotener Zurückhaltung zu erteilen, zumal auch die Interessen der jeweiligen Gegenseite betroffen sind. Die ersuchte Behörde soll in solchen Fällen zuerst die Parteien anfragen, ob sie mit der Edition oder Einsichtnahme einverstanden sind und – im Falle der Widersetzung – eine Interessenabwägung vornehmen (ZR 50 Nr. 91).

8   Die Akten (rechtskräftig) *erledigter Verfahren* wurden früher anderen Behörden ohne Weiteres zur Einsicht zur Verfügung gestellt, wenn diese ein rechtliches Interesse daran geltend machten (ZR 50 Nr. 91), was durch analoge Anwendung von § 8 lit. a DSG gedeckt war; heute gelangen insoweit die *Grundsätze des IDG* (Art. 20 ff.) zur Anwendung. Unzulässig wäre der Beizug von früheren Scheidungsakten von Verwandten der Parteien ohne deren Einwilligung (ZR 56 Nr. 29).

3.   Verfahrensfragen, insbesondere Zuständigkeit

9   Die ersuchende Behörde hat das Gesuch um Akteneinsicht schriftlich zu begründen (vgl. § 8 Abs. 1 Akteneinsichts-VO).

§ 131 GOG wie auch die § 8 f. und 21 ff. Akteneinsichts-VO beziehen sich sowohl auf Akten hängiger Verfahren wie auf Akten erledigter Verfahren, soweit diese noch beim betreffenden Gericht archiviert sind (§ 23 Abs. 1 Akteneinsichts-VO; vgl. § 130 N. 40). In hängigen Fällen entscheidet über das Gesuch um Akteneinsicht der Gerichtspräsident des jeweiligen Gerichts, soweit die einzelnen Gerichte nicht ausdrücklich abweichende Regelungen vorsehen (§ 6 Akteneinsichts-VO). So entscheidet etwa am Bezirksgericht Zürich bei hängigen Verfahren das Einzelgericht bzw. der Abteilungsvorsitzende, bei erledigten Prozessen der Gerichtspräsident (vgl. §§ 27 Abs. 1 lit. u und 36 Abs. 6 der Geschäftsordnung des BGZ vom 3.12.2010; analog für das Obergericht [Weisungen der VK des Obergerichts v. 9.9.1994]).

Über die Einsicht in Akten, die bereits an das Staatsarchiv abgeliefert worden sind, entscheidet das Staatsarchiv nach Massgabe des IDG (§ 23 Abs. 3 Akteneinsichts-VO).

Als *Rechtsbehelfe* gegen die Verweigerung der Akteneinsicht ausserhalb des prozessualen Anspruchs der Parteien kommen nicht die prozessrechtlichen Rechtsmittel, sondern allein die Aufsichtsbeschwerde (im Sinne der Rechtsprechung in Justizverwaltungssachen) in Betracht (siehe auch hinten N. 26).

4. Verwandte Institute

a) Beizug von Verwaltungsakten

Das Gesagte gilt für die Akteneinsicht zwischen Gerichten und für die Einsichtnahme von Verwaltungsbehörden in Gerichtsakten. Für den umgekehrten Fall des gewünschten Beizugs von Verwaltungsakten durch Zivil- oder Strafgerichte gilt, dass diese nicht befugt sind, die Vorlegung von Akten anzuordnen, sondern dass die um Edition ersuchte Behörde autonom darüber entscheidet, ob das Interesse an der Geheimhaltung ihrer Akten dasjenige an der Wahrheitsermittlung durch die Gerichte überwiegt (für das Zivilverfahren bisher § 184 Abs. 3 ZPO [ZH]; zur früheren Möglichkeit der Anrufung des Regierungsrates gestützt auf das [inzwischen aufgehobene] Gesetz über die Konflikte vom 23.6.1831 vgl. ZR 91/92 Nr. 10 E. II.1; zu den Folgen der *Sperrung* von Verwaltungsakten im Strafverfahren ZR 105 Nr. 52).

b) Amts- und Rechtshilfe

Zu unterscheiden von der Akteneinsicht sind *Amts- und Rechtshilfe;* diese richten sich nach den einschlägigen kantonal- und bundesrechtlichen Bestimmungen (vorne N. 4; näher § 8 Abs. 3 und 5 Akteneinsichts-VO).

c) Mitteilung rechtskräftiger Strafentscheide

Die *Mitteilung rechtskräftiger Entscheide in Strafsachen* an Behörden des Bundes und der Kantone richtet sich gemäss Art. 75 und 84 Abs. 6 StPO nach den hierfür anwendbaren Bestimmungen, konkret namentlich der VO vom 10.11.2004 über die Mitteilung kantonaler Strafentscheide (MVO, SR 312.3; vgl. in diesem Zusammenhang Leitfaden des BGZ betreffend Mitteilung von Entscheiden in Strafsachen, 5. Aufl., 2010).

IV. Akteneinsicht durch Dritte (Abs. 2 und 3)

1. Begriff des Dritten

16 Als Dritte gelten Personen, die am jeweiligen Verfahren nicht als Partei bzw. Partei- oder Behördenvertreter beteiligt sind bzw. waren, einschliesslich Medienschaffende (§ 2 Akteneinsichts-VO; betr. Medienschaffende vgl. § 125 N. 25 ff.). Parteien können immer, also auch nach Abschluss des Verfahrens, Einsicht in die Gerichtsakten nehmen; Rechtsnachfolger von Parteien sind diesen grundsätzlich gleichgestellt (vgl. auch MARBACH, a.a.O., S. 140).

2. Anspruch auf Einsicht in das Entscheiddispositiv

17 Nicht am Verfahren beteiligte Privatpersonen können gemäss § 21 Abs. 1 Satz 1 Akteneinsichts-VO in Entscheide eines Zivilverfahrens mit öffentlicher Verhandlung (dazu § 4 Abs. 1 Akteneinsichts-VO) Einsicht nehmen; dabei handelt sich aber nur um das *Entscheiddispositiv* in der Sache (vgl. § 4 Abs. 3 Akteneinsichts-VO), nicht um die Begründung und auch nicht um allfällige Zwischenentscheide. Die Einsicht in die übrigen Akten richtet sich nach § 131 Abs. 2 und 3 GOG (§ 21 Abs. 1 Satz 2 Akteneinsichts-VO).

3. Anspruch auf weitergehende Akteneinsicht?

a) Allgemein; Verhältnis zum datenschutzrechtlichen Auskunftsrecht

18 Dritten steht nach § 131 Abs. 2 GOG darüber hinaus «kein Recht auf Einsicht in Gerichtsakten» zu. Diese Formulierung erscheint missverständlich. Vorab ist zu unterscheiden zwischen dem *verfahrensrechtlichen Akteneinsichtsrecht der Parteien*, welches Gegenstand von Art. 29 Abs. 2 BV bzw. Art. 53 Abs. 2 ZPO ist und hier nicht zur Diskussion steht, dem *Recht von Drittpersonen auf Akteneinsicht* ausserhalb eines hängigen Verfahrens, soweit ein schutzwürdiges Interesse glaubhaft gemacht werden kann und keine privaten oder öffentlichen Geheimhaltungsinteressen entgegenstehen (BGE 113 Ia 1), sowie dem *datenschutzrechtlichen Auskunftsrecht*, bei welchem es darum geht, dass eine Person jederzeit und *ohne Nachweis eines zusätzlichen schutzwürdigen Interesses* Auskunft über sie selbst betreffende Daten verlangen kann (Art. 10 Abs. 2 und 13 BV; vgl. Art. 20 Abs. 2 IDG; BGE 113 Ia 1 ff., 113 Ia 247 ff., 127 V 219 E. 1a; SUTTER, a.a.O., S. 218 ff.; zum Verhältnis zwischen datenschutzrechtlichem und verfahrensrechtlichem Akteneinsichtsrecht BRUNNER, a.a.O., S. 606 ff.; KÖLZ/BOSSHART/RÖHL, Komm. VRG, § 8 N. 77 ff., N. 80). Im Lichte dieser unterschiedlichen Rechtsgrundlagen steht fest, dass ein Gesuch Dritter um Akteneinsicht nicht ohne weitere Begründung abgewiesen werden darf, sondern dass (soweit es sich nicht ohnehin um das datenschutzrechtliche Auskunftsrecht handelt) in jedem Fall zunächst *die gegenseitigen Interessen abzuwägen* sind (BGE 110 Ia 85).

19 Nach Abs. 3 kann das Gericht (insoweit in Übereinstimmung mit dem Ausgeführten) Dritten Akteneinsicht gewähren, wenn ein wissenschaftliches oder ein anderes schützenswertes Interesse geltend gemacht wird und wenn der Einsichtnahme keine überwiegenden öffentlichen oder privaten Interessen entgegenstehen (vgl. dazu und insbesondere zur Möglichkeit der Anonymisierung auch § 5 Abs. 3 Akteneinsichts-VO); soweit diese Voraussetzungen gegeben sind, darf die Einsichtnahme nicht verweigert werden.

Die weitere Variante, wonach (auch ohne Nachweis eines rechtlichen Interesses) Dritten Einsicht zu gewähren ist, wenn die Parteien zustimmen (so noch §§ 3 und 8 Akteneinsichtsverordnung vom 5.12.1941; vgl. ZR 98 Nr. 6), ist in der geltenden VO nicht mehr vorgesehen.

b) Kasuistik

Scheint ein Dritter von einem Entscheid direkt betroffen zu sein und ist damit seine Legitimation zur Ergreifung von Rechtsmitteln glaubhaft gemacht, so ist ihm Einsicht in die Akten des betreffenden Verfahrens zumindest insoweit zu gewähren, als dies *zur Begründung des Rechtsmittels notwendig* ist (RB 2005 Nr. 46). 20

Einem Dritten, über den in einem abgeschlossenen Prozess *ehrverletzende Äusserungen* gefallen sein sollen, ist die zur Feststellung dieser Äusserung und zu seiner Verteidigung notwendige Akteneinsicht zu gewähren (ZR 45 Nr. 60). 21

Im *Strafverfahren* beurteilt sich das Recht des *psychiatrischen Sachverständigen* auf Akteneinsicht in denjenigen Verfahren, in denen er als Gutachter geamtet hat, heute nach Art. 101 Abs. 3 StPO (vgl. bisher dazu HAUSER/SCHWERI, GVG, § 172 N. 27; s. auch § 73 N. 14). 22

Allenfalls ist auch einem (amtlichen) *Verteidiger* Einsicht in die Akten eines erledigten Drittverfahrens zu gewähren, bei dem es um gleiche oder ähnliche Tat- bzw. Rechtsfragen geht, zumal dann, wenn sich auf dem fraglichen Gebiet noch keine bzw. keine gefestigte Praxis entwickeltg hat. Den berechtigten Geheimhaltungsinteressen der Verfahrensbeteiligten ist allenfalls durch Anonymisierung Rechnung zu tragen (VK des OG vom 25.2.1999 i.S. B., E. 3). 23

Hinsichtlich der an einzelne Richter ausbezahlten *Taggelder* besteht kein Anspruch auf Bekanntgabe (BGE 137 I 1). 24

4. Verfahrensfragen

Vgl. dazu die Ausführungen vorne N. 9 ff. 25

Der Entscheid, mit dem einem Dritten Einsicht in die Akten eines Prozesses gewährt oder verweigert wird, betrifft nicht die Parteirechte und damit nicht das Prozessrecht, sondern ist Teil der *Justizverwaltung*, weshalb insoweit nicht die prozessrechtlichen Rechtsmittel zu ergreifen, sondern der Weg der Aufsichtsbeschwerde zu beschreiten ist (ZR 40 Nr. 88, 45 Nr. 16; FRANK/STRÄULI/MESSMER, ZPO, vor § 183 ff., N. 9a; s. auch vorn § 73 N. 13). Dazu sind nebst dem Gesuchsteller wohl auch die ersuchenden Behörden legitimiert (ZR 46 Nr. 65). 26

5. Kosten

Die *Kostenauflage* für die Abgabe von Kopien und die Überlassung von Akten aus den Archiven richtet sich nach den Bestimmungen von § 29 IDG/§ 35 IDV (§ 7 Akteneinsichts-VO). Massgebend ist damit der Gebührentarif für den Informationszugang (Anhang zu § 35 IDV; Gebühr für Fotokopie Fr. –.50 pro Seite). Keine Gebühren werden erhoben, wenn der Zugang zu Informationen einen geringen Aufwand erfordert, für die Bearbei 27 tung von Gesuchen, welche die eigenen Personendaten betreffen, oder wenn das Gesuch wissenschaftlichen Zwecken dient und die Resultate der Bearbeitung für die Öffentlichkeit einen Nutzen erwarten lassen (§ 29 Abs. 2 IDG). Auf die Erhebung von Gebühren wird verzichtet, wenn die Kosten der Gebührenerhebung den Gebührenbetrag übersteigen; Gebühren unter Fr. 50.– werden nicht erhoben (§ 35 Abs. 3 IDV).

> **§ 132 Bild- und Tonaufnahmen**
>
> Bild- und Tonaufnahmen innerhalb von Gerichtsgebäuden sowie Aufnahmen von Verfahrenshandlungen ausserhalb von Gerichtsgebäuden sind nicht gestattet.

Literatur

D. BARRELET, Justiz oder Zirkus? medialex 2002, S. 173 ff.; D. JOSITSCH, Medienarbeit als Bestandteil der Strafverteidigung, ZStrR 122 (2004), S. 115 ff.; H.A. MÜLLER, Videoübertragung von Strafprozessen an einen Ort ausserhalb des Gerichtssaals, SJZ 106, S. 98 ff.; M. WYSS, Öffentlichkeit von Gerichtsverfahren und Fernsehberichterstattung, EuGRZ 13 (1996), S. 1 ff.; F. ZELLER, Erster Strassburger Entscheid zur Live-Übertragung von Strafprozessen, jusletter vom 4.8.2003

Inhaltsübersicht   N.

I.   Regelungsbedarf   1
II. Verbot von Bild- und Tonaufnahmen   3
     1. Grundlage und Umfang des Verbots   3
     2. Sitzungspolizeiliche Befugnisse 10
III. Neuere Tendenzen 11

I. Regelungsbedarf

1 Gemäss Art. 71 StPO sind Bild- und Tonaufnahmen innerhalb des Gerichtsgebäudes sowie Aufnahmen von Verfahrenshandlungen ausserhalb des Gerichtsgebäudes nicht gestattet. Widerhandlungen können mit Ordnungsbusse geahndet und unerlaubte Aufnahmen können beschlagnahmt werden.

2 Die ZPO regelt demgegenüber lediglich die Öffentlichkeit des Verfahrens (Art. 54, 203 Abs. 3). Eine dem Strafverfahren (und bisher § 135 Abs. 1 Satz 2 GVG) analoge kantonale Regelung für das Zivilverfahren wird jedoch für wünschenswert und zulässig erachtet, zumal dadurch nicht das Verfahren als solches, sondern die Rechte Dritter betroffen sind (W.RR S. 138 f.).

II. Verbot von Bild- und Tonaufnahmen

1. Grundlage und Umfang des Verbots

3 Bild- und Tonaufnahmen im Gerichtssaal werden als unzulässig betrachtet, weil sie die Verhandlung stören, die Betroffenen blossstellen, ihre Persönlichkeitsrechte verletzen,

die Unbefangenheit nehmen und von der Verhandlung allenfalls ein verzerrtes Bild wiedergeben (ZR 63 Nr. 25). Nicht nur im Strafprozess, sondern auch im Zivilprozess soll das Gericht vor einer zusätzlichen Drucksituation geschützt werden. Schon im Jahre 1960 untersagte daher das Obergericht die Übertragung von Gerichtsverhandlungen durch Radio oder Fernsehen (ZR 59 Nr. 110 = SJZ 56 S. 284; vgl. auch ZR 62 Nr. 3; HAUSER/SCHWERI/HARTMANN, Schweizerisches Strafprozessrecht, § 52 N. 11 m.H.). Auch aus dem Grundsatz der Öffentlichkeit folgt kein Recht, an der Gerichtsverhandlung Bild- oder Tonaufnahmen zu machen (BGE 95 I 356 E. II.1; vgl. – mit Bezug auf Art. 78 KV – VOGEL, in: Häner/Rüssli/Schwarzenbach, Kommentar KV, Art. 78 N. 15), und die Bildberichterstattung erscheint auch nicht als von der Presse- bzw. Medienfreiheit gedeckt (vgl. dazu Urteil des dt. BVerfG vom 14.9.2010, EuGRZ 38 [2011], S. 69).

Unzulässig sind Aufnahmen während der Verhandlungen. Ausserhalb von Verhandlungen dürfen (im Einverständnis mit der Gerichtsleitung) im Gerichtssaal Aufnahmen gemacht werden, und ausserhalb des Gerichtsgebäudes (etwa beim Betreten oder Verlassen desselben) sind – unter Wahrung der Persönlichkeitsrechte – auch Aufnahmen der Parteien (z.B. als Personen der Zeitgeschichte) gestattet. Wird hingegen eine Gerichtsverhandlung mittels Videoübertragung an einen Ort ausserhalb des Gerichtssaals übertragen, ist nach zürcherischer Praxis das Mitschneiden (etwa mittels Mobiltelefonkamera) unzulässig (vgl. MÜLLER, a.a.O., S. 100). 4

Verfahrenshandlungen ausserhalb des Gerichtssaals sind insbesondere Augenscheine vor Ort. Das Verbot gilt nicht für Aufnahmen von Justizpersonen, Verfahrensbeteiligten und Zeugen ausserhalb des Gerichtsgebäudes, soweit dabei keine Verfahrenshandlungen vorgenommen werden 5

Das Verbot richtet sich nicht nur an Dritte bzw. Medienschaffende, sondern *auch an die Parteien*. Es besteht keine Notwendigkeit, diesen die Erstellung von privaten Tonbandaufnahmen von Gerichtsverhandlungen zu bewilligen; die Gefahr einer nachteiligen Beeinflussung des Verfahrens wird derart eingestuft, dass sich ein (sitzungspolizeiliches) Verbot aufdrängt (ZR 63 Nr. 25; vgl. auch BGE 108 IV 161 E. 3). 6

Sieht sich ein Gerichtsberichterstatter ausserstande, im Hinblick auf die Wahrung der Privatsphäre der Prozessbeteiligten in einem (hier noch gestützt auf GVG; vgl. jetzt Art. 70 Abs. 3 StPO) der allgemeinen Öffentlichkeit nicht zugänglichen Straffall die Zusicherung abzugeben, dass keine persönlichen Daten und keine Bilder der Beteiligten, seien diese inner- oder ausserhalb des Gerichtsgebäudes aufgenommen worden, publiziert würden, so ist es zulässig, ihn von der Hauptverhandlung ebenfalls auszuschliessen (BGE 137 I 209). 7

Im Zusammenhang mit der Protokollierung ist der Einsatz von Aufnahmegeräten durch Gerichtspersonen selbstverständlich zulässig (Art. 235 Abs. 2 ZPO; vgl. auch Art. 76 Abs. 4 StPO). Dazu auch hinten § 153 N. 15. 8

Nicht vom Verbot erfasst ist das Anfertigen von *Zeichnungen* während der Verhandlung (HAUSER/SCHWERI, GVG, § 124 N. 9). Betreffend Filmaufnahmen in einer Strafanstalt vgl. BGE 137 I 8. 9

2. Sitzungspolizeiliche Befugnisse

10 Die Durchsetzung des Verbots obliegt der mit den sitzungspolizeilichen Befugnissen ausgestatteten Gerichtsperson, d.h. (in Analogie zu Art. 63 StPO) der Verfahrensleitung (vgl. BGE 108 IV 161 E. 3). Gegen deren Entscheid ist Beschwerde an das Obergericht zulässig; dessen Entscheid unterliegt der Beschwerde in Zivil- bzw. in Strafsachen an das Bundesgericht (BGE 137 I 209 E.2.1).

III. Neuere Tendenzen

11 Der bundesrätliche Entwurf zur StPO hatte noch kein allgemeines Verbot von Bild- und Tonaufnahmen enthalten; vielmehr sollten solche Aufnahmen *im Einzelfall* mit Bewilligung der Verfahrensleitung *gestattet* sein. Erst im Verlauf der parlamentarischen Beratungen setzte sich das generelle Verbot durch (vgl. BRÜSCHWEILER, in: Donatsch/Hansjakob/Lieber, StPO Komm., Art. 71 N. 1). Der kantonale Gesetzgeber hat diese rigorose Regelung für das Zivilverfahren übernommen. Im Vergleich dazu kann im Verfahren vor Bundesgericht der Vorsitzende zu Beginn und am Ende der Verhandlung bzw. Beratung Ausnahmen vom Aufnahmeverbot gestatten (vgl. BSK BGG-HEIMGARTNER/WIPRÄCHTIGER, Art. 59 N. 48). In diesem Sinne wird das generelle Verbot von Bild- und Tonaufnahmen heute als zu weit gehend kritisiert, zumal es mit dem zulässigen Anfertigen von Zeichnungen (vorne N. 8) legal (und auf geradezu «rührend antiquierte» Weise) wenigstens teilweise unterlaufen werden kann (vgl. SCHMID, Handbuch, N. 253; BSK BGG-HEIMGARTNER/WIPRÄCHTIGER, Art. 59 N. 50; zum Ganzen einlässlich WYSS, S. 1 ff.).

12 Nach einem Entscheid des EGMR aus dem Jahre 2003 tangiert das Verbot audiovisueller Aufnahmen aus dem Prozess den Schutzbereich der Meinungsfreiheit gemäss Art. 10 EMRK; im konkreten Fall wurde zwar eine EMRK-Verletzung verneint bzw. das Übertragungsverbot als verhältnismässig bezeichnet, wobei aber dem Entscheid zu entnehmen ist, dass sich eine Verweigerung von Aufnahmen im konkreten Fall auf relevante und ausreichende Gründe stützen muss (Zulässigkeitsentscheid des EGMR vom 6.5.2003, in: medialex 2003, S. 175 ff., mit Anm. F. ZELLER; vgl. BSK BGG-HEIMGARTNER/WIPRÄCHTIGER, Art. 59 N. 51; JOSITSCH, S. 119 Fn. 19). Insofern erscheint das keiner Interessenabwägung im Einzelfall zugängliche pauschale Verbot als längerfristig wohl kaum haltbar.

> **§ 133** *Mitwirkung eines Gerichtsschreibers*
>
> ¹ An den Verhandlungen und an der Entscheidfällung nimmt unter Vorbehalt von Abs. 3 eine Gerichtsschreiberin oder ein Gerichtsschreiber teil. Diese oder dieser führt das Protokoll und hat beratende Stimme.
>
> ² Die Durchführung von Vergleichsverhandlungen kann diesen übertragen werden.
>
> ³ Auf den Beizug einer Gerichtsschreiberin oder eines Gerichtsschreibers kann verzichtet werden, wenn eine Mitwirkung für die Protokollführung nicht erforderlich ist.

§ 133

Literatur

ST. HEIMGARTNER, Der Richter und sein Gerichtsschreiber, in: FS für H. Wiprächtiger, Basel 2011, S. 295 ff.; CH. LEUENBERGER, Die Zusammenarbeit von Richter und Gerichtsschreiber, ZBl 87 (1986), S. 97 ff.; PH. NÄPFLI, Das Protokoll im Strafprozess, Diss. Zürich, Visp 2007; M. PFENNINGER, Die Protokollierung in der Hauptverhandlung, SJZ 48, S. 149 ff.; P. UEBERSAX, Die Stellung der Gerichtsschreiberinnen und Gerichtsschreiber in der Gerichtsverfassung, in: Schindler/Sutter (Hrsg.), Akteure der Gerichtsbarkeit, Zürich/St. Gallen 2007, S. 77 ff.; F. ZILTENER, Entscheidfindung ohne juristisches Sekretariat nach dem neuen GOG, SJZ 106, S. 196 ff.

Insbesondere zur Kinderanhörung:

CH. BALTZER-BADER, Die Durchführung der Anhörung des Kindes durch das Gericht, in: HEER/PFISTER-LIECHTI (Hrsg.), Das Kind im Straf- und Zivilprozess, SWR 4, Bern 2002, S. 45 ff.; W. FELDER/H. NUFER, Richtlinien für die Anhörung des Kindes aus kinderpsychologischer/kinderpsychiatrischer Sicht gemäss Art. 12 der UNO-Konvention über die Rechte des Kindes, SJZ 95, S. 318 f.; R. HEIM, Kinderanhörung – notwendiges Übel oder Wertschätzung? AnwRev 2011, S. 127 f.; M. KARLE, Die Praxis der Kindesanhörung in Deutschland u.b.B. der Frage einer Be- oder Entlastung der Kinder, FamPra. ch 2011, S. 651 ff.; S. NIEHAUS, Begutachtung der Glaubhaftigkeit von Kinderaussagen, FamPra.ch 2010, 315 ff.; A. RUMO-JUNGO, Die Anhörung des Kindes, u.b.B. verfahrensrechtlicher Frage, AJP 8 (1999), S. 1578 ff.; A. STAUBLI, Anhörung und Mitwirkung von Kindern und Jugendlichen in allen sie betreffenden Verfahren, insbesondere im Scheidungsverfahren, in: R. Gerber Jenni/Ch. Hausammann (Hrsg.), Kinderrechte – Kinderschutz, Basel u.a. 2002, S. 91 ff.; D. STECK/J. SCHWEIGHAUSER, Die Kinderbelange in der schweizerischen Zivilprozessordnung, FamPra.ch 2010, S. 800 ff.

Inhaltsübersicht

		N.
I.	Regelungsbedarf	1
II.	Mitwirkung eines Gerichtsschreibers (Abs. 1)	2
	1. Teilnahmepflicht, Ausstand	2
	2. Allgemein zur Protokollierung	5
	a) Vom GVG zum eidgenössischen Prozessrecht	5
	b) Protokollführung durch Gerichtsschreiber, Beweiskraft	10
	c) Protokollierung durch Auditor	12
	3. Besondere Fälle der Protokollierung	15
	a) Schlichtungsverfahren	15
	b) Anhörung von Kindern betreffend Regelung von Kinderbelangen	16
	c) Augenschein	19
	4. Beratende Stimme des Gerichtsschreibers	20
	a) Allgemein	20
	b) Gerichtsschreiber als Referent	22
	5. Urteilsredaktion	24
III.	Durchführung von Vergleichsverhandlungen; Delegation von Beweismassnahmen? (Abs. 2)	25
IV.	Verzicht auf Beizug (Abs. 3)	27
	1. Allgemein	27
	2. Summarisches Verfahren, Vergleichsverhandlungen, Instruktionsverhandlungen	28
	3. Dispensierung von der Entscheidfindung?	33

I. Regelungsbedarf

Gemäss Art. 335 Abs. 1 StPO tagt das Strafgericht während der gesamten Hauptverhandlung in seiner gesetzlichen Zusammensetzung und im Beisein eines Gerichtsschreibers.   1

Diesem obliegt die Protokollführung, und er nimmt mit beratender Stimme an der Urteilsberatung teil (Art. 348 Abs. 2 StPO; betreffend Beizug eines Protokollführers bei den Strafbehörden ferner § 153 GOG). Demgegenüber kennt die ZPO keine Bestimmung, welche die Mitwirkung eines Gerichtsschreibers voraussetzt oder regelt; auch im Zusammenhang mit der Pflicht zur Führung eines Protokolls (Art. 235 ZPO) ist lediglich vom Gericht die Rede, ohne dass gesagt wird, wer diese Aufgabe zu übernehmen hat. Aus dieser Perspektive bleibt offen, ob das Protokoll von Personen mit oder ohne juristischen Abschluss (Gerichtsschreiber), Mitgliedern des Gerichts oder Auditoren geführt wird (ZILTENER, a.a.O., S. 198). Insofern ist eine kantonale Regelung zulässig und geboten, zumal es dabei um die Gerichtsorganisation geht (W.RR S. 139; BSK ZPO-FREI/WILLISEGGER, Art. 235 N. 4). Die vorliegende Regelung entspricht im Wesentlichen den bisherigen § 134 Abs. 1 sowie § 142 GVG.

II. Mitwirkung eines Gerichtsschreibers (Abs. 1)

1. Teilnahmepflicht, Ausstand

2 Bei der Teilnahme des Gerichtsschreibers an den Verhandlungen und an der Urteilsberatung handelt es sich um eine *Amtspflicht*. Weder kann der Gerichtsschreiber darauf verzichten, noch kann ihn das Gericht davon entbinden. Ein Entscheid, der ohne Mitwirkung des Gerichtsschreibers ergeht, ist daher wegen nicht gehöriger Besetzung des Gerichts (Art. 30 Abs. 1 BV, Art. 6 Ziff. 1 EMRK) aufzuheben. Der Mangel kann im Berufungsverfahren nicht geheilt werden; vielmehr ist der Prozess zur Behebung des Mangels an die untere Instanz zurückzuweisen (BGE 125 V 499 f.; SJZ 64, S. 183). Zur Frage der zulässigen Dispensierung des Gerichtsschreibers von der Teilnahme an der Urteilsberatung, soweit die Teilnahme an der Verhandlung bzw. Protokollführung nicht zwingend ist, hinten N. 33.

3 Unzulässig wäre nach den hier anwendbaren prozessrechtlichen Bestimmungen die Mitwirkung *von mehr als einem* Gerichtsschreiber bei der Urteilsberatung, weil dies zu einer Verfälschung der Willensbildung führen kann. Hingegen ist es den Mitgliedern des Gerichts nicht verwehrt, rechtliche Abklärungen von Drittpersonen (z.B. einem Auditor) vornehmen zu lassen oder fachliche Gespräche mit Aussenstehenden zu führen, soweit diese nicht während des formellen Verfahrens (Verhandlung, Urteilsberatung) Einfluss auf die Willensbildung des Gerichts nehmen (vgl. Pr 96 Nr. 14 mit Anm. sowie hinten § 134 N. 3)

4 Da dem Gerichtsschreiber ein Recht bzw. eine Pflicht auf Mitwirkung (Beratung) bei der Willensbildung des Gerichts zukommt, gelten die *Ausstandsgründe* von Art. 47 ZPO auch für ihn (vgl. auch § 127 lit. a GOG). Dies gilt nach der Praxis des Bundesgerichtes und der Strassburger Rechtsprechungsorgane besonders dann, wenn der juristisch ausgebildete Protokollführer beratende Stimme hat und die fragliche richterliche Behörde ganz oder teilweise mit juristischen Laien besetzt ist. Anders zu entscheiden hiesse, den Anspruch auf ein unabhängiges Gericht zu unterlaufen, zumal der Protokollführer in den genannten Fällen einen nicht zu unterschätzenden Einfluss auf die Willensbildung der richterlichen Behörde ausüben kann (BGE 115 Ia 224 E. 7b, 124 I 255 E. 5c/aa, je m.H.;

BGer in ZBl 107 [2006] S. 588 E. 4.1; ZR 100 Nr. 3, 109 Nr. 51 E. II.1.5b, S. 195; BGer 8C_828/2010 vom 14.6.2011 E. 2.3.2; s. ferner vorn § 17 N. 4 und 5; zur Ablehnung des Auditors § 127 N. 7). Hingegen können die Grundsätze zur Zulässigkeit eines *Wechsels auf der Richterbank* während laufenden Verfahrens (dazu – für das Strafverfahren – Art. 335 Abs. 2 und 3 StPO sowie hinten § 134 N. 23 f.) nicht unbesehen auf die Stellung des Gerichtsschreibers übertragen werden (BGE 117 Ia 133 sowie – im Kontext mit dem altrechtlichen Verfahren vor Geschworenengericht – ZR 109 Nr. 51 E. II.1; vgl. auch hinten N. 20). Im Übrigen erfolgt die Fallzuteilung nach Ermessen der Gerichtsleitung, wobei nebst Verfügbarkeit und aktueller Belastungssituation auch fachliches Spezialwissen oder Sprachkenntnisse des Gerichtsschreibers eine Rolle spielen dürfen (UEBERSAX, S. 100 f.). Aus der Anwendbarkeit der Ausstandsvorschriften folgt, dass der mitwirkende Gerichtsschreiber *im Rubrum (Urteilskopf) genannt* werden muss.

2. Allgemein zur Protokollierung

a) Vom GVG zum eidgenössischen Prozessrecht

Während in der StPO das Unmittelbarkeitsprinzip verstärkt umgesetzt wird (Art. 343 StPO), womit sich insbesondere die Protokollierungsvorschriften im Strafverfahren im Vergleich zu den früheren Regelungen des GVG deutlich änderten (vgl. Art. 76 ff. StPO), ergeben sich im Zivilverfahren bis auf einige kleinere Änderungen im Beweisverfahren (Art. 176 ZPO) keine wesentlichen Neuerungen gegenüber dem früheren Recht.

Art. 235 ZPO geht zunächst von einem (blossen) *Verhandlungsprotokoll* aus, dessen notwendiger Inhalt in Abs. 1 wiedergegeben wird. Demgegenüber führen die zürcherischen Gerichte seit jeher ein umfassendes *Verfahrensprotokoll*, welches eine chronologische Wiedergabe des Prozessgeschehens insgesamt und somit alle weiteren relevanten Vorgänge (z.B. Telefonnotizen u.Ä.) im Laufe des Verfahrens enthält; das Verhandlungsprotokoll ist somit Bestandteil des Verfahrensprotokolls und bildet regelmässig den Hauptteil. Entscheide («Verfügungen» i.S. von Art. 235 Abs. 1 lit. e ZPO) werden in der Regel ohne Begründung, d.h. nur im Dispositiv aufgenommen. Weiter wird beim *Verhandlungsprotokoll im Beweisverfahren im Hinblick auf Art. 176 ZPO* wie folgt unterschieden: Die Protokollierung der Verhandlung rund um das Beweisverfahren erfolgt in der Form eines sogenannten *Verlaufsprotokolls*, welches nach der Verhandlung ausgefertigt werden kann, während das *Einvernahmeprotokoll* fortlaufend am Computer geschrieben und zur sofortigen Unterzeichnung (Art. 176 Abs. 1 Satz 1, 187 Abs. 2, 193 ZPO) ausgedruckt wird.

Die ZPO schreibt ein *Handprotokoll* nicht mehr ausdrücklich vor (bisher § 149 Abs. 1 GVG). Allerdings wird es auch unter neuem Recht aus Praktikabilitätsgründen sinnvoll sein, dass der Protokollführer ein solches führt. So kann verhindert werden, dass eine aufgezeichnete Verhandlung im Anschluss «vom Band» abgetippt werden muss (zur Verwendung von technischen Hilfsmitteln Art. 235 Abs. 2 Satz 2 ZPO). Überdies wird eine Sicherheit geschaffen, sollte eine Verhandlung aufgrund technischer Mängel ausnahmsweise nicht (vollständig) aufgezeichnet werden. Das Handprotokoll dient auch als Grundlage für die nachträgliche Erstellung des computergeschriebenen Protokolls. S. dazu hinten § 153 N. 14.

8   Das Protokoll ist (abgesehen von der Unterzeichnung im Beweisverfahren durch Zeugen usw., Art. 176 Abs. 1 Satz 1, 187 Abs. 2, 193 ZPO) vom Gerichtsschreiber zu *unterzeichnen*. Die EDV-mässige Verfügbarkeit und damit Austauschbarkeit des Protokolls macht es zudem erforderlich, dass jede einzelne Protokollseite unten rechts mit den Initialen bzw. einem Kürzel unterschrieben («infidiert») wird. Im Strafprozess ist das Protokoll auch von der Verfahrensleitung (sowie allenfalls vom Übersetzer) zu unterzeichnen (Art. 76 Abs. 2 StPO). Das vom Auditor erstellte Protokoll ist vom Gerichtsschreiber zu unterzeichnen, da der Auditor nicht unterschriftsberechtigt ist (hinten N. 13). Wird das Protokoll nicht von demjenigen Protokollführer unterzeichnet, der an der protokollierten Verhandlung teilgenommen hat, ist es ungültig (vgl. dazu auch hinten § 153 N. 29).

9   Zur Protokollführung im *Strafverfahren* § 153 GOG und WOSTA Ziff. 8.2.2. Grundsätzlich dürfte es sich auch empfehlen, bei Fragen zur Protokollierung die insoweit detailliertere Regelung der StPO (Art. 76 ff.) im Sinne einer Auslegungshilfe zurate zu ziehen.

b) Protokollführung durch Gerichtsschreiber, Beweiskraft

10   Bei Verhandlungen vor Zivilgerichten ist das Protokoll grundsätzlich vom Gerichtsschreiber zu führen. Dieser ist insofern eine *Person des öffentlichen Glaubens* bzw. Urkundsperson, als das von ihm geführte Protokoll eine öffentliche Urkunde darstellt und damit *Beweis für die Richtigkeit der darin enthaltenen Verurkundungen* bildet. Zwar war kontrovers, ob bisher nach kantonalem Recht geführte Gerichtsprotokolle unter Art. 9 ZGB fielen (so HAUSER/SCHWERI, GVG, § 154 N. 1; anders BSK ZGB I-SCHMID, Art. 9 N. 4), doch bestand jedenfalls aufgrund von § 154 Abs. 1 GVG eine (widerlegbare) Vermutung für die Richtigkeit des Protokolls, und zwar im Sinne positiver wie negativer Beweiskraft (ZR 108 Nr. 50). Insoweit handelte es sich jedenfalls um *öffentliche Urkunden des kantonalen Rechts* (NÄPFLI, a.a.O., S. 3).

11   Die ZPO äussert sich zur Frage der Beweiskraft des Protokolls nicht; auch in Art. 179 ZPO (Beweiskraft öffentlicher Register und Urkunden) wird nicht auf Gerichtsprotokolle Bezug genommen. Da die Rechtsgrundlage der Gerichtsprotokolle nunmehr bundesrechtlicher Natur ist, steht indessen der Subsumierung des Protokolls unter Art. 9 ZGB nichts entgegen. Es handelt sich somit um öffentliche Urkunden, welche für die durch sie bezeugten Tatsachen den vollen Beweis erbringen, solange nicht die Unrichtigkeit nachgewiesen ist (BSK ZPO-FREI/WILLISEGGER, Art. 235 N. 3; KUKO ZPO-NAEGELI, Art. 235 N. 18; ähnlich LEUENBERGER, in: Sutter-Somm/Hasenböhler/Leuenberger, ZPO Komm., Art. 235 N. 4).

c) Protokollierung durch Auditor

12   Personen, die für ihre Ausbildung (insbesondere im Hinblick auf den Erwerb des Rechtsanwaltspatents, § 3 Abs. 1 lit. b Anwaltsgesetz vom 17.11.2003; LS 215.1) bei einem Gericht zu arbeiten wünschen, können (soweit hier von Interesse) bei den Bezirksgerichten, ausnahmsweise auch beim Obergericht als Auditoren zugelassen werden (§ 1 VO der obersten kantonalen Gerichte über die Gerichtsauditoren und Gerichtsauditorinnen vom 20.6.2000; Auditoren-VO, LS 211.23).

Ein Auditor darf grundsätzlich nicht allein und anstelle eines Gerichtsschreibers, sondern nur *als dessen Gehilfe*, in dessen Gegenwart und unter dessen Kontrolle zur Protokollführung herangezogen werden (ZR 53 Nr. 29, 54 Nr. 187). Von dieser Regel kann nur in jenen Verhandlungen abgewichen werden, bei denen die Anwesenheit des Gerichtsschreibers nicht gesetzlich vorgeschrieben ist (Abs. 3). In solchen Fällen kann ein Auditor allein, als Gehilfe und unter der Verantwortung des Richters, mit der Protokollierung betraut werden. Das gilt vor allem in summarischen Verfahren, in Vergleichsverhandlungen und in Referentenaudienzen bzw. Instruktionsverhandlungen (§ 8 Abs. 2 Auditoren-VO; vgl. ferner § 25 VO über die Organisation der Oberstaatsanwaltschaft und der Staatsanwaltschaften vom 27.10.2004, LS 213.21 und § 19 Abs. 3 VO über das Jugendstrafverfahren vom 29.11.2006, LS 322). Im Übrigen haben Auditoren formell weder beratende Stimme noch Unterschriftsberechtigung (§ 8 Abs. 2 Satz 1 Auditoren-VO). Vgl. dazu auch hinten § 153 N. 14; zur Ablehnung des Auditos § 127 N. 7.

13

Ein in Abwesenheit des Gerichtsschreibers von einem Auditor geführtes Protokoll stellt (vorbehältlich Abs. 3) einen Verfahrensmangel dar. Ein solcher liegt nicht erst vor, wenn die Besetzung des Gerichts bei der Urteilsfällung ungehörig ist; sie muss bei allen prozessualen Handlungen, welche für den Entscheid von Bedeutung sind, gesetzmässig sein. Die Rechtsmittelinstanz hat in solchen Fällen den angefochtenen Entscheid aufzuheben und die Akten an die Vorinstanz zur Durchführung der fraglichen Verhandlung in gehöriger Besetzung und neuer Entscheidung zurückzuweisen (ZR 53 Nr. 29, 54 Nr. 187).

14

3. Besondere Fälle der Protokollierung

a) Schlichtungsverfahren

Im Schlichtungsverfahren werden die Aussagen der Parteien nicht protokolliert (Art. 205 Abs. 1 ZPO), und es werden grundsätzlich keine Zeugen gehört (vgl. Art. 203 Abs. 2 ZPO). Zumal es sich um «formlose» Verhandlungen handelt (Art. 201 Abs. 1 ZPO), wird somit in aller Regel kein Verhandlungsprotokoll geführt. Der zulässige und notwendige Inhalt einer Protokollierung durch die Schlichtungsbehörde ergibt sich aus Art. 208 Abs. 1 und 209 Abs. 1 ZPO (Feststellung der Einigung bzw. der Nichteinigung unter Erteilung der Klagebewilligung); insofern soll immerhin ein Verfahrensprotokoll gemäss Art. 235 ZPO geführt werden (ZR 110 Nr. 68). Die Schlichtungsbehörde kann sich für die Ausfertigung dieses vereinfachten Protokolls eines administrativen Kanzleiangestellten bedienen (vgl. bisher § 142 Abs. 2 GVG).

15

b) Anhörung von Kindern betreffend Regelung von Kinderbelangen

§ 142 Abs. 3 GVG sah in Anlehnung an Art. 144 Abs. 2 ZGB (in der seit dem 1.1.2000 geltenden Fassung) vor, dass für die Anhörung von Kindern der Richter das Protokoll entweder selbst führte oder unter seiner Aufsicht durch eine Hilfsperson führen liess. Überdies sah § 141 Abs. 2 GVG die Möglichkeit des Verzichts auf ein Handprotokoll und eine nachträgliche Ausfertigung vor; stattdessen konnten die Ergebnisse der Anhörung unmittelbar nach der Anhörung schriftlich festgehalten werden.

16

Heute bestimmt Art. 298 ZPO, dass das Kind durch das Gericht *oder durch eine beauftragte Drittperson* in geeigneter Weise *angehört* wird, soweit nicht das Alter oder andere

17

wichtige Gründe dagegen sprechen. Im Protokoll werden nur die für den Entscheid wesentlichen Ergebnisse festgehalten (BGE 122 I 53). Nicht erforderlich ist somit ein wörtliches Protokoll (vgl. auch FamPra.ch 2 [2001] S. 606 f.), wobei es sich aber im Hinblick auf die Authentizität durchaus aufdrängen kann, partiell auch in Mundart zu protokollieren. Erfolgt die Anhörung durch eine Drittperson (z.B. Kinderpsychologe, Sozialarbeiter), was indessen die Ausnahme, etwa bei Vorliegen besonderer Verhältnisse wie geringes Alter oder besondere Belastungssituation, bildet (ZR 110 Nr. 3), hat somit diese (und nicht das Gericht bzw. der Gerichtsschreiber) das Protokoll zu führen, weil nur sie in der Lage ist, alle Aussagen, Gesten und die Mimik des Kindes wahrzunehmen und in den schriftlichen Bericht einfliessen zu lassen (vgl. bisher § 142 Abs. 4 GVG). Da die aussergerichtliche Anhörung von Kindern in der Regel durch geschultes Fachpersonal vorgenommen wird, vertraut der Gesetzgeber darauf, dass die befragende Person die Aussagen und das Verhalten des Kindes richtig interpretiert und in ihrer schriftlichen Zusammenfassung korrekt wiedergibt (zum Ganzen SCHWEIGHAUSER, in: Sutter-Somm/Hasenböhler/Leuenberger, ZPO Komm., Art. 298 N. 15 ff., 32 ff.; zur Mitteilungspflicht gegenüber den Eltern FamPra.ch 12 [2011] S. 218).

18 Werden Unmündige *nicht zur Regelung der Kinderbelange* (elterliche Sorge und persönlicher Verkehr), sondern im Prozess der Eltern zum Scheidungspunkt einvernommen, so gelten für die Protokollierung die *allgemeinen Bestimmungen über die Zeugeneinvernahme* (Art. 169 ff., 176 ZPO). Ob der Einvernommene zum Zeugnis befähigt ist, beurteilt das Gericht unter Berücksichtigung namentlich des Kindeswohls nach pflichtgemässem Ermessen (Art. 160 Abs. 2 ZPO).

c) Augenschein

19 Art. 235 Abs. 2 Satz 2 ZPO sieht die Aufzeichnung von Ausführungen auf Tonband, Video oder anderen geeigneten technischen Hilfsmitteln vor. Zu denken ist in diesem Zusammenhang namentlich an die Protokollierung von Augenscheinen, wo das Gesetz ohnehin den Einsatz von Plänen, Zeichnungen, fotografischen und anderen technischen Mitteln vorsieht (Art. 182 ZPO; vgl. auch Art. 76 Abs. 4 StPO). Auch in diesen Fällen obliegt die Protokollierung dem Gerichtsschreiber. Dabei gelten hinsichtlich der Anlage und des Inhalts des Protokolls zwar grundsätzlich die allgemeinen Regeln; zusätzlich sind allenfalls durch Einsatz der erwähnten technischen Hilfsmittel weitere wesentlichen Wahrnehmungen, so etwa über Witterung, Temperatur, Lichtverhältnisse usw., aufzuzeichnen (vgl. WEIBEL/NÄGELI, in: Sutter-Somm/Hasenböhler/Leuenberger, ZPO Komm., Art. 182 N. 6 f.; zum Augenscheinprotokoll auch NÄPFLI, a.a.O., S. 18 ff.; DONATSCH/SCHMID, StPO, zu § 108 StPO).

4. Beratende Stimme des Gerichtsschreibers

a) Allgemein

20 Der Gerichtsschreiber *wirkt bei der Entscheidfällung beratend mit*, hat aber kein Stimmrecht (vgl. § 134 Abs. 4 GOG). Er kann aber seine abweichende Meinung formell zu Protokoll geben (§ 124 GOG). Im Übrigen redigiert der Gerichtsschreiber in der Regel die Verfügungen, Beschlüsse und Urteile, soweit diese zu begründen sind (hinten N. 24). Schon im Hinblick darauf muss ihm das Recht eingeräumt werden, seine Meinung zu äussern

und auf diese Weise Einfluss auf den Gang der Beratung zu nehmen. Es versteht sich, dass der Gerichtsschreiber nicht erst zur Urteilsbegründung beigezogen wird, sondern der gesamten Urteilsberatung beiwohnt (vgl. auch § 134 Abs. 2 lit. a GOG). Er unterliegt dabei keinen Weisungen; die pflichtgemässe Ausübung der beratenden Funktion darf für den Gerichtsschreiber insbesondere keine personalrechtlichen Nachteile irgendwelcher Art nach sich ziehen (vgl. UEBERSAX, a.a.O., S. 89). Unzulässig wäre auch die Auswechslung des Gerichtsschreibers während des laufenden Verfahrens ohne triftige (sachliche) Gründe, da insoweit der Anschein von Manipulation entstehen kann (UEBERSAX, a.a.O., S. 101; vgl. dazu auch vorn § 17 N. 6).

Das neue Verfahrensrecht kennt keine Bestimmung mehr, wonach in dringenden Fällen bei Verhinderung des Präsidenten bzw. des Einzelrichters der Gerichtsschreiber an dessen Stelle handeln, d.h. Entscheidungen (bzw. dringliche Verfügungen) fällen kann (so noch §§ 23 Abs. 2 sowie 125 Abs. 2 Satz 2 GVG). 21

b) Gerichtsschreiber als Referent

Ausgehend von der Mitwirkungsfunktion wird der Gerichtsschreiber an zürcherischen Gerichten zumal in schriftlichen Verfahren häufig auch mit der Stellung des Antragstellers (Referenten) betraut. Im Unterschied zur Mitwirkung in der mündlichen Beratung äussert er in diesem Fall seine Meinung als Erster, d.h., er stellt in der Regel einen schriftlich formulierten (begründeten) Antrag zuhanden des mit der Entscheidfällung befassten Spruchkörpers. Vgl. dazu auch vorn § 17 N. 7. 22

Grundsätzlich macht es keinen Unterschied, ob der Gerichtsschreiber seine beratende Stimme in einer mündlichen Verhandlung bzw. Beratung zum Ausdruck bringt oder ob er als Referent einen schriftlichen Antrag stellt. Nach langjähriger zürcherischer Praxis ist es deshalb zulässig, einen Gerichtsschreiber zum Referenten mit dem Recht zur Antragstellung zu bestimmen; sie kommt nicht nur bei Bezirksgerichten, sondern auch am Ober- und Handelsgericht (wie auch beim Bundesgericht) zur Anwendung (vgl. I. MEIER, Zivilprozessrecht, S. 91). Diese Praxis war schon bei Erlass des GVG im Jahr 1976 bekannt und hatte sich zuvor im Lauf der Zeit bewährt (vgl. HAUSER/SCHWERI, GVG, § 134 N. 3 m.H.). Entscheidend ist in diesem Zusammenhang, dass Gewähr dafür besteht, dass die *effektive Entscheidungsbefugnis beim Richter verbleibt* (in diesem Sinne auch Bundesgericht in SZIER 1 [1991] S. 421 m.H. auf ZR 68 Nr. 92), was bedeutet, dass sich die Mitglieder des Gerichts mit dem Antrag gewissenhaft und fundiert auseinandersetzen. Insoweit muss auch gewährleistet sein, dass es den gewählten Richtern aufgrund der Arbeitssituation, namentlich der anfallenden Geschäftslast und des Termindrucks, überhaupt möglich ist, in jedem Geschäft die für die Entscheidung wesentlichen Akten zu studieren und sich eine Meinung zu bilden (UEBERSAX, a.a.O., S. 92; vgl. – aus Sicht des Bundesgerichts – G. NAY, Das Bundesgericht im Wandel und Sorge um Unabhängigkeit, SJZ 102, S. 567 ff., 568). Auch in der Lehre stösst diese Praxis unter der Voraussetzung, dass das Zustimmungsverfahren nicht zu einem blossen «Durchwinken» verkommt, nicht auf grundsätzliche Bedenken (KIENER, Richterliche Unabhängigkeit, Bern 2001, S. 222; UEBERSAX, a.a.O., S. 82, 90 ff.; kritisch immerhin I. MEIER, Zivilprozessrecht, S. 92). 23

5. Urteilsredaktion

24 Neben der Protokollführung und der Mitwirkung an der Urteilsberatung (allenfalls Referententätigkeit) hat der Gerichtsschreiber (in Zusammenwirken mit dem Vorsitzenden) seit jeher eine weitere, eng damit zusammenhängende Aufgabe, nämlich diejenige der Urteilsredaktion, d.h. der Formulierung der Entscheidgründe, wie sie der schriftlichen Ausfertigung zugrunde gelegt werden (ZR 91/92 Nr. 13 E. III.1b). In denjenigen Fällen, in denen ein Mitglied des Gerichts Referentenstellung einnimmt und den Urteilsantrag verfasst, ist es grundsätzlich Aufgabe des Gerichtsschreibers, nach Abschluss der Parteiverhandlungen bzw. des Schriftenwechsels und im Anschluss an die Urteilsberatung gestützt auf die Akten, das Protokoll und die Richtervoten in der Beratung die endgültige schriftliche Begründung (im Sinne von Art. 238 lit. g ZPO) zu verfassen, soweit darauf nicht im Sinne von Art. 239 ZPO verzichtet wird; dem Präsidenten obliegt die Überprüfung dieser Begründung auf ihre Übereinstimmung mit den in der Beratung gefallenen Voten. Die Redaktion obliegt dem Gerichtsschreiber in der Regel auch dann, wenn in Fällen, in denen er selbst Referent ist, das Gericht seinem Antrag nicht folgt und anders entscheidet. Selbstverständlich kann aber – namentlich bei Mehrheitsentscheiden des Kollegialgerichts – auch ein Richter aus dem Kreis der obsiegenden Mehrheit die Begründung des Entscheides übernehmen.

III. Durchführung von Vergleichsverhandlungen; Delegation von Beweismassnahmen? (Abs. 2)

25 Dem Gerichtsschreiber kann vom Gericht wie schon bisher (§ 134 Abs. 2 GVG) die Durchführung von Vergleichsverhandlungen (Art. 124 Abs. 3 ZPO) übertragen werden. Ob darüber hinaus der Gerichtsschreiber ausnahmsweise auch mit *Beweisabnahmen* betraut werden darf, wurde bis anhin der Praxis überlassen, wobei die Frage für formlose Parteibefragung und für Augenscheine durch den als Referent eingesetzten Obergerichtssekretär bejaht wurde; hinsichtlich weitergehender Beweisabnahmen (namentlich Zeugenbefragung) wurde im Hinblick auf den Wortlaut von § 144 GVG Zurückhaltung verlangt (vgl. FRANK/STRÄULI/MESSMER, ZPO, § 144 N. 5; ZR 55 Nr. 109, 68 Nr. 92). Nach dem Wortlaut von Abs. 2 *entfällt nunmehr eine derartige Kompetenz*; zu Recht wird zudem darauf hingewiesen, dass die Delegation von Beweismassnahmen an den Gerichtsschreiber im Hinblick auf Art. 124 Abs. 2 ZPO *bundesrechtswidrig* wäre (BSK ZPO-BORNATICO, Art. 124 N. 7; BBl 2006 S. 7314). Wenn darüber hinaus Art. 124 Abs. 3 ZPO die Durchführung von Einigungsversuchen (d.h. Vergleichsverhandlungen) *dem Gericht* zuweist, lässt sich daraus jedoch nicht ableiten, die Durchführung solcher Verhandlungen dürften nicht dem Gerichtsschreiber übertragen werden. Vergleichsverhandlungen können die Parteien auch ohne jegliche gerichtliche Mitwirkung führen, weshalb es nicht unzulässig sein kann, wenn sie von einer Hilfsperson des Gerichts geleitet werden.

26 Soweit dem Gerichtsschreiber Referentenstellung zukommt (vorne N. 22 f.), kann er auch eine Referentenaudienz bzw. Instruktionsverhandlung durchführen (allgemein zur Mitwirkung an der Verfahrensinstruktion UEBERSAX, a.a.O., S. 88 f.).

IV. Verzicht auf Beizug (Abs. 3)

1. Allgemein

Unabhängig vom Umfang der bundesrechtlichen Protokollierungspflicht steht es den Kantonen frei, für bestimmte Fälle auf die Mitwirkung eines Gerichtsschreibers als Protokollführer zu verzichten. Das Protokoll kann in diesem Fall von einer Hilfsperson (Auditor) oder aber vom Richter selbst geführt werden (vorne N. 1; vgl. für das Strafverfahren § 153 GOG). Grundsätzlich obliegt es dem Gericht zu entscheiden, wann auf die Mitwirkung des Gerichtsschreibers verzichtet werden kann. Es ist aber darauf hinzuweisen, dass der ausschliessliche Einsatz von Auditoren – jedenfalls in Verbindung mit Laienrichtern – nach bundesgerichtlicher Rechtsprechung an Grenzen stösst (vgl. BGE 134 I 16 E. 4.3; dazu auch vorn § 17 N. 9).

27

2. Summarisches Verfahren, Vergleichsverhandlungen, Instruktionsverhandlungen

Anders als bisher (§ 142 Abs. 3 GVG) umschreibt das Gesetz die Bereiche des zulässigen Verzichts auf Beizug eines Gerichtsschreibers zur Protokollführung nicht konkret, sondern überlässt den Entscheid darüber dem Gericht. In Anlehnung an die bisherige Regelung wird es sich aufdrängen, den Verzicht (abgesehen vom bereits erwähnten Fall der Kinderanhörung, N. 16 f.) weiterhin namentlich im summarischen Verfahren sowie bei Vergleichs- bzw. Instruktionsverhandlungen (Art. 124 Abs. 3, 226 ZPO letztere nach bisheriger Terminologie Referentenaudienzen genannt, § 118 ZPO [ZH]) in Betracht zu ziehen.

28

Bisher war im *summarischen Verfahren* (insbesondere auch bei Rechtsöffnungen) die Mitwirkung eines Gerichtsschreibers nicht vorgeschrieben, woraus die Praxis ableitete, dass in diesen Verfahren kein Gerichtsschreiber mitwirken und kein beweiskräftiges Protokoll geführt werden müsse (ZR 57 Nr. 58 = SJZ 54 S. 105). Diese Rechtsauffassung war zwar nicht von Anfang an unbestritten (s. dazu HAUSER/HAUSER, N. 1 zu § 158 GVG [1911]), wurde aber 1976 durch das GVG sanktioniert. Demgegenüber besteht nunmehr nach Massgabe von Art. 235 ZPO zwar eine *generelle Pflicht zur Führung eines Protokolls*; im Rahmen von Abs. 3 kann aber auf den Beizug des sonst (kantonalrechtlich) vorgesehenen Gerichtsschreibers verzichtet werden.

29

Als *Hilfsperson* kann der Richter, soweit er das Protokoll nicht selbst führt, einen Kanzlisten oder einen Auditor beiziehen. Er muss dessen Protokoll aber mitunterzeichnen und ist für den Protokollinhalt verantwortlich (vgl. zum früheren Recht ZR 53 Nr. 29).

30

Vergleichsverhandlungen können vom Gericht jederzeit anberaumt werden und dienen dem Versuch, eine Einigung herbeizuführen (Art. 124 Abs. 3 ZPO). Ebenso werden *Instruktionsverhandlungen* vom Richter auf Begehren einer Partei oder nach richterlichem Ermessen durchgeführt; sie dienten nach altem Recht und unter dem Titel Referentenaudienz (§ 118 ZPO [ZH]) der vorläufigen Vorlegung der Angriffs- und Verteidigungsmittel durch die Parteien oder der Vornahme eines Sühnversuchs, heute der freien Erörterung des Streitgegenstandes, der Ergänzung des Sachverhaltes, dem Versuch einer Einigung und der Vorbereitung der Hauptverhandlung (Art. 226 ZPO). Wie

31

für Vergleichsverhandlungen gelten für sie weniger strenge Formvorschriften als für das eigentliche Behauptungs- und Beweisverfahren.

32 Einer Anregung vonseiten der Bezirksgerichte, in *Scheidungsverfahren mit Konventionallösungen* den ausschliesslich Einsatz von Auditoren anstelle von Gerichtsschreibern zu ermöglichen, wurde schon im Vernehmlassungsverfahren vonseiten des Obergerichts entgegengetreten, u.a. mit dem Hinweis darauf, dass Scheidungsverfahren häufig von Laienrichtern geführt würden, weshalb es unverzichtbar sei, dass das Verfahren von einem Gerichtsschreiber begleitet werde (s. dazu BGE 134 I 16 E. 4.3).

3. Dispensierung von der Entscheidfindung?

33 Nach der Rechtsprechung des Kassationsgerichts zum früheren Recht konnte der Gerichtsschreiber im summarischen Verfahren (gestützt auf § 134 Abs. 3 GVG) zwar von der Teilnahme an der Verhandlung, nicht aber auch von der Mitwirkung an der Entscheidfindung dispensiert werden; auf seine beratende Stimme durfte grundsätzlich nicht verzichtet werden (ZR 100 Nr. 96). Demgegenüber entschied das Bundesgericht, die Auslegung von § 134 Abs. 3 GVG, wonach der Verzicht auf Beizug des Gerichtsschreibers zu der Beratung im summarischen Verfahren zulässig sei, sei jedenfalls mit der Verfassung (Art. 30 Abs. 1 BV) vereinbar. Insbesondere lasse sich die Auffassung vertreten, dass dann, wenn die Dispensierung des Gerichtsschreibers von der Verhandlung zulässig sei, eine fruchtbare Mitwirkung an der nachfolgenden Beratung ohne Vorliegen eines Protokolls gar nicht denkbar sei (ZR 100 Nr. 97, insbes. E. 2f/aa, S. 268 = ZBl 103 [2002] S. 334 ff.).

34 Der Auffassung, wonach im summarischen Verfahren weiterhin auf die Mitwirkung eines Gerichtsschreibers an der Beratung verzichtet werden könne, wurde im Hinblick auf den zunächst vorgesehenen Gesetzestext (E-GOG § 135) entgegengetreten (vgl. DIGGELMANN, SJZ 106, S. 91); nach dem (bereinigten) definitiven Wortlaut von § 133 Abs. 1 bezieht sich der Vorbehalt gemäss Abs. 3 jedoch ausdrücklich auf die Teilnahme an den Verhandlungen *und* die Entscheidfällung. Somit kann immer dann, wenn vom Beizug eines Gerichtsschreibers zur Protokollführung abgesehen werden kann, auch von der Mitwirkung desselben bei der Entscheidfällung abgesehen werden (ZILTENER, a.a.O., S. 198).

---

§ 134 *Beratung*

¹ Die Urteilsberatungen gemäss Art. 54 Abs. 2 ZPO sind nicht öffentlich.

² Das Gericht berät seine Entscheide mündlich, wenn
   a. ein Mitglied des Gerichts oder die Gerichtsschreiberin oder der Gerichtsschreiber es verlangt,
   b. keine Einstimmigkeit besteht.

³ In den übrigen Fällen entscheidet das Gericht auf dem Zirkularweg.

⁴ Jedes Mitglied des Gerichts ist zur Stimmabgabe verpflichtet.

Literatur:

M. SCHUBARTH, Öffentliche Urteilsberatung, in: FS für J. Rehberg, Zürich, S. 303 ff.; s. auch Streitgespräch H. Heeb/M. Schubarth in plädoyer 6/10, S. 8 ff. sowie Kommentare zu Art. 59 BGG.

Inhaltsübersicht   N.
- I. Regelungsbedarf 1
- II. Begriff der Urteilsberatung 3
- III. Geheime Urteilsberatung (Abs. 1) 5
    1. Bisherige Regelung 5
    2. Neues Recht 7
    3. Bedeutung des Beratungsgeheimnisses 8
- IV. Form der Entscheidfindung (Abs. 2 und 3) 9
    1. Mündliche Beratung 9
        a) Voraussetzungen und Zweck 9
        b) Verlauf der Beratung, Protokollierung 12
        c) Abstimmung 15
    2. Zirkularweg 18
- V. Stimmzwang (Abs. 4) 20
- VI. Einzelfragen 21
    1. Rückkommen bzw. Wiedererwägung 21
    2. Wechsel auf der Richterbank 23
    3. Teilnahme von Sachverständigen an der Urteilsberatung? 26

I. Regelungsbedarf

Anders als Art. 69 Abs. 1, 348 Abs. 1 und 390 Abs. 4 StPO (geheime Urteilsberatung) überlässt es die ZPO in Art. 54 Abs. 2 ausdrücklich dem kantonalen Recht zu bestimmen, ob die Urteilsberatung öffentlich sein soll (näher zur Entstehungsgeschichte dieser Bestimmung BSK ZPO-SUTTER-SOMM/SEILER, Art. 54 N. 5 ff.). Regelungsbedarf besteht insoweit zudem für die Beratungsform (unbestimmt insofern freilich auch Art. 390 Abs. 4 StPO betreffend das strafprozessuale Rechtsmittelverfahren, BSK StPO-ZIEGLER, Art. 390 N. 5 Fn. 14).

Zu beachten ist, dass hinsichtlich des konkreten Ablaufs der Beratung auch die StPO keine näheren Bestimmungen enthält (vgl. Art. 348 StPO); insoweit haben die nachfolgenden Ausführungen auch Bedeutung für den Strafprozess (BSK StPO-HEIMGARTNER/NIGGLI, Art. 348 N. 5 ff.).

II. Begriff der Urteilsberatung

Urteilsberatung im Sinne dieser Bestimmung ist die förmliche, unmittelbar auf die Willensbildung des Gerichts und den Erlass eines Entscheides abzielende mündliche Äusserung der mitwirkenden Richter. In der Beratung müssen sich die Richter mit den für die Entscheidung erheblichen Tat- und Rechtsfragen und insbesondere mit den Parteivorbringen auseinandersetzen. Ein informeller mündlicher oder schriftlicher Meinungsaustausch der Richter ausserhalb der förmlichen Urteilsberatung ist zwar zulässig (vgl. zum früheren Recht ZR 75 Nr. 69, 78 Nr. 12; SJZ 75 S. 262), gehört aber nicht zur Urteilsberatung. Der (nichtöffentlichen) Beratung dürfen keine anderen als die zum Spruchkörper gehörenden Personen (zuzüglich Auditoren und Weibel) beiwohnen. Zur Anwesenheit eines im Ausstand befindlichen Richters während der Urteilsberatung ZR 37 Nr. 4.

4 Im Falle der Entscheidfindung auf dem Zirkularweg (Abs. 3) tritt dieser an die Stelle der mündlichen Beratung.

III. Geheime Urteilsberatung (Abs. 1)

1. Bisherige Regelung

5 Nach bisherigem Recht war im Kanton Zürich die Urteilsberatung vor Ober- und Kassationsgericht (mit Ausnahme von familienrechtlichen Angelegenheiten) öffentlich, vor anderen Gerichten geheim (§ 135 Abs. 1 und 2 GVG). In der Praxis kam dieser Bestimmung in den letzten Jahren allerdings nur noch beschränkte Bedeutung zu, zumal ein grosser Teil der Zivilgeschäfte im summarischen oder im einfachen und raschen Verfahren abgewickelt und demnach nicht mit Urteil, sondern mit Beschluss erledigt wurde. In Strafsachen verzichteten die Parteien häufig auf öffentliche Urteilsberatung (zur Problematik ZR 99 Nr. 36; ferner ZR 90 Nr. 74, 91/92 Nr. 13 E. III.1 und Hauser/Schweri, GVG, § 135 N. 21a).

6 Die Tradition der öffentlichen Urteilsberatung bei den Rechtsmittelinstanzen geht im Kanton Zürich bis auf das Rechtspflegegesetz von 1874 zurück. Bei der Gesetzesrevision im Jahre 1976 wurde eingehend über die Beibehaltung oder Abschaffung debattiert und schliesslich separat über diese Frage abgestimmt, wobei sich eine klare Mehrheit für die Beibehaltung der öffentlichen Beratung aussprach (näher zu Geschichte, Ausgestaltung und Funktion der öffentlichen Urteilsberatung unter altem Recht Hauser/Schweri, GVG, § 135 N. 10 ff.). Die Einführung des Grundsatzes der geheimen Beratung im Strafprozess durch den Bundesgesetzgeber wurde namentlich mit der Gefahr der Beeinträchtigung der Akzeptanz von Richtersprüchen begründet, wenn der Spruchkörper nur mit knapper Mehrheit Zweifel an der Schuld eines Angeklagten überwindet (vgl. BSK StPO-Heimgartner/Wiprächtiger, Art. 348 N. 10).

2. Neues Recht

7 Nachdem die Urteilsberatung in Strafsachen von Bundesrechts wegen geheim ist (anders im Verfahren vor Bundesgericht, Art. 59 Abs. 1 BGG), entschied sich der zürcherische Gesetzgeber für die Übernahme dieser Regelung auch in Zivilsachen. Somit sind sämtliche Beratungen in allen Instanzen geheim.

3. Bedeutung des Beratungsgeheimnisses

8 Als Folge der Nichtöffentlichkeit beinhaltet Abs. 1 einerseits den Ausschluss von Parteien und Publikum von der Urteilsberatung und verbietet es andererseits den Mitwirkenden (Richter und Gerichtsschreiber) bzw. sonstigen Anwesenden (Auditoren, Weibel), den Verlauf der Beratung und das Abstimmungsverhalten der einzelnen Richter zu veröffentlichen (Kollegialitätsprinzip). Dem (auch strafrechtlich geschützten, Art. 293, 320 StGB)

Beratungsgeheimnis kommt insbesondere im Schiedsverfahren erhebliche Bedeutung zu (näher ARROYO, in: Sutter-Somm/Hasenböhler/Leuenberger, ZPO Komm., Art. 382 N. 8 ff.; vgl. auch HAUSER/SCHWERI, GVG, § 128 N. 2); im Verfahren vor staatlichen Gerichten wird es immerhin durch das Recht der Richter und des Gerichtsschreibers, eine allfällige Minderheitsmeinung zu Protokoll zu geben (§ 124 GOG), abgeschwächt.

IV. Form der Entscheidfindung (Abs. 2 und 3)

1. Mündliche Beratung

a) Voraussetzungen und Zweck

Die Beratung von Entscheiden (Urteilen sowie Beschlüsse und Verfügungen, § 135 GOG) erfolgt mündlich, wenn es einer der Mitwirkenden (Richter oder Gerichtsschreiber) verlangt (lit. a) oder wenn keine Einstimmigkeit herrscht (lit. b), d.h., wenn ein Gegenantrag, sei es zur Begründung, sei es zum Dispositiv, gestellt wird. Der Antrag gemäss lit. a unterliegt keinerlei Formerfordernissen. 9

Eine mündliche Beratung sollte immer dann stattfinden, wenn sich bei *erstmaliger* Aktenzirkulation keine Einstimmigkeit ergibt. Es entspricht (abgesehen von redaktionellen Bereinigungen bzw. offensichtlichen Versehen) nicht der gesetzlichen Ordnung, eine Zirkulation solange durchzuführen, bis auch der letzte Richter auf diesem Weg zugestimmt hat (vgl. SPÜHLER/DOLGE/VOCK, BGG-Komm., Art. 58 N. 3). 10

Zweck der mündlichen Beratung ist der persönliche, unmittelbare Meinungsaustausch aller Gerichtsmitglieder, was bei der Entscheidfällung auf dem Zirkularweg nur in beschränktem Ausmass möglich ist. Der Entscheid ist im Zusammenwirken aller Richter zu fällen, auch dann, wenn eine Mehrheit bereits dem vom Referenten schriftlich vorgelegten Antrag zugestimmt hat. Wenn ein Richter dem schriftlichen Antrag nicht zustimmt und eine abweichende Meinung vertritt, muss das Gericht die streitige Frage in gemeinsamer Beratung erörtern, um entweder die Meinungsverschiedenheit auszuräumen oder durch Mehrheitsbeschluss darüber zu entscheiden. Es darf nicht einfach über die zutage getretene Kontroverse hinwegsehen, sondern hat in seiner Gesamtheit zu allen Streitpunkten Stellung zu nehmen, mögen diese mündlich oder (wie bei der Behandlung eines Geschäftes auf dem Zirkularweg üblich) schriftlich vorgebracht werden. So lange nicht alle Richter ihre Stimme zu einem schriftlichen Antrag abgegeben haben (und nicht auch der Gerichtsschreiber seine beratende Funktion ausüben konnte), ist ungewiss, ob alle Mitwirkenden zustimmen oder ob eine mündliche Beratung stattfinden muss; daher kann auch so lange kein rechtsgültiger Entscheid zustande kommen (ZR 62 Nr. 4). 11

b) Verlauf der Beratung, Protokollierung

Der Verlauf der Beratung wird – abweichend von § 137 GVG – nicht im Gesetz geregelt (ausdrücklich W.RR S. 140; vgl. dazu STAEHELIN, in: Sutter-Somm/Hasenböhler/Leuenberger, ZPO Komm., Art. 236 N. 15 ff.). Grundsätzlich wird aber weiterhin gelten, dass der Referent seinen Antrag stellt, worauf zuerst denjenigen Richtern das Wort erteilt wird, welche Gegenanträge stellen wollen. Zuletzt eröffnet der Präsident, sofern er nicht selber Referent ist oder einen Gegenantrag stellt, seine Ansicht. 12

§ 134

13 Schon die altrechtliche öffentliche Beratung wurde *nicht protokolliert;* die Urteilsfindung schlägt sich vielmehr in der schriftlichen Urteilsbegründung nieder. Selbstverständlich ist es aber insbesondere für den für die Urteilsredaktion verantwortlichen (§ 133 N. 24) Gerichtsschreiber geboten, sich im Hinblick auf die schriftliche Begründung von den Voten der einzelnen Richter persönliche Notizen zu machen (vgl. auch BSK StPO-HEIMGARTNER/NIGGLI, Art. 348 N. 8). Diese haben indessen weder offiziellen noch verbindlichen Charakter und sind den Parteien auch nicht zugänglich zu machen. Vorbehalten bleibt die Aufnahme von formellen Minderheitsanträgen im Protokoll (§ 124 GOG).

14 Die Beratung dauert so lange, bis das Wort nicht mehr verlangt wird. Auf Wunsch eines Richters oder wenn die Umstände es erfordern (wenn z.B. eine Tatfrage noch näher abgeklärt oder eine Rechtsfrage vertiefter geprüft werden soll), muss die Beratung unterbrochen oder vertagt werden.

c) Abstimmung

15 Das Gericht fällt den Entscheid in allen Punkten *mit einfacher Mehrheit* (Art. 236 Abs. 2 ZPO; vgl. auch Art. 351 Abs. 2 StPO). Eine dem bisherigen Recht (§ 138 Abs. 3 GVG) entsprechende Bestimmung für den Fall von Stimmengleichheit kennt das Gesetz im Hinblick auf § 14 GOG (Dreierbesetzung) bzw. § 212 Abs. 3 GOG (Fünferbesetzung) nicht mehr.

16 Wie schon das GVG enthält das GOG keine näheren Vorschriften über die Art der Abstimmung und die Abstimmungsleitung. Das Vorgehen wird bewusst dem richterlichen Ermessen überlassen. Im Zweifel entscheidet das Kollegium über die Modalitäten, denn damit hängt das Ergebnis zusammen. Im Einzelnen sind jedoch folgende Grundsätze wegleitend:

- die Stimmabgabe erfolgt offen;
- über die Stimmabgabe wird kein Protokoll geführt. Das Abstimmungsergebnis darf im Urteil (vorbehältlich formeller Minderheitsvoten, § 124 GOG) nicht bekannt gegeben werden;
- über einen *Ordnungsantrag* ist sofort zu beraten und zu entscheiden. Über Eintretensfragen (z.B. Zuständigkeit) ist vor dem Entscheid über die Sache zu befinden;
- die Abstimmung kann, je nach den logischen, prozess- oder materiellrechtlichen Gründen, entweder nach dem Gesamtergebnis oder nach einzelnen Teilaspekten erfolgen;
- bei Vorhandensein mehrerer streitiger Punkte ist über jeden einzelnen abzustimmen, sofern er nicht durch die Beurteilung eines anderen seine Erledigung gefunden hat. Im *Strafprozess* ist getrennt zu beraten und abzustimmen über Schuldfrage, Strafmass, bedingten Strafvollzug, allfällige Nebenstrafen und Massnahmen, Zivilansprüche, Kosten- und Entschädigungsfolgen (Art. 351 Abs. 1 StPO; zur Möglichkeit des Interlokuts [Zweiteilung der Hauptverhandlung] Art. 342 StPO);
- *Eventualanträge* müssen vor dem Hauptantrag bereinigt werden. Beantragen z.B. der Richter A die Gewährung des bedingten Strafvollzugs und der Richter B die Verweigerung des bedingten Strafvollzugs, eventuell dessen Gewährung unter Auferlegung von Weisungen nach Art. 44 Abs. 2 StGB, so ist zuerst über die eventualiter beantrag-

ten Weisungen und erst nachher über die Hauptfrage der Gewährung oder Verweigerung des bedingten Strafvollzugs zu entscheiden;
– ist der Entscheid zu begründen, so muss *auch über die Urteilsbegründung* abgestimmt werden, wenn darüber Meinungsverschiedenheiten bestehen; auch ihr muss die Gerichtsmehrheit zustimmen. Unter Umständen ist zunächst in einer Eventualabstimmung über die Begründung für den Fall der Gutheissung eines Begehrens abzustimmen, und hernach der Antrag auf Gutheissung mit der betreffenden Mehrheitsbegründung dem Antrag auf Abweisung gegenüberzustellen (BGE 111 Ib 118 f.).

Für Beispiele zu Fällen, in denen mehrere Anträge gestellt werden, s. Guldener, Schweizerisches Zivilprozessrecht, S. 245; Hauser/Schweri/Hartmann, Schweizerisches Strafprozessrecht, § 82 N. 20). 17

2. Zirkularweg

Herrscht in allen Punkten Einigkeit und wird auch sonst keine mündliche Beratung verlangt, kann das Gericht in jedem Fall auf dem Zirkularweg entscheiden. Damit unterscheidet sich die Regelung von der früheren Rechtslage, als nach § 139 GVG ausschliesslich Beschlüsse, nicht aber Urteile auf dem Zirkularweg gefällt werden konnten. 18

Das Zirkularverfahren stösst insoweit auf gewisse Kritik, als das Gewicht eines bereits ausformulierten schriftlichen Antrags als so gross bewertet wird, dass die anderen Richter dadurch verleitet werden können, ohne nennenswerte eigene Erwägungen zuzustimmen (vgl. Hinweis auf die Materialien zur GVG bei Hauser/Schweri, GVG, § 139 N. 2). In der Praxis haben sich Zirkulationsentscheide namentlich im Rechtsmittelverfahren weitgehend durchgesetzt. Sie dienen der Vereinfachung und Beschleunigung des Verfahrens und stellen für das Gericht eine erhebliche Entlastung dar. 19

V. Stimmzwang (Abs. 4)

Wie nach Art. 351 Abs. 2 Satz 2 StPO und bisher § 138 Abs. 1 GVG ist jedes Mitglied des Spruchkörpers zur Stimmabgabe verpflichtet. In der Regel findet die Abstimmung unmittelbar nach der Beratung statt. Kein Mitglied darf sich der Stimme enthalten, und zwar auch dann nicht, wenn aufgrund der Stimmabgabe der übrigen Richter das Ergebnis bereits festzustehen scheint. Weigert sich ein Richter, seine Stimme abzugeben, liegt ein Verfahrensmangel vor. Nach zutreffender Auffassung ergibt sich der Stimmzwang bzw. das Verbot der Stimmenthaltung bereits aus Bundesrecht (BBl 2006 S. 7343; Staehelin, in: Sutter-Somm/Hasenböhler/Leuenberger, ZPO Komm., Art. 236 N. 17 m.H.). 20

VI. Einzelfragen

1. Rückkommen bzw. Wiedererwägung

Das Gericht kann grundsätzlich auf einen von ihm gefällten *Endentscheid nicht zurückkommen* («lata sententia, iudex desinit iudex esse»; anders betreffend prozessleitende 21

Entscheide; vgl. GULDENER, S. 363). Die Unabänderlichkeit setzt jedoch nicht nur voraus, dass ein Entscheid gefällt worden ist, sondern auch, dass er den Parteien *eröffnet* wurde. Mit anderen Worten erlangt ein Urteil erst mit der offiziellen Mitteilung an die Parteien rechtliche Existenz, während bis zu diesem Zeitpunkt ein Nichturteil vorliegt, dass weder aufgehoben werden kann noch aufgehoben werden muss (BGE 122 I 97 = Pr 85 Nr. 209; abweichend freilich BGE 129 IV 113 E. 1.2 mit Bezug auf den Beginn des Laufs der strafrechtlichen Verjährung sowie darauf Bezug nehmend SJZ 101 S. 21 f.). Dies steht in Einklang damit, dass ein Entscheid, gegen den kein Rechtsmittel mit gesetzlicher Suspensivwirkung gegeben ist, nicht schon mit der Ausfällung, sondern erst im Zeitpunkt seiner Eröffnung vollstreckbar wird (STAEHELIN, in: Sutter-Somm/Hasenböhler/Leuenberger, ZPO Komm., Art. 336 N. 13). Folgt man der Auffassung, wonach vor Eröffnung rechtlich kein Entscheid existiert, steht es dem Gericht auch frei, einen von ihm zwar gefällten, aber noch nicht eröffneten Endentscheid in Wiedererwägung zu ziehen.

22 Wird ein schriftlicher Entscheidantrag, der weder in einer Sitzung noch durch Zirkulation bei den Richtern zum Entscheid erhoben worden ist, versehentlich durch die Gerichtskanzlei in der Form eines Entscheides ausgefertigt, durch einen zur Unterzeichnung von Entscheiden befugten Gerichtsschreiber unterzeichnet und den Parteien eröffnet, so entfaltet er nach aussen die Rechtswirkungen eines ordnungsgemäss gefassten Entscheides. Ein nachträgliches Rückkommen durch das Gericht ist damit nicht zulässig (ZR 99 Nr. 19 = SJZ 95 S. 585 [Mehrheitsentscheid mit Minderheitsantrag, wonach es sich in diesem Fall um einen Nichtentscheid handle]; dazu BGer 4P.250/1998 vom 22.1.1999).

2. Wechsel auf der Richterbank

23 Wird die Beratung nach Abschluss der mündlichen Verhandlungen vertagt, so soll nach Möglichkeit vermieden werden, dass an der späteren Urteilsberatung bzw. -fällung Richter mitwirken, die an der mündlichen Verhandlung des Rechtsstreits vor dem Gericht nicht teilgenommen haben, weil dies einerseits den Grundsatz der Mündlichkeit und Unmittelbarkeit, andererseits die Garantie des gesetzmässigen Richters berührt. Im Zivilprozess wurde unter früherem Recht ein Nichtigkeitsgrund angenommen, wenn bei der Urteilsfällung andere Richter mitwirken als an der Hauptverhandlung, ausgenommen die Urteilsfällung in der ursprünglichen Besetzung wäre *aus zwingenden Gründen* nicht mehr möglich gewesen, z.B. wegen Krankheit (BGE 117 Ia 133 E. 1e), Beendigung der Amtstätigkeit oder wegen Wechsels in eine andere Kammer (KGZ vom 28.10.1996 i.S. I. AG, RB 1996 Nr. 108). Ohne Vorliegen zwingender bzw. sachlicher Gründe kommt die Auswechslung einem Verstoss gegen die Garantie des gesetzmässigen Richters gleich (Bundesgericht vom 26.6.2006 = ZBl 108 [2007] S. 43; s. zum Ganzen auch § 127 N. 6).

24 Von neu beigezogenen Richtern ist zu verlangen, dass sie sich *vollständige Aktenkenntnis* verschaffen. Grundsätzlich haben die Parteien im mündlichen Verfahren im Lichte von Art. 29 Abs. 2 und 30 Abs. 1 BV Anspruch darauf, dass alle Richter, die am Entscheid mitwirken, an den Verhandlungen teilnehmen, an denen Beweise abgenommen werden. Die Verhandlung muss wiederholt werden, wenn der neu eintretende Richter sich anhand der Akten und des Protokolls nicht die erforderlichen Kenntnisse für die Urteilsfindung verschaffen kann (BGE 96 I 321, 117 Ia 134; SZZP 2006 S. 1 ff. Nr. 143; für das schriftliche Verfahren ZR 91/92 Nr. 89).

Vgl. für den Strafprozess die Regelung in Art. 335 Abs. 2 und 3 StPO (Wiederholung der Hauptverhandlung, allenfalls Ersetzung durch ein präventiv anwesendes Ersatzmitglied); hier beurteilt sich die Frage abschliessend nach der StPO (zum bisherigen zürcherischen Recht §§ 184 und 226 StPO (ZH); betreffend Ersetzung des Gerichtsschreibers § 133 N. 4). 25

3. Teilnahme von Sachverständigen an der Urteilsberatung?

Für die vereinzelt postulierte Teilnahme des (gerichtlichen) Sachverständigen an der Urteilsberatung (vgl. SPÜHLER, Prozessuale Probleme bei Prozessen mit wissenschaftlich und technisch komplexen Fragestellungen, in: FS N. Schmid, Zürich 2001, S. 726) besteht nach geltendem Recht keine gesetzliche Grundlage (anders immerhin die seinerzeitige Rechtslage nach § 224 ZPO [1913] sowie Art. 67 Ziff. 5 aOG). 26

§ 135 *Form der Entscheide*

¹ Entscheidet das Gericht eine Sache materiell, fällt es ein Urteil.

² Die übrigen Entscheide fällt eine Kollegialbehörde durch Beschluss, eine Einzelperson durch Verfügung.

Literatur

H.U. WALDER, Prozesserledigung ohne Anspruchsprüfung nach zürcherischem Recht, Zürich 1966.

Inhaltsübersicht   N.
I.   Regelungsbedarf 1
II. Terminologie 3
     1. Sachentscheide (Abs. 1) 3
     2. Übrige Entscheide (Abs. 2) 4

I. Regelungsbedarf

Anders als das bisherige kantonale Recht (§ 155 GVG sowie § 188 Abs. 2 ZPO [ZH]) und auch Art. 80 Abs. 1 StPO unterscheidet die ZPO nicht, je nach Art der Erledigung, zwischen Urteil oder Beschluss bzw. Verfügung, sondern spricht im Zusammenhang mit der Verfahrenserledigung generell von Entscheid (Art. 236 ff. ZPO). Auch wenn die einheitliche Terminologie vom Bundesgesetzgeber gewollt war (vgl. BBl 2006 S. 7343), hält der kantonale Gesetzgeber die differenzierende Terminologie in Übereinstimmung mit der StPO sowie angesichts der «nicht bis ins Letzte schlüssigen Formulierung der ZPO» (vgl. Art. 241 f. ZPO, «Beendigung des Verfahrens ohne Entscheid» bzw. durch Entscheidsurrogate wie Vergleich, Anerkennung, Rückzug, dazu ZR 110 Nr. 34) für zulässig und sinnvoll (W.RR S. 140). 1

§ 136

2   Die Terminologie verliert *freilich insofern ihre praktische Bedeutung*, als die Bezeichnung nicht mehr massgebend ist für die Art des zulässigen Rechtsmittels (bisher Berufung gegen Urteile; Rekurs gegen Beschlüsse/Verfügungen, vgl. HAUSER/SCHWERI, GVG, § 155 N. 6).

II. Terminologie

1. Sachentscheide (Abs. 1)

3   Wie bisher entscheidet das Gericht in der Sache (also bei materieller Beurteilung der streitigen Angelegenheit) durch Urteil. Abweichend vom bisherigen Recht (§ 155 Satz 3 GVG) ergeht nunmehr *auch im summarischen Verfahren* bei materieller Beurteilung stets ein Urteil.

2. Übrige Entscheide (Abs. 2)

4   In allen anderen Fällen, also einerseits bei verfahrensleitenden Entscheiden bzw. Zwischenentscheiden (Art. 237 ZPO) sowie dann, wenn das Verfahren nicht durch Sachentscheid erledigt wird, entscheidet das Kollegialgericht durch Beschluss, das Einzelgericht durch Verfügung.

5   Mit Beschluss bzw. Verfügung ist vorab dann zu entscheiden, wenn mangels Prozessvoraussetzung ein Nichteintretensentscheid (Art. 236 Abs. 1 ZPO) ergeht. Ein Urteilssurrogat (auch: Prozessurteil), welches ebenfalls in die Form eines Beschlusses bzw. einer Verfügung zu kleiden ist, liegt vor, wenn das Gericht das Verfahren gestützt auf einen Vergleich, eine Klageanerkennung oder einen Klagerückzug nach Art. 241 Abs. 3 ZPO abschreibt; ebenso bei Abschreibung des Verfahrens wegen Gegenstandslosigkeit aus anderen Gründen ohne materiellen Prüfung (Art. 242 ZPO). Zu beachten ist also, dass – entgegen der irreführenden Kapitelüberschrift – auch in diesen Fällen die Abschreibung nicht «ohne Entscheid» erfolgt, zumal das Gericht im Falle von Art. 241 Abs. 3 ZPO wie bis anhin (§ 188 Abs. 3 ZPO [ZH]) zu prüfen hat, ob die Parteierklärung klar und zulässig ist und den formellen Voraussetzungen (Unterzeichnung) entspricht (vgl. LEUMANN-LIEBSTER, in: Sutter-Somm/Hasenböhler/Leuenberger, ZPO Komm., Art. 241 N. 12 ff.). Dem Abschreibungsentscheid kommt allerdings – entgegen bisherigem zürcherischem Recht – nur deklaratorische Bedeutung zu (LEUMANN LIEBSTER a.a.O., N. 21).

---

§ 136 *Unterzeichnung*

Endentscheide in der Sache unterzeichnen im ordentlichen und vereinfachten Verfahren ein Mitglied des Gerichts und die Gerichtsschreiberin oder der Gerichtsschreiber. Andere Entscheide unterzeichnet ein Mitglied des Gerichts oder die Gerichtsschreiberin oder der Gerichtsschreiber.

Literatur:

O. LUTZ, Gültigkeits- und Ordnungsvorschriften im Zivilprozess, SJZ 44, S. 149 ff.

Inhaltsübersicht

		N.
I.	Regelungsbedarf	1
II.	Bedeutung der Unterschrift	2
III.	Einzelheiten	5
	1. Unterzeichnung von Endentscheiden in der Sache	5
	2. Unterzeichnung von anderen Entscheiden	6
	3. Unterzeichnung von Kopien	7
	4. Unterzeichnung durch Stellvertreter	8
IV.	Folgen fehlender bzw. nicht ordnungsgemässer Unterzeichnung	9

I. Regelungsbedarf

Im Hinblick auf Art. 238 lit. h ZPO ist zu regeln, wer gerichtliche Entscheide unterzeichnet (für das Strafverfahren vgl. Art. 80 Abs. 2 StPO). Die Bestimmung tritt an die Stelle von § 156 GVG. 1

II. Bedeutung der Unterschrift

Mit der handschriftlichen Unterzeichnung wird die formelle Richtigkeit der Ausfertigung und deren Übereinstimmung mit dem vom Gericht gefassten Erlass bestätigt (BGE 131 V 483 E. 2.3.3). Die Unterschrift bekundet aber nicht auch das materielle Einverständnis mit dem Entscheid. Der Präsident oder der Kanzleibeamte darf deshalb die Unterzeichnung nicht mit der Begründung ablehnen, er halte den Entscheid nicht für richtig (ZBl 65 [1964] S. 137). Die Unterschriften des Präsidenten (bzw. eines Mitglieds des Gerichts) und des Gerichtsschreibers stellen im Interesse der Rechtssicherheit und mit Rücksicht auf die Vollstreckung ein *Gültigkeitserfordernis* dar (dazu auch N. 9 f.). 2

Die Entscheide sind *eigenhändig* zu unterzeichnen; der eigenhändigen Unterschrift entspricht die qualifizierte Signatur im elektronischen Rechtsverkehr. Die Nachbildung der eigenhändigen Unterschrift auf mechanischem Weg ist nur in Ausnahmefällen, v.a. in Massenverfahren, allenfalls bei Vorladungen zulässig (Kreisschreiben des Obergerichts vom 6.10.2010, Ziff. 4). Die handschriftliche Unterzeichnung muss nicht lesbar sein; es genügt, wenn nachvollzogen werden kann, wer den Entscheid unterschrieben hat, was in der Regel durch einen Klammervermerk mit den entsprechenden Namen gewährleistet wird (KGZ v. 18.5.2007 i.S. L., E. IV.3). 3

Die Anbringung des Gerichtssiegels auf Sachurteilen (§ 156 Abs. 1 Satz 1 GVG) ist nicht mehr vorgesehen. 4

III. Einzelheiten

1. Unterzeichnung von Endentscheiden in der Sache

Endentscheide in der Sache werden von einem Mitglied des Gerichts *und* dem Gerichtsschreiber unterzeichnet, soweit der Entscheid im ordentlichen oder im vereinfachten 5

Verfahren ergeht. Beim Kollegialgericht muss somit nicht notwendigerweise der Präsident unterzeichnen, sondern es kann sich auch um ein anderes Mitglied des Gerichts handeln. Es wird im Weiteren in diesem Zusammenhang nicht mehr zwischen Urteilen und Beschlüssen unterschieden (anders § 156 Abs. 1 GVG), wobei aber nach § 135 Abs. 1 GOG in diesen Fällen ohnehin immer ein Urteil ergeht.

2. Unterzeichnung von anderen Entscheiden

6   Bei anderen Entscheiden – also prozessleitenden Entscheiden, Zwischenentscheiden und Urteilssurrogaten (§ 135 N. 4 f.), ferner Entscheiden im summarischen Verfahren – genügt die Unterzeichnung *entweder* durch ein Mitglied des Gerichts *oder* durch den Gerichtsschreiber (anders die Bestimmung von Art. 80 Abs. 2 StPO: kumulative Unterzeichnung). In den unter dem 5. bis 8. Titel des 2. Teils der ZPO genannten Verfahrensarten gilt die Vereinfachung hinsichtlich der Unterzeichnung insoweit, als das summarische Verfahren Anwendung findet (Art. 271–273, 302, 305–306 ZPO). Dass ein Entscheid allein vom Gerichtsschreiber unterzeichnet wird, verstösst weder gegen die Verfassung noch gegen die EMRK (BGer 4A_20/2011 vom 11.4.2011 = SZZP 2011 S. 317).

3. Unterzeichnung von Kopien

7   Wie bisher (§ 156 Abs. 2 GVG) dürfte für blosse Kopien (z.B. an Amtsstellen usw.) von gerichtlichen Entscheiden, durch deren Zustellung keine Frist ausgelöst wird, die fotomechanische Wiedergabe der erforderlichen Unterschriften genügen.

4. Unterzeichnung durch Stellvertreter

8   Wird der Entscheid durch einen anderen als den zuständigen Richter oder Gerichtsschreiber unterzeichnet, handelt es sich um einen verbesserungsfähigen Mangel (SJZ 76 S. 213 E. 2). Ausnahmsweise kann die schriftliche Ausfertigung aber auch von einem Stellvertreter «i.V.» unterzeichnet werden (anders bei der Unterzeichnung eines Verhandlungs- bzw. Einvernahmeprotokolls), etwa dann, wenn der Amtsinhaber ferien- oder krankheitshalber abwesend oder inzwischen aus dem Amt ausgeschieden ist (RS 1989 Nr. 675).

IV. Folgen fehlender bzw. nicht ordnungsgemässer Unterzeichnung

9   Die fehlende Unterschrift stellt nach einem insoweit allerdings missverständlichen Urteil des Bundesgerichts einen nicht heilbaren Formmangel dar, der zur Aufhebung des Entscheides führt (BGE 131 V 483). In einem nicht amtlich publizierten Urteil hat das Bundesgericht indessen präzisiert, bei der dem publizierten Urteil zugrunde liegenden Konstellation habe es sich um eine praxisgemässe (und somit bewusste) Umgehung der gesetzlichen Formvorschrift gehandelt; handle es sich bei der fehlenden Unterschrift hingegen bloss um einen Kanzleifehler im Einzelfall, der mit der Zustellung eines korrekt unterzeichneten Entscheides behoben wurde, liege insoweit ein gültiger Entscheid vor (BGer C 30/06 vom 8.1.2007, E. 2.2).

Kommt es zur Behebung des Mangels durch (Neu-)Zustellung einer ordnungsgemäss 10
unterzeichneten Ausfertigung, beginnt die Rechtsmittelfrist erst mit der Zustellung des
ordnungsgemäss unterzeichneten Entscheides zu laufen. Indessen finden die aus der
Ungültigkeit der ersten Zustellung zu ziehenden Folgerungen ihre Schranke im *Verbot
des Rechtsmissbrauchs*: Ist ein zugestellter Entscheid ersichtlicherweise nicht ordnungsgemäss unterzeichnet, muss die betreffende Partei unverzüglich bei der Gerichtskanzlei vorstellig werden und eine rechtsgültige Zustellung des Entscheides verlangen. Eine
anwaltlich vertretene Partei, die in diesem Fall zunächst den Ablauf der Rechtsmittelfrist abwartet und sich erst später auf die ungültige Zustellung beruft, ist mit ihrem Einwand nicht zu hören. Als massgebliche Zustellung ist in diesem Fall der Tag der Entgegennahme des nicht unterzeichneten Gerichtsentscheides zu betrachten (ZR 64 Nr. 22).

B. Besondere Aufgaben des Einzelgerichts

Vorbemerkungen zu §§ 137 ff.

Literatur:

M. GULDENER, Grundzüge der freiwilligen Gerichtsbarkeit in der Schweiz, Zürich 1954; I. MEIER, Zivilprozessrecht, S. 360 ff.; ferner die Kommentarstellen zu den in den einzelnen Ziffern angeführten Artikeln des materiellen Rechts

Inhaltsübersicht	N.
I. Zur Gesetzessystematik	1
II. Besonderheiten des nichtstreitigen Verfahrens	5
1. Örtliche Zuständigkeit	5
2. Abklärung des Sachverhaltes von Amtes wegen	7
3. Abänderbarkeit des Entscheides	8
4. Kosten	9
5. Rechtsmittel	10

I. Zur Gesetzessystematik

§ 24 GOG umschreibt die sachliche Zuständigkeit des Einzelgerichts in allgemeiner 1
Weise und weist dabei in lit. c «Angelegenheiten und Streitigkeiten im summarischen
Verfahren (2. Teil, 5. Titel ZPO, Art. 248 ff. ZPO), die keiner anderen Instanz zugewiesen
sind», dem Einzelgericht zu. Wie bereits vorn (§ 24 N. 77 f.) ausgeführt, weist die ZPO
einzelne summarische Verfahren anderen Instanzen zu (Art. 5 Abs. 2 und Art. 6 Abs. 5
ZPO, vorsorgliche Massnahmen im Falle einer einzigen kantonalen Instanz und im Bereich der Handelsgerichtsbarkeit). Diesbezüglich entfällt eine kantonalrechtliche Regelungskompetenz.

In den anderen Fällen des summarischen Verfahrens ist es Sache des kantonalen Gesetz- 2
gebers, die sachliche Zuständigkeit zu bestimmen (Art. 4 Abs. 1 ZPO). Ferner ist es Sa-

che des kantonalen Rechts, die freiwillige Gerichtsbarkeit zu regeln, soweit es sich dabei nicht um *gerichtliche* Anordnungen handelt (Art. 1 lit. b ZPO; s. aber hinten N. 6); Letzteres geschieht in den §§ 143 ff. GOG, soweit es sich um Aufgaben des Gemeindeammanns handelt. Die Zuweisung von Geschäften des nichtstreitigen Verfahrens an das Einzelgericht erfolgt in den §§ 137–142 GOG. Die hier umschriebenen besonderen Zuständigkeitsbereiche treten zu den allgemeinen Kompetenzen des Einzelgerichts gemäss § 24 GOG hinzu.

3   Weiterhin den Kantonen überlassen bleiben die Bereiche des nichtstreitigen Verfahrens (Art. 1 lit. a ZPO *e contrario*). Weisen sie diese gerichtlichen Instanzen zu, gilt das summarische Verfahren (Art. 248 lit. e ZPO). Somit steht es den Kantonen frei, ein Gericht als zuständige Behörde zu bezeichnen. Davon hat der Kanton Zürich in § 1 lit. d GOG Gebrauch gemacht.

4   Von den bisher in den §§ 213–217 ZPO (ZH) geregelten Sachverhalten wurden nur diejenigen Bestimmungen übernommen, die Bereiche des nichtstreitigen Verfahrens betreffen oder blosse Zuständigkeitsbestimmungen enthalten. Demgegenüber darf das kantonale Recht keine zusätzlichen streitigen Verfahren ins summarische Verfahren verweisen (W.RR S. 141).

II. Besonderheiten des nichtstreitigen Verfahrens

1. Örtliche Zuständigkeit

5   In Angelegenheiten der freiwilligen Gerichtsbarkeit bzw. des nichtstreitigen Verfahrens (zum Begrifflichen FELLER/BLOCH, in: Sutter-Somm/Hasenböhler/Leuenberger, ZPO Komm, Art. 19 N. 5 ff.; MEIER, a.a.O., S. 360 f.; BGE 136 III 178 E. 5.2 m.H.) ist grundsätzlich das Gericht bzw. die Behörde *am Wohnsitz bzw. Sitz der gesuchstellenden Partei* zwingend zuständig, soweit das Gesetz nichts anderes bestimmt (Art. 19 ZPO, entsprechend bisher Art. 11 GestG). Abweichende Regelungen sehen namentlich Art. 28 Abs. 2 ZPO (Massnahmen im Zusammenhang mit dem Erbgang: letzter Wohnsitz des Erblassers, hinten § 138 N. 4), Art. 158 Abs. 2 i.V.m. Art. 13 ZPO (vorsorgliche Beweisführung, hinten § 142 N. 5), Art. 5 Abs. 2 VO betreffend das Verfahren bei der Gewährleistung im Viehhandel (hinten § 140 N. 2), Art. 435 Abs. 1 und 444 f. OR (Verkauf und Versteigerung von Kommissions- und Frachtgut, hinten § 140 N. 4 und 5) vor, ferner 143 Abs. 1 Satz 2 und § 144 Abs. 2 GOG (amtlicher Befund, amtliche Zustellung). Zur Frage eines alternativen Gerichtsstands am Ort der gelegenen Sache s. BGE 136 III 178 E. 5.3 m.H.

6   Art. 19 ZPO ergänzt die allgemeine Regelung von Art. 1 lit. b ZPO (wonach nur *gerichtliche* Anordnungen der freiwilligen Gerichtsbarkeit dem Regelungsbereich der ZPO unterstehen) mit dem ausdrücklichen Hinweis, dass auch die (allfällige) *Behörde* am Wohnsitz oder Sitz der gesuchstellenden Partei zwingend zuständig ist, soweit das Gesetz nichts anderes bestimmt.

2. Abklärung des Sachverhaltes von Amtes wegen

Gemäss Art. 255 lit. b ZPO stellt das Gericht im nichtstreitigen Verfahren den Sachverhalt von Amtes wegen fest. Weil grundsätzlich allein die interessierte Seite (Gesuchsteller) am Verfahren beteiligt ist, ist es unerlässlich, dass der möglicherweise einseitig dargestellte Sachverhalt von Amtes wegen abgeklärt wird. Die für das summarische Verfahren ansonsten typische Beweismittelbeschränkung (Art. 254 ZPO) gilt aus diesem Grund nicht (Art. 254 Abs. 2 lit. c i.V.m. Art. 255 ZPO).

7

3. Abänderbarkeit des Entscheides

Erweisen sich Anordnungen der freiwilligen Gerichtsbarkeit im Nachhinein als unrichtig, können sie nach Art. 256 Abs. 2 ZPO (analog verwaltungsrechtlichen Grundsätzen bzw. bisher § 212 Abs. 4 ZPO [ZH]) von Amtes wegen aufgehoben oder abgeändert werden, soweit nicht gesetzliche Vorschriften oder Gründe der Rechtssicherheit entgegenstehen (grundlegend zur Frage der Verbindlichkeit derartiger Entscheide GULDENER, a.a.O., S. 58 ff.; für den Fall einer unrichtigen Erbbescheinigung BGE 104 II 75 sowie hinten § 137 N. 24; für das Beweissicherungsverfahren ZR 78 Nr. 2; vgl. auch BGE 136 III 178 E. 5.2).

8

4. Kosten

Hinsichtlich der Kosten enthält die ZPO keine besondere Bestimmung; entsprechend bisher § 211 Abs. 3 ZPO (ZH) und mit Blick auf das Einparteiverfahren *trägt grundsätzlich der Gesuchsteller die Kosten des gerichtlichen Verfahrens*. Zur Bemessung der Kostenansätze § 8 Abs. 3 und 4 GebV OG. Betreffend Kosten s. auch § 137 N. 13, 42 und § 147 N. 17.

9

5. Rechtsmittel

Ungeachtet der jederzeitigen Abänderbarkeit (oben N. 8) unterliegen auch die Entscheide bzw. Anordnungen der freiwilligen Gerichtsbarkeit Rechtsmitteln. Zulässiges Rechtsmittel ist grundsätzlich Berufung bzw. Beschwerde nach ZPO, daran anschliessend die Beschwerde in Zivilsachen nach Art. 72 ff. BGG.

10

> **§ 137** *Erbrechtliche Geschäfte*
> *a) Aufgaben*
>
> Das Einzelgericht gemäss § 24 ist die zuständige Behörde für
> a. die Anordnung des Inventars und die Sicherstellung bei Nacherbeneinsetzung (Art. 490 ZGB),
> b. Massregeln zur Sicherung des Erbganges (Art. 551 ZGB), insbesondere Siegelung und Inventarisation, soweit dies nicht Sache der Vormundschaftsbehörde ist (Art. 552 und 553 ZGB, § 125 EG zum ZGB), sowie Anordnung von Erbschaftsverwaltung und Erbenaufruf (Art. 554 und 555 ZGB),

voraussichtliche Neufassung von lit. b ab 1.1.2013:
b. *Massregeln zur Sicherung des Erbgangs (Art. 551 ZGB), soweit dies nicht Sache der KESB ist (§ 125 Abs. 2 EG zum ZGB), sowie Anordnung von Erbschaftsverwaltung und Erbenaufruf (Art. 554 und 555 ZGB),*

c. die Eröffnung von letztwilligen Verfügungen und Erbverträgen sowie die Benachrichtigung der Willensvollstreckerin oder des Willensvollstreckers (Art. 556–558 und 517 ZGB),

d. die Ausstellung des Erbscheines an gesetzliche und eingesetzte Erbinnen und Erben (Art. 559 ZGB),

e. die Entgegennahme von Ausschlagungserklärungen und die erforderlichen Anordnungen (Art. 570 und 574–576 ZGB),

f. die Anordnung des öffentlichen Inventars (Art. 580, 585 Abs. 2 und 587 ZGB) sowie des Rechnungsrufs, wenn die Erbschaft an das Gemeinwesen fällt (Art. 592 ZGB),

g. die Anordnung der amtlichen Liquidation (Art. 595 ZGB),

h. die Bestellung einer Vertretung für die Erbengemeinschaft (Art. 602 Abs. 3 ZGB),

i. die Mitwirkung bei der Teilung der Erbschaft und die Losbildung (Art. 609 und 611 ZGB),

j. die Versteigerungs- oder Teilungsart vor Anhebung des Erbteilungsprozesses (Art. 612 und 613 ZGB),

k. die Bestellung von Sachverständigen für die Feststellung des Anrechnungswertes von Grundstücken nach Art. 618 ZGB,

l. Streitigkeiten gemäss § 271 EG ZGB.

Inhaltsübersicht N.

I. Regelungsbedarf 1
II. Zuständigkeiten im Einzelnen 3
    1. Anordnung des Inventars und Sicherstellung bei Nacherbeneinsetzung (lit. a) 3
    2. Massregeln zur Sicherung des Erbgangs 4
       a) Rechtslage seit Inkrafttreten des GOG 4
       b) Zuständigkeiten ab Inkrafttreten des EG zum KESR (1.1.2013) 5
    3. Eröffnung von letztwilligen Verfügungen und Erbverträgen usw. (lit. c) 10
    4. Ausstellung des Erbscheins (lit. d) 14
       a) Begriff und Zweck, berechtigte Personen 14
       b) Bestreitung (Einsprache) 17
       c) Form und Inhalt des Erbscheins 18
       d) Zuständigkeit und Verfahren 21
    5. Entgegennahme von Ausschlagungserklärungen (lit. e) 26
    6. Anordnung des öffentlichen Inventars sowie des Rechnungsrufs (lit. f) 30
    7. Anordnung der amtlichen Liquidation (lit. g) 33
    8. Bestellung einer Vertretung für die Erbengemeinschaft (lit. h) 35
    9. Mitwirkung bei der Teilung der Erbschaft und Losbildung (lit. i) 36
    10. Versteigerungs- oder Teilungsart vor Anhebung des Erbteilungsprozesses (lit. j) 38
    11. Bestellung von Sachverständigen nach Art. 618 ZGB (lit. k) 40
    12. Streitigkeiten gemäss § 271 EG ZGB (lit. l) 41
III. Kostenregelung 42

I. Regelungsbedarf

Die ZPO regelt lediglich die bisher in § 215 Ziff. 17 und Ziff. 25 ZPO (ZH) erwähnten Fälle (Art. 249 lit. c Ziff. 1 und Ziff. 3 ZPO). Auch unter neuem Recht ist somit das Gericht zu bestimmen, welches die bisher in § 215 Ziff. 16, 18–24 und 26–28 ZPO (ZH) genannten Aufgaben in erbrechtlichen Angelegenheiten übernimmt. 1

Zum Erlass einer Regelung entsprechend bisher § 215 Ziff. 29 ZPO (ZH) betreffend Fristansetzung an die Erben zur Anerkennung des vom Willensvollstrecker aufgestellten Teilungsplans oder zur Teilungsklage sind die Kantone zufolge abschliessender Regelung des streitigen Verfahrens in der ZPO nicht mehr zuständig. Betreffend Bestellung einer Schätzungskommission (bisher § 215 Ziff. 28 ZPO [ZH]) hinten N. 40. 2

II. Zuständigkeiten im Einzelnen

1. Anordnung des Inventars und Sicherstellung bei Nacherbeneinsetzung (lit. a)

Die Voraussetzungen des Nacherbeninventars und der Sicherstellung ergeben sich aus Art. 488/492 ZGB; zum Nachvermächtnis ZR 68 Nr. 76. Der Erblasser kann von der Sicherstellung entbinden. Die Sicherstellungspflicht entfällt in der Regel bei Nacherbschaft auf den Überrest (BGE 100 II 93). Zur beschränkten Inventarisation bei Nacherbeneinsetzung für ein bestimmtes Objekt ZR 74 Nr. 98 = SJZ 72 S. 109. Zum Zweck der grundbuchlichen Vormerkung und zu anderen Möglichkeiten zur Sicherstellung BGE 129 III 113 E. 4.3. Die Durchführung erfolgt grundsätzlich durch den Notar, § 138 Abs. 1 GOG; zum Ganzen auch Frank/Sträuli/Messmer, ZPO, § 215 N. 56. 3

2. Massregeln zur Sicherung des Erbgangs, Anordnung von Erbschaftsverwaltung und Erbenaufruf (lit. b)

Literatur:
R. Strazzer, Überblick über die erbrechtlichen Sicherungsmassnahmen, AnwRev 2011, S. 471 ff.

a) Rechtslage ab Inkrafttreten des GOG

Die Massregeln zur Sicherung des Erbgangs sind entsprechend Art. 551 Abs. 2 ZGB lediglich beispielhaft aufgeführt; vgl. zur bisherigen Rechtslage Frank/Sträuli/Messmer, ZPO, § 215 N. 58 ff. 4

b) Zuständigkeiten ab Inkrafttreten des EG zum KESR (1.1.2013)

Mit *Inkrafttreten des EG zum KESR* und der damit einhergehenden Revision des EG ZGB (LS 230) besteht weiterhin eine primäre sachliche Zuständigkeit des Einzelgerichts, während die Zuständigkeit der *Kindes- und Erwachsenenschutzbehörde (KESB)* zur Siegelung und Inventaraufnahme subsidiärer Natur bleibt. Nach § 125 Abs. 2 EG ZGB (in der ab 1.1.2013 geltenden Fassung) ordnet die KESB die Aufnahme eines Inventars in den Fäl- 5 len von Art. 553 Abs. 1 Ziff. 1, 2 und (neu) 4 ZGB an (Ziff. 4 tritt ebenfalls auf 1.1.2013 in Kraft und betrifft den volljährigen Erben, der unter umfassender Beistandschaft steht oder unter sie zu stellen ist); in schwierigen Fällen kann die KESB die Aufnahme des Inventars beim Einzelgericht beantragen (§ 125 Abs. 3 EG ZGB in der ab 1.1.2013 geltenden Fassung). Ferner beantragt die KESB oder der Beistand der betroffenen Person dem Einzelgericht andere zur Sicherung des Erbgangs nötige Massnahmen gemäss Art. 551 ZGB (§ 127 EG ZGB in der ab 1.1.2013 geltende Fassung).

6   Gemäss § 128 Abs. 1 EG ZGB in der ab 1.1.2013 geltenden Fassung ordnet sodann das Einzelgericht die *Siegelung* des Nachlasses an, wenn die Inventaraufnahme als Sicherungsmassnahme nicht ausreicht. Es prüft die Siegelung insbesondere wenn

   a. zu prüfen ist, ob ein volljähriger Erbe unter umfassende Beistandschaft oder ein minderjähriger Erbe unter Vormundschaft zu stellen ist;

   b. Erben oder Vermächtnisnehmer nicht erreichbar oder unbekannten Aufenthaltes sind;

   c. Ungewissheit über die Erbberechtigung herrscht und ein gerichtlicher Aufruf zur Ermittlung der Erben als nötig erscheint.

7   Vorbehalten bleibt der *Verzicht* auf Siegelung, wenn der Nachlass unbedeutend ist (§ 128 Abs. 2 EG ZGB in der ab 1.1.2013 geltenden Fassung).

8   Unberührt bleibt die (umfassende) Zuständigkeit des Einzelgerichts zur Anordnung der *Erbschaftsverwaltung* und des *Erbenaufrufs*. Die Fälle der Erbschaftsverwaltung sind bundesrechtlich abschliessend festgelegt (Art. 554, 556 Abs. 3 ZGB); bei gänzlicher oder teilweiser Ungewissheit der Erbfolge ist damit der Erbenaufruf zu verbinden.

9   Die Durchführung erfolgt grundsätzlich durch den Notar, § 138 Abs. 1 GOG.

3. Eröffnung von letztwilligen Verfügungen und Erbverträgen usw. (lit. c)

10 Die Eröffnung letztwilliger Verfügungen ist materiell und formell abschliessend durch Bundesrecht geregelt (Art. 556 ff. ZGB). Nach ausdrücklicher Vorschrift sind (ausser bei offensichtlicher Ungültigkeit) auch Verfügungen, die als *ungültig erscheinen*, einzuliefern und zu eröffnen (Art. 556 Abs. 1 ZGB; BGE 91 II 333, ZR 66 Nrn. 99 und 101, 71 Nr. 90). Wenn (wie bereits nach § 215 Ziff. 19 ZPO [ZH]) auch Erbverträge erwähnt werden, ändert dies nichts daran, dass nach Bundesrecht auf die Einlieferung und Eröffnung von Erbverträgen auch verzichtet werden kann (vgl. § 132 VO des Obergerichtes vom 23.11.1960 über die Geschäftsführung der Notariate [Notariats-VO, LS 242.2]). Zu den Folgen der Eröffnung am unzuständigen Ort ZR 78 Nr. 60.

11 Dem Eröffnungsrichter steht *nur eine vorläufige Prüfung und Auslegung des Testaments* insoweit zu, als dies im Hinblick auf seine nachfolgenden Anordnungen (Erbeinsetzung oder Vermächtnis, Ernennung eines Willensvollstreckers usw.) unerlässlich ist. Hingegen hat der Eröffnungsrichter nicht über die materielle und formelle Rechtsgültigkeit der eingelieferten Verfügungen zu befinden. Soweit ein Schriftstück nach äusserer Gestalt und Inhalt als mögliche letztwillige Verfügung anzusprechen ist, hat er es als solches zu eröff-

nen (ZR 66 Nrn. 101 und 102, 68 Nr. 76, 71 Nr. 90, 77 Nr. 131, 78 Nr. 33, 84 Nr. 90; SJZ 87 S. 10; vgl. auch FRANK/STRÄULI/MESSMER, ZPO, § 215 N. 60).

Zur Mitteilung an den Willensvollstrecker Art. 517 Abs. 2 ZGB (Bedeutung des Willensvollstreckerzeugnisses: BGE 91 II 180; Mitteilung bei bedingter Ernennung: ZR 66 Nr. 100). 12

Zur *Kostenpflicht* des Nachlasses bzw. der Erbengemeinschaft nach Art. 558 Abs. 1 ZGB s. ZR 62 Nr. 30, 67 Nr. 122, 68 Nr. 131 E. 4; zur Berücksichtigung der Nachlasshöhe bei der Bemessung der Gerichtsgebühr ZR 53 Nr. 23, 62 Nr. 72. 13

4. Ausstellung des Erbscheins (lit. d)

a) Begriff und Zweck, berechtigte Personen

Der Erbschein (bzw. die Erbbescheinigung, zur Terminologie BSK ZGB II-KARRER, Art. 559 N. 1) ist die Bestätigung darüber, welche Person(en) die *alleinigen* Erben eines bestimmten Erblassers sind und somit das ausschliessliche Recht haben, den Nachlass in Besitz zu nehmen und darüber zur verfügen. Sie ist *provisorischer Natur* und ohne materiellrechtliche Bedeutung für die Erbenstellung, worüber gegebenenfalls auf Klage hin der ordentliche Richter zu entscheiden hat. Der Erbschein ist bei Vorliegen der formellen Voraussetzungen (hinten N. 23) und bei Fehlen einer Bestreitung (N. 17) auch dann auszustellen, wenn Zweifel hinsichtlich der materiellen Berechtigung des Gesuchstellers bestehen (BSK ZGB II-KARRER, Art. 559 N. 2, 45; FRANK/STRÄULI/MESSMER, § 215 N. 65 m.H.). 14

Die Bescheinigung dient als *vorläufige Legitimation* gegenüber Dritten, insbesondere auch für die Grundbucheintragung (vgl. Art. 18 Abs. 2 lit. a GBV [SR 211.432.1] und BSK ZGB II-KARRER, Art. 559 N. 46; grundsätzlich keine Überprüfungsbefugnis des Grundbuchverwalters: BGE 98 Ib 95). Zur Möglichkeit der Berichtigung des auf unrichtiger Erbbescheinigung beruhenden Grundbucheintrags nach Art. 975 ZGB vgl. BGE 104 II 75. 15

Nicht nur die eingesetzten (so der Wortlaut von Art. 559 Abs. 1 ZGB), sondern auch die *gesetzlichen* Erben (vgl. Art. 18 GBV) haben Anspruch auf Ausstellung eines Erbscheins, gleichgültig ob die Einsetzung durch Testament oder Erbvertrag erfolgte. Bei den eingesetzten Erben kann es sich auch um juristische Personen handeln (BSK ZGB II-KARRER, Art. 559 N. 5 ff. sowie FRANK/STRÄULI/MESSMER, ZPO, § 215 N. 63, je m.H.). *Keinen Anspruch* auf Ausstellung haben der ausgeschiedene Erbe, der Enterbte, der Nacherbe, die Erben eines ausgeschlagenen Nachlasses, der Vermächtnisnehmer und der Auflagebedachte sowie an der Erbschaft nicht beteiligte Drittpersonen, Behörden und Amtsstellen (näher BSK ZGB II-KARRER, Art. 559 N. 9). 16

b) Bestreitung (Einsprache)

Das Recht auf Ausstellung des Erbscheins kann innert Monatsfrist ab Mitteilung an die Beteiligten bestritten werden. *Legitimiert* zur Bestreitung bzw. Einsprache sind die gesetzlichen (allenfalls eingesetzten) Erben sowie die aus einer früheren Verfügung Bedachten (näher BSK ZGB II-KARRER, Art. 559 N. 10 ff.; vgl. auch ZR 64 Nr. 137). Abgesehen vom Erfordernis der Ausdrücklichkeit sind Adressat, Form und Inhalt der Bestreitung 17 bundesrechtlich nicht vorgeschrieben. Zweckmässigerweise erfolgt sie gegenüber der Behörde, welche die Erbbescheinigung ausstellt bzw. die Mitteilung nach Art. 558 ZGB erlassen hat; eine Begründung ist nicht vorgeschrieben (ZR 78 Nr. 33, 85 Nr. 14). *Folge der Bestreitung* ist, dass die *Erbbescheinigung nicht ausgestellt* werden kann (BGE 128 III 318 E. 2.2.1); nötigenfalls ist die Erbschaftsverwaltung anzuordnen (BSK ZGB II-Karrer, Art. 559 N. 13). Wegen des Vorbehalts der Ungültigkeits- und Erbschaftsklage (vorn N. 14) bewirkt Stillschweigen keinen materiellen Rechtsverlust, hat aber den mit einer Ausstellung der Erbbescheinigung verbundenen Parteirollenwechsel bei nachfolgenden erbrechtlichen Klagen zur Folge.

c) Form und Inhalt des Erbscheins

18 Die *Form* des Erbscheins bestimmt sich nach *kantonalem Recht,* wobei es sich zumindest um ein schriftliches Dokument handeln muss (BSK ZGB II-Karrer, Art. 559 N. 17). Erbscheine können im Lichte von § 136 Satz 2 GOG *entweder* vom Richter *oder* vom Gerichtsschreiber unterzeichnet werden (zur altrechtlichen Kontroverse Frank/Sträuli/Messmer, ZPO, § 215 N. 65).

19 Der *notwendige Inhalt* der Erbbescheinigung umfasst die Bezeichnung des Erblassers inkl. Geburtsdatum, den Bürgerort bzw. die Staatsangehörigkeit sowie den letzten Wohnort und den Todestag; ferner die Bezeichnung aller der Erbengemeinschaft angehörigen Erben und des allenfalls nutzniessungsberechtigten Ehegatten, die Bestätigung, dass die aufgeführten Personen die einzigen Erben sind; allenfalls Hinweise auf Willensvollstrecker, Erbschaftsverwalter usw. sowie den Vorbehalt der erbrechtlichen Klagen sowie gegebenenfalls den Hinweis auf das bezüglich des Nachlasses anwendbare materielle ausländische Recht (näher BSK ZGB II-Karrer, Art. 559 N. 18 ff.).

20 Zu den Voraussetzungen und zum Inhalt des Erbscheins s. auch Kreisschreiben des Obergerichts vom 9.9.1970 (ZR 70 Nr. 4).

d) Zuständigkeit und Verfahren

21 Die ursprüngliche *alternative Zuständigkeit des Notars* zur Ausstellung von Erbscheinen war bereits durch § 215 Ziff. 20 ZPO (ZH) aufgehoben worden (Frank/Sträuli/Messmer, ZPO, § 215 N. 64).

22 Der Erbschein wird *nur auf Antrag* ausgestellt. Dabei steht der zuständigen Behörde ungeachtet der provisorischen Natur eine gewisse *Prüfungsbefugnis* hinsichtlich des Anspruchs auf Ausstellung einer Erbbescheinigung zu (BGE 128 III 318 E. 2.2.1, ZR 82 Nr. 66 E. 1), ohne dass sie die Frage der materiellen Berechtigung zu prüfen hat (vorn N. 14; BSK ZGB II-Karrer, Art. 559 N. 32).

23 In *formeller Hinsicht* bedarf es für die Ausstellung des Nachweises des Todes bzw. der Verschollenheit des Erblassers sowie der Nichtausschlagung der Erbschaft; dazu kommt für eingesetzte Erben die Testamentseröffnungsverfügung bzw. die Mitteilung nach Art. 557/558 ZGB, für gesetzliche Erben der Nachweis der Familienverhältnisse und damit der Erbberechtigung infolge Verheiratung, Verwandtschaft oder Adoption sowie das Fehlen einer entsprechenden Verfügung von Todes wegen (BSK ZGB II-Karrer, Art. 559

N. 34 ff.). Zum *Zeitpunkt* der Ausstellung BSK ZGB II-Karrer, Art. 559 N. 37 ff.; zur Bemessung der *Gerichtsgebühr* § 8 Abs. 3 GebV OG sowie hinten § 199.

Die Erbbescheinigung ist entsprechend ihrer provisorischen Natur *jederzeit abänderbar*, sei es durch die ausstellende Behörde selbst, wenn sich nachträglich die materielle Unrichtigkeit herausstellt, z.B. durch Einlieferung einer bisher nicht bekannten Verfügung (Art. 256 Abs. 2 ZPO; ZR 90 Nr. 89), sei es durch den ordentlichen Richter, namentlich im Rahmen einer erbrechtlichen Klage. Unabhängig davon ist der Erbschein mit Beschwerde anfechtbar (vgl. zum früheren Recht ZR 84 Nr. 90). 24

Das allfällige richterliche Urteil macht die abweichende Erbbescheinigung gegenstandslos und gibt dem materiell Berechtigten direkt einen gültigen Legitimationsausweis (Art. 18 Abs. 2 lit. d GBV; BSK ZGB II-Karrer, Art. 559 N. 47). 25

5. Entgegennahme von Ausschlagungserklärungen (lit. e)

Wie bis anhin (§ 215 Ziff. 21 ZPO [ZH]) gehört die Entgegennahme von Ausschlagungserklärungen (Art. 566 ff. ZGB) in den Zuständigkeitsbereich des Einzelgerichts; nach der Terminologie von Art. 570 Abs. 3 ZGB ist darüber ein *Protokoll zu führen*. Zu den Aufgaben des Einzelgerichts gehören auch die in diesem Zusammenhang weiteren erforderlichen Anordnungen, d.h. bei Ausschlagung durch die Nachkommen die Benachrichtigung des überlebenden Ehegatten (Art. 574 ZGB), das Vorgehen bei Ausschlagung zugunsten nachfolgender Erben (Art. 575 ZGB) sowie die Fristverlängerung aus wichtigen Gründen (Art. 576 ZGB; näher zu den Voraussetzungen BSK ZGB II-Schwander zu Art. 570 sowie Frank/Sträuli/Messmer, ZPO, § 215 N. 67; betreffend Widerruflichkeit bzw. Anfechtbarkeit der Ausschlagungserklärung BGE 129 III 315). 26

Der Entscheid (Ausschlagungsprotokoll) nach Art. 570 Abs. 3 ZGB dient dem Zweck der Information; als Institution der freiwilligen bzw. nichtstreitigen Gerichtsbarkeit entfaltet er *keine materielle Rechtskraft* (ZR 96 Nr. 29; vgl. BGE 114 II 220 E. 1). Dem Gericht kommt insoweit nur eine sehr eingeschränkte Prüfungsbefugnis zu. Die Gültigkeit der Erklärung ist *ausnahmsweise* dann zu verneinen, wenn die *Verwirkung der Ausschlagungsbefugnis offenkundig oder anerkannt* ist (ZR 43 Nr. 47, 96 Nr. 29 E. III.1). Eine entsprechende Befugnis ist zu verneinen, wenn der Erbe zwar eine Erbbescheinigung verlangt hatte, im weiteren aber unklar ist, ob er sich dabei in einem Irrtum über die rechtliche Bedeutung dieses Aktes befand. Die Abklärung der Verwirkung des Ausschlagungsrechtes ist in diesem Fall dem ordentlichen Prozess vorzubehalten (KGZ vom 3.12.1984 in Sachen K.; vgl. auch BSK ZGB II-Schwander, Art. 570 N. 14). 27

Die Pflicht zur Entgegennahme bzw. Protokollierung nach Art. 570 Abs. 3 ZGB bezieht sich auch auf ausdrückliche *Annahmeerklärungen*, und zwar sowohl solche, die das Gesetz vorschreibt (Art. 566 Abs. 2, 574, 575 ZGB), wie auch solche, die nur die Ausschlagungsfrist verkürzen (BSK ZGB II-Schwander, Art. 570 N. 12). Ausschlagungen von Vermächtnisnehmern (Art. 577 ZGB) müssen nicht verurkundet werden. 28

In Entscheide nach Art. 570 ZGB kann jedermann *Einsicht nehmen*, der ein ausreichendes Rechtsschutzinteresse nachweist, namentlich Miterben, die im Falle der Ausschlagung zum Zuge kommen, ferner Gläubiger des Erblassers und des möglicherweise ausschlagenden Erben sowie Vermächtnisnehmer (BSK ZGB II-Schwander, Art. 570 N. 13). 29

6. Anordnung des öffentlichen Inventars sowie des Rechnungsrufs (lit. f)

30 Auch beim öffentlichen Inventar, welches von jedem ausschlagungsberechtigten Erben verlangt werden kann (Art. 580 Abs. 1 ZGB), obliegen dem Einzelgericht (bisher gemäss § 215 Ziff. 22 ZPO [ZH]) nicht nur die *Anordnung*, sondern *auch die daran anschliessenden Vorkehren*. Ebenso fällt der *Rechnungsruf* nach Art. 592 ZGB in den Zuständigkeitsbereich des Einzelgerichts (näher BSK ZGB II-WISSMANN zu Art. 580 ff.; FRANK/STRÄULI/MESSMER, ZPO, § 215 N. 68 ff.).

31 Voraussetzungen, Inhalt und Folgen des öffentlichen Inventars richten sich nach Bundesrecht (Art. 580 ff. ZGB); es wird «nach den Vorschriften des kantonalen Rechts» errichtet (was sich praktisch ausschliesslich auf die sachliche Zuständigkeit bezieht) und besteht in der *Anlegung eines Verzeichnisses* der Vermögenswerte und Schulden der Erbschaft, wobei alle Inventarstücke mit einer Schätzung zu versehen sind (Art. 581 Abs. 1 ZGB).

32 Die *Auflegung* des Inventars gehört zu den Aufgaben des mit der Durchführung beauftragten (§ 138 Abs. 1 GOG) Notars; das Gericht setzt die Erklärungsfrist nach Art. 587 Abs. 1 ZGB nach Ablauf dieser Frist und nach Bereinigung allfälliger Beanstandungen (Art. 587 Abs. 2 ZGB) in Gang (SJZ 70 S. 209). Indem das Gesetz ausdrücklich auf Art. 585 Abs. 2 ZGB verweist, ist das Einzelgericht auch die dort vorgesehene Bewilligungsinstanz für die Fortführung eines Geschäftsbetriebs. Vorbehältlich der Anordnung der Erbschaftsverwaltung bleibt demnach die Nachlassverwaltung auch während der Dauer des öffentlichen Inventars Sache der Erben, ebenso die Anhebung und Weiterführung dringlicher Prozesse (Art. 586 Abs. 3 ZGB; BGE 130 III 243). Darüber, ob ein Prozess dringlich ist, entscheidet das Gericht, bei welchem das betreffende Verfahren hängig ist (ZR 78 Nr. 81; BSK ZGB II-WISSMANN, Art. 586 N. 6 f.).

7. Anordnung der amtlichen Liquidation (lit. g)

33 Die *Form* des Begehrens auf amtliche Liquidation (Art. 593 ff. ZGB), das ebenfalls von jedem zur Ausschlagung berechtigten Erben gestellt werden kann, wird weder bundesrechtlich noch im GOG geregelt; es kann somit mündlich oder schriftlich gestellt werden. Inhaltlich hat der Gesuchsteller den Tod des Erblassers, die getroffenen Sicherungsmassregeln und damit den Fristenlauf, seine Erbenstellung sowie das Fehlen der Annahme durch einen Miterben darzulegen; darüber hinaus muss das Gesuch nicht begründet werden (BSK ZGB II-KARRER, Art. 593 N. 6). Zur (privatrechtlichen) Natur des Instituts der amtlichen Liquidation und der Tätigkeit der Erbschaftsliquidatoren BGE 130 III 97 E. 3.

34 Mit der amtlichen Liquidation wird ebenfalls in der Regel der Notar (als Erbschaftsverwalter im Sinne von Art. 595 Abs. 1 ZGB) beauftragt (§ 138 Abs. 1 GOG; näher BSK ZGB II-KARRER zu Art. 593 ff.). Die allfällige konkursamtliche Liquidation (Art. 597 ZGB) erfolgt durch das Konkursamt nach den konkursrechtlichen Vorschriften.

8. Bestellung einer Vertretung für die Erbengemeinschaft (lit. h)

35 Soweit die Bestellung eines Erbenvertreters nicht streitig ist (Art. 602 Abs. 3 ZGB), ist wie bisher (§ 215 Ziff. 24 ZPO [ZH]) das Einzelgericht anzurufen. Im Erbschaftsprozes-

ses kann auch der ordentliche Richter im Rahmen vorsorglicher Massnahmen über die Einsetzung eines Erbenvertreters befinden (ZR 64 Nr. 164, 107 Nr. 26).

9. Mitwirkung bei der Teilung der Erbschaft und Losbildung (lit. i)

Auch hier überträgt das Gericht die Durchführung dem Notar (§ 138 Abs. 1 GOG). Von der Möglichkeit der Schaffung eines amtlichen Teilungsverfahrens (Art. 609 Abs. 2 ZGB) hat der Kanton Zürich keinen Gebrauch gemacht. Die Zuständigkeit des Einzelgerichts für ein selbständiges Begehren um Losbildung schliesst die Losbildung durch den ordentlichen Richter im Zuge des Teilungsprozesses nicht aus (BGE 100 II 440 E. 4, ZR 39 Nr. 7). 36

Die richterlichen Befugnisse beschränken sich auf die Mitwirkung bei der Teilung; sie zielen darauf, die Erben zu einem Vertragsschluss zu führen, beinhalten aber *keine Entscheidungskompetenz* (BSK ZGB II-SCHAUFELBERGER/KELLER, Art. 609 N. 12). Zum Umfang der Befugnis der Behörde, anstelle des (ausscheidenden) Schuldners bei der Erbteilung mitzuwirken, BGE 129 III 316 E. 3, 130 III 652 E. 2.2. 37

10. Versteigerungs- oder Teilungsart vor Anhebung des Erbteilungsprozesses (lit. j)

Die Bestimmung der Versteigerungs- oder Teilungsart obliegt auf Verlangen eines Erben dem Einzelgericht, solange der Teilungsprozess nicht angehoben ist (Art. 612 Abs. 3 ZGB). Ist die Frage Teil einer erbrechtlichen Auseinandersetzung, kann sie vom ordentlichen Richter mit dem Teilungsurteil entschieden werden (ZR 51 Nr. 144 = SJZ 48 S. 341, ZR 73 Nr. 13). Entgegen der älteren Praxis (zur insoweit allerdings engeren ZPO 1913 ZR 51 Nr. 57) entscheidet das Einzelgericht nicht nur über die *Art der Versteigerung,* sondern auch darüber, *ob überhaupt* eine Versteigerung durchzuführen sei (ZR 108 Nr. 12; vgl. auch BGE 81 II 181). In diesem Zusammenhang ist nötigenfalls *vorfrageweise* zu prüfen, ob der gesuchstellende Erbe zur Erbschaft berufen ist und ob der Verkauf der Erbschaftssache, den der Erbe auf dem Weg der Versteigerung verlangt, zulässig ist und nicht gegen gesetzliche Teilungsregeln verstösst. Das Recht zur vorfrageweisen Prüfung dieser Fragen besteht aber nur, soweit nicht das Erbteilungsgericht darüber bereits rechtskräftig entschieden hat und keine Erbteilungsklage hängig ist. In umfangreichen und schwierigen erbrechtlichen Auseinandersetzungen steht es der Teilungsbehörde frei, die Erben direkt auf die Erbteilungsklage zu verweisen (BGE 137 III 8 E. 3.3.2). 38

Die Durchführung der Versteigerung ist ebenfalls Sache des Notars (§ 138 Abs. 1 GOG). 39

11. Bestellung von Sachverständigen nach Art. 618 ZGB (lit. k)

Soweit sich die Erben über den *Anrechnungswert von Grundstücken* nicht einigen können, wird dieser gemäss Art. 618 ZGB durch amtlich bestellte Sachverständige geschätzt. Die amtlich bestellten Sachverständigen entscheiden seit Inkrafttreten der ZPO auf den 1.1.2011 *nicht mehr endgültig;* es wurde deshalb darauf verzichtet, weiterhin eine besondere Schätzungskommission für diesen Bereich zu bestellen (bisher § 215 Ziff. 28 ZPO [ZH]). Das Einzelgericht ist für die Bestellung der entsprechenden Sachverständigen zuständig (vgl. auch § 134a EG ZGB in der seit 1.1.2011 geltenden Fassung, LS 230). 40

12. Streitigkeiten gemäss § 271 EG ZGB (lit. l)

41 Gemäss § 271 EG ZGB in der seit Inkrafttreten des GOG geltenden Fassung werden Streitigkeiten, die sich bei der *Anlegung des Grundbuches über die Eintragung dinglicher Rechte* ergeben, vom Grundbuchverwalter an das Einzelgericht gewiesen, sofern ein von ihm vorzunehmender *Sühnversuch* erfolglos geblieben ist.

III. Kostenregelung

42 Mit Ausnahme der Erbbescheinigung, die deren Ausstellung zulasten des Gesuchstellers geht, stellen die Kosten der Sicherungsmassregeln im Erbrecht eine Erbgangsschuld dar und sind somit *vom Nachlass* zu tragen, was in Art. 558 Abs. 1 ZGB ausdrücklich erwähnt wird (vgl. BSK ZGB II-KARRER, vor Art. 551–559 N. 12).

---

§ 138 *b) Beauftragung Dritter*

¹ Das Einzelgericht beauftragt die Notarin oder den Notar mit der Durchführung der Anordnungen gemäss § 137 lit. a, b und f–j, soweit diese nicht der Willensvollstreckerin oder dem Willensvollstrecker obliegen (Art. 554 ZGB).

² Mit der Erbschaftsverwaltung, der amtlichen Liquidation und der Vertretung der Erbengemeinschaft kann es auch andere geeignete Personen betrauen.

---

1 Entsprechend bisher § 217 ZPO (ZH) beauftragt das Einzelgericht den Notar mit der Durchführung seiner Anordnungen nach § 137 GOG (ausser denjenigen nach lit. c–e sowie k und l). Vorbehalten bleibt die Übertragung der Erbschaftsverwaltung an den Willensvollstrecker (Art. 554 Abs. 2 ZGB). Nach Art. 554 Abs. 3 ZGB ist beim Tod einer bevormundeten Person die Erbschaftsverwaltung grundsätzlich Sache des Vormundes.

2 Abweichend von der bisherigen Regelung (vgl. § 217 Abs. 1 ZPO [ZH]: «beauftragt ... insbesondere») ist die jetzige Delegationsordnung als *abschliessend* zu verstehen.

3 Hinsichtlich der Ernennung des Erbschaftsverwalters finden nicht die gleichen Kriterien (im Sinne von Unparteilichkeit) Anwendung wie bei der Ablehnung eines Richters (ZR 89 Nr. 104). Insbesondere genügen blosse Spannungen zwischen den Erben und dem Willensvollstrecker nicht zur Ablehnung der Übertragung der Erbschaftsverwaltung; anders, wenn Tatsachen dargetan sind, die ernstlich Zweifel an der Vertrauenswürdigkeit rechtfertigen (vgl. BGE 98 II 276).

4 Die örtliche Zuständigkeit bestimmt sich stets nach dem letzten Wohnsitz des Erblassers (ZR 78 Nr. 60; vgl. jetzt Art. 28 Abs. 2 ZPO).

5 Gemäss Abs. 2 kann das Einzelgericht wie schon bisher auch *andere geeignete Personen*, etwa den Gemeindeammann, mit der Erbschaftsverwaltung, der amtlichen Liquidation und der Vertretung der Erbengemeinschaft betrauen. Zur Bestellung des Notars als Erbenvertreter ZR 85 Nr. 56; danach ist der Richter nicht an allfällige Anträge oder Vorschläge zur Person gebunden, sondern hat von Amtes wegen zu entscheiden.

§ 139 c) Aufsicht über Beauftragte

¹ Das Einzelgericht beaufsichtigt die von ihm Beauftragten und setzt ihre Entschädigung fest.

² Es beurteilt Beschwerden und Anzeigen gegen die Willensvollstreckerinnen und Willensvollstrecker.

Inhaltsübersicht N.
I. Aufsicht; Entschädigung (Abs. 1) 1
   1. Aufsicht 1
   2. Entschädigung 5
II. Beschwerden gegen Willensvollstrecker (Abs. 2) 7

I. Aufsicht; Entschädigung (Abs. 1)

1. Aufsicht

Entsprechend bisher § 218 Abs. 1 und 4 ZPO (ZH) übt das Einzelgericht die Aufsicht über die von ihm nach § 138 GOG Beauftragten aus und setzt ihre Entschädigung fest. Die Aufsicht umfasst das Einschreiten von Amtes wegen wie auch auf Beschwerde hin. Anwendbar sind insofern die §§ 83 und 84 GOG (§ 85 GOG). Die Behördenaufsicht stellt *zwingendes Recht* dar und kann durch den Erblasser nicht wegbedungen oder eingeschränkt werden (BSK ZGB II-KARRER, Art. 595 N. 20). Betreffend Unzulässigkeit der Nebenintervention im Beschwerdeverfahren ZR 78 Nr. 53. 1

Zu der (von Bundesrechts wegen) *beschränkten Kognitionsbefugnis* der Aufsichtsbehörde ZR 94 Nr. 8 E. 2; BSK ZGB II-KARRER, Art. 595 N. 22; s. auch AJP 5 (1996) S. 1287 ff. Die Aufsicht umfasst als Massregeln bzw. Sanktionsmöglichkeiten insbesondere Empfehlungen und Weisungen, Verweis und Ermahnung, vorläufige Einstellung sowie – als *ultima ratio* – die Absetzung (ZR 91/92 Nr. 46 E. 1; BSK ZGB II-KARRER, Art. 595 N. 29 f.). Solchen Anordnungen kommt keine formelle Rechtskraft zu, d.h., sie können jederzeit aufgehoben oder abgeändert werden (AJP 5 [1996] S. 1289, E. 2b/cc; vgl. Vorbemerkungen vor §§ 137 ff. N. 8). 2

Der bisherige Verweis auf das Ordnungsstrafengesetz (§ 218 Abs. 3 ZPO [ZH]) wurde gestrichen. 3

Im Hinblick auf den konkreten richterlichen Auftrag tritt für den Notar die Aufsicht des Einzelgerichts gemäss § 139 GOG an die Stelle der allgemeinen Dienstaufsicht von Bezirksgericht und Obergericht gemäss §§ 80 Abs. 2, 81 lit. d GOG (vgl. FRANK/STRÄULI/MESSMER, ZPO, § 218 N. 2). 4

2. Entschädigung

Abs. 1 findet hinsichtlich der *Entschädigung des Willensvollstreckers* nur dann Anwendung, wenn dieser als Erbschaftsverwalter beauftragt wurde. Im Übrigen ist die Vergütung des Willensvollstreckers nach Art. 517 Abs. 3 ZGB bundesrechtlicher Natur und 5 unterliegt im Streitfall der Beurteilung durch den *ordentlichen Richter;* bei der Bemessung des Honorars können nebst der Praxis zu Art. 394 Abs. 3 OR (kantonale) berufsständische Honorarordnungen hilfsweise herangezogen werden (BSK ZGB II-Karrer, Art. 517 N. 27 ff.; BGE 129 I 330 E. 3, ZR 75 Nr. 14). Auch bei der Erbschaftsverwaltung durch Privatpersonen obliegt dem Einzelgericht auf Antrag hin die Festsetzung der Vergütung, nicht nur deren Überprüfung im Beschwerdeverfahren.

6   Für die Auftragsbesorgung durch den Notar gilt die *Notariatsgebührenverordnung vom 9.3.2009* (NotGebV, LS 243; zum Ganzen Frank/Sträuli/Messmer, ZPO, § 218 N. 3).

II.   Beschwerden gegen Willensvollstrecker (Abs. 2)

7   Dem Einzelgericht obliegt gemäss Abs. 2 wie bis anhin auch die *Aufsicht über die Willensvollstrecker.* Dabei kommt von der Sache her nur eine Aufsicht auf Beschwerde Beteiligter oder Anzeige Dritter hin in Betracht. Eine solche Aufsicht verlangt schon das Bundesrecht (Art. 518 Abs. 1, 595 Abs. 3 ZGB). Zu den Grundsätzen des Aufsichtsbeschwerdeverfahrens einlässlich ZR 91/92 Nr. 46 E. 1. Betreffend aufsichtsrechtliche Ermächtigung zur Veräusserung einer Nachlassliegenschaft während pendenten Erbenrufs ZR 94 Nr. 8 E. 4 und 5. Zur Unzulässigkeit der (altrechtlichen) kantonalen Nichtigkeitsbeschwerde gegen Entscheide im Zusammenhang mit der Aufsicht über den Willensvollstrecker (auch hinsichtlich der Nebenfolgen) ZR 108 Nr. 4.

§ 140   *Obligationenrechtliche Geschäfte*

Das Einzelgericht gemäss § 24 ist die zuständige Behörde für
a. das Vorverfahren bei Gewährleistung im Viehhandel (Art. 202 OR),
b. den Verkauf bei Beanstandung übersandter Kaufgegenstände (Art. 204 OR),
c. den Verkauf und die Versteigerung von Kommissionsgut (Art. 427 und 435 OR),
d. den Verkauf und die Hinterlegung von Frachtgut (Art. 444, 445 und 453 OR),
e. die Hinterlegung der Wechselsumme mangels Vorlegung des Wechsels zur Zahlung (Art. 1032 OR).

Inhaltsübersicht	N.
I. Regelungsbedarf	1
II. Zuständigkeiten im Einzelnen	2
1. Vorverfahren bei Gewährleistung im Viehhandel (lit. a)	2
2. Verkauf bei Beanstandung übersandter Kaufgegenstände (lit. b)	3
3. Verkauf und Versteigerung von Kommissionsgut (lit. c)	4
4. Verkauf und Hinterlegung von Frachtgut (lit. d)	5
5. Hinterlegung der Wechselsumme mangels Vorlegung des Wechsels zur Zahlung (lit. e)	6

I. Regelungsbedarf

Art. 250 ZPO legt fest, welche obligationenrechtliche Angelegenheiten dem summarischen Verfahren zugewiesen werden. Für diese Streitigkeiten ist das Einzelgericht gestützt auf § 24 lit. c GOG zuständig. Wegen der insoweit abschliessenden Regelung der ZPO steht es den Kantonen nicht zu, weitere Geschäfte des Obligationenrechts dem summarischen Verfahren zuzuweisen (vgl. auch Vorbemerkungen vor § 137). Hingegen wurden einzelne der bisher in § 219 lit. b (Ziff. 3, 4, 9 und 10) sowie lit. d (Ziff. 22) ZPO (ZH) geregelten Sachverhalte beibehalten, da sie lediglich die Bezeichnung der zuständigen Behörde enthalten (W.RR S. 142). Als Geschäfte der nichtstreitigen Gerichtsbarkeit unterstehen auch sie dem summarischen Verfahren.

II. Zuständigkeiten im Einzelnen

1. Vorverfahren bei Gewährleistung im Viehhandel (lit. a)

Das Vorverfahren wegen Viehwährschaft bezweckt die amtliche Untersuchung des Tieres (d.h. Pferde, Esel, Maultiere, Rindvieh, Schafe, Ziegen, Schweine, Art. 198 ZGB) durch einen Sachverständigen im Falle von Mängelrügen (Art. 202 Abs. 1 OR; VO betreffend das Verfahren bei der Gewährleistung im Viehhandel, SR 221.211.22; FRANK/STRÄULI/MESSMER, ZPO, § 219 N. 4 m.H.). Zuständig ist (abweichend von Art. 19 ZPO) die Behörde, in deren Amtskreis sich das Tier befindet (Art. 5 Abs. 2 VO). Der Gesuchsgegner muss nicht vorgängig angehört werden, hat aber das Recht, Einwendungen gegen die Person des Sachverständigen zu erheben (Art. 9, 10 VO).

2. Verkauf bei Beanstandung übersandter Kaufgegenstände (lit. b)

Zeigt sich beim Distanzkauf, dass die Sache schnell verderben kann, so ist der Käufer berechtigt bzw. verpflichtet, sie unter Mitwirkung der zuständigen Behörde am Ort der gelegenen Sache verkaufen zu lassen (Notverkauf, Art. 204 Abs. 3 OR).

3. Verkauf und Versteigerung von Kommissionsgut (lit. c)

Ebenso bedarf der Selbsthilfeverkauf von verderblichem Kommissionsgut (Art. 427 Abs. 3 OR) der richterlichen Bewilligung und führt allenfalls zur Versteigerung (Art. 435 OR). Zuständig ist von Bundesrechts wegen (Art. 435 Abs. 1 OR) der Richter am Ort der gelegenen Sache. Eine Anhörung der Gegenseite ist nach Art. 435 Abs. 2 OR nicht vorgeschrieben.

4. Verkauf und Hinterlegung von Frachtgut (lit. d)

Das Gericht am Ort der gelegenen Sache ist zuständig für die Bewilligung der Hinterlegung oder des Selbsthilfeverkaufs von Frachtgut (Art. 444 Abs. 2, 445, 453 OR). Derartige Anordnungen können aber auch vom Richter im ordentlichen Verfahren als vorsorgliche Massnahmen getroffen werden (FRANK/STRÄULI/MESSMER, ZPO, § 219 N. 11).

5. Hinterlegung der Wechselsumme mangels Vorlegung des Wechsels zur Zahlung (lit. e)

6   Die Hinterlegung der Wechselsumme auf Gefahr und Kosten des Inhabers nach Art. 1032 OR für den Fall, dass der Wechsel nicht innerhalb der Frist gemäss Art. 1028 OR zur Zahlung vorgelegt wird, stammt aus dem früheren nichtstreitigen Verfahren.

---

§ 141 *Hinterlegung*

¹ Das Einzelgericht gemäss § 24 bewilligt die Hinterlegung von Geld, Wertpapieren und anderen beweglichen Sachen, wenn hinreichende Gründe glaubhaft gemacht werden.

² Es erlässt die für die Herausgabe erforderlichen Verfügungen.

Literatur
R. BUSSIEN, Die gerichtliche Hinterlegung nach Zürcher Zivilprozessrecht, Zürich 1981.

Inhaltsübersicht   N.
I.   Regelungsbedarf 1
II. Hinterlegungstatbestände 2
III. Bewilligungsverfahren 5
IV. Bestimmung der Hinterlegungsstelle 10
V.   Wirkung der Hinterlegung 12

I. Regelungsbedarf

1   Auch bei der gerichtlichen Hinterlegung (bisher § 220 ZPO [ZH]; vgl. auch § 219 lit. a Ziff. 1 ZPO [ZH] und dazu ZR 95 Nr. 68 E. 3b) handelt es sich um einen Tatbestand der freiwilligen Gerichtsbarkeit, bei welchem mit Bezug auf die sachliche Zuständigkeit eine kantonale Regelung weiterhin erforderlich ist. Der Hinterlegungsanspruch muss sich demgegenüber aus dem materiellen (Bundeszivil-)Recht ergeben (BGE 105 II 274 E. 2).

II. Hinterlegungstatbestände

2   Ausdrücklich im materiellen Recht vorgesehen ist die Hinterlegung bei *Gläubigerverzug* (Art. 92 OR) sowie *vor Feststellung der Vaterschaft* für bestimmte Beträge (Art. 282 ZGB). Eine Generalklausel enthalten ferner die Art. 96 und 168 OR für den Fall der *Gläubigerungewissheit*. Ungewissheit kann namentlich nach einer Reihe von Zessionen oder dann vorliegen, wenn streitig ist, welche von mehreren Personen der berechtigte Gläubiger ist (*Prätendentenstreit*; zur Frage der hierbei vorausgesetzten Anspruchsidentität BGE 134 III 348 E. 5), wobei die Ungewissheit nicht vom Schuldner verschuldet sein darf. Zum Prätendentenstreit über die Hinterlegung der Versicherungsleistung ohne richterli-

che Fristansetzung ZR 95 Nr. 61. Der für die Bewilligung der Hinterlegung nach Art. 92 OR zuständige Richter ist gegebenenfalls auch für die Bewilligung des *Selbsthilfeverkaufs* (Art. 93 OR) zuständig, bildet dieser doch nur eine besondere Form der Hinterlegung (dazu BGE 136 III 178 E. 5.1).

Für *weitere Fälle* der gesetzlich vorgesehenen Hinterlegung vgl. Art. 324 Abs. 2 ZGB (Schutz des Kindesvermögens), Art. 760 Abs. 3 ZGB (Sicherstellung von Wertpapieren), Art. 774 Abs. 1 ZGB (Rückzahlung an Nutzniesser), Art. 861 Abs. 2 ZGB (Gläubigerungewissheit bei Schuldbrief und Gült), Art. 881 Abs. 3 ZGB (Hinterlegung bei Anleihenstiteln mit Grundpfandrecht), Art. 906 Abs. 3 ZGB (Abzahlung bei Pfandrecht an Forderungen); Art. 36 Abs. 1 OR (Hinterlegung der Vollmachtsurkunde nach Erlöschen der Vollmacht), Art. 259g und 288 OR (Hinterlegung des Miet- bzw. Pachtzinses, dazu § 66 Abs. 2 GOG, Zuständigkeit der Schlichtungsbehörde in Miet- und Pachtsachen), Art. 330 Abs. 3 OR (Kautionshinterlegung durch Arbeitgeber), Art. 444 Abs. 1 OR (Hinterlegung des Frachtgutes bei Ablieferungshindernissen, dazu § 140 lit. d GOG), Art. 1032 OR (Hinterlegung der Wechselsumme mangels Vorlegung des Wechsels zur Zahlung, dazu § 140 lit. e GOG).

Zu den Voraussetzungen im Falle eines Gesuchs um Hinterlegung eines bei einem Anwalt deponierten Testaments ZR 90 Nr. 79. Betreffend Hinterlegung von Frachtgut und Wechselsumme § 140 lit. d und e GOG.

III. Bewilligungsverfahren

Für das Bewilligungsverfahren gelten die allgemeinen Regeln des summarischen Verfahrens, weshalb der Gegner grundsätzlich anzuhören ist (Art. 253 ZPO). Der Hinterlegungsanspruch muss in rechtlicher und tatsächlicher Hinsicht *glaubhaft* gemacht werden (BSK OR I-BERNET, Art. 92 N. 11); die Hinterlegung ist zu bewilligen, wenn der Hinterlegungsanspruch *nicht offensichtlich unbegründet* ist (BGE 105 II 276, ZR 87 Nr. 54, 95 Nr. 68 E. 3b a.E.). Soweit notwendig wird die Bewilligung der Hinterlegung im Sinne von Abs. 2 *mit der Fristansetzung zur Anhängigmachung des ordentlichen Prozesses verbunden*. Wem dabei die Klägerrolle zuzuweisen ist, bestimmt sich nach der materiellrechtlichen Konstellation.

Ist ein Prozessvergleich rechtskräftig, kann der Schuldner die Vergleichssumme nicht mit der Begründung hinterlegen, ein Dritter beanspruche sie ebenfalls (BGE 105 II 273 E. 3). Es ist nicht Sache des Hinterlegungsrichters, im Hinterlegungsverfahren über Gegenansprüche des Hinterlegers gegen den Prätendenten zu befinden (ZR 85 Nr. 17).

Von Bundesrechts wegen muss der Gläubiger im Hinterlegungsverfahren nicht mitwirken können (BSK OR I-BERNET, Art. 92 N. 11).

Die sachliche Zuständigkeit des Hinterlegungsrichters schliesst entsprechende Anordnungen des Richters im ordentlichen Verfahren, namentlich im Rahmen vorsorglicher Massnahmen, nicht aus (FRANK/STRÄULI/MESSMER, ZPO, § 220 N. 3). Ob die Hinterlegung gerechtfertigt war, entscheidet gegebenenfalls der ordentliche Richter (SJZ 81 S. 214).

Zur örtlichen Zuständigkeit Art. 19 ZPO (Wohnsitz bzw. Sitz der gesuchstellenden Partei).

IV. Bestimmung der Hinterlegungsstelle

10 Der Hinterlegungsrichter bezeichnet die *Hinterlegungsstelle,* wobei Waren auch ohne richterliche Bestimmung in einem Lagerhaus hinterlegt werden können (Art. 92 Abs. 2 OR; ZR 95 Nr. 68 E. 3a; BSK OR I-Bernet, Art. 92 N. 5 f.). Bei *Barbeträgen* erfolgt die Hinterlegung stets bei der Gerichtskasse (ZR 54 Nr. 25; vgl. auch § 66 Abs. 2 Satz 2 GOG); Einzelheiten richten sich nach der *VO des Obergerichts über die Verwahrung von Depositen, Kautionen und Effekten vom 23.11.1960,* LS 211.13 (näher dazu § 130 N. 31 ff.), welche auch die *Verzinsung* von Bardepots regelt (§ 4 VO).

11 Abs. 2 schliesst nicht aus, dass der ordentliche Richter im Urteil über den Prätendentenstreit selber unmittelbar die Freigabe anordnet (ZR 54 Nr. 25, SJZ 60 S. 269; Frank/Sträuli/Messmer, ZPO, § 220 N. 7a). Betreffend Voraussetzungen der Freigabe ohne Klagefristansetzung ZR 54 Nr. 27; zur Wirkung der Freigabe bei versäumter Klageeinleitung ZR 42 Nr. 7.

V. Wirkungen der Hinterlegung

12 Die Wirkungen der Hinterlegung richten sich nach materiellem Recht; dieses bestimmt, wann sie von der Schuldpflicht befreit (Art. 92 Abs. 1 OR; BGE 79 II 283, 105 II 273 E. 2). Gerichtliche Hinterlegung vermag eine Betreibung bzw. ein hängiges Rechtsöffnungsverfahren nicht abzuwenden, soweit bereits ein Rechtsöffnungstitel vorliegt (ZR 48 Nr. 106).

13 Der Richter im ordentlichen Verfahren ist an den summarischen Entscheid des Hinterlegungsrichters nicht gebunden (ausdrücklich noch § 212 Abs. 3 ZPO [ZH]; ZR 56 Nr. 47 m.H.).

§ 142 *Vorsorgliche Beweisabnahme*

Das Einzelgericht gemäss § 24 nimmt vor Rechtshängigkeit vorsorglich Beweise ab (Art. 158 ZPO).

Literatur

L.M. Dörschner, Beweissicherung im Ausland: Zur gerichtlichen vorprozessualen Beweisaufnahme in Deutschland, Frankreich und der Schweiz am Beispiel des privaten Baurechts sowie zur Beweissicherung bei Auslandssachverhalten und zur Verwertung ausländischer vorsorglicher Beweisaufnahmen im deutschen Hauptsachenprozess, Frankfurt a.M. 2000; H. Schläfli, Die Sicherstellung gefährdeter Beweise nach schweizerischem Zivilprozessrecht, Diss. Zürich 1946; M. Schweizer, Vorsorgliche Beweisabnahme nach schweizerischer Zivilprozessordnung und Patentgesetz, ZZZ 2010, S. 3 ff.; H.P. Walter, Beweis- und Beweislast im Haftpflichtprozess, in: Fellmann/Weber (Hrsg.), Haftpflichtprozess 2009, Zürich 2009, S. 47 ff.

Inhaltsübersicht

		N.
I.	Regelungsbedarf	1
II.	Zuständigkeit	3
	1. Sachliche Zuständigkeit	3
	2. Örtliche Zuständigkeit	4
III.	Verfahren	6

I. Regelungsbedarf

Art. 158 ZPO regelt die vorsorgliche Beweisführung. Danach kann jederzeit – d.h. auch schon vor Rechtshängigkeit des Prozesses – Beweis abgenommen werden, wenn die Voraussetzungen dafür vorliegen. Es ist Sache des kantonalen Rechts, insoweit die sachliche Zuständigkeit zu bestimmen. 1

Die *Voraussetzungen* der vorsorglichen Beweisführung (Bestehen eines gesetzlichen Anspruchs bzw. Gefährdung von Beweismitteln) ergeben sich *abschliessend aus der ZPO* (Art. 158 Abs. 1 lit. a und b). Sie entsprechen im Wesentlichen dem bisherigen § 231 ZPO (ZH). 2

II. Zuständigkeit

1. Sachliche Zuständigkeit

Entsprechend bisher § 231 ZPO (ZH) weist das Gesetz die vorsorgliche Beweisabnahme dem Einzelgericht gemäss § 24 GOG zu. 3

2. Örtliche Zuständigkeit

Nach dem bis 31.6.2002 geltenden kantonalen Recht (§ 232 ZPO [ZH]) war nach Wahl des Klägers entweder der Richter am Ort des bevorstehenden Prozesses oder derjenige Richter zuständig, welcher in der Lage war, den Beweis am schnellsten abzunehmen. Nach § 232 ZPO (ZH) in der seit 1.7.2002 geltenden Fassung richtete sich der Gerichtsstand nach Art. 33 GestG. 4

Neu richtet sich die örtliche Zuständigkeit entsprechend Art. 158 Abs. 2 ZPO nach Art. 13 ZPO, welche Bestimmung dem bisherigen Art. 33 GestG entspricht. Danach ist – soweit das Gesetz nichts anderes bestimmt – zwingend das Gericht am Ort zuständig, an dem die Zuständigkeit für die Hauptsache gegeben ist oder die Massnahme vollstreckt bzw. die vorsorgliche Beweisführung durchgeführt werden soll; praktisch kommt dies der bisherigen Regelung gleich (näher SUTTER-SOMM/KLINGLER, in: Sutter-Somm/Hasenböhler/Leuenberger, ZPO Komm., Art. 13 N. 22 und FELLMANN, in: Sutter-Somm/Hasenböhler/Leuenberger, ZPO Komm., Art. 158 N. 34 f.). Betreffend Zuständigkeit im Falle einer arbeitsrechtlichen Streitigkeit ZR 109 Nr. 8 E. 2.1 (gewöhnlicher Arbeitsort). 5

III. Verfahren

Das Verfahren richtet sich entsprechend Art. 158 Abs. 2 ZPO nach den Bestimmungen über die *vorsorglichen Massnahmen* (näher FELLMANN, in: Sutter-Somm/Hasenböhler/Leuenberger, ZPO Komm., Art. 158 N. 23 f.). Dementsprechend unterliegt der Entscheid der Berufung (FELLMANN, a.a.O., Art. 158 N. 43). 6

7   Die bisherige Beweismittelbeschränkung gemäss § 231 Satz 2 ZPO (Ausschluss der Beweisaussage) sieht die ZPO nicht mehr vor (Art. 158 Abs. 2 i.V.m. Art. 168 ZPO; FELLMANN, a.a.O., Art. 158 N. 30).

8   Wie bisher (§ 233 Abs. 2 Satz 2 ZPO [ZH]) hat der Gesuchsgegner bei der Beweisabnahme grundsätzlich ein Recht auf Mitwirkung bzw. Anhörung.

9   Der Gesuchsgegner, der seinerseits eine Expertise verlangt, hat dies zum Gegenstand eines *eigenen (selbständigen) Verfahrens* zu machen. Dies folgt daraus, dass es in diesem Zusammenhang erst um die Beweis*sicherung*, d.h. die vorsorgliche Abnahme von Beweisen, und (noch) nicht darum geht, ob damit ein bestimmter Sachverhalt effektiv nachgewiesen oder glaubhaft gemacht wird (vgl. ZR 103 Nr. 6 E. 5; FRANK/STRÄULI/MESSMER, ZPO, § 233 N. 2).

C. Aufgaben des Gemeindeammanns

Vorbemerkungen zu §§ 143 ff.

Literatur

O. FEHR, Der Gemeindeammann/Stadtammann und Betreibungsbeamte im Kanton Zürich, Bl SchK 23 (1959), S. 33 ff., 65 ff.; U. HAUBENSAK, Die Zwangsvollstreckung nach der zürcherischen Zivilprozessordnung. Diss. Zürich 1975, S. 93 ff.; H.R. SCHWARZENBACH, Die Staats- und Beamtenhaftung in der Schweiz mit Kommentar zum zürcherischen Haftungsgesetz, 2. Aufl. Zürich 1985; H.R. THALMANN, Kommentar zum Zürcher Gemeindegesetz, 3. Aufl., Zürich 2000, zu §§ 84 ff.

Inhaltsübersicht   N.

I.   Begriff und Stellung des Gemeindeammanns 1
II. Aufgabenbereich 4
III. Aufsicht, Rechtsmittel 6
IV. Haftung 8

I. Begriff und Stellung des Gemeindeammanns

1   Der *Betreibungsbeamte* ist im Kanton Zürich gleichzeitig als Gemeindeammann bzw. (in den Städten) als Stadtammann tätig (§ 84 GG, LS 131.1). Der Gemeindeammann ist als Organ der Rechtspflege für spezielle Aufgaben, insbesondere auch für die *Vollstreckung von Zivilentscheiden* vorgesehen. In der übrigen Schweiz gibt es diese Form der Personalunion nicht, sondern die Aufgaben sind auf verschiedene Funktionäre verteilt. Die Bezeichnung «Gemeindeammann» bzw. «Stadtammann» führt oftmals zu Verwechslungen, da in anderen Kantonen der Gemeindepräsident (Vorsteher der Exekutive) diesen Titel trägt.

2   Die *Wahl* des Gemeindeammanns richtet sich nach dem GPR und erfolgt grundsätzlich an der Urne (§ 40 Abs. 2 lit. c GPR; s. dazu auch Vorbemerkungen zu § 8 N. 9), allenfalls

in stiller Wahl, auf eine Amtsdauer von vier Jahren (§ 32 Abs. 1 GPR); es besteht kein Amtszwang (§ 31 GPR). Wahlkreis ist die politische Gemeinde, die zugleich den Betreibungskreis bildet. Die Gemeindeordnung kann vorsehen, dass mehrere Betreibungskreise gebildet werden (§ 100a GG). Ferner kann der Regierungsrat (analog § 53 GOG für Friedensrichterkreise) nach Anhörung der Gemeinden und des Obergerichts mehrere Gemeinden zu einem Betreibungskreis zusammenschliessen (§ 1 EG SchKG).

Der Gemeindeammann übt Funktionen der kantonalen Rechtspflege aus, ist jedoch *Gemeindebeamter* (ZR 46 Nr. 170) und wird von der Gemeinde entlöhnt. Das frühere Sportelnsystem wurde mittlerweile (wie nunmehr auch beim Friedensrichter, § 56 GOG) aufgegeben (§§ 5, 10 EG SchKG). Die vom Gemeindeammann erhobenen Gebühren fallen somit in die Gemeindekasse. Grundlage für die Gebührenerhebung ist § 1 lit. G der VO über die Gebühren der Gemeindebehörden vom 8.12.1966 (LS 681). 3

II. Bedeutung

Im Gegensatz zur Staatsverfassung von 1831, als der Gemeindeammann geradezu Stellvertreter des Statthalters in der Gemeinde war, umfasst das heutige Aufgabengebiet des Gemeindeammanns nur das, was ihm *durch das Gesetz positiv zugewiesen* wird (§ 86 GG; ZR 48 Nr. 3; THALMANN, § 86 N. 1; HAUBENSAK, S. 93). Dies betrifft, wie bereits erwähnt, namentlich die Vollstreckung von rechtskräftigen Zivilentscheiden. Eine Zuständigkeit zum Vollzug von *Verwaltungsentscheiden* kommt dem Gemeindeammann dagegen *nicht zu* (ZR 48 Nr. 3, 84 Nr. 49, RB 1999 Nr. 99; zur Vollstreckung im Verwaltungsverfahren § 30 VRG, LS 175.2). Der Gemeindeammann ist ferner (nebst dem Notar) für die *Beglaubigung* von Unterschriften usw. zuständig (§§ 246 ff. EG ZGB; *VO des Obergerichts über die Beglaubigungen durch die Gemeindeammänner vom 19.10.1977*, LS 131.3). Zum Beizug des Gemeindeammanns bei *strafprozessualen Hausdurchsuchungen* s. § 164 GOG. 4

Die Aufgaben als *Betreibungsbeamter* ergeben sich aus der (eidgenössischen und kantonalen) Gesetzgebung über Schuldbetreibung und Konkurs, diejenigen als Gemeindeammann aus der kantonalen Gesetzgebung über die Gerichtsorganisation. Einzelheiten dazu regelt die *VO des Obergerichts über die Gemeindeammann- und Betreibungsämter vom 12.5.2010* (VBG, LS 281.1). 5

III. Aufsicht, Rechtsmittel

Der Gemeindeammann untersteht (namentlich in Form jährlicher Visitationen) der unmittelbaren Aufsicht durch das Bezirksgericht (§ 81 lit. c GOG), ferner der mittelbaren Aufsicht durch das Obergericht gemäss § 80 Abs. 2 Satz 1 GOG (Einzelheiten in §§ 28 ff. VBG). Die Gerichte werden durch das vom Obergericht bestellte Betreibungsinspektorat (§ 80 Abs. 2 Satz 2 GOG) als Fachgremium unterstützt (näher §§ 35 ff. VBG). Darüber hinaus kann der Gemeinderat im Rahmen seiner Aufsichtszuständigkeit nach Massgabe des Personalrechts Administrativ- oder Disziplinarmassnahmen gegenüber dem Gemeindeammann treffen (§ 6 EG SchKG, § 33 VBG). 6

7 Da gegen Handlungen eines Gemeindeammanns schon mangels Instanzeneigenschaft *kein prozessuales Rechtsmittel* gegeben ist, erhält insoweit die Aufsichtsbeschwerde den Charakter eines subsidiären Rechtsmittels (ZR 79 Nr. 96; THALMANN, § 87 N. 3; s. auch § 82 N. 11 und § 147 N. 18 f.).

IV. Haftung

8 Während der Gemeindeammann als Betreibungsbeamter ursprünglich von Bundesrechts wegen einer direkten persönlichen Haftung für schuldhaft verursachten Schaden unterlag, gilt seit 1997 der Grundsatz der kantonalen Staatshaftung (Art. 5 SchKG). Für die Tätigkeit als Gemeindeammann gilt kantonales Haftungsrecht; haftbar für den von ihm verursachten Schaden ist insofern die Wahlgemeinde (§§ 2, 5 Abs. 2 Haftungsgesetz vom 14.9.1969, LS 170.1).

> **§ 143** *Amtlicher Befund*
>
> ¹ Der Gemeindeammann nimmt auf Verlangen einen Befund über den tatsächlichen Zustand auf, soweit dieser ohne besondere Fachkenntnisse festgestellt werden kann. Die Zuständigkeit richtet sich nach Art. 13 ZPO.
>
> ² Der Gemeindeammann zieht die an der Sache Beteiligten wenn möglich zur Aufnahme des Befundes bei und wahrt ihr rechtliches Gehör gemäss Art. 53 ZPO. Er erstellt ein Protokoll gemäss Art. 182 ZPO.

Inhaltsübersicht	N.
I. Begriff (Abs. 1 Satz 1)	1
II. Verfahren	3
1. Örtliche Zuständigkeit (Abs. 1 Satz 2)	3
2. Parteirechte (Abs. 2 Satz 1)	4
3. Protokollierung (Abs. 2 Satz 2)	7
4. Rechtsschutz	9

I. Begriff (Abs. 1 Satz 1)

1 Der amtliche Befund ist die protokollarische Feststellung eines objektiv wahrnehmbaren Sachverhaltes, in der Regel im Hinblick auf eine allfällige spätere gerichtliche Auseinandersetzung. § 143 GOG übernimmt insoweit praktisch die bisherige Regelung von § 234 ZPO (ZH).

2 Der amtliche Befund ist ein *Sonderfall der vorsorglichen Beweisaufnahme*. Er ist ebenfalls Mittel der Beweissicherung; soweit es dabei um die Feststellung eines tatsächlichen Zustandes geht und keine besonderen Fachkenntnisse erforderlich sind, ist das einfachere Verfahren vor dem Gemeindeammann in Betracht zu ziehen (ZR 79 Nr. 96). Häufigster Fall ist die Befundaufnahme im Zusammenhang mit der *Wohnungsabnahme* (FRANK/

STRÄULI/MESSMER, ZPO, § 234 N. 1). Bedarf es jedoch besonderer Fachkenntnisse, ist eine (vorsorgliche) Expertise erforderlich und der Gesuchsteller an das Einzelgericht zu verweisen (§ 142 GOG).

II. Verfahren

1. Örtliche Zuständigkeit (Abs. 1 Satz 2)

Nach früherem Recht (§ 234 Satz 1 ZPO [ZH]) war für die Befundaufnahme der Gemeindeammann am Ort der gelegenen Sache zuständig. Nunmehr bestimmt sich die örtliche Zuständigkeit gemäss Abs. 1 Satz 2 nach Art. 13 ZPO; zuständig ist somit der Gemeindeammann am Ort, wo die Massnahme vollstreckt werden soll, bzw. dort, *wo der Befund aufzunehmen ist*. Insofern ändert sich an der bisherigen Rechtslage im Ergebnis nichts.

2. Parteirechte (Abs. 2 Satz 1)

Der Gemeindeammann zieht die an der Sache Beteiligten bzw. deren Rechtsvertreter *wenn möglich* zur Befundaufnahme bei, d.h. er zeigt ihnen rechtzeitig Zeit und Ort derselben an. Ferner ist das *rechtliche Gehör* nach Massgabe von Art. 53 ZPO zu wahren. Ausnahmsweise darf vom Beizug abgesehen werden, wenn die Beteiligten nicht bekannt sind oder nicht rechtzeitig erreicht werden können oder wenn höhere private oder öffentliche Interessen entgegenstehen.

Die Praxis liess bisher *unangemeldete* Augenscheine bzw. Befundaufnahmen in Verfahren, die von der Offizialmaxime beherrscht sind, zu (ZR 52 Nr. 157), ebenso im Falle besonderer Dringlichkeit. Von einer Vorankündigung bzw. Vorladung darf ausnahmsweise auch abgesehen werden, wenn andernfalls eine Veränderung des aufzunehmenden Sachverhaltes durch einen Beteiligten ernsthaft zu befürchten ist, etwa bei der Frage, ob bestimmte Waren in der Auslage einer Verkaufslokalität noch vorhanden sind oder nicht (vgl. SJZ 74 S. 378).

Der Gemeindeammann hat sich bei der Befundaufnahme den Beteiligten als solcher zu erkennen zu geben (ZR 51 Nr. 50).

3. Protokollierung (Abs. 2 Satz 2)

Verlauf und Ergebnis der Befundaufnahme sind zu protokollieren. Die Protokollierung richtet sich nach Art. 182 ZPO, d.h. nach den Bestimmungen über die Protokollierung eines *Augenscheins*. Damit wird klargestellt, dass die amtlichen Wahrnehmungen statt bloss in Schriftform auch als Zeichnung, Fotografie oder mit anderen technischen Mitteln (Tonband usw.) festgehalten werden dürfen (zur Verwendung von Tonaufnahmegeräten bzw. Fotografien ZR 73 Nr. 4, 83 Nr. 73; dazu auch vorn § 133 N. 19, § 132 N. 7 und hinten § 153 N. 15).

Zur Beweiskraft des Protokolls § 133 N. 11. Im nachfolgenden Prozess unterliegt das Protokoll des Gemeindeammanns der freien Würdigung wie ein richterlicher Augenschein (FRANK/STRÄULI/MESSMER, ZPO, § 234 N. 3).

4. Rechtsschutz

9   Wie erwähnt (Vorbemerkungen § 143 ff. N. 7) kommt mangels prozessrechtlicher Rechtsmittel gegen das Vorgehen des Gemeindeammanns der *Aufsichtsbeschwerde* der Charakter eines subsidiären Rechtsmittels zu (s. auch § 82 N. 11).

§ 144 *Amtliche Zustellung von Erklärungen*
a. Zulässigkeit

¹ Erklärungen in zivilrechtlichen Angelegenheiten, insbesondere Kündigungen, werden auf Verlangen durch den Gemeindeammann amtlich zugestellt.

² Zuständig ist der Gemeindeammann am Wohn- oder Aufenthaltsort derjenigen Person, der die Erklärung zugestellt werden soll.

§ 145 *b. Verfahren*

¹ Der Gemeindeammann stellt die Erklärung innert dreier Arbeitstage nach Eingang des Begehrens der Adressatin oder dem Adressaten persönlich zu.

² Im Einvernehmen mit der gesuchstellenden Person kann die Zustellung an eine andere Person erfolgen, wenn die Adressatin oder der Adressat nicht erreichbar ist.

³ Die gesuchstellende Person kann gegen doppelte Gebühr verlangen, dass die Zustellung schon am nächsten Arbeitstag erfolgt.

§ 146 *c. Annahmepflicht*

Die Annahme einer amtlich zugestellten Erklärung darf nicht verweigert werden. Der Empfängerin oder dem Empfänger steht es frei, der gesuchstellenden Person auf demselben Weg eine Gegenerklärung zukommen zu lassen.

Inhaltsübersicht N.

I. Inhalt und Regelungsbedarf	1
II. Zulässigkeit, Zuständigkeit	3
III. Verfahren	5
1. Frist für Zustellung	5
2. Adressat bzw. Art der Zustellung	6
3. Annahmepflicht	9
4. Recht auf Gegenerklärung	10

I. Inhalt und Regelungsbedarf

Das Institut der amtlichen Zustellung von Erklärungen war schon Gegenstand der früheren kantonalen Prozessordnungen; es dient der Erleichterung der Zustellung und der Beweissicherung, hat allerdings in der Praxis keine grosse Bedeutung.

Die §§ 144–146 GOG übernehmen inhaltlich die Regelung der §§ 235–237 ZPO (ZH). Weil es dabei um ein nichtstreitiges Verfahren geht, ist die kantonalrechtliche Regelung der Materie zulässig (W.RR S. 143).

II. Zulässigkeit, Zuständigkeit

Die amtliche Zustellung von Erklärungen durch den Gemeindeammann ist generell zulässig. Als besonderer (in der Praxis häufigster) Anwendungsfall wird die Zustellung von Kündigungen wie bisher (§ 235 Abs. 1 ZPO [ZH]) im Gesetz ausdrücklich erwähnt.

Örtlich zuständig ist gemäss § 144 Abs. 2 nach Wahl des Gesuchstellers der Gemeindeammann am Wohnort oder am Aufenthaltsort der Person, der die Erklärung zugestellt werden soll. Eine besondere Zuständigkeit (wie nach ZPO [1913]) am Ort des Grundpfands für die Kündigung von Schuldbriefen, für den Fall, dass der Adressat im Amtskreis des Gemeindeammanns nicht erreichbar ist, rechtfertigt sich nicht (vgl. schon FRANK/STRÄULI/MESSMER, ZPO, § 235 N. 2 a.E.).

III. Verfahren

1. Frist für Zustellung

Die Zustellung erfolgt innert *dreier Arbeitstage* nach Eingang des Begehrens (§ 145 Abs. 1); gegen doppelte Gebühr (dazu § 1 lit. G Ziff. 1 VO über die Gebühren der Gemeindebehörden, LS 681) kann der Gesuchsteller verlangen, dass die Zustellung schon *am nächsten Arbeitstag* erfolgt (§ 145 Abs. 3), was mit Blick auf die Wahrung einer materiellrechtlichen Kündigungsfrist von Bedeutung sein kann.

2. Adressat bzw. Art der Zustellung

Die Zustellung erfolgt in jedem Fall *persönlich*, d.h. durch Aushändigung der Erklärung an den Adressaten. Die Grundsätze über die Ersatzzustellung an Drittpersonen (§ 121 N. 12) sind somit nicht anwendbar.

Zustellung an eine (beliebige) *Drittperson* für den Fall, dass der Adressat nicht erreichbar ist, ist gemäss § 145 Abs. 2 *nur im Einvernehmen* mit der gesuchstellenden Person zulässig. In diesem Fall trägt diese das Risiko zivilrechtlicher Wirksamkeit der Zustellung.

Als *Zustellungsnachweis* erhält der Gesuchsteller ein Doppel seiner Erklärung mit der Empfangsbescheinigung des Adressaten. Anders als § 236 Abs. 1 ZPO (ZH) regelt das Gesetz die Modalitäten (Frist usw.) für die Rückleitung bzw. Zustellung der Empfangsbescheinigung an den Gesuchsteller nicht mehr (vgl. Hinweis in W.RR S. 143 auf künftige VO-Regelung).

3. Annahmepflicht

9 Die Annahme einer amtlich zugestellten Erklärung darf vom Adressaten nicht verweigert werden (§ 146 Satz 1). Das Gesetz sieht jedoch *keine Sanktionen* für den Fall der Annahmeverweigerung vor. In diesem Fall hat somit der Gemeindeammann die Umstände der Weigerung schriftlich festzuhalten; deren Folgen beurteilen sich nach materiellem Recht und nicht nach der prozessualen Fiktion bei schuldhafter Vereitelung der Zustellung von gerichtlichen Sendungen (Art. 138 Abs. 3 ZPO). Kann dagegen die Zustellung durchgeführt werden und verweigert der Adressat lediglich die Empfangsbescheinigung, kann diese durch eine entsprechende Bescheinigung des Gemeindeammanns ersetzt werden (vgl. FRANK/STRÄULI/MESSMER, ZPO, § 237 N. 1).

4. Recht auf Gegenerklärung

10 Der Empfänger kann dem Gesuchsteller auf gleichem Weg eine Gegenerklärung zugehen lassen (§ 146 Satz 2), sei es durch separates Schreiben oder auf dem Doppel der Anzeige. Da es sich dabei nicht um eine selbständige Anzeige handelt, setzt deren Übermittlung weder örtliche Zuständigkeit noch persönliche Zustellung voraus; auch kann dafür keine zusätzliche Gebühr verlangt werden. Die Wirkung der Gegenerklärung beurteilt sich gleichfalls nach materiellem Recht (vgl. FRANK/STRÄULI/MESSMER, ZPO, § 237 N. 2).

---

§ 147 *Hilfsperson des Gerichts*

[1] Der Gemeindeammann kann vom Gericht beauftragt werden mit
   a. Bekanntmachungen nach Art. 259 ZPO,
   b. der Vollstreckung von Anordnungen gemäss Art. 343 Abs. 1 lit. d und e ZPO.

[2] Er kann den Vollzug von einem Kostenvorschuss abhängig machen und nötigenfalls die Hilfe der Polizei beanspruchen.

Inhaltsübersicht   N.
I.   Regelungsbedarf 1
II. Der Gemeindeammann als Hilfsperson des Gerichts 3
     1. Bekanntmachungen nach Art. 259 ZPO (Abs. 1 lit. a) 3
     2. Vollstreckung von Anordnungen gemäss § 343 Abs. 1 lit. d und e ZPO (Abs. 1 lit. b) .. 4
        a) Zwangsmassnahmen 5
        b) Ersatzvornahme 8
     3. Zustellung gerichtlicher Sendungen 10
III. Verfahrensgrundsätze 11
     1. Pflicht zum Vollzug, Wahrung der Verhältnismässigkeit, insbesondere bei
        Mieterausweisung 11
     2. Örtliche Zuständigkeit 14
     3. Befristung des Vollstreckungsauftrags? 16
     4. Kosten 18
     5. Rechtsschutz 19
IV. Kostenvorschuss und Polizeihilfe (Abs. 2) 22
     1. Kostenvorschuss 22
     2. Inanspruchnahme von Polizeihilfe 25

I. Regelungsbedarf

Art. 343 Abs. 3 ZPO sieht vor, die mit der Vollstreckung eines Entscheides betraute Person könne die Hilfe der zuständigen Behörde in Anspruch nehmen. Gemäss Art. 4 Abs. 1 ZPO bestimmt das kantonale Recht diese Behörde. Ebenso kann das kantonale Recht in diesem Zusammenhang die Leistung von Kostenvorschüssen vorsehen (BSK ZPO-ZINSLI, Art. 343 N. 36; KUKO ZPO-KOFMEL/EHRENZELLER, Art. 343 N. 11, 14).

§ 147 übernimmt die bisherige Regelung der Aufgaben des Gemeindeammanns gemäss §§ 225 Abs. 2 und 307 Abs. 2 ZPO (ZH) mit redaktionellen Anpassungen.

II. Der Gemeindeammann als Hilfsperson des Gerichts

1. Bekanntmachungen nach Art. 259 ZPO (Abs. 1 lit. a)

Entsprechend bisher § 225 ZPO (ZH) sieht Art. 258 ff. ZPO das gerichtliche Verbot (bisher «Allgemeines Verbot») vor, wonach der an einem Grundstück dinglich Berechtigte beim Gericht beantragen kann, dass jede Besitzesstörung unter Androhung von Busse zu unterlassen sei. Nach Art. 259 ZPO ist das Verbot öffentlich bekannt zu machen und auf dem Grundstück an gut sichtbarer Stelle anzubringen. Diese Aufgabe obliegt dem Gemeindeammann.

2. Vollstreckung von Anordnungen gemäss Art. 343 Abs. 1 lit. d und e ZPO (Abs. 1 lit. b)

Das Vollstreckungsverfahren für Entscheide, die nicht auf Geldzahlung oder Sicherheitsleistung lauten, richtet sich nach den Art. 335 ff. ZPO, wobei entweder bereits das urteilende Gericht Vollstreckungsmassnahmen angeordnet hat (Art. 236 Abs. 3 ZPO, direkte Vollstreckung im Sinne von Art. 337 ZPO) oder andernfalls beim Vollstreckungsgericht (d.h. beim Einzelgericht gestützt auf § 24 lit. e) ein Vollstreckungsgesuch einzureichen ist. Dabei kann das Gericht bei der Verpflichtung zu einem Tun, Unterlassen oder Dulden (nebst Androhung von Ordnungsbusse bzw. Bestrafung nach Art. 292 StGB, Art. 343 Abs. 1 lit. a–c ZPO) entweder direkte *Zwangsmassnahmen* wie Wegnahme einer beweglichen Sache oder Räumung eines Grundstückes (Art. 343 Abs. 1 lit. d ZPO) oder aber *Ersatzvornahmen* anordnen (Art. 343 Abs. 1 lit. e ZPO). Mit der konkreten Durchführung derartiger Anordnungen, d.h. mit dem eigentlichen Vollzug, kann das Gericht den Gemeindeammann beauftragen.

a) Zwangsmassnahmen

Hier handelt es sich um unmittelbaren Zwang im Sinne von Realerfüllung. In erster Linie geht es dabei um die Herausgabe bzw. Wegnahme von beweglichen Sachen im Gewahrsam des Pflichtigen sowie die Räumung von unbeweglichen Sachen durch diesen (z.B. Miet- oder Pachtausweisung; weitere Beispiele bei FRANK/STRÄULI/MESSMER, ZPO, § 307 N. 3 sowie STAEHELIN, in: Sutter-Somm/Hasenböhler/Leuenberger, ZPO Komm., Art. 343 N. 23; betreffend Vollstreckung von Besuchs- und Ferienrechten STAEHELIN, a.a.O., Art. 343 N. 31).

6 Soweit sich Zwangsmassnahmen – zumal im Ausweisungsverfahren – unmittelbar *gegen Personen* richten, erwähnte § 307 Abs. 1 Ziff. ZPO (ZH) ausdrücklich den Zwang gegen den Pflichtigen, was etwa bei Herausgabe eines Kindes oder bei Exmission von Familiengenossen des Mieters *Zwang gegen Dritte* nicht ausschloss (FRANK/STRÄULI/MESSMER, ZPO, § 307 N. 3a). Die Frage, inwieweit dieser heute zulässig ist, beurteilt sich nach Art. 343 Abs. 2 ZPO (Auskunfts- und Duldungspflichten Dritter).

7 Sieht der Vollstreckungsrichter beim Erlass eines Urteils (betreffend Herausgabe von Dokumenten) wegen praktischer Undurchführbarkeit von der Androhung des Zwangsvollzugs ab, bedarf dies näherer Begründung (RB 1999 Nr. 100).

b) Ersatzvornahme

8 Ersatzvornahme ist die Ermächtigung, die geschuldete Handlung *durch einen Dritten auf Kosten des Schuldners* vornehmen zu lassen. Es muss sich also um eine vertretbare Leistung handeln (Beispiel: Nachbesserung von Werkmängeln, Fällung eines Baumes). In diesem Fall beauftragt der Gemeindeammann einen Dritten mit der Vornahme der im Urteil festgelegten Leistung (zur materiellrechtlichen Ersatzvornahme Art. 98 Abs. 1 OR).

9 Aufgrund des Verhältnismässigkeitsprinzips (hinten N. 12) wird die Ersatzvornahme nur für den Fall angeordnet, dass indirekter Zwang (Massnahmen nach Art. 343 Abs. 1 lit. a, b und c ZPO) wirkungslos und direkter Zwang (Art. 343 Abs. 1 lit. d ZPO) nicht möglich ist. Die Ersatzvornahme ist insofern *subsidiär* (KUKO ZPO-KOFMEL/EHRENZELLER, Art. 343 N. 13).

3. Zustellung gerichtlicher Sendungen

10 Zu den Aufgaben des Gemeindeammanns als Hilfsperson des Gerichts gehört ferner die Zustellung gerichtlicher Sendungen (§ 121 Abs. 1 GOG).

III. Verfahrensgrundsätze

1. Pflicht zum Vollzug; Wahrung der Verhältnismässigkeit, insbesondere bei Mieterausweisung

11 Die zuständigen Behörden haben die *Pflicht,* auf Anordnung des Gerichts oder auf Ersuchen der klägerischen Partei hin einen rechtskräftigen bzw. vollstreckbaren Gerichtsentscheid zu vollziehen; sie verfallen in Willkür, wenn sie die Vollstreckung von einer Bedingung abhängig machen, die in diesem Urteil nicht vorgesehen ist (BGE 119 Ia 28 E. 3; ZR 85 Nr. 86; zum Vorbehalt eines rechtsmissbräuchlichen Vollstreckungsbegehrens RB 1995 Nr. 26).

12 Beim Vollzug von gerichtlichen Anordnungen hat der Gemeindeammann immerhin insofern einen gewissen Ermessensspielraum, als ihm der Entscheid darüber zusteht, auf welchem Weg bzw. mit welchen Mitteln er die Vollstreckung durchführt. Er hat dabei den *Grundsatz der Verhältnismässigkeit* zu beachten, und es sind im Interesse der Beteiligten auch die Kosten möglichst gering zu halten (ZR 78 Nr. 47 E. 3c, 85 Nrn. 19 und 86; HAUBENSAK S. 94 f.; s. auch hinten N. 24). Was die Ausweisung von Mietern betrifft, galt bis

anhin offenbar (meist ohne ausdrückliche Rechtsgrundlage) in verschiedenen Kantonen die Praxis, dass die Auszugsfrist durch den Vollzugsbeamten um kurze Zeit erstreckt werden konnte, wenn der Mieter hierfür gesundheitliche oder andere überzeugende Gründe vorbrachte, was vom Bundesgericht (freilich mit Bezug auf eine entsprechende gesetzliche Grundlage im Kanton Genf) dem Grundsatz nach geschützt wurde (vgl. MEIER, Zivilprozessrecht, S. 437 u.H.a. BGE 117 Ia 336). Wenn überhaupt, so kann indessen ein solches Vorgehen nach ZPO nur ausnahmsweise und nur für eine sehr kurze Zeitspanne in Betracht fallen.

Als problematisch erweist sich im Zusammenhang mit *Mieterausweisungen* die gesetzliche Rechtsmittelordnung, wonach (anders als bisher beim kantonalrechtlichen Rekurs) die allenfalls zulässige *Beschwerde von Gesetzes wegen keine aufschiebende Wirkung* hat (Art. 325 Abs. 1 ZPO). Dies hat zur Folge, dass Ausweisungsentscheide, bei denen der Streitwert Fr. 10 000 nicht erreicht und somit nicht die Berufung, sondern die Beschwerde das zulässige Rechtsmittel ist, mit der Eröffnung rechtskräftig und vollstreckbar werden. Wird die unverzügliche Ausweisung angeordnet und lässt der Gemeindeammann diese sofort vollstrecken, ist eine an sich noch zulässige Beschwerde, über die erst nach vollzogener Ausweisung entschieden wird, faktisch illusorisch; anders bei Streitwerten ab Fr. 10 000, in denen die Berufung offen steht und der Entscheid vor Ablauf der Rechtsmittelfrist nicht rechtskräftig bzw. vollstreckbar werden kann (Art. 315 Abs. 1 ZPO). Gerade im Bereich des sozial sensiblen Mietrechts lässt sich eine derartige Privilegierung höherer Streitwerte kaum begründen. Im Sinne des Grundsatzes der Verhältnismässigkeit (und allenfalls auch mit Blick auf Art. 13 EMRK, soweit mit der Beschwerde eine Verletzung von Verfahrensgarantien i.S.v. Art. 6 Abs. 1 EMRK gerügt werden soll) dürfte es sich rechtfertigen, dass der Gemeindeammann sowohl im Falle der Berufungs- wie auch der (blossen) Beschwerdefähigkeit zumindest den Ablauf der Rechtsmittelfrist abwartet, soweit nicht schon der Vollstreckungsrichter von sich aus einen entsprechenden Vorbehalt in seinen Entscheid aufnimmt.

2. Örtliche Zuständigkeit

Entsprechend bisher § 307 Abs. 2 ZPO (ZH) und analog § 144 Abs. 2 GOG ist die Anwendung von Zwang bzw. die Durchführung einer Ersatzmassnahme dem Gemeindeammann derjenigen Gemeinde zu übertragen, in welcher die Massnahmen zu treffen sind.

Zu unterscheiden von der Zuständigkeit des Gemeindeammanns ist die örtliche Zuständigkeit des Vollstreckungsgerichts, die sich nach Art. 339 ZPO bestimmt. Der Vollstreckungsrichter ist denn auch bei der Erteilung eines Vollstreckungauftrags nicht auf die Gemeindeammänner seines eigenen Bezirks beschränkt, und Entsprechendes gilt für den Polizeieinsatz (FRANK/STRÄULI/MESSMER, ZPO, § 307 N. 4a m.H.)

3. Befristung des Vollstreckungsauftrags?

Wie im betreibungsrechtlichen Vollstreckungsverfahren, das zahlreiche Fristen kennt, besteht im Verfahren auf Realexekution von Entscheiden, die nicht auf Geldzahlung gerichtet sind, ein grundsätzliches Bedürfnis nach zeitlichen Regelungen. An sich ist es Sache des Vollstreckungsrichters, den Gemeindeammann unmittelbar mit der Vollstreckung zu beauftragen (vgl. KUKO ZPO-KOFMEL/EHRENZELLER, Art. 343 N. 18). Häufig weist aber der Vollstreckungsrichter den Gemeindeammann an, das Urteil *auf erstes Ersuchen des Klägers* zu vollziehen (und setzt dem Beklagten gleichzeitig Frist an, um die geschuldete Leistung freiwillig zu erbringen). Dabei gilt, dass der Kläger mit der Stellung des Vollstreckungsersuchens *nicht ungebührlich lange* zuwarten darf, weil andernfalls die Gefahr einer Veränderung der Rechtslage (z.B. Begründung eines neuen Mietverhältnisses) besteht und damit die Vollstreckungsvoraussetzungen entfallen können (ZR 58 Nr. 100, 78 Nr. 47 S. 99).

17 Erteilt der Vollstreckungsrichter nicht selbst den Vollstreckungsauftrag, kann er dem Kläger eine Frist ansetzen, innert welcher dieser (nach unbenütztem Ablauf der dem Beklagten gesetzten Frist zur freiwilligen Erfüllung der Leistung) um Vollstreckung ersucht; der unbenützte Ablauf dieser Frist hätte Dahinfallen des Vollstreckungsverfahrens zur Folge, verbunden mit der Möglichkeit, später erneut um Vollstreckung zu ersuchen. Beim Fehlen einer solchen richterlichen Frist gilt im Falle von Ausweisungen zufolge Beendigung des Mietverhältnisses bei Nichtzahlung des Mietzinses als Faustregel eine Frist von 30 Tagen, wobei aber eine Verweigerung der Vollstreckung auch schon vor Ablauf dieser Frist in Betracht fallen kann, wenn sich der Beklagte urkundlich über die Erneuerung oder Weiterführung des Mietverhältnisses ausweist (ZR 78 Nr. 47 E. 3d).

4. Kosten

18 Für die Kosten gelten die allgemeinen Bestimmungen über die Prozesskosten nach Art. 104 ff. ZPO (näher BSK ZPO-Zinsli, Art. 343 N. 31). Zur Kosten*vorschusspflicht* hinten N. 22 f.

5. Rechtsschutz

19 Gegen die Handlungen des Gemeindeammanns sind keine Rechtsmittel im Sinne der ZPO gegeben. Soweit die Handlungen den Anordnungen des Gerichts entsprechen, können sie schon deshalb nicht (mehr) angefochten werden, weil insofern der Entscheid des Gerichts hätte angefochten werden müssen.

20 Hingegen müssen Handlungen des Gemeindeammanns angefochten werden können, soweit dieser von den gerichtlichen Anordnungen abweicht oder über einen Ermessensspielraum verfügt und Ermessensfehler geltend gemacht werden. Auch insoweit kommen allerdings nicht die prozessrechtlichen Rechtsmittel zum Zug, sondern einzig die *Aufsichtsbeschwerde* an die Aufsichtsbehörde (Bezirksgericht, Obergericht; vgl. auch BSK ZPO-Staehelin, Art. 343 N. 27).

21 Zur Geltung des *Schlechterstellungsverbots* im Rahmen eines vollstreckungsrechtlichen Beschwerdeverfahrens ZR 78 Nr. 47 E. 2.

IV. Kostenvorschuss und Polizeihilfe (Abs. 2)

1. Kostenvorschuss

22 Die Kosten des Vollstreckungsverfahrens sind vom Vollstreckungskläger (in Übereinstimmung mit Art. 98 OR; vgl. auch I. Meier, Zivilprozessrecht, S. 438 f.) vorzuschiessen;

bei Nichtleistung des Vorschusses unterbleibt die Vollstreckung. Der Vollstreckungskläger kann auf den Vollstreckungsbeklagten Rückgriff nehmen (BSK ZPO-ZINSLI, Art. 343 N. 32).

Im Falle eines Räumungsbefehls hat der Vermieter insbesondere Transport- und Lagerkosten vorzuschiessen. Kümmert sich in der Folge der Mieter nicht um die eingelagerten Gegenstände, setzt ihm der Gemeindeammann Frist zur Abholung unter der Androhung an, dass im Säumnisfall die Habe freiwillig öffentlich versteigert würden und der Verwertungserlös vorab zur Deckung der vom Vermieter vorgeschossenen Vollzugskosten herangezogen würde (ZR 85 Nr. 94). 23

Grundsätzlich muss – wie in betreibungs- und konkursrechtlichen Verfahren – auch in diesem Zusammenhang die *Bewilligung der unentgeltlichen Rechtspflege* infrage kommen, wäre es doch stossend, diese zwar für das Erkenntnisverfahren zu gewähren, für das anschliessende Stadium der Vollstreckung aber zu verweigern und dadurch die Rechtsverwirklichung zu behindern (vgl. ST. MEICHSSNER, Das Recht auf unentgeltliche Rechtspflege [Art. 29 Abs. 3 BV], Basel 2008, S. 58). 24

2. Inanspruchnahme von Polizeihilfe

Auch die Inanspruchnahme von Polizeihilfe untersteht ausdrücklich dem Prinzip der Verhältnismässigkeit. Grundsätzlich ist polizeiliche Hilfe erst anzufordern, wenn dem Gemeindeammann konkret Widerstand geleistet wird. Ist hingegen aufgrund der besonderen Situation (z.B. Häuserbesetzung) oder wegen bekannter persönlicher Konstellationen von vornherein ernsthaft damit zu rechnen, dass der Gemeindeammann auf sich allein gestellt überfordert wäre, kann er direkt Hilfe von der Polizei anfordern (HAUBENSAK, S. 96). 25

3. Abschnitt: Strafverfahren
A. Grundsätze, Zuständigkeiten

§ 148 *Strafverfahren gegen Beamte*

Über die Eröffnung oder Nichtanhandnahme einer Strafuntersuchung gegen Beamte gemäss Art. 110 Abs. 3 StGB wegen im Amt begangener Verbrechen oder Vergehen entscheidet das Obergericht. Vorbehalten bleibt die Zuständigkeit des Kantonsrates.

Literatur

R. BAUR, Die parlamentarische Immunität in Bund und Kantonen der schweizerischen Eidgenossenschaft, Diss. Zürich 1963; U. BRODER, Besonderheiten im Strafverfahren gegen Magistratspersonen, Parlamentarier und Beamte nach zürcherischem Recht, in: Strafrecht und Öffentlichkeit, FS für J. Rehberg, Zürich 1996, S. 71 ff.; B. GADIENT, Die parlamentarische Immunität im Bund, in: FS der Bundesversammlung zur 700-Jahr-Feier der Eidgenossenschaft, Bern 1991, S. 281 ff.; R. HAUENSTEIN, Die Ermächtigung in Beamtenstrafsachen, Diss. Bern 1995; HAUSER/SCHWERI/HARTMANN, Schweizerisches Strafprozessrecht, §§ 16–20; P. HUG, Strafverfolgung: Sonderrecht für Beamte, plädoyer 1/2005, S. 11; A. KATZENSTEIN, Strafuntersuchung gegen Behördenmitglieder und Beamte, SJZ 103, S. 245 ff.; R. LANZ BAUR, Die parlamentarische Immunität in Bund und Kantonen der Schweizerischen Eidgenossenschaft, Diss. ZH 1963; H. Maurer, Besondere Aspekte des Strafverfahrens gegen eidgenössische Parlamentarier, AJP 2005, S. 141 ff.; A. Muff, Die Strafverfolgung gegen die obersten administrativen und richterlichen Beamten der Kantons, Diss. Zürich 1947; N. Raselli, Die Ermächtigung zur Strafverfolgung gegen Mitglieder der obersten kantonalen Behörden, in: Aktuelle Probleme der Kriminalitätsbekämpfung, ZStrR 110 (1992), S. 137 ff.; P. Stadlin. Parlamentarische Immunität, in: Die Parlamente der schweizerischen Kantone, Zug 1990, S. 111 ff.; M. Wallimann-Bornatico, Die parlamentarische Immunität des National- und Ständerates, ZBl 89 (1988), S. 351 ff.; M. von Wyss, St. Galler BV-Kommentar, 2. Aufl., Zürich/St. Gallen 2008, zu Art. 162.

Inhaltsübersicht

		N.
I.	Geschichtliche Entwicklung	1
II.	Begriff des Beamten	3
III.	Magistratspersonen	6
IV.	Immunität und Strafverfolgungsprivileg	7
V.	Aufhebung der Immunität und Ermächtigung zur Strafverfolgung	9
VI.	Verfahrensfragen	18
	1. Verfahren vor dem Obergericht	19
	2. Verfahren vor dem Kantonsrat	22

I. Geschichtliche Entwicklung

1   Nach Anzeigen gegen Beamte wegen Amtsdelikten entschied früher die Staatsanwaltschaft über die Eröffnung eines Strafverfahrens, und gegen die von ihr verfügte Nichtanhandnahme einer Untersuchung konnte Beschwerde geführt werden. Diese Regelung ermöglichte es der Staatsanwaltschaft, unberechtigte Anzeigen nach einem kurzen Verfahren durch eine einfache Verfügung von der Hand zu weisen. Sie löste aber auch auf Kritik aus, denn sie konnte den Verdacht erwecken, der Staatsanwalt als Beamter werde wohl aus kollegialen Gründen leicht geneigt sein, einen andern Beamten zu schützen. Diesen Verdacht suchte der Gesetzgeber dadurch zu entkräften, dass er bei der letzten grösseren Revision der kantonalen StPO nicht mehr die Staatsanwaltschaft, sondern die Anklagekammer des Obergerichts ermächtigte, über die Eröffnung einer Strafuntersuchung zu entscheiden, wenn gegen Beamte und Behördenmitglieder Anzeige wegen einer im Amt begangenen Verfehlung erhoben wurde (§ 22 Abs. 2 StPO [ZH]). Gegen den Entscheid der Anklagekammer konnte beim Obergericht Beschwerde erhoben werden. Die Anklagekammer durfte nur prüfen, ob ein strafrechtlich erheblicher Anfangsverdacht vorliege; staatspolitische oder andere Argumente (z.B. Fragen der Opportunität) durfte sie nicht berücksichtigen. § 148 GOG übernahm diese Regelung mit dem Unterschied, dass er die Kompetenz zur fraglichen Entscheidung anstelle der (aufgehobenen) Anklagekammer dem Obergericht übertrug, gegen dessen Entscheid eine Beschwerde auf kantonaler Ebene allerdings ausgeschlossen ist (dazu nachfolgend N. 21).

2   Art. 7 Abs. 2 lit. b StPO ermächtigt die Kantone, die Strafverfolgung der Mitglieder ihrer Vollziehungs- und Gerichtsbehörden wegen im Amt begangener Delikte von der Bewilligung «einer nicht richterlichen Behörde» abhängig zu machen. Daraus leitete der kantonale Gesetzgeber ab, wenn die fraglichen Fälle sogar von einer nicht richterlichen Behörde entschieden werden können, so dürfe erst recht eine richterliche Behörde für

derartige Entscheide als zuständig erklärt werden (Protokoll der kantonsrätlichen Kommission vom 4.2.2010, S. 739 f.). Das Obergericht hat mit Entscheid vom 21.1.2011 (TB 110010) § 148 GOG als bundesrechtswidrig erklärt mit der Begründung, die fragliche Bestimmung widerspreche Art. 309 f. StPO, wonach die Staatsanwaltschaft über die Eröffnung oder Nichthandnahme einer Untersuchung entscheidet. Das Bundesgericht ist auf Beschwerde gegen diesen Entscheid hin dieser Argumentation jedoch nicht gefolgt und hat im Wesentlichen ausgeführt: Art. 7 Abs. 2 lit. b StPO erkläre ein Ermächtigungsverfahren vor einer nicht richterlichen Behörde lediglich als zulässig, schliesse aber nicht aus, dass die Kantone die Ermächtigung einer richterlichen Behörde übertragen. Wenn die Einsetzung einer nicht richterlichen Behörde zulässig sei, müsse nach dem Grundsatz «in maiore minus» auch eine unabhängige richterliche Behörde mit dem Ermächtigungsverfahren betraut werden können; erst wenn die Ermächtigung vorliege, könne die Staatsanwaltschaft (gemäss Art. 309 StPO) die Untersuchung eröffnen, wobei dies gemäss der allgemeinen Formulierung von § 148 GOG nicht nur für die kantonalen, sondern für die Beamten schlechthin gelte, also auch für kommunale (Polizei-)Beamte (BGE 137 IV 269).

II. Begriff des Beamten

Der in § 148 GOG verwendete Begriff des «Beamten» ist im Sinne von Art. 110 Abs. 3 StGB auszulegen und umfasst auch Angestellte der öffentlichen (auch kommunalen) Verwaltung und der Rechtspflege sowie Personen, die unbefristet oder befristet mit einem vollen oder reduzierten Pensum im Staatsdienst stehen, eingeschlossen die vom Volk auf Amtsdauer gewählten Mitarbeiter (§ 3 PersG). Auch Personen, deren Beamtenstatus aufgehoben wurde und deren Anstellung nach dem PersG geregelt ist, sind vor ungerechtfertigten Angriffen und Ansprüchen zu schützen (§ 32 PersG).

3

Nach der Rechtsprechung umfasst der Begriff des Beamten i.S.v. Art. 110 Abs. 3 StGB nicht nur die institutionellen, sondern auch die funktionellen Beamten, bei denen die Funktion der Verrichtungen entscheidend ist. Bestehen diese in der Erfüllung öffentlicher Aufgaben, so sind ihre Tätigkeiten amtlich und die sie verrichtenden Personen Beamte im Sinne des StGB (BGE 135 IV 198).

4

Nicht zu den Beamten und Angestellten gehören die Mitglieder des Kantonsrats, des Regierungsrats und der obersten kantonalen Gerichte. Gegebenenfalls kann aber der Kantonsrat die Immunität im Verfahren gemäss § 37 KRG aufheben.

5

III. Magistratspersonen

Magistratspersonen des Bundes sind die Bundesräte, die ordentlichen Mitglieder des Bundesgerichts und der Bundeskanzler. Kantonale Magistratspersonen sind die Regierungsräte und die Mitglieder der obersten Gerichte (Obergericht, Sozialversicherungsgericht, Verwaltungsgericht, § 1 Abs. 3 PersG). Sie alle geniessen Immunität (nachfolgend N. 7 f.), die unter bestimmten Voraussetzungen aufgehoben werden kann (nachfolgend N. 9 ff.).

6

IV. Immunität und Strafverfolgungsprivileg

7 Das Strafverfolgungsprivileg für Magistratspersonen, Beamte und Angestellte (ursprünglich Art. 366, seit 2007 Art. 347 StGB) wurde geschaffen, um zu verhindern, dass Personen, die öffentliche Aufgaben wahrnehmen, leichtfertigen, unbegründeten, mutwilligen oder trölerischen Strafanzeigen ausgesetzt und dadurch von der Ausübung ihrer Amtstätigkeit abgehalten werden (BGE 135 I 113 E. 1). Es gilt auch für Personen, die nur vorübergehend amtliche Funktionen ausüben (BGE 123 IV 76 E. 1).

8 Die Immunität ist ein Strafausschliessungsgrund, auf den die geschützten Personen nicht zum Voraus verzichten können (HAUSER/SCHWERI/HARTMANN, Schweizerische Strafprozessrecht, § 17 N. 1). Es gibt zwei Arten von Immunität:
- die *parlamentarische Immunität* für die Mitglieder der obersten eidgenössischen und kantonalen Behörden. Mitglieder der Bundesversammlung können für ihre Äusserungen in den Räten und in deren Organen strafrechtlich nicht zur Verantwortung gezogen werden und geniessen insofern eine *absolute Immunität* (dazu Art. 16 BG über die Bundesversammlung, Parlamentsgesetz, vom 13.12.2002, SR 171.10). Für andere Handlungen, die im Zusammenhang mit ihrer amtlichen Tätigkeit stehen, besitzen sie nur eine relative Immunität, die unter gewissen Voraussetzungen aufgehoben werden kann.

- die *diplomatische Immunität* für Diplomaten, Mitglieder des diplomatischen Personals und ihre Familienangehörigen, Verwaltungspersonal und technisches Personal der diplomatischen Vertretungen. Sie kann vom Entsendestaat aufgehoben werden mit der Folge, dass die betreffende Person entweder im Empfänger- oder im Entsendestaat für begangene Verfehlungen verfolgt und bestraft werden kann (dazu ausführlich HAUSER/SCHWERI/HARTMANN, a.a.O., § 17 N. 2 und 3).

V. Aufhebung der Immunität und Ermächtigung zur Strafverfolgung

9 *Eidgenössische Magistratspersonen und von der Bundesversammlung gewählte Behördenmitglieder* dürfen für strafbare Handlungen, welche sich auf ihre amtliche Tätigkeit beziehen, nur mit Ermächtigung der eidgenössischen Räte verfolgt werden (Art. 14 VG vom 14.3.1958, SR 170.32). Eidgenössische Magistratspersonen können für Delikte, die keinen Zusammenhang mit ihrer amtlichen Stellung oder Tätigkeit haben, während ihrer Amtsdauer nur mit ihrer schriftlichen Zustimmung oder mit der Zustimmung des Bundesrates bzw. des Bundesgerichtes als Beschuldigte in eine Strafuntersuchung gezogen werden (Art. 61a Abs. 1 Regierungs- und Verwaltungsorganisationsgesetz vom 21.3.1997, SR 172.010; Art. 11 Abs. 1 BGG, SR 173.110).

10 *Mitglieder der Bundesversammlung* geniessen für ihre Äusserungen in den Räten und deren Organisationen absolute Immunität (s. vorn N. 8). Wegen sonstiger strafbarer Handlungen, die im Zusammenhang mit ihrer amtlichen Stellung oder Tätigkeit stehen, kann eine Strafuntersuchung gegen sie nur mit Ermächtigung der Bundesversammlung eingeleitet werden (Art. 17–19 ParlG). Strafbare Handlungen, die keinen Zusammenhang

mit ihrer amtlichen Tätigkeit haben, dürfen während einer Session nur verfolgt werden, wenn entweder der Beschuldigte zustimmt oder der Rat eine Ermächtigung erteilt (Art. 20 ParlG; sog. Sessionsteilnahmegarantie). Ausserhalb der Session braucht es für die Verfolgung derartiger Delikte weder eine Zustimmung des Betroffenen noch eine behördliche Ermächtigung.

Dem Verantwortlichkeitsgesetz unterstehende *Angestellte von Bundesbehörden und von Organen, die mit öffentlichen Aufgaben betraut sind* (Mitglieder und Ersatzmitglieder von Behörden und Kommissionen des Bundes, die ausserhalb der eidgenössischen Gerichte und der Bundesverwaltung stehen, Beamte und übrige Arbeitskräfte des Bundes sowie Personen, die unmittelbar mit öffentlichen Aufgaben des Bundes betraut sind; vgl. Art. 1 VG), können wegen Delikten, die sie in ihrer amtlichen Tätigkeit verübt haben, nur mit Ermächtigung des Eidgenössischen Justiz- und Polizeidepartements verfolgt werden (Art. 15 VG). Dies gilt auch dann, wenn die betreffende Person zur Zeit der Einleitung des Strafverfahrens nicht mehr mit öffentlich-rechtlichen Aufgaben betraut war (BGE 106 Ib 277). 11

Gegen *Personen im Militärdienst* können zivile Strafverfolgungsbehörden nur dann eine Untersuchung einleiten, wenn das Eidgenössische Departement für Verteidigung, Bevölkerungsschutz und Sport, vertreten durch den Oberauditor, zustimmt (Art. 222 MStG, Art. 101*a* Abs. 1 MStV). 12

Kantonale Magistratspersonen dürfen wegen strafbarer Handlungen, die sie in Ausübung ihres Amtes begangen haben, nur verfolgt werden, wenn der Kantonsrat die Ermächtigung dazu erteilt (§ 38 Abs. 1 KRG; s. hinten N. 22 f.). 13

Mitglieder des Kantonsrats und des Regierungsrats dürfen wegen Äusserungen in den Verhandlungen des Rats, der Geschäftsleitung oder einer Kommission nur verfolgt werden, wenn der Kantonsrat mit einer Mehrheit von zwei Dritteln der anwesenden Mitglieder ihre Immunität aufhebt (§ 37 Abs. 1 KRG). 14

Kantonale und kommunale Beamte, die im Rahmen ihrer amtlichen Tätigkeit delinquieren, dürfen nur verfolgt werden, wenn das Obergericht dazu die Bewilligung erteilt (§ 148 GOG). Wird diese Bewilligung erteilt, so schützt der Staat seine Beamten noch in besonderer Weise, indem er die Kosten des erstinstanzlichen Rechtsschutzes übernimmt. Diese kann er nur dann zurückfordern, wenn sich im Verfahren herausstellt, dass der Angestellte seine Amtspflichten vorsätzlich oder grob fahrlässig verletzt hat (§ 32 PersG, § 20 VVO zum PersG, LS 177.111). 15

Die Strafverfolgung von Delikten, welche Magistratspersonen, Parlamentarier, Beamte und Angestellte als Privatperson verübt haben, unterliegt keiner Einschränkung und bedarf keiner Bewilligung. Ausnahmen: eidgenössische Magistratspersonen s. vorn N. 9; eidgenössische Parlamentarier während der Session s. vorn N. 10. 16

Bei den häufig vorkommenden Bagatelldelikten im Strassenverkehr rechtfertigt sich die Durchführung eines Ermächtigungsverfahrens nicht (vgl. Art. 15 Abs. 1 VG, SR 170.32). Voraussetzung ist indessen, dass neben der Widerhandlung gegen das SVG nicht andere konkurrierende schwere Verfehlungen begangen wurden (SJZ 64, S. 58 Nr. 21). 17

VI. Verfahrensfragen

18 Wird eine Strafverfolgung ohne die erforderliche Ermächtigung eingeleitet, so kann der Mangel durch deren nachträgliche Erteilung geheilt werden mit der Folge, dass auch die der nachträglichen Erteilung vorausgegangenen prozessualen Handlungen als gültig erachtet werden (BGE 110 IV 46; dazu auch ZBJV 123 S. 580).

1. Verfahren vor dem Obergericht

19 Nach der durch das Bundesgerichtsurteil vom 15.7.2011 (vorn N. 2) insoweit geklärten Rechtslage hat das Obergericht im Rahmen von § 148 GOG als Ermächtigungsbehörde (entgegen dem missverständlichen Wortlaut des Gesetzes) nicht darüber zu entscheiden, ob eine Strafuntersuchung zu eröffnen ist, weil dazu gemäss Art. 309 f. StPO ausschliesslich die Staatsanwaltschaft zuständig ist. Das Obergericht hat insbesondere über das Vorliegen eines hinreichenden Tatverdachts nicht im Detail zu befinden. Angesichts des Art. 7 Abs. 2 lit. b StPO zugrunde liegenden Zwecks (Schutz der Staatsbediensteten vor offensichtlich mutwilligen bzw. trölerischen Strafanzeigen) ist die Ermächtigung in der Regel nur bei *klarerweise unbegründeten Strafanzeigen* zu verweigern, in Zweifelsfällen also zu erteilen, wobei in diesem Zusammenhang ausschliesslich strafrechtliche (und nicht politische oder sonstige) Aspekte zu berücksichtigen sind (vgl. jetzt OGer TB110024 vom 30.9.2011, E. II.2). Erst wenn das Obergericht die Ermächtigung zur Strafverfolgung erteilt hat, kann die Staatsanwaltschaft gemäss Art. 309 f. StPO den förmlichen Entscheid über die Eröffnung oder Nichtanhandnahme der Strafuntersuchung treffen.

20 Hinsichtlich der Parteistellung allfälliger Opfer bzw. ihrer Angehörigen und der Gewährung von Verfahrensrechten kann sinngemäss auf das nachfolgend zum Kantonsrat Auszuführende verwiesen werden (N. 24). Ob es sich zwecks Nichtgefährdung einer anschliessenden Strafuntersuchung ausnahmsweise rechtfertigen lässt, in diesem Stadium des Verfahrens von der Gewährung des rechtlichen Gehörs abzusehen, erscheint zumindest als fraglich (s. hinten N. 24). Im Ermächtigungsverfahren werden nach obergerichtlicher Praxis sodann keine Kosten erhoben und keine Prozessentschädigungen ausgerichtet (OGer ZH TB 110024 vom 30.9.2011, E. II.4).

21 Gegen den Entscheid des Obergerichts ist die Beschwerde in öffentlich-rechtlichen Angelegenheiten an das Bundesgericht insoweit zulässig, als es nicht um die Strafverfolgung von obersten kantonalen Vollziehungs- oder Gerichtsbehörden (dazu unten N. 22. f.) geht und somit Art. 83 lit. e BGG nicht zum Tragen kommt (zit. Urteil des Bundesgerichts vom 15.7.2011, E. 1).

2. Verfahren vor dem Kantonsrat

22 Neben den rein strafrechtlichen Gesichtspunkten kann der Kantonsrat (anders als das Obergericht beim Verfolgungsprivileg der Beamten, vorne N. 19) bei seinem Entscheid auch politische bzw. staatspolitische Erwägungen oder Opportunitätsgründe berücksichtigen (BGE 106 IV 43, 135 I 113 E. 1). Die Immunität von Magistratspersonen wird dabei in der Regel geschützt, ausgenommen wenn die Interessen des Gemeinwesens höher wiegen als die Vorteile der ungehinderten Amtsausübung (HAUSER/SCHWERI/HARTMANN, Schweizerisches Strafprozessrecht, § 20 N. 4; vgl. auch Pr 92 [2003] Nr. 171 E. 6.2

m.H.). Offensichtlich unbegründete Anzeigen und Ermächtigungsgesuche kann die Geschäftsleitung des Kantonsrats auf Antrag der Justizkommission ohne Weiterleitungen oder nach Beizug der Akten und einer schriftlichen Stellungnahme der betroffenen Person selbständig von der Hand weisen (§ 38 Abs. 2 letzter Satz KRG).

Der Antrag zur Aufhebung des Verfolgungsprivilegs kann nicht nur von Behördenmitgliedern, Parlamentariern oder Gerichten, sondern auch von Dritten (Privaten) gestellt werden (§ 38 Abs. 2 KRG). 23

Im Verfahren vor dem Kantonsrat kommt den vom geltend gemachten Delikt betroffenen Opfern bzw. deren nahen Angehörigen Parteistellung zu; konkret haben sie Anspruch auf rechtliches Gehör und einen begründeten Entscheid. Die Verletzung dieser Ansprüche können sie mit subsidiärer Verfassungsbeschwerde vor Bundesgericht geltend machen (BGE 135 I 113 E. 2.2 und 2.3). 24

Erteilt der Kantonsrat die Ermächtigung zur Durchführung einer Strafuntersuchung gegen Magistratspersonen, so kann er dafür einen besonderen Staatsanwalt bestimmen (§ 38 Abs. 4 KRG). Allerdings ist im Lichte des bundesgerichtlichen Urteils vom 15.7.2011 (vorn N. 2) einstweilen unklar, ob nicht auch in diesem Fall vorerst die Staatsanwaltschaft formell über die Eröffnung der Untersuchung zu entscheiden habe, weil auch der Kantonsrat (entgegen dem Wortlaut des Gesetzes) insoweit lediglich als Ermächtigungs-, nicht aber als Eröffnungsbehörde im Sinne von Art. 309 f. StPO amten kann. 25

§ 149 Aufgaben in Zuständigkeitsfragen

¹ Kommt die Zuständigkeit des Bundes oder eines anderen Kantons infrage und können sich die beteiligten Strafverfolgungsbehörden nicht einigen, unterbreitet
   a. die Staatsanwältin, der Staatsanwalt oder die Übertretungsstrafbehörde die Akten der Oberstaatsanwaltschaft,
   b. die Jugendanwältin oder der Jugendanwalt die Akten der Oberjugendanwaltschaft.

² Streitigkeiten über die Trennung von Verfahren gemäss Art. 11 JStPO entscheidet das Obergericht als Beschwerdeinstanz.

Literatur
E. SCHWERI/F. BÄNZIGER, Interkantonale Gerichtsstandsbestimmung in Strafsachen, 2. Aufl., Bern 2004.

Inhaltsübersicht   N.
I.   Innerkantonale Gerichtsstandsstreitigkeiten 1
II. Interkantonale Gerichtsstandsstreitigkeiten 2
     1. Arten 2
     2. Meinungsaustausch 4
     3. Entscheid 7
III. Trennung der Verfahren gemäss Abs. 2 9

I. Innerkantonale Gerichtsstandsstreitigkeiten

1 Wenn bei innerkantonalen Gerichtsstandsstreitigkeiten die unteren Instanzen sich nicht einigen können, entscheidet die Oberstaatsanwaltschaft, welche kantonale Strafverfolgungsbehörde zur Strafverfolgung berechtigt und verpflichtet ist (Art. 40 Abs. 1 StPO). Deren Entscheid kann mit Beschwerde in Strafsachen nach Art. 78 ff. und 92 BGG ans Bundesgericht weitergezogen werden (FINGERHUTH/LIEBER, in: Donatsch/Hansjakob/Lieber, StPO Komm., Art. 40 N. 3).

II. Interkantonale Gerichtsstandsstreitigkeiten

1. Arten

2 Kommen für verschiedene strafbare Handlungen die Behörden mehrerer Kantone für die Strafverfolgung infrage, so entsteht ein Kompetenzkonflikt. Lehnt ein Kanton oder lehnen mehrere Kantone die Strafverfolgung ab, weil sie für die Verfolgung dieser (u.U. umfangreichen, zeitraubenden oder komplizierten) Fälle einen anderen Kanton als zuständig erachten, so liegt ein *negativer Kompetenzkonflikt* vor. In seltenen Fällen gibt es auch *positive Kompetenzkonflikte,* wenn mehrere Kantone die Zuständigkeit zur Strafverfolgung aller Delikte für sich in Anspruch nehmen (z.B. weil grössere deliktisch erworbene Vermögenswerte beschlagnahmt worden sind, die nach einer Verurteilung des Täters teilweise in die Staatskasse jenes Kantons fliessen, der das Strafverfahren durchgeführt hat, s. BG über die Teilung eingezogener Vermögenswerte vom 19.3.2004 [TEVG; SR 312.4]).

3 Nach Art. 39 StPO ist jede Strafverfolgungsbehörde verpflichtet, vor der Anhandnahme eines Verfahrens ihre Zuständigkeit von Amtes wegen zu prüfen. Sie muss die für die Bestimmung der örtlichen Zuständigkeit erheblichen Tatsachen abklären (BGE 107 IV 80, 86 IV 131). Hält sie sich für unzuständig, so darf sie (im Hinblick auf das öffentliche Interesse an der Ahndung der Straftaten) den Fall nicht einfach ablehnen, sondern hat ihn der zuständigen Stelle weiterzuleiten bzw. muss mit jenem Kanton, den sie für zuständig hält, Verbindung aufnehmen und einen Meinungsaustausch über die Zuständigkeit pflegen (Art. 39 Abs. 2 StPO; BGE 100 IV 125).

2. Meinungsaustausch

4 Gelangt eine Strafverfolgungsbehörde nach Abklärung der für die Gerichtsstandsbestimmung wesentlichen Tatsachen zum Ergebnis, dass ein anderer Kanton für die Durchführung des Verfahrens zuständig sei, oder erfährt sie im Laufe ihrer Untersuchung, dass der Beschuldigte noch in einem anderen Kanton oder in mehreren anderen Kantonen wegen anderer Verfehlungen verfolgt wird, so hat sie mit dem anderen Kanton bzw. den anderen Kantonen in Verbindung zu treten und einen Meinungsaustausch einzuleiten mit dem Ziel, eine Vereinbarung über den Gerichtsstand zu erreichen. Dieser Meinungsaustausch soll nicht ein «bellum omnium contra omnes» sein, sondern vom Geist der gegenseitigen Loyalität getragen werden (dazu vorn § 107 N. 4 ff.). Die Kompetenz der ein-

zelnen Staatsanwaltschaften zur direkten Verhandlungsführung folgt bereits aus Art. 26 Abs. 4 bzw. Art. 39 Abs. 2 StPO.

Der Meinungsaustausch wird in der Regel von jenem Kanton eingeleitet, in dem das Strafverfahren zuerst angehoben wurde und dessen Behörden sich für die Verfolgung als unzuständig betrachten. Aufseiten des Kantons Zürich wird der Meinungsaustausch von der Oberstaatsanwaltschaft geführt. Einigen sich die kantonalen Behörden im Rahmen ihres Meinungsaustausches auf einen Gerichtsstand, so ist damit die Zuständigkeit begründet (BGE 85 IV 210), doch kann der Betroffene, der mit dem Ergebnis der Einigung nicht einverstanden ist, innert zehn Tagen die Beschwerdekammer des Bundesstrafgerichts anrufen (Art. 41 Abs. 2 i.V.m. Art. 40 Abs. 2 StPO). 5

Ob und unter welchen Voraussetzungen nach Anklageerhebung das sich als unzuständig erachtende Gericht eine erneute Beurteilung des Gerichtsstandes vornehmen bzw. veranlassen kann, beurteilt sich nach Art. 42 Abs. 3 StPO. 6

3. Entscheid

Kommt im Rahmen des Meinungsaustausches keine Einigung zustande, so hat die Staatsanwaltschaft bzw. die Übertretungsstrafbehörde den Fall an die Oberstaatsanwaltschaft zu überweisen, welche den Kanton nach aussen vertritt (§§ 107 und 114 Abs. 3 lit. a GOG). Diese ersucht dann (wenn der Kanton Zürich sich zuerst mit der Sache befasst hat) das Bundesstrafgericht um einen Entscheid (Art. 40 Abs. 2 StPO) oder (wenn das Bundesstrafgericht von einem anderen Kanton angerufen worden ist) vertritt den Kanton im bundesstrafgerichtlichen Verfahren. Zum Verfahren vor Bundesstrafgericht s. vorn § 107 N. 6 ff. Der Entscheid des Bundesstrafgerichts ist endgültig. 7

Was bei (innerkantonalen und interkantonalen) Gerichtsstandskonflikten für das Strafverfahren gegen Erwachsenen gilt, findet sinngemäss Anwendung auf die Verfahren gegen Jugendliche (§ 149 Abs. 1 lit. b GOG). Bei Jugendlichen wurden interkantonale Gerichtsstandskonflikte früher vom Bundesrat entschieden. Art. 10 Abs. 7 JStPO erklärt indessen für die Beurteilung dieser Konflikte ebenfalls das Bundesstrafgericht als zuständig. 8

III. Trennung der Verfahren gemäss Abs. 2

Sind an den in einem Kanton zu beurteilenden Straftaten sowohl Erwachsene wie auch Jugendliche beteiligt, so werden die Strafverfahren gegen diese beiden Personenkategorien getrennt geführt, sofern die Untersuchung dadurch nicht wesentlich erschwert wird (Art. 11 JStPO). Über die Trennung der Verfahren können sich die beteiligten Untersuchungsbehörden verständigen. Können sie sich nicht einigen oder sind die Betroffenen mit der behördlichen Vereinbarung nicht einverstanden, so kann nach § 149 Abs. 2 GOG das Obergericht als Beschwerdeinstanz angerufen werden. 9

B. Rechtshilfe

§ 150 *Interkantonale Rechtshilfe*

¹ Die Strafbehörden können anderen Kantonen in Strafsachen des kantonalen Rechts Rechtshilfe gewähren.

² Die nationale Rechtshilfe wird von der am Ort der vorzunehmenden Verfahrenshandlung zuständigen Strafbehörde geleistet:
  a. im Vorverfahren gegen Erwachsene bei Verbrechen oder Vergehen von den Staatsanwaltschaften,
  b. in der Untersuchung gegen beschuldigte Jugendliche von der Jugendanwaltschaft,
  c. im Übertretungsstrafverfahren von den Statthalterämtern,
  d. im Gerichtsverfahren vom Bezirksgericht als Einzelrichter gemäss § 31.

³ Benachrichtigungen gemäss Art. 52 Abs. 2 StPO und Gesuche gemäss Art. 53 StPO erfolgen an die Oberstaatsanwaltschaft, in Jugendstrafverfahren an die Oberjugendanwaltschaft.

Literatur

TH. BOPP, Interkantonale Rechtshilfe in Strafsachen, ZBJV 1993, S. 149 ff.; P. CORNU, L'application du concordat sur l'entraide judiciaire dans la pratique des autorités de poursuite pénale, ZStrR 115 (1997), S. 31 ff.; H. MÜLLER, Das Rechtshilfekonkordat in der Praxis, ZStrR 115 (1997), S. 3 ff.; R. TRÜB, Die interkantonale Rechtshilfe im schweizerischen Strafrecht, Diss. Zürich 1950; ferner Literatur und Kommentarstellen zu aArt. 356 ff. StGB und Art. 43 StPO.

Inhaltsübersicht

		N.
I.	Begriff der Rechtshilfe	1
II.	Rechtsnatur der Rechtshilfe	3
III.	Arten der Rechtshilfe	4
	1. Innerkantonale Rechtshilfe	4
	2. Interkantonale Rechtshilfe	5
	a) auf dem Gebiet des Bundesstrafrechts	6
	b) auf dem Gebiet des kantonalen Strafrechts	14
	3. Internationale Rechtshilfe	16
IV.	Gegenstand der Rechtshilfe	17
V.	Teilnahmerecht der Betroffenen	21
VI.	Kosten	22
VII.	Anfechtung von Rechtshilfehandlungen	23
VIII.	Benachrichtigung gemäss Abs. 3	24

I. Begriff der Rechtshilfe

Rechtshilfe ist die gegenseitige Unterstützung von Amtsstellen. Sie umfasst jede Massnahme, um die eine Behörde in einem Strafverfahren im Rahmen ihrer Zuständigkeit eine andere Behörde ersucht (Art. 43 Abs. 3 StPO).

Jede Behörde ist grundsätzlich an ihren Amtssprengel gebunden. Oft aber gehen die örtlichen Beziehungen der am Prozess Beteiligten über diesen Sprengel hinaus (auswärtiger Wohnsitz der Parteien, Zeugen oder Sachverständigen, Augenschein, Beschlagnahme, Verhaftung usw.). Die Behörden des einen Kantons sind deshalb oft auf die Behörden eines andern Kantons (oder des Auslandes) angewiesen, wenn sie auf dessen Gebiet Prozesshandlungen vornehmen (lassen) wollen. Dieser Beistand durch andere Behörden wird als Rechtshilfe bezeichnet, während der Beistand zwischen Verwaltungsbehörden als Amtshilfe gilt. Die Behörde, welche Rechtshilfe verlangt, ist die ersuchende, jene, die Rechtshilfe leistet, die ersuchte Behörde. Formell und ordnungsgemäss verlangte Rechtshilfemassnahmen sind vom ersuchten Kanton nicht auf ihre Zweckmässigkeit und Angemessenheit hin zu überprüfen (Art. 49 Abs. 1 Satz 2 StPO).

II. Rechtsnatur der Rechtshilfe

Die Frage, ob die Rechtshilfe zur Justizverwaltung oder zur Rechtsprechung gehöre, war lange Zeit kontrovers (s. dazu HAUSER/HAUSER, Anm. 2 zu § 126/127 alt GVG). Nach der Praxis des Obergerichts ist das Rechtshilfeverfahren kein Parteiverfahren, sondern ein nicht streitiges Verwaltungsverfahren. Die Prüfung und der Entscheid über die Zulässigkeit der Rechtshilfe, d.h. die Beurteilung der Frage, ob die Voraussetzungen zur Gewährung der Rechtshilfe gegeben seien, ist nach dieser Theorie Justizverwaltung; der eigentliche Vollzug des Ersuchens im engeren Sinn (z.B. die Beweiserhebung) ist dagegen Rechtspflege (ZR 88 Nr. 95; dazu auch VEB 1957 Nr. 3 S. 14). Das Kassationsgericht ging in seiner Rechtsprechung zu § 23 GVG, der analog auch für das kantonalrechtliche Strafverfahren galt, allerdings davon aus, dass nach zürcherischem Recht sowohl die Prüfung der Zulässigkeit wie auch der Vollzug der Rechtshilfe Akte der Rechtsprechung darstellen und daher durchwegs mit prozessualen Rechtsmitteln anfechtbar seien (ZR 94 Nr. 18). Gehört die Rechtshilfe zur Justizverwaltung, so kann der Entscheid über die Bewilligung oder Verweigerung der Rechtshilfe nur durch Beschwerde weitergezogen werden (ZR 64 Nr. 19, dazu hinten N. 23).

III. Arten der Rechtshilfe

Je nach der sachlichen Zuständigkeit der Untersuchungsbehörde wird unterschieden:

1. Innerkantonale Rechtshilfe

Innerkantonale Rechtshilfe ist Rechtshilfe innerhalb des Kantons. Sie wickelt sich weitgehend formfrei ab. Die Behörde des Bezirks A begibt sich in den Bezirk B und verhört dort den Zeugen X. Das Prozessgericht des einen Bezirks kann aber auch den Richter eines andern Bezirks um Einvernahme des Zeugen X ersuchen, und es erhält in der Folge das Einvernahmeprotokoll (RB des Obergerichts Schaffhausen 2003 S. 182). In der Praxis kommt die innerkantonale Rechtshilfe kaum zur Anwendung, weil die zürcherischen Strafverfolgungsbehörden und Gerichte befugt sind, Amtshandlungen auf dem ganzen Kantonsgebiet vorzunehmen, sodass sie nicht darauf angewiesen sind, andere innerkantonale Behörden um Rechtshilfe zu ersuchen.

2. Interkantonale Rechtshilfe

5 Es handelt sich hier um Rechtshilfe zwischen den Kantonen einerseits und zwischen dem Bund und den Kantonen andererseits (Art. 49 ff. StPO). Bei der interkantonalen Rechtshilfe muss unterschieden werden:

a) Rechtshilfe auf dem Gebiet des Bundesstrafrechts

6 Die interkantonale Rechtshilfe in Strafsachen ist durch Art. 49 ff. StPO vorgeschrieben. Die untersuchende Behörde

7 – kann entweder auf dem fremden Kantonsgebiet direkt Verfahrenshandlungen vornehmen (ausgenommen Zwangsmassnahmen, die stets von der ersuchten Behörde vorzunehmen sind; Art. 50 StPO). Sie muss ihre beabsichtigen Handlungen aber vorher der zuständigen Behörde des fraglichen Kantons (im Strafverfahren gegen Erwachsene der Oberstaatsanwaltschaft, im Strafverfahren gegen Jugendliche der Oberjugendanwaltschaft, Art. 52 StPO, § 150 Abs. 3 GOG) melden; in dringenden Fällen ist auch eine nachträgliche Meldung zulässig (Art. 52 Abs. 2 StPO). Für die blosse Einholung von Auskünften und für Gesuche um Herausgabe von Akten ist indessen keine Meldung erforderlich (Art. 52 Abs. 2 StPO, dazu auch Art. 45 StPO);

8 – oder sie kann die ausserkantonale Behörde ersuchen, die erbetene Amtshandlung an ihrer Stelle vorzunehmen. § 150 Abs. 2 GOG bestimmt, welche Behörde diese Rechtshilfehandlungen vornehmen muss.

9 Denkbar ist auch eine Kombination dieser beiden Formen in der Weise, dass z.B. die Verfahrenshandlung durch die ersuchte Behörde vorgenommen wird und der ersuchenden Behörde gestattet wird, bei der Vornahme der Handlung anwesend zu sein und Ergänzungsfragen oder -begehren zu stellen. Von dieser im Gesetz nicht eigens vorgesehenen Möglichkeit wird vor allem im internationalen Rechtshilfeverfahren gestützt auf staatsvertragliche Regelungen oft, im interkantonalen Rechtshilfeverkehr dagegen selten Gebrauch gemacht, denn wenn sich die ersuchende Behörde zur Vornahme einer Verfahrenshandlung schon in den ersuchten Kanton begibt, kann sie dort die erforderliche Handlung selbst vornehmen, ohne die Behörden dieses Kantons damit zu betrauen.

10 In Strafsachen, auf welche das StGB oder ein anderes Bundesgesetz anwendbar ist, sind nicht nur die Kantone unter sich, sondern auch die Kantone und der Bund gegenseitig zur Rechtshilfe verpflichtet (Art. 44 StPO). Die bisher mögliche Verweigerung der Zuführung aufgrund von politischen bzw. Mediendelikten (Art. 356 Abs. 2 und 3 StGB) ist infolge ersatzloser Streichung dieser Bestimmungen entfallen.

11 Neben der interkantonalen Rechtshilfe sind die Kantone auch verpflichtet, dem Bund bei der Handhabung seiner Gerichtsbarkeit im Verfahren und bei der Urteilsvollstreckung

zu helfen (Art. 45 StPO, Art. 74 StBOG). Auch zwischen militärischen und kantonalen Strafverfolgungsbehörden besteht die Rechtshilfepflicht, wobei beide Behörden in der Regel direkt miteinander verkehren (Art. 18 MStP).

Nach Art. 43 Abs. 3 StPO ist zwischen Polizeibehörden von Bund und Kantonen oder von Kantonen untereinander die direkte Rechtshilfe zulässig, ausgenommen bei Zwangsmassnahmen, über welche die Staatsanwaltschaft oder das Gericht zu entscheiden hat. Die Zusammenarbeit zwischen Polizeibehörden vor der Eröffnung eines Strafverfahrens wird als Amtshilfe, diejenige nach der Eröffnung eines Strafverfahrens als eigentliche Rechtshilfe bezeichnet. 12

Das Verfahren der Rechtshilfe ist geregelt in den Art. 43 ff. StPO. 13

b) Rechthilfe auf dem Gebiet des kantonalen Strafrechts

In Verfahren, die sich auf kantonales Strafrecht stützen, wurde die Rechtshilfe ursprünglich aus Entgegenkommen gewährt, woraus sich dann eine langjährige Praxis und ein Gewohnheitsrecht entwickelte (BGE 85 I 103). Das am 5.11.1992 von der Konferenz der kantonalen Justiz- und Polizeidirektoren beschlossene Konkordat über die Rechtshilfe und die interkantonale Zusammenarbeit in Strafsachen (LS 325), dem der Kanton Zürich am 25.9.1994 mit Wirkung auf den 1.1.1995 beigetreten war, ermöglichte es den Kantonen, den Anwendungsbereich des Konkordats (unter Vorbehalt des Grundsatzes des Gegenrechts) auch auf die kantonale Gesetzgebung auszudehnen. Diese Möglichkeit der Ausdehnung wird durch § 150 Abs. 1 GOG übernommen, wobei in Abs. 2 festgelegt wird, welche zürcherische Strafverfolgungsbehörde in den verschiedenen Verfahren zur Leistung der Rechtshilfe zuständig ist. Soweit Rechtshilfe auch im Bereich des kantonalen Strafrechts gewährt wird, geschieht dies nach denselben Regeln wie die Leistung der Rechtshilfe im Bereich des Bundesrechts. Mit Inkrafttreten der StPO wurde das Gesetz betreffend den Beitritt zum Konkordat aufgehoben. 14

Die Strafbestimmungen des kantonalen Rechts drohen meist Busse, vereinzelt aber auch Freiheitsstrafe an, so z.B. bei Steuerbetrug und Veruntreuung von Quellensteuern (§§ 261 und 262 Steuergesetz, LS 631.1; § 74 Erbschafts- und Schenkungssteuergesetz, LS 632.1). 15

3. Internationale Rechtshilfe

Internationale Rechtshilfe ist Rechtshilfe zwischen schweizerischen und ausländischen Strafverfolgungsbehörden. Auf sie finden die Regeln des IRSG (SR 351.1) Anwendung. Bei der internationalen Rechtshilfe wenden die kantonalen Behörden die für sie geltenden Vorschriften sinngemäss an, und für Prozesshandlungen gilt das massgebende Verfahrensrecht (Art. 12 Abs. 1 IRSG). Hinsichtlich der Zuständigkeit gilt Art. 54 f. StPO. Werden bei der Vollstreckung eines ausländischen Urteils (Art. 96 und 105 f. IRSG) bestimmte Aufgaben einem schweizerischen Richter zugewiesen, so ist hiefür das Obergericht zuständig (Art. 55 Abs. 4 StPO i.V.m. § 51 GOG; dazu W.RR S. 145 sowie OGer ZH UG110002 vom 6.4.2011). 16

IV. Gegenstand der Rechtshilfe

17 Zum Gegenstand der Rechtshilfe können gemacht werden die Zustellung von Aktenstücken, die Einvernahme von Zeugen und Sachverständigen, Konfrontationen, Beschlagnahme, Hausdurchsuchungen, Akteneditionen, Festnahmen usw., aber auch Aussöhnungsversuche mit dem Ziel, eine Wiedergutmachung i.S.v. Art. 53 StGB zu erreichen.

18 Wenn die Behörde eines Kantons für die Durchführung ihres Verfahrens die Unterstützung der Polizei eines andern Kantons benötigt, so kann sie der zuständigen Behörde dieses Kantons (im Strafverfahren gegen Erwachsene der Oberstaatsanwaltschaft, im Strafverfahren gegen Jugendliche der Oberjugendanwaltschaft, dazu Art. 53 StPO und § 150 Abs. 2 GOG) ein entsprechendes Gesuch unterbreiten, worauf die Behörde des ersuchten Kantons der örtlichen Polizei den entsprechenden Auftrag erteilt.

19 Rechtshilfe kann nicht beansprucht werden für Handlungen, welche die Behörde in einem andern Kanton selbst durchführen kann (z.B. Beschaffung von Auskünften von einem Grundbuch-, Betreibungs- oder Konkursamt oder aus dem Handelregister; dazu BGE 71 IV 139).

20 § 150 Abs. 2 lit. d GOG übernimmt im Strafverfahren die Regelung, welche § 31 Abs. 1 und 2 GOG für das Zivilverfahren vorsieht. Die Gerichte können in der Regel als Rechtshilfehandlung nur Beweiserhebungen vornehmen, die sie selbst durchführen würden (z.B. Einvernahmen von Auskunftspersonen und Zeugen; dazu W.RR S. 145).

V. Teilnahmerecht der Betroffenen

21 Die Parteien, ihre Vertreter und die ersuchende Behörde sind berechtigt, auf Verlangen an den verlangten Verfahrenshandlungen im andern Kanton teilzunehmen. Damit ihnen diese Teilnahme möglich ist, hat die ersuchte Behörde der ersuchenden Behörde sowie den Parteien und deren Vertretern Zeit und Ort der Verhandlung rechtzeitig bekannt zu geben.

VI. Kosten

22 Die interkantonale Rechtshilfe ist dem ersuchenden Kanton grundsätzlich unentgeltlich zu leisten. Eine Rückerstattung von Auslagen für Gutachten findet nach dem Dahinfallen von Art. 358 Abs. 1 Satz 2 StGB nicht mehr statt; entstandene Kosten sind aber dem ersuchenden Kanton zu melden und können im dortigen Verfahren der kostenpflichtigen Partei auferlegt werden. Der ersuchende Kanton trägt auch die Entschädigungspflichten aus den Rechtshilfemassnahmen (Art. 47 StPO).

VII. Anfechtung von Rechtshilfehandlungen

23 Über Konflikte zwischen Behörden verschiedener Kantone betreffend Rechtshilfe entscheidet das Bundesstrafgericht (Art. 48 Abs. 2 StPO). Die Anfechtung von Rechtshil-

fehandlungen des ersuchenden bzw. des ersuchten Kantons durch die davon betroffene Partei richtet sich nach den Bestimmungen der StPO. Konkret fällt allein die Beschwerde nach Art. 393 Abs. 1 lit. a StPO in Betracht, wobei (in Analogie zum früheren Art. 19 Abs. 2 des Konkordats über die Rechtshilfe und die interkantonale Zusammenarbeit, LS 325) Einwendungen materieller Art bei der Beschwerdeinstanz des ersuchenden Kantons vorzubringen sind.

VIII. Benachrichtigung gemäss Abs. 3

Benachrichtigungen gemäss Art 52 Abs. 2 StPO und Gesuche gemäss Art. 53 StPO erfolgen an die Oberstaatsanwaltschaft, im Jugendstrafverfahren an die Oberjugendanwaltschaft.

> § 151 *Mitteilungsrechte und -pflichten*
>
> ¹ Strafbehörden dürfen andere Behörden über von ihnen geführte Verfahren informieren, wenn die Voraussetzungen von § 17 des Gesetzes über die Information und den Datenschutz vom 12. Februar 2007 erfüllt sind.
>
> ² Mitteilungsrechte und -pflichten nach besonderen Bestimmungen bleiben vorbehalten.

Nach Art. 75 Abs. 2 StPO informieren die Strafbehörden die Sozial- und Vormundschaftsbehörden über eingeleitete Strafverfahren und Strafentscheide, wenn dies zum Schutz der Beschuldigten oder Geschädigten oder ihrer Angehörigen erforderlich ist. Wenn an Straftaten Unmündige beteiligt und für diese Massnahmen erforderlich sind, hat die Information der Vormundschaftsbehörde unverzüglich zu erfolgen (Art. 75 Abs. 3 StPO). Nach Art. 75 Abs. 4 StPO können die Kantone die Strafbehörden auch zu weiteren Mitteilungen an Behörden verpflichten oder berechtigen. § 151 GOG macht von dieser Ermächtigung Gebrauch.

§ 17 des Gesetzes über die Information und den Datenschutz vom 12.2.2007 (IDG, LS 170.4) ermächtigt die öffentlichen Organe zur Bekanntgabe von Personendaten, wenn (je alternativ) eine Gesetzesbestimmung es erlaubt, die betreffende Person einwilligt, es zur Abwendung einer unmittelbar drohenden Gefahr für Leib und Leben notwendig ist oder ein anderes öffentliches Organ die fraglichen Personendaten zur Erfüllung seiner gesetzlichen Aufgabe benötigt. Da dieses Gesetz im Strafverfahren nicht ohne Weiteres gilt, hält § 151 GOG ausdrücklich fest, dass unter den genannten Voraussetzungen auch die Strafbehörden in den von ihnen geführten Verfahren die fraglichen Personendaten anderen Behörden mitteilen dürfen, wobei die Mitteilungsrechte und -pflichten anderer Bestimmungen vorbehalten bleiben (vgl. dazu insbesondere VO über die Mitteilung kantonaler Strafentscheide vom 10.11.2004, SR 312.2; s. auch Leitfaden des Bezirksgerichts Zürich «Mitteilung von Entscheiden in Strafsachen», 5. Aufl., 2010).

Im Einzelfall ist eine Mitteilung möglich, wenn es zur Abwendung einer drohenden Gefahr für Leib und Leben unentbehrlich oder der notwendige Schutz anderer wesentlicher Rechtsgüter höher zu gewichen ist (so der in diesem Zusammenhang ergänzte § 16 Abs. 1 lit. c IDG).

4 Vgl. ferner für das Zivilverfahren § 131 GOG.

C. Allgemeine Vorschriften

§ 152 *Entscheid über Ausstandsbegehren*

Ausstandsbegehren gegen Angehörige der Polizei behandeln
a. im Verfahren gegen Erwachsene die Oberstaatsanwaltschaft,
b. im Jugendstrafverfahren die Oberjugendanwaltschaft.

Literatur

A.E. LEBRECHT, Der Ausstand von Justizbeamten nach zürcherischem Prozessrecht, SJZ 86, S. 297 ff.; vgl. ferner Literatur und Kommentarstellen zu den Art. 47 ff. ZPO und 56 ff. StPO.

Inhaltsübersicht   N.

I.   Allgemeines 1
II. Ablehnungsgründe, insbesondere Befangenheit 6
III. Verfahren 12
IV. Entscheid 15
V.   Rechtsnatur des Ablehnungsverfahrens 18

I. Allgemeines

1 Die Autorität der Rechtsprechung beruht wesentlich auf der Objektivität der bei ihrer Ausübung mitwirkenden Personen, nicht nur der Richter, sondern auch der Untersuchungsbeamten. Ist deren Unparteilichkeit infrage gestellt, so droht nicht nur der Rechtsfindung im konkreten Fall Gefahr, sondern es kann allgemein das Vertrauen in die Zuverlässigkeit des Strafverfahrens erschüttert werden. Der Gesetzgeber hat deshalb Bestimmungen erlassen, die es einem Justizbeamten untersagen, in Fällen tätig zu sein, in denen seine Unparteilichkeit gefährdet erscheint (dazu HAUSER/SCHWERI/HARTMANN, Schweizerisches Strafprozessrecht, §§ 28–31). Bestehen gegenüber einem Angehörigen der Polizei Hinweise auf eine (mögliche) Befangenheit, so hat dieser entweder selbst den Ausstand zu erklären, oder er kann von einer Partei abgelehnt werden.

2 Der Begriff «Ausstandsgrund» wird in der Literatur vielfach als Oberbegriff verstanden und umfasst einerseits den «Ausschlussgrund» (bei dessen Vorliegen eine Person von Gesetzes wegen von der Ausübung ihrer Funktionen ausgeschlossen ist) und andererseits den «Ablehnungsgrund» (bei dessen Vorhandensein eine in der Strafverfolgung tätige Person abgelehnt werden kann, wenn sie als befangen erscheint).

Die Ablehnungsgründe waren früher in den kantonalen Prozessordnungen bzw. Gerichtsverfassungsgesetzen geregelt. Im Sinne einer Vereinheitlichung wurden sie für den Bereich des Strafverfahrens in den Art. 56 ff. StPO zusammengefasst (für den Zivilprozess s. Art. 47 ff. ZPO sowie § 127 GOG).

Art. 59 StPO regelt die Zuständigkeit für die Behandlung von Ausstandsbegehren in Strafsachen. Danach sind zuständig, wenn das Ausstandsbegehren sich
- gegen die Polizei richtet: die Staatsanwaltschaft,
- gegen die Staatsanwaltschaft, die Übertretungsstrafbehörde oder das erstinstanzliche Gericht richtet: die Beschwerdeinstanz,
- gegen die Beschwerdeinstanz oder einzelne Mitglieder des Berufungsgerichts richtet: das Berufungsgericht,
- gegen das gesamte Berufungsgericht richtet: das Bundesstrafgericht.

§ 152 GOG bezieht sich lediglich auf den Fall, in dem sich das Ausstandsbegehren gegen Angehörige der Polizei richtet, was nach bisherigem Recht (§§ 95 ff. GVG) nicht möglich war. Die Bestimmung präzisiert Art. 59 StPO in dem Sinne, dass sie im Verfahren gegen Erwachsene die Oberstaatsanwaltschaft und im Verfahren gegen Jugendliche die Oberjugendanwaltschaft als zuständig bezeichnet.

II. Ablehnungsgründe, insbesondere Befangenheit

Ein Polizeibeamter kann abgelehnt werden, wenn ein Grund vorliegt, der nach dem Urteil eines vernünftigen Menschen geeignet ist, Misstrauen gegen die Unparteilichkeit des Justizbeamten zu erregen. Das ist vor allem der Fall, wenn dieser aus einem der in Art. 56 StPO aufgezählten Gründe als befangen erscheint.

Unter Befangenheit versteht man eine unsachliche Einstellung gegenüber einer Prozesspartei oder dem Gegenstand des konkreten Verfahrens, aus der heraus der betreffende Beamte in die Behandlung des Falles auch unsachliche oder sachfremde Elemente einfliessen lässt mit der Folge, dass er einen Prozessbeteiligten ungerechtfertigt bevorzugt oder benachteiligt oder zumindest dazu tendiert. Der Ablehnungsgrund der Befangenheit setzt indessen nicht voraus, dass der fragliche Beamte tatsächlich befangen ist. Es genügt, wenn aufgrund konkreter Umstände bei objektiver Betrachtung der *Anschein der Befangenheit* erweckt wird, d.h., wenn Tatsachen vorliegen, welche objektiv und subjektiv Misstrauen in die Unbefangenheit des Beamten rechtfertigen. Allein das subjektive Empfinden einer Prozesspartei genügt nicht. Das Misstrauen muss durch einen konkreten Sachverhalt in objektiver Hinsicht gerechtfertigt erscheinen (EuGRZ 1992 S. 192 Ziff. 44; Pr 89 [2000] Nr. 192, RS 1997 Nr. 186, 2000 Nr. 178; ZR 86 Nr. 42 S. 95). Ein strikter Nachweis ist nicht erforderlich. Es genügt, wenn Umstände vorliegen, die objektiv ernstlich den Eindruck der Befangenheit erwecken (BGE 125 I 119, 115 Ia 172). Blosse Vermutungen, die sich auf keine Beweise oder Belege stützen, können die Ablehnung wegen Befangenheit nicht begründen. Lassen aber bestimmte Gegebenheiten Zweifel an der gebotenen Unabhängigkeit und Unparteilichkeit (Art. 4, 6 Abs. 2 StPO) einer Person aufkommen und objektive Anhaltspunkte auf eine Voreingenommenheit schliessen,

§ 152

so kann sie abgelehnt werden. Wer z.B. während der Befragung zu einem Beschuldigten sagt, er sei schon immer gut gewesen, nicht nur als Betrüger, sondern auch als Techniker, der lässt die gebotene Sachlichkeit und Distanz zur Sache vermissen, sodass der Beschuldigte begründeterweise an einer unvoreingenommenen Einstellung zweifeln darf (BGE 127 I 196).

8   Befangenheit kann nur begründet werden durch eine Verhaltensweise des Polizeibeamten, die mit dem konkreten Verfahren zusammenhängt, nicht auch durch die persönlichen Eigenschaften oder Vorstellungen des Beamten (ZR 87 Nr. 33), also z.B. nicht durch dessen Zugehörigkeit zu einer bestimmten Religionsgemeinschaft oder politischen Partei (ZR 81 Nr. 96 = SJZ 79 S. 11).

9   Freundschaft oder Feindschaft oder schwere Spannungen zwischen einem Polizeibeamten und einer Partei oder deren Vertreter kann ein Ablehnungsgrund sein, sofern die Zuneigung bzw. Abneigung ausgeprägt ist (Pr 89 [2000] Nr. 142; ZR 80 Nr. 29; SJZ 78 S. 98 Nr. 20). Die freundschaftlichen oder feindseligen Gefühle müssen aber beim Polizeibeamten vorliegen; ob die fragliche Partei solche Gefühle hegt, ist unerheblich.

10 Kein Ablehnungsgrund liegt z.B. vor (vgl. dazu HAUSER/SCHWERI/HARTMANN, Schweizerisches Strafprozessrecht, § 30 N. 5; HAUSER/SCHWERI, GVG, § 96 N. 40 ff.), wenn der Polizeibeamte
    – eine falsche oder für den Beschuldigten ungünstige Verfahrensmassnahme traf (BGE 114 Ia 158 unten),
    – in einer Einvernahme etwas überbordende Affektäusserungen machte (dem Beschuldigten z.B. Borniertheit vorwarf), solange sich daraus nicht ergibt, dass er seine Fähigkeit verloren hat, seine Affekte zu zügeln und auch das zugunsten des Beschuldigten Sprechende zu berücksichtigen (BGE 127 I 200, ZR 86 Nr. 42),
    – schon in einem früheren gegen den Beschuldigten gerichteten Verfahren geamtet hat (BGE 114 Ia 278 ff.),
    – den Beschuldigten einmal ohne Beisein des Verteidigers einvernommen und dadurch eine einfache Verletzung von Verfahrensregeln begangen hat (Pr 91 [2002] Nr. 182),
    – im Laufe der Untersuchung Äusserungen machte, die sachlich durch das bisherige Verfahren veranlasst und gerechtfertigt waren (ZR 86 Nr. 42, 88 Nr. 63 E. 8b),
    – Zeitungsberichte zu den Akten nahm, die sich negativ über den Beschuldigten aussprachen (RS 1997 Nr. 321).

11 Ein Ablehnungsgrund liegt dagegen z.B. vor, wenn
    – zwischen dem Polizeibeamten und dem Verteidiger ein schweres Zerwürfnis vorliegt (Pr 89 Nr. 142),
    – ein Polizeibeamter als Gutachter bestellt wird und Angehörige desselben Korps am Ausgang des Verfahrens beteiligt sind (ZR 81 Nr. 76).

III. Verfahren

Die Ablehnung wird geltend gemacht, indem entweder der Polizeibeamte sich selbst für befangen erklärt (Selbstablehnung) oder eine Partei Ablehnungsgründe vorbringt (Art. 57 f. StPO). Zur Geltendmachung von Ablehnungsgründen sind nur die Parteien, nicht auch Zeugen oder Auskunftspersonen berechtigt (Art. 58 StPO; vgl. ZBJV 124, 1988, S. 38).

12

Das Ablehnungsgesuch ist so früh als möglich zu stellen und zu begründen. Es verstösst gegen Treu und Glauben, den Ablehnungsgrund erst im späteren Untersuchungsverfahren vorzubringen, obschon er bereits bei der polizeilichen Befragung bekannt war. Wer sich in Kenntnis eines Ablehnungsgrundes auf das Verfahren einlässt, verwirkt den Anspruch auf spätere Ablehnung (BGE 112 Ia 339, 114 V 62 E. b, 116 Ia 138 E. d, 389 und 487 E. c, 117 Ia 323; ZR 103 Nr. 31 E. 3.2).

13

Offensichtlich unbegründete, trölerische Begehren und solche, die eine Lahmlegung des Verfahrens zum Ziel haben, sind rechtsmissbräuchlich. Dasselbe gilt sinngemäss, wenn eine Partei gegenüber dem Polizeibeamten beleidigende Äusserungen macht oder heftige Auseinandersetzungen anzettelt in der Absicht, ihn dann wegen vermuteter Befangenheit abzulehnen (ZR 47 Nr. 86, 81 Nr. 42; ZBJV 72 S. 280). Auf ein Ausstandsbegehren von Querulanten muss nicht eingetreten (s. N. 15) oder es kann erst später (z.B. mit dem Endentscheid) beurteilt werden (zum Begriff der Querulanz s. ZR 80 Nr. 28, 81 Nr. 97).

14

IV. Entscheid

Ob die Voraussetzungen zur Ablehnung gegeben sind, entscheidet die Oberstaatsanwaltschaft bzw. die Oberjugendanwaltschaft nach pflichtgemässem Ermessen. Im Einzelfall kann der Nachweis eines Ablehnungsgrundes schwer zu erbringen sein. Das Ablehnungsgesuch darf in einem solchen Fall aber nicht einfach mit der Begründung abgewiesen werden, der Gesuchsteller habe die behaupteten Gründe nicht zu beweisen vermocht (BGE 105 Ia 160 E. b). Die entscheidende Behörde hat vielmehr zu prüfen, ob die behaupteten Ablehnungsgründe bestehen (BGE 90 I 67). Das Kassationsgericht hielt es indessen für ausnahmsweise zulässig, auf ein missbräuchlich gestelltes Ausstandsbegehren ohne formellen Entscheid nicht einzutreten (ZR 91/92 Nr. 54 E. 4d).

15

Bei der Annahme, wonach ein Ablehnungsgrund (insbesondere Befangenheit) vorliege, ist Zurückhaltung geboten, weil es sonst ein Leichtes wäre, das Verfahren lahmzulegen oder zu erschweren (BGE 105 Ib 303 E. b).

16

Nach der früheren Rechtsprechung hatte der abgelehnte Beamte vom Moment der Ablehnung an in den Ausstand zu treten (ZR 47 Nr. 118 S. 264, 30 Nr. 29). Nach Art. 59 Abs. 3 StPO übt er indessen bis zum Entscheid über das Ausstandsbegehren sein Amt weiter aus. Diese Vorschrift ist sinnvoll, wenn der abgelehnte Beamte das Ablehnungsgesuch für eindeutig unbegründet hält und es sich in der Folge auch als unbegründet herausstellt. Bestehen indessen Zweifel an der Begründetheit des Gesuchs, so erscheint es als zweckmässig, wenn der Beamte von sich aus in den Ausstand tritt; amtet er weiter und wird das Ablehnungsgesuch schliesslich gutgeheissen, sind alle nach Eingang des Ge-

17

suchs vorgenommenen Untersuchungshandlungen auf Begehren einer Partei aufzuheben und zu wiederholen (Art. 60 StPO). Derartige Umtriebe und die damit verbundenen Kosten können vermieden werden, wenn der Beamte in einem solchen Fall von sich aus den Ausstand beachtet.

V. Rechtsnatur des Ablehnungsverfahrens

18 Das Ablehnungsgesuch ist kein Rechtsmittel zur Anfechtung eines Entscheides, sondern ein Rechtsbehelf, der den Parteien zur Verfügung steht. Die Frage, ob der Entscheid über den Ausstand Rechtsprechung oder Justizverwaltung sei, wurde früher kontrovers beantwortet. Das Kassationsgericht behandelte Entscheide über streitige Ausstandsbegehren seit jeher als Akte der Rechtsprechung (ZR 38 Nr. 123, 87 Nr. 136; GULDNER, Nichtigkeitsbeschwerde, S. 34 und 36). Die VK des Obergerichts erblickte dagegen früher in ihnen Akte der Justizverwaltung (ZR 26 Nr. 80, 47 Nr. 1). Später schloss es sich der Ansicht des Kassationsgerichts an und behandelte seither derartige Geschäfte als solche des Prozessrechts (ZR 52 Nrn. 41 und 94, 75 Nr. 2). Das Verfahren betreffend Ablehnung einer Justizperson nach Art. 59 StPO gehört deshalb der streitigen Gerichtsbarkeit an (SJZ 56 S. 379).

§ 153 *Protokollführung*

Die Protokollführung erfolgt bei den Strafbehörden unter Beizug einer Protokollführerin oder eines Protokollführers. Bei der Polizei, bei den Staatsanwaltschaften und Jugendanwaltschaften sowie bei den Übertretungsstrafbehörden kann die oder der Einvernehmende das Protokoll selbst führen.

Literatur

H. AEPPLI, Tonbandaufnahme von Verhören statt Protokollierung? Kriminalistik Bd. 8, S. 173 ff.; DERSELBE, Tonband im Strafrecht, Kriminalistik Bd. 12, S. 137; DERSELBE, Das Tonband im Strafverfahren, ZStrR 74, S. 217 ff.; D. BRÜSCHWEILER, in: Donatsch/Hansjakob/Lieber, StPO Komm., Art. 76 ff.; G.E. ESCHENBACH, Die Kunst des Protokollierens, Kriminalistik Bd. 12, S. 86 ff.; R. HAUSER, Die Protokollierung im schweizerischen Strafprozessrecht, ZStrR 82, S. 158 ff.; HAUSER/SCHWERI/HARTMANN, § 44 N. 21 ff.; P. MARTI, Das Protokollieren von Einvernahmen nach der Schweizerischen Strafprozessordnung aus der Sicht eines Zürcher Richters – Fluch oder Segen? fp 2011, S. 91 ff.; H. MÖNKEHANS, Das Tonband im Strafverfahren, unter besonderer Berücksichtigung des deutschen und schweizerischen Rechts, Diss. Basel 1970; PH. NÄPFLI, Das Protokoll im Strafprozess, Diss. Zürich 2007; P. POPP, Einvernahmeprotokoll in der Hauptverhandlung, fp 2011, S. 98 ff.; N. SCHMID, Handbuch, N. 566 ff.

Inhaltsübersicht

		N.
I.	Allgemeines	1
II.	Protokollführer	5
III.	Inhalt des Protokolls	7
	1. Sprache	8
	2. Sinngemässe oder wörtliche Wiedergabe	12
	3. Inhaltliche Ergänzungen	13

IV. Form des Protokolls	14
V. Arten der Einvernahmen	18
VI. Unterzeichnung des Protokolls	29
VII. Protokollberichtigung	31
1. Offensichtliche Versehen	31
2. Protokollberichtigungsgesuch	32
3. Legitimation	33
4. Zuständigkeit zur Behandlung des Gesuchs	34
5. Frist	35
6. Entscheid über das Gesuch und Rechtsmittel	36

I. Allgemeines

Das Protokoll hat im Prozess in zweifacher Hinsicht grundlegende Bedeutung: 1
– einerseits hat es eine Gedächtnis- und Perpetuierungsfunktion, welche bezweckt, dass alle prozessualen Vorgänge für alle späteren Verfahrensstadien als Grundlage für den Endentscheid festgehalten werden;
– andererseits hat es eine Beurkundungs- und Garantiefunktion, die gewährleistet, dass später festgestellt werden kann, ob alle prozessualen Regeln und Formvorschriften eingehalten worden sind.

Das formell und ordnungsgemäss erstellte Protokoll erbringt (auch wenn dem Gesetz, 2 anders als bisher § 154 GVG, kein entsprechender Hinweis zu entnehmen ist) den Beweis für die darin verurkundeten Verfahrenshandlungen (BSK SPO-NÄPFLI, Art. 76 N. 2 f.; s. auch § 133 N. 10 f. für den Zivilprozess). Ihm kommt positive und negative Beweiskraft in dem Sinne zu, dass die darin verurkundeten Vorgänge und Förmlichkeiten als erfolgt, die nicht verurkundeten dagegen als unterlassen gelten und anzunehmen ist, der Protokollinhalt gebe das Geschehene richtig wieder (ZR 108 Nr. 50 E. 3b).

Die Pflicht zur Protokollführung über entscheidwesentliche Verhandlungen und Beweis- 3 erhebungen wird teils unmittelbar aus dem Grundgedanken des rechtlichen Gehörs und teils mittelbar aus dem Akteneinsichtsrecht als Teilgehalt des Anspruchs auf rechtliches Gehör abgeleitet in der Meinung, dass vom Akteneinsichtsrecht nur dann ordnungsgemäss Gebrauch gemacht werden kann, wenn über alle rechtlich relevanten Ereignisse Akten erstellt worden sind. Handnotizen eines Untersuchungsbeamten machen das Protokoll nicht entbehrlich. Wenn entscheidrelevante Aussagen und Feststellungen im Protokoll nicht festgehalten werden, verletzt dies das rechtliche Gehör (BGE 124 V 389 = SJZ 95 S. 149 E. 2) und den Anspruch des Betroffenen auf Mitwirkung an den Beweiserhebungen (Pr 89 [2000] Nr. 190).

Die Gesetzesbestimmungen über das Protokoll sind zwingendes Recht, von deren Be- 4 folgung die Gültigkeit und Verbindlichkeit des Protokolls abhängt (ZR 54 Nr. 187, 55 Nr. 183). Sie waren früher in den kantonalen Prozessgesetzen enthalten mit der Folge, dass bezüglich der Protokollierung interkantonal erhebliche Unterschiede bestanden. Es drängte sich deshalb eine Vereinheitlichung auf, die durch Art. 76 ff. StPO erfolgte. Auch diese Bestimmungen lassen noch Fragen offen und enthalten insbesondere keine Bestimmungen darüber, von wem das Protokoll zu führen sei. § 153 GOG beantwortet diese Frage.

II. Protokollführer

5 Protokollführer bei den Strafverfolgungsbehörden sind in der Regel Polizei- oder administrative oder juristische Kanzleibeamte, welche das Protokoll nach den Weisungen des Staatsanwaltes führen. Auditoren dürfen ein Protokoll nur unter Aufsicht und Verantwortung des zuständigen (selbständigen) Protokollführers oder Untersuchungsbeamten erstellen (dazu § 24 Abs. 3 VO über die Organisation der Oberstaatsanwaltschaft und der Staatsanwaltschaften, LS 213.21). Ein von einem Auditor in Abwesenheit des zuständigen Protokollführers oder Untersuchungsbeamten erstelltes Protokoll leidet an einem Verfahrensmangel, weshalb ein Entscheid, der sich darauf stützt, anfechtbar ist (dazu auch vorn § 133 N. 14).

6 Bei der Polizei, den Staatsanwaltschaften, der Jugendstaatsanwaltschaft und den Übertretungsstrafbehörden ist ein besonderer Protokollführer nicht erforderlich, weil der Einvernehmende das Protokoll selbst führen kann.

III. Inhalt des Protokolls

7 Was das Protokoll enthalten muss, umschreibt im Einzelnen Art. 77 StPO. Diese Vorschriften stellen Gültigkeitsvorschriften dar (ZR 55 Nr. 183) und sind zwingender Natur (BSK StPO-NÄPFLI, Art. 76 N. 12; vgl. SJZ 95 S. 80).

1. Sprache

8 Das Protokoll ist in der Verfahrenssprache abzufassen. Wesentliche Aussagen müssen jedoch wenn möglich in der Sprache des Einvernommenen wiedergegeben werden (Art. 78 Abs. 2 StPO).

9 Bei der Einvernahme fremdsprachiger Personen ist in der Regel ein *Übersetzer* beizuziehen. Eine Ausnahme gilt mit dem Einverständnis der betreffenden Person in einfachen und dringenden Fällen, sofern der Einvernehmende der fremden Sprache selbst soweit mächtig ist, dass er die Fragen stellen und die Antworten für den Protokollführer und allfällig anwesende Dritte ins Deutsche übersetzen kann (Art. 68 Abs. 1 Satz 2 StPO). Wird einer fremdsprachigen Person, welche die deutsche Sprache nicht oder nicht genügend versteht, kein Übersetzer bestellt, so wird ihr das rechtliche Gehör verweigert. Bei der Überprüfung der deutschen Sprachkenntnisse des Befragten ist indessen kein allzu strenger Massstab anzulegen. Wird das Gesuch um Beizug eines Übersetzers gestellt, so hat die Gegenpartei kein schützenswertes Interesse an der Abweisung dieses Gesuchs (ZR 62 Nr. 94).

10 Der Dolmetscher ist ein Sprachkundiger, dessen Aufgabe es ist, den Prozessverkehr zwischen der Untersuchungsbehörde und den andern am Verfahren beteiligten Personen zu ermöglichen. Wer den Sinn von ausserhalb des Prozessverkehrs abgegebenen fremdsprachigen Äusserungen ermitteln und ihn im Beweisverfahren erläutern muss, gilt dagegen als Sachverständiger (BGHSt 1 S. 4).

Der Übersetzer ist Gehilfe des Untersuchungsbeamten. Sinngemäss gelten für ihn die Bestimmungen über Sachverständige (Art. 68 Abs. 5 StPO). Das bedeutet, dass er entsprechend Art. 184 Abs. 2 lit. f StPO in Pflicht zu nehmen ist. Als «in einer Strafbehörde tätige Person» gelangen für ihn auch die Ausstandsregeln nach Art. 56 ff. StPO zur Anwendung; s. auch Dolmetscherverordnung vom 26./27.11.2003 (LS 211.17).

2. Sinngemässe oder wörtliche Wiedergabe

Die wörtliche Wiedergabe aller gemachten Aussagen wäre für den praktischen Gebrauch oft zu unübersichtlich. Meist genügt eine Konzentration auf das Wesentliche (BGE 122 IV 110 E. 3, 126 I 15 E. 2). Nach Art. 78 Abs. 3 StPO müssen nur entscheidende Fragen und Antworten wörtlich protokolliert werden. Andere Aussagen werden oft unter Weglassung der Fragen und Antworten als Zusammenfassung verschiedener Äusserungen protokolliert, was allerdings problematisch ist, weil auf diese Weise Aussagen verfälscht werden können (näher dazu BSK StPO-NÄPFLI, Art. 78 N. 7 ff.).

3. Inhaltliche Ergänzungen

Das Protokoll hat nicht nur (verbale und allenfalls nonverbale) Äusserungen festzuhalten, sondern es muss z.B. auch Geschmacks- und Geruchsimmissionen, die bei einem Augenschein festgestellt werden, möglichst genau beschreiben. Als Ergänzung des Protokolls können im Sinne einer zusätzlichen Dokumentation auch fotografische Aufnahmen dienen (Darstellungen von Unordnung, Beschädigungen usw.).

IV. Form des Protokolls

Eine geläufige Form ist (und war vor allem früher) das *Handprotokoll*. Dieses besteht in jenen Notizen, welche der Protokollführer in der Verhandlung macht. Sie können von Hand oder mit der Maschine geschrieben werden. Auch stenografische Notizen sind als Handprotokoll zulässig. Schwer lesbare Handnotizen und stenografische Notizen müssen nachher unverzüglich mit der Maschine ins Reine geschrieben werden, damit sie vom Einvernommenen unterschrieben werden können (dazu Art. 78 Abs. 7 StPO; s. auch vorn § 133 N. 7).

In der Vergangenheit fiel es zunehmend schwer, Protokollführer zu finden, welche die Stenografie so beherrschen, dass sie der Protokollführung in den Verhandlungen gewachsen sind. Es lag deshalb nahe, die Protokollführung durch *Tonbandgeräte* zu ersetzen, soweit darunter die Rationalisierung und Zuverlässigkeit nicht leiden. Die Gerichte und die Parteien sind aber weiterhin auf ein handliches Protokoll angewiesen, das ordnungsgemäss von einem Protokollführer erstellt wird. Würde alles Vorgetragene und mechanisch Aufgenommene in seiner vollen Breite aufgeschrieben, wäre ein solches Protokoll für den praktischen Gebrauch zu unübersichtlich. Es bedarf somit nach der Tonbandaufnahme einer Auslese und Konzentration auf das Wesentliche, damit der Richter und die Parteien mit dem Protokoll arbeiten können. Die auf Band aufgezeichneten Aussagen müssen nur soweit in das schriftliche Protokoll aufgenommen werden, als sie zur Sache gehören (SJZ 62 S. 306 Nr. 174). Die mechanische Aufnahme des Gesprochenen wäre für sich allein zu wenig zuverlässig, weil bei der technischen Aufnahme unbemerkt Ausfälle und Störungen möglich sind und sich bei späteren Übertragungen oft nicht hinreichend sicher feststellen lässt, von welchem Beteiligten die fraglichen Äusserungen stammen. Die Verwendung von Aufzeichnungsgeräten ist deshalb nur zulässig, wenn gleichzeitig in herkömmlicher Weise protokolliert wird, sodass das Tonband lediglich als Ergänzung des Handprotokolls dient. Der Protokollführer muss also bei der Verwendung eines Tonbandes mitschreiben und das schriftliche Protokoll nachher aufgrund seiner Notizen *und* des Tonbands erstellen. Nach der früheren Praxis diktierte der Protokollführer das Protokoll anhand seiner Notizen oft auf das Tonband, und der Einvernommene konnte dieses Diktat anhören, sich nachher zu dessen Richtigkeit äussern und allenfalls Berichtigungen oder Ergänzungen verlangen, worauf der Gerichtsschreiber nach der Verhandlung das schriftliche Protokoll erstellte. Diese Praxis ist allerdings nach Art. 78 Abs. 5 StPO nicht mehr zulässig (vgl. dazu nachfolgend N. 19 ff.).

16 Die Verfahrensleitung kann im Sinne des eben Gesagten anordnen, dass zusätzlich zur schriftlichen Protokollierung ein Aufnahmegerät (Ton und/oder Bild) verwendet wird, wobei dies den anwesenden Personen vorgängig bekannt zu geben ist (Art. 76 Abs. 4 StPO).

17 Zu den in Art. 76 Abs. 4 StPO aufgezählten Geräten gehören auch Videokameras. Der Vorteil ihrer Verwendung liegt darin, dass sie Gestik, Mienenspiel, Ausdrucksweise und sonstige Besonderheiten festhalten können. Sie dienen der Ergänzung des Tonbands und/oder des Protokolls, können dieses aber nicht ersetzen.

V. Arten der Einvernahme

18 Aufgrund der früheren kantonalen Bestimmungen heraus über die Protokolle bildeten sich mit der Zeit verschiedene Arten der Protokollierung (dazu HAUSER/SCHWERI, GVG, § 151 N. 1 ff.). Die eidgenössische StPO stellt in den Art. 76 ff. einheitliche Regeln über die Protokollierung auf und legt in Art. 78 Abs. 5 insbesondere fest, dass nach Abschluss der Einvernahme das Protokoll zu verlesen oder dem Einvernommen zum Lesen vorzulegen sei und dass dieser nachher das Protokoll zu unterzeichnen und jede Seite davon zu visieren habe. Damit werden einzelne, im Kanton Zürich bisher gebräuchliche Protokollierungsarten (§§ 149 ff. GVG) unzulässig.

19 Gemäss Art. 78 StPO ist demnach nicht zulässig,
- dass der Protokollführer die Aussagen des Befragten zunächst (meist in Stenografie) ins Handprotokoll aufnimmt, sie dann nach Abschluss der Einvernahme in Gegenwart der Beteiligten verliest, wobei diese während oder nach dem Verlesen notwendige Berichtigungen verlangen können, worauf sie die Richtigkeit des verlesenen (und eventuell berichtigten) Protokolls mündlich bestätigen, was im Protokoll ebenfalls festgehalten wird; die Reinschrift des Protokolls jedoch wird anhand der verlesenen Aussagen vom Protokollführer erst später erstellt;
- dass der Protokollführer die ins Handprotokoll aufgenommenen Aussagen nach Abschluss der Einvernahme in Gegenwart der Parteien verliest, den verlesenen Text sowie allfällige Korrekturen und Ergänzungen des Einvernommen auf Tonband fest-

hält und dann später anhand des Tonbandes und seiner Notizen die Reinschrift des Protokolls erstellt;
- dass der Protokollführer alle Aussagen des Einvernommenen auf Tonband aufnimmt und die anwesenden Beteiligten dann auf textliche Bereinigungen und das Verlesen bzw. das nochmalige Abspielen des Tonbandes verzichten;
- dass der Protokollführer bzw. der Einvernehmende das Protokoll (ohne detaillierte Handnotizen) lediglich aufgrund der Aussagen des Einvernommenen auf Tonband diktiert und dieses in Gegenwart der Beteiligten abspielt, wobei Korrekturen angebracht werden können, welche ebenfalls auf Tonband festgehalten werden, und dass erst später anhand der Tonbandaufnahme das schriftliche Protokoll ausgefertigt wird, welches vom Protokollführer bzw. vom Einvernehmenden unterzeichnet wird.

Zulässig sind dagegen nach Art. 78 StPO folgende schon früher gebräuchliche Arten der Protokollierung: 20
- Der Einvernehmende erstellt das Protokoll selbst (mit Schreibmaschine oder Computer) oder diktiert es, worauf nach der Einvernahme das Protokoll in Gegenwart der Beteiligten verlesen und dem Einvernommenen dabei Gelegenheit zum Anbringen von Korrekturen oder Ergänzungen gegeben wird. Hernach bescheinigt der Einvernommene schriftlich die Richtigkeit auf dem schriftlichen vorliegenden Protokoll, worauf es auch vom Einvernehmenden unterzeichnet wird.
- Der Einvernommene diktiert seine Aussagen selbst (in die Schreibmaschine, auf ein Tonband oder den Computer; dazu Art. 78 Abs. 4 StPO), worauf das schriftliche Protokoll ausgefertigt und verlesen wird, damit der Einvernommene feststellen kann, ob sein Diktat richtig aufgenommen worden sei. Anschliessend unterzeichnet er das schriftliche Protokoll.

Die oben in N. 20 umschriebenen Protokollierungsarten finden vor allem bei Einvernahmen durch die Polizei, die Staatsanwaltschaft oder die Übertretungsstrafbehörde Anwendung. Bei Einvernahmen vor Gerichten sind die Aussagen der Parteien, Zeugen, Auskunftspersonen und Sachverständigen laufend zu protokollieren (Art. 78 Abs. 1 StPO), und nach Abschluss der Einvernahme ist das schriftlich erstellte Protokoll unverzüglich vorzulesen oder dem Einvernommenen zum Lesen vorzulegen und anschliessend von diesem auch zu unterzeichnen. In der Praxis erfordert dies in der Regel, dass der Protokollführer das Protokoll mithilfe des Computers erstellt, dessen Text korrigiert, diesen nach der Einvernahme sofort ausdruckt und die schriftliche Fassung dem Einvernommenen vorliest und zur Unterzeichnung vorlegt (Art. 78 Abs. 5 StPO). 21

Die Bestimmung von Art. 78 Abs. 1 StPO wurde schon als gesetzgeberischer Missgriff bezeichnet, weil sie nicht zwischen dem Vorverfahren und dem gerichtlichen Verfahren unterscheidet (SCHMID, Praxiskommentar, Art. 78 N. 9 Fn. 2). Und gegen die in N. 21 umschriebene Art der Protokollierung wurden Bedenken erhoben, weil sie an den Protokollführer (zu) hohe Anforderungen stelle und das Verfahren erheblich verzögere 22
- einerseits, weil während des Verlesens zahlreiche Tippfehler zu korrigieren und vom Einvernommenen vorgebrachte Korrekturen, Verdeutlichungen oder Ergänzungen einzuarbeiten seien oder weil z.B. wegen einer Fehlmanipulation oder aus anderen Gründen ganze Abschnitte auf dem Computer gelöscht werden könnten und die Einvernahmen ganz oder teilweise wiederholt werden müssten;

§ 153

— und andererseits, weil nach jeder Einvernahme das Verfahren unterbrochen werden müsse, damit das Protokoll fertiggestellt, ergänzt, ausgedruckt, vorgelesen und unterzeichnet werden könne.

22a Im Hinblick auf diese Schwierigkeiten wurde gefordert, dass dem Einvernommenen jedenfalls nach Einvernahmen in gerichtlichen Verfahren die Möglichkeit geboten werden müsse, auf das Verlesen des Protokolls zu verzichten, wie das im VE StPO (Art. 87 Abs. 2) vorgesehen war. Die Kommission für Rechtsfragen des Ständerates hat deshalb am 20.5.2010 beschlossen, eine *Parlamentarische Initiative* auszuarbeiten mit dem Ziel, dass bei Gerichtsverhandlungen, die mittels technischer Hilfsmittel aufgezeichnet werden, darauf verzichtet werden kann, das Protokoll der einvernommenen Person vorzulesen oder zum Lesen vorzulegen und von dieser unterzeichnen zu lassen. Die Kommission für Rechtsfragen des Nationalrates hat am 15.10.2010 ihre für die Ausarbeitung eines Erlassentwurfes erforderliche Zustimmung erteilt; mittlerweile liegt diesbezüglich ein Bericht der ständerätlichen Kommission vom 20.10.2011 vor (Nr. 10.444).

23 Das Verlesen des Protokolls und die Erklärung über dessen Richtigkeit sind wesentliche Voraussetzungen für die Gültigkeit des Protokolls. Damit auch Fremdsprachige das Protokoll richtig unterzeichnen können, müssen ihnen die auf Deutsch protokollierten Aussagen rückübersetzt werden. Dem Dolmetscher ist dazu entweder ein Papierausdruck des auf Deutsch abgefassten Protokolls oder ein Bildschirm zur Verfügung zu stellen, der mit demjenigen des Gerichtsschreibers verbunden ist. Die Vorschriften über das Verlesen und die Bestätigung der Richtigkeit des Protokolls haben ihren guten Sinn, denn sie bringen dem Befragten nach Abschluss der Einvernahme nochmals eindringlich zum Bewusstsein, dass er seine Vorbringen nun endgültig als wahr bezeichnet (ZR 56 Nr. 72). Im Gegensatz zu blossen Parteivorträgen sind die protokollierten Einvernahmen im Beweisverfahren Beweismittel, deren Umfang und Inhalt zweifelsfrei feststehen muss. Sie sollen dem Gericht möglichst sichere Unterlagen für den Entscheid verschaffen und unter Umständen auch als Grundlage für ein (weiteres) Strafverfahren (z.B. wegen falscher Aussagen) dienen. Die grösstmögliche Sicherheit, dass die Aussagen im Protokoll richtig wiedergegeben sind, ist aber nur bei dessen Verlesen (oder Selbstlesen) gewährleistet. Dadurch können allfällige Irrtümer, Widersprüche und Missverständnisse zwischen dem Protokollführer und dem Einvernommenen geklärt werden, und es lässt sich auch nur so feststellen, ob die Übertragung von der Mundart in die Schriftsprache, die oft Schwierigkeiten bereitet, sinngemäss richtig vorgenommen worden sei (ZR 55 Nr. 183).

24 Wird entgegen der Vorschrift von Art. 78 Abs. 5 StPO auf das Verlesen des Protokolls verzichtet, so liegt keine abgeschlossene persönliche Befragung vor. Eine Verurteilung wegen falscher Aussagen ist daher (wie im Fall formell ungültiger Zeugenaussagen, s. ZR 49 Nr. 85; BGE 71 IV 45) nicht möglich. Es liegt diesbezüglich ein Mangel am Tatbestand vor, der zur Freisprechung führen muss (vgl. ZR 56 Nr 72).

25 Entspricht die Art der Protokollierung nicht den gesetzlichen Vorschriften, so ist das Beweisverfahren insofern ungültig, und es ist formgerecht zu wiederholen. Soweit Texte und Aussagen der Zeugen und Parteien sich beim Verlesen als zutreffend erweisen und es somit lediglich zu einer Bestätigung des früheren (nicht verlesenen) Protokolls kommt, genügte es bisher, wenn die Bestätigungen der Zeugen und Parteien in das Protokoll aufgenommen werden. Können diese ihre früher protokollierten Aussagen aber nicht bestä-

tigen, so ist die ganze Einvernahme zu wiederholen, wobei auch neue Ergänzungsfragen gestellt werden dürfen (ZR 67 Nr 58).

Verweigert der Einvernommene die Erklärung über die Richtigkeit des Protokolls, so ist es zu halten wie bei der Verweigerung der Unterschrift; die gemachten Aussagen sind gültig, aber eine Bestrafung wegen falschen Zeugnisses ist nicht möglich (Prot. der Expertenkommission zum GVG, S. 1040; s. dazu auch hinten N. 30). 26

Statt das Protokoll zu verlesen, kann es gemäss Art. 78 Abs. 5 StPO dem Einvernommenen auch zum Selbstlesen übergeben werden. Dies hat praktische Vorteile und bietet am ehesten Gewähr dafür, dass spätere Protokollberichtigungsverfahren unterbleiben. Eine Benachteiligung der am Verfahren Beteiligten entsteht dadurch nicht, sodass diese Methode nicht zu beanstanden ist. Gleichwohl ist dem Verlesen der Vorzug zu geben. Dem Protokollführer bzw. dem Einvernehmenden bringt das Selbstlesen keine Zeitersparnis, weil er das von ihm geschriebene oder diktierte Protokoll ohnehin durchlesen und auf Schreib- und andere Fehler überprüfen muss. Beim gesetzlich vorgeschriebenen Verlesen können festgestellte Mängel sofort und in Gegenwart des Einvernommenen behoben werden. 27

Ergänzungen und Korrekturen sind während des Verlesens bzw. Selbstlesens vorzubringen und können später (vorbehältlich der Berichtigung nach Art. 79 StPO, unten N. 31 ff.) nicht nachgebracht werden. 28

VI. Unterzeichnung des Protokolls

Die Unterzeichnung des Protokolls durch die vernommene Person ist eine Gültigkeitsvoraussetzung, die aber, wenn sie vergessen wird, nachgeholt werden kann. Umfasst ein Protokoll mehrere Seiten, so ist jede Seite zu visieren, und am Schluss ist das Protokoll zu unterzeichnen (Art. 78 Abs. 5 StPO). Auch der (selbständige) Protokollführer, die Verfahrensleitung und der allenfalls beigezogene Übersetzer haben die Richtigkeit des Protokolls zu bestätigen (Art. 76 Abs. 2 StPO). Eine Hilfsperson, welche den ihr diktierten Text nur niederschreibt, ohne Einfluss auf die Gestaltung des Protokolls ausüben zu können, muss dieses indessen nicht mitunterzeichnen. Dazu auch vorn § 133 N. 8. 29

Verweigert der Einvernommene die Unterschrift, so führt dies noch nicht zur Unverwertbarkeit des Protokolls, wenn dessen Richtigkeit unbestritten ist und Indizien für die Wahrheit der protokollierten Aussagen bestehen (BGE 98 Ia 252). Die Verweigerung der Unterschrift und ihre Begründung sind im Protokoll festzuhalten (Art. 78 Abs. 5 Satz 2 StPO), allenfalls unter Beizug einer Gewährsperson, welche die näheren Umstände, die zur fraglichen Situation geführt haben, bestätigen kann. Ein solches Protokoll ist trotz fehlender Unterschrift als Beweismittel verwertbar. 30

§ 153

VII. Protokollberichtigung

1. Offensichtliche Versehen

31 Eigentliche Versehen (falsche Schreibweise, Irrtum in der Bezeichnung einer Person usw.) können von Amtes wegen oder auf Antrag eines Dritten einfach und formlos durch die Verfahrensleitung (zusammen mit dem Protokollführer) berichtigt werden, was den Parteien mitzuteilen ist (Art. 79 Abs. 1 StPO). Andere Fehler des Protokolls sind auf dem Wege eines formellen Protokollberichtigungsverfahrens zu beheben.

2. Protokollberichtigungsgesuch

32 Mit dem Protokollberichtigungsgesuch kann geltend gemacht werden, die (verlesenen und als richtig bestätigten) Aussagen seien unvollständig oder nicht richtig protokolliert worden. Das Gesuch hat die beanstandete Protokollstelle genau zu bezeichnen und die beantragte neue Fassung anzugeben. Gegenstand des Gesuchs können Aussagen der befragten Person und in der Untersuchung getroffene Feststellungen sein. Mit dem Protokollberichtigungsgesuch kann jedoch nur die Berichtigung der im fraglichen Verfahren erstellten und nun bemängelten Protokollstellen verlangt werden. Es kann nicht geltend gemacht werden, in einem früheren Verfahren seien bei der Einvernahme Formfehler unterlaufen oder nicht oder falsch protokolliert worden.

3. Legitimation

33 Zur Einreichung eines Protokollberichtigungsgesuchs sind in erster Linie die Parteien, u.E. aber auch Zeugen und Sachverständige berechtigt, denn auch deren Aussagen bilden Grundlage für die Urteilsfindung und müssen daher richtig protokolliert sein. Das Protokollberichtigungsgesuch kann aber auch von einem Mitglied des Gerichts gestellt werden, wenn dieses der Meinung ist, das Protokoll sei falsch oder lückenhaft (Prot. der Expertenkommission für das GVG, S. 669).

4. Zuständigkeit zur Behandlung des Gesuchs

34 Über das Protokollberichtigungsbegehren entscheidet die Verfahrensleitung (Art. 79 Abs. 2 StPO). Die Berichtigung muss bei jener Stelle verlangt werden, über deren Verfahren das Protokoll Aufschluss gibt. Es ist nicht zulässig, einer andern oder höheren Instanz den Beweis für die Fehlerhaftigkeit des Protokolls anzubieten, denn diese andere Instanz kann die Richtigkeit und Vollständigkeit des Protokolls nicht aufgrund eigener Wahrnehmung beurteilen. Sie hat deshalb kein Entscheidungsrecht über das von einer anderen Instanz erstellte Protokoll und darf mangels Zuständigkeit auf ein solches Begehren nicht eintreten (ZR 36 Nr. 152, 108 Nr. 50 E. 3e; ZBJV 70 S. 181).

5. Frist

35 Das Protokollberichtigungsbegehren ist an keine Frist gebunden (anders noch Art. 77 Abs. 2 E StPO); es ist grundsätzlich auch noch nach der Urteilsfällung zulässig. Gemäss bisheriger Praxis musste es aber nach der Entdeckung der Unrichtigkeit des Protokolleintrags so bald wie möglich gestellt werden (ZR 54 Nr. 188, 89 Nr. 105). Eine unnötige Ver-

zögerung kann je nach den Umständen des Falles die Verwirkung des Rechtsbehelfs zur Folge haben (s. jetzt BSK StPO-Näpfli Art. 79 N. 3). Das Kennenkönnen und Kennenmüssen der Unrichtigkeit des Protokolls darf indessen nicht der tatsächlichen Kenntnis gleichgesetzt werden (ZR 66 Nr. 149).

6. Entscheid über das Gesuch und Rechtsmittel

Nach Art. 79 Abs. 2 StPO wird der Entscheid über ein Berichtigungsgesuch von der Verfahrensleitung gefällt. Die Parteien sind vorher anzuhören. 36

Wird der Entscheid gesondert während eines Verfahrens getroffen, so kann er mit Beschwerde i.S.v. Art. 393 StPO angefochten werden. Die Kognition der Beschwerdeinstanz ist jedoch beschränkt. Wenn die Verfahrensleitung, welche die Verhandlungen führte, in ihrem Entscheid über das Berichtigungsgesuch aus eigenem Wissen bestätigte, dass das Protokoll richtig geführt worden sei, kann sich die Beschwerdeinstanz darüber nicht hinwegsetzen. Tritt dagegen die Verfahrensleitung bei ihrem Entscheid über das Berichtigungsgesuch auf gewisse Fragen nicht ein oder werden ihr im Berichtigungsverfahren begangene Formfehler vorgeworfen, so kann dies von der Beschwerdeinstanz überprüft werden. 37

Wird der Entscheid über das Protokollberichtigungsgesuch zusammen mit dem Endentscheid angefochten, so ist unerheblich, ob sich das als fehlerhaft behauptete Protokoll auf den Endentscheid ausgewirkt hat oder nicht. Auch wenn dies nicht der Fall ist, muss das Vorliegen eines mangelhaften Protokolls zur Gutheissung des Gesuchs bzw. des in diesem Zusammenhang erhobenen Rechtsmittels führen, weil dem Protokollinhalt für allfällige Rechtsmittelverfahren Bedeutung zukommen kann und der Entscheid darüber, ob eine bestimmte Stelle des Protokolls für die Beurteilung des Rechtsmittels erheblich ist oder nicht, vom erkennenden Gericht nicht vorweggenommen werden darf (ZR 87 Nr. 96 E. 2 und 3). 38

Wird der Entscheid über ein Protokollberichtigungsgesuch erst nach der Ausfällung des Endentscheides gesondert angefochten, führt die Gutheissung des Gesuchs nicht automatisch zur Aufhebung des Endentscheids. Es ist Sache der betreffenden Partei zu prüfen, ob gegen das mit dem berichtigten Protokoll in Widerspruch stehende Urteil nachträglich noch ein Rechtsmittel (Revision) gegeben ist, und dieses innert nützlicher Frist zu erheben, um eine Änderung des Endurteils zu erreichen (ZR 66 Nr. 149). 39

D. Parteien und andere Verfahrensbeteiligte

§ 154 *Parteirechte von anderen Behörden*

> Behörden und Amtsstellen, die in Wahrung der ihrem Schutz anvertrauten Interessen Strafanzeige erstattet haben, können gegen Nichthandnahme- und Einstellungsverfügungen Beschwerde erheben.

1   Wer zu den «Parteien» und den «anderen Verfahrensbeteiligten» gehört, umschreiben die Art. 104 und 105 StPO. Nach Art. 105 Abs. 1 lit. b StPO gehören Personen, die Anzeige erstatten, zu den Verfahrensbeteiligten. Anzeigeerstatter sind auch Behörden und Amtsstellen, die in Wahrung der ihrem Schutz anvertrauten Interessen eine Strafanzeige eingereicht haben. Nach Art. 381 f. StPO sind aber zur Beschwerde i.S.v. Art. 393 StPO nur die Staatsanwaltschaft und die Parteien, nicht auch die übrigen Verfahrensbeteiligten legitimiert. Art. 104 Abs. 2 StPO ermächtigt dabei die Kantone, neben der Staatsanwaltschaft weiteren Behörden, die öffentliche Interessen zu wahren haben, volle oder beschränkte Parteistellung einzuräumen.

2   Im Gegensatz zu Art. 381 f. StPO räumt § 154 GOG, der die Regelung des früheren § 395 Abs. 4 StPO (ZH) übernimmt, die Beschwerdelegitimation auch den Behörden und Amtsstellen ein, die gestützt auf § 167 GOG in Wahrung der ihrem Schutz anvertrauten Interessen Strafanzeige erstattet haben. Diese Beschwerdelegitimation ist aber beschränkt auf Nichtanhandnahme- und Einstellungsverfügungen, denn dem Anzeigeerstatter, der nicht Geschädigter ist, stehen keine weiteren Verfahrensrechte zu; er hat nur Anspruch darauf, dass seine Anzeige ordnungsgemäss entgegengenommen und behandelt wird.

3   Zur Beschwerde i.S.v. § 154 GOG sind sodann nur zürcherische kantonale und kommunale Behörden und Amtsstellen sowie im Kanton Zürich tätige Bundesbeamte und -behörden befugt, nicht auch ausländische Beamte und Amtsstellen, die wegen begangener Straftaten Strafanzeige im Kanton Zürich erstattet haben. Zu den legitimierten Behörden und Amtsstellen gehören u.a. die Betreibungs- und Konkursämter, die Vormundschafts-, Sozial-, Schul-, Gesundheits-, Bau- und Umweltschutzbehörden. In Strafverfahren wegen Verletzung von Bestimmungen der Tierschutzgesetzgebung hat die zuständige Direktion volle Parteirechte im Sinne von Art. 104 Abs. 2 StPO (§ 17 des Tierschutzgesetzes, LS 554.1).

4   Die legitimierten Amtsstellen und Behörden können insbesondere Beschwerde erheben, wenn finanzielle staatliche Interessen verletzt wurden, z.B. durch Amtsmissbrauch (Art. 312 StGB), ungetreue Amtsführung (Art. 314 StGB) oder Steuerbetrug (§ 261 StG). Die Beschwerde kann indessen nur erhoben werden von jener Behörde, welche berechtigt ist, die betreffende Amtsstelle nach aussen zu vertreten, also nicht auch von der Polizei (zum Ganzen: DONATSCH/SCHMID, StPO, § 395 N. 12 und 20 f.).

§ 155 *Bestellung der amtlichen Verteidigung und des unentgeltlichen Rechtsbeistands*

¹ Im Vorverfahren werden die amtliche Verteidigung und die unentgeltliche Rechtsbeiständin oder der unentgeltliche Rechtsbeistand für die Privatklägerschaft wie folgt bestellt:
   a. im Verfahren gegen Erwachsene von der Oberstaatsanwaltschaft,
   b. im Jugendstrafverfahren von der Jugendanwaltschaft.

> ² In dringenden Fällen kann die amtliche Verteidigung bestellt werden:
> a. im Verfahren gegen Erwachsene durch die untersuchungsführende Staatsanwältin oder den untersuchungsführenden Staatsanwalt,
> b. im Jugendstrafverfahren durch die untersuchungsführende Jugendanwältin oder den untersuchungsführenden Jugendanwalt.
>
> ³ In den Fällen von Abs. 2 ist die Bestellung der Oberstaatsanwaltschaft, im Jugendstrafverfahren der Oberjugendanwaltschaft zur Genehmigung zu unterbreiten.

Literatur

K. BURKART, Die amtliche Verteidigung nach schweizerischem Strafprozessrecht, Diss. Zürich 1972; G. VON CASTELBERG, Zum Bereich der notwendigen Verteidigung im Zürcher Strafprozess, in: FS für Jörg Rehberg, Zürich 1996, S. 85 ff.; M. FORSTER, Strassburger Rechtsprechung zum Anspruch auf Offizialverteidigung mit bundesgerichtlichen Vorbehalten, ZBJV 128, S. 732 f.; T. GRAF, Effiziente Verteidigung im Rechtsmittelverfahren, dargestellt anhand zürcherischer Berufung und Nichtigkeitsbeschwerde, Diss. Zürich 2000; W. HAEFELIN, Die amtliche Verteidigung im schweizerischen Strafprozess, Zürich 2010; TH. HANSJAKOB, Sonderfragen zum Anspruch auf amtliche Verteidigung, ZStR 106, S. 422 ff.; M. HAURI, Der amtliche Rechtsbeistand in der schweizerischen Strafprozessordnung – Neuerungen aus Zürcher Sicht, SJZ 105, S. 77 ff.; N. RUCKSTUHL, Die Praxis der Verteidigung der ersten Stunde, ZStrR 2010, S. 132 ff.; F. SCHÜRMANN, Der Anspruch auf amtliche Verteidigung, Bemerkungen zum Urteil des Europäischen Gerichtshofs für Menschenrechte i.S. Q. gegen die Schweiz, AJP 1 (1992), S. 661 ff.; K. SPÜHLER, Zur verfassungsmässigen Stellung des amtlichen Verteidigers, Contributo al Repertorio di giurisprudenza patria, 1992 Numero unico, Zürich 1992, S. 162 ff.; W. WOHLERS, Notwendige Verteidigung im Ermittlungsverfahren – die Bedeutung des Rechts auf konkrete und wirksame Verteidigung i.S.v. Art. 6 Abs. 3 lit. c EMRK als Massstab für die Auslegung des § 141 Abs. 3 StPO, in: FS für Hans-Joachim Rudolphi, Neuwied 2004, S. 713 ff.

Inhaltsübersicht   N.

I.   Allgemeines   1
II. Amtliche Verteidigung   4
     1. Voraussetzungen   4
     2. Amtliche Verteidigung gemäss Art. 132 Abs. 1 lit. a StPO   5
     3. Amtliche Verteidigung gemäss Art. 132 Abs. 1 lit. b StPO   6
III. Unentgeltlicher Rechtsbeistand   9
IV. Bestellung 12
V.   Widerruf und Wechsel 15
VI. Kosten 17

I. Allgemeines

Beschuldigte und Geschädigte können in jedem Stadium des Verfahrens zu ihrer Unterstützung einen Rechtsbeistand beiziehen (Art. 127 Abs. 1 StPO). Der Beistand des Beschuldigten wird Verteidiger, derjenige des Geschädigten Rechtsbeistand genannt. Beide können ihre Mandanten nur im Zivilpunkt vertreten; im Schuld- und Strafpunkt können sie ihnen nur beratend zur Seite stehen.

2   Bestellt der Beschuldigte selbst einen Verteidiger, so spricht man von einer Wahlverteidigung oder frei gewählten Verteidigung. In gewissen Fällen muss der Beschuldigte von Gesetzes wegen von einem zugelassenen Rechtsanwalt verbeiständet werden. In diesem Fall spricht man von Pflichtverteidigung oder notwendiger Verteidigung. Bestellt der Beschuldige keinen Verteidiger, obwohl er eines solchen bedarf, so muss ihm ein amtlicher Verteidiger beigegeben werden (Art. 130, 132 StPO).

3   Nach Art. 132 Abs. 1 StPO wird die amtliche Verteidigung von der Verfahrensleitung angeordnet. Diese wird im Übertretungsstrafverfahren von der Übertretungsstrafbehörde ausgeübt (Art. 61 lit. b StPO), also u.a. auch vom Statthalteramt, was beim Erlass von § 155 GOG übersehen wurde. § 155 GOG findet deshalb im Verfahren vor der Übertretungsstrafbehörde keine Anwendung (OGer ZH UH110067 vom 27.7.2011).

II. Amtliche Verteidigung

1. Voraussetzungen

4   Die amtliche Verteidigung wird durch Art. 132 StPO geregelt. Danach muss dem Beschuldigten, der selbst keinen Wahlverteidiger bestellt hat, ein amtlicher Verteidiger beigegeben werden

– in allen Fällen, in denen eine Verteidigung von Gesetzes wegen notwendig ist (Art. 132 Abs. 1 lit. a StPO), und

– in den andern Fällen, wenn der Beschuldigte nicht über die nötigen Mittel für einen Wahlverteidiger verfügt, zur Wahrung seiner Interessen aber ein Verteidiger geboten erscheint (Art. 132 Abs. 1 lit. b StPO).

2. Amtliche Verteidigung gemäss Art. 132 Abs. 1 lit. a StPO

5   Die Fälle, in denen eine Verteidigung von Gesetzes wegen notwendig ist, werden in Art. 130 StPO aufgezählt. Nach lit. c dieser Bestimmung ist eine Verteidigung u.a. notwendig, wenn der Beschuldigte wegen seines körperlichen oder geistigen Zustandes oder aus andern Gründen seine Interessen nicht ausreichend wahren kann und auch sein Vertreter (z.B. der Vormund) dazu nicht in der Lage ist. Wenn in solchen Fällen trotz erkennbarer Notwendigkeit einer Verteidigung Zeugen ohne oder vor der Bestellung eines Verteidigers einvernommen werden, sind deren Aussagen als Beweismittel unverwertbar; sie müssen in Anwesenheit der Verteidigung wiederholt werden, sofern der Beschuldigte nicht darauf verzichtet. Anders verhält es sich, wenn sich erst nachträglich ergibt, dass ein Fall von notwendiger Verteidigung vorliegt. Wird eine Untersuchung wegen geringfügiger Delikte eingeleitet und stellt sich erst später im Laufe des Verfahrens heraus, dass ein schweres Delikt infrage kommt, so behalten die Beweise, die in der ersten Phase des Verfahrens erhoben worden sind, in der die Notwendigkeit der Verteidigung noch nicht erkennbar war, ihre Gültigkeit (*e contrario* Art. 131 Abs. 3 StPO).

3. Amtliche Verteidigung gemäss Art. 132 Abs. 1 lit. b StPO

Bedürftig ist ein Beschuldigter, wenn er die finanziellen Mittel für die Honorierung eines Verteidigers nicht besitzt oder sie nur aufbringen kann, indem er jene Mittel angreift, die er zur Deckung des Grundbedarfs für sich und seine Familie benötigt. Dass ein solcher Fall vorliegt, muss der Beschuldigte durch Offenlegung seiner Einkommens- und Vermögensverhältnisse dartun und wenn möglich belegen (BGE 124 I 1 E. 2a, 125 IV 164 E. 4). 6

Die amtliche Verteidigung muss sodann zur Wahrung der Interessen des Beschuldigten geboten erscheinen (dazu Art. 29 Abs. 3 Satz 2 BV). Das trifft insbesondere dann zu, wenn der Fall in tatsächlicher oder rechtlicher Hinsicht Schwierigkeiten bereitet, denen der Beschuldigte allein nicht gewachsen ist. 7

In Bagatellfällen kann von der Bestellung einer amtlichen Verteidigung abgesehen werden. Nach Art. 132 Abs. 3 StPO liegt ein Bagatellfall jedenfalls dann nicht mehr vor, wenn eine Freiheitsstrafe von mehr als vier Monaten, eine Geldstrafe von mehr als 120 Tagessätzen oder gemeinnützige Arbeit von mehr als 400 Stunden zu erwarten ist. Die Formulierung dieser Bestimmung («… jedenfalls dann nicht mehr ….») erlaubt es, die Annahme eines Bagatellfalles im Einzelfall schon zu verneinen, wenn die genannten Limiten unterschritten werden. 8

III. Unentgeltlicher Rechtsbeistand

Der Grundsatz der Rechtsgleichheit aller Menschen vor dem Gesetz (Art. 8 Abs. 1 und 29 Abs. 1 BV) verpflichtet den Staat u.U., einer mittellosen Partei die unentgeltliche Rechtspflege zu gewähren (A. HAEFLIGER, Alle Schweizer sind vor dem Gesetz gleich, Bern 1985 S. 159 ff.). Diese besteht im Erlass der Kostenvorschusspflicht, im Kostenerlass beim Unterliegen im Prozess (ZR 89 Nr. 53) und allenfalls in der Bestellung eines unentgeltlichen Rechtsbeistands. Weil aber im Strafprozess der Sachverhalt von Amtes wegen ermittelt und festgestellt wird, darf dem Geschädigten bzw. der Privatklägerschaft ein unentgeltlicher Rechtsbeistand nur mit Zurückhaltung bestellt werden. Dies gilt insbesondere auch hinsichtlich des Interesses des Geschädigten an der Bestrafung des Beschuldigten, denn diesbezüglich besteht kein Bedürfnis nach unentgeltlicher Rechtspflege (BGE 116 Ia 460, Pr 97 Nr. 111 E. 4, ZR 94 Nr. 2, 95 Nr. 33). 9

Ein unentgeltlicher Rechtsbeistand kann der Privatklägerschaft somit ausschliesslich mit Blick auf die Durchsetzung ihrer *Zivilansprüche* bewilligt werden (Art. 136 StPO). Voraussetzung dafür ist, 10

- dass sie nicht über die nötigen Mittel verfügt, um ihren Vertreter selbst zu bezahlen,
- dass ihre Zivilansprüche nicht als aussichtslos erscheinen (dazu Art. 29 Abs. 3 BV) und
- dass sie eines Rechtsbeistands bedarf, um ihre Rechte wirksam wahren zu können (dazu BGE 128 I 225 E. 2.5.2; LIEBER, in: Donatsch/Hansjakob/Lieber, StPO Komm., Art. 136 N. 10 f.).

§ 155

11 Beim Entscheid über die Bedürftigkeit eines mündigen, sich noch in Ausbildung befindenden Jugendlichen dürfen auch die finanziellen Mittel seiner Eltern mitberücksichtigt werden, die gegenüber ihrem Kinde gemäss Art. 277 Abs. 2 ZGB unterhaltspflichtig sind (BGE 127 I 202).

IV. Bestellung

12 Nach Art. 132 Abs. 1 StPO wird die amtliche Verteidigung von der Verfahrensleitung angeordnet; dasselbe gilt gemäss Art.137 StPO für die Bestellung des Rechtsbeistandes für die Privatklägerschaft. Die Verfahrensleitung liegt im Vorverfahren bei der Staatsanwaltschaft bzw. Jugendanwaltschaft (Art. 16 Abs. 2 und 61 lit. a StPO, Art. 30 JStPO), im Falle von Übertretungen bei der zuständigen Verwaltungsbehörde (Art. 17 und 61 lit. b StPO, s. vorn N. 3). In den Vorberatungen zum GOG wurde bemerkt, dass es dem Grundsatz der Waffengleichheit zuwiderlaufe, wenn die Verfahrensleitung selbst die Verteidigung bestellen könne und müsse (Protokoll der kantonsrätlichen Kommission vom 4.2.2010, S. 742). Diesen Bedenken wurde in § 155 GOG in der Weise Rechnung getragen, dass im Vorverfahren die amtliche Verteidigung und die unentgeltliche Rechtsverbeiständung grundsätzlich nicht durch den mit dem Fall befassten Staatsanwalt oder Jugendanwalt, sondern durch eine zentrale Stelle (ein der Oberstaatsanwaltschaft bzw. Oberjugendanwaltschaft angegliedertes Büro) ernannt werden,

– einerseits, um eine gleichmässige Verteilung der Mandate auf die infrage kommenden Rechtsanwälte zu gewährleisten, und

– andererseits, um zu vermeiden, dass der mit dem Fall befasste Staatsanwalt oder Jugendanwalt seinen «Gegner» selbst aussuchen kann.

Nur in dringenden Fällen darf der amtliche Verteidiger bzw. der unentgeltliche Rechtsbeistand durch den die Untersuchung führenden Staatsanwalt bzw. Jugendanwalt ernannt werden, doch muss diese Ernennung der Oberstaatsanwaltschaft bzw. Oberjugendanwaltschaft zur Genehmigung unterbreitet werden (§ 155 Abs. 2 und 3 GOG).

13 Zum amtlichen Verteidiger bzw. unentgeltlichen Rechtsbeistand wird in der Regel ein Rechtsanwalt ernannt, der im kantonalen Anwaltsregister eingetragen (Art. 4 und 30 BGFA) und damit zur Übernahme eines solchen Mandats verpflichtet ist (Art. 12 lit. g BGFA). Da es einerseits von Vorteil ist, wenn der Verteidiger bzw. Rechtsbeistand in einem schweizerischen Strafverfahren insbesondere mit dem schweizerischen Verfahrensrecht sowie mit der Praxis der Behörden und den örtlichen Verhältnissen vertraut ist, und da andererseits der Beizug eines ausländischen Anwalts mit höheren Kosten verbunden ist, drängt es sich auf, im Regelfall für die amtliche Verteidigung und die unentgeltliche Verbeiständung nur in der Schweiz tätige Rechtsanwälte vorzusehen. Ausnahmen von dieser Regel sind jedoch zulässig. Wenn z.B. ein Beschuldigter in einem grossen Strafverfahren von einem frei gewählten (in der Schweiz eingetragenen) ausländischen Anwalt verbeiständet wird und in der letzten Phase des Prozesses wegen eingetretener Mittellosigkeit einen amtlichen Verteidiger benötigt, wäre es wenig sinnvoll, für diese letzte Phase neu einen schweizerischen Anwalt zum amtlichen Verteidiger zu bestellen.

Nach Art. 133 Abs. 2 StPO sind bei der Bestellung einer amtlichen Verteidigung nach Möglichkeit die Wünsche des Beschuldigten zu berücksichtigen, weil jede Verteidigung ein Vertrauensverhältnis zwischen Klient und Anwalt voraussetzt (BGE 105 Ia 302, 113 Ia 69 E. 5c). Die einmal getroffene Wahl ist grundsätzlich unwiderruflich. Die Bestellung zum amtlichen Verteidiger enthält keine Substitutionsbefugnis.

V. Widerruf und Wechsel

Wenn der Grund für die amtliche Verteidigung wegfällt, kann die Verfahrensleitung diese widerrufen (Art. 134 Abs. 1 StPO). Das ist z.B. der Fall, wenn wegen voraussichtlich langer Untersuchungshaft ein amtlicher Verteidiger bestellt wurde, die Untersuchungshaft aber nach weniger als zehn Tagen (Art. 130 lit. a StPO) aufgehoben wird.

Ein Wechsel (dazu Art. 134 Abs. 2 StPO) in der amtlichen Verteidigung ist nur mit Zurückhaltung zu bewilligen (BGE 116 Ia 104 ff., ZR 93 Nr. 4, 102 Nr. 37; Pr 78 Nr. 261 S. 933 E. 5; SJZ 81 S. 61). Ist der amtliche Verteidiger seinen Pflichten mit der notwendigen Sorgfalt nachgekommen, so wird einem Antrag auf Wechsel bzw. Neubestellung eines amtlichen Verteidigers in der Regel nicht entsprochen. Können jedoch dem Verteidiger ungenügende Verteidigungsleistungen vorgeworfen werden, so kann (und muss) er unter dem Aspekt des Anspruchs auf wirksame Verteidigung ersetzt werden. Ein Rechtsanspruch auf Ersetzung des ursprünglich gewählten Verteidigers durch einen andern besteht indessen nicht (RS 2002 Nr. 293; zum Ganzen LIEBER, in: Donatsch/Hansjakob/Lieber, StPO Komm., Art. 134 N. 9 ff.; BGE 131 I 350 E. 4.1).

VI. Kosten

Der amtliche Verteidiger und der unentgeltliche Rechtsbeistand erhalten ein Honorar, das am Ende des Verfahrens entweder von der Staatsanwaltschaft oder vom Gericht nach dem kantonalen Anwaltstarif festgelegt (Art. 135 Abs. 1 und 2 StPO; VO des Obergerichts über die Anwaltsgebühren vom 8.9.2010, LS 215.3) und von der Gerichtskasse ausbezahlt wird. Gegen diesen Entschädigungsentscheid kann der Verteidiger nach Art. 393 StPO bei der kantonalen Beschwerdeinstanz bzw. beim Bundesstrafgericht Beschwerde führen (Art. 135 Abs. 3 StPO). Wenn die finanziellen Verhältnisse des Vertretenen sich später bessern, kann dieser verpflichtet werden, die ausgerichtete Entschädigung der Staatskasse zurückzuzahlen und dem Rechtsanwalt die Differenz zwischen der amtlichen Entschädigung und dem vollen Honorar zu erstatten (Art. 135 Abs. 4 StPO).

Die Kosten für den unentgeltlichen Rechtsbeistand können nach Art. 138 Abs. 2 StPO u.U. zulasten des Beschuldigten ausgesprochen werden. In diesem Fall muss die ausbezahlte Entschädigung in dem Umfang dem Kanton abgetreten werden, wie diesem im Rahmen der unentgeltlichen Rechtspflege und der Bestellung des unentgeltlichen Rechtsbeistandes Kosten entstanden sind (dazu auch Begleitbericht zum VE für die schweizerische Strafprozessordnung, S. 105 unten).

> **§ 156** *Mediation im Jugendstrafverfahren*
>
> ¹ Eine Stelle der für das Justizwesen zuständigen Direktion führt die Mediationsverfahren nach Art. 17 JStPO durch. Ausnahmsweise kann die Jugendanwaltschaft oder das Gericht eine andere geeignete Organisation oder Person mit der Durchführung einer Mediation beauftragen.
>
> ² Der Kanton trägt die Kosten des Mediationsverfahrens.
>
> ³ Der Regierungsrat regelt das Verfahren.

1 Die Mediation war im VE zur eidgenössischen StPO (Art. 317) auch für das Erwachsenenstrafrecht vorgesehen, fand indessen keine Aufnahme in die endgültige Fassung. Sie ist weder bei Antragsdelikten noch bei möglicher Strafbefreiung zufolge Wiedergutmachung i.S.v. Art. 53 StGB erforderlich, denn in diesen Fällen kann die Staatsanwaltschaft die Parteien vorladen mit dem Ziel, einen Vergleich oder eine Wiedergutmachung zu erreichen (Art. 316 Abs. 1 und 2 StPO). Im Jugendstrafrecht ist die Mediation dagegen vorgesehen (Art. 17 JStPO).

2 Die Mediation ist ein Verfahren mit dem Ziel, durch Verhandlungen unter Leitung einer neutralen Person eine für beide Parteien befriedigende Lösung zu finden und dadurch einen bestehenden Konflikt zu lösen, wobei im Gegensatz zum Strafverfahren die Schuldfrage nicht im Vordergrund steht.

3 Eine Mediation kann gemäss Art. 17 JStPO stattfinden, wenn keine Schutzmassnahmen notwendig sind oder die Zivilbehörde solche bereits angeordnet hat, und sofern nicht die Voraussetzungen von Art. 21 Abs. 1 JStG (Strafbefreiung) vorliegen.

4 Sind die Voraussetzungen für eine Mediation gegeben, so fragt der Jugendanwalt oder das Gericht die Parteien an, ob sie sich einer Mediation unterziehen und den Mediator zur Akteneinsicht ermächtigen wollen. Stimmen sie zu, wird das Strafverfahren vorläufig eingestellt (Art. 17 Abs. 1 JStPO), und die Akten werden dem Mediator überwiesen. Als Mediator amtet in der Regel ein Beamter der zuständigen Stelle der Justizdirektion. Ausnahmsweise kann der Jugendanwalt oder das Gericht eine aussenstehende besonders ausgebildete Person mit der Mediation beauftragen (§ 156 Abs. 1 GOG). Ausgebildete Mediatoren sind in der Regel in Organisationen zusammengefasst. Im Kanton Zürich besteht sei dem 1.10.2002 eine von einem Verein eingerichtete und betriebene «Fachstelle Mediation», die aussergerichtliche Schlichtung in Strafsachen anbietet.

5 Bei der Ernennung eines Mediators sind sinngemäss die Regeln über die Sachverständigen (Art. 182 ff. StPO) anzuwenden. Die Geheimhaltungspflicht (Art. 184 Abs. 2 lit. e StPO) gilt auch für die Mediatoren. Die Mediationsverhandlungen können in einem Gerichts- oder Verwaltungsgebäude oder an einem neutralen Ort stattfinden. Das Mediationsverfahren wird im Übrigen vom Regierungsrat geregelt (§ 156 Abs. 3 GOG). § 31 JStV sieht insoweit vor, dass die Oberjugendanwaltschaft die Stelle für Mediation im Jugendstrafverfahren führt. Sie bezeichnet auch die Organisationen und Personen nach Art. 156 GOG, denen die Jugendanwaltschaften ausnahmsweise Aufträge für Mediationsverfahren erteilen können, und sie erlässt die nötigen Weisungen.

Kommt es im Mediationsverfahren zu einer Einigung, so wird das Strafverfahren definitiv eingestellt (Art. 17 Abs. 2 JStPO). Kommt keine Einigung zustande, so werden die Akten an die Jugendanwaltschaft oder an das Gericht zurückgewiesen, damit das Strafverfahren seinen Fortgang nimmt.

Die Kosten des Mediationsverfahrens können gemäss Art. 44 Abs. 3 JStP in Verbindung mit Art. 426 StPO dem Jugendlichen auferlegt und seine Eltern können dafür solidarisch haftbar erklärt werden. Der Kanton Zürich machte von dieser Möglichkeit indessen keinen Gebrauch, sondern hält an der bisherigen Regelung fest, wonach die Kosten des Mediationsverfahrens vom Kanton getragen werden (§ 156 Abs. 2 GOG).

E. Beweise

§ 157 *Delegation von Einvernahmen*

¹ Die Person, welche die Untersuchung führt, kann die Durchführung von Einvernahmen folgenden Mitarbeitenden ihrer Amtsstelle übertragen:
a. Assistenzanwältinnen und -anwälten,
b. stellvertretenden Jugendanwältinnen und -anwälten,
c. sachverständigen Personen.

² Die Oberstaatsanwaltschaft, im Jugendstrafverfahren die Oberjugendanwaltschaft, bezeichnen im Einvernehmen mit den Polizeikommandos diejenigen Mitarbeiter der Polizei, die Zeuginnen und Zeugen einvernehmen können.

Inhaltsübersicht	N.
I. Allgemeines	1
II. Delegation an Assistenzstaatsanwälte und sachverständige Personen	3
III. Delegation an Mitarbeiter der Polizei	4

I. Allgemeines

Einvernahmen wurden früher stets von den Staatsanwaltschaften, den Übertretungsstrafbehörden und den Gerichten vorgenommen. Die steigende Geschäftslast führte mit der Zeit dazu, dass die Kompetenz zur Durchführung von Einvernahmen auf Mitarbeiter der untersuchenden Behörde ausgedehnt wurde (§ 25 StPO [ZH] in der Fassung vom 19.6.2006). Art. 142 Abs. 1 StPO übernimmt diese Praxis im Wesentlichen. Bei den Gerichten können deshalb Gerichtsschreiber in gewissen Fällen mit Einvernahmen beauftragt werden.

Nach Art. 142 Abs. 1 StPO können Einvernahmen an Mitarbeiter delegiert werden. Gemäss Art. 311 StPO können die Kantone bestimmen, dass und in welchem Umfange «einzelne Untersuchungshandlungen» der Staatsanwaltschaft auf deren Mitarbeiter übertragen werden dürfen. Nach den Materialien sind unter den «einzelnen Untersuchungshandlungen» vor allem Einvernahmen gemeint (BBl 2006 S. 1265). Andere wesentliche Untersuchungshandlungen (wie z.B. Haftanträge, Anklageerhebungen, Erlass von Strafbefehlen) bleiben weiterhin den Staatsanwälten vorbehalten (W.RR S. 148). § 157 GOG übernimmt diese Auslegung und sieht nur die Delegation von Einvernahmen vor.

II. Delegation an Assistenzstaatsanwälte und sachverständige Personen

3 Wenn nach Art. 157 Abs. 1 GOG die untersuchungsführende Person Einvernahmen an Assistenzstaatsanwälte, stellvertretende Jugendanwälte und sachverständige Personen delegieren kann, liegt der Grund dafür darin, dass die untersuchungsführende Person entlastet und das Verfahren beschleunigt werden soll. Zu den Kompetenzen der Assistenzstaatsanwälte s. § 95 N. 3. Bei den sachverständigen Personen muss es sich selbstverständlich ebenfalls um Mitarbeiter der betreffenden Behörde handeln.

III. Delegation an Mitarbeiter der Polizei

4 Nach Art. 142 Abs. 2 StPO kann die Polizei grundsätzlich nur die Beschuldigten und Auskunftspersonen befragen, aber weder Zeugen noch Sachverständige einvernehmen; die Kantone können jedoch Polizeiangehörige bezeichnen, die berechtigt sind, im Auftrag der Staatsanwaltschaft Zeugen einzuvernehmen. Zur Ernennung dieser Personen ist gemäss § 157 Abs. 2 GOG im Erwachsenenstrafrecht die Oberstaatsanwaltschaft und im Jugendstrafverfahren die Oberjugendanwaltschaft berechtigt, doch darf die Ernennung nur im Einvernehmen mit dem zuständigen Polizeikommando stattfinden. Verweigert dieses seine Zustimmung, so bleibt die untersuchungsführende Person allein für die Einvernahmen zuständig.

5 Die Delegation an Mitarbeiter der Polizei soll nur zurückhaltend erfolgen (W.RR S. 148).

Sie kann sinnvoll sein
- einerseits in umfangreichen Fällen von Serienkriminalität, in denen die Staatsanwaltschaft gemäss Art. 312 StPO die Polizei mit ergänzenden Erhebungen beauftragt, und
- andererseits bei der Einvernahme von Kindern, die durch besonders ausgebildete Polizeiangehörige erfolgen soll.

> **§ 158** *Ausserprozessualer Personenschutz*
>
> ¹ **Die zuständigen Stellen der für die Sicherheit und für das Justizwesen zuständigen Direktionen sowie die für die Stadtpolizei Zürich zuständigen Stellen treffen für Personen, die ausserhalb eines Verfahrens gefährdet sind, die geeigneten Schutzmassnahmen.**

² Gefährdete Personen können insbesondere mit einer Legende gemäss Art. 288 Abs. 1 StPO und den dafür notwendigen Urkunden ausgestattet werden. Art. 289 StPO findet sinngemäss Anwendung.

Literatur

G. HEINE, Der Schutz des gefährdeten Zeugen im schweizerischen Strafverfahren, ZStR 1992, S. 53 ff.; M. HIRSIG-VOUILLOZ, Intimidation des témoins et mesures de protection en procédure pénale suisse, AJP 2011, S. 1615 ff., insbes. 1633 ff.; A. KLEY, Zeugenschutz im internationalen Recht – Erfahrungen im Hinblick auf das künftige eidgenössische Strafprozessrecht, AJP 2000, S. 177 f.; W. WOHLERS, Die Grenzen von Schutzmassnahmen zugunsten sensibler Zeugen und gefährdeter Personen, ZStrR 2011, S. 127 ff.

Inhaltsübersicht N.

I. Allgemeines 1
II. Schutzmassnahmen 3
III. Gesetzgebung des Bundes 6

I. Allgemeines

Mit seinen Empfehlungen vom 10.9.1997 betreffend «*la protection des témoins contre toute manœuvre d'intimidation et les droits de la défense*» empfahl der Europarat, Massnahmen zum Schutz gefährdeter Personen zu treffen. Art. 149 ff. StPO zählt die Massnahmen auf, welche *während des Verfahrens* von der Verfahrensleitung für gefährdete Verfahrensbeteiligte auf deren Gesuch hin oder von Amtes wegen getroffen werden können. Art. 156 StPO ermächtigt den Bund und die Kantone, auch Schutzmassnahmen *ausserhalb eines Strafverfahrens* anzuordnen. § 158 GOG bestimmt, wer für die Anordnung solcher Massnahmen zuständig ist. 1

Ausserprozessuale Schutzmassnahmen sind anzuordnen, wenn Grund für die Annahme besteht, dass Zeugen, Auskunftspersonen, Mitbeschuldigte oder Übersetzer (oder deren Angehörige) wegen ihrer Mitwirkung am Strafverfahren einer erheblichen Gefahr für Leib und Leben oder einem anderen schweren Nachteil ausgesetzt sind. Den Verfahrensbeteiligten ist das rechtliche Gehör zu gewähren. Zuständig für die Anordnung der Schutzmassnahmen sind die betreffenden Abteilungen der kantonalen Direktion der Justiz und des Innern sowie des Polizeidepartements der Stadt Zürich. Auf das Genehmigungsverfahren ist Art. 289 StPO sinngemäss anzuwenden (dazu auch W.RR S. 149). Die Anordnung der Massnahmen bedarf somit der Genehmigung durch das Zwangsmassnahmengericht (§ 47 GOG). 2

II. Schutzmassnahmen

Eine mögliche Schutzmassnahme für gefährdete Personen bildet zunächst die *Friedensbürgschaft* i.S.v. Art. 66 StGB. Sie kann gemäss Art. 372 StPO nach Abschluss des Strafverfahrens in einem selbständigen Verfahren angeordnet werden zum Schutz des Ge- 3 schädigten und zur Abwehr drohender Rechtsverletzungen durch einen potenziellen Straftäter. Das selbständige Verfahren wird durch einen Antrag des Bedrohten eingeleitet. Der Antrag ist an keine Frist gebunden und kann gestellt werden, solange der Antragsteller die Verwirklichung des angedrohten Übels befürchtet. Der Antrag ist bei der Staatsanwaltschaft jenes Ortes einzureichen, an welchem die Drohung ausgesprochen oder die Wiederholungsabsicht geäussert wurde (Art. 372 Abs. 3 StPO). Ist der Ausführungsort nicht genau bestimmbar (z.B. bei Drohungen durch das Internet), so ist der Antrag am Aufenthaltsort des Drohenden im Moment der Abgabe des Übermittlungsbefehls zu stellen. Die Staatsanwaltschaft befragt die beteiligten Personen und übergibt daraufhin die Akten dem Zwangsmassnahmengericht (§ 47 GOG), das die in Art. 66 StGB vorgesehenen Massnahmen anordnen kann. Das Verfahren vor diesem Gericht richtet sich nach Art. 373 StPO. Befindet sich der Ausführungsort im Ausland, so kann die Friedensbürgschaft nicht auf dem Wege des selbständigen Verfahrens nach Art. 372 f. StPO, sondern muss durch die Einleitung eines ordentlichen Strafverfahrens verlangt werden (dazu SCHWARZENEGGER, in: Donatsch/Hansjakob/Lieber, StPO Komm., Art. 372 N. 8). In der Praxis kommt der Friedensbürgschaft nur geringe Bedeutung zu (vgl. zuletzt immerhin BGE 137 IV N 258).

4   Als Schutzmassnahme ausserhalb des Prozesses fällt ferner die *selbständige Einziehung* nach Art. 376 StPO in Betracht (vor allem z.B. bei unbekannter Täterschaft, Tod des Angeklagten, Auslandtaten oder wenn erst nach rechtskräftiger Verurteilung des Täters einziehbare Gegenstände oder Vermögenswerte auftauchen). Der Gerichtsstand dieses Verfahrens richtet sich nach Art. 37 f. StPO. Die Einziehung erstreckt sich nicht nur auf Vermögenswerte, sondern ebenso auf Gegenstände (z.B. Waffen). Die entscheidende Behörde hat auch die Verwendung des eingezogenen Guts zu regeln, wobei die Bestimmungen der Art. 69 ff. StGB sinngemäss Anwendung finden.

5   Gemäss § 158 Abs. 2 GOG können gefährdete Personen schliesslich insbesondere mit einer *Legende* und den dafür notwendigen Urkunden ausgestattet werden (sogenannte Vorlegendierung), wobei Art. 289 StPO sinngemäss anzuwenden ist. Diese Bestimmung verlangt die Genehmigung der fraglichen Massnahme durch das Zwangsmassnahmengericht (§ 47 GOG) und regelt das Verfahren vor dieser Instanz. S. dazu für die verdeckte Ermittlung auch Art. 6 BG über die verdeckte Ermittlung (SR 312.81).

III. Gesetzgebung des Bundes

6   Nach der Unterzeichnung des Zusatzprotokolls vom 15.11.2000 zur Verhütung, Bekämpfung und Bestrafung des Menschenhandels (SR 0.311.542) beauftragte der Bundesrat das EJPD mit Vorarbeiten zur gesetzlichen Regelung des ausserprozessualen Zeugenschutzes. Diese Arbeiten führten zum Entwurf für ein BG über den ausserprozessualen Zeugenschutz (ZeugSG) vom 17.11.2010 (BBl 2011 S. 1 ff., verabschiedet durch die eidgenössischen Räte am 23.12.2011), das den ausserprozessualen Zeugenschutz regelt für Personen, die aufgrund ihrer Mitwirkung oder Mitwirkungsbereitschaft in einem Strafverfahren des Bundes oder der Kantone einer erheblichen Gefahr für Leib und Leben oder einem anderen schwerwiegenden Nachteil ausgesetzt sind oder sein können, sowie für Personen, ohne deren Mitwirkung die Strafverfolgung unverhältnismässig er-

schwert wäre oder erschwert gewesen wäre (Art. 2). Es zählt die möglichen Massnahmen auf (Art.5), regelt das Verfahren für deren Anordnung, Fortführung und Beendigung (Art. 6 ff.), die Rechte und Pflichten der zu schützenden Personen (Art. 13 f.) und die Zusammenarbeit der öffentlichen Stellen mit den Privaten (Art. 17 ff.). Für die Prüfung und Anordnung der konkreten Massnahmen, die Betreuung der zu schützenden Personen, die Beratung der Polizeibehörden sowie die Koordination der Zusammenarbeit der Beteiligten ist eine zentrale Zeugenschutzstelle zuständig, deren Aktenführungs-, Datenbearbeitungs- und Geheimhaltungspflichten detailliert geregelt werden (Art. 22 ff.). Schliesslich enthält der Entwurf auch Bestimmungen über die Zusammenarbeit mit dem Ausland, die Aufsicht und die Kostenregelung (Art. 28 ff.). Mit dem Inkrafttreten dieses Gesetzes wird § 158 GOG faktisch gegenstandslos werden.

F. Vorladungen, Belohnungen, Zwangsmassnahmen

§ 159 *Vorladungen*

Die für die Anordnung von Zwangsmassnamen zuständigen Strafbehörden können Mitarbeitende ihrer Amtsstelle mit dem Erlass von Vorladungen beauftragen.

Im polizeilichen Ermittlungsverfahren können die Polizei (Art. 206 StPO), im Untersuchungsverfahren die Staatsanwaltschaft, die Übertretungsstrafbehörde und das Gericht Vorladungen erlassen (Art. 201 StPO). § 159 GOG ermächtigt diese Behörden, die Befugnis zum Erlass von Vorladungen auf ihre Mitarbeiter auszudehnen und übernimmt damit die Regelung von § 174 Abs. 2 GVG. 1

Form und Inhalt der Vorladungen, Fristen, Erscheinungspflicht der Parteien und Folgen des Nichterscheinens werden in den Art. 201 ff. StPO geregelt. Nach Art. 201 Abs. 2 lit. h StPO müssen Vorladungen von der vorladenden Person unterschrieben sein. Nach der Praxis ist dieser Vorschrift Genüge getan mit einer Stempelunterschrift des Vorladenden oder mit der Anbringung des Gerichtsstempels (W.RR S. 149). 2

Über die Sprache, in welcher die Vorladung abgefasst sein muss, schweigt sich die StPO aus. Für Personen, die im Kanton Zürich wohnen, wird die Vorladung in deutscher Sprache abgefasst. Versteht der Empfänger diese nicht, so hat er dafür zu sorgen, dass die Vorladung ihm übersetzt wird (ZR 54 Nr. 104; dazu Art. 68 StPO). Der vorladenden Behörde steht es indessen frei, die Vorladung in der Sprache des Empfängers abzufassen. 3

Für Personen, die in einem andern Kanton wohnen, wird die Vorladung ebenfalls in der Sprache des vorladenden Kantons abgefasst (WEDER, in: Donatsch/Hansjakob/Lieber, StPO Komm., Art. 201 N. 15), doch steht es diesem frei, sie in der Sprache jenes Kantons zu erlassen, in dem der Empfänger wohnt. 4

Für Personen, die im Ausland wohnen, richtet sich die Vorladung nach dem Europäischen Übereinkommen über die Rechtshilfe in Strafsachen vom 20.4.1959 (SR 0.351.1). Darnach können Vorladungen im Ausland im unmittelbaren Verkehr zwischen den Jus- 5 tizbehörden der beiden Länder übermittelt werden (Art. 15 Ziff. 4). Eine Übersetzung der Vorladung ist nicht erforderlich, sofern der ersuchte Staat sich nicht ausdrücklich das Gegenteil vorbehalten hat (Art. 16). Die Zustellung der Vorladung kann gemäss Art. 7 durch einfache Übergabe an den Empfänger erfolgen, sofern in einem Rechtshilfeersuchen nicht ausdrücklich eine andere Zustellungsart verlangt wird.

§ 160 *Belohnungen*

> Die Polizei kann Belohnungen für die Mithilfe der Öffentlichkeit bei der Fahndung aussetzen.

Literatur:
L. BUCHER/R. HÄGGI, Täterfahndung im Internet, AJP 2009, S. 1088 ff.

1 Nach Art. 211 StPO kann die Öffentlichkeit durch die Massenmedien zur Mithilfe bei der Fahndung nach Straftätern aufgefordert werden, und die Strafbehörden von Bund und Kanton sind ermächtigt, Privaten für eine erfolgreiche Mitwirkung an der Fahndung eine Belohnung auszurichten. § 160 GOG bestimmt, dass für die Aussetzung derartiger Belohnungen die Polizei zuständig ist, womit die bisherige Praxis bestätigt wird.

2 Belohnungen werden vor allem bei Kapitalverbrechen ausgesetzt, in der Regel durch die Kantonspolizei. Und zwar werden sie für die «Mithilfe der Öffentlichkeit» ausgesetzt; nicht erforderlich ist, dass dieser Mithilfe ein öffentlicher Fahndungsaufruf vorausgegangen ist. Eine Belohnung kann auch an Personen ausgerichtet werden, die von sich aus, unabhängig von der vorher ausgesetzten Belohnung, den Strafverfolgungsbehörden wichtige Angaben zur Straftat gemacht haben (SCHMID, Praxiskommentar, N. 6 zu Art. 211 StPO). Voraussetzung ist indessen, dass die fragliche Mithilfe für den Fahndungserfolg massgebend war.

3 Die Belohnung kann nur an Private (auch Geschädigte und Opfer), nicht auch an Mitglieder der Strafverfolgungsbehörden ausgerichtet werden.

§ 161 *Fesselung als sitzungspolizeiliche Massnahme*

> Eine beschuldigte Person darf nur gefesselt werden, wenn
> a. Fluchtgefahr besteht,
> b. sie sich selber oder Dritte gefährdet,
> c. Gefahr besteht, dass sie Beweismittel beiseite schafft oder zerstört.

Inhaltsübersicht	N.
I. Allgemeines	1
II. Verhältnis zu Untersuchungs- und Sicherheitshaft	2
III. Voraussetzungen der Fesselung	3
IV. Modalitäten	4

§ 161

I. Allgemeines

Die Fesselung in die StPO aufzunehmen, lehnte die Bundesversammlung ab mit der Begründung, es handle sich um eine Angelegenheit der Polizei, die nicht in die Strafprozessordnung gehöre. Dies trifft indessen insofern nicht zu, als eine während des Verfahrens und/oder in Amtsräumen von den Strafverfolgungsbehörden als sachlich notwendig erachtete Fesselung im weiteren Sinne einen Akt der Sitzungspolizei (Art. 62 StPO) darstellt, der nicht dem Polizeirecht untersteht. Um diesbezüglich Klarheit zu schaffen, wurde die Fesselung als sitzungspolizeiliche Massnahme ins GOG aufgenommen (W.RR S. 149 f.).

1

II. Verhältnis zu Untersuchungs- und Sicherheitshaft

Wenn Flucht-, Kollusions- oder Wiederholungs- bzw. Fortsetzungsgefahr besteht, kann nach Art. 221 StPO Untersuchungs- oder Sicherheitshaft angeordnet werden. Nach § 161 GOG und § 16 PolG (LS 550.1) erlauben dieselben Voraussetzungen die Fesselung einer beschuldigten Person. Trotz gleicher Voraussetzungen haben jedoch Flucht- und Verdunkelungsgefahr bei der Anordnung der Untersuchungs- und Sicherheitshaft eine andere Bedeutung als bei der Fesselung. Untersuchungs- und Sicherheitshaft darf angeordnet werden, wenn im Laufe des Strafverfahrens in Würdigung aller Umstände zu befürchten ist, der Beschuldigte könnte, wenn er in Freiheit belassen oder nach kurzer Inhaftierung wieder in Freiheit entlassen wird, versuchen, sich ins Ausland abzusetzen oder durch Verheimlichen seines Aufenthaltsorts sich der Strafe zu entziehen, Beweismaterial zu vernichten, Zeugen zu beeinflussen oder sich mit Mitbeschuldigten abzusprechen. Die Fesselung ist dagegen nur zulässig, wenn die Flucht- oder Kollusionsgefahr *unmittelbar mit einer konkreten Amtshandlung zusammenhängt* und zu befürchten ist, der Beschuldigte könnte gerade während dieser Amtshandlung fliehen, sich oder einen Dritten gefährden oder Beweismaterial vernichten. Die Voraussetzungen für eine Fesselung sind also (zumal mit Blick auf eine damit einhergehende Einschränkung der Verteidigungsmöglichkeiten wie etwa Anfertigung von Notizen) enger zu verstehen (s. dazu auch Urteil des dt. BVerfG vom 3.8.2011 E. III/1, HRRS 2011 Nr. 983).

2

III. Voraussetzungen der Fesselung

Fluchtgefahr i.S.v. lit. a kann angenommen werden, wenn befürchtet werden muss, der Beschuldigte könnte bei oder nach der Verhaftung, während eines Transports (dazu § 16 Abs. 2 PolG) oder während der Überführung an einen andern Ort plötzlich die Flucht ergreifen. Gefährdung i.S.v. lit. b liegt vor, wenn bei der Verhaftung, bei Einvernahmen oder andern Amtshandlungen zu befürchten ist, der Beschuldigte könnte Drittpersonen angreifen oder (z.B. infolge geistiger Verwirrung) sich selbst gefährden. Verdunkelungsgefahr i.S.v. lit. c besteht schliesslich, wenn zu befürchten ist, der Beschuldigte könnte bei einer Amtshandlung (z.B. bei der Verhaftung) noch schnell versuchen, Beweismaterial (z.B. Drogen oder belastende Adressen) zu beseitigen. Nach § 16 PolG ist die Fesselung auch erlaubt, wenn der Beschuldigte Widerstand leistet gegen eine polizeiliche Anordnung.

3

IV. Modalitäten

4 Zuständig für die Fesselung gemäss § 161 GOG ist die Polizei, d.h. die Kantonspolizei wie auch die kommunale Polizei (Stadt- oder Gemeindepolizei), und zwar selbst dann, wenn sie als Strafbehörde tätig ist (§ 16 in Verbindung mit § 2 PolG; W.RR S. 150).

5 Die Fesselung erfolgt in der Regel durch Zusammenbinden der Extremitäten (Arme, Beine) und/oder durch Festbinden des Gefangenen an eine andere Person oder einen Gegenstand. Hilfsmittel sind Handschellen, Fussfesseln, Seile, Bänder, Riemen oder Ketten. Über die Art der Fesselung sollen Regeln ins PolG aufgenommen werden, die jedoch zurzeit noch nicht in Kraft stehen.

6 Jede Fesselung muss verhältnismässig sein, und unnötige Härte ist dabei zu vermeiden. Wird eine Fessel zu eng und zu hart angelegt und über längere Zeit aufrechterhalten, so kann dies zu unnötigen körperlichen Schmerzen und Verletzungen, bei Einschränkung der Atmungsaktivität sogar zum Tode führen. Gefesselte Personen müssen deshalb stets beaufsichtigt und dürfen nie über längere Zeit allein gelassen werden (vgl. zum Ganzen analogieweise auch BG über die Anwendung polizeilichen Zwangs und polizeilicher Massnahmen im Zuständigkeitsbereich des Bundes, Zwangsanwendungsgesetz [ZAG] vom 20.3.2008, dazu § 33 N. 30).

7 Wenn die Voraussetzungen zur Fesselung dauernd oder vorübergehend wegfallen (z.B. wenn der Beschuldigte in einen gesicherten Raum geführt wird, aus dem eine Flucht nicht möglich ist), ist die Fesselung (dauernd oder vorübergehend) aufzuheben.

§ 162 *Vorläufige Festnahme bei Übertretungen*

Soll eine gemäss Art. 217 Abs. 3 StPO vorläufig festgenommene Person länger als drei Stunden festgehalten werden, ist dies von einer Polizeioffizierin oder einem Polizeioffizier anzuordnen.

1 Wird eine Person bei der Begehung einer Übertretung auf frischer Tat ertappt oder unmittelbar nach der Tat am Tatort angetroffen, so kann sie gemäss Art. 217 Abs. 3 StPO vorläufig festgenommen und auf den Polizeiposten gebracht werden, wenn sie ihre Personalien nicht bekannt gibt, nicht in der Schweiz wohnt und nicht unverzüglich Sicherheit für die zu erwartende Busse leisten kann oder wenn ihre Festnahme nötig ist, um sie vor weiteren Übertretungen abzuhalten. Nach Art. 219 Abs. 5 StPO darf sie aber nicht länger als drei Stunden festgehalten werden, wobei die Kantone jedoch Polizeiangehörige ermächtigen können, die Dauer der Festnahme zu verlängern. Nach § 162 GOG darf eine solche Verlängerung nur von einem Polizeioffizier angeordnet werden.

2 Wer gemäss Art. 217 Abs. 1 StPO wegen eines Verbrechens oder Vergehens vorläufig festgenommen wurde, muss spätestens nach 24 Stunden entweder freigelassen oder der Staatsanwaltschaft zugeführt werden (Art. 219 Abs. 4 StPO). Daraus ist (in maiore minus) abzuleiten, dass der wegen einer blossen Übertretung vorläufig Festgenommene nach spätestens 24 Stunden freigelassen werden muss.

Die erwähnte Frist von drei Stunden bzw. die durch einen Polizeioffizier verlängerte, aber höchstens 24 Stunden dauernde Frist dient zur Abklärung der in Art. 217 Abs. 3 StPO angeführten Festnahmegründe; d.h., es müssen in dieser Zeitspanne die Personalien des Festgenommenen und, wenn dieser nicht in der Schweiz wohnt, dessen finanzielle Möglichkeiten zur Leistung einer Sicherheit für eine allenfalls zu erwartende Busse abgeklärt und die nötigen Vorkehrungen getroffen werden, um ihn von weiteren Übertretungen abzuhalten. Eine Verlängerung der Frist von drei Stunden ist demnach nur zulässig, wenn innert dieser Frist die erforderlichen Abklärungen nicht getroffen werden können, und die dreistündige Frist darf nur um jene Zeitspanne verlängert werden, welche für die erforderlichen Abklärungen zusätzlich benötigt wird. 3

Ein Rechtsmittel gegen die vorläufige Festnahme bei Übertretungen ist schon aus praktischen Gründen ausgeschlossen, weil der Festgenommene spätestens nach 24 Stunden freigelassen werden muss, innert dieser kurzen Frist ein Rechtsmittelentscheid nicht zu erhalten ist und nach dieser Frist bzw. nach seiner Freilassung kein aktuelles Rechtsschutzbedürfnis an der Aufhebung der Freiheitsbeschränkung mehr besteht. Denkbar ist immerhin die nachträgliche Überprüfung der Rechtmässigkeit einer vorläufigen Festnahme im Rahmen des verfahrenserledigenden Entscheids. 4

§ 163 *Vollzug der Untersuchungs- und Sicherheitshaft*

> Der Regierungsrat erlässt die näheren Bestimmungen über den Vollzug der Untersuchungs- und Sicherheitshaft. Das Disziplinarrecht des Strafvollzugs ist sinngemäss anwendbar.

§ 163 GOG, der die bisherige Regelung von § 71 Abs. 2 StPO (ZH) übernimmt, bezieht sich nach seinem Wortlaut nicht auf den Strafvollzug, sondern auf den Vollzug der Untersuchungs- und Sicherheitshaft. Die näheren Bestimmungen über den Vollzug der Untersuchungs- und Sicherheitshaft sowie über die Rechte und Pflichten des Verhafteten finden sich in den §§ 128 ff. JVV in Verbindung mit den §§ 89 ff. und 95 ff. JVV (LS 331.1). 1

Das Disziplinarrecht für Gefangene, welche in schuldhafter Weise gegen Strafvollzugsbestimmungen oder den Vollzugsplan verstossen, wird in Art. 91 StGB geregelt, der als Sanktionen Verweis, Busse, Arrest als zusätzliche Freiheitsbeschränkung sowie Entzug oder Beschränkung der Verfügung über Geldmittel, Freiheitsbeschäftigungen oder Aussenkontakte vorsieht. Dieses Disziplinarrecht ist gemäss § 163 GOG sinngemäss auch auf den Vollzug der Untersuchungs- und Sicherheitshaft anzuwenden. 2

Der Kanton Zürich hat das Disziplinarrecht für Personen, welche sich in einer Vollzugsanstalt befinden, ausführlich geregelt im StJVG vom 19.6.2006 (LS 331), welches auf das Inkrafttreten des GOG hin in wesentlichen Punkten revidiert wurde. § 23 b dieses Gesetzes umschreibt detailliert die Disziplinartatbestände und § 23 c die möglichen disziplinarischen Massnahmen, während § 23 d den Inhaftierten über das Rechtsmittel informiert, mit dem er angeordnete disziplinarische Massnahmen anfechten kann. 3

§ 164 *Hausdurchsuchung*

Findet eine Hausdurchsuchung in Abwesenheit der Inhaberin oder des Inhabers der zu durchsuchenden Räume statt, kann der Gemeindeammann als geeignete Person im Sinne von Art. 245 Abs. 2 StPO beigezogen werden.

1 Nach § 95 StPO (ZH) musste im Falle von Abwesenheit des Wohnungsinhabers bei Hausdurchsuchungen ein Verwandter, ein Hausgenosse oder eine Urkundsperson beigezogen werden. In Zürich und Winterthur zog die Polizei in derartigen Fällen jeweils den Stadtammann bei. Art. 245 Abs. 2 StPO regelt diese Fälle gesamtschweizerisch und schreibt vor, das nach Möglichkeit ein volljähriges Familienmitglied oder «eine andere geeignete Person» beizuziehen ist. Nach § 164 GOG kann als andere geeignete Person der Gemeindeammann beigezogen werden. Die Bestimmung ist jedoch eine Kannvorschrift. Als andere geeignete Personen im Sinne von Art. 245 Abs. 2 StPO kommen neben Urkundspersonen und Behördenvertretern z.B. auch der Hauswart oder der Vermieter in Betracht (KELLER, in: Donatsch/Hansjakob/Lieber, StPO Komm., Art. 245 N. 5).

§ 165 *Aussonderung zum Schutz von Berufsgeheimnissen*

Die Aussonderung gemäss Art. 271 Abs. 1 StPO erfolgt unter der Leitung des Mitglieds des Obergerichts, das die Aufgabe gemäss § 47 erfüllt.

1 Auch bei Personen, die einem Amts- oder Berufsgeheimnis unterstehen, sich auf den Quellenschutz für Medienschaffende berufen können oder besondere Geheimhaltungspflichten zu beachten haben (Art. 170–173 StPO), kann der Post- und Fernmeldeverkehr gemäss Art. 269 ff. StPO überwacht werden. Zu den Personen mit besonderer Geheimhaltungspflicht gehören auch jene, die Geheimnisse erfahren haben bei ihrer Tätigkeit
– für die Forschung im Bereich der Medizin und des Gesundheitswesens (Art. 321bis StGB) oder
– in Schwangerschafts-Beratungsstellen (Art. 2 BG über die Schwangerschafts-Beratungsstellen, SR 857.5), in Beratungsstellen für die Opferhilfe (Art. 11 OHG) und in Betreuungs- und Fürsorgestellen gegen den Betäubungsmittelmissbrauch (Art. 15 Abs. 2 BetmG).

2 Bei solchen Überwachungen können Informationen anfallen, die mit dem Gegenstand der Ermittlungen und dem Grund, aus dem die fragliche Person überwacht wird, in keinem Zusammenhang stehen. Diese Informationen sind unter der Leitung eines Gerichts auszusondern, wobei der Strafverfolgungsbehörde keine Berufsgeheimnisse zur Kenntnis gelangen dürfen (Art. 271 Abs. 1 Satz 2 StPO).

3 Bei der Überwachung anderer Personen können Informationen anfallen, über welche eine zur Zeugnisverweigerung berechtigte Person das Zeugnis verweigern könnte. Solche Informationen sind aus den Akten auszusondern und sofort zu vernichten; sie dürfen nicht verwendet werden (Art. 271 Abs. 3 StPO).

Die Aussonderung i.S.v. Art. 271 Abs. 1 StPO kann das Zwangsmassnahmengericht selbst vornehmen. Sie kann aber auch durch eine von der Oberstaatsanwaltschaft bezeichnete Organisationseinheit einer Staatsanwaltschaft durchgeführt werden (s. dazu die frühere Regelung gemäss § 104b StPO [ZH]), muss aber dann unter der Leitung jenes Oberrichters erfolgen, der als Zwangsmassnahmengericht i.S.v. § 47 GOG amtet. Dabei ist darauf zu achten, dass die mit der Ermittlung betraute Person bei der Durchführung der Aussonderung nicht anwesend ist und keine Kenntnis von Berufsgeheimnissen erlangen kann (dazu auch Art. 4 Abs. 6 BÜPF).

§ 166 *Stellung von verdeckten Ermittlern*

Der Regierungsrat regelt die personalrechtliche Stellung der verdeckten Ermittlerinnen und Ermittler in einer Verordnung.

Die verdeckte Ermittlung auf Bundesebene wird geregelt durch die Verordnung über die verdeckte Ermittlung (VVE, SR 312.81), diejenige auf kantonaler Ebene durch die Art. 286 ff. StPO. Das Arbeitsverhältnis der beim Bund angestellten verdeckten Ermittler wird durch das Bundespersonalrecht, dasjenige der beim Kanton angestellten verdeckten Ermittler durch das kantonale Personalrecht geregelt. Dieses bezieht sich indessen nur auf die vom Kanton angestellten und eingesetzten verdeckten Ermittler. Wird ein verdeckter Ermittler durch die Stadtpolizei Zürich eingesetzt, ist dessen personalrechtliche Stellung durch die Stadt Zürich zu regeln.

Nach Art. 287 Abs. 1 lit. b StPO können als verdeckte Ermittler nicht nur Angehörige eines Polizeikorps, sondern auch Privatpersonen ohne polizeiliche Ausbildung eingesetzt werden, deren Handeln im Dienste der Polizei Dritten nicht bekannt ist, deren Tätigkeit aber über die blosse Vermittlung einzelner Meldungen hinausgeht und sich z.B. auf Beobachtungen innerhalb eines Milieus oder auf die Entgegennahme von Deliktsobjekten erstrecken kann. Ihr Einsatz kann sich auf die Mithilfe bei der Aufklärung aller in Art. 286 Abs. 2 StPO aufgezählten Straftaten beziehen. Zu denken ist auch an den Einsatz von Privatpersonen mit besonderen wissenschaftlichen oder technischen Kenntnissen, z.B. bei Hehlerei von Kunstwerken, bei schweren Verbrechen gegen den Kriegsmaterialhandel oder beim Technologietransfer. Auch diese verdeckten Ermittler dürfen aber wie jene der Polizei eine Straftat weder provozieren noch fördern.

Die als verdeckte Ermittler eingesetzten Privatpersonen unterstehen nicht dem kantonalen Personalrecht. Ihre personalrechtliche Stellung und insbesondere ihre Entlöhnung hat der Regierungsrat in einer Verordnung zu regeln. Ein Erfolgshonorar soll ihnen nicht bezahlt werden, damit sie nicht in Versuchung geraten, durch Druck oder andere Machenschaften auf den Eintritt des erhofften Erfolges hinzuarbeiten.

G. Vorverfahren

§ 167 *Anzeigepflichten und -rechte*

> ¹ Behörden und Angestellte des Kantons und der Gemeinden zeigen strafbare Handlungen, die sie bei der Ausübung ihrer Amtstätigkeit wahrnehmen, an. Ausgenommen von dieser Pflicht, aber zur Anzeige berechtigt, sind Personen, deren berufliche Aufgabe ein persönliches Vertrauensverhältnis zu Beteiligten oder deren Angehörigen voraussetzt.
>
> ² Vorbehalten bleiben Anzeigepflichten und -rechte sowie Befreiungen von der Anzeigepflicht für Behörden, Angestellte und Private gemäss anderen Erlassen des Bundes und des Kantons.

Literatur

DONATSCH/SCHMID, StPO, zu § 21; A. GRAF, Die Pflicht zur Strafanzeige im schweizerischen Recht, Diss. Zürich 1949; HAUSER/SCHWERI/HARTMANN, Schweizerisches Strafprozessrecht, § 73 N. 5 ff.

Inhaltsübersicht N.

I. Allgemeine Anzeigepflicht 1
    1. Behörden und Angestellte 5
    2. Einschränkungen der allgemeinen Anzeigepflicht 13
II. Anzeigepflichten aufgrund besonderer Bestimmungen (Beispiele) 18
    1. Medizinalpersonen 18
    2. Anwaltsrecht 19
    3. Steuerdelikte 20
    4. Finanzwesen 23
    5. Kriegsmaterial 26
III. Form der Anzeige 27
IV. Verletzung der Anzeigepflicht 28
V. Rechtsmittel 29

I. Allgemeine Anzeigepflicht

1 Nach Art. 302 StPO sind die Strafverfolgungsbehörden verpflichtet, alle Straftaten, die sie bei ihrer amtlichen Tätigkeit festgestellt haben oder die ihnen gemeldet wurden, der zuständigen Behörde zu melden, soweit sie nicht selbst zu deren Verfolgung zuständig sind. Art. 302 Abs. 2 StPO ermächtigt die Kantone, für ihre Behörden und Angestellten kantonale Regelungen zu erlassen. § 167 GOG machte von dieser Ermächtigung Gebrauch und übernimmt leicht modifiziert die bisherige Bestimmung von § 21 StPO (ZH).

2 Die Anzeigepflicht der kantonalen und kommunalen Behörden und Angestellten gründet im Offizial- und Legalitätsprinzip und in der damit verbundenen rechtsgleichen Behandlung der Straftäter. Sie besteht unabhängig von Amtsgeheimnissen und persönlichen Gewissenskonflikten. Während der frühere § 21 StPO (ZH) von der Anzeigepflicht

der Behörden und Beamten sprach, erklärt § 167 GOG die kantonalen und kommunalen Behörden und Angestellten zur Anzeige verpflichtet.

Die Anzeigepflicht für Behörden und Angestellte bezieht sich nur auf Delikte, die ihnen bei der Ausübung ihrer amtlichen Tätigkeit bekannt werden. Verfehlungen, von denen sie in ihrem privaten Bereich erfahren, unterliegen der Anzeigepflicht in der Regel nicht. Eine Ausnahme besteht diesbezüglich für Polizeibeamte, von welchen verlangt werden muss, dass sie mindestens schwere Delikte anzeigen, von denen sie in ihrer Freizeit erfahren haben (LANDSHUT, in: Donatsch/Hansjakob/Lieber, StPO Komm., Art. 302 N. 9 m.H.; s. auch § 46 Abs. 2 PolG, LS 550.1).

Die Anzeigepflicht setzt sodann einen Tatverdacht voraus. Für Anzeigen von Strafverfolgungsbehörden wird ein einfacher oder hinreichender, für Anzeigen von Gerichten ein qualifizierter Tatverdacht verlangt (dazu LANDSHUT, a.a.O., Art. 302 N. 10 f.).

1. Behörden und Angestellte

Zu den kantonalen Behörden gehören insbesondere
- Regierungsrat, Bildungsrat, Universitätsrat, Universitätsleitung,
- alle im Staatskalender aufgezählten Kommissionen,
- alle oberen Gerichte und der Ombudsmann,
- alle kirchlichen Behörden (reformierter Kirchenrat, katholische Zentralkommission und ihre Rekurskommissionen), nicht aber die Legislativbehörden (Kantonsrat, kirchliche Synoden und deren Kommissionen).

Zu den Bezirksbehörden zählen insbesondere die Bezirksgerichte, Bezirksräte und Bezirkskirchenpflege.

Zu den Gemeindebehörden gehören Gemeinde- oder Stadtrat, Notar, Schulpflege, Kirchenpflege sowie Kommissionen mit selbständiger Verwaltungsbefugnis, nicht aber die kommunalen Legislativbehörden (Grosser Gemeinderat).

Anzeigepflicht besteht sodann grundsätzlich auch für
- den Amtsvormund (BGE 121 IV 216, ZBJV 114 S. 452), nicht aber für den gewöhnlichen Vormund (BGE 76 IV 151),
- die Lehrer der staatlichen Schulen aller Stufen, nicht aber für die Lehrer der Privatschulen,
- Steuerbeamte.

Auf Bundesebene sind gemäss Art. 302 StPO nur die Strafbehörden zur Anzeige verpflichtet. Das Bundespersonalgesetz enthält keine generelle Bestimmung, welche die Bundesverwaltung und deren Angestellte anweist, bekannt gewordene Straftaten den eidgenössischen oder kantonalen Strafverfolgungsbehörden anzuzeigen. Solche Anzeigepflichten können indessen in der Nebenstrafgesetzgebung statuiert sein. So verpflichtet z.B. Art. 19 Abs. 2 VStrR (SR 313.0) nicht nur die kantonalen und kommunalen Polizeibehörden, sondern auch die Bundesverwaltung und deren Organe, von ihnen wahrgenommene oder ihnen bekannt gewordene Widerhandlungen gegen ein Verwaltungsgesetz des Bundes der beteiligten Verwaltung anzuzeigen.

10 Erfährt eine Kollegialbehörde von einem Delikt, so ist grundsätzlich diese zur Anzeige verpflichtet. Das einzelne Behördenmitglied ist dazu nicht berechtigt, ausgenommen das Kollegium würde die Anzeigeerstattung pflichtwidrig unterlassen. Untergeordnete Angestellte genügen ihrer Anzeigepflicht, wenn sie der hierarchisch übergeordneten Stelle Meldung erstatten. Bleibt diese Stelle aber untätig oder verweigert sie die Weiterleitung der Anzeige, so sind auch untergeordnete Angestellte zur Anzeige bei der zuständigen Strafverfolgungsbehörde berechtigt.

11 Keiner Anzeigepflicht unterliegen Personen, welche in ihrer amtlichen oder dienstlichen Stellung ein Geheimnis wahrgenommen haben, das sie gemäss Art. 320 StGB wahren müssen, sowie Personen, die gemäss Art. 321 StGB ihr Berufsgeheimnis beachten müssen. Diese Ausnahme von der Anzeigepflicht bezieht sich indessen nur auf den berufsspezifischen Bereich (z.B. bei Ärzten und Pfarrern nur auf den vom gegenseitigen Vertrauen geprägten ärztlichen oder seelsorgerischen Bereich, bei Notaren auf die Erstellung von letztwilligen Verfügungen und die damit zusammenhängenden Beratungen), nicht jedoch auf Vermögensdelikte, welche z.B. ein Klinikdirektor festgestellt hat, oder auf Delikte, die einem Notar als Konkursbeamter bei einem Gemeinschuldner oder als Grundbuchführer bei einer Verurkundung von Geschäften oder als Urkundsperson bei der Gründung einer Gesellschaft bekannt geworden sind. Im öffentlichen Dienst Angestellte, die über ein Anwaltspatent verfügen, dürfen sich in der Regel nicht auf Art. 321 StGB berufen, wenn sie keine anwaltsspezifischen Geheimnisse zu wahren haben.

12 Betrifft die Anzeigepflicht ein berufsspezifisches Wissen eines Berufsgeheimnisträgers, so ist dieser zur Anzeige nur berechtigt, wenn die Aufsichtsbehörde ihn von seiner Schweigepflicht entbunden hat (zum Ganzen DONATSCH/SCHMID, StPO, N. 1–11 zu § 21).

2. Einschränkungen der allgemeinen Anzeigepflicht

13 Bei Personen, deren berufliche Aufgaben ein persönliches Vertrauensverhältnis zum Beteiligten oder zu dessen Angehörigen voraussetzt, besteht keine Anzeigepflicht, aber ein Anzeigerecht (§ 167 Abs. 1 Satz 2 GOG). Damit soll verhindert werden, dass dieses Vertrauensverhältnis durch eine Anzeige zerstört und dass die Tätigkeit der Vertrauensperson durch die Anzeige behindert oder verunmöglicht wird. In diesem Sinne werden z.B. geschützt das Vertrauensverhältnis zwischen Lehrer oder Schulpsychologe und Schüler und dessen Eltern sowie das Vertrauensverhältnis zwischen Personen, die in der Fürsorge tätig sind (Vormund, Fürsorger, Sozialarbeiter), und den von ihnen Betreuten.

14 Unter die Einschränkung der Aussagepflicht i.S.v. § 167 Abs. 1 Satz 2 GOG fallen nicht nur Verfehlungen, die den Behördenmitgliedern oder Angestellten als eigentliches Geheimnis anvertraut worden sind, sondern alle Straftaten ihres Schützlings, von denen sie erfahren haben und deren Preisgabe das Vertrauensverhältnis erheblich stören könnte.

15 Die Einschränkung der Anzeigepflicht bezieht sich nur auf das Vertrauensverhältnis zwischen einem Behördenmitglied oder Angestellten und der fraglichen Privatperson, nicht auch auf den Verkehr der Strafverfolgungsbehörden untereinander (z.B. Polizeifunktionäre untereinander, Polizeiassistentin für die Befragung von Jugendlichen und Jugendanwalt, Angestellte des Strafvollzugs und der Schutzaufsicht), denn diese haben alle ihnen bekannt gewordenen Delikte gegenseitig zu melden (dazu DONATSCH/SCHMID, StPO, N. 26 ff. zu § 21).

§ 167

Das Personal der Opferhilfestellen unterliegt gemäss § 8 Abs. 3 EG OHG (LS 341) keiner Anzeigepflicht. 16

Trotz eines bestehenden Vertrauensverhältnisses ist das fragliche Behördenmitglied oder der Angestellte zur Anzeige *berechtigt,* wenn es bzw. er eine Anzeige unter den konkreten Umständen des Falles und nach Abwägung der für und gegen die Anzeige sprechenden Gründe für angezeigt hält. Wird unter solchen Umständen Anzeige erstattet, so hat dies für den Anzeigenden weder straf- noch disziplinarrechtliche Folgen wegen Verletzung des Berufsgeheimnisses. 17

II. Anzeigepflichten aufgrund besonderer Bestimmungen (Beispiele)

1. Medizinalpersonen

Nach § 15 GesG (LS 810.1) haben Personen, die einen Beruf des Gesundheitswesens ausüben, sowie deren Hilfspersonen der Polizei unverzüglich zu melden: 18
- aussergewöhnliche Todesfälle, insbesondere solche wegen Unfall, Delikten, Selbsttötung oder Fehleinschätzungen sowie deren Spätfolgen,
- Wahrnehmungen, die auf eine vorsätzliche Verbreitung gefährlicher Krankheiten bei Menschen und Tieren schliessen lassen,
- Wahrnehmungen, die auf ein Verbrechen oder Vergehen gegen Leib und Leben, die öffentliche Gesundheit oder die sexuelle Integrität schliessen lassen.

2. Anwaltsrecht

Nach Art. 15 BGFA sind die eidgenössischen und kantonalen Gerichte und Verwaltungsbehörden verpflichtet, Verstösse von Anwälten gegen ihre Berufsregeln der zuständigen Aufsichtskommission für Rechtsanwälte zu melden. 19

3. Steuerwesen

Wenn bei einer Steuerbehörde der dringende Verdacht auf ein begangenes Steuervergehen entsteht, müssen die Akten der Strafuntersuchungsbehörde überwiesen werden. Bezieht sich die strafbare Handlung gleichzeitig auf die Staats- und Gemeindesteuern, so erstattet das kantonale Steueramt die Strafanzeige; bezieht sie sich lediglich auf die Gemeindesteuern, so ist das Gemeindesteueramt zur Anzeige verpflichtet (§ 76 VO zum Steuergesetz, LS 631.11). 20

Die Verwaltungs- und Strafuntersuchungsbehörden sowie die Gerichte sind umgekehrt verpflichtet, den Steuerbehörden Mitteilung zu machen, wenn sie in ihrer amtlichen Tätigkeit etwas wahrnehmen, das auf die Wahrscheinlichkeit einer unvollständigen Versteuerung hinweist (§ 121 Abs. 1 StG, LS 631.1). 21

Wenn die kantonale Verwaltung Anzeichen dafür erhält, dass bei der direkten Bundessteuer ein Steuervergehen nach Art. 186 f. BG über die direkte Bundessteuer (DBG, SR 642.1) begangen worden sei, hat sie nach Art. 188 Abs. 1 DBG der für die Verfolgung kan- 22 tonaler Steuervergehen zuständigen Behörde Anzeige zu erstatten, damit diese auch die Vergehen gegen die direkte Bundessteuer verfolgen kann.

4. Finanzwesen

23 Erlangt die Finanzmarktaufsicht (FINMA) Kenntnis von gemeinrechtlichen Verbrechen oder Vergehen oder von Widerhandlungen gegen das Finanzmarktgesetz, so hat sie die Strafverfolgungsbehörde davon zu unterrichten (Art. 38 Abs. 3 BG über die Finanzmarktaufsicht, SR 956.1).

24 Entsteht bei einem Finanzintermediär oder bei der Selbstregulierungsorganisation der dringende Verdacht, dass die in die Geschäftsbeziehungen involvierten Vermögenswerte im Zusammenhang mit strafbaren Handlungen i.S.v. Art. 260ter Ziff. 1 oder 305bis StGB stehen, aus Verbrechen herrühren, der Verfügungsmacht einer kriminellen Organisation unterstehen oder zur Finanzierung des Terrorismus dienen, so ist die Meldestelle für Geldwäscherei davon in Kenntnis zu setzen (Art. 9 und 27 Abs. 4 GwG, SR 955.0). Unter den gleichen Voraussetzungen hat die Meldestelle für Geldwäscherei der Strafverfolgungsbehörde Anzeige zu erstatten (Art. 23 Abs. 4 GwG).

25 Nach Art. 305 StGB sind Personen, die berufsmässig Vermögenswerte annehmen, bewahren, anlegen oder übertragen helfen, berechtigt, der Meldestelle für Geldwäscherei im Bundesamt für Polizeiwesen Meldung zu erstatten, wenn sie etwas wahrnehmen, das darauf schliessen lässt, dass die fraglichen Vermögenswerte aus einem Verbrechen stammen.

5. Kriegsmaterial

26 Die Bewilligungs- und Kontrollbehörden des Bundes und der Kantone, die kantonalen und kommunalen Polizeibehörden und die Zollorgane sind verpflichtet, Widerhandlungen gegen das Kriegsmaterialgesetz, die sie in ihrer Tätigkeit wahrnehmen oder die ihnen zur Kenntnis gelangen, der Bundesanwaltschaft anzuzeigen (Art. 40 Abs. 2 KMG, SR 514.51).

III. Form der Anzeige

27 Die Strafverfolgungsbehörden genügen ihrer Anzeigepflicht, wenn sie den Sachverhalt rapportieren oder ein Strafverfahren einleiten. Für die übrigen Behördenmitglieder und Angestellten bestehen keine Formvorschriften, doch soll die Anzeige in der Regel schriftlich erfolgen.

IV. Verletzung der Anzeigepflicht

28 Die Verletzung der Anzeigepflicht kann disziplinar-, aber auch strafrechtlich Massnahmen nach sich ziehen (z.B. wegen Begünstigung i.S.v. Art. 305 StGB, Begünstigung der Geldwäscherei i.S.v. Art. 305bis StGB, Verletzung der Meldepflicht bei Geldwäscherei i.S.v. 37 GwG), ausgenommen, sie wäre eine straflose Selbstbegünstigung, d.h., die Anzeige wäre unterblieben, weil die auskunftspflichtige Person von ihrem Recht Gebrauch machte, sich nicht selbst belasten zu müssen (dazu DONATSCH/SCHMID, StPO, N. 23 zu § 21).

V. Rechtsmittel

Die Erstattung einer Anzeige durch ein Behördenmitglied oder einen Angestellten stellt einen Akt der Justizverwaltung dar, gegen den kein Rechtsmittel zulässig ist (zur Rechtsnatur der Verzeigung s. Pr 93 [2004] Nr. 75). Erstattet eine Person eine Anzeige, so ist ihr auf Anfrage hin mitzuteilen, ob ein Strafverfahren eingeleitet und wie es erledigt wird (Art. 301 Abs. 2 StPO). Zur Anfechtung einer Nichtanhandnahmeverfügung sind jedoch allein Personen mit Parteistellung (Privatkläger bzw. Geschädigter) legitimiert (Art. 301 Abs. 3 und 310 Abs. 2 i.V.m. 322 Abs. 2 StPO), zu welchen der (blosse) Anzeigeerstatter nicht gehört (Art. 105 Abs. 1 lit. b StPO; zur Beschwerdelegitimation von Behörden und Amtsstellen s. § 154 GOG). Im Falle völliger Passivität kann auch Beschwerde wegen Rechtsverweigerung geführt werden (LANDSHUT, in: Donatsch/Hansjakob/Lieber, StPO Komm., Art. 301 N. 18). Erstattet ein Dritter, der nicht Partei ist, eine Anzeige, auf welche die Behörde nicht eintritt, kann dies u.U. zum Gegenstand einer Disziplinarbeschwerde gemacht werden (DONATSCH/SCHMID, StPO, § 21 N. 25). 29

§ 168 Antragsrecht bei Vernachlässigung von Unterhaltspflichten

Bei Vernachlässigung von Unterhaltspflichten können gemäss Art. 217 Abs. 2 StGB Strafantrag stellen:

a. die zuständige Vormundschaftsbehörde,
nach der voraussichtlich ab 1.1.2013 geltenden Fassung:
   die zuständige KESB,
b. die kostentragende Fürsorgebehörde,
c. die für das Sozialwesen zuständige Direktion,
c. die Bezirksjugendsekretariate.

Bei Vernachlässigung von familienrechtlichen Unterhaltspflichten ist in erster Linie der Geschädigte berechtigt, Strafantrag zu stellen. Art. 217 Abs. 2 StGB ermächtigt aber die Kantone, Behörden und Stellen zu bezeichnen, denen ebenfalls ein Antragsrecht zusteht. § 168 GOG macht von dieser Ermächtigung Gebrauch und übernimmt die bisherige Regelung von § 24a StPO. 1

Das Strafantragsrecht der in § 168 GOG genannten Amtsstellen wurde geschaffen, 2
– einerseits, weil der Geschädigte, dem Unterhaltsleistungen vorenthalten werden, oft Hemmungen hat, gegen den ihm verwandtschaftlich verbundenen oder verbunden gewesenen Täter strafrechtlich vorzugehen, und
– andererseits, weil Amtsstellen, welche Unterhaltsleistungen bevorschusst haben, berechtigt sein müssen, ihre erbrachten Leistungen vom Leistungspflichtigen zurückzuverlangen.

Das Strafantragsrecht der Amtsstellen besteht unabhängig davon, ob sie selbst Leistungen erbracht haben oder nicht und ob das von ihnen vertretene Gemeinwesen geschädigt wurde oder nicht. Gemäss Art. 217 Abs. 2 Satz 2 StGB müssen sie ihr Strafantragsrecht aber immer im Interesse der Familie ausüben, wobei sie eine Interessenabwägung vor- 3

§ 169

zunehmen haben. Ob diese richtig vorgenommen worden sei, haben die Gerichte nicht zu prüfen. Nur ein offensichtlich missbräuchlicher Strafantrag kann als unbeachtlich bezeichnet werden.

4 Die Aufzählung der strafantragsberechtigten Amtsstellen in § 168 GOG ist abschliessend. Da es sich um eine kantonale Bestimmung handelt, können ausländische und ausserkantonale Behörden und Stellen daraus für sich kein Antragsrecht ableiten. Ausserkantonale Behörden und Amtsstellen müssen durch die Gesetze ihres eigenen Kantons zum Strafantrag ermächtigt werden.

5 Örtlich zuständig für die Entgegegennahme eines Strafantrags sind die Strafverfolgungsbehörden am Ort, an dem der Täter seine Verpflichtung hätte erfüllen müssen. Dies ist in der Regel der Wohnort des Berechtigten. Hat aber eine Behörde Leistungen erbracht und die Unterhaltsbeiträge bevorschusst, so ist der Strafantrag am Ort dieser Behörde zu stellen. Ist beim Zusammentreffen mehrerer strafbarer Handlungen gemäss Art. 34 StPO ein anderer Ort für die Strafverfolgung eines Täters zuständig, so ist der Strafantrag dort zu stellen.

6 Zur kostentragenden Fürsorgebehörde i.S.v. § 168 lit. b GOG gehört auch das Sozialamt am Wohnsitz des Berechtigten, das Unterhaltsbeiträge bevorschusst hat. Zum Ganzen s. DONATSCH/SCHMID, StPO, zu § 24a.

H. Berufungsanmeldung

§ 169 Staatsanwältinnen und -anwälte sowie Jugendanwältinnen und -anwälte, die gemäss Art. 231 Abs. 2 StPO die Fortsetzung der Sicherheitshaft beantragen, sind zur Berufungsanmeldung gemäss Art. 399 Abs. 1 StPO berechtigt.

1 Wird ein inhaftierter Beschuldigter von der ersten Instanz freigesprochen und verfügt diese gleichzeitig seine Freilassung, während der anwesende Staatsanwalt die Meinung vertritt, der Fall müsse an die obere Instanz weitergezogen werden und der Beschuldigte müsse weiterhin in Sicherheitshaft bleiben, so kann nach Art. 231 Abs. 2 StPO (eine Bestimmung, die «kaum als gesetzgeberische Meisterleistung in die Geschichte eingehen wird», HUG, in: Donatsch/Hansjakob/Lieber, StPO Komm., N. 11 zu Art. 231) der Staatsanwalt die Fortsetzung der Sicherheitshaft beantragen mit der Folge, dass der Beschuldigte bis zum Entscheid des Berufungsgerichts in Haft bleibt. Der Antrag auf Fortsetzung der Sicherheitshaft muss jedoch unmittelbar nach der Urteilseröffnung vor den Schranken des Gerichts zusammen mit dem Berufungsantrag gestellt werden. Gemäss § 103 Abs. 2 lit. c bzw. 114 Abs. 3 GOG ist indessen nur der Leitende Staatsanwalt bzw. der Oberjugendanwalt zur Ergreifung eines kantonalen Rechtsmittels befugt. Dieser ist aber bei der erstinstanzlichen Verhandlung nicht anwesend, weil die Anklage vor der ersten Instanz vom Staatsanwalt (dazu § 88 N. 35) bzw. Jugendanwalt (§ 21 lit. a JStPO) vertreten wird. § 169 GOG bestimmt deshalb, dass in diesen Fällen der Staatsanwalt bzw. Jugendanwalt berechtigt ist, mit seinem Antrag auf Fortsetzung der Sicherheitshaft vor den Schranken des Gerichts gleichzeitig auch Berufung anzumelden.

Vgl. in diesem Zusammenhang auch die sich teilweise analog stellenden verfahrenstechnischen Fragen für den Fall, dass die Staatsanwaltschaft (bzw. Oberstaatsanwaltschaft) die ihr (nach bundesgerichtlicher Rechtsprechung offenstehende) Beschwerde gegen einen die Untersuchungshaft aufhebenden Entscheid des Zwangsmassnahmengerichts ergreift; dazu BGer 1B_273/2011 vom 31.8.2011, E. 2 = SJZ 107 S. 502 (zu diesem Punkt näher § 29 N. 15).

4. Abschnitt: Ordnungsbussenverfahren
A. Bundesrechtliche Ordnungsbussen im Strassenverkehr

§ 170 ¹ Der Regierungsrat übt die Befugnisse aus, welche die Bundesgesetzgebung über Ordnungsbussen im Strassenverkehr den Kantonen zuweist.

² Er legt die Anforderungen fest, denen die Gemeinden und ihre Polizeien zu genügen haben, um neben der Kantonspolizei zur Erhebung von Ordnungsbussen im Strassenverkehr durch die Mitarbeitenden ihrer Polizei berechtigt zu sein. Er bezeichnet die Gemeinden, die diese Voraussetzungen erfüllen.

³ Die für das Polizeiwesen zuständige Direktion bezeichnet die Mitarbeitenden der Kantonspolizei, die zur Erhebung von Ordnungsbussen berechtigt sind. Die Gemeinderäte bezeichnen die Mitarbeitenden ihrer Polizei, die zur Erhebung von Ordnungsbussen berechtigt sind.

⁴ Die Ordnungsbussen fallen demjenigen Gemeinwesen zu, dessen Polizei sie erhoben hat. Wird das ordentliche Strafverfahren durchgeführt, gilt § 92.

Literatur
DONATSCH/SCHMID, StPO, zu §§ 353 ff.; A. PFISTER, «Ordnungsbussen» auf der Strasse, ZStrR 83, S. 286 ff.; R. SCHAFFHAUSER, Entwicklung des Ordnungsbussenrechts im Strassenverkehr, AJP 6 (1997), S. 1215 ff.; U. STAUB, Das Ticketsystem in der Stadt Zürich, Kriminalistik 24, S. 571 und 631 ff..

Inhaltsübersicht N.
I. Bundesrechtliche Ordnungsbussen im Strassenverkehr 1
II. Ausschluss des Ordnungsbussenverfahrens 4
III. Verfahren 6
IV. Zuständigkeiten 11

I. Bundesrechtliche Ordnungsbussen im Strassenverkehr

1 § 170 GOG übernimmt §§ 352 f. StPO (ZH); er bezieht sich nur auf die bundesrechtlichen Ordnungsbussen im Strassenverkehr. Die Behandlung anderer Übertretungen wird durch die Bestimmungen der §§ 89 ff. GOG geregelt.

2 Mit der Einführung von Ordnungsbussen im Strassenverkehr wurde aus praktischen Gründen angestrebt, geringfügige, aber häufig vorkommende Verstösse gegen Verkehrsvorschriften in einem einfachen Verfahren verfolgen zu können (BGE 114 IV 63 E. 3). Die Regeln für dieses Verfahren finden sich im OBG und in der OBV. Die Kantone sind nicht befugt, in diesem Bereich eigene Vorschriften zu erlassen.

3 Ordnungsbussen im Strassenverkehr können nur ausgefällt werden für Übertretungen, welche ein handelnder Polizeifunktionär persönlich wahrgenommen hat oder welche durch eine automatische Geschwindigkeitskontrolle festgehalten worden sind. Nach Art. 4 Abs. 2 OBG darf ein Polizeifunktionär solche Bussen nur erheben, wenn er die Dienstuniform trägt, ausgenommen, der Regierungsrat hätte für die Kontrolle des ruhenden Verkehrs oder für ländliche Verhältnisse auf dieses Erfordernis verzichtet. Nach Art. 1 Abs. 2 OBG beträgt die Höchststrafe für derartige Übertretungen Fr. 300. Die ausführliche Bussenliste für die einzelnen Übertretungen ist in der OBV enthalten.

II. Ausschluss des Ordnungsbussenverfahrens

4 Das bundesrechtliche Ordnungsbussenverfahren ist gemäss Art. 2 OBG ausgeschlossen und das ordentliche Verfahren gemäss § 89 GOG ist anzuwenden, wenn die im Strassenverkehr begangene Widerhandlung
- Personen (konkret oder abstrakt, dazu BGE 114 IV 63) gefährdet oder verletzt oder Sachschaden verursacht hat,
- nicht von einem ermächtigten Polizeiorgan persönlich wahrgenommen wurde, ausgenommen, sie wäre bei einer Geschwindigkeitskontrolle und durch eine automatische Überwachungsanlage festgestellt worden,
- von einem Jugendlichen unter 15 Jahren verübt wurde,
- mit anderen Widerhandlungen konkurriert, welche in der Bussenliste des OBV nicht enthalten sind.

5 Das Ordnungsbussenverfahren ist auch ausgeschlossen, wenn die Widerhandlung von einer dem MStG unterworfenen Person begangen wurde. Eine solche Person untersteht gemäss Art. 218 Abs. 3 MStG der Militärgerichtsbarkeit. Die Widerhandlung ist der zuständigen militärischen Stelle (Kommandant, Oberauditor) zu melden. In leichten Fällen kann sie disziplinarisch geahndet werden, in den anderen Fällen finden die Strafansätze der OBV analog Anwendung.

III. Verfahren

Die in der OBV aufgezählten Widerhandlungen gegen die Strassenverkehrsvorschriften können in einem abgekürzten Verfahren geahndet werden; dabei hat der Fehlbare Anspruch darauf, dass dieses Verfahren bei den genannten Übertretungen angewendet wird (BGE 105 IV 138; Donatsch/Schmid, StPO, Vorbemerkungen zu § 353 N. 3). Er kann die Busse entweder sofort oder innert 30 Tagen bezahlen. Macht er von dieser Möglichkeit Gebrauch, so werden dadurch die andern Strafverfolgungsbehörden ausgeschaltet.

6

Bezahlt der Fehlbare die Busse an Ort und Stelle, so gelangt das sogenannte Ticketsystem zur Anwendung. Der Fehlbare erhält eine Quittung, die nicht einmal seinen Namen enthält (Art. 6 Abs. 2 OBG). Entschliesst er sich dagegen zur Bezahlung innert 30 Tagen (weil er z.B. zur sofortigen Bezahlung nicht in der Lage ist oder sich eine Bedenkfrist ausbedingt), so erhält er ein Formular (dazu Anhang 2 zur OBV), das zwar seinen Namen und seine Personalien enthält, aber bei fristgemässer Bezahlung vernichtet wird (Art. 6 Abs. 3 OBG). In beiden Fällen anerkennt er die ihm auferlegte Busse, womit diese in Rechtskraft erwächst (vgl. dazu aber die nachfolgenden Ausführungen unter § 173 N. 4 f.) und auf dem Rechtsmittelweg nicht mehr angefochten werden kann. Der Fehlbare muss auf diese Folgen ausdrücklich hingewiesen werden.

7

Bezahlt der Fehlbare die Busse innert 30 Tagen nicht, so wird das ordentliche Verfahren eingeleitet (Art. 6 Abs. 3 OBG). Dieses gelangt auch zur Anwendung, wenn der Fehlbare innert der 30-tägigen Zahlungsfrist in Aussicht stellt, dass er die Busse in Teilbeträgen bezahlen werde. Längere Zahlungsfristen und die Möglichkeit einer Ratenzahlung widersprechen dem vom OBG angestrebten Ziel, eine rasche und sinnvolle Regelung im ordentlichen Bussenverfahren zu ermöglichen (BGE 135 IV 221).

8

Fallen mehrere in der Liste der OBV aufgezählte Ordnungsbussentatbestände zusammen, so werden gemäss Art. 3a OBG die einzelnen Bussenbeträge zusammengezählt, wobei aber der Höchstbetrag Fr. 300 nicht übersteigen darf. Wird diese Grenze überschritten oder lehnt der Fehlbare das vereinfachte Ordnungsbussenverfahren ab, so werden alle Übertretungen im ordentlichen Verfahren beurteilt.

9

Die Ordnungsbussen im Strassenverkehr, die sofort oder innert 30 Tagen bezahlt werden, fallen dem Gemeinwesen zu, dessen Polizei sie erhoben hat. Gelangt das ordentliche Verfahren zur Anwendung, so fliesst sie der Kasse jenes Gemeinwesens zu, in dem das ordentliche Verfahren durchgeführt wird (§ 92 GOG).

10

IV. Zuständigkeiten

Art. 4 Abs. 1 OBG überlässt es den Kantonen, die zur Erhebung von Ordnungsbussen zuständigen Polizeiorgane zu bezeichnen. § 170 Abs. 1 GOG überträgt diese Befugnis dem Regierungsrat. Dieser kann gemäss Abs. 2 und 3 der genannten Bestimmung unter Auflagen und Bedingungen auch kommunale Polizeikorps zur Erhebung derartiger Bussen ermächtigen. Von dieser Ermächtigung hat der Regierungsrat zwar keinen Gebrauch gemacht, doch wurde eine entsprechende Regelung ins POG vom 29.11.2004 (LS 551.1) aufgenommen. Dieses unterscheidet bei den polizeilichen Tätigkeiten zwischen krimi-

11

§ 171

nal-, sicherheits- und verkehrspolizeilichen Aufgaben. Die Verhängung von Ordnungsbussen im Strassenverkehr gehört zu den verkehrspolizeilichen Aufgaben (§ 10 POG). Bundesrechtliche Ordnungsbussen im Strassenverkehr können nicht nur von den Organen der Kantonspolizei, sondern gemäss POG auch von denen der Stadtpolizeien von Zürich und Winterthur (§ 23 POG) und denen der Gemeindepolizeien (§ 17 POG) erhoben werden.

B. Kantonalrechtliche Ordnungsbussen

§ 171 *Anwendbarkeit*

¹ Übertretungen des kantonalen Rechts können in einem vereinfachten Verfahren mit Ordnungsbussen bis zu Fr. 500 geahndet werden. Das Verfahren ist ausgeschlossen bei Übertretungen von Jugendlichen, die das 15. Altersjahr noch nicht vollendet haben.

² Der Regierungsrat bezeichnet die Übertretungen, bei denen das Ordnungsbussenverfahren angewendet wird, und bestimmt den Bussenbetrag.

1 § 171 GOG übernimmt die §§ 354 und 355 StPO (ZH). Der Regierungsrat hat durch die VO über das kantonalrechtliche Ordnungsbussenverfahren vom 14.10.1992 (LS 321.2) festgelegt, welche Übertretungen des kantonalen Rechts mit Ordnungsbusse bestraft werden können. Es handelt sich um gewisse Tatbestände des StJVG, des Gemeindegesetzes sowie der Gesetze über Hundehaltung, Baulärm, Fischerei und Gastgewerbe. Diese Aufzählung ist abschliessend. Andere Übertretungen dürfen weder von kantonalen noch von kommunalen Behörden mit Ordnungsbussen bestraft werden. Das kantonale Recht zählt zwar weitere Übertretungen auf (§§ 4 ff. StJVG). Diese können in einem vereinfachten Verfahren, aber nicht im Verfahren gemäss §§ 171 ff. GOG geahndet werden.

2 Das kantonalrechtliche Ordnungsbussenverfahren lehnt sich weitgehend an dasjenige gemäss OBG an (dazu § 170 GOG), dessen Regeln sinngemäss zur Anwendung gelangen (dazu nachfolgend § 173 f. GOG). Der Höchstbetrag der Busse beträgt Fr. 500. Die in der kantonalen Ordnungsbussenverordnung enthaltene Bussenliste beschränkt sich zwar für die einzelnen Übertretungen auf Bussen von höchstens Fr. 100. Fallen mehrere Übertretungstatbestände zusammen, so können die Bussen aber zusammengezählt werden (dazu § 170 N. 9), wobei der Gesamtbetrag Fr. 500 nicht übersteigen darf.

3 Wie im bundesrechtlichen (dazu § 170 N. 6) so hat auch im kantonalrechtlichen Ordnungsbussenverfahen der Fehlbare Anspruch darauf, dass bei den in der kantonalen Ordnungsbussenverordnung aufgezählten Übertretungen das abgekürzte Verfahren i.S.v. § 171 ff. GOG zur Anwendung gelangt. Bei Jugendlichen unter 15 Jahren ist dieses jedoch ausgeschlossen (analog Art. 2 lit. c OBG).

§ 172 *Befugnis zur Erhebung*

Zur Erhebung von Ordnungsbussen sind die Polizei und die mit ähnlichen Funktionen betrauten, vom Regierungsrat bezeichneten Personen ermächtigt. Diese Befugnis steht ihnen zu, wenn sie die Übertretung selber festgestellt haben.

§ 172 GOG übernimmt § 356 StPO (ZH) und ist ebenfalls dem OBG nachgebildet. Die Erhebung von Ordnungsbussen gehört zu den verkehrspolizeilichen Massnahmen (§ 10 POG). Solche dürfen vorgenommen werden durch die Kantonspolizei (§ 11 POG), die Gemeindepolizeien (§ 18 POG) und die Stadtpolizeien von Zürich und Winterthur (§ 23 POG) sowie von den vom Regierungsrat mit ähnlichen Funktionen betrauten Personen. Nach § 5 POG sind der Kanton und die Gemeinden berechtigt, mit der Erfüllung polizeilicher Aufgaben auch Hilfspersonen oder Dritte zu beauftragen, über deren Einsatz sie ein Reglement erlassen müssen.

Wie im bundesrechtlichen können auch im kantonalrechtlichen Ordnungsbussenverfahren die zuständigen Polizeifunktionäre eine Ordnungsbusse nur erheben, wenn sie die Übertretung selber festgestellt, d.h. entweder persönlich beobachtet oder durch automatische Überwachungsanlage festgestellt haben (dazu § 170 N. 2).

§ 173 *Verfahren*

¹ Ordnungsbussen können an Ort und Stelle erhoben werden.

² Die gebüsste Person kann die Busse sofort gegen Quittung, die ihren Namen nicht nennt, oder innert einer Frist von 30 Tagen bezahlen.

³ Die Busse wird mit der Bezahlung rechtskräftig.

⁴ Wird die Busse nicht bezahlt, so wird das ordentliche Strafverfahren gemäss StPO bzw. JStPO eingeleitet.

§ 173 GOG übernimmt die Regelung von § 357 StPO (ZH) (ohne dessen Absatz 4) und ist dem Verfahren nachgebildet, das im bundesrechtlichen Ordnungsbussenverfahren zur Anwendung gelangt. Es kann diesbezüglich auf § 170 N. 6 ff. verwiesen werden.

Wenn Absatz 1 vorsieht, die Busse könne «an Ort und Stelle erhoben werden», so kann dies auf zweierlei Weise geschehen. Wird der Fehlbare bei der Begehung der Übertretung angetroffen, so kann die Busse ihm persönlich vorgehalten und eingezogen werden. Wird er nicht angetroffen, so kann ein Bussenzettel an der Windschutzscheibe deponiert oder allenfalls in den Briefkasten geworfen werden.

Die 30-tägige Frist gemäss Absatz 2 ist eine gesetzliche Frist, die nicht erstreckt werden kann, auch nicht durch ein innert der Frist eingereichtes Gesuch um Ratenzahlung (dazu § 170 N. 8). Sie läuft von der persönlichen Übergabe bzw. vom Anbringen am Fahrzeug oder Einwerfen in den Briefkasten an.

4   Wird die Busse innert der 30-tägigen Frist bezahlt, so verzichtet der Fehlbare damit auf einen Einspruch und auf die Durchführung des ordentlichen Verfahrens, und die Busse wird rechtskräftig (Abs. 3). Etwas anders gilt, wenn dem Fehlbaren bei einer früheren Übertretung angekündigt wurde, dass gegen ihn im Falle einer erneuten Widerhandlung nicht mehr das Ordnungsbussenverfahren, sondern das ordentliche Verfahren durchgeführt werde. In diesem Fall wird die für die neue Übertretung ausgefällte Busse trotz fristgerechter Bezahlung nicht rechtskräftig (BGE 111 IV 173).

5   Wurde bei der Ausfällung einer Ordnungsbusse übersehen, dass neben der Widerhandlung gegen die Verkehrsregeln noch eine andere Übertretung begangen wurde, welche nicht mit Ordnungsbusse geahndet werden darf, so kann im nachfolgenden ordentlichen Übertretungsverfahren die ausgefällte Ordnungsbusse von der zuständigen Behörde (Gemeinderat, Polizeirichteramt, Statthalteramt, Einzelgericht) aufgehoben und können die verschiedenen Bussentatbestände zusammen neu beurteilt werden (DONATSCH/SCHMID, StPO, N. 5 zu § 357).

6   Eine rechtskräftige Busse verhindert nicht, dass später wegen desselben Sachverhalts eine Strafuntersuchung wegen eines Verbrechens oder Vergehens eingeleitet wird (so z.B. wenn wegen einer Widerhandlung gegen Verkehrsregeln eine Busse ausgefällt und diese sofort bezahlt wurde, sich aber nachträglich herausstellt, dass mit der Übertretung ein weiteres Delikt verbunden ist, s. auch DONATSCH/SCHMID, StPO, N. 5 zu § 357). Betreffen die strafbaren Handlungen verschiedene Rechtsbereiche, so können die Übertretung und das Vergehen oder Verbrechen gesondert beurteilt werden (s. aber auch § 174 N. 5).

7   Eine rechtskräftig gewordene Busse kann weder mit einem Rechtsmittel noch mit einem Gesuch um gerichtliche Beurteilung oder Revision angefochten werden. Sie wird weder im Strafregister noch in einem Polizeiregister eingetragen (DONATSCH/SCHMID, StPO, N. 5 und hier Anm. 18). Der Bussenbetrag fällt in die Kasse jenes Gemeinwesens, dessen Polizeikorps sie erhoben hat.

8   Wird die Busse innert 30 Tagen nicht bezahlt, verzichtet der Fehlbare vor Ablauf dieser Frist auf die Durchführung des Ordnungsbussenverfahrens oder bestreitet er die ihm vorgeworfene Tat oder das Vorliegen eines Straftatbestandes, so gelangt das ordentliche Verfahren vor den Übertretungsstrafbehörden zur Anwendung (§§ 89 und 110 GOG). Im Jugendstrafverfahren ist in diesem Fall der Jugendanwalt für die Verfolgung und Beurteilung zuständig. Einen Grund für den Verzicht auf die Durchführung des Ordnungsbussenverfahrens muss der Fehlbare (weil unerheblich) nicht angeben.

§ 174 *Verzeigung*

Von einer Ordnungsbusse wird abgesehen und eine Verzeigung erstattet, wenn
a. eine Übertretung mit einer Widerhandlung zusammentrifft, die nicht mit Ordnungsbusse geahndet werden kann,
b. anzunehmen ist, dass sich wegen mehrfacher Übertretung eine strengere Bestrafung rechtfertigt.

Inhaltsübersicht	N.
I. Mehrere Widerhandlungen (lit. a)	1
II. Strengere Bestrafung (lit. b)	6

I. Mehrere Widerhandlungen (lit. a)

§ 174 GOG übernimmt die Regelung von § 358 StPO (ZH) und entspricht Art. 2 lit. a OBG. Treffen mehrere Übertretungen zusammen, von denen eine mit Ordnungsbusse bestraft werden kann und die anderen nicht, so wird von einer Ordnungsbusse abgesehen und Verzeigung erstattet. 1

Treffen bundes- und kantonalrechtliche Übertretungstatbestände zusammen, so sind die verschiedenen Übertretungen von jener Behörde zu beurteilen, die für die schwerste Übertretung zuständig ist (vgl. Art. 34 StPO). Ist für eine Übertretung das Statthalteramt und für die andere eine Gemeindebehörde zuständig, so hat das Statthalteramt beide zu verfolgen und zu beurteilen, dies auch dann, wenn die schwerste Übertretung im Laufe des Verfahrens schliesslich nicht zur Ahndung gelangt. 2

Oftmals steht eine kantonalrechtliche Übertretung, die mit Ordnungsbusse geahndet werden kann, im Zusammenhang mit einem Verbrechen oder Vergehen. Eine Verletzung von Verkehrsregeln kann z.B. verbunden sein mit fahrlässiger Tötung (Art. 117 StGB), fahrlässiger Körperverletzung (Art. 125 StGB) oder Störung des öffentlichen Verkehrs oder des Eisenbahnverkehrs (Art. 237 f. StGB). In solchen Fällen hat die für die Beurteilung des Verbrechens oder Vergehens zuständige Behörde auch die Übertretung zu verfolgen und zu beurteilen (Art. 29 StPO). Diese Vereinigung dient der Vereinfachung und Beschleunigung des Verfahrens und ermöglicht die Ausfällung einer Gesamtstrafe nach Art. 49 StGB. Wird in einem solchen Fall das Verfahren wegen des Verbrechens oder Vergehens eingestellt, sodass nur noch die Übertretung zu beurteilen ist, so sind die Akten der für die Übertretung zuständigen Behörde zu überweisen. Wird der Beschuldigte wegen des eingeklagten Verbrechens oder Vergehens freigesprochen oder zieht die Privatklägerschaft vor Gericht ihren Strafantrag zurück, so hat das Gericht entweder die verbleibende Übertretung selbst zu beurteilen oder die Akten der dafür zuständigen Behörde zu überweisen. 3

Droht nach der Vereinigung einer Übertretung mit einer wegen eines Verbrechens oder Vergehens eingeleiteten Strafuntersuchung wegen deren langer Dauer die absolute Verfolgungsverjährung für die Übertretung, so kann deren Beurteilung vom Hauptprozess abgetrennt und separat behandelt werden. Dies rechtfertigt sich indessen nur dann, wenn die Übertretung an sich geeignet sein kann, die Höhe der Strafe oder die Anordnung einer Massnahme zu beeinflussen (z.B. nach Art. 19a Ziff. 4 BetmG); denn nach dem gemässigten Opportunitätsprinzip (Art. 8 Abs. 2 lit. a StPO) kann von der Verfolgung einer Straftat abgesehen werden, wenn dieser neben den andern dem Beschuldigten zur Last gelegten Verfehlungen für die Festsetzung der zu erwartenden Strafe oder Massnahme keine wesentliche Bedeutung zukommt. 4

War bei der Ausfällung einer Ordnungsbusse nicht erkennbar, dass diese mit einem Verbrechen oder Vergehen zusammenhängt, oder wurde dieser Zusammenhang übersehen, 5

§ 175

so kann die Ordnungsbusse nachträglich aufgehoben und zusammen mit dem Verbrechen oder Vergehen neu beurteilt werden (vgl. bisher DONATSCH/SCHMID, StPO, N. 3 zu § 357 und N. 1 zu § 358).

II. Strengere Bestrafung (lit. b)

6 Nach der bisherigen Praxis ist davon auszugehen, dass unter dem Begriff «mehrfache Übertretung» die mehrfache Tatbegehung (z.B. Nachtruhestörung i.S.v. § 7 StJVG in drei aufeinanderfolgenden Nächten) und nicht ein Einheitsdelikt (z.B. dauernde Belästigung durch einen Hund i.S.v. § 14 Hundegesetz vom 14.4.2008, LS 554.5, an drei aufeinanderfolgenden Tagen) zu verstehen ist (dazu DONATSCH/SCHMID, StPO, N. 2 zu § 358).

7 Beim Zusammentreffen mehrerer Übertretungen kann gemäss § 171 GOG eine Ordnungsbusse von höchstens Fr. 500 ausgefällt werden. Ist anzunehmen, dass sich eine strengere Strafe rechtfertigt, oder bestreitet der Beschuldigte eine Übertretung, so findet das Ordnungsbussenverfahren keine Anwendung und hat eine Verzeigung zu erfolgen.

C. Gemeinderechtliche Ordnungsbussen

§ 175 **¹ Die §§ 171 ff. gelten sinngemäss für gemeinderechtliche Übertretungen. An die Stelle des Regierungsrates tritt der Gemeinderat. Die Bussen fallen den Gemeinden zu.**

² Von den Gemeinderäten aufgestellte Bussenlisten werden durch das Statthalteramt auf ihre Recht- und Zweckmässigkeit überprüft und genehmigt.

1 Nach § 74 Gemeindegesetz (LS 131.1) hat der Gemeinderat für die Aufrechterhaltung der öffentlichen Ruhe und Ordnung und für die Sicherheit von Personen und Eigentum gegen Schädigungen und Gefahren aller Art zu sorgen. Er trifft alle Vorkehren für die richtige Erfüllung der Aufgaben der Ortspolizei und erlässt zu diesem Zweck eine Polizeiverordnung sowie eine kommunale Bussenliste, welche die Übertretungen unter Strafe stellt. Als solche kommen u.a. in Betracht: Widerhandlungen gegen die Meldepflicht bei Zu- und Wegzug, Verursachung von Lärm (z.B. Rasenmähen) während der Sperrstunden, unberechtigtes Campieren oder Stationieren von Booten, unberechtigtes Anbringen von Plakaten, Missachtung der Schliessungszeiten im Gastgewerbe usw.

2 § 175 GOG übernimmt § 359 StPO (ZH) und ermächtigt die Gemeinden, für die Verfolgung der von ihnen aufgezählten Widerhandlungen das Ordnungsbussenverfahren einzuführen, bei dem die §§ 171 ff. GOG sinngemäss zur Anwendung gelangen.

3 Die von den Gemeinden aufgestellte Bussenliste ist vom zuständigen Statthalteramt auf ihre Recht- und Zweckmässigkeit hin zu überprüfen. Diese aufsichtsrechtliche Überprüfung schliesst jedoch eine spätere Anfechtung des kommunalen Bussenkatalogs (z.B. mit

der Begründung, dass die Gemeinde nicht berechtigt sei, die fragliche Handlung unter Strafe zu stellen) nicht aus (dazu DONATSCH/SCHMID, StPO, N. 3 zu § 359).

Die Gemeinde kann bestimmen, wer zur Erhebung der Busse berechtigt ist. Sie kann diese Befugnis auch der Kantonspolizei übertragen. Soweit sie für ihre Bussen das Ordnungsbussenverfahen vorsieht, gilt sinngemäss § 172 GOG. Soweit kommunale mit bundes- und/oder kantonalrechtlichen Bussen konkurrieren, finden die in § 174 N. 1 ff. niedergelegten Regeln sinngemässe Anwendung.

5. Abschnitt: Besondere Verfahren gestützt auf das ZGB
A. Ergänzendes Recht

§ 176 Die allgemeinen Bestimmungen der ZPO und die für den Zivilprozess geltenden Verfahrensbestimmungen dieses Gesetzes sind ergänzend anwendbar.

Die nachfolgenden Bestimmungen des GOG sehen einzelne Sonderregelungen vor, um den besonderen Bedürfnissen dieser Verwaltungsverfahren Rechnung zu tragen. Konkret geht es dabei um die fürsorgerische Freiheitsentziehung (Art. 397*a* ff. ZGB), um die Rechtsmittel gegen familienrechtliche Entscheide des Bezirksrates (Art. 90–456 ZGB) und um Rechtsmittel gegen Entscheide des Regierungsrates (bzw. der zuständigen Direktion) betreffend Namensänderungen (Art. 30 ZGB). Dabei finden die allgemeinen Bestimmungen der ZPO (Art. 1–196) wie auch die Verfahrensbestimmungen des GOG (§§ 117 ff.) auf die hier geregelten Verfahren *ergänzend* (d.h. soweit nicht nachfolgend etwas Abweichendes bestimmt wird) Anwendung.

Die Bestimmungen der ZPO finden kraft Verweisung, also als (subsidiäres) kantonales Recht Anwendung. Auch die übergangsrechtlichen Bestimmungen der ZPO werden insoweit analog angewendet (ZR 110 Nr. 4).

Voraussichtlich ab 1.1.2013 geltende Fassung:

§ 176 *Gegen Entscheide der zuständigen Direktion des Regierungsrates betreffend Namensänderungen sind die Rechtsmittel der ZPO zulässig.*

Das Verfahren richtet sich nach den Bestimmungen der ZPO und den für den Zivilprozess geltenden Verfahrensbestimmungen dieses Gesetzes.

Mit dem Inkrafttreten des neuen KESR (s. Vorbemerkungen zu §§ 177 ff. N. 4) wird diese Bestimmung an die Stelle des jetzigen § 198 GOG treten.

Nach kantonalem Recht waren Entscheide betreffend Namensänderung (Art. 30 ZGB, § 45 EG zum ZGB) mit Rekurs gemäss §§ 271 ff. ZPO (ZH) an das Obergericht anfechtbar (§ 274a ZPO [ZH], § 44a Ziff. 2 GVG). Neu richtet sich die Rechtsmittelordnung gegen derartige Entscheide nach der ZPO. Zulässiges Rechtsmittel ist somit die Beschwerde

Vorbemerkungen zu §§ 177 ff.

gemäss Art. 319 ff. ZPO an das Obergericht (§ 50 lit. c GOG), dies wiederum kraft Verweisung und somit als kantonales Recht.

3   Gemäss Abs. 2 gilt sinngemäss (beschränkt auf Beschwerdeverfahren betreffend Namensänderungen) das zu § 176 in der alten Fassung Ausgeführte.

Vorbemerkungen zu §§ 177 ff.

I. Grundzüge der geltenden Regelung

1   Das Verfahren der Vormundschaft, das Kindesschutzverfahren und die fürsorgerische Freiheitsentziehung sind in der ZPO nicht geregelt. Das GOG schreibt im Wesentlichen die bisherigen Zuständigkeiten fort und übernimmt so weit nötig die bestehenden Verfahrensbestimmungen gemäss ZPO und EG ZGB. Übergangsrechtlich kommen die Bestimmungen der Art. 404 und 405 ZPO analog zur Anwendung (ZR 110 Nr. 4).

2   Im Hinblick auf die bevorstehende Aufhebung der nachfolgenden Bestimmungen zufolge des neuen KESR (nachfolgend N. 4) werden die §§ 177 ff. hier *lediglich in summarischer Weise kommentiert,* zumal sie weitgehend bisherigen Bestimmungen der kantonalen ZPO entsprechen und daher auf die einschlägigen Kommentarstellen verwiesen werden kann.

3   Vgl. zu den Grundlagen der bisherigen fürsorgerischen Freiheitsentziehung nebst den einschlägigen Kommentaren und vorn § 30 auch Hauser/Schweri, GVG, zu § 22a N. 1 ff.

II. Künftiges Kindes- und Erwachsenenschutzrecht (KESR)

4   Am 19.12.2008 hat die Bundesversammlung die *Änderung des ZGB (Erwachsenenschutz, Personenrecht und Kindesrecht)* verabschiedet, die auf den 1.1.2013 in Kraft treten wird (BBl 2009, S. 141 ff.). Als Folge dieser Gesetzesänderung auf Bundesebene steht im Kanton Zürich eine Anpassung des kantonalen Rechts bevor. So hat die Direktion der Justiz und des Inneren im November 2010 einen Vorentwurf für ein kantonales Einführungsgesetz zum Kindes- und Erwachsenenschutzrecht (EG zum KESR) in die Vernehmlassung gegeben. Der Regierungsrat hat im September 2011 den Entwurf zuhanden des Kantonsrats verabschiedet. Das EG zum KESR wird (zusammen mit dem neuen KESR) voraussichtlich ebenfalls auf den 1.1.2013 in Kraft treten und die §§ 177–198 GOG ersetzen (vgl. insbesondere §§ 35 ff. EG zum KESR).

B. Fürsorgerische Freiheitsentziehung

§ 177 *Örtliche Zuständigkeit*

> Das Gesuch um gerichtliche Beurteilung der fürsorgerischen Freiheitsentziehung ist beim Gericht am Ort der Anstalt einzureichen. Liegt die Anstalt ausserhalb des Kantons, ist das Gesuch am Sitz der einweisenden Behörde oder am Wohnsitz der betroffenen Person zu stellen.
>
> *Wird mit Inkrafttreten des KESR (voraussichtlich auf den 1.1.2013) aufgehoben.*

Literatur:

P. BREITSCHMID, Rechtliche Situation der Fürsorgerischen Freiheitsentziehung: Standort und Ausblick, in: Bornatico u.a. (Hrsg.), Freiheitsentziehung: Fürsorge- und Ordnungsrecht im Spannungsfeld des Art. 397a ZGB, Zürich u.a. 2004, S. 57 ff.; P. DIGGELMANN, Vom GVG zum GOG, SJZ 2010, S. 85 ff.; P. FASSBIND, Die Organisation des Kindes- und Erwachsenenschutzes nach neuem Erwachsenenschutzrecht, FamPra.ch 2011, S. 553 ff.; FRANK/STRÄULI/MESSMER, ZPO sowie FRANK/STRÄULI/MESSMER, ErgBd zur ZPO, zu §§ 199, 203a ff., 260 Abs. 2, 268a/b, 280a ff.; M. HAURI, Fürsorgerische Freiheitsentziehung (mit Seitenblick auf das Strafrecht), ZStrR 2006, S. 136 ff.; A. JOSET, Zwangsmedikation im Rahmen des fürsorgerischen Freiheitsentzuges, AJP 2000, S. 1424 ff.; B. SCHNYDER, Die fürsorgerische Freiheitsentziehung, in: Das ZGB lehren, Freiburg 2000; E. SPIRIG, Fürsorgerische Freiheitsentziehung und Drogenmissbrauch im Kanton Zürich, SJZ 90, S. 321 ff.; DERSELBE, Die fürsorgerische Freiheitsentziehung, Kommentar zu Art. 397a–f ZGB, Zürich 1995; DERSELBE, Das neue Verfahren bei fürsorgerischer Freiheitsentziehung, ZR 94 Nr. 93; CH. SUHR-BRUNNER, Fürsorgerische Freiheitsentziehung und Suchterkrankungen, insbesondere Drogensucht, Diss. Zürich 1994.

§ 177 GOG übernimmt den bisherigen § 5a ZPO (ZH), eingefügt durch G vom 12.3.1995 betreffend fürsorgerische Freiheitsentziehung, in Kraft seit 1.1.1996. Näher FRANK/STRÄULI/MESSMER, ZPO, zu § 5a. 1

Zur Verfassungsmässigkeit dieser und der nachfolgenden Bestimmungen BGE 122 I 18. 2

Zur *sachlichen* Zuständigkeit des Einzelgerichts s. § 30 GOG. 3

§ 178 *Wirkung des Gesuchs auf die Behandlung*

> Wer bei der Einweisung ein Gesuch um gerichtliche Beurteilung ankündigt oder nach der Einweisung ein solches einreicht, darf grundsätzlich nicht gegen seinen Willen behandelt werden. Ist in Notfällen, insbesondere bei Selbst- oder Fremdgefährdung, eine Behandlung unumgänglich, muss sie verhältnismässig sein und umgehend dokumentiert werden.
>
> *Wird mit Inkrafttreten des KESR (voraussichtlich auf den 1.1.2013) aufgehoben.*

Diese Bestimmung entspricht § 203b ZPO (ZH). Sie enthält ein grundsätzliches *Zwangsbehandlungsverbot*, ausgenommen Notfälle (EuGRZ 1993 S. 400 = ZBl 1993 S. 504; FRANK/STRÄULI/MESSMER, ZPO, § 203b N. 1). Die Art. 397a ff. ZGB bieten für eine Zwangsbehandlung zu therapeutischen Zwecken keine gesetzliche Grundlage (BGE 125 III 169). 1

² Da für die Durch- und Weiterführung einer solchen Behandlung während der Dauer der gerichtlichen Beurteilung einer fürsorgerischen Freiheitsentziehung ein Gericht zu entscheiden hat, liegt eine Art. 13 EMRK entsprechende Verfahrensgarantie vor; ausserhalb eines Gerichtsverfahrens richtet sich die Zulässigkeit der Zwangsbehandlung nach den entsprechenden patientenrechtlichen Bestimmungen (BGer vom 11.9.1997, in SZIER 1998 S. 518), konkret nach den §§ 24 ff. Patientinnen- und Patientengesetz (LS 813.13).

³ Umgehende Dokumentation (Satz 2) bedeutet schriftliche Mitteilung mit Begründung und Rechtsmittelbelehrung, vgl. §§ 117a ff. EG ZGB.

§ 179 Erstinstanzliches Verfahren
a) Allgemeines

¹ Das Gericht zieht sofort nach Eingang des Begehrens die Akten bei. Es stellt das Begehren unverzüglich den Verfahrensbeteiligten zu und gibt ihnen den Termin der Hauptverhandlung bekannt. Es kann den Verfahrensbeteiligten eine kurze Frist zur Stellungnahme ansetzen. Das Verfahren darf dadurch nicht verzögert werden.

² Das Gericht entscheidet nach Eingang der Akten unverzüglich über Begehren betreffend vorsorgliche Massnahmen und aufschiebende Wirkung sowie von Amtes wegen über die Bestellung einer Rechtsbeiständin oder eines Rechtsbeistands.

³ Es verlangt keinen Kostenvorschuss.

Wird mit Inkrafttreten des KESR (voraussichtlich auf den 1.1.2013) aufgehoben

¹ Insofern als Art. 397f Abs. 1 ZGB ein einfaches und rasches Verfahren vorsieht, gilt die bisherige Regelung gemäss § 203a ZPO (ZH) unverändert weiter. Allgemein zur zügigen Vorbereitung und Durchführung des Verfahrens jetzt Art. 124 ZPO. Zur unverzüglichen Ansetzung der Hauptverhandlung hinten § 181. Zum Verfahren vor der Vormundschaftsbehörde Art. 397e ZGB, §§ 117a ff. EG ZGB.

² Die Pflicht zur Bestellung eines *Rechtsbeistandes* (Abs. 2 am Ende) folgt dem Grundsatz nach schon aus Art. 397f Abs. 2 ZGB. Auch unter der Herrschaft der Untersuchungsmaxime (§ 180) kann es sich dabei aufdrängen, dem Gesuchsteller (u.U. sogar gegen dessen Willen) einen Rechtsbeistand zu bestellen, soweit dieser möglicherweise nicht in der Lage ist, seine Rechte sachgerecht geltend zu machen (s. BSK ZGB I-GEISER, Art. 397f N. 12 ff.; zurückhaltend FRANK/STRÄULI/MESSMER, ZPO, § 203a N. 5b).

³ Weder Art. 397f Abs. 2 ZGB noch § 179 Abs. 2 GOG äussern sich zur Frage, wer für die *Kosten* einer amtlich angeordneten Verbeiständung aufzukommen hat. Ob der Rechtsbeistand durch das Gemeinwesen zu entschädigen ist, beurteilt sich demnach ausschliesslich nach Art. 29 Abs. 3 BV (BSK ZGB I-GEISER, Art. 397f N. 15 a.E.; heute zudem kraft Verweisung wohl auch nach Art. 118 Abs. 1 lit. c ZPO).

⁴ Entsprechend bisher § 78 Ziff. 2 ZPO (ZH) entfällt die Kautionspflicht (Abs. 3).

Zu beachten ist, dass nach der Praxis des Obergerichts und im Einklang mit dem früheren 5
Recht (§ 140 GVG) im Hinblick auf die besondere Dringlichkeit der Geschäfte die *Fristen*
(wie auch bei den Rechtsmitteln gegen Entscheide des Bezirksrates, § 188 N. 3) *während
der Gerichtsferien nicht stillstehen*. Das Obergericht geht insoweit von einer Fahrlässigkeitslücke aus, was auch dadurch belegt werde, dass im künftigen KESR der Verzicht auf
die Gerichtsferien gelten soll (OGer ZH NQ110028 vom 30.6.2011).

Für weitere Einzelheiten ist auf die Kommentierung FRANK/STRÄULI/MESSMER zu § 203a 6
ZPO (ZH) zu verweisen.

§ 180 b) Untersuchungsmaxime

¹ Das Gericht stellt den Sachverhalt von Amtes wegen fest.

² Es holt das Gutachten gemäss Art. 397e Ziff. 5 ZGB vor der Hauptverhandlung ein.

Wird mit Inkrafttreten des KESR (voraussichtlich auf den 1.1.2013) aufgehoben.

Da die Feststellung des Sachverhaltes auch weiterhin der Untersuchungsmaxime unter- 1
stellt werden soll, wird die bisherige Regelung (unter Berichtigung der Marginalie) von
§ 203c ZPO (ZH) beibehalten. Näher dazu FRANK/STRÄULI/MESSMER, ZPO, § 203c ZPO
(ZH).

§ 181 c) Persönliche Befragung und Hauptverhandlung

**¹ Spätestens vier Arbeitstage nach Eingang des Gesuchs befragt das Gericht
die betroffene Person persönlich und führt in der Regel die Hauptverhandlung durch.**

**² Kann die betroffene Person aus gesundheitlichen Gründen nicht persönlich befragt werden oder verweigert sie die Aussage, entscheidet das Gericht
aufgrund der Akten.**

Wird mit Inkrafttreten des KESR (voraussichtlich auf den 1.1.2013) aufgehoben.

Auch hier wurde die bisherige Regelung gemäss § 203d ZPO (ZH) praktisch unverändert 1
übernommen; damit soll die beförderliche Verfahrenserledigung gewährleistet werden;
näher FRANK/STRÄULI/MESSMER, ZPO, § 203d ZPO (ZH). Zum Anspruch auf mündliche Einvernahme auch Art. 397f Abs. 3 ZGB. Dieser Anspruch besteht nur vor der ersten gerichtlichen Instanz; im Rechtsmittelverfahren kommt lediglich der allgemeine Anspruch auf Gewährung des rechtlichen Gehörs (also auch in schriftlicher Form) im Sinne
von Art. 29 Abs. 2 BV zum Zug (BSK ZGB I-GEISER, Art. 397f N. 19; s. auch § 186 Abs. 2).

Hinsichtlich der Protokollierung bzw. Mitwirkung eines Gerichtsschreibers gelten kraft 2
Verweisung (§ 176) die Grundsätze gemäss ZPO bzw. § 133 GOG.

3 Gestrichen wurde die bisherige Bestimmung betreffend die Würdigung der Aussageverweigerung (§ 203d Abs. 2 Satz ZPO [ZH]). Als Ausfluss des Grundsatzes der freien Beweiswürdigung (Art. 157 ZPO) wird sie bereits durch die Verweisung von § 176 GOG erfasst und bedarf somit hier keiner besonderen Erwähnung (W.RR S. 155; s. auch BSK ZGB I-GEISER, Art. 397f N. 23).

§ 182 d) Entscheid, Verfahrensbeteiligte

¹ Das Gericht fällt unmittelbar nach der Hauptverhandlung den Entscheid, sofern keine dringenden Beweise abzunehmen sind. Es berücksichtigt dabei die Vorbringen der Verfahrensbeteiligten.

² Als Verfahrensbeteiligte gelten:
a. die betroffene Person,
b. die Anstaltsleitung, sofern die Einweisung durch eine Ärztin oder einen Arzt erfolgt ist,
c. die Vormundschaftsbehörde, wenn sie die Einweisung verfügt hat oder wenn sie vormundschaftliche Massnahmen, die über die Vermögensverwaltung hinausgehen, angeordnet oder das Verfahren für solche Massnahmen eingeleitet hat,
d. die der betroffenen Person nahestehenden Personen.

Wird mit Inkrafttreten des KESR (voraussichtlich auf den 1.1.2013) aufgehoben.

1 Der bisherige § 203e ZPO (ZH), der hier unverändert übernommen wird, dient ebenfalls der Verfahrensbeschleunigung und regelt die Besonderheiten des verwaltungsrechtlichen Verfahrens. Näher FRANK/STRÄULI/MESSMER, ZPO, § 203e ZPO (ZH).

2 Zur Verfassungsmässigkeit der lit. b–d s. BGE 122 I 18.

3 Vormundschaftsbehörde und Klinik (Anstalt) sind gemäss Abs. 2 nicht Partei, sondern Verfahrensbeteiligte und werden damit auch nicht kostenpflichtig (OGer ZH NA110036 vom 16.8.2011).

§ 183 e) Prozessentschädigung

Wird das Gesuch gutgeheissen, kann das Gericht der gesuchstellenden Person eine Prozessentschädigung aus der Gerichtskasse zusprechen.

Wird mit Inkrafttreten des KESR (voraussichtlich auf den 1.1.2013) aufgehoben.

1 Da es sich bei der fürsorgerischen Freiheitsentziehung nicht um ein zivilprozessuales Zweiparteienverfahren, sondern materiell um ein Verwaltungsverfahren handelt, ist die Entschädigungsfrage wie bisher (§ 203f ZPO [ZH]) gesondert zu regeln (näher FRANK/STRÄULI/MESSMER, ZPO, § 203f ZPO [ZH]).

Eine Prozessentschädigung ist der gesuchstellenden Person dann zuzusprechen, wenn ihr zufolge anwaltlicher Verbeiständung Kosten erwachsen sind (zur Entschädigung eines amtlich bestellten Beistandes s. vorn § 179 N. 3).

§ 184 *Rechtsmittel*
a) Allgemeines

¹ Gegen Entscheide in Verfahren der fürsorgerischen Freiheitsentziehung sind die Rechtsmittel der ZPO zulässig. Das Verfahren richtet sich unter Vorbehalt der folgenden Bestimmungen nach Art. 308 ff. ZPO.

² Den Rechtsmitteln kommt keine aufschiebende Wirkung zu. Die entscheidende Instanz oder die Rechtsmittelinstanz können anders entscheiden.

Wird mit Inkrafttreten des KESR (voraussichtlich auf den 1.1.2013) aufgehoben.

Die Art. 308 ff. ZPO regeln den Rechtsmittelweg im Zivilprozess abschliessend. Da die bisherigen kantonalen Rechtsmittel (Rekurs, Berufung) nicht mehr bestehen, ist für das Rechtsmittelverfahren im Bereich der fürsorgerischen Freiheitsentziehung grundsätzlich auf die Bestimmungen der ZPO (hier als subsidiäres kantonales Recht) zu verweisen. Danach entscheidet sich, ob Berufung (gegen Endentscheide in der Sache) oder Beschwerde einzureichen ist.

Entsprechend bisher § 260 Abs. 2 ZPO (ZH) haben Rechtsmittel von Gesetzes wegen keine aufschiebende Wirkung; jedoch kann die Rechtsmittelinstanz im Einzelfall anders entscheiden. Zur Möglichkeit der Erteilung der aufschiebenden Wirkung mit Bezug auf das Begehren um gerichtliche Beurteilung s. Art. 397*e* Ziff. 4 ZGB.

Gemäss § 27 Abs. 4 Patientinnen -und Patientengesetz (LS 813.13) sind im Falle der Anordnung von Zwangsmassnahmen die Bestimmungen betreffend die fürsorgerische Freiheitsentziehung analog anwendbar. Dies gilt auch für § 184 GOG (W.RR S. 156).

§ 185 *b) Einreichung*

¹ Das Rechtsmittel ist bei der Rechtsmittelinstanz innert fünf Tagen seit der mündlichen Eröffnung oder, wenn eine solche nicht erfolgt, seit der schriftlichen Mitteilung des begründeten Entscheids einzureichen.

² Wird der Entscheid mündlich eröffnet, kann das Rechtsmittel sogleich bei der ersten Instanz erklärt werden. Diese entscheidet umgehend über Begehren betreffend aufschiebende Wirkung und reicht die Prozessakten bis Ende des folgenden Arbeitstages der Rechtsmittelinstanz ein.

Wird mit Inkrafttreten des KESR (voraussichtlich auf den 1.1.2013) aufgehoben.

§ 186

1 Die bisherigen Bestimmungen zum Rechtsmittelverfahren gemäss § 268a ZPO (ZH), die der Verfahrensbeschleunigung dienen, werden beibehalten; näher FRANK/STRÄULI/MESSMER, ZPO, zu § 268a. Zur Vereinbarkeit mit der EMRK s. BGE 122 I 18, 31 ff.

2 Auch Abs. 2 führt zu einer Beschleunigung des Verfahrens, weil die Akten innert eines Tages ans Obergericht gehen. Die Berufung muss aber gleichwohl noch innert fünf Tagen schriftlich begründet werden (DIGGELMANN, Rechtsmittel, Unterlagen zur ZPO-Tagung des Instituts für zivilgerichtliches Verfahren der Universität Zürich v. 5.10.2010, S. 13 Fn. 108).

3 Vor dem Hintergrund, dass nach § 158 Abs. 1 Satz 3 GVG der Entscheid betreffend fürsorgerische Freiheitsentziehung bei Ablehnung der Entlassung immer zu begründen war, stiess diese Regelung auf Kritik; so wurde bemängelt, dass die Berufungsfrist zu laufen beginnt, bevor dem Berufungskläger aufgrund der schriftlichen Begründung die tatbeständlichen und rechtlichen Grundlagen des Entscheides bekannt sind. Aus diesem Grund beginne entgegen dem Gesetzeswortlaut bei Ablehnung der Entlassung die Berufungsfrist erst mit der Mitteilung des begründeten Urteils zu laufen, selbst wenn der Entscheid mündlich eröffnet wurde (FRANK/STRÄULI/MESSMER, ZPO, § 268a N. 3).

4 Weist die erste Instanz das Entlassungsgesuch ab, erübrigt sich ein Entscheid über die aufschiebende Wirkung, da der Freiheitsentzug ohnehin weiter andauert. Wird das Gesuch gutgeheissen, ist hingegen denkbar, dass eine Drittperson (vgl. § 182 Abs. 2 GOG) sogleich ein Rechtsmittel einlegt und die Fortdauer des Freiheitsentzugs verlangt. In diesen Fällen kann sich unter Umständen die Gewährung der aufschiebenden Wirkung durch das Gericht aufdrängen (W.RR S. 156). Vorbehalten bleibt ein abweichender Entscheid der Rechtsmittelinstanz (Art. 315, 325 ZPO; § 184 Abs. 2 Satz 2 GOG).

> **§ 186 c) Verfahren**
>
> ¹ Den Verfahrensbeteiligten wird, sofern für den Entscheid notwendig, die Rechtsmittelschrift zur schriftlichen Beantwortung zugestellt. Die Frist zur schriftlichen Antwort beträgt zehn Tage.
>
> ² Die Rechtsmittelinstanz entscheidet ohne mündliche Verhandlung.
>
> *Wird mit Inkrafttreten des KESR (voraussichtlich auf den 1.1.2013) aufgehoben.*

1 § 268b ZPO (ZH) wird praktisch unverändert weitergeführt. Eine besondere Verweisung auf das Novenrecht erübrigt sich, da dieses bereits kraft Verweisung auf die ZPO (§ 184 GOG) erfasst wird.

2 Die bisherigen Unklarheiten betreffend Bezeichnung der Rechtsmittelschrift (Berufungserklärung bzw. Berufungsschrift nach der Terminologie der zürcherischen ZPO, vgl. FRANK/STRÄULI/MESSMER, ZPO, § 268b N. 2) werden durch die Regelung des Rechtsmittelverfahrens gemäss analog anwendbarer ZPO hinfällig.

3 Konventions- bzw. verfassungsrechtlich fragwürdig erscheint die Formulierung, wonach die Rechtsmittelschrift (nur) «sofern für den Entscheid notwendig» zuzustellen ist. Nach

mittlerweile feststehender höchstrichterlicher Rechtsprechung sind Eingaben der Gegenseite oder anderer Behörden bzw. der Vorinstanz immer und ungeachtet ihrer Erheblichkeit für den Entscheid zur allfälligen Stellungnahme zuzustellen (BGE 132 I 42; 133 I 98, 100; 137 I 195; Pr 100 Nr. 92; ZR 110 Nr. 20). Wird allerdings das Rechtsmittel abgewiesen, sind die anderen Verfahrensbeteiligten durch die unterbliebene vorgängige Zustellung der Rechtsmittelschrift (bzw. durch den Entscheid der Rechtsmittelinstanz) nicht beschwert.

Weiterhin gilt, dass Abs. 2 (schriftliches Verfahren) Ausnahmen zulässt (so schon FRANK/STRÄULI/MESSMER, ZPO, § 268b N. 5; zum Anspruch auf mündliche Anhörung der gesuchstellenden Person vor erster Instanz Art. 397f Abs. 3 ZGB und § 181 GOG). Insbesondere ist im Rechtsmittelverfahren die mündliche Anhörung (in Gegenwart des gesamten Spruchkörpers) dann nachzuholen, wenn der Anspruch von der ersten Instanz verletzt wurde (BSK ZGB I-GEISER, Art. 397f N. 24).   4

C. Rechtsmittel gegen familienrechtliche Entscheide des Bezirksrates

§ 187 *Zulässigkeit, anwendbares Recht*

Gegen Entscheide der Bezirksräte in familienrechtlichen Angelegenheiten (Art. 90–456 ZGB) sind die Rechtsmittel der ZPO zulässig. Das Verfahren richtet sich unter Vorbehalt der folgenden Bestimmungen nach Art. 308 ff. ZPO.

Wird mit Inkrafttreten des KESR (voraussichtlich auf den 1.1.2013) aufgehoben.

Inhaltsübersicht	N.
I. Allgemein	1
II. Zur Rechtsmittellegitimation im Besonderen	6

I. Allgemein

Seit dem 1.1.2001 regelten die §§ 280a ff. ZPO (ZH), eingefügt durch G betreffend Anpassung des Prozessrechts im Personen- und Familienrecht vom 27.3.2000 (OS 56, S. 187), das Rechtsmittelwesen hinsichtlich Entscheide des Bezirksrates in familienrechtlichen Angelegenheiten gemäss Art. 90–456 ZGB. Zulässiges Rechtsmittel war danach der Rekurs gemäss §§ 271 ff. ZPO (ZH) an das Obergericht (zur früheren Regelung siehe FRANK/STRÄULI/MESSMER, ZPO, zu § 196a ZPO [ZH] bzw. FRANK/STRÄULI/MESSMER, ErgBd zur ZPO, vor § 280a ff. N. 1 f.).   1

Die schweizerische ZPO enthält diesbezüglich keine Bestimmungen, weshalb eine Regelung auf kantonaler Ebene weiterhin erforderlich ist. Die §§ 187–197 GOG führen in diesem Sinn das bisher geltende Recht im Wesentlichen weiter, wobei sich neu (kraft Verwei-   2 sung, d.h. als kantonales Recht) nach der ZPO bestimmt, welches Rechtsmittel zulässig ist (Berufung, Art. 308 ff., bzw. Beschwerde, Art. 319 ff. ZPO). Aus dieser Regelung folgt weiter, dass das Obergericht im Bereich der familienrechtlichen Angelegenheiten neu auch Beschwerden wegen Rechtsverweigerung und Rechtsverzögerung beurteilt (OGer ZH PQ110002 vom 5.5.2011).

3   Im Gegensatz zum bisherigen Recht (§ 280a ZPO [ZH]) wird nicht mehr ausdrücklich umschrieben, gegen welche Arten von Entscheiden das Rechtsmittel zulässig ist. Dabei wird es sich aber der Sache nach weiterhin sowohl um Erledigungs- und Teilentscheide wie auch Zwischenentscheide mit schwer wiedergutzumachendem Nachteil handeln (dazu FRANK/STRÄULI/MESSMER, ErgBd zur ZPO, § 280a N. 13 ff.). Nicht unter §§ 187 ff. fallen hingegen Entscheide der Vormundschaftsbehörde, die zunächst mit Aufsichtsbeschwerde beim Bezirksrat anzufechten sind.

4   Der Entscheid des Bezirksrats betreffend Bewilligung zur Aufnahme eines Pflegekindes zwecks späterer Adoption ist im Sinne dieser Bestimmungen beim Obergericht (und weder beim Regierungsrat noch beim Verwaltungsgericht) anzufechten (ZR 101 Nr. 15).

5   Für die Auslegung der Bestimmungen kann grundsätzlich weiterhin auf die entsprechende Kommentierung (FRANK/STRÄULI/MESSMER, ErgBd zur ZPO, vor und zu §§ 280a ff.) verwiesen werden. Zur analogen Anwendbarkeit von Art. 404 f. ZPO (Übergangsrecht) auf die Art. 187 ff. ZR 110 Nr. 4.

II. Zur Rechtsmittellegitimation im Besonderen

6   Im Rahmen des Adoptionsverfahrens sind weder die zu adoptierende Person noch deren leibliche Eltern zur Ergreifung von Rechtsmitteln gegen einen die Adoption verweigernden Entscheid der Bewilligungsbehörde legitimiert (ZR 102 Nr. 67).

7   Ebenso wenig ist in der Regel die Vormundschaftsbehörde zur Ergreifung von Rechtsmitteln legitimiert, ausser es würden ihr vom Bezirksrat Verfahrenskosten auferlegt (ZR 104 Nr. 17, 105 Nr. 76).

> **§ 188** *Frist und Form*
>
> [1] Das Rechtsmittel ist innert zehn Tagen seit der schriftlichen Mitteilung des Entscheides der Rechtsmittelinstanz schriftlich einzureichen.
>
> [2] Die Rechtsmittelschrift muss einen Antrag und eine Begründung enthalten. Genügt sie diesen Anforderungen nicht, so wird eine kurze Frist zur Behebung des Mangels angesetzt. Andernfalls kann eine mündliche Befragung (Art. 56 ZPO) erfolgen.
>
> [3] Die Beweismittel sollen genau bezeichnet und soweit möglich beigelegt werden.
>
> *Wird mit Inkrafttreten des KESR (voraussichtlich auf den 1.1.2013) aufgehoben.*

§ 188 entspricht im Wesentlichen dem bisherigen § 280b ZPO (ZH). Abweichend von 1
Art. 311 bzw. Art. 321 ZPO und im Einklang mit dem früheren Recht ist das Rechtsmittel
innert zehn Tagen einzureichen. Zwar hat das Bundesgericht dazu festgehalten, entgegen
der vom Obergericht vertretenen Auffassung lasse sich die Anwendbarkeit der ZPO (betreffend Berufungsfrist) nicht mit dem Hinweis auf den öffentlich-rechtlichen Charakter
solcher Verfahren verneinen; entscheidend sei aber, dass die ZPO lediglich auf Verfahren
für gerichtliche Anordnungen der freiwilligen Gerichtsbarkeit anwendbar sei (Art. 1 lit. b
ZPO) und mit anderen Worten nicht für Verfahren gelte, die – wie in diesem Zusammenhang – in die Zuständigkeit einer kantonalen Verwaltungsbehörde (Vormundschaftsbehörde) fallen. Mit Bezug auf die Rechtsmittelfrist sehe Art. 420 Abs. 2 ZGB vor, dass
gegen Beschlüsse der Vormundschaftsbehörde binnen zehn Tagen bei der Aufsichtsbehörde Beschwerde geführt werden könne. Nach herrschender Auffassung sei diese Frist
auch auf Beschwerden gegen Entscheide der unteren Aufsichtsbehörde anwendbar, sofern der Kanton gestützt auf Art. 361 Abs. 2 ZGB ein solches Rechtsmittel vorsehe, was
im Kanton Zürich der Fall sei (BGer 5A_582/2011 v. 3.11.2011, E. 3 = FamPra.ch 2012
Nr. 18, S. 242).

Der Grundsatz, wonach der angefochtene Entscheid beizulegen ist, folgt nunmehr schon 2
aus Bundesrecht (Art. 311 Abs. 2, 321 Abs. 3 ZPO). Abs. 3 sieht zusätzlich (im Sinne einer Ordnungsvorschrift) vor, dass allfällige Beweismittel in der Rechtsmittelschrift genau
bezeichnet und soweit möglich beigelegt werden sollen.

Zu beachten ist, dass nach der Praxis des Obergerichts und im Einklang mit dem frü- 3
heren Recht (§ 140 GVG) im Hinblick auf die besondere Dringlichkeit der Geschäfte
die *Fristen* (wie schon beim gerichtlichen Verfahren der fürsorgerischen Freiheitsentziehung, vorn § 179 N. 4) *während der Gerichtsferien nicht stillstehen*. Das Gericht geht
insoweit von einer *Fahrlässigkeitslücke* aus, was auch dadurch belegt werde, dass im künftigen KESR der Verzicht auf die Gerichtsferien gelten solle (OGer ZH NQ110028 vom
30.6.2011).

§ 189 *Aufschiebende Wirkung*

¹ Dem Lauf der Rechtsmittelfrist und der Einreichung des Rechtsmittels
kommt aufschiebende Wirkung zu, sofern der Bezirksrat nicht aus besonderen Gründen etwas anderes angeordnet hat.

² Die Rechtsmittelinstanz kann anders entscheiden.

Wird mit Inkrafttreten des KESR (voraussichtlich auf den 1.1.2013) aufgehoben.

§ 189 übernimmt § 280c ZPO (ZH). 1

Wie bereits bisher umfasst die in Abs. 2 vorbehaltene Entscheidung der Rechtsmittelin- 2
stanz beide Varianten von Abs. 1, nämlich den nachträglichen Entzug der aufschiebenden
Wirkung oder deren (vollständige oder teilweise) Gewährung trotz vorgängigen Entzugs
durch den Bezirksrat (näher FRANK/STRÄULI/MESSMER, ErgBd zur ZPO, § 280c N. 30).

§ 190 *Mündliche Verhandlung*

¹ Die Rechtsmittelinstanz kann von Amtes wegen oder auf Antrag einer Partei eine mündliche Verhandlung anordnen. Diese kann zusätzlich zur schriftlichen Beantwortung des eingereichten Rechtsmittels durchgeführt werden oder an deren Stelle treten.

² Die Vorladung ist mit der Androhung zu verbinden, dass bei Nichterscheinen Verzicht auf die mündliche Darlegung des eigenen Standpunktes angenommen wird.

Wird mit Inkrafttreten des KESR (voraussichtlich auf den 1.1.2013) aufgehoben.

1 § 190 übernimmt § 280d ZPO (ZH). Mit dieser Bestimmung wird insbesondere (in Anlehnung an § 59 VRG) die Konformität mit Art. 6 Ziff. 1 EMRK sichergestellt (FRANK/STRÄULI/MESSMER, ErgBd zur ZPO, § 280d N. 31 f.).

§ 191 *Mitwirkung der Vorinstanzen*

¹ Erweist sich das Rechtsmittel nicht sofort als unzulässig oder unbegründet, werden die Vorinstanzen zur freigestellten Vernehmlassung eingeladen.

² Der Bezirksrat und die Vormundschaftsbehörde können aus zureichenden Gründen dazu angehalten werden, eine Vernehmlassung abzugeben oder an der Verhandlung teilzunehmen.

Wird mit Inkrafttreten des KESR (voraussichtlich auf den 1.1.2013) aufgehoben.

1 § 191 übernimmt § 280e ZPO (ZH).

2 Unmittelbare Vorinstanz ist immer der Bezirksrat. Gleichwohl kann gegebenenfalls nebst diesem auch der Vormundschaftsbehörde Gelegenheit zur Vernehmlassung eingeräumt werden, ebenso wie die Sache im Falle einer Gutheissung statt an den Bezirksrat direkt an die Vormundschaftsbehörde zurückgewiesen werden kann (FRANK/STRÄULI/MESSMER, ErgBd zur ZPO, § 280e N. 34 ff.).

§ 192 *Novenrecht*

¹ Neue Beweismittel und Tatsachenbehauptungen sowie Einreden und Bestreitungen sind im ersten Schriftenwechsel uneingeschränkt zulässig.

² Neue Anträge sind im ersten Schriftenwechsel im Rahmen des angefochtenen Entscheides zulässig.

Wird mit Inkrafttreten des KESR (voraussichtlich auf den 1.1.2013) aufgehoben.

1 § 192 übernimmt § 280f ZPO (ZH). Anders als nach Art. 317 bzw. Art. 326 ZPO sind Noven im ersten Schriftenwechsel hier unbeschränkt zulässig. Ein zweiter Schriftenwechsel

findet grundsätzlich nicht statt; zu beachten sind aber die konventions- und verfassungsrechtlichen Anforderungen an das Recht auf Replik (s. vorn § 186 N. 3).

§ 193 *Ergänzung des Sachverhalts*

Die Rechtsmittelinstanz kann den Sachverhalt nach den Vorschriften des VRG ergänzend untersuchen. Sie kann nach den Vorschriften der ZPO Zeuginnen und Zeugen einvernehmen.

Wird mit Inkrafttreten des KESR (voraussichtlich auf den 1.1.2013) aufgehoben.

Beim Rechtsmittelverfahren gegen Entscheide des Bezirksrates handelt es sich materiell um ein Verwaltungsverfahren. Aus diesem Grund erfolgten schon nach bisherigem Recht Abklärungen im Sinne von § 280h bzw. § 198 ZPO (ZH) nach § 7 VRG und nicht nach der ZPO. So wurden konkret etwa Beistände, Vormünder oder Angehörige nicht als Zeugen, sondern als Auskunftspersonen befragt; von Lehrpersonen, Betreuenden usw. wurden informelle Berichte beigezogen (vgl. W.RR S. 158). Diese Regelung wird nunmehr gesetzlich verankert, wobei es allerdings – anders als nach VRG – wenn nötig zulässig ist, formell Zeugnis nach den Vorschriften der ZPO (d.h. unter Strafdrohung) abzunehmen. 1

Welche Beweismittel im Einzelnen erforderlich sind, ergibt sich teilweise aus dem materiellen Recht (z.B. persönliche Anhörung bzw. Gutachten für eine Entmündigung nach Art. 374 ZGB, Anhörung von Kindern nach Kinderrechtskonvention usw.). Die Rechtsmittelinstanz wirkt reformatorisch, d.h., sie kann im Hinblick auf einen eigenen Sachentscheid gegebenenfalls nachholen, was die Verwaltungsbehörden versäumt haben (W.RR S. 158). Zur Rückweisung § 196. 2

§ 194 *Begutachtung*

¹ Die Parteien haben die für eine Begutachtung erforderlichen Untersuchungen zu dulden und dabei mitzuwirken, soweit ihnen dies nach den Umständen zugemutet werden darf.

² Das Gericht kann eine Partei zur Begutachtung für eine bestimmte Zeit in ein geschlossenes Krankenhaus für psychisch Kranke einweisen, wenn
  a. eine psychiatrische Begutachtung unerlässlich ist,
  b. feststeht, dass diese ambulant nicht durchgeführt werden kann und
  c. die Partei einen freiwilligen Klinikaufenthalt ablehnt.

³ Das Gericht kann die Aufenthaltszeit verlängern, wenn dies unumgänglich ist. Die Leitung des Krankenhauses entlässt die eingewiesene Person unter Mitteilung an das Gericht bereits vor Ablauf der festgelegten Zeit, wenn ihre Anwesenheit für die Begutachtung nicht mehr nötig ist.

Wird mit Inkrafttreten des KESR (voraussichtlich auf den 1.1.2013) aufgehoben.

1 § 194 entspricht inhaltlich dem bisherigen § 199 ZPO (ZH), der allgemein in familienrechtlichen Prozessen galt. Nachdem heute die ZPO das Beweisverfahren abschliessend regelt, ist eine entsprechende (teilweise abweichende) kantonale Regelung nur noch im Bereich der fürsorgerischen Freiheitsentziehung und Vormundschaft zulässig.

2 Zur Tragweite des bisherigen § 199 ZPO (ZH) siehe FRANK/STRÄULI/MESSMER, ZPO, zu § 199.

3 Keiner besonderen Erwähnung mehr bedarf der (bisher in § 199 Abs. 2 Satz 1 ZPO [ZH] festgeschriebene) Grundsatz der freien Würdigung der Mitwirkungsverweigerung, der kraft Verweisung schon nach Art. 157 ZPO gilt.

4 Die unberechtigte Mitwirkungsverweigerung kann unabhängig vom Verfahrensausgang zur Belastung mit den daraus entstehenden Mehrkosten führen (RB 1999 Nr. 72).

§ 195 *Schutzmassnahmen*

¹ Werden durch Vorkehrungen des Gerichts schutzwürdige Interessen einer Partei oder Dritter gefährdet, ordnet das Gericht das zu ihrem Schutz Geeignete an.

² Aus den gleichen Gründen kann die Akteneinsicht beschränkt werden.

Wird mit Inkrafttreten des KESR (voraussichtlich auf den 1.1.2013) aufgehoben.

1 Diese Bestimmung entspricht § 280g ZPO (ZH); vgl. auch schon § 145 ZPO (ZH). Konkret geht es bei den Vorkehrungen insbesondere (aber nicht nur) um Beweismassnahmen (vgl. dazu auch Art. 156 ZPO).

§ 196 *Rückweisung*

Die Rechtsmittelinstanz kann den angefochtenen Entscheid aufheben und das Verfahren zur Ergänzung und zur Neubeurteilung an die Vormundschaftsbehörde oder an den Bezirksrat zurückweisen.

Wird mit Inkrafttreten des KESR (voraussichtlich auf den 1.1.2013) aufgehoben.

1 Wie bisher (§ 280i ZPO [ZH]) kann die Rechtsmittelinstanz den angefochtenen Entscheid aufheben und die Sache zur Ergänzung und Neubeurteilung an die unmittelbare oder auch an die mittelbare Vorinstanz (Vormundschaftsbehörde) zurückweisen; der Zusatz «aus zureichenden Gründen» wurde gestrichen. Da eine Rückweisung ausdrücklich «zur Ergänzung» (gemeint des Sachverhaltes) erfolgt, wird umgekehrt bei Spruchreife ein neuer Sachentscheid auch nach neuem Recht von der Rechtsmittelinstanz zu treffen sein (vgl. schon FRANK/STRÄULI/MESSMER, ErgBd zur ZPO, § 280i N. 51).

§ 197 *Mitteilung*

Das Gericht teilt Endentscheide in der Sache der für das Vormundschaftswesen zuständigen Direktion des Regierungsrates mit.

Wird mit Inkrafttreten des KESR (voraussichtlich auf den 1.1.2013) aufgehoben.

§ 197 entspricht dem bisherigen § 280j ZPO (ZH). Bei der zuständigen Direktion handelt es sich um die Direktion der Justiz und des Innern (Anhang 1 zur VOG RR vom 18.7.2007 [LS 172.11], lit. A. Ziff. 23). 1

D. Rechtsmittel gegen Entscheide des Regierungsrates in Namensänderungen

§ 198 Auf Rechtsmittel gegen Entscheide der zuständigen Direktion des Regierungsrates betreffend Namensänderungen sind §§ 187 ff. sinngemäss anwendbar.

Wird mit Inkrafttreten des KESR (voraussichtlich auf den 1.1.2013) aufgehoben bzw. ersetzt durch die Neufassung von § 176 GOG (vgl. dazu die Kommentierung bei § 176).

Für Rechtsmittel gegen Entscheide der zuständigen Direktion betreffend Namensänderung (ebenfalls die Direktion der Justiz und des Innern) sind die vorstehenden Bestimmungen (entsprechend bisher § 274a ZPO [ZH]) sinngemäss anwendbar. 1

7. Teil
Verfahrenskosten, Rechnungswesen

Vorbemerkungen zu §§ 199 ff.

Literatur

V. AEPPLI, Kommentar zum OR, Teilband V, Erlöschen der Obligationen, Zürich 1991; M. BEUSCH, in: Häner/Rüssli/Schwarzenbach (Hrsg.), Kommentar zur Zürcher Kantonsverfassung, Zürich 2007, zu Art. 126; G. BIAGGINI, in: Häner/Rüssli/Schwarzenbach (Hrsg.), Kommentar zur Zürcher Kantonsverfassung, Zürich 2007, zu Art. 18 N. 19 ff.; K. BOESCH, Prozesskosten, in: W. Fellmann/St. Weber (Hrsg.), Der Haftpflichtprozess (Tagungsbericht HAVE), Zürich 2006, S. 145 ff.; F. CLERC, Brèves remarques sur les frais de la justice pénale, Gedächtnisschrift für P. Noll, Zürich 1984, S. 321 ff.; TH. GEISER, BSK, zu Art. 65 BGG; M. GULDENER, Schweizerisches Zivilprozessrecht, S. 405 ff.; U. HÄFELIN/G. MÜLLER/F. UHLMANN, Allgemeines Verwaltungsrecht, 6. Aufl., Zürich 2010, § 39 S. 606 ff.; TH. HANSJAKOB, Kostenarten, Kostenträger und Kostenhöhe im Strafprozess (am Beispiel des Kantons St. Gallen), Diss. St. Gallen 1988; A. HUNGERBÜHLER, Grundsätze des Kausalabgaberechts, ZBl 2003, S. 505 ff.; A. IMHOF, Beitrag, Gebühr, Steuer und ihre Unterscheidung, ZBl 52, S. 393 ff.; T. JAAG, Die Verordnung im schweizerischen Recht, ZBl 2011, S. 629 ff.; M.A. JACOT, Die Kosten der Rechtsverfolgung als Schranke für den Rechtssuchenden, Diss. ZH 1978; N. OBERHOLZER, Gerichts- und Parteikosten im Strafprozess, in: Ch. Schöbi (Hrsg.), Gerichtskosten, Parteikosten, Prozesskaution, unentgeltliche Prozessführung, SWR Heft 3, Bern 2001, S. 27 ff.; J.F. POUDRET, zu Art. 153 ff. aOG; S. SCHULLER, Die Berechnung des Streitwertes, Diss. Zürich 1974; M. STERCHI, Gerichts- und Parteikosten im Zivilprozess, in: Ch. Schöbi (Hrsg.), Gerichtskosten, Parteikosten, Prozesskaution, unentgeltliche Prozessführung, SWR Heft 3, Bern 2001, S. 11 ff.; B. SUTER/C. VON HOLZEN, in: Sutter-Somm/Hasenböhler/Leuenberger, ZPO Komm., zu Art. 96; M. THOMMEN, Kosten und Entschädigungen in strafrechtlichen Beschwerdeverfahren vor Bundesgericht, fp 2009, S. 51 ff.; U. URSPRUNG, Die Verrechnung öffentlich-rechtlicher Geldforderungen, ZBl 80, S. 153 ff.; A. WURZBURGER, De la constitutionalité des émoluments judiciaires en matière civile, in: FS J.-F. Poudret, 1999, S. 300 f.; A. ZAUGG, Steuer, Gebühr und Vorzugslast, ZBl 75, S. 217 ff.; A. ZINDEL, Kosten- und Entschädigungsfolgen im Strafverfahren des Kantons Zürich, Diss. Zürich 1972; F. ZWEIFEL, Zeitablauf als Untergangsgrund öffentlich-rechtlicher Ansprüche, Basler Studien zur Rechtswissenschaft, Heft 59, Basel 1960.

Inhaltsübersicht N.

I.	Bedeutung der Gerichtsgebühren und Kosten; Anspruch auf ein «wohlfeiles» Verfahren	1
II.	Begriff der Gebühren und verfassungsrechtliche Grundsätze für deren Bemessung	3
	1. Begriff	3
	2. Grundsätze der Bemessung, Aufklärungspflicht	7
III.	Bundesrechtliche Bestimmungen über die Verfahrenskosten im Zivil- und Strafverfahren	9
	1. Abschliessende Regelung der Kostenverteilung gemäss eidgenössischem Prozessrecht	9
	2. Kantonale Tarifhoheit	11
	3. Weitere bundesrechtliche Bestimmungen zu Kostenfragen	15
	a) Gebührenverordnung zum SchKG	15
	b) Obligationenrecht	19
	c) Ordnungsbussen im Strassenverkehr	20
IV.	Sinngemässe Anwendung privatrechtlicher Bestimmungen auf die Gebühren- und Kostenforderungen	21
	1. Verrechnung	22
	2. Rückforderung grundlos erbrachter Leistungen	23
	3. Verzugszinsen für ausstehende Gerichtskosten	24
	4. Stundung, Erlass	26
	5. Verjährung	27
V.	Rechtsschutz im Bereich der Gebührenfestsetzung	29

I. Bedeutung der Gerichtsgebühren und Kosten, Anspruch auf ein «wohlfeiles» Verfahren (Art. 18 Abs. 1 KV)

1 Die Rechtspflege insgesamt und jeder einzelne Prozess verursachen dem Staat erhebliche Kosten, die im Interesse eines gesunden Finanzhaushalts zum Mindesten teilweise wieder eingebracht werden müssen. Umgekehrt sollte schon nach Art. 59 aKV das Prozessverfahren «wohlfeil» sein; auch nach Art. 18 Abs. 1 der Kantonsverfassung vom 27.2.2005 hat jede Person vor Gerichts- und Verwaltungsinstanzen Anspruch auf «rasche und wohlfeile Erledigung» des Verfahrens. Damit wird zum Ausdruck gebracht, dass jeder Bürger – unabhängig vom Anspruch auf unentgeltliche Rechtspflege – ohne allzu grosses finanzielles Risiko und auch in Sachen mit geringfügigem Streitwert Zugang zu den Gerichten und Verwaltungsinstanzen haben soll; der Staat darf daher nicht alle Auslagen, welche ihm durch seine Rechtspflege entstehen, auf die Rechtsuchenden abwälzen (vgl. zur Entstehungsgeschichte von Art. 18 Abs. 1 KV BIAGGINI, Art. 18 N. 19 ff.). Die Wahrung des Rechts durch die Justiz zählt zu den wichtigsten öffentlichen Aufgaben, und der Staat muss im Interesse der Allgemeinheit und des Einzelnen bereit sein, einen Teil der von der Justiz verursachten Unkosten auf sich zu nehmen. Dieser Grundsatz muss selbstredend auch bereits beim Einfordern eines Kostenvorschusses (mit Blick auf die mutmasslichen Gerichtsgebühren) beachtet werden (BIAGGINI, § 18 N. 20 a.E.).

2 Der Staat verschafft sich vor allem dadurch Ersatz für seine Unkosten, dass er von den Parteien Gebühren erhebt und die Vergütung von Barauslagen verlangt, die im Verlauf des Prozesses angefallen sind. § 199 Abs. 3 GOG nennt die allgemeinen Kriterien, nach welchen sich im Bereich des Zivil- und Strafprozesses die Festsetzung dieser Gebühren zu richten hat. Das eidgenössische Prozessrecht bestimmt demgegenüber, ob und inwieweit die Parteien zur Sicherstellung (Kautionierung bzw. Leistung von Barvorschüssen) der Kosten verpflichtet werden können (Art. 98 ff., 315 Abs. 2, 325 Abs. 2 ZPO, Art. 383 StPO) und wer nach Erledigung des Verfahrens die Kosten endgültig zu tragen hat (Art. 104 ff. ZPO, Art. 416 ff. StPO, Art. 44 ff. JStPO; hinten N. 9 f.).

II. Begriff der Gebühren und (verfassungsrechtliche) Grundsätze für deren Bemessung

1. Begriff

3 Gebühren sind Geldleistungen, welche Private kraft öffentlichen Rechts dem Staat schulden und die vorwiegend der Deckung des allgemeinen staatlichen Finanzbedarfs dienen (HÄFELIN/MÜLLER/UHLMANN, N. 2623; 2; ZAUGG, S. 217 f.). Sie gehören zusammen mit den Beiträgen (Vorzugslasten), Ersatzabgaben und Steuern zu den öffentlichen Abgaben (BGE 92 I 454, 97 I 204; HÄFELIN/MÜLLER/UHLMANN, N. 2624).

4 Die Gebühr ist eine öffentlich-rechtliche Gegenleistung, die vom Pflichtigen für eine von ihm veranlasste Amtshandlung oder für die Benützung einer öffentlichen Anstalt geschuldet wird und die dadurch entstandenen Kosten ganz oder teilweise deckt; je nachdem ist sie eine Verwaltungs-, Benützungs- oder Konzessionsgebühr (HÄFELIN/MÜLLER/

UHLMANN, N. 2626; BGE 90 I 80 f., 92 I 454 f., 95 I 506 f., 97 I 203 E. 5b, 97 I 334 E. 4, 99 Ia 699 lit. b, 107 Ia 120). Die Gebühren im Sinne des GOG bzw. der Prozessordnungen sind ausschliesslich Verwaltungsgebühren.

Im Bereich des Zivil- und Strafprozesses bilden die Gebühren Teil der Prozess- bzw. Verfahrenskosten. Diese setzen sich aus den Gerichtskosten und den Parteientschädigungen zusammen. Die Gerichtskosten setzen sich aus den Gebühren (Pauschalen für das Verfahren und den Entscheid) und den Auslagen des Gerichts im konkreten Fall zusammen (vgl. Art. 95 ZPO, Art. 422 Abs. 1 StPO). Die Gebühr dient der (partiellen) *Deckung des Aufwandes* (Sach- und Personalkosten). Die *verrechenbaren Auslagen* werden heute in den eidgenössischen Prozessordnungen umschrieben (bisher § 201 GVG). In Betracht fallen namentlich Kosten für amtliche bzw. unentgeltliche Rechtsverbeiständung bzw. Verteidigung (zur Bemessung der Entschädigung des unentgeltlichen Rechtsbeistandes BGE 132 I 201, 137 III 185) sowie für Kindesvertretung, Übersetzungskosten, Gutachterkosten, Kosten für Mitwirkung anderer Behörden sowie Post-, Telefon- und ähnliche Spesen (vgl. die Aufzählung in Art. 95 Abs. 2 lit. c–e ZPO und Art. 422 Abs. 2 StPO).

Das kennzeichnende Merkmal der Gebühr besteht darin, dass sie (im Gegensatz zur Steuer) nur unter bestimmten Voraussetzungen geschuldet wird und Entgelt für eine Gegenleistung des Gemeinwesens darstellt. Insofern kann die Gebühr als Kausalabgabe mit *Äquivalenzcharakter* bezeichnet werden (HÄFELIN/MÜLLER/UHLMANN, N. 2625b; IMHOF, S. 393; BGE 82 I 301, 92 I 454 f., 93 I 634, 95 I 506 f., 97 I 204 und 334; ZBl 74 S. 113 und 320).

2. Grundsätze der Bemessung, Aufklärungspflicht

Für die Erhebung und Bemessung von Gebühren hat das Bundesgericht in seiner staats- und verfassungsrechtlichen Praxis verschiedene Grundsätze abgeleitet:

– Eine Gebühr bedarf (wie jede andere öffentliche Abgabe) einer *gesetzlichen Grundlage*. Die frühere Rechtsprechung legte dieses Erfordernis in dem Sinn aus, dass (mit Ausnahme der Kanzleigebühren für einfache Tätigkeiten mit bescheidenen Ansätzen) die Grundzüge der Gebührenerhebung in einem Gesetz im formellen Sinn zu verankern sind oder dass im Fall einer Delegation in einem formellen Gesetz wenigstens die Voraussetzungen und der Umfang der Abgabepflicht umschrieben sein müssen (ZAUGG, S. 218; BGE 95 I 251, 97 I 347 f. und 804 f., 106 Ia 249, 126 I 180 E. 2). An dieser strengen Auffassung halten die Gerichte bei Verhältnissen, in welchen die amtliche Tätigkeit von technischen Einzelheiten abhängt oder die raschem Wandel unterworfen sind, nicht fest. In solchen Fällen kann die Gebühr auch ohne formelle gesetzliche Ermächtigung in einer Verordnung geregelt werden (HÄFELIN/MÜLLER/UHLMANN, N. 2703 ff.; BGE 112 Ia 39 ff.; ZR 71 Nr. 49 S. 143; zum Grundsatz der Gesetzmässigkeit auch Art. 38 KV sowie § 199 N. 2).

– Sodann gilt für die Gebühren das *Prinzip der Kostendeckung*: Der Gesamteingang der Gebühren darf den Gesamtaufwand des Verwaltungszweiges, für welchen diese erhoben werden, nicht oder nur geringfügig übersteigen (zum Begriff des Verwaltungszweiges BGE 126 I 180 E. 3b/cc). Dies bedeutet allerdings nicht, dass bei der Festsetzung der Gebühren nur Auslagen und Bemühungen berücksichtigt werden dürfen, welche für die konkrete Amtshandlung entstanden sind. Es darf auch ein Anteil in Rechnung gestellt werden für die staatlichen Aufwendungen, die nötig sind, damit die fragliche Verrichtung überhaupt erfüllt werden kann. Konkret darf ein Ausgleich für jene Leistungen verlangt werden, für die mangels Interesses keine kostendeckende Gebühr gefordert werden kann. Zulässig ist es schliesslich auch, das mit der Amtshandlung verbundene Interesse des Privaten sowie dessen Leistungsfähigkeit zu berücksichtigen, so etwa bei der Gerichtsgebühr den Streitwert des Prozesses (zum Ganzen HÄFELIN/MÜLLER/UHLMANN, N. 2637 ff.; SUTER/VON HOLZEN, in: Sutter-Somm/Hasenböhler/Leuenberger, ZPO Komm., Art. 96 N. 23 f.; ZAUGG, S. 220; BGE 83 I 89, 97 I 204 f. und 334, 120 Ia 171 E. 2a, 124 I 11 E. 6c, 126 I 180 E. 3a/aa und b/aa, 130 III 225 E. 2.3).

– Innerhalb der oben erwähnten Prinzipien ist im Einzelfall die Gebühr nach dem *Grundsatz der Verhältnismässigkeit* (Äquivalenzprinzip) so zu bemessen, dass sie in einer vernünftigen Beziehung zur Beanspruchung der staatlichen Organe bzw. *nicht in einem offensichtlichen Missverhältnis* dazu steht (HÄFELIN/MÜLLER/UHLMANN, N. 2641 ff.; SUTER/VON HOLZEN, in: Sutter-Somm/Hasenböhler/Leuenberger, ZPO Komm., Art. 96 N. 25 f.; ZAUGG, S. 218 ff.; BGE 118 Ib 349 E. 5, 120 Ia 171 E. 2a, 122 I 279 E. 6c, 126 I 180 E. 3, 128 I 46 E. 4a, 130 III 225 E. 2.4). Zwar ist es nicht notwendig, dass die Gebühren in jedem Fall genau dem Aufwand der Behörde entsprechen; sie sollen jedoch nach sachlich vertretbaren Kriterien bemessen sein und nicht Unterscheidungen treffen, für die keine vernünftigen Gründe ersichtlich sind (BGE 130 III 225 E. 2.3 m.H.). Im Rahmen dieser Grundsätze geniessen die Kantone bei der Bemessung der Gerichtsgebühren einen weiten Spielraum, der einzig durch das *Willkürverbot* bzw. die aus ihm abgeleiteten Prinzipien begrenzt ist. So ist es beispielsweise unzulässig, den Streitwert der Willensvollstreckerbeschwerde mit dem Nachlasswert gleichzusetzen und gestützt darauf eine Gebühr von Fr. 450 000 zu erheben (BGE 135 III 578 E. 6, dazu SJZ 2009 S. 368 f. sowie AJP 2009 S. 1197 f.; vgl. auch RB 2007 Nr. 12, wonach bei einer Kollokationsklage mit einem Streitwert von 58 Mio Franken die Bemessung der Kaution [für Gerichtskosten und Prozessentschädigung] mit Fr. 495 000 noch als zulässig bezeichnet wurde; vgl. Kasuistik bei SUTER/VON HOLZEN, in: Sutter-Somm/Hasenböhler/Leuenberger, ZPO Komm., Art. 96 N. 26).

8 Neu eingeführt wurde mit Art. 97 ZPO die *richterliche Aufklärungspflicht* über die mutmassliche Höhe der Gerichtskosten gegenüber der nicht anwaltlich vertretenen Partei. Diese Aufklärung hat so früh zu erfolgen, dass die aufgeklärte Partei ihr prozessuales Handeln nach Möglichkeit entsprechend einrichten bzw. von weiteren kostenverursachenden Dispositionen absehen kann.

III. Bundesrechtliche Bestimmungen über die Verfahrenskosten im Zivil- und Strafverfahren

1. Abschliessende Regelung der Kostenverteilung gemäss eidgenössischem Prozessrecht

Während bisher grundsätzlich das kantonale Prozessrecht die Verteilung (Verlegung) der Verfahrenskosten regelte, bildet die Frage der Verteilung und Liquidation der Prozesskosten nunmehr Gegenstand der eidgenössischen Prozessordnungen (Art. 104 ff. ZPO, Art. 416 ff. StPO, Art. 44 ff. JStPO). Die bundesrechtliche Regelung ist dabei *abschliessend* (vgl. für das Strafverfahren SCHMID, Handbuch, N. 1760). Für kantonales Recht bleibt somit nur noch dort Raum, wo dies vom eidgenössischen Prozessrecht ausdrücklich so vorgesehen wird (konkret Art. 116 ZPO, Möglichkeit der weitergehenden Kostenbefreiung nach kantonalem Recht, s. nachfolgend § 200). 9

Unzulässig, weil gegen Bundesrecht (Art. 416 ff. StPO) verstossend, wäre es insofern namentlich, im kantonalen Recht vorzusehen, dass im Falle des Versterbens der beschuldigten Person die Verfahrenskosten unter bestimmten Umständen deren Nachlass auferlegt werden können (was ohne gesetzliche Grundlage nicht zulässig ist, BGE 132 I 117). Ebenso wenig wäre es zulässig, zu Art. 420 StPO, der sich mit dem Rückgriff befasst, kantonales Ausführungsrecht zu erlassen; ob hinsichtlich der Kosten eines Strafverfahrens die notwendigen Voraussetzungen für den Rückgriff auf Dritte vorliegen oder nicht, ist im konkreten Einzelfall von der zuständigen Behörde durch Auslegung von Art. 420 StPO zu entscheiden (W.RR S. 159). Betreffend die sinngemäss Anwendung privatrechtlicher Normen s. hinten N. 21 ff. 10

2. Kantonale Tarifhoheit

Ausdrücklich den Kantonen vorbehalten ist demgegenüber weiterhin die Festsetzung der Tarife bzw. die Festlegung der Gebührenansätze für sämtliche in den kantonalen Zuständigkeitsbereich fallende Verfahren (Art. 96 ZPO, Art. 424 Abs. 1 StPO), mit Ausnahme der vom GebV SchKG erfassten Verfahren (nachfolgend N. 15 f.). 11

Die Tarifhoheit der Kantone entspricht einer konsequenten Umsetzung der *Autonomie mit Bezug auf die Gerichtsorganisation* («Die Kantone bestimmen den Preis der Justiz», vgl. BBl 2006 S. 7244). Durch die Ausgestaltung der Tarife (im Rahmen der erwähnten verfassungsrechtlichen Leitlinien, s. vorn N. 7) sollen die Kantone verhindern können, dass ihnen durch die eidgenössischen Prozessordnungen zusätzliche Kosten erwachsen (vgl. SUTER/VON HOLZEN, in: Sutter-Somm/Hasenböhler/Leuenberger, ZPO Komm., Art. 96 N. 6; ZR 110 Nr. 35). Die Tarifhoheit erfasst nicht nur das Quantitativ der Prozesskosten, sondern auch die Möglichkeit der (gänzlichen) Befreiung von Kosten (vorn N. 9). 12

Die Tarifhoheit der Kantone ist *umfassend* und bezieht sich auf die Prozess- bzw. Verfahrenskosten insgesamt, d.h. *sowohl auf die Gerichtsgebühren wie auf die Parteientschädigung* (dazu Pr 100 Nr. 88 E. 5). Für die Gerichtskosten sind (ausgehend von der Aufteilung in eine Pauschalgebühr für den allgemeinen Aufwand und die Verrechnung der konkreten Auslagen) *Pauschalgebühren* für Schlichtungsverfahren und den Entscheid 13

(Entscheidgebühr) festzulegen (Art. 95 Abs. 2 lit. a und b ZPO); im Strafprozess können die Kantone gemäss Art. 424 Abs. 2 StPO für einfache Fälle Pauschalgebühren festlegen, die auch die Auslagen abdecken (zum Ganzen SUTER/VON HOLZEN, in: Sutter-Somm/ Hasenböhler/Leuenberger, ZPO Komm., Art. 96 N. 10 ff.). Kantonalrechtliche Grundlage für den Erlass einer Gebührenverordnung ist insoweit § 199 GOG.

14 Hinsichtlich der Ausgestaltung der Tarife für die *Parteientschädigung* (d.h. für die Zusprechung von Entschädigungen im Verhältnis zwischen den Parteien) haben die Kantone eine erhebliche Gestaltungsfreiheit, insbesondere mit Blick auf die (wichtigste) Position der *Anwaltskosten*. Insbesondere gilt hier nicht der Grundsatz der Pauschalierung. Kantonalrechtliche Grundlage für den Erlass einer Gebührenverordnung bildet insoweit jedoch nicht das GOG, sondern § 48 Abs. 1 lit. c und Abs. 2 AnwG. Ausserhalb der Entschädigung für anwaltliche Vertretung umfasst die Parteientschädigung von Bundesrechts wegen den Ersatz der notwendigen Auslagen der Partei sowie in begründeten Fällen eine angemessene Umtriebsentschädigung bei nicht berufsmässiger Vertretung (Art. 95 Abs. 3 lit. a und c ZPO; zum Ganzen SUTER/VON HOLZEN, in: Sutter-Somm/ Hasenböhler/Leuenberger, ZPO Komm., Art. 96 N. 18 ff.).

3. Weitere bundesrechtliche Bestimmungen zu Kostenfragen

a) Gebührenverordnung zum SchKG

15 Die Gebührenverordnung zum SchKG vom 23.9.1996 (GebV SchKG, SR 281.35) regelt u.a. die Ansätze der Spruchgebühren, welche die Gerichte im Rahmen des Betreibungs- und Konkursverfahrens zu sprechen haben (Art. 48 ff. GebV SchKG). In diesem Bereich gilt somit die kantonale Tarifhoheit nicht. Die Bestimmungen der GebV gelten indessen nur in betreibungsrechtlichen Summarsachen nach Art. 251 ZPO (Art. 48 GebV SchKG). Wird im Rechtsöffnungsverfahren gleichzeitig über die Vollstreckbarkeit eines ausländischen Urteils entschieden, so ist für die Kostenregelung nicht die GebV SchKG, sondern die kantonale Gebührenverordnung anwendbar (ZR 78 Nr. 29). Beschwerdeverfahren nach Art. 17 ff. SchKG sind unentgeltlich (Art. 61 Abs. 2 GebV SchKG); es darf in solchen Verfahren auch kein Vorschuss verlangt werden (BGE 125 III 382 ff.).

16 Umstritten ist heute allerdings, ob der Bundesrat als Verordnungsgeber nach Inkrafttreten der ZPO *überhaupt noch zum Erlass einer eidgenössischen Gebührenordnung für den Bereich gerichtlicher Streitigkeiten in SchKG-Sachen* (zu denen namentlich die Verfahren vor dem Rechtsöffnungs- und dem Konkursrichter gehören) *zuständig ist* bzw. ob dafür noch eine *gesetzliche Grundlage besteht*. Das Obergericht (II. ZK) hat diesbezüglich nach Inkrafttreten der ZPO entschieden, dies sei mit Blick auf Art. 1 lit. c und Art. 96 ZPO nicht der Fall und die Kantone hätten die Tarife für diese Verfahren zu bestimmen; dementsprechend seien die Art. 48 ff. GebV SchKG gemäss dem Grundsatz der Gewaltenteilung (Art. 182 Abs. 1 BV) für den Bereich der gerichtlichen Verfahren nicht anwendbar (anders für den Bereich des Beschwerdeverfahrens nach Art. 17 ff. SchKG, weil hier von Bundesrechts wegen nicht eine zwingende Gerichtsbarkeit besteht). Freilich dürften – so das Obergericht im genannten Entscheid – die (nach kantonaler GebV anzusetzenden) Gebühren das Äquivalenzprinzip so oder so nicht verletzen (ZR 110 Nr. 35). Nach hier vertretener Auffassung vermag diese Betrachtungsweise jedoch nicht zu überzeu-

gen. Wie schon vor Inkrafttreten der ZPO mit Art. 16 SchKG und der darauf fussenden GebV eine gesetzliche Grundlage für eine *besondere Gebührenregelung in SchKG-Sachen* bestand, die den kantonalen Gebührentarifen *vorging*, geht auch heute die Kompetenz des Bundesrates zum Erlass des Gebührentarifs gemäss Art. 16 SchKG (und darauf beruhend Art. 48 ff. GebV) den Bestimmungen der ZPO (und damit der hier statuierten kantonalen Tarifhoheit) als *lex specialis* vor, was sich schon von der Sache her rechtfertigt und zudem dem gesetzgeberischen Willen entsprechen dürfte (ebenso OGer ZH RT110010 vom 8.2.2011).

Die Gebühren der GebV SchKG sind ebenfalls Pauschalgebühren für das Verfahren insgesamt. Andere kantonale Spezialgebühren (z.B. für Zustellungen) sind daher nicht zulässig. Den Kantonen ist es indessen freigestellt, ob und wie sie die Gebühren gliedern und wie sie sie bezeichnen wollen; der Gebührentarif darf indessen nicht überschritten werden. Zusätzlich zur Spruchgebühr dürfen im Rahmen von Art. 13 Abs. 1 GebV SchKG aber Barauslagen in Rechnung gestellt werden (dazu BGE 136 III 155 und BGer 5A_665/2011 v. 9.12.2011, E. 2.2). 17

Die GebV SchKG regelt nicht die Kostenverlegung. Diese bestimmt sich auch in diesen Fällen nach Art. 104 ff. ZPO. 18

b)   Obligationenrecht

Vereinzelt enthält der 3. Teil des OR (Handelsgesellschaften) besondere Bestimmungen zur Kostenregelung für gerichtliche Verfahren (Art. 697g, Sonderprüfungsverfahren, ferner Art. 731b Abs. 2 und Art. 789 Abs. 2); aufgehoben wurden mit Inkrafttreten der ZPO mit Blick auf Art. 107 ZPO die bisherigen Bestimmungen von Art. 706a Abs. 3 und 756 Abs. 2 OR (Hinweise und weitere Beispiele bei JENNY, in: Sutter-Somm/Hasenböhler/Leuenberger, ZPO Komm., Art. 107 N. 23 f.). Die sozialpolitisch begründeten Sonderbestimmungen für miet- und arbeitsrechtliche Verfahren (Art. 343 Abs. 3 OR, Art. 22 Abs. 3 VMWG) wurden in die ZPO übernommen (Art. 113 Abs. 2 lit. c und d, Art. 114 lit. c ZPO). 19

c)   Ordnungsbussen im Strassenverkehr

Nach Art. 7 des Ordnungsbussengesetzes vom 24.6.1970 (SR 741.03) dürfen im Ordnungsbussenverfahren keine Kosten erhoben werden. 20

IV. Sinngemässe Anwendung privatrechtlicher Bestimmungen auf die Gebühren- und Kostenforderungen

Die Prozessordnungen enthalten teilweise lückenhafte bzw. gar keine Bestimmungen betreffend die Möglichkeit der Verrechnung von auferlegten Gebühren und Kosten mit Gegenforderungen der kostenpflichtigen Partei an das Gemeinwesen, betreffend die Rückforderung zu Unrecht geleisteter Gebühren und Auslagen, betreffend die Bezahlung von Verzugszinsen, betreffend die Verjährung sowie die Stundung und den Erlass von Gebühren. Es ist nach dem Gesagten (vorn N. 10) auch nicht Sache des kantonalen Gesetz- 21 gebers, hier allfällige Lücken zu schliessen; vielmehr sind die sich stellenden Fragen im konkreten Fall von der rechtsanwendenden Instanz durch *sinngemässe Anwendung bzw. Übertragung privatrechtlicher Bestimmungen* zu beantworten (zur analogen Anwendung der allgemeinen Bestimmungen des OR im Bereich des öffentlichen Rechts ZK ZGB-LIEBER, Art. 7 N. 114 ff., insbes. N. 121 ff.).

1. Verrechnung

22 Bezüglich Verrechnung gilt Art. 125 Ziff. 3 OR; im Übrigen können die entsprechenden zivilrechtlichen Bestimmungen von Art. 120–126 OR sinngemäss herangezogen werden. Im Einzelnen sind folgende Grundsätze zu beachten:

– Der Bürger kann eine öffentlich-rechtliche Forderung der Gerichtskasse mit seiner (öffentlich-rechtlichen oder privatrechtlichen) Forderung an den Kanton nur verrechnen, wenn dieser zustimmt (Art. 125 Ziff. 3 OR; AEPLI, N. 96 ff.; ZBl 68 S. 68). Entstammt die Forderung des Bürgers dem öffentlichen Recht, so geht die Praxis dahin, dass das Gemeinwesen aufgrund ungeschriebenen Rechts durch einseitige Erklärung verrechnen darf, sofern Forderung und Gegenforderung sich auf dieselbe Verwaltungsstelle beziehen. Beziehen sich Forderung und Gegenforderung nicht auf dieselbe Verwaltungsstelle, so hat das Gemeinwesen die Erfordernisse der Verschwiegenheit und des Datenschutzes zu beachten, was eine Verrechnung in den meisten Fällen verunmöglicht. Beispiel: Die Gerichtskasse darf das einem Bürger zustehende Guthaben nicht mit seiner Steuerschuld verrechnen (s. zum Ganzen BGE 72 I 379 = Pr 35 Nr. 199, 85 I 159 E. 2 = Pr 48 Nr. 184, 91 I 295 = Pr 55 Nr. 41).

– Ein nach § 83 oder 96 StPO (ZH) bzw. jetzt Art. 263 ff. StPO beschlagnahmter Betrag, der gemäss Urteilsspruch dem Berechtigten zurückgegeben werden muss, darf nicht zur Erfüllung von Verpflichtungen des Betreffenden an den Staat verwendet werden (Art. 125 Ziff. 1 OR; BGE 72 I 380 E. 4 = Pr 35 Nr. 199). Beim Beschuldigten beschlagnahmte Vermögenswerte des Geschädigten, welche diesem durch die Straftat entzogen worden sind, dürfen nicht zur Sicherstellung der Verfahrenskosten und damit auch nicht zur Verrechnung mit Schulden des Geschädigten an den Kanton verwendet werden; sie sind vielmehr dem Eigentümer zurückzugeben (SJZ 32 S. 107 = ZR 34 Nr. 134, 37 Nr. 158). Betreffend Verrechnung von Gerichtskosten mit Entschädigungsansprüchen aus dem gleichen Strafverfahren sowie mit beschlagnahmten Vermögenswerten Art. 442 Abs. 4 StPO; zur Verrechnung einer frei gewordenen Fluchtkaution mit Geldstrafen, Bussen, Kosten- und Entschädigungsforderungen gegenüber der beschuldigten Person Art. 239 Abs. 2 StPO (näher BSK StPO-HÄRRI, Art. 239 N. 8 ff.; altrechtlich: ZR 78 Nr. 72).

– Die bei der Gerichtskasse zur Sicherstellung der Gerichtskosten geleisteten Vorschüsse (Kautionen) dürfen verrechnungsweise zur Deckung der Prozesskosten verwendet werden (Art. 111 Abs. 1 ZPO). Schon bisher durfte sodann eine rechtskräftige Kostenforderung mit dem Rückerstattungsanspruch auf die geleistete Haftkaution (SJZ 77 S. 288; dazu auch ZR 90 Nr. 34) oder ein Kautionsüberschuss mit Forderungen der Gerichtskasse an dieselbe Partei aus früheren Verfahren verrechnet werden (FRANK/STRÄULI/MESSMER, ZPO, N. 1 zu § 81; ZR 75 Nr. 6).

2. Rückforderung grundlos erbrachter Leistungen

Es gilt als ungeschriebener Rechtsgrundsatz, dass der Bürger gegenüber dem Gemeinwesen in Analogie zu Art. 62 f. OR einen Anspruch auf Rückerstattung von öffentlichen Abgaben geltend machen kann, wenn er diese aus einem ungültigen, nicht verwirklichten oder nachträglich weggefallenen Grund oder aus Irrtum bezahlt hat (HÄFELIN/MÜLLER/UHLMANN, N. 760 ff.; BGE 71 I 47 und 207, 78 I 88, 83 I 221, 88 I 216 f.). Die Rückerstattung ist innerhalb von fünf Jahren seit Entdeckung des Anspruchs zu verlangen (BGE 98 Ib 359).

23

3. Verzugszinsen für ausstehende Gerichtskosten

§ 205 Satz 2 GVG sah für Gerichtskostenforderungen ursprünglich Unverzinslichkeit vor. Nach der seit 1.7.2003 geltenden Fassung wurde demgegenüber ein Verzugszins von 5% eingeführt. Art. 112 Abs. 3 ZPO bestimmt ebenfalls einen Verzugszins von 5%, wobei (anders als in § 205 Abs. 1 und 2 GVG) nicht näher geregelt wird, wann ein Schuldner von Gerichtskosten in Verzug kommt. Der Zeitpunkt des Verzugs ergibt sich aus analoger Anwendung von Art. 102 OR, wobei mangels gesetzlicher Regelung kontrovers ist, ob es einer Mahnung bedarf (so § 205 Abs. 2 GVG) oder ob der Verzug von Gesetzes wegen mit der Rechtskraft bzw. Fälligkeit eintritt (Hinweise bei JENNY, in: Sutter-Somm/Hasenböhler/Leuenberger, ZPO Komm., Art. 112 N. 8). In jedem Fall wird dem Kostenschuldner zur Begleichung der fälligen Kostenrechnung zunächst von der Gerichtskasse Rechnung gestellt und eine Zahlungsfrist angesetzt, vor deren Ablauf Verzug nicht eintritt (betreffend Fälligkeit s. auch § 201 N. 15).

24

Die StPO enthält (entgegen noch Art. 492 Abs. 7 VE StPO) keine Regelung betreffend Verzinsung von Kostenforderungen. Ob auch ohne ausdrückliche gesetzliche Verankerung eine Pflicht zur Bezahlung von Verzugszinsen analog Art. 104 OR besteht, wird mehrheitlich bejaht (HÄFELIN/MÜLLER/UHLMANN, N. 756 ff. m.H.; a.M. GRIESSER, in: Donatsch/Hansjakob/Lieber, StPO Komm., Art. 421 N. 6).

25

4. Stundung, Erlass

Stundung und Erlass von Gerichtskosten richten sich nach Art. 112 Abs. 1 ZPO bzw. Art. 425 StPO (s. auch § 201 N. 25 ff.).

26

5. Verjährung

Die Verjährung ist ausdrücklich geregelt in Art. 112 Abs. 2 ZPO; danach verjährt die Kostenforderung zehn Jahre nach Abschluss des Verfahrens.

27

Art. 435 StPO regelt demgegenüber lediglich die Verjährung von Entschädigungs- und Genugtuungsforderungen gegenüber dem Gemeinwesen, nicht aber die Verjährung von Kostenforderungen des Staates. Nach § 205 Abs. 3 GVG betrug die Verjährungsfrist für Gerichtskosten allgemein zehn Jahre «gemäss dem Obligationenrecht». Auch hier gilt, dass die Verjährung von Forderungen als allgemeiner Rechtsgrundsatz im öffentlichen Recht anerkannt ist, wobei bei Fehlen gesetzlicher Bestimmungen über die Verjährungsfrist auf Regelungen in verwandten Sachverhalten abzustellen ist (HÄFELIN/MÜLLER/

28

UHLMANN, N. 778, 790; BGE 126 II 49, 131 V 55). Insoweit ist weiterhin auch im Bereich der StPO von einer Verjährungsfrist von zehn Jahren auszugehen.

V. Rechtsschutz im Bereich der Gebührenfestsetzung

29 Die Festsetzung der Gebühr und deren Einziehung gehörten nach bisheriger Praxis zur Justizverwaltung (vgl. § 206 i.V.m. §§ 108 ff. GVG; ZR 69 Nr. 19, 90 Nr. 34 E. II.2, 109 Nr. 57). Hinsichtlich der Anfechtung galt gemäss § 206 GVG, dass gegen die Kostenansätze der Gerichte entsprechend §§ 108 ff. GVG Beschwerde geführt werden konnte. Diese konnte mit einem gegen den Entscheid in der Sache erhobenen Rechtsmittel (Berufung, Rekurs, nicht aber Nichtigkeitsbeschwerde) verbunden werden (§ 206 Satz 2 ZPO).

30 Demgegenüber gehört nach eidgenössischem Prozessrecht nicht nur die Verteilung der Kosten auf die Verfahrensbeteiligten oder Dritte, sondern auch die Festsetzung (Bemessung) der Gebühren zur Rechtsprechung und unterliegt somit stets der Anfechtung durch die prozessrechtlichen Rechtsmittel (Beschwerde nach Art. 110 ZPO, Berufung bzw. Beschwerde im Falle von Art. 421 StPO). Ob damit – wie nach früherem kantonalem Recht (§ 207 GVG) – eine von der unteren Instanz zu tief angesetzte Gebühr von der oberen Instanz weiterhin von Amtes wegen (bzw. zulasten der allein anfechtenden Partei) erhöht werden kann, erscheint damit als fraglich, zumal es sich bei § 207 GVG um eine «bewusste Ausnahme» vom Prinzip der *reformatio in peius* handelte (HAUSER/SCHWERI, GVG, § 207 N. 1). Dass die Gerichtskosten von Amtes wegen (d.h. ohne Rücksicht auf allfällige Parteianträge) festgesetzt werden (für den Zivilprozess Art. 105 Abs. 1 ZPO), bedeutet noch nicht, dass im Rechtsmittelverfahren zu Ungunsten der allein anfechtenden Partei entschieden werden kann.

> **§ 199** *Gebührenverordnungen*
>
> [1] Das Obergericht erlässt eine Gebührenverordnung für die Gerichte und die Schlichtungsbehörden. Es legt die Verordnung dem Kantonsrat zur Genehmigung vor.
>
> [2] Der Regierungsrat erlässt für die Oberstaatsanwaltschaft, die Staatsanwaltschaften, die Oberjugendanwaltschaft, die Jugendanwaltschaften und die Statthalterämter Gebührenverordnungen.
>
> [3] Grundlagen für die Festsetzung der Gebühren sind:
> a. der Streitwert oder das tatsächliche Streitinteresse,
> b. der Zeitaufwand der entscheidenden Behörde, in Strafverfahren auch der Zeitaufwand der Strafverfolgungsbehörden,
> c. die Schwierigkeit des Falls.

§ 199

Inhaltsübersicht N.

I. Verordnungskompetenz von Obergericht und Regierungsrat (Abs. 1 und 2) 1
   1. Allgemeines, Grundsatz der Gesetzmässigkeit 1
   2. Verordnungen der Gerichte und des Regierungsrates 3
   3. Genehmigung durch den Kantonsrat 6
II. Bemessungsgrundsätze (Abs. 3) 7
   1. Allgemeines 8
      a) Minimal- und Maximalansätze 8
      b) Pauschalgebühr 9
      c) Intertemporalrechtliche Aspekte 11
   2. Im Einzelnen 14
      a) Streitwert bzw. tatsächliches Streitinteresse in Zivilsachen 14
      b) Bedeutung des Falls in Strafsachen 18
      c) Zeitaufwand 20
      d) Schwierigkeit des Falls 21
III. Einzelne Verfahrensstadien bzw. Verfahrensarten 22
   1. Schlichtungsverfahren 22
   2. Zivilprozess 26
      a) Ordentliche Gebühr vor erster Instanz 26
      b) Verfahren in Ehesachen und eingetragener Partnerschaft 28
      c) Miet- und Pachtstreitigkeiten 29
      d) Summarisches Verfahren 30
      e) Verfahren auf einseitiges Vorbringen 31
      f) Eröffnung letztwilliger Verfügungen im Besonderen 34
      g) Ausstandsverfahren, Zwischenentscheide 37
      h) Erledigung ohne Anspruchsprüfung bzw. nach Säumnis, Verzicht auf Begründung 38
      i) Verfahren ohne Inlandbeziehung 39
      j) Rechtsmittelverfahren 40
   3. Strafverfahren 41
      a) Rechtsgrundlagen 41
      b) Gebühren bzw. Auslagen der Strafverfolgungsbehörden 42
      c) Erstinstanzliche Gerichtsgebühren 46
      d) Besondere gerichtliche Verfahren, Ausstand 50
      e) Rechtsmittelverfahren 51
      f) Übertretungen 52
   4. Kosten für die Verwaltungstätigkeit der Gerichte 54

I. Verordnungskompetenz von Obergericht und Regierungsrat (Abs. 1 und 2)

1. Allgemeines, Grundsatz der Gesetzmässigkeit

Wie vorstehend (Vorbemerkungen N. 11 f.) ausgeführt, liegt auch nach Inkrafttreten der eidgenössischen Prozessordnungen die Tarifhoheit grundsätzlich bei den Kantonen. Zu Abgrenzungsfragen im Bereich des SchKG s. Vorbemerkungen N. 16.

Gemäss Art. 38 KV werden alle wichtigen Rechtssätze des kantonalen Rechts in der Form des Gesetzes erlassen (Grundsatz der Gesetzmässigkeit). Dazu gehören gemäss Art. 38 Abs. 1 lit. d KV namentlich die Voraussetzungen und Bemessungsgrundlagen von Steuern und anderen Abgaben mit Ausnahme von Gebühren in geringer Höhe; vgl. in diesem Zusammenhang auch Art. 126 KV, wonach das Gesetz insbesondere die Art und den Gegenstand der Abgabe, die Grundzüge der Bemessung und den Kreis der abgabepflichtigen Personen bestimmt. Mit Bezug auf die Gerichtsgebühren werden die Voraussetzungen für deren Auferlegung an die Verfahrensbeteiligten in den eidgenössischen Prozessgesetzen umschrieben (Art. 106 ff. ZPO, Art. 426 ff. StPO); die Bemessungsgrundlagen werden in § 199 Abs. 3 GOG statuiert (nachfolgend N. 7 ff.). Die Delegation der Einzelheiten durch den Gesetzgeber auf den Verordnungsweg (dazu Art. 38 Abs. 2 und 3 KV) steht in Übereinstimmung mit der bundesgerichtlichen Rechtsprechung (BGE 126 I 180 E. 2a/bb m.H.).

2. Verordnungen der Gerichte und des Regierungsrates

3 Gestützt auf § 199 GOG haben Obergericht und Regierungsrat folgende Ausführungsbestimmungen erlassen:
   - VO des Obergerichts über die Gerichtsgebühren vom 8.9.2010 (GebV OG, LS 211.11),
   - VO des Regierungsrats über die Gebühren, Auslagen und Entschädigungen der Strafverfolgungsbehörden vom 24.11.2010 (GebV StrV, LS 323.1).

4 Des Weiteren sind in diesem Zusammenhang zu beachten:
   - die vom Regierungsrat und vom Plenarausschuss der obersten kantonalen Gerichte gemeinsam erlassene Dolmetscherverordnung vom 26./27.11. 2003 (LS 211.17), die im Anhang einen detaillierten Entschädigungstarif enthält, und
   - die vom Plenarauschuss der obersten kantonalen Gerichte gestützt auf § 215 Abs. 2 Ziff. 1 GVG (heute § 73 Abs. 1 lit. b GOG, vgl. auch § 123 Abs. 2 lit. d GOG) erlassene VO über die Entschädigung der Zeugen und Zeuginnen, Auskunftspersonen und Sachverständigen vom 11.6.2002 (Entschädigungsverordnung der obersten Gerichte, LS 211.12; dazu auch § 123 N. 33 ff.).

5 Gestützt auf § 48 Abs. 1 lit. c und Abs. 2 AnwG hat das Obergericht sodann die VO über die Anwaltsgebühren vom 8.9.2010 (AnwGebV, LS 215.3) erlassen.

3. Genehmigung durch den Kantonsrat

6 Entgegen dem Antrag des Regierungsrates (W.RR S. 159) hielt der Kantonsrat an der Genehmigungspflicht für die obergerichtliche Gebührenverordnung fest. Die GebV OG wurde in der Folge vom Kantonsrat am 8.11.2010 genehmigt und trat (zusammen mit der GebV StrV und der AnwGebV) am 1.1. 2011 in Kraft.

II. Bemessungsgrundsätze (Abs. 3)

7 Entsprechend den oben dargelegten Grundsätzen definiert § 199 Abs. 3 GOG (und entsprechend § 2 Abs. 1 GebV OG sowie § 2 Abs. 1 GebV StrV) die Grundlagen bzw. materiellen Kriterien, an denen die sich Festsetzung der Gebühren auszurichten hat.

1. Allgemeines

a) Minimal- und Maximalansätze

Die Bemessung der Gerichtsgebühr erfolgt im Rahmen der in den genannten Verordnungen enthaltenen Ansätze. Im Zivilprozess ist hauptsächlich der Streitwert, im Strafprozess sind der Zeitaufwand sowie die Bedeutung und Schwierigkeit des Falles massgebend. Durch die Aufstellung von Minimal- und Maximalansätzen gewähren die fraglichen Verordnungen dem Gericht bzw. den Untersuchungs- und Anklagebehörden ein relativ breites Ermessen für die Bemessung der Gebühr im Einzelfall (ZR 44 Nr. 6 S. 38, 51 Nr. 47). Für die Erhöhung bzw. Ermässigung der nach einem Tarif abgestuften Gerichtsgebühren ist im Einzelfall der Aufwand massgebend, den das Verfahren mit sich bringt, wie die Anzahl der Verhandlungen, der Umfang der Rechtsschriften und Beilagen sowie die tatsächliche oder rechtliche Schwierigkeit des Falles (BGer 5A_2010 vom 10.8.2011, E. 4.2.1, m.H.). Tarife, die ausschliesslich auf den Streitwert abstellen bzw. die Gebühr abschliessend in Prozenten desselben festlegen, laufen demgegenüber Gefahr, bei sehr hohen Streitwerten dem Äquivalenzprinzip nicht mehr zu genügen (BGE 120 Ia 175 E. 4; Sterchi, S. 17).

8

b) Pauschalgebühr

Die Gerichtsgebühr ist eine *Pauschalgebühr;* dementsprechend sind die Kosten des Gerichts für Vorladungen, Telekommunikation, Ausfertigung und Zustellung von Entscheiden (nicht aber für Kopien) darin enthalten (§ 2 Abs. 2 GebV OG). Nicht enthalten in der Gebühr sind die Auslagen des Gerichts für unentgeltliche Rechtsvertretung und Verbeiständung, Entschädigung von Zeugen, Sachverständigen, Dolmetschern usw. (zu den Dolmetscherkosten ZR 84 Nr. 56; vgl. ferner Art. 6 Ziff. 3 lit. e EMRK zum Anspruch des fremdsprachigen Beschuldigten auf unentgeltliche Unterstützung durch einen Dolmetscher).

9

Auch bei den Gebühren der Strafverfolgungsbehörden sind die Auslagen für Telekommunikation, Ausfertigung und Zustellung bereits verrechnet; weitere Auslagen gemäss Art. 422 Abs. 2 StPO werden hingegen grundsätzlich gesondert festgesetzt (§ 9 GebV StrV). Dabei ist grundsätzlich auf die effektiv angefallenen Auslagen abzustellen; eine nicht näher substanziierte Pauschalierung von Transportkosten (Fr. 100 pro jeweils unterschiedlich langen Polizeitransporten) wurde als unzulässig bezeichnet (KGZ Nr. AC070020 v. 25.8.2008, E. III.1).

10

c) Intertemporalrechtliche Aspekte

Bei Änderung der Gebührenverordnung während des Prozesses war nach bisherigem Recht für die Bemessung der Gerichtsgebühr grundsätzlich auf das neue Recht abzustellen. Die kostenpflichtige Partei konnte sich insofern nicht auf den Vertrauensschutz berufen; das alte Recht war immerhin ergänzend zu berücksichtigen, soweit das Verfahren noch unter der alten Verordnung zu bearbeiten war (ZR 95 Nr. 52).

11

Im Bereich des Übergangs vom kantonalen zum eidgenössischen Prozessrecht gelten grundsätzlich die bisherigen Gebührenverordnungen weiter, soweit auf das Verfahren noch das kantonale Prozessrecht Anwendung findet (§ 23 GebV OG, § 14 GebV StrV)

12

13 Werden hingegen Anträge einer Partei infolge einer unerwarteten Praxisänderung nachträglich unzulässig, so verbietet der Grundsatz von Treu und Glauben, ihr diesbezüglich Verfahrens- und Prozesskosten aufzuerlegen (BGE 122 I 57 E. 3d).

2. Im Einzelnen

a) Streitwert bzw. tatsächliches Streitinteresse in Zivilsachen (lit. a; §§ 2 Abs. 1 lit. a, 5 GebV OG)

14 Im Zivilprozess bemisst sich die Gerichtsgebühr in erster Linie anhand des Streitwertes; dieser bestimmt sich abschliessend nach Art. 91–94 ZPO. Der Begriff des «tatsächlichen Streitinteresses» findet sich hier allerdings nicht. Das wirkliche Interesse der Parteien am Ausgang des Prozesses kommt aber nicht immer im Streitwert zum Ausdruck. So war seinerzeit das Prozessrisiko bei der Anfechtungsklage nach Art. 706 OR für einzelne Aktionäre deshalb erheblich, weil der Streitwert nach dem Gesamtinteresse der Gesellschaft am Ausgang des Prozesses bemessen wurde (BGE 51 II 68, 54 II 23, 66 II 48, 75 II 152 E. 1, 92 II 246 E. 1 b; auch ZR 50 Nr. 1), was zu einer unverhältnismässig hohen Gerichtsgebühr führen konnte; dies gilt zwar auch nach der Revision von 1991, doch ist nunmehr der Richter gemäss Art. 706*a* Abs. 3 OR (bzw. jetzt Art. 107 ZPO) berechtigt, die Prozesskosten abweichend von den allgemeinen Verteilungsgrundsätzen nach Ermessen zu verteilen (vgl. weitere Fälle der Berücksichtigung des tatsächlichen Streitinteresses in ZR 12 Nr. 214 sowie 51 Nr. 47).

15 Besondere Bedeutung kam dem tatsächlichen Streitinteresse bis anhin namentlich im Zusammenhang mit *Teilklagen* zu. Hier wurde (unter der ZPO [ZH] bzw. § 2 Abs. 2 GebV 2007) entschieden, es sei zulässig, von einem den formellen Streitwert übersteigenden wirtschaftlichen Streitinteresse auszugehen, sofern mit der Beschränkung der Klage auf einen Teilbetrag nicht auch eine wesentliche Reduzierung des prozessualen Einwands einhergehe, sondern der Aufwand annähernd derselbe sei, wie er auch bei sofortiger Geltendmachung des gesamten Betrages anfiele (ZR 109 Nr. 55; s. auch ZR 101 Nr. 53 E. 5 sowie BGer 2C_110/2008 vom 3.4.2009, E. 8; ferner BOESCH, S. 178 f.; betreffend Bemessung der Parteientschädigung nach Streitinteresse ZR 109 Nr. 25 E. III.1.5). Aufgrund von Art. 86 ZPO, der Teilklagen ausdrücklich zulässt, muss heute in jedem Fall die Gebühr nach dem eingeklagten Streitwert festgesetzt werden (vgl. MEIER, Zivilprozessrecht, S. 221). Dies führte zur *Streichung des bisherigen § 2 Abs. 2 GebV OG 2007,* wonach «bei offensichtlichem Missverhältnis zwischen Streitwert und tatsächlichem Streitinteresse» sich die Gebühr nach dem höheren der beiden Werte bemass.

16 Aus dem Gesagten folgt m.a.W., dass in vermögensrechtlichen Streitigkeiten dem tatsächlichen (wirtschaftlichen) Streitinteresse neben dem förmlichen Streitwert im Rahmen der geltenden Prozessordnung soweit ersichtlich keine Bedeutung zukommt.

17 Bei *nicht vermögensrechtlichen Streitigkeiten* (dazu näher STEIN-WIGGER, in: Sutter-Somm/Hasenböhler/Leuenberger, ZPO Komm., Art. 91 N. 6 ff.) wird die Gebühr nach dem tatsächlichen Streitinteresse, dem Zeitaufwand des Gerichts und der Schwierigkeit des Falles bemessen. Sie beträgt in der Regel zwischen Fr. 300 und Fr. 13 000 (§ 5 GebV OG).

§ 199

b) Bedeutung des Falles in Strafsachen (§ 2 Abs. 1 lit. b GebV OG, § 2 Abs. 1 GebV StrV)

In Strafsachen hat die Gerichtsgebühr der Bedeutung des Falles Rechnung zu tragen. Im Vordergrund stehen die erforderlichen Aufwendungen, die allerdings bereits im Rahmen des Zeitaufwandes bzw. bei den separat zu verrechnenden Auslagen Ausdruck finden. Ferner wird (auch) die Schwere des Delikts relevant sein, indem in aller Regel das staatliche Verfolgungsinteresse und damit auch die erforderlichen Massnahmen zur Abklärung des Sachverhaltes in Relation zur Rechtsgutsverletzung stehen. Je schwerer die Tat, desto eher erscheint ein Aufwand gerechtfertigt, der sich in den oberen Grenzen der massgebenden Ansätze bewegt (OBERHOLZER, S. 35).

18

Kein taugliches Kriterium stellt allerdings die Schwere des Delikts dar, soweit sie sich allein in der *Höhe der beantragten bzw. ausgefällten Sanktion* niederschlägt. Einerseits darf die Gerichtsgebühr im Strafprozess keine zusätzliche Strafe sein, und andererseits steht die Arbeitslast eines Gerichts mit der Dauer der ausgefällten Strafe nicht ohne Weiteres im Zusammenhang (OBERHOLZER, S. 35).

19

c) Zeitaufwand (lit. b; § 2 Abs. 1 lit. c GebV OG, § 2 Abs. 1 lit. a GebV StrV)

Da die Gerichtsgebühr eine Gegenleistung für die Inanspruchnahme der Rechtspflege darstellt, muss bei ihrer Bemessung auf ein ausgewogenes Verhältnis zwischen dem Ausmass der staatlichen Verrichtung und der dafür mit der Gebühr zu bezahlenden Vergütung geachtet werden (IMHOF, S. 406; BGE 83 I 89, 89 I 165, 99 Ia 700). Auszugehen ist dabei vom Mass der Arbeit, die der Prozess verursacht hat. Der Aufwand spiegelt sich in der Anzahl und Dauer der Verhandlungen sowie im Umfang des Beweisverfahrens und der Akten wieder.

20

c) Schwierigkeit des Falls (lit. c; § 2 Abs. 1 lit. d GebV OG)

Das Kriterium der Schwierigkeit des Falles gilt sowohl für Zivil- wie für Strafsachen. Danach können namentlich die rechtliche Komplexität oder aber aufwendige Sachverhaltsabklärungen berücksichtigt werden, wobei aber eine doppelte Anrechnung unter dem Aspekt der Schwierigkeit einerseits und dem Aspekt des Zeitaufwandes andererseits zu vermeiden ist.

21

III. Einzelne Verfahrensstadien bzw. Verfahrensarten

1. Schlichtungsverfahren (§ 3 GebV OG)

Das Schlichtungsverfahren dient dazu, die Parteien nach Möglichkeit zu einer einvernehmlichen Lösung zu bewegen bzw. von der Führung aussichtsloser oder aufwendiger Prozesse abzuhalten und dadurch die Arbeitslast der Gerichte zu verringern. Darin liegt der wichtigste Grund dafür, dass die Gebühren für das Sühn- bzw. Schlichtungsverfahren niedrig angesetzt sind (ZR 49 Nr. 38).

22

Die Gebühren bewegen sich streitwertabhängig zwischen Fr. 65 und Fr. 1240, bei nicht vermögensrechtlichen Streitigkeiten zwischen Fr. 100 und Fr. 850. Entscheidet die Schlich-

23

§ 199

tungsbehörde die Streitigkeit (Art. 212 ZPO) oder unterbreitet sie einen Urteilsvorschlag (Art. 210 ZPO), kann sie die Gebühr bis um die Hälfte erhöhen (§ 3 Abs. 3 GebV OG).

24 Nach Art. 113 Abs. 2 ZPO werden in bestimmten Schlichtungsverfahren keine Gerichtskosten gesprochen, während Parteientschädigungen generell entfallen (Art. 113 Abs. 1 ZPO).

25 Soweit Kosten für das Schlichtungsverfahren verrechnet werden, werden sie nach Art. 207 Abs. 1 ZPO der klagenden Partei definitiv auferlegt, wenn diese das Schlichtungsgesuch zurückzieht oder wenn das Verfahren wegen Säumnis abgeschrieben wird. Bei Erteilung der Klagebewilligung werden ihr die Kosten provisorisch auferlegt und bei Einreichung der Klage zur Hauptsache geschlagen (Art. 207 Abs. 2 ZPO).

2. Zivilprozess (§§ 4 ff. GebV OG)

a) Ordentliche Gebühr vor erster Instanz (§ 4 GebV OG)

26 Wie erwähnt wird unterschieden zwischen vermögensrechtlichen und nicht vermögensrechtlichen Streitigkeiten (zu diesen vorn N. 17). Die Grundgebühr in vermögensrechtlichen Streitigkeiten berechnet sich nach einer Skala, die sich aus einem gemäss Streitwertstufe ansteigenden fixen Sockelbetrag und einem (degressiven) Prozentsatz des die jeweilige Stufe übersteigenden Betrags zusammensetzt. Die Grundgebühr kann unter Berücksichtigung des Zeitaufwandes und der Schwierigkeit ermässigt oder um bis zu einem Drittel (ausnahmsweise bis auf das Doppelte) erhöht werden. Bei Streitigkeiten über wiederkehrende Nutzungen oder Leistungen gemäss Art. 92 ZPO wird die Grundgebühr in der Regel ermässigt.

27 Für das Zusammenfallen von nicht vermögensrechtlichen mit vermögensrechtlichen Rechtsbegehren kann die Gebühr im Ausmass des Letzteren erhöht werden (§ 5 Abs. 2 GebV OG).

b) Verfahren in Ehesachen und eingetragener Partnerschaft

28 Für Verfahren in Ehesachen und eingetragener Partnerschaft (Art. 274–294 ZPO) ist eine Ermässigung bis zur Hälfte der ordentlichen Gebühr möglich (§ 6 GebV OG).

c) Miet- und Pachtstreitigkeiten

29 In bestimmten Miet- und Pachtstreitigkeiten (Anfechtung, Erstreckung) kann die Gebühr bis auf zwei Drittel der ordentlichen Gebühr ermässigt werden (§ 7 GebV OG).

d) Summarisches Verfahren

30 Für das summarische Verfahren gelten ebenfalls reduzierte Gerichtsgebühren (§ 8 GebV OG). Dabei ist daran zu erinnern, dass für *betreibungsrechtliche Summarsachen* nach Art. 251 ZPO die Bestimmungen der GebV SchKG (SR 281.35) massgebend sind (s. Vorbemerkungen N. 15). Reduzierte Gebührenansätze gelten in diesem Zusammenhang auch für die Entgegennahme einer Schutzschrift (Art. 270 ZPO). Das Verfahren um die unentgeltliche Rechtspflege ist grundsätzlich kostenlos (Art. 119 Abs. 6 ZPO und dazu BGE 137 III 470).

e) Verfahren auf einseitiges Vorbringen

Reduzierte Gebührenansätze zwischen Fr. 100 bis Fr. 7000 gelten bei Angelegenheiten der freiwilligen Gerichtsbarkeit allgemein (§ 8 Abs. 4 GebV OG; dazu § 140 f. GOG) sowie bei nicht streitigen Erbschaftsangelegenheiten im Besonderen, hier entsprechend dem Interessenwert und Zeitaufwand des Gerichts (§ 8 Abs. 3 GebV OG; dazu § 137 GOG). 31

Die nichtstreitige Gerichtsbarkeit umfasst die Verfahren bei der Begründung, Änderung und Aufhebung von Privatrechten und der Feststellung des Sachverhalts auf einseitigen Antrag einer Partei (§§ 142, 143 GOG). Sie wird ausgeübt durch die Gemeindeammannämter, die Notare, die Einzelgerichte, die Bezirksgerichte und das Obergericht. Die Gebührenansätze richten sich 32

– für die Tätigkeit der Gerichte: nach § 8 Abs. 3 und 4 GebV OG;
– für die Gemeindeammannämter: nach § 1 lit. G der VO über die Gebühren der Gemeindebehörden vom 8.12.1966 (LS 681). Die vom Gemeindeammann angesetzten Gebühren können im Rahmen von § 81 Abs. 1 lit. c GOG beim Bezirksgericht angefochten werden (dazu § 81 N. 24 ff.);
– für die Notare: nach der Notariatsgebührenverordnung vom 9.3.2009 (LS 243); gegen Verfügungen, die sich auf diese Gebühren beziehen, kann bei der Finanzdirektion Rekurs erhoben werden (§ 31 NotG).

Die Gebühr bemisst sich im Allgemeinen nach der Höhe des infrage stehenden Vermögenswerts, der Zahl der Verhandlungen und dem Umfang der Akten (ZR 47 Nr. 121, 49 Nr. 38). 33

f) Eröffnung letztwilliger Verfügungen im Besonderen

Die Praxis bemisst hier die Gerichtsgebühr entsprechend der Grösse des Nachlasses. Dieser Faktor darf aber nicht so übermässig ins Gewicht fallen, dass die Gebühr gleichsam zu einem Zuschlag zur Erbschaftssteuer wird (ZR 47 Nr. 121, 49 Nr. 37, 53 Nr. 23, 71 Nr. 4). 34

Für die Berechnung der Gebühr ist das reine Nachlassvermögen massgebend (ZR 53 Nr. 23). Das vom Erblasser versteuerte Frauen-, Kindes- oder Nutzniessungsvermögen, welches der erbrechtlichen Teilung nicht unterliegt, darf indessen nicht berücksichtigt werden. Gegebenenfalls ist es Sache der Erben darzutun, dass und inwieweit der Erblasser auch fremdes Vermögen versteuert hat (ZR 62 Nr. 72, 71 Nr. 4). 35

Als Faustregel galt während längerer Zeit, die Gerichtsgebühr auf ein halbes Promille des reinen Nachlasses festzusetzen (ZR 62 Nr. 72). Das Obergericht hielt in seiner Rechtsprechung an dieser Regel jedoch später nicht mehr fest (ZR 71 Nr. 4). 36

g) Ausstandsverfahren, Zwischenentscheide

Für besondere Entscheide im laufenden Verfahren, wie namentlich über Ausstandsgesuche (dazu § 127 N. 23) sowie prozessleitende Verfügungen bzw. Zwischenentscheide nach Art. 237 ZPO, gelten reduzierte Ansätze (§ 9 GebV OG). Der abgelehnten Gerichtsperson dürfen keine Kosten belastet werden (§ 200 lit. b GOG). 37

h) Erledigung ohne Anspruchsprüfung bzw. nach Säumnis, Begründungsverzicht

38 Da diese Entscheide in der Regel einen geringeren Arbeitsaufwand verursachen, kann die Gerichtsgebühr bis auf die Hälfte ermässigt werden (§ 10 GebV OG). Dieses Vorgehen ist aber nur dann angezeigt, wenn der Prozess schon kurz nach Anhängigmachung erledigt wird, ohne dass sich das Gericht intensiv mit ihm befassen muss (ZR 44 Nr. 6, 57 Nr. 69). Bei Verzicht auf Begründung (Art. 239 ZPO) ist eine Ermässigung der Gerichtsgebühr auf zwei Drittel vorgesehen (§ 10 Abs. 2 GebV OG).

i) Verfahren ohne Inlandbeziehung

39 Eine Erhöhung der Gebühr auf das Doppelte ist möglich bei Verfahren ohne personelle oder sachliche Binnenbeziehung (§ 11 GebV OG).

j) Rechtsmittelverfahren

40 Im Berufungs- und Beschwerdeverfahren gelten grundsätzlich die für das erstinstanzliche Verfahren massgebenden Gebührenansätze, nach Massgabe der noch im Streit liegenden Sache. Im Revisionsverfahren kann bei Abweisung eine ermässigte Gebühr angesetzt werden; bei Neuentscheidung in der Sache gelten die Ansätze des ursprünglichen Verfahrens (§ 12 GebV OG).

3. Strafverfahren (§§ 14 ff. GebV OG; §§ 2 ff. GebV StrV)

a) Rechtsgrundlagen

41 Die von den Strafgerichten anzusetzenden Gebühren bestimmen sich nach den §§ 14 ff. GebV OG. Die von den Staatsanwaltschaften, der Oberstaatsanwaltschaft, den Jugendanwaltschaften und der Oberjugendanwaltschaft sowie von den Statthalterämtern anzusetzenden Gebühren bemessen sich nach den §§ 2 ff. GebV StrV. Stellt die Untersuchungsbehörde das Strafverfahren zum Teil ein und erhebt im Übrigen Anklage, hat sie eine anteilsmässige Verteilung der Untersuchungskosten im Verhältnis zwischen den zur Sistierung und den zur Anklage gebrachten Tatbeständen vorzunehmen.

b) Gebühren bzw. Auslagen der Strafverfolgungsbehörden

42 Bei den Strafverfolgungsbehörden richten sich die Gebühren nach dem Zeitaufwand (einschliesslich demjenigen der Polizei) sowie der Bedeutung und Schwierigkeit des Falles; in besonders aufwendigen Verfahren können die Höchstansätze bis zum Doppelten, in Ausnahmefällen sogar bis zum Vierfachen überschritten werden, während bei geringem Aufwand die Mindestansätze unterschritten werden können (§ 2 GebV StrV).

43 Die allgemeine Gebühr für Entscheide beträgt zwischen Fr. 50 bis Fr. 1000 für die Jugendanwaltschaften und Fr. 100 bis Fr. 4000 für die übrigen Strafverfolgungsbehörden (§ 3 GebV StrV).

44 Im Einzelnen werden die Gebührenrahmen der Staatsanwaltschaften sowie diejenigen der Jugendanwaltschaften (diese liegen erheblich tiefer) für mit Strafbefehl, mit Einstel-

lungsverfügung oder mit Anklageerhebung abgeschlossene Untersuchungen sowie für selbstständige Einziehungsverfahren geregelt (§§ 4, 5 GebV StrV).

Die Entschädigung von *Zeugen und Auskunftspersonen* richtet sich nach der Entschädigungsverordnung (§ 10 GebV StrV). *Sachverständige* werden in der Regel nach Aufwand entschädigt; der Ansatz richtet sich nach den erforderlichen Fachkenntnissen und der Schwierigkeit der Leistung, bei freiberuflich tätigen Sachverständigen in der Regel nach den Ansätzen des jeweiligen Berufsverbandes (§ 11 Abs. 1 GebV StrV). Gegebenenfalls ist ein Kostenvoranschlag einzuholen und ein Kostendach zu vereinbaren; für Kosten von mehr als Fr. 30 000 ist die schriftlicher Genehmigung der Aufsichtsbehörde einzuholen (§ 11 Abs. 3 und 4 GebV StrV). Im Übrigen gelten für Barauslagen der Sachverständigen analog § 28 PPGV (dazu § 123 N. 31 ff.) die Ansätze gemäss § 4 Entschädigungsverordnung vom 11.6.2002 (§ 11 Abs. 2 GebV StrV). 45

c) Erstinstanzliches Gerichtsverfahren

Der Gebührentarif der Gerichte ist nach der sachlichen Zuständigkeit des mit der Anklage befassten Gerichts (heute noch Einzelgericht oder Kollegialgericht) abgestuft; der Rahmen bewegt sich zwischen Fr. 150 bis Fr. 12 000 (Einzelgericht) bzw. Fr. 750 bis Fr. 45 000 (Kollegialgericht). Dies ist ein Ausfluss des Grundgedankens, dass sich die Gerichtsgebühr nach dem Arbeitsaufwand und der Schwere des Delikts bemisst. In Ausnahmefällen ist eine Erhöhung oder Ermässigung um bis zu einem Drittel vorgesehen (§ 14 Abs. 2 GebV OG). Auch im Strafprozess handelt es sich um Pauschalgebühren (§ 2 Abs. 2 GebV OG) 46

Bei Erledigung des Falles ohne materielle Prüfung der Anklage (z.B. wegen Verjährung) kann die Gebühr zufolge in der Regel geringeren Zeitaufwandes bis auf zwei Drittel ermässigt werden (§ 14 Abs. 3 GebV OG). 47

Bei nachträglicher Beurteilung einer Zivilklage (Art. 126 Abs. 4 StPO) bemisst sich die Gebühr nicht nach den für den Zivilprozess, sondern nach den für die Strafsache geltenden Ansätzen (§ 14 Abs. 4 GebV OG). Eine solche Abtrennung der Zivilklage ist nur bei Opferbeteiligung vorgesehen (und führt in jedem Fall zur sachlichen Zuständigkeit der Verfahrensleitung als Einzelgericht). Es soll vermieden werden, dass das Opfer in einen kostenriskanten Zivilprozess verwiesen wird (vgl. BGE 123 II 4), worauf auch bei den Gebührenansätzen Rücksicht zu nehmen ist. 48

Begründungsverzicht (Art. 82 StPO) führt zu einer Ermässigung der Gebühr auf zwei Drittel (§ 14 Abs. 5 GebV OG). 49

d) Besondere gerichtliche Verfahren, Ausstand

Die Gerichtsgebühr beläuft sich auf Fr. 150 bis Fr. 4500 bei selbständigen nachträglichen Entscheiden nach Art. 363–365 StPO, bei der Anordnung einer Friedensbürgschaft in einem selbständigen Verfahren nach Art. 372 und 373 StPO, in selbständigen Einziehungsverfahren nach Art. 376–378 StPO und in Ausstandsverfahren nach Art. 56–59 StPO (§ 15 GebV OG). Der abgelehnten Gerichtsperson dürfen keine Kosten belastet werden (§ 200 lit. b GOG). 50

§ 200

e) Rechtsmittelverfahren

51 Die Gebührenansätze für das Berufungs-, Beschwerde- und Revisionsverfahren werden in den §§ 16–18 GebV OG geregelt. Für kostenpflichtige Entscheide ausserhalb des Beschwerdeverfahrens erhebt die Beschwerdeinstanz eine Gebühr zwischen Fr. 150 und Fr. 4500 (§ 19 GebV OG). Darunter fallen (nebst Ausstandsverfahren, die aber bereits in § 15 GebV OG erwähnt werden) namentlich Verfahren nach Art. 38 Abs. 2 oder 55 Abs. 4 StPO, ferner auch § 149 Abs. 2 GOG, wogegen im Ermächtigungsverfahren nach § 148 GOG keine Kosten erhoben werden (OGer ZH TB110024 v. 30.9.2011, E. II.4).

f) Übertretungen

52 Die Gebühren der Statthalterämter für einen Strafbefehl, eine Einstellungsverfügung, eine Nichtanhandnahme sowie die Führung einer Strafuntersuchung nach erfolgter Einsprache gegen einen Strafbefehl (in diesem Fall zuhanden des Gerichts) richten sich nach § 6 GebV StrV (zwischen Fr. 80 und Fr. 5000).

53 Im Falle der Einsprache werden Übertretungen vom Einzelgericht beurteilt (§ 27 Abs. 1 lit. a GOG). Möglich ist aber auch die Beurteilung durch das Kollegialgericht, nämlich dann, wenn dieses bei einer Anklage wegen eines Verbrechens oder Vergehens insofern zu einem Freispruch gelangt, gleichzeitig aber das Vorliegen einer Übertretung bejaht. In diesem Fall ist die für Verbrechen oder Vergehen vorgesehene Gerichtsgebühr festzusetzen, weil sich die Untersuchung und die Hauptverhandlung und der damit verbundene Arbeitsaufwand auf ein Verbrechen oder Vergehen bezogen haben. Der geringeren Schwere des vom Gericht angenommenen Delikts ist dadurch Rechnung zu tragen, dass die Gerichtsgebühr in mässigem Rahmen gehalten wird, soweit nicht ohnehin schon bei der Kostenverlegung dem Freispruch Rechnung zu tragen ist (ZR 96 Nr. 7).

4. Kosten für die Verwaltungstätigkeit der Gerichte

54 Die Gebühren für weitere Amtshandlungen der Gerichte, insbesondere im Bereich der Justizverwaltung (§§ 83 ff. GOG), betragen in der Regel zwischen Fr. 500 und Fr. 12 000; sie können ausnahmsweise um bis zu einem Drittel erhöht werden (§ 20 GebV OG). Auslagen für Kopien, Zustellungen usw. können gesondert in Rechnung gestellt werden (§ 21 GebV OG).

---

§ 200 *Kostenfreiheit*

Keine Gerichtskosten werden auferlegt:
a. dem Kanton in Zivilverfahren,
b. Angestellten, wenn wegen ihrer Amtstätigkeit Aufsichtsbeschwerde erhoben wurde oder wenn über ihren Ausstand zu entscheiden ist.

Inhaltsübersicht N.
I. Regelungskompetenz 1
II. Kostenfreiheit des Kantons (lit. a) 5
    1. Allgemein 5
    2. Begriff des Zivilverfahrens 8
III. Kostenfreiheit der Angestellten (lit. b) 10

I. Regelungskompetenz

Die StPO enthält keine Bestimmungen über die Kostenfreiheit des Staats oder anderer Verfahrensbeteiligten, sondern bestimmt gegenteils in Art. 423, Verfahrenskosten würden unter Vorbehalt abweichender Bestimmungen vom Bund oder dem Kanton getragen, der das Verfahren geführt hat. Insoweit verbleibt kein Raum für kantonales Recht betreffend Kostenfreiheit. 1

Demgegenüber bestimmt Art. 113 Abs. 2 und 114 ZPO einerseits diejenigen Verfahren, in denen grundsätzlich (unter Vorbehalt bös- oder mutwilliger Prozessführung, Art. 115 ZPO) keine Kosten gesprochen werden; ausdrücklich (und teilweise missverständlich) sieht Art. 116 Abs. 1 ZPO vor, dass die Kantone weitere Befreiungen von den «Prozesskosten» gewähren können. Richtigerweise kommt aber nur eine Befreiung von den Gerichtskosten (und nicht von Parteientschädigungen) in Betracht (zur unklaren Entstehungsgeschichte JENNY, in: Sutter-Somm/Hasenböhler/Leuenberger, ZPO Komm., Art. 116 N. 3; BSK ZPO-RÜEGG, Art. 116 N. 2). Entsprechende Befreiungen, die der Kanton sich selbst, seinen Gemeinden oder anderen kantonalrechtlichen Körperschaften gewährt, gelten auch für den Bund (Art. 116 Abs. 2 ZPO). 2

In § 200 GOG hat der Kanton Zürich von der ihm eingeräumten Regelungskompetenz für das Zivilverfahren Gebrauch gemacht, wobei sich die Bestimmung teilweise an § 203 GVG ausrichtet. 3

Zum Begriff der Gerichtskosten s. Vorbemerkungen N. 5 ff. Unter den Begriff der Gerichtskosten fallen daher sowohl Gebühren wie Auslagen (vgl. schon § 203 GVG), nicht aber die Parteientschädigung. 4

II. Kostenfreiheit des Kantons (lit. a)

1. Allgemein

Während § 203 Ziff. 1 und 2 GVG nicht nur für den Staat (Kanton), sondern auch für die zürcherischen Gemeinden und die übrigen öffentlich-rechtlichen Körperschaften und Anstalten des Kantons Zürich Kostenfreiheit vorsah, soweit es sich um Ansprüche handelte, die nicht in deren finanziellem Interesse lagen, befreit § 200 GOG einzig den Kanton von der Pflicht zur Kostentragung. Dies erfolgte im Sinne einer Angleichung an die heute im Verwaltungsverfahren geltende Regelung, wo das Kostenprivileg schon im Zuge der VRG-Revision von 1997 gänzlich aufgehoben wurde. 5

6 Das Kostenprivileg des Kantons beruht auf der Überlegung, dass bei der Auferlegung von Prozesskosten an den Kanton letztlich wiederum die Staatskasse belastet würde; mit der Kostenfreiheit wird von vornherein verhindert, dass ein unnötiger Verrechnungsaufwand zwischen verschiedenen kantonalen Stellen betrieben wird (W.RR S. 160). Soweit Art. 107 Abs. 2 ZPO eine Kostenauflage an den Kanton vorsieht, wenn die Kosten weder von einer Partei noch von Dritten veranlasst wurden, wird in der Praxis keine Entscheidungsgebühr festgesetzt.

7 Aus Art. 116 Abs. 2 ZPO folgt, dass auch dem Bund in Zivilverfahren keine Kosten auferlegt werden dürfen.

2. Begriff des Zivilverfahrens

8 Der Begriff des Zivilverfahrens ist umfassend zu verstehen, d.h., die Kostenfreiheit gilt für sämtliche vom oder gegen den Kanton vor Zivilgerichten durchgeführte Verfahren. Bei Staatshaftungsprozessen handelt es sich nicht um Zivilverfahren, sondern um Verfahren betreffend öffentlich-rechtliche Ansprüche (s. § 52 N. 9 ff.); auch in diesen Verfahren sind indessen dem Kanton im Lichte der Vermeidung unnötiger interner Verrechnungen keine Kosten zu belasten.

9 Geniesst der Kanton der Kostenfreiheit, so dürfen ihm folgerichtig auch keine Kautionen im Sinne von Art. 98 ZPO auferlegt werden. Dies gilt für sämtliche Verfahren vor Zivilinstanzen, also z.B. auch im Rechtsöffnungsverfahren betreffend Steuerschulden.

III. Kostenfreiheit der Angestellten (lit. b)

10 Die Angestellten geniessen Kostenfreiheit, wenn gegen ihre Amtstätigkeit eine Beschwerde erhoben wurde oder über ihren Ausstand zu entscheiden ist. Und zwar gelangen sie auch dann in den Genuss der Kostenfreiheit, wenn die gegen sie erhobene Beschwerde als begründet erklärt oder gegen sie eine Massnahme (§§ 28 ff. PersG) angeordnet wurde (ZR 39 Nr. 86). Wenn sie schon im erstinstanzlichen Verfahren bei Gutheissung einer gegen sie gerichteten Beschwerde kostenmässig nicht belastet werden dürfen, so dürfen ihnen auch im Rechtsmittelverfahren keine Kosten überbunden werden (Prot. der Expertenkommission ZPO 1976, S. 1055).

§ 201 *Rechnungswesen*

[1] Die Gerichtskasse besorgt das Rechnungswesen für ihr Gericht.

[2] Das Obergericht kann durch Verordnung das Rechnungswesen für die Bezirksgerichte und das Obergericht ganz oder teilweise zusammenfassen.

[3] Der Regierungsrat bezeichnet durch Verordnung die für das Rechnungswesen zuständigen Stellen der Oberstaatsanwaltschaft, der Staatsanwaltschaften, der Oberjugendanwaltschaft und der Jugendanwaltschaften.

> ⁴ Die Friedensrichterinnen und Friedensrichter und die Übertretungsstrafbehörden besorgen ihr Rechnungswesen selbst.
>
> ⁵ Durch gemeinsame Verordnung können mehrere oder alle obersten kantonalen Gerichte ihr Rechnungswesen ganz oder teilweise zusammenfassen.
>
> ⁶ Die obersten kantonalen Gerichte und der Regierungsrat können durch gemeinsame Verordnung das Rechnungswesen von Gerichten und Verwaltungsstellen ganz oder teilweise zusammenfassen.

Literatur

E. BLUMENSTEIN, Die Zwangsvollstreckung für öffentlich-rechtliche Geldforderungen nach schweizerischem Recht, in: Festgabe zur Feier des fünfzigjährigen Bestehens dem Schweizerischen Bundesgericht dargebracht von der juristischen Fakultät der Universität Bern, Bern 1924, S. 179 ff.; A. BÜLOW/K.H. BÖCKSTIEGEL, Der internationale Rechtsverkehr in Zivil- und Handelssachen, 2. Aufl., Loseblattform, München 1973 ff.; A. GRISEL, Droit administratif suisse, Neuenburg 1970, S. 332 f.; M. GULDENER, Internationales und interkantonales Zivilprozessrecht der Schweiz, Zürich 1951, und Supplemente, Zürich 1959 und 1964; P. VOLKEN, Internationale Rechtshilfe in Zivilsachen, Zürich 1996, S. 203 ff.; A. ZINDEL, Kosten- und Entschädigungsfolgen im Strafverfahren des Kantons Zürich, Diss. Zürich 1972, S. 146 ff.

Inhaltsübersicht

		N.
I.	Allgemeines	1
	1. Bundesrechtliche Vorgaben	1
	2. Zum Begriff des Rechnungswesens	2
II.	Übersicht über die massgeblichen Erlasse	3
	1. Allgemein	3
	2. Besondere Bestimmungen	5
	a) VO über das Rechnungswesen der Gerichte	5
	b) VO über die Verwaltung von Depositen usw.	7
	c) VO über die Organisation der Oberstaatsanwaltschaft und der Staatsanwaltschaften	8
	d) VO über die Jugendstrafrechtspflege	9
	e) Justizvollzugsverordnung	10
	f) Kosten der Gemeinde- und Bezirksbehörden	11
III.	Art des Kostenbezugs	12
	1. Allgemein	12
	2. Zeitpunkt des Kostenbezugs, Mahnung	15
	3. Zwangsvollstreckung	17
	a) Auf dem Weg der Pfändung oder des Konkurses	17
	b) Vollstreckbarkeit der Kosten in der Schweiz	19
	c) Vollstreckbarkeit der Kosten im Ausland	20
	aa) Grundsatz	20
	bb) Vollstreckbarkeit gemäss Haager Übereinkommen betreffend Zivilprozessrecht und Staatsverträgen	21
	cc) Vollstreckung gegenüber ausländischen Schuldnern mit Vermögenswerten in der Schweiz	24
IV.	Erlass und Stundung, Abschreibungen	25

§ 201

I. Allgemeines

1. Bundesrechtliche Vorgaben

1 Art. 442 Abs. 3 StPO verpflichtet die Kantone für das Strafverfahren zur Bezeichnung derjenigen Behörden, die für die Eintreibung finanzieller Leistungen zuständig sind. § 201 GOG gilt für alle Zivil- und Strafgerichte des Kantons und stimmt inhaltlich weitgehend mit § 204 GVG überein.

2. Zum Begriff des Rechnungswesens

2 Unter dem Begriff «Rechnungswesen» versteht der kantonale Gesetzgeber nicht nur das Eintreiben von Verfahrenskosten, sondern insbesondere auch die Verwaltung von sichergestellten und beschlagnahmten sowie die Verwertung von eingezogenen (Art. 69 ff. StGB) Vermögenswerten, einschliesslich die Kompetenz, diesbezüglich die notwendigen Rechtshilfegesuche stellen zu können (W.RR S. 160).

II. Übersicht über die massgeblichen Erlasse

1. Allgemein

3 Für das Rechnungswesen der Gerichte (Bezirks- und Obergericht) ist zunächst das Gesetz über Controlling und Rechnungslegung vom 9.1.2006 (CRG, LS 611) samt den Ausführungserlassen des Regierungsrates zu diesem Gesetz massgebend (§ 75 GOG, § 1 der nachfolgend N. 5 genannten VO des Obergerichts über das Rechnungswesen).

4 Von den in Abs. 5 und 6 eingeräumten Möglichkeiten zur weitergehenden Zusammenlegung des Rechnungswesens haben die betreffenden Gerichte und Amtsstellen bis anhin keinen Gebrauch gemacht.

2. Besondere Bestimmungen

a) VO über das Rechnungswesen der Gerichte

5 Das Obergericht hat die *VO über das Rechnungswesen der Bezirksgerichte und des Obergerichts sowie über das zentrale Inkasso* vom 9.4.2003 (Fassung vom 3.11.2010, in Kraft seit 1.1.2011) erlassen (SR 211.14). Mit dieser VO (bzw. schon auf den 1.7.2001) wurde insbesondere die *Zentrale Inkassostelle am Obergericht* geschaffen, die für die Rechnungstellung und das Inkasso von Gerichtsforderungen sämtlicher Bezirksgerichte und des Obergerichts, einschliesslich der Verlustscheinbewirtschaftung, zuständig ist (§ 3 VO).

6 Mit dem zentralen Inkasso der Obergerichtskasse werden Doppelspurigkeiten vermieden und kann verhindert werden, dass Prozessentschädigungen und andere Guthaben einer Partei ausbezahlt werden, die gleichzeitig Gerichtskosten schuldet (zur Verrechnung siehe Vorbemerkungen zu §§ 199 ff. N. 22).

§ 201

b) VO über die Verwaltung von Depositen usw.

Vom 23.11.1960 datiert die *VO des Obergerichts über die Verwaltung von Depositen, Kautionen und Effekten* (LS 211.13; dazu § 130 N. 31 ff.). 7

c) VO über die Organisation der Oberstaatsanwaltschaft und der Staatsanwaltschaften

Gemäss § 13 der *VO des Regierungsrats über die Organisation der Oberstaatsanwaltschaft und der Staatsanwaltschaften* vom 27.10.2004 (LS 213.21) obliegt das Rechnungswesen als Teil der zentralen Dienste der Amtsleitung der jeweiligen Staatsanwaltschaft; die Oberstaatsanwaltschaft kann danach die zentralen Dienste verschiedener Staatsanwaltschaften zusammenlegen. 8

d) VO über die Jugendstrafrechtspflege

Gemäss § 18 der *VO des Regierungsrats über die Jugendstrafrechtspflege* vom 29.11.2006 (JStV, LS 322) besorgt das Kanzleipersonal der Jugendanwaltschaften u.a. das Kassa- und Rechnungswesen. Der Bezug der von den Jugendanwaltschaften und der Oberjugendanwaltschaft auferlegten Kosten und Ordnungsbussen erfolgt gemäss § 36 JStV durch die zentrale Inkassostelle der Gerichte. 9

e) Justizvollzugsverordnung

Der Bezug von Bussen und Geldstrafen (der als solcher nicht unter das Rechnungswesen fällt) wird in den §§ 24 ff. der *Justizvollzugsverordnung* (JVV, LS 331.1) geregelt. 10

f) Kosten der Gemeinde- und Bezirksbehörden (Friedensrichter, Statthalterämter)

Friedensrichter sowie Übertretungsstrafbehörden (Statthalterämter) besorgen ihr Rechnungswesen selbst (§ 201 Abs. 4). Die Einnahmen der Friedensrichter fallen in die entsprechende Gemeindekasse (§ 56 Abs. 2 GOG). Grundlage für die Bemessung der Gebühren bilden dabei 11

– die VO über die Gebühren der Gemeindebehörden vom 8.12.1966 (VOGG, LS 681) sowie
– die Gebührenordnung für die Verwaltungsbehörden vom 30.6.1966 (LS 682).

III. Arten des Kostenbezugs

1. Allgemein

Jede Gerichtskasse ist zunächst zuständig für das Rechnungswesen ihres Gerichts (Abs. 1). Gestützt auf § 2 der VO über das Rechnungswesen ist das Rechnungswesen am Obergericht (d.h. die Zentrale Inkassostelle) seit 1.1.2010 für das Abrechnen und die Rechnungstellung für alle Bezirksgerichte und das Obergericht zuständig; vgl. in diesem Zusammenhang auch das Kreisschreiben der VK des Obergerichts betreffend das zent- 12 rale Abrechnen vom 16.6.2010 (VU090131/U2). Dazu gehört auch die Abrechnung für Entscheide der Staatsanwaltschaften (und Jugendanwaltschaften, vorn N. 9), des Generalsekretariats der Justiz und des Inneren sowie der Militärgerichte, soweit diese in die Zuständigkeit der Obergerichtskasse fallen.

13 Grundlage des Kostenbezugs bildet die Anordnung im gerichtlichen Kostendispositiv nach den Art. 238 lit. d i.V.m. Art. 104 f. ZPO bzw. Art. 81 Abs. 4 lit. d StPO. Die Gerichtskassen sind bei der Erfüllung ihrer Aufgaben darauf angewiesen, dass die Pflicht zur Bezahlung der Gebühren und Auslagen in ihrem Umfang im Dispositiv vollständig und eindeutig geregelt wird. Ist der Kostenspruch unklar oder widersprüchlich, so muss es der Kasse erlaubt sein, das Gericht um Erläuterung (Art. 334 ZPO, Art. 83 StPO) zu ersuchen (vgl. altrechtlich ZR 109 Nr. 4). Mit Ausnahme von Rechnungsirrtümern (vgl. Art. 334 Abs. 2 ZPO) können aber weder das Gericht noch die Inkassostelle Fehler oder Unterlassungen der Kostenberechnung im Entscheid nachträglich korrigieren.

14 Der Kostenbezug ist eine Angelegenheit der Justizverwaltung und nicht der Rechtsprechung (Prot. Expertenkommission ZPO 1976, S. 541; GB Verwaltungsgericht 1962 Nr. 16).

2. Zeitpunkt des Kostenbezugs; Mahnung

15 In der Regel werden die Kosten im Anschluss an den rechtskräftigen Endentscheid bezogen; ausnahmsweise erfolgt der Bezug im Anschluss an (rechtskräftige) Zwischenentscheide mit eigener Kostenregelung (Art. 104 Abs. 2 ZPO, Art. 421 Abs. 2 StPO). Der Zeitpunkt der *Fälligkeit* der Kostenforderung wird in den Prozessordnungen nicht genannt. Es scheint zulässig, diesen Zeitpunkt (in analoger Anwendung von Art. 75 OR) auf den Eintritt der Rechtskraft des Entscheids festzusetzen (SJZ 77 S. 288; s. mit Bezug auf Verzugszinsen auch Vorbemerkungen zu §§ 199 ff. N. 24 ff.).

16 Die Zentrale Inkassostelle setzt dem Schuldner zunächst eine Zahlungsfrist von 30 Tagen an. Nach unbenütztem Ablauf dieser Frist ergeht in der Regel eine Zahlungserinnerung und schliesslich eine förmliche Mahnung mit Betreibungsandrohung.

3. Zwangsvollstreckung

a) Auf dem Weg der Pfändung oder des Konkurses

17 Gerichtskosten sind öffentlich-rechtliche Geldforderungen (BGE 41 I 349; vgl. auch BGE 129 III 555 E. 3.2). Im Fall der zwangsweisen Eintreibung müssen sie gemäss Art. 43 SchKG grundsätzlich auf dem Weg der Pfändung geltend gemacht werden, auch dann, wenn der Schuldner an sich der Konkursbetreibung unterliegt. Dies galt auch dann, wenn der Friedensrichter die ihm altrechtlich (gemäss §§ 204 Abs. 6 und 209 GVG) zustehenden Sporteln eintrieb (BLUMENSTEIN, S. 191 f.). Massgebend für diese Regelung sind das Bestreben, dem Fiskus eine möglichst rasche und einfache Vollstreckung zu gewähren, sowie die Überlegung, dass es unbillig wäre, einen Schuldner wegen solcher oft geringfügiger Verbindlichkeiten in den Konkurs zu treiben (BLUMENSTEIN, S. 210 f.).

18 Ob Art. 43 SchKG (in der geltenden Fassung) zulässt, dass die Gerichtskosten unter den besonderen Voraussetzungen der Art. 190, 191, 192, 309 und 316 SchKG auf dem Weg

des Konkurses eingetrieben werden (BLUMENSTEIN, S. 211; ACOCELLA, in: Staehelin et al., N. 12 zu Art. 43 SchKG), ist heute kontrovers (KUKO SchKG-HUBER, Art. 190 N. 11; offengelassen in BGer 5P.33/2002 vom 7.3.2002, E. 4 a.E.).

b) **Vollstreckbarkeit von Kosten in der Schweiz**

Ein rechtskräftiges Zivil- oder Strafurteil ist von Bundesrechts wegen in der ganzen Schweiz vollstreckbar (Art. 122 Abs. 1 BV, Art. 335 ff. ZPO, Art. 373 StGB). Es führt gegenüber einem Rechtsvorschlag zur definitiven Rechtsöffnung nach Art. 80 SchKG. Unter diese Bestimmungen fallen nach ständiger Rechtsprechung auch die Kostenentscheide (BGE 31 I 611 E. 2 und 616 E. 1, 54 I 172, 97 I 235). 19

c) **Vollstreckbarkeit von Kosten im Ausland**

aa) Grundsatz

Im Ausland können öffentlich-rechtliche Geldforderungen grundsätzlich nicht auf dem Weg der Zwangsvollstreckung geltend gemacht werden. Dies gilt für Zivil- wie auch für Strafurteile. Eine Vollstreckung im Ausland ist nur möglich, wenn entsprechende internationale Abkommen sie erlauben. Es ist diesbezüglich vor allem auf die nachgenannten Vereinbarungen zu verweisen: 20

bb) Vollstreckbarkeit gemäss Haager Übereinkommen betreffend Zivilprozessrecht und Staatsverträgen

Der Kostenbezug im internationalen Verhältnis ist hauptsächlich im Haager Übereinkommen betreffend Zivilprozessrecht v. 1.3.1954 (SR 0.274.12) geregelt. Dessen Art. 18 und 19 anerkennen einen Vollstreckungsanspruch gegenüber einem kostenpflichtigen Kläger, Haupt- oder Nebenintervenienten, wenn er in einem der Konvention beigetretenen Staat wohnt. Diese Exekutionsmöglichkeit ist das Gegenstück zur Befreiung des ausländischen Klägers oder Intervenienten von der Pflicht zur Sicherheitsleistung der Prozesskosten gemäss Art. 17 des Übereinkommens. Durch die Möglichkeit der Zwangsvollstreckung im Wohnsitzstaat soll verhütet werden, dass die genannten Personen sich der Bezahlung der ihnen überbundenen Kosten entziehen können (BÜLOW/BÖCKSTIEGEL, 100.22; BGE 61 I 136; SJZ 36 S. 13 E. III, 54 S. 90). 21

Die genannten Art. 18 und 19 beziehen sich auf Erkenntnisse in Zivil- und Handelssachen, gleichgültig ob die Entscheidung in Form eines Urteils, eines Beschlusses oder einer Verfügung erging (BGE 61 I 134 E. 3). Der Begriff der Prozesskosten ist nach dem Recht jenes Staates zu beurteilen, in welchem der zu vollstreckende Entscheid getroffen wurde. Hiervon wird auch die Prozessentschädigung betroffen (BGE 61 I 136; ZR 29 Nr. 130). 22

Dem ersuchten Staat obliegt die völkerrechtliche Verpflichtung, die Kostenvollstreckung gegen den abgewiesenen Kläger zuzulassen. Für die Art des Vorgehens bestehen zwei Möglichkeiten: 23
– Als Regelfall sieht Art. 18 Abs. 1 vor, dass die Initiative zur Einleitung des Vollstreckungsverfahrens von der diplomatischen Vertretung des Urteilsstaates ausgeht. Diese wendet sich an das Ministerium des Äusseren im Vollstreckungsstaat, das in Form der Prozessstandschaft die Eintreibung der Kosten übernimmt. Die Kognitionsbefugnisse

der Vollstreckungsorgane im ersuchten Staat sind mit Bezug auf das gestellte Begehren nach Art. 19 Abs. 2 rein formeller Natur; eine einlässliche Prüfung ist nach dieser Bestimmung nicht vorgesehen. Es dürfte aber selbstverständlich sein, dass die Vollstreckung zu verweigern ist, wenn die Bezahlung der Kosten nachgewiesen werden kann (BÜLOW/BÖCKSTIEGEL, 101.19 Anm. 96; GULDENER, S. 160 Anm. 167). Umstritten ist, ob daneben auch eine Berücksichtigung des *ordre public* (z.B. die Beachtung des rechtlichen Gehörs im Grundverfahren) zulässig sei; eher verneinend GULDENER, S. 160 und SJZ 36 S. 13; dagegen bejahend BÜLOW/BÖCKSTIEGEL, 100.30 Anm. 142.

– Das umständliche und zeitraubende Verfahren gemäss Art. 18 Abs. 1 kann wesentlich vereinfacht werden, wenn die Vertragsstaaten Zusatzvereinbarungen zur Haager Übereinkunft oder Staatsverträge (über den eigentlichen Kostenbezug oder über andere Materien, in deren Zusammenhang der Kostenbezug ebenfalls geregelt wird) abgeschlossen haben, nach denen der Kostengläubiger gegenüber dem ausländischen Schuldner direkt den Antrag auf Vollstreckung stellen kann. Diese Zusatzvereinbarungen und Staatsverträge gewähren vielfach einen weitergehenden internationalen Kostenbezug als Art. 18 und 19 Haager Übereinkommen (z.B. Kostenbezug gegenüber der beklagten Partei oder gegenüber dem Kläger, von dem eine Kaution gefordert wurde, der sie aber nicht leistete, woraufhin der Prozess abgeschrieben wurde; SJZ 54 S. 89 f.), erweitern dagegen auch die Einwendungsmöglichkeiten gegenüber der Vollstreckungserklärung, indem auch die Zuständigkeit des urteilenden Gerichts, die gehörige Vorladung und die Beachtung des *ordre public* (dazu BGE 96 I 398, 97 I 157) vom Vollstreckungsrichter überprüft werden dürfen. Für Einzelheiten sei auf das Inhaltsverzeichnis zu SR 0.274.181.362 ff. sowie die entsprechenden Übereinkommen und Staatsverträge verwiesen. Vgl. zum Ganzen auch VOLKEN, S. 216 ff.

cc) *Vollstreckung gegenüber ausländischen Kostenschuldnern mit Vermögenswerten in der Schweiz*

24 Der frühere § 18 EG SchKG vom 27.5.1913 (LS 281) hatte vorgesehen, dass Betreibungen aus öffentlichem Recht gegenüber Schuldnern, die im Kanton Zürich keinen Wohnsitz haben, am Sitz der betreibenden Behörde angehoben werden können. Diese Bestimmung ermöglichte eine Zwangsvollstreckung von in der Schweiz gelegenen Vermögenswerten ausländischer Schuldner. Ihre Rechtmässigkeit war indessen angesichts der entgegenstehenden bundesrechtlichen Vorschriften über den Betreibungsstand (Art. 46 ff. SchKG) fragwürdig; sie wurde denn auch aufgehoben. Denkbar ist indessen bei ausländischem Wohnsitz des Schuldners mit Vermögenswerten in der Schweiz eine Arrestnahme nach Art. 271 Ziff. 4 SchKG.

IV. Erlass und Stundung, Abschreibungen

25 Die Voraussetzungen für Erlass und Stundung von Kosten sind in Art. 112 ZPO bzw. 425 StPO geregelt. Gemäss § 5 VO über das Rechnungswesen leitet die Zentrale Inkassostelle am Obergericht entsprechende Gesuche an die zuständige Stelle weiter. Am Obergericht ist die Verwaltungskommission für die Behandlung zuständig (§ 18 Abs. 1 lit. q VOG).

§ 201

In diesem Zusammenhang prüft die Zentrale Inkassostelle am Obergericht regelmässig auch, ob Parteien, denen die unentgeltliche Rechtspflege oder die amtliche Verteidigung bewilligt wurde, zur Nachzahlung oder Rückerstattung im Sinne von Art. 123 ZPO bzw. Art. 135 Abs. 4 StPO verpflichtet werden können. Werden entsprechende Nachforderungen nicht freiwillig erfüllt, stellt sie beim zuständigen Gericht Antrag auf Erlass eines nachträglichen Entscheides (§ 7 VO).

26

Die Zentrale Inkassostelle am Obergericht kann Abschreibungen von uneinbringlichen Kostenforderungen vornehmen (§ 4 VO).

27

8. Teil
Begnadigung

Vorbemerkungen zu §§ 202 ff.

Literatur

N. Capus, Ewig still steht die Vergangenheit? Der unvergängliche Strafverfolgungsanspruch nach schweizerischem Recht, Bern 2006; F. Clerc, De l'exercice du droit de grâce par les cantons sous l'empire du Code pénal suisse, ZStrR 73 (1958), S. 92 ff.; J. Eugster, Die Begnadigung im Militärstrafverfahren, in: FS H. Pfenninger, Zürich 1956, S. 29 ff.; R. Frey, Die Begnadigungspraxis im Kanton Zürich, SJZ 54 (1958), S. 67; S. Gass, BSK StGB II, 2. Aufl., Basel 2007, Art. 381 ff. (zit.: BSK-Gass); R. Gysin, Wenn Gnade vor Recht ergeht, plädoyer 1/04 S. 11 f.; M. Hauser, in: Häner/Rüssli/Schwarzenbach [Hrsg.], Kommentar zur Zürcher Kantonsverfassung, Zürich 2007, Art. 59 N. 9 ff.; U. Hess-Odoni, Die Begnadigung – ein notwendiges Instrument der Strafjustiz, SJZ 97 (2001), S. 413 ff.; A. Kasser, La grâce en droit fédéral et en droit vaudois, Diss. Lausanne 1991; N. Languin/C. Lucco-Denéréaz/Ch.N. Robert/R. Roth, La grâce, institution entre tradition et changements, Lausanne 1988; H.-P. Leugger, Verschafft «die Rechtsnatur der Begnadigung» dem Art. 100 lit. i des OG-Revisions-Entwurfes 1965 doch noch Geltung? AJP 4 (1995), S. 1316 ff.; G. Müller, Reservate staatlicher Willkür – Grauzonen zwischen Rechtsfreiheit, Rechtsbindung und Rechtskontrolle, in: FS Hans Huber, Bern 1981, S. 111 ff.; N.W. Real, Die Begnadigung im Kanton Aargau, Diss. ZH 1981; A. Schlatter, Die Begnadigung im Kanton Zürich, Diss. ZH 1970; N. Schmid, in: Donatsch/Schmid, StPO, §§ 487 ff.; derselbe, Handbuch, N. 1730 ff.; Ch. Schwarzenegger/M. Hug/D. Jositsch, Strafrecht II, Strafen und Massnahmen, 8. Aufl., Zürich 2007, S. 261 f.; D. Sigrist, Die Begnadigung im Militärstrafrecht, Diss. ZH 1976; M. Spescha, Keine Gnade bei politisch motivierten Straftaten, plädoyer 4/1994, S. 23 f.; G. Stratenwerth, Schweizerisches Strafrecht, Allgemeiner Teil II: Strafen und Massnahmen, 2. Aufl., Bern 2006, § 7 N. 46 ff.; Derselbe/W. Wohlers, Schweizerisches Strafgesetzbuch – Handkommentar, 2. Aufl., Bern 2009, Vor und zu Art. 381 ff. StGB; E. Tophinke, Bedeutung der Rechtsweggarantie für die Anpassung der kantonalen Gesetzgebung, ZBl 107 [2006], S. 103 f.; Trechsel/Lieber, in: PK Trechsel, Zürich 2008, Vor und zu Art. 381–383 StGB (zit.: Trechsel/Lieber); F. Uhlmann, Das Willkürverbot (Art. 9 BV), Bern 2005, S. 205 ff.; H. Vest, in: St.Galler Kommentar BV, 2. Aufl., Zürich/St. Gallen 2008, Art. 173 N. 112 ff.; H.W. Vokinger, Amnestie und Begnadigung, SJZ 71 (1975), S. 74 ff.; M. Wallimann-Bornatico, Die Amnestie, SJZ 81 (1985), S. 196 ff.

Inhaltsübersicht

		N.
I.	Einleitung	1
	1. Begriff der Begnadigung	1
	2. Verwandte Institute	5
	a) Amnestie, Abolition	5
	b) Rehabilitation	7
	c) Aufhebung von Strafurteilen	8
II.	Rechtsquellen	10
	1. Bundesrecht	10
	2. Kantonales Recht	12
III.	Zuständigkeit	15
	1. Bund	15
	2. Kanton	16
IV.	Gegenstand und Umfang der Begnadigung	21
	1. Rechtskräftige bzw. vollstreckbare Strafurteile	21
	a) Strafurteil	21
	b) Rechtskraft bzw. Vollstreckbarkeit	24
	2. Massnahmen und Nebenfolgen	26
	3. Umfang der Begnadigung	29

V.	Materielle Voraussetzungen (Begnadigungsgründe)	31
	1. Keine Kodifizierung der Begnadigungsgründe	31
	2. Begnadigungswürdigkeit	33
	3. Weitere Gründe	35
	a) Allgemein	35
	b) Kasuistik	36
	c) Begnadigung bei Fehlurteilen?	41

I. Einleitung

1. Begriff der Begnadigung

1 Unter Begnadigung versteht man den vollständigen oder teilweisen *Verzicht auf Vollstreckung einer rechtskräftigen Strafe* gegenüber einer einzelnen natürlichen oder juristischen Person bzw. die *Umwandlung* einer solchen Strafe in eine mildere Strafart (Art. 383 Abs. 1 StGB; DONATSCH/SCHMID, StPO, § 487 N. 1; DERSELBE, Handbuch, N. 1730; TRECHSEL/LIEBER, Vor Art. 381 N. 1). Im ersten Fall spricht man von quantitativer, im zweiten von qualitativer Begnadigung (TRECHSEL/LIEBER, Art. 383 N. 3; SCHMID, Handbuch, N. 1755; BSK-GASS, Art. 383 N. 8). Die Begnadigungsbehörde ist dabei an das gesetzliche System der Strafen gebunden (vgl. – zum alten Recht – TRECHSEL/LIEBER, Art. 383 N. 3 m.H.; BSK-GASS, Art. 383 N. 9).

2 Bei der Begnadigung handelt es sich nicht um ein Rechtsmittel im Sinne des Prozessrechts, sondern um einen *Strafaufhebungsgrund* (STRATENWERTH, § 7 N. 46; SCHWARZENEGGER/HUG/JOSITSCH, S. 259 ff.) bzw. um eine *vollstreckungshindernde, allenfalls vollstreckungsmildernde Anordnung,* dies im Sinne der in Art. 439 Abs. 1 StPO hinsichtlich der Strafvollstreckung vorbehaltenen «besonderen Regelungen». Nach bundesgerichtlicher Rechtsprechung handelt es sich um einen Akt *sui generis* (BGE 118 Ia 104 = Pr 81 Nr. 197). Ziel der Begnadigung ist es, aus weitgehend ausserhalb der richterlichen Rechtsanwendung und Strafzumessung liegenden Gründen, wie namentlich mitmenschlicher Rücksichtnahme oder Billigkeit, vom Vollzug der Strafe abzusehen und «Gnade vor Recht» walten zu lassen (zu den materiellen Voraussetzungen hinten N. 32 ff.). Es geht dabei grundsätzlich nicht darum, eine Fehlurteil zu korrigieren und ein «richtiges Urteil» in rechtlichem Sinn zu bewirken (vgl. immerhin hinten N. 41). Das Urteil selbst wird durch die Begnadigungsinstanz inhaltlich nicht überprüft und bleibt auch im Falle der Begnadigung unangetastet; entsprechend bleibt es auch beim Strafregistereintrag (BGE 80 IV 11; TRECHSEL/LIEBER, Art. 383 N. 4 m.H.; SCHMID, Handbuch, N. 1757). Auch wenn das Urteil bestehen bleibt, berührt der von einer nichtrichterlichen Behörde beschlossene Verzicht auf Vollstreckung die *Garantie der richterlichen Unabhängigkeit* (Art. 73 Abs. 2 Satz 2 KV; Art. 191c BV), weshalb nur mit Zurückhaltung von der Begnadigung Gebrauch zu machen ist (R. KIENER, Richterliche Unabhängigkeit, Bern 2001, S. 244; STEINMANN, St. Galler BV-Kommentar, 2. Aufl. 2008, Art. 191c N. 6). Immerhin steht die Verfassungsmässigkeit der Begnadigung selbst nicht zur Diskussion, wird das Institut doch in der Bundesverfassung selbst vorausgesetzt (Art. 173 Abs. 1 lit. k).

3 Die Begnadigung ist ihrem Wesen nach *kein justizieller, sondern ein politischer Akt* (SCHMID, Handbuch, N. 1731). Auf Begnadigung besteht entsprechend *kein Rechtsan-*

spruch. Der Begnadigungsentscheid unterliegt nach allerdings zunehmend umstrittener Auffassung auch keiner Begründungspflicht (§ 204 Abs. 3 GOG) und kann materiell nur in sehr engem Rahmen angefochten werden (STRATENWERTH, § 7 N. 57; näher § 204 N. 14 f.). Gleichwohl ist auch die Begnadigung nach heutiger Auffassung nicht bloss ein Akt «willkürlicher Huld» oder freien Beliebens bzw. der Barmherzigkeit, der sich in einem rechtsfreien Raum bewegt, sondern ein Institut *sui generis* der Rechtsordnung. Auch das Gnadenrecht muss deshalb formell wie materiell nach gewissen Richtlinien bzw. willkürfrei ausgeübt werden (vgl. BGE 107 Ia 106; TRECHSEL/LIEBER, Vor Art. 381 N. 1 m.w.H.). Wesentlich ist in formeller Hinsicht, dass ein Anspruch auf Entgegennahme und Behandlung eines Begnadigungsgesuches besteht (BGE 106 Ia 132, 117 Ia 84). Unzulässig wäre es ferner, wenn die Gnadeninstanz bei gleichen tatsächlichen Verhältnissen in einem Fall dem Gesuch entsprechen, das Gesuch eines anderen aber ablehnen würde (vgl. BGE 95 I 544; STRATENWERTH, § 7 N. 49).

Entsprechend der Natur bzw. Zielsetzung der Begnadigung wird das Gnadenrecht nicht durch eine rechtsprechende, sondern eine politische Behörde (Regierung, Parlament) ausgeübt (DONATSCH/SCHMID, StPO, § 487 N. 1; vgl. auch Art. 86 Abs. 3 BGG). Insofern liegt ein ausserhalb des Strafverfahrens stehender Eingriff bzw. eine *Durchbrechung des Prinzips der Gewaltentrennung* vor (STRATENWERTH, § 7 N. 47; BSK-GASS, Vor Art. 381 N. 25, 28). 4

2. Verwandte Institute

a) Amnestie, Abolition

Anders als die Begnadigung bezieht sich die Amnestie auf eine (bestimmte oder unbestimmte) *Vielzahl von Tätern oder Verurteilten,* deren Taten gleiche oder ähnliche Lebensvorgänge betreffen; hier wird entweder bereits die strafrechtliche Verfolgung niedergeschlagen (Abolition) oder der Erlass ausgefällter Strafen angeordnet (Amnestie; Art. 384 Abs. 2 StGB). Man spricht auch von Massenbegnadigung bzw. «kollektivem Verzeihen», wobei die Amnestie gegenüber der Begnadigung noch in verstärktem Ausmass politischen Charakter hat (SCHMID, Handbuch, N. 1733; näher VEST, Art. 173 N. 130 f.). 5

Eine Amnestie fällt namentlich nach dem Abklingen heftiger politischer Auseinandersetzungen und im Interesse des öffentlichen Friedens in Betracht (STRATENWERTH, § 7 N. 58). Ein Unterschied wird darin gesehen, dass bei der Begnadigung vergeben, bei der Amnestie (lediglich) verzichtet wird (CAPUS, S. 28 m.H.). Zuständig zum Erlass einer Amnestie ist bei Delikten des eidgenössischen Rechts *ausschliesslich die Bundesversammlung* (Art. 384 Abs. 1 StGB; Art. 173 Abs. 1 lit. k BV), auch wenn die Verfolgung und Beurteilung der betreffenden Delikte gemäss Art. 338 StGB den Kantonen zusteht (SCHMID, Handbuch, N. 1738 f.; DERSELBE, StPO-Kommentar, § 487 N. 4, 7 f.). 6

b) Rehabilitation

Unter Rehabilitation wird die *Wiederherstellung eines rechtlichen Status* verstanden, indem die Aberkennung oder Verweigerung von Rechten rückgängig gemacht wird. Sie war ursprünglich sowohl im StGB (Art. 77–81) wie auch im MStG (Art. 36-43) verankert, wurde aber im Rahmen der Revision des AT StGB gestrichen. Sie beschränkte sich auf 7

c) Aufhebung von Strafurteilen

8 Eine Rehabilitierung *sui generis* schaffte das *BG über die Aufhebung von Strafurteilen gegen Flüchtlingshelfer zur Zeit des Nationalsozialismus* vom 20.6.2003 (SR 371). Danach verletzen die damaligen Urteile aus heutiger Sicht das Gerechtigkeitsempfinden in gravierender Weise. Es geht dabei aber *weder um Begnadigung noch Amnestie,* sondern um die *rückwirkende Aufhebung von rechtskräftigen und vollzogenen Strafurteilen* und insofern in erster Linie um die *Tilgung* des heute als ungerechtfertigt angesehenen *Schuldspruchs.* Rechtstechnisch beruht diese Regelung auf einem doppelten Mechanismus, indem in einem ersten Schritt generell-abstrakt sämtliche einschlägigen Urteile der Militär- und zivilen Strafjustiz aufgehoben werden und in einem zweiten Schritt die Begnadigungskommission der Bundesversammlung in einem individuell-konkreten Verfahren auf Gesuch hin oder von Amtes wegen feststellt, ob ein konkretes Strafurteil von der abstrakten Aufhebung erfasst wird (TRECHSEL/LIEBER, Vor Art. 381 N. 10). In der Folge kam es zu weit über 100 derartigen Rehabilitierungen (BBl 2008, S. 9153).

9 Analoges regelte auch das *BG über die Rehabilitierung der Freiwilligen im Spanischen Bürgerkrieg* vom 20.3.2009 (SR 321.1; zur Entstehungsgeschichte CAPUS, S. 26 ff.), welches sich nicht nur auf Gerichtsurteile, sondern auch von Verwaltungsbehörden verhängte Sanktionen (Massnahmen, Nebenstrafen) bezieht. In diesem Fall wurde jedoch bewusst (namentlich auch aus Kostengründen) vom vorstehend erwähnten doppelten Mechanismus abgesehen; es findet lediglich eine generell-abstrakte Rehabilitierung im Sinne einer Aufhebung aller entsprechenden Entscheide statt (Art. 3), während auf eine Rehabilitierung im konkreten Einzelfall verzichtet wird (kritisch zum Verhältnis dieses und des vorstehend erwähnten Erlasses zur Garantie der richterlichen Unabhängigkeit [Art. 191c BV] SEILER, ZSR 129 [2010] S. 381 ff., 437 f., 472).

II. Rechtsquellen

1. Bundesrecht

10 Die Begnadigung wird in den Art. 381–383 StGB (Art. 394 ff. StGB in der bis 31.12.2006 geltenden Fassung) geregelt. Art. 381 StGB ist zunächst eine *Kompetenznorm,* welche die Zuständigkeiten im Verhältnis zwischen Bund und Kantonen zuweist (N. 15 ff.). Staats- bzw. verfassungsrechtlich wäre an sich die Bundesversammlung Begnadigungsbehörde für alle nach Bundesstrafrecht gefällten Strafurteile (Art. 173 Abs. 1 lit. k BV); im Sinne einer Entlastung wurden auf Gesetzesstufe die Kantone zur Ausübung des Gnadenrechts eingesetzt, soweit es um Urteile kantonaler Gerichte geht (TRECHSEL/LIEBER, Art. 381 N. 1 m. H.).

11 Das Bundesrecht schreibt zwar das Institut der Begnadigung vor, äussert sich aber nicht näher zu seinen Voraussetzungen und gewährt insbesondere *keinen Rechtsanspruch* auf Begnadigung (vorstehend N. 3). Ebenso wenig ergibt sich ein Recht auf Begnadigung aus

der EMRK, die im Übrigen auch nicht auf das Begnadigungsverfahren anwendbar ist (BGE 118 Ia 108 = Pr 81 Nr. 197).

2. Kantonales Recht

Gemäss Art. 381 lit. b StGB entscheidet in Fällen, in denen eine kantonale Behörde die Strafe ausgefällt hat, die Begnadigungsbehörde des Kantons. Somit haben die Kantone diese Behörde zu bezeichnen. Darüber hinaus haben sie Einzelheiten der Ausübung dieser Kompetenz zu regeln, soweit sie sich nicht bereits aus den bundesrechtlichen Bestimmungen ergeben. Sie dürfen somit die bundesrechtlichen Bestimmungen zwar ergänzen, ihnen aber nicht widersprechen. Unzulässig wäre es etwa, das Gesuch an eine bestimmte Frist zu binden und später eintretende Begnadigungsgründe von vornherein auszuschliessen (BGE 106 Ia 134 f.; SCHMID, Handbuch, N. 1746; weitere Hinweise bei BSK-GASS, Vor Art. 381 N. 44; zur Zulässigkeit einer Sperrfrist Art. 382 Abs. 3 StGB). Da sich das StGB zu den materiellen Voraussetzungen der Begnadigung nicht äussert, sondern von einer Kodifizierung bewusst abgesehen wurde, sind auch die Kantone nicht befugt, auf dem Weg der Gesetzgebung abstrakte Kriterien (namentlich negativer Art) aufzustellen (hinten N. 32). 12

Im Kanton Zürich finden sich die Bestimmungen betreffend das Begnadigungsverfahren heute im GOG, welches die bisher massgebenden §§ 487 ff. StPO (ZH) inhaltlich weitgehend übernommen hat. Ferner ist auf Art. 59 Abs. 1 lit. b KV (Begnadigungskompetenz des Kantonsrates) hinzuweisen. 13

Die Möglichkeit der Begnadigung wird in Art. 381 StGB nur insoweit geregelt, als es um Strafurteile geht, die gestützt auf Bundesrecht gefällt wurden. Für den vorbehaltenen Bereich des *kantonalen Strafrechts* (Art. 335 StGB) gilt insoweit kantonales Recht (SCHMID, Handbuch, N. 1732; vgl. auch Art. 333 Abs. 4 StGB in der bis 2007 geltenden Fassung, dazu TRECHSEL/LIEBER, Art. 333 N. 16). Die frühere Bestimmung von § 14 Abs. 2 EG StGB, wonach bei kantonalrechtlichen Bussen eine Begnadigung nicht zulässig war, war bereits mit Erlass des kantonalen Straf- und Strafvollzugsgesetzes 1974 aufgehoben worden, sodass eine Begnadigung auch in diesem Bereich an sich möglich ist. Die allgemeinen Bestimmungen des StGB (zu welchen auch diejenigen über die Begnadigung zu zählen sind) gelten kraft Verweisung im Übrigen auch für alle nach kantonalem Recht strafbaren Handlungen (§ 2 Abs. 2 StJVG; LS 331). 14

III. Zuständigkeit

1. Bund

Mit Bezug auf die *sachliche Zuständigkeit* bezeichnet Art. 381 lit. a StGB (vgl. auch Art. 157 Abs. 1 lit. c BV) die Bundesversammlung als zuständige Behörde für Fälle, in denen die Strafkammer des Bundesstrafgerichts oder eine Verwaltungsstrafbehörde des Bundes geurteilt haben; Gleiches muss für reformatorische Strafurteile des Bundesgerichts nach Art. 107 Abs. 2 Satz 2 BGG gelten (TRECHSEL/LIEBER, Art. 381 N. 2). In Militärstrafsachen liegt die Zuständigkeit beim Bundesrat bzw. beim General (Art. 232 MStG; kritisch TRECHSEL/LIEBER, Art. 381 N. 5 m.H.) 15

2. Kanton

16 Geht es um das Urteil einer kantonalen Behörde, so entscheidet die Begnadigungsbehörde des betreffenden Kantons (Art. 381 lit. b StGB). Insoweit ist es Sache der Kantone, die zuständige Behörde zu bezeichnen. Dabei sind sie zwar grundsätzlich frei, doch soll die Kompetenzverteilung sachlich gerechtfertigt sein (TRECHSEL/LIEBER, Art. 381 N. 6; DONATSCH/SCHMID, StPO, § 487 N. 6). Üblicherweise sind die kantonalen Parlamente zuständig, doch ist es auch denkbar, Begnadigungsfunktionen (namentlich bei geringeren Strafen) den Kantonsregierungen zuzuweisen (SCHMID, Handbuch, N. 1744; zur zürcherischen Regelung § 204 GOG).

17 *Örtlich, d.h. interkantonal zuständig* ist die Behörde desjenigen Kantons, der die durch Begnadigung zu erlassende Strafe durch rechtskräftiges Urteil ausgefällt hat (TRECHSEL/LIEBER, Art. 381 N. 6). Massgebend ist dabei das Haupturteil, nicht der Widerrufsentscheid nach Art. 46 StGB (BSK-GASS, Art. 381 N. 4; zum früheren Recht BGE 101 Ia 283). Beantragt der Gesuchsteller die Begnadigung hinsichtlich Strafen, die in verschiedenen Kantonen ausgefällt wurden, hat er in jedem Kanton ein Gesuch einzureichen. An dieser Regelung ändert sich nichts, wenn das letztinstanzliche kantonale Urteil an das Bundesgericht weitergezogen wurde, es sei denn, dieses hätte nach Gutheissung der Beschwerde selber ein neues Sachurteil gefällt (Art. 107 Abs. 2 BGG).

18 Die Kompetenz bleibt auch dann beim Urteilskanton, wenn dieser eine *Zusatzstrafe* zu der von einem anderen Kanton verhängten Strafe ausgefällt hat oder wenn der Vollzug an einen anderen Kanton *abgetreten* wurde. Bei Abtretung bzw. Übernahme des Strafvollzugs ist es indessen möglich, dass die Vollzugsbehörde (Amt für Justizvollzug) auch die Begnadigungskompetenz abtritt bzw. übernimmt (zum Vorstehenden DONATSCH/SCHMID, StPO, § 487 N. 7 m.H.).

19 Der *Widerruf der bedingten Begnadigung* ist Sache der Begnadigungsbehörde (BSK-GASS, Art. 381 N. 4 a.E.) bzw. der von ihr bezeichneten Behörde (im Kanton Zürich der Direktion für Justiz und Inneres [§ 204 N. 12]).

20 Strafen, die von *ausländischen Gerichten* ausgesprochen wurden, aber in der Schweiz verbüsst werden, können grundsätzlich von schweizerischen Behörden nicht gnadenhalber erlassen werden, es sei denn, dies wäre ausdrücklich in einem Staatsvertrag oder einem internationalen Übereinkommen vorgesehen bzw. im konkreten Fall von den beteiligten Staaten so vereinbart worden (DONATSCH/SCHMID, StPO, § 487 N. 7 a.E.; vgl. dazu Art. 12 des Übereinkommens vom 12.3.1983 über die Überstellung verurteilter Personen, SR 0.343). Zur Wirkung von *im Ausland erlassenen Strafen* vgl. Art. 3 Abs. 3 lit. b und Abs. 4, 5 Abs. 2 lit. b und Abs. 3, 6 Abs. 3 lit. b und Abs. 4, 7 Abs. 4 lit. b und Abs. 5 StGB.

IV. Gegenstand und Umfang der Begnadigung

1. Rechtskräftige bzw. vollstreckbare Strafurteile

a) Strafurteile

21 *Gegenstand* der Begnadigung sind *Strafen im Sinne des materiellen Strafrechts*. Neben Freiheitsstrafen fallen somit auch Geldstrafen, Bussen und gemeinnützige Arbeit grund-

sätzlich in Betracht (STRATENWERTH, § 7 N. 51 f.; TRECHSEL/LIEBER, Art. 383 N. 1; BSK-GASS, Art. 383 N. 2), was aber in der Praxis kaum eine Rolle spielt. Strafentscheide sind neben Urteilen i.S.v. Art. 80 Abs. 1 Satz 1 StPO auch Strafbefehle sowie Urteile im abgekürzten Verfahren (SCHMID, Handbuch, N. 1741), ferner Strafentscheide, die eine Strafvollstreckung auslösen, insbesondere der Widerruf des bedingten Strafvollzugs (BGE 101 Ia 283). Neben Strafen des Erwachsenenstrafrechts können auch solche des Jugendstrafrechts durch Begnadigung erlassen werden (BSK-GASS, Art. 383 N. 2). Ausgeschlossen ist die Begnadigung jedoch hinsichtlich bundesrechtlicher wie kantonalrechtlicher Ordnungsbussen (DONATSCH/SCHMID, StPO, § 487 N. 3 und 12).

Auf das *Ausmass* der Strafe kommt es grundsätzlich nicht an. Immerhin wird bei kürzeren Freiheitsstrafen eine Begnadigung kaum in Betracht fallen, zumal hier die Strafverbüssung im Regelfall in Halbgefangenschaft (Art. 77b, 79 StGB) erfolgen kann (DONATSCH/SCHMID, StPO, § 487 N. 10 bei Fn. 40 und ibid., N. 18). Es wäre aber unzulässig, die Begnadigung von vornherein auf längere Freiheitsstrafen zu begrenzen bzw. die Begnadigung nur für Strafen einer bestimmten Minimaldauer zuzulassen (BGE 106 Ia 134; DONATSCH/SCHMID, StPO, § 489 N. 1; DERSELBE, Handbuch, N. 1746; BSK-GASS, Art. 381 N. 5 m.H.). 22

Grundsätzlich kommt Begnadigung *ohne Rücksicht auf das Delikt,* für welches die Strafe ausgesprochen wurde, infrage. So wird es auch im Lichte der EMRK und des hier verankerten Anspruch auf Achtung des Lebens (Art. 2) als zulässig betrachtet, ein Amnestiegesetz zu erlassen, das zur Folge hat, dass selbst ein Mord ungesühnt bleibt (BGE 134 IV 297 E. 4.3.5, 135 I 113 E. 2.1; SCHMID, Handbuch, N. 1733 Fn. 704), womit insofern auch eine Begnadigung im Einzelfall möglich sein muss. 23

b) Rechtskraft bzw. Vollstreckbarkeit

Da es bei der Begnadigung einzig um den Verzicht auf Vollstreckung der Strafe geht (vorne N. 1), bilden *Rechtskraft* sowie rechtliche und faktische *Vollstreckbarkeit* der Strafe Voraussetzung für eine Begnadigung. Ausgeschlossen ist die Begnadigung somit bei Auslandaufenthalt oder Straferstehungsunfähigkeit (fehlende faktische Vollstreckbarkeit; dazu Art. 92 StGB) und erst recht nach dem Tod des Verurteilten; es gibt keine posthume Begnadigung (anders die postmortale Legitimation von Angehörigen zur Ergreifung eines Rechtsmittels, insbesondere Revision, Art. 382 Abs. 3 StPO, sowie die Aufhebung von Strafurteilen, vorne N. 8 f.). Ebenso wenig ist Begnadigung möglich, wenn zwar ein Schuldspruch erging, aber keine Strafe ausgefällt wurde (DONATSCH/SCHMID, StPO, § 487 N. 10 m.H.) oder wenn die Vollstreckungsverjährung eingetreten ist. Bei bedingtem Strafvollzug setzt Begnadigung den Widerruf desselben voraus; es ist somit auch nicht möglich, auf dem Gnadenweg die Probezeit herabzusetzen. Nach dem Vollzug der Strafe ist keine Begnadigung mehr möglich (BSK-GASS, Art. 383 N. 7); bei bedingter Entlassung wird das Begnadigungsverfahren gegenstandslos (BGE 117 Ia 86; TRECHSEL/LIEBER, Art. 383 N. 2). Während des laufenden Strafvollzugs kann sich eine Begnadigung nur auf den noch zu verbüssenden Strafrest beziehen (zum Vorstehenden DONATSCH/SCHMID, StPO, § 487 N. 13). 24

Hinsichtlich der *Rechtskraft* gilt, dass Begnadigung nur möglich ist, wenn gegen das Urteil kein ordentliches Rechtsmittel (Berufung) mehr ergriffen werden kann. Auch die 25

Strafrechtsbeschwerde an das Bundesgericht hat in Fällen unbedingten Freiheitsentzuges aufschiebende Wirkung (Art. 103 Abs. 2 lit. b BGG) und schliesst insoweit die Begnadigung aus. Dabei kommt es nicht darauf an, ob der Verurteilte ein Rechtsmittel ergriffen, darauf verzichtet oder ein solches zurückgezogen hatte bzw. ob ein solches abgewiesen wurde (DONATSCH/SCHMID, StPO, § 487 N. 14). Die in der Regel zeitlich unbefristete (Art. 411 Abs. 2 Satz 2 StPO) Möglichkeit der Revision schliesst hingegen die Begnadigung nicht aus, zumal sich Revisions- und Begnadigungsgründe insofern unterscheiden, als Erstere bereits vor dem Urteil eingetreten sein müssen (Art. 410 Abs. 1 lit. a StPO; dazu auch FINGERHUTH, in: Donatsch/Hansjakob/Lieber, StPO Komm., Art. 410 N. 35), während Letztere in der Regel auf einer nachträglichen Veränderung der Sachlage beruhen (hinten N. 36); immerhin dürfte ein hängiges Revisionsverfahren die Begnadigung einstweilen ausschliessen. Ebenso wenig kommt es darauf an, ob der Verurteilte gegen den Strafantrittsbefehl ein Rechtsmittel (ZH: Rekurs an die Justizdirektion) erhoben hat bzw. erheben könnte.

2. Massnahmen und Nebenfolgen

26 *Ausgeschlossen* ist nach h.L. die Begnadigung mit Bezug auf *strafrechtliche Massnahmen* jeglicher Art (STRATENWERTH, § 7 N. 51 f.; VEST, Art. 173 N. 127 m.w.H.), unabhängig davon, ob sie mit einem Sachurteil oder als selbstständige Massnahme (Art. 374 ff. StPO) ausgefällt wurden. Gegenstand einer Begnadigung können Massnahmen auch dann nicht sein, wenn sie der Sache nach Strafcharakter haben oder haben können, wie die Verwahrung nach Art. 64 StGB, wohl auch Massnahmen für junge Erwachsene (Art. 61 StGB), ferner Einziehung (namentlich Konfiskation unrechtmässiger Vermögensvorteile) und Urteilspublikation (dazu TRECHSEL/LIEBER, Art. 383 N. 1; STRATENWERTH, § 7 N. 51, je m.H.).

27 Im Hinblick auf die gegenseitige Durchlässigkeit des Strafen- und Massnahmenrechts nach revidiertem AT StGB werden allerdings *Zweifel an der fehlenden Gnadenfähigkeit* von Massnahmen geäussert (SCHMID, Handbuch, N. 1740; BSK-GASS, Art. 383 N. 5 m.H.). Die Begnadigung soll nach dieser Auffassung grundsätzlich möglich sein, wenn das Massnahmenrecht selbst *in casu* bei Massnahmen mit stark pönaler Komponente eine nachträgliche Korrektur nicht zulässt, etwa bei einer Verwahrung nach Art. 42 aStGB (z.B. bei Eintritt von Invalidität ohne eigentliche Haftbestehungsunfähigkeit). Auch betreffend Vermögenseinziehung (Art. 70 f. StGB) wird die Zulässigkeit der Begnadigung teilweise befürwortet (DONATSCH/SCHMID, StPO, § 487 N. 11 bei Fn. 50).

28 Ausgeschlossen von der Begnadigung sind die *Nebenfolgen* des Urteils wie Anrechnung der Untersuchungshaft, Weisungen, Kosten- und Entschädigungsfolgen sowie Adhäsionsurteile (BSK-GASS, Art. 383 N. 6, 13; TRECHSEL/LIEBER, Art. 383 N. 1 a.E.; DONATSCH/SCHMID, StPO, § 487 N. 12). Zivilrechtliche Folgen der Straftat werden denn auch in § 205 GOG ausdrücklich von der Wirkung der Begnadigung ausgeklammert.

3. Umfang der Begnadigung

29 Der mögliche *Umfang* der Begnadigung wird in Art. 383 Abs. 1 StGB in dem Sinn umschrieben, dass die Strafe entweder ganz oder teilweise erlassen oder in eine mildere

Strafart umgewandelt werden kann. Konkret bestimmt der Gnadenerlass den Umfang (Art. 383 Abs. 2 StGB). Neben den gesetzlich vorgesehenen Formen der Begnadigung wird es auch als zulässig angesehen, eine unbedingt ausgesprochene in eine bedingt vollziehbare Strafe umzuwandeln (STRATENWERTH, § 7 N. 52 m.H.); in diesem Fall liegt die Widerrufskompetenz bei der Begnadigungsbehörde.

Zulässig (und im Kanton Zürich die Regel) ist die *bedingte Begnadigung* unter Ansetzung einer Probezeit; in diesem Fall kann die Begnadigung bei Nichtbewährung widerrufen werden (§ 204 N. 10 f.; SCHMID, Handbuch, N. 1756). Im Ergebnis kommt die bedingte Begnadigung der Umwandlung des unbedingten in den bedingten Strafvollzug gleich. 30

V. Materielle Voraussetzungen (Begnadigungsgründe)

1. Keine Kodifizierung der Begnadigungsgründe

Die *materiellen Voraussetzungen* der Begnadigung werden im StGB nicht geregelt; eine *Kodifikation der Begnadigungsgründe* wurde anlässlich der Revision des AT StGB im Gegenteil *ausdrücklich abgelehnt* (Botschaft vom 21.7.1998, BBl 1999, S. 2177; TRECHSEL/LIEBER, Vor Art. 381 N. 2; BSK-GASS, Vor Art. 381 N. 2; SCHMID, Handbuch, N. 1748). Das Bundesgericht hatte in diesem Sinne schon 1981 formuliert, die Voraussetzungen der Begnadigung seien «abstrakt formulierbaren, einheitlichen Regeln» nicht zugänglich (BGE 107 Ia 105). Generell ist das Begnadigungsrecht nach dem Willen des Bundesgesetzgebers «mit grösster Zurückhaltung auszuüben» (BGE 106 Ia 135; ebenso die zürcherische Praxis, vgl. etwa die Beratungen des Kantonsrats vom 5.12.2011). 31

In BGE 106 Ia 134 war die Frage, ob die *Kantone ihrerseits* zur Gesetzgebung über die materiellen Voraussetzungen befugt seien, offengelassen worden. Sie ist heute zufolge abschliessender Regelung dieser Frage im Bundesrecht zu verneinen (SCHMID, Handbuch, N. 1740 Fn. 709 u. N. 1748 a.E.; DERSELBE, StPO-Kommentar, § 487 N. 16 m.H.; TRECHSEL/LIEBER, Vor Art. 381 N. 7 m.H.; vorne N. 12). 32

2. Begnadigungswürdigkeit

In Praxis und Lehre wird immerhin im Sinne einer Generalklausel zunächst vorausgesetzt, dass der Gesuchsteller «begnadigungswürdig» ist, d.h. mit Blick auf sein Vorleben, seine persönlichen Verhältnisse und vor allem gestützt auf eine Prognose für künftiges Wohlverhalten sich *der mit einer Begnadigung verbundenen aussergewöhnlichen Wohltat würdig erweist*. Im Regelfall ist ein vor allem strafrechtlich einwandfreies Verhalten seit dem Zeitpunkt der Verurteilung unabdingbar (vgl. BBl 1999 S. 2177), ferner eine im Gerichtsverfahren bzw. nachträglich bekundete Einsicht in das begangene Unrecht (teilweise umstritten, vgl. SCHMID, Handbuch, N. 1749 Fn. 718 m.H. auf das deutsche Recht). Von diesen grundsätzlich unabdingbaren Erfordernissen kann höchstens im Falle der Korrektur offensichtlicher Fehlurteile (N. 41) sowie bei von Amtes wegen einzuleitenden Begnadigungsverfahren (Art. 382 Abs. 2 StGB bzw. § 203 Abs. 1 Satz 2 GOG) abgesehen werden (DONATSCH/SCHMID, StPO, § 487 N. 17 m.H.). Nach zürcherischer Praxis steht Flucht aus dem Strafvollzug der späteren Begnadigung nicht von vornherein entgegen (Prot. KR vom 29.4.2002, S. 12068 und vom 18.6.2003, S. 891). 33

34 Bei der Beurteilung der Begnadigungswürdigkeit sind analog zu Art. 42 StGB Vorleben sowie Charakter des Verurteilten im Sinne einer Gesamtbeurteilung zu berücksichtigen. Nach bisheriger Praxis galt dabei, dass dann, wenn die Begnadigungsinstanz aufgrund des infrage stehenden Gerichtsurteils Kenntnis *von mittlerweile gelöschten Strafregistereinträgen* erhielt, die bereits das Gericht bei der Strafzumessung berücksichtigt hatte, sie diese Erkenntnisquelle auch beim Entscheid über das Gnadengesuch verwerten durfte (vgl. Prot. KR vom 17.12.2001, S. 10 479). Ob angesichts des nunmehr strengeren Art. 369 Abs. 7 StGB (Verbot, das entfernte Urteil dem Betroffenen entgegenzuhalten) an dieser Auffassung festgehalten werden kann, ist fraglich, wobei aber zu berücksichtigen ist, dass das Begnadigungsverfahren ausserhalb des formellen Strafverfahrensrechts steht.

3. Weitere Gründe

a) Allgemein

35 Neben der persönlichen Begnadigungswürdigkeit werden *zusätzlich besondere Begnadigungsgründe* als erforderlich erachtet. In Praxis und Lehre haben sich verschiedene Fallgruppen herauskristallisiert, die sich teilweise überschneiden (vgl. SCHMID, Handbuch, N. 1750); häufig wird auch eine Kombination verschiedener Faktoren anzutreffen sein. Daneben sind allenfalls auch politische Erwägungen zulässig (vgl. BGE 107 Ia 106). Generell gilt, dass eine *gegenüber der sich dem Richter präsentierenden Situation veränderte Lage gegeben sein muss,* zumal die Begnadigungsbehörde nicht in das Urteil eingreifen soll: «Die Begnadigungswürdigkeit kann in der Regel nur bejaht werden, wenn im Leben des Gesuchstellers seit den letzten strafrechtlichen Aktivitäten eine Zäsur eingetreten ist» (vgl. Prot. KR vom 1.9.2003, S. 888; ebenso Prot. KR vom 10.1.2005, S. 6428).

b) Kasuistik

36 Der Strafvollzug stellt im konkreten Fall eine *ausserordentliche Härte* dar und/oder Gründe der Menschlichkeit legen einen Verzicht nahe (VPB 67 [2003] Nr. 9), z.B. wenn der Täter behindert, schwer krank oder alt ist oder er bzw. seine nächsten Angehörigen durch den Strafvollzug in eine aussergewöhnlich schwierige Lage gerieten. Dabei kommt aber eine Begnadigung nur infrage, wenn die Härte *das allgemein mit Strafe und Strafvollzug verbundene Mass an negativen Begleiterscheinungen* (gesundheitlich-psychische Belastungen; familiäre, berufliche, geschäftliche, finanzielle Erschwernisse) *überschreitet.* Hafterstehungsunfähigkeit bildet keinen Grund für Begnadigung, weil es dann schon an der Voraussetzung der Vollstreckbarkeit (vgl. § 48 Abs. 3 lit. a JVV, LS 331.1; vorne N. 24) fehlt (DONATSCH/SCHMID, StPO, § 487 N. 18 a.E.). Eine Begnadigung fällt praxisgemäss auch dann ausser Betracht, wenn die betreffenden Umstände bereits dem urteilenden Gericht bekannt waren (DONATSCH/SCHMID, StPO, § 487 N. 18 Fn. 82). Ferner führt die Möglichkeit, Freiheitsstrafen in *Halbgefangenschaft* zu verbüssen, nicht selten dazu, dass von vornherein nicht von besonderer Härte gesprochen werden kann (vorne N. 22).

37 Allein gutes Verhalten im Strafvollzug genügt nicht für eine Begnadigung; hingegen kann *besonders anerkennenswertes Verhalten,* wie etwa Hilfeleistung gegenüber einem gefährdeten Mitgefangenen oder Vollzugsbeamten oder Organspende (umstritten) als nachträgliche tätige Reue gewürdigt werden und die Begnadigung hinsichtlich der Reststrafe rechtfertigen (DONATSCH/SCHMID, StPO, § 487 N. 18 bei Fn. 85 und 86 m.H.).

Die *mit der Strafe verfolgten Zwecke* sind beim Verurteilten *nicht mehr relevant*, namentlich wenn seit der Verurteilung eine lange Periode verstrichen ist und sich der Verurteilte seither bewährt hat. Gleiches gilt, wenn der mit der Strafe verfolgte Zweck durch den Vollzug der Strafe gefährdet oder geradezu vereitelt würde, sodass eine Strafverbüssung als sinnlos erscheinen müsste (DONATSCH/SCHMID, StPO, § 487 N. 19 m.H.; zum Versuch, von der Drogensucht wegzukommen, VPB 58 [1994] Nr. 70). Ausgeschlossen sind dabei Fälle, in denen der Verurteilte den langen Zeitablauf selbst verschuldete. Nur mit grösster Zurückhaltung – da einer Urteilskorrektur entsprechend – ist von der Möglichkeit Gebrauch zu machen, die Begnadigung *aus spezialpräventiven Gründen einzusetzen*, also z.B. auf den Strafvollzug zu verzichten, weil damit die künftige Bewährung als besser gewährleistet erscheint (VPB 57 [1993] Nr. 40; DONATSCH/SCHMID, StPO, § 487 N. 20 m.H.). 38

Die dem Strafurteil zugrunde liegenden faktischen und/oder rechtlichen *Verhältnisse haben sich wesentlich geändert*, etwa wenn die betreffende Strafnorm in der Zwischenzeit aufgehoben worden ist oder wenn nach überwundener Kriegs- oder Krisenzeit kein Bedürfnis nach Vollzug der im Zusammenhang damit stehenden Strafurteile (wegen Kriegswirtschaftsdelikten u.Ä.) mehr besteht (DONATSCH/SCHMID, StPO, § 487 N. 21). 39

Die Korrektur einer vom *Gesetz her unvermeidlichen Härte* drängt sich im konkreten Fall auf. Dabei ist aber zu berücksichtigen, dass die Begnadigungsbehörden nicht rechtspolitisch tätig werden dürfen, indem sie die vom Gesetzgeber fixierten Strafrahmen als zu hoch betrachten und korrigierend eingreifen; anders verhält es sich nur beim Vorliegen eines gesetzgeberischen Versehens (VPB 57 [1993] Nrn. 40 und 41; weitere Hinweise bei DONATSCH/SCHMID, StPO, § 487 N. 18 Fn. 79 sowie N. 22). 40

c) Begnadigung bei Fehlurteilen?

Grundsätzlich lehnt es die Praxis zu Recht ab, auf Begnadigungsgesuche einzutreten, mit denen direkt oder sinngemäss die Korrektur eines Fehlurteils verlangt wird (DONATSCH/SCHMID, StPO, § 487 N. 23). Dies steht im Einklang mit dem unbestrittenen Grundsatz, dass es nicht Aufgabe der Begnadigungsbehörde ist, die Richtigkeit von Urteilen zu überprüfen (vgl. vorne N. 2). In solchen Fällen hat (nach Ablauf der Fristen der ordentlichen Rechtsmittel) gegebenenfalls die Revision korrigierend einzugreifen, auf welche der Gesuchsteller in diesem Fall allenfalls hinzuweisen ist. Bei *offensichtlich unrichtiger Rechtsanwendung* versagt jedoch die Revision. Zu Recht wird daher die Auffassung vertreten, dass es mit Blick auf das Grundanliegen der Begnadigung ausnahmsweise zulässig sein kann, ein offensichtlich rechtsfehlerhaftes Urteil durch Begnadigung zu korrigieren (vgl. BGE 103 Ia 426, 433; SCHMID, Handbuch, N. 1751; DONATSCH/SCHMID; StPO, § 487 N. 23 a.E.; BSK-GASS, Vor Art. 381 N. 29). So findet sich auch in der zürcherischen Praxis der letzten Jahre ein Fall, in welchem eine Begnadigung damit begründet wurde, dass sich die infrage stehende Verurteilung nachträglich im Lichte der höchstrichterlichen Rechtsprechung klarerweise als gesetzwidrig erwies und der Gesuchsteller hätte freigesprochen werden müssen (sog. *absoluter Begnadigungsgrund*; Prot. KR vom 10.5.2004, S. 4099 ff.). Wie bereits erwähnt (N. 34) spielt in dieser Konstellation die Frage der persönlichen Begnadigungswürdigkeit keine Rolle. 41

Nach Auffassung der Mehrheit des Kantonsrates kann es sodann auch nicht Aufgabe der hiesigen Begnadigungsinstanz sein, ein nach schweizerischen Massstäben unverhältnis 42 mässig strenges ausländisches Urteil (nach erfolgter Überstellung zur Strafverbüssung in der Schweiz) auf diesem Weg zu korrigieren (Abweisung des Begnadigungsgesuches eines Schweizers, der in Thailand wegen Drogenschmuggels zu 25 Jahren Gefängnis verurteilt worden war, wovon als Folge zweier Amnestien fünfeinhalb Jahre erlassen wurden und im Zeitpunkt des Gnadengesuches bereits siebeneinhalb Jahre verbüsst waren, wobei in der Schweiz für ein vergleichbares Delikt eine Freiheitsstrafe von zwischen zwei und drei Jahren ausgesprochen worden wäre; Beratungen des Kantonsrates v. 5.12.2011).

§ 202 *Gesuch*

Das Begnadigungsgesuch ist beim Regierungsrat einzureichen. Es hemmt die Vollstreckung des Urteils nicht.

Inhaltsübersicht N.
I. Einreichung des Gesuches
    1. Formelles 1
    2. Legitimation 5
II. Kein gesetzlicher Suspensiveffekt 7

I. Einreichung des Gesuchs

1. Formelles

1   Das Begnadigungsgesuch ist *beim Regierungsrat einzureichen*. Wird es bei einer anderen Behörde oder Stelle eingereicht, ist es von Amtes wegen weiterzuleiten. Es bestehen keine Formvorschriften, doch ist Schriftlichkeit üblich. Das Gesuch ist von Bundesrechts wegen *an keine Fristen gebunden*. Das Gesuch ist sodann zu begründen.

2   Ist aus dem Gesuch ersichtlich, dass eine Begnadigung von vornherein nicht in Betracht fällt, *hingegen möglicherweise eine Revision* (Wiederaufnahme), hat der Regierungsrat bzw. die Justizdirektion den Gesuchsteller auf diese Möglichkeit hinzuweisen. Allenfalls kann sich aufdrängen, dass die Oberstaatsanwaltschaft selbst ein Revisionsverfahren zugunsten des Verurteilten nach Art. 381 StPO einleitet (DONATSCH/SCHMID, StPO, § 490 N. 3).

3   Die Justizdirektion als instruierende Behörde (§ 203 N. 3) pflegt bei Gesuchen von ausserkantonalen bzw. ausländischen Gesuchstellern gestützt auf Art. 15 Abs. 2 lit. a VRG *Barvorschüsse* zu verlangen (DONATSCH/SCHMID, StPO, § 489 N. 1 a.E.; anders – für das st.-gallische Recht – RS 2002 Nr. 220).

4   Im Kanton Zürich gingen über längere Zeit durchschnittlich pro Jahr *zwischen 10 und 20 Begnadigungsgesuche* ein; bei etwa einem Zehntel beantragt der Regierungsrat beim Kantonsrat die Begnadigung, während er die restlichen neun Zehntel in eigener Kompetenz ablehnt (vgl. Prot. KR vom 1.9.2003, S. 888). In den letzten Jahren waren diese Zahlen rückläufig; so wurden zwischen 2003 und 2011 von insgesamt 58 eingereichten Begnadigungsgesuchen lediglich deren zwei zur Annahme empfohlen (Presseberichte vom 3.10.2011; s. dazu auch plädoyer 5/11, S. 24).

2. Legitimation

Nach Art. 382 Abs. 1 StGB kann das Gesuch *vom Verurteilten persönlich, von seinem gesetzlichen Vertreter und, mit Einwilligung des Verurteilten, von seinem Verteidiger, seinem Ehegatten oder seinem eingetragenen Partner oder seiner eingetragenen Partnerin* gestellt werden. Auch der urteilsfähige Unmündige oder Entmündigte ist legitimiert (DONATSCH/SCHMID, StPO, § 489 N. 2 m.H.). 5

Mit dem Einverständnis des Verurteilten ist auch auf ein Gesuch *anderer naher Bezugspersonen*, wie z.B. Eltern, Geschwister, Arbeitgeber, Betreuer, einzutreten (SCHMID, Handbuch, N. 1745; DONATSCH/SCHMID, StPO, § 489 N. 2). 6

II. Kein gesetzlicher Suspensiveffekt

Nach StGB ist für das Gesuch um Begnadigung *keine aufschiebende Wirkung* vorgesehen. Das kantonale Recht könnte eine solche zwar statuieren (ZR 85 Nr. 7; SCHMID, Handbuch, N. 1747); im Kanton Zürich ist dies nach dem ausdrücklichen Wortlaut des Gesetzes (Satz 2) jedoch nicht der Fall. 7

In der Praxis wird die Bestimmung als *Ausschluss des gesetzlichen Suspensiveffekts* verstanden. Im Einzelfall wird die aufschiebende Wirkung durch die mit der Antragstellung beauftragte Justizdirektion regelmässig gewährt, soweit sich der Gesuchsteller nicht bereits im Strafvollzug befindet oder sich das Gesuch nicht sofort als aussichtslos oder sogar rechtsmissbräuchlich erweist. Verweigert wird sie auch bei Wiedererwägungs- bzw. später (nach Art. 382 Abs. 3 StGB) erneuerten Gesuchen, wenn offenkundig ist, dass damit eine Verzögerung des Strafantritts bezweckt wird (vgl. ZR 85 Nr. 7 E. 2 m.H.; DONATSCH/SCHMID, StPO, § 489 N. 5 m.H.). 8

Gegen die Verweigerung der aufschiebenden Wirkung durch die Justizdirektion ist unmittelbar Beschwerde an das Bundesgericht (früher staatsrechtliche Beschwerde) zulässig (Hinweis bei DONATSCH/SCHMID, StPO, § 489 N. 5 Fn. 24). 9

---

§ 203 *Verfahren*

¹ Der Regierungsrat führt das Verfahren durch. Er kann ein Begnadigungsverfahren von sich aus einleiten.

² Er hört die Oberstaatsanwaltschaft an. Er kann eine Vernehmlassung des erkennenden Gerichts und weiterer Stellen einholen.

Inhaltsübersicht	N.
I. Zum Begnadigungsverfahren	1
1. Natur des Verfahrens	1
2. Vorprüfung; Anhörung der Oberstaatsanwaltschaft usw.	3
II. Einleitung des Verfahrens von Amtes wegen	6
1. Zuständigkeit	6
2. Voraussetzungen nach Art. 382 Abs. 2 StGB	7
3. Ausdehnung auf weitere Fälle?	9

§ 203

I. Zum Begnadigungsverfahren

1. Natur des Verfahrens

1 Das Begnadigungsverfahren gilt grundsätzlich als Verwaltungsverfahren, welches, soweit es nicht im StGB und kantonalrechtlich heute im GOG geregelt ist, zumindest sinngemäss nach den Bestimmungen des VRG abgewickelt wird (DONATSCH/SCHMID, StPO, § 487 N. 6 m.H.; nach bundesgerichtlicher Praxis ist der Gnadenentscheid freilich ein Akt «sui generis», welcher jedenfalls nicht in den Anwendungsbereich des VwVG fällt, BGE 118 Ia 104 = Pr 81 Nr. 197; LEUGGER, S. 1316 et passim). Letztlich trifft wohl zu, dass die Begnadigung, ähnlich wie die Amnestie, an einer *Schnittstelle verschiedenster Disziplinen des öffentlichen und des Strafrechts* liegt (LEUGGER, S. 1318 m.H.).

2 Allgemein gilt für das Begnadigungsverfahren, dass sich sowohl Regierungs- wie Kantonsrat an die *Grundsätze der Gleichbehandlung und an das Willkür- sowie Diskriminierungsverbot* halten müssen (HAUSER, in: Häner/Rüssli/Schwarzenbach, Kommentar zur Zücher KV, N. 11 zu Art. 59). Darüber hinaus wird *de lege ferenda* gefordert, dass dem Begnadigungsentscheid ein korrektes Beweisverfahren mit Bezug auf die für den Entscheid relevanten Tatsachen vorausgeht, wobei die Beweislast beim Gesuchsteller liegt (BSK-GASS, Vor Art. 381 N. 35).

2. Vorprüfung; Anhörung der Oberstaatsanwaltschaft usw.

3 Das Instruktionsverfahren wird von der Justizdirektion durchgeführt (vgl. Anhang 1 zu VOG RR; LS 172.11). Es findet schriftlich statt; eine mündliche Anhörung des Gesuchstellers – sei es durch den Regierungsrat, sei es durch die Justizkommission des Kantonsrates – findet in aller Regel nicht statt (Prot. KR vom 9.7.2001, S. 9034). Dabei sind unter Beachtung der Offizialmaxime die Akten beizuziehen und, soweit erforderlich, Leumundsberichte, Strafregisterauszüge, Führungsberichte von Strafanstalten usw., medizinische Berichte usw. einzuholen (zur Frage der Verwertung von entfernten Strafregistereinträgen s. Vorbemerkungen zu §§ 202 ff. N. 34).

4 Bevor materiell über das Gesuch entschieden wird, ist gemäss Abs. 2 in jedem Fall die *Oberstaatsanwaltschaft anzuhören*. Fakultativ ist die Einholung von Vernehmlassungen des erkennenden Gerichts und weiterer Stellen; im Falle der beabsichtigten Begnadigung mit Bezug auf ein *ausländisches Urteil* (Vorbemerkungen zu §§ 202 ff. N. 20) wird auch der betreffende Staat anzuhören sein. Es geht namentlich darum abzuklären, ob nach Meinung des Gerichts der Vollzug der ausgefällten Strafe eine ungerechtfertigte, in der Starrheit des Gesetzes begründete und vom Richter nicht gewollte aussergewöhnliche Härte bedeuten würde (DONATSCH/SCHMID, StPO, § 490 N. 1). Bei Erledigung durch Nichteintreten, etwa mangels formeller Voraussetzungen (§ 204 N. 3), erübrigt sich die Einholung von Stellungnahmen.

5 Dem Gesuchsteller ist sodann *das rechtliche Gehör zu gewähren*, d.h., es sind ihm die eingeholten Stellungnahmen zuzustellen und es ist ihm die Möglichkeit zur Äusserung einzuräumen (DONATSCH/SCHMID, StPO, § 490 N. 2; vgl. auch BGer 1P.738/2001 vom 24.4.2002 E. 5). Insoweit als die EMRK auf das Begnadigungsverfahren nicht zur Anwendung gelangt (Vorbemerkungen zu §§ 202 ff. N. 11), genügt es, dem Gesuchsteller die-

jenigen Stellungnahmen zuzustellen, die neues Tatsachenmaterial enthalten und nach Auffassung der Begnadigungsinstanz entscheidrelevant sind (vgl. SCHMID, Handbuch, N. 1752 Fn. 723; ferner J.P. MÜLLER, ZBJV 131, S. 722). Nach durchgeführtem Instruktionsverfahren leitet die Justizdirektion das Gesuch mit ihrem Antrag an den Regierungsrat zum weiteren Vorgehen nach § 204 weiter.

II. Einleitung des Verfahrens von Amtes wegen

1. Zuständigkeit

Ausnahmsweise (und entsprechend Art. 382 Abs. 2 StGB) ist vorgesehen, dass der Regierungsrat das Verfahren von Amtes wegen einleiten kann (Abs. 1 Satz 2). Zuständig dafür ist allein der Regierungsrat, nicht die Oberstaatsanwaltschaft; diese kann aber dem Regierungsrat einen entsprechenden Antrag stellen bzw. andere zur Gesuchstellung Legitimierte (§ 202 N. 4 f.) zum Stellen eines Gesuches veranlassen (DONATSCH/SCHMID, StPO, § 489 N. 3 a.E.).

2. Voraussetzungen nach Art. 382 Abs. 2 StGB

Art. 382 Abs. 2 StGB sieht die Verfahrenseinleitung von Amtes wegen vor, soweit es um *politische Verbrechen und Vergehen sowie Straftaten geht, die mit einem politischen Verbrechen oder Vergehen zusammenhängen*. In solchen Fällen kann somit das Verfahren auch ohne Zustimmung und sogar gegen den Willen des Verurteilten eingeleitet werden, was sonst nicht zulässig ist (SCHMID, Handbuch, N. 1745; DONATSCH/SCHMID, StPO, § 489 N. 3).

Der Begriff des politischen Delikts geht in diesem Zusammenhang weiter als im Auslieferungsrecht. Darunter fallen zunächst die *absolut politischen Delikte,* die sich gegen die politische und soziale Organisation des Staates, die staatlichen Machtverhältnisse (innere und äussere Sicherheit), die verfassungsmässige Ordnung und den Funktionsmechanismus richten und die aus politischen Beweggründen oder zu politischen Zwecken begangen werden. Nach bisheriger Praxis werden darunter ausschliesslich die Delikte des 13., 14. und 16. Titels des StGB eingereiht (vgl. auch TRECHSEL/LIEBER, Art. 356 N. 4). Art. 382 Abs. 2 StGB erfasst jedoch auch die *relativ politischen sowie politisch-konnexen Delikte,* d.h. gemeine Delikte, die zum Zweck der Vorbereitung oder Ermöglichung politischer Delikte begangen wurden. Nicht erfasst werden hingegen Verhaltensweisen, die bei objektiver Betrachtung von der Öffentlichkeit nicht als politisch wahrgenommen werden, wie z.B. Nichtbezahlen des Militärpflichtersatzes (zum Vorstehenden DONATSCH/SCHMID, StPO, § 489 N. 3 m.H.).

3. Ausdehnung auf weitere Fälle?

Im Kanton Zürich scheint nach § 203 Abs. 1 Satz 2 (wie schon bisher nach § 489 Abs. 3 StPO [ZH]) der Regierungsrat *in allen Fällen* ein Begnadigungsverfahren von Amtes wegen einleiten zu können, also nicht nur bei Delikten politischer Natur oder mit politischem Hintergrund. Als Ausnahmeregelung und mit Blick auf die (wohl abschliessende) Bestimmung von Art. 382 Abs. 2 StGB ist aber § 203 Abs. 1 Satz 2 mindestens für den Bereich des Bundesstrafrechts auf politische Delikte zu beschränken; bei nicht politischen Fällen könnte der Regierungsrat somit allein bei den kaum relevanten kantonalen Strafsachen von Amtes wegen ein Begnadigungsverfahren einleiten (DONATSCH/SCHMID, StPO, § 489 N. 4 m.H.).

> **§ 204** *Entscheid*
>
> ¹ Der Regierungsrat entscheidet über die Abweisung eines Begnadigungsgesuchs. Er unterrichtet die Justizkommission des Kantonsrates über die Gründe der Abweisung.
>
> ² Über eine Begnadigung entscheidet der Kantonsrat auf Antrag des Regierungsrates.
>
> ³ Entscheide über Begnadigungsgesuche werden nicht begründet.

Inhaltsübersicht   N.
I.   Begnadigungskompetenz 1
     1. Abweisung des Gesuches 1
         a) Abschliessende Kompetenz des Regierungsrates 1
         b) Unterrichtungspflicht; Stellung der Justizkommission 4
     2. Bei Antrag auf Begnadigung 6
         a) Abschliessende Kompetenz des Kantonsrates 6
         b) Verfahren vor dem Kantonsrat 7
II. Begnadigungsentscheid 9
     1. Umfang, bedingte Begnadigung 9
     2. Weisungen; Widerruf der bedingten Begnadigung 11
     3. Nebenfolgen 13
     4. Begründungsverzicht 14
III. Rechtsmittel 16
     1. Kantonalrechtlich 16
     2. Bundesrechtlich 17
IV. Rechtskraft 21
V.   Wirkung der Begnadigung 24

I. Begnadigungskompetenz

1. Abweisung des Gesuchs

a) Abschliessende Kompetenz des Regierungsrates

1 Gelangt der Regierungsrat nach Durchführung des Instruktionsverfahrens (§ 203 N. 3 ff.) zum Schluss, das Begnadigungsgesuch sei abzuweisen oder es sei darauf nicht einzutreten, so entscheidet er in abschliessender Zuständigkeit. Es handelt sich in diesem Fall um eine Vorprüfung mit gleichzeitig abschliessender Entscheidungskompetenz, die im Einklang mit Bundesrecht steht (vgl. Hinweise bei DONATSCH/SCHMID, StPO, § 491 Fn. 1; SCHMID, Handbuch N. 1752).

Anders als nach bisherigem Recht (§ 491 Abs. 1 StPO [ZH]) liegt die *Kompetenz zur negativen Entscheidung in sämtlichen Fällen beim Regierungsrat*, also auch dann, wenn das Urteil auf lebenslängliche Freiheitsstrafe lautet bzw. wenn der Richter an ein erhöhtes Mindestmass gebunden war; ebenso bei politischen Delikten.

Der Regierungsrat entscheidet entweder (materiell) auf *Abweisung* des Gesuches oder (formell) auf *Nichteintreten*. Ein Nichteintretensentscheid ergeht, wenn es z.B. an der Legitimation oder an der Vollstreckbarkeit des Strafurteils fehlt; ferner bei Nichtleistung des Barvorschusses. Materiell wird das Gesuch abgewiesen, wenn nach Auffassung des Regierungsrates der Gesuchsteller nicht begnadigungswürdig ist bzw. kein besonderer Begnadigungsgrund (Vorbemerkungen zu §§ 202 ff., N. 31 ff.) vorliegt (DONATSCH/SCHMID, StPO, § 491 N. 3 m.H.).

b) Unterrichtungspflicht; Stellung der Justizkommission

Die *Gründe für die Abweisung* werden zwar dem Gesuchsteller nicht mitgeteilt (Abs. 3), jedoch ist der Regierungsrat nach Abs. 1 Satz 2 verpflichtet, die Justizkommission des Kantonsrates darüber zu unterrichten (vgl. auch § 49c Abs. 2 KRG). Eine förmliche Überprüfungsmöglichkeit durch die Justizkommission folgt indessen aus dieser Bestimmung nicht, was nicht ausschliesst, dass diese gegebenenfalls ihre Kritik an negativen Entscheiden zum Ausdruck bringt.

Im Zusammenhang mit der Auflösung der früheren Begnadigungskommission war am 30.11.1999 im Kantonsrat eine parlamentarische Initiative eingereicht worden, mit welcher eine *Änderung des Begnadigungsverfahrens* in dem Sinn vorgeschlagen wurde, dass im Falle der Abweisung des Gesuchs durch den Regierungsrat die darüber zu unterrichtende Justizkommission dem Kantonsrat ihrerseits *einen Gegenantrag hätte stellen können* (Prot. KR vom 11.10.1999, S. 1493 ff.). Zur Begründung wurde geltend gemacht, es sei nicht einzusehen, weshalb mit Bezug auf die Ablehnung eines Gesuchs der Regierungsrat das letzte Wort habe, während bei einer (beantragten) Gutheissung in einem zweistufigen Verfahren der Kantonsrat abschliessend entscheide. Die Initiative fand indessen die für das Zustandekommen erforderliche vorläufige Unterstützung im Rat nicht. Somit ist gemäss der geltenden Rechtsgrundlage weiterhin davon auszugehen, dass die Justizkommission keine Möglichkeit hat, bei Abweisung des Gesuchs durch den Regierungsrat einen Gegenantrag auf Begnadigung an den Kantonsrat zu stellen.

2. Bei Antrag auf Begnadigung

a) Abschliessende Kompetenz des Kantonsrates

Kommt der Regierungsrat hingegen zum Schluss, dem Begnadigungsgesuch sei stattzugeben, so hat er das Dossier samt Antrag dem Kantonsrat zur Entscheidung zu überweisen (Abs. 2). Die Zuständigkeit liegt schon von Verfassungs wegen beim Kantonsrat, *soweit der Regierungsrat die Begnadigung befürwortet* (Art. 59 Abs. 2 lit. b KV). Dabei handelt es sich um eine *Mindestvorschrift*; der Gesetzgeber könnte gestützt auf Art. 59 Abs. 4 KV vorsehen, dass in gewissen Fällen auch vom Regierungsrat abgelehnte Gesuche dem Kantonsrat zu unterbreiten sind (HAUSER, in: Häner/Rüssli/Schwarzenbach Kommentar zur Zürcher KV, N. 10 zu Art. 59, m.H. auf die frühere Regelung gemäss § 491 StPO [ZH]; dazu auch BGE 95 I 544).

b) Verfahren vor dem Kantonsrat

7 Vor dem Kantonsrat erfolgt zunächst die Prüfung des Gesuchs durch die Justizkommission (vgl. §§ 12 lit. g und 49c Abs. 2 Kantonsratsgesetz; LS 171.1); diese hat für diesen Bereich eine Subkommission geschaffen. Der Präsident der Justizkommission referiert hernach im Plenum, worauf über das Gesuch beraten und abgestimmt wird. Der Vollzug des Ratsbeschlusses obliegt dem Regierungsrat, der auch über einen allfälligen Widerruf der bedingten Begnadigung (N. 12) befindet (DONATSCH/SCHMID, StPO, § 491 N. 4).

8 Besondere Bedeutung kommt in diesem Zusammenhang dem *Persönlichkeitsschutz* des Gesuchstellers zu; die Direktion der Justiz und des Innern hat im Jahre 2004 Richtlinien zur Vertraulichkeit und Zugänglichkeit von Begnadigungsbeschlüssen veröffentlicht; aufgrund heftiger Kritik seitens der Medienschaffenden wurden diese überarbeitet und mit Beschluss der Geschäftsleitung des Kantonsrates vom 12. August 2004 gelockert (vgl. dazu Geschäftsbericht der Justizkommission über ihre Tätigkeit von Oktober 2003 bis September 2004, S. 2).

II. Begnadigungsentscheid

1. Umfang; bedingte Begnadigung

9 Im Falle der Begnadigung bestimmt der Kantonsrat deren *Umfang* (Art. 383 Abs. 2 StGB).

10 Die Begnadigung kann *bedingt oder unbedingt ausgesprochen* werden, wobei im Kanton Zürich die Praxis dahin geht, die – totale oder teilweise (quantitative) – Begnadigung bedingt zu gewähren, was nach dem Grundsatz *in maiore minus* auch bezüglich Strafen von weniger als sechs Monaten bzw. mehr als zwei Jahren zulässig ist (vgl. zu Art. 41 StGB in der bis Ende 2006 geltenden Fassung BGE 84 IV 143; ferner Hinweise bei DONATSCH/ SCHMID, StPO, § 491 N. 6 Fn. 17). Dem Verurteilten wird in diesem Fall eine *Probezeit* zwischen 1 bis 5 Jahren angesetzt. Durch die Probezeit wird der Lauf der Vollstreckungsverjährung nach Art. 99 ff. StGB nicht unterbrochen; der Ablauf der Probezeit darf somit nicht über den Zeitpunkt des Eintritts der Vollstreckungsverjährung hinaus ausgedehnt werden (DONATSCH/SCHMID, StPO, § 491 N. 6 Fn. 19).

2. Weisungen; Widerruf der Begnadigung

11 Die Probezeit kann mit *Weisungen* im Sinne von Art. 44 Abs. 2 StGB verbunden werden, wobei diese den Zweck verfolgen müssen, den Begnadigten zu bessern bzw. Rückfälle zu verhindern. Möglich wäre es z.B., einem Sittlichkeitstäter die Weisung zu erteilen, sich in therapeutische Behandlung zu begeben bzw. diese weiterzuführen.

12 Im Falle der Nichtbewährung während der Probezeit erfolgt ein *Widerruf der Begnadigung* durch die im Regelfall vom Kantonsrat dazu ermächtigte Justizdirektion. Dabei handelt es sich nicht um ein gerichtliches Verfahren im Sinne von BV und EMRK (kritisch J.P. MÜLLER, ZBJV 131, S. 771 m.H.); hingegen ist dem Begnadigten vor dem Widerrufsentscheid *das rechtliche Gehör zu gewähren* (BGE 118 Ia 108 = Pr 81 Nr. 197). Anstelle des Widerrufs ist *in maiore minus* und in analoger Anwendung von Art. 46 Abs. 2 StGB eine

Verlängerung der Probezeit oder in leichten Fällen eine Verwarnung denkbar (zum Ganzen DONATSCH/SCHMID, StPO, § 491 N. 8 m.H.).

3. Nebenfolgen

Die Kosten des Begnadigungsverfahrens werden in der Regel unabhängig vom Verfahrensausgang dem Gesuchsteller auferlegt und mit dem allfälligen Barvorschuss (§ 202 N. 3) verrechnet, oft aber zufolge schlechter finanzieller Verhältnisse des Gesuchstellers sofort abgeschrieben. Die Begnadigung begründet grundsätzlich keine Entschädigungsansprüche, da es nicht um die Korrektur eines Fehlurteils geht (nur in diesem Fall – vgl. dazu Vorbemerkungen zu §§ 202 ff., N. 41 – gelangt Art. 3 von Protokoll Nr. 7 zur EMRK [SR 0.101.07] zur Anwendung; vgl. auch DONATSCH/SCHMID, StPO, § 491 N. 8 a.E.) 13

4. Begründungsverzicht

Nach Abs. 3 werden Entscheide über Begnadigungsgesuche (wie schon bisher nach § 494 StPO [ZH]) gegenüber dem Gesuchsteller nicht begründet. Diese Bestimmung steht zwar im Einklang mit der bisherigen Bundesgerichtspraxis (BGE 107 Ia 103, 118 Ia 107; relativierend BGer 1P.738/2001 vom 24.4.2002 E. 4, soweit es um die Frage der Nichtweiterleitung des Gesuchs an den Kantonsrat geht). Mit Recht wird aber im neueren Schrifttum darauf hingewiesen, dass der Begründungsverzicht im Lichte von Art. 29 Abs. 2 BV sowie Art. 112 Abs. 1 BGG und namentlich auch mit Blick auf die neuere Praxis zur Begründung von Einbürgerungsentscheiden (BGE 129 I 217 und 232) *fragwürdig* ist (SCHMID, Handbuch, N. 1753; DONATSCH/SCHMID, StPO, § 494 N 1 bei Fn. 3; MÜLLER/SCHEFER, Grundrechte, S. 889; R. WIEDERKEHR, ZBl 111, S. 481, 496 f.: vgl. auch TRECHSEL/LIEBER, Vor Art. 381 N. 4, je m.H.; ferner TOPHINKE, S. 103, wonach eine sachliche Begründung von Begnadigungsentscheiden nicht mehr bloss rechtspolitisches Postulat, sondern vor Bundesgericht durchsetzbar sei). 14

Mit Bezug auf den *Widerruf eines Begnadigungsentscheides* besteht demgegenüber Anspruch auf Begründung (BGE 118 Ia 104; BSK-GASS, Vor Art. 381 N. 43). 15

III. Rechtsmittel

1. Kantonalrechtlich

Schon nach bisherigem Recht war der Weiterzug ablehnender Begnadigungsentscheide mittels *Verwaltungsgerichtsbeschwerde* an das Verwaltungsgericht ausgeschlossen (DONATSCH/SCHMID, StPO, § 491 N. 9, u.H.a. auf § 46 lit. b [a]VRG). In der seit dem 1.7.2010 geltenden Fassung des VRG gemäss G über die Anpassung des kantonalen Verwaltungsverfahrensrechts vom 22.3.2010 (OS 65, S. 390) wurde der Ausschluss der Beschwerde in Begnadigungssachen nunmehr ausdrücklich aufgenommen (§ 44 lit. b VRG). In der Weisung des RR zur Gesetzesvorlage wurde ausdrücklich auf den nicht justiziellen, sondern vorwiegend politischen Charakter des Begnadigungsverfahrens Bezug genommen, was (im Lichte von Art. 86 Abs. 3 BGG) den Ausschluss einer kantonalen gerichtlichen Überprüfung zulasse (ABl 2009 S. 889 f.; kritisch, soweit es um die Frage der Einhaltung der 16

Verfahrensrechte geht, immerhin KÄLIN, Die Bedeutung der Rechtsweggarantie für die kantonale Verwaltungsjustiz, ZBl 100 [1999] S. 59 Fn. 45).

2. Bundesrechtlich

17 Gegen den Begnadigungsentscheid ist die *Beschwerde in öffentlich-rechtlichen Angelegenheiten* (Art. 82 ff. BGG) an das Bundesgericht zulässig; dabei kann jedoch – wie schon im Rahmen der vor Inkrafttreten des BGG insoweit (BGE 118 Ia 104 E. 1b m.H.) als zulässig betrachteten staatsrechtlichen Beschwerde (dazu BSK-GASS, Vor Art. 381 N. 36 f.; DONATSCH/SCHMID, StPO, § 491 N. 10) – nur die Verletzung von Partei- und Verfahrensrechten, die dem Gesuchsteller aufgrund kantonalen Rechts oder nach Art. 9 BV zustehen, geltend gemacht, grundsätzlich aber nicht der Entscheid selbst angefochten werden (SCHMID, Handbuch, N. 1754; DERSELBE, Die Strafrechtsbeschwerde nach dem Bundesgesetz über das Bundesgericht – eine erste Auslegeordnung, ZStrR 124 S. 160 ff., 202; TRECHSEL/LIEBER, Vor Art. 381 N. 6; TOPHINKE, S. 103; demgegenüber für Zulässigkeit der Beschwerde in Strafsachen BSK-GASS, Vor Art. 381 N. 38 und offenbar auch BSK BGG-UHLMANN, Art. 90 N. 14, was allerdings – anders als nach Art. 86 Abs. 3 BGG – in jedem Fall eine unmittelbare gerichtliche Vorinstanz im Kanton bedingen würde, Art. 80 Abs. 2 BGG). Konkret geht es insbesondere um den Anspruch auf Entgegennahme und Prüfung des Begnadigungsgesuches.

18 Namentlich mit Blick auf die *Rechtsweggarantie* (Art. 29a BV) wird es als kaum noch haltbar bezeichnet, dass abschlägige Begnadigungsentscheide nicht zumindest unter dem Aspekt des Willkür- und Diskriminierungsverbotes und des Rechtsgleichheitsgebotes auch materiell überprüft werden können (TRECHSEL/LIEBER, Vor Art. 381 N. 6; vgl. auch TOPHINKE, 103; KLEY, St. Galler Kommentar BV, 2. Aufl., Art. 29a N. 36). Einer derartigen Anfechtbarkeit stünde auch nicht entgegen, dass Begnadigungsentscheide gegenüber dem Gesuchsteller nicht zu begründet sind. So wurde konkret in einem staatsrechtlichen Beschwerdeverfahren dem Beschwerdeführer Gelegenheit gegeben, sich zur Eingabe der Justizdirektion zu äussern, mit welcher diese gegenüber dem Bundesgericht die Gründe für die Abweisung des Begnadigungsgesuches mitgeteilt hatte, womit es dem Beschwerdeführer möglich war, vor Bundesgericht entsprechende Kritik anzubringen (BGer 1P.738/2001 vom 24.4.2002, Sachverhalt lit. B. und E. 4).

19 Auch gegenüber *Widerrufsentscheiden bei bedingter Begnadigung* sind Rechtsmittel in der Sache weitgehend ausgeschlossen; infrage kommt auch hier die Beschwerde gemäss Art. 82 ff. BGG, immerhin hier zufolge der Begründungspflicht (vorne N. 15) mit erweiterten Möglichkeiten der Anfechtung als beim ablehnenden Begnadigungsentscheid (BGE 118 Ia 106; DONATSCH/SCHMID, StPO, § 491 N. 12).

20 In der Praxis spielt namentlich die Anfechtung ablehnender Entscheide durch den Verurteilten eine Rolle. Denkbar ist indessen auch die *Anfechtung eines positiven Entscheides*, wenn die politische Behörde in Überschreitung ihrer Kompetenz, etwa bei fehlender Begnadigungswürdigkeit bzw. ohne jegliche sachliche Gründe, begnadigt. Theoretisch käme sodann die Anfechtung wegen fehlender sachlicher Zuständigkeit in Betracht, sei es im Verhältnis zwischen Bund und Kanton, sei es im innerkantonalen Verhältnis, wobei in diesen Fällen die Oberstaatsanwaltschaft als beschwerdelegitimiert zu betrachten

ist. Bei Streitigkeiten bzw. bei einer behaupteten Verletzung der interkantonalen örtlichen Zuständigkeit käme sinngemäss ein Vorgehen nach Art. 40 bzw. 48 StPO infrage (zum Vorstehenden sinngemäss DONATSCH/SCHMID, StPO, § 491 N. 11).

IV. Rechtskraft

Negative Begnadigungsentscheide erwachsen *nicht in materielle Rechtskraft*, weshalb es (zumal bei veränderter Sachlage) möglich ist, später erneut ein Begnadigungs- bzw. ein Wiedererwägungsgesuch zu stellen (SCHMID, Handbuch, N. 1754 a.E.). Solche Gesuche haben aber nach zürcherischer Praxis nur dann Aussicht auf Erfolg, wenn seit dem früheren Gesuch eine wesentlich veränderte Sachlage eingetreten ist bzw. neue, früher nicht bekannte bzw. berücksichtigte erhebliche Tatsachen angerufen werden können. 21

In diesem Sinn sieht Art. 382 Abs. 3 StGB ausdrücklich die Möglichkeit einer *Sperrfrist* in dem Sinne vor, dass das abgewiesene Gesuch innert eines «gewissen Zeitraums» *nicht erneuert werden darf*, was vereinzelt als verfassungswidrig bezeichnet wird (J.P. MÜLLER, ZBJV 131, S. 721). Die Bemessung der Frist liegt im Ermessen der Behörde, doch darf sie nicht derart sein, dass ein neues Gesuch überhaupt verunmöglicht würde. Die zürcherische Praxis *verzichtet auf die Ansetzung solcher Fristen* (vgl. DONATSCH/ SCHMID, StPO, § 491 N. 13). 22

Umgekehrt sind unbedingt ausgesprochene Begnadigungen grundsätzlich *unwiderruflich*, erwachsen also in materielle Rechtskraft. Ausnahmen gelten dort, wo der Gesuchsteller Umstände verschwiegen hat oder Tatsachen vorliegen, in deren Kenntnis die Behörde eine Begnadigung verweigert hätte. Konkret ist dabei an neue Straftaten zu denken, die der Gesuchsteller während des Begnadigungsverfahrens begangen hat und die erst nachträglich bekannt werden. Ebenso wäre ein Widerruf zulässig, wenn der Gesuchsteller durch täuschendes bzw. erpresserisches Verhalten einen positiven Entscheid erschlichen hat (DONATSCH/SCHMID, StPO, § 491 N. 14 m.H.). 23

V. Wirkung der Begnadigung

Wie bereits erwähnt (Vorbemerkungen zu §§ 202 ff., N. 2) führt die Begnadigung nicht zur Entfernung des Urteils aus dem Strafregister; hingegen ist die Begnadigung selbst *im Strafregister einzutragen* (Art. 6 lit. b VOSTRA-VO; SR 331). 24

Das zufolge Begnadigung nicht zu vollstreckende Urteil (insbesondere der Schuldspruch) bleibt als solches bestehen. Demzufolge ist nachträglich ein *Revisionsgesuch* nach wie vor möglich, und zwar selbst nach einer unbedingten vollständigen Begnadigung (DONATSCH/SCHMID, StPO, § 491 N. 16). 25

Wird ein Täter mit mehreren Urteilen zu Strafen verurteilt, die als Gesamt- bzw. als Zusatzstrafe nach Art. 49 Abs. 2 StGB die Grenze von zwei Jahren für den bedingten Strafvollzug übersteigen, so ist der bedingte Strafvollzug ausgeschlossen, falls eine Strafe durch Begnadigung erlassen wird und der Rest weniger als zwei Jahre beträgt (vgl. zum alten AT StGB BGE 80 IV 10). Der Widerruf eines bedingten Strafvollzugs nach Art. 46 26

Abs. 1 StGB wegen eines neuen Urteils wird durch ein Begnadigungsverfahren bezüglich dieser neuen Verurteilung sodann nicht ausgeschlossen (DONATSCH/SCHMID, StPO, § 491 N. 17 m.H.).

> § 205 *Rechtsfolgen*
>
> Eine Begnadigung hat keinen Einfluss auf die zivilrechtlichen Folgen der Straftat.

1   Die Begnadigung lässt entsprechend ihrer Rechtsnatur den davon betroffenen Entscheid *im Zivilpunkt* (Art. 122 ff. StPO) unberührt; Gleiches gilt für die Kosten- und Entschädigungsfolgen (zur Möglichkeit des Kostenerlasses Art. 425 StPO).

2   Zu den Kosten- und Entschädigungsfolgen des Begnadigungsverfahrens Art. 204 N. 13.

9. Teil
Übergangsbestimmungen

Vorbemerkungen zu §§ 206 ff.

Literatur

A. Frei, Knifflige Fragen zum Übergangsrecht, plädoyer 1/11, S. 33 ff.; M. Hauri, Übergangsrecht, in: Tag/Hauri (Hrsg.), Schweizerische Strafprozessordnung, Zürich 2010, S. 191 ff.; V. Lieber, Knifflige Fragen zum Übergangsrecht, plädoyer 6/10, S. 36 ff.; N. Schmid, Übergangsrecht der Schweizerischen Strafprozessordnung, Zürich 2010; F. Walther, Das Übergangsrecht zur neuen ZPO – offene Fragen und mögliche Antworten, SZZP 2010, S. 409 ff.

Das Übergangsrecht zwischen altem (kantonalem) und neuem Prozessrecht (ZPO, StPO, JStPO) wird weitgehend durch die eidgenössischen Prozessordnungen geregelt (Art. 404 ff. ZPO, Art. 448 ff. StPO, Art. 47 ff. JStPO). Grundsätzlich ist danach ab 1.1.2011 neues Recht anwendbar, wobei allerdings gerichtliche Verfahren nach bisherigem Recht vor derjenigen Instanz weitergeführt werden, bei welcher sie am 1.1.2011 rechtshängig sind (Art. 404 Abs. 1 ZPO, Art. 450, 453 Abs. 1 StPO). Die vorliegenden Bestimmungen regeln lediglich gewisse Fragen im Zusammenhang mit der sachlichen Zuständigkeit, insbesondere soweit es dabei um die Beendigung der Rechtsprechungstätigkeit des Geschworenengerichts und des Kassationsgerichts geht. 1

§ 206 Erstinstanzliche Zivilverfahren
a. Im Allgemeinen

> Zivilverfahren, die bei Inkrafttreten dieses Gesetzes erstinstanzlich rechtshängig sind, werden vom bisher sachlich zuständigen Gericht fortgeführt.

Für Zivilverfahren, die im Zeitpunkt des Inkrafttretens der schweizerischen ZPO, der mit dem Inkrafttreten des GOG zusammenfällt (1.1.2011), rechtshängig sind, gilt nach Art. 404 Abs. 1 ZPO bis zum Abschluss vor der betroffenen Instanz das bisherige Verfahrensrecht weiter. Ebenso gilt nach Art. 404 Abs. 2 Satz 2 ZPO mit Bezug auf die örtliche Zuständigkeit der Grundsatz der *perpetuatio* fori. 1

Hinsichtlich der *sachlichen Zuständigkeit*, deren Regelung dem kantonalen Recht obliegt, erscheint es vor allem aus prozessökonomischer Sicht und in Übereinstimmung mit dem Fortbestehen der bisherigen örtlichen Zuständigkeit als sinnvoll, wenn auch das bisher mit der Sache befasste Gericht bis zum Abschluss des Verfahrens zuständig bleibt. 2

In *Strafsachen* bestimmt Art. 449 Abs. 1 StPO, dass Verfahren, die im Zeitpunkt des Inkrafttretens der StPO rechtshängig sind, grundsätzlich von den nach neuem Recht zuständigen Behörden weitergeführt werden, soweit nicht ausdrücklich etwas anderes bestimmt ist. Insoweit wird sowohl die örtliche wie die sachliche Zuständigkeit bundesrechtlich definiert. Abweichende Bestimmungen bestehen namentlich für die Weiterführung des erstinstanzlichen Hauptverfahrens vor dem bisher zuständigen Gericht (Art. 450 StPO) wie auch hinsichtlich der Weiterführung eines kantonalen Rechtsmittelverfahrens vor der bisher zuständigen Instanz (Art. 453 Abs. 1 StPO). 3

> § 207 b. *Verfahren vor den Arbeitsgerichten*
>
> ¹ Für die Beurteilung von Streitigkeiten gemäss § 20 sind bis zur Wahl der Beisitzenden zuständig:
> a. im Bezirk Zürich und in der Stadt Winterthur die bestehenden Arbeitsgerichte bzw. deren Einzelgerichte,
> b. im übrigen Kantonsgebiet die Bezirksgerichte.
>
> ² Die Wahl der Beisitzenden für den Rest der laufenden Amtsdauer erfolgt so bald als möglich. Am Bezirksgericht Zürich amten die gewählten Arbeitsrichterinnen und Arbeitsrichter für den Rest der laufenden Amtsdauer.

1 Als Folge der Ausdehnung der arbeitsrechtlichen Fachgerichtsbarkeit auf den ganzen Kanton (s. vorn § 20 N. 1) bedarf es insoweit einer Regelung der sachlichen Zuständigkeit für die Übergangsphase, d.h. bis zur Wahl der Beisitzenden in den neu zu schaffenden Arbeitsgerichten. Bis zu diesem Zeitpunkt sind danach ausser im Bezirk Zürich und in der Stadt Winterthur (Abs. 1 lit. a) die Bezirksgerichte für die Beurteilung arbeitsrechtlicher Streitigkeiten zuständig (Abs. 1 lit. b).

2 Die Wahl der Beisitzenden für den Rest der laufenden Amtsdauer (2008–2014) hat so bald als möglich zu erfolgen (Abs. 2 Satz 1; zur Regelung der Wahl § 12 GOG). Der Kantonsrat hat auf Antrag des Obergerichts die Zahl der Beisitzenden der Arbeitsgerichte für die laufende Amtsdauer mit Beschluss vom 30.5.2011 (LS 212.23) wie folgt festgesetzt:

Affoltern	12
Andelfingen	12
Bülach	30
Dielsdorf	18
Dietikon	24
Hinwil	18
Horgen	18
Meilen	22
Pfäffikon	24
Uster	24
Winterthur	40

(dazu auch vorn § 12 N. 2).

3 Am Bezirksgericht Zürich amten für den Rest der laufenden Amtsdauer die gewählten Arbeitsrichter (insgesamt deren 120; vgl. den auf 1.1.2011 aufgehobenen Beschluss des Kantonsrates vom 27.9.1999, LS 212.32) weiter (Abs. 2 Satz 2).

> § 208 *Wahlfähigkeitszeugnis für Staatsanwälte*
>
> Die bei Inkrafttreten dieses Gesetzes gültigen Wahlfähigkeitszeugnisse für Staatsanwältinnen und Staatsanwälte sind jenen gleichgestellt, die aufgrund dieses Gesetzes erteilt werden.

Die Bestimmung gewährleistet, dass Wahlfähigkeitszeugnisse, die nach bisherigem Recht (gestützt auf die VO über das Wahlfähigkeitszeugnis für Staatsanwältinnen und Staatsanwälte vom 22.6.2005, LS 213.23) erteilt wurden, auch unter neuem Recht (dazu vorn § 98) gültig bleiben. Dies gilt jedoch *nicht* für die bis Ende 2010 befristeten *Wählbarkeitsbescheinigungen* im Sinne von § 13a der genannten VO (vgl. § 13a Abs. 3 VO; W.RR S. 162).

§ 209 *Zuständigkeit der Gemeinden für Übertretungen*

> Nach Inkrafttreten dieses Gesetzes bleiben die Gemeinden ohne Erteilung einer Bewilligung gemäss § 89 Abs. 2 während eines Jahres für die Verfolgung und Beurteilung von Übertretungen zuständig.

Um den Gemeinden ausreichend Zeit einzuräumen, ein Gesuch für die Übertragung der Befugnisse bei der Verfolgung und Beurteilung von Übertretungen gemäss § 89 Abs. 2 GOG einzureichen, bzw. dem Regierungsrat die erforderliche Zeit zur Verfügung zu stellen, das Ermächtigungsverfahren durchzuführen, sieht das Gesetz eine einjährige Übergangsfrist vor.

§ 210 *Geschworenengericht*

> Die Bestimmungen über das Geschworenengericht, seine Mitglieder und sein Personal, insbesondere über Wahl, Organisation und Entlöhnung, bleiben bis zur Erledigung sämtlicher Verfahren durch das Gericht anwendbar.

Literatur

U. Bosshard, Die Sondergerichte im Kanton Zürich, Diss. Zürich 1981, S. 291 ff.; M. Fehr, Das zürcherische Geschworenengericht, Diss. Zürich 1975; R. Frank, Gerichtsorganisation und Prozessverlauf, S. 52 ff.; R. Hauser, Am Ende von Schwur- und Geschworenengericht?, in: Festgabe für H. Schultz, ZStrR 94, S. 252 ff.; R. Moss, Das Geschworenengericht in Österreich und im Vergleich mit dem Kanton Zürich, in: FS für J. Rehberg, Zürich 1996, S. 205 ff.; H.F. Pfenninger, Bundesgericht gegen Schwurgericht, SJZ 48, S. 349 ff. = Probleme des schweizerischen Strafprozessrechts, Zürich 1966, S. 269 ff.; derselbe, Die zürcherische Standesinitiative zu BStrP Art. 277 (Schwurgericht), SJZ 52, S. 269 ff.; derselbe, Vom Schwur- zum Geschworenengericht im Kanton Zürich, in: Probleme des schweizerischen Strafprozessrechts, Zürich 1966, S. 287 ff.; J.F. Poudret, Echevins ou jurés?, ZStrR 98, S. 69 ff.

Inhaltsübersicht

		N.
I.	Zur Geschichte des zürcherischen Geschworenengerichts	1
	1. Die Einführung des Schwurgerichts	1
	2. Vom Schwurgericht zum Geschworenengericht	2
	3. Kompetenzabbau	6
	4. Bestrebungen zur Schaffung eines Kriminalgerichts	7
II.	Übergangsrechtliche Regelung	9
	1. Wegfall der rechtlichen Grundlage	9
	2. Einzelheiten	10

I. Zur Geschichte des zürcherischen Geschworenengerichts

1. Die Einführung des Schwurgerichts

1   Die Einführung des Schwurgerichts nach englischem Vorbild – zunächst getrennte Beratung und Abstimmung von zwölf Geschworenen (Jury) allein über den Schuldpunkt und hernach Fällung des darauf gestützten Urteils (Strafe und Nebenpunkte) durch drei Berufsrichter (Gerichtshof) – erfolgte im Kanton Zürich durch eine Verfassungsrevision vom 7. Weinmonat 1851 (OS 8 S. 301) und durch die Gesetze betreffend die Organisation der Rechtspflege und des Strafverfahrens vom 29./30. Herbstmonat 1852 (OS 9 S. 33 und 67). Es handelte sich hierbei um einen Akt von hoher staats- und rechtspolitischer Tragweite. Das neu geschaffene Institut beruhte auf dem Gedanken, dass in schweren Kriminalfällen durch die Mitwirkung von redlichen und rechtschaffenen Männern (good and lawful men) das Volk unmittelbar an der Rechtsfindung mitwirkt und so das Vertrauen der Bevölkerung in die Rechtspflege gestärkt wird. Das Schwurgericht zwingt naturgemäss zur Mündlichkeit und Unmittelbarkeit der Hauptverhandlung und erfüllt so in hohem Mass das Prinzip der Öffentlichkeit.

2. Vom Schwurgericht zum Geschworenengericht

2   Gestützt auf eine 1895 eingereichte kantonsrätliche Motion schlug der Regierungsrat dem Kantonsrat im Jahr 1901 in einer Vorlage über die Revision der Rechtspflegegesetze vor, Schuld- und Strafpunkt durch die Geschworenenbank und den Gerichtshof gemeinsam entscheiden zu lassen. Die Beratungen zogen sich bis ins Jahr 1909 hin. Die Reform wurde schliesslich im Kantonsrat abgelehnt, weil das Volk Vertrauen zum Schwurgericht habe und keine Änderung wünsche.

3   Im Zusammenhang mit der Einführung des StGB wurde den Stimmberechtigten eine Reform des Schwurgerichts vorgeschlagen. Dieses sollte durch eine Änderung von Art. 57 Abs. 2 KV – «Gerichtshof und Geschworene urteilen gemeinsam über Schuld und Strafe» – rechtlich in ein Geschworenengericht umgewandelt werden. In der Volksabstimmung vom 6.7.1941 wurde jedoch die Vorlage mit wuchtigem Mehr verworfen.

4   Eine neue Hinwendung zum Geschworenengericht bahnte sich an, als der Kassationshof des Bundesgerichts in einem den Kanton Zürich betreffenden Urteil (BGE 78 IV 134 ff.) erkannte, auch Schwurgerichtsurteile müssten so abgefasst sein, dass die Gesetzesanwendung vom Kassationshof allseitig überprüft werden kann, ansonsten sie nach Art. 277 BStP aufgehoben würden. Die höchstrichterliche Rechtsprechung brachte damit zum Ausdruck, dass es im Interesse einer einheitlichen Rechtsanwendung und der Rechtsgleichheit unerlässlich sei, auch schwere Fälle der Kriminalität zu überprüfen. Eine vom Kanton Zürich 1954 eingereichte Standesinitiative, es seien in Art. 277 BStP die Schwurgerichtsurteile von der Begründungspflicht auszunehmen, blieb erfolglos und wurde 1957 von den eidgenössischen Räten abgelehnt (dazu HAUSER/HAUSER, GVG 1911, S. 201, Ziff. 4).

5   Am 13.1.1966 beantragte der Regierungsrat dem Kantonsrat im Rahmen einer Revision von GVG und StPO erneut den Übergang zum Geschworenengericht (gemeinsame Beratung von Jury und Gerichtshof über das gesamte Urteil); Kernstück bildete die Neufas-

§ 210

sung der §§ 260–266 StPO. Die Vorlage fand in der Volksabstimmung vom 2.7.1967 die Zustimmung einer Mehrheit (OS 42 S. 729 ff.).

3. Kompetenzabbau

Beim Inkrafttreten des StGB am 1.1.1942 umfasste der Katalog der in die Zuständigkeit des damaligen Schwurgerichts fallenden Straftaten 38 Ziffern (§ 71 GVG [1911]). Die Hauptlast bildeten für das Gericht die Vermögensdelikte. Das Gericht musste sich deshalb auch mit der in den 1960/1970er-Jahren aufkommenden Wirtschaftskriminalität befassen. Die für die Beurteilung dieser komplexen Materie erforderlichen Sachkenntnisse gingen den Laien in der Regel jedoch ab. Auch die Unmittelbarkeit erwies sich als weitgehend ungeeignete Form für die Abwicklung solcher Prozessstoffe. Mit der Revision vom 25.9.1977 wurden deshalb die Delikte, welche als Wirtschaftsdelikt zu qualifizieren sind (namentlich Veruntreuung, Betrug und Urkundenfälschung), in die Zuständigkeit des Obergerichts übertragen (§ 44 Abs. 2 GVG [1911]). Damit wurde indessen nur eine Zwischenlösung erreicht. Im Zug einer Teilrevision vom 3.3.1991 übertrug der Gesetzgeber – abgesehen von wenigen Ausnahmen (§ 56 Ziff. 5 und 6 GVG) – die Behandlung sämtlicher Vermögensdelikte in die Zuständigkeit des Bezirksgerichts. Infolge dieser massiven Reduktion beschränkte sich die Zuständigkeit des Geschworenengerichts in der Folge auf eigentliche Schwerverbrechen (vgl. dazu REHBERG/HOHL, Die Revision des zürcherischen Strafprozessrechts von 1991, Zürich 1992, S. 5 f.). 6

4. Bestrebungen zur Schaffung eines Kriminalgerichts

In den 90er-Jahren des letzten Jahrhunderts kam es zu Bestrebungen zur Schaffung eines kantonalen Kriminalgerichts. Die Regierung erhielt im Jahre 1996 vom Kantonsrat den Auftrag zur Ausarbeitung einer entsprechenden Gesetzesvorlage und legte 1998 ihre Leitlinien für die Teilrevision der Strafrechtspflege vor. Gestützt darauf arbeitete eine von der Justizdirektion eingesetzte Expertengruppe einen vom 9.2.2000 datierten Vorentwurf aus, und schliesslich unterbreitete der Regierungsrat am 4.4.2001 dem Kantonsrat einen Gesetzesantrag über die Teilrevision der Strafprozessgesetzgebung, der u.a. die Schaffung eines Kriminalgerichts anstelle des Geschworenengerichts vorsah (ABl 2001 S. 504 ff.). Das Kriminalgericht wäre danach für die Beurteilung von Verbrechen mit Mindeststrafe Zuchthaus zuständig gewesen. 7

Bereits im Verlauf der parlamentarischen Vorberatung dieser Vorlage wurde auf das Postulat der Abschaffung des Geschworenengerichts *verzichtet*, namentlich auch unter Hinweis auf die bevorstehende Neuregelung des Strafverfahrensrechts auf Bundesebene. Die Gesetzesvorlage, die im Weiteren die Neuorganisation der Untersuchungs- und Anklagebehörden sowie die Beschränkung des kantonalen Rechtsmittelzugs in Strafsachen auf zwei Instanzen vorsah, wurde im Kantonsrat am 27.1.2003 verabschiedet und trat (nach der Referendumsabstimmung vom 30.11.2003) auf den 1.1.2005 in Kraft (vgl. dazu DONATSCH/WEDER/HÜRLIMANN, Die Revision des Zürcher Strafverfahrensrechts vom 27. Januar 2003, Zürich 2005, S. 1 ff.). 8

II. Übergangsrechtliche Regelung

1. Wegfall der rechtlichen Grundlage

9 Mit dem Inkrafttreten der schweizerischen StPO entfällt die Grundlage für ein Verfahren nach Massgabe der Besonderheiten des zürcherischen Geschworenengerichts (§§ 198 ff. StPO [ZH]; §§ 50 ff. GVG).

2. Einzelheiten

10 *Übergangsrechtlich* sieht Art. 450 Abs. 1 StPO vor, dass ein Verfahren nach bisherigem Recht und vom bisher zuständigen Gericht weitergeführt wird, wenn die Hauptverhandlung bereits vor Inkrafttreten des neuen Rechts eröffnet wurde. Insoweit wäre es möglich gewesen, dass dem Geschworenengericht nach dem 1.1.2011 noch eine geringe Zahl von Fällen zur Erledigung verblieben wäre, was jedoch nicht eintraf. Hingegen verblieben dem Gericht nach Inkrafttreten des neuen Rechts noch mehrere vor dem 1.1.2011 gefällte Urteile zur Ausfertigung der schriftlichen Begründung, weshalb der Kanzleibetrieb über den 1.1.2011 hinaus aufrechterhalten blieb.

11 Was allfällige *Rückweisungen* von Entscheiden des Geschworenengerichts durch das Bundesgericht oder das Kassationsgericht (welches insoweit ebenfalls noch – bis 30.6.2012 [§ 211 Abs. 2 GOG] – seine Tätigkeit ausübt, Art. 453 Abs. 1 StPO) betrifft, gilt nach Art. 453 Abs. 2 Satz 2 StPO die Regelung, dass nach dem 1.1.2011 solche Verfahren vom neu zuständigen Bezirksgericht (in erster Instanz) weiterzuführen und zu erledigen sind. Insofern bedarf es hier keiner kantonalrechtlichen Regelung (anders § 212 Abs. 1 lit. a GOG für das Kassationsgericht).

12 Keiner besonderen Regelung bedarf es hinsichtlich der allfälligen *Revision* von geschworenengerichtlichen Entscheiden, da sowohl nach bisherigem (§ 439 Abs. 1 StPO [ZH]) wie nach neuem Recht (Art. 21 Abs. 1 lit. b StPO i.V.m. § 49 GOG) darüber das Obergericht befindet. Zuständigkeit und Verfahren für einen neuen Sachentscheid nach Gutheissung eines Revisionsgesuches richten sich nach neuem Recht (Art. 452 Abs. 2 StPO; vgl. auch ZR 110 Nr. 36).

---

§ 211 *Kassationsgericht*

[1] Das Kassationsgericht übt seine Rechtsprechungstätigkeit bis zum 30. Juni 2012 aus.

[2] Gerichtsleitung und Administration bleiben längstens bis zum 31. Dezember 2012 im Amt, um die zur Auflösung des Gerichts noch notwendigen administrativen Arbeiten zu erledigen. Sie werden dafür nach Aufwand entschädigt.

[3] Die Bestimmungen über das Kassationsgericht, seine Mitglieder und sein Personal, insbesondere über Wahl, Organisation und Entlöhnung, bleiben bis zu den Zeitpunkten gemäss Abs. 1 und 2 anwendbar.

[4] Die Geschäftsleitung des Kantonsrates legt die Abfindungen für die Mitglieder und Ersatzmitglieder des Kassationsgerichts fest.

§ 211

Literatur

H. BRUNNER, 168 Jahre Kassationsgericht des Kantons St. Gallen, in: FS 125 Jahre Kassationsgericht des Kantons Zürich, Zürich 2000, S. 47 ff.; R. FRANK, Gerichtswesen und Prozessverlauf, S. 67 ff.; H. FRITZSCHE, Von Kassation und Kassationsgericht, SJZ 36, S. 133 ff.; DERSELBE, Das zürcherische Kassationsgericht, SJZ 57, S. 267 ff.; M. JAGMETTI, Einleitende Bemerkungen zum Kassationsgericht, in: FS 125 Jahre Kassationsgericht des Kantons Zürich, Zürich 2000, S. 1 ff., DERSELBE, Zum zürcherischen Kassationsgericht, SJZ 96, 2000, S. 126 ff.; K. REBER, 150 Jahre sanktgallisches Kassationsgericht, SJZ 77, S. 293 ff.; B. SCHMID, Zur Geschichte des zürcherischen Kassationsgerichts, in: FS 125 Jahre Kassationsgericht des Kantons Zürich, Zürich 2000, S. 15 ff.; M. SCHUBARTH, Die Zukunft der Kassationsgerichte im Lichte der eidgenössischen Justizreform und in einem europäischen Rechtsmittelsystem, in: FS 125 Jahre Kassationsgericht des Kantons Zürich, Zürich 2000, S. 33 ff.; ST. TRECHSEL/R. SCHLAURI, Die Praxis des Kassationsgerichts zur EMRK, in: FS 125 Jahre Kassationsgericht des Kantons Zürich, Zürich 2000, S. 423 ff.; H.U. WALDER, Personelles aus dem Kassationsgericht, in: FS 125 Jahre Kassationsgericht des Kantons Zürich, Zürich 2000, S. 39 ff.

Inhaltsübersicht

		N.
I.	Nichtigkeitsbeschwerde und Kassationsgericht	1
	1. Zur Geschichte der Nichtigkeitsbeschwerde und des Kassationsgerichts	1
	2. Zur Bedeutung der kassationsgerichtlichen Rechtsprechung	8
II.	Übergangsrechtliche Regelung	10
	1. Wegfall der rechtlichen Grundlage	10
	2. Einzelheiten	12

I. Nichtigkeitsbeschwerde und Kassationsgericht

1. Zur Geschichte der Nichtigkeitsbeschwerde und des Kassationsgerichts

Die erste gesetzliche Ordnung der Nichtigkeitsbeschwerde brachten das Gesetz betreffend das Strafverfahren vom 30. Herbstmonat 1852 (OS 9 S. 67) und in Zivilsachen das Rechtspflegegesetz vom 30. Weinmonat 1866 (OS 14 S. 50; §§ 257 ff. und 321 ff.). Beschwerden gegen obergerichtliche Urteile gingen damals an das Gesamtobergericht, das unter Ausstand der bisher beteiligten Richter darüber zu entscheiden hatte (SCHMID, S. 17). Die Rechtssicherheit erforderte indessen eine selbständige, vom Obergericht getrennte Instanz. 1

Das Kassationsgericht als *selbständiges Organ der Rechtsprechung* wurde durch das Rechtspflegegesetz vom 2. Christmonat 1874 (RG, OS 18 S. 57, §§ 60 ff. und 112) in die bestehende Gerichtsorganisation eingebaut (SCHMID, S. 18). Es nahm am 1.1.1875 mit neun Mitgliedern und fünf Ersatzrichtern seine Funktionen auf und erledigte im ersten Jahr seiner Tätigkeit 22 Fälle, von denen es die eine Hälfte in fünf Sitzungen und die andere Hälfte auf dem Zirkulationsweg erledigte. Seine Aufgabe bestand darin, über Nichtigkeitsbeschwerden gegen Entscheide des Obergerichts und später (1880) des Schwur- und des Handelsgerichts zu befinden (FRITZSCHE, SJZ 57, S. 268; HAUSER, Die zürcherische Rechtspflege im Wandel 1831–1981, ZR 80, S. 292 und 295; SCHMID, S. 20). Die Stellung des Obergerichts als (administrative) Aufsichtsbehörde wurde dadurch nicht berührt, da dem Kassationsgericht keine Aufsichtsgewalt über die Gerichte eingeräumt wurde. 2

3   Noch unter der Herrschaft des RG sowie von § 86 GVG (1911) behandelte das Kassationsgericht als Gesamtbehörde seine Geschäfte in der Besetzung von sieben Richtern. Anlässlich der Totalrevision von 1976 reduzierte § 67 GVG die Zahl der im Einzelfall mitwirkenden Richter auf fünf, was die Bildung von Spruchkörpern (Besetzungen) in verschiedener Zusammensetzung ermöglichte. Seit jeher amteten als (nebenamtliche) Richter vorzugsweise praktizierende Anwälte sowie Universitätsprofessoren, in früheren Zeiten vereinzelt auch pensionierte Oberrichter, Staatsanwälte und sonstige Staatsangestellte. Aus der illustren Liste seiner Präsidenten seien hier lediglich Ernst Hafter (Präsident 1913–1914), Eugen Curti (Präsident 1914–1935), Hans Fritzsche (Präsident 1935–1959), Max Guldener (Präsident 1959–1973) und Guido von Castelberg (Präsident 1987–1997) erwähnt (die vollständige Liste aller Präsidenten und Mitglieder des Kassationsgerichts seit 1875 findet sich in: Festschrift 125 Jahre Kassationsgericht, S. 569 ff.).

4   Im Verlauf der Jahre löste sich das Kassationsgericht *auch in administrativer Hinsicht vom Obergericht*. Noch unter der Geltung von § 90 GVG (1911) hatte die Obergerichtskanzlei die Kanzleigeschäfte des Kassationsgerichts besorgt. Die Totalrevision von 1976 übertrug dem Kassationsgericht die Befugnis, seinen Gerichtsschreiber (später Generalsekretär) selbst zu wählen. Den stellvertretenden Gerichtsschreiber bestimmte nach wie vor das Obergericht im Einvernehmen mit dem Kassationsgericht, und es stellte diesem auch das übrige Personal zur Verfügung. Die vollständige personelle und administrative Trennung der beiden Gerichte vollzog sich erst mit der Neufassung des § 68 GVG vom 12.6.1994.

5   Umgekehrt zielten in regelmässigen Abständen politische Bestrebungen immer wieder auf die völlige *Abschaffung* oder *zumindest auf eine wesentliche Beschneidung* der Kompetenzen des Kassationsgerichts. Ein letzte derartige Einschränkung brachte die Gesetzesrevision vom 27.1.2003, mit welcher der kantonale Rechtsmittelzug in Strafsachen generell auf zwei Instanzen verkürzt wurde (s. vorn § 210 N. 8). Die strafrechtliche Nichtigkeitsbeschwerde an das Kassationsgericht war damit ab 1.1.2005 nur noch gegen Urteile des Geschworenengerichts sowie gegen solche des Obergerichts als erster Instanz zulässig.

6   Ende der 90er-Jahre hatte die Geschäftslast des Kassationsgerichts ihren Höhepunkt erreicht (1997: 559 Erledigungen); sie ging in den Folgejahren, vor allem nach 2005, wegen der vorstehend erwähnten Einschränkung des Rechtsmittelzugs in Strafsachen auf ca. 200 bis 250 Geschäfte zurück. Die Anzahl der Gutheissungen bewegte sich über die letzten Jahrzehnte hinweg konstant in einem Bereich von ca. 20%.

7   Im Jahre 2000 feierte das Gericht sein 125-Jahr-Jubiläum mit einem Festakt in der Universität und der Herausgabe einer Festschrift.

2. Zur Bedeutung der kassationsgerichtlichen Rechtsprechung

8   Das Schwergewicht der Tätigkeit des Kassationsgerichts lag seit jeher in der Überprüfung des justizförmigen Verfahrens seitens des Obergerichts, des Geschworenen- und des Handelsgerichts sowie des Einzelrichters am Obergericht bzw. Handelsgericht. Bei dieser Tätigkeit übte es auch einen Teil Verfassungsgerichtsbarkeit (BV und EMRK) aus. Auch wenn es sich oft dem Vorwurf ausgesetzt sah, allzu formalistisch und ohne Rücksicht auf die materielle Richtigkeit des angefochtenen Entscheides und insbesondere die prozessökonomischen Bedürfnisse der täglichen Praxis zu urteilen, erfüllte das Kassationsge-

richt durch sein Wächteramt eine bedeutende korrektive, wegleitende und nicht zuletzt *präventive* Aufgabe, und es leistete dadurch einen wichtigen Beitrag zum Rechtsschutz der Parteien (vgl. dazu die grundsätzlichen Ausführungen in RB 2000 S. 5).

Die Praxis des Kassationsgerichts, die nach Inkrafttreten der schweizerischen Prozessgesetze nur noch bedingt Bedeutung haben wird, *bleibt weiterhin zugänglich* in den Rechenschaftsberichten sowie in den vorab in der SJZ und in den ZR veröffentlichten Grundsatzentscheiden; ferner ist der Grossteil seiner Entscheidungen seit dem Jahr 2004 auf der Datenbank der zürcherischen Gerichte in anonymisierter Form greifbar (www.gerichte-zh.ch/entscheide, s. auch § 125 N. 28).

II. Übergangsrechtliche Regelung

1. Wegfall der rechtlichen Grundlage

Auch für das Kassationsgericht entfällt mit dem Inkrafttreten der schweizerischen Prozessordnungen, die das Rechtsmittelsystem abschliessend regeln und namentlich keine dritte Instanz im Kanton zulassen, die Grundlage der Rechtsprechungstätigkeit.

Weil der Bestand des Kassationsgerichts in Art. 74 Abs. 2 KV als eines der obersten kantonalen Gerichte ausdrücklich statuiert worden war, bedurfte es insofern in formeller Hinsicht einer *Verfassungsänderung*. Am 10.5.2010 stimmten die Stimmberechtigten der entsprechenden Streichung zu (OS 65 S. 696).

2. Einzelheiten

Entsprechend den Übergangsbestimmungen der ZPO und der StPO bleibt das Kassationsgericht nach dem 1.1.2011 noch *zur Behandlung der bereits hängigen Beschwerden zuständig*. Ebenso richtet sich das Rechtsmittelverfahren im Zivilprozess für alle Entscheide, die vor Inkrafttreten der ZPO *eröffnet* wurden, sowie im Strafprozess für alle Entscheide, die vor Inkrafttreten der StPO *gefällt* wurden, nach bisherigem Recht, weshalb das Kassationsgericht auch insoweit noch eine Rechtsprechungstätigkeit ausübt.

Weil u.a. aus objektiven Gründen (z.B. bei Sistierungen wegen Todesfalls oder Konkurs mit anschliessenden Weiterungen) denkbar ist, dass einzelne Verfahren nicht mehr innert nützlicher Frist abgeschlossen werden können, hat der Gesetzgeber mit dem 30. Juni 2012 einen *Endtermin für die Rechtsprechungstätigkeit* des Kassationsgerichts festgesetzt (Abs. 1). Fälle, die bis zu diesem Zeitpunkt nicht erledigt werden können, werden ersatzweise durch das Obergericht weitergeführt und erledigt (§ 212 Abs. 1 lit. b GOG).

Im Hinblick auf die *administrative Auflösung* des Gerichts bleiben Gerichtsleitung und Administration bis längstens Ende 2012 im Amt; deren Entschädigung erfolgt nach Aufwand (Abs. 2).

Analog dem Geschworenengericht (§ 210) bleiben die Ende 2010 geltenden Bestimmungen betreffend Wahl, Organisation und Entlöhnung der Mitglieder und des Personals entsprechend der übergangsrechtlichen Weiterexistenz anwendbar (Abs. 3).

16 Sämtliche (formell bis Ende der Amtsdauer, d.h. Mitte 2013 gewählten) Mitglieder und Ersatzmitglieder des Kassationsgerichtes verzichteten per Ende Juni 2012 *auf weitergehende Lohnansprüche und Abfindungen* (vgl. RB 2010 S. 7). Abs. 4 wurde insofern gegenstandslos.

> **§ 212 Zuständigkeit des Obergerichts für Verfahren des Kassationsgerichts**
>
> ¹ Das Obergericht ist für die Weiterführung und Erledigung eines Verfahrens zuständig, wenn
> a. das Bundesgericht nach Inkrafttreten dieses Gesetzes einen Entscheid des Kassationsgerichts aufhebt und das Verfahren zur neuen Beurteilung zurückweist,
> b. es am 30. Juni 2012 beim Kassationsgericht noch hängig ist.
>
> ² Das Obergericht ist zuständig für die Behandlung und Erledigung von ab dem 1. Juli 2012
> a. nachträglich erhobenen Nichtigkeitsbeschwerden,
> b. eingereichten Revisionsbegehren gegen Entscheide des Kassationsgerichts.
>
> ³ Das Obergericht entscheidet in Fünferbesetzung.

Inhaltsübersicht   N.
I.   Ersatzzuständigkeit des Obergerichts 1
     1. Ersatzzuständigkeit bei Rückweisungen und bereits hängigen Fällen 2
        a) Rückweisungen (Abs. 1 lit. a) 2
        b) Hängige Fälle (Abs. 1 lit.b) 4
     2. Ersatzzuständigkeit bei nachträglicher Nichtigkeitsbeschwerde und Revision (Abs. 2) 5
II. Spruchkörperbildung (Abs. 3) 6

I. Ersatzzuständigkeit des Obergerichts

1 Das Gesetz muss die funktionelle Zuständigkeit für diejenigen Konstellationen regeln, in denen entweder aus Gründen des Bundesrechts oder wegen der zeitlichen Fixierung der Rechtsprechungstätigkeit nach § 211 GOG das Kassationsgericht nicht mehr amten kann.

1. Ersatzzuständigkeit bei Rückweisungen und bereits hängigen Fällen

a) Rückweisungen (Abs. 1 lit. a)

2 Art. 453 Abs. 2 StPO sieht vor, dass nach der Rückweisung vom Bundesgericht neues Recht anwendbar ist und die neue Beurteilung durch diejenige Behörde erfolgt, die gemäss StPO für den aufgehobenen Entscheid zuständig gewesen wäre. Dies hat der kanto-

nale Gesetzgeber so umgesetzt, dass in allen Fällen, in denen das Bundesgericht nach dem 1.1.2011 (insofern ungenau SCHMID, Übergangsrecht, N. 338 Fn. 154.) einen Entscheid des Kassationsgerichts aufhebt und die Sache zur Neubeurteilung zurückweist, das Obergericht für die Weiterführung und Erledigung zuständig ist. Es gibt keine Behörde, die nach neuem Recht für die Beurteilung der Nichtigkeitsbeschwerde zuständig wäre (weil es keine Nichtigkeitsbeschwerde mehr gibt), weshalb es sich aufdrängt, in diesem Fall das Obergericht als zuständig zu erklären.

Anders als die StPO enthält die ZPO in diesem Punkt keine klare Regelung. Art. 405 ZPO bestimmt, dass für die Rechtsmittel das Recht gilt, das bei der Eröffnung des Entscheides in Kraft steht. Die Zuständigkeit des Obergerichts für Rückweisungen, die das Entscheidungen des Kassationsgerichts betreffen, erscheint auch im Zivilverfahren als sachgerecht.

b)   Hängige Fälle (Abs. 1 lit. b)

Da nicht auszuschliessen ist, dass an dem in § 211 Abs. 1 GOG bestimmten Endtermin (30.6.2012) noch Fälle am Kassationsgericht hängig sind (s. vorne § 211 N. 12), bedarf auch diese Konstellation einer Regelung im Sinne der Ersatzzuständigkeit des Obergerichts. Die entsprechenden Fälle sind von Amtes wegen dem Obergericht zu überweisen.

2.   Ersatzzuständigkeit bei nachträglicher Nichtigkeitsbeschwerde und Revision (Abs. 2)

Mit Bezug auf nachträglich (innert der subsidiären Frist) erhobene Nichtigkeitsbeschwerden (§ 287 Satz 2 ZPO [ZH], § 431 StPO [ZH]) sowie Revisionsbegehren gegen Entscheide des Kassationsgerichts enthalten die Bundesprozessordnungen keine Bestimmungen. Auch in diesem Zusammenhang drängt sich nach Einstellung der Rechtsprechungstätigkeit des Kassationsgerichts die Ersatzzuständigkeit des Obergerichts auf.

II.   Spruchkörperbildung (Abs. 3)

Um der Besonderheiten des Verfahrens Rechnung zu tragen, hat das Obergericht Fälle, in denen es gestützt auf § 212 GOG anstelle des Kassationsgerichts entscheidet, wie bisher dieses in Fünferbesetzung zu entscheiden. Entsprechende Geschäfte werden von den Zivil- bzw. Strafkammern behandelt (Konstituierung des Obergerichtes für das Jahr 2011, Geschäftsverteilung Zivilkammern neurechtlich Ziff. 12, Strafkammern neurechtlich Ziff. 2), wobei selbstverständlich den Anforderungen an das Gebot des unbefangenen (nicht vorbefassten) Richters Rechnung zu tragen ist.

Sachregister

Sachregister

Zitierweise: Einl 5 = Einleitung N. 5
Vor 8.7 = Vorbemerkungen zu § 8 N. 7
31 = § 31
31.12 = § 31 N. 12

A

Aberkennungsklage 24.23
Ablehnung s. Ausstand
Abolition Vor 202.5
Abschreibung des Verfahrens 135.5
Abstimmungen Verfahren 67
Admassierungsklage s. SchKG-Klagen
Adoptionsverfahren 187.6
Äquivalenzprinzip s. Verhältnismässigkeitsprinzip
Akten 130
- Aktendossier 130.13
- Akteneinsicht 73.7, 125.26, 130.4 und 41
  - bei Erbausschlagung und -annahme 137.29
  - Beschwerde 82.26
  - Dritter 131, s. auch Dritte
  - der Behörden 131, s. auch Behörde
  - im Zwangsmassnahmenverfahren 29.10
- Aktenführung 130.13 und 17
- Aktenführungspflicht 130.3
- Aktenordnung 130.14
- Aktenverzeichnis 29.10, 130.15, 23 und 30
  - handschriftliches 130.27
  - Verzicht auf Aktenverzeichnis 130.27
- Archivierung Vor 67.12, 130.38
  - Aktengeheimnis 130.42
  - Datenschutz 130.42
  - Dauer 130.40 und 43
- Arten 130.8
- Aufbewahrung 130.38
- Begriff 130.7 und 12
- Beizugsakten 130.11 und 26
- Depositen 130.30
- Effekten 130.30 und 37
- Einlegerakten 130.10 und 25
- Haftakten, Einsichtnahme 29.10
- Hauptakten 130.8 und 23
- Kautionen 130.30 und 37
- Nebenakten 130.8

- Rückgabe 130.35
- verlorene 130.28
- Vernichtung 130.36 und 40
- Verwendung zu Lehrzwecken 130.36
- Wertsachen 130.33

Amnestie Vor 202.5
Amtsdauer 32.6
- und Pensionierung 34.3, 94.6

Amtshilfe 131.14
- Beschwerde 82.26
- für Schiedsgericht s. Schiedsgericht

Amtspflichtverletzung 82.47
Amtssitz 4
Amtsstellen als Anzeigeerstatter 154
Amtszwang 12.7
Anfangsverdacht 148.19
Angestellte
- Anzeigepflichten und -rechte 167
- Entlassung 81.23
- Kostenfreiheit im Beschwerde- und Ausstandsverfahren 148.20, 200.10
- Strafverfolgungsprivileg 148.7

Anklageprinzip Einl 41, 27.13
Anschlussklage 24.39
Antrag
- Eventualantrag 134.16
- Minderheitsantrag 134.13
- Ordnungsantrag 134.16
- Rückkommensantrag 134.21
- Wiedererwägungsantrag 134.21

Anwalt s. Rechtsanwalt
Anwaltsprüfungskommission 76.4, 5 und 9
Anzeigepflichten von Behörden und Angestellten 154.1, 167.1
- Ausnahmen von der Anzeigepflicht 167.11
- eidgenössische, kantonale und kommunale Behörden 1676.5
- Einschränkungen der Anzeigepflicht 167.13
- Form der Anzeige 167.27

631

- im Finanzwesen 167.23
- im Steuerwesen 167.20
- im Zusammenhang mit Kriegsmaterial 167.27
- Medizinalpersonen 167.18
- nach Anwaltsrecht 167.19
- Rechtsmittel 167.29
- Verletzung der Anzeigepflicht 167.28

Arbeitsgericht Einl 27, 3.3 und 4
- Amtssitz 4.2
- Anwaltszwang? 3.14
- Arbeitsort 3.7
- Aufsicht 80.1
- Beisitzer
  - Amtszwang 12.8
  - Anzahl 12.2
  - Stellung 12.9
  - Übergangsrecht 207
  - Wahl und Wahlverfahren 12
  - Wählbarkeit 12.6
- Besetzung 15
- Betriebsort 3.7
- Entwicklung 20.1
- Fachrichter? 3.4
- freie Beweiswürdigung 3.13
- Gerichtsstand 3.6
- Gründung Einl 5
- Kostenlosigkeit 3.11
- Offizialmaxime 3.13
- paritätische Zusammensetzung 3.4
- Parteien
  - bei Erbgang und Abtretung 20.14
  - bei Lehrvertrag 20.13
- Präsident 10
  - Kompetenzen 26
- Rechtsmittel 20.29
- Streitwert 3.10
- Verzicht auf Arbeitsgericht? 20.28
- vorprozessuale Beratung 3.15
- Zuständigkeit sachliche
  - Anspruchskonkurrenz 20.8
  - Arbeitsvermittlung und Arbeitsverleih 3.17, 20.17
  - Auslegungsfragen 20.6
  - Begriff und Umfang 20.2
  - Einrede der fehlenden 20.30
  - fehlende 29.19
  - Gleichstellungs- und Mitwirkungsgesetz 3.18, 20.18

- Klagenhäufung 20.24
- konkurrierende 20.24, 126
- Mitwirkungsgesetz 3.23
- Wahlrecht der Parteien 20.25
- Widerklage 20.26

Arbeitsrichter
- Amtszwang 12.8
- Anzahl 12.2, 207.3
- Ausstandsbegehren 127.9
- Stellung 12.9
- Wahl Vor 8.9
- Wählbarkeit 12.6
- Wohnsitz 12.6

Archiv Vor 67.12, 130.39

Arrestverfahren 24.34

Asylgesuche 33.25

Audienzrichter 24.1

Audienzverfahren 9.1

Auditoren 73.6
- als Protokollführer? 133.12, 153.5
- Ablehnung 127.7
- Mitwirkung 133.3

aufschiebende Wirkung 83.18

Aufsicht 115
- im technischen Sinn 81.17
- Umfang des Aufsichtsrechts 80.6, 81.15

Aufsichtsbehörde
- Aufgaben 81.16
- Beschwerdeverfahren 81.24
- Bezeichnung der ausserordentlichen Stellvertreter 117.2
- Disziplinargewalt 81.20
- Rechtsmittel 117.9
- Weisungsbefugnis Vor 115.5
- Zuständigkeit
  - Bezirksgericht 81
  - Kantonsrat 79
  - Obergericht 80

Aufsichtsbeschwerde 81.24, 82, 116.5, s. auch Beschwerde
- Abgrenzung zu Rechtsmittel und Kostenbeschwerde 50.10, 82.7, Vor 115.8
- Anfechtung des Beschwerdeentscheids 84
- Arten 82.20
- Ausgestaltung 82.12
  - Allgemeines Beschwerderecht 82.14
  - Rechtsverweigerung und Rechtsverzögerung 82.15

- Begriff 82.6
- Einschreiten von Amts wegen 82.47
- Erledigung und deren Folgen 83.21
- Ombudsmann, Befugnisse 82.48
- Verfahren 83
  - anwendbares Recht 83.20
  - aufschiebende Wirkung 83.18
  - Begründung 83.12
  - Beweisverfahren 83.19
  - Fristen 83.8
  - Kosten und Entschädigungen 83.21
  - *reformatio in peius?* 84.4
  - Schriftlichkeit 83.11
  - Vernehmlassung 83.16
- Rechtsgrundlagen 82.4
- Zulässigkeit 82
- Zuständigkeit 82, 83.4

Aufsichtskommission über Rechtsanwälte 76.4 und 5, 80.1

Augenschein unangemeldeter 143.5

Auskunftspersonen Entschädigung 73, 199.3 und 45

Ausländerrecht Zwangsmassnahmen
- Haftbedingungen 33.34
  - Folgen ungenügender Bedingungen 33.37
  - Minimalanforderungen 33.36
- Massnahmen 33.27
  - Ausschaffung 33.28 und 50
  - Freiheitsentzug 33.28
  - Rückführung 33.31
- Rechtsquellen 33.25 und 32
- Verfahren
  - Begründung des Entscheids und Verzicht 33.58
  - Beizug eines Übersetzers 33.52
  - Beweisverfahren 53.53
  - Entscheid 33.56
  - Fristen für Haftprüfung 33.43
  - Gegenstand 33.39
  - Grundsätze 33.33
  - Haftrichter 33.38
  - kontradiktorische Verhandlung 33.49
  - Öffentlichkeit des Verfahrens? 53.55
  - Protokollierung 33.51
  - Prüfung der Massnahme 33.41
  - Rechtsbeistand 33.46 und 47
  - Rechtsmittel 33.60 und 61
  - Unmöglichkeit der Ausschaffung 33.40
- Zuständigkeit 33.23 und 30

Aussageverweigerung im Verfahren betreffend fürsorgerischen Freiheitsentziehung 181.3

Ausschaffungshaft 33.27, 28 und 35
- Unmöglichkeit der Ausschaffung 33.40

Aussonderungsklage s. SchKG-Klagen

Ausstand Einl 18, 52.4
- des Auditors 127.7
- Befangenheit 152.7
- des Gerichtsschreibers 133.4
- des Haftrichters 29.17
- Stellvertretung 117

Ausstandsbegehren in Strafsachen 127.5, 10, 13, 15 und 16
- Ablehnung 152.3
  - von Polizeibeamten 152
- Entscheid 152.15
- Kostenfolgen 127.22
- Rechtsmittel 127.25
- Verfahren 152.12 und 18
- Gebühren 199.37

Ausstandsbegehren im Zivilverfahren
- Entscheid
  - Form und Rechtsnatur 127.20
  - Kostenfolgen 127.22
  - Rechtsmittel 127.24
  - Zeitpunkt 127.19
- streitiges 127.5
- Verfahrensfragen 127.17
  - Gebühren 199.37
- Verletzung der Ausstandsvorschriften 127.28
- Zuständigkeit zur Beurteilung 127
  - Bezirksgericht 127.7
  - Obergericht 127.12
  - Verwaltungsgericht 127.15

Ausstandsbestimmungen 7.2

Ausweisung s. Vollstreckung

B

Bauhandwerkerpfandrecht
- sachliche Zuständigkeit zur vorläufigen Eintragung 24.78

Baurekursgericht 6.7

Beamter
- Abschaffung des Status Einl 19
- Begriff Einl 11

Bedürftigkeit 155.5

633

Sachregister

Befangenheit s. Ausstand
Befund amtlicher 143
- Begriff 143.1
- Verfahren 143.3
  - örtliche Zuständigkeit 143.3
  - Parteirechte 143.4
  - Protokollierung 143.7
  - unangemeldeter Augenschein 143.5

Begnadigung Einl 18, 202
- ausländische Strafen Vor 202.20
- bedingte Vor 202.30, 204.9
  - Widerruf Vor 202.19
- Begnadigungsgesuch 202
  - Frist 202.1
  - Kosten 202.3
  - Legitimation 202.5
  - Sperrfrist 204.22
  - Suspensiveffekt? 202.7
- Begnadigungsgründe Vor 202.31
- Begnadigungsverfahren 203. 204.7
  - Einleitung von Amtes wegen 203.6
  - Natur 203.1
  - Vorprüfung 203.3
- Begnadigungswürdigkeit Vor 202.33
- Begriff Vor 202.1
- Entscheid 203
  - Begründung? Vor 202.3, 204.14
  - Kosten 204.13
  - Rechtskraft 204.21
  - Rechtsmittel 204.16
  - Revision 204.25
  - Umfang der Begnadigung 204.9
  - Weisungen 204.11
  - Widerruf der Begnadigung 204.12 und 23
  - Zuständigkeit 204.1
- Fehlurteil Vor 202.41
- Gegenstand
  - Massnahmen und Nebenfolgen Vor 202.26
  - Strafentscheide Vor 202.21
- rechtliche Grundlagen Vor 202.10
- Rechtsanspruch? Vor 202.3
- Rechtsfolgen 205
- Strafaufhebungsgrund Vor 202
- Umfang Vor 202.29
- Voraussetzungen Vor 202.24
- Wirkungen 204.24
- Zuständigkeit Vor 202.15, 202.1
  - örtliche Vor 202.17
  - sachliche Vor 202.15

Begründung Gebühren bei Begründungsverzicht 199.38
Behörden
- Akteneinsicht
  - Beschwerde gegen Verweigerung 131.12
  - Gesuch 131.9
  - Parteirechte 154
  - Strafentscheide 131.15
  - Verwaltungsakten 131.13
  - Voraussetzungen 131.5
  - Zuständigkeit für Bewilligung 131.10
- als Anzeigeerstatter 154
- Anzeigepflichten und -rechte 167
- Begriff 131.3

Belohnung bei Fahndungsmithilfe 160
Beratung s. Entscheid
Berichtigung s. Gerichtsberichterstattung
Berufsgeheimnisse Schutz 165
Berufung Anmeldung 169
Beschleunigungsgebot 102.21
Beschluss s. Entscheid
Beschwerde s. auch Aufsichtsbeschwerde
- administrative 82.20
  - Begriff 82.36
  - Rechtsgrundlagen 82.37
  - Verfahren 82.46
  - Wesen 82.43
- betreibungsrechtliche 24.53, 83.27
- sachliche 82.20
  - Anwendungsgebiet 82.25
  - Begriff 82.22
  - Überprüfungsbefugnis 82.29
  - Verfahrenseinstellung 82.32

Betreibungsbeamter 81.7 und 21
- Begriff und Stellung Vor 143.1
- Wahl Vor 8.9

Betreibungsinspektorat 76.3, Vor 143.6
- Aufsicht 80

Beweisabnahme vorsorgliche 142
- amtlicher Befund 143.2
- Mitwirkungsrechte der Beteiligten 142.8
- örtliche Zuständigkeit 142.4
- Rechtsmittel 142.6
- sachliche Zuständigkeit 142.3
- Verfahren 142.6
- Voraussetzungen 142.2

Beweisverfahren 83.19, 102.20, 142.6
- Verwertungsverbot 129.1

Sachregister

Bezirksbehörden Rechnungswesen 201.11

Bezirksgericht Einl 26, 3.1, Vor 8
- Amtssitz 4.1
- Aufgaben Vor 8.2
- Aufsicht 80
- Aufsichtsbehörde Vor 8.10, 81
  - über Gemeindeammann Vor 143.6
- Besetzung 14
  - unzulässige 14.3
- Einzelrichter
  - als Haftrichter s. Haftrichter
  - Ersatzrichter als Einzelrichter 9.11
  - Kompetenzen in Strafsachen 9.3
  - Kompetenzen in Zivilsachen 9.2
  - Stellung 9.8
  - Anzahl 9.12
- Entstehung Vor 8.1
- Ersatzrichter 11
- Ersatzwahlen 8.6
- Gerichtsschreiber 78
- Geschäftsordnung 18
- Geschäftszuteilung 14.4
- Haftrichter
  - im Verwaltungsstrafrecht 33
  - für das ganze Kantonsgebiet 33
- Justizverwaltung Vor 8.9, 18.3, 77
- Kanzlei 78
- Kollegialgericht Vor 8.6, 9.6
  - als einzige Instanz 19.10
  - erstinstanzliche Zuständigkeit im Strafprozess 19.9, 2.1
  - erstinstanzliche Zuständigkeit im Zivilprozess 19.1
  - Kosten- und Entschädigungsfragen bei Verfahrenseinstellung 22.4
  - Unzuständigkeit 19.11
- Organisation 8
- Personal administratives
  - Chef des Rechnungswesens 17.4
  - Kanzleipersonal 17.5
- Personal juristisches 17
  - Anstellung 17.1
  - Auditoren 17.10
  - Begriffe 17.2
  - Gerichtsschreiber s. Gerichtsschreiber
- Präsident 8.4, 77
- Rechenschaft bei langer Prozessdauer 81.34
- Rechenschaftsbericht 81.33
- Rechnungswesen 201.5
- Richterzahl 8.2

- Streitwertberechnung 19.7
- Visitationskommission 127.11
- Vizepräsident 8.5, 9.10
- Zuständigkeiten Vor 8.7, 19.3
  - bei Ausstandsbegehren 127.7
- Zwangsmassnahmengericht s. Zwangsmassnahmengericht

Bezirksjugendkommission 114.13

Bezirksjugendsekretariat 114.13

Bezirksrat s. Rechtsmittel gegen familienrechtliche Entscheide des Bezirksrats

Bezirksrichter
- Rücktritt Vor 8.4
- Wahl 5.4, Vor 8.3
- Wählbarkeitsvoraussetzungen 8.7
- Wahlbehörde 5.10
- Wiederwahl Vor 8.5

Bibliothek Vor 67.12

Bildaufnahmen im Verfahren s. Tonaufnahmen

Börsengeschäfte Streitigkeiten 44.38

Budgetrecht Vor 34.17, 75.1

Bundesgericht
- Gründung Einl 4

Bundespatentgericht 44.3

Bussen
- Verwendung 92
- Zuständigkeit für den Bezug 92.3

C

Controlling 75, s. auch Rechnungswesen

D

Daten, Zugriff auf geschützte 118
- Abrufverfahren Vor 118.2
- Berechtigung zur Einsicht Vor 118.3, 118.1, 119.1, 120
- Daten der Einwohnerkontrolle Vor 118.5, 119
- Datenschutz und Akteneinsichtsrecht 131.18
- Personendaten Vor 118.8 und 10
- Schutzmassnahmen 120
- Steuerdaten Vor 118.6 und 11, 118
- Streitigkeiten wegen Auskunft 24.13
- Verwertbarkeit der Daten 118.7
- Voraussetzung und Gegenstand des Zugriffs 118.4, 119.2

Sachregister

Depositen 130.30
– Verwaltung 201.7
Dienstanweisungen 80.12, Vor 53.7
Dienstaufsicht Vor 67.4, 82.11
Dienstpflichtverletzung 82.44
Diskriminierungsverbot 3.18, 203.2
Distanzverkauf 140.3
Disziplinarbeschwerde s. Beschwerde administrative
Disziplinarrecht 32.8, Vor 67.16, 81.20
– für Gefangene 163.2
Disziplinarstrafe 82.36 und 38
Dokumentationspflicht 130.4
Dolmetscher 33.52, 73.15, 153.10
– Gebührenverordnung 199.3
Dritte
– Akteneinsicht
  – Beschwerde gegen Verweigerung 131.25
  – Kosten 131.26
  – Legitimation 131.20
  – Umfang 131.17
  – Verfahren 131.24
  – Verhältnis zum Datenschutz 131.18
– Begriff 131.16
Durchsetzungshaft 33.27

E

Effekten 130.30
Ehescheidung Verfahren 24.89
Eheungültigkeits- und -trennungsklage 24.89
Ehrverletzungsverfahren Vor 53.2
Eigentumsansprache 24.44
eingetragene Partnerschaft 24.91
– Gebühren 199.28
Einlassung Einl 48, 3.8 und 26, 126.16
Einreden
– Zuständigkeit zur Beurteilung Einl 42
Einstellung im Amt 82.38, 84.3
Einstellungsverfügung
– Beschwerde 82.32
– Justizöffentlichkeit 125.2 und 37
Eintretensfrage 134.16
Einvernahmen
– Arten 153.18

– Delegation 157
– Fremdsprachiger 153.9
– im Amtshilfeverfahren 32.8
Einzelgericht
– bei Amtshilfe an Schiedsgericht s. Amtshilfe
– bei fürsorgerischer Freiheitsentziehung s. dort
– bei Rechtshilfe s. Rechtshilfe
– bei Zwangsmassnahmen im Verwaltungsstrafrecht s. Verwaltungsstrafrecht
– Entwicklung 27.3
Einzelgericht als Strafgericht
– bei Verbrechen und Vergehen 27.21
  – nachträgliche richterliche Entscheide 27.33
  – Überweisung an das Kollegialgericht 27.29
– im Übertretungsstrafverfahren
  – Kompetenzen 27.11
  – Rechtsmittel 27.17
– Jugendgerichtspräsident s. Jugendgericht
– Zwangsmassnahmengericht s. Zwangsmassnahmengericht
Einzelgericht als Zivilgericht
– als Arbeitsgericht s. Arbeitsgericht
– als Mietgericht s. Mietgericht
– bei eherechtlichen Verfahren 24.88
– des Handelsgerichts 45
– bei nichtstreitiger Gerichtsbarkeit 24.3
– bei SchKG-Klagen s. SchKG-Klagen
– im summarischen Verfahren s. Verfahren summarisches
– im vereinfachten Verfahren s. Verfahren vereinfachtes
– im Vollstreckungsverfahren s. Vollstreckung
– Rechtsmittel 24.5
– Zuständigkeit 24.1
Einzelrichter Einl 26 und 28
– im ehem. beschleunigten Verfahren Einl 5
– in Strafsachen Einl 9
Einziehung selbständige 158.4
– Einsprache 27.16 und 28
Entlassung fristlose 82.38, 84.3
Entmündigung 50.5
Entschädigungen
– Auskunftspersonen 73.3
– Beschwerde 82.26
– Sachverständige 73.3
– Zeugen 73.3

636

Entscheid
- Beratung 134
  - Abstimmung 134.15
  - Begriff 134.3
  - Beizug von Sachverständigen 134.26
  - Beratungsgeheimnis 134.8
  - Eintretensfrage 134.16
  - Eventualabstimmung 134.16
  - Eventualantrag 134.16
  - geheime 134.5
  - Minderheitsantrag 134.13
  - mündliche 134.9
  - öffentliche 134.6
  - Ordnungsantrag 134.16
  - Protokollierung 134.12
  - Richterwechsel 134.23
  - Rückkommensantrag 134.21
  - Stimmzwang 134.20
  - Unterbrechung 134.14
  - Verlauf 134.12
  - Verschiebung 134.14
  - Wiedererwägung 134.21
  - Zirkularweg 134.18
- des Zwangsmassnahmengerichts 29.12
- familienrechtlicher 176.1, 187
- Fehlurteil Vor 202.33
- Form 135
  - Abschreibung des Verfahrens 135.5
  - Gegenstandslosigkeit 135.5
  - Beschluss 135.4
  - Nichteintretensentscheid 135.5
  - Prozessurteil 135.5
  - Sachentscheid 135.3
  - Urteil 135.3
  - Verfügung 135.4
  - Zwischenentscheid 135.4
- Unterzeichnung 136
  - Bedeutung der Unterschrift 136.2
  - durch Stellvertreter 136.9
  - eigenhändige 136.4
  - fehlende 136.3 und 10
  - Kopien 136.8
  - ordnungswidrige 136.10
  - prozessleitender Entscheid 136.7
  - Sachentscheid 136.6
  - Zwischenentscheid 136.8
- Vollstreckung s. Vollstreckung

Entsiegelung 22.5, 29.21, 47.6
Erbannahme-Erklärung 137.28

Erbausschlagung 137.26
Erbenaufruf Anordnung 137.4 und 8
Erbengemeinschaft Bestellung eines Vertreters 137.35, 138
Erbgang Sicherung 137.4, 138
erbrechtliche Geschäfte 137
Erbschaftsverwaltung Anordnung 137.4 und 8
Erbschein
- Begriff und Bedeutung 137.4
- berechtigte Personen 137.16
- Einsprache 137.17
- Form und Inhalt 137.18
- Zuständigkeit und Verfahren 137.21

Erbteilung und Losbildung 137.36
Erbvertrag Eröffnung 137.10
Ermahnung 82.39
Ermittlungsverfahren polizeiliches 102.12
Ersatzmassnahme s. Vollstreckung
Ersatzrichter
- als Einzelrichter 9.11
- Ernennung 11
- Rechte und Pflichten 11.8

Eventualantrag 134.16
Eventualmaxime 126.18
Erwachsenenschutzbehörde
- Beschwerde 30.2
- Zuständigkeit 30.2

Erwachsenenschutzrecht 30.2

F

Fabrikationsgeheimnisse 44.27
Familienrechtliche Entscheide 176.1, 187, s. auch Rechtsmittel
Fähigkeitsausweis
- für Notare 76.9
- für Rechtsanwälte 76.9

Fehlurteil als Begnadigungsgrund? Vor 202.33 und 41
Feiertage 122
- anwendbares Recht
  - im Strafprozess 122.8
  - im Zivilprozess 122.7
- Berechnung der Fristen 122.4
- Gerichtsferien 122.4

637

Fesselung als sitzungspolizeiliche Massnahme 161
- Voraussetzungen 161.2
- Zuständigkeit 161.4

Festnahme vorläufige
- bei Verbrechen und Vergehen 162.2
- bei Übertretungen 162.1
- Dauer 162.3
- Rechtsmittel 162.4

Feststellungsklage 24.24

Finanzaufsicht des Kantons 75.6

Finanzwesen Anzeigepflichten 167.23

Firma Streitigkeiten über den Gebrauch 44.31

Fluchtgefahr 161.3

Freiheitsentziehung s. auch Polizeigewahrsam
- als Schutzmassnahme 33.4, 65 und 66
- Rechtsbeistand 33.46

Freiwillige Gerichtsbarkeit s. Verfahren nichtstreitiges

Friedensbürgschaft 29.24, 158.3

Friedensrichter Einl 26
- Amtsdauer 54.6
- Amtsenthebung 81.22, Vor 53.8
- Amtskreis 53
- Amtszwang 54.5
- arbeitsrechtliche Streitigkeiten 52.8
- Aufsicht 81.1 und 21, Vor 53.5
- Ausstandsbegehren 127.8
- Beschwerde 82.26 und 27
- Besoldung und Entschädigung 54.7, 56.2
- Einstellung im Amt Vor 53.9
- geschichtliche Entwicklung Vor 53.1
- Rechnungswesen 201.11
- Stellung Vor 53.3
- Stellvertreter 55
  - ausserordentlicher 55.3
  - ordentlicher 55.1
  - Wahl Vor 8.3
- Unvereinbarkeiten 54.4
- Wahl 5.4, 54
- Wählbarkeit 54.3, 55.4
- Wahlbehörde 5.10
- Wegleitung Vor 53.6
- Zuständigkeit Vor 53.2, 57
- Zweckverband 53.3

Fristen Einl 18, 83.8, 122.4
- Einfluss der Gerichtsferien 83.11

Fürsorgebehörde Strafantragsrecht 168.8

fürsorgerische Freiheitsentziehung 30, 50.2, 176.1 (Fassung 1.1.2011), 177.1 und 3
- Gesuch um gerichtliche Beurteilung 178
- Rechtsmittel 30.3
  - aufschiebende Wirkung 83.11, 184.2
  - Einreichung des Rechtsmittels 185
  - Verfahren 184, 186
- unmündige Personen 30.4
- Verbot von Zwangsbehandlung 178.1
- Verfahren erstinstanzliches 30.3 und 5, 179
  - Art des Verfahrens 182, 183.1
  - Aussageverweigerung 181.3
  - Entscheid 182
  - Kosten 179.3
  - Hauptverhandlung 181
  - Mitwirkung eines Gerichtsschreibers 181.2
  - persönliche Befragung 181
  - Protokollierung 181.2
  - Prozessentschädigung 183.2
  - Rechtsbeistand 179.2
  - Untersuchungsmaxime 179.2, 180
- Zuständigkeit 30.3
  - örtliche 177.1
  - sachliche 177.3

Fusion 44.69

G

Gebühren 199, s. auch Gerichtskosten
- Aufklärungspflicht Vor 199.8
- Bedeutung Vor 199.1
- Begriff Vor 199.3
- bei Erledigung nach Begründungsverzicht 199.38 und 49
- bei Erledigung ohne Anspruchsprüfung 199.38
- bei Ordnungsbussen im Strassenverkehr Vor 199.20
- bei Testamentseröffnungen 199.34
- bei Verwaltungstätigkeit der Gerichte 199.54
- bei Zwischenentscheiden 199.37
- Bemessungsgrundsätze Vor 199.7
  - bei nicht vermögensrechtlichen Streitigkeiten 199.17
  - in Strafsachen 199.18
  - Minimal- und Maximalansätze 199.8
  - Pauschalgebühren Vor 199.13 und 17, 199.4 und 46

Sachregister

- Schwierigkeit des Falles 199.21
- Streitinteresse bei Teilklagen 199.15
- Streitwert in Zivilklagen 199.14
- übergangsrechtliche Aspekte 199.11
- Zeitaufwand 199.20, 42 und 47
- besondere nach OR Vor 199.19
- Gebührenverordnung kantonale Vor 199.13
- Gebührenverordnung zum SchKG Vor 199.15
- gesetzliche Grundlage Vor 199.7, 9 und 16, 199.1
- im Ausstandsverfahren 199.37 und 50
- im Rechtsmittelverfahren 199.40
- im Schlichtungsverfahren 199.22
- im Strafverfahren 199.41
  - Auslagen der Strafverfolgungsbehörden 199.42
  - Ausstandsverfahren 199.50
  - erstinstanzliches Gerichtsverfahren 199.46
  - Rechtsmittelverfahren 199.51
  - Übertretungsstrafverfahren 199.52
- im summarischen Verfahren 199.30
- im Zivilprozess vor erster Instanz 199.26
- in der freiwilligen und nicht streitigen Gerichtsbarkeit 199.31
- in Ehesachen und bei eingetragener Partnerschaft 199.28
- in Miet- und Pachtstreitigkeiten 199.29
- in Verfahren ohne Inlandbeziehung 199.39
- Kostendeckungsprinzip Vor 199.7
- Kostenfreiheit s. Kostenfreiheit
- Rechtsmittel Vor 199.29
- Verhältnismässigkeitsprinzip Vor 199.7
- Verordnungen der Gerichte und des Regierungsrats 199.3
- Verrechnung mit Gegenforderungen Vor 199.22
- Willkürverbot Vor 199.7

Gegendarstellung 125.11

Gegenstandslosigkeit 135.5

geistiges Eigentum Streitigkeiten 44.4

Gemeindeammann 81.10
- Amtsdauer Vor 143.2
- Amtszwang Vor 143.2
- Aufgaben 143-147
  - als Betreibungsbeamter Vor 143.5
  - im Vollstreckungsverfahren 24.97
- Aufsicht Vor 143.6
  - Dienstaufsicht 76.16, 80

- Aufsichtsbeschwerde Vor 143.7
- Bedeutung Vor 143.4
- Begriff und Stellung Vor 143.1
- Funktion 143.3
- Haftung Vor 143.8
- Hilfsperson des Gerichts 147
- Rechtsmittel gegen dessen Handlungen? Vor 143.7 und 9
- Stellvertreter Vor 8.9
- Wahl Vor 8.9, Vor 143.2
- Wahlkreis Vor 143.2

Gemeindebehörde
- als Aufsichtsbehörde über Gemeindeammann Vor 143.6
- als Strafverfolgungsbehörde
  - Befugnisse 89
  - Organisation und Stellung 86.24
  - Strafkompetenz 89.13
  - Zuständigkeit 86.27, 89.8
  - Zuständigkeit nach Übergangsrecht 209
- Rechnungswesen 201.11

Gerichte s. auch oberste kantonale Gerichte
- Arten Einl 22
- Ausgabenkompetenz 75
- Auslagen Vor 199.5
- Ausnahmegerichte 25
- Baurekursgericht 6.7
- Begriff und Wesen Einl 19
- Besetzung 14.3
  - bei Delikten gegen die sexuelle Integrität 14.8
- Dienstaufsicht 76.13
- Entlassung von Angestellten 81.23
- Gebühren s. Gebühren
- Internet-Datenbank 125.28
- Justizverwaltung 76
- Kanzlei 77.9, 78
- Kollegialgerichte Einl 28
- Kostenfreiheit s. Kostenfreiheit
- Kostenvorschuss s. Kostenvorschuss
- Medienbeauftragte 125.25
- oberste kantonale s. Oberste kantonale Gerichte
- ordentliche Einl 23
- Rechnungsführung 75, 78.3
- Referent, Urteilsantrag 130.12
- Selbstverwaltungsrecht 68.7
- Sitzungspolizei 77.3
- Sondergerichte Einl 24

Sachregister

- Spruchbuch 130.16
- Steuerrekursgericht 6.7
- Unabhängigkeit Einl 20
- Unvereinbarkeiten Einl 21
- Zusammensetzung 11. 3 und 4
- Zuständigkeit Einl 30, s. auch Zuständigkeiten

Gerichtsbarkeit freiwillige s. Verfahren nichtstreitiges

Gerichtsberichterstatter
- Akkreditierung 125.13
- Akteneinsicht 125.26
- rechtliche Stellung 125.17
- Sanktionen 125. 12 und 29
   - Rechtsmittel 125.30

Gerichtsberichterstattung 125
- Anonymisierung 125.20
- Berichtigungspflicht 125.8
   - Beschwerde gegen Anordnung der Berichtigung 125.10
   - Inhalt der Berichtigung 125.11
   - Sanktionen bei Verletzung 125.12
   - Zuständigkeit zur Anordnung der Berichtigung 125.10
- Öffentlichkeitsgrundsatz
   - im Straf- und Massnahmenvollzug 125.39
   - im Vorverfahren 125.31
   - nach Abschluss des Vorverfahrens ohne Anklageerhebung 125.37
- Persönlichkeitsschutz 125.18
- Umfang und Zweck 125.1

Gerichtsferien 83.11, 122.4

Gerichtskasse 130.32

Gerichtskosten s. auch Gebühren
- Aufklärungspflicht Vor 199.8
- Bedeutung Vor 199.1
- Stundung und Erlass Vor 199.26
- Verjährung Vor 199.27
- Verzugszinsen für ausstehende Vor 199.24
- Zusammensetzung Vor 199.5

Gerichtsöffentlichkeit 125.2
- Ausnahmen 125.5 und 23

Gerichtsorganisationsgesetz
- Entstehung Einl 17
- Gegenstand 1, Vor 117

Gerichtsschreiber 17.2, 133
- als Protokollführer 133.10
- als Referent 17.7, 133.22

- als Urteilsredaktor 133.24
- Ausstand wegen Vorbefassung 17.5, 133.4
- Ausstandsbegehren 127.7, 10 und 12
- beratende Stimme 17.6, 133.20
- Beweisabnahmen 133.25
- Dispensierung von Entscheidfindung? 133.33
- Funktion 17.4
- im Verfahren vor Haftrichter 29.11
- Mitwirkung als Amtspflicht 133.2
- Mitwirkung im Verfahren betreffend fürsorgerischen Freiheitsentzug 181.2
- Person des öffentlichen Glaubens 133.10
- Recht auf Minderheitsmeinung 124
- Referentenaudienz 133.26 und 31
- Vergleichsverhandlungen 133. 25 und 31
- Verzicht auf seinen Beizug 17.9, 133.27

Gerichtsstandsstreitigkeiten 107.3, 114.6, s. auch Kompetenzkonflikte
- innerkantonale 110.5, 149.1
- interkantonale 110.5
   - Arten 149.2
   - Entscheid 149.7
   - Meinungsaustausch 149.4
   - Trennung von Verfahren 149.9
- konkurrierende Zuständigkeiten im Zivilprozess 126
   - Beurteilungskriterien 126.8
   - Rechtsmittel 126.9 und 19
   - Verfahren und Entscheid 126.4
   - Zeitpunkt der Anrufung des Obergerichts 126.3
- Vereinbarung Einl 36
- Zuständigkeiten im Strafverfahren 149

Gerichtsverfassungsgesetz
- Entstehung Einl 7 und 13
- Übergang zum GOG Einl 17

Gerichtsverfassungsrecht
- Begriff und Bedeutung Einl 14

Geschäftsgeheimnisse 44.27

Geschäftstätigkeit 44.54

Geschworenengericht
- Aufhebung Einl 18
- Entstehung Einl 2 und 6, 210.2
- Übergangsrecht 210.10

Gestaltungsklage 24.28

Gewahrsam als Schutzmassnahme 33.3

Gewalt
- bei Sportveranstaltungen
   - Konkordat 33.62

- Massnahmen 33.65
- richterliche Überprüfung 33.66
- Rechtsmittel 33.68 und 59
- häusliche, Schutzmassnahmen 33.1
- Streitigkeiten 24.13

Gewaltschutz Zwangsmassnahmen 33.1
- Massnahmen 33.2
  - bei häuslicher Gewalt 33.1
  - Gewahrsam 33.3
  - Freiheitsentziehung 33.4, 65 und 66
  - Kontaktverbot 33.2
  - Rayonverbot 33.2, 62, 64, 65 und 68
  - Wegweisung 33.2
- Verfahren vor Haftrichter 33.8 und 17
  - Begründung des Gesuchs 33.8
  - Gesuch um Änderung der Massnahme 33.6
  - Gesuch um gerichtliche Beurteilung 33.5 und 17
  - Kosten 33.12
  - örtliche Zuständigkeit 33.7 und 23
  - Rechtsbeistand 33. 46 und 47
  - Rechtsmittel 33.13, 19 und 20
- Verhältnis der Schutzmassnahmen zu strafprozessualen Zwangsmassnahmen 33.11
- Zuständigkeit des Haftrichters 33

Gleichstellungsgesetz Streitigkeiten 24.13

Grundbuch Zuständigkeit bei Streitigkeiten 137.41

Grundbuchamt 80

Gutachten
- in familienrechtlichen Verfahren 194
- Mitwirkungsverweigerung 194.4
- psychiatrisches 123.11, 130.6
- stationäres 29.22

Gutachter s. Sachverständige

H

Haft bei Zwangsmassnahmen im Ausländerrecht 33.34

Haftrichter 29.1
- Ausschluss 29.17
- Pikettdienst 29.29
- Pikettverordnung 29.30

Haftung ausservertragliche 44.66

Halbgefangenschaft Vor 202.36

Handelsgericht Einl 27.3, 38

- Aufsicht 80
- Besetzung 3.44 und 50, 39.3,
- Einzelrichter als einzige Instanz 45
  - Delegation dieser Befugnisse 45.20
  - Klagen wegen Organisationsmängeln 45.17
  - Rechtsschutz in klaren Fällen 45.19
  - vorsorgliche Massnahmen 45.1
- Entstehung und Wesen Einl 3, 3.41 36.1
- Instruktionsrichter 39.5
- Kammern 38.6
- Kollegialgericht 3.48
- Präsident 38.7, 39.5
- Referentenaudienz 39.5
- Sachkunde 3.47
- Streitwertberechnung 44.72
- Vergleichsverhandlungen 39.5
- Vizepräsident 38.7, 39.5
- Widerklagen 44.73
- Zuständigkeit 3.46, 24.77, 44
  - ausservertragliche Haftung 44.66
  - Börsengesetz 44.38
  - Gebrauch einer Firma 44.31
  - Handelsregistereintrag 44.46
  - Immaterialgüterrecht 44.4
  - Kapitalanlagen 44.38
  - Kartellrecht 44.15
  - Kernenergiehaftpflicht 44.37
  - konkurrierende 126
  - Konsumentenschutz 44.71
  - Produktehaftung 44.67
  - SchKG 44.70
  - ungerechtfertigte Bereicherung 44.67
  - unlauterer Wettbewerb 24.78, 44.36
  - vorläufige Eintragung eines Bauhandwerkerpfandrechts 24.78

Handelsregister
- Eintragung, Recht und Pflicht 44.46

Handelsrichter
- Amtszwang 3.51
- Stellung 36.5
- verfassungswidrige Wahlbeschränkung 3.45, 36.2
- Verletzung der Wohnsitzpflicht 36.6
- Wahlbehörde 5.11
- Wahlen 3.50, 36.2

Handelsverhältnis 44.68

Hausbesetzung 147.25

Hausdurchsuchung 164

Hinterlegung
- Anspruch 141.5
- Bewilligungsverfahren 141.5
- Freigabe hinterlegter Sachen 141.11
- gerichtliche 141.12
- Hinterlegungsstelle 141.10
- Tatbestände 141.2 und 3
    - Frachtgut und Wechselsummen 140.5 und 6
    - Geld, Wertpapiere, bewegliche Sachen 141
    - Miet- und Pachtzinsen 66.2
    - Testamente 141.4
    - Vergleichssummen 141.6
    - Versicherungsleistungen 141.2
- Voraussetzungen 141.2 und 3
- Wirkungen 141.12

I

Immaterialgüterrecht Einl 16
- Streitigkeiten 44.5

Immunität s. Verfolgungsprivileg

Informationsfreiheit 125.2 und 40

Instanzenzug Einl 48

Instruktionsmaxime Vor 67.6

Interessenbindungen Offenlegung 7

Internet-Datenbank 125.28

Inventar 138
- öffentliches
    - Auflegung 137.32
    - Rechnungsruf 137.30
    - Vermögensverzeichnis 137.31
- Sicherstellung der Nacherben 137.3, 138

J

Job-Sharing 6.1, 8.2

Jugendamt kantonales 114.13

Jugendanwalt s. auch Strafverfolgungsbehörde
- Aufgaben 86.60
- Aufsicht 116
- Berechtigung zur Berufungsanmeldung 169
- Ernennung 86.59, 109
- leitender 111, 116
- Nebenbeschäftigungen 88
- richterliche Funktionen 110.8
- Wahl Vor 86.29
- Zuständigkeit 86.54, Vor 108.2, 109.4, 110

Jugendanwaltschaft
- Amtskreis 108.1
- Amtssitz 4.2
- Aufsicht 116
- Aufteilung 86.58
- Entwicklung 86.49
- Jugendanwaltschaftsmodell Vor 108.1
- Organisation 108.2
- Weisungsrecht übergeordneter Behörden 116.3
- Zusammensetzung 86.60
- Zuständigkeit 28.2

Jugendgericht Einl 38, 3.40
- Amtssitz 4.2
- Mediation 23.8
- Präsident 10
    - als Einzelrichter 28.1
- Rechtsmittel 23.9
- Verfahren 23.3
- Wesen 23.1
- Zuständigkeit 23.2

Jugendheim 114.13

Jugendhilfe 114.13

Jugendliche 23.2, Vor 108

Jugendrichtermodell Vor 108.1

Jugendschutz 114.13

Jugendsekretariat Strafantragsrecht 168

Jugendstrafrechtspflege
- Einführung Einl 8
- Rechnungswesen 201.9
- Strafbefehlsverfahren 28.3
- Vereinheitlichung Einl 12

Jugendstrafverfahren Vor 108.2; s. auch Jugendamt, Bezirksjugendkommission, Bezirksjugendsekretariat, Jugendheim, Pflegekinderfürsorge
- Anwendungsbereich 2
- Jugendhilfe 114.14
- Kosten 110.13
- Mediationsverfahren 110.4
- Öffentlichkeitsprinzip? 125.5
- Rechtshilfe 110.12
- Rechtsmittel 114.10
- Strafbefehl 29.3
- Überwachungsmassnahmen 110.6
- Vollzug 110.11
- Zwangsmassnahmen 47.4, 110.5

Justizdirektion, Weisungsbefugnis 115.3 und 9

Sachregister

Justizöffentlichkeit 125.1
- Ausnahmen 125.5

Justizverwaltung Vor 53.8, Vor 67, 79.3, 167.29
- Begriff Vor 67.3
- der Bezirksgerichte Vor 8.9
- des Obergerichts Vor 34.16
- Entstehung Vor 67.1
- Gebühren 199.42
- Gegenstand Vor 67.9
  - bauliche Massnahmen Vor 67.15, 68.6
  - Disziplinarmassnahmen Vor 67.16
  - Gerichtsorganisation Vor 67.11
  - Personalgeschäfte Vor 67.10
  - Verwaltungstätigkeit i.e.S. Vor 67.12
- Kostenbezug 201.14
- Verfahrensgrundsätze Vor 67.5

Justizvollzug Rechnungswesen 201.10

K

Kabinettjustiz 125.1

Kantonsrat
- Aufsichtsbehörde Vor 8.11, 79
- parlamentarische Kontrolle 79.2

Kapitalanlagen Streitigkeiten 44.38

Kartellrecht Streitigkeiten 44.15

Kassationsgericht 211
- Aufgabe 211.2
- Aufhebung Einl 6 und 18, 211.5 und 10
- Bedeutung 211.7
- Besetzung 211.3
- Geschäftslast 211.6
- Gründung Einl 3
- Organisation 211.14
- Publikationen 211.8
- Übergangsrecht 211.9 und 11

Kassationsrichter s. auch Richter
- Amtsdauer s. Richter
- Entlöhnung 211.14 und 15
- Wahl 211.14

Kaution s. Kostenvorschuss

Kernenergiehaftpflicht 44.37

Kinder 23.2
- Glaubwürdigkeit ihrer Aussagen 23.5
- Kinderschutzrecht 30.2
- Protokollierung ihrer Aussagen 133.16

Kindes- und Erwachsenenschutzrecht
Vor 177.2 und 4
- kantonales Einführungsgesetz Vor 177.4
- Kindesschutzverfahren Vor 177

Klagen
- Aberkennungsklage 24.23
- Admassierungsklage s. SchKG-Klagen
- Anschlussklage 24.35
- Aussonderungsklage s. SchKG-Klagen
- Beseitigungsklage 44.21
- Eheungültigkeits- und –trennungsklage 24.89
- Feststellungsklage 24.24 und 78
- Gestaltungsklage 24.28 und 78
- Klage auf Feststellung neuen Vermögens s. SchKG-Klagen
- Klage auf Rückschaffung von Retentionsgegenständen 24.74
- Kollokationsklage s. SchKG-Klagen
- Scheidungsklage 24.89
- Teilklagen: Streitinteresse und Gebühren 199.15
- Unterhaltsklage 24.90
- Unterlassungsklage 44.21
- Vaterschaftsklage 24.90
- Vertragsklage 44.7
- Widerklage 44.8, 19 und 73
- Widerspruchsklage 24.25

Klagenhäufung 44.11

Kollegialitätsprinzip 134.8

Kollokationsklage s. SchKG-Klagen

Kollokationsplan Anerkennung eines ausländischen 24.93

Kollokationsprozess 24.40

Kompetenzkonflikte Einl 54, s. auch Gerichtsstandstreitigkeiten
- negative und positive 149.1

Konkursamt 80
- Aufsicht 81. 5 und 21

Konkursdekret Anerkennung eines ausländischen 24.93

Konsumentenschutz Streitigkeiten 44.71

Kontaktverbot als Schutzmassnahme 33.2

Kosten 93.21, 147.18
- Anfechtung des Entscheids 82.7, 82.26
- bei fürsorgerischem Freiheitsentzug 179.3
- Bezug s. Rechnungswesen

643

Sachregister

- im nichtstreitigen Verfahren Vor 137.9, 137.42
- Verfahren 76.11

Kostenfreiheit 200
- Angestellte in Beschwerde- und Ausstandsverfahren 148.20, 200.10
- Bund und Kanton in Zivilverfahren 200.3 und 7
  - Begriff des Zivilverfahrens 200.8
  - Regelungskompetenz 200.1

Kostenvorschuss 130.31, 147.22, Vor 199.1, 200.9
- Bedeutung Vor 199.1
- für Transport- und Lagerkosten 147.23
- im Amtshilfeverfahren 32.4
- im Beschwerdeverfahren nach SchKG Vor 199.15
- Verrechnung mit Gegenforderungen Vor 199.22

Krankenversicherung Streitigkeiten 24.13
Kriegsmaterial Anzeigepflichten 167.26
Kriminalität grenzüberschreitende, Zwangsmassnahmen 33.25
Kriminalgericht 210.7
Kündigung 82.38
- amtliche Zustellung 144-146.3
- Anfechtung 24.80
- Kündigungsschutz 3.32

L

Lastenverzeichnis Prozess 24.35
Liquidation
- amtliche Anordnung 137.33
- Durchführung 138

Lückenfüllung Vor 117.2

M

Magistratspersonen
- Begriff 148.6
- Disziplinarrecht 82.42
- Verfolgungsprivileg 148.7

Massnahmen vorsorgliche 24.77
- Zuständigkeit 31.5

Massnahmenrecht 27.24

Mediation 23.8
- im Jugendstrafverfahren 110.4, 156
  - Abschluss 156.6
  - Kosten 156.7
  - Verfahren 156.4
  - Voraussetzungen 156.3
  - Ziel 156.2
- im Zivilverfahren 129
  - Gesuch 129.1
  - in familienrechtlichen Sachen 129.7
  - Kosten 129.1
  - Verfahren 52.5, 129.3

Mediator 128.2, 129.9
Medienbeauftragte 125.25
Medienfreiheit 125.2 und 39
Medizinalpersonen Anzeigepflichten 167.18

Miete
- Ausweisung 24.80, 147.6 und 23
- Streitigkeiten 24.13

Mietgericht Einl 27, 3.3 und 24
- Aktenführung 130.20
- Amtssitz 4.2
- Aufsicht 80.1
- Auslegungsfragen 21.8
- Beisitzer, Wahl 13
- Besetzung 3.28, 16
- Gerichtsstand 3.25
- Geschäftsräume Begriff 3.35, 21.4
- Gründung Einl 9
- Klagenhäufung 3.31 und 34, 21.3 und 9
- landwirtschaftliche Pacht 21.6
- Nebensachen 3.37, 21.5
- Präsident 10
  - Kompetenzen 26
- Streitgegenstand 3.31, 21.3
- Streitigkeiten
  - mietrechtliche 3.32
  - pachtrechtliche 3.32
  - Gebühren 199.29
- Streitwertberechnung 16.2
- Verfahren 3.39, 16.1
- Verzicht auf Mietgericht? 21.12
- Widerklage 3.31 und 34, 21.3
- Wohnräume, Begriff 3.35, 21.4
- Zuständigkeit
  - fehlende
  - konkurrierende 3.38, 21.9, 126
  - örtliche 3.30, 21.2
  - Parteivereinbarung 21.11

644

Sachregister

Mietrichter
- Ausstandsbegehren 127.9 und 10.
- Wahl 5.5, Vor 8.9

Minderheitsmeinung 124, 134.8 und 13
- Inhalt und Tragweite 124.3
- Mitteilungspflicht 124.7

Mitteilungsrechte und -pflichten der Behörden 151

Mitwirkungsgesetz Streitigkeiten 24.13

Mitwirkungsrechte 3.23

Moderationsverfahren 76.11

N

Nacherbeneinsetzung Sicherstellung 137.3, 138

Nachlassverfahren Anerkennung ausländischer 24.93

Namensänderung 50.13
- Rechtsmittel 176.1, 198

Nebenbeschäftigungen 88

Nebenintervention im Beschwerdeverfahren vor Einzelrichter 139.1

Nichteintreten 135.5, 204.3

Nichtigkeitsbeschwerde kantonale 211.1

Nichtigkeit von Entscheiden Einl 53

Notar 81.3
- Amtsenthebung 81.22
- Aufsicht durch Einzelrichter 139.4
- Prüfungskommission für Notariatskandidaten 76.4, 5 und 9
  - Ausstandsbegehren 127.14

Notariat 76.19 und 30

Notariatsinspektorat 76.3, 80

Notverkauf 140.3

Novenrecht 192

O

Obergericht Einl 26, 3, Vor 34, 68.4
- als Kassationsgericht im Übergangsrecht 212
- Amtssitz 4.1
- Aufgaben Vor 34.4
- Aufsichtsbehörde Vor 8.11
- Budgetrecht Vor 34.17

- Einzelrichtersystem Vor 34.13
- Ermächtigungsbehörde i.S.v. § 148 GOG 148.19
- Ersatzmitglieder 35
  - Anzahl 35.2
  - Funktion 35.3
  - Lohn und Entschädigung 40
  - Wahl 35.2
- Generalsekretär 41.2, 78
- Gerichtsschreiber 41.2, 78
- Gründung Einl 1
- Inkassostelle, zentrale 201.5
- Inspektorate 80.2
- Justizverwaltung Vor 34.16, 42.2, 76
  - Advokatur und Notariat 76.9
  - Dienstaufsicht 76.13
  - disziplinarische Massnahmen 76.29
  - Gegenstand 76.8
  - Leitung des Gerichts 77
- Kollegialsystem Vor 34.13
- Medienstamm 125.25
- Mitglieder 34
- Organisation 42
- Personal
  - administratives 41
  - juristisches 41
- Personalrecht Vor 34.20
- Präsident 34.2, 37, 77.2
  - Aufgaben 37.1
- Pressestamm 125.25
- Rechenschaftsbericht 79.6, 81.33
- rechtsetzende Kompetenz Vor 34.18, 80.12
- Rechtsstatistik 79.7
- Stellung Vor 34.1
- Zusammensetzung 34.5
- Zuständigkeit
  - bei Ausstandsbegehren 127.12
  - einzige Instanz in Zivilsachen 43
  - erstinstanzliche Vor 34.15
  - in Schiedssachen 47
  - Rechtsmittelinstanz Vor 34.15
  - bei fürsorgerischem Freiheitsentzug 50.12
  - bei Namensänderungen 50.13
  - in familienrechtlichen Entscheiden 50.1
  - in Strafsachen 49
  - in verwaltungsrechtlichen Verfahren 51
  - in Zivilsachen 48
- Zwangsmassnahmengericht s. Zwangsmassnahmengericht

Sachregister

Oberjugendanwalt s. auch Strafverfolgungsbehörde
- Aufgaben und Stellung 114.1
- Ernennung Vor 86.29, 113
- Zuständigkeit 114

Oberjugendanwaltschaft 86.64, Vor 108.1, 112
- Amtssitz 4.1 und 2, 112.2
- Aufsicht 115

Oberrichter
- Amtsdauer 34.3
- Beschäftigungsgrad 34.4
- Besoldung 40
- disziplinarische Verantwortlichkeit Vor 34.9
- Rücktritt Vor 34.7
- Ruhegehalt 40.2
- Stellung als Magistratsperson Vor 34.8
- Unvereinbarkeit Vor 34.6
- Verfolgungsprivileg Vor 34.11
- Versicherung 40.2
- Wahl Vor 34.5, 34.1
- Wahlbehörde 5.11
- Zuteilung 38.2

Oberstaatsanwalt s. auch Strafverfolgungsbehörde
- Aufgaben 86.45
- Ernennung 105
- leitender 106.2
- Nebenbeschäftigungen 88
- Vertretung
  - Delegation der Vertretungsbefugnis 107.14
  - bei Festlegung der sachlichen Zuständigkeit 107.2
  - bei interkantonalen Gerichtsstandskonflikten 107.3
  - im Rechtsmittelverfahren 107.1
  - in Zivil- und Verwaltungssachen 87
- Wahl Vor 86.29
- Zuständigkeit 106

Oberstaatsanwaltschaft s. auch Strafverfolgungsbehörde
- Amtssitz 4.1
- Aufsicht 115
- geschichtliche Entwicklung 86.37
- Organisation 104.2
- Rechnungswesen 201.8
- Weisungsbefugnis von RR und JD Vor 86.35, 115.3
  - unzulässige Weisungen 115.12

oberste kantonale Gerichte 68
- Budgetrecht 75.1
- Controlling 75
- Entwicklung 68.1
- Finanzaufsicht 75.6
- gerichtsüberschreitende Organisation 69, 72
- Plenarausschuss 80.14
  - Mitglieder, Einberufung, Verhandlungen 70
  - Verordnungsrecht 73
- Rechnungslegung 75
- Unabhängigkeit 68.4
- Verwaltungskommission
  - Aufgaben 74
  - Zusammensetzung, Einberufung, Verhandlungen 71

Öffentlichkeitsprinzip 125.1 und 31
- Ausnahmen 125.5
  - im Straf- und Massnahmenvollzug 125.39
  - im Vorverfahren 125.31
  - nach Abschluss des Vorverfahrens ohne Anklageerhebung 125.37

Offizialmaxime Vor 67.6
- im nichtstreitigen Verfahren Vor 137.7

Ombudsmann Befugnisse 82.48

Ordnungsantrag 134.16

Ordnungsbussenverfahren Einl 18, 170 ff.
- bei Amtshilfe 32.8
- Beschwerde 82.28
- bundesrechtliche Bussen
  - Ausschluss des Odnungsbussenverfahrens 170.4
  - Strassenverkehr 170.1
  - Ticketsystem 170.7
  - Verfahren 170.6
  - Zuständigkeit 86.65, 172
- gemeinderechtliche Bussen 175
- kantonalrechtliche Bussen
  - Ausschluss des Ordnungsbussenverfahrens 171.1, 174
  - Gegenstand 171.1
  - Verfahren 171.2, 173
  - Zuständigkeit 177
- Kosten bei Ordnungsbussen im Strassenverkehr Vor 199.20

Organisationsmängel, Klagen (sachliche Zuständigkeit) 45.17

Sachregister

P

Pacht Streitigkeiten 24.13
Parteientschädigung Vor 199.13 und 14
Parteivereinbarung Einl 48 und 49
Patientengesetz 30.1
- Anordnung von Zwangsmassnahmen 184.3

perpetuatio fori Einl 3, 24.4, 206.1
Personalverordnung 73.1
Personenschutz ausserprozessualer
- Ausstattung mit einer Legende 158.5
- Einziehung 158.4
- Friedensbürgschaft 158.3
- Voraussetzungen der Anordnung 158.2

Pflegekinderfürsorge 114.13
Pikettdienst s. Zwangsmassnahmengericht
Politisches Delikt 203.8
Polizei s. auch Strafverfolgungsbehörden
- Aufsichtsbeschwerde 116.5
- Bedeutung der Kriminalpolizei 86.4
- Einvernahmen 157.4
- Ermittlungsverfahren 102.12
- Gemeindepolizei 86.8
- geschichtliche Entwicklung 86.2
- Hilfe bei Vollstreckung 147.25
- Kantonspolizei 86.7
- Stadtpolizei Winterthur 33.64, 86.12
- Stadtpolizei Zürich 33.64, 86.10

Polizeigesetz Anordnung von Schutzmassnahmen
- Massnahmen
  - Polizeigewahrsam 33.14
  - Rayonverbot 33.16, 17,62. 64, 65. 68
  - Wegweisung 33.16
- Rechtsmittel 33.20
- Verfahren 33.17, s. auch Gewaltschutz

Polizeigewahrsam 33.14 und 27
Polizeirichteramt
- als Übertretungsstrafbehörde 89.10

Produktehaftung 44.67
Prorogation Einl 48 und 50, 44.2 und 3
Protokoll Einl 18, 33.51, 133.5
- amtliche Befundaufnahme Vor 143.7
- Arten 152.18
  - Beratungsprotokoll 134.12
  - Einvernahmeprotokoll 133.6
  - Handprotokoll 133.7, 153.14

- Tonbandgerät 132.7, 153.15
- Verfahrensprotokoll 133.6
- Verhandlungsprotokoll 133.6
- Verlaufprotokoll 133.6
- Augenschein 133.19
- Bedeutung 153.1
- Berichtigungen
  - Berichtigungsgesuch 153.32
  - Entscheid und Rechtsmittel 153.36
  - Frist 153.35
  - Legitimation 153.33
  - offensichtliche Versehen 153.31
  - Zuständigkeit zur Behandlung des Gesuchs 153.34
- Beweiskraft 133.10
- Dolmetscher 153.10
- Ergänzungen 153.13 und 28
- Inhalt und Sprache 153.8
- Kinderaussagen 133.16
- öffentliche Urkunde 133.10
- Protokollführer 153.5
- Referentenaudienz 133.31
- Schlichtungsverfahren 133.15
- summarisches Verfahren 133.29
- Übersetzer 153.11
- Unterzeichnung 133.8, 153.29
- Vergleichsverhandlungen 133.15
- Verlesen oder Selbstlesen 153.23 und 27
- Verweigerung der Bestätigung oder Unterschrift 153.26
- Wiedergabe sinngemäss oder wörtlich? 153.12

Prozessentschädigung im Verfahren betreffend fürsorgerischen Freiheitsentzug 183
Prozessrecht
- Entwicklung des kantonalen Einl 1
- Vereinheitlichung Ein 12

Prozessurteil 135.5

R

Rayonverbot als Schutzmassnahme 33.2, 16, 17, 62, 64, 65, 68
Rechnungswesen Vor 199, 201
- Abschreibung der Kosten 201.27
- Begriff 201.2
- Bezirksbehörden 201.11
- Controlling und Rechnungslegung 201.3
- Erlass und Stundung der Kosten 201.25 und 26

- Friedensrichter 201.11
- Gemeindebehörden 201.11
- Gerichte 201.5
- Inkassostelle des Obergerichts 201.5
- Jugendstrafrechtspflege 201.9
- Justizvollzug 201.10
- Kostenbezug 201.12
  - Mahnung 201.16
  - Vollstreckbarkeit im Ausland 201.20
  - Vollstreckbarkeit in der Schweiz 201.19
  - Zahlungsfrist 201.15
  - Zwangsvollstreckung 201.17
- Oberstaatsanwaltschaft und Staatsanwaltschaften 201.8
- Statthalterämter 201.11
- Verwaltung von Depositen 201.7

rechtliches Gehör 29.9, Vor 143.4, 203.5, 204.12

Rechtsanwalt
- als nebenamtlicher Richter 6.8
- Anwaltsprüfung 76.9 und 10
- Aufsichtskommission 76.4 und 5
  - Ausstandsbegehren 127.14
- Bekanntgabe des Namens 125.21
- Disziplinarrecht 76.31
- Kosten Vor 199.14
- Schenkpatent 76.11
- Patententzug 76.35
- *venia advocandi* 76.10
- Verstoss gegen Berufsregeln 167.19

Rechtsbehelf Vor 115.9

Rechtsbeistand 155.1, s. auch Verteidigung
- Akteneinsichtsrecht 131.21
- bei fürsorgerischem Freiheitsentzug 179.2
- im Zwangsmassnahmenverfahren 33.46 und 47
- unentgeltlicher 33.47, 155.8
  - Bestellung 155.11
  - Kosten 155.16
  - Voraussetzungen 155.8
  - Wechsel 155.15
  - Widerruf 155.14

Rechtshilfe Vor 67.13, 131.12
- Anfechtung von Rechtshilfehandlungen 150.23
- Begriff 150.1
- Beschwerde 82.26
- Gegenstand 150.17
- im Jugendstrafverfahren 110.5
- innerkantonale 150.4

- interkantonale 31.1
- auf dem Gebiet des Bundesstrafrechts 150.6
- auf dem Gebiet des kantonalen Strafrechts 150.14
- Beweiserhebungen 31.1
- Konflikte 31.4
- Vollstreckungsmassnahmen 31.2
- in Strafsachen 31.6
- in Zivilsachen 31.1
- internationale 31.3, 150.16, 131.4
- Kosten 150. 22
- örtliche Zuständigkeit 31.5
- Rechtsnatur 150.3
- Teilnahmerechte der Betroffenen 150.21
- Zuständigkeit des Einzelrichters 31

Rechtsmissbrauch 136.11

Rechtsmittel
- Abgrenzung zur Aufsichtsbeschwerde 50.10, 82.7, Vor 115.8
- gegen Entscheid betreffend Namensänderung 198
- gegen familienrechtliche Entscheide des Bezirksrats 187
  - Art des Verfahrens 193.1
  - aufschiebende Wirkung 83.11, 189
  - Begutachtung 194
  - Ergänzung des Sachverhalts 193
  - Frist und Form 188
  - Legitimation 187.6
  - Mitteilung 197
  - mündliche Verhandlung 190
  - Novenrecht 192
  - Rückweisung 196
  - Schutzmassnahmen 195
  - Vernehmlassung der Vorinstanz 191
  - Zulässigkeit 187.1
- gegen Gebührenfestsetzung Vor 199.29
- im nichtstreitigen Verfahren Vor 137.10
- im Übertretungsstrafverfahren 27.17
- im Zwangsmassnahmenverfahren 29.15, 33.60
- Legitimation 114.10
- Verfahrensgebühren 199.40 und 51

Rechtspflege
- durch Verwaltung 79.3
- unentgeltliche 24.79, 155.8, 201.26
  - im Schlichtungsverfahren 56.4
  - vorprozessuale 128

Rechtsschutz in klaren Fällen 24.79, 45.19

Rechtsverordnungen 80.12 und 13

Rechtsverweigerung
- formelle 82.15
- materielle 82.15

Rechtsverzögerung 32.6, 82.16

Rechtsweggarantie 204.18

Referent Urteilsantrag 130.12

Referentenaudienz 39.5

reformatio in peius 27.27, Vor 199.30

Regierungsrat, Weisungsbefugnis 115.3 und 9

Rehabilitation Vor 202.7

Retentionsrecht 3.32, 24.74

Revision
- im Übergangsrecht 210.12
- und Begnadigung Vor 202.25, 202.2

Richter
- Amtsantritt 7.5
- Amtsdauer 5.15, 34.3, 94.6
- Amtszwang 5.17
- Auskunftserteilung 125.25
- Begriff 6.2
- Bekanntgabe der Namen 125.21
- Ersatzrichter 5.2, 11 und 12, 6.5 und 6
- Fragepflicht 24.19 und 28
- gesetzmässiger 38.3, 127.18
- Haftrichter s. Haftrichter
- Job-Sharing 6.4
- Laienrichter 5.6
- nebenamtliche 6.3, 12.8
- Offenlegung von Interessenbindungen 7
- Pflichten 77.44
- Pflichtverletzung 77.11
- Stellvertretung bei Ausstand 117
- teilamtliche 6.4 und 6
- unabhängiger Einl 16
- Unvereinbarkeiten 5.19
- Verbot der berufsmässigen Vertretung 6.5
- Verbot von Nebenbeschäftigungen 6.8
- vollamtliche 6.3 und 6
- Vollstreckungsrichter 147.15–17
- Wahl 5
- Wählbarkeit 5.2

Rückforderung zu Unrecht erbrachter Leistungen Vor 199.23

Rückkommensantrag 134.21

Rückweisung im Übergangsrecht 210.11

S

Sachverständige 123
- Akteneinsichtsrecht 133.22
- Beizug zur Urteilsberatung 134.26
- Entschädigung 73, 123.31, 199.3 und 45
- Erbteilung 137.40
- gesetzliche Grundlage 123.1
- psychiatrische und psychologische Gutachten 123.11
  - Auftragserteilung 123.27
  - Fachkommission 123.18
  - Rekurs gegen Fachkommissionsentscheid 123.26
  - Sachverständigenverzeichnis 123.19
  - Zweifel an Eignung des Gutachters 123.26
- Rechte und Pflichten 123.29
- Rechtsmittel gegen Entschädigungsentscheid 123.35
- Voraussetzung für die Bestellung 123.7, 20 und 24

Scheidung s. Ehescheidung

Schenkpatent 76.11

Schiedsgericht
- Amtshilfe 32
  - Amtsdauer 32.6
  - disziplinarische Massnahmen 32.8
  - Konstituierung 32.7
  - Kostenvorschuss 32.4
  - Ordnungsbusse 32.8
  - örtliche Zuständigkeit 32.1 und 3
  - Parteibefragung 32.8
  - Rechtsverzögerungsbeschwerde 32.6
  - Umfang 32.6
  - Verfahren 32.2 und 6
  - Verweigerung der Aktenedition 32.8
  - Zeugeneinvernahmen 32.8
  - Zwangsandrohungen 32.2
- Aufsicht 81.14

Schiedsgutachter
- Bestellung 24.78

Schiedssachen Zuständigkeit 46

SchKG-Klagen 24.20
- Aberkennungsklagen 24.23
- Admassierungs- und Aussonderungsklage
  - Gegenstand und Abgrenzung 24.43
  - Verfahrensfragen 24.47
- Anschlussklage 24.39
  - Verfahrensfragen 24.41

649

Sachregister

- Arrestverfahren 24.34
- Feststellungsklagen 24.24 und 28
- Gebührenverordnung Vor 199.15
- Klagen auf Feststellung neuen Vermögens 24.62
  - Anwendungsbereich 24.62
  - Bewilligung und Feststellungsverfahren 24.63
  - Verfahrensfragen 24.66 und 69
- Klagen auf Rückschaffung von Retentionsgegenständen 24.74
- Kollokationsklagen 24.50
  - Abgrenzung 24.50
  - im Konkurs- und Nachlassverfahren 24.58
  - im Pfändungsverfahren 24.54
- Rechtsmittel 24.22
- Widerspruchsklagen 24.25
  - Art der Klage 24.28
  - Prozess betreffend Lastenverzeichnis 24.35 und 59
  - Verfahrensfragen 24.31

Schlichtungsbehörde 6.1, 24.8, 52
- Anspruch auf unparteilichen Schlichter 52.4
- Aufgabe 52.3
- Aufsicht 80.4, 81.13
- Organisation 52.2
- paritätische für Streitigkeiten nach GlG
  - Amtsdauer 59.2
  - Amtskreis 58
  - Aufsicht 59.5
  - Ausstandsbegehren 127.12
  - Berichterstattung 60.2
  - Besetzung 61
  - Besoldung 59.6
  - Organisation 59, 60
  - rechtliche Grundlagen Vor 58
  - Unvereinbarkeit 59.4
  - Wahl der Mitglieder 59.3
  - Wahlbehörde 59.2
  - Zuständigkeit 62
- paritätische in Miet- und Pachtsachen
  - Amtsdauer 64.1
  - Amtskreis 63
  - Ausstandsbegehren 127.8
  - Besetzung 64.5
  - Besoldung 64.7
  - Organisation 65
  - rechtliche Grundlagen Vor 63
  - Unvereinbarkeit 64.6
  - Wahl der Mitglieder Vor 8.9, 64

- Wahlbehörde 64.1
- Zuständigkeit 66

Schlichtungsstelle
- im Mietrecht 3.33
- kantonale 3.20

Schlichtungsverfahren 24.16, 21, 62 und 80, 52, 134.8, s. auch Mediation
- arbeitsrechtliche Streitigkeiten 52.7
- Beschwerde 52.6
- Fristen 83.11
- Gebühren 199.22
- im Arbeitsrecht 3.21
- Protokoll 133.5
- Vertretung Vor 53.11
- Verzicht darauf 52.1, Vor 58.4

Schwurgericht
- Aufhebung Einl 6
- Entstehung Einl 2, 210.1

Selbsthilfeverkauf von Kommissions- und Frachtgut 140.4 und 5

Sexualdelikte Einl 16

Sicherheitshaft
- Anordnung 29.7 und 18
- Fortsetzung trotz Freispruch 169
- Vollzug 163

Sicherstellung bei Nacherbeneinsetzung 137.3

Siegelung des Nachlasses 137.6
- Durchführung 138
- Verzicht 137.7

Sistierung Beschwerde 82.32

Sitzungspolizei 77.3
- Massnahmen und deren Voraussetzungen 161

Sorgepflicht elterliche 50.4

Sozialversicherungsgericht Einl 27, 68.4
- Amtssitz 4.2
- Aufsicht 80.3

Sozialversicherungsrichter
- Wahlbehörde 5.11

Sportelnsystem 56.1, Vor 143.3

Sportveranstaltungen s. Gewalt bei Sportveranstaltungen

Spruchbuch 130.16

Spruchkörperbildung
- allgemein 14.6, 38.3, 127.6
- beim Handelsgericht 39.7
- Richterwechsel insbesondere 134.23

Staatsanwalt s. auch Strafverfolgungsbehörde
- Aktenführung 130.22
- Amtsdauer und Pensionierung 94.6
- Aufgaben 86.35
- Aufsicht 116
- Aufsichtsbeschwerde 116.5
- Assistenzstaatsanwalt 95.3, 101
  - Einvernahmen 157.3
  - Zuständigkeit 102.27
- ausserordentlicher 95.1
  - Zuständigkeit 102.1
- Berechtigung zur Berufungsanmeldung 169, 47.8
- leitender 96
  - Aufgaben 96.2, 103
  - Aufsicht 116
  - Aufsichtsbeschwerde 116.6
- Nebenbeschäftigungen 88
- ordentlicher 94
  - Anzahl 94.2
  - Wahl 94.1
  - Zuständigkeit 102.1
- Rechnungswesen 201.8
- Spezialbefugnisse 95.4
- staatsrechtliche Stellung Vor 115.2
- stellvertretender 95.2
  - Zuständigkeit 102.26
- Unabhängigkeit Vor 115.3
- Vertretung in Zivil- und Verwaltungssachen 87
- Wahl Vor 86.28
  - Voraussetzungen 97.1
- Wahlfähigkeitszeugnis 97.3
  - Entzug 98.11
  - Erteilung 98.7
  - Gebühren 99
  - Geltungsdauer 98.12
  - nach früherem Recht 208
  - Prüfungsarten 98.5
  - Prüfungskommission 98.15
  - Rechtsmittel gegen Erteilung oder Entzug 98.9
  - Widerruf der Zulassung 98.10
- Weisungsbefugnis übergeordneter Behörden Vor 115.5, 116
- Weiterbildung Vor 86.34

Staatsanwaltschaft s. auch Strafverfolgungsbehörde
- Amtssitz 4.2
- Gründung und geschichtliche Entwicklung Einl 1, Vor 86.4, 86.31
- Organisation und Stellung 86.31, 93

Staatshaftungsprozess 52.9, Vor 126.4, 200.8

Stadtammann
- Begriff und Stellung Vor 143.1
- Dienstaufsicht 76.10
- Hilfsperson im Vollstreckungsverfahren 24.97

Statthalter s. auch Strafverfolgungsbehörden
- Bussenkompetenz 86.22
- Funktion und Stellung 86.17
- Rechnungswesen 201.11
- Unabhängigkeit 86.17
- Wahl Vor 86.27
- Zuständigkeit 86.21, 89.7

Steuerrekursgericht 6.7

Stimmzwang Vor 67.7

Strafantrag bei Vernachlässigung von Unterstützungspflichten 168

Strafaufhebungsgrund Vor 202.2

Strafbefehl 125.37
- Einsprache 28.1,
- im Jugendstrafverfahren 28.3, 110. 8 und 16

Strafprozessordnung
- Anwendungsbereich 2
- Entstehung der kantonalen Einl 3 und 7
- Vereinheitlichung Einl 12, Vor 86.11

Strafuntersuchung 102.1
- Vorabklärungsverfahren 102.4

Strafurteil Aufhebung Vor 202.8

Strafverfahren
- Aktenführung 130.21
- Anfangsverdacht 148.19
- Gebühren 199.41
- Mitteilungsrechte und -pflichten der Behörden 151
- Verfolgungsprivileg s. Verfolgungsprivileg
- Zuständigkeiten 149
  - im Übergangsrecht 206.3, 210.9 und 10

Strafverfolgungsbehörden Vor 86, 86.1; s. auch Polizei, Statthalteramt, Staatsanwaltschaft, Oberstaatsanwaltschaft, Jugendanwaltschaft, Oberjugendanwaltschaft
- Arbeitsverhältnis Vor 86.33
- Aufbau Vor 86.22
- Auslagen 199.42

651

- geschichtliche Entwicklung Vor 86.1
- Rechtsstellung
  - Organe der Rechtspflege Vor 86.20
  - Verwaltungsbehörde Vor 86.17
  - Weisungsrecht der vorgesetzten Behörde Vor 86.18
- Übertretungsstrafbehörden 89
- Unvereinbarkeiten Vor 86.32
- Verfahrensarten Vor 86.16
- Wahl Vor 86.32

Strafverfolgungsmodell Vor 108.1

Streitigkeiten
- nicht vermögensrechtliche 19.8
- öffentlich-rechtliche 19.4
- privatrechtliche 19.4
- vermögensrechtliche 19.5

Streitwertberechnung 16.2, 19.6, 24.11, 44.72
- massgebend bei Gebührenfestsetzung 199.14

T

Tarifhoheit kantonale Vor 199.11, 199.1

Testament
- Eröffnung 137.10
- Hinterlegung 141.4

Tonaufnahmen im Verfahren 125.24, 132
- Grundlagen für das Verbot 132.3
- Umfang des Verbots 132.4
- unerlaubte 132.1
- Widerhandlungen gegen das Verbot 132.1 und 9
- Zeichnungen während der Verhandlung 132.8 und 10

U

Übergangsbestimmungen 206 ff.
- für Revisionen 210.12
- für Rückweisungen 210.11

Übersetzer 153.11

Übertretungen
- Strafverfolgung 89
- Rechtsmittel 91
- Überweisung an andere Behörde 90
- Verfahrensgebühren 199.52
- vorläufige Festnahme 162
- Zuständigkeit 22.5, 89.7

Überwachungsmassnahmen 47.1, 110.6
- Post- und Fernmeldeverkehr 165.1

unentgeltliche Rechtspflege s. Rechtspflege

unerlaubter Wettbewerb Streitigkeiten 44.36

ungerechtfertigte Bereicherung 44.67

Unschuldsvermutung 125.9 und 18

Unterhaltsklage 24.90

Unterschrift s. Entscheid – Unterzeichnung
- Beglaubigung Vor 143.4

Untersuchungsgrundsatz 24.19, 33.33, 179.2, 180

Untersuchungshaft
- Anordnung 29.7 und 18
- Vollzug 163

Untersuchungsverfahren 102.16

Unvereinbarkeiten 5.19, 59.4, 64.6, Vor 86.32

Urkunde öffentliche, Vollstreckung 24.101

Urteil s. Entscheid

Urteilsantrag des Referenten 130.12

Urteilsbegründung Abstimmung darüber 134.16

V

Vaterschaftsklage 24.90

venia advocandi 76.10

Verbot gerichtliches 24.79
- Bekanntmachung 147.3

verdeckte Ermittler
- Arbeitsverhältnis 166.1
- Rechtsstellung 161.1

Verfahren s. auch Mediation
- abgekürztes, Öffentlichkeitsprinzip? 125.7
- Arrestverfahren 24.34
- beschleunigtes (abgeschafft) 24.2, 21,62
- besondere eherechtliche 24.88
- besondere gestützt auf das ZGB 176
- Einlassung auf Klage vor unzuständigem Gericht 126.16
- Kosten Vor 199
  - Zusammensetzung Vor 199.5
- Moderationsverfahren 76.11
- nichtstreitiges 24.3,79 und 86
  - Abänderbarkeit des Entscheids Vor 137.8
  - Gebühren 199.31 und 32
  - Kosten Vor 137.9, 137.42

- Offizialmaxime Vor 137.7
- örtliche Zuständigkeit Vor 137.5
- Rechtsmittel Vor 137.10, 137.13
- ordentliches 19.1
- Schlichtungsverfahren s. Schlichtungsverfahren
- summarisches 19.1, 24.77 und 95, 127.17
  - Anwendungsbereich 24.79
  - Fristen 83.11
  - Gebühren 199.30
  - Protokoll 133.29
  - Rechtsmittel 24.87
  - Verfahrensfragen 24.81
  - Verzicht auf Aktenverzeichnis 130.27
- vereinfachtes 24.6, 179.1
  - Verfahrensfragen 24.15
  - vermögensrechtliche Streitigkeiten 24.8
  - Zuständigkeit 24.6
- Vorverfahren 167
- wohlfeiles Vor 199.1

Verfahrensbestimmungen Vor 117, 126 ff.
- Bild- und Tonaufnahmen 125.24, s. auch Tonbandaufnahmen
- Feiertage s. Feiertage
- Gerichtsberichterstattung s. Gerichtsberichterstattung
- Sachverständige s. Sachverständige
- Minderheitsmeinung s. Minderheitsmeinung
- Stellvertretung bei Ausstand s. Ausstand
- Zeichnungen während der Verhandlung 132.8 und 10
- Zugriff auf geschützte Daten s. Daten
- Zustellungen s. Zustellung

Verfolgungsprivileg 148.7

Verfügung 135.4

Vergleichsverhandlungen 39.5

Verhältnismässigkeitsprinzip 33.33 und 57, 147.9, 11 und 24, Vor 199.7

Verhandlung s. Verfahrensbestimmungen

Verkauf s. Distanz-, Not-, Selbsthilfeverkauf

Vernehmlassung 83.16

Vernachlässigung von Unterstützungspflichten, Antragsrecht der Behörden 168

Verrechnung
- von Gebühren mit Gegenforderungen Vor 199.22
- Zuständigkeit zur Beurteilung Einl 43

Versetzung im Amt 82.38, 84.3

Versteigerung
- im Erbteilungsprozess 137.38
- von Kommissionsgut 140.4

Verteidigung 155.1, s. auch Rechtsbeistand, Rechtspflege
- amtliche 155.3
  - Kostenbezug 201.26
- Einschränkung des Verkehrs 29.23
- im Übertretungsstrafverfahren 27.15
- im Zwangsmassnahmenverfahren 29.23
- Kosten 155.16
- notwendige 155.4
- Wahlverteidigung 155.2

Vertreter
- der Erbengemeinschaft 137.35, 138
- verstorbener Unmündiger 138.1

Verwaltungsgericht Einl 27, 68.4
- Amtssitz 4.1

Verwaltungsrichter
- Wahlbehörde 5.11

Verwaltungsstrafrecht
- Zwangsmassnahmen 33

Verwaltungsverordnung 80.12

Verwandtenunterstützung 24.88

Verzeigung 174

Verzugszinsen für ausstehende Gerichtskosten Vor 199.24

Verweis 82.38 und 39

Viehhandel Verfahren bei Viehwährschaft 140.2

Vollstreckung 24.92
- Ausweisung 24.80, 147.6 und 13
- Befristung des Auftrags? 147.16
- Entscheid 24.98
- Ersatzmassnahmen 29.8 + 18
- Ersatzvornahme 147.8
- Kosten 147.18
- Kostenvorschuss 147.18 und 22
- örtliche Zuständigkeit 147.14
- Rechtsmittel 24.100
- Rechtsschutz 147.19
- Schlechterstellungsverbot 147.21
- unentgeltliche Rechtspflege 147.24
- Verfahrensfragen 24.93 und 94, 147.11
- Verhältnismässigkeitsprinzip 147.12 und 13
- Vollstreckung öffentlicher Urkunden 24.101

- Vollstreckungsrichter 147.15
- Zwangsmassnahmen 147.4 und 5

Vorabklärungsverfahren 102.4
- Rechtsmittel? 102.11

Vorbefassung 47.2

Vorfragen
- Zuständigkeit zur Beurteilung Einl 42, 3.32

Vorladung 159
- Form und Inhalt 159.3
- Sprache 159.4
- Zuständigkeit 159.2

Vormund als Vertreter verstorbener Unmündiger 138.1

Vormundschaftsbehörde s. auch Strafantragsrecht 168
- Verfahren bei fürsorgerischem Freiheitsentziehung Vor 177, 179.1
- Zuständigkeit bei fürsorgerischer Freiheitsentziehung 30.3

vorsorgliche Massnahmen
- Beweisaufnahme s. Beweisabnahme
- Inhalt 45.6
- Verfahren 45.4
- vorprozessuale sachliche Zuständigkeit 24.77
- Zuständigkeit 24.77, 45.3

Vorverfahren 167

W

Wahlen 5, Vor 86.32
- Bestätigungswahlen 5.10
- Bezirksrichter 5.4
- Ersatzwahlen 5.16
- Friedensrichter 5.4
- Mietgericht 5.5
- Wählbarkeit
  - fehlende 5.7
  - Unvereinbarkeiten 5.19, Vor 86.32
  - Voraussetzungen 5.2, 8.7
- Wahlbehörde 5.10
- Wahlfähigkeitszeugnis 5.5, s. auch Staatsanwalt
- Wahlverfahren 5.16, 67

Wegweisung als Schutzmassnahme 33.2 und 16

Wettbewerbsbeschränkungen 44.22

Widerklage s. Klagen

Widerspruchsklage 24.25

Wiedererwägung 134.21

Willensvollstrecker 137.12
- Ablehnung 138.3
- Aufsicht 139.7
- Beschwerde 139.7
- Entschädigung 139.5

Willkürverbot Vor 199.7, 203.2

Wohnsitzpflicht
- Arbeitsrichter 12.6, 7
- Bezirksrichter 11.6
- Ersatzrichter 11.6
- Friedensrichter 54.3
- Handelsrichter 36.6
- Mitglieder der Schlichtungsbehörde in Miet- und Pachtsachen 64.8
- Statthalter Vor 86.27

Z

Zeugen Entschädigung 73, 199.3 und 45

Zivilprozess
- Begriff 200.8
- Gebühren 199.26

Zivilprozessordnung
- Anwendungsbereich 2
- Entstehung der kantonalen Einl 3
- Übergangsrecht 206.2
- Vereinheitlichung Einl 12

Zuständigkeiten s. auch Gerichtsstandsstreitigkeiten
- Arten und Bedeutung Einl 31, 32 und 38
- Prüfung Einl 44
- sachliche Einl 33
  - fehlende 126.10
  - für Verrechnungen Einl 43
  - für Vorfragen und Einreden Einl 42
  - im Strafprozess Einl 41
  - im Zivilprozess Einl 39, 126
  - im Zwangsmassnahmenverfahren 29.7 und 18–20
  - konkurrierende Einl 43 und 48, 126
- Übergangsrecht 206.2 und 3, 212
- Unzuständigkeit und deren Folgen Einl 51, 126.10
  - Einlassung auf Klage vor unzuständigem Gericht 126.16
  - Nichtigkeit von Entscheiden Einl 53
  - Prozessüberweisung Einl 51

Sachregister

- Unzuständigkeitseinrede Einl 45, 3.8, 126.11 und 16

Zustellung 121
- amtliche 144
  - Adressat 145, 144–146.7
  - Annahmepflicht 144–146.9
  - Art 144–146.5
  - Frist 144–146.5
  - Gebühren 144–146.5
  - Gegenerklärung 144–146.9
  - Kosten 145, 146
  - Nachweis 144–146.8
  - örtliche Zuständigkeit 144–146.4
  - Unzustellbarkeit 144–146.9
  - Verfahren 145, 144–146.6
  - Zulässigkeit 144–146.3
- Annahmeverweigerung 121.19, 144–146.9
- Bedeutung 121.3
- Begriff und Arten 121.1
- Beweis 121.6 und 27
- durch eingeschriebene Sendung 121.13 und 26
- durch Gerichtsangehörige oder Gemeindeammann 121.28
- durch öffentliche Bekanntmachung 121.16, 21, 23, 33 und 37
- durch Polizei 121.30
- elektronische 121.4 und 14
- Empfänger 121.11
- gerichtliche Sendungen 147.10
- innerkantonale 121.31
- interkantonale 121.31
- internationale 121.25 und 32
- fiktive 121.2
- Form 121.8
- Gegenstand 121.10
- Mängel und deren Heilung 121.5
- Ort 121.22
- tatsächliche 121.2
- Wiederholung 121.6
- Zeitpunkt 121.18 und 35

Zwangsbehandlung Verbot 178.1

Zwangsmassnahmen
- Beschwerde 47.8
- gegen Gewalt bei Sportveranstaltungen s. dort.
- gemäss Ausländerrecht s. Ausländerrecht
- gemäss Gewaltschutzgesetz s. Gewaltschutz
- gemäss Patientenschutzgesetz 184.3
- gemäss Polizeigesetz s. Polizeigesetz
- im Amtshilfeverfahren 32.2
- im Erwachsenenstrafrecht 47.4
- im Jugendstrafverfahren 47.5, 110.5
- im Patientengesetz 30.1
- im Übertretungsstrafverfahren 27.16

Zwangsmassnahmengericht / Bezirksgericht
- Entscheid 29.12
  - Begründung 29.13
  - Frist 29.12
- Entwicklung 29.1, 25
- Friedensbürgschaft 29.23
- im Verwaltungsstrafrecht s. Verwaltungsstrafrecht
- örtliche Zuständigkeit 29.5
- Pikettdienst 29.29, 33.22
- Rechtsmittel 29.15
  - gegen Beschwerdeentscheid 29.16
  - gegen Entscheid des Haftrichters 29.15
- sachliche Zuständigkeit 29.7 und 18–20,
- Verfahren 29.9
- Verkehr mit dem Verteidiger 29.23

Zwangsmassnahmengericht / Obergericht 38.8
- Zuständigkeit 47

Zwangsvollstreckung bei Grundstücken 24.36

Zwischenentscheid 135.4
- Gebühren 199.37

655